KB140565

20세기 중국혁명사

모택동과 중국혁명 3

20세기 중국혁명사
모택동과 중국혁명 3

초판1쇄 인쇄 2024년 3월 15일
초판1쇄 발행 2024년 3월 29일

지은이   김범송
펴낸이   이대현
편집   이태곤 권분옥 임애정 강윤경
디자인   안혜진 최선주 이경진
마케팅   박태훈 한주영

펴낸곳   도서출판 역락
출판등록   1999년 4월 19일 제303-2002-000014호
주소   서울시 서초구 동광로 46길 6-6 문창빌딩 2층 (우06589)
전화   02-3409-2060
팩스   02-3409-2059
홈페이지   www.youkrackbooks.com
이메일   youkrack@hanmail.net

ISBN 979-11-6742-664-2 94910
     979-11-6742-661-1 94910(전3권)

20세기 중국혁명사

모택동과 중국혁명 3

김범송 金范松

역락

20년 간의 '연구 결과물'인 졸저가 이제 '고고성을 울릴' 예정이다. 나름의 감개가 무량하다. 책 집필에 7~8년의 시간을 할애했고 원고 수정에 자그마치 1년을 허비했다. 타이핑에 서툴고 머리가 아둔한 필자는 박사논문 4~5편을 완성하는 데 소요되는 공과 품을 들였다. 그동안 한국에선 구미(歐美) 학자들의 이념과 선입견이 가미된, 모택동과 중국혁명사에 관한 도서와 번역서가 적지 않게 출간됐다. 한편 졸저는 기존 도서와의 차별화를 노렸고 최대한 객관적인 시각에서 모택동의 공과(功過)를 평가하고 20세기 중국혁명사를 기술하고자 노력했다.

20세기 중국혁명사는 대다수의 한국인들에게 여전히 '미지의 세계'이다. 따라서 '중국의 과거'인 중국혁명사에 대한 이해는 '중국의 현재'를 알 수 있는 또 다른 첩경(捷徑)이 될 것이다.

최근 중국과 한국의 관계가 많이 경색됐으나 한중(韓中)관계의 중요성을 감안할 때 '중국의 과거'를 통한 중국 이해는 필수불가결하다. 현재 한국의 대중(對中) 수출 의존도는 25%에 달한다. 한국의 제1대 교역국인 중국과의 교역량은 미국 교역량의 2배에 가깝다. 장기적 입장에서 볼 때 중국은 한반도의 통일과 경제발전에 막대한 영향력을 미치는 국가인 것은 누구도 부인할 수 없는 엄연한 사실이다. 중국과 한국은 이사할 수 없는 '영구적 이웃'이다. (韓中)수교 30주년(2022)이 넘는 시점에서 중국 근현대사를 재조명한 졸저의 출간에 나름의 의미를 부여한다.

(北京)천안문에 걸려 있는 초상화의 주인공은 중국인들로부터 '국부(國父)'로 존경받는 모택동이다. 중화인민공화국 창건자 모택동은 중국 공산당의 최고 지도자 지위를 40년 간 지켰다(야부키 스스무, 2006: 5). 중국이나 외국을 물론하고 모택동은 동시대의 가장 탁월한 정치인이다. 인류 역사상 보기 드문 걸출한 위인으로 평가되는 모택동은 이상가(理想家)·정치가·(軍事)전략가·철학가·시인이다(P. Short, 2010: 2). 20세기 중국혁명 주역은 '중공(中共) 창시자'이며 공농홍군(工農紅軍)과 중화인민공화국을 창건한 모택동이다. 20세기 중국혁명사와 21세기 중국사회를 온전히 파악하려면 '모택동 이해'는 필수적이다. 21세기 현재 (中共)지도이념인 모택동사상은 여전히 독보적인 존재감을 나타내고 있다.

'중국의 심장'인 북경 천안문(天安門) 광장의 정면 벽에는 모택동의 대형 초상화가 걸려 있다. 외국인들은 개혁개방 후 고도성장을 한 중국을 '등소평의 개혁이 성공한 나라'로 인식하고 있다. 그러나 (天安門) 광장 중심에 위치한 모주석(毛主席)기념관과 (毛澤東)초상화는 나라를 창건한 '위대한 수령'의 위엄을 과시한다(김범송. 2009: 82). 현재 중국인들은 중화인민공화국 창건자 모택동을 '건국의 아버지'로 칭송하고 있다. 작금의 중국정부는 모택동사상을 국정이념으로 삼고 있다. 한편 모택동에 대한 신격화는 (個人)우상숭배가 성행된 문혁(文革) 시기에 최절정에 이르렀다. 모택동의 사후(死後)에도 사라지지 않는 막강한 영향력과 위망은 결코 하루아침에 이뤄진 것이 아니다. 따라서 모택동이 중국 역사에 남긴 발자취를 살펴볼 필요가 있다.

대다수 한국인들은 중국인민의 영수(領袖) 모택동을 '희대의 독재자', 미군·한국군의 '북진통일'을 저지한 장본인으로 간주하고 있다. 실제로 중공군의 '압록강 도하(渡河)'는 미군의 '38선 월경'과 밀접히 관련된다. 이와 관련해서는 최근 필자가 집필 중인 저술(著述)에서 상세하게 밝히기로 하고 이만 생략한다. 한편 한국 학자들의 '모택동 폄하'는 한국사회에 뿌리 깊은 반공(反共) 이데올로기와 크게 관련된다. 결국 이는 미군정(美軍政, 1945.9~1948.8)과 이승만 대통령의 집권 시기에 형성된 반공주의(反共主義)와 친미사대주의(親美事大主義)와 관련된다.

공산주의자 모택동에 대한 평가는 '불세출의 위인'과 '희대의 독재자'로 극명하게 엇갈린다. 이는 20세기 중국혁명의 '핵심 리더' 모택동이 (美中)이념 대결의 중심에 있었기 때문이다. 이념 대결의 대표적 사례는 미군과 중공군이 한반도에서 벌인 이념전쟁(1950.6~1953.7)이다.

27년 간 권좌에 있었던 모택동에게서 부패 흔적을 찾아볼 수 없다는 점은 가히 놀랍다. 세계 현대사의 중심 인물이 한국과 악연이었다는 것은 불행한 일이었다. 한국전쟁과 중공군 참전은 한국인들이 그를 주적(主敵)으로 여기게 만들었다. 그동안 남한에선 공권력에 의한 '모택동 악마화' 작업이 지속됐다(신복룡, 2001: 6). 결국 이는 반공주의를 고취한 이승만 정권 때 형성된 (反共)이데올로기가 장기간 한국사회를 지배한 결과물로 여겨진다. 난해한 것은 작금의 한국사회에선 (反共)이념에 집착하는 공권력에 의해 '모택동 악마화'가 현재진행형이라는 점이다. 한편 공산주의자 모택동은 평생 부정부패와 담 쌓고 살아왔다. 이것이 수많은 중국 백성들이 여전히 고인이 된 모택동을 사모하는 주된 이유이다.

촌뜨기인 모택동은 오지 소산충을 떠나 반년 간 동산학당에서 공부한 후 대도시인 장사(長沙)로 전학했다. 또 그는 반년 간의 중학생과

'말단 열병' 군생활을 거친 후 성립(省立) 도서관에서 6개월 간 독학했다. '늦깎이 사범생'인 모택동이 무정부주의자에서 마르크스주의자·공산주의자로 전향하는 데 불과 2~3년밖에 걸리지 않았다. '중공 창시자'의 한 사람인 모택동이 국공합작(1924~1927) 선봉장이 돼 '국민당 선전부장'으로 활약한 것은 결코 내세울 만한 경력은 아니었다. 한편 '농민운동 대부'로 거듭난 모택동은 정강산에 올라 '산대왕(山大王)'이 된 후 '당적 박탈' 위기에 놓였다. 1930년대 '실각자' 모택동이 중화소비에트공화국 주석으로 당선된 것은 실로 역사의 아이러니가 아닐 수 없다.

직업적 혁명가인 모택동은 '성공한 혁명가'로 평가된다. 그러나 이를 위해 그는 참혹한 대가를 치렀다. '정실부인(正室夫人)' 나씨는 21세에 졸사했고 '조강지처(糟糠之妻)' 양개혜는 29세에 국민당 군대에게 살해됐다. 연안에서 모택동과 결별한 '환난지처(患難之妻)' 하자진은 소련에서 조현병에 걸렸고 '악처(惡妻)' 강청은 자살로 비극적인 일생을 마쳤다. 또 그의 형제들은 혁명 중에 모두 희생됐고 '항미원조(抗美援朝)'에 참가한 장자 모안영(毛岸英)의 희생은 그에게 심각한 정신적 충격을 안겨줬다. '중공 창건대회(1921.7)'에 참석한 멤버 중 1949년 10월 1일 천안문 성루에 오른 이는 모택동과 동필무 두 사람뿐이다. 이 또한 중국 학자들이 모택동을 '역사가 선택'한 지도자라고 주장하는 주요인이다.

위대한 마르크스주의자 모택동은 중화민족의 걸출한 민족영웅이며 20세기 '3대 위인' 중 제1위를 차지한다. 또한 그는 '3낙3기(三落三起)'의 전기적 색채를 띤 탁월한 정치가이다(黃允昇, 2006: 1). 공농홍군 창건자 모택동은 장정(長征)을 승리로 이끈 수훈갑이며 중국혁명 위기를 만회해 당과 군대의 최고 지도자로 등극했다. 중공 지도자 모택동은 8년 항전과 3년 (國共)내전을 승리로 이끌어 신중국을 창건한 일등공신이다(김범송, 2007: 165). 이 또한 작금의 중국인들이 모택동을 나라를 건국한 '영원한 국부'로 추앙하고 있는 주된 원인이다. 또 이는 이데올로기에 집착한 외국 학자들이 기피하는 내용이다. 실제로 대부분의 외국 학자들은 홍군 지도자 모택동의 '삼낙삼기' 사실을 무시하고 인생 말년에 범한 그의 좌적 과오를 크게 부풀렸다.

중국 학자들은 모택동에 대한 '신격화·우상화'를 사명감으로 여기는 반면, 외국 학자들은 공산주의자 모택동을 '악마화'해야 하는 딜레마를 안고 있다. 이 또한 이념 대결의 결과물이다.

중국 학자들은 중국혁명에 대한 모택동의 역할과 공헌을 무작정 부풀리는 경향이 강하다. 특히 관방 학자들의 '공동연구'는 모택동이 후반생에 범한 인민공사화(人民公社化), 미증유의 문화대혁명 같은 과오를 다룰 엄두를 내지 못한다. 그들의 정치생명과 직결돼 있기 때문이다. 한편 학자적 양심을 우선시하는 필자에게는 '모택동 신격화'를 찬동해야 할 어떤 이유도 없다. 오로지 연구자의 책임감을 앞세워 객관적이고 공정한 학문적 연구에 치중했을 따름이다. 졸저는 역사 사실과 자료를 바탕으로 중국 학자들이 기피하고 '간과'한 민감한 과제를 과감히 다뤘고 '숨겨진 치부(恥部)'를 파헤치는 데 품을 들였다.

구미(歐美) 학자들의 '모택동과 중국혁명' 관련 도서를 읽으면서 이념이 가미된 사실 왜곡과 황당무계한 '모택동 폄하'에 경악을 금치 못했다. 최근 이념으로 점철된 한국 학자의 '중국혁명사'를 읽고 학자적 양지(良知)를 상실한 무지함이 개탄스러웠다. 외국 학자들의 터무니없는 사실 왜곡과 '모택동 비하'는 무소불위의 (反共)이데올로기에서 기인된 것이다. 또 다른 원인은 그들이 역사 사실을 무시하고 '모택동 정적'인 소유(蕭瑜)·장국도·왕명이 해외에서 출간한 회고록을 맹신했기 때문이다. 또 '독재자 폄훼'로 얼룩진 그들의 저서는 모택동이 홍군 통솔자에서 중공 영수로 자리매김한 역사적 진실을 외면했다.

1920~1930년대 '중공 창시자'이며 중국 공농홍군의 창건자인 모택동은 '3낙3기'의 실권(失權)·재기(再起)를 잇따라 경험했다. '국공합작' 시절(1924) 모택동의 첫 실각은 중공 총서기 진독수와 공산국제 대표(Voitinsky)가 짜고 친 고스톱이었다. 결국 '실권자(失權者)' 모택동은 고향인 소산충으로 돌아가 농민혁명에 종사했다. 정강산 시기(1929.9)와 중앙근거지(1932.10)에서 모택동을 실각시킨 장본인은 훗날 그의 '중요한 조력자'가 된 주덕과 주은래였다. 또 장정 도중(1935.8) 주은래·모택동의 지위가 역전됐다. 섬북에 도착(1935.11)해 홍군 통솔자로 자리매김한 모택동은 1938년 가을 공산국제의 지지하에 어렵사리 '중공 1인자'로 등극했다. 한편 주덕은 문혁 시기 중남해(中南海)에서 쫓겨났고 주은래는 후반생 내내 반성하며 늘 근신했다.

1940년대 중공 지도자 모택동과 소련 지도자 스탈린은 서로 불신하는 불편한 관계였다. 모택동이 주도한 연안정풍은 '소련파 제거'가 주된 취지였다. 1942년 스탈린의 '군사적 협조' 요구를 거절한 모택동은 해방군의 '장강 도하(1949.4)'를 반대한 스탈린의 '건의'를 일축했다. '중공 7대(1945)'에서 출범한 모택동사상은 모스크바 지배에서 벗어난 '중공 독립'을 뜻한다. '영원한 상급자' 스탈린은 모택동을 '아시아의 티토(Tito)'로 낙인찍었다. 당시 (國共)내전 승리의 기정사실화로 '건국 준비' 중인 모택동에게는 스탈린의 지지가 필수였다. 결국 모택동사상은 '스탈린주의'에 예속됐다. 한편 모택동의 '(6.25)전쟁 개입'은 부득이한 선택이었고 스탈린의 강요로 이뤄졌다. 그 대가는 '대만 해방' 포기였다. 모택동이 장개석의 천적(天敵)이라면 스탈린은 모택동의 천적이었다. 사실상 '세기의 독재자' 스탈린은 죽을 때까지 모택동을 괴롭혔다.

졸저는 '중공 창건' 멤버이며 홍군 창설자인 모택동의 '3낙3기' 원인을 상세하게 분석했다. 또 1930년대 후반 홍군 통솔자 모택동이 어렵사리 '중공 1인자'로 등극하게 된 당위성을 피력하고 그것이 '필연적 결과'라는 색다른 주장을 폈다. 이는 지금까지 출간된 (毛澤東)관련 저서에서 대다수 외국 학자들이 기피한 내용이다. 한편 청년 모택동이 스승 양창제로부터 전수받은 유심사관이 1950~1960년대 중공 영수 모택동이 범한 (左的)과오에 미친 부정적 영향력을 역사적 사실에 근거해 심층적으로 분석했다. 이 또한 다른 저서에서 찾아볼 수 없는 졸저 특유의 읽을거리로 한국 독자들의 흥미를 자아낼 것이다.

졸저는 한국 독자들이 주목할 만한 내용도 정리했다. '동정(東征, 1936)'에서 희생된 홍군 참모장 양림(楊林, 김훈)은 조선인(朝鮮人) 출신이다. 포병 지휘관이며 팔로군 (砲兵)연대장을 맡았던 무정(武亭)은 장정에 참가한 (朝鮮人)장군이다. 중국인의 추앙을 받고 있는 작곡가 정율성(鄭律成)은 '팔로군행진곡'을 작곡한 한민족 출신이다. 항일운동가이며 천진(天津)시위 서기를 역임한 이철부(李鐵夫)도 조선인 출신이며 조선의용군의 사령관을 맡았던 박일우(朴一禹)는 '중공 7대' 후보(候補) 대표였다. 한편 반면교사로 쇄국정책을 실시한 흥선대원군(李昰應)을 다뤘다. 또한 '항미원조' 주역인 모택동과 팽덕회의 얽히고 설킨 애증관계를 상세히 분석했다. 이 또한 외국 학자들이 감히 손대지 못한 내용이다.

불완전한 통계에 따르면 지구상에 설립된 모택동 관련 '연구소'는 100여 개에 달한다. 미국 학자와 연구기관은 1960년대부터 (毛澤東)군사사상 연구에 열중했다. 이는 '세계 최강' 미군이 한반도에서 '지원군(志願軍)'에게 패배한 것과 관련된다. 1980년대 한국에서도 '모택동 연구'

붐이 일어났다. 1990년대 일본 학자들은 '(毛澤東)사상 연구'에 집착하는 경향을 보였다. 20세기 (歐美)학자들의 관련 저서는 '독재자(毛澤東) 폄하'로 시종일관했다. 최근 '중국지(中國志)'처럼 모택동과 중국혁명에 대해 '공정한 평가'를 내린 저서가 출간된 것은 중국의 역사 자료를 참조한 것과 크게 관련된다. 또 이념을 탈피해 역사적 사실을 존중하는 학문적 태도로 임한 것이 '성공작'으로 평가되는 원인으로 여겨진다.

개정판(2017) '중국지'는 모택동과 중국혁명 관련 저서 중 역사적 사실에 기반해 비교적 객관적 평가를 내렸다는 것이 학계의 주장이다. 이는 외국 학자들의 그릇된 견해를 무조건 수용하지 않고 중국혁명의 역사적 사실을 존중했기 때문이다. 다만 독창적 주장과 창작성이 결여되고 '번역 작품'이란 인상을 지우기 어려운 것이 흠이라면 흠이다. 졸저는 서구(西歐) 학자들의 이념을 가미한 '사실 왜곡'을 시정하고 잘못된 견해를 바로잡는 데 공을 들였다. 또 외국 학자들이 간과하고 중국 학자들이 외면한 '숨겨진 진실'을 밝히는 데 많은 노력을 기울였다.

1980년대 북경에서 대학을 다닐 때 나는 왕부정(王府井) 서점을 부지런히 드나들며 모택동·등소평·장개석 등의 전기(傳奇)를 구입해 취미로 읽었다. 1990년대 국내 출장을 다니며 짬짬이 각지 서점에 들려 '모택동 저서'를 사들이는 것이 유일한 취미였다. 한편 본격적으로 (毛澤東) 연구에 착수한 것은 2000년대 서울 유학 시절이었다. 교보문고 단골인 나는 모택동과 중국혁명에 관한 책을 빠짐없이 구입했다. 이 시기 출간한 졸저에서 중국혁명을 취급한 내용은 '모택동과 등소평, 그리고 박정희(2007)', '드라마 연안송과 중국 제1세대 혁명가들(2009)', '1950년대 성행한 중국의 공산풍(共産風, 2016)' 등이다.

졸저 집필을 위해 저자는 20년 간 약 1000여 권의 모택동(傳奇)과 중국혁명에 관한 저서를 정독(精讀)하고 수백편의 관련 논문을 숙독(熟讀)했다. 결국 나름의 '(毛澤東)연구자' 자격을 갖췄다. 20년 간의 탐구를 통한 (研究)결과물인 졸저는 '학술 도서'로서 사료적 가치가 충분하다고 자평한다. 또 독자의 이해를 돕기 위해 많은 각주를 달았고 문장의 출처를 밝혔다. 특히 관련 연구자의 저서에서 잘못 서술된 부분을 정정(訂正)하고 '정확한 표현'을 보충했다. 금번 출간하게 된 세 권의 졸고는 맥락이 관통돼 있다. 이 또한 '동시 출간'이 불가피한 이유이다.

졸저는 총 세 권이다. 세 개의 장(章)으로 구성된 제1부 '산대왕(山大王)'이 된 '(中共)창건자' 제목은 꽤 자가당착적이다. '중공 창건자'가 산에 올라 '비적 두목'이 된다는 것은 다소 자기 모순적이다. 제1부의 핵심 내용은 모택동의 정강산 진입과 군권(軍權) 박탈, 홍군 지도자 복귀이다. 제2부 '삼낙삼기(三落三起)'한 홍군 지도자는 제4~6장으로 구성됐다. 제2부의 하이라이트는 장정(1935.7) 중 주은래·모택동(周毛) 지위 역전과 '숙명의 정적' 장국도와의 권력투쟁에서 밀린 모택동의 '황급한 도주(北上)'이다. 제3부 '정풍운동과 모택동사상'은 환남사변(皖南事變)과 대생산운동(제7장), 정풍운동과 '소련파' 제거(제8장), '중공 7대(七大)', 모택동사상 출범(제9장)으로 구성됐다. 제3부의 압권은 중공 지도자 모택동이 독소전쟁과 공산국제 해체를 이용해 정풍운동을 단행, 두 차례의 '9월회의'를 통한 '소련파' 제거이다. 한편 '중공 독립'을 의미하는 모택동사상에 관한 졸견(拙見)은 졸저의 백미라고 자부한다.

필자가 자부심을 느끼는 또 다른 '백미'는 4천여 개의 각주이다. 각주에 집념한 취지는 독자들에게 '어려운 내용' 이해에 도움을 주기 위한 것이었다. 각주의 전반부가 역사 인물에 대한 명사해석(名詞解釋)이 주류였다면 (脚注)후반부는 역사적 사건에 관한 주석(註釋)과 본문에 대한 필자의 '개인적 견해'가 대부분을 차지한다. 실제로 각주 넣기에 많은 공을 들였다. 한편 졸저가 단순한 '모택동 평전(評傳)'이 아니라는 점을 재삼 부언한다. 모택동의 '공적(功績)'과 거의 무관한 신해혁명·5.4운동·국공합작·남창봉기·서안사변·항일전쟁·(國共)내전 등 중국혁명사의 '대사기(大事記)'를 나름대로 집대성했기 때문이다. 이 또한 심사숙고 끝에 졸저의 제목을 '모택동과 중국혁명'이라고 정한 주된 이유이다.

1990년대부터 한국에서 유학하며 피부로 느낀 것이 있다. 그것은 많은 한국인이 '중국 이야기'인 삼국지(三國志)에 대해 숙지하고 있다는 점이다. 한국에는 '삼국지를 세 번 이상 읽지 않은 사람과는 상대하지 말라'는 말이 있다. 20세기 중국혁명사를 다룬 졸저에 삼국지와 관련된 많은 인물이 자주 거론된다. 이는 (拙著)주인공 모택동이 '삼국지 애독자'인 것과 관련된다. 한편 필자는 모택동·주은래 등 중공 정치가와 팽덕회·임표 등 (中共軍)지휘관을 유비·관우·장비·여포 등 삼국지의 인물과 비교하고 그들 간 차이점을 분석했다. 또 졸저에는 삼국지보다 더 많은 인물이 등장하며 훨씬 많은 전투 이야기가 다뤄진다.

졸저의 압권이자 백미로, 필자가 나름의 자부심을 느끼는 또 다른 내용이 있다. 졸저의 주인공과 역사 인물을 비교하고 근현대(近現代) 위인들 간의 '공통점'·'차이점'을 상세히 분석한 것이다. 주된 취지는 기타 (毛澤東)저서와의 차별화이다. 예컨대 모택동과 스탈린, 모택동과 진시황, 모택동과 등소평, 주은래와 관우, 모택동과 진독수·이립삼의 차이점, 모택동·주은래·주덕과 유비·관우·장비의 공통점·차이점, 팽덕회와 임표의 차이점, 모택동사상과 등소평이론의 차이점 등이다. 물론 이들 간의 비교가 '100% 정확하다'고 장담하기는 어렵다.

학자적 양심을 우선시하는 필자는 (中國)관방 학자의 '모택동 신격화'를 무작정 수용할 그 어떤 이유도 없다. 또 이데올로기로 점철된 외국 학자의 사실 왜곡과 '독재자(毛澤東) 폄훼' 견해를 무조건 찬동할 이유는 더욱 없다. 이는 양심적 지식인이 필히 갖춰야 할 학문적 양심과 공정심(公正心)·객관성을 상실할 수 있기 때문이다. 그리고 나는 중국어·한국어·일본어·영어로 된 오리지날 원서(原書)를 직접 열독(閱讀)할 수 있는 나름의 이점을 갖고 있다. 이것이 필자가 (博士)논문으로 '한중일(韓中日) 출산 정책'을 비교·연구할 수 있었던 주요인이다.

현재 (中國)국내와 외국에서 출간된 '모택동과 중국혁명사'에 관한 도서는 수천권에 달한다. 한편 졸저가 '가장 잘 쓴' 책이 아닌 '가장 공정한' 도서로 한국 독자들의 인정을 받는다면 필자는 그것으로 만족할 것이다. 사실상 공정성과 객관성이 결여된 명작(名作)이란 있을 수 없다.

몇 년 전 일본에서 '신규 (毛澤東)도서'가 출간됐다는 한국 지인의 메일을 받은 저자는 곧 일본에서 생활하는 친구에게 도서 구입을 의뢰했다. 그런데 생각지 못했던 사달이 생겼다. 대련 해관(海關)에서 일본 친구가 아내의 주소로 보낸 (毛澤東)도서를 압수한 것이다. 또 세관 담당자는 아내에서 전화를 걸어 '반동적(反動的) 도서'를 구입해선 안 된다고 엄포를 놓았다. 문제의 '심각성'을 느낀 아내의 태도는 급변했다. 그 후 아내는 무작정 '책 집필'을 반대했다. 그 기간은 나에게 있어 가장 어렵고 힘든 시기였다. 다행스러운 것은 얼마 후 아내는 나의 아집에 못 이겨 수수방관(袖手傍觀)하는 태도를 취했다. 결국 나는 '든든한 후원자'였던 아내의 지지를 잃고 말았다. 이 또한 호사다마(好事多魔)이다.

금번 필자가 출간하는 책 세 권은 추후 계획하고 있는 '모택동과 중국혁명사' 도서 시리즈(총 6권)의 50%에 불과하다. 향후 1950년대 모택동이 주도한 대약진운동과 반우파투쟁, 1960년대 계급투쟁 부활에 따른 문화대혁명의 발발, 1970~1980년대 등소평의 복권에 따른 개혁개방 추진 등에 대해 지속적인 연구를 수행할 것이다. 그리고 (硏究)결과물로 '모택동과 항미원조', '대약진과 미증유의 문화대혁명', '등소평과 개혁개방' 등 단행본을 잇따라 출간할 예정이다. 물론 이를 위해선 5~6년의 시간을 할애해야 한다. 한편 중국의 '4대 명저(四大名著)'는 저자들의 끊임없는 노력을 통해 어렵사리 출범됐다. '30년 연구' 결과물로 전체적인 맥락이 상통한 '20세기 중국혁명사'를 출간한다면, 일생을 후회 없이 살았다고 자부할 수 있을 것이다.

필자는 단어 사용의 '정확성' 확인을 위해 졸저의 대부분 문구(文句)를 네이버에서 검색했다. 실제로 한국인들이 가장 민감하게 반응하는 '북한어(北韓語) 사용' 오류를 피하기 위해서였다. 이 또한 지나친 완벽을 추구하는 필자의 성격상 단점일 것이다. 향후 20세기 중국혁명사에 관한 연구와 집필은 지속될 것이다. 사실상 기호지세(騎虎之勢)로 중도 포기가 불가능한 상태이다. 나는 대문호 노신(魯迅)을 작가 정신의 사표(師表)로 간주한다. 언젠가는 '모택동과 중국혁명'의 (拙著)시리즈가 중국어·영어·일본어로 번역 출간되기를 언감생심 기대한다.

'위대한 영수'가 그의 후반생에 범한 중대한 (左的)과오를 객관적으로 가감 없이 지적하고 정확하게 분석한다는 것은 매우 큰 용기와 커다란 담력이 필요하며 진지한 탐구와 지속적인 노력이 수반돼야 한다. 또 이는 자칫 필화(筆禍)를 부를 수 있는 자충수가 될 수도 있다. 한편 '창작권(創作權)'을 박탈당하지 않는 한, 필자는 학자의 사명과 학문적 양심을 잊지 않고 시종일관 창작에 정진할 것이다.

20년 간의 지속적인 연구와 심혈을 기울여 쓴 졸저에는 미흡한 점이 적지 않다. '학술 자료' 작성을 주된 취지로 한 졸저에는 역사소설

삼국연의(三國演義)와 같은 흥미진진한 소재가 상대적으로 적어 읽기에 지루한 느낌이 들 것이다. 또 '20세기 중국혁명'이 주제인 졸저는 주로 중국어 자료를 참조했기 때문에 모든 내용을 한국어로 풀어서 쓸 수 없는 한계점이 있다. 그러나 졸저가 그 사료적 가치를 인정받는다면, 필자는 그것으로 일말의 만족감을 느낄 것이다.

최근 출판계의 어려운 사정에도 불구하고 '출간' 기회를 주신 역락 출판사의 이대현 대표께 심심한 감사의 말씀을 드린다. 또 졸고를 '좋은 책'으로 만들어준 이태곤 편집이사의 높은 책임감에 경의를 표시하며 편집·교정을 맡아 수고해준 임애정 대리의 아낌없는 노고와 책에 '멋진 옷'을 입혀준 안혜진 팀장에게 진심으로 감사의 인사를 전한다. 실제로 '좋은 책'은 저자와 편집진의 공동 노력으로 만들어진다.

졸저 집필은 한국·일본의 지인과 그곳에서 생활하는 친구들의 도움을 받았다는 것을 밝힌다. 그들을 통해 구입한 외국 학자들의 (毛澤東) 저서와 '중국혁명사'는 100권을 상회한다. 이는 '연구 추진'에 큰 도움이 됐다. 실제로 그들의 도움은 책 집필에 큰 동기부여가 됐다. 재삼 머리 숙여 진심어린 감사의 마음을 전한다. 그리고 인내심을 갖고 졸저를 읽어주는 한국의 독자들에게 고마움을 표시한다.

2024년 2월 자택 '구진재(求眞齋)'에서

1940년 봄 연안에서, 주은래와 임필시와 함께.

1945년 연안 동굴집 앞에서.

1945년 가을 중경(重慶)에서, 장개석(蔣介石)과 함께.

1946년 연안에서, 아들 모안영(毛岸英)과 함께.

1946년 연안에서, 부인 강청(江靑)과 딸 이눌(李訥)과 함께.

화보

1949년 10월 1일 북경 천안문 성루에서.

모택동과 중국혁명 3

1949년 12월 소련을 방문한 모택동.

1950년 2월 모스크바에서 스탈린과 함께.

제5장 장정(長征), '홍군 통솔자' 등극

제1절 제5차 반'포위토벌' 실패

1. 제5차 반'포위토벌' 개시, 좌경 군사전략 추진

1) 장개석의 '포위토벌' 개시, 홍군의 작전 준비

2) 좌경 군사전략 추진과 이덕(李德)의 도래

2. '복건사변(福建事變)'과 두 차례의 '회의'

1) '복건사변' 발생, '복건 정부'의 패망

2) 두 차례 '회의'와 모택동의 '실권(失權)'

3. 제5차 반'포위토벌' 실패

제2절 장정(長征) 개시, '포위권' 돌파

1. '최고 3인단(三人團)' 출범과 '모낙(毛洛)' 협력

1) '최고 3인단' 설립, '전략적 이동' 준비

2) '박낙(博洛)'의 알력 격화, '모낙(毛洛)'의 협력관계 형성

2. 홍군 주력과 중앙기관의 '대이동'

1) '대이동' 준비, '진제당(陳濟棠)' 담판

2) 모택동의 '거취'와 '근거지 잔류' 명단

3. 적의 '봉쇄선' 돌파, 근거지의 유격전쟁

1) '대이동(長征)' 개시를 위한 최종 준비

2) 세 겹의 '봉쇄선' 돌파, '상강(湘江) 패전'

3) (中央)근거지의 유격전쟁

제3절 '준의회의', '홍군 지도자' 복귀

1. 세 차례의 회의와 '준의회의' 개최

1) 세 차례의 '정치국 회의'와 준의(遵義) 진입

2) 준의회의 개최, '최고 3인단' 해체

2. '신3인단(新三人團)' 멤버, 적의 '포위권' 돌파

1) 토성(土城) 패전, '박낙(博洛)'의 직책 변경

2) '신3인단(新三人團)' 설립과 '적수하 도하'

제3부

정풍운동과 모택동사상

팽덕회가 지휘한 1만 명의 팔로군은 일본군 500여 명이 고수한 '관가뇌 공략'에 실패했다. 관가뇌전투는 공방전에 약한 팔로군의 단점과 일본군의 강한 전투력을 보여준 전례(戰例)이다. 2천여 명의 사상자를 낸 관가뇌전투는 쟁의(爭議)가 가장 많은 전투였다.

소련 '홍성보(紅星報)'는 중국인민의 자유독립을 위한 위대한 승리라고 '백단대전'을 치켜세웠다. 당시 팔로군은 1.7만의 사상자를 냈다. 한편 팔로군에 대한 '군수품 보급'을 중단한 장개석은 신사군에게 '궤멸적 타격'을 가한 제2차 '반공고조'를 일으켰다.

스탈린은 모택동의 '무기 지원' 요구를 무시했다. 이는 연안·모스크바 간 소원한 관계를 유발했다. 독소전쟁 발발 후 모택동은 스탈린의 '협력' 요구를 거절했다. 배은망덕한 장개석은 '(日蘇)전쟁'을 선동했다. 스탈린의 '양토실실(兩兎悉失)'은 자업자득이다.

괴뢰정권 '만주국'을 승인한 스탈린은 성세재를 (蘇共)당원으로 포섭해 신강을 괴뢰정권으로 만들려고 시도했다. '(中國)통일'을 반대한 스탈린은 해방군의 '장강 도하(長江渡河)'를 반대했다. 민족주의자 스탈린은 결코 중공과 중국 인민의 친구가 아니었다.

공산국제의 '지시'는 (獨逸)침략전쟁과 소련의 '폴란드 침공'을 변호한 것이다. 이는 공산국제가 소련의 '괴뢰조직'이라는 반증이다. 한편 파시스트(fascist) 국가는 침략전쟁을 일으킨 독일과 소련이며 '진정한 파시스트'는 히틀러와 스탈린이다.

환남사변 후 모택동은 더 이상 공산국제의 지시에 순종하지 않았다. 독소전쟁 발발을 계기로 정풍운동을 본격적으로 전개한 모택동은 '모스크바 영향력' 제거에 전념했다. 한편 공산국제 해산(1943.5)은 모스크바·연안 간 '상하급 관계'의 종료를 의미한다.

1941년 섬감녕변구 정부는 20만석의 공량(公糧) 납부를 백성에게 강요했다. 이는 (陝甘寧)변구의 대중에게 큰 부담이었다. 결국 백성의 '(毛澤東)벼락 저주'가 생겨났다. 주된 원인은 과다한 정량으로, 이는 (邊區)백성의 불만을 야기했다.

항일전쟁 시기 연안(延安)과 섬감녕(陝甘寧)변구에서는 '평균주의적 공급제(供給制)'를 실시했다. 연안 시기 중공 영수(領袖) 모택동은 '평균주의적 공급제'를 경제위기 극복의 만병통치약으로 간주했다. 한편 공급제를 '공산주의 생활'로 오판한 모택동은 임금제(賃金制)를 '자본주의 산물'로 간주했다.

제7장
환남사변(皖南事變)과 대생산운동

제1절 국민당의 반공(反共)과 중공의 반'충돌' 투쟁

1. 국민당의 '용공(溶共)'과 '중공 제약(限共)' 정책

무한·광주가 함락(1938.10)된 후 항일전쟁은 '전략적 대치' 단계에 진입했다. 중공의 '영향력 확대'와 팔로군의 '병력 확충'에 안달복달해진 장개석은 '공산당 합병(合倂)'을 추진하는 동시에 팔로군에 대한 '군사적 공격'을 획책했다. 국공 간의 '(軍事)충돌' 격화로 항일통일전선은 결렬될 위기에 봉착했다. 국민당의 '반공(反共)'은 일본의 '침화(侵華) 전략' 변화[2230]와 소련의 '장개석 원조' 정책[2231]과 관련된다. 결국 환남사변

[2230] 1939년 10월 일본군의 사상자는 45만명에 달했다. 중국군의 단호한 반격으로 일본군의 '속결속전(速戰速決)' 전략은 실패했다. 결국 '내우외환(內憂外患)' 곤경에 빠진 일본은 침화(侵華) 전략을 변경했다. 짧은 기간 내 중국군을 굴복시킬 수 없다는 것을 확인한 일본은 장기전을 대비했다(中共中央黨史硏究室, 2005: 235). 항전이 '전략적 대치' 단계에 진입한 후 일본정부는 지구전을 대비하고 장개석에 대한 '투항 유도' 책략을 실시했다.

[2231] 항전 개시 후 장개석은 주요 병력을 항일전쟁에 투입했다. 국익을 우선시한 스탈린은 실세 장개석과 국민당 역할을 중요시했다. 스탈린은 이렇게 말했다. …장개석에 대한 (軍事)원조는 필수적이다. 국민당군이 일본 침략을 저지할 수 있고 일본은 중국을 이탈할 수 없기 때문이다(袁南生, 2003: 568). 1939~1940년 소련정부는 장개석에게 탱크·전투기 등 대량의 중무기를 지원했다. 한편 연안에는 '활동' 경비와 '서적(書籍)'을 지원했다.

(皖南事變)²²³²을 일으킨 장개석은 사면초가에 빠졌다. 한편 반'충돌' 투쟁을 지도한 모택동은 '중공 1인자'로 확실하게 자리매김했다.

국민당은 '5중전회(1939.1)'²²³³에서 중공 발전을 제약하는 일련의 (反共)정책을 제정했다. 특히 '6중전회(1939.11)'²²³⁴에서 '(軍事)반공' 방침이 확정된 후 섬감녕변구와 산서·하북·호남성 등지에서 국공(國共) 간 '군사적 충돌'이 잇따라 발생했다. 중공은 자위원칙(自衛原則)²²³⁵에 근거해 국민당군에 대한 반격을 전개했다. 당중앙의 지도하에 화북(華北)의 팔로군은 반'충돌' 투쟁을 전개해 국민당군의 군사적 공격을 격퇴했다.

제2차 (國共)합작은 서안사변(1936.12)과 항전 폭발 등 특수한 환경에

2232 환남사변(皖南事變, 1941.1)은 제2차 '반공고조(反共高潮)'로 불리며 국민당 완고파가 환남(皖南, 안휘성 남부)에서 신사군 장병 7000여 명을 사살한 군사정변이다. 1월 상순 상관운상(上官雲相)이 지휘한 국민당군(8만명)이 이동 중인 신사군(9천여 명)을 습격했다. 군단장 엽정이 체포, 부군장 항영은 '포위 돌파' 중 희생됐다. 한편 환남사변을 '신사군 반란'으로 무함한 장개석은 신사군 번호를 철회하고 엽정을 군사재판에 넘겼다.

2233 1939년 1월 국민당 '5중전회(五中全會)'는 중경에서 열렸다. 대회에서 '용공(溶共)'·'방공(防共)'의 반공(反共) 방침이 결정됐다. 국민당은 '방공(防共)위원회'를 설립하고 '이당(異黨)활동 방지방법'을 통과시켰다. '5중전회' 후 국민당 정부는 일련의 '반공' 정책을 출범했다. 결국 장개석의 '용공(溶共)' 책략은 중공의 '수용 거부'로 실패했다.

2234 국민당 '6중전회(六中全會)'는 1939년 11월 12~20일까지 중경에서 열렸다. '6중전회'에서 군사적 반공(反共) 방침을 확정한 장개석은 '군사적 충돌'로 기존의 정치적 공세를 대체했다. 또 '전회(全會)'는 '군사적 충돌'을 합법화한 '이당(異黨)문제 처리 실시방안'을 제정했다. 1939년 12월 호종남의 중앙군은 섬감녕변구 공격을 개시했다. 결국 '6중전회'는 국민당이 제1차 '반공고조(反共高潮)'를 일으킨 정책적 근거가 됐다.

2235 자위원칙(自衛原則)은 국민당 '5중전회'에서 결정한 국민당의 '반공(反共)' 정책에 대한 중공의 자위적 원칙을 지칭한다. 중앙당학교에서 한 연설(1939.2.5)에서 모택동이 처음으로 '군사적 반격' 원칙을 제출했다. 즉 '적군이 공격하면 아군은 반드시 반격한다(人若犯我, 我必犯人)'는 것이다. 실제로 중공은 모택동이 제정한 자위원칙에 근거해 국민당의 '군사적 충돌'을 격퇴했다. 한편 (中共)자위원칙은 '통일전선 결렬' 방지를 전제로 했다.

서 이뤄졌다. '10년 내전' 기간 (剿匪)작전에 전념했던 장개석은 '중공군'인 홍군을 개편해 국민당의 부대인 '팔로군(八路軍)'에 병합시켰다. 이른바 (國共)합작을 시종 인정하지 않은 장개석은 공산주의를 추종하는 공산당을 삼민주의를 지향하는 국민당에 '합병'하는 정략적 시도를 멈추지 않았다. 결국 '용공(溶共)' 정책은 국민당의 당면과제로 추진됐다. 한편 '(中共)독립성'을 강조한 모택동은 장개석의 (溶共)책략에 말려들지 않았다.

항일전쟁 개시 후 국민당 완고파는 부득이하게 중공과 통일전선을 결성했다. 국민당의 목적은 팔로군을 '항일 선봉장'으로 삼아 일본군과 정면전을 치르게 하는 것이었다. 이는 장개석이 '차도살인(借刀殺人)'[2236]을 노린 간계였다(晶榮臻, 2007: 356). 결국 장개석의 '차도살인' 음모는 물거품이 됐다. 화북에서 병력을 확충한 팔로군은 진찰기(晉察冀) 등 (抗日)근거지를 창설했다. 당시 국민당군이 일본군과 정면대결을 진행하는 동안 팔로군은 적후에서 본격적인 '세력 확장'에 전념했다. 한편 장개석은 '용공(溶共)' 책략을 꾸미는 동시에 '군사적 충돌'을 준비했다.

항전 초기 일본군은 병력을 집중해 국민당 군대와의 정면대결에 주력했다. 정규전에 강한 일본군은 화북·화중(華中)[2237]의 태원·무한 등

2236 '차도살인(借刀殺人)'은 손자병법 36계의 세 번째 계책이다. 즉 남의 칼을 빌려 상대를 제거한다는 뜻으로, 흔히 '음험한 수단'을 가리킨다. 실제로 장개석의 (國共)합작(1937.9) 목적은 팔로군을 '(抗日)선봉장'으로 삼아 일본군의 '침공'을 저지하게 하는 것이었다. 결국 이는 중공과 일본군의 '양패구상(兩敗俱傷)'을 노린 간교한 계략이었다.

2237 화중(華中)은 중국의 7대 행정구이며 하남·호북·호남성이 포함한다. 황하(黃河) 중하류와 장강(長江) 중류에 위치한 화중지역은 '교통 중추(中樞)'이자 전략적 요충지이다. 1938년 10월 일본군이 화중의 주요 도시 태원·무한을 점령한 후 항일전쟁은 '전략적 대치' 단계에 진입했다. 1939년 3월 중공은 '화중 발전'의 전략 방침을 확정했다. 한편 화중에서 활동한 신사군(新四軍)의 (敵後)유격전쟁 발전은 환남사변을 유발했다.

대도시를 점령했다. 적후에서 유격전을 전개한 팔로군은 병력 확충에 치중했다. 항전이 '대치 상태'에 진입한 후 팔로군의 역할이 부각됐다 (馬建離, 2003: 115). 한편 적후에서 수송선을 파괴하고 치중부대를 급습한 팔로군에게 곤혹을 치른 일본군은 팔로군의 유격전을 중시했다. 팔로군의 대표적 유격전은 120사단의 안문관(雁門關) 저격전, 115사단의 평형관 매복전, 129사단의 양명보(陽明堡) 비행장 습격전 등이다. 결국 일본군은 팔로군이 설립한 (抗日)근거지에 대한 '보복성 공격'을 감행했다.

1938년 연말에 이르러 팔로군의 병력은 16만명, 지방 유격대는 3만명에 달했다. 팔로군의 활동지역은 산서·하북·수원(綏遠)·산동 등 화북의 광범위한 농촌지역으로 확대됐다. 또 팔로군은 '화중 진출'을 준비했다(齊小林 외, 2015: 70). 중공의 급속한 '세력 확장'에 국민당의 지방관료들은 이렇게 한탄했다. …중공의 급속한 세력 발전은 가히 놀라울 따름이다. 그들이 차지한 지역을 국민당군이 수복한다는 것은 결코 쉬운 일이 아니다(解放軍黨史敎硏室, 1979: 325). 실제로 팔로군이 적후에 설립한 기중(冀中)·기남(冀南) 등 행정공서(行政公署)²²³⁸와 진찰기변구(晉察冀邊區) 등은 공산당이 지배하는 홍색정권이었다. 한편 '중공 제약(限共)'의 반공정책을 제정한 장개석은 기존 '용공(溶共)' 정략을 지속적으로 추진했다.

'양외필선안내(攘外必先安內)' 정책을 고수한 장개석은 '홍군 토벌'에 주력했으나 목적을 달성하지 못했다. 통일전선 결성 후 장개석은 중공의 '진일보한 합작' 건의를 거절했다. 실제로 장개석은 중공을 (合作)대

2238 행정공서(行政公署)는 중화민국 시기의 '행정독찰전원공서(行政督察專員公署)'의 약칭이다. '전원공서(專員公署)'의 행정장관은 '전원(專員)'이라고 호칭했다. 항일전쟁 시기 지구급(地區級) 행정기관인 행정공서는 건국(1949) 후 성급(省級) 행정기관이 됐다. 한편 '행정전원공서(行政專員公署)'로 개칭(改稱)된 '행정공서'는 1980년대 철회됐다.

상이 아닌 심복지환(心腹之患)으로 간주했다. 결국 장개석은 공산당 근절을 취지로 하는 '용공(溶共)'을 최선책으로 선택했다. 한편 (溶共)책략이 실패한 후 '차선책'으로 중공의 발전을 제약하는 '한공(限共)' 정책을 실행했다.

장개석은 일기(1937.5.13)에 이렇게 썼다. …공산당을 해산하고 조직을 개편해야 한다. 더 이상 공산당의 정치적 활동을 허락해선 안 된다. 또 그는 일기(5.31)에 이렇게 썼다. …(國共)양당을 합병하고 국민혁명동맹회를 설립해야 한다. (同盟會)가입자는 반드시 당적(黨籍)을 포기해야 한다(盧毅 외, 2015: 58). 여산담판(廬山談判, 1937.6)[2239]에서 장개석은 처음으로 주은래에게 '국공합병(國共合倂)'을 제출했다. 결국 그는 복흥사(復興社)[2240]의 하충한(賀衷寒)이 제출한 삼민주의청년단(三民主義靑年團)[2241]으로 국민혁명동맹회를 대체했다. 당시 장개석은 (國共)합작을 위한 중공의

2239 여산담판(廬山談判)은 1939년 6월 8~15일 장개석과 주은래가 여산에서 진행한 (國共)담판이다. 주은래에게 제출한 장개석의 '방안' 골자는 ① 홍군 편제, 3개 사단(4.5만명) ② 주모(朱毛)의 '홍군 이탈' ③ (邊區)정부 책임자, 국민정부 파견 ④ 국민대회, '중공대표' 반드시 출석 ⑤ 국민동맹회 설립 등이다(劉伯根 외, 2007: 374). 한편 여산담판에서 장개석은 처음으로 (中共)수석대표인 주은래에게 '국공합병(國共合倂)'을 제출했다.

2240 1932년 3월 1일에 설립된 복흥사(復興社)는 장개석에 충성하는 국민당의 단체이다. 황포군관학교 졸업한 엘리트 군인들이 주축을 이뤘고 '하나의 주의(主義), 하나의 정당, 하나의 영수(領袖)'를 주창했다. 복흥사 조직원은 남색 유니폼을 착용, '남의사(藍衣社)'로 불린다. 1938년 4월에 해산, 복흥사의 주요 멤버는 삼민주의청년단에 가입했다.

2241 삼민주의청년단(三民主義靑年團)은 국민당에 소속된 청년조직, '삼청단(三靑團)'으로 불린다. 1937년 6월 복흥사 주요 멤버인 하충한이 '삼청단' 설립을 제출, 국민당 전국대표대회에서 '(三靑團)설립'이 통과됐다. 1938년 7월 9일 '삼청단'이 정식으로 설립, 장개석이 단장(團長)을 맡았다. 1947년 삼민주의청년단(三靑團)은 국민당에 합병됐다.

'중대한 양보'[2242]를 '국민당 투항'으로 오판한 것이다.

당초 중공은 '국민혁명동맹회' 설립을 찬성했다. 또 (國共)양당과 기타 당파로 구성된 '민족동맹회' 설립을 동의한 중공은 장개석을 '동맹회장'으로 추대했다(中央統戰部, 1985: 451). 주은래가 작성한 '(國共)양당관계 조정방안(1937.6)'은 이렇게 썼다. ⋯'동맹회'는 (中共)내정을 간섭해선 안 되며 중공은 정치적 자유권을 행사할 수 있다(中共中央文獻研究室, 1989: 369). 1938년 5월 임필시는 공산국제 보고서에 이렇게 썼다. ⋯장개석이 제출한 '통합당 설립'은 중공 와해가 주목적이다. 중공중앙은 장개석의 '건의'를 수용하지 않았다(中央檔案館, 1986: 126). 중공이 장개석을 '동맹회장'으로 추대한 목적은 장개석의 '항전 참여'를 독려하기 위한 것이었다. 한편 '독립성'을 강조한 중공은 '집정당(執政黨)'[2243]인 국민당의 영도적 지위를 인정했으나 공산당 해체의 '용공(溶共)' 책략은 단호히 거절했다.

1938년 2월 10일 장개석은 주은래에게 이렇게 말했다. ⋯전국적 '통합당' 설립을 위해 역사가 유구한 국민당을 해체할 수 있다. 항일전쟁에

2242 1937년 2월 중공중앙은 (國共)합작을 촉구하기 위해 국민당 5기 3중전회에 축하 전보를 보냈다. '전보'의 골자는 ① 중공, 무장폭동 중지 ② '변구(邊區)', 국민정부의 특구로 개명 ③ 홍군, 국민혁명군으로 개편 ④ '(地主)토지 몰수' 중지 등이다(齊小林 외, 2015: 58). 한편 중공의 '중대한 양보'를 공산당 해체의 절호의 기회로 여긴 장개석은 주은래에게 '국민혁명동맹회' 설립을 제출했다. 결국 '(中共)중대한 양보'를 역이용한 것이다.

2243 '집정당(執政黨)'은 현재 집권을 잡은 정당을 가리킨다. 국민당은 항일전쟁 시기의 '집권당'이었고 중공은 '재야당(在野黨)'이었다. 흔히 장기적으로 집권하는 집권당을 '독재 정당'으로 폄하된다. 중화민국의 국민당은 28년 동안 집권했고 중화인민공화국을 설립한 중국 공산당은 100년 이상 집권하고 있다. 한편 서구(西歐) 사회의 여야당(與野黨)은 자주 바뀌며 정권을 주도하는 여당(與黨)의 집권 기간은 4~8년이다.

모택동과 중국혁명 3

서 승리하려면 '통합된 신당(新黨)'을 창건해야 한다(楊天石, 2012: 35). 실제로 장개석은 '국민당 해체'를 빙자해 '공산당 해산(溶共)'을 강요한 것이다. 한편 '(國共)합병'을 반대한 주은래는 장개석의 '합당(合黨)' 건의와 국민당 대표인 진립부의 '삼청단(三靑團) 가입' 요구를 완곡하게 거절했다.

'(國共)합병'에 관해 중공중앙은 공산국제에 전보(1938.2.4)[2244]를 보내 '지시'를 요청했다. 공산국제의 '답전(3.23)'은 이렇게 썼다. …항일민주강령을 전제로 (國共)양당과 기타 당파가 연합해 민족혁명연맹을 설립해야 한다. 한편 공산국제와 '민족연맹'은 관련이 없음을 밝힌다('第一研究部', 2012: 40). 임필시는 공산국제 책임자에게 이렇게 보고(1938.5)했다. …'통합당 창설'을 제출한 국민당은 장개석이 위원장을 맡은 '최고위원회'를 설립하고 중공의 '지휘 복종'을 요구했다(羅平漢 외, 2015: 60). 공산국제가 언급한 '민족연맹'은 국민당이 제출한 국민혁명동맹회를 가리킨다. 당시 공산국제는 장개석의 '(國共)합병'을 묵인했다. 실제로 공산국제는 '중공 해산'을 뜻하는 장개석의 '용공(溶共)'을 인정한 것이나 진배없다.

'삼청단(三靑團)'을 민족연맹으로 간주한 중공은 국민당의 '삼청단' 설립을 환영했다. 모택동은 이렇게 말했다. …(國共)합작이 성공하려면 (國共)유대적 조직인 '통합당 설립'이 필요하다. '통합당'을 통일전선의 지도기관으로 삼아야 한다(中共中央文獻硏究室, 1989: 61). 중공 '독립성'을

2244 중공중앙은 공산국제에 보낸 '전보(1938.2.4)'에 이렇게 썼다. …현재 '통합당' 문제에 대한 세 가지 견해는 ① 국민당 외 모든 정당 해산 ② 모든 당파를 연합해 '국가당' 설립 ③ 전국연맹인 '통합당' 설립이다. '세 번째 견해'에 대한 구체적 지시를 요구한다(盧毅 외, 2015: 63). 공산국제는 중공중앙에 답전(3.23)을 보내 '민족해방연맹 설립'을 지시했다. 이는 모스크바가 공산당 해체를 취지로 한 장개석의 '용공(溶共)' 정책을 묵인한 것이다.

중요시한 모택동은 이렇게 역설했다. …항일통일전선은 절대적인 것이 아니다. '통일전선' 중 조직적 독립성을 유지해야 한다(毛澤東, 1993: 109). 실제로 중공은 각 당파와 혁명청년의 민족연맹인 '삼청단'을 통해 '국민당 개조'를 시도한 것이다. 한편 장개석은 '삼민주의청년단'이란 청년조직을 통해 '공산당 해체'를 취지로 한 '용공(溶共)'을 노렸던 것이다.

주은래와의 회담(12.6)에서 장개석은 주은래가 작성한 '중공 의견'에 대한 국민당의 주장을 이렇게 피력했다. 첫째, 양당은 합병한 후 통일된 조직으로 거듭나야 한다. 둘째, '(國共)합병'에 관해 장개석이 직접 모택동과 만나 협상한다. 셋째, 국민당에 가입한 공산당원은 (中共)당적을 포기해야 한다(中共中央文獻硏究室, 2007: 437). 주은래가 장개석의 '(國共)합병' 요구를 거절한 후 장개석은 부득불 '모택동 면담' 계획을 취소했다. 실제로 공산당원의 '당적 포기'는 중공의 세력 약화를 노린 장개석의 계략이었다.

장군매(張君勱)[2245]가 국가사회당(國家社會黨)[2246] 기관지 '재생(再生)'에 발표한 '모택동에게 보내는 공개편지(1938.12)'는 이렇게 썼다. …중공은 지휘권을 국민당에게 넘겨주고 섬감녕변구를 철회해야 한다. 또 '홍색정권'을 국민정부에 소속시켜야 한다('中央日報', 1938.12.25). 12월 12일 장

2245 장군매(張君勱, 1887~1969), 강소성 보산(寶山) 출신이며 국가사회당 창시자이다. 1910년대 일본·독일에서 유학, 1930년대 국가사회당을 창건, 기관지 '재생(再生)'에 '공개편지'를 발표(1938)했다. 1952년 미국에 정주, 1969년 샌프란시스코에서 병사했다.

2246 국가사회당(國家社會黨)은 1934년 10월 장군매(張君勱)가 천진에서 설립했다. 국가사회주의를 표방한 '사회당'의 설립 취지는 '중화민국 재건'이다. 이론적 기초는 '절대적 애국주의'·'점진적 사회주의'이다. 북경에 (黨)기관지 '재생(再生)'을 설립, 항일전쟁 시기 중국민주동맹과 합병(合倂), 1946년 중국민주사회당으로 개명했다.

개석은 국민참정회(國民參政會)[2247] 참석을 위해 중경에 온 중공 참정원 (參政員) 왕명 등에게 이렇게 말했다. …나의 책임은 국공 양당을 통일된 조직으로 만드는 것이다. '(國共)합병'은 (抗戰)사활이 걸린 중차대한 문제이다(中央檔案館, 1991: 6). 오옥장(吳玉章)은 이렇게 회상했다. …장개석은 나에게 (國共)합병을 실현하지 못한다면 '사불명목(死不暝目)'[2248]의 한이 될 것이라고 말했다(葉永烈, 2014: 250). 1948년 모택동은 장개석의 나팔수 역할을 한 장군매를 '43명 전범(戰犯)'[2249]명단에 올렸다. 한편 (國共)합병 은 공산당 해체를 취지로 한 '용공(溶共)' 책략이었다. 실제로 장개석은 '공산당 근절'을 궁극적인 목표로 삼았다.

1939년 1월 20일 장개석은 주은래에게 재차 (國共)합병을 제출했다. 당시 주은래는 중공중앙에 상황을 보고하고 '5중전회 축전(祝電)'을 제 의했다(羅平漢 외, 2015: 69). 주은래의 건의를 수용한 중공중앙은 장개석 에게 밀전(密電, 1.25)을 보냈다. '밀전'의 골자는 첫째, (國共)합작이 필요

2247 1938년 7월 국민정부가 설립된 국민참정회(國民參政會)는 각 당파가 참여해 '참정의정 (參政議政)'하는 최고 자문기구이다. 초대 회장은 왕정위(汪精衛), 공산당 참정원(參政員)은 모택동·왕명·박고·임백거·오옥장·동필무·등영초 7명이었다. '중경 이전' 후 장개석 이 (參政會)회장을 맡았다. 1948년 3월 국민참정회는 '해산'을 선포했다.

2248 '사불명목(死不暝目)'은 근심이나 한(恨)이 남아 죽어서도 눈을 편히 감지 못한다는 뜻이 다. 장개석의 '사불명목'은 그가 중공을 '불공대천의 원수'·'심복지환'으로 여겼다는 반증이다. 10년 내전 기간 '홍군 토벌'에 전념한 장개석은 이른바 '양외필선안내(攘外 必先安內)'에 집착했다. '국공합작(1937.9)' 후 공산당 와해의 '용공(容共)' 책략이 실패했 다. 결국 모택동에게 패배한 장개석은 '고도(孤島, 臺灣)'에서 '외로운 여생'을 보냈다.

2249 1948년 12월 25일 신화사(新華社)는 '43명 전범(戰犯)'의 명단을 발표했다. 모택동의 최종 인가를 받은 '전범'의 대다수는 '장개석 추종자'들이다. 서열 1~3위는 장개석· 이종인·진성, 송미령은 23위, 국가사회당 '영수' 장군매는 43위였다. 한편 정잠(程潛)· 부작의(傅作義)는 중공의 고위직을 맡았고 이종인·위립황 등은 건국 후 귀국해 전향했 다. 장개석 부자(父子) 외, 공상희·송미령 등 미국 등 해외에서 '객사(客死)'했다.

하지만 '합병'은 별개의 물제이다. 둘째, (國共)양당은 '삼민주의 실현'을 위해 노력해야 한다. 셋째, 마르크스주의 신앙을 포기할 수 없고 '당파 소속'을 반대한다(中央檔案館, 1986: 203). 결국 당중앙의 단호한 거절로 장개석이 집착한 (國共)합병의 시도는 수포로 돌아갔다. 한편 민족동맹회를 통해 '국민당 개조(改造)'를 노렸던 중공의 계획도 무산됐다.

중경에서 열린 '5중전회(1939.1.21)'에서 정치보고를 한 장개석은 이렇게 말했다. …중공에게 약한 모습을 보이면 그들은 득촌진척(得寸進尺)[2250]할 것이다. 집정당인 국민당은 모든 당파와 군대를 통일해야 한다. 향후 (國共)투쟁에 따른 '군사적 충돌'은 불가피할 것이다(齊小林 외, 2015: 70). 결국 국민당 '5중전회'는 장개석의 '반공(反共)' 출발점이 됐다. 1939년 장개석은 '공산당 해체' 취지의 '용공(溶共)' 정책과 팔로군에 대한 군사적 공격을 병행하는 '한공(限共)' 책략을 지속적으로 추진했다. 한편 이 시기 국공 간의 '합작관계'는 여전히 결렬되지 않았다.

'5중전회'의 '당무(黨務)보고 결의안'은 이렇게 썼다. …각 당파는 국민당의 영도에 복종해야 한다. 본당은 삼민주의에 위배되는 불법적 행위에 대해 엄중한 책임을 추궁할 것이다. 적후에서 활동하는 '이당(異黨)'[2251]의 언행을 주목해야 한다(逢先知 외, 2011: 540). '이당(異黨)활동 제약

2250 득촌진척(得寸進尺)은 '촌(寸)을 얻으면 척(尺)을 얻으려 한다'는 뜻이며 인간의 욕망은 한이 없음을 가리킨다. 장개석이 언급한 '득촌진척'은 중공의 급속한 '세력 확장'을 빗댄 것이다. 또 이는 장개석의 '용공(溶共)' 정책의 당위성을 강조한 것이다. 국민당 '5중전회'에서 통과시킨 '반공(反共)' 결의안은 '(中共)득촌진척(勢力擴大)'을 방지하기 위한 것이다. 한편 장개석이 '보고'에서 언급한 '득척진척'은 설득력이 크게 떨어진다.

2251 '이당(異黨)'은 다른 당파와 정당을 가리키며 폄하적 요소가 강하다. 장개석이 중공은 '이당'으로 호칭한 주된 목적은 공산당 해체의 정당성을 강조하기 위한 것이다. 또 '이당'인 중공이 국민당에 '합병'돼야 한다는 '용공(溶共)'의 '합리성'을 천명한 것이다. 결국 이는 장개석이 종래로 제2차 (國共)합작을 인정하지 않았다는 단적인 반증이다.

조치(1939.4)'는 중공의 정치적 활동을 엄격히 규제했다. '조치'의 골자는 첫째, 사사로이 설립한 무장부대는 곧 해산해야 한다. 둘째, 불법적 단체에 대해 가차없이 취체해야 한다. 셋째, 불법적인 간행물에 대한 단속을 강화해야 한다(第二歷史檔案館, 1998: 24). 국민당의 '제약조치'는 팔로군의 활동 제한과 '변구' 봉쇄를 통한 (中共)세력 약화가 주된 목적이었다. 한편 공개적 반공을 제출하지 않은 국민당은 여전히 정치적 공격을 우선시했다.

(國民黨)군사위원회는 녹종린(鹿鍾麟)[2252]에게 군정대권을 맡기고 중공이 장악한 권력을 회수했다. 국민당 선전부는 '(中共)불법행위 시정과 선전방안'을 공표해 군사적 충돌에 관한 소식을 봉쇄했다(楊奎松, 2008: 412). 섬서성정부가 제정한 '이당(異黨)처리 실시방안'과 '공산당 활동방지 방법'은 섬감녕변구의 세력 확장을 방지하기 위한 것이다. 국민당의 (反共)목적은 '중공 와해'를 통한 영도권 탈취이다(解放軍黨史敎硏室, 1979: 324). 국민당의 '방공(防共)' 정책 중 1939년 6월에 제정한 '공산당문제 처리방법'[2253]이 대표적이다. 한편 국민당의 (反共)정책은 중공의 정치적 반격과 대응책 마련으로 인해 별다른 효과를 거두지 못했다.

주은래는 이렇게 회상했다. …1939~1944년 국공은 충돌과 담판을

2252 녹종린(鹿鍾麟, 1884~1966), 하북성 정주(定州) 출신이며 국민당 상장이다. 1920~1940년대 군정부(軍政部) 차장, 군사참의원 참의(參議), 기찰전구(冀察戰區) 사령관, 건국 후 국방위원회 위원, 민혁(民革)중앙 단결위원 등을 역임, 1966년 천진(天津)에서 병사했다.

2253 1939년 6월 국민당중앙이 제정한 '공산당문제 처리방법(1939.6)'의 골자는 ① 팔로군·신사군, 상급자의 지휘에 복종 ② '신병 모집' 불가 ③ '단체 설립' 불가 ④ '구국회(救國會)' 등 불법조직 철회 ⑤ '간행물 발간' 불허 ⑥ '변구(邊區)' 권한, 국민당 당국에 이전 등이다(第二歷史黨案館, 1998: 54). 이 시기 국민당의 '반공(反共)'은 정치적 공세 위주로 진행됐다. 한편 중공중앙은 국민당의 '반공'에 대해 정치적 반격을 전개했다.

거듭했다. '77선언(七七宣言)'²²⁵⁴에서 주장한 것처럼 중공은 항전·단결·
진보를 강조하고 국민당은 타협·분열·퇴보 정책을 추진했다. 6년 간
국민당은 세 차례의 '반공고조(反共高潮)'²²⁵⁵를 일으켰다(中共中央文獻編
委, 1980: 199). 국민당 '5중전회'의 (反共)정책은 국공 간 '밀월기'²²⁵⁶ 종료
를 의미한다. 한편 '용공(溶共)'·'합병(合併)'·'타협'으로 점철된 (國共)관계
(1938)는 1939년 투쟁과 갈등 격화에 따른 군사적 충돌을 유발했다.

2. 국민당의 '반공(反共)'과 중공의 군사적 반격

장개석의 '용공(溶共)'·'한공(限共)' 정책은 팔로군의 세력 약화를 목

2254 '77선언(七七宣言)'은 중공중앙이 '항전(抗戰) 2주년'을 기념하기 위한 발표한 선언이다.
'선언'은 목전 정세의 특징과 발전 추세를 분석하고 국민당의 '일본 타협'과 '국공합
작 결렬' 가능성을 지적했다. 또 '선언'은 '항전 견지·타협 반대', '단결 강화·분열 반
대'의 정치적 구호를 제출했다(中共中央文獻研究室, 1993: 130). 실제로 중공중앙은 '77선
언'을 통해 공산당의 '항전 의지'를 밝히고 국민당의 '일본 타협'을 경계했던 것이다.

2255 세 차례의 '반공고조(反共高潮, 1939~1943)'는 국민당이 화북·화중·서북에서 일으킨 세
차례의 군사적 충돌이다. 제1차 '반공고조(1939.12~1940.2)'는 팔로군의 (軍事)반격에
의해 격퇴됐다. 제2차 '반공고조(1940.12~1941.1)'에서 국민당군은 환남(皖南)에서 신사
군을 포위공격해 7천여 명의 사상자를 냈다. 중공은 '정치적 공세·군사적 수세'의 반
격을 전개했다. 1943년 7월 국민당은 연안 공격의 제3차 '반공고조'를 일으켰다. 언
론을 이용한 중공의 정치적 반격과 영미(英美)·소련 등 국가의 압력으로 장개석은 부
득불 '군사행동' 계획을 철회했다.

2256 제2차 (國共)합작 후 국공 간에는 다방면 합작의 '밀월기'가 있었다. 첫째, (武漢)장강국
은 여러 차례 국민당과 담판하며 '통일전선 결렬' 방지에 기여했다. 둘째, 주은래가
부부장을 맡은 (國民黨)군사위원회 정치부는 '단결항전' 상징이다. 셋째, 항일간부 양
성에 기여한 (南岳)유격간부훈련반(1939.12.15)의 주임은 탕은백, 부주임은 엽검영이 맡
았다. 넷째, 흔구(忻口)·서주(徐州)·무한회전에서 (國共)군대는 협동전을 전개했다. 다섯
째, 국민참정회는 공산당 참정원(參政員)과 국민당 인사가 함께 국가대사를 토론하는
(議政)기관이었다. 한편 국민당 '5중전회'에서 출범한 (反共)정책으로 국공 간 '밀월기'
는 종료됐다.

적으로 한 군사적 충돌로 발전했다. 반'충돌' 투쟁을 전개한 중공은 '통일전선 수호'를 전제로 정치적 반격을 전개했다. 장개석의 '반공' 전환은 일본의 '침화(侵華) 전략' 변화와 왕정위의 변절, 팔로군의 병력 확충과 관련된다. '6중전회' 후 국민당군은 (華北)팔로군에 대한 군사적 공격을 감행했다. 결국 '자위(自衛)' 원칙을 견지한 중공은 군사적 반격을 가했다.

무한회전(武漢會戰)[2257] 후 화북·화동(華東)[2258] 대도시를 점령한 일본군은 군사력·물자가 부족한 문제를 드러냈다. 200여 개 사단의 국군(國軍)[2259]과 정면대결을 벌인 일본군은 유격전에 능한 팔로군에 의해 진퇴유곡에 빠졌다. 중국군의 완강한 저항에 부딪친 일본군의 '속전속결' 계획은 무산됐다. 결국 일본은 부득불 '침화(侵華)' 전략을 변경했다.

1938년 1월 16일 고노에 후미마로(近衛文麿)[2260]가 발표한 제1차 '성

2257 무한회전(武漢會戰)은 항일전쟁 시기 국민당 군대가 일본군의 침공 저지를 위해 치른 회전(會戰)이다. 1938년 6~10월 안휘·하남·강서·호북 4개 성(省)에서 벌어진 무한회전은 전투 기간이 가장 길고 규모가 가장 큰 전역이다. 회전에서 40만명의 사상자를 낸 중국군은 일본군 25.7만을 섬멸했다. 한편 일본군은 무한을 점령했으나 '속전속결'의 전략적 시도가 무산됐다. 결국 무한회전 후 항전은 '전략적 대치' 단계에 진입했다.

2258 화동(華東)은 중국 동부의 장강(長江) 하류의 삼각주를 중심으로 한 지구의 총칭이다. 건국(1949) 초기에 설립된 화동구(華東區, 1954년 철회)는 (中國)6대 행정구이다. 1961년 화동경제협작구(協作區)가 설립, 1978년에 철회됐다. 한편 화동지역은 물산이 풍부하고 교통이 사통팔달(四通八達)하며 경제·문화가 가장 발달한 지역이다.

2259 국군(國軍)은 1925년에 설립된 국민혁명군을 지칭하며 흔히 '국군(國軍)'으로 약칭된다. 제1차 (國共)합작이 결렬(1927.7)된 후 국군의 일부분은 중공이 지도하는 홍군에 가입했다. 항일전쟁 시기 홍군은 국민당군의 지휘를 받는 팔로군·신사군으로 개편됐다. 1949년 국군은 해방군에 의해 대부분이 섬멸, 잔여부대는 대만으로 도망쳤다.

2260 고노에 후미마로(近衛文麿, 1891~1945), 동경(東京) 출생이며 일본의 정치가이다. 세 차례 일본 수상(首相)을 역임한 (侵華)전쟁의 원흉이며 '갑급전범'이다. 1938년 이른바 '근위

명(聲明)'은 이렇게 썼다. …향후 국민정부를 담판대상으로 여기지 않는다. 제2차 '성명(11.3)'은 '동아신질서(東亞新秩序)'[2261] 구축을 제출했다. 이는 '투항 유도' 정책이었다(劉伯根 외, 2007: 409, 439). 일본정부가 발표한 '(日華)관계 조정방침(11.30)'은 (日滿華)3국이 '동아신질서' 구축을 위해 협력해야 한다고 강조했다. 제3차 '근위성명(近衛聲明)'[2262]은 '선린우호·공동방공·경제합작' 삼원칙을 제출했다(郭德宏 외, 2019: 236). 상기 '성명'은 '투항 유도'의 정치적 공세로 변경했다는 반증이다. 장개석은 담화를 발표해 '성명(聲明)'을 비난했으나 왕정위는 하노이에서 '성명'을 지지했다. 실제로 일본의 '국민당 분열' 책략이 어느 정도 성공했다.

1938년 11월 18일 일본 대본영(大本營) 참모부는 '전쟁의 지도방침'을 제정했다. '방침'은 점령지역의 '자주적 건설'을 강조했다. 12월 6일 육군성(陸軍省)[2263]은 '대화(對華)처리방법'[2264]을 반포했다. 1939년 9월 일

성명(近衛聲明)'을 세 차례 발표했다. 1945년 12월 16 독약(毒藥)을 마시고 자살했다.

2261 '동아신질서(東亞新秩序)'는 고노에 내각이 제2차 '성명(聲明, 1938.11.3)'에서 제출했다. '성명'은 이렇게 썼다. …(日本)제국은 국민정부와 함께 동아시아의 영구적 평화와 신질서(新秩序) 구축을 기대한다. '신질서'는 일본·만주국(滿洲國)·중국이 합작해 구축해야 한다(蔣殿興, 2014: 268). 이른바 '동아신질서'는 '장개석 투항'을 유도하는 일본의 유인책이다. 결국 이는 국민당의 지도자인 장개석과 왕정위의 최종 결렬을 유발했다.

2262 1938년 12월 22일 일본정부가 발표한 제3차 '성명(聲明)'의 골자는 ① (日本)무력대항 포기 ② '만주국'과 외교관계 설립 ③ '(日華)방공협정' 체결 ④ 몽골을 '방공(防共)지역' 으로 확정 ⑤ 경제협력 추진 ⑥ '(華北)개발권' 양도 등이다(王秀鑫 외, 2019: 236). 이는 일본의 (侵華)전략이 '투항 유도'의 정치적 공세로 변했다는 것을 반증한다.

2263 육군성(陸軍省)은 1872년 병부성(兵部省)에서 분리(分離), 해군성(海軍省)과 함께 설치됐다. 육군성의 책임자는 육군대신이다. 1878년 참모본부 설립, 1900년 교육총감부 창립, 단순한 군정기관이 됐다. 1945년 '제1부흥성'으로 개편, 1946년 해군성이 개편된 '제2부흥성'과 통합, 부흥청(復興廳)으로 개명했다. 1947년 10월에 폐지됐다.

2264 1938년 12월 6일 (日本)육군성과 참모본부는 '대화(對華)처리방법'을 발표, 침화(侵華) 전략을 변경했다. '방법'의 골자는 ① '지구전' 전략 실시 ② '점령구 확대' 중지 ③ 팔

본정부는 니시오 토시조(西尾壽造)[2265]를 (南京)중국파견군사령부 사령관으로 임명했다(中共中央黨史硏究室, 2019: 238). 침략전쟁에 필요한 군수물자 등을 해결하기 위해 '이전양전(以戰養戰)'[2266] 정책을 추진한 것이다. '침화(侵華)' 전략 실현을 위해 일본정부는 '흥아원(興亞院)'[2267]을 설립해 '(對華)업무'를 총괄하게 했다. 결국 이는 장개석이 지배한 국민정부의 '(抗戰)군사전략 변화'와 중공의 '정책 변화'[2268]를 유발했다.

항일전쟁이 '전략적 대치' 상태에 진입한 후 일본은 기존 군사적 공격의 침화(侵華) 방침을 변경했다. 즉 '장개석 투항'을 유도하는 정치

로군 공격 강화 ④ 정면전 규모를 축소 ⑤ 군사행동과 정치적 공세를 병행 등이다(中共中央黨史硏究室, 2005: 238). 실제로 일본은 중국군과의 정면대결을 줄이고 '투항 유도'의 (侵華)전략으로 변경했다. 이는 일본의 '속전속결' 전략이 실패했다는 단적인 반증이다.

2265 니시오 토시조(西尾壽造, 1881~1960), 일본 돗도리(鳥取) 출생이며 육군 대장이다. 1910년 일본 육군대학 졸업, 1930년대 (關東軍) 참모장, 육군 대장, (中國)파견군 총사령관, 1940년대 군사참의관, 동경도(東京都) 장관 등을 역임, 1960년 도쿄(東京)에서 병사했다.

2266 '이전양전(以戰養戰)'은 '전쟁으로 전쟁을 키운다'는 뜻으로, 중국 현지에서 일본군의 군수물자·급양(給養)을 해결한다는 것이다. 1938년 11월 18일 일본 대본영(大本營) 참모본부는 '침화(侵華)전쟁의 지도방침'을 제정, 점령지역의 '자주적 건설'을 강조했다. 결국 '지구전(持久戰) 진입'과 막대한 '물자 소비'를 감안한 일본정부는 (侵華)전쟁에 필요한 급양을 (中國)현지에서 해결하기 위해 '이전양전(以戰養戰)'의 정책을 추진했다.

2267 '흥아원(興亞院)'은 일본 고노에(近衛) 내각이 설립(1938.12), 침화(侵華) 업무를 전문적으로 처리하는 행정기관이다. 총재는 수상(總理), 부총재는 외상(外相)·장상(藏相)·육상(陸相)·해상(海相)이 맡았다. 당시 북경·상해·장가구(張家口)·하문(廈門)에 연락부를 설치했다. '대동아성(大東亞省)'이 설립(1942.11)된 후 '흥아원'은 폐지됐다.

2268 남악(南岳)군사회의(1938.11)에서 국민정부는 '(抗戰)전략적 대치' 단계의 진입을 확정했다. 국민당의 '5중전회(1939.1)'에서 정치보고를 한 장개석은 지속적인 '항전(抗戰) 의지'를 밝혔다. 한편 중공의 '세력 확장'을 우려한 국민당 정부는 '용공(溶共)'·'방공(防共)'의 반공(反共) 방침을 결정했다. 결국 이는 국공 간의 '군사적 충돌'을 유발했다. 실제로 국민정부의 '(中共)정책 변화'는 일본의 '(侵華)전략' 변경과 밀접하게 관련된다.

적 공세를 강화했다. 일본정부는 '장개석 타도'의 정치적 구호를 철회하고 장개석의 '항전 포기'를 위한 담판을 제안했다(王功安 외, 2003; 116). 당시 일본정부가 국민당 담판을 회복한 주된 목적은 장개석의 '항전 의지'를 약화시키기 위한 것이었다. 이는 치밀한 책략이었다. 실제로 일본의 '장개석 유도' 전략은 '장왕(蔣汪) 결별'[2269]을 초래했다. 또 이는 국민당의 '적극적 반공(反共)'을 유발했다. 한편 친일파 왕정위의 '한간(漢奸) 전략'[2270]은 일본의 '투항 유도' 정략(政略)과 밀접히 관련된다.

제2차 '성명(11.3)'은 이렇게 썼다. …국민정부가 '항일용공(容共)' 정책을 포기하지 않으면 제국은 공격을 강화해 정권을 붕괴시킬 것이다. 국민정부의 '신질서 구축' 참여와 '공동방공(共同防共)'을 기대한다(黃美眞 외, 1984: 96). 기존의 강경한 입장을 바꾼 제2차 '성명'은 정치적 공세로 전략을 변경했다. 제2차 '성명'은 왕정위 집단의 '일본 투항'을 유도한 유인책이었다. 결국 '(第二次)성명'은 일제와 한간 왕정위 간 결탁을 유발했다(張殿興, 2014: 268). 11월 20일 왕정위가 파견한 매사평(梅思平)[2271]과

2269 '장왕(蔣汪)'은 제1차 '국공합작 결렬(1927.7)'의 주요 장본인이다. 1932~1935년 (國民黨)군사위원회 위원장 장개석과 행정원장 왕정위는 '장왕(蔣汪)' 체제를 유지했다. 일본의 제3차 '근위성명(1938.12.22)'에 대해 장개석은 단호하게 거절한 반면, 왕정위는 '성명(聖明) 지지(1938.12.29)'를 발표했다. '장왕(蔣汪) 결별' 후 항전을 견지한 장개석은 '민족영웅'으로 추앙됐다. 한편 친일파 왕정위는 '매국적'·'한간(漢奸)'으로 전락했다.

2270 항일전쟁이 개시(1937.7)된 후 왕정위는 선후로 국방최고회의 부주석·국민당 부총재·국민참정(參政)회장을 맡았다. 1938년 12월 29일 베트남 하노이에서 제3차 '근위성명(近衛聲明)'을 지지하는 '염전(艶電)'을 발표한 왕정위는 한간(漢奸)으로 전락했다. 1940년 3월 30일 왕정위는 남경(南京)에서 설립한 '(日本)괴뢰정권'의 행정원장과 '국민정부'의 주석으로 임명됐다. 1944년 11월 왕정위는 일본의 나고야(名古屋)에서 병사했다.

2271 매사평(梅思平, 1896~1946), 절강성 영가(永嘉) 출신이며 매국적·한간(漢奸)이다. 1939년 11월 상해에서 '중광당(重光堂)밀약'을 체결했다. 1940년대 '(南京)괴뢰정권' 조직부장, 절강(浙江)성장, 1945년 '한간죄(漢奸罪)'로 체포, 1946년 국민정부에 의해 처형됐다.

고종무(高宗武)[2272]는 일본 대표와 '중광당밀약(重光堂密約)'[2273]을 체결했다. '밀약' 체결 후 왕정위는 '중경(重慶) 이탈'[2274]과 '일본 투항'을 결정했다. 결국 제2차 '성명'은 당근과 채찍을 병용한 일제의 책략이었다.

12월 26일 왕정위는 일본의 제3차 '성명(聖明)'에 호응하는 전문(電文)을 작성했다. 29일 진공박·주불해·도희성(陶希聖)[2275]은 왕정위가 작성한 전보문을 갖고 홍콩에 도착했다. 12월 30일 이른바 '염전(艶電)'[2276]이 남화일보(南華日報)[2277]에 발표됐다(張殿興, 2014: 271). 일본의 입장을 대변한

2272 고종무(高宗武, 1905~1994), 절강성 낙청(樂淸) 출신이며 왕정위 추종자이다. 1930년대 국방설계위원회 전원(專員), 외교부 아주사장(亞洲司長), '중광당(重光堂)밀약'을 체결했다. 1940년대 '장개석 지지자'로 변신, 건국 후 미국 정주, 1994년 미국에서 병사했다.

2273 '중광당밀약(重光堂密約, 1938.11)'은 왕정위의 대표인 매사평(梅思平)·고종무(高宗武)가 상해에서 체결한 매국적인 '밀약(密約)'이다. 1938년 11월 20일 매사평 등은 일본정부 대표와 '중광당밀약'으로 불리는 '일화(日華)협의기록'·'일화(日華)협의기록양해사항'을 체결했다. 한편 '중광당밀약' 체결 후 왕정위는 비밀 회의를 열고 '중경(重慶) 이탈'과 일본의 제2차 '성명(聲明)'에 호응하는 '성명(聖明) 발표'와 '변절 계획'을 획책했다.

2274 왕정위의 부인 진벽군(陳璧君)은 이렇게 회상했다. …1938년 12월 16일 왕정위는 장개석의 저택으로 찾아가 장개석에게 '평화 담판'을 건의했다. 당시 장개석은 왕정위의 (談判)건의를 일축했다(陳璧君, 1987: 65). 1938년 12월 18일 왕정위 등은 비밀리에 중경을 떠나 곤명(昆明)에 착륙, 12월 19일에 베트남 하노이(Hanoi)에 도착했다.

2275 도희성(陶希聖,1899~1988), 호북성 황강(黃岡) 출신이며 국민당 우파이다. 1930~1940년대 '(南京)괴뢰정부' 선전부장, 국민당중앙 선전부 부부장, 건국 후 (臺灣)국민당중앙 집행위원, '(臺灣)중앙일보' 편집장 등을 역임, 1988년 대북(臺北)에서 병사했다.

2276 '염전(艶電, 1939.12)'은 왕정위가 하노이에서 장개석에게 보낸 전보를 가리킨다. 12월 29일의 '운목대일(韻目代日)'이 '염(艶)'이었기 때문에 왕정위의 전보(12.29)를 '염전'으로 부른다. '염전'에서 왕정위는 장개석에게 일본의 '성명(聲明, 12.22)' 수용과 '일본 투항'을 권고했다. 친일파 왕정위가 작성한 '염전'은 그가 매국적(賣國賊)·한간(漢奸)으로 전락했다는 단적인 방증이다. 한편 장개석은 왕정위의 '(日本)투항 건의'를 일축했다.

2277 1903년 홍콩에서 발간된 남화일보(南華日報)는 식민지 시기 영국정부의 '후설(喉舌)' 역할을 했다. 1971년 홍콩교역소 출시(出市), 1987년 루퍼트 머독(Rupert Murdoch) (新聞)그룹에 의해 사유화(私有化), 1993년 곽학년(郭鶴年)이 인수, '중국정부 편향적'이다.

'염전'에서 왕정위는 장개석에게 '일본 타협'과 '굴욕적 평화'를 호소했다. 당시 장개석은 왕정위의 '일본 투항' 권고를 단호하게 거부했다. 실제로 '한간(漢奸)'·'매국적'으로 전락한 친일파 왕정위의 '염전'은 일본의 '(侵華)전략 변화'에 따른 '정치적 공세'의 결과물이다.

12월 26일 일본의 '성명(12.22)'을 반박한 장개석은 '공동방공(共同防共)'은 책략이라고 말했다. 12월 29일 왕정위는 장개석에게 전보를 보내 '일본 타협'을 건의했다. 12월 31일 장개석은 '전국 동포에게 고하는 글'을 발표해 장기적 항전을 호소했다(李勇 외, 1995: 271). 1939년 1월 1일 국민당중앙은 왕정위를 영구(永久) 제명했다. '왕정위 사건'을 토론한 서기처 회의(1939.1.5)에서 모택동은 '옹장반왕(擁蔣反汪)'[2278] 방침을 제출했다(金冲及 외, 1991: 532). 일본의 '공동방공' 건의를 일축한 장개석의 '반공(反共)' 정책을 제정한 것은 자가당착적이다. 한편 중공은 '통일전선 결렬' 방지를 전제로 국민당에 대한 정치적 반격을 전개했다.

서기처 회의(2.8)에서 모택동은 '투쟁·합작 관계'[2279]를 이렇게 천명했다. …국민당의 '충돌'은 중공 역량을 약화시키기 위한 것이다. '통일전선'을 확고히 하려면 반'충돌' 투쟁은 불가피하다(中共中央文獻研究室, 1993: 110). 중공중앙은 '(河北)충돌문제 지시(2.10)'에 이렇게 썼다. …하북

2278 '왕정위 변절'을 토론한 정치적 회의(1939.1.5)에서 모택동은 '옹장반왕(擁蔣反汪)'을 제출했다. 중공의 '옹장반왕' 전략은 일본의 '성명(聲明, 1938.12.22)'에 대한 장개석의 '입장 발표(12.26)'과 왕정위의 '염전(1938.12.29)'과 관련된다. 한편 모택동의 '장개석 옹호(擁蔣)'는 '반공'으로 전향한 장개석에게 화해 메시지를 전달하기 위한 것이다.

2279 (國共)충돌에 관해 모택동은 '투쟁·합작 관계'로 설명했다. …통일전선에서 투쟁은 필수불가결하다. 투쟁이 없으면 장기적 합작은 불가능하다. 반'충돌' 투쟁만이 '(合作)결렬'을 방지할 수 있다. 타협은 '중공 해체'를 초래하고 (國共)합작은 사라질 것이다(楊奎松, 2010: 381). 결국 중공은 (自衛)원칙에 근거해 국민당의 (軍事)충돌을 격퇴했다.

성장 녹종린을 면직하고 주덕을 기찰(冀察)전구 총사령관으로 임명해야 한다. 팔로군은 근거지를 개척하고 홍색정권을 설립해야 한다(中央檔案館, 1991: 25). '남이 나를 공격하면 나는 반드시 반격한다(人要犯我, 我必犯人)'는 자위(自衛) 원칙을 제정한 모택동은 단호한 반격을 주장했다. 실제로 반'충돌' 투쟁은 '눈에는 눈, 이에는 이'의 강경책이었다.

중앙서기처 회의(2.28)에서 모택동은 (反共)정책을 이렇게 비난했다. …국민당의 '방공(防共)' 책략은 외세의 압력에 굴복한 것이다. 중공은 좌익(左翼)과 연합해 장개석 등 중간파를 쟁취해야 한다(中共中央文獻研究室, 1996: 534). 또 모택동은 이렇게 말했다. …중공은 왕정위의 매국적 행위를 비판했으나 장개석과의 투쟁을 전개하지 않았다. 국공 간 투쟁은 지속되고 있다(金冲及 외, 2004: 553). 당시 '자국 이익'[2280]을 추구한 영미(英美)는 장개석에게 '일본 타협'을 강요했다. 한편 모택동이 완고파(頑固派)[2281] 장개석을 '중간파'로 분류한 것은 (擁蔣)방침과 관련된다.

중앙당학교에서 연설(2.5)한 모택동은 이렇게 말했다. …국민당은 '하나의 정당, 하나의 주의'라는 (溶共)정책을 펼치고 있다. 이 또한 '단결'·'투쟁'을 병행해야 하는 이유이다(逢先知 외, 2011: 541). 모택동은 '(國民

2280 영미(英美)가 추구한 '자국 이익'은 두 가지 요소가 포함된다. 첫째, 장개석을 압박해 일본과 타협하고 일본의 '소련 공격'을 기대했다. 둘째, 독일과 결탁한 일본의 '(英美)영미 공격'을 우려한 것이다(馬建離, 2003: 116). 한편 정치국 회의(1939.5.7)에서 모택동은 국공 간의 '(軍事)충돌'은 영미(英美) 국가의 정책과 관련된다고 주장했다. 실제로 국민당의 '반공(反共)' 정책은 이 시기 소련정부의 '국민당 중시' 정책과 밀접히 관련된다.

2281 장개석을 '완고파(頑固派)'로 간주하는 주된 원인은 ① 제1차 국공합작을 결렬(1927.7)시킨 장본인 ② '홍군 토벌'에 전념, '양외필선안내(攘外必先安內)'에 집착 ③ '소극적인 항일, 적극적인 반공(反共)' 주모자 ④ 환남사변(1941.1)의 주범(主犯) 등이다. 중공의 입장에서 '공산당 제거'에 전념한 장개석을 '중간파'로 보기 어렵다. 한편 모택동이 장개석을 '중간파'로 분류한 것은 '통일전선 결렬'과 '일본 타협'을 우려했기 때문이다.

(黨)총동원문제'에 대한 보고(4.29)에서 이렇게 역설했다. …국민당의 '총동원'은 긍정적 일면과 소극적 요소가 병존한다. 이는 전국적 항전과 반공적 요소를 내포하고 있다(中共中央文獻研究室, 2004: 555). 이른바 '하나의 정당·주의·영수'는 장개석이 여전히 '공산당 해산'의 '용공(溶共)' 책략에 집착했다는 단적인 반증이다. 한편 중공의 '왕정위 비판'은 '일본 타협'을 시도하는 장개석에게 경종을 울려주기 위한 것이다.

(延安)고급간부 회의(6.10)에서 모택동은 이렇게 강조했다. …항전 승리를 위해 '통일전선'을 확고히 하고 대중을 동원해 '(軍事)충돌'에 대비해야 한다. 반'충돌' 투쟁은 통일전선을 파괴해선 안 된다(逢先知 외, 2005: 113, 127). 중공의 '투항 반대 지시(6.7)'는 이렇게 썼다. …중공의 가장 큰 위험은 국민당의 투항 가능성이다. 국민당의 '(反共)충돌'은 투항 준비 단계이다(中央檔案館, 1991: 80). (延安)기자 회견(9.16)에서 모택동은 이렇게 강조했다. …공산당은 국민당의 우당(友黨)이며 '이당(異黨)'이 아니다. 팔로군은 '군사적 반격'을 가할 것이다(金冲及 외, 2011: 550). 국민당의 군사적 충돌에 대해 중공은 효과적 반격을 전개했다. 이는 중공이 국민당의 제1차 '반공고조(反共高潮)'[2282]를 격퇴할 수 있는 주요인이었다.

중공의 세력 확장을 우려한 장개석은 일기에 이렇게 썼다. …오만방자한 중공은 제멋대로 날뛰고 있다. 국익을 도외시한 그들은 몸집 불리기에 집착하고 있다(逢先知 외, 2011: 551). 국민당 '6중전회'는 군사적 반

2282 제1차 '반공고조' 기간에 대한 두 가지 견해는 ① 1939년 1월부터 1940년 3월 ② 1939년 겨울부터 1940년 봄이다. '5중전회(1939.1)' 후 장개석은 여전히 '용공(溶共)' 위주의 정치적 공세를 펼쳤다. 한편 절정을 뜻하는 '고조(高潮)'는 군사적 충돌을 의미한다. 실제로 국민당 '6중전회(1939.11)' 후 국공 간의 군사적 충돌이 본격적으로 발생했다. 따라서 제1차 '반공고조' 기간은 1939년 12월부터 1940년 2월까지이다.

공 방침을 확정했다. 장개석은 군사적 충돌로 기존 정치적 공세를 대체했다. 또 국민당은 군사적 충돌을 합법화한 '이당(異黨)문제처리 실시방안'을 제정했다(解放軍軍事科學院, 2010: 201). 1939년 겨울부터 1940년 봄까지 국민당 완고파는 팔로군과 섬감녕변구 등 (抗日)근거지에 대한 대규모적 군사적 충돌을 일으켰다. 한편 중공은 모택동이 제정한 자위(自衛) 원칙에 근거해 서북과 화북에서 반'충돌' 투쟁을 전개했다.

　팽덕회는 이렇게 회상했다. …산동의 석우삼(石友三)[2283]·진계영(秦啓榮)[2284], 하북의 장음오(張蔭梧)[2285]·주회빙(朱懷冰)[2286]은 팔로군 후방을 습격해 항일간부를 살해[2287]했다. 산서의 염석산은 '추림사변(秋林事變)'[2288]

2283　석우삼(石友三, 1891~1940), 길림성 장춘(長春) 출신이며 한간(漢奸)이다. 1920~1930년대 국민혁명군 제1방면군 부총지휘, 기찰(冀察)전구 사령관, 제39집단군 총사령관, 1940년 12월 부하 고수훈(高樹勛)에게 암살됐다.

2284　진계영(秦啓榮, 1903~1943), 산동성 추현(鄒縣) 출신이며 '반공 선봉장'이다. 1930년대 기로(冀魯)변구 사령관, 제5종대 사령관, 1939~1940년 봄 항일간부 700여 명을 살해, 1943년 안구(安丘)에서 팔로군에게 사살됐다.

2285　장음오(張蔭梧, 1891~1949), 하북성 박야(博野) 출신이며 국민당군 상장이다. 1930년대 (北平)경비사령관, 하북성 (保安)사령관, 1939년 팔로군 후방기관을 습격해 항일간부 400여 명을 참살, 1949년 감옥에서 병사했다.

2286　주회빙(朱懷冰, 1892~1968), 호북성 황강(黃岡) 출신이며 국민당 우파이다. 1930~1940년대 제97군단장, 기찰(冀察)전구 부총사령관, 호북성장, 1950년대 '(臺灣)총통부' 국책고문 등을 역임, 1968년 대북(臺北)에서 병사했다.

2287　섬감녕변구에서 국민당군이 일으킨 '충돌' 사건은 150건이 된다. 1939년 4월 진계영 부대는 박산(博山)에서 항일간부 200여 명을 살해했다. 1939년 6~12월 국민당군의 습격을 받은 팔로군 산동종대는 1350명이 살해, 812명이 체포됐다. 1939년 6월 하북성 장음오(張蔭梧)는 팔로군 후방기관을 습격, 항일간부 400여 명을 살해했다.

2288　1939년 6월 염석산은 섬서성 의천(宜川)현 추림진(秋林鎭)에서 (晉綏軍)고급간부 회의를 개최, '(山西)신군·희맹회(犧盟會) 섬멸'을 획책했다. 당시 그는 반공(反共)과 (日本)투항을 준비했다. 중공의 반'충돌' 투쟁과 정치적 공세로 염석산의 음모는 수포로 돌아갔다(彭德懷, 1981: 298). 실제로 '12사변'을 일으킨 염석산은 '(反共)선봉장'이었다.

을 준비했다(彭德懷, 1981: 230). 1939년 12월 호종남은 섬감녕변구를 공격했다. (反共)선봉장 하소남(何紹南)[2289]은 반란을 획책했고 '군사적 충돌'을 감행한 염석산은 '12월사변(十二事變)'[2290]을 일으켰다. 1940년 2월 석우삼·주회빙의 부대는 태항(太行) 팔로군 지휘부를 공격했다. 그 외 항일간부·부상병을 참살한 '화중 충돌'[2291]이 있었다.

중앙군위는 팔로군 지휘부에 이렇게 지시했다. …자위적 원칙에 근거해 반'충돌' 투쟁을 전개해야 하지만 (國共)합작을 파괴하지 않는 것을 전제로 해야 한다(中央檔案館, 1986: 394). 모택동은 사각재를 파견해 국민당과 '충돌 중지' 담판[2292]을 진행하게 했다. 팔로군 지휘부는 장개석에게 '통전(通電)'을 보내 '변구'에 대한 포위 해제를 요구했다. 국민당의 일의고행(一意孤行)으로 '충돌 중지' 담판을 실패했다(羅平漢 외, 2015: 80). 왕진(王震)이 거느린 팔로군 359여단은 (邊區)유수부대를 협력해 호

2289 하소남(何紹南, ?~1954), 강서성 무진(武進) 출신이며 '(反共)선봉장'이다. 1920~1940년 대 국민혁명군 제16군단장, 섬서성 보안사령관, 수덕전원(綏德專員), 사천성 자공(自貢) 시장 등을 역임, 1954년 공개심판 후 처형됐다.

2290 1939년 12월 염석산은 6개 군단의 진수군(晉綏軍)에게 '신군 협공'을 지시했다. 또 진서(晉西) 항일구망(救亡)단체에 대한 공격을 지시했다. 진수군은 팔로군 병원을 습격해 부상병 200여 명을 살해, 항일간부 500여 명을 참살했다. 염석산은 '신군 반격'을 '결사대(新軍) 변절'이라는 '통전(通電)'을 공표했다. 이것이 '12월사변' 효시이다.

2291 1939년 6월 양삼(楊森)의 국민당군은 평강(平江) 신사군 통신처를 급습, 팔로군 부관(副官) 나재명(羅梓銘) 등을 살해했다. (湖北)보안사령관 정여회(程汝懷)는 신사군 후방기관을 습격, 공산당원·항일간부 200여 명을 학살했다. 하남성 확산(確山)현장은 군경을 거느리고 (新四軍)유수처를 공격, 부상병과 군인 가족 200여 명을 살해했다.

2292 1940년 1월 (中共)대표인 사각재(謝覺哉)는 감숙(甘肅)성장 주소량(朱紹良)과 '충돌 중지' 담판을 진행했다. 담판은 1월 중순부터 한달 간 전개, 실질적인 성과를 거두지 못했다(逄先知 외, 2005: 156). 당시 섬감녕변구 비서장인 사각재는 모택동의 신임을 받았다. 한편 '담판 무산'은 섬감녕변구에 대한 호종남의 '군사적 공격'과 관련된다.

종남의 공격을 물리쳤다. 팔로군은 수덕공서(綏德公署) 전원 하소남의 반란을 평정하고 섬감녕변구와 (晉綏)근거지를 하나로 통합시켰다.

12월 초 진군(晉軍)은 산서신군(山西新軍)[2293]과 팔로군 독립지대를 공격해 수백명의 간부를 살해했다. '신군'의 역량이 커지자 공포감을 느낀 염석산이 '신군 섬멸'을 획책했다(金冲及 외, 2004: 565). 모택동은 팽덕회 등에게 보낸 전보(12.6)에 이렇게 썼다. …신군을 공격한 진수군(晉綏軍)에 대해 단호하게 반격해야 한다. 그러나 '염석산 비난' 구호는 제출하지 말아야 한다(逄先知 외, 2005: 146). 중앙군위는 팔로군 120사단 기병지대장 이정천(李井泉)을 파견해 '(新軍)반격'을 협력하게 했다. 모택동의 '염석산 비난' 반대는 (蔣閻)갈등을 이용한 '이이제이' 정략이었다. 한편 염석산을 '민족영웅'[2294]이라는 일각의 주장은 수긍하기 어렵다.

1940년 1월 팔로군 358여단은 임현(臨縣)에서 진수군 조승수(趙承綬)[2295]의 반격을 받았다. 정치국 회의(1.18)에서 모택동은 이렇게 말했다. …하룡의 120사단이 진서북으로 진격해 진수군을 섬멸하고 정권을 설립해야 한다(逄先知 외, 2005: 161). 2월 중 120사단은 산서로 진격해 진서북

2293 1937년 8월에 설립된 (山西)신군의 명칭은 '산서청년항적(抗敵)결사대'이다. '신군'은 박일파(薄一波)가 희맹회(犧盟會) 책임자의 명의로 신청, 염석산이 동의하에 설립됐다. 실제로 신군은 중공이 지배하는 '(抗日)군대'였다. 한편 50개 연대로 확충된 신군이 팔로군의 작전을 협력하고 영향력이 커지자 염석산이 '신군 섬멸'을 획책한 것이다.

2294 염석산은 민족영웅이라고 할 수 있다. 항전 초기 그가 중공과 화해한 것은 공산당의 역량을 빌어 일본군 침공을 저지하기 위한 것이었다. 팔로군의 세력이 급속히 확대되자 '공산당 발전'을 묵인한 염석산은 팔로군의 세력 확대에 기여했다(任志剛, 2013: 311). 실제로 '신군 섬멸'과 '12월사변'을 획책한 염석산은 철두철미한 완고파였다.

2295 조승수(趙承綬, 1891~1966), 산서성 오대(五臺) 출신이며 국민당 중장이다. 1920~1940년대 육군 제39사단장, 진수군(晉綏軍) 기병사령관, 제7집단군 총사령관, 1948년 해방군에게 투항, 1966년 북경에서 병사했다.

(晉西北) 근거지를 공고히 했다. 또 당중앙은 속범정(續范亭)을 행정공서 주임, 하룡을 군정위원회 서기로 임명했다. 팔로군과 산서신군은 손초 (孫楚)의 진수군과 주회빙·석우삼의 중앙군 공격을 물리쳤다. 결국 (華北) 근거지와 팔로군에 대한 국민당군의 군사적 공격은 격퇴됐다.

1939년 12월 주회빙의 중앙군은 팔로군 청년종대와 (冀西)유격대 를 포위했다. 129사단장 유백승은 '충돌 중지'를 요구했으나 주회빙은 교명례(喬明禮)[2296] 등에게 팔로군 공격을 지시했다. 1940년 1월 석우삼 의 부대는 기로예(冀魯豫) 팔로군을 공격했다(王秀鑫, 2019: 313). 1940년 2월 129사단 385여단은 진정상(陳正湘)[2297]·유도생(劉道生)[2298]이 거느린 진찰(晉 察)군구 남하지대의 협력하에 주회빙의 2개 사단과 반동무장 1만명을 섬멸했다(聶榮臻, 2007: 362). 1940년 2월 정자화가 거느린 팔로군과 기남 (冀南)군구 사령관 송임궁이 지휘한 (冀魯豫)팔로군은 기남지역에서 반격 해 가해 석삼우가 지휘한 중앙군의 공격을 격퇴했다.

2월 25일 소경광 등은 추림(秋林)에 도착해 염석산과 담판[2299]했다. 당

2296 교명례(喬明禮, 1894~1965), 하북성 석가장(石家莊) 출신이며 국민당 소장이다. 1920~1940년대 하북민군(河北民軍) 총지휘, 제2군단장, 1950년대 화북군정위원회 농업부 부부장 등을 역임, 1965년 북경에서 병사했다.

2297 진정상(陳正湘, 1911~1993), 호남성 신화(新化) 출신이며 개국중장이다. 1931년 중공에 가입, 1930~1940년대 '홍1군단' 제4연대장, 진찰기(晉察冀)군구 부사령관, 건국 후 화북군구 부참모장, 북경군구 부사령관, 전국 정협 상임위원을 역임, 1993년 북경에 서 병사했다.

2298 유도생(劉道生, 1915~1995), 호남성 다릉(茶陵) 출신이며 개국중장이다. 1930년 중공에 가 입, 1930~1940년대 기찰(冀察)군구 정치위원, 제12병단 부정치위원, 건국 후 해군(海 軍) 부사령관, 해군 항공병부(航空兵部) 사령관 등을 역임, 1995년 북경에서 병사했다.

2299 1940년 2월 25일 소경광·왕약비는 모택동의 친필 편지를 갖고 추림(秋林)에 도착해 염석산과 담판했다. 쌍방은 협상을 통해 진수군·팔로군의 활동지역을 확정했다(中共 中央文獻研究室, 2011: 558). 한편 추림(秋林)담판에서 염석산이 중공의 '군사행동 중지' 요

시 소경광은 염석산에게 모택동의 친필 편지를 전달했다. 염석산의 '중공 건의' 수용으로 (晉西)충돌은 일단락됐다. 3월 5일 모택동은 장개석에게 전보를 보내 충돌 중지와 공동항일을 제출했다(盧毅 외, 2015: 82, 83). 중공중앙 '지시(3.14)'는 이렇게 썼다. …산서·하북의 반'충돌' 투쟁은 일단락을 맺었다. 더 이상 투쟁을 확대해선 안 된다(中央統戰部, 1986: 394). 3월 15일 모택동은 낙양에서 위립황과 담판[2300] 중인 주덕에게 보낸 전보에 이렇게 썼다. …되도록 위립황의 요구를 수용하고 '(合作)결렬 방지'를 위해 필요한 양보를 해야 한다(國防大學黨史教研室, 1986: 209). 담판을 통해 분계선을 확정한 (國共)양당은 공동항일에 합의했다. 결국 중공의 '역량 약화'를 노린 국민당의 군사적 충돌은 목적을 달성하지 못했다.

팔로군이 국민당의 제1차 '반공고조'를 격퇴한 원인은 ① 정치적 공세와 군사적 반격 병행 ② (自衛)원칙 제정 ③ 투쟁과 '합작(合作)' ④ 중간파 포용과 완고파 고립 ⑤ 팔로군의 강한 전투력 ⑥ 염석산·장개석의 상호 불신 ⑦ 중공의 '옹장반왕(擁蔣反汪)' ⑧ 장개석의 '환득환실' 등이다. 실제로 염석산의 진수군은 유격전에 강한 팔로군의 적수가 되지 못했다. '백전노장(百戰老將)'[2301] 하룡·유백승의 팔로군은 '무적의 군

구를 수용한 것은 하룡이 거느린 팔로군 120사단의 '진서북 진입'과 관련된다.

2300 1940년 3월 주덕은 낙양에 도착해 제1전구 사령장관 위립황과 '충돌 중지' 담판을 진행했다. 주덕은 우군(友軍)과의 '공동항일'을 요구했고 위립황은 '충돌 중지'를 수용했다(李蓉, 2016: 101). 위립황이 '중공 건의'를 수용한 것은 유백승의 129사단이 기남(冀南)·위동(衛東)전역을 통해 주회빙·석우삼 부대의 공격을 격퇴한 것과 관련된다.

2301 '백전노장(百戰老將)'은 수많은 싸움을 치른 '노련한 장수'를 가리킨다. 진서(晉西)에서 진수군을 격파한 '북벌(北伐)명장'이며 팔로군 120사단장 하룡은 (晉西北)근거지 공고화에 크게 기여했다. 소련 프룬제(Frunze)군사학원을 졸업한 홍군 총참모장 유백승은 주회빙·석우삼의 중앙군을 크게 격파, (河北)충돌 해결에 중요한 역할을 했다. 한편 '백전노장'인 팔로군 129사단장 유백승과 하룡은 '10대 원수(十大元帥)' 서열 4위와 5

대'였다.

국민당 '5중전회'는 (國共)충돌울 유발한 직접적 계기이다. '6중전회'
후 국민당의 군사적 충돌은 팔로군에 의해 격퇴됐다. '(反)충돌' 투쟁에
서 중공이 승리한 원인은 모택동의 강력한 리더십과 팔로군의 강한 전
투력이다. 한편 장개석은 '충돌' 장소를 화중(華中)으로 이전했다. 결국
항영·엽정이 거느린 신사군(新四軍)이 국민당군의 공격대상이 됐다.

제2절 환남사변과 중공의 반격

1. 대파습전역(大破襲戰役)[2302]과 제2차 '반공고조'

항일전쟁이 '전략적 대치(1938.11)' 단계에 진입한 후 일본군은 화북
(敵後)근거지에 대한 대규모 '소탕(掃蕩)'[2303]을 감행했다. 반'소탕' 투쟁을
결정한 팔로군은 일본군 수송선을 파괴하는 파습전역(破襲戰役)을 전개
했다. 당시 유소기·진의의 영도하에 (江北)신사군은 (蘇北)근거지를 창설
했다. 결국 장개석은 제2차 '반공고조'를 일으켰다. 한편 중공은 국민당

위이다.

2302 대파습전역(大破襲戰役, 1940)은 팔로군 지휘부가 일본군의 '소탕'을 격퇴하기 위해 전
개한 대규모적 파습전역이다. 주도자는 (八路軍)부총사령관 팽덕회와 부총참모장 좌
권(左權)이다. 8월 20일에 개시된 파습전역은 정태로(正太路) 등 교통선을 파괴한 파습
전(破襲戰)이었다. 반'소통' 작전 일환으로 진행된 대파습전역은 일본군에게 심대한 타
격을 안겼다. 한편 정치적 의미가 부여된 '백단대전'은 (參戰)병력이 확인된 후 붙여진
명칭이다.

2303 1939~1943년 일본군은 (華北)항일근거지와 팔로군에 대해 대규모적 공격을 감행했
다. 이른바 '소탕(掃蕩)'은 '(八路軍)철저한 섬멸'을 뜻한다. 당시 일본군의 '소탕'을 격퇴
하기 위해 팔로군 지도부는 (日軍)수송로를 파괴하는 파습전을 전개했다. 1938~1940
년 일본군이 (華北)항일근거지에 대한 대규모적 '소탕'은 100여 차례가 된다.

의 '군사적 반공'에 대해 '군사적 수세, 정치적 공세'의 반격을 단행했다.

일본군의 '(華北)작전 방침' 골자는 ① 점령지역 안정 확보 ② 하북·산동·산서 등의 치안 강화 ③ 점령지역 교통망 구축 등이다. 또 '작전 수행'을 위해 일본군은 (華中)주력부대를 화북에 파견했다(中共中央黨史研究室, 2005: 260). '6중전회(1938.11)'에서 중공중앙은 '화북 공고(鞏固), 화중 발전'[2304] 전략을 확정했다. 화북에 설립한 근거지를 확보하기 위해 팔로군 115사단은 산동성, 120사단은 기중(冀中), 129사단은 기남(冀南)·기로예(冀魯豫)지역으로 진입했다. 팔로군의 급선무는 일본군이 공들여 구축한 사통팔달한 교통망(交通網)을 파괴하는 것이었다.

일본군의 '치안숙정계획(治安肅正計劃)'[2305] 목적은 정치·군사·경제·문화가 일체화된 총력전을 펼치는 것이다. 철로를 주축, 도로를 사슬, 거점을 자물쇠로 하는 '수롱(囚籠)정책'[2306]을 실시해 항일근거지를 잠식하는 것이다(郭德宏 외, 2019: 261). 1938년 11월부터 1940년 말까지 일본군이 (華北)근거지에 대한 대규모 '소탕'은 100여 차례가 된다. 한편 당중

2304 '6중전회' 보고(11.5)에서 모택동은 이렇게 말했다. …항전이 '전략적 대치' 단계에 진입한 후 팔로군·신사군의 유격전은 화북·화중지역에서 전개해야 한다. 중공의 전략은 '화북 공고, 화중 발전'이다(逢先知 외, 2005: 94). 모택동은 (中原局)서기 유소기에게 '화중 발전' 중임을 맡겼다. 이는 신사군의 '병력 확충'과 '근거지 설립'을 촉진했다.

2305 1939년 4월 일본군이 제정한 '치안숙정계획(治安肅正計劃)의 주된 내용은 '작전 숙정(肅正)'·'치안 강화'·'친일무장(親日武裝) 설립' 등이다. 일본군의 '치안계획' 주된 목적은 '수롱(囚籠)정책'을 통해 항일근거지를 잠식(蠶食)하는 것이었다. 1940년 팔로군은 파격전(破擊戰) 위주의 반'소탕' 투쟁을 전개, 일본군의 '치안계획'을 무산시켰다.

2306 이른바 '수롱(囚籠)정책'은 1939년 일본군이 화북에서 감행한 '근거지 봉쇄' 정책을 가리킨다. 즉 철로를 주축으로, 공로(公路)를 연결고리로, 거점(據点)을 자물쇠로 하는 '봉쇄 정책'을 통해 (抗日)근거지를 잠식하고 팔로군을 '소탕'하는 전술이다. 결국 이는 이 시기 일본군이 제정한 '치안숙정계획(治安肅正計劃)'과 밀접히 관련된다.

앙이 제정한 '화북 공고' 전략에 따라 북방국(北方局)²³⁰⁷과 팔로군 지휘부는 주력부대에게 '파습전(破襲戰) 전개'를 지시했다. 1939~1940년 팔로군은 파습전 위주의 반'소탕' 투쟁을 광범위하게 전개했다.

진기로예(晉冀魯豫) 항일근거지²³⁰⁸는 팔로군이 산서·하북·산동·하남성에 설립한 (敵後)근거지를 가리킨다. 1938년 11월 129사단 정치위원 등소평은 서향전의 선견부대와 기남(冀南)에서 '합류'²³⁰⁹했다. 1939년 7월 제1집단군 사령관 우메즈 요시지로(梅津美治郎)²³¹⁰가 거느린 일본군이 태항산(太行山) 근거지²³¹¹를 공격했다. 1939년 129사단은 '일위군(日僞

2307 항전 개시(1937.7) 후 북방국(北方局) 기관은 태원(太原)으로 이전했다. '6중전회' 후 중공중앙은 양상곤을 북방국 서기로 임명했다. 1941년 초 양상곤이 연안으로 전근, 팽덕회가 북방국 책임자로 임명됐다. 1943년 9월 팽덕회가 (延安)중앙군위로 전근한 후 등소평이 (北方局)서기를 맡았다. 1945년 8월 중공중앙은 북방국을 철회했다.

2308 진기로예(晉冀魯豫) 항일근거지는 1938년에 설립, 중공이 영도한 (敵後)근거지이다. 진기로예변구(邊區)는 태항(太行)·태악(太岳)·기로예(冀魯豫)·기남(冀南) 근거지로 구성됐다. 1938년 8월 20일 기로예(冀魯豫)중앙국과 진기로예군구(軍區)를 설립, 1939~1940년 팔로군은 진기로예 근거지에서 일본군의 '소탕'을 여러 차례 격퇴했다.

2309 '6중전회'에 참가한 등소평은 기남(冀南) 근거지로 회귀, 서향전 부대와 '합류'했다. 당시 '장국도 부하'였던 서향전은 129사단 부사장(副師長)으로 좌천됐다. 당시 129사단 정치위원(1938.1)인 등소평은 서향전의 상급자였다. 1970년대 후반 등소평이 복권(復權)한 후 서향전은 팽덕회·임표·엽검영에 이어 제4대 국방부장으로 중용됐다.

2310 우메즈 요시지로(梅津美治郎, 1882~1949), 일본의 오이타현(大分縣) 출생이며 (陸軍)대장이다. 1930~1940년대 (駐華)일본군 사령관, 제1집단군 사령관, 관동군 총사령관, 육군 참모총장, 1945년 9월 '(日本)투항서'에 서명, 1949년 동경(東京)의 스가모(巢鴨)에서 병사했다.

2311 태항산(太行山) 근거지는 팔로군 129사단이 설립한 (敵後)근거지이다. 산서·하북·하남성 변계에 위치, (晉冀魯豫)근거지의 일부분이다. '백단대전' 기간 태항산 근거지는 크게 확장됐고 팔로군이 전개한 반'소탕' 작전에 크게 기여했다. 1941~1943년 일본군이 '삼광작전(三光作戰)'을 감행, 태항산 근거지는 심각한 위기에 봉착했다.

軍)'[2312] 6000여 명을 섬멸했다. 팔로군 120사단은 진찰기(晉察冀) 근거지를 공격한 일본군 4900여 명을 섬멸했다. 115사단 기로예(冀魯豫)지대는 반'소탕' 작전에서 적군 2000여 명을 섬멸했다. 한편 팔로군의 반'소탕' 작전은 일본군의 '삼광(三光)'정책[2313]을 유발했다.

(冀中)군구의 정자화·손지원(孫志遠)[2314]은 팔로군 지휘부에 보낸 전보(1939.12)에 이렇게 썼다. …적군의 철로 구축이 과거와 다르다. 길 양편에 판 깊은 도랑과 높은 보루는 토치카와 연결됐다. 지면보다 높은 철로는 유격전 전개에 악영향을 미칠 것이다(彭德懷傳記組, 2009: 459). 당시 진찰기와 기로예(冀魯豫) 근거지는 정태철도(正太鐵路)[2315]에 의해 단절됐다. 팽덕회는 '정태철로 파습(破襲)' 지시(1940.4.25)를 내렸다('彭德懷傳'編輯組, 2015: 128). 팽덕회는 이렇게 회상했다. …(敵後)근거지에 철로를 대거 구축한 일본군은 병력이 분산됐고 기강이 해이해졌다. 결국 이는 팔로

2312 '일위군(日僞軍)'은 일본 침략자와 적후에서 '(日軍)앞잡이' 노릇을 한 중국 군대를 지칭한다. 중국 최초의 '위군(僞軍)'은 일본에 투항(1931.10)한 장해붕(張海鵬) 부대이다. 1940년 '위군(僞軍)' 병력은 14.5만에 달했다. 1940년대 '위군(僞軍)'의 총병력은 60만을 상회했다. 1944년 후 대량의 '위군'이 팔로군과 국민당군에 투항했다.

2313 1939년 가을부터 실시된 '삼광(三光)'정책은 (敵後)근거지의 가옥·항일분자·재물에 대해 깡그리 불태우고 모조리 살해하며 철저히 약탈하는 (軍事)정책이다. 일본군은 '(山東)소탕(1941.12)'에서 백성 3000여 명을 학살, 가옥 5000여 채를 불살랐다. 한편 (三光)정책은 팔로군의 반'소탕' 작전과 (根據地)백성의 '팔로군 지지'와 관련된다.

2314 손지원(孫志遠, 1911~1966), 하북성 정현(定縣) 출신이며 공산주의자이다. 1930년 중공에 가입, 1930~1940년대 (冀中)군구 정치부 주임, 제1병단 정치부 주임, 건국 후 제3기계공업부장 등을 역임, 1966년 북경에서 병사했다.

2315 정태철도(正太鐵路)는 석가장(石家庄)·태원(太原)을 잇는 철로간선(幹線)이다. 총길이는 243km, 경광(京廣)·동포(同蒲)철로와 연결된다. 일본군의 중요한 수송선인 정태철로에는 대량의 거점이 설치, 이는 '수롱(囚籠)' 전략의 관건적 일환이었다. 1940년 8월 팔로군 지휘부는 정태철로를 파괴하는 '정태로파격전(正太鐵擊戰)'을 전개했다.

군에게 '파습전' 기회를 제공했다(彭德懷, 1981: 235). 한편 팽덕회가 파습

전역의 최종 결정자가 된 것은 주덕의 '연안 회귀'[2316]와 관련된다.

정태철로는 '(日軍)소탕' 작전의 지주(支柱)였다. 1940년 봄 팔로군 지

휘부는 (正太路)파습전을 확정했다(王秀鑫 외, 2019: 276). 정태선(正太線) 총길

이는 230km에 달했고 연선에 많은 교통로·배수로가 설치됐다. 평한(平

漢)철로[2317]·동포(同蒲)철로[2318]와 연결된 정태철로는 일본군의 중요한 수

송선이다(李繼鋒, 2015: 342). '백단대전(百團大戰)'[2319] 개시 전 정태철로에 의

해 진찰기·진기예(晉冀豫) 근거지가 단절됐다. 또 기중평원에 공로가 거

미줄같이 구축됐다(朱奎玉, 2009: 110). 파습전역에 투입된 총병력은 105개

연대(團)[2320]에 달했다. 파습전역이 '백단대전'으로 발전된 것은 정세의

2316 모택동은 주덕에게 전보(1940.4.12)를 보내 '연안 회귀'를 지시했다. '위립황 회담'을 끝
낸 주덕은 5월 26일 연안에 도착했다. 이 시기 모택동의 측근인 유소기·주은래·임필
시 등은 모두 연안에 없었다. 당시 정풍운동을 준비한 모택동에게는 주덕의 협조가
절박했다. 결국 팔로군의 실질적인 최고 지도자인 팽덕회가 '백단대전'을 주도했다.

2317 평한(平漢)철로는 노한(盧漢)철로로 불리며 경광(京廣)철로의 일부분이다. 노구교(盧溝橋)
에서 출발해 정주(鄭州)를 거쳐 한구(漢口)에 이른다. '갑오(甲午)전쟁' 후 청(淸)정부가 구
축한 첫 철로이다. 1906년에 개통된 철로의 총길이는 1214km이다. 중화민국 시기
북경은 북평(北平)으로 호칭, 이는 '평한(平漢)철로'로 불리는 주된 이유이다.

2318 산서성 경내의 동포(同蒲)철로는 대동(大同)에서 출발해 태원(太原)을 거쳐 운성(運城)에
도착, 풍릉(風陵)에서 황하를 건너 화산(華山)역에서 롱해(隴海)철로와 연결된다. 철로의
총길이는 865km이며 태원을 경계로 (南北)동포철로로 나뉜다. 산서성을 관통한 동포
철로는 산서·섬서성(陝西省)을 연결하는 '교통대동맥(大動脈)'이다.

2319 '백단대전(百團大戰, 1940.8.20~1941.1.24)'은 항일전쟁 시기 팔로군이 화북에서 진행한
대규모적 반'소탕' 전역이다. (日軍)교통선을 파괴하는 파습전으로 시작, 105개 연대
가 참전해 '백단대전'으로 불린다. 투입된 팔로군 병력은 20여 만, 세 개 단계로 나눠
5개월 간 진행됐다. 적군의 주요 교통선을 파괴, '(日軍)소탕' 작전을 격퇴하는 등 성과
를 거두었다. 한편 '백단대전'은 (華北)근거지에 대한 일본군의 '삼광(三光)'정책을 유발
했다.

2320 1940년 하반기 일본군의 주요 교통선을 파괴하는 파습전역에 동원된 팔로군의 총병

흐름과 '전역' 발전에 따른 필연적 결과였다.

양상곤은 이렇게 회상했다. …기중(冀中)에서 발명된 지도전(地道戰)[2321]은 팔로군의 반'소탕' 전역에 크게 기여했다. 일본군의 '철로 구축'은 팔로군의 유격전 전개에 걸림돌이 됐다. 이것이 파습전역을 전개한 주요인이다. 또 다른 목적은 레일(rail) 수집이었다(楊尙昆, 2001: 201). 팔로군이 설립한 (敵後)근거지에는 소형 병기공장이 많았다. 당시 팔로군이 운영하는 병기공장(兵器工場)[2322]은 철로를 파괴한 레일과 강철재로 총을 만들고 박격포 등을 제조했다. '레일 수집'을 위해 많은 민병(民兵)[2323]이 동원됐다. 한편 '(交通)파습전'은 (華北)근거지에서 줄곧 진행됐다.

팔로군의 '파습전역 추진' 목적은 ① 정태철로 기능을 파괴 ② 교통 요충지와 요새(要塞)를 수복 ③ (抗日)근거지를 확대 ④ 연선 거점을 제거, '철로' 마비 등이다(國防大學, 1985: 368). 팽덕회가 서명한 '파습전역

력은 20여 만명, 총 105개 연대(團)가 참전했다. 이것이 파습전역을 '백단대전'이라고 부르는 이유이다(朱奎玉, 2009: 111). 한편 파습전역과 '백단대전'은 미묘한 차이가 있다. 단순한 국지전인 파습전역에 비해 '백단대전' 명칭은 정치적 의미가 가미됐다.

2321 지도전(地道戰)은 항전 시기 기중평원에서 갱도를 이용해 일본군을 타격한 작전 방식이다. 가장 먼저 지도전법을 사용한 것은 진찰기변구의 청원(淸苑)지역이며 방수·방화·방독(防毒)의 '지하공사(地下工事)'로 이용됐다. 한편 (華北)지도전은 1941년 일본군의 기중평원에 대한 '소탕(掃蕩)' 작전과 '3광(三光)' 정책 실시와 크게 관련된다.

2322 (華北)근거지에는 소형 병기공장(兵器工場)이 적지 않았다. 팔로군 지휘부는 군공부(軍工部)를 설립, 보총수조소(步銃修造所)·탄약공장을 운영했다. 1939년에 설립된 황애동(黃崖洞) 병기공장이 규모가 가장 컸다. 한편 진찰기(晉察冀) 등지에 설립된 팔로군 병기공장은 일본군의 철로를 파괴한 레일로 보병총·탄약·박격포 등을 제조했다.

2323 민병(民兵)은 생산을 이탈하지 않은 대중적 무장조직을 지칭한다. 즉 평시에는 농업생산에 종사하지만 전시(戰時)에는 입대해 전투에 참가하는 (靑年)농민을 가리킨다. 1945년 (敵後)근거지의 민병 병력(兵力)은 268만명에 달했다. 실제로 항전 시기 팔로군의 반'소탕' 작전을 협력한 민병은 (抗日)근거지의 발전과 확대에 크게 기여했다.

예비명령(1940.7.22)'은 참전 병력을 22개 연대로 확정했다. 또 '명령'을 중앙군위에 보고했다. 8월 8일에 발표한 '전역행동명령'은 구체적 작전 배치와 (作戰)지역·시간·명칭 등을 명확하게 규정했다. 8월 20일 저녁 8시 파습전역이 정식으로 개시됐다. 한편 '백단대전'이란 명칭은 파습전역에 참가한 팔로군 총병력이 확인된 후 명명(命名)된 것이다.

팔로군 지휘부가 파습전역을 일으킨 목적은 ① 팔로군에 대한 국민당의 '요언' 일축 ② (敵後)근거지에 대한 일제의 '소탕' 작전 ③ '수롱(囚籠)' 전략, (根據地)백성의 생활난 가중 ④ 적군의 병력 분산, (交通線)수비력 약화 등이다(張樹德, 2008: 105). 펑더화이는 이렇게 술회했다. …당시 '동방뮌헨(東方Munich)'[2324] 위험성이 날로 증가됐다. 국제 정세의 급변화로 '서남국제교통선로(交通線路)'[2325]가 단절될 것으로 예측했다. 일본군의 '서안 공격' 소문이 나돌면서 '국민당 투항' 가능성이 높아졌다(彭德懷, 1981: 236). 실제로 일본군의 '소탕' 작전은 팔로군의 생존을 위협했다. 일제의 '철로 구축'은 (八路軍)유격전에 걸림돌 역할을 했다. 한편 8월은 '수수(高粱) 생장' 왕성기였으므로 파습전역에 긍정적 요소로 작용했다.

1940년 봄여름 유럽 전국(戰局)의 급변화[2326]는 일본의 '침략 확장'

2324 1938년 9월 영국·프랑스·독일·이탈리아 정상은 뮌헨(Munich)에서 회의를 열고 '뮌헨협정'을 체결했다. 영국·프랑스는 체코(Czech)를 독일에 넘겨주는 조건으로 독일의 '소련 공격'을 제출했다. 1938~1939년 영미(英美)는 중국을 (日本)식민지로 넘겨주고 일본에게 '반공반소(反共反蘇)'를 요구하는 '동방뮌헨' 음모를 획책했다.

2325 '서남국제교통선로(西南國際交通線路)'는 1938년에 정식 개통된 운남성 곤명(昆明)에서 미얀마(Myanmar)로 통하는 공로(公路)를 가리킨다. 당시 '서남교통선'은 항일전쟁 시기 중국이 국외와 연결하는 중요한 교통선로(交通線路)였다. 한편 1940년 7월 17일 일본의 압력에 굴복한 영국은 '서남국제교통선로'를 봉쇄한다고 선포했다.

2326 1940년 봄여름 독일군은 덴마크·노르웨이·네덜란드·벨기에를 침공, 이탈리아는 영국·프랑스에 대한 선전(宣戰)을 선포했다. 미국은 일본에 대해 종용(從容) 정책을 폈

을 촉진했다. (日本)육군성은 군사적 공격과 정치적 공세를 병행해 (重慶)국민정부를 굴복시키려고 시도했다. 실제로 일본정부는 '동공작(桐工作)'[2327] 진행과 '중경 공습' 등 군사적 공격을 진행했다. 또 일본군은 (華北)근거지에 대한 '소탕' 작전을 감행하고 철로 구축을 통한 '근거지 봉쇄' 정책을 펼쳤다. 이는 국민당의 '투항 위험성'을 높였고 팔로군의 '생존 공간'을 축소시켰다. 결국 (抗日)근거지는 심각한 위기에 직면했다. 중공중앙은 '시국선언(1940.7.7)'을 발표해 '난국 타개'를 호소했다. 이 또한 전방의 팔로군 지휘부가 파습전역을 결정한 중요한 이유이다.

8월 20일에 시작된 파습전역은 1941년 1월 24일에 끝났다. 쌍방 병력은 팔로군 27만, '일위군' 35만이었다. 제1단계(8.20~9.10)의 주된 임무는 정태철로의 기능 파괴였다. 제1단계에서 팔로군은 '일위군' 7000여 명을 섬멸했다. 제2단계(9.22~10.5)의 임무는 전과(戰果) 확대이다. 제2단계 작전을 통해 팔로군은 123개의 거점을 공략했고 7000여 명의 '일위군'을 섬멸했다. 제3단계(10.6~1941.1.24)의 임무는 반'소탕' 작전이었다. 40여 일의 반'소탕' 작전에서 일본군의 사망자는 2500명을 상회했다. 실제로 5개월 간 전개된 파습전역은 '중대한 성과'[2328]를 거뒀다.

다. 이는 일본의 '침략 확장'을 촉진했다. 일본은 장개석 정부를 굴복시키기 위해 담판·(軍事)공격을 병행했다. 또 일본군은 (華北)근거지에 대한 '소탕' 작전을 감행했다.

2327 '동공작(桐工作, 1939.11)'은 (日本)정보기관이 획책한 '(國民政府)투항 유도' 음모를 지칭한다. '동공작'의 주요 목표는 '(中國軍)최고 통솔자'인 장개석이었다. 당시 군통(軍統) 두목인 대립의 지시를 받은 특공(特工) 증정충(曾政忠)은 송자량(宋子良)으로 가장, 일본정부 대표인 이마이 타케오(今井武夫)와 홍콩에서 비밀리에 담판했다. 결국 장개석이 일본측의 '가혹한 조건'을 거절, 일본의 특부기관이 획책한 '동공작'은 수포로 돌아갔다.

2328 1940년 하반기 1824차례의 전투를 치른 팔로군은 일본군 20645명, 위군(僞軍) 5155명을 섬멸했다. 또 일본군 281명, 위군 18407명을 체포했다. 파괴한 철로는 474km, 파괴한 도로는 1500km이다. 파손한 역전·교량·터널은 260여 개이다(中共中

10월 하순 일본군 오카자키(岡崎) 대대가 팔로군의 병기공장을 공격했다. 10월 28일 적군은 관가뇌(關家堖)에 주둔했다. 10월 30일 팽덕회는 386여단과 (決死)1종대에게 '관가뇌 공격' 명령을 내렸다. 11월 1일 적의 원병 도착으로 퇴각했다(張樹德, 2008: 107). 팽덕회는 관가뇌전투[2329]에 대해 이렇게 회상했다. …파상공격에 지친 팔로군의 전투력은 약화됐고 129사단은 많은 사상자를 냈다(彭德懷, 1981: 239). 386여단장 진갱은 매복전을 건의했으나 팽덕회는 진갱의 '건의'를 거절했다. 치열한 공방전으로 사상자가 속출하자 유백승이 '공격 철회'를 요구했다. 당시 팽덕회는 유백승의 '철회 요구'를 일축했다('彭德懷傳'編輯組, 2015: 138). 2주야의 공방전으로 팔로군은 2천명의 사상자를 냈다. 한편 드라마 '팔로군'에는 '팽유(彭劉)'가 전화로 설전을 벌이는 장면이 있다. 결국 팽덕회의 '옹고집'[2330]이 '큰 화'를 자초할 것이라는 유백승의 '예언'이 적중했다.

央黨史硏究室, 2005: 285). 팔로군은 대량의 무기와 군수물자를 노획했다. 1941년 초 일본군은 제17·제33사단을 화북으로 이동 배치, (敵後)근거지에 대한 대규모 '소탕' 작전을 벌였다.

2329　1940년 10월 30~31일 팽덕회가 지휘한 팔로군이 관가뇌에서 일본군과 벌인 공방전이다. 팔로군·일본군의 병력 대비는 20대 1로, 1만명의 팔로군은 500여 명이 고수한 '관가뇌 공략'에 실패했다. 관가뇌전투는 공방전에 약한 팔로군의 단점과 일본군의 '강한 전투력'을 보여준 전례(戰例)이다. 팽덕회의 독선과 아집은 '(關家堖)패전'의 주요인이다. 독선적인 팽덕회가 전방 지휘관 진갱·유백승의 '정확한 건의'를 일축한 것은 치명적 패착이었다. 2천여 명의 사상자를 낸 관가뇌전투는 '백단대전' 중 쟁의(爭議)가 가장 많은 전투였다.

2330　옹고집은 융통성 없이 자기주장만 내세우고 타인의 의견을 수용하지 않는 벽창호·고집불통을 가리킨다. 황소고집인 팽덕회는 1930년대 '홍군 통솔자' 모택동과 여러 차례 불화를 겪었다. '백단대전' 주도자 팽덕회가 중앙군위 주석인 모택동의 승인을 받지 않은 것은 치명적인 실책이었다. 결국 모택동의 권위에 도전한 팽덕회는 '군위(軍委)' 참모장으로 '좌천'됐다. 실제로 팽덕회의 '옹고집'이 그의 비극적인 결말을 자초했다.

'백단대전'의 긍정적 의미는 첫째, (日軍)교통망을 마비시켰고 근거지를 수호했다. 둘째, 국민당의 '요언'이 가짜임을 입증했다. 셋째, (中共)영향력을 확대하고 팔로군 위상을 높였다. 넷째, (八路軍)작전력을 높였고 실전 경험을 쌓았다(朱奎玉, 2009: 124). 팽덕회는 이렇게 회상했다. …모택동은 나에게 전보에 이렇게 썼다. '백단대전'의 승전 소식은 매우 고무적이다. 추후 대규모적 전투를 전개할 필요가 있다(彭德懷, 1981: 238). 상기 팽덕회의 회상은 자기변호적 요소가 강하다. 실제로 모택동은 팽덕회가 중앙군위의 허락을 받지 않은 것에 대한 불만이 매우 컸다.

섭영진은 이렇게 회상했다. …이 전역은 정태철로 등에 대한 파습전이었으나 (指揮部)머리가 뜨거워져 대규모적 전투로 이어졌고 무리한 공방전이 지속됐다. 연안정풍에서 모택동의 비판을 받았다(聶榮臻, 2007: 402). 팔로군의 전투력을 과시한 '백단대전'은 (三光)정책을 유발했고 이는 '근거지 축소'로 이어졌다. 잇따른 파상공격으로 팔로군의 전투력이 약화됐다(張樹德, 2008: 110). 무리한 공방전을 치른 팔로군은 큰 대가를 지불했다. 일본군의 '소탕' 작전은 근거지의 백성에게 막중한 부담을 안겼다. 한편 팔로군의 전투력을 경계한 장개석은 '군향 지급'을 중단했다. 실제로 환남사변은 군세를 노출한 '백단대전'과 밀접하게 관련된다.

팽덕회는 모택동의 의도와 달리 적군의 수송로 파괴 작전을 구상했다. '백단대전'으로 명명된 이 작전은 모택동의 승인이 나지 않은 상태에서 8월 20일부터 팽덕회의 독단으로 실행됐다(나창주, 2019: 513). 모택동은 자신의 승인을 받지 않고 전투를 치른 '백단대전' 승리를 불만스러워했다. 팔로군의 군세 노출을 꺼렸기 때문이다. 국민당 신문이 '백단대전' 승리를 대대적으로 보도했으나 모택동은 언짢아했다(현이섭, 2017: 402). 팽덕회는 이렇게 회상했다. …7월 22일에 서명한 '예비명령'을 부대에 하달하고 '군위'에 보고했다. '군위'의 승낙을 받지 않은 상황에서 7월 하순에 '파습전'을 개시했다(彭德懷, 1981: 237). '수송로 파괴' 작전이 바로 '대파습전역'이다. 또 '7월 하순'이 아닌 8월 20일에 개시됐다. 팽덕회가 '(軍委)승인'을 받지 않은 것은 모택동의 권위에 도전하는 격이 됐다. 이는 '중공 7대' 기간 팽덕회가 '비판대상'[2331]이 된 주된 원인이다.

모택동이 파습전역 계획을 승인하지 않은 원인은 첫째, 팔로군의 군세 노출을 꺼렸다. 둘째, 팔로군의 군사력 확대를 경계한 장개석의 '반공고조'를 감안했다. 셋째, (華北)근거지가 일본군의 공격 목표로 되는 것을 우려했다. 넷째, 일본군의 강한 전투력과 팔로군의 병력 손실을 걱정했다. 다섯째, '파습전'이 소모적 공방전이 될 가능성을 염려했다. 당시 팽덕회가 보고한 '예비명령(7.22)'은 '선참후계' 성격이 강했다. 모택동이 '침묵'으로 불만을 표시한 주된 이유이다. 실제로 팽덕회는 신사군 지도자 항영과 함께 모택동 지휘에 불복한 '대표적 인물'[2332]이었다. 결국 팽덕회의 독선적 행태와 옹고집은 '심각한 후유증'[2333]을 초

2331 (華北)고급간부회의(1945.2)에서 팽덕회는 '(整風)비판대상'이 됐다. '비판' 내용의 골자는 ① '12월회의(1937)', 중립적 태도 ② 화북군분회의 '지시(1938.10.8)' ③ '백단대전'의 독단적 결정 ④ (軍委)지시에 불복 등이다(任大立 외, 2013: 267). 당시 팽덕회는 '백단대전'은 성공적인 전역이라고 반박했다. 한편 '중공 7대'에서 팽덕회는 자신의 '과오'를 심각하게 반성했다. 결국 (軍委)참모장으로 '좌천'된 팽덕회는 작전 지휘권을 상실했다.

2332 모택동의 영도에 불복한 '대표적 인물'은 왕명·팽덕회·항영이다. 당시 면종복배한 왕명은 모택동의 영도에 불복했다. 대표적 사례는 '(延安)정풍 불참'이다. 팔로군 지휘관 팽덕회는 '군위' 주석 모택동의 승인을 받지 않은 상황에서 '백단대전'을 전개했다. '왕명 추종자' 항영의 '(毛)지시 불복'과 '항명(抗命)'은 신사군의 '참패'를 초래했다.

2333 팽덕회가 독단적으로 결정한 '백단대전'은 일본군의 '3광(三光)'정책을 유발했다. 팽덕회의 독선적 행태는 '군위' 주석 모택동의 불만을 야기, '작전 지휘권'을 박탈당하는 결과로 이어졌다. 또 연안정풍과 '(華北)좌담회(1945)'에서 팽덕회는 '비판대상'으로 내정됐다. 실제로 팽덕회의 독선적 행태와 옹고집이 '화(禍)'를 자초한 것이다.

래했다.

1943년 9월 연안으로 돌아온 팽덕회는 화북고급간부좌담회(座談會, 1945.2)[2334]에 참석했다. '좌담회' 주제는 팔로군의 (敵後)근거지에 대한 경험·교훈을 정리하는 것이었다. 40여 일 간 진행된 '좌담회'는 '팽덕회 비판' 대회로 변질됐다(少華, 2013: 266). 여산회의에서 팽덕회는 모택동의 권위를 무시했다는 비판을 받았다. 중앙회의(1966.10.24)에서 모택동은 '백단대전'은 팽덕회가 독립왕국 설립을 위한 독립성의 발현이라고 지적했다(張樹德, 2008: 110). 여산회의에서 '추후산장(秋後算帳) 달인'[2335]인 모택동은 팽덕회를 '왕명노선 집행자'로 낙인찍었다. 모택동의 '권위'를 무시한 팽덕회의 비극적인 결과는 그 스스로 자초한 측면이 크다.

장개석은 팔로군 지휘부에 '축하' 전보를 보냈다. 소련의 '홍성보(紅星報)'는 사설을 발표해 중국인민의 자유독립을 위한 위대한 승리라고 '백단대전'을 치켜세웠다. 당시 팔로군은 1.7만의 사상자를 냈다(中共中央黨史研究室, 2005: 286. 287). 한편 소련정부는 국민당군에게 '군사적 원조'를 제공했다. 또 장개석은 팔로군에 대한 군수품 보급을 중단했다. 2개월 후 장개석은 신사군에게 '궤멸적 타격'을 가한 제2차 '반공고조'를 일으켰다.

2334 연안에서 열린 화북고급간부좌담회(1940.2)는 '화북(華北) 좌담회'로 불린다. '좌담회'는 '7대(七大)' 기간 휴회(休會), '(華北)좌담회'에서 (華北)팔로군 작전과 항전에 대한 '총결보고(總結報告)'를 한 팽덕회는 회의 참석자들의 집중 공격과 비판을 받았다. 실제로 '(華北)좌담회' 개최와 '팽덕회 비판'을 종용(慫慂)한 장본인은 모택동이었다.

2335 '추후산장(秋後算帳)'은 적절한 시기 상대가 범한 '과오'에 대해 정치적 보복을 하는 것을 가리킨다. '정치 고단수'인 모택동은 '추후산장 달인'이다. 대표적 사례는 ① 연안 정풍, '소련파' 제거 ② '(華北)좌담회', 팽덕회 비판 ③ 여산회의에서 팽덕회·장문천을 '반혁명집단'으로 확정 ④ 문혁 시기 유소기·등소평 등 '주자파' 제거 등이다.

'6중전회(1938.11)'에서 모택동은 '화중 발전'을 제출했다. 1939년 1월 중원국(中原局)[2336]은 '(華中)유격전 전개' 방침을 제정했다. 1940년부터 (國共)양당은 전략적 요충지 화중을 차지하기 위해 치열한 쟁탈전을 벌였다. 1940년 여름 장개석은 '중앙제시안(中央提示案)'[2337]을 제출해 신사군 북진을 명령했다. 신사군 (江北)지휘부는 (蘇北)근거지를 설립하고 근거지 확장에 주력했다. 결국 장개석은 환남사변(1941.1)을 일으켰다.

'6중전회'에서 '최종 보고(11.5)'[2338]를 한 모택동은 이렇게 지적했다. …(華北)근거지를 공고히 하는 동시에 신사군은 화중에서 유격전을 진행해야 한다(中央檔案館, 1991: 594). 1939년 봄 환남(皖南)[2339]의 (新四軍)지휘부에 도착한 남방국(南方局)[2340] 서기 주은래는 '남쪽 확보, 동쪽 확장, 북

2336 1938년 11월 중공중앙은 '중원국(中原局) 설립'을 결정했다. 1939년 1월 중원국 서기로 부임한 유소기는 하남성 죽구(竹溝)에 도착해 중원국의 업무를 주관했다. 1941년 5월 동남국·중원국이 합병, 화중국(華中局)이 설립됐다. 1947년 6월 등소평을 서기로 한 중원국이 설립됐다. 한편 항영이 지도한 신사군은 중원국의 영도를 받았다.

2337 '중앙제시안(中央提示案, 7.16)' 골자는 ① 섬감녕변구, (陝北)행정구로 개편 ② 팔로군·신사군, 기찰(冀察)지역 이전 ③ 팔로군 병력, 6개 사단으로 축소 ④ 신사군은 2개 사단으로 개편 등이다(中共中央文獻研究室, 1993: 198). 한편 국민당 '7중전회(1940.7)'에서 제정된 '중앙제시안'의 출범은 국민당의 제2차 '반공고조' 개시를 의미한다.

2338 모택동의 '최종 보고' 골자는 ① '6중전회' 중요성 ② (抗戰)전략적 대치' 진입 후의 정세 분석 ③ '화북 공고, 화중 발전' 전략 제시 ④ 통일전선의 필요성 ⑤ '유격전 위주, 운동전 보조(輔助)' 전략 방침 제정 등이다(中共中央文獻研究室, 2005: 94). 한편 '(毛)최종 보고'는 모택동이 정적 왕명을 제거하고 중공 영수로 부상했다는 반증이다.

2339 환남(皖南)은 안휘성 남부를 가리킨다. 1938년 7월 신사군 지휘부는 암사(岩寺)에서 환남 운령(雲嶺)으로 이전했다. 당중앙은 중원국을 설립(1938.11)해 유소기를 서기로 임명, 안휘성위를 (中原局)영도를 받도록 결정했다. 결국 동남국 서기 항영의 지위가 유명무실해졌다. 1941년 1월 환남의 무림(茂林)에서 유명한 환남사변이 발생했다.

2340 1938년 11월 당중앙은 남방국(南方局)을 설립, 주은래를 서기로 임명했다. 1939년 1월 주은래의 건의를 수용해 서남국(西南局)을 '남방국'으로 개칭했다. 1943년 6월 동필무가 남방국 (代理)서기, 1944년 11월 '남방국위원회'를 설립, 왕약비가 서기를 맡

쪽 발전' 전략 방침을 제정했다. 중원국 서기 유소기는 (華中)유격전을 지도했다(金冲及 외, 1996: 574). 당중앙의 (華中)유격전 전개 제출은 일본군의 '(華北)근거지 소탕'과 관련된다. 당시 주은래·유소기는 모택동의 유력한 조력자인 '고굉지신(股肱之臣)'[2341]이었다. 한편 모택동이 유소기를 '항영 상급자'로 임명한 것은 선견지명[2342]이었다.

1938년 11월 당중앙은 팽설봉·정위삼(鄭位三)[2343] 등을 위원, 유소기를 (中原局)서기로 임명했다. 화중 발전 중임을 맡은 유소기는 항영의 직속상관이 됐다. 모택동이 최측근[2344] 유소기를 '왕명 추종자'[2345] 항영의

앉다. 1945년 12월 당중앙은 기존 남방국을 '중경국(重慶局)'으로 개편했다.

2341 '고굉지신(股肱之臣)'은 다리와 팔뚝에 비길 만한 신하, 임금이 가장 신임하는 중신(重臣)을 가리킨다. '6중전회' 후 모택동은 주은래를 남방국 서기, 유소기를 중남국 서기로 임명했다. 모택동의 '주유(周劉) 중용'은 (政敵)왕명·항영의 좌천을 의미한다. 한편 주은래(40년)와 유소기(30년)는 모택동의 유력한 조력자인 '고굉지신'으로 활약했다.

2342 모택동이 유소기를 중원국 서기로 임명한 것은 '왕명 추종자' 항영을 견제하기 위한 것으로 선견지명(先見之明)의 배치였다. 당시 왕명의 영향을 받은 항영은 모택동의 지휘에 불복했다. 또 (新四軍)군단장 엽정과의 갈등이 심각했다. 결국 모택동의 '(項英)지위 격하'와 유소기의 '상급자 파견'은 '환남사변 해결'에 긍정적 역할을 했다.

2343 정위삼(鄭位三, 1902~1975), 호북성 황안(黄安) 출신이며 공산주의자이다. 1925년 중공에 가입, 1930~1940년대 악예환구위(鄂豫皖區委) 서기, 신사군 제4지대 정치위원, (中原)군구 정치위원, 건국 후 중앙위원, 전국 정협 상임위원을 역임, 1975년 북경에서 병사했다.

2344 1936년 여름 유소기는 '소련파' 낙보·박고 등과 설전, '모택동 측근자'가 됐다. '12월회의(1937)'에서 왕명과의 대결에서 '코너에 몰린' 모택동을 지지, 모택동의 추종자가 됐다. '6중전회(1938.11)' 후 '모유(毛劉)' 협력관계가 '모낙(毛洛)' (指揮)체제를 대체했다. 연안정풍(1943)에서 모택동의 최측근 유소기는 '중공 2인자'로 부상했다.

2345 1930년대 초 '박고 추종자'인 항영은 '홍군 지도자'인 모택동의 정적이었다. '12월회의(1937)'에서 항영은 모택동의 라이벌인 왕명을 지지했다. '신사군 설립(1937.12)' 후 왕명이 주도한 장강국의 영도를 받았던 항영은 '왕명 추종자'로 변신했다. 실제로 환남사변 중 항영의 비극적인 결말은 스스로 자초한 자작지얼(自作之孽)이다.

상급자로 임명한 것은 일거양득의 인사 배치였다. 1939년 1월 유소기는 하남성 죽구진(竹溝鎮)[2346]에 도착해 중원국의 업무를 주관했다.

화중의 유격전쟁이 신속히 발전한 것은 일본군이 일부 병력을 화북으로 이동 배치했기 때문이다. (華中)일본군은 무한과 그 주변에 집결됐고 장강 하류의 강소·안휘·절강 등지에 배치된 병력은 매우 적었다. 이는 화중의 '유격전 전개'에 긍정적 요인으로 작용했다(中共中央黨史硏究室, 2005: 266). 장강 중하류에 위치한 호북·안휘·강소성은 전략적 요충지였다. 또 유격전쟁이 활발하게 전개되면서 신사군 병력은 빠르게 확충됐다. 한편 '(華北)반공' 작전에서 팔로군의 전투력을 확인한 장개석은 '양대 근거지'의 통합을 우려했다. 결국 '백단대전'에서 여실히 과시된 팔로군의 군사력을 경계한 장개석은 '신사군 섬멸'을 획책했다.

신사군의 '화중 발전'은 여러 가지 어려움에 봉착했다. 첫째, 남방유격대가 개편된 신사군은 통일된 지휘 시스템을 갖추지 못했다 둘째, 무기와 장비가 낙후됐고 정규적 훈련을 받지 못했다. 셋째, 산지가 적고 평원이 많아 유격전 전개에 불리했다. 넷째, 1937년 12월 25일 (新四軍)지휘부가 비로소 설립됐다(逄先知 외, 2011: 581). 당시 환남(皖南)·황안(黃安)·죽구에 집결된 신사군은 일본군과 국민당군의 '협공' 위험에 놓였다. 한편 신사군 군단장 엽정(葉挺)과 '터줏대감' 항영은 견원지간(犬猿之間)[2347]이었

2346 하남성 확산(確山)현 죽구진(竹溝鎮)은 전력적 요충지이다. 1938년 2월 하남성위 군사부장 팽설풍이 죽구에 진입, 1938년 6월 하남성위의 소재지가 됐다. 1939년 1월 유소기가 죽구에 도착, (中原局)행정기관 소재지가 됐다. 한편 중원국 이전(1939.10) 후 국민당군이 죽구를 점령, 유명한 '확산참안(確山慘案, 1939.11.1)'이 발생했다.

2347 견원지간(犬猿之間)은 개와 원숭이의 사이처럼 서로 미워하고 불신하는 앙숙의 관계를 뜻한다. 장개석이 임명한 '북벌(北伐)명장' 엽정은 정규전에 능한 군사 지휘관이었다. 신사군의 최고 지도자 항영은 진의와 함께 3년 유격전쟁을 견지한 '터줏대감'이었다.

모택동과 중국혁명 3

다. 1940년에 이르러 신사군 지휘부는 '사분오열(四分五裂)'[2348]됐다. 결국 이는 '비극(皖南事變)'의 잠재적 위험요인이 됐다.

1938년 6월 진의·속유가 거느린 신사군 제1지대는 모산(茅山) 항일 근거지[2349]를 설립했다. 7월 장정승이 거느린 제2지대는 소남(蘇南)지역에 진입해 유격전을 전개했다. 또 장운일·담진림이 거느린 제3지대는 안휘성 남부의 장강(長江) 연선에 진출했다. 4월 중 신사군 제4지대는 환동(皖東)지역으로 진격했다. 7월 중 신사군 지휘부는 암사(巖寺)에서 경현(涇縣) 운령(雲嶺)[2350]으로 이전했다. 한편 팽설풍의 제6지대는 예동(豫東)지역에서 활동했고 이선념이 지휘한 예악정진(豫鄂挺進)종대는 악동(鄂東)지역에서 유격전을 전개했다. 새로 설립(1938.7)된 제5지대의 사령

결국 항영의 배척을 받은 엽정이 사직, 모택동은 주은래를 '조정자'로 파견했다. 실제로 '엽항(葉項)'의 갈등·불화는 신사군이 '포위 돌파(1941.1)'에 실패한 주된 원인이었다.

2348 '국민당 출신'의 군단장 엽정과 신사군의 '터줏대감'인 항영은 시종일관 앙숙 관계를 유지했다. 당시 항영은 원국평·주자곤의 지지를 받았다. 또 '정강산 출신'의 진의·속유는 '모택동 추종자'로 변신했다. 이는 '진항(陳項) 분화(分化)'를 초래했다. 한편 남하한 팔로군의 지휘자인 황극성은 '팽덕회 추종자'였다. 결국 '중앙대표'인 유소기와 항영의 '의견 대립', '엽항(葉項)' 갈등은 (新四軍)지도부의 '사분오열(四分五裂)'을 초래했다.

2349 모산(茅山) 항일근거지(1938.6)는 진의·속유가 거느린 신사군 제1지대가 소남(蘇南, 강소성 남부)에 설립한 것이다. 1938년 봄 '중앙대표'인 주은래는 운령(雲嶺)에 도착해 '북쪽 발전' 방침을 제정했다. 1938년 4월 28일 속유가 지휘한 선견부대가 소남(蘇南)으로 진격했다. 5월 중 진의가 거느린 주력부대가 소남에 진입, (茅山)근거지 설립에 본격적으로 착수했다. 결국 모산 항일근거지는 (蘇北)근거지의 출범에 중요한 역할을 했다.

2350 안휘성의 경현(涇縣) 운령(雲嶺)은 신사군(新四軍) 지휘부의 소재지(1938.7~1941.1)이다. 1938년 7월 신사군 지휘부는 암사(巖寺)에서 경현의 운령으로 이전했다. 그 후 경현 운령에서 항영·엽정이 거느린 신사군 지휘부는 2년 반 동안 활동했다. 1941년 1월 4일 신사군 지휘부는 '대본영(大本營)'인 운령에서 출발해 북진(北進)했다. 한편 경현의 무림(茂林)에서 신사군 9000여 명은 국민당군 중병(重兵, 8만)의 포위공격을 받았다.

관은 나병휘, 정치위원은 곽술신(郭述申)[2351]이 맡았다.

신사군 간부대회(1939.3)에서 주은래는 '(敵後)발전 방향'에 대한 3가지 원칙을 제출했다. ① 일본군이 진격하지 않은 오지(奧地) ② 유격전쟁이 진행되지 않은 미개척지 ③ 국민당군이 진출하지 않은 지방이다(中共中央文獻編位, 1980: 105). 또 그는 이렇게 지적했다. …신사군의 작전 방침은 여전히 유격전이다. 기존의 유격전 경험에만 의존해선 안 된다. 기동적이고 변화무상하며 신출귀몰하는 유격전술을 사용해야 한다(劉伯根 외, 2007: 444). 2월 23일 신사군 지휘부 소재지인 (涇縣)운령에 도착한 '중앙대표' 주은래는 신사군 지휘관들에게 '6중전회'에서 결정한 '화중 발전'의 전략 방침을 전달했다. 한편 주은래가 운령에 온 또 다른 목적은 (新四軍) 주요 지도자인 '엽항(葉項)' 간 갈등을 해결하기 위한 것이었다.

1939년 8월 주은래는 신사군의 '작전 방침'을 이렇게 정리했다. …북쪽 발전과 동쪽 진격, 현재의 진지(陣地) 확보이다. '북쪽 발전'은 소북 진격과 강북(江北) 근거지 설립이다. '동쪽 작전'은 절강 진출과 '후방 교란'이다. '현재 확보'는 환남·소남(蘇南) 근거지를 공고히 하는 것이다(中共中央文獻研究室, 1998: 544). 상기 '발전 방침'은 신사군 상황에 부합되는 정확한 방침이었다. 진의·속유가 모산(茅山)에 설립한 근거지는 '북쪽 발전' 방침에 근거한 것이다. 당시 당중앙은 '신사군의 작전방침 지시(1940.2.19)'를 발표해 '북쪽 발전'을 강조했다. 한편 환남 고수에 집착한 항영은 '북쪽 진격'을 명령한 모택동의 '작전 지시'를 거부했다.

2351 곽술신(郭述申, 1904~1994), 호북성 효감(孝感) 출신이며 공산주의자이다. 1927년 중공에 가입, 1930~1940년대 '홍28군' 정치위원, 신사군 제5지대 정치위원, 건국 후 중앙기율검사위원회 부서기, 전국 인대(人大) 상임위원 등을 역임, 1994년 북경에서 병사했다.

1939년 5월 5일 신사군 강북(江北)지휘부가 설치됐다. 장운일이 총지휘, 서해동·나병휘가 부총지휘를 맡았다. 뢰전주가 참모장, 등자회가 정치부 주임, 장경부(張勁夫)'[2352]가 부주임을 맡았다. 1939년 6월 엽정·장운일은 '반당(反黨)분자' 고경정(高敬亭)을 처형하고 서해동을 제4지대장으로 임명했다. 한편 '고경정 처형'[2353]에 대해 엇갈린 견해가 존재한다. 1939년 11월 7일 신사군 (江南)지휘부가 설립됐다. 진의가 총지휘, 속유가 부총지휘, 유염(劉炎)[2354]이 정치부 주임을 맡았다. 당시 '진속(陳粟) 콤비'[2355]는 (江北)신사군 발전과 (蘇北)근거지 설립에 크게 기여했다. 한편 '진속 콤비'는 사령관·참모장의 협력관계였다.

1939년 신사군 제3지대는 일본군의 다섯 차례의 '소탕'을 격퇴했다. 1940년 4~5월 반'소탕' 작전을 전개한 신사군의 주력부대는 일본

2352 장경부(張勁夫, 1914~2015), 안휘성 비동(肥東) 출신이며 공산주의자이다. 1935년 중공에 가입, 1930~1940년대 안휘성위 선전부장, 신사군 강북(江北)지휘부 정치부 주임, 항주시 부시장, 건국 후 재정부장, 국가경제위 주임 등을 역임, 2015년 북경에서 병사했다.

2353 장개석의 '(高敬亭)처형' 지시를 받은 엽정이 고경정을 총살(6.24)했다는 주장은 신빙성이 낮다. 실제로 중앙군위의 '(處決)지시'를 받은 엽정·장운일이 고경정을 사형에 처했다는 것이 중론이다. '(高)처형 원인'은 ① '(軍委)동쪽 진격' 명령 거부 ② '살계경후(殺鷄敬猴)' 역할 ③ 변절자 장국도가 발탁한 간부 등이다. '고경종 처형'에서 항영은 '추파조란(推波助瀾)' 역할을 했다. 1977년 총정치부는 '고경정 평반(平反) 통지'를 공표했다.

2354 유염(劉炎, 1904~1942), 호남성 도원(桃源) 출신이며 공산주의자이다. 1927년 중공에 가입, 1930년대 '홍1군단' 지방공작부장, 신사군 제1지대 정치부 주임, (新四軍)강남지휘부 정치부 주임, 신사군 제1사단 정치위원, 1946년 산동성 임기(臨沂)에서 병사했다.

2355 강남(江南)지휘부(1939.11.7)의 총지휘는 진의, 속유는 부총지휘이다. '진속(陳粟) 콤비' 특징은 ① 동급이 아닌 상하급 관계 ② 군정(軍政) 파트너가 아닌 사령관·참모장(關係) ③ '통솔자'·'부수(副手, 조력자)' 관계이다(少華, 2019: 45). 속유는 무신(武神) 조자룡(趙子龍)에 비견된다. 실제로 모택동은 '지원군(支援軍)' 사령관으로 속유를 내정했다. 한편 진의는 '10대 원수(元帥)' 서열 6위, 속유는 '10대 대장(大將)' 서열 1위이다.

군 1000여 명을 섬멸했다. 1939년 여름 팽설봉의 제6지대는 1.2만명으로 확충됐다. 1940년 장운일·서해동이 거느린 강북(江北)신사군은 1.5만명으로 늘어났다. 이 시기 5000여 명의 지방 유격대가 환동(皖東)지역에서 유격전을 전개했다. 1939년 11월 이선념과 진소민(陳少敏)[2356]이 거느린 예악(豫鄂)유격지대는 예남(豫南)·환동·악중(鄂中)지역의 유격대를 병합해 (新四軍)예악정진종대(豫鄂挺進縱隊)[2357]를 설립했다.

1939년 12월 유소기는 당중앙에 전보(1940.3.9)[2358]를 보내 팔로군 1개 사단의 화중 파견을 건의했다. 유소기의 건의를 수용한 모택동은 팽덕회에게 전보(3.16)[2359]를 보내 팔로군 344여단을 화중에 파견할 것을 지시했다. 당시 소북에는 한득근(韓德勤)이 거느린 국민당군이 주둔했다. 모

2356 진소민(陳少敏, 1902~1977), 산동성 수광(壽光) 출신이며 공산주의자이다. 1924년 중공에 가입, 1930~1940년대 천진시위 부녀부장, 하남성위 조직부장, (新四軍)제5사단 부정치위원, 건국 후 전국총공회 부주석, 방직공회(紡織工會) 주석을 역임, 1977년 북경에서 병사했다.

2357 1939년 1월 중원국은 하남성 죽구(竹溝)의 유수부대를 (新四軍)예악(豫鄂)독립유격대대로 개편, 1939년 11월 예악정진지대(挺進支隊)로 재편성, 이선념이 지대장을 맡았다. 1940년 1월 예악정진대(縱隊)로 개편해 이선념이 사령관, 주이치가 정치위원을 맡았다. 1941년 1월 (新四軍)제5사단으로 개편, 이선념이 사단장에 임명됐다.

2358 유소기는 '중앙군위'에 보낸 전보(1940.3.9)에 이렇게 썼다. …(華北)팔로군 주력부대 3개 연대를 화중(華中)에 파견해 신사군 작전을 협력하기 바란다. 이는 유소기가 처음으로 모택동에게 '팔로군 남하'를 건의한 것이다(金冲及 외, 2008: 352). 당시 유소기의 건의를 수용한 모택동은 팽덕회에게 전보(1940.3.16)를 보내 '(八路軍)화중 파견'을 지시했다. 결국 팽덕회는 황극성이 지휘한 팔로군 제2종대를 화중에 파견했다.

2359 모택동은 팽덕회에게 보낸 전보(1940.3.16)에 이렇게 썼다. …이품선(李品仙)의 부대가 '(彭雪楓)신사군 공격'을 노리고 있다. (八路軍)344여단을 회하(淮河)지역에 파견해 팽설풍의 '근거지 수호'를 협조하길 바란다. 팔로군은 신사군의 '항일근거지 창설'을 협력해야 한다(中共中央文獻研究室, 1993: 179). 팔로군 제2종대장 황극성이 거느린 344여단은 신사군과 협력 작전을 전개, '소북(蘇北)근거지 설립'에 크게 기여했다.

택동의 '유소기 지지'는 중원국의 위상을 높여주기 위한 것이다. 실제로 당중앙의 '지시'에 불복하는 '벽창호' 항영을 견제하기 위한 것이었다.

1940년 5월 팔로군 제2종대장 황극성(黃克誠)은 344여단을 이끌고 기로예변구(冀魯豫邊區)로 남하했다. 남하한 팔로군은 신흥집(新興集)에서 신사군 제6지대와 합류(1940.6)해 팔로군 제4종대로 개편한 후 팽설풍이 사령관, 황극성이 정치위원을 맡았다. 7월 중 진의가 지휘한 신사군 주력은 소북에 진출해 (敵後)항일근거지를 개척했다. 1940년 7월 팔로군 115사단의 소로(蘇魯)지대가 안휘성 동북부로 남진했다. 그해 8월 중원국은 팔로군 제5종대를 신설하고 황극성을 사령관으로 임명했다. 한편 팽설봉의 제4종대는 예환소(豫皖蘇)변구에 남아 서쪽을 방어했다.

10월 초 진의·속유가 거느린 강북(江北)신사군 7000여 명은 한덕근의 주력인 제89군단과 독립 제6여단 1.1만여 명을 섬멸했다. 이것이 유명한 황교전역(黃橋戰役)[2360]이다. 팔로군·신사군의 합류(10.10)는 소북(蘇北) 근거지를 더욱 공고히 했다. 1940년 11월 당중앙은 (華中)신사군·팔로군총지휘부(總指揮部)[2361]를 설립하고 엽정을 총지휘, 진의를 부총지휘, 유소기를 정치위원으로 임명했다. 1940년 말까지 신사군은 반'소탕' 작

2360 1940년 10월 4일 한덕근의 주력인 제89군단과 독립 제6여단이 신사군의 주둔지 황교(黃橋)를 공격했다. 10월 4~5일 진의·속유가 지휘한 신사군 제1~3지대는 적군 대부분을 섬멸, 제89군단장 이수유(李守維)를 사살했다. 10월 6일 한덕근은 패잔병 1000여 명을 이끌고 흥화(興化)로 도망쳤다. 황교전역(黃橋戰役)에서 적군 1.1만여 명을 섬멸했다. '황교대첩(大捷)'은 소북(蘇北) 근거지의 공고화에 중요한 역할을 했다.

2361 1940년 5월 황극성은 팔로군 344여단을 이끌고 남하했다. 8월 중 중원국(中原局)은 팔로군 제5종대를 신설, 황극성을 사령관(縱隊長)으로 임명했다. 1940년 11월 중공중앙은 (華中)신사군·팔로군총지휘부를 설립, 엽정·진의를 정부(正副) 총지휘, 유소기를 정치위원에 임명했다. 한편 (華中)총지휘부가 강행한 조전(曹甸)전역은 국민당의 '군사적 반공(反共)'을 유발했다. 1941년 1월 '(華中)총지휘부'는 신사군 지휘부로 개편됐다.

전을 통해 '일위군(日僞軍)' 5만여 명을 섬멸했다. 또 화북·화중 (兩大)근거지를 하나로 통합됐다. 한편 (華中)총지휘부가 계획한 조전전역(曹甸戰役)[2362]은 국민당군의 '군사적 보복'을 유발했다.

11월 29일 '조전(曹甸)[2363] 공격'이 시작됐다. 12월 6일 신사군·팔로군은 세 겹의 방어선을 잇따라 돌파했다. 적군은 조전에 구축한 '견고한 진지'에 의지해 완강하게 저항했다. 12월 13일에 개시된 총공격은 (平原)작전 경험의 부재로 '조전 공략'에 실패했다. 12월 16일 '총지휘부'는 공격 철수를 명령했다(金冲及 외, 2008: 373). 진의가 분석한 '(曹甸)패전' 원인은 첫째, 충분한 준비 없이 급박하게 작전을 개시했다. 둘째, 적의 '사수(死守)' 의지를 무시했고 견고한 방어력을 도외시했다. 셋째, 공격수단을 갖추지 못한 상황에서 무리하게 강공(强攻)을 전개했다(少華, 2019: 77). 실제로 '총지휘부'가 전방 지휘관 속유·황극성의 '(戰役)반대 의견'[2364]을 무시하고 전투를 강행한 것이 결정적 패인이었다. 전투 중 황극성의

2362 조전전역(曹甸戰役, 1940.12)은 '(華中)총지휘부'가 국민당 완고파 한덕근이 주둔한 '조전(曹甸) 공략'을 위해 강행한 전역이다. 진의가 총지휘, 팔로군 제5종대가 '공격 선봉'을 맡았다. 한편 (平原)작전 경험의 부재로 '조전 공략'에 실패했다. 당시 조전전역에서 적군 8000여 명을 섬멸했으나, 팔로군·신사군도 2000여 명의 사상자를 냈다. 결국 이는 국민당의 강한 반발을 야기했다. 또 이는 제2차 '반공고조'의 빌미를 제공했다.

2363 강소성 보응(寶應)현 동북부에 위치, 집진(集鎭)인 조전(曹甸)은 운하(運河)를 통해 환동(皖東)과 연결되는 전략적 요충지였다. 황교전역(黃橋戰役)에서 대패한 한덕근은 조전으로 퇴각해 견고한 방어공사를 구축했다. 또 조전성(曹甸城)은 높은 성벽(城壁)과 평원·수로망(水網)으로 둘러싸여 공격하기 어렵고 방어하기 쉬웠다. 당시 조전성에는 한덕근의 정예부대 5천여 명이 주둔했다. 이 또한 '조전 공략'이 실패한 주된 원인이다.

2364 조전전역은 유소기가 제출, '총지휘' 진의가 찬성했다. 당시 속유는 이렇게 주장했다. …'한덕근 공격'은 장개석의 '(軍事)반공'에 빌미를 제공할 것이다. 황극성의 '(戰役)반대 이유'는 ① 공격 시기가 부적절 ② 방어공사가 견고 ③ (平原)방어가 쉽고 공격이 어렵다(少華, 2019: 76). '속황(粟黃)'의 '반대 의견'을 무시한 신사군·팔로군의 강공은 (曹甸)공략에 실패했다. 결국 '군사적 보복'을 유발한 조전전역은 심각한 결과를 초래했다.

'적절한 건의'를 거절한 것은 치명적 패착이었다. 18일 간 진행된 조전 전역에서 공격 선봉을 맡은 (八路軍)제5종대는 2천명의 사상자를 냈다. 한편 신사군은 황교·조전전역을 통해 장개석의 측근인 한덕군의 부대 1.9만명을 섬멸했다. 결국 이는 제2차 '반공고조'의 빌미를 제공했다.

유소기가 정리한 '(曹甸)공략 실패' 원인은 ① 이품산(李品仙)[2365]의 (攻擊)위협 과장 ② '근거지 확장' 치중 ③ 평원 작전 경험 부재 ④ 무리한 공격전 강행 ⑤ 반'충돌' 원칙 위반 등이다(金冲及 외, 1998: 408). 또 그는 황극성에게 보낸 편지(1944.7.10)에 이렇게 썼다. …조전전역 강행은 탕은백과 계군(桂軍)의 '공격 위협'을 과장했기 때문이다. 조전 공략이 실패한 주된 책임은 내가 져야 한다(中共中央文獻研究室, 2008: 374). 조전전역은 한덕근 부대 '전멸'을 목적으로 강행한 것이다. 결국 이는 국민당군의 강렬한 불만을 야기했다. 결국 이는 (皖南)신사군의 북진에 악영향을 미쳤다(齊小林 외, 2015: 91). 한편 조전전역 강행은 장개석의 '보복성 공격'을 유발했다. 또 이는 (皖南)신사군에게 결정타를 안긴 환남사변의 도화선이 됐다. 실제로 당중앙은 신사군의 '(韓德勤)완전 섬멸'을 반대[2366]했다.

군령부(軍令部)[2367]가 작성한 보고서(12.4)는 이렇게 썼다. …(江南)신사

2365 이품산(李品仙, 1890~1981), 광서성 창오(蒼梧) 출신이며 국민당군 상장이다. 1930~1940년대 국민혁명군 제8군단장, 제12로군 총지휘, 제4병단 사령관, 제10전구(戰區) 사령장관, 건국 후 (臺灣)전략고문회 고문을 역임, 1987년 대북(臺北)에서 병사했다.

2366 10월 20일 중앙군위는 유소기에게 보낸 전보에 이렇게 썼다. …한덕근의 본거지인 흥화(興化) 공격을 중지해야 한다. 궁지에 몰아넣을 경우 중경(重慶) 판사처가 위험해질 수 있다. 군사적 공격을 중지하고 담판을 진행해야 한다(黃崢 외, 2008: 368). 결국 '당중앙 지시'에 복종한 유소기는 신사군의 '공격 중지'를 명령했다. 한편 '(華中)총지휘부'가 강행한 조연전역(1940.12)은 (皖南)신사군 지휘부의 북상(北上)에 부정적인 역할을 했다.

2367 군령부(軍令部)의 전신은 참모본부이다. 항전 초기 (國民黨)군정기관은 군정(軍政)·군령

군의 '진강(鎮江) 북진'을 허락해선 안 된다. 경현(涇縣)에서 직접 북상하게 해야 한다. 군령부가 진강을 통한 '신사군 북진'을 반대한 것은 (皖南)신사군이 조전을 공격 중인 (江北)신사군을 협력해 (韓德勤)부대에 대한 '협공'을 우려했기 때문이다(齊小林 외, 2015: 91). 조전전역에 대한 보복으로 군령부가 '신사군 동진'을 반대한 것이다. 당시 '군령부 의견'을 수용한 장개석이 (江南)신사군의 '진강 북진'을 불허하는 '밀령(密令)'을 제3전구 사령장관인 고축동에게 보냈다. 결국 이는 유소기·진의가 주도한 '총지휘부'가 강행한 조단전역에 대한 '보복 조치'였다.

5기 7중전회(1940.7)에서 국민당은 제2차 '반공고조'를 결정했다. '중앙제시안'의 목적은 중공군 편제를 축소하고 황하 이북의 기찰(冀察)지역에 집결시켜 섬멸하는 것이다(肖顯社 외, 2007: 366). 10월 19일 하응흠·백승희는 팔로군·신사군 지휘부에 '호전(皓電)'[2368]을 보냈다. '호전'이 쓴 신사군의 죄명은 ① 전구(戰區)를 벗어난 군사행동 ② 편제를 초월한 (兵力)확충 ③ '(國民黨)중앙 명령' 불복 ④ '우군 공격' 전념 등이다(中央檔案館, 1982: 89). '호전'은 한달 내 '황하 이북 철수'를 명령했다. 또 장개석은 탕은백·이품선·한덕근·고축동에게 밀령을 내려 '신사군 공격'을 지시했다(郭德宏 외, 2019: 316). 11월 14일 군령부는 '비군(匪軍) 섬멸 작전 계획'

(軍令)·군훈(軍訓) 3개 부로 나눴다. 군령부장인 서영창(徐永昌)은 하응흠·백승희·진성과 함께 장개석의 '4대 심복'이었다. 군령부 산하에는 3청(三廳)·고참(高參)·비서실이 설치됐다. 1940년 11월 군령부는 '신사군 섬멸 작전 계획'을 작성했다.

2368 이른바 '호전(皓電)'은 1940년 10월 19일 국민당군 정부(正副) 참모총장 하응흠·백승희가 팔로군·신사군 지휘부에 보낸 전보를 가리킨다. 10월 19일의 '운목대일(韻目代日)'이 '호(皓)'였으므로 '호전'이라고 부른다. 당시 '호전'은 팔로군·신사군이 한달 내 황하(黃河) 이북으로 철수하고 편제(編制)를 50만명에서 10만명으로 축소할 것을 명령했다. 실제로 국민당군 참모부가 보낸 '호전'은 제2차 '반공고조'의 개시를 의미한다.

을 작성해 장개석에게 보고했다. '호전'은 제2차 '반공고조' 개시를 의미한다. 한편 장개석은 팔로군·신사군에 대한 '군향 지급'을 중단시켰다. 결국 이는 황교·조전전역에 대한 보복적 조치였다.

장개석은 명령을 발표(12.9)해 신사군은 1941년 1월 31일까지 황하 이북에 집결할 것을 요구했다. 12월 10일 장개석은 제3전구 사령장관 고축동에게 '밀전(密電)'[2369]을 보냈다. '밀전'은 (江北)신사군이 홍화를 공격하거나 12월 31일까지 북진하지 않으면 무력으로 해결할 것을 지시했다. 12월 13일 장개석은 재차 고축동에게 '밀령'을 보냈다. '밀령'은 신사군 지휘부가 북진하지 않으면 현지에서 '포위 섬멸'할 것을 명령했다. 12월 하순 고축동은 장개석의 지시에 근거해 제32집단군 총사령관 상관운상(上官雲相)을 전적 총지휘로 임명했다. 또 고축동은 상관운상에게 8만여 명 병력을 집결해 (皖南)신사군에 대한 '포위공격'을 지시했다.

1월 4일 신사군 9000여 명이 운령에서 출발해 북진했다. 무림(茂林)에 도착했을 때 국민당군의 습격을 받았다. 신사군은 엽정의 지휘하에 국민당군과 혈전을 벌였다. 12일 국민당군 5개 사단은 신사군에 대해 '각개격파'를 실시했다. 1월 14일 중과부적으로 패전한 신사군은 2000여 명이 겨우 포위를 돌파했다. 신사군 대부분이 처형됐고 일부는 체포됐다. 군단장 엽정은 담판 중 체포됐고 정치부 주임 원국평(袁國平)은 희생됐다. 또 항영과 부참모장 주자곤(周子昆)은 부하에게 살해됐다. 1월

2369 측근 고축동에게 보낸 장개석의 '밀전(密電, 12.10)'에 이렇게 썼다. …현재 (蘇北)신사군이 조전(曹甸)을 공격하고 있다. (江南)신사군의 '진강(鎭江) 북진'을 허락해선 안 된다. 또 (皖南)신사군이 12월 30일까지 북진하지 않으면 현지에서 해결해야 한다(第二歷史檔案館, 1998: 428). 결국 소남(蘇南)을 통한 (皖南)신사군의 '소북(蘇北) 진출'이 불가능해졌다. 한편 장개석의 '밀전'은 현지(涇縣)의 '(新四軍)포위 섬멸'을 암시한 것이다.

17일 장개석은 '항명(抗命)·변절'한 신사군의 (軍)번호를 철회하고 엽정을 군사재판에 넘겼다. 이것이 국내외를 놀라게 한 환남사변이다.

1940년 3월 팔로군은 국민당의 제1차 '반공고조'를 격퇴했다. 1940년 하반기 팔로군은 20만의 병력을 동원해 (華北)적후에서 일본군의 교통선을 파괴하는 대파습전역을 벌였다. 이 시기 신사군은 국민당군과 '(根據地)쟁탈전'을 벌였다. 한편 황교·조전전역은 국민당의 '보복적 공격'을 유발했다. 환남사변 중 '신사군 참패'는 (葉項)갈등과 항영의 환득환실이 주요인이다. 또 이는 소련정부의 '장개석 (軍事)원조' 정책과 무관치 않다.

2. 스탈린의 '장개석 원조', 연안·모스크바의 '의견 대립'

'중소호불침범조약(中蘇互不侵犯條約)'[2370]은 스탈린의 '장개석 원조'에 정책적 근거를 마련했다. 1940~1941년 소련정부의 군사적 원조는 장개석의 제2차 '반공고조'에 촉매제 역할을 했다. 환남사변 전후 국민당군에 대한 '군사적 반격'을 둘러싸고 중공과 공산국제·소련 간 갈등이 격화됐다. 1941~1942년 모택동은 스탈린의 '군사적 협력'을 거절했다. 결국 이는 연안·모스크바[2371]의 심각한 갈등과 '의견 대립'을 초래했다.

2370 '중소호불침범조약(中蘇互不侵犯條約)'은 1937년 8월 21일 (中蘇)대표가 남경에서 체결한 '조약'이다. 소련정부의 목적은 일본군의 '북진'을 견제하는 것이며 남경정부 취지는 소련의 경제적·군사적 원조를 받는 것이다. '중소조약'은 소련의 '중국 원조'에 정책적 근거를 마련했다. 소련의 군사적 원조는 장개석의 '항일 의지'를 강화한 반면, 국민당의 (反共)정책에 일조하는 역할을 했다. '(蘇日)중립조약' 체결(1941) 후 사실상 폐지됐다.

2371 모스크바(Moscow)는 소련 공산당의 소재지이며 공산국제의 '대본영(大本營)'이다. 따라서 모스크바는 소공(蘇共)과 공산국제의 지도부를 지칭한다. 또 모스크바는 소련 공산당 최고 지도자 스탈린과 공산국제 총서기 디미트로프(Dimitrov)를 상징한다. 한편

서안사변은 경색된 중소(中蘇)관계[2372]와 스탈린·장개석의 관계 호전에 중요한 역할을 했다. 서안사변을 둘러싸고 스탈린과 모택동은 첨예한 '의견 대립'을 노출했다. 모택동은 '(中共)철천지원수' 장개석을 감금한 서안사변을 '혁명적 사변'이라고 평가했다. 한편 서안사변을 '친일파 음모'로 간주한 스탈린은 장학량을 '반혁명'으로 매도했다. 1937년 봄 스탈린은 볼모로 삼았던 장경국의 '귀국'을 허락했다. 1939년 4월 주화(駐華) 소련 대사를 회견한 장개석은 서안사변의 '평화적 해결'에 기여한 스탈린에 대한 감사 전달과 '(中蘇)관계 개선' 의지를 표출했다.

소련인민위원회 의장 몰로토프(Molotov)는 이렇게 말했다. …소련의 간섭은 '장개석 석방'에 긍정적인 역할을 했다. 또 이는 '(中蘇)관계 개선'에 유리하게 작용할 것이다. 스탈린을 '동지'로 호칭한 장개석은 소련 대사에게 스탈린을 소련 인민의 '위대한 영수'라고 치켜세웠다(袁南生, 2003: 521). 실제로 '(中蘇)관계 개선'과 스탈린·장개석 간의 관계 개선에 결정적 역할을 한 것은 독일·일본이 베를린에서 체결한 '공산국제 반대 협정(1936.11.25)'이었다. 당시 중소 간 '공동의 적'은 동북(滿洲)을 점령하고 화북 침공을 노린 일본 침략자였다. 한편 스탈린과 공산국제는 '진정한 동지'인 중공을 '연장(聯蔣)항일'의 희생양으로 삼았다.

영미(英美)는 일본의 '중국 침략'을 수수방관했다. 장개석은 소련과

중공중앙 소재지 연안(延安)은 (中共)지도부를 의미한다. 또 연안은 중공 지도자 모택동을 상징한다.

2372 1933년 5월 12일 소련정부는 일본의 괴뢰정권인 '만주국(滿洲國)'에게 중동철로(中東鐵路) 경영권을 매각한다고 선포했다. 중국의 주권을 손상시킨 소련정부의 행위는 사실상 '만주국'의 주권 실체(主權實體)를 인정한 것이다. 결국 이는 일본 제국주의의 (中國)침략 위세를 조장했다(袁南生, 2014: 390). 당시 남경정부는 소련정부의 '만주국 승인'에 강력한 항의를 제기했다. 결국 중소(中蘇)관계는 장기간 경색 국면에 빠졌다.

'(軍事)호조조약' 체결을 희망했다. 소련 외교부장 막심 리트비노프(Max-im Litvinov)[2373]는 (駐華)대사에서 이렇게 지시했다. …'호조조약'은 대일선전(對日宣戰)을 의미한다. 소련의 원조는 '상호불침(條約)'을 전제로 한다(袁南生, 2014: 409). 스탈린이 장개석이 희망한 '(軍事)호조조약'을 거절한 것은 (對日)작전과 '(日蘇)전쟁'을 회피하기 위해서였다. 또 장개석의 '일본 타협'을 우려한 것이며 영미 국가의 '불간섭' 정책을 감안했기 때문이다. 실제로 영미는 장개석의 '일본 타협'[2374]을 종용(慫慂)했다.

'중소호불침범조약(8.21)'의 골자는 첫째, '조약' 당사자는 단독 또는 다른 국가와 연합해 조약국(條約國)을 침략해선 안 된다. 둘째, 조약국이 제3국의 침략을 당했을 때 침략자를 협력해선 안 된다. 셋째, 1924년의 '중러해결현안대강협정(中俄解決懸案大綱協定)'[2375]은 여전히 유효하다. 넷째, 본 '조약'의 유효 기간은 5년이다(秦孝儀 외, 1981: 328). '(中蘇)조약' 체결 후 소련정부는 장개석의 남경정부에 대량의 무기를 제공[2376]했다. 군사

2373 막심 리트비노프(Maxim Litvinov, 1876~1951), 폴란드 비알리스토크(Bialystok) 출생이며 소련 혁명가이다. 1903년 볼셰비키당 가입, 1930~1940년대 소련 외교부장, (駐美)소련 대사, 1951년 모스크바에서 '교통사고'로 사망했다.

2374 일본군의 '북진'과 이를 통한 '일소전쟁' 발발을 기대한 영미(英美)는 장개석의 '일본 타협'을 종용했다. 한편 일본의 '투항 유도'와 영미의 '일본 타협' 강요로 국민당은 친미(親美)·친일파(親日派)로 분열됐다. 1940년 3월 친일파 왕정위는 (南京)괴뢰정권을 설립했다. 결국 이는 장개석의 '소극적 항일'과 '적극적 반공' 정책을 유발했다.

2375 '중러해결현안대강협정(中俄解決懸案大綱協定)'은 1924년 5월 31일 중국 외교부장 고유균(顧維鈞)과 소련 외교부장 카라한(Karakhan)이 북경에서 체결한 조약이다. 당시 소련정부 대표는 '중동철로 경영권' 포기와 외몽골(外蒙古)이 중국 영토임을 승인했다. 그러나 (外蒙古)주둔군을 철수하지 않은 소련정부는 '외몽골 독립'을 종용했다.

2376 1937년 10월부터 1939년 9월 소련정부가 제공한 무기는 전투기 985대, 탱크 82대, 대포 1300문, 기관총 14000정이다. 또 대량의 장비와 탄약을 (西北)육로를 통해 지원했다(賴銘傳, 2012: 5). 당시 중국을 침략한 일본군은 (海上)수송로를 모두 봉쇄했다. 한편

고문·공군지원대(空軍支援隊) 등 파견 (軍事)인원이 3600명에 달했다. 1941년 일본과 관련 조약을 체결해선 안 된다는 '구두협정'을 파기한 소련 정부는 일본과 '소일(蘇日)중립조약'[2377]을 체결했다.

소련의 '장개석 원조'는 일본군의 '속전속결' 전략을 무산시켰다. 입법원장 손과(孫科)는 이렇게 술회했다. …1937~1941년 항전에 필요한 군수물자는 주로 소련의 원조에 의지했다. '(蘇聯)원조'는 결사(決死)항전의 투쟁심을 고양시켰다(袁南生, 2014: 411). 실제로 장개석의 '항전 의지' 강화와 '일본 타협'을 견제하는 긍정적 역할을 했다. 한편 장개석의 '(中共)군사적 공격'을 묵인한 스탈린과 공산국제는 '항일통일전선 확보'를 위해 '(中共)이익 희생'을 강요했다. 또 소련정부는 '중동철로 경영권'을 포기하지 않았고 몽골에 주둔한 소련군을 철수하지 않았다.

스탈린의 '군사적 원조'는 장개석의 반공에 일조했다. 스탈린은 적후에서 유격전을 전개한 팔로군의 역할을 과소평가했다. 또 장개석을 맹신한 스탈린은 모택동의 '무기 지원'[2378] 요구를 무시했다. 이는 연안·모스크바 간 소원한 관계를 유발했다. 독소전쟁(獨蘇戰爭)[2379] 발발 후 모

장개석은 소련정부가 지원한 무기를 모두 직계부대에 배정했다.

2377 '소일(蘇日)중립조약'은 1941년 4월 13일 '독일 침공' 위협을 느낀 소련이 모스크바에서 일본과 체결한 조약이다. (蘇日)양국의 영토 보전과 불가침이 주된 목적이었다. '조약'의 골자는 ① (蘇日)우호관계 유지, 상호불가침 ② '조약국' 전쟁시 중립 엄수 ③ 일본의 '몽골변계 안전' 담보 ④ 소련의 '만주국 불가침' 등이다('世界智識', 1961: 304). 결국 '(蘇日)중립조약' 체결은 사실상 기존 '(中蘇)호불침범조약(1937.8)'을 무효화시켰다.

2378 모택동은 디미트로프에게 보낸 전보(1940.11.30)에 이렇게 썼다. …현재 팔로군에게 가장 필요한 무기는 캐넌포(cannon砲)이다. 또 중기관총과 탄약이 매우 필요하다. 소련의 '무기 지원'을 부탁한다('第一研究部', 2012: 111). 당시 스탈린은 모택동의 '무기 지원' 요구를 무시했다. 독소전쟁 후 모택동은 스탈린의 '(軍事)협력' 요구를 거절했다.

2379 독소전쟁(獨蘇戰爭)은 제2차 세계대전 기간 독일과 소련이 벌인 전쟁(1941~1945)으로

택동은 스탈린의 '협력' 요구를 거절했다. 한편 장개석은 '일소(日蘇)전쟁'을 선동[2380]했다. 실제로 스탈린의 '양토실실(兩兎悉失)'[2381]은 자업자득이었다.

홍군에 대한 '군수품 지원'을 추진한 공산국제는 전보(1936.10.18)에 이렇게 썼다. …홍군을 몽골지역에 파견해 군수물자를 수취하기 바란다. 또 다른 전보(11.3)는 이렇게 썼다. …신강을 통한 조달 방법은 서로군이 하밀(哈密)지역에서 '물자'를 접수하는 것이다(楊奎松, 1999: 162). 소련의 '군수품 지원'이 실패한 것은 녕하전역과 '서로군 참패'와 관련된다는 것이 일각의 주장이다. 한편 녕하전역과 '서로군 파견'은 소련의 '군수품 지원'과 큰 관련이 없다. 이른바 '군수품 지원'은 공산국제의 '존재감 표출'[2382]과 중공대표단장 왕명의 '중공 지원' 요구와 관련된다.

'소련보위전쟁(蘇聯保衛戰爭)'이라고 한다. 1941년 6월 22일 독일은 550만 병력을 투입해 소련을 기습 공격했다. 전쟁 초기 독일군은 승승장구했다. '스탈린그라드 보위전(1942.8)'에서 승전한 소련군이 대반격을 전개했다. 1944년 1월 소련군은 레닌그라드를 탈환했다. 1945년 4월 베를린을 공략, 5월 9일 독일의 무조건 항복으로 전쟁이 끝났다.

2380 추이코프는 이렇게 회상했다. …(蘇獨)전쟁 발발 후 장개석은 '일소전쟁'을 부추기는 정책을 추진했다. 소련의 군사적 원조를 받은 국민당 군대는 일본군의 '북진'을 견제해야 했다. 당시 장개석은 소련군이 (日軍)선제공격을 해야 한다고 건의했다(賴銘傳, 2012: 179). 이는 스탈린의 '장개석 원조' 정책이 실패했다는 반증이다. 당시 장개석이 '일소전쟁'을 기대한 것은 일본군의 '병력 분산'이 (中國)항전에 유리하다고 판단했기 때문이다.

2381 '양토실실(兩兎悉失)'은 두 마리 토끼를 잡으려다 둘 다 놓친다는 '일거양실(一擧兩失)'을 뜻한다. 소련정부는 '(日本)협공'에 대비해 중경정부에 군사고문을 파견하고 대량의 중무기를 지원했다. 한편 장개석은 제2차 '반공고조'인 환남사변을 일으켰다. 독소전쟁 후 중공은 소련의 (軍事)협조 요청을 거절, 장개석은 '일소전쟁'을 선동했다.

2382 장정 기간(1934.10~1935.10) 공산국제와 중공의 연계가 단절됐다. 당시 중공대표단장 왕명은 자신의 역할을 부각시키기 위해 '중공 지원'을 공산국제에 요청했다. 공산국

스탈린이 '홍군 원조'를 적극 추진했다는 일각의 주장(楊奎松, 2012)은 신빙성이 낮다. 당시 독일·일본이 체결한 '반공산국제 협정(1936.11)'으로 불안감을 느낀 스탈린은 장개석의 군사력을 중요시했다. 이 또한 서안사변에서 스탈린이 모택동에게 '장개석 석방'을 강요한 이유이다. 또 소련정부는 '중소불가침조약' 체결을 위해 국민당 대표와 밀담했다. 한편 '홍군 분열'로 군사력이 약화된 (陝北)홍군에 대한 소련정부의 '군사적 원조' 가능성은 제로에 가깝다. 1937~1938년 스탈린의 중공에 대한 '달러 지원'[2383]은 상급자가 하급자에 대한 '의무 이행'에 불과했다.

1938년 봄 임필시는 디미트로프에게 (八路軍)무기 지원을 요청했다. 임필시의 요청을 완곡하게 거절한 디미트로프는 무기 지원이 (國共)관계 악화와 장개석의 (延安)봉쇄를 초래할 것이라고 말했다(袁南生, 2003: 566). 1939년 9월 모스크바에 도착한 주은래는 디미트로프에게 경비 지원을 요청했다. 당시 공산국제는 주은래에게 '35만 달러 지원'을 약속했다. 한편 소련의 '달러 지원'은 연안·모스크바 간 '밀월기'[2384]와 관련된다.

홍콩 '개방(開放)' 잡지(1997.3)는 모택동의 정권 탈취 원인을 소련 원조로 개괄했다. …스탈린이 달러와 무기를 제공하지 않았다면 모택

제는 (陝北)중공 지도부에 '특사(林育英)'를 파견, '군수품 지원'을 추진했으나 실패했다. 이는 공산국제의 '중공 통제'와 '존재감 표출'이 목적이라는 것이 학계의 중론이다.

2383 1938년 2월 중공은 공산국제에 '재정 지원'을 요청했다. 남경정부가 매달 중공에 지급하는 군향은 50만원이었다. 재정난에 허덕인 중공 지도부가 '경비 조달'을 요청한 이유이다. 1937~1938년 모스크바의 '(中共)재정 지원'은 80만 달러이다. 한편 소련이 남경정부에 제공한 2억 달러의 차관에 비하면 '(中共)달러 지원'은 새발의 피였다.

2384 1939년 9월부터 1940년 9월까지 소련의 '재정 지원'을 받은 연안과 중공의 전폭적 지지를 받은 모스크바는 '밀월기'를 보냈다. 1939년 9월 담화를 발표해 '소독조약 (8.23)'을 지지한 모택동은 그해 12월 '스탈린은 중국 인민의 친구'라는 칭송문을 발표했다. 한편 스탈린의 '장개석 원조(1940.12)'로 연안·모스크바의 '밀월기'는 종료됐다.

동은 성공하지 못했을 것이다. 상기 주장은 사실 왜곡이다(袁南生, 2014: 462). 스탈린이 장개석에게 제공한 막대한 원조에 비하면 '(中共)지원'은 새발의 피에 불과했다. 모택동은 스탈린이 중공 역량을 신임하지 않았다고 원망했다(袁南生, 2003: 567). 스탈린의 '무기 지원' 거절은 '(國共)결렬'과 장개석의 반발을 의식했기 때문이다. 실제로 스탈린은 중공의 역량을 과소평가했다. 또 중공은 소련에게 '계륵(鷄肋)'[2385] 같은 존재였다.

스탈린은 추이코프(Chuikov)[2386]에게 중공을 이렇게 평가했다. …민족주의 성향이 강한 중공은 국제주의 의식이 결여됐다. 장개석과 모택동은 과거 갈등을 재점화하고 있다. 중공의 역량은 매우 미약하다(賴銘傳, 2012: 45). 스탈린은 '(中國軍)통수권자' 장개석을 모택동보다 더욱 신임했다. 소련 입장에서는 '일본군 견제'에 중요한 역할을 할 수 있는 장개석에 대한 '군사적 원조'는 당연지사였다. 한편 스탈린은 중공 영향력과 (敵後)지역에서 유격전을 전개한 팔로군의 전투력을 과소평가했다. 1942년 전후 모택동은 스탈린의 '군사적 협력' 요구를 완곡하게 거절했다.

소련정부가 '중소불가침조약'을 체결한 목적은 '일본군 견제'와 '(日軍)북진 저지'[2387]이다. 1938년 3월 (中蘇)양국은 모스크바에서 5000만

2385 '계륵(鷄肋)'은 닭의 갈비라는 뜻으로, 큰 소용은 없으나 버리기에는 아까운 것을 이르는 말이다. 항전 개시 후 장개석의 군사력을 중요시한 스탈린은 대량의 중무기를 지원했다. 한편 소련정부는 중공에 대한 '달러 지원'을 통해 '통일전선 유지'를 강요했다. 결국 스탈린의 '(中共)계륵 간주'는 연안·모스크바 간의 결렬을 초래했다.

2386 추이코프(Chuikov, 1900~1982), 러시아 출생이며 소련 군사가이다. 1919년 볼셰비키 당에 가입, 1930~1940년대 제4집단군 사령관, 제9집단군 사령관, 중국 주재 군사고문단장, 제1집단군 부총사령관을 지냈다. 1955년 소련 원수(元帥), 1960년대 국방부 부부장·육군(陸軍) 총사령관을 맡았다. 1982년 모스크바에서 병사했다.

2387 1941년 7월 14일 동경(東京) 주재 독일 대사는 독일정부에 보낸 '밀전(密電)'에 이렇게 썼다. …모든 수단을 동원해 단기간 내 일본의 '독소전쟁 개입'을 쟁취할 것이다(賴銘

달러의 '차관 제공' 협정을 체결했다. 또 소련정부는 1938년 7월에 5000만 달러, 1939년 6월에 15000만 달러의 차관을 중국정부에 제공했다. 당시 중국정부는 '농산품 수출' 방식으로 (蘇聯)차관을 갚았다. 1940년 겨울 독일군의 '침공' 위협과 일본군의 '협공' 위험을 감지한 스탈린은 중경정부에 군사고문단을 파견하고 대량의 중무기를 제공했다. 한편 이 시기 스탈린은 모택동의 '(八路軍)무기 지원' 요구를 거절했다.

'중소조약(1937.8)' 체결 후 소련정부는 '군수품 수송'을 위해 소련·신강을 잇는 도로 건설에 5000대 트럭과 많은 운전수·기계사를 동원했다. 또 아스타나(Astana)와 신강 하밀을 연결하는 항공로를 개척하고 비행사를 파견했다. '지원' 항목은 무기·휘발유·약품 등이다(陳春華 외, 2001: 259). 스탈린의 '중국 원조' 정책은 중국의 '실제 상황'[2388]에 근거해 제정한 것이다. '지원' 취지는 일본군 견제와 '일소(日蘇)전쟁'을 방지하기 위한 것이었다. 한편 소련정부는 차관 제공과 무기를 지원한 반면, 중국에서 차엽(茶葉)·제혁(製革)원료·귀금속 등을 수입했다. 독소전쟁 기간 소련은 중국의 신강 등지로부터 대량의 식량 지원을 받았다.

디미트로프는 모택동에게 보낸 전보(11.27)는 이렇게 썼다. …팔로군이 몽골 수송로를 확보할 수 있다면 대량의 무기를 지원할 것이다.

傳, 2012: 178). 당시 일본 언론은 일본군의 '(獨蘇)전쟁 개입'을 대거 선동했다. 실제로 일본정부는 '북진(蘇聯攻擊)'이 아닌 '남진(南進)'을 결정한 상태였다.

2388 항전 초기 국민당군은 200만 병력을 갖고 있었다. 또 남경정부는 국내의 공상업과 문화적 중심지, 경제가 발전한 대도시를 통제했다. 한편 중공군의 병력은 5만에 불과했다. 또 중공은 인구가 적고 낙후된 농촌지역에 근거지를 설립했고 국제적으로 고립된 상태였다(劉存寬 외, 2012: 258). 이 또한 '실리주의자'인 스탈린이 장개석이 통솔한 국민당군에 군사고문단을 파견하고 대량의 중무기를 제공한 주된 원인이다.

모택동은 답전(12.18)을 보내 '세 가지 방안'[2389]과 건의를 제출했다('第一硏究部', 2012: 108). 디미트로프는 일기(12.26)에 이렇게 썼다. …회의를 열고 팔로군에 대한 '무기 지원' 가능성을 검토했다(馬細譜 외, 2002: 118). 이 시기 국공관계가 악화된 상황에서 팔로군이 진수군(晉綏軍) 방어구역을 통과해 '대량의 무기'를 접수한다는 것은 사실상 불가능했다. 실제로 스탈린이 국민당군과 팔로군에게 동시에 '무기 지원'을 할 수가 없었다. 결국 스탈린의 불허한 '(八路軍)무기 지원'은 흐지부지 끝났다.

공산국제에 보낸 전보(11.7)에서 모택동은 '선발제인(先發制人)'[2390]에 관한 모스크바 지시를 요청했다. 디미트로프는 답전(11.23)을 보내 모택동의 '(先制)계획'을 반대했다. 당시 스탈린은 '불구대천지수(不俱戴天之讎)'[2391]인 장개석·모택동에게 동시에 '무기 지원'을 할 수 없었다. 디미트로프의 '(中共)무기 지원' 계획은 모택동에 대한 당근 정책일 가능성

2389 모택동이 제출한 '세 가지 방안'은 ① 전투력이 강한 소부대를 몽골 변계로 파견 ② 대부대가 (平綏)철로 이북으로 진격, 기병부대를 (蒙古)변계로 파견 ③ 수원의 최고 장관 부작의(傅作義) 포섭 등이다(黃修榮 외, 2012: 114). 당시 중공이 희망한 것은 '세 번째 방안'이었다. 결국 스탈린의 불허로 공산국제의 '무기 지원' 계획은 무산됐다.

2390 모택동이 '선제 공격'을 주장한 전보(11.7) 골자는 ① 팔로군·신사군의 '황하 이북 철수' 강요 ② '(軍事)반공 격파'를 위해 선발제인(先發制人) 필요 ③ 팔로군 주력(35만), (華北) 근거지에서 일본군과 작전 ④ 전투력이 강한 팔로군(15만), 하남·감숙성의 적후로 진격 등이다('第一硏究部', 2012: 98). '국공 결렬'을 우려한 공산국제의 반대로 모택동의 '선제 공격' 계획은 무산됐다. 당시 중공의 '선발제인'이 성공할 가능성은 매우 낮았다.

2391 장개석의 '중공 악연'은 그가 획책한 '4.12반혁명정변(1927)'이 효시(嚆矢)이다. 1930년대 장개석은 '홍군 섬멸'을 위해 다섯 차례 '포위토벌'을 감행했다. 1939~1943년 '중공 섬멸'을 위해 3차례의 '반공고조'를 일으켰다. 결국 국공내전(1946~1949)에서 패배한 장개석은 대만으로 쫓겨났다. 한편 모택동과 장개석이 '불구대천지수(不俱戴天之讎)'가 된 주된 원인은 그들 간의 신앙의 차이와 이념적인 갈등이다.

이 높다. 또 디미트로프의 '선의적 (武器)지원'[2392] 계획이 최종 결정권자 스탈린에 의해 무산됐다는 추정도 가능하다. 한편 모택동의 '무기 지원' 요청은 스탈린의 '장개석 원조'에 대한 불만 표출로 간주된다.

1940년 12월 15명의 군사고문단을 중경에 파견한 스탈린은 전투기 150대, 폭격기 100대, 대포 300문, 군용차 500대를 지원했다(賴銘傳, 2012: 50). 추이코브는 이렇게 회상했다. …모든 전구(戰區)에 (蘇聯)고문을 배치한 장개석은 중공군에는 고문을 파견하지 않았다. 팔로군의 장비는 대부분 일본군과의 전투에서 노획한 것이다(廖盖隆 외, 1983: 303). 국민당군의 군사력을 중시한 스탈린은 장개석의 군대가 중국에서 일본군을 견제할 수 있다고 확신했다. '장개석 원조'의 주된 목적은 '소련 보위'였다(劉杰誠, 2013: 252). 소련의 '군사적 원조'는 장개석의 '항전 의지'를 강화하는 등 긍정적 역할을 했다. 한편 스탈린의 '모택동 불신'[2393]에서 기인된 '장개석 원조'는 연안·모스크바 간 '관계 악화'[2394]를 초래했다.

2392 공산국제 총서기 디미트로프는 스탈린의 일방적인 '장개석 원조'를 찬성하지 않았다. 또 그는 공산국제의 지부(支部)인 중공이 장개석에게 섬멸되는 것을 원치 않았다. 당시 디미트로프가 제기한 '(中共)무기 지원'은 선의적 건의로 상급자가 하급에 대한 '배려'로 볼 수 있다. 결국 디미트로프의 반대로 '(八路軍)무기 지원' 계획은 무산됐다.

2393 스탈린은 농민계급 대표 모택동을 진정한 마르크스주의자가 아니라고 생각했다. 또 중공대표단장 왕명을 '식민지 문제' 전문가로 간주했다(劉傑誠, 2013: 253). 1944년 9월 스탈린은 (駐華)미국 대사 헐리(Hurley)에게 이렇게 말했다. …중국에는 공산당이 없다. 그들은 토지 개혁자에 불과하다(中共黨史文摘年刊, 1983: 304). 스탈린이 왕명을 '(植民地)전문가'로 간주했다는 주장은 수긍하기 어렵다. 독선적인 스탈린은 타인의 의견을 쉽사리 수용하지 않았다. 스탈린의 '모택동 불신'과 '중공 폄하'는 연안·모스크바의 심각한 갈등을 보여준 단적인 방증이다.

2394 장개석의 역할을 중요시한 스탈린은 팔로군의 '무기 지원' 요청을 여러 차례 거부했다. 팔로군의 전투력과 중공의 영향력을 무시한 스탈린은 장개석의 '반공고조'를 묵인했다. 또 그는 환남사변 직전에 중경정부에 군사고문단을 파견하고 대량의 중무기를 지원했다. '(事變)사건' 발생 후에도 소련은 국민당군에 대한 '무기 지원'을 지속했

스탈린은 추이코프에게 '장개석 원조' 원인을 이렇게 설명했다. …
장개석은 영미 등 제국주의 국가의 원조를 받을 수 있으나, 모택동은 제
국주의 국가의 지원을 받을 수 없다. 영미와 소련의 원조를 받은 장개석
의 '(日軍)견제'는 가능할 것이다(Chuikov, 1980: 36). 중공 역량을 불신한 스
탈린은 모택동을 신임하지 않았다. 스탈린의 '모택동 불신'과 '장개석
맹신'은 그가 철두철미한 실리주의자라는 반증이다. 모택동의 리더십
을 불신하고 팔로군에 대한 '무기 지원'을 포기한 것은 스탈린의 '판단
실수'였다. 1940년대 모택동과 스탈린의 '알력 관계'[2395]는 지속됐다.

1940년 말 신사군이 포위 공격을 당한 후 '군사적 원조'를 중지한
소련정부는 외교적 수단을 동원해 중경정부에 '엄중한 항의'를 제출했
다. 소련 대사 파뉴쉬킨(Paniushkin)[2396]은 장개석과 교섭[2397]했고 소련정부

다. 당시 모택동은 '강렬한 불만'을 표출했다. 결국 이는 연안·모스크바의 '관계 악화'
를 초래했다.

2395 모택동·스탈린의 '알력 관계'는 독소전쟁 후 스탈린의 '(軍事)협조' 요청을 모택동이
완곡하게 거절한 것이 주된 원인이다. 공산국제 해산(1943.5) 후 모택동·스탈린의 관
계는 사실상 단절된 상태였다. 1944년 스탈린은 미국정부의 당국자에게 '중공 비하'
발언을 했다. 이는 이 시기 이들의 관계는 '견원지간(犬猿之間)'이었다는 단적인 증거이
다. 실제로 1940년대 후반 스탈린은 모택동의 '소련 방문' 요청을 수차례 거절했다.

2396 파뉴쉬킨(Paniushkin, 1905~1974), 러시아 출생이며 중국명은 반우신(潘友新), 소련
외교가이다. 1939~1944년 중경(重慶) 주재 소련 대사, 1947년 주미(駐美) 대사,
1952~1953년 (駐華)중국 대사, 1955년 소공(蘇共) 대외정보국장, 1974년 모스크바에
서 병사했다.

2397 소련정부는 국민당의 중경정부에 내전을 일으키지 말 것을 경고했다. 환남사변
(1914.1) 후 소련 대사 반우신(潘友新)은 장개석을 방문(1.25)해 이렇게 불만을 표시했다.
…항일 역량을 약화시킨 '신사군 공격'은 일본 침략자에게 유리하다. (國共)내전은 '중
국 멸망'을 의미한다(賴銘傳, 2012: 70). 상기 소련의 '내전 경고'는 신빙성이 낮다. 한편
반우신은 주은래에게 '(國共)결렬' 방지를 위해 중공이 '군사적 반격'을 하지 말 것을
요구했다.

의 대표는 중국 대사 소력자(邵力子)에게 불만을 표출했다(劉存寬 외, 2001: 261). 상기 '신사군 공격'은 1941년 1월에 발생한 환남사변을 가리킨다. 당시 군사고문단장 추이코브는 환남사변 주모자 하응흠·백숭희를 찾아가 '엄중한 문책'[2398]을 했다. 실제로 파뉴쉬킨의 '교섭'과 추이코프의 '문책'은 중공의 입장이 아닌 소련정부의 입장을 대변한 것이다.

모택동은 공산국제에 보낸 전보(1941.1.18)에 이렇게 썼다. …소련의 군사적 원조를 받고 있는 장개석은 노골적으로 반공(反共) 정책을 추진하고 있다('第一研究部', 2012: 118). 1월 30일 모택동은 주은래를 통해 추이코프에게 소련의 '무기 지원'에 대한 불만을 표시했다. …중경정부에 대한 무기 지원은 장개석의 (反共)행위를 조장하고 있다. '무기 제공' 중지를 요구한다(中央檔案館, 1982: 201). 소련정부는 중공의 '(武器)지원 중지' 요구를 완곡하게 거절했다. 1941년 봄 소련정부는 대포 150문을 난주(蘭州)를 통해 장개석 군대에 조달했다(申長友, 1994: 239). 모택동이 소련의 '무기 지원'에 강한 불만을 표시한 것은 환남사변과 관련된다. 실제로 (國共)관계 악화를 초래하고 (國共)결렬을 초래한 장본인은 스탈린이다.

중국의 주권을 침해한 장본인은 스탈린이다. '중러조약(1924)'을 무시한 소련군의 (蒙古)주둔과 중동로전쟁(1929)이 단적인 증거이다. 괴뢰정권 '만주국(滿洲國)'을 승인한 스탈린은 성세재를 (蘇共)당원으로 포섭해 신강을 괴뢰정권으로 만들려고 시도했다. 스탈린의 '원조'는 장

2398 추이코프는 이렇게 회상했다. …내가 하응흠을 찾아가 소련이 지원한 무기를 '신사군 공격'에 사용했냐고 문책하자 그는 전혀 그런 일이 없다고 발뺌했다. 이튿날 백숭희를 찾아가 이렇게 질책했다. …일본 침략자를 도와주는 (國共)충돌은 돌돌괴사(咄咄怪事)이다(崔銘傳, 2012: 68. 69). 상기 추이코프의 '문책'·'질책'은 결코 중공의 입장을 대변한 것이 아니다. 실제로 (國共)결렬과 내전 발생을 우려한 소련정부의 입장을 전달한 것이다.

개석의 '반공고조'에 일조했다. 몽골 독립을 위한 '중소우호동맹조약(1945.8)'[2399]은 소련과 중공 관계를 악화[2400]시켰다. '(中國)통일'을 반대한 스탈린은 해방군의 '장강 도하(長江渡河,1949.4)'[2401]를 반대했다. 철두철미한 민족주의자 스탈린은 결코 중공과 중국 인민의 친구가 아니었다.

스탈린은 중경정부에 군사고문단을 파견하고 대량의 무기를 지원했다. 모택동의 불만을 야기한 스탈린의 '장개원 원조'는 국민당의 '반공고조'에 일조했다. 환남사변 전후 연안·모스크바 간에 심각한 의견 대립이 발생했다. 독소전쟁 발발 후 스탈린은 (毛蔣)지지를 모두 상실했다. 장개석은 '반소반공(反蘇反共)' 진영에 가담했고 모택동은 스탈린의 '(軍事)협력 요청'을 완곡하게 거부했다. 이는 독선적인 스탈린의 자업지득이었다.

2399 '중소우호동맹조약'은 1945년 8월 14일 왕세걸(王世傑)과 몰로토프(Molotov)가 모스크바에서 체결한 굴욕적인 조약이다. '조약'의 골자는 ① 대련(大連)을 자유항으로 선포, 30년 동안 소련에 무상 차용 ② 군항 여순(旅順)에 소련군 주둔이 가능 ③ 중동철로, 소중(蘇中) 공동경영 ④ '몽골 독립', 투표 결정 등이다(江濤, 2005: 278). 한편 중국 영토인 몽골을 독립시켜 소련의 '속국'으로 전락시킨 주요 장본인은 스탈린과 장개석이다.

2400 '중소우호동맹조약(1945.8)' 체결 후 스탈린이 내린 소련과 중공 관계를 악화시키는 결정은 ① (延安)소련 대표 전부 소환 ② 연안의 무선 통신기 해체 수거 ③ '중공 접촉' 단절 표시 등이다(江濤, 2005: 279). '조약'을 통해 '외몽골 독립'에 성공한 스탈린이 장개석에게 '성의 표시'를 하기 위해 중공 이익을 희생시킨 것이다. 중국의 주권을 심각하게 손상시킨 '중소우호동맹조약'은 스탈린이 중국인에게 저지른 '중대한 죄행(罪行)'이다.

2401 1949년 4월 21일 중앙군위 주석 모택동과 총사령관 주덕은 해방군의 '장강(長江) 도하'를 명령했다. 중앙군위의 지시를 받은 '총전위(總前委)' 서기 등소평은 제2·제3야전군에게 '(渡江)전역 개시'를 명령했다. '100만 해방군'은 장강 방선(防線)을 일거에 격파했다. 1949년 4월 스탈린은 중공중앙에 전보를 보내 '제국주의 개입'을 언급하며 '도강(渡江) 반대'를 표시했다. 당시 중공 지도자 모택동은 스탈린의 '내정 간섭'을 일축했다.

중공과 모스크바의 '밀월기'는 모택동이 스탈린의 '유럽 전략'[2402]을 지지했기 때문이다. '독이일(獨伊日)삼국동맹'[2403]이 결성된 후 소독(蘇獨)관계가 악화됐다. 1940년 겨울 스탈린은 중경정부에 (軍事)고문단을 파견하고 대량의 무기를 지원했다. 이는 중공의 강한 불만을 야기했다. 환남사변 전후 중공과 모스크바 간에 '심각한 갈등'이 노출됐다. 한편 독소전쟁 후 스탈린·모택동 간에는 심각한 의견 대립과 불협화음이 발생했다.

1939년 8월 23일 소련은 독일과 '소독호불침범조약(蘇獨互不侵犯條約)'[2404]을 체결했다. 9월 1일 독일은 영국·프랑스의 동맹국 폴란드를 침공했다. 9월 3일 영국·프랑스는 독일에 대한 선전(宣戰)을 선포했다. 당시 '중립 엄수'을 선포한 소련은 사실상 독일의 '폴란드 침공'을 협력했다. 1939년 11월 소련은 핀란드를 침략하는 '동계전쟁(冬季戰爭)'[2405]을 일

2402 스탈린의 '유럽 전략'은 제국주의 간의 전쟁을 통해 어부지리를 얻는 것이다. 소련과 독일이 체결한 '상호불가침조약'은 제국주의 국가인 독일·영국·프랑스 간의 전쟁을 유발했다. 또 이는 독일이 폴란드·네덜란드·프랑스 등 유럽 14개 국가를 침공하는 침략전쟁을 촉발했다. 한편 '중립'을 선포한 소련은 폴란드·필란드를 침공해 '세력 확장'을 시도했다. 결국 스탈린의 '유럽 전략'은 독일의 '소련 침략(1941.6)'을 초래했다.

2403 1940년 9월 독일·일본·이탈리아는 '침략 전쟁' 확대를 위해 동경(東京)에서 담판을 진행했다. 9월 27일 '독이일(獨伊日)' 3국은 베를린에서 '군사동맹조약(軍事同盟條約)'을 체결했다. 1941년 12월 11일 3국은 '독이일(獨伊日)연합작전협정'을 체결했다. 결국 이는 '(獨伊日)3국동맹'이 정식으로 결성됐다는 것을 의미한다.

2404 '소독호불침범조약(蘇獨互不侵犯條約, 1939.8.23)'은 소련정부와 독일정부가 모스크바에서 체결한 '비밀 조약'이다. '조약 체결' 후 독일은 영국·프랑스의 동맹국인 폴란드 (Poland)를 침공(9.1)했다. 1939년 9월 3일 영국과 프랑스는 독일에 대한 선전(宣戰)을 선포했다. 결국 '소독호불침범조약'은 제2차 세계대전의 발단이 됐다.

2405 '동계전쟁(冬季戰爭)'은 1939년 11월 30일 소련이 핀란드를 침공한 전쟁을 가리킨다. 1940년 3월 13일 '모스크바평화협정'을 체결했다. 결국 소련은 핀란드의 일부 영토를 일

으켰다. 12월 14일 국제연맹(國際聯盟)[2406]은 '침략자'인 소련을 제명했다. 이 시기 소련과 소원해진 장개석은 제1차 '반공고조'를 일으켰다. 한편 스탈린의 '반동적 책략'은 중공 지도자 모택동의 지지를 받았다.

1939~1941년 독일은 노르웨이·덴마크·프랑스 등 (14個)국가를 잇따라 침략했다. 이는 침략당한 국가의 '통일전선 결렬'을 초래했다. '인민전선(人民戰線)'[2407] 동맹자들은 공산당을 불신했고 당원의 '대량 탈당'으로 각 국의 당조직은 마비됐다(袁南生, 2014: 475). 스탈린이 '전쟁 미치광이'[2408] 히틀러(Hitler)와의 '타협'은 공산국제와 각 국의 공산당 정책에 악영향을 미쳤다. 결국 이는 공산국제의 '위신 추락'을 초래했고 모스크바는 유럽 각 국의 '공산당 지지'를 상실했다. 이 또한 스탈린이 디미트로프에게 '공산국제 해체'를 요구(1941)한 주된 이유이다.

를 자국의 영토로 만들었다. '동계전쟁'에서 소련군 사상자는 37.5만명, 핀란드 사상자는 10.5만명이었다. 12월 14일 국제연맹은 '침략자' 소련을 '국련(國聯)'에서 제명했다.

2406 국제연맹(國際聯盟)은 1920년 1월 18일에 설립된 국제조직이다. 약칭은 '국련(國聯)', 영국·프랑스가 주도했다. 전성기(1934.9~1935.2)에는 회원국이 58개에 달했다. '설립 취지'는 국제적 갈등 해결과 국제적 합작과 국제무역을 촉진하는 것이다. 제2차 세계대전이 끝난 후 연합국(聯合國)에 의해 대체됐다. 1946년 4월에 해산됐다.

2407 '인민전선(人民戰線)'은 1935년 파시스트(fascist) 공격을 방어하기 위해 결성된 반파시즘(反fascism) 통일전선이다. 1930년대 후반 유럽 각 국의 공산당은 사회당·민주당과 결합해 '인민전선'을 결성했다. 한편 '독소불가침조약(1939.8)' 체결 후 '인민전선' 동맹자들은 (蘇聯)공산당을 불신했다. 1939년 말 유럽의 '인민전선'은 붕괴됐다.

2408 1939년 8월 소련과 '불가침조약'을 체결한 독일은 소련의 협조하에 폴란드 침공을 개시했다. 이는 독일에 대한 영국·프랑스의 선전포고(宣戰布告)와 함께 제2차 세계대전의 폭발을 초래했다. 1939~1940년 전쟁광(戰爭狂) 히틀러의 독일은 유럽의 14개 국가를 침략하고 항복을 받아냈다. 영국에 대해 '투항 유도' 정책을 추진한 히틀러는 루마니아·헝가리·불가리아·유고슬라비아를 속국으로 만들었다. 1941년 6월 22일 히틀러는 소련을 침공했다.

모택동과 중국혁명 3

모택동이 발표한 '담화문(1939.9.1)'의 골자는 첫째, 챔버레인(Chamberlain)[2409]·달라디에(Daladier)[2410] 등 통치자의 '독소전쟁' 음모를 무산시켰다. 둘째, (蘇獨)관계를 공고히 하고 (蘇聯)사회주의 건설을 보장했다. 셋째, (中國)항전파의 신심을 북돋아주고 투항파를 타격했다. 넷째, 세계 인민의 자유해방 쟁취를 지원했다(毛澤東, 1991: 580). '소독조약(8.23)'에 대한 모택동의 평가는 수긍하기 어렵다. 실제로 '불가침(條約)'은 히틀러의 '침공'을 지연시키기 위한 스탈린의 '완병지계(緩兵之計)'[2411]였다. 주은래는 '담화문'을 모스크바에 갖고 가 공산국제 지도부에 전달했다. 당시 공산국제는 '공산국제' 잡지에 '담화문'을 발표됐다.

모택동이 '중소(中蘇)문화협회'[2412]의 요청을 수용해 작성한 글(9.28)은 이렇게 썼다. …소련은 비정의적 제국주의 전쟁에 불참할 것이며 소련 홍군은 제국주의 전선(戰線)에 동참하지 않을 것이다(毛澤東, 2008: 595). 실제로 '비정의적' 제국주의 전쟁을 일으킨 주요 장본인은 스탈린이

2409 챔버레인(Chamberlain, 1869~1940), 잉글랜드 버밍엄(Birmingham) 출생이며 영국의 정치가이다. 1889년 버밍엄대학 졸업, 1915년 버밍엄시장, 1930년대 재정부장, 영국 수상을 역임, 1940년 햄프셔(Hampshire)에서 병사했다.

2410 달라디에(Daladier, 1884~1970), 보클뤼즈(Vaucluse) 출생이며 프랑스의 정치가이다. 1933~1936년 세 차례 내각 총리 역임했다. 1939년 9월 독일에 선전포고, 1940년 3월 총리직을 사임, 1970년 파리(Paris)에서 병사했다.

2411 '완병지계(緩兵之計)'은 적의 공격을 늦춰서 아군이 방어(防禦) 시간을 얻는다는 계책이다. 소독(蘇獨)의 '상호불가침조약(1939.8)'은 독일의 '소련 침략'을 늦추려는 스탈린의 '완병지계'였다. 이는 독일의 침략 기세를 부추기고 제2차 세계대전의 폭발을 가속화시켰다. 결국 스탈린의 '완병지계'는 '남 잡이가 제 잡이'가 되는 꼴이 됐다.

2412 '중소문화협회(中蘇文化協會, 1936)'는 소련과의 문화적 교류를 취지로 남경(南京)에 설립된 민간조직, 초대 회장은 손과(孫科)였다. 1937년 중경으로 이전, 1938년 12월 송경령(宋慶齡)을 '협회' 명예회장으로 추대, 공산당원 오옥장(吳玉章) 등이 (常任)이사로 선정됐다. 1941년 후 중공의 활동 기지로 변모, 1946년 남경으로 이전했다.

었다. 당시 '중립 엄수'를 선포한 소련군은 '폴란드 침공'[2413] 전쟁에 참가했다. 결국 '핀란드 침공(11.30)'을 감행한 소련은 국제연맹에서 축출당했다. 한편 히틀러의 '폴란드 침략(9.1)'을 두둔한 공산국제의 지시 (9.10)[2414]에 대해 중공중앙은 '찬동 성명(聲明, 9.11)'을 발표했다.

1939년 모택동은 '신중화보'에 발표(12.20)한 '스탈린은 중국 인민의 친구'라는 글은 이렇게 썼다. …대다수의 인류는 수난자이다. 오직 스탈린의 원조만이 인류를 재난에서 벗어나게 할 수 있다. 스탈린은 중국 인민의 진정한 친구이다(毛澤東, 1991: 657). 당중앙은 '소련 지지' 입장을 이렇게 밝혔다. …'소련 보위'는 소련 인민의 임무이자 전 인류의 영광스러운 책무이다(新中華報, 1939.11.10). 스탈린이 '중국 인민의 친구'라는 주장은 어불성설이다. 실제로 모택동의 '스탈린 숭배'는 소련의 군사적 원조를 요청한 것이다. 한편 스탈린은 모택동의 '무기 지원' 요구를 일축했다. 독소전쟁 후 모택동은 '소련 보위'[2415] 책무를 망각했다.

2413 1939년 9월 17일 스탈린은 소련 주재 독일 대사에게 이렇게 말했다. …폴란드의 정세는 소련 안전을 위협하고 있다. 소련군은 폴란드를 진격해 궤멸적 타격을 줄 것이다(袁南生, 2014: 472). 소련정부는 체포된 1.5만명의 폴란드 군관을 소련 집중영에 가뒀다. 1940년 4월 수감된 폴란드 군관(1.5만)은 전부 처형됐다. 1990년 (TASS)통신사는 폴란드 군관 학살은 스탈린이 저지를 저지른 죄행이라는 '관방성명(官方聲明, 4.13)'을 발표했다.

2414 공산국제 '지시(9.10)' 골자는 ① 유럽 전쟁, 비정의적 제국주의 전쟁 ② 파시스트 국가 폴란드는 소련 원조 거절 ③ 영국·프랑스, 침략전쟁 도발 ④ 각국 공산당, 변절한 사회민주당 반대 등이다(向靑 외, 1994: 457). 상기 '지시'는 (獨逸)침략전쟁과 소련의 폴란드 침공을 변호한 것이다. 이는 공산국제가 (蘇聯)괴뢰조직이라는 반증이다. 한편 파시스트 국가는 침략전쟁을 일으킨 독일과 소련이며 진정한 파시스트는 히틀러와 스탈린이다.

2415 독일 침략을 당한 소련에게 가장 절박한 것은 중공의 협력과 '소련 보위'였다. 한편 모택동은 주저없이 소련인을 경악케 하는 결정을 내렸다(Vladimirov, 1981: 38). 상기 주장은 스탈린의 '특사'로 연안에 파견(1942.5)된 블라디미로프(Vladimirov)가 그의 회

모택동과 중국혁명 3

스탈린·장개석은 국가관계이지만 스탈린·모택동은 당과 당의 관계였다. 이 시기 (國共)관계의 악화는 소련정부과 중경정부와의 관계에 악영향을 미쳤다. 결국 스탈린과 장개석의 관계가 매우 소원해졌다(葉永烈, 2014: 262). 실제로 스탈린과 장개석의 관계가 소원해진 것은 '소독조약(8.23)'과 소련의 '국제연맹 축출'[2416]과 밀접히 관련된다. 당시 장개석이 '소련 축출'을 지지한 것은 스탈린의 '군사적 원조'가 지지부진했기 때문이다.

1939년 12월 영국·프랑스가 주도한 국제연맹은 소련을 '국련(國聯)'에서 제명했다. 소련이 독일의 '폴란드 침략'을 협조해 폴란드와 필란드를 침공했기 때문이다. 당시 '(英美)입장'을 지지한 국민당 대표는 찬성표를 던졌다. 이는 스탈린의 '장개석 불만'을 야기했다(袁南生, 2014: 478). 그 후 소련과 중경정부 관계는 소원해졌다. 결국 스탈린은 '군사적 원조' 중지를 명령했다. 1940년 하반기 소원해진 (中蘇)관계가 호전된 직접적 계기는 '(獨伊日)3국동맹' 결성(9.27)이었다. 한편 장개석의 '러브콜'을 수락한 스탈린은 중경정부에 대한 '군사적 원조'를 재개했다. 이는 장개석의 제2차 '반공고조'를 일조하는 부정적 역할을 했다.

모택동에게 보낸 전보(11.3)에서 주은래는 '3국협정' 후 장개석이

고록(延安日記)에 쓴 것이다. 이른바 '경악 결정'은 모택동이 스탈린의 '(八路軍)남만 파견' 거절을 가리킨다. 당시 중공 영수 모택동에게는 '소위 보위'보다 팔로군 생존이 급선무였다.

2416 소련의 '국제연맹 축출(1939.12)'은 소련군의 '핀란드 침공(1939.11)'과 관련된다. 1939년 11월 26일 소련은 핀란드를 침략하기 위해 이른바 '매닐라(Mannila) 포격사건'을 날조했다. 1939년 11월 30일 소련군은 20여 개의 사단(45만)을 동원해 핀란드를 침공했다. 12월 14일 국제연맹은 회의를 열고 소련의 '국제연맹(國聯) 회원' 자격을 박탈했다. 결국 37.5만명의 사상자를 내며 '신승(辛勝)'한 소련은 유럽 각 국의 지탄을 받았다.

'삼희임문(三喜臨門)'[2417]을 맞이했다고 분석했다. '3국협정'은 1940년 9월 27일 독일·이탈리아·일본 3국이 베를린에서 체결한 협정을 가리킨다. 한편 '3국협정' 출범으로 소련은 (東西)협공을 받을 수 있었다. 스탈린이 '일본군 견제'에 중요한 역할을 할 수 있는 장개석과 '(軍事)협력관계'를 구축한 주된 원인이다. 1940년 겨울 중경정부의 '중요성'을 절감한 스탈린은 군사고문단을 파견하고 대량의 무기를 장개석에게 지원했다. 결국 이는 모스크바에 대한 연안(中共)의 강한 불만을 야기했다.

스탈린은 추이코프에게 '(中國)파견 목적'을 이렇게 피력했다. …당신의 임무는 장개석에게 '일본군 전승' 신심을 북돋아주는 것이다. 장개석의 '항전 의지' 강화와 '일본군 견제'를 통해 독일군이 소련을 공격할 때 동서 협공을 받지 않도록 하는 것이다(chuikov, 1980: 37). '3국동맹'이 결성된 후 히틀러는 '소련 침략'을 획책했다. 결국 스탈린은 추이코브를 장개석의 (首席)군사고문으로 파견했다. 한편 장개석은 황포군관학교 (軍事)고문단장을 맡았던 갈렌(Gallen)의 파견을 희망했다. 당시 장개석은 갈렌이 '일본 간첩'으로 처형(1938.11)된 상황을 인지하지 못했다.

장개석은 스탈린에게 보낸 전보(9.29)에 이렇게 썼다. …중소의 (軍事)협력은 중요하다. 중국은 항전을 포기하지 않을 것이다. 스탈린은 답전(10.16)에 이렇게 썼다. …'3국동맹'은 중국·소련에게 위협적 요소가될 수 있지만 일본에게 더욱 불리할 것이다. 중국의 당면과제는 일치단

2417 1940년 가을 장개석은 '삼희임문(三喜臨門)'을 맞이했다. 첫째, 중립을 선포한 영국의 '장개석 지지'이다. 둘째, 일본이 권장한 '투항 유도'이다. 셋째, 소련이 '군사적 원조' 재개를 약속했다(葉永烈, 2014: 261). 상기 '삼희임문'은 설득력이 떨어진다. 실제로 장개석에게는 '3가지 우려'가 있었다. ① (中共)영향력 확대, (八路軍)병력 확충 ② 일본의 이간책, 왕정위의 (南京)괴뢰정권 설립 ③ 일본군과의 '정규전 패배'에 따른 병력 손실이다.

결해 침략자를 물리치는 것이다(李勇 외, 1995: 282, 283). 당시 장개석은 '신사군 섬멸'을 취지로 한 '군사적 반공' 결심을 굳혔다(申長友, 1994: 235). 스탈린과 장개석이 '공동의 적' 일본을 전승하기 위해 (軍事)협력관계를 구축했다. 한편 장개석은 소련의 원조를 '신사군 섬멸' 호재로 악용했다. 결국 환남사변을 일으킨 장개석은 '정치적 고립'을 자초했다.

1940년 11월 모택동은 전면적 내전을 벌인다는 호전적 제안을 내놓았다. 모택동은 스탈린이 장개석을 공격할 것이라고 판단했다. 소련은 '3국동맹' 가입을 고려했다. 모택동이 일본군과 협력한다면 장개석이 무너질 가능성이 높았다(나창주, 2019: 515). 상기 '호전적 제안'은 공산국제의 의해 무산된 팔로군의 '선제공격' 계획을 가리킨다. 한편 스탈린의 '장개석 공격'과 소련의 '3국동맹 가입'은 사실무근이며 모택동의 '일본군 협력'[2418]은 사실 왜곡이다. 당시 팔로군이 일본군과 '백단대전'을 전개하고 있는 상황에서 모택동의 '일본군 협력'은 상상조차 할 수 없다.

모택동은 주은래에게 보낸 전보(10.25)에 이렇게 썼다. …장개석은 영미 합작과 일본 투항을 저울질한다. 장개석이 페팅(Petain)[2419]이 될 가능성이 높다(逄先知 외, 2005: 215). 또 주은래에게 보낸 전보(11.1)에 이렇게 썼다. …장개석이 일본에 투항할 가능성이 크다. '(英美)연합 항일'은 연

2418 모택동의 '일본군 협력'이 불가능한 이유는 첫째, 이 시기 팔로군이 화북에서 일본군과 '백단대전'을 벌이고 있었다. 둘째, 당시 일본군은 (敵後)근거지에 대한 대규모 '소탕' 작전을 감행했다. 셋째, 공산국제의 '통일전선' 정책과 중공에 대한 '경비 지원'이다. 사실상 중공 지도자 모택동의 '일본군 협력'은 근본적으로 불가능했다. 한편 '(八路軍)병력 보존'을 위해 모택동이 일본군과의 '전면전(全面戰) 전개'를 반대한 것은 사실이다.

2419 페팅(Petain, 1856~1951), 파드칼레주(Pasdecalais州) 출생이며 프랑스의 정치가이다. 1910~1930년대 서선(西線) 프랑스군 총사령관, 최고군사위원회 부주석, 육군부장, 1940년 5월 내각총리, 1951년 유배지에서 병사했다.

막탄에 불과하다(中央檔案館, 1982: 76). 11월 2일 주은래는 파뉴쉬킨의 '의견'[2420]을 당중앙에 전달했다. 주은래에게 보낸 답전(11.3)[2421]에서 모택동은 장개석의 투항 가능성을 강조했다. 소련의 원조와 '영미 지원'을 확보[2422]한 장개석의 투항할 가능성은 제로였다. 한편 모택동의 '장개석 투항' 강조는 공산국제 지시(1939.5.30)[2423]와 관련된다. '민족주의자'[2424] 장

2420 파뉴쉬킨(潘友新)은 주은래에게 이렇게 말했다. …장악한 정보에 따르면 장개석은 '(日本)투항'을 결정하지 않았다. 신사군이 환남에서 철수하지 않으면 장개석의 (剿共)작전은 지속될 것이다(劉伯根 외, 2007: 484). 상기 파뉴쉬킨의 주장은 스탈린의 입장을 대변한 것이다. 한편 모택동은 주은래가 전달한 파뉴쉬킨의 주장을 동의하지 않았다.

2421 모택동은 주은래에게 보낸 답전(11.3)에 이렇게 썼다. …장개석은 영미(英美)보다 독일·일본에 의존할 가능성이 더욱 크다. 중공과 소련의 압력만이 장개석의 (日本)투항을 저지할 수 있다(楊奎松, 1999: 85). 한편 '독일·일본 의존' 가능성은 전무했다. 또 영미·소련의 경제적·군사적 지원을 받은 장개석의 '(日本)투항'은 거의 불가능했다.

2422 모택동은 주은래에게 보낸 전보(10.29)에 이렇게 썼다. …최근 영국은 운남에서 미얀마로 통하는 도로 봉쇄를 해제하고 미국은 대량의 차관을 제공했다. 영미는 장개석의 항전을 지지하고 있다(逢先知 외, 2005: 216). 이 시기 '중국 지원'을 결정한 미국정부는 '차관(1.45억 달러) 제공'을 약속했다. 영국은 (滇緬)공로를 개방해 물자 수송이 가능하게 했다(江濤, 2005: 242). 10월 14일 영국은 봉쇄(1940.7.17)했던 (滇緬)공로를 개방했다. 한편 '영미·소련 원조' 약속을 받은 장개석은 신사군 섬멸의 제2차 '반공고조'를 일으킬 결심을 굳혔다.

2423 공산국제의 전보(1939.5.30) 골자는 ① 최대의 위협, 국민당의 '(日本)투항' 가능성 ② 영미·프랑스의 '원동(遠東) 타협' 정책과 관련 ③ 중공은 국민당 (日本)투항을 저지 ④ '통일전선' 확대, '(投降)반대 운동' 전개 등이다(楊奎松, 2010: 384). 공산국제의 '(國民黨)투항 반대' 지시는 중공 지도자 모택동의 구미에 맞았다. 실제로 공산국제의 지시는 '잘못된 판단'의 결과물이다. 이 또한 모택동이 '국민당 투항'을 강조한 주된 원인이다.

2424 소련 학자는 장개석을 이렇게 평가했다. …소극적으로 항일한 장개석을 친일파로 보기 어렵다. 주로 중공이란 (武裝)반대파를 의식했기 때문이다. 또 친미파도 아닌 장개석은 민족주의자였다. 중간파 장개석의 '항일 입장'은 확고했다(陳春華 외, 2001: 265). 상기 주장은 스탈린의 '장개석 지지'와 관련된다. 실제로 모택동·장개석은 모두 상대를 주적으로 간주했다. 한편 민족 이익을 우선시한 '모장(毛蔣)'은 철두철미한 민족주의자였다.

개석은 드 골(de Gaulle)[2425]과 같은 '항전파(抗戰派)'[2426]였다.

모택동은 공산국제에 보낸 전보(11.7)에 이렇게 썼다. …'군사적 반공'을 획책하고 있는 장개석은 소련의 항의를 우려하고 있다. 소련의 압력 행사는 장개석의 '투항'·'반공'을 지연시킬 것이다. 장개석의 '반공' 지연과 '투항' 방지를 위해 팔로군 주력 15만명을 하남·감숙성의 적후로 파견할 것이다(黃修榮 외, 2012: 98). 당시 장개석이 신사군에게 '(黃河) 이북 철수'를 명령한 상황에서 모택동이 '선제 공격'을 구상한 것이다. 결국 모택동의 '(八路軍)15만 파견' 계획은 스탈린의 반대로 무산됐다. 한편 '15만 (敵後)파견'에 대한 '평가'[2427]가 엇갈린다. 실제로 모택동의 '(曹甸)전역 승낙'은 공산국제의 '(先制)공격 반대'와 무관치 않다.

디미트로프는 모택동에게 보낸 답전(11.15)에 이렇게 썼다. …장개석의 '반공'에 대한 중공의 반격 준비는 응당하다. 사안이 심각해 검토를 마친 뒤 회답할 것이다('第一硏究部', 2012: 32). 디미트로프는 그의 일기(11.23)에 이렇게 썼다. …모택동에게 보낼 '답전(草案)'을 스탈린에게 보

2425 드 골(de Gaulle, 1890~1970), 프랑스 릴(Lille) 출생이며 군사가·정치가이다. 1920~1940년대 최고전쟁위원회 부주석, 임시정부 총리, 1950년대 내각총리, 제18대 대통령(1959)으로 당선, 1970년 파리에서 병사했다.

2426 '(中國)8년 항전'의 주력은 장개석의 군대였다. 일본군은 8년 간 중국에서 130여 만의 사상자를 냈다. 국민당군의 주요 전역은 서주(徐州)·무한·장사·상덕(常德)회전 등이다. 결국 일본군에게 '심대한 타격'을 안긴 국민당군은 수많은 병력을 상실했다. 실제로 일본의 '북진 포기'는 장개석의 '일본군 견제'와 관련된다. 일본에 투항한 왕정위가 '투항파' 페팅(Petain)이라면, 항전을 견지한 장개석은 드 골(de Gaulle) 장군에 비견된다.

2427 팔로군 주력 15만명을 적후(敵後)로 파견한다는 '선제공격'은 공산국제에 의해 무산됐다. '선제공격'에 대한 두 가지 평가가 엇갈린다. 첫째, 군사적 측면에서 팔로군이 주동권을 쟁취할 수 있으나 정치적 고립을 초래할 수 있다. 둘째, 공산국제의 '선제공격' 반대는 대체로 정확했다. 자칫 '(中共)선제공격'은 (國共)결렬을 초래할 수 있었다.

고하고 허락을 받았다(楊燕杰 외, 20002: 115). 디미트로프의 답전(11.23) 골자는 첫째, 장개석은 '일본 투항'을 최종 결정하지 않았다. 둘째, 영미는 장개석의 항전을 적극 지원하고 있다. 셋째, 소련의 우호적 태도는 장개석의 항전에 긍정적 역할을 할 것이다(黃修榮, 외, 2012; 103). 스탈린이 '(中共)선제공격'을 반대한 것은 (國共)결렬을 우려했기 때문이다. 한편 '(蘇聯)우호적 태도'는 스탈린의 전보(10.16)와 '(重慶)원조 재개'를 가리킨다.

(江北)신사군의 '조전(曹甸) 공격'을 허락한 모택동은 이렇게 지시했다. …회음(淮陰)·보응(寶應)의 2개 현에서 국지전을 전개해 환동·소북 근거지를 통합해야 한다(逄先知 외, 2005: 228). 모택동은 주은래에게 보낸 전보(11.30)에 이렇게 썼다. …'반공고조'는 조만간 끝날 것이며 '반공' 규모도 줄어들 것이다. 아군의 군사력은 증강됐으나 적군의 전투력은 약화됐기 때문이다(中央檔案館, 1982: 104). 한편 모택동은 조전전역의 '심각한 결과'[2428]를 간과했다. 또 그는 소련 대사와 애국지사가 경고한 장개석의 '보복 가능성'을 일축했다. 결국 모택동의 '정세 오판'과 장개석의 '반공(反共) 의지' 무시는 환남사변을 부추기는 역할을 했다.

추이코프는 이렇게 회상했다. …중공군을 일본군의 타격권 내에 배치한 장개석은 중공군에 대한 '군향 지급'과 '무기 조달'을 거부했다. 중공 지도자들은 장개석을 최대의 적으로 간주했다. (國共)투쟁은 공개된 비밀이었다(賴銘傳, 2012: 61). 환남사변은 장개석이 신사군 섬멸을 위해 획책한 제2차 '반공고조'였다. 결국 환남사변은 '국공 결렬'과 연안·

2428 (蘇北)신사군이 주도한 조전전역(1940.12)은 실패했다. 하응흠은 (江南)신사군의 '진격로 차단'을 건의했다. 하응흠의 '건의'를 수용한 장개석은 고축동에게 신사군의 '동진 차단'을 명령했다(楊奎松, 1999: 89). 장개석의 '동진 차단'은 (皖南)신사군의 '한덕근 협공'을 우려했기 때문이다. 결국 조단전역은 '(江南)신사군 북진'에 악영향을 미쳤다.

모택동과 중국혁명 3

모스크바의 심각한 갈등을 초래했다. 한편 추이코프는 환남사변이 소련과 무관하며 '국공 암투'의 결과물이었다고 주장했다. 실제로 신사군에게 치명적 타격을 입힌 환남사변은 스탈린의 '장개석 원조'와 무관치 않다.

　모택동은 디미트로프에게 보낸 전보(1.14)에 이렇게 썼다. …장개석은 30만 병력을 집결시켜 섬감녕변구를 포위하고 20개 사단을 동원해 강소·산동 근거지에 대한 공격을 개시했다('第一硏究部', 2012: 117). 디미트로프는 답전(1.20)에 이렇게 썼다. …지방의 '군사적 충돌'에 대해 모스크바가 정치적 의미를 부여하지 말기를 바란다고 요청한 장개석은 '(新四軍)지도자 석방'을 담보했다(中共中央黨史硏究室, 2012: 33). 모택동은 공산국제에 보낸 전보(1.21)에 이렇게 썼다. …신사군을 '반란군'으로 선포한 장개석은 군단장 엽정을 군사재판에 넘겼다(黃修榮 외, 2012: 125). 당시 (國共)결렬을 우려한 공산국제가 '장개석 대변인' 역할을 했다.

　모택동은 디미트로프에게 보낸 전보(1.29)에 이렇게 썼다. …(新四軍)사건이 국공합작에 영향을 미치지 않는다는 장개석의 '성명'은 철두철미한 기만술이다. 장개석의 '신사군 공격'은 일본군의 협력하에 진행됐다. 중공은 장개석의 '군사적 공격'에 대해 전면적 반격을 전개할 것이다(中共中央黨史硏究室, 2012:129). 결국 이는 (國共)결렬을 정식으로 공산국제에 통보한 중공의 '최후통첩'이었다. 실제로 '장개석 대변인' 역할을 한 공산국제에 대한 모택동의 '불만 표출'이었다. 한편 장개석의 신사군 공격이 '일본군 협력'하에 진행됐다는 주장은 설득력이 떨어진다.

　디미트로프는 모택동에게 보낸 전보(2.4)에 이렇게 썼다. …중공은 '(國共)결렬 방침'을 포기하고 역량을 동원해 내전을 방지해야 한다(楊奎松, 1999: 93). 디미프로프는 일기(2.6)에 이렇게 썼다. …'답전(2.4)' 내용을 스탈린에게 보고하고 중공 전략에 관한 '의견 제출'을 요청했다. 2월 7일 팔로군 제115사단장 임표의 편지를 스탈린에게 전달했다(葛志强 외, 2002: 127). 모스크바에서 '휴양' 중인 임표는 2월 5일과 2월 11일에 디미트로프에게 편지를 보내 '(國共)결렬'에 대한 견해를 피력했다. 임표의 '두 번째 편지(2.11)'[2429]는 모택동의 '(國共)결렬' 입장을 대변했다.

2월 13일 모택동은 디미트로프에게 보낸 전보에 이렇게 썼다. …중공은 신사군 지도부를 재건하고 정치적 공세를 강화했다. 군사적 반격에 대한 준비를 완료했고 장개석의 '양보 조건'[2430]을 수락하지 않았다('第一研究部', 2012: 150). 환남사변 후 당중앙은 장개석의 '군사적 반공'에 대한 강력한 반격을 전략 방침으로 제정했다. 이는 환남사변에서 상당한 대가를 치른 중공이 공산국제가 우려한 '(國共)결렬'과 '통일전선 파괴'를 염두에 두지 않았다는 반증이다. 한편 모택동의 불만을 야기한 것은 이 시기 장개석에 대한 스탈린의 군사적 원조가 지속됐다는 점이다.

모택동이 분석한 장개석의 '반공고조' 원인은 첫째, 영미의 재정 지

2429 임표는 디미트로프에게 보낸 편지(2.11)에 이렇게 썼다. …'장개석 타도'의 정치적 구호를 제출하고 대중의 이익을 팔아먹는 대자산계급과 단호하게 투쟁해야 한다. 군사적으로 항일에 소극적인 국민당군을 철저히 섬멸해야 하며 일본군과의 정규전을 삼가야 한다(黃修榮 외, 2012: 147). 상기 '편지'는 모택동의 '국공 결렬' 입장을 대변한 것이다. 한편 '장개석 타도'와 '(蔣介石)군대 섬멸' 주장은 스탈린의 '장개석 원조' 전략에 위배된다.

2430 모택동은 디미트로프에게 보낸 전보(1941.2.13)에 이렇게 썼다. …중공은 장개석의 군사적 도발에 대해 단호히 반격할 것이다. 2월 1일 장개석은 엽검영을 통해 당중앙에 '양보 조건'을 전달했다. 즉 신사군 1개 군단을 재건해 팔로군의 지휘를 받게 한다는 것이다('第一研究部', 2012: 151). 장개석의 '양보'는 영미의 압력 행사와 소련 대사의 내전 중지 요구와 관련된다. 한편 '결렬'을 결심한 모택동은 장개석의 '조건'을 수용하지 않았다.

원과 소련의 군사적 원조이다. 둘째, 중공의 '가전(佳電, 1940.11.9)'[2431]이 '반공'을 촉진했다. 셋째, 계군(桂軍)과 친일파의 지지가 '반공고조'에 일조했다. 넷째, 최근 '반공 중지' 원인은 ① '(蔣日)모순 격화 ② 국제적 압력 ③ 중공의 반격 ④ (國民黨)좌파 반대 등이다(黃修榮 외, 2012: 176). 스탈린의 '장개석 역할' 중시와 공산국제의 '(中共)압력 행사'는 국민당의 '반공' 기세를 부추겼다. 한편 유소기·진의가 주도한 조전전역은 국민당의 '반공고조'와 환남사변을 일조하는 부정적 역할을 했다.

'소일중립조약(4.13)'의 골자는 ① (蘇日)양국, 우호적 관계 유지 ② 조약국 전쟁시, 중립 유지 ③ 일본, 몽골 변계 안전 담보 ④ 소련, 만주국 불가침 약속 등이다(楊奎松, 2010: 408). 당중앙은 공산국제에 보낸 전보(4.15)에 이렇게 썼다. …(國民黨)국방회의는 (條約)목적은 일본의 남진 종용이라고 분석했고 국민당 우파는 '(蘇日)조약' 체결에 불만을 표출했다. 장개석은 침묵으로 일관했다(黃修榮 외, 2012: 183). '양면적 태도'[2432]를 보인 소련정부의 '(蔣介石)항전 종용'과 '일본 타협'은 매우 자가당착적

2431 11월 9일 주덕은 하응흠에게 보낸 '전보(佳電)'에 이렇게 썼다. …신사군의 강북 이동을 동의하지만 이동 기한 연기를 요청한다. 모택동은 주은래에게 보낸 전보(11.9)에 이렇게 썼다. …신사군의 (江北)이동은 양보에 속한다. 그러나 (江北)신사군의 (黃河)이북 철수' 명령은 거절한다(盧毅 외, 2015: 89). 11월 9일의 '운목대일(韻目代日)'이 '가(佳)'였기 때문이 '가전'이라고 부른다. 한편 '가전'이 '반공'을 촉진했다는 주장은 설득력이 떨어진다.

2432 일본과 '중립조약'을 체결(1941.4.13)한 소련정부는 양면적 태도를 취했다. '(蘇日)조약체결' 후 외교부장 몰로토프(Molotov)는 (駐蘇)중국 대사인 소력자에게 이렇게 말했다. …소련정부는 '중국 원조' 정책을 변경하지 않을 것이다(邵力子, 1985: 1150). 소련이 일본과 '중립조약'을 체결한 주목적은 독일·일본의 (蘇聯)협공을 피하기 위해서였다. 결국 소련정부의 양면적 태도와 (兩面派)수법은 '돌을 들어 제 발등을 찍을' 결과를 초래했다.

이다. 한편 독소전쟁 후 장개석은 '반소반공(反蘇反共)'[2433]으로 전향했다. 장개석의 '성세재 포섭'[2434]이 단적인 방증이다. 실제로 일본의 '(中立)조약 체결'은 노몬한(Nomonghan)전역[2435]과 밀접히 관련된다.

모택동은 팽덕회에게 보낸 전보(5.18)에 이렇게 썼다. …국민당군을 협력하되 (八路軍)주력을 동원할 필요는 없다. 일본군의 '보복성 소탕'을 고려해야 한다. 주은래가 보내온 '(蘇聯)군사고문 의견'[2436]에 대해 이렇게 지적했다. …소련 고문의 의견을 전적으로 수용할 필요는 없다(楊奎

2433 황포군관학교 설립과 북벌전쟁(1924~1927)에서 장개석은 소련의 '군사적 원조'를 받았다. '4.12 정변'을 획책한 장개석은 '국공(國共) 결렬'과 중소(中蘇)관계를 악화시킨 장본인이다. 중동로전쟁(1929) 후 중소관계는 '견원지간(犬猿之間)'이 됐다. 항일전쟁 (1937~1941) 시기 장개석은 두 번째로 스탈린의 '군사적 원조'를 받았다. 한편 독소전쟁(1941.6) 발발 후 '친미파(親美派)'로 변신한 장개석은 '반소반공(反蘇反共)' 정책을 실시했다.

2434 1941년 가을 장개석은 '성세재 포섭'을 위해 (蒙藏)위원 오충신(吳忠信)을 신강에 파견했다. 1942년 3월 장개석의 지시를 받은 주소량(朱紹良)은 신강에서 성세재와 밀담했다. 또 성세재는 '장개석 충성'을 맹세했다(袁南生, 2014: 519). 성세재는 장개석에게 전보(7.7)를 보내 '반소반공' 정책 전환을 약속했다. 성세재의 '모택민 체포(1942.9)'가 단적인 증거이다. (蘇共)당원 성세재의 '반소반공'은 장개석과 스탈린의 관계 악화를 초래했다.

2435 노몬한(Nomonghan)전투에서 대패한 일본은 '북진'을 포기하고 소련과 (停戰)담판을 벌였다. 모스크바에서 체결한 (蘇日)정전협정(9.15)은 '소일몽만(蘇日蒙滿)' 4개 국가가 (滿蒙)변계를 확정했다(江濤, 2011: 239). 결국 노몬한전역(1939.5~1939.9)에서 참패한 일본은 남진(南進)을 선택했다. 소몽군 지휘관은 (蘇)원수가 된 주코프(Zhukov)였다. '제2차세계대전백과사전'에 따르면 (蘇蒙軍)사상자는 1.85만, (日軍)사상자는 6.1만명이다.

2436 5월 11일 주은래는 추이코프의 의견은 모택동에게 전달했다. 추이코프의 건의는 … 팔로군의 '협력작전' 계획을 장개석에게 보고하고 중공은 일본군 타격의 중요성을 선전해야 한다(劉伯根 외, 2007: 514). 모택동은 주은래에게 보낸 전보(5.14)에 이렇게 썼다. …군사고문의 건의는 어불성설이다. 국민당의 (中共)힘담'을 맹신하지 말고 섣부른 판단을 삼가야 한다(中共中央文獻研究室, 1993: 296). 모택동은 (駐華)소련 대사와 군사고문에게 격한 반응을 보였다. 결국 이는 장개석에 대한 군사적 원조를 지속한 스탈린에 대한 불만을 표출한 것이다.

松, 2010: 415). 이 시기 중조산전역(中條山戰役)[2437]에서 국민당군의 패전이 확실시됐다. 당시 모택동의 지시를 수용한 팽덕회는 (八路軍)소부대를 파견해 '협력 작전'에 참가하게 했다. 한편 모택동의 '(蘇聯)군사고문 경고'[2438]는 소련을 '상급자'로 간주하지 않는다는 단적인 증거이다.

6월 22일 디미트로프는 중공에 '긴급 임무'[2439]를 하달했다. 당중앙은 '답전(6.23)'에 이렇게 썼다. …중공중앙은 '독일의 소련 침공 반대' 지시[2440]를 발표했다. 중공의 급선무는 ① 통일전선 견지 ② 일본 침략자 축출 ③ 자산계급의 '반소반공' 제지 ④ '3국동맹' 반대 등이다(黃修榮 외,

---

2437 1941년 5월 17일 일본군이 일으킨 중조산전역(中條山戰役)은 산서성(山西省) 경내에서 20일 동안 진행된 전투이다. 창졸간에 응전(應戰)한 국민당군은 4.2만명의 전사자(戰死者)와 3.5만명이 체포되는 참패를 당했다. 당시 일본군의 사상자는 3천명이었다. 한편 일본군의 봉쇄 강화로 팔로군의 (敵後)근거지는 '가장 어려운' 시기에 진입했다.

2438 7월 초 추이코프는 팔로군 북진을 재촉했다. 모택동은 주은래에게 보낸 전보(7.6)에 이렇게 썼다. …북진을 포기하고 남진을 선택한 일본의 목적은 영미 견제이다. 정치국 회의(7.13)에서 모택동은 이렇게 말했다. …(駐華)소련인의 '팔로군 (日軍)공격' 주장은 황당하다(楊奎松, 2010: 420). 이는 추이코프에 대한 모택동의 경고였다. 당시 정풍운동을 결심한 모택동이 '팔로군 전멸'을 무릅쓰고 소련을 협조한다는 것은 근본적으로 불가능했다.

2439 공산국제가 중공중앙에 하달(1941.6.22)한 '긴급임무' 골자는 첫째, 독일의 (蘇聯)공격은 배은망덕한 행위이다. 둘째, 소련 보위는 각 국 해방투쟁을 보위하는 것이다. 셋째, (中國)반동 군벌의 (反蘇)행동을 반대해야 한다. 넷째, 소련 보위는 중공의 책무이다 (黃修榮 외, 2012). 상기 '임무' 취지는 중국 공산당은 '소련 보위'를 당면과제로 삼아야 한다는 것이다. 결국 스탈린은 '(日軍)북진 저지'를 위한 팔로군의 '남만 진격'을 요구했다.

2440 6월 23일 중공중앙은 '독일의 소련 침공을 반대하는 지시'를 내렸다. '지시'는 이렇게 썼다. …독일의 소련 침공은 배은망덕한 침략 행위이다. 소련의 반파시즘(反fascism) 전쟁은 신성한 '조국 보위' 전쟁이다. 중공의 급임무는 일본 침략자를 중국에서 몰아내고 '소련 보위'에 동참하는 것이다(毛澤東, 1991: 32). 실제로 모택동은 스탈린의 '소련 보위' 요구를 거절했다. 팔로군이 일본군과 전면전을 벌일 경우 '전멸'될 수 있었기 때문이다.

2012: 194). 당시 공산국제는 중공의 '대응책'에 강한 불만을 표시했다. 실제로 모스크바가 요구한 것은 팔로군의 북진(北進)을 통한 일본군 견제였다.

중공중앙은 공산국제에 보낸 전보(7.18)에 이렇게 썼다. …(華北)대도시와 철로를 장악한 일본군은 대량의 방어시설을 구축했다. 팔로군이 무기를 지원받는다면 '(日軍)북진 견제'에 도움이 될 것이다('第一硏究部', 2012: 207). 모택동은 디미트로프에게 보낸 전보(9.18)에 이렇게 썼다. …일본군은 대규모 '소탕' 작전을 펼치고 있다. 화북과 봉촌(奉天)[2441] 거리는 1000km에 달하며 수많은 보루가 구축됐다. 또 남만(南滿)[2442] 도착에 상당한 시간이 걸린다. 팔로군은 유격전을 전개해 일제의 '북진'을 저지할 것이다(黃修榮 외, 2012: 223). 당시 장개석의 '항의'를 의식한 스탈린은 모택동의의 '무기 지원' 요청을 거절했다. 한편 1942년 전후 스탈린은 모택동에게 팔로군의 '남만 진격'과 일본군의 '북진 저지'를 강요했다.

10월 7일 모택동·임필시·왕가상·왕명 등은 디미트로프의 전보문을 토론했다. 디미트로프가 제출한 '질문'의 골자는 ① '일본군 타격' 방안 ② '(國共)결렬' 대응책 ③ 일제의 '소련 진격' 저지 방안 등이다(楊奎松, 2010: 425). 공산국제 회의(1942.2.27)에서 디미트로프는 '(蘇聯)협력 작

2441 봉촌(奉天)은 요녕성(遼寧省) 심양시(瀋陽市)의 옛 이름이다. 1957년 청정부는 '봉천부(奉天府)'를 설립, 심양을 봉천(奉天)으로 개명했다. 1929년 봉천시(奉天市)를 심양시로 개칭했다. 1931년 심양을 침공한 일본 침략자는 심양시를 봉천시로 개명, 봉천에 만주국(1932~1945)을 설립했다. 1945년 봉천시는 심양시로 개명됐다.

2442 남만(南滿)은 오늘날의 요동반도(遼東半島)를 가리킨다. 청나라 시기 남만은 여진족(女眞族)·만족(滿族)의 집거지(集居地)였다. 청태종(淸太宗) 황태극(皇太極)은 만족이 집거한 동북을 만주(滿洲)로 개칭했다. 그 후 요동반도는 남만(南滿)으로 불렸다. 한편 항일전쟁 시기 남만은 일본군의 '북진(北進, 蘇聯攻擊)' 요도(要道)였다.

전'에 소극적인 중공중앙을 비판했다. 소련 국방부는 중공중앙에 보낸 전보(1942.5.6)에 이렇게 썼다. …(日蘇)전쟁이 발발할 경우 중공은 정규군을 파견해 일본군 북진을 저지해야 한다(袁南生, 2003: 643). 1942년 5월 스탈린은 블라디미로프(Vladimirov)를 연안에 파견했다. 공산국제 연락원과 종군 기자의 2중 신분을 가진 그의 역할은 팔로군의 '남만 진격'을 독촉하는 것이었다(申長友, 1994: 246). 당시 왕명은 디미트로프의 입장을 지지했다. 블라디미로프의 중국명은 손평(孫平)[2443]이다. 한편 손평의 '연안 파견'은 스탈린의 '모택동 불신'을 보여준 단적인 증거였다.

디미트로프는 모택동에게 보낸 전보(6.15)에 이렇게 썼다. …모든 역량을 동원해 '(國共)관계 개선'을 도모하고 (抗日)통선전선을 강화해야 한다. 정보에 따르면 주은래는 '장개석 반대자'와 외국 기자가 참가한 '반장(反蔣) 비밀회의'를 열었다. '장개석 반대' 원인을 밝히고 해결책을 강구해야 한다(中央黨史和文獻研究室, 1988: 88). 상기 주은래의 '(反蔣)비밀회의'는 신빙성이 매우 낮다. 한편 중공이 장개석을 반대한 주된 원인은 신사군을 포위공격한 환남사변과 스탈린의 '장개석 원조'였다. 1943년 초 모택동은 스탈린의 '(八路軍)남만 파견' 요청을 재차 거절했다.

모택동의 '스탈린 요청' 거절 원인은 ① '장개석 원조'에 대한 불만 ② 환남사변 전후 소련의 '국민당 지지' ③ '근거지 포기'에 따른 심각한 결과 ④ 일본군의 강한 전투력 ⑤ 일본군의 '보복성 소탕' 우려 ⑥ 팔로군의 낙후된 무기, 정규전에 약한 단점 감안 ⑦ 일본군·국민당군

[2443] 손평(孫平, Vladimirov, 1905~1953), 우크라이나(Ukraine) 출생이며 (蘇聯)공산주의자이다. 1927년 소련 공산당에 가입, 1938~1940년 (TASS)통신사 기자로 중국에서 활동, 1942년 스탈린의 특사로 연안에 파견, 1946년 소련 외교부에서 근무했다. 1948~1951년 상해(上海) 주재 소련 총영사를 역임, 1953년 모스크바에서 병사했다.

의 '협공' 가능성 고려 ⑧ (滿洲國)관동군과의 격전에 따른 '양패구상' ⑨ (中共軍)병력 보존, '(蔣介石)결전' 대비 등이다. 당시 팔로군이 '남만 진격'을 위해 전투력이 막강한 일본군과 전면전을 벌인다면 전멸될 가능성이 매우 높았다. 한편 국익을 최우선시한 스탈린에게는 '소련 보위'가 당면과제였으나, 중공 지도자 모택동의 급선무는 '팔로군 생존'이었다.

환남사변 전후 스탈린의 '장개석 원조'와 공산국제의 '(中共)양보' 강요는 모택동의 불만을 야기했다. 환남사변에서 7천여 명 (新四軍)병력을 잃은 중공은 '(國共)결렬'을 결심했다. 환남사변 후 모택동은 더 이상 공산국제 지시에 순종하지 않았다. 독소전쟁 발발을 계기로 정풍운동을 본격적으로 전개한 모택동은 모스크바의 '영향력' 제거에 전념했다. 한편 공산국제 해산(1943.5)은 연안·모스크바 간 '상하급 관계' 종료를 의미한다.

3. '엽항(葉項)' 갈등과 항영의 '항명(抗命)'

'신사군 참패(皖南事變, 1941.1)'[2444]는 엽정·항영의 갈등과 관련된다. 군단장 엽정은 독선적인 항영의 배척을 받아 2차례 신사군을 이탈했다. 고집불통인 항영은 당중앙의 북진(北進) 방침을 반대했다. 항영의 '항명(抗命)'과 환득환실로 (皖南)신사군은 (北進)골든 타임을 놓쳤다. 실제로 '엽항(葉項)' 갈등과 불협화음은 대립·충돌로 점철된 '(國共)합작' 축소판이

2444 1941년 1월 4일 (皖南)신사군 지휘부와 직속부대 9000여 명은 엽정·항영의 인솔하에 운령(雲嶺)에서 출발해 북진(北進)했다. 1월 6일 신사군은 환남의 무림(茂林)지역에서 상관운상(上官雲相)이 지휘한 7개 사단 8만여 명의 기습 공격을 받았다. 결국 7주야(晝夜)의 격전 끝에 신사군은 2000여 명이 적군의 포위권을 돌파했다. 1월 중순 군단장 엽정을 '담판' 중 체포됐고 항영·주자곤은 부하(部下) 변절자에게 살해(1931.3)됐다.

다. 한편 항영의 비극적 결과는 그 자신이 스스로 자초한 측면이 크다.

1937년 8월 주은래는 남경에서 군정부장 하음흠과 (南方)8개 성(省)[2445] (紅軍)유격대의 개편을 토론했다. 하음흠은 주은래에게 '(紅軍)유격대 개편'[2446] 협조를 요구했다. 8월 중순 상해에서 엽정을 만난 주은래는 '(遊擊隊)개편 참여'를 부탁했다(劉伯根 외, 384. 386). 주은래의 귀띔을 받은 엽정은 제3작전구(第三戰區)[2447] 전적 총지휘인 진성에게 '개편 참여' 의사를 밝혔다. 이는 '모수자천(毛遂自薦)'[2448]이었다. 진성의 추천을 받은 엽정은 남경에서 장개석과 면담했다(葉成林 외, 2017: 249). 당시 엽정이 제출한 '(改編)유격대'의 명칭은 신편(新編) 제4군이다. 이는 북벌 시기 '철군(鐵軍)'으로 불린 국민혁명군 제4군과 관련된다.

장개석은 엽정을 '신사군 군단장' 적임자로 간주하지 않았다. (紅軍)

2445 남방(南方)8개 성(省)은 호남(湘)·강서(贛)·복건(閩)·광동(粤)·절강(浙)·호북(鄂)·안휘(皖)·하남(豫)성을 지칭한다. 남경 체류(8.9~21) 기간 (中共)대표인 주은래는 군정(軍政)부장인 하응흠(何應欽)과 (南方)8개 성 13개 지역의 (紅軍)유격대의 개편을 협상했다. 한편 북방에 위치한 하남성(豫)은 '남방(南方)'에 속하지 않는다.

2446 초기 장개석은 '(紅軍)유격대 개편'을 허락하지 않았다. (南方)유격대가 중공이 영도하는 무장부대였기 때문이다. 한편 '(遊擊隊)개편'을 승낙한 장개석은 전제조건을 내걸었다. 즉 남경정부가 요원(要員)을 파견해 '개편'을 주도하고 '(改編)유격대'의 지휘권을 국민당(要員)이 맡을 것을 요구했다(施士明, 2001: 438). 당시 중공중앙은 장개석의 '무리한 요구'를 거절했다. 결국 장개석은 '당외 인사'인 엽정을 (新四軍)군단장으로 임명했다.

2447 제3작전구(第三戰區, 1937~1945)는 항일전쟁 후 (國民黨)군사위원회가 설립한 작전구(作戰區)이다. 초기 사령장관은 풍옥상(馮玉祥)이었다. 1938년 1월 장개석은 고축동을 제3작전구 사령장관, 진성을 전적(前敵) 총지휘로 임명했다. '개편(1937.10)'된 신사군은 제3작전구 휘하에 예속됐다. 당시 신사군의 직속상관은 고축동·진성이었다.

2448 '모수자천(毛遂自薦)'은 어려운 일을 스스로 맡아 나서는 '용기 있는 행동'을 비유한다. '사기(史記)'의 '평원군열전(平原君列傳)'에서 유래됐다. 한편 (中共)대표 주은래가 남창봉기의 전적 총지휘를 맡았던 엽정을 (新四軍)군단장으로 추천했다는 것이 일각의 주장이다. 실제로 '당외 인사' 엽정은 '중공 부대(新四軍)'를 책임질 적임자였다.

유격대의 '철저한 개조'를 위해 장개석이 내정한 군단장은 제15집단군 사령관 진성과 제8집단군 사령관 장발규(張發奎)였다. 당시 '진장(陳張)'은 '(新四軍)군단장 겸임'을 완곡하게 거절했다(施士明, 2001: 440). 진성 등이 장개석의 '군단장 임명'을 거절한 중요한 원인은 10년 동안 국민당군과 싸운 '공산당 부대(新四軍)'를 지휘할 수 없었기 때문이다. 또 이는 '직급 격하'를 의미했다. 한편 장개석이 '엽정 (軍長)임명'을 차선책으로 간주한 것은 엽정이 공산당에서 탈당한 '당외 인사'[2449]였기 때문이다. 실제로 장개석과 엽정의 '인연'은 손중산[2450]과 밀접히 관련된다.

9월 하순 남경에서 국민당 대표와 유격대 개편 토론한 엽검영·박고는 유격대의 1개 군(軍) 개편에 합의했다. 엽검영은 당중앙에 장개석의 엽정 (軍長)임명(9.28)을 보고했다(範碩 외, 2015: 152). 장개석은 강서성장 웅식휘(熊式輝)에게 보낸 전보(10.6)에 이렇게 썼다. …악예변(鄂豫邊)의 고경정, 상악감(湘鄂贛)의 부추도(傅秋濤)[2451], 상월감(湘粤贛)의 항영, 민절(閩浙)의 유영(劉英), 민서의 장정승은 제4군 군단장 엽정의 지휘에 복종해

2449 1924년 12월 모스크바에서 중공에 가입한 엽정은 남창봉기와 광주봉기(1927.12)의 전적 총지휘를 맡았다. 1928년 모스크바에서 탈당(脫黨), 장기간 해외에서 '당외 인사'로 활동했다. 장개석이 '당외 인사' 엽정을 '공산당 부대(新四軍)' 군단장으로 임명한 주된 원인이다. 결국 '당외 인사' 엽정은 '(中共)대표'인 항영의 배척을 받았다.

2450 1921년 5월 손중산은 광주(廣州)에서 비상(非常)대통령에 취임했다. 당시 엽정은 손중산의 경위연대(警衛團) 제2대대장을 맡았다. 이 시기 손중산의 측근자 장개석은 월군(粤軍) 참모장을 맡았다. 광동 군벌인 진형명(陳炯明)이 '정변(1922.6)'을 일으켰을 때 장개석은 영풍함(永豊艦)에서 손중산을 보호했다. 한편 엽정은 '위험에 빠진' 손중산 부인 송경령(宋慶齡)을 구출했다. 결국 엽정과 장개석은 모두 손중산과 '깊은 인연'을 맺었다.

2451 부추도(傅秋濤, 1907~1981), 호남성 평강(平江) 출신이며 개국상장이다. 1929년 중공에 가입, 1930~1940년대 상악감(湘鄂贛)성위 서기, 신사군 제7사단장, 산동분국 부서기, 건국 후 중앙군위 무장부장, 총참모부 동원부장 등을 역임, 1981년 북경에서 병사했다.

야 한다(解放軍歷史資料叢書編委,1991: 39). '유격대 개편' 명령을 내린 남경정부는 10월 12일을 신사군 '건군절(建軍節)'[2452]로 결정했다. 당시 중공 지도자 모택동은 장개석의 '일방적 임명'에 대해 불만을 표시했다. 한편 모택동·엽정은 일면식도 없는 '팔면부지(八面不知)'[2453]였다.

9월 하순 강서성(江西省) 당국과 담판[2454] 중인 항영은 (南京)박고에게 전보를 보냈다. 박고가 전달한 (項英)전보(10.1)는 이렇게 썼다. …(江西省) 당국과 '유격대 개편' 담판을 마쳤다. 곧 (南方)유격대를 집결시킬 것이다(解放軍歷史資料叢書編委, 1988: 40). 박고가 전달한 (項英)전보를 받은 모택동은 답전(10.2)을 보내 '유격대 집결'을 반대했다. 당시 모택동이 '유격대 집결'을 반대한 것은 민월(閩粤)유격대의 '무장해제' 사건[2455]을 염두

2452 초기 중공중앙은 신사군의 '건군절(建軍節)'을 10월 2일로 간주했다. 1938년 10월 2일 주덕·팽덕회는 엽정·항영에게 전보를 보내 '신사군 설립' 1주년을 축하했다. 1939년 10월 11일 항영은 '항적보(抗敵報)'에 '(新四軍)설립 2주년' 문장을 발표했다. 한편 엽정·진의는 10월 12일을 신사군의 '건군절'로 인정했다. 실제로 남경정부가 '(新四軍)개편' 명령을 내린 10월 12일이 신사군의 '건군절'이라는 것이 전문가의 중론이다.

2453 팔면부지(八面不知)는 어느 모로 보나 전혀 알지 못하는 생면부지(生面不知) 관계를 뜻한다. 남창·광주봉기의 '전적 총지휘' 엽정은 모스크바에서 탈당(1928)했다. 한편 홍군 지도자 모택동은 장정(長征)을 승리로 이끌었다. 이 시기 '도피주의자' 엽정은 해외에서 '잠행(潛行)'했다. 당시 모택동은 일면식도 없는 엽정의 '(新四軍)군단장 임명'을 반대했다. 결국 모택동은 엽정의 '정치적 태도'를 확인하기 위해 '연안 방문'을 요구했다.

2454 9월 24일 남창(南昌)에 도착한 항영은 '(紅軍)유격대 개편'에 관해 (國民黨)강서성 당국과 담판했다. 이 기간 항영은 (南京)판사처의 박고와 연락을 취했다. '(南昌)담판' 후 항영·진의는 중앙분군의 명의로 '(紅軍)유격대에게 알리는 공개 편지'를 발표, (南方)유격대의 '집결(改編)'을 호소했다(李良明, 1993: 161). 한편 박고에게 전보(10.2)를 보내 '유격대 집결'을 반대한 중앙군위 주석인 모택동은 항영의 '연안행(延安行)'을 지시했다.

2455 국민당 당국은 '유격대 담판'을 빌미로 (紅軍)유격대의 무장을 해제하고 '합병(合倂)'을 강요했다. 대표적 사례가 '장포사건(漳浦事件)'이다. 7월 16일 민월(閩粤)유격대 지휘관인 하명(何鳴)은 당국의 '군향 지급' 유혹에 넘어가 유격대를 이끌고 장보성(漳浦城)에

에 둔 것이다. 또 박고에게 보낸 전보(10.2)에서 모택동은 '(南方)유격대 개편' 토론을 위해 항영이 직접 연안으로 올 것을 요구했다. 한편 '(遊擊隊)집결 개편'이 정확[2456]했다는 것이 일각의 주장이다.

모택동은 장운일에게 보낸 전보(10.1)에 이렇게 썼다. …장개석이 항일을 빌미로 엽정에게 '(南方)유격대 개편'을 일임했다. 엽정의 '정치적 태도' 확인을 위해 연안 방문을 요구한다(李蓉 외, 2017: 250). 당중앙은 박고에게 전보(10.15)를 보내 요구한 전제조건은 ① (何鳴)부대의 무기 반환 ② '유격대 내정' 불간섭 ③ '유격대 집결' 반대 등이다(解放軍歷史資料叢書編委, 1988: 51). 10월 19일 모택동은 박고에게 확인을 요구한 '몇 가지 문제'는 ① 신사군의 '팔로군 휘하' 예속 여부 ② 엽정의 '당중앙 영도' 수용 여부 ③ 엽정의 '연안 방문' 여부 등이다(中共中央黨史硏究室, 2000: 355). 한편 모택동의 불신을 받은 엽정은 주저없이 '연안행'을 결정했다. 10월 30일 당중앙은 (南京)대표처에 '(新四軍)개편 원칙'[2457]을 제시했다.

10월 8일 박고는 모택동에게 보낸 전보에 이렇게 썼다. …엽정의

진입, 무장해제를 당했다(王輔一, 2008: 251). 당시 홍군 지도자 모택동이 항영이 제출한 '(南方)유격대 집결'을 반대한 것은 민남(閩南)의 '장포사건'을 감안했기 때문이다.

2456 항영의 (南方)유격대 개편은 정확했다. 결국 유격대 집결(改編)이 신사군의 탄생을 촉진했다. 당시 분산된 유격대는 적군에게 '각개격파(各個擊破)'를 당할 수 있었다. '개편'을 거부한 감동북(贛東北) 유격대 섬멸이 단적인 사례이다(王輔一, 2008: 252). 상기 주장은 수긍하기 어렵다. 실제로 장개석의 '유격대 개편' 취지는 '중공 부대(新四軍)'에 대한 철저한 개조였다. '당외 인사' 엽정을 신사군 군단장으로 임명한 것이 단적인 증거이다.

2457 중공중앙은 (南京)판사처의 박고 등에게 전보(10.30)를 보내 (新四軍)개편 원칙을 제시했다. '원칙' 골자는 ① 유격대(60%) 집결 ② 일부는 보안대(保安隊)로 개편 ③ '(國民黨)요원 파견' 반대 ④ 군단장 엽정, 부군장 항영, 참모장 진의 ⑤ 각 유격구(遊擊區)에 (中共)특파원 파견 등이다(張培森 외, 2010: 360). 모택동은 국민당이 제출한 '(遊擊隊)전원 집결'을 반대했다. 이는 장개석이 임명한 (軍長)엽정을 불신했다는 단적인 반증이다.

'유격대 개편' 참여는 주은래의 '(上海)면담'과 관련된다. 엽정은 중공 중앙이 동의하지 않으면 '(軍長)부임'을 거절하겠다고 표시했다(葉永烈, 2014: 267). 모택동은 주은래에게 보낸 전보(11.3)에 이렇게 썼다. …당신이 엽정에게 유격대 개편을 의뢰했기 때문에 장개석이 엽정을 군단장으로 임명했다고 한다. 당시 그에게 어떤 이야기를 했는가(施士明, 2001: 444). 이는 모택동이 '엽정 면담'을 보고하지 않은 주은래에게 불만을 표출한 것이다. 또 이는 '(毛周)불협화음'²⁴⁵⁸을 보여준 단적인 증거이다. 장개석의 '엽정 (軍長)임명'은 측근 진성이 천거했다는 것이 중론으로 여겨진다. 한편 1937년 하반기 모택동과 주은래는 매우 '껄끄러운 관계'를 유지했다.

11월 4일 연안에 도착한 엽정은 '(葉挺)군단장을 환영한다'는 표어를 보고 자신이 '동지'가 아닌 당외 인사라는 것을 직감적으로 느꼈다. 모택동의 동굴에서 엽정은 처음으로 '홍군 통솔자' 모택동을 만났다. 당시 모택동은 엽정을 공산당의 '초대 총사령관(第一任總司令)'²⁴⁵⁹이라고 치켜세웠다. 한편 모택동이 엽정의 '(黨籍)회복 보류'²⁴⁶⁰에 동의한 것은

2458 '(毛周)불협화음'의 단적인 사례는 ① '독립자주적 (山地)유격전' 전략에 대한 엇갈린 주장 ② (太原)연석회의(1937.9), 주은래·유소기의 설전(舌戰) ③ 주은래에게 보낸 (毛)전보(10.17), '(華北)군분회 지시' 하달 중지 ④ 주은래에게 보낸 전보(11.3), 모택동의 '불만 표시' ⑤ '12월회의(1937)', 주은래의 '왕명 지지' 등이다. 한편 모택동이 '6중전회'에서 중공 영수로 자리매김(1938.11)한 후 주은래는 '모택동 추종자'로 변신했다.

2459 모택동이 연안을 방문한 엽정을 '초대 총사령관(第一任總司令)'이라고 한 것은 상당한 어폐가 있다. 엽정은 남창봉기·광주봉기의 '전적 총지휘'였다. 남창봉기의 최고 지도자는 주은래, (起義軍)총지휘는 하룡, 광주봉기의 최고 지도자는 장태뢰(張太雷)였다. 한편 공농홍군(工農紅軍)의 초대 총사령관은 '10대 원수' 서열 1위인 주덕이다.

2460 모택동은 연안을 방문한 엽정에게 '(中共)당적 회복' 의향을 물었다. 당시 엽정은 이렇게 대답했다. …'당적 회복'은 나의 꿈이다. 그러나 현재 상황을 감안하면 잠시 '(黨籍)

장개석의 '엽정 임명'이 '당외 인사' 신분과 관련된다 것을 감안했기 때문이다.

당중앙이 마련한 (歡迎)연회석에서 엽정은 이렇게 말했다. …나는 일시적 좌절감을 견디지 못해 당을 이탈했다. 굴욕과 좌절을 극복한 주덕·하룡의 불요불굴(不撓不屈) 의지가 부족했다. 자신의 경솔한 행동을 부끄럽게 생각한다(施士明, 2001: 451). 엽정의 '탈당(脫黨)'[2461]에 대해 대개 중국 학자들은 매우 관용적이다. 실제로 '(革命)저조기'[2462]의 탈당은 엽정의 치명적 약점으로 간주된다. 탈당과 '장정 불참'은 엽정이 '원수 자격'[2463]을 상실한 주요인이라는 것이 학계의 중론이다. 한편 '엽정의 부하'[2464]였던 주덕은 팔로군 총사령관, 하룡은 (八路軍)120사단장이었다.

회복 보류'가 이롭다. '당외 인사' 신분이 군향 조달 등 (國民黨)교섭에서 유리하게 작용할 수 있다(施士明, 2001: 448). 당시 모택동은 엽정의 '보류' 주장을 찬성했다. 결국 이는 '당외 인사' 엽정과 신사군 실세인 항영 간 불협화음과 '엽항(葉項)' 갈등을 초래했다.

2461 1928년 여름 엽정은 공산국제에 광주봉기에 관한 '해명 자료'를 제출했다. 당시 동방부(東方部)는 엽정의 '해명'을 수용하지 않았다. 공산국제는 공공 6차 당대회에서 '광주봉기 문제'를 (大會)의제로 정하지 않았다. 결국 탈당한 엽정은 독일로 떠났다(劉戰英, 2008: 197). 엽정의 탈당 행위는 '혁명 의지'를 상실했다는 단적인 증거이다.

2462 혁명의 '저조기(1927~1928)'는 장개석·왕정위의 (中共)결렬과 관련된다. 장개석이 일으킨 4.12정변과 왕정위의 '(7.15)변절'은 제1차 (國共)결렬을 초래했다. 1928년 하반기 중공이 영도한 남창·광주봉기는 선후로 실패했다. 당시 (中共)고위급 간부들은 모스크바로 피신했다. 결국 '(革命)저조기'에 탈당(1928)한 엽정은 도피주의자로 전락했다. 장개석의 '신임'을 받은 '당외 인사' 엽정은 중공 지도자 모택동과 항영의 불신을 받았다.

2463 전국 인대(人大)에서 통과된 '중국인민해방군 군관 복역조례(服役條例)' 제9조는 '원수 평가' 기준을 이렇게 정했다. …인민군대를 창건하고 주요 전역이나 대규모 작전을 지휘해 탁월한 공훈을 세운 고급장령(高級將領)에게 '공화국 원수(元帥)' 자격을 부여한다(少華, 2019: 464). '10대 원수' 중 9명이 장정(長征)에 참가했다. 엽정의 '장정 불참'은 치명적인 단점이었다. 한편 군단장 엽정은 '신사군 참패(1941.1)'에 중요한 책임이 있다.

2464 남창봉기(1927.8) 당시 엽정은 (起義軍)전적 총지휘, 남창시 공안국장인 주덕은 엽정의 지휘를 받았다. 봉기 도중 주덕은 제9군단장에 임명됐다. 1928년 탈당한 엽정은 '당

이 또한 '당외 인사'인 엽정이 자격지심을 느낀 주된 이유였다.

엽정이 '(元帥)계급장을 받지 않은 원수'라는 일각의 주장은 설득력이 떨어진다. 엽정이 '원수 자격'을 상실한 원인은 첫째, 군사적 리더십의 부족이다. 엽정이 '전적 총지휘'를 맡은 남창·광주봉기는 실패했다. 둘째, 탈당(1928) 후 '도피주의자'로 전락했다. 셋째, 장정 불참은 엽정의 아킬레스건이다. 넷째, '엽항(葉項)' 갈등의 장본인이며 '신사군 참패'에 중요한 책임이 있다. 다섯째, 5년 간 감금돼 항전 승리에 기여하지 못했다. 당시 '당외 인사' 엽정은 (國共)합작의 특수한 상황에서 '중공 부대(新四軍)' 지휘관으로 임명됐다. 환남사변에서 체포된 후 장기가 연금된 엽정은 연안 회귀(1946.4) 중 비행기 추락으로 사망[2465]했다.

연안에 도착한 후 엽정은 모택동과 장시간의 담화를 나눴다. '담화'를 통해 모택동은 엽정의 두 차례 '당내 징계'[2466]와 (脫黨)원인을 인지했다. 엽정의 '공산당 충성'을 확인한 모택동은 중앙당학교에서 융숭한

외 인사'로 전락했으나 정강산에 진출한 주덕은 공농홍군 제4군단장이 됐다. 엽정이 신사군 군단장(1937.10)으로 임명됐을 때 팔로군 총지휘 주덕은 제18집단군 총사령관이었다. 1946년 엽정이 감옥에서 출옥했을 때 주덕은 해방군(解放軍) 총사령관이 됐다.

2465 1946년 4월 12일 중공중앙의 부고(訃告)는 이렇게 썼다. …4월 8일 오후 2시 중경에서 연안(延安) 회귀 중에 짙은 안개로 궤도를 이탈한 비행기가 진서북(晉西北) 흥현(興縣) 흑도산(黑荼山)에 부딪쳐 추락했다. 당시 비행기를 탄 왕약비·진방헌(博古)·엽정·등발 등 탑승자 전원(13명)이 조난당했다(施土明, 2001: 949). 1946년 3월 중공중앙은 엽정의 '(中共)가입 신청'을 허락했다. 사실상 '탈당자' 엽정이 중공 당원으로 '추인'된 것이다.

2466 엽정의 독립연대가 무창을 공격(1926.9)했을 때 무한위수(衛成) 사령관 유치(劉峙)는 '작전 협력'을 거부했다. '(劉峙)비협조'에 대한 불만 표출로 부대를 이탈한 엽정은 '당내 경고' 징계를 받았다. 광주봉기(1927.12) 실패 후 중공 지도자 이립삼은 엽정의 소극적 지휘에 대해 '유당관찰(留黨觀察)' 징계를 내렸다. 1928년 모스크바에서 '불공정한 대우'를 받은 엽정을 탈당했다. 한편 엽정의 탈당은 '혁명 의지'를 상실한 단적인 방증이다.

환영행사(11.8)를 거행했다. 또 모택동은 격정적인 환영사를 했다(葉永烈, 2014: 268). '답사(答辭)'에서 엽정은 이렇게 말했다. …혁명은 등산과 흡사하다. 고난을 극복하면 등정(登頂)이 가능하다. (登山)도중 하산한 나는 다시 돌아왔다. 중공중앙의 정확한 영도하에 항전을 견지할 것이다(惠陽地委黨史辦公室, 1987: 713). 실제로 모택동은 장개석의 임명한 '군단장(葉挺)'에 대해 반신반의했다. 한편 모택동의 엽정을 연안으로 호출한 목적은 '중공 부대(新四軍)' 직속상관이 중공중앙임을 각인시키기 위한 것이었다.

항영이 연안에 도착(11.7)한 후 (軍政)파트너 '엽항(葉項)'은 처음으로 만났다. 항영에 대한 엽정의 '첫 인상'을 한 마디로 요약하면 '오만방자(敖慢放恣)'이다. 환영회를 주재한 모택동은 항영의 (三年)유격전쟁을 높게 평가했다(施士明, 2001: 454). 드라마 '연안송(延安頌)'에는 모택동이 엽정·항영을 자신의 동굴집에 초대했을 때 부인 하자진이 항영과 포옹하는 장면이 있다. 이는 픽션을 가미한 것이다. 실제로 이 시기 '가출(家出)'한 하자진은 서안(西安)의 (八路軍)판사처에서 생활했다. 1930년대 초반 (中央)대표 항영과 홍군 지도자 모택동은 앙숙(政敵)관계였다. 한편 항영은 중앙군위 주석 모택동의 권위를 시종 인정하지 않았다.

연안에서 '충성 맹세'[2467]를 한 엽정은 얼마 후 무한(武漢)으로 떠났다. 한편 항영은 연안에서 40일 동안 머물렀다. 이는 왕명의 도래와 관

2467 1937년 가을 중공중앙은 장개석이 임명한 (新四軍)군단장 엽정에게 '연안 방문'을 요구했다. 이는 모택동이 '당외 인사' 엽정의 정치적 태도와 (中共)지휘 복종 여부를 확인하기 위해서였다. 11월 초 연안에 도착한 엽정은 '동지(同志)'가 아닌 '(新四軍)군단장' 대우와 대접을 받았다. 한편 '(延安)환영식'에서 엽정은 공산당의 영도와 '중앙군위(毛澤東) 지시' 복종을 다짐했다. 결국 이는 '당외 인사'인 엽정의 '(中共)충성 맹세'였다.

련된다. '12월회의'에서 모택동의 '유일 지지자'는 유소기였다. 장강국이 설립(1937.12)한 후 항영은 '왕명 추종자'로 변신했다. 이는 중앙군위 주석 모택동과 신사군 지도자 항영의 '갈등 격화'를 초래했다. 정적 항영에게 '막강한 권한'[2468]을 몰아주고 군단장 엽정의 (中共)당적을 회복시키지 않은 것은 모택동의 '큰 실책'[2469]이었다. 한편 모택동은 장운일·원국평·주자곤·풍달비(馮達飛)·이일맹 등 (中共)고위간부를 신사군에 파견했다. 이는 항영의 '권한 집중'과 엽정의 '고립무원'에 일조했다.

11월 21일 엽정은 엽검영과 함께 장개석을 만났다. '중공 방안'을 반대한 장개석은 엽정이 요청한 '군향 지급'에 찬성하지 않자 엽정은 장개석에게 '사직 의사'를 표시[2470]했다. 결국 '경비 지원'[2471]을 약속한

2468 1937년 10월 신사군 부군장으로 임명된 항영은 (中共)장강국 멤버로 당선됐다. 당시 당중앙은 동남분국 서기 항영을 '(軍委)신사군 분회' 서기로 임명했다. 장강국이 출범 (12.23)한 후 항영은 '왕명의 부하'가 됐다. (新四軍)최고 지도자 항영은 '당외 인사'인 엽정을 배척했다. 결국 이는 '엽항(葉項)' 갈등을 유발했다. '부군장(副軍長)'이 군단장을 영도하는 아이러니한 상황은 '당이 총대(軍隊)를 지휘'하는 중공의 원칙과 밀접히 관련된다.

2469 '유격대 개편(1937.10)' 후 당중앙은 정치국 위원 항영을 '(新四軍)정치위원'에 임명하고 '영도력 강화'를 위해 많은 (中共)고위간부를 파견해 항영의 '권력 강화'에 일조했다. 한편 장개석의 반발을 감안한 (葉挺)당적 회복 보류는 모택동의 큰 실책이었다. 결국 이는 '당외 인사' 엽정이 (國共)양당의 신임을 모두 상실하는 결과를 초래했다.

2470 11월 12일 무한에 도착한 엽정은 신사군의 '군향 조달'을 위해 21일에 남경에서 장개석과 면담했다. 당시 엽정은 장개석에게 신사군의 '출격비(出擊費)' 18만원 지급을 제출했다. 한편 엽정의 '경비 조달' 요구를 거절한 장개석은 중공의 (新四軍)간부 파견'을 허락하지 않았다. 결국 엽정은 처음으로 장개석에게 '(軍長)사직 의사'를 표시했다. 실제로 장개석은 엽정의 '연안 방문'과 '중공중앙 지시' 복종에 대한 불만을 표출한 것이다.

2471 1938년 1월 하응흠은 '신사군 군향'에 관한 결정을 발표했다. …신사군은 제3작전구 고축동의 허락을 받아 군비(軍費)를 지급받아야 한다. 우선 (新四軍)군향 10.5만원을 지급하고 식비(食費)는 따로 조달한다. 당시 주은래는 엽정에게 '10만원 (追加)지급' 협상

장개석은 엽정의 사직을 만류했다(葉成林 외, 2017: 250). 엽정의 '지시 요청 (12.11)'[2472]에 모택동이 보낸 답전(12.14) 골자는 ① 하응협과 협상 ② '2개 종대' 설립, 종대장은 진의·장정승 ③ 고경정 부대, 강북(江北) 고수 ④ (國民黨)지휘관 파견 반대 등이다(中共中央文獻硏究室, 1993: 41). 1938년 1월 군정부장 하응흠은 신사군의 '4개 지대' 설립을 승낙했다. 또 그는 (遊擊隊)집결 후 각 유격구의 '판사처 설립'을 허락했다.

신사군의 지휘관 배치는 다음과 같다. 군단장 엽정, 부군단장 항영, 참모장 장운일, 정치부 주임 원국평, 부참모장은 주자곤이다. 정부(正副) 지대장은 제1지대 진의·부추도, 제2지대 장정승·속유, 제3지대 장운일·담진림, 제4지대 고경정·임유선(林維先)[2473]이다. 당시 신사군의 총병력은 10300명이었다. 한편 당중앙은 '(中共)영도력 강화'를 위해 '신사군 분회(分會)'를 설립하고 항영을 서기, 진의를 부서기(副書記)로 임명했다. 이는 '당외 인사'인 엽정의 '유명무실(有名無實)'을 의미한다. 결국 이는 '신사군 1인자'인 항영의 '엽정 배척'에 빌미를 제공했다.

을 지시했다(施士明, 2001: 465). 초기 군단장 엽정이 고축동과 '(新四軍)군비 조달'을 협상했다. 그 후 '당외 인사'인 엽정을 불신한 (中共)대표 항영이 직접 고축동과 담판했다.

2472 장개석과 면담(11.21)한 엽정은 당중앙에 관련 상황을 보고했다. '신사군 개편'에 관해 엽정은 모택동에게 보낸 전보(12.11)에 이렇게 썼다. …(新四軍)개편에 관해 주은래 등에게 보고했다. 군사위원회 참모총장 하응흠은 '(中共)방안'을 촉구하고 있다. 당중앙의 지시를 부탁한다(施士明, 2001: 464). 당시 엽정의 직속상관은 고축동·주은래·모택동이었다. 한편 항영은 신사군 관련 사항을 장강국 서기 왕명과 중앙군위(毛澤東)에 보고했다.

2473 임유선(林維先, 1912~1985), 하남성 상성(商城) 출신이며 개국중장이다. 1932년 중공에 가입, 1930~1940년대 홍군 사단장, 신사군 제4지대 부지대장, (淞滬)경비구 부사령관, 건국 후 절강군구 사령관, 남경·무한군구 부사령관 역임, 1985년 무한(武漢)에서 병사했다.

성격이 강직한 엽정과 독선적인 항영의 차이점은 첫째, '동진북상 (東進北上)'[2474]에 대한 견해 차이이다. 둘째, 군단장 엽정은 장개석이 임명 했고 항영의 '정치위원(政委)'[2475]은 중공중앙이 임명했다. 셋째, 생활습관 과 경력 차이이다. 넷째, 엽정은 (黨中央)지시에 무조건 복종했으나, 항영 은 '상급자' 지시를 무시했다. 다섯째, 병력 확충을 중시한 엽정은 정규 전을 선호했으나, 유격전에 집착한 항영은 병력 보존을 중시했다. '당외 인사' 엽정은 지휘권을 상실했고 (中共)대표 항영이 권력을 독점했다. 결 국 모택동이 항영에게 막강한 권한을 몰아준 것이 화근이 됐다. 한편 권 력욕이 강한 항영과 변절자 장국도는 '유사점'[2476]이 적지 않다.

항영은 왕명이 제출한 '모든 것을 통일전선에 복종'해야 한다는 투 항주의 노선을 집행했다. '군분회(軍分會)' 서기 항영은 당중앙의 전보를

2474 모택동은 항영에게 보낸 전보(1938.5.4)에 (新四軍)발전 전략에 관해 이렇게 썼다. …(華 中)적후에서 유격전쟁을 벌여야 한다. 신사군 주력은 강북으로 진입해 근거지를 설립 하고 일부는 소남(蘇南)으로 진격해야 한다. 또 신사군은 평원지역에서도 유격전을 전 개할 수 있다(中共中央文獻研究室, 1993: 66). 당시 엽정은 당중앙의 '동진북상(東進北上)' 전 략을 옹호했다. 한편 당중앙의 '북진 지시'를 거부한 항영은 환남 고수에 집착했다.

2475 홍군의 정치위원(政委) 제도는 소련 홍군의 제도를 모방해 설치한 것이다. 당시 당조 직을 대표하는 정치위원은 중대한 (政治)문제에서 최종 결정권을 갖고 있다. 그러나 국민당군의 편제인 신사군은 정치위원을 설치하지 않았다. 실제로 '(軍委)신사군 분 회' 서기 항영이 '정치위원' 역할을 했다. 한편 '신사군 1인자' 항영은 '당외 인사' 군 단장을 배척했다. 결국 이는 '엽항(葉項)' 갈등을 유발하고 엽정의 '신사군 이탈'을 초 래했다.

2476 항영·장국도의 '유사점'은 ① 노동운동 출신, 군사 문외한 ② 중공 원로, (軍委)주석 모 택동의 지휘에 불복 ③ '모주(毛周)' 지지를 받은 (partner)주덕·엽정을 배척 ④ 공산국 제 지지 상실, '리더십 결여'로 내부 분화(分化) ⑤ 독선과 아집, 우유부단·환득환실, 결 단력 부족 등이다. 한편 '차이점'은 첫째, 항영은 박고·왕명 등 소련파의 지지를 받았 으나, 장국도는 스탈린의 '특사' 왕명의 지지를 받지 못했다. 둘째, 항영은 환남사변 에서 부하에게 살해, 장국도는 변절자로 전락했다. 결국 그들의 비극적 결과는 자업 자득·사필귀정이다.

'당내 기밀'로 간주하고 군단장 엽정에게 비밀에 부쳤다. 또 그는 엽정을 '통전대상(統戰對象)'2477으로 여겼다(劉戰英, 2008: 251). 1938년 상반기 신사군은 (武漢)장강국의 영도를 받았다. 항영이 엽정을 '통전대상'으로 여긴 것은 그를 '국민당 대표'로 간주했기 때문이다. 결국 이는 신사군에 대한 '(中共)영도력 강화'와 관련된다. 한편 엽정이 항영의 배척을 받은 것은 '신사군 전통'2478에 위배되는 엽정의 '돌출' 행위와 관련된다.

엽정은 키가 훤칠하고 풍채가 늠름했다. 군부대를 시찰할 때면 준마를 타고 많은 수행인원을 대동하고 다녔다. 흰 장갑을 끼고 독일제 사진기를 갖고 다닌 엽정은 (廣東)출신의 개인 요리사에게 고급 요리를 만들게 하고 제3전구의 장교들을 청해 음주를 즐겼다(施士明, 2001: 260). 노동운동가 출신 항영은 옷차림이 소박하고 병사들과 함께 단출한 식사를 했다. 겨울에는 허름한 면의(綿衣)와 헝겊신, 여름에는 홑옷을 입고 짚신을 신었다. 또 장병 평등과 '간고분투(艱苦奮鬪)'를 강조했다(劉戰英, 2008: 253). 유럽에서 다년 간 생활한 엽정은 신사군의 청빈한 생활에 쉽사리 적응할 수 없었다. 한편 3년 유격전쟁의 온갖 고초를 겪은 항영의 눈에는 엽

2477 '통전대상(統戰對象)'은 중공의 입장을 지지하는 무당파·민주적 인사 등을 가리킨다. 항전 시기 공산당은 '통전공작'을 통해 이들을 '중공 지지파'로 만들었다. 당시 '정치위원' 항영은 장개석이 임명한 군단장 엽정을 '통전대상'으로 간주했다. 이는 엽정이 '당외 인사' 자격으로 (新四軍)군단장에 부임했기 때문이다. 또 이는 중공중앙이 항영을 '엽정 상급자'로 임명한 것과 밀접히 관련된다. 결국 이는 엽정의 '신사군 이탈'을 유발했다.

2478 이른바 '신사군 전통'은 (南方)유격대가 3년 유격전쟁을 통해 형성된 사상·관습·행동양식을 가리킨다. 신사군 특유의 '전통'은 ① 소박하고 검소한 생활습관 ② 장병 평등 ③ 지휘관의 '특권화' 불허 ④ 사치한 생활방식 혐오 ⑤ 강인한 정신력·의지력 ⑥ 강한 적응력·생존력(生存力) 등이다. 한편 '신사군 전통'을 견지한 항영은 엽정의 '(生活)특권화'와 '부패한 관습'에 강한 불만을 표시했다. 결국 이는 (葉項)갈등을 유발했다.

정의 '부패한 관습'이 자산계급의 호사스러운 생활로 비춰졌다.

'엽항(葉項)' 갈등은 제2차 (國共)합작의 축소판이다. '불구대천지수'로 10년 간 싸운 국공 간의 '합작(合作)'은 항일전쟁이란 특수한 환경에서 맺어진 '정치적 혼인'에 비유할 수 있다. 결국 공산주의를 지향하는 공산당과 삼민주의를 추구하는 국민당이 이념적 갈등과 신앙의 차이로 '파경(決裂)'을 맞은 것은 당연한 결과였다. 당시 (國共)양당은 상대를 주적(主敵)으로 간주했다. 실제로 '엽항' 간 첨예한 대립은 반목·충돌로 점철된 국공 간 '불협화음'을 반영한 것이다. 한편 '당외 인사'인 엽정이 '불구대천 적수'인 모택동·장개석에게 동시에 충성할 수가 없었다.

1938년 4월 장개석은 신사군에게 남릉(南陵)에 집결해 무호(蕪湖) 일대로 진격할 것을 명령했다. 항영은 모택동·왕명에게 전보(4.28)[2479]를 보내 자신이 신사군을 대표해 장개석과 교섭할 것을 제출했다. 엽정의 '남릉 출격' 주장을 찬성한 모택동은 항영에게 보낸 전보(5.4)에 이렇게 썼다. …엽정과의 관계를 잘 처리하기 바란다(金冲及 외, 1998: 545). 1938년 8월 '정치위원' 항영의 냉대와 배척으로 '고립무원'에 빠진 엽정은 장강국에 전보를 보내 '사직 의사'를 전달했다. 당시 주은래는 엽정에게 전보(8.28)[2480]를 보내 그의 '군단장 사직'을 극구 만류했다.

2479 항영은 모택동 등에게 보낸 전보(4.28)에 이렇게 썼다. …엽정이 장개석과 교섭하면 실질적 문제를 해결하기 어렵다. '신사군 문제'에 관해 (中共)대표가 국민당과 교섭해야 한다(金冲及 외, 1998: 545). 이는 항영이 군단장 엽정을 '국민당 대표'로 간주했다는 것을 반증한다. 결국 이는 (項英)불신에 반감을 느낀 엽정의 '부대 이탈'을 초래했다.

2480 주은래가 엽정에게 보낸 전보(8.28)의 골자는 첫째, 항영은 (延安)회의에 참석해야 한다. 이 기간 (新四軍)업무를 총괄해야 한다. 둘째, 비상시국인 만큼 직접 전방에서 독전(督戰)해야 한다. 셋째, 당중앙은 적임자를 파견해 신사군 문제를 해결할 것이다(金冲及 외, 1998: 546). 결국 '(葉項)갈등 격화'로 궁지에 몰린 엽정이 장강국에 전보를 보내 사직(辭職) 의사를 표시한 것이다. 한편 상기 '(延安)회의'는 '(中共)6중전회(1938.9)'였다.

항영은 주은래에게 보낸 전보(10.23)에 이렇게 썼다. …엽정의 사직
은 확정된 것으로 돌이킬 수 없다. 장개석과 협상해 후임자를 물색해야
한다(中共中央文獻硏究室, 1998: 546). 항영에게 보낸 답전(11.2)[2481]을 보내 '사
직 불찬성'을 표시한 주은래는 당중앙에 보낸 전보(1939.1.8)에 이렇게 썼
다. …장개석은 엽검영이 아닌 껄끄러운 후임자를 파견할 것이다. 모택
동은 답전(1.10)에 이렇게 썼다. …항영은 동남국(東南局)[2482] 업무를 주관
하고 지휘권을 엽정에게 넘겨줘야 한다(劉伯根 외, 2007: 440). 당시 엽정은
(軍長)후임자로 엽검영을 추천했다. 한편 엽정은 고향 혜주(惠州)로 돌아
가 동강유격대(東江遊擊隊)의 총지휘[2483]를 맡았다.

당중앙은 '엽항(葉項)'과 '돈독한 관계'[2484]를 갖고 있는 주은래를 조

2481 주은래는 항영에게 보낸 답전(11.2)에 '두 가지 의견'을 전달했다. 첫째, 신사군에 대한
　　당의 영도는 중공의 철칙(鐵則)이다. 둘째, (新四軍)지도부의 의견 대립은 반드시 해결해
　　야 한다. '통일전선'을 위해 엽정이 계속 군단장을 맡는 것이 신사군 발전에 유리하다
　　(中共中央文獻硏究室, 2007: 434). 당시 주은래는 엽정의 '(軍長)사직'을 찬성하지 않았다. 한
　　편 엽정의 '신사군 이탈'은 주은래의 '조정자 역할'이 실패했다는 것을 의미한다.

2482 1938년 11월 장국도를 철회한 당중앙은 동남분국을 동남국(東南局)으로 개편할 것을
　　결정했다. 1939년 3월 동남분국은 회의를 열고 환남 경현(涇縣)에서 동남국을 설립
　　하고 항영이 서기, 증산(曾山)이 부서기를 맡았다. 1940년 봄 요수석(饒漱石)을 (東南局)
　　부서기로 보선했다. 이 시기 신사군은 중원국과 동남국의 이중(二重) 영도를 받았다.
　　1941년 3월 당중앙은 동남국을 중원국에 예속시켰다. 결국 유소기가 항영의 상급자
　　가 됐다.

2483 1938년 가을 신사군을 이탈한 엽정은 고향으로 돌아갔다. 당시 (廣東)군정대권을 장악
　　한 여한모(余漢謀)는 엽정을 동강유격대 총지휘로 임명했다. 팔로군의 (廣州)판사처 책
　　임자인 요승지(廖承志)는 엽정의 '(遊擊隊)총지휘 부임'을 지지했다. 1939년 1월 장개석
　　은 여한모에게 엽정의 '총지휘 해임'을 명령했다. 1939년 2월 주은래의 지시를 받은
　　엽정은 중경(重慶)에 도착, 2월 중순 주은래와 함께 (皖南)신사군 지휘부로 돌아왔다.

2484 '중공 6대(六大)' 후 주은래와 항영은 상하급 관계였다. 1930년대 초 '(中共)대표' 항영
　　과 홍군 지도자 모택동이 반목했을 때 '중공 2인자' 주은래가 조정자 역할을 했다. 남
　　창봉기 당시 (中共)대표인 주은래는 봉기군 전적 총지휘인 엽정의 상급자였다. 한편

정자로 파견했다. 당시 신사군은 많은 문제가 산적했다. 첫째, 팔로군에 비해 (皖南)신사군은 여러 가지 '차이점'[2485]이 있었다. 둘째, 항영은 당중앙 지시에 위배되는 '3산(三山)계획'[2486]을 시도했다. 셋째, 고립무원에 처한 군단장 엽정이 신사군을 이탈했다(金冲及 외, 1998: 541). 항영의 '3산계획'은 중공중앙의 '동진북상' 전략에 위배된다. 1939년 2월 주은래는 엽정과 함께 안휘성 운령(雲嶺)에 도착했다. 주은래는 신사군의 작전 방침을 제정하고 (軍長)엽정을 복권시켰다. 결국 (中央)대표 주은래의 설득으로 항영은 마지못해 엽정의 '복직'을 환영했다. 한편 상대에 대한 불만과 불신이 누적된 '(葉項)파경중원(破鏡重圓)'[2487]은 오래가지 못했다.

6월 상순 엽정은 '동진' 명령을 거부한 고경정을 체포하고 항영에

신사군 설립(1937.10) 후 '엽항(葉項)'은 중앙군위 부주석인 주은래를 직속상관으로 간주했다. 이 또한 당중앙이 주은래를 '엽항(葉項) 갈등' 조장자로 파견한 주된 이유이다.

2485 팔로군과 신사군의 '차이점'은 첫째, 부대 구성원과 전투력 차이이다. 팔로군은 강한 전투력을 갖고 있었으나, 무기가 낙후된 신사군은 전투력이 약했다. 둘째, (指揮官)리더십과 팀워크 차이이다. 팽덕회·유백승·임표 등은 백전노장이다. 신사군은 '(葉項)갈등'으로 사분오열됐다. 셋째, 팔로군은 '항전'에 전념했으나, 신사군은 '내홍'에 치중했다. 넷째, (敵後)근거지를 설립한 팔로군은 대중의 지지를 받았으나, 신사군은 근거지를 확보하지 못했다. 결국 팔로군은 제1차 '반공고조'를 격퇴했으나, '당중앙 지시'에 불복한 신사군은 참패했다.

2486 항영은 천목산(天目山)·황산·사명산(四明山) 일대로 진출해 유격전을 전개할 계획을 구상했다. '3산(三山)계획'을 실현해 중앙 근거지의 번영을 재현하려고 시도한 것이다. 이것이 항영이 당중앙의 '(北進)지시'에 불복하고 그의 신변에 (新四軍)주력과 많은 지휘관을 남겨둔 원인이다. 실제로 항영은 '3산계획'을 시종일관 포기하지 않았다.

2487 '파경중원(破鏡重圓)'은 이혼한 부부가 복혼(複婚)·재결합한다는 뜻이다. 1939년 2월 신사군을 이탈한 엽정이 주은래와 함께 신사군 본거지로 복귀했다. 즉 '깨진 거울'이 다시 '둥근 모습'을 되찾았다. 한편 1939년 가을 엽정은 재차 신사군을 이탈했다. '엽항' 갈등과 대립은 (國共)합작·충돌·결렬'의 축소판이다. 실제로 '국민당 대표자'인 엽정과 '중공 임명자'인 항영의 '파경·중원(重圓)·재파경(再破鏡)'은 필연적인 결과였다.

게 통보했다. 항영은 장개석에게 '고경정 처형'을 요구했다. 또 장개석의 '처형' 지시를 (江北)지도부에 전달했다. 엽정 등은 6월 24일 고경정을 처형했다(施土明, 2001: 553, 554) 훗날 신사군 비서장 이일맹은 이렇게 술회했다. …'고경정 처형'은 신사군 (江北)지도부가 집행한 것이다. 당시 운령에 있었던 나와 항영은 '고경정 처형'에 대해 깜깜부지였다. '사건' 책임을 항영에게 전가한 것은 잘못됐다(中共黨史文獻硏究院, 1991: 8). 항영이 전달한 '장개석 지시'[2488]에 근거해 고경정을 처형했다는 주장은 신빙성이 낮다. 실제로 모택동의 '암묵적 지지'하에 엽정 등이 고경정을 처형한 것이다. 한편 모택동은 '고경정 사건' 책임[2489]을 항영에게 전가했다.

1939년 10월 재차 신사군을 이탈한 엽정은 장개석에게 사직을 제출했다. 엽정의 '사직 원인'은 첫째, '당외 인사'인 그가 (軍長)직책 수행의 어려움[2490]을 절감했다. 둘째, 국민당 당국의 '군향 삭감'과 '무기 압

2488 1940년 5월 당중앙은 항영·주은래에게 보낸 전보에 이렇게 썼다. …장개석은 엽정의 '신사군 이탈'에 불만을 표시했다. 즉 (國民黨)요원을 군단장에 임명하고 (江北)4개 지대는 (新四軍)명의 사용을 불허한다. 또 그는 신사군을 '고경정(高敬亭) 지대'로 개칭해야 한다고 말했다(劉伯根 외, 2007: 465). 이는 장개석이 '고경정 처형(1939.6)'을 몰랐다는 단적인 반증이다. 실제로 중공중앙의 '허락을 받은' 엽정이 '고경정 처형'을 명령한 것이다.

2489 '고경정 안건' 재심사 요청(1975.1)에 대해 모택동은 '조사팀 설립'과 '보고서 제출'을 지시했다. 12월 14일 모택동은 '보고서'에 이렇게 적었다. …'고경정 처형'은 억울한 사건이다. '사건 책임'은 항영이 져야 한다(施土明, 2001: 555). 실제로 (事件)당사자인 모택동이 '고경정 사건' 책임을 신사군 지도자 항영에게 전가한 것이다. 한편 모택동의 '암묵적 지지'하에 엽정이 '고경정 처형'을 명령했다는 것이 학계와 전문가의 중론이다.

2490 신사군 비서장 이일맹은 이렇게 회상했다. …엽정은 나에게 보낸 편지에 이렇게 썼다. 거사(居士)가 절의 방장(方丈)이 된다는 것은 매우 어렵다. 이는 '당외 인사'인 그가 (軍挺)직책 수행의 어려움을 하소연한 것이다. 당시 내가 항영에게 (葉挺)편지를 보여줬는데 그의 반응은 무덤덤했다(李一岷, 1993.1). 상기 '거사'는 불교도(佛敎徒), '방장'은 (新四軍)군

수'에 대한 불만 표출이었다. 셋째, 엽정의 '건설적 의견(1939.10)'[2491]을 당중앙이 무시했다. 셋째, 엽정이 제출한 '군향·편제'[2492]를 장개석이 거절했다. 넷째, 이 시기 주은래의 '중경 부재'[2493]이다. 다섯째, 장개석의 냉대와 '(葉挺)사표 수리'이다. 1940년 6월 중경에 돌아온 주은래는 엽정과의 '(重慶)담화'[2494]를 통해 두 번째로 복권시켰다. 또 주은래는 항영 설득을 위해 (新四軍)정치부 주임 원국평과 중경에서 '세 차례 담화'[2495]를

단장을 뜻한다. 실제로 '당외 인사' 엽정이 동시에 (國共)양당에 충성할 수 없었다.

2491 1939년 10월 엽정은 당중앙과 항영에게 '(新四軍)강북 진출' 건의를 제출했다. '건의'의 골자는 ① 정공(政工) 간부 파견 ② 군수물자 이전 ③ 유격지대 설립 ④ 진포로(津浦路) 동쪽, 전투장 설치 ⑤ 신사군 지휘기관, 강북(江北) 이전 등이다(施士明, 2001: 645). 한편 당중앙과 항영은 엽정의 '건설적 의견'을 수용하지 않았다. 이는 이 시기 주은래의 '소련 출국'과 크게 관련된다. 결국 이는 엽정이 재차 신사군을 이탈한 중요한 원인이다.

2492 1939년 11월 장개석은 남경에서 엽정을 회견했다. 당시 엽정은 장개석에게 매달 30만원의 '군향 지급'과 '(新四軍)제5~6지대' 편제를 요구했다. 엽정의 요구를 매몰차게 거절한 장개석은 '일군지장(一軍之將)'이 '군비(軍備) 조달원'이 됐다고 엽정을 호통쳤다(施士明, 2001: 646). 결국 장개석은 엽정의 '(新四軍)군단장 사직'을 즉석에서 수락했다. 얼마 후 중공과 장개석의 신임을 모두 상실한 엽정은 두 번째로 신사군을 이탈했다.

2493 엽정의 제2차 신사군 이탈(1939.11)은 주은래의 '중경 부재(1939.9~1940.5)'와 크게 관련된다. '엽항 갈등' 조정자인 주은래가 출국한 후 신사군의 '내홍'이 격화됐다. 한편 이 시기 '(項英)상급자'로 파견된 유소기와 항영 간의 갈등이 부각됐다. 1940년 6월 중경으로 돌아온 주은래는 엽정을 설득했다. 결국 엽정은 재차 신사군에 복귀했다.

2494 중경에 도착(1940.5.31)한 후 엽정과 '진지한 담화'를 나눈 주은래는 이렇게 말했다. … 곧 (新四軍)군단장으로 복직해야 한다. 당중앙은 당신의 (軍長)직위에 걸맞는 직권을 부여할 것이다. 잠시 장개석에게 신사군 복귀를 알리지 말기를 바란다(劉伯根 외, 2007: 466). 결국 주은래의 권고를 수용한 엽정은 7월 9일 중경을 떠나 (皖南)신사군 지휘부로 복귀했다. 한편 (葉項)갈등을 해소되지 않았고 상급자 항영과의 '불편한 관계'는 지속됐다.

2495 1940년 6월 주은래는 중경에서 신사군 정치부 주임 원국평과 세 차례 대화를 나눴다. 당시 주은래는 원국평에게 이렇게 말했다. …항영이 (黨中央)명령에 불복하고 계속 군단장 엽정을 배척한다면, (新四軍)연대상 이상 간부회의를 열고 그의 '과오'를 비판할 것이다(施士明, 2001: 661). 그러나 원국평은 주은래의 '경고'를 항영에게 전달하지

나눴다. 1940년 7월 엽정은 중경을 떠나 신사군 지휘부로 돌아갔다.

당이 '총대(軍隊)'를 지휘하는 것은 중공의 철칙(鐵則)이다. 이것이 최고 통치자가 임명한 군단장이 고립무원에 빠진 주된 이유이다. 또 군사 문외한이 '(北伐)명장'을 영도하는 아이러니가 발생한 주요인이다. 결국 지휘권을 박탈당한 '일군지장(一軍之將)'은 '군비 조달원'으로 전락했다. 한편 (葉項)갈등·(新四軍)내홍은 (國共)결렬의 불가피와 사세고연을 반증이다. 실제로 '엽항'의 비극적 결과와 '신사군 참패'는 필연적 결과였다.

모택동은 엽정에게 보낸 전보(1937.12.14)에 이렇게 썼다. …(江南)신사군은 환동(皖東)으로 진격하고 고경정은 강북에 주둔해야 한다. 또 당중앙은 장강국에 보낸 전보(12.30)에 이렇게 썼다. …진의는 환남으로 진격, (高敬亭)일부는 환북(皖北)에 진입해야 한다(解放軍歷史資料叢書編委, 1988: 68). 1938년 1월 14일 항영은 장강국에 전보를 보내 휴녕(休寧) 일대의 '집결 계획'을 보고했다. 2월 6일 고축동은 (新四軍)암사 집결을 명령했다(李蓉 외, 2017: 252). 이는 세 명의 시어머니가 한 명의 며느리를 지배하는 꼴이 됐다. 엽정은 고축동을 직속상관, 항영은 왕명을 상급자로 간주했다. 한편 항영은 고축동의 '암사 집결'을 반대[2496]했다.

미국 기자 잭 벨든(Jack Belden)[2497]은 '신사군 실황(1939.1)'에 이렇게 썼

않았다. 한편 항영의 '중대한 과오'에 일조한 원국평은 환남사변에서 중상을 입은 후 자결했다.

2496 항영은 당중앙에 보낸 전보(1938.2.14)에 이렇게 썼다. …신사군의 '암사 집결'을 반대한다. 소절감(蘇浙赣)지역으로 진격해 유격전을 전개해 (友軍)정규전을 배합해야 한다(袁德全, 2008: 119). 모택동은 항영에게 답전(2.15)을 보내 신사군의 '소남(蘇南) 진출'을 지시했다. 한편 항영의 '(岩寺)집결 반대' 취지는 '(新四軍)병력 보존'이었다.

2497 잭 벨든(Jack Belden, 1810~1989), 뉴욕 출생이며 미국의 (AP)기자이다. 항일전쟁 시기 (美國)연합통신사 기자, 중국의 항전(抗戰) 상황을 기사로 작성해 '시대(時代)' 잡지에 기

다. …(紅軍)유격대의 60% 이상이 (長江)남북에 집결했다. 남경정부는 요원(要員)을 파견해 병력·무기를 점검했다. 남루한 군복을 착용한 유격대원의 무기는 매우 낙후됐다(解放軍歷史資料叢書編委, 1991: 19). 1938년 4월 20일 나탁영(羅卓英)이 수행인원을 거느리고 암사에 도착해 신사군을 점검했다. 상기 '신사군 점검'은 신사군의 군향과 무기 조달을 위한 것이었다. 당시 신사군의 직속상관은 제3작전구 사령장관 고축동이었다. 한편 장개석의 심복인 고축동은 환남사변의 주모자였다.

1938년 4월 모택동은 신사군 지휘부에 '(敵後)유격전 전개'를 지시했다. 당시 왕명은 모택동의 유격전쟁을 반대했다. '왕명 추종자' 항영은 '동진북상'의 당중앙의 전략을 무시했다(賈章旺, 2012: 577). 모택동은 항영에게 보낸 전보(5.4)에 이렇게 썼다. …대중을 발동해 적후에서 유격전쟁을 벌여야 한다. 일부는 소주·진강(鎭江), 일부는 강북에 진입해야 한다(毛澤東, 1993: 127). 1938년 6월 진의·장정승이 거느린 제1~2지대는 (蘇南)근거지를 설립했다. 한편 항영은 모택동에게 '미운털'이 단단히 박혔다. 실제로 모택동은 시종일관 정적 항영을 용서하지 않았다.

항영은 당중앙에 보낸 (談判)보고서(1938.6)에 이렇게 썼다. …신사군의 급선무는 경호(京滬)·경무(京蕪)철로 연선에서 적군을 견제하는 것이다. 고축동은 제3작전구와 협상하면 된다고 말했다('軍事科學院', 2003: 482). 신사군의 '상급자' 고축동과의 담판에 항영이 군단장을 제외한 것은 '엽정 배척'의 단적인 증거이다. 또 이는 (軍長)엽정을 불신했다는 반증이다. 실제로 고축동과 돈독한 관계인 엽정의 '교섭'이 훨씬 더 효과적

고했다. 1949년 '세계를 뒤흔든 중국'이란 저서를 출간, 1989년 프랑스 파리에서 병사했다.

이었다.

신사군 지휘부에는 손중산 초상화[2498]가 걸려 있지 않았다. 왕명의 '(右傾)과오'에 관해 장병에게 전달하지 않은 항영은 장개석의 연설자료를 교재로 만들어 사용했다(施士明, 2001: 583). '6중전회 전달' 보고(1939.10)에서 항영은 이렇게 말했다. …(抗日)통일전선 강화는 신사군의 급선무이다. 또 그는 신사군의 특수성을 강조했다(李明良, 1993: 198). 상기 '(孫)초상화'와 '(蔣)연설자료'는 자가당착적이다. 한편 '통일전선 강화'는 항영이 장강국 서기 왕명의 영향을 받았다는 반증이다. 또 항영의 '(新四軍)특수성' 강조는 당중앙의 '지시'를 거절하기 위한 핑계이다.

당중앙이 신사군에 보낸 지시(1939.4.21)는 이렇게 썼다. …국민당 당국은 신사군의 '(江北)지휘부 설립'을 인가했다. 신사군은 (華中)적후로 진격해야 한다. '요지부동'인 항영은 당중앙의 지시를 무시했다. 모택동은 전보(5.24)를 보내 근거지 설립이 '시기상조'라는 항영의 견해를 반박했다(賈章旺, 2012: 578). 상기 '요지부동'과 '시기상조'는 과장된 측면이 크다. 한편 '주은래 출국(1939.9)' 후 모택동은 최측근 유소기를 항영의 '상급자'로 파견했다. 당시 항영은 직속상관인 유소기를 안중에 두지 않았다. 결국 '유항(劉項)' 갈등[2499]이 신사군의 '쟁점'으로 부각됐다.

2498 손중산은 제1차 국공합작을 성공시킨 수훈갑이다. 항전 시기 (國共)양당은 지휘부에 '(國共)합작 상징'인 손중산의 초상화를 걸었다. 중경담판(1945)에서 모택동이 손중산 초상화를 향해 '90도 인사'를 한 것도 이와 같은 맥락이다. 항영이 신사군 지휘부에 (孫中山)초상화를 걸지 않은 것은 국민당을 파트너로 인정하지 않았다는 반증이다.

2499 1939년 12월 유소기는 (中南局)회의를 열고 장운일·서해동을 중남국 위원에 보선했다. 회의에서 유소기는 (皖東)근거지 설립을 제출했다. 당시 '환남 고수'에 집착한 항영은 유소기의 주장을 반대했다(金冲及 외, 2008: 331). 한편 왕명·주은래의 지지를 상실한 항영이 '직속상관'인 유소기를 안중에 두지 않은 것은 치명적인 실책이었다.

신사군 지도자 항영은 당중앙이 내린 일련의 '지시'에 불복했다. 국민당의 '반공고조'에 대한 항영의 중시 부족으로 신사군은 적군의 공격에 노출됐다. 당시 항영은 우경적 과오를 범했다(金冲及 외, 1998: 575). 항영의 단점은 우유부단하며 결단력이 부족한 것이다. 또 신사군의 곤란을 극복할 의지력의 결여와 '(項英)결단성 부재'로 신사군이 북진해 화중(華中) 적후로 발전할 최적의 기회를 놓쳤다(逢先知 외, 2011: 582). 상기 '우경적 오류'는 설득력이 떨어진다. 한편 우유부단한 항영은 환득환실에 발목이 잡혀 '병력 보존'에 전념했다. 또 이 시기 엽정의 '신사군 이탈'과 왕명·주은래의 지지를 상실한 항영은 '고립무원'에 빠졌다.

　1940년 초 신사군의 병력은 환남·소남·환동지역에 분포됐다. 신사군 지휘부와 제3지대는 운령 일대에 주둔했다. 신사군 제1~2지대는 (蘇南)근거지를 개척하고 (江南)지휘부를 설립했다. (皖東)근거지를 개척한 신사군 제5지대는 (江北)지휘부를 설립했다. 이 시기 '신사군 문제'였던 '엽항(葉項)' 갈등은 약화된 반면에 '(項英)상급자'로 부임된 중원국 서기 유소기와 신사군 지도자인 항영의 새로운 갈등이 부각됐다. 당시 '항명(抗命)'을 반복한 항영은 진의·장운일·속유 등 신사군 지휘관들의 지지를 상실했다. 한편 3년 유격전쟁[2500]에서 항영과 '동고동락(同苦同樂)'[2501]

2500　(南方)3년 유격전쟁은 1934년 가을부터 1937년 가을까지 남방 8개 성(省)의 15개 유격구에서 (紅軍)유격대가 국민당군과 유격전쟁을 벌인 것을 가리킨다. 유격전쟁의 주요 지도자는 중앙분군 서기인 항영과 중앙정부 판사처(辦事處) 책임자 진의이다. 1937년 10월 (南方)유격대는 국민혁명군 신편(新編) 신사군(新四軍)으로 개편됐다.

2501　'동고동락(同苦同樂)'은 괴로움과 즐거움을 함께 한다는 뜻으로, 어려운 시기 생사를 같이한다는 의미이다. 3년 유격전쟁(1934~1937)에서 진의와 항영은 생사고락을 함께 한 (軍政)파트너였다. 주은래가 '동진북상(東進北上)' 전략을 확정한 후 진의가 거느린 신사군은 소남·강북으로 진격했다. 한편 환남 고수에 집착한 항영은 당중앙의 '(北進)지시'를 거부했다. 환남사변(1941.1) 후 유소기·진의 (文武)조합이 '엽항(葉項)'을 대체했다.

한 진의는 중공 지도자 모택동의 '추종자'로 변신했다.

유소기는 (江南)신사군이 북진해 (蘇北)근거지를 개척해야 한다고 주장했으나 '신사군 북진'을 거부한 항영은 환절감(皖浙赣)지역으로 발전해야 한다고 고집했다. 실제로 3년 간 유격전쟁을 치른 경험이 있는 항영은 이른바 '3산계획'을 준비하고 있었다. 한편 중공 영수 모택동의 전폭적 지지를 받은 유소기는 항영의 '천적(天敵)'으로 등장했다. 또 강력한 정적 장국도·왕명을 제거한 모택동은 항영을 '최대 정적'[2502]으로 간주했다.

항영은 신사군의 '화중 발전(1939.12.29)' 전략을 찬성하지 않았다. '환남 고수'에 집착한 항영은 '유소기 주장'을 지지한 당중앙의 '의견(1940.2.27)'을 수용하지 않았다. 또 그는 '강북 진출'을 권장한 '진의 건의'[2503]를 무시했다(黃峥 외, 2008: 334). 결국 이는 오랜 파트너인 진의와 항영의 '결별'을 의미한다. 당시 유소기는 '병력 보전'에 전념하는 항영에게 신사군의 소북(蘇北) 진출과 '(皖東)근거지 설립' 지시(2.7)[2504]를 내렸다.

2502 1937~1938년 중공 지도자로 자리매김한 모택동은 강력한 정적인 장국도·왕명 제거에 잇따라 성공했다. '왕명 추종자' 항영은 모택동의 지시에 '불복(抗命)'했다. 모택동은 최측근 유소기를 '항영 상급자'로 파견했으나, 항영은 자신보다 '직급이 낮은' 유소기를 상급자로 간주하지 않았다. 환남사변 중 모택동은 유소기의 '건의'를 수용, '(新四軍)이탈자' 항영을 파면했다. 한편 모택동은 '신사군 참패' 책임을 정적인 항영에게 전가했다.

2503 일본군·국민당군의 '협공 위협'에 놓인 (蘇南)유격대는 진퇴양난 곤경에 빠졌다. 6월 4일 진의는 항영에게 전보는 보내 (新四軍)지휘부의 '소남 진격'을 건의했다. 당시 답전(6.12)을 보내 동진(東進) 어려움을 하소연한 항영은 '진의 건의'를 완곡하게 거절했다(胡石言 외, 2015: 132). 6월 중순 진의는 신사군을 이끌고 소북(蘇北)으로 진격했다. 결국 항영·진의 부대는 (長江)남북에 '분열(分裂)'됐다. 이 또한 진의와 항영의 '결별'이었다.

2504 1940년 2월 7일 중원국은 (皖東)근거지 설립' 지시를 내렸다. '지시'의 골자는 첫째, 신사군의 급선무는 소북(蘇北)·환동(皖東)근거지 설립이다. 둘째, 독립적으로 유격대를

한편 유소기를 지지한 모택동은 신사군 제4~5지대 지휘권을 중원국에 일임하고 '양주(揚州) 부대'[2505]의 지휘권을 진의에게 맡겼다.

당중앙의 '북진(北進)' 명령에 불복한 항영이 '항명'을 거듭한 것은 나름의 속구구와 이해타산이 있었다. 항영은 진의에게 보낸 편지에 이렇게 썼다. …천목(天目)산맥의 지세를 이용한 근거지 설립은 '전쟁 변화'를 대비해 퇴로를 마련하는 것이다(施土明, 2001: 666). 실제로 3년 유격전쟁을 통해 누적한 '유격전 노하우'를 살려 천목산에서 '독립왕국'을 만들려는 속셈이었다. 결국 이는 당년에 '신강(新疆) 진출'을 강하게 주장한 장국도가 '독립왕국'을 꿈꾼 것과 상당히 흡사했다. 이 또한 항영이 중원국과 당중앙의 '(北上)지시'를 완강하게 거부한 주된 원인이다.

왕가상은 항영에게 보낸 전보(1.19)에 이렇게 썼다. …신사군의 '북진' 전략은 '6중전회'에서 확정했다. 주은래가 제정한 '동진북상' 전략도 이와 같은 맥락이다. (皖南)신사군은 국민당군 10여 개 사단의 포위 속에 있다. 신사군의 급선무는 '화중 발전'이다(徐則浩, 2001: 245). 1월 29일 모택동은 항영에게 보낸 전보에 이렇게 썼다. …신사군의 출로는 강북(江北)이다. (北進)최적의 기회를 놓쳤으나 신사군은 반드시 장강(長江) 이북으로 진격해야 한다(中共中央文獻研究室, 1996: 576). 3개월 후 강북에 진입

설립하고 병력을 지속 확충해야 한다. 셋째, 금년 6월까지 유격대 3만, 자위군(자위군) 30만을 확충해야 한다(中共中央文獻研究室, 2008: 337). 상기 '지시'의 주된 취지는 신사군의 '병력 확충'이다. 한편 '환남 고수'에 집착한 항영은 중원국의 '지시'를 무시했다.

2505 '양주(揚州) 부대'는 엽비(葉飛)가 거느린 신사군 정진종대(挺進縱隊)를 가리킨다. 1940년 2월 정진종대는 양주 부근에서 유격전을 전개해 일본군에게 심대한 타격을 안겼다. 5월 중 엽비가 거느린 '양주 부대'는 매복전을 펼쳐 일본군 2백여 명을 섬멸했다. 한편 한덕근(韓德勤)의 국민당군은 '정진(挺進) 섬멸'을 노렸다. 결국 (挟攻)위험에 처한 '양주 부대'는 고립무원에 빠졌다. 이 또한 진의가 항영의 '(東進)협력'을 요청한 이유이다.

한 신사군 병력은 기존 5천명에서 3배(1.5만)로 확충됐다. 이 시기 장개석은 '(江北)신사군 섬멸'을 획책했다. 한편 모택동의 '팔로군 남하'와 '(陳毅)소북 진격' 지시는 장개석의 '신사군 (蘇南)섬멸' 계획을 무산시켰다.

신사군 발전에 공포감을 느낀 장개석은 엽정에게 보낸 전보(1940.3)에 이렇게 썼다. …강북에 진입한 신사군은 강남으로 이동해 작전 임무를 수행해야 한다(第二歷史黨案館, 1998: 308). 모택동은 유소기·항영·진의 등에게 보낸 전보(3.5)에 이렇게 썼다. …장개석이 (江北)신사군에 내린 '남하' 명령에 대해 단호히 거절해야 한다. (國民黨)완고파가 제출한 '무리한 요구'에 일일이 대꾸할 필요가 없다(中共中央文獻研究室, 1993: 175). 또 그는 팽덕회에게 전보(3.16)를 보내 팔로군 3~4개 여단의 파견과 '(江北)신사군 협력'을 지시했다. 장개석 '(新四軍)남하 명령'의 주된 목적은 팔로군·신사군의 '합류'를 저지하고 협소한 (蘇南)지역에서 신사군을 섬멸하는 것이었다. 결국 이는 항영의 '북진 거부' 빌미로 작용했다.

유소기는 항영에게 보낸 전보(4.7)에 이렇게 썼다. …(國民黨)완고파는 (江北)지휘부 공격을 시도하고 있다. (新四軍)지휘부의 비전투원과 문직(文職) 간부는 소남으로 피신하고 부상병을 안전지대로 옮겨야 한다(金沖及 외, 2008: 107). 4월 중순 항영은 원국평을 파견해 고축동과 '(新四軍)남하'를 협상했다. 또 당중앙에 전보를 보내 엽비(葉飛)[2506]·도용(陶勇)[2507] 부대의 남하와 '(皖南)신사군 협력'을 요구했다(葉飛, 1998: 107). 4월 중순

2506 엽비(葉飛, 1914~1999), 필리핀 퀘존 출신이며 개국상장이다. 1932년 중공에 가입, 1930~1940년대 정진종대 정치위원, 신사군 제1여단장, 제1병단 부사령관, 건국 후 남경군구 부사령관, 복건성장, 해군(海軍) 사령관 등을 역임, 1999년 북경에서 병사했다.

2507 도용(陶勇, 1913~1967), 안휘성 곽구(霍邱) 출신이며 개국중장이다. 1931년 중공에 가입, 1930~1940년대 홍군 (敎導)사단장, (新四軍)제1지대 제4단장, 제23군단장, 건국 후 (支援軍)제9병단 사령관, 남경군구 부사령관 등을 역임, 1967년 상해(上海)에서 병사했다.

유소기는 항영이 요구한 '엽도(葉陶) 남하'[2508]를 반대[2509]했다. '(劉項)의견 대립'[2510]에서 모택동은 유소기의 주장을 지지했다.

'신사군 남하'를 두고 항영·진의 간 의견이 크게 엇갈렸다. 속유는 이렇게 회상했다. …신사군 지휘부는 제3작전구에 포위된 상태였다. 소남은 신사군의 '북진' 발전의 근거지였다. 진의와 나는 항영에게 '소남 진격'을 건의했다(栗裕, 1988: 201). 모택동은 유소기·항영에게 보낸 전보에 이렇게 썼다. …신사군 지휘부는 신속하게 소남으로 진격해야 한다. 과감하게 (蘇南)적후로 진입해 (抗日)근거지를 설립해야 한다(中共中央文獻 研究室, 1993: 188). 한편 좌고우면한 항영은 진의 부대와 합류할 절호의 기회를 놓쳤다. 1940년 6월 진의가 거느린 신사군은 소북(蘇北)으로 진격했다. 당시 '항영 추종자'는 원국평·주자곤 2명뿐이었다.

모택동은 항영에게 보낸 전보(4.18)에 이렇게 썼다. …(葉陶)부대의

2508 항영은 모택동에게 보낸 전보(4.16)에 이렇게 썼다. …현재 원국평이 상요(上饒)에서 고축동과 협상하고 있다. 강북(江北) 부대가 남하하지 않으면 (國共)충돌은 더욱 격화될 것이다. '엽도(葉陶) 부대'가 남하해 (皖南)신사군을 협력해야 한다(逢先知 외, 2005: 187). 한편 모택동은 항영·유소기에게 전보(4.20)를 보내 '엽도 남하'를 단호하게 반대했다. 결국 중공 지도부와 유소기·진의의 지지를 상실한 항영은 고립무원·사면초가에 빠졌다.

2509 유소기는 당중앙과 항영에게 보낸 전보(4.17)에 이렇게 썼다. …(蘇北)근거지 발전을 위해 (葉陶)부대는 북진해야 한다. (新四軍)남하는 신사군 발전에 이롭지 않다. 또 그는 당중앙에 보낸 전보(4.19)에 이렇게 썼다. …'고축동 담판'은 신사군 섬멸의 악랄한 책략이다(黃崢 외, 2008: 351). 이는 (葉陶)남하를 두고 '유항(劉項)'이 치열한 갈등을 벌였다는 것을 반증한다. 상기 '악랄한 책략'은 유소기가 항영을 적대시했다는 단적인 방증이다.

2510 1939년 겨울 중원국(中原局) 서기 유소기와 신사군 지도자 항영 간의 갈등·대립이 크게 부각됐다. 그동안 왕명·주은래를 직속상관으로 간주한 항영은 모택동의 '유소기 (上級者)파견'에 큰 불만을 느꼈다. 결국 직속상관 유소기에 대한 무시와 '(中原局)지시 불복'은 항영이 고립을 자초한 치명적 실책이었다. 한편 '유항(劉項)'의 의견 대립에서 모택동은 측근자 유소기를 지지했다. 실제로 항영의 '직위 해제'는 필연적 결과였다.

남하는 적절치 않다. '강북 진격'이 신사군 발전에 도움된다. 또 항영·유소기에게 보낸 전보(4.20)에 이렇게 썼다. …'고축동 담판'에서 '엽도 남하' 요구를 단호히 거부해야 한다. '엽도'는 중원국 지휘에 복종해야 한다(中共中央文獻研究室, 1993: 186, 187). 항영에게 보낸 '당중앙 지시(5.4)'는 이렇게 썼다. …항영은 (右傾)견해를 포기하고 당중앙의 지시에 따라야 한다. (江北)적후로 진격해 근거지를 개척해야 한다. 1927년의 '우경 과오'[2511]를 반복해선 안 된다(逄先知 외, 2005: 189). 이는 모택동이 '항명자' 항영에게 내린 최후통첩이다. 결국 항영은 '담이 기울면 여럿이 함께 밀어 넘어뜨리는(墻倒衆人推)' 궁지에 몰렸다. 항명의 '항명죄(抗命罪)'[2512]는 변절자 장국도의 '(紅軍)분열'에 버금가는 중대한 정치적 과오였다.

당중앙의 '지시(5.4)'에 불복한 항영은 당중앙에 보낸 전보(5.9)에 이렇게 썼다. …정치국 위원을 파견해 나의 직위를 대체할 것을 정중하게 요구한다. '1927년 과오'를 되풀이하지 않기 위해 파면 징계를 요청한다. 며칠 후 그는 당중앙에 보낸 전보(5.12)에 이렇게 썼다. …당의 이익을 감안해 나는 자신의 주장과 해명을 포기한다(葉永烈, 2014: 271). 항영

2511 1927년 중공 총서기 진독수는 장개석·왕정위의 반공(反共)에 '타협 정책'을 폈다. 결국 공산국제는 '우경 과오'를 범한 (中共)총서기 진독수를 파면했다. 한편 모택동이 항영의 '항명(抗命)'을 진독수의 '우경 과오'에 비유한 것은 적절치 않다. 당시 국민당을 불신한 항영이 '국민당 대표' 엽정을 배척한 것은 '우경(右傾) 과오'가 아닌 '좌적(左的) 과오'에 가깝다. 한편 항영이 '국민당 투항'을 시도했다는 일각의 주장은 신빙성이 낮다.

2512 '항명죄(抗命罪)'는 군인·군무원(軍務員)이 상급자의 정당한 명령에 반항하거나 불복한 죄(罪)를 가리킨다. 당시 신사군 지도자인 항영은 상급기관인 중앙군위와 중원국(中原局) 지시에 불복하는 '항명죄'를 범했다. 결국 이는 '신사군 참패(1941.1)'를 초래한 결정적 요소가 됐다. 한편 '중공 1인자' 모택동의 권위에 도전한 항영의 '지시 불복(抗命)'은 비극적인 결과를 자초했다. 실제로 '항명죄'는 항영의 '정치생명 종료'를 의미한다.

의 '사직 요구'는 일종의 항명으로 '문책 지시(5.4)'에 대한 불만을 표출한 것이다. 또 이는 유소기를 상급자로 파견한 데 대한 불만 표시였다. 항영의 '사직(抗命)'은 당중앙의 신임을 철저히 상실했다. '정치보복 달인'[2513]인 모택동은 '항명죄'를 범한 항영을 결코 용서하지 않았다.

1940년 10~12월 당중앙은 항영에게 일련의 (北進)지시를 내렸다. 10월 29일 모택동은 주은래가 보낸 전보를 유소기·항영에게 전달했다. (電報)골자는 장개석이 '군향 지급'을 중지하고 '동토북쇄(東討北鎖)' 강압책을 추진한다는 것이다. 11월 3일 모택동은 항영에게 전보[2514]를 보내 장개석에게 '신사군 철수(北上)'을 동의했다고 전달했다. 11월 24일과 11월 29일 당중앙은 항영에게 전보를 보내 12월 말까지 '강북 이동'을 완료하고 환동·소남을 통한 '신속한 북진'을 지시했다. 한편 (江北)신사군이 일으킨 황교·조전전역은 '신사군 북진'에 악영향[2515]을 미쳤다.

2513 '정치보복'은 권력자가 적당한 시기 정적을 투쟁·비판하는 보복적 행위를 가리킨다. '정적·항명자'에 대한 모택동의 '정치보복' 사례는 ① 정적 장국도에 대한 '연안 비판(1937.3)' ② '중공 7대(七大)' 기간 '팽덕회 비판' ③ 연안정풍, 진의에 대한 '사상교육' ④ 문혁 시기 유소기·이립삼에 대한 정치적 박해 등이다. 환남사변 후 모택동은 공산국제 보고서에 항영을 '신사군 참패' 주범으로 낙인찍고 모든 책임을 항영에게 전가했다.

2514 모택동은 '엽항(葉項)'에게 보낸 전보(11.3)에 이렇게 썼다. …주덕·팽덕회·엽정·항영의 명의로 '호전(皓電)'에 답전을 보냈다. (國共)긴장관계 완화와 (反共)전쟁 연기를 위해 '신사군 철수'를 동의했다. (新四軍)지도부의 '북진 계획'을 알려주기 바란다(逢先知 외, 2005: 218). 한편 여전히 '환남 고수'에 집착한 항영은 중앙군위 주석 모택동의 북진(北進) 지시를 대놓고 무시했다. 1940년 11~12월 '모항(毛項)' 간의 줄다리기가 지속됐다.

2515 진의가 거느린 (江北)신사군은 황교(黃橋)·조전(曹甸)전역에서 국민당군 한덕군의 부대 1.8만명을 섬멸했다. 결국 이는 장개석의 '(新四軍)섬멸 보복'에 빌미를 제공했다. 실제로 조전전역(1940.12) 후 장개석은 보복적 조치로 (皖南)신사군의 '동진 노선(東進路線)' 차단 명령을 내렸다. 사실상 이는 신사군의 '북진(北進)'에 상당한 어려움을 초래했다. 한편 모택동의 '조전(曹甸)전역 허락'은 공산국제의 지시와 밀접하게 관련된다.

10월~12월 항영은 당중앙의 지시에 불복하는 '항명'을 반복했다. 10월 11일 항영은 (延安)당중앙에 '북진 곤란' 전보를 보냈다. 11월 22일 모택동에게 보낸 답전에 '북진 거부' 이유를 밝혔다. 11월 28일 항영은 당중앙에 전보를 보내 '환남 고수' 의사를 밝혔다. 11월 30일 모택동은 12월까지 '북진'을 완성해야 한다고 명령했다. 12월 13일 항영은 모택동에게 '(國民黨)군향 중지'를 빌미로 재차 '북진 거부' 의사를 표시했다. 또 그는 (北進)소식이 누설돼 '신속한 북상'이 어렵다고 변명했다. 12월 14일 모택동은 '엽항(葉項)'에게 재차 '북진 지시'[2516]를 내렸다. 12월 25일 항영은 (延安)중앙에 전보를 보내 '(北進)방침 지시'를 요구했다.

항영은 당중앙에 전보(12.25)를 보내 '북진 어려움'[2517]을 호소했다(王輔一, 2008: 421). 12월 26일 모택동은 항영에게 강경 어조의 (北進)지시를 내렸다. '지시' 골자는 첫째, (北進)방침을 제시했으나 당신들은 시종 거부했다. 둘째, 신속히 포위권을 돌파해 북진해야 한다. 셋째, 최종 결단을 내리지 않으면 적의 협공을 받을 수 있다. 넷째, 아군 중 우유부단하고 무능력한 부대는 (皖南)산사군이 유일무이하다. 다섯째, 파부침주(破釜沉舟)[2518] 각오로 임하지 않으면 전멸될 가능성이 있다(中共中央文獻研究

2516 당중앙은 '엽항(葉項)'에게 (北進)지시를 내렸다. '지시' 골자는 ① 적군 기습, 경각심 유지 ② 12월 말까지 북진 완료 ③ 고축동과 협상, 군향 지급 촉구 ④ 도강(渡江) 후 (項英)연안 도착 ⑤ '엽항', 주력부대와 함께 환동(皖東) 진입 등이다(解放軍歷史資料叢書編委, 1991: 66). 상기 '군향 지급' 촉구는 항영의 '북진 거부' 빌미가 됐다. 한편 조전전역 후 신사군의 '동진 노선'이 차단됐다. 결국 (皖南)신사군의 (皖東)진입이 불가능해졌다.

2517 항영은 모택동에게 보낸 전보(12.25)에 이렇게 썼다. …고축동은 '신사군 북진' 노선을 변경했다. 또한 이품선(李品仙)의 계군(桂軍)은 강북(江北)에 방어선을 설치했다. 만약 무리하게 도강하면 전멸될 가능성이 크다(中央檔案館, 1982: 119). 결국 항영의 '지시 불복'으로, 북진(北進)의 최적 기회를 놓친 환남(皖南) 신사군은 사면초가에 빠졌다.

2518 파부침주(破釜沉舟)는 솥을 깨고 배를 침몰, 퇴로를 차단해 배수진(背水陣)을 친다는 뜻

室, 1993: 246). 또 모택동이 작성한 '긴급 지시(12.30)'는 이렇게 썼다. …(江北)신사군은 엽정 도착 전 유소기·진의의 통일적 지휘를 받아야 한다(逢先知 외, 2005: 248). 이는 신사군 지도자 항영이 '신사군 지도부'에서 배제됐다는 반증이다. 한편 장개석은 '엽항(葉項) 생포'[2519] 명령을 내렸다.

1941년 1월 4일 (皖南)신사군의 직속부대 9000여 명은 북진을 개시했다. 결국 항영의 좌고우면과 환득환실로 (北進)최적의 기회를 놓친 신사군은 국민당군의 매복에 걸렸다. 1월 6일 신사군 주력은 무림(茂林)지역에서 상관운상(上官雲相)이 지휘한 국민당군 8만여 명의 기습 공격을 받았다. 쌍방의 '병력 차이'와 창졸간에 응전한 신사군은 일주일 고전 끝에 2천여 명이 겨우 포위권을 돌파했다. 1월 중순 상관운상과 '담판'을 하기 위해 하산한 엽정은 체포됐다. 한편 1월 8일 항영·주자곤은 신사군을 이탈했다. 결국 파면된 항영은 '백의종군(白衣從軍)'[2520]했다.

1월 9일 모택동은 유소기가 보낸 '(項英)부대 이탈'에 관한 '2통의 전보(1.9)[2521]를 받았다. 1월 10일 모택동은 엽정·요수석이 당중앙에 보

이다. '사기(史記)·항우본기(項羽本紀)'에서 기원됐다. 한편 우유부단하고 환득환실에 발목이 잡힌 항영에게는 '파부침주'의 결단력과 최후 일전의 용기가 부족했다. 결국 항영의 독선과 아집, 판단력 부재는 '신사군 참패(1941.1)'의 결정적 요소가 됐다.

2519 1940년 12월 말 장개석은 측근 고축동에게 (皖南)신사군에 대한 '포위섬멸'을 지시했다. 장개석의 밀령(密令)을 받은 고축동은 상관운상에게 '(新四軍)일망타진'·'엽항(葉項) 생포' 명령을 내렸다(賈章旺, 2012: 591). 1941년 1월 초 (皖南)신사군 주력은 국민당군의 포위공격을 받았다. 중과부적으로 7천명의 희생자를 낸 신사군은 참패했다.

2520 '백의종군(白衣從軍)'은 흰 옷을 입고 '말단 군인' 신분으로 부대를 따라 행군한다는 뜻이다. 즉 파면된 지휘관의 '사병 좌천'을 가리킨다. 충무공(忠武公) 이순신(李舜臣)의 고사(故事)에서 유래됐다. 항영의 파면은 '(小部隊)단독 돌파'를 시도한 '신사군 이탈'이 주된 원인이다. 결국 항영의 '백의종군'은 그가 스스로 자초한 것이다. 한편 '항명죄'를 범한 항영은 백의종군한 후 '혁혁한 전공'을 세운 이순신 장군과 비견할 바가 못 된다.

2521 유소기는 당중앙에 보낸 전보(1.9)에 이렇게 썼다. …북진 중인 (皖南)신사군이 기습 공

낸 전보(1.9)와 항영의 '징계 처분'을 자청[2522]한 전보를 받았다(逄先知 외, 2011: 599). 유소기에게 답전(1.11)을 보낸 모택동은 엽정·요수석에게 '(黨中央)지시 전달'[2523]을 요구했다. '전보'는 이렇게 썼다. …엽정 등의 '포위권 돌파'를 격려해야 한다. '항영 파면'은 잠시 언급하지 말기 바란다(中央檔案館, 1982: 133). 당시 당중앙은 정치국 회의(1.12)를 열고 엽정·요수석을 신사군의 책임자로 임명했다. 한편 모택동이 '(項英)파면 언급' 자제를 요구한 것은 '(新四軍)혼란 초래'를 감안했기 때문이다.

1월 9일 엽정은 모택동에게 보낸 전보에 이렇게 썼다. …소부대를 거느리고 종적을 감춘 항영은 행방불명이다. 우리는 끝까지 견지할 것이다(中央檔案館, 1982: 133). 1월 10일 지휘부로 회귀한 항영은 '포위 돌파' 시도라고 '부대 이탈'을 변명했다. 신사군 지도자 항영의 '소부대 돌파'는 혁명에 대한 '엄중한 동요'[2524]였다(葉永烈, 2014: 279). 1941년 3월 신사군

격을 받았다. '국민당 교섭'이 절박하다. 9일 저녁 유소기는 엽정·요수석을 (軍政)책임자로 임명했다. 또 당중앙에 보낸 전보에 이렇게 건의했다. …'부대 이탈자' 항영의 직위를 곧 해임해야 한다(金冲及 외, 2008: 376, 377). 유소기의 건의를 수용한 모택동은 '도피주의자' 항영을 파면했다. 한편 '항영 대체자' 요수석의 발탁은 진의에게 악재로 작용했다.

2522 항영은 당중앙에 보낸 전보(1.10)에 이렇게 썼다. …전일(1.8) 포위 돌파에 실패한 후 동요(動搖)한 나는 소부대를 이끌고 신사군을 이탈했다. 1월 10일 제5연대와 합류한 후 (新四軍)지휘부로 돌아왔다. '(小部隊)단독 돌파'에 대한 당중앙의 '징계' 처분을 요청한다(中央檔案館, 1982: 131). 신사군이 절체절명 위기에 빠진 상황에서 (新四軍)최고 지도자의 '부대 이탈'은 치명적이었다. 결국 파면된 항영은 '백의종군(白衣從軍)'을 했다.

2523 1월 11일 당중앙은 유소기·엽정·요수석에게 보낸 전보에 이렇게 썼다. …엽정·요수석의 (新四軍)지휘권 일임은 정확한 결정이다. 신사군 지도부는 엽정 등의 지휘에 복종하고 포위권을 돌파한 후 (北進)임무를 완수해야 한다(中央檔案館, 1982: 133). 1월 12일 모택동은 신사군에 전보를 보내 군단장 엽정을 '(新四軍)최종 결정권자'로 임명한다는 중공중앙의 '결정'을 통보했다. 결국 '부대 이탈자' 항영은 작전 지휘권을 상실했다.

2524 신사군 최고 지도자 항영의 '부대 이탈'은 군의 사기를 떨어뜨리는 악영향을 끼쳤다.

비서장 이일맹은 당중앙에 보낸 전보에 이렇게 썼다. …1월 8일 저녁 항영은 나에게 '단독 돌파' 계획을 알렸다. '(項)동행'을 거부한 나는 원국평 등과 함께 30여 명을 이끌고 신사군을 떠났다. 항영의 영향을 받은 나는 부대를 이탈했다(李一氓, 1993.1). '부대 이탈' 실수를 저지른 이일맹은 '(口頭)경고 처분'을 받았다. 한편 항영의 '부대 이탈' 시간은 1월 8일이다. 결국 '신사군 이탈'[2525] 과오를 범한 항영은 중징계(罷免)를 받았다.

고축동은 12개 사단의 병력을 동원해 신사군을 포위공격했다. 엽정의 부수(副手)인 항영은 부상당한 후 체포돼 국민당 완고파에게 살해됐다(Chuikov, 1981: 64). 중공중앙은 공산국제에 보낸 전보(1941.1.18)에 이렇게 썼다. …군단장 엽정과 그의 조수(助手) 항영은 장개석 군대에게 체포됐다('第一硏究部', 2012: 118). 1941년 1월 3일 장개석은 항영에게 신사군의 안전보장을 북로의 국민당군에게 지시했다고 통보했다. 1월 4일 동로로 이동하던 항영의 신사군은 고축동 부대에게 섬멸됐다(나창주, 2019: 517). 신사군을 '포위공격'한 지휘관은 고축동이 아닌 상관운상이다. 또 항영은 엽정의 '부수'가 아닌 상급자이며 그의 '부하(副官)'에게 살해됐다. 한편 장개석의 '북로(北路) 지시'와 신사군의 '동로 이동'은 사실무근

항영의 '(小部隊)포위 돌파'는 '(大部隊)포위 돌파'를 포기했다는 반증이다. 결국 '혁명 의지'를 상실한 항영은 '도피주의' 과오를 범했다. 실제로 항영의 '신사군 이탈'은 기회주의적 행태였다. 모택동이 항영을 '(右傾)기회주의자'로 낙인찍은 주된 원인이다.

2525 신사군이 심각한 위기에 빠진 상황에서 지도자의 부대 이탈은 엄중한 결과를 초래한다. 소부대를 이끌고 '단독 돌파'를 시도한 항영의 목적은 유격전 전개를 위한 것이다. (離脫)시간은 길지 않았으나 군의 사기를 동요시켰다(李良明, 1993: 214). 항영의 '부대 이탈'은 신사군의 포위 돌파에 악영향을 끼쳤다. 또 이는 당중앙의 '북진 지시'를 거부한 항영에게 설상가상이었다(王輔一, 2008: 444). 항영의 '(小部隊)단독 돌파'가 '유격전 전개'를 위한 것이라는 상기 주장은 설득력이 떨어진다. 항영의 '도피주의 과오'는 필연적 결과물이었다.

이다.

1942년 화중국(華中局)[2526]이 당중앙에 보낸 '항영·주자곤 살해 경과
보고'는 이렇게 썼다. …1941년 3월 항영 등은 '수행부관(隨行副官)[2527]' 유
후총(劉厚總)[2528]에게 살해됐다. 당시 항영 등은 적갱산(赤坑山)에 피신했
다. 항영·주자곤·유후총과 특무원(特務員)은 동굴에서 함께 지냈다(解放
軍黨史敎硏室, 1986: 545). 날씨가 화창한 어느 날 항영은 윗옷을 벗고 양지
쪽에 앉아 이잡이를 했다. 유후총은 항영이 지닌 황금과 은화(銀貨)를
발견했다. (三月)어느 깊은 밤 유후총은 항영·주자곤·황성(黃誠)을 '사살'
하고 금은보화를 갖고 도망쳤다(賈章旺, 2012: 594). 상기 '특무원'은 주자
곤의 경호원 황성이다. 황성의 회상(葉永烈, 2014: 286)에 따르면 밀봉동(蜜
蜂洞)에서 항영·주자곤은 유후총의 총에 맞아 즉사했다. 겨우 숨이 붙어
있었던 그는 '지휘부 참모' 유규(劉奎)[2529]에 의해 구원됐다.

2526 1941년 4월 27일 중원국(中原局)은 염성(塩城)에서 회의를 개최했다. 회의를 주재한 유
소기는 '화중국(華中局) 설립'에 관한 중공중앙의 결정을 전달했다. 5월 20일 중남국
(中南局)·동남국(東南局)이 '합병'한 화중국이 정식 설립, (華中)근거지의 당조직과 신사
군 업무를 총괄 책임졌다. (中央)대표 유소기가 (華中)서기, 요수석·진의·증산 등이 화
중국 위원을 맡았다. 1945년 9월 화동국(華東局)이 설립된 후 중공중앙은 화중국을 철
회했다.

2527 항영의 비서를 맡았던 고설경(顧雪卿)은 이렇게 회상했다. …당시 부군장(副軍長) 항영
에게는 수행부관(隨行副官)이 배치되지 않았다. 유후총(劉厚總)은 (新四軍)지휘부 부관처
에서 마필(馬匹)을 관리하는 부관(副官)이었다. 환남사변 중 적갱산(赤坑山)에서 우연하
게 항영 등과 만났다(王輔一, 2008: 481). 실제로 항영의 몸에 지닌 '금은보화(金銀寶貨)'가
화근이 됐다. 1952년 8월 변절자 유후총은 남창에서 체포된 후 곧 처형됐다.

2528 유후총(劉厚總, 1904~1952), 호남성 뢰양(未陽) 출신이며 항영을 살해한 흉수이다. 1934
년 (湘南)유격대 제3대대 정치위원, 1939년 신사군 (副官處)부관, 1941년 3월 13일 새
벽 적갱산 밀봉동(蜜蜂洞)에서 항영·주자곤을 살해하고 변절했다. 1952년 남창에서
처형됐다.

2529 유규(劉奎, 1910~1979), 강서성 길안(吉安) 출신이며 공산주의자이다. 1931년 중공에 가

1월 12일 당중앙은 엽정과 동남국 부서기 요수석에게 신사군의 지휘권을 맡겼다. 1월 14일 엽정과 요수석은 (國軍)제52사단 지휘부와의 '담판'을 결정했다. 14일 저녁 상산(上山)한 제108사단 부관(副官)이 엽정에게 '하산 담판'을 요청했다. 1월 15일 엽정은 (生命)위험을 무릅쓰고 황포군관학교 동창인 상관운상과 (停戰)담판'을 하기 위해 하산했다. 결국 하산한 엽정은 곧 '약속을 어긴' 국민당군에 의해 체포·구금됐다. 1월 17일 상요(上饒)로 압송된 엽정은 이촌(李村) 감옥에 수감됐다. 1941년 8월 중경(重慶) 구치소로 이송된 후 장장 5년 동안 감옥에 감금됐다. 1946년 3월 석방된 엽정은 한달 후에 '비행기 사고'로 사망했다.

당중앙은 정치국 회의(1.15)를 열고 '신사군 참패' 원인[2530]을 검토했다. 모택동은 '참패 원인'을 두 가지로 분석했다. 첫째, 국민당군 공격에 대한 항영의 대응책 부재이다. 둘째, (新四軍)지도부의 임기응변력 부족과 지휘 실책이다. 회의는 모택동이 작성한 '항원(項袁) 과오에 대한 (中共)결정'을 통과했다(金沖及 외, 2011: 600). '결정'의 골자는 첫째, 당중앙의 (北進)지시에 대해 양봉음위(陽奉陰違)했다. 둘째, 신사군 지도부는 '화중발전'을 거부했다. 셋째, 당중앙의 '지시'에 불복한 항영은 환득환실했다. 넷째, 당중앙의 명령에 면종복배하고 '항명'으로 일관했다(中央檔案館, 1991: 31). 상기 '결정'은 '참패(慘敗)' 책임을 항영에게 전가했다는 지적

입, 1930~1940년대 소절환감(蘇浙皖赣)변구 부사령관, 환남(皖南)군구 부참모장, 건국 후 안휘성군구 부사령관, 전국 정협 위원 등을 역임, 1979년 합비(合肥)에서 병사했다.

2530 '신사군 참패' 원인은 ① 신사군 지도부의 내홍, (葉項)갈등 ② 당중앙의 (北進)지시 거부, 최적의 (北進)기회 상실 ③ (敵軍)습격에 대한 대응책 부재 ④ (敵我)병력 차이, 중과부적 ⑤ 장개석의 '보복 의지' 간과 ⑥ 신사군 지도부의 지휘 실책 ⑦ 황교·조전전역이 (新四軍)북진'에 미친 악영향 ⑧ 공산국제의 간섭, 소련의 '군사적 원조' 등이다. 실제로 독선자 항영의 '항명(抗命)'과 지도부의 리더십 부족이 치명적인 (慘敗)요소였다.

을 모면키 어렵다. 결국 이는 모택동의 '항영 불만'을 표출한 것이다.

장개석이 임명한 군당장 엽정과 (中共)대표 항영 간 심각한 갈등과 의견 대립은 반목·대결로 점철된 (國共)합작의 축소판이다. 신사군 지도자 항영의 '(軍長)엽정 배척'은 당이 군대를 지휘하는 중공의 철칙(鐵則)과 관련된다. 한편 당중앙의 지시에 '불복(抗命)'한 항영의 '북진 거부'는 신사군의 '참패(皖南事變)'를 초래한 결정적 요소이다. 실제로 '항명자(抗命者)' 항영의 비극적 결과는 그 자신이 스스로 자초한 자업자득이다.

4. 중공의 반격과 제3차 '반공고조' 무산

환남사변 발생 후 국공(國共)관계는 파국으로 치달았다. 설상가상으로 장개석은 '1.17통령(通令)'[2531]을 발표해 신사군의 (軍)번호를 철회했다. 한편 '사변' 발생 후 신속하게 대응한 당중앙은 '정치적 공세, 군사적 방어'의 대응책을 확정했다. 이는 중공 영수 모택동이 유소기의 건의와 모스크바의 '지시'를 수용한 결과였다. 한편 장개석이 획책한 제3차 '반공고조'[2532]가 무산(1943.7)된 후 악화일로인 (國共)관계는 사실상 결렬됐다.

1월 12일 유소기는 중앙군위에 보낸 전보에 이렇게 건의했다. …

[2531] 1941년 1월 17일 (國民政府)군사위원회는 통령(通令)을 발표, 신사군을 '반란군'으로 선포하고 (新四軍)번호를 철회했다. '통령'의 발표는 장개석이 '(國共)결렬'과 '내전 발발' 위험을 감수했다는 것을 반증한다(江濤, 2005: 247). 한편 신사군 지휘부를 재건(1.20)한 중공중앙은 정치적 공세를 강화하고 '군사적 수세' 방침을 확정했다.

[2532] 제3차 '반공고조(反共高潮)'는 장개석과 호종남이 1943년 봄여름에 획책한 '(延安)기습전'이다. 제3차 '반공고조'의 직접적인 계기는 공산국제 해체였다. 중공의 '선전전(宣傳戰)' 전개와 영미(英美) 등 동맹국의 '압력 행사'로 장개석이 주도한 제3차 '반공고조'는 요절(夭折)됐다. 결국 경색된 국공(國共)관계는 잠시 소강상태에 진입했다.

진광(陳光)과 나영환이 거느린 (山東)팔로군은 심홍렬(沈鴻烈)[2533] 부대를 포위하고 (蘇北)신사군은 한덕근 공격 준비를 해야 한다(中共中央文獻研究室, 2008: 378). 1월 13일 모택동은 답전에 이렇게 썼다. …산동·소북의 부대는 10일 내 군사적 반격 준비를 마쳐야 한다. (皖南)신사군이 전멸될 경우 한덕근·심홍렬 부대에게 궤멸적인 타격을 가해야 한다(金冲及 외, 1998: 412). 유소기가 건의한 '심홍렬·한덕근 공격'은 국민당군에 대한 군사적 보복이었다. 결국 유소기의 건의를 수용한 모택동이 군사적 반격을 명령한 것이다. 이는 모택동이 '(國共)결렬'을 결심한 것이다.

1월 13일 국민당 대표 유비(劉斐)[2534]에게 (皖南)신사군 공격 중지를 강력히 요구한 주은래는 신사군에게 소남(蘇南) 진격로를 열어줄 것을 제출했다. 유비는 '(蔣介石)답복'[2535]을 주은래에게 전달했다(劉伯根 외, 2007: 496). 유비는 주은래에게 이렇게 말했다. …장개석은 고축동에게 '공격 중지'를 명령했다. 신사군은 '소북 진입' 후 한덕근을 공격해선 안 되며 곧 하북(河北)으로 이동해야 한다(中央檔案館, 1982: 143). 당시 주은래는 장충(張冲)에게 '중공 항의'를 전달하고 (駐華)군사고문인 추이코부를 만나 '협조'를 부탁했다. 한편 이 시기 상관운상이 지휘한 국민당군

2533 심홍렬(沈鴻烈, 1882~1969), 호북성 천문(天門) 출신이며 국민당 우파이다. 1920~1940년대 (海軍)부사령관, 청도(靑島)시장, 농림(農林)부장, 1950년대 '(臺灣)총통부' 전략고문 등을 역임, 1969년 대중(臺中)에서 병사했다.

2534 유비(劉斐, 1898~1983), 호남성 예릉(醴陵) 출신이며 국민당 좌파이다. 1930~1940년대 제5작전구 참모처장, 국방부 참모차장, 건국 후 수리전력부장, 전국 정협 부주석 등을 역임, 1983년 북경에서 병사했다.

2535 군정부(軍政府) 차장 유비(劉斐)가 주은래에게 전달한 '장개석 답복'은 첫째, 1월 12일 고축동에게 '공격 중지'를 명령했다. 둘째, 강북(江北) 진입 후 신사군은 곧 하북성(河北省)으로 이동해야 한다(中共中央文獻研究室, 2007: 496). 한편 이 시기 엽정이 거느린 (皖南) 신사군은 상관운상이 지휘한 국민당군(8만)에게 거의 '전멸'된 상태였다.

의 기습 공격을 받은 (皖南)신사군은 사실상 '전멸'된 상태였다.

1월 14일 주은래의 '항의'에 장개석은 이렇게 회답했다. …중공은 사건을 확대해선 안 된다. 중앙군은 (新四軍)북진을 저지하지 않을 것이다. '환북(皖北) 진입'이 가능하다(盧毅 외, 2015: 93). 당중앙의 '긴급지시 (1.14)'는 이렇게 썼다. …정치적·군사적 대반격을 전개할 것이다. 급선무는 신사군을 구출하는 것이다(中共中央文獻研究室, 1993: 255). 모택동은 주은래에게 보낸 답전(1.15)에 이렇게 썼다. …강력한 반격만이 장개석의 군사적 도발을 격퇴할 수 있다. (國共)결렬을 두려워해선 안 된다(中央檔案館, 1982: 147). 이는 모택동이 '(國共)결렬'을 결심했다는 반증이다. 또 주은래는 영국 대사를 만나 국민당 완고파의 (反共)음모를 적발했다.

유소기는 당중앙에 보낸 전보(1.15)에 이렇게 썼다. …엽정이 체포되고 (皖南)신사군이 전멸된 상태에서 '군사적 반격' 보류를 건의한다. 이유는 ① 장개석, 여전히 항전파 ② 팔로군의 (反擊)역량 부족 ③ 급선무, 병력 보충과 근거지 확보 등이다(金冲及 외, 2008: 379). 유소기의 '건의' 골자는 ① 전국적 정치공세 ② 군사적 방어 ③ 전면적 항의운동 ④ (國民黨)음모 적발 ⑤ 완고파 고립 등이다. 당시 유소기의 건의를 수용한 모택동은 '정치공세, (軍事)수세' 방침을 확정했다(中共中央文獻研究室, 1996: 326). 유소기의 건의는 '결자해지(結者解之)'[2536] 차원의 적절한 대응책이었다. 실제로 군사적 반격은 전면적 내전을 유발할 수 있었다.

2536 결자해지(結者解之)는 매듭을 묶은 자가 풀어야 한다는 뜻으로, 일을 저지른 자가 문제를 해결해야 한다는 의미이다. 당시 당중앙에 군사적 반격을 가장 먼저 제출한 당사자가 바로 중원국 서기인 유소기였다. 당시 '(劉少奇)건의'를 수용한 모택동은 군사적 대반격을 준비했다. 한편 중앙국위 주석 모택동에게 '군사적 수세(守勢)'를 건의한 것도 유소기였다. 실제로 유소기의 건의는 '결자해지' 차원에서 제안된 적절한 대응책이었다.

이해득실을 저울질한 유소기는 당중앙에 대안을 제시했다. …현재의 정세에서 국공합작이 깨져선 안 된다. 이 시기 국민당과 분열하는 것은 옳지 않다. 정치적 대반격을 펼치고 군사적으로 잠시 반격하지 않은 것이 좋다(현이섭, 2017: 407). 유소기는 '군사적 반격'을 이렇게 분석했다. ① 한덕군·심홍렬 공격 ② 병력 집결, 황하 진격 ③ 서란대도(西蘭大道) 진입 ④ 팔로군, 하남·수원(綏遠) 진격 ⑤ 전국적인 무장봉기 등이다. 상기 '진격'·'봉기' 등은 승산이 없었다(中央檔案館, 1982: 149). 만약 중공이 '군사적 반격'을 강행했다면 십상팔구 참패했을 것이다. 실제로 중공의 '정치적 공세, 군사적 수세' 방침은 현명한 결정이었다.

중경 주재 (蘇聯)군사고문은 이렇게 주장했다. …장개석의 '일본군 담판'에 대해 경각심을 늦춰선 안 되지만 (中共)급선무는 일치단결해 항전을 견지하는 것이다(楊奎松, 2008: 446). 1월 15일 반우신(潘友新)은 주은래에게 이렇게 권고했다. …중공의 주적은 일본 침략자이다. '(中共)군사적 반격'은 전면적 내전을 촉발할 것이다. 당시 '군사적 보복'을 반대한 모스크바는 정치공세를 펼칠 것을 중공에게 요구했다(羅平漢 외, 2015: 97). 당시 반우신과 추이코브의 '권고·주장'은 스탈린의 견해를 대변한 것이다. 결국 모택동은 '군사적 수세' 방침을 결정했다. 실제로 모스크바는 장개석의 (對日)항전에 악영향을 끼칠 것을 우려한 것이다.

'항영 제거'에 결정적 역할을 한 유소기는 '낙보 대체자'로 부상했다. 모택동·낙보는 평등관계였으나 모택동·유소기는 상하급 관계였다. 유소기는 모택동의 조력자였다. 한편 유명무실한 '(中共)총서기'[2537]장문

2537 1938년 4월 12일 무한의 신화일보(新華日報)에 게재된 '낙보계사(洛甫啓事)'는 이렇게 썼다. …현재 몇 명의 중앙서기처 서기 외 이른바 '(中共)총서기'는 존재하지 않는다. 1943년 장문천은 이렇게 술회했다. …6중전회(1938.11) 후 정치국 회의는 모택동

천의 역할은 약화됐다. 모택동·주덕·왕가상이 중공중앙 명의로 팔로군·신사군에게 '(中央)지시'를 내린 것이 단적인 증거이다. 실제로 1940년부터 유소기·주덕·주은래는 중공 영수인 모택동의 부수(副手) 역할을 했다.

모택동은 주은래·유소기에게 보낸 전보(1.20)에 이렇게 썼다. …모스크바의 지시는 (國共)문제 해결에 별로 도움이 안 된다. 또 주은래에게 전보(1.30)를 보내 추이코브에게 '(重慶)무기 원조' 중지[2538]를 전달할 것을 요구했다(中央檔案館, 1982: 184, 201). 결국 이는 신사군 참패를 도외시한 스탈린의 '장개석 양보' 강요에 대한 모택동의 불만 표출이다. 한편 모택동은 공산국제에 전보를 보내 '(八路軍)무기 원조'를 요청했다. 당시 '장개석 반발'을 의식한 스탈린은 모택동의 '무기 지원'을 거부했다. 환남사변 후 모스크바와 연안(延安) 관계는 파국으로 치달았다.

1월 21일 모택동은 공산국제에 전보를 보내 (軍事)원조를 요청했다. 소련정부는 중공의 '무기 지원' 요청을 거절했다. 2월 9일 주은래는 추이코브의 (傳達)의견[2539]을 모택동에게 보고했다('中共黨史學會' 외, 2015: 283.

이 거처인 양가령(楊家嶺)에서 열렸다. 모든 중대사는 모택동이 최종 결정했다(程中原, 2000: 268). 실제로 1940년부터 장문천은 선전교육부와 (延安)마르크스학원(學院) 업무를 주관했다.

2538 환남사변 후 중경의 추이코브와 반우신(潘友新)은 주은래에게 '장개석 양보'를 강조했다. 한편 그들은 모택동의 '(武器)원조 중지' 요구를 수용하지 않았다. 1941년 봄 소련 정부는 대포 150문 등 중무기를 (蘭州)국민당군에 지원했다('中共黨史學會' 외, 2015: 356). 중경정부에 대한 소련의 지속적인 '(武器)지원'은 모택동의 불만을 자아냈다.

2539 추이코브가 국민당에 제출한 의견은 ① 스탈린, '(國共)군사적 충돌' 반대 ② 일치단결해 항전 ③ 적극적 공격 등이다. 중공에 제출한 의견은 ① (抗戰)솔선수범과 선도적 역할 ② 선전전(宣傳戰) 강화 ③ 소련 (援助)무기, 국민당에 '조달 요구' 등이다(劉伯根 외, 2007: 503). 상기 '추이코브 의견'은 스탈린이 장개석·모택동에게 제출한 것이다.

284). 스탈린의 '(中共)무기 지원' 거부는 장개석의 '반발'을 감안했기 때문이다. 소련의 '장개석 원조'는 '신사군 참패(1941.1)'에 일조했다. 독소전쟁 후 모택동은 스탈린의 '협력 작전'을 거절하는 것으로 앙갚음을 했다. 2년 후 스탈린은 '무기 지원'[2540]을 전제로 '팔로군 협력'을 요청했으나 모택동은 스탈린의 '(軍事)협력' 요청을 완곡하게 거절했다.

1월 하순 일본군은 국군이 (皖南)신사군을 습격하는 틈을 타 하남성을 침공[2541]했다. 모택동은 '(中日)휴전'이 사실무근이며 '장개석 투항' 가능성이 낮다는 것을 확인했다(盧毅 외, 2015: 98). 모택동은 유소기 등에게 보낸 전보(1.25)에 이렇게 썼다. …정치공세를 강화하고 군사적으로 수세를 취해야 한다(中央檔案館, 1982: 192). 한편 모택동이 '군사적 수세'를 정식으로 제출한 것은 유소기·팽덕회에게 보낸 전보(電報, 1.19)[2542]이다.

2540 스탈린그라드 전역(1942.7) 후 일본의 '협공'을 우려한 스탈린은 '(中共)무기 지원'을 제출했다. '(中共)협력' 요구가 모택동에게 거절당한 후 스탈린은 '무기 지원'을 전제로 '(日軍)북진 저지'를 요청했다('第一研究部', 2015: 287). (師哲)회상에 따르면 스탈린은 모택동에게 전보를 보내 팔로군 1~2개 사단을 몽골 변계로 파견, 소련군의 (新式)무기 접수를 요구했다. 당시 모택동은 스탈린의 '무기 지원'을 거부했다(師哲, 1991: 215). 사실상 (蒙古邊界)무기 접수는 불가능했다. '(蘇聯)협력'을 위해 일본군과 격전을 벌일 경우 병력 열세인 팔로군은 전멸될 수 있었다. 이것이 모택동이 스탈린의 '무기 지원'을 거부한 주요인이다.

2541 1월 24일 일본군 7개 사단이 탕은백(湯恩伯) 부대가 주둔한 하남성을 대거 공격했다. 일본군의 '하남성 침공' 주된 원인은 '(日本軍)근거지'인 하북성의 '중공군 진입'을 우려한 것이다(金冲及 외, 1998: 607). 결국 장개석은 중공에 대한 강경책을 포기하고 유화책을 펼쳤다. 이 또한 모택동이 '군사적 수세' 방침을 결정한 중요한 원인이다.

2542 모택동은 유소기 등에게 보낸 전보(1.19)에 이렇게 썼다. …정치공세를 강화해 장개석의 반공(反共) 음모를 적발해야 한다. 한편 잠시 장개석의 이름을 직접 거론하지 말아야 한다. '항전 견지, 내전 반대' 구호를 제출하고 (軍事)방어전을 준비해야 한다(中共中央文獻研究室, 2005: 258). 상기 '방어전'은 중공군의 '군사적 수세'를 의미한다. 결국 유소기의 '건의(1.15)'를 채택한 중공 지도자 모택동이 공산국제의 '의견'을 수용한 것이다.

모택동은 주은래에게 보낸 전보(1.25)에 이렇게 썼다. …지난 3개월 간 우리는 유화책을 펼쳤다. 결국 이는 장개석의 '신사군 공격'을 초래했다(逢先知 외, 2005: 261). 모택동이 작성한 '시국의 결정'[2543]은 이렇게 썼다. …(國民黨)유화책을 포기하고 강력하게 반격해야 한다(齊小林 외, 2015: 99). 모택동은 주은래에게 전보(2.4)를 보내 '추이코브 전달'[2544]을 요구했다. …(中共)급선무는 장개석을 핍박해 항전을 견지하게 하는 것이다(肖顯社 외, 2007: 368). 2월 13일 모택동은 공산국제에 보낸 전보에 이렇게 썼다. …강경책만이 장개석의 양보를 얻을 수 있다. 장개석은 '기연파경 (欺軟怕硬)'[2545]을 일삼아왔다(黃修榮 외, 2012: 150). 상기 '강경책'은 강력한 정치공세를 의미한다. 실제로 '(國共)결렬' 불가피를 통고한 것이다.

모택동은 장개석의 '신사군 (北進)지시'를 수용한 유화책에 대해 '심각한 반성'을 했다. 이는 중공의 타협책이 국민당군의 '신사군 공격'을 촉발했다고 여긴 모택동이 자기비판을 한 것이다. 한편 중공의 '강경

2543 1월 29일 중공중앙은 모택동이 작성한 '시국의 결정'을 통과시켰다. '결정'의 골자는 ① 환남사변과 '11.7통령(通令)', 장개석의 '(國共)결렬' 의미 ② 강경책 실행, 국민당의 '반공고조' 격퇴 ③ (中共)독립성 확보, (抗日)통일전선 유지 ④ 친일파, '(蔣介石)투항'을 유도 ⑤ 장개석은 항전파(抗戰派)이다(中共中央文獻研究室, 1993: 263). 상기 '강경책'은 강력한 정치공세를 의미한다. 한편 '항전파'는 장개석의 '지속적 항전'을 격려한 것이다.

2544 모택동의 '추이코브 전달'은 소련의 '장개석 원조'에 대한 불만을 표출한 것이다. 이 시기 모택동은 스탈린이 파견한 '(蔣介石)군사고문'인 추이코브를 경멸하고 냉대했다. 실제로 '(蘇聯)무기 전달'을 책임진 추이코브는 중공의 발전에 아무런 도움을 주지 못했다. 결국 '모장(毛蔣)'의 신임을 모두 상실한 추이코브는 1942년 3월에 귀국했다.

2545 기연파경(欺軟怕硬)은 약자를 괴롭히고 강자에게 나약하다는 뜻이다. 당시 장개석은 '강자(强者)' 일본군과의 격전을 회피하고 '약자(弱者)' 신사군을 공격하는 환남사변을 일으켰다. 이것이 모택동이 장개석이 '기연파경'을 일삼아왔다고 주장한 이유이다. 실제로 장개석은 '강자' 영미(英美)·소련의 경제적 지원과 (軍事)원조를 받아 '약자(弱者)' 중공의 '세력 약화'에 집착했다. 장개석이 획책한 세 차례의 '반공고조'가 단적인 증거이다.

노선 회귀'는 모택동이 '(國共)결렬' 결심을 내렸다는 반증이다. 또 이는 '(八路軍)무기 지원'을 거절한 스탈린에 대한 모택동의 불만 표출이었다. 환남사변 후 중공은 모스크바가 강요한 '장개석 양보' 지시에 복종하지 않았다. 실제로 모택동은 더 이상 공산국제롤 중공의 '상급자'로 간주하지 않았다. 결국 손오공이 '여래불 손아귀'[2546]에서 벗어난 것이다.

국민당의 '통령(通令, 1.17)'은 '신사군 섬멸' 이유를 이렇게 밝혔다. …상급자 명령에 불복하고 '북진 지시'를 거부했다. 또 (抗戰)부대를 습격하고 근거지 설립에 치중했다(中央檔案館, 1982: 172). 중앙일보(中央日報)[2547] 사설(1.18)은 이렇게 썼다. …군령을 거역한 신사군은 '군기(軍紀)'를 파괴했다. 군 기강을 바로잡기 위한 '신사군 토벌'은 정치적 문제와 무관하다(羅平漢 외, 2015: 100). 소탕보(掃蕩報)[2548]는 이렇게 썼다. …제갈량의 '읍참마속(泣斬馬謖)'[2549]은 마씨가 군령에 불복했기 때문이다('掃蕩報',

---

2546 이른바 '손오공'은 공산국제의 지부(支部)인 중공을 가리킨다. 또 '여래불'은 중공의 직속상관인 모스크바를 상징한다. 1930년대 '홍군 통솔자' 모택동은 공산국제의 통제와 왕명·박고 등 '소련파'의 배척을 받았다. 한편 환남사변(1941.1) 후 중공 지도자 모택동은 (延安)정풍운동을 전개해 모스크바의 영향력을 대부분 제거했다.

2547 국민당중앙 기관지인 중앙일보(中央日報)는 1927년 3월 무한(武漢)에서 창간됐다. 1928년 11월 남경으로 이전, 1932년 9~11월 '중앙야보(中央夜報)'·'중앙시사주보(中央時事週報)'를 발간, 1937년 말 무한으로 회귀, 1938년 9월 중경(重慶)으로 이전, 1945년 9월 남경으로 재이전(再移轉), 1949년 4월 남경이 해방된 후 폐간(廢刊)됐다.

2548 소탕보(掃蕩報)의 전신은 하충한(賀衷寒)이 남경에서 창간(1931)한 소탕(掃蕩)일보이다. 1932년 소탕보로 개편, 1938년 (國民黨)군사위원회 총정치부에 예속, 1939년 중앙일보와 '합간(合刊)', 1943년 장치중(張治中)이 중경에서 소탕보를 재간, 1945년 평화일보로 개명, 1949년 대만에서 (掃蕩報)명칭을 회복, 1950년 7월 폐간됐다.

2549 '읍참마속(泣斬馬謖)'은 대의(大義)를 위해 측근자를 과감하게 버린다는 뜻이다. 제갈량이 군령을 어겨 가정(街亭)에서 대패한 마속을 눈물을 머금고 처형했다는 이야기에서 유래됐다. 한편 (國民黨)언론이 장개석의 '신사군 섬멸'을 '읍참마속'에 비유한 것은 얼토당토않다. 실제로 '철면피 정객'인 장개석은 제갈량이 아니며 또 신사군은 마속이 아

1941.1.23). '군기 정돈'을 위해 신사군을 '토벌'했다는 주장은 어불성설이다. 한편 '(抗戰)부대 습격'은 '조전(曹甸) 공격'을 가리킨다. 이는 조전전역이 국민당군의 '신사군 공격'에 빌미를 제공했다는 단적인 방증이다.

중공중앙이 반포한 '환남사변 지시(1.18)'[2550]는 이렇게 썼다. …각 근거지의 선전수단을 동원해 (事變)진상을 밝히고 (國民黨)완고파의 '신사군 공격'에 항의운동을 전개해야 한다. 또 (抗議)집회를 거행해 국민당의 분열 행위를 규탄해야 한다(逄先知 외, 2005: 258). 신중화보(新中華報)는 1월 중순부터 완고파·친일파를 성토하는 통전(通電)·사설을 발표해 국민당의 천인공노할 만행에 강력하게 항의했다(盧毅 외, 2015: 101). 실제로 정치적 선전은 중공 특유의 정치공세였다. 한편 중경의 신화일보(新華日報)는 (廢刊)위험을 무릅쓰고 '(江南)열사'를 애도를 위해 주은래가 쓴 만시(挽詩)와 국민당의 만행을 성토한 '제사(題詞)'를 게재했다.

1월 17일 주은래는 하응흠을 이렇게 견책했다. …국민당은 일제가 하지 못하는 일을 대신했다. 당신은 '천고의 죄인(千古罪人)'[2551]이다

니었다. 결국 이는 '항명자(抗命者)'인 신사군의 '빌미 제공'을 강조하기 위한 것이었다.

2550 1914년 1월 18일 중공중앙이 발표한 '환남사변 지시'는 이렇게 썼다. …환남사변은 항전 개시 후 국민당이 (抗日)통일전선을 파괴한 가장 엄중한 사건이다. 팔로군과 신사군은 국민당의 반공(反共)에 철저히 대비하고 정치적 공세·군사적 반격을 준비해야 한다(中共中央文獻硏究室, 1993: 258). 실제로 국민당에 대한 군사적 강경책을 포기한 중공 중앙이 '정체적 공세'를 강화해야 한다는 것이 중공중앙이 발표한 '지시'의 주된 취지이다.

2551 '천고의 죄인(千古罪人)'은 천추에 용서받지 못할 대죄(大罪)를 저질러 자손대대로 버림받은 죄인(罪人)을 가리킨다. 당시 주은래가 (國民黨)군정부장인 하응흠을 '천고의 죄인'이라고 질타한 것은 큰 어폐가 있다. 당시 환남사변을 획책한 주요 장본인은 장개석이었다. 실제로 '천고의 죄인'은 환남사변의 주모자 장개석과 고축동이다. 결국 이는 중공 지도부 장개석의 '(抗戰)격려'를 위해 '친일파' 하응흠을 타깃으로 삼은 것과 관련된다.

(南方局黨史資料, 1986: 134). 신화일보에 주은래의 만사(挽詞)를 게재하는 방안을 토론한 남방국은 '(新聞)검사관 심사' 통과를 위해 '두 가지 판면(版面)'2552을 준비했다(中共中央文獻研究室, 1998: 594). 신화일보에 발표(1.18)된 주은래의 만사는 '천고기안(千古奇案)·강남일엽(江南一葉), 동실조과(同室操戈)·상전하급(相煎何急)'이다(賈章旺, 2012: 597). 엽검영은 신화일보를 모택동에게 전달했다. 모택동은 주은래에게 보낸 전보(2.2)에 이렇게 썼다. …정곡을 찌른 만사를 보니 속이 후련하고 마음의 위안이 됐다(金冲及 외, 2011: 604). 상기 '만사'는 주은래가 조식(曹植)2553의 '칠보시(七步詩)'2554를 인용해 골육상잔에 집착한 (國民黨)완고파를 견책한 것이다.

중공중앙은 정치국 회의(1.20)를 열고 신사군 재건을 결정했다. 회의에서 모택동·주덕·주은래·팽덕회·왕가상으로 구성된 중앙군위 주석단(主席團)을 설립됐다. 1월 20일 모택동은 중앙군위 명의로 신화통신

2552 (新聞)검사관의 '심사 통과'를 위해 중공이 관장한 (重慶)신화일보가 준비한 '두 가지 판면'의 하나는 당일 저녁 국민당의 (新聞)심사관에게 보이기 위한 것으로 주은래의 제사(題詞)가 없었다. 다른 하나의 판면은 주은래가 작성한 제사를 실은 것이다. 한편 (皖南)신사군을 추모하기 위해 쓴 제사와 만사(挽詞)를 작성한 주은래는 비서를 파견해 신문사에 전달했다. 당일 저녁 (新華日報)편집자들을 밤을 새워 '원고 편집'을 완성했다.

2553 조식(曹植, 192~232), 안휘성 박주(亳州) 출신이며 삼국 시기의 문학가이다. 조조의 넷째 아들이며 학문적 재주가 출중해 조조의 총애를 받았다. 한편 건안(建安) 문학의 걸출한 대표인 조식은 많은 오언시(五言詩)를 창작했다. 221~232년 안향후(安鄉侯)·견성왕(鄄城王)·옹구왕(雍丘王)·진왕(陳王)에 봉해졌다. 232년에 병사했다.

2554 삼국시대 위나라 시인 조식(曹植)이 지은 '칠보시(七步詩)'는 친형제 조비(曹丕)의 핍박을 받은 동생 조식의 강렬한 불만을 표출한 시이다. 즉 문제(文帝)의 미움을 받은 조식이 일곱 걸음을 걷는 동안에 시를 지어서 죽음을 모면했다는 것이 일설이다. 한편 '칠보시'는 나관중(羅貫中)의 위작(僞作)이며 픽션이라는 것이 일각의 주장이다.

사(新華通迅社)[2555] 기자에게 '환남사변 담화(談話)'[2556]를 발표했다. '담화'는 환남사변 해결을 위한 '12조(條) 방법'[2557]을 제출했다. 모택동은 주은래·유소기·팽덕회에게 보낸 전보(1.20, 1.25)에서 '군사적 수세' 방침을 재차 강조했다. 1월 25일 주은래는 '12조(條)'를 장개석에게 전달했다. 같은 날 스탈린의 지시를 받은 (駐華)소련 대사 반우신과 군사고문 추이코브는 장개석·하응흠 등을 만나 '내전 반대'를 표시했다.

'신사군 재건' 명령(1.20)이 반포한 인사 배치는 (代理)군단장[2558] 진의, 부군단장 장운일, 정치위원 유소기, 참모장 뢰전주, 정치부 주임 등자회이다(中共中央文獻研究室, 2011: 600). 1월 25일 염성(塩城)에서 개편된 신사군 지휘부는 산하에 7개 사단, 1개 독립여단을 설치했다. '편제' 서열은 제1사단장 속유, 정치위원 유염, 제2사단장 장운일, 정치위원 정위삼, 제3사단장·정치위원 황극성, 제4사단장·정치위원 팽설풍, 제5사단장·

2555 신화통신사(新華通迅社)의 전신은 1931년 11월 7일에 설립된 홍색중화통신사이다. 1937년 1월 신화통신사로 개명, 1940년 12월 신화사는 (延安)신화방송국을 창립, 1937~1945년 화북·진찰기·화중 등지에 지사를 설립했다.

2556 1월 20일 모택동은 (新華社)기자에게 발표한 '환남사변 담화(談話)'는 이렇게 썼다. … 환남사변은 일제·친일파가 획책한 반공(反共) 사건이다. 일제는 항일운동을 탄압하고 팔로군·신사군을 섬멸해 '(中日)타협' 실현을 시도했다(逄先知 외, 2005: 259). 한편 일제·친일파가 환남사변을 일으켰다는 모택동의 주장은 설득력이 크게 떨어진다.

2557 '12조(條) 방법' 골자는 ① (軍事)충돌 중지 ② '1.17통령' 철회 ③ 하응흠·고축동 징계 ④ 엽정 석방 ⑤ 포로 석방 ⑥ 위로금 지급 ⑦ (華中)반공군 철수 ⑧ (西北)봉쇄선 제거 ⑨ 정치범 석방 ⑩ 민주정치 실시 ⑪ 삼민주의 실행 ⑫ (親日派)두목 징계 등이다(中共中央文獻研究室, 2007: 500). 당시 장개석은 '(中共)12조 방법'을 일축했다.

2558 (代理)군단장은 (軍長)엽정이 국민당군에 체포된 상황에서 붙여진 것이다. 실제로 모택동의 신임을 확보한 진의가 (新四軍)군단장 역할을 했다. 당시 신사군의 최고 지도자는 중원국 서기인 유소기였다. '(代理)임명'은 장개석이 임명한 (新四軍)군단장 엽정을 존중한 것이다. 한편 주은래의 '엽정 석방' 요구는 장개석의 거절을 받았다.

정치위원 이선념, 제6사단장·정치위원 담진림, 제7사단장 장정승, 정치위원 증희성, 독립여단장 양홍초, 정치위원 나화생(羅華生)[2559]이다. 결국 '유소기·진의 체제'[2560]가 '(葉項)조합'을 대체했다.

장개석의 '담화(談話, 1.27)'는 이렇게 썼다. …(新四軍)번호 철회는 '군기 정돈'이며 정치문제와는 무관하다('皖南事變資料選'編輯組, 1983: 387). 또 그는 이렇게 말했다. …'신약 성경(新約聖經)'[2561]의 교조(教條)는 백성 면려를 위해 죄인을 77번 용서한다. 신사군이 저지른 죄행은 '77번'을 초과했다. 군령을 거역한 신사군을 결코 용서할 수 없다(葉永烈, 2014: 295). 중공중앙이 통과한 '결정(1.29)'은 이렇게 썼다. …'신사군 섬멸'이 취지인 환남사변은 정치적 문제이며 외교적 문제이다(中央檔案館, 1982: 198). 송미령과 결혼한 후 장개석은 '기독교 신자'로 변신했다. 한편 성경(聖經)을 인용해 신사군의 '죄행'을 논한 것은 얼토당토않다.

모택동이 유소기·진의에게 보낸 전보(1.28)에 이렇게 썼다. …신사군은 (反蔣)구호를 제출해선 안 된다(中共中央文獻研究室, 1993: 262). 당중앙의

2559 나화생(羅華生, 1910~1991), 호남성 상담(湘潭) 출신이며 공산주의자이다. 1930년 중공에 가입, 1930~1940년대 '홍1군단' 제2사단 연대장, 팔로군 제5여단 정치위원, 동북야전군 제2사단장, 건국 후 (南寧)군구 사령관, 철도병 부사령관을 역임, 1991년 북경에서 병사했다.

2560 환남사변 후 '유소기·진의 체제'가 출범했다. 1년 후 '유진(劉陳) 체제'는 해체됐다. 모택동이 '(劉少奇)연안 회귀'를 지시했기 때문이다. 실제로 '(劉陳)콤비'는 '모합신리(貌合神離)'였다. 당시 유소기는 '속유 지지자'였다. 한편 '진의·요수석(combi)'은 견원지간(犬猿之間)이었다. 결국 이는 '중공 2인자' 유소기의 '요수석 지지'와 관련된다.

2561 기독교 경전인 '신약 성경(新約聖經)'은 (Jesus)탄생 후의 '하나님 계시'를 기록, '신약'·'구약'으로 나눠졌다. 예수의 생애·언행을 기록한 복음서 4권, (宣教)활동을 기록한 사도행전(使徒行傳) 1권, (使徒)서신 21권, 계시록 1권 등 27권으로 구성됐다. 한편 장개석이 '신약' 구절을 인용해 신사군의 '죄(罪)'를 거론한 것은 황당 그 자체이다.

'결정(1.29)'은 이렇게 썼다. …(國共)관계가 결렬되지 않은 상황에서 '장 개석 타도' 구호를 삼가야 하며 하응흠 등 친일파를 지명해야 한다(中央 檔案館, 1982: 199). '장개석 타도(口號)'는 내전의 빌미가 될 수 있었다. 이는 모택동이 모스크바의 '장개석 양보'[2562] 지시를 감안했다는 반증이다.

1월 12일 송경령 등은 국민당중앙에 전보를 보내 이렇게 요구했다. …(剿共)전략을 철회하고 연공(聯共)항일을 추진해야 한다(羅平漢 외, 2015: 108). 장백균(章伯鈞)[2563]과 중국청년당(中國靑年黨)[2564]의 좌순생(左舜生)[2565]은 '(國共)대결 중지'를 요구했다. 황염배(黃炎培)[2566]는 이렇게 주장했다. …국 민당군의 '신사군 공격'을 잘못된 것이다(中央檔案館, 1982: 258). 화교(華僑)[2567]

2562 항전 개시 후 모스크바가 중공에 '장개석 양보'를 강조한 것은 소련의 국익과 관련된 다. 장개석에게 '군사적 원조'를 제공한 스탈린은 모택동의 '무기 지원' 요청을 거부 했다. 환남사변 후 모택동은 스탈린의 '(蔣介石)양보' 지시에 복종하지 않았다. 모스크 바의 '영향력'을 제거한 (延安)정풍운동 후 모스크바·연안의 상하급 관계는 종료됐다.

2563 장백균(章伯鈞, 1895~1969), 안휘성 동성(桐城) 출신이며 민주인사이다. 1923년 중공에 가입(1927년, 脫黨), 1920~1940년대 (南昌)봉기군 정치부 부주임, 민맹(民盟)중앙 조직부 장, 건국 후 교통부장, 전국 정협 부주석 등을 역임, 1969년 북경에서 병사했다.

2564 중국청년당(中國靑年黨)은 1923년 12월에 프랑스 파리에서 설립, 초대 위원장은 증기 (曾琦)이다. 1928년 8월 중국청년당으로 개명, 항전 시기 (靑年黨)일부는 '일본 지지자' 로 전락, 1949년 (靑年黨)본부는 대만으로 이전했다.

2565 좌순생(左舜生, 1893~1969), 호남성 장사(長沙) 출신이며 국민당 우파이다. 1920~1940 년대 (靑年黨)중앙위원장, 민주동맹 비서장, '청년당' 선전부장, (國民黨)농림부장, 1949 년 홍콩 도주, 1969년 대만(臺灣)에서 병사했다

2566 황염배(黃炎培, 1878~1965), 상해(上海) 출신이며 애국적 민주인사이다. 1905년 동맹회 가입, 1920~1940년대 민주동맹 주석, 민주건국회(民主建國會) 회장, 건국 후 경공업부 장, 국무원 총리, 전국 인대 부위원장, 전국 정협 부주석 등을 역임, 1965년 북경에서 병사했다.

2567 화교(華僑)는 해외로 이주해 현지에 정착한 (中國)국적을 가진 '중국인'을 가리킨다. 한 편 '중국인 혈통'을 갖고 있으나, (外國)국적을 취득한 자는 화교로 간주하지 않는다. '중국국제이민보고(2015)'에 따르면 (海外)화교수는 6000여 만, 198개 국가(地區)에 분

영수 진가경(陳嘉庚)[2568]·사도미당(司徒美堂)[2569] 등은 국민참정회(國民參政會)[2570]에 통전을 보내 '국공 단결'과 '내전 중지'를 호소했다. 결국 이는 장개석의 '사면초가'[2571]를 유발했다. 한편 이 시기 국민당 내부에서도 '내전 반대'[2572]의 목소리가 높았다.

소련 '진리보(眞理報)'는 이렇게 썼다. …(國共)내전 확대는 중국군 역량을 약화시킬 것이다('皖南事變資料選'編輯組, 1983: 478). (NewYork)헤럴드트리뷴(HeraldTribune)[2573]는 이렇게 썼다. …(國共)내전은 불행한 일이다. 이는

포됐다. 항전 시기 화교의 '경제적 지원'은 항일전쟁에 큰 도움이 됐다.

2568 진가경(陳嘉庚, 1874~1961), 복건성 천주(泉州) 출신이며 (華僑)영수이다. 1920~1940년대 '(南洋)화교총회' 설립, 1940년 연안(延安)에서 모택동의 환대를 받았다. 건국 후 전국 정협(政協) 부주석, '(全國)화교연합회' 주석을 역임, 1961년 북경에서 병사했다.

2569 사도미당(司徒美堂, 1868~1955), 광동성 개평(開平) 출신이며 (美洲)화교 영수이다. 1937년 '화교항일구국총회' 설립, 1941년 통전(通電)을 발표, '내전 중지'를 요구했다. 1949년 북경에 정주(定住), 제1차 전국 정치협상 회의 참석, 1955년 북경에서 병사했다.

2570 국민참정회(國民參政會)는 1937년 7월에 설립, 초대 의장은 왕정위(汪精衛)였다. 무한(武漢)에서 제1차 참정회(1938.7) 개최 후 중경에 이전, 장개석이 의장을 맡았다. 제2차 참정회(1941.3) 후 중간파가 민주동맹을 설립, 제3차 참정회(1944.9)에서 (中共)대표 동필무는 '연합정부 설립'을 주장, 1948년 3월 '활동 정지'를 선포했다.

2571 '사면초가(四面楚歌)'는 사방에서 초(楚)나라의 노래가 들린다는 뜻으로, 적에게 포위돼 고립무원에 빠진 상태를 가리킨다. 한편 이 시기 장개석이 '사면초가'에 처한 주된 원인은 ① 중공의 정치적 공세 ② 소련정부의 항의 ③ (各國)언론의 '장개석 비판' ④ (英美)국가의 (國共)내전 반대 ⑤ 중간파·민주인사·(國民黨)좌파의 (國共)결렬 반대 ⑥ 일본군의 '(河南)침공' 등이다. 결국 고립무원에 빠진 장개석은 중공에 유화책을 펼쳤다.

2572 환남사변은 국민당 좌파의 '통렬한 견책'을 받았다. (國民黨)내부에서도 '내전 반대' 목소리가 높았다. 행정원장 손과(孫科)는 '시국 우려'를 표시했고 (軍事委)정치부장 장치중은 장개석에게 '중공문제 실책'에 대한 '만언서(萬言書)'를 올렸다. (國民黨)완고파의 '신사군 습격'은 국내외의 지지를 상실했다. 결국 장개석은 고립무원에 빠졌다.

2573 (NewYork)헤럴드트리뷴(HeraldTribune)은 1924년 뉴욕에서 발간되던 '트리뷴'이 '헤럴드'를 흡수·합병해 창간됐다. 1966년 '세계논단보(世界論壇報)'로 개명, 1967년 프랑스 파리에서 국제판으로 발간되던 '파리 헤럴드'가 본사와 분리, '뉴욕 타임스'와 '워싱

'추축국(Axis powers)[2574] 승리'로 이어질 수 있다(盧毅 외, 2015: 110). 당시 소련·영미 국가의 (中國)내전 반대는 그들의 국익으로부터 출발한 것이다. 한편 이는 장개석의 '항전 견지'에 긍정적인 역할을 했다.

1월 29일 (駐華)미국 대사 존슨(N. Johnson)[2575]은 장개석에게 이렇게 말했다. ···'신사군 문제'가 골육상쟁(骨肉相爭)의 원인이 돼선 안 된다('皖南事變資料選'編輯組, 1983: 505). 2월 중순 루스벨트(F. Roosevelt)[2576] 대통령의 특사인 큐리(L. Currie)[2577]는 장개석을 만나 성명(聖明)을 발표했다. ···미국정부는 '(國共)갈등'이 지속되면 (對中)원조를 중지할 것이다(郭德宏 외, 2019: 321). 장개석은 일기에 이렇게 썼다. ···미국 조야(朝野)는 (中共)선전의 영향을 받았다. 매우 유감스럽다(齊小林 외, 2015: 113). 큐리의 '(大統領)메시지

턴 포스트'의 합작투자로 '인터내셔널 헤럴드 트리뷴'으로 개칭됐다.

2574 '추축국(Axis powers)'은 제2차 세계대전 시기 형성된 파쇼국가(fascist state)의 연맹을 가리킨다. 나치 독일과 이탈리아 왕국, 일본 제국을 중심으로 침략전쟁을 일으킨 제국주의 진영(陣營)이다. 방공(防共) 협정과 (三國)동맹 조약을 통해 결성, '(獨意日)삼국동맹'으로 불린다. 추축국(樞軸國) 명칭은 이탈리아 독재자 무솔리니(Mussolini)의 연설(1936.11.1)에 기원했다. 결국 (獨意日)추축국은 '소미영(蘇美英)' 동맹국에 의해 패전했다.

2575 존슨(N. Johnson, 1887~1954), 워싱턴(Washington) 출생이며 미국의 외교가이다. 1929~1941년 (駐華)미국 대사 역임, 1929년 (駐華)전권공사(全權公使), 1935년 (特派)전권대사, 1939년 12월 '시대주간(時代週刊)' 표지 인물로 선정, 1954년 워싱턴에서 병사했다.

2576 루스벨트(F. Roosevelt, 1982~1945), 뉴욕주(州) 출생이며 미국의 제32대 대통령이다. 1932년 32대 대통령 당선, 1941년 일본의 '진주만 공격'을 계기로 참전, 1945년 4월 조지아주(Georgia州) 온천에서 뇌출혈로 사망했다.

2577 큐리(L. Currie, 1902~1993), 캐나다(Canada) 출생이며 미국의 외교가이다. 1939~1945년 (Roosevelt)대통령 행정조리, 1941년 2월 '대통령 특사' 신분으로 중국을 방문, 장개석에게 '내전 반대'의 (美國政府)메시지를 전달했다.

전달'²⁵⁷⁸과 영국정부의 '압력 행사'²⁵⁷⁹는 장개석에게 큰 부담감으로 작용했다. 2월 중순 주은래는 큐리와 (重慶)면담²⁵⁸⁰했다. 결국 장개석은 제2차 참정회(參政會)²⁵⁸¹에 '중공 참석'을 요청했다.

(中共)참정원(參政員)의 명단²⁵⁸²은 환남사변 전에 결정됐다. '사변' 발생 후 각 민주당파는 (重慶)참정회 개최를 통해 (國共)관계 완화를 기대했다. 루스벨트 대통령 특사인 큐리는 중경에 남아 참정회 개최를 독려했

2578 2월 8일 대통령 특사 큐리(Currie)는 장개석에게 이렇게 말했다. …(國共)양당은 군사적 충돌을 중지하고 (對日)작전에 전념해야 한다. '국공 갈등' 해결 전에는 '경제적 원조'를 중단할 수밖에 없다(盧毅 외, 2015: 113). 당시 미국은 '(國共)내전'이 일본에게 유리하다고 판단했다. 결국 '내우외환'에 빠진 장개석은 (中共)강경책을 포기했다.

2579 영국 대사 카를(Carl)은 장개석에게 영국정부의 의견을 전달했다. …(國共)내전은 '(日軍)공격 강화'를 초래할 것이다(王安娜, 1980: 361). 또 '런던원화(援華)위원회'는 중국정부에 보낸 전보에 이렇게 썼다. …(國共)내전은 항전에 악영향을 미칠 것이다. 친일파의 흉계에 말려들면 안 된다(羅平漢 외, 2015: 112). 당시 영국정부는 '(國共)군사적 충돌'을 빌미로 전면도로(滇緬道路)를 봉쇄했다. 결국 이는 장개석에게 상당한 부담으로 작용했다.

2580 2월 14일 주은래는 중경에서 (美國)대통령 특사인 큐리(Currie)와 면담했다. 큐리는 주은래에게 장개석의 (投降)가능성과 (新四軍)사변의 진상, 중공의 주장을 질문했다. 당시 주은래는 이렇게 회답했다. …장개석이 (反共)정책은 '내전 발발'과 '(日軍)남진'을 촉발할 것이다(劉伯根 외, 2007: 504). 한편 큐리의 '질문'은 미국정정부가 장개석을 불신했다는 단적인 반증이다. 실제로 미국정부가 기대한 것은 일본군의 '북진(北進)'이었다.

2581 3월 1일 제2차 참정회가 중경에서 열렸다. 중경정부가 '12조 방법'을 거부했기 때문에 (中共)참정원은 '대회 참석'을 거부했다. 당일 주은래는 장충에게 '신12조 방법'을 제출했다. 주은래는 장충에게 '신12조'를 수용하지 않으면 동필무·등영초의 (參政會)참석'이 불가능하다고 통보했다. 3월 중순 민주동맹(民主同盟)이 설립됐다.

2582 2월 14일 주은래의 건의를 수용한 중공중앙은 참정원(參政員) 명단을 결정했다. (中共)참정원은 모택동·왕명·박고·임백거·오옥장·동필무·등영초 7명이었다. 당시 중공은 '12조 방법' 수용을 (參政會)참석의 전제조건으로 내걸었다. 결국 장개석의 '12조 거부'로 (中共)참정원은 전부 제2차 '참정회'에 불참했다. 한편 국민당은 (重慶)판사처의 '참정원(董必武·鄧穎超) 참석'을 요청했다. 결국 (中共)대표 주은래의 단호한 거절을 받았다.

다(逢先知 외, 2011: 604). 장개석은 '(中共)참정원 참석'을 요청했으나 중공의 '12조'는 수용하지 않았다. 중공중앙은 '신12조(新十二條)'[2583]를 제출했다. 한편 '(中共)참정원 불참'에 대해 장개석은 막무가내(莫無可奈)[2584]였다.

사면초가에 빠진 장개석은 이렇게 한탄했다. …항전 시기 '(中共軍) 토벌'은 국제(國際) 지지를 상실한 주요인이다(公安部檔案館, 1991: 377). (重慶)참정회에서 장개석은 이렇게 말했다. …향후 '초공(剿共)'은 더 이상 발생하지 않을 것이다(皖南事變編委會, 1990: 251). 3월 14일 주은래와의 회담에서 장개석은 '(黃河)이북 철수'를 고집하지 않았다. 또 애매모호한 태도로 이렇게 말했다. …군령에 복종하면 '군향 지급'은 문제없다(中央檔案館, 1982: 235). 중공의 정치공세와 (國際)여론의 압박하에 장개석은 (反共)정책을 포기했다. 환남사변으로 경색됐던 국공관계는 소강상태에 진입했다. 실제로 장개석의 타협은 완병지계(緩兵之計)[2585]였다.

2583 중공중앙의 '신12조(新十二條)' 골자는 ① 군사행동을 중지 ② 정치범을 석방 ③ 신화일보 봉쇄를 해제 ④ (邊區)합법적 지위를 인정 ⑤ 항일민주정권을 인정 ⑥ 방지(防地), 현상태를 유지 ⑦ 중공군 확충 ⑧ 엽정 석방 ⑨ (中共)간부 석방 ⑩ (新四軍)포로와 무기 반환 ⑪ (各黨派)연합위원회를 설립 ⑫ (中共代表)주석단 가입 등이다. 한편 중공이 제출한 '신12조'는 3월 2일에 (國民黨)중앙에 전달됐으나 장개석은 수용하지 않았다.

2584 모택동은 중공의 (參政會)불참에 장개석은 '막무가내'라고 분석했다. 주된 원인은 ① '12조 방법'을 거절 ② '신12조'를 재차 거부 ③ (國共)결렬의 장본인, 환남사변의 주모자 ④ 국제 여론의 '내전 반대' ⑤ (中共)정치공세에 따른 '(蔣介石)고립무원' 등이다(逢先知 외, 2011: 605). 제2차 참정회에 불참한 중공의 위상은 오히려 높아졌다. 결국 (重慶)참정회에서 연설(3.6)한 장개석은 부득이하게 '군사적 충돌' 재발 방지를 약속했다.

2585 완병지계(緩兵之計)는 잠시 적군의 공격을 늦춰 반격 시간을 얻으려는 계책이며 임시 방편인 '고식지계(姑息之計)'와 같은 맥락이다. 나관중(羅貫中)의 삼국연의(三國演義)에서 기원했다. 한편 '군사적 충돌'을 잠시 포기한 장개석의 '완병지계'는 중공의 강력한 정치공세와 영미(英美) 국가의 '압력 행사'와 소련정부의 '항의'와 크게 관련된다.

모택동이 작성한 '당내 지시(3.18)'[2586]는 이렇게 썼다. …환남사변 후 중공중앙은 '12조' 해결책을 제출하고 '참정회 참석'을 거부했다. 당중앙의 '강경노선 회귀'는 국민당의 '반공고조' 격퇴에 결정적 역할을 했다(毛澤東, 1991: 779). 모택동의 비서 호교목은 이렇게 회상했다. …(皖南事變)해결을 통해 (中共)당내 단결은 강화됐다. 모택동의 (領袖)지위가 견고해졌고 당내 위신은 더욱 높아졌다(胡喬木, 1994: 29). 이는 중공의 '군사적 수세'·'정치공세 강화' 전략이 성공했다는 반증이다. 한편 '(中共)선전전 전개'는 국제 여론의 지지를 받았다. 결국 '위기 대처' 능력과 지도력을 인정받은 모택동은 '(毛蔣)대결'의 최종 승자[2587]가 됐다.

환남사변 후 중공은 군사적 반격을 포기하고 정치공세를 강화했다. 결국 사면초가에 빠진 장개석의 '타협'으로 경색된 (國共)관계가 완화됐다. 실제로 (國共)협력관계는 사실상 종료됐다. 중공 지도자 모택동은 (抗日)근거지의 경제 위기 극복을 위해 자력갱생(自力更生)[2588]의 대생

2586 모택동이 작성한 '당내 지시(3.18)'는 이렇게 썼다. …(重慶)참정회에서 장개석이 '연설(3.6)'한 후 경색된 (國共)관계는 소강상태를 맞았다. 한편 (重慶)참정회에 불참한 중공의 위신은 높아졌으나 국민당의 지위는 추락됐다. 국민당의 '반공(反共)' 선전에 강력한 정치적 공세로 맞서야 한다(中共中央文獻研究室, 1993: 283). 실제로 중공의 '참정회 불참'은 성공적인 전략이었다. 결국 사면초가에 몰린 장개석은 '군사적 충돌'을 중지했다.

2587 환남사변(1941.1) 후 중공 지도자 모택동과 국민당 총재(總裁) 장개석은 치열한 대결을 벌였다. 당시 '군사적 수세'와 '정치적 공세' 전략을 펼친 모택동은 민주인사·국민당 좌파, 국제 여론의 지지와 동정을 받았다. 결국 사면초가에 빠진 장개석은 중공에 '화해 제스처'를 보냈다. 또 '(軍事)충돌 중지'와 '초공(剿共) 포기'를 담보했다. 한편 신사군을 재건하고 영수(領袖) 지위를 확보한 모택동은 '모장(毛蔣) 대결'의 최종 승자가 됐다.

2588 자력갱생(自力更生)은 자신의 노력으로 어려움을 극복하고 새로운 환경을 창조한다는 뜻이다. 또 자강력(自强力)으로 생존을 추구하고 오직 자신의 능력과 의지로 곤란을 극복하려는 정신력을 지칭한다. 한편 손중산은 '중국문제의 해결(1904)', 모택동은 '항전(抗戰) 승리 후 중공의 방침(1945)'에서 자력갱생을 강조했다. 1940~1950년대 중공은 성세호대(聲勢浩大)한 '대생산운동'을 전개해 장개석과 강대국의 '경제적 봉쇄'를 돌파

산운동(大生産運動)을 전개했다. 한편 장개석은 '공산당 근절' 시도를 종래로 포기하지 않았다. 2년 후 장개석은 제3차 '반공고조(反共高潮)'를 일으켰다.

제2차 '반공고조'가 격퇴된 후 (國共)양당의 관계는 소강상태를 유지했다. 1943년 봄여름 (國共)관계는 재차 경색국면에 빠졌다. 이는 유럽 전장(戰場)의 (盟軍)전세 역전과 '추축국' 약세와 관련된다. 한편 공산국제 해산(1943.5)[2589]은 (國共)경색의 직접적 계기로 작용했다. 또 '코민테른 해체'를 (中共)섬멸의 최적 기회로 간주한 장개석은 제3차 '반공고조'를 획책했다. 중공은 강력한 정치공세를 전개해 '반공고조'를 격퇴했다.

모택동이 작성한 '당내 지시(5.8)' 골자는 ① 국민당 항일, 양면성 ② 국민당의 반공, (國際)정세 변화와 관련 ③ (中日)민족 모순이 주도적 지위 차지, '국공 갈등' 종속적 ④ '(國民黨)완고파 투쟁' 승리, 중간파 지지 절실 등이다(逄先知 외, 2005: 294). 상기 '지시' 취지는 (國民黨)반공은 국제 정세의 변화와 밀접하게 관련된다는 것이다. 한편 이 시기 상대를 주적으로 간주한 (國共)양당은 항일에 소극적인 태도를 보였다. 1941~1942년 대생산운동과 정풍운동에 전념한 모택동은 국민당군과의 군사적 충돌을 애써 회피했다. 결국 (國共)관계는 소강상태에 진입했다.

했다.

2589 1943년 5월 13일 '해산 결의안'을 통과시킨 공산국제는 '해산 결정(5.15)'을 선포했다. 5월 20일 공산국제는 '(解散)제의'를 중공중앙에 보냈다. 5월 26일 중공중앙은 '(解散)결정'을 통과시켰다. 6월 8일 '해산 결의'를 채택한 공산국제는 6월 10일부터 활동을 중지했다. 한편 장개석은 공산국제의 해체를 '중공 섬멸'의 기회로 간주했다.

1943년 소련 홍군은 스탈린그라드 전역(戰役)[2590]에서 결정적 승리를 취득했다. 1942년 8월 미군은 (日軍)태평양의 거점인 과달카날섬(Guadal-canal島)[2591]을 점령했다. 동맹군에 의거해 '(日軍)전승'을 기대한 장개석은 중공을 최대의 우환거리로 간주했다(肖顯社 외, 2007: 370). 한편 태평양전쟁[2592] 발발 후 미국의 (戰爭)개입은 반파쇼동맹[2593]의 역량을 강화시켰다. 1943년 봄 스탈린그라드 전역과 과달카날 전역[2594]에서 승리한 동맹군

2590 스탈린그라드 전역은 1942년 7월 17일부터 1943년 2월 2일까지 스탈린그라드(現 Volgograd)에서 독일군과 소련군이 벌인 시가전(市街戰)이다. 7월 17일 독일군 사령관 파울루스(Friedrich)는 33만 병력을 투입, 스탈린그라드를 공격했다. 1942년 11월부터 소련군이 전면적 반격을 개시, 고립된 독일군은 1943년 2월 2일에 소련군에게 항복했다. 소련군 지휘관은 주코브(Zhukov), 독일군 사상자는 150만이며 소련군 사상자는 200만이다.

2591 과달카날섬(Guadalcanal島)은 솔로몬 제도의 수도 호니아라(Honiara)가 위치한 섬이다. 섬의 면적은 5302제곱킬로미터, (Solomon)제도에서 가장 큰 섬이다. '과달카날' 이름은 스페인의 세비야 과달카날(Guadalcanal)에서 따온 것이다. 1893년부터 영국령 솔로몬 제도 보호령(保護領) 일부가 됐다. 1942년 봄 일본군이 과달카날섬을 점령했다.

2592 태평양전쟁(太平洋戰爭)은 제2차 세계대전 중 일본과 미국 등의 연합군이 벌인 전쟁이다. 일본은 '대동아전쟁(大東亞戰爭)'이라고 한다. 일본의 진주만 공습(1941.12.7)으로 시작, (日本)무조건 항복(1945.8.15)으로 끝났다. 참전국은 37개, 3년 8개월 간 지속됐다. 결국 150만명의 사망자를 낸 패전국 일본은 (美國)아시아 근거지'로 전락했다.

2593 반파쇼동맹((反fascio同盟)은 제2차 세계대전 중 형성된 영미(英美)·소련·중국 주축의 동맹국을 가리킨다. 1941년 6월 22일 영국 수상 처칠은 '소련 원조'를 선포, 미국도 '소련 원조(援蘇)' 성명을 잇따라 발표했다. 7월 3일 스탈린은 '통일전선 결성'을 선포했다. 1942년 1월 1일 영미 등 26개국은 워싱턴에서 '연합국가 선언'에 서명했다. 실제로 소영미(蘇英美) 주축의 반파쇼동맹은 (反fascio)전쟁이 승리를 거둔 결정적 요소이다.

2594 과달카날(Guadalcanal) 전역은 1942년 8월부터 1943년 2월까지 과달카날과 주변 섬에서 미국 등 연합군과 일본 간에 벌어진 전쟁이다. 연합군 병력은 6만명, 일본군 병력은 3.6만명, 전사자는 (聯合軍)7000여 명, (日軍)1.9만명이다. (美軍)승리로 '연합군 반격'이 시작됐다. 한편 과달카날 전역의 패배로 일본은 전략적 방어로 전환했다.

은 전략적 공세로 전환했다. 1943년 봄 한덕근·왕중렴(王仲廉)[2595]·이선주(李仙洲)[2596]의 부대는 재차 군사적 충돌을 일으켰다.

1943년 2월 중공중앙은 국공관계 개선을 위해 '통일전선 중시'를 강조했다. 모택동은 팔로군·신사군에서 보낸 지시(2.7)에 이렇게 썼다. …(軍事)충돌이 발생하면 당중앙에 보고해야 하며 함부로 반격을 가해선 안 된다(中共中央文獻研究室, 1993: 426). 모택동은 진의에게 보낸 전보(3.19)에 이렇게 썼다. …'신사군 충돌' 중 체포된 한덕근을 석방해야 한다(逢先知 외, 2005: 430). 장개석의 '중국의 명운(命運)'[2597]은 중공을 이렇게 매도했다. …'신식 군벌(軍閥)'[2598]인 공산당은 위법과 기만을 일삼고 있다(蔣介石, 1943: 127). '한덕근 석방'[2599]은 (國共)충돌을 방지하기 위한 '(中共)

2595 왕중렴(王仲廉, 1904~1991), 안휘성 소현(蕭縣) 출신이며 국민당 우파이다. 1930~1940년대 제13군(軍) 89사단장, 제31집단군 총사령관, 제4병단(兵團) 사령관 등을 역임, 1991년 대북(臺北)에서 병사했다.

2596 이선주(李仙洲, 1894~1988), 산동성 장청(長淸) 출신이며 국민당군 중장이다. 1930~1940년대 15집단군 부총사령관, 제28집단군 총사령관, 제2수정구(綏靖區) 부사령장관, 건국 후 산동성 접협(政協) 위원, 전국 정협 위원 등을 역임, 1988년 제남(濟南)에서 병사했다.

2597 장개석의 저서 '중국의 명운(命運)'이 출간(1943.3)된 후 국민당의 각 기관의 필독서(必讀書)가 됐다. 중앙일보 사설은 이렇게 썼다. …대저(大著)는 중국혁명의 방향을 제시하고 건국(建國)의 방침을 제정했다(葉永烈, 2014: 319). 장개석은 저서에서 중공은 '신식 군벌'·'간당(奸黨)'으로 폄하했다. 결국 이는 제3차 '반공고조'의 도화선이 됐다.

2598 군벌(軍閥)은 강대한 군사력을 배경으로 지방에 할거(割據)한 독립적 군사집단을 지칭한다. 1920년대 중국에서 '군벌 할거'가 최절정에 이르렀다. 당시 장개석이 중공을 '신식(新式) 군벌'로 간주한 주된 이유는 ① 중공의 '섬북(陝北) 할거' ② 섬감녕변구와 (抗日)근거지 확보 ③ 팔로군·신사군의 독자적 발전 ④ '국민정부 지시' 불복 등이다. 한편 '여야당(與野黨)' 관계인 국공(國共) 양당은 이념과 신앙이 다른 '라이벌 관계'였다.

2599 1943년 3월 17일 신사군(新四軍) 제4사단은 산자두(山子頭) 일대에 주둔한 한덕근(韓德勤)의 국민당군을 공격했다. 3월 18일 신사군은 한덕근과 국민당군 장병 1000여 명을 체포했다. 결국 한덕근의 제89군단은 진포(津浦)철로 이서로 퇴각했다. 한편 신사군 지

화해 제스처'였다. 한편 장개석의 취지는 공산당이 주적이라는 것을 강조하기 위한 것이다. 1943년 봄여름 장개석은 '연안 습격'을 책동했다.

디미트로프는 모택동에게 보낸 전보(5.11)에 이렇게 썼다. …국민당은 공산당과의 군사적 충돌을 준비하고 있다. '(國共)충돌'을 미연에 방지해야 한다. 매체를 동원해 중공이 항전에 소극적이라는 지적을 반박해야 한다('第一研究部', 2012: 360). 이는 디미트로프가 소련정부의 입장에서 모택동에게 '국민당 양보'를 강요한 것이다. (延安)정보요원(Vladimirov)이 전달한 편협한 시각에 근거해 '군사 문외한(Dimitrov)'이 (中共)항전을 지시한다는 것은 황당 그 자체였다. 이는 공산국제가 중공중앙에 내린 '마지막 지시'였다. 며칠 후 공산국제는 '해산 결정'을 선포했다.

디미트로프와 만누일스킬이 (蘇共)지도부의 건의에 따라 작성한 '(解散)결의안'은 공산국제의 비밀회의(5.13)에서 통과됐다. 5월 22일 (蘇共)기관지 '진리보(眞理報)'는 공산국제의 최종 결정을 공표했다(黃修榮 외, 2012: 361). 이는 공산국제 해산을 결정한 장본인[2600]이 스탈린이었다는 것을 반증한다. 5월 20일 공산국제는 '해산 제의(提議)'를 중공중앙에 보냈다. 5월 25일 공제국제의 '해산 문건'을 받은 모택동은 디미트로프에게 '중공의 결정'을 (TASS)통신사로 발송하겠다는 답전을 보냈다. 5월 26일 중공중앙은 '공산국제 해산에 대한 (中共)결정'을 통과시켰다.

도부는 당중앙의 지시(3.19)에 근거해 한덕근을 석방했다(劉志靑, 2010: 174). 실제로 중공의 '한덕근 석방'은 일촉즉발의 제3차 '반공고조(反共高潮)'를 의식했기 때문이다.

2600 디미트로프는 그의 일기에 이렇게 썼다. …5월 11일 나와 만누일스킬은 '(解散)결의안 초안'을 작성해 스탈린에게 보냈다. 당일 저녁 나와 만누일스킬은 스탈린의 집무실을 방문했다. 당시 스탈린은 '결의안 초안'을 비준했다(楊燕傑, 외, 2002: 243). 결국 이는 스탈린이 '공산국제 해산'을 최종 결정한 장본인이라는 것을 반증한다.

반파쇼(戰爭)의 승리를 위해 (英美)연합군의 '(歐洲)제2전장(戰場)'[2601]
개척을 기대한 스탈린은 처칠(Churchill)[2602]·루스벨트의 '정치적 우려' 불
식을 위해 공산국제를 해체했다(袁南生, 2003: 677). 공산국제는 '(解散)원
인'을 이렇게 설명했다. …각 국의 문제점을 해결할 수 없는 공산국제
는 (各國)정당 발전의 걸림돌이 됐다(解放軍政治學院黨史敎延室, 1979: 277). 공
산국제 회의(5.13)에서 프랑스의 공산당 총서기 토레즈(M. Thorez)[2603]는 이
렇게 말했다. …시의적절한 '해산'은 '(反)히틀러 민족전선' 확대에 도움
이 된다. (獨逸)공산당 서기 피크(W. Pieck)[2604]도 '해산'을 찬성했다(Sobolev,
1985: 531). 1941년 스탈린은 디미트로프와 '해산 필요성'[2605]을 논의[2606]했

2601 1943년 11월 28일 '소미영(蘇美英)' 수뇌인 스탈린·루스벨트·처칠은 이란 수도 테헤
란(Teheran)에서 회담을 진행했다. '(Teheran)회담'에서 '(歐洲)제2전장' 개척과 '(獨逸)협
공'을 결정했다. 즉 1944년 5월 말까지 '유럽 상륙' 계획 완성을 결정했다. 결국 '노
르망디(Normandie) 상륙' 작전(1944.6.6) 실시로 독일군은 '동서 협공'을 받았다.

2602 제2차 세계대전 중 영미는 '추축국(樞軸國) 전승'을 위해 소련과 (軍事)동맹을 맺었다.
당시 (英美)국가의 수뇌(首腦) 처칠·루스벨트가 우려한 것은 공산체제(共産體制)인 소련
과 공산국제의 역량 강화였다. 영국·미국이 주도한 연합군의 '(Europe)제2전장' 개척
이 절실한 상황에서 '실리주의자' 스탈린이 공산국제 해체를 결정한 것이다.

2603 토레즈(M. Thorez, 1900~1964), 파드칼레주(Pas-de-Calais) 출생이며 프랑스의 공산당 총
서기(1930~1964)이다. 1920년 (France)공산당 가입, 1930년 공산당 총서기, 1943년 모
스크바로 망명, 1940년대 국방부장·부총리 등을 역임, 1964년 심장마비로 사망했다.

2604 피크(W. Pieck, 1876~1960), 구벤(Guben) 출생이며 동독(東獨) 초대 대통령이다. 1931년
공산국제 서기처 서기, 1930~1932년 (獨共)공산국제 대표, 1949~1960년 (東獨)대통
령, 1960년 베를린(Berlin)에서 병사했다.

2605 1939년 공산국제의 '전략 변화'와 소련의 폴란드·핀란드 침공은 (Europe)공산당의
불만을 야기했다. 독소전쟁 발발 후 소련은 (各國)공산당을 지원할 여력을 상실했다.
환남사변 후 중공 지도자 모택동은 더 이상 공산국제를 '상급자'로 간주하지 않았다.
결국 '(共産國際)존재 필요성'을 부정한 스탈린이 공산국제 해산을 결심한 것이다.

2606 디미트로프는 그의 일기(1943. 4.20)에 이렇게 썼다. …스탈린은 미국 등 일부 지부(支
部)가 공산국제에서 퇴출한 것은 나쁜 일이 아니라고 말했다. 각 국 공산당은 독립적

다. '역사적 사명'을 완수한 공산국제는 역사속으로 사라졌다.

공산국제의 '해산 결정(5.15)'은 이렇게 썼다. …반파쇼 국가는 정치적 체제가 다르고 나름의 특수한 임무를 지니고 있다. 고도로 집결된 국제조직이 효과적인 투쟁 전개에 적합하지 않다. (各國)공산당 지도부는 정치적으로 성숙[2607]됐다(申長友, 1994: 275). 모택동은 '해산 원인'에 대해 이렇게 설명했다. …국제조직이 (各國)혁명의 발전에 부합되지 않으면 반드시 철회돼야 한다. 공산국제는 각 국의 혁명투쟁 지도력을 상실했다. 중공의 급선무는 독립적인 지도력을 강화하는 것이다(葉永烈, 2014: 315). 실제로 모스크바의 '괴뢰'인 공산국제는 유명무실한 (指導)기관이었다. 이 시기 '존재 가치'를 상실한 공산국제는 스탈린의 골칫거리였다.

스탈린의 '공산국제 해산' 원인은 첫째, 폴란드·핀란드를 침공한 소련은 국제연맹에서 제명(1939.12)됐다. 둘째, 스탈린의 '히틀러 타협'과 '(共産國際)전략 변화'는 유럽 (各國)공산당의 지지를 상실했다. (美國)공산당[2608]의 '공산국제 퇴출(1940.11)'이 단적인 증거이다. 셋째, 환남사변 후 중공 영수 모택동은 더 이상 공산국제를 직속상관으로 간주하지 않았다. 넷째, 독소전쟁 후 모택동은 스탈린의 '(作戰)협력' 요청을 거절했다.

정당으로 발전해야 한다(馬細譜 외, 2002: 135). 결국 이는 스탈린이 '공산국제 해산' 필요성을 역설한 것이다. 실제로 스탈린이 공산국제의 '존재 가치'를 부정한 것이다.

2607 모택동은 '공산국제 해산(5.26)' 연설에서 이렇게 말했다. …각 국의 공산당은 독립적으로 (本國)혁명투쟁을 지도할 수 있다. 각 국의 혁명은 정치적으로 성숙된 (各國)공산당이 영도해야 한다(袁南生, 2014: 548). 이 시기 (延安)정풍운동을 통해 '독립자주적 노선'을 결정한 중국 공산당은 사실상 공산국제의 지배권에서 벗어났다.

2608 (美國)공산당(CPUSA)은 1919년에 창건됐다. 제2차 세계대전 기간 광범위한 인민전선을 설립, 당원수가 10만명에 달했다. 1940년대 매카시즘(McCarthyism) 성행으로 중대한 손실을 입었다. 1970년대 베트남전쟁(1955~1975)으로 활기를 회복, '동유럽 혁명(1989)' 후 침체기에 빠졌다. (美共)당원수는 2000~3000명(2014)으로 추정된다.

다섯째, 1943년 봄 독소전쟁은 결정적 단계에 진입했다. 당시 영미(英美) 등의 '군사적 협력'이 절실했다. 여섯째, 공산국제 산하의 (各國)공산당은 '소련 보위'에 도움이 안 됐다. 결국 국익을 최우선시한 '실리주의자' 스탈린은 지도력을 상실한 공산국제를 가차없이 해체한 것이다.

'번역(飜譯)'[2609]인 사철이 '(共産國際)해산(5.22)' (電報)역문을 넘겨줬을 때 모택동은 흥분된 어조로 이렇게 말했다. …모스크바의 결정이 정확하다. 중공은 '공산국제 해산'을 찬동한다(師哲, 1991: 228). 5월 26일 모택동은 이렇게 지적했다. …공산국제는 각 국의 공산당 발전에 도움이 안 된다. 이는 (各國)공산당의 자주성 확보에 기여할 것이다(金沖及 외, 2011: 666). 이 시기 정풍운동을 통해 소련파를 숙청하고 모스크바의 영향력을 제거한 모택동은 중공 영수로 자리매김했다. 실제로 '유명무실한 기관'으로 전락한 공산국제의 해체는 중공의 '복음(福音)'[2610]이었다.

일리체프(Ilichev)[2611]가 디미트로프에게 전달(5.30)한 (報告)골자는 ① 모택동의 보고(5.26), 공산국제는 중공 발전 저해 ② 마르크주의, 중국의 실정에 적용 ③ (中共)내부, 모스크바파 존재 ④ (黨內)적대분자, (共産國際)

2609 사철의 임무는 '(中共)7대 참가' 후 모스크바로 돌아가 관련 상황을 보고하는 것이었다. 당시 사철은 임필시의 비서와 모택동의 (Russia語)번역을 맡았다. 1942년 말 사철은 '(共産國際)소련 회귀' 지시를 거절했다(李海文, 2019: 155). 문혁 시기 (延安)사회부 직속 상관 강생의 무함(誣陷)을 받은 사철은 '소련 특무'로 몰려 17년 간 수감됐다.

2610 (延安)정풍운동을 통해 '모스크바 영향력'을 제거한 상황에서 공산국제의 해체는 '소련파 숙청'의 정책적 근거로 작용했다. 또 이는 모택동사상을 확립하는 직접적 계기가 됐다. 이 시기 공산국제의 지배권에서 벗어난 중공은 '독립자주적 노선'을 결정했다. 결국 공산국제의 해산은 모택동의 '(中共)영수 지위' 확보에 긍정적 역할을 했다.

2611 일리체프(Ilichev, 1905~1983)는 제2차 세계대전 시기 소련정부의 '정보국 책임자'였다. 1929년 (蘇聯)공농홍군 참가, 1942~1945년 국방인민위원회 정찰국장, 1948~1949년 (蘇聯)외교부 근무, 1983년 모스크바에서 병사했다.

해산 왜곡 ⑤ 유소기, 공산국제가 부당 간섭을 했다고 주장 ⑥ 왕명의 '당적(黨籍) 박탈' 가능성 등이다('第一研究部', 2012: 377, 378). 상기 왜곡된 정보는 블라디미노프(孫平)가 직속상관 일리체프에 보낸 것이다. 한편 블라디미노프는 스탈린이 (中共)동정을 살피기 위해 연안에 파견한 것이다. 실제로 블라디미노프는 '스파이 역할'[2612]을 담당했다.

해방일보에 발표한 사설(5.28)은 이렇게 썼다. …히틀러가 동맹국을 이간질하는 선전수단은 '(國際)공산당 조직'인 공산국제를 부정하는 것이다. 공산국제 해산으로 히틀러가 주도한 '(反)공산국제(公約)'이 수포로 돌아갔다(申長友, 1994: 279). 로이터(Reuter) 통신사[2613] 기자와의 담화에서 공산국제 해산을 '정확한 결정'[2614]이라고 강조한 스탈린은 이렇게 말했다. …(共産國際)해산은 히틀러의 '악의적 비방' 음모를 적발했다. 이는 (各國)통일전선 발전과 반파쇼(戰爭) 승리에 일조할 것이다(Stalin, 1962: 348). 공산국제 지도부는 6월 10일부터 모든 활동을 중지한다고 선포했다. 한편 공산국제 해체에 쾌재를 부른 것은 장개석이었다.

2612 1942년 5월 연안에 도착한 블라디미노프의 임무는 '(日軍)군사정보 수집'이었다. 그의 '정보 수집'은 중앙사회부의 도움을 받았다. 모택동은 블라디미노프를 통해 (中共)주장을 공산국제와 스탈린에게 전달했다. 당시 블라디미노프는 모택동의 신임을 얻었다(師哲, 2015: 150, 151). 블라디미노프의 또 다른 임무는 (中共)정책과 모택동의 동정(動靜)을 공산국제에 보고하는 것이다. 실제로 모택동과 블라디미노프는 '서로 이용'하는 관계였다.

2613 로이터(Reuter) 통신사는 세계에서 가장 오래된 (英國)최대 통신사이다. 1850년 율리우스 로이터(Julius Reuter)가 (獨逸)아헨에서 창립했다. 1916 (Reuter)유한회사로 개편, 2007년 캐나다의 톰슨 코퍼레이션이 인수했다.

2614 스탈린은 (Reuter)통신사 기자와의 인터뷰(5.28)에서 이렇게 말했다. …공산국제 해산은 정확한 결정이다. 그 이유는 ① 히틀러의 '볼셰비키화' 비방 적발 ② (共産主義)반대자들의 비난을 반박 ③ (反fascio)투쟁에 유리 ④ 국제연맹 결성에 도움 등이다(葛志强 외, 251, 252). 실제로 스탈린의 '공산국제 해체' 주요인은 영미의 '우려 해소'이다.

정풍운동을 통해 '독립자주적 노선'을 선택한 중공에게 '공산국제 해체'는 나쁜 소식이 아니었다. 1941년 후 공산국제는 '(若干)경제적 지원' 외 중공에게 별다른 도움도 주지 못했다. 모택동은 '(共産國際)해산'을 '시의적절한 조치'라고 평가했다(楊奎松, 2010: 433). 1941년 후 중공중앙은 리더십을 상실한 공산국제에 크게 기대하지 않았다. 당시 국민당은 '공산국제 해체'를 절호의 '중공 섬멸' 기회로 간주했다. 한편 '지시전(指示電, 6.1)'[2615]에서 모택동은 장개석이 대규모적 (軍事)충돌을 일으키지 않을 것으로 전망했다. 결국 이는 엄연한 '판단 착오'[2616]였다.

페이틴(Fitin)[2617]은 디미프로프에게 보낸 편지(6.7)는 이렇게 썼다. …(國民黨)군정회의 결정은 ① 공산국제 해체, 정확한 결정 ② 정책 실패, 파산 초래 ③ 중공 해산, 필연적 결과 ④ 공산당, 존재 가치를 상실 등이다('第一硏究部', 2012: 383. 384). 당시 맨체스터 가디언(Manchester Guardian)[2618] 기자가 인터뷰한 (國民黨)부장은 이렇게 말했다. …스탈린의 '두

2615 모택동이 작성한 '지시전(6.1)'의 골자는 ① 국민당, 각종 위기 직면 ② 전투력 약화 ③ 영미의 '경제적 원조' 미미 ④ (甘黔川)민란 폭발 ⑤ 대규모 군사적 충돌은 불가능 등이다(楊奎松, 2010: 434). 한편 '(大規模)군사적 충돌'이 불가능하다는 모택동의 주장은 '판단 착오'였다. 당시 장개석은 호종남의 '(延安龔擊)작전 계획(5.23)'을 비준했다.

2616 모택동은 공산국제에 보낸 전보(5.26)에 이렇게 썼다. …'중국의 명운'이란 저서에서 장개석은 중공을 비방하고 반공(反共) 여론을 조작했다. 현재 국민당은 엄중한 위기에 직면했다. 또 일본군은 '중국군 섬멸'을 시도하고 있다. 따라서 국민당은 감히 중공과 결렬하지 못할 것으로 판단한다(黃修榮 외, 2012: 376). 상기 모택동의 주장은 엄연한 '판단 실수'였다. 실제로 이 시기 장개석은 심복인 호종남과 '(延安)기습전'을 획책했다.

2617 페이틴(Fitin, 1907~1971), 제2차 세계대전 시기 소련 정보국의 책임자였다. 1938년 (內務部)중앙학교에서 연수, 1938~1939년 국가안전국 제5처(處) 부처장, 1939~1941년 안전국 처장, 1941~1943년 정찰국장, 1943~1946년 국가안전부 제1국장을 맡았다.

2618 맨체스터 가디언(Manchester Guardian)은 1821년 에드워드 테일러(Edward Taylor)가 창간한 주간지였다. 1959년 '가디어(Guardian)'으로 개칭, 1961년 런던으로 이전했다. '가디

가지 큰 일'은 ① 정치위원(制度) 폐지 ② 공산국제 해체이다(黃修榮 외, 2012: 385). 공산국제 해체에 따른 '중공 해산'이 필연적 결과라는 주장은 어불성설이다. 한편 '정치위원'을 폐지[2619]한 것은 장개석이다.

공산국제 해체를 공산주의 세력을 약화시킬 최적의 기회로 여긴 장개석은 일기에 이렇게 썼다. …20세기 중대사이며 획기적 사건이다. '중공 제거' 호기로 삼아야 한다. 이는 삼민주의의 승리이다. '공산당 전멸' 전략을 제출하고 계획을 작성해야 한다(蔣中正'總統'檔案, 2011: 498, 531). 장개석의 지시를 받은 대립(戴笠)은 '중공문제 해결 방안'[2620]을 작성했다. '해결 방안' 취지는 공산국제 해체를 빌미로 정치공세를 강화하고 선전수단을 동원해 중공에 압력을 가해야 한다는 것이었다. 한편 장개석은 '연안 습격'에 관한 제반 (軍事)준비를 측근과 참모들에게 지시했다.

국민당의 중앙주간(中央週刊)[2621]의 (第42期)사설은 이렇게 썼다. …제3국제는 이미 정확한 결정을 내렸다. 중공도 공산국제의 해체를 계기로

언'의 자매지는 '업저버(The Observer)'·'가디언 위클리(Guardian Weekly)' 등이 있다.

2619 공산당 부대인 홍군(紅軍)의 정치위원 제도는 고전(古田)회의(1929.12) 후 도입됐다. 제2차 '국공합작(1937.8)' 후 홍군이 팔로군으로 개편, 정치위원 제도는 장개석에 의해 철회됐다. 1940년 전후 중공중앙은 팔로군·신사군의 정치위원 제도를 회복했다. 이 시기 (華中)신사군 정치위원으로 유소기를 임명(1940.11)한 것이 단적인 사례이다.

2620 대립이 작성한 '(中共)해결 방안'의 골자는 ① 정치적 선전(宣傳)과 (軍事)압력 병행 ② (陝甘寧)변구 행정조직 개편 ③ 중공군에 정공(政工) 간부 파견 ④ 군사적 반격 ⑤ '공산국제 해산' 기회 이용 ⑥ 연안에 중앙통신사(中央通信社) 지사 설립 등이다(盧毅 외, 2015: 115). 상기 대립이 작성한 '(中共)해결 방안'은 장개석의 지시를 받은 것이다. 당시 장개석은 공산국제의 해체를 '중공 해산'의 절호의 기회로 간주했던 것이다.

2621 1928년에 창간된 중앙주간(中央週刊)은 국민당중앙 선전부(宣傳部)가 주관한 '시사정론성(時事政論性)' 간행물(週刊誌)이다. 원명은 중앙주보(中央週報)이다. 1937년 6월에 정간(停刊), 총 473기(期)를 발행했다. 한편 장사(長沙)에서 복간(復刊, 1938.7)된 후 그해 8월 중경(重慶)으로 이전했다. 1948년 11월에 폐간(廢刊)됐다.

'공산당 해산' 방침을 확정해야 한다('中央週刊', 1943.6.3). '복흥사(復興社)' 두목인 장척비(張滌非)는 모택동에게 보낸 전보(6.12)에 이렇게 썼다. … 마르크스주의는 이미 파산을 선고했다. 이 기회에 중공 지도부는 공산당을 해산하고 '섬감녕변구'를 철회해야 한다(江濤, 2005: 254). 실제로 국민당이 기선 제압을 위한 '선전(宣傳)선동전'을 펼친 것이다. 결국 이는 '이슈 선점'을 위해 국공(國共) 간에 벌인 '기(氣)싸움'이었다.

5월 26일 장개석은 호종남에게 밀전(密電)[2622]을 보냈다. 6월 상순 호종남은 병력을 재배치했다. 7월 2일 도치악(陶峙岳)[2623]은 7월 8일까지 '(攻擊)준비 완료'를 명령했다(中央檔案館, 1992: 65). 6월 중순 호종남은 (洛川)작전회의[2624]를 열고 '기습전' 전개를 위한 작전 배치를 했다. 또 장개석은 (黃河)연안에 주둔한 2개 군단을 (陝甘寧)변구로 이동 배치했다(劉伯根 외, 2007: 571). 7월 초 (邊區)주변에 집결된 병력은 60만에 달했다. 실제로 국민당군은 군량 준비와 병참 설치, 군수품 조달 등 공격 준비를 마

2622 장개석은 호종남에게 보낸 밀전(5.26)에 이렇게 썼다. …최근 간당(奸黨)은 자중지란(自中之亂)이 심각하다. '공산국제 해산' 기회를 이용해 연안을 습격해야 한다. 6월 중 작전계획을 짜고 극비에 부쳐야 한다(李勇 외, 1995: 300). 상기 '간당(奸黨)'은 중공을 가리키며 '자중지란'은 정풍운동을 통한 모택동의 '소련파 숙청'을 가리킨다. 한편 이 시기 (延安)정풍을 통해 모스크바의 '영향력'을 제거한 모택동은 중공 영수(領袖) 지위를 확보했다.

2623 도치악(陶峙岳, 1892~1988), 호남성 녕향(寧鄕) 출신이며 개국상장이다. 1930~1940년대 국민혁명군 제76군단장, 제37집단군 총사령관, (新疆)정부 주석, 1949년 9월 기의(起義), 건국 후 신강군구 부사령관, 전국 정협 부주석을 역임, 1988년 장사(長沙)에서 병사했다.

2624 1943년 6월 18일 호종남은 섬서성 낙천(洛川)에서 작전회의를 개최했다. 회의는 낙천·의군(宜君) 등지에 병참(兵站)을 설치하고 야전병원의 설치를 결정했다. 6월 말부터 국민당군은 소부대를 파견해 팔로군의 관중(關中) 진지를 공격했다. 7월 2일 호종남은 7월 10일까지 (延安)공격 준비 완료를 명령했다(劉志靑, 2010: 175). 한편 7월 초 호종남 신변에 잠복한 (中共)정보요원 웅향휘(熊向暉)가 '극비(極秘)' 정보를 중공중앙에 제공했다.

쳤다. 7월 초 중공은 호종남의 '연안 습격' 정보를 입수했다.

6월 17일 장개석은 호종남에게 '(延安)습격 준비' 상황을 물었다. 호종남은 (襲擊)예정일을 7월 28일로 정했다고 보고했다. 장개석은 '계획'을 극비에 부칠 것을 요구했다(楊天石, 2008: 410). 7월 초 '(極秘)계획'은 웅향휘(熊向暉)[2625]에 의해 연안에 전해졌다. (情報)입수 후 모택동은 대비책을 마련했다(羅平漢 외, 2015: 117). 모택동은 (西安)주자건(周子健)[2626]에게 전보(7.3)[2627]를 보내 '주은래 전달'을 지시했다. (胡宗南)기요비서인 웅향휘는 주은래가 배치한 (中共)정보요원이다. 한편 모택동이 주자건에게 전보를 보내 '정보 제공'을 치하한 것은 '상황 오판'[2628]이다.

7월 4일 모택동은 동필무에게 보낸 전보에 이렇게 썼다. …수일 내 내전이 폭발할 수 있다. 중경의 (英美)대사에게 상황을 통보하고 장치중

2625 웅향휘(熊向暉, 1919~2005), 산동성 액현(掖縣) 출신이며 공산주의자이다. 1936년 중공에 가입, 1940년대 호종남의 기요비서, 2차례 국민당군의 '연안 공격' 정보를 제공했다. 건국 후 중앙조사부 부부장, 전국 정협 상임위원 등을 역임, 2005년 북경에서 병사했다.

2626 주자건(周子健, 1914~2003) 안휘성 임천(臨泉) 출신이며 공산주의자이다. 1936년 중공에 가입, 1940년대 (西安)팔로군 판사처장, 중앙통전부(中央統部) 비서처장, 건국 후 제1기계공업부장, 안휘성장(安徽省長), 중앙위원 등을 역임, 2003년 북경에서 병사했다.

2627 1943년 7월 3일 모택동은 (西安)주자건에게 전보를 보내 '주은래 전달'을 지시했다. 전보는 이렇게 썼다. …(敵軍)제54사단이 섬감녕(陝甘寧) 변구를 침입해 공사(工事)를 구축했다. 호종남과 '변구 퇴출'을 교섭해야 한다. 정보에 따르면 호종남은 군사회의를 열고 작전 배치를 했다(中共中央文獻研究室, 2005: 449). 7월 4일 모택동은 재차 주자건에게 전보를 보내 '(國共)내전 위기'를 강조했다. 한편 주은래는 7월 9일에 서안에 도착했다.

2628 모택동은 (西安)판사처 책임자 주자건에게 전보(7.13)를 보내 '(延安襲擊)정보 제공'을 치하했다. 실제로 '정보 제공' 주인공은 호종남의 기요비서 웅향휘(熊向暉)였다. 7월 초 웅향휘가 제공한 '(極秘)정보'를 주자건이 연안에 전달한 것이다. 당시 모택동은 '웅향휘 존재'를 알지 못했다. 한편 웅향휘를 호종남의 신변에 파견한 것은 주은래였다.

등과 교섭해야 한다(逢先知 외. 2005: 449). 7월 4일 주덕은 호종남에게 보낸 전보에 이렇게 썼다. …'변구(邊區)' 주변에 대부대가 집결했다. 일촉즉발(一觸卽發) 전운이 감돌고 있다. '병화(兵禍)'는 통일전선을 파괴하고 일제가 어부지리를 얻을 것이다(中央檔案館, 1982: 68). 7월 6일 주덕은 장개석에게 전보를 보내 '내전 중지'를 호소했다. 상기 주덕의 전보는 호종남의 '(極秘)계획'이 누설됐다는 것을 반증한다. 한편 호종남의 '(延安)기습' 계획이 영미 (駐華)대사에게 알려진 것은 결정타[2629]였다.

정치국 회의(7.7)에서 모택동은 이렇게 말했다. …(陝甘寧)변구의 주변에 대부대를 집결시킨 국민당은 (反共)여론을 조성하고 있다. 군사행동과 정치공세 병행 목적은 '(共産國際)해체'를 계기로 공산당을 섬멸하는 것이다. 회의는 모택동의 의견을 수용해 '4가지 결정'[2630]을 채택했다(中共中央文獻研究室, 2005: 451). 7월 8일 중공중앙은 국민당군의 '(邊區)공격 반대' 지시를 내렸다. 중공 특유의 선전전(宣傳戰)이 전격 개시된 것이다. 7월 9일 해방일보는 '내전 반대, 위기 만회' 사설을 발표했다. 7월 12일자 해방일보는 모택동이 작성한 '국민당 질문'[2631] 문장을 게재했다.

2629 중공의 '선전 강화'와 (邊區)군민들의 항의운동은 국제 여론의 중시를 받았다. (國共)내전이 일본에게 유리하다고 판단한 영미는 장개석에게 압력을 행사해 '내전 중지'를 요구했다(李蓉, 2016: 112). 결국 장개석은 호종남에게 '(延安)공격 중지' 명령(7.10)을 내렸다. 실제로 장개석이 가장 두려워한 것은 '(英美)원조 중지'였다.

2630 '4가지 결정' 골자는 ① 통일전선 견지, '항전 파괴' 반대 ② (延安)군중대회 소집, 항의운동 전개 ③ '군사적 반격' 준비, '선전전' 전개 ④ '내부 지시' 발표 등이다(中共中央文獻研究室, 1993: 451). 7월 9일 (延安)군민 3만명이 참가한 (抗議)집회가 열렸다. 중공의 성세호대한 '선전전'으로 궁지에 몰린 장개석은 부득불 '연안 공격'을 중지했다.

2631 해방일보는 모택동이 작성한 '국민당 질문'을 게재(7.12)했다. '질문'은 이렇게 썼다. …항일에 소극적이고 반공(反共) 선전과 내전에 치중하는 국민정부에 엄중한 질문과 항의를 제출한다. (國民黨)당국은 내전 행위를 반성해야 한다. 중공은 국민당의 중대한

모택동은 팽덕회에게 보낸 전보(7.9)에 이렇게 썼다. …'선전전(宣傳戰)'[2632] 전개를 통해 영미(英美) 국가에 장개석의 (內戰)음모를 폭로해야 한다(盧毅 외, 2015: 120). 외국 기자들은 장도번(張道藩)[2633]에게 질문했다. 또 영미(英美) 대사는 '원조 중지'를 전제로 장개석에게 내전 중지를 경고했다(中央檔案館, 1986: 657). 중공의 '선전전'은 국민당보다 한 수 위였다. 장개석이 두려워하는 '(英美)경고'를 유발한 것이 단적인 증거이다.

(中共)정치공세와 동맹국의 압력에 못 이긴 장개석은 '(邊區)공격'을 포기했다. 호종남은 병력을 총출동한다면 일본군의 공격을 받을 수 있다는 것을 인지했다(熊向暉, 1991: 25). 7월 11일 장개석·호종남은 주덕에게 전보를 보내 '(邊區)공격 의도'가 없었다고 발뺌했다. 7월 12일 호종남은 철수를 명령했다(羅平漢 외, 2015: 121). (國民黨)5기 11중전회(1943.9)[2634]

과오를 용서할 수 없다(逄先知 외, 1993: 454). 한편 7월 12일 호종남은 '변구(邊區) 철수'를 명령했다. 결국 이는 중공의 '선전전(宣傳戰)'이 소기의 성과를 거뒀다는 단적인 반증이다.

2632 중공은 창당(1921.7) 이래 줄곧 선전(宣傳)선동전을 중요시했다. 이는 중공의 마르크스주의 전파와 선전교육 중시, 대중 동원과 관련된다. 당시 '병력 열세'인 (中共)홍군은 대중의 지지가 절실했다. 이 또한 홍군이 '선전전(宣傳戰)'을 중요시한 주된 이유이다. 또 중공은 (紅軍)정치위원의 역할을 중요시하고 '선전전'을 중요한 정신(精神) 무기로 간주했다. 결국 중공 특유의 '선전전'은 제3차 '반공고조'를 무산시킨 수훈갑 역할을 했다.

2633 장도번(張道藩, 1897~1968), 귀주성 반현(盤縣) 출신이며 국민당 우파이다. 1920~1940년대 국민당중앙 비서, 중앙조직부 부부장, 중앙선전부장, 중앙전영(電影)기업회사 이사장, 1950년대 '중화일보' 이사장, '(臺灣)입법부' 원장 등을 역임, 1968년 대만에서 병사했다.

2634 (國民黨)5기 11중전회(1943.9)는 1943년 9월 6~13일 중경에서 열렸다. 훈사(訓詞)에서 장개석은 '(戰後)건국문제 연구'에 치중할 것을 강조했다. 한편 회의에서 장개석은 국민정부 주석으로 선임됐다. 또 회의는 '(中共)항전 파괴와 국가안전 위협 총보고에 관한 결의(決議)'를 통과시키고 중공에 대한 '정치적 방법' 해결을 결정했다.

에서 장개석은 이렇게 말했다. …중공의 문제는 정치문제로, 정치적 방법으로 해결해야 한다(榮孟源 외, 1985: 841). 한편 국민당 완고파와 중공군의 '군사적 충돌'을 지속[2635]됐다. 장개석의 '기습 포기'는 중공의 '선전공세 강화'[2636]과 영미 국가의 '압력 행사'가 주된 원인이다.

제3차 '반공고조'가 요절한 원인은 ① 중공의 선전선동전 ② (中共) 정치공세 강화 ③ '연안 습격' 기밀 누설 ④ (英美)동맹국의 압력 행사 ⑤ '공격 강행'에 따른 고립무원 감안 ⑥ 전국적 '내전 반대' 운동 ⑦ 국민당 좌파와 민주인사의 '내전 반대' ⑧ '일본군 습격' 우려 등이다. 결국 장개석과 측근 호종남이 획책한 제3차 '반공고조'는 3개월 만에 요절했다. 호종남의 신변에 잠복한 (中共)정보요원에 의한 '극비 누설'이 치명타였다.

공산국제 해산 후 중공은 '독립자주적 노선'[2637]을 선택한 것은 모스크바의 지배권에서 벗어났다는 단적인 반증이다. 이는 모스크바·연안

2635 1943년 8월 국민당 제28집단군 이선주(李仙洲)의 2개 사단은 팔로군의 노남(魯南) 근거지를 공격했다. 8월 하순 산동군구(山東軍區)의 주력부대는 국민당군의 공격을 격퇴했다. 8~9월 제21집단군 이품선(李品仙)의 2개 사단은 악예환(鄂豫皖)변구의 신사군(新四軍) 제5사단을 공격했다. 당시 신사군은 유격전과 습격전(襲擊戰)을 전개해 적군의 공격을 물리쳤다. 결국 1943년 10월 제3차 '반공고조'는 국민당군의 실패로 막을 내렸다.

2636 중공은 전국적 범위에서 선전(宣傳) 공세를 강화했다. 한편 장개석이 그의 저서에서 주장한 '국민당이 없으면 중국도 없다'는 주장을 반박하기 위해 중공중앙은 '(國共)양당의 (抗戰)실적 비교'·'공산당의 위군(僞軍) 섬멸 개황(概況)' 등 소책자를 발간했다(金冲及 외, 2011: 667). 1943년 8월 모택동은 중공 기관지인 해방일보(8.25)에 '공산당이 없으면 중국이 없다'는 사설을 발표했다. 실제로 '선전전(宣傳戰)'은 중공이 한 수 위였다.

2637 환남사변 후 연안·모스크바 간 관계는 악화일로로 치달았다. 이는 중공이 '독립자주적 노선'을 선택한 직접적인 계기이다. 모택동은 정풍운동을 통해 (中共)영수로 확실하게 자리매김했다. '공산국제 해체(1943.5)' 후 공산국제와 중공의 상하급 관계는 종료됐다. 이 시기 형성된 모택동사상은 '(中共)독립자주적 노선'의 단적인 증거이다.

간의 '상하급 관계' 종료를 의미한다. 이 시기 (國共)관계는 파국을 맞이
했다. 결국 이는 (抗日)근거지의 경제적 위기가 초래된 주된 요소이다. 한
편 (延安)대생산운동은 경제난을 극복하기 위한 중공의 '몸부림'이었다.

제3절 '변구(邊區)' 건설과 경제위기 극복

1. '3·3제(三三制)' 실시와 '정병간정(精兵簡政)'

중공중앙의 소재지 섬감녕변구(陝甘寧邊區)는 각 근거지의 본거지이
다. '변구' 건설의 지침인 섬감녕변구시정강령(施政綱領)[2638]은 (邊區)청사
진이다. (邊區)정권 건설의 대표적 정책은 '3·3제(三三制)'[2639] 원칙이다. 한
편 (邊區)정부와 팔로군이 동시에 추진한 '정병간정(精兵簡政)'[2640]은 시의
적절한 정책으로 평가된다. 경제위기 극복을 위한 경제발전 정책과 농
업 중심의 대생산운동은 '자급자족(自給自足)'[2641] 성공의 밑바탕이 됐다.

2638 (邊區)시정강령(施政綱領)은 항일전쟁 시기 중공중앙이 제정한 (施政)지침이며 행동강
령(行動綱領)이다. 중공중앙은 선후로 '(抗日救國)10대강령(1937.7)'·'(特區)정부시정강령
(1937.11)'·'(邊區)항전시기시정강령(1939.1)'·'섬감녕변구시정강령(1941.5)'을 제정했다.
'(邊區)시정강령'은 '변구'의 정권 건설에 긍정적인 역할을 했다.

2639 '3·3제(三三制)'는 항전 시기 중공이 실시한 '통일전선' 정책이다. '3·3제'의 취지는 통
일전선 강화와 중공의 영향력 확대이다. '3·3제'는 일부 문제점을 초래했으나, (陝甘
寧)변구는 '3·3제' 실행을 통해 전국에서 가장 먼저 민주적 정치를 실현했다. 실제로
'3·3제'는 공산당이 각 (抗日)당파와 민주인사와의 협력 의지를 보여줬다.

2640 '정병간정(精兵簡政)'은 군부대의 병력을 감축하고 (政府)기구를 '간소화(簡小化)'하는 것
이다. 곽말약(郭沫若)의 '홍파곡(洪波曲)'에서 기원했다. 1941년 11월 민주인사 이정명
등이 제안했다. 섬감녕변구는 세 차례의 '정병간정'을 실시했다. '정병간정'은 (根據地)
백성의 부담을 경감시켰고 '(邊區)경제위기 극복'에 긍정적 역할을 했다.

2641 '자급자족(自給自足)'은 '의식주(衣食住)'를 남에게 의존하지 않고 스스로 해결한다는 뜻
이다. 1940년 전후 중공의 '자급자족' 제출은 섬감녕변구와 (抗日)근거지의 심각한 식
량난과 경제위기와 관련된다. 2~3년의 생산운동을 통해 '변구'와 근거지의 식량난을

제1차 (邊區)참의회(參議會)²⁶⁴²에서 연설(1939.1.18)한 모택동은 이렇게 지적했다. …항전의 중요한 보루인 '변구'는 민주적 모범구로 건설해야 한다(逢先知 외, 2005: 105). (邊區)제2차 대표대회(11.14)에서 모택동은 이렇게 말했다. …섬감녕변구는 전국적 (民主)본보기가 돼야 한다(中共中央文獻硏究室, 2005: 143). 모택동은 '신민주주의론(新民主主義論)'²⁶⁴³에서 이렇게 강조했다. …섬감녕변구는 신민주주의를 실현하는 시험구(試驗區)이다(毛澤東, 1993: 131). 상기 '모범구'·'본보기'·'시험구'는 중공 지도자 모택동이 섬감녕변구의 '선도적 역할'을 중시했다는 단적인 반증이다. 실제로 섬감녕변구는 '신민주주의 사회'²⁶⁴⁴의 축소판이었다.

중공의 '국민당 축전(2.10)'은 이렇게 썼다. …소비에트정부를 섬감녕특구(陝甘寧特區)²⁶⁴⁵로 개명하고 '(民主)모범구'로 건설할 것이다(延安幹部

해결했다. 1943년부터 '변구'·근거지는 식량·채소·생필품을 스스로 해결했다.

2642 제1차 (邊區)참의회는 1939년 1월 17일부터 2월 4일까지 연안에서 열렸다. (會議)참석 자는 145명이었다. (參議會)개막식에서 모택동은 섬감녕변구를 전국의 '모범구(模範區)' 로 건설할 것을 요구했다. 회의는 (邊區)정부 주석 임백거의 보고를 청취한 후 '(抗戰時期)시정강령'을 통과시켰다. 또 회의는 1939년의 '(邊區)시정방침'을 확정했다.

2643 '신민주주의론(新民主主義論)'은 모택동이 제1차 (邊區)문화협회 대표대회(1940.1.9)에서 한 연설이다. 2월 20일 '해방' 잡지에 발표, 제목을 '신민주주의론'으로 고쳤다. 모택동은 신민주주의 이론을 근거로 섬감녕변구에서 신민주주의 사회의 정권 건설과 경제정책 을 실시했다. 실제로 모택동이 창안한 '신민주주의론'은 신중국의 (建國)이념이다.

2644 모택동은 '신민주주의론'에서 신민주주의 사회(新民主主義社會)는 사회주의 사회로 이행 하는 과도적 단계라고 지적했다. 신민주주의 사회는 반식민지·반봉건사회에서 사 회주의로 이전하는 '중간적 단계'이다. 당시 여러 가지 정치제도와 다양한 경제체제 가 병존했다. 한편 모택동은 섬감녕변구를 (新民主主義)사회의 '실험장'으로 간주했다.

2645 섬감녕특구(陝甘寧特區)는 항전 시기 당중앙의 소재지로 중공이 영도하는 항일전쟁 (指揮)중심이었다. 1939년 9월 중공중앙은 섬감(陝甘) 근거지를 (陝甘寧)변구로 개명, 임백 거를 '변구(邊區)' 정부의 주석으로 임명했다. 1937년 11월 국민정부는 기존 (邊區)정 부를 '(特區)정부'로 개편했다. 수부(首府)는 연안(延安), 총인구는 150만에 달했다. 1949

學院, 2010: 54). 연석회의(3.4)에서 모택동은 이렇게 말했다. …'변구'의 정책적 방향이 신민주주의의 방향이다(中共中央文獻研究室, 2005: 173). (邊區)비서장 사각재는 일기에 이렇게 썼다. …'변구 건설'과 신민주주의를 연계시킨 모택동은 '(邊區)모범구 건설'을 요구했다(謝覺哉, 1984: 310). 상기 '(中共)축전'은 국민당에 화해 제스처를 보낸 것이다. 한편 모택동이 '변구 건설'을 강조한 주된 취지는 '(邊區)경제위기 극복'이었다.

국민참정회(1937.7)는 집정당이 주도하는 단순한 자문기구인 반면 (邊區)참의회는 보선(普選)을 통해 선출된 각 당파·계급의 대표로 구성된 (邊區)최고권력기관이다(延安幹部學院, 2010: 55). 주덕은 이렇게 평가했다. …참의회를 통해 의원(議員)을 선출하고 시정방침(施政方針)을 확정한 것은 섬감녕변구가 효시(嚆矢)였다('解放日報', 1946.4.3). 실제로 참의회(制度)는 인민대표대회제도(人民代表大會制度)[2646]의 원형이며 '민주정치 실시'의 중요한 상징으로 간주된다. 섬감녕변구의 '민주적 선거(普選)'는 사실상 항일통일전선의 성격이 짙은 '의회제(議會制)'였다.

1939년 1월 제1차 (邊區)참의회가 연안에서 열렸다. 민주적 선거를 거쳐 고강이 의장, 장방영(張邦英)[2647]이 부의장, 임백거가 (邊區)정부 주석

년 6월 (邊區)정부는 서안으로 이전, 1950년 1월 중공중앙은 섬감녕변구를 철회했다.

2646 인민대표대회제도(人民代表大會制度)는 중국의 인민민주 제도이며 중공의 근본적 정치제도이다. 즉 인민대표가 (國家)정책과제를 의논하는 국가정권의 조직 형식이다. 민주적 선거를 거쳐 당선된 인민대표는 백성을 대표해 선거권 등 직권을 행사한다. 한편 인민대표제도의 핵심은 국가의 모든 권리는 인민에게 속한다는 것이다. 실제로 1940년대 섬감녕변구에서 시행된 참의회(參議會)와 작금의 인민대표대회제도는 '상당한 차이'가 있다.

2647 장방영(張邦英, 1910~2010), 섬서성 요현(耀縣) 출신이며 공산주의자이다. 1927년 중공에 가입, 1930~1940년대 (陝甘)특위 조직부장, (邊區)참의회 부의장, (陝南)군구 정치위원, 건국 후 섬서성위 부서기, 교통부 부부장, 민정부 부부장을 역임, 2010년 북경에

으로 선임됐다. 또 회의는 '(邊區)항전시기시정강령(抗戰時期施政綱領)'[2648]
을 제정했다(金冲及 외, 2004: 625). 모택동이 제출한 (邊區)시정방침(施政方針)
골자는 ① 국방경제 발전 ② 농업·수공업 발전, 인민생활 개선 ③ 국방
교육 발전 ④ 민중운동 전개 ⑤ 군사훈련 강화 등이다(中共中央文獻研究室,
1993: 103). 이는 '변구 건설'을 위해 모택동이 구상한 청사진이다. 제1차
참의회는 민주정치의 효시였다. (邊區)정부가 반포한 두 차례의 '시정강
령'은 '5.1시정강령(1941.5)'[2649]의 전신이다.

1937년 6월 20일에 반포된 '민주정부시정강령(民主政府施政綱領)'[2650]은
소비에트혁명에서 항일전쟁으로 전환하는 시대의 특성을 반영했다. 총
16조로 구성된 '강령' 취지는 모든 자원을 동원해 항전을 준비해야 한
다는 것이다. 또 '강령'은 만 16세 공민은 남녀·종교·민족·재산·문화적
구분과 관계없이 선거권·피선거권을 갖는다고 규정했다. 대중이 창조
한 '투표' 방법은 '콩알 던지기'·'동그라미 그리기'·'밑줄 긋기' 등이다.

서 병사했다.

2648 '(邊區)항전시기시정강령(抗戰時期施政綱領)'은 제1차 (邊區)참정회(1939.1)에서 제정, (邊區)
정부가 1939년 4월 4일에 반포했다. 손중산의 삼민주의(三民主義)를 근간(根幹)으로 한
'(抗戰時期)시정강령'은 총 28조로 구성됐다. 이 시기 중공은 (孫中山)삼민주의를 옹호했
다. '(抗戰)시정강령'은 비교적 완벽한 '정치강령'으로 평가된다.

2649 1941년 5월 1일 (邊區)중앙국은 '(邊區)시정강령(施政綱領)'을 반포했다. 섬감녕변구의
'헌법성(憲法性)' 강령인 '5.1시정강령'은 총 21조로 구성됐다. 신민주주의 이론을 적
용한 '시정강령'의 궁극적 추지는 항전 견지와 통일전선 강화이다. (邊區)정권 건설에
중요한 역할을 한 '5.1강령'은 제2차 (邊區)참의회(1941.11)에서 정식 통과됐다.

2650 1937년 6월 20일 섬감(陝甘)소비에트정부는 '민주정부시정강령(民主政府施政綱領)'을 반
포했다. 총 16조로 구성된 '시정강령'의 취지는 (陝甘)소비에트정부의 모든 자원을 동
원해 항일전쟁을 준비해야 한다는 것이다. 한편 '민주강령(民主綱領)'은 이 시기 소비에
트혁명에서 항일민족전쟁으로 전환하는 시대의 특성을 반영했다.

국민당의 '항전건국강령(抗戰建國綱領)'[2651]은 이렇게 썼다. …삼민주의를 (建國)원칙으로 결정한다. (國民)참정기관을 설립해 각 당파와의 협력을 강화하고 항전 승리를 취득해야 한다(榮孟源 외, 1985: 486). 임백거는 이렇게 회상했다. …(邊區)정부는 국민당의 '항전강령'에 대한 '옹호' 입장을 밝혔다. '항전강령'은 섬감녕변구에서 이미 실현됐다(林伯渠, 1985: 113). (邊區)정부의 입장은 중공이 장개석의 '(抗戰)영수 지위'를 인정한 것과 관련된다. 한편 삼민주의 실현을 취지로 한 '항전강령'과 '신민주의론'과 긴밀히 연결된 '(邊區)5.1시정강령'은 본질적 차이[2652]가 있다.

1937년 11월 모택동은 (邊區)정부기관에 '의회 선거'를 지시했다. 이는 '민주정치 실시'를 통해 (中共)역할을 부각시키기 위한 것이 주목적이었다. 1938년 11월 섬감녕정부는 (邊區)의회를 (邊區)참의회로 개명했다. 한편 '민주적 선거'를 실시한 (邊區)참의회는 (國民黨)국민참정회와 근본적 차이[2653]가 있다. 제1차 (邊區)참정회(1939.1)에서 제정된 '시정강령'은 총 28조로 구성됐다. (邊區)정부의 '항전강령' 지지는 이 시기 국민당

2651 '항전건국강령(抗戰建國綱領)'은 (武漢)국민당임시전국대표대회(1938.3)에서 통과됐다. '건국강령'은 총칙(總則)·외교·군사·정치경제·민중운동·교육 등 7개 사항, 총 32조로 구성됐다. 지도사상은 항전이며 손중산의 삼민주의를 (建國)원칙으로 확정했다. 실제로 장개석의 영도하에 (抗戰)승리 취득 후 (三民主義)국가를 설립하는 것이다.

2652 손중산의 삼민주의를 (建國)원칙으로 확정한 '항전강령'은 취지는 국민당 주도의 '삼민주의 국가' 설립이다. 장개석을 '국군 통수권자'로 자산계급이 통치하는 (民主)국가를 건설하는 것이다. 한편 '5.1시정강령'은 모택동이 창안한 '신민주주론'과 밀접히 연관된다. 즉 중공과 무산계급이 영도하는 사회주의(國家) 설립이 궁극적 목적이다.

2653 (邊區)참의회는 보선(普選)을 통해 (邊區)정부 책임자와 참의원(參議員)을 선출한다. 실제로 통일전선 강화와 '3·3제'를 통한 (中共)역할 부각이 주목적이다. 한편 국민참정회는 (國民黨)주도적 지위와 '(一黨)독재' 강화가 궁극적 취지였다. 또 중공을 '용공(溶共)' 대상으로 간주한 국민참정회는 각 (抗日)당파의 '국민당 복종'을 강요했다.

의 적극적 항전과 관련된다. 또 '변구'는 (國民黨)중앙정부의 특별행정구 (特區)였다. '(28條)시정강령'은 민족주의·민권주의·민생주의(民生主義)[2654] 3개 방면으로 구성됐다. '(16條)민주강령'은 임시적 성격이 강한 반면 '(28條)시정강령'은 비교적 완벽한 '강령(綱領)'으로 평가된다.

1941년 4월 5일 임필시·박고·양상곤은 (邊區)중앙국이 작성한 '시정 강령'을 심사한 후 모택동에게 수정을 부탁했다. 중공중앙은 회의(4.27) 를 열고 '수정안'을 토론했다(章學新 외, 2014: 557). 4월 27일 당중앙은 '시 정강령' 지시[2655]를 반포했다. 모택동은 임필시에게 보낸 편지(4.28)에 이 렇게 썼다. …'(綱領)수정안'을 (邊區)간행물에 발표해 광범위하게 선전해 야 한다. (邊區)간부들에게 전달해 '(綱領)수정안'을 숙지하게 해야 한다 (逢先知 외, 2005: 291). 한편 정치국 회의(4.27)에서 중공중앙은 '(邊區)시정강 령'을 신중화보(新中華報)에 발표(5.1)할 것을 결정했다.

모택동은 '(邊區)시정강령'의 실질적인 작성자였다. '시정강령'의 최 종 심사자인 모택동은 제7·제8·제10·제12·제13·제14·제19·제20조(條) 를 직접 작성했다. 또 기타 조항도 대폭 수정된 것이다. '(邊區)시정강령' 의 주된 취지는 섬감녕변구의 정치·경제·문화적 건설을 공고히 하고 인민복리(福利)를 증진하는 것이다. 결국 항전 견지와 (抗日)통일전선 강

2654 '민생주의'의 골자는 ① 사유재산 소유권 확정, (邊區)토지개혁 성과 보호 ② 고리대(高 利貸) 폐지, 합작사 발전 격려 ③ (商人)투자 장려, 자영업 보호 ④ 생산·절약 제창 ⑤ 8 시간 노동제 확정, 노동자 이익 보호 ⑥ (抗日)군인과 가족 우대 등이다. 실제로 '(邊區) 항전강령'의 민생주의와 (孫中山)민생주의는 '상당한 차이'가 있었다.

2655 중공중앙이 반포한 '시정강령' 지시(4.27)의 골자는 ① 각급 정부에 '시정강령' 중요성 선전 ② (邊區)중앙국의 '강령 중시' 요구 ③ (國民黨)통치지역에 광범위하게 선전 ④ 중 경(重慶) 등 각지의 의견 수렴 ⑤ 화북(華北) 항일근거지와 팔로군·신사군에게 '강령'을 선전 ⑥ 군부대·행정기관·학교 교재로 사용 등이다.

화가 '시정강령'의 궁극적인 목적이었다. 한편 '신민주주의론'을 적용한 '시정강령'은 항일민족통일전선(原則)의 중요성을 강조했다. 실제로 '5.1시정강령'은 신민주주의(新民主主義) 내용을 보충한 것이다.

(邊區)중앙국이 반포한 '5.1시정강령'은 모택동의 지도하에 제정된 (邊區)시정방침이다. 이는 단결·항전의 총적 방침이며 (邊區)정권 건설과 (邊區)군민을 위한 희망적 설계도였다(金沖及 외, 1996: 605). 당시 해방일보의 사설(5.8)은 이렇게 썼다. …백성의 염원을 반영한 '5.1시정강령'은 대중의 희망에 부합되며 각 당파의 이익을 보호한 완벽한 방침이다(中共中央文獻硏究室, 2011: 614). 중공중앙과 (邊區)중앙국의 (共同)결과물인 '5.1시정강령'은 (邊區)실정에 부합한 역사적 강령이다. 결국 이는 모택동이 신민주주의(社會) 실현을 위해 제시한 '시정방침'이었다.

(邊區)정권 건설의 중요한 원칙인 '3·3제'는 모택동이 제출한 것이다. 1940년 3월 모택동이 작성한 '(抗日)근거지 정권문제'라는 지시(3.6)에서 '3·3제' 정권이 정식으로 제안됐다. 즉 섬감녕변구와 각 (抗日)근거지 정권에서 공산당원·민주인사·중간파를 각기 삼분의 일로 배정한다는 것이다. 이는 중공의 선도적 역할 부각과 (抗日)통일전선 강화 정책의 일환이었다. 실제로 (邊區)정권 건설에 '신민주주의론'을 적용한 것이다.

모택동은 (根據地)정권문제(3.6)에 대해 이렇게 썼다. …'근거지 정권' 성격은 민족통일전선이다. (抗日)정권은 각 당파가 연합해야 한다(毛澤東, 2008: 741). 또 그는 이렇게 말했다. …'3·3제' 원칙은 당중앙이 확정한 (政權)건설의 중요한 일환이다. (邊區)정부는 엄격히 실행하고 책임을 회피해선 안 된다(盧毅 외, 2015: 265). 모택동은 이렇게 천명했다. …정권 건설에서 중공은 통일전선 정권을 주장한다. 또 각 당파가 참여하는 '3·3제'를 제창한다. (敵後)근거지에서 (抗日)정권을 설립할 때 '3·3제'를 실행해야 한다(毛澤東, 2008: 760). 실제로 중공의 중요한 정책으로 부상한 '3·3제' 취지는 통일전선 강화와 (中共)영향력 확대이다.

1940년 여름 (邊區)정부는 수덕(綏德)·부현(富縣) 등을 '(三三制)시험구(試驗區)'[2656]로 지정했다. (邊區)중앙국이 발표한 지시(1941.1.30)는 '3·3제' 원칙을 적용해 '모범정권' 설립을 요구했다. 1941년 2월 전 변구 범위에서 제1차 민주적 선거(普選)가 실시됐다. 1941년 9월 '변구'의 (縣鄕)정권에서 3만여 명의 참의원이 선출됐다. 1941년 10월 (邊區)중앙국은 46명의 민주인사를 섬감녕변구의 (正式)참의원으로 초빙했다. 우여곡절을 거쳐 섬감녕변구에서 '3·3제' 정권이 보급된 것이다. 한편 향급(鄕級) 정권에서 '3·3제'는 적지 않은 난관에 부딪쳤다.

1940년 9월 중앙정치국은 (邊區)중앙국을 설립하고 고강을 서기, 사각재를 부서기, 소경광·고자립·장방영·왕세태(王世泰)[2657]·유경범을 상임위원으로 임명됐다. 정치국 위원 임필시가 중공중앙을 대표해 (邊區)정부의 (行政)업무를 책임졌다. 실제로 모택동이 '변구'의 중요한 정책과 중대사를 결정했다. '3·3제' 제출과 '서북국 개편'이 단적인 증거이다. 1941년 5월 (邊區)중앙국과 (中共)서북공작위원회(西北工作委員會)[2658]는 합

2656 '시험구(試驗區)'는 어떤 사물의 성질·능력·정도 등을 증험(證驗)하기 위해 만든 사례구(事例區)를 가리킨다. '시험구' 설치는 중공의 일관된 일처리 방식이다. 즉 중요한 정책이나 프로젝트 가능성을 확인한 후 기타 지역에 보급하는 사업 방식이다. 한편 섬감녕변구에 출범한 '시험구'는 등소평 집정 시기에 절정에 달했다. 1980년대 14개의 (沿海)도시 개방과 경제특구 설치, 홍콩을 '(一國兩制)시험구'로 삼은 것이 단적인 사례이다.

2657 왕세태(王世泰, 1910~2008), 섬서성 낙천(洛川) 출신이며 공산주의자이다. 1929년 중공에 가입, 1930~1940년대 (邊區)보안부대 부사령관, (普級)연방군 부사령관, 제2병단 정치위원, 건국 후 철도부 부부장, 감숙성 정협 주석 등을 역임, 2008년 상해에서 병사했다.

2658 1938년 11월에 설립된 (中共)서북공작위원회(西北工作委員會)는 항전 시기 서북 각 성

병해 (中共中央)서북국(西北局)[2659]으로 개편됐다. 이 시기 임필시와 고강은 모택동의 '유력한 조력자(助手)'[2660]로 부상했다.

'5.1시정강령'은 '3·3제'에 대해 이렇게 썼다. …공산당원이 모 행정기관 책임자로 선임됐을 때 (2/3)임원을 민주인사에게 맡겨야 한다. 공산당원은 (民主)협력체제를 구축해야 한다(中央檔案館, 1990: 76). '시정강령'의 '3·3제' 원칙은 (邊區)정권의 통일전선 성격을 분명히 하고 공산당이 민주인사와의 협력 의지를 확실히 보여준 것이다(胡喬木, 2014: 132). 당 중앙과 (邊區)중앙국이 제창한 '3·3제' 원칙은 통일전선 결성 필요성과 공동항일의 당위성을 단적으로 보여줬다. 한편 중공의 '당외 인사 중용'[2661]은 (邊區)정부와 일부 (黨內)인사들의 불만을 야기했다.

(邊區)정부의 일부 간부들은 '3·3제' 정권이 (中共)지도력을 약화시킬 것이며 유혈·희생을 통해 어렵사리 얻은 홍색정권이 무너질 것이라고

(省)의 지하공작을 지도하는 행정기관이었다. 책임자는 장문천, 소경광·고강·사각재· 이유한 등이 상임위원을 맡았다. 또 섬서·감숙·녕하·청해·신강·수원(綏遠)의 지하공작을 영도했다. 1941년 5월 (邊區)중앙국과 합병, (中共)서북국으로 개편됐다.

2659 1941년 5월 서북국(西北局)이 설립됐다. 고강이 서기, 사각재가 부서기를 맡았다. 또 임백거·장영방·왕세태 등이 (西北局)위원으로 임명됐다. 1946년 6월 습중훈(習仲勛)이 (西北局)서기를 맡았다. 1947년 3월 서북국은 연안에서 철수, 1948년 4월 연안으로 회귀했다. 1949년 5월 서북국의 행정기관은 서안(西安)으로 이전했다.

2660 (邊區)정부와 서북국을 책임진 '중앙대표'인 임필시는 (延安)정풍에서 '(三人)서기처 멤버(1943.3)'가 됐다. 이 시기 서북국 서기(1941.5) 고강은 모택동의 신임을 받은 '유력한 조력자'였다. 국가부주석 당선(1949.9)이 단적인 증거이다. 한편 임필시는 46세에 병사(1950.10)했고 '정치적 과오'를 범한 고강은 자살(1954.8)로 생을 마감했다.

2661 중공중앙은 '5.1시정강령(1941)'에 '3·3제' 원칙을 규정했다. 변구(邊區) 참의회에서 '당외 인사'에게 3분의 2의 정원(定員)을 배정한 것은 현명한 선택이었다. 이는 (抗日)통일전선 정책에 부합됐다. 또 이는 중공의 '공동 항일' 의지를 표명했다. 실제로 중공의 '당외 인사 중용'은 (中共)영향력 확대와 '선도적 역할' 부각이 주된 취지였다.

우려했다(劉景范, 1990: 143). 일부 (黨內)인사들은 이렇게 불만을 터뜨렸다. …혁명을 통해 얻은 (邊區)정권이 지주·반동파에 의해 위태로워질 수 있다. 아예 정권을 통째로 넘겨주는 것이 낫다('延安民主模式硏究'課題組, 2004: 124). 일부 반동분자는 이렇게 말했다. …'3·3제'는 중공의 임시방편이며 이른바 민주는 (工農)독재이다(齊小林 외, 2015: 267). 이는 '3·3제'가 일각의 불신을 받았다는 반증이다. 한편 '3·3제'가 '(中共)지도력 약화'를 초래한다는 주장은 기우(杞憂)에 지나지 않았다.

제2차 (邊區)참의회(11.6)에서 모택동은 이렇게 말했다. …중공의 목적은 모든 (抗日)역량과 단합해 일제를 타격하는 것이다. 종파주의(宗派主義)[2662]에 물든 일부 공산당원은 '3·3제' 원칙을 도외시하고 있다(逄先知 외, 2005: 337, 338). 또 '3·3제'의 당위성을 이렇게 강조했다. …중국사회는 농민·소자산계급·중간계급이 대다수를 차지하고 있다. 그 어떤 정책도 이들의 이익을 고려하지 않으면 안 된다. 공상당원은 중간파와 연합해야 하며 그들을 배척해선 안 된다(毛澤東, 1991: 808, 809). 이는 '3·3제'의 당위성을 (抗日)통일전선 정책과 연계시킨 것이다. 실제로 '중간파 연합'은 중공의 영향력을 강화하려는 정략적 의도가 깔려 있다.

'(共産黨)지도력 약화'에 대해 모택동은 이렇게 지적했다. …지도력은 온종일 구호만 외치거나 위세를 부리며 복종을 강요하는 것이 아니다. 정확한 정책을 제정하고 대중을 설득해 그들의 신임을 얻는 것이다(毛澤東, 1991: 742). 해방일보의 사설(12.29)은 이렇게 썼다. …지도자는 몸

2662 종파주의(宗派主義)는 특정 집단 내부에서 (優劣)관계가 차별이나 증오로 표출되는 것이다. 또 정치·종교·학술 등 단체에서 소집단의 이익을 추구하며 타집단을 배척하는 '사상작풍(思想作風)'을 가리킨다. 또 조직관계에서 종파주의는 (黨內)통일과 단결을 파괴한다. 한편 (延安)정풍운동에서 '종파주의자' 왕명·박고는 비판 대상이 됐다.

을 낮추고 대중의 본보기가 돼야 한다. 작위작복(作威作福)[2663]하며 전횡을 일삼는 것은 독재이다(羅平漢 외, 2015: 268). 1942년 섬감녕변구의 각 근거지에서 '3·3제'가 대체로 관철됐다. 한편 일부 향촌(鄕村)은 (共產黨員) 수가 부족한 반면 현구(縣區)는 '상반된 상황'[2664]이 나타났다.

서기처 회의(11.10)에서 모택동은 이렇게 말했다. …(邊區)정부의 한 명의 부주석은 당외인사가 맡아야 한다(中共中央文獻研究室, 1993: 339). 이 '원칙'에 근거해 고강이 의장, 안문흠(安文欽)[2665]이 부의장, 임백거가 (政府)주석, 이정명(李鼎銘)[2666]이 부주석으로 선출됐다(金冲及 외, 2004: 629). 이 정명은 이렇게 술회했다. …모주석의 연설을 듣고 용기를 얻은 나는 '3·3제' 원칙을 옹호했다(李維漢, 1986: 523). 참정원 이동생(李丹生)[2667]은 이렇게 말했다. …공산당의 신의에 탄복한다. 천하는 당신들의 것이다(中

2663 작위작복(作威作福)은 통치자가 권력을 남용하며 세도를 부리는 것을 가리킨다. 요즘 신조어로 '갑질'을 뜻하며 권력자가 횡포·전횡을 일삼는 행위이다. 당시 (邊區)정부에는 관료주의자들의 작위작복과 갑질(甲질) 행위가 적지 않았다. 실제로 '5.1시정강령'의 '염결(廉潔)정치' 실행은 (邊區)관료주의자들의 '작위작복' 행위와 관련된다.

2664 일부 (鄕)참의회는 (共產黨員)정원은 3분의 1이 되지 않았다. 수덕(綏德)향의 참정원(參政員) 중 공산당원이 26%, 청간(淸澗)향의 공산당원은 20%밖에 안 됐다. 한편 (縣區)참의회는 상반된 상황이 나타났다. (邊區)참정원(242명) 공산당원이 다수를 차지했다(盧毅 외, 2015: 268). 결국 (邊區)정부는 민주인사 46명을 참정원으로 초빙했다.

2665 안문흠(安文欽, 1874~1962), 섬서성 수덕(綏德) 출신이며 민주인사이다. 1940년대 수덕현 참의회장, (邊區)참의회 부의장, 건국 후 섬서성 정협 위원, 전국 인대(人大) 대표 등을 역임, 1962년 수덕(綏德)에서 병사했다.

2666 이정명(李鼎銘, 1881~1947), 섬서성 미지(米脂) 출신이며 민주인사이다. 1941년 미지현 참의회장, 섬감녕변구 정부 부주석, '정병간정(精兵簡政)'을 제출, 모택동의 지지를 받았다. 1947년 수덕(綏德)에서 병사했다.

2667 이동생(李丹生, 1862~1945), 섬서성 연천(延川)현 출신이며 민주인사이다. 1941년 연천현 참의원, 제2차 (邊區)참의회(1941.11) 주석단 멤버, 폐막식에서 모택동의 축사에 답사(答辭)를 했다. 1945년 연안(延安)에서 병사했다.

央黨校科硏辦, 1985: 242). 제2차 참의회에서 이정명이 '정병간정'을 제출했다. 결국 이는 모택동의 전폭적인 지지를 받았다.

1941년 7월 진기로예변구(晉冀魯豫邊區)[2668]는 제1차 참의회를 소집했다. 참의원(133) 중 공산당원은 46명이었다. 이는 '3·3제' 원칙에 부합됐다. 당시 (晉冀魯豫)변구는 '3·3제'를 적용해 (邊區)참의원과 구장(區長)을 선출했다(羅平漢 외, 2015: 269). 등소평은 이렇게 평가했다. …근거지 실정에 적합한 '3·3제'는 신민주주의 정책에 부합된다. 공산당은 (國民黨)일당 독재나 '(中共)정권 독단'을 반대한다. 이는 대중의 염원에 부합되지 않고 민주정치에 위배되기 때문이다(北方局資料叢書編委, 1999: 295). 1941년 4월 등소평은 '당과 (抗日)민주정권'이란 문장을 발표했다. 1942~1943년 등소평은 태항분국과 북방국 서기를 맡았다. 당시 모택동의 신임을 받은 등소평은 (晉冀魯豫)변구의 실질적 책임자[2669]였다.

임백거는 이렇게 말했다. …'3·3제'를 찬성한 일부 개명신사(開明紳士)[2670]는 공산당이 '인의치국(仁義治國)'[2671]을 실시한다고 치켜세웠다. 당

2668 진기로예변구(晉冀魯豫邊區)는 중공이 영도한 (敵後)근거지이다. 1937년 10월 팔로군 129사단은 태항산·태악(太岳)산구에서 근거지를 개척했다. 1938년 4월 진기예(晉冀豫) 근거지를 설립, 한단(邯鄲)으로 이전했다. 1941년 1월 진기예·로서(魯西)근거지를 합병, (晉冀魯豫)변구를 설립했다. 1948년 8월 (華北)인민정부로 개편됐다.

2669 팔로군 129사단 정치위원으로 임명(1938.1)된 등소평은 1942년 9월 태항분국 서기, 1943년 10월 북방국 서기로 임명, 진기로예(晉冀魯豫)변구의 실질적 책임자가 됐다. '중공 7대'에서 중앙위원으로 선임, (晉冀魯豫)군구 정치위원으로 임명됐다. 1940년대 등소평은 유소기·임필시·고강과 함께 모택동의 '유력한 조력자'로 부상했다.

2670 개명신사(開明紳士)는 항전 시기 자산계급 중 보수적이지 않고 진보적 사상을 가진 중간파를 가리킨다. 또 지주·자본가 중 민주적 사상을 지닌 계층도 개명인사에 속한다. 개명인사는 (抗日)통일전선을 지지하고 공산당의 '3·3제' 원칙을 찬성했다. '정병간정'을 제출한 이정명과 진수(晉綏)변구의 유소백(劉少白)이 대표적 개명인사이다.

2671 '인의치국(仁義治國)'은 '인애(仁愛)'와 '정의(正義)'로 나라를 다스려야 한다는 뜻이다. (孔

모택동과 중국혁명 3

시 일부 반동분자의 보선(普選) 참가는 대중의 불안감을 자아냈다('林伯渠'編輯組, 1986: 241). '변구'의 향촌(鄕村) 정권에서 '3·3제'는 큰 난관에 부딪혔다. '3·3제'를 적용한 결과 중간파·반동분자가 다수를 차지했다. 반동분자의 '(鄕村)정권 장악'[2672]은 대중과 정부의 관계를 악화시켰다(蔣建農, 2009: 221). 한편 모택동은 군대의 '3·3제'는 단호하게 반대했다. 이는 군대에 대한 당의 '절대적 영도권'[2673]을 확보하기 위한 것이다. 1942년 각지 (抗日)민주정권에서 '3·3제'가 보편적으로 실시됐다. 이는 (邊區)정권 건설과 통일전선 공고화(鞏固化)에 긍정적 역할을 했다.

'3·3제'는 적지 않은 문제를 초래했다. 사각재는 이렇게 지적했다. …일부 (縣鄕)정부는 '3·3제'를 제대로 실행하지 않았고 일부 기층 간부는 '3·3제'를 도외시했다(謝覺哉, 1989: 356). 당시 일부 (縣鄕)정부는 민주인사의 건의를 수용하지 않았다(盧毅 외, 2015: 271). 일부 독선적 지도자는 당외 인사에게 발언권을 부여하지 않았다. 회의에서 '장편대론(長篇大

<hr>

죠)유교사상에서 기원했다. (國家)중심이 아닌 (百姓)중심으로 나라를 다스려야 한다는 '인의치국'은 법치주의와 상반된다. 한편 '3·3제'를 '인의치국'이라는 개명인사의 주장은 황당무계하다. 실제로 '3·3제'는 중공 주도의 '통일전선'을 의미한다.

2672 섬감녕변구 정부의 책임자인 임백거는 이렇게 회상했다. …향촌(鄕村) 정권과 향(鄕)참의회에서 공산당과 민주인사가 3분의 2를 차지해야 한다. 향장(鄕長)은 반드시 공산당원이 맡아야 한다. 그렇지 않으면 반동분자가 (鄕村)정권을 장악할 수 있다(林伯渠, 1944.3.25). 한편 섬감녕변구 정부가 '3·3제' 원칙을 실시한 후 일부 (鄕村)정권은 지주계급을 대표하는 반동분자가 대다수를 차지했다. 결국 이는 (邊區)백성의 불만을 야기했다.

2673 인민군대에 대한 당의 '절대적 영도권' 확보는 중공의 철칙(鐵則)이다. 이는 고전회의 (1929.12)에서 홍군 지도자 모택동이 확립한 규칙이다. 한편 공농홍군을 창립한 모택동은 40년 동안 중앙군위의 주석(1936~1976)을 맡았다. 1980년대 '(中共)총서기'를 맡지 않은 중공 지도자 등소평은 '중앙군위(中央軍委)'의 주석을 직접 맡았다. 작금의 중국에서는 '(中共)당주석(黨主席, 叢書記)'이 (軍委)주석을 겸직하는 것이 관례로 굳어졌다.

論)'[2674]을 한 그들은 당외 인사에게 훈시(訓示)를 반복했다(中央黨校科研辦, 1985: 382). 권력자가 '장편대론'을 하며 방청자를 '훈시'하는 것은 장기간 지속된 공산당 특유의 폐단이다. 한편 공산당은 '회의'가 많고 국민당 은 '세금'이 많다는 항간의 속설은 나름의 일리가 있다.

'3·3제'를 실행한 '변구'는 전국에서 가장 진보적 지방으로 거듭났 다. 당시 연안에는 '10가지 현상'이 없었다. ① 탐관오리 ② 토호열신 ③ 도박장 ④ 기녀(妓女) ⑤ 첩(妾) ⑥ 거지 ⑦ '결당영사(結黨營私)'[2675] ⑧ 의기 소침 ⑨ (國共)전쟁 ⑩ 전쟁위기 등이다(逢先知 외, 2011: 616). 모택동은 이 렇게 말했다. …변구는 (全國)모범지역으로 탈바꿈했다. 이는 신중국이 세계에 보여줄 참신한 형상이다. 한 외국인 친구는 이렇게 말했다. … 연안에 오지 않으면 신중국을 볼 수 없다(金冲及 외, 2004: 630). '3·3제'가 (邊區)정권 건설에 긍정적 역할을 한 것은 자타가 인정한다. 그러나 '3·3 제'와 '(延安)10가지 현상'은 큰 관련이 없다. 이는 '자화자찬' 성격이 짙 은 자평이다. 한편 연안은 외국인에게 '깊은 인상'[2676]을 남겼다.

2674 '장편대론(長篇大論)'은 연설자가 두서없이 같은 말을 반복하며 장황하게 늘어놓는 '장 시간 보고(報告)'를 가리킨다. 중국의 고전소설 '홍루몽(紅樓夢)'에서 기원했다. '잦은 회 의'와 권력자의 '장평대론'은 장기간 지속된 (中共)특유의 고질적 폐단이다. 등소평의 (執政)시기 이런 폐단이 크게 줄었으나, 여전히 근본적으로 개선되지 못했다.

2675 '결당영사(結黨營私)'은 당파와 파벌을 결성해 사리사욕을 도모하는 이기주의를 가리 킨다. '주문공문집(朱文公文集)'에서 기원했다. 연안에 '결당영사'가 없었다는 모택동의 주장은 수긍하기 어렵다. 연안정풍에서 모택동이 '패거리(帮派) 문화'인 종파주의 비 판이 단적인 증거이다. 이 시기 중공 내부에는 '국내파'·'소련파'·'정강산파' 등 파벌 이 존재했다. 건국 후에도 '결당영사'·'랍방결파(拉帮結派)'가 줄곧 존재했다. 문혁 시기 의 '4인방(四人帮)'이 대표적이다. 최근 '반부패' 정책을 추진하는 중국에서 '랍방결파' 는 척결 대상이 되고 있다.

2676 미국 '시대(時代)' 잡지 기자 백수덕(白修德)은 '(延安)인상기(1945.5.14)'에 이렇게 썼다. … (邊區)공민은 모두 선거권을 갖고 있다. 섬감녕변구의 정부·참의회는 대중이 직접 선

'신민보(新民報)'[2677]의 편집장 조초구(趙超構)[2678]는 '연안 1월(延安一月)'[2679]에 이렇게 썼다. …당시 나는 '3·3제'를 일시적 눈가림이라고 생각했다. '3·3제'는 사실이었고 (邊區)정부에는 많은 당외 인사가 참여했다(趙超構, 1992: 230). 유피아이(UPI)[2680] 기자 해리슨 포먼은 '북행만기(北行漫記)'[2681]에 이렇게 썼다. …이정명이 주최한 (邊區)연석회의에 참가했다. 민주적 선거로 선출된 24명의 참정원 중 공산당원은 8명이었다. 참석자들은 자유로운 분위기 속에서 자신의 견해를 피력했다(Harrison Forman, 1988: 107). 당시 국민당은 '3·3제'를 정치적 술책으로 간주했다. '3·3제'

거한다. 과거 중국에서 사회적 지위가 가장 낮은 백성이 민주정치에 참여하고 있다(盧毅 외, 2015: 278). 당시 섬감녕변구와 각 (抗日)근거지는 '3·3제' 원칙에 근거해 (邊區)정부와 참정원을 선출했다. 중공은 '3·3제' 실행을 통해 민주인사의 지지를 받았다.

2677 '신민보(新民報)'는 진명덕(陳銘德) 등이 1929년 9월 남경(南京)에서 창간, 남경·중경·상해·북경 등지에서 발행했다. 항전 시기 (新民報)편집장 조초구(趙超構) 등은 평화를 주장하고 내전을 반대했다. 1948년 (國民黨)당국에 의해 정간(停刊)됐다. 건국 후 상해에서 '신민보만간(晚刊)'으로 출간, 1958년 '신민만보(晚報)'로 개명했다.

2678 조초구(趙超構, 1910~1992), 절강성 서안(瑞安) 출신이며 민주인사이다. 1930~1940년대 '(重慶)신민보' 편집장, '(上海)신민보' 주필, 건국 후 '신민만보(新民晚報)' 사장, 상해시 정협 부주석, 민주동맹(民主同盟) 상임위원 등을 역임, 1992년 상해에서 병사했다.

2679 '연안 1월(延安一月)'은 (重慶)신민보' 편집장 조초구(趙超構)가 연안 방문(1944) 후 중경·성도(成都)의 '신민보'에 연재한 10만 자의 신문 기사이다. 1945년 1월 중경에서 '연안 1월'이란 제목으로 출간됐다. (重慶)신화일보는 2000권을 구입해 연안에 보냈다. 당시 '연안 1월'을 일람한 모택동은 저서(著書)의 진실성을 높게 평가했다.

2680 (美國)유피아이(UPI)는 1958년 유피(UP)·아이엔에스(INS)가 합병해 설립했다. 에이피(AP)와 함께 '(美國)2대 통신사'로 알려진다. 1907년 UP(United Press)라는 이름으로 창설됐다. 1970년대 유피아이(UPI)는 만성적 경영 위기에 빠졌다. 1982년 미디어뉴스에 매각, 1992년 (英國)아랍계 방송사인 중동방송에 경영권이 넘어갔다.

2681 '북행만기(北行漫記)'는 유피아이(UPI) 기자 해리슨 포먼(Harrison Forman)이 연안 방문(1944) 후 작성했다. 저자는 '혁명 성지(聖地)' 연안과 섬감녕변구의 실정을 진실하게 보도했다. 1946년 (北平)연조사(燕趙社)에서 출판된 도서로 '서행만기(西行漫記)'의 '자매편(姊妹篇)'으로 불린다. 저서의 (原)제목은 '홍색중국보도(紅色中國報道)'였다.

는 중공이 민주인사의 지지를 받은 주된 원인이다.

1914~1942년 섬감녕변구와 각지 (抗日)근거지는 심각한 경제위기에 직면했다. 경제적 위기를 극복하고 (大衆)부담을 줄이기 위해 당중앙은 '변구'와 (根據地)정부 및 군대 내에서 대규모적 '정병간정'을 실시했다. 결국 민주인사가 제출하고 모택동의 중시를 받은 '정변간정'은 섬감녕변구와 (抗日)근거지에 대한 '경제봉쇄' 타파에 중요한 역할을 했다.

(邊區)참의회(1941.11)에서 이정명이 제안한 '정병간정'은 이렇게 썼다. …'수입이 적고 지출이 많은(入不敷出)'의 혼란 극복을 위해 계획경제(計劃經濟)[2682]와 '정병간정'을 실시해야 한다(羅平漢 외, 2015: 243). 모택동은 이렇게 술회했다. …당외 인사 이정명이 제출한 '정병간정'은 시의적절한 대안이었다. (邊區)경제위기 극복에 도움이 된다고 여긴 당중앙은 건의를 수용했다(毛澤東, 1991: 892). 이정명의 제안은 쟁의를 불러일으켰다. '군대 발전'을 제한하는 '정병주의(精兵主義)'는 참석자의 반발을 야기했다. 한편 모택동이 중요시한 것은 '계획경제(提案)'[2683]이었다.

대다수 참의원은 '정병간정'이 적시적절한 제안으로 (邊區)정부가

2682 계획경제(計劃經濟)는 집권적 중앙계획의 통제에 의해 재화(財貨)의 생산·분배·소비가 계획·관리되는 국민경제를 지칭한다. 또 계획경제는 공유제를 전제로 국가가 생산량을 제정하고 자원을 분배하며 제품을 소비하는 경제체제이다. 한편 섬감녕변구의 '계획경제'와 1950년대 계획경제는 '근본적 차이'가 있다. 현대 사회주의 국가인 중국에서는 국가 주도의 계획경제와 자본주의의 시장경제가 혼합된 경제시스템을 실행하고 있다.

2683 신중국 설립 후 소련의 경제발전 패러다임을 모방한 모택동은 계획경제를 경제발전 전략으로 확립했다. 중국정부가 1950년대 실시한 사회주의 계획경제는 '(經濟開發)5개년 계획'·(農業)합작사·인민공사(人民公社)가 대표적이다. 결과적으로 국가 주도의 계획경제는 성공하지 못했다. 이는 1980년대 '시장경제 도입'의 직접적 계기가 됐다. 현재 중국은 중앙정부 주도의 계획경제와 자본주의 시장경제(體制)를 '혼용(混用)'하고 있다.

모택동과 중국혁명 3

수용해 실행에 옮겨야 한다고 주장했다. 그러나 일부 참의원은 '적절한 대안'이 아니라며 제안을 반대했다. 또 '정병주의'는 위험한 발상이라고 반박했다(胡喬木, 2021: 145). 이정명의 제안을 본 모택동은 필기장에 (提案)골자를 적고 이렇게 평어(評語)를 달았다. …제안은 관료주의(官僚主義)[2684]·형식주의를 극복할 수 있는 묘안이다(李維漢, 1986: 502). 당시 (邊區)정부 내 관료주의가 만연했다. 모택동은 '간정(簡政)'이 업무 능률을 높일 수 있고 '정병(精兵)'을 '휴양생식(休養生息)' 기회로 간주했다.

정치국 회의(1941.11.7)에서 모택동은 '정병간정' 중요성을 강조했다. 11월 18일 충분한 토론을 거쳐 (邊區)참의회는 (精兵簡政)결의를 통과시켰다. '(精兵簡政)지시(12.13)'를 발표한 당중앙은 군대·정부의 간소화(簡小化)를 필수적 과제로 확정했다. 일본군의 '소탕'으로 근거지가 축소됐고 경제적 위기가 심화됐다. 이런 상황에서 병력 감축은 급선무였다. 제2차 (邊區)참의회가 폐막된 후 해방일보는 사설(12.6)을 발표해 변구와 각 근거지의 '정병간정' 필요성을 지적했다. 모택동은 해방일보에 사설(1942.9)을 발표해 정병간정(精兵簡政)의 중요성을 재차 강조했다.

정치국 회의(7.29)에서 모택동은 이렇게 지적했다. …근거지가 축소되고 있고 경제위기가 심화되고 있다. '곤란 해결'을 위해 적절한 해결책을 마련해야 한다(金冲及 외, 2004: 642). 또 해방일보 사설(1942.9)에 이렇게 썼다. …방대한 조직과 (政府)기구를 개편해야 한다. 또 철저한 '정병

2684 관료주의(官僚主義)는 대중의 의사를 무시하고 독선적·권위적·억압적 태도로 일관하는 형식주의·주관주의·독선주의를 지칭한다. 한편 '관료주의'는 관료제가 지배하는 국가에서 나타나는 '기능적 장애'와 병적인 행동양식·의식형태를 가리킨다. 또 관료주의는 대중을 이탈하고 작위작복(作威作福)하며 전횡(專橫)을 일삼는 '부패한 독재' 정권에서 나타난다. 한편 독직죄(瀆職罪)는 관료주의자들이 흔히 범하는 범죄행위(罪行)이다.

(精兵)'은 전투력을 강화할 것이다. '어대수소(魚大水小)'[2685]의 상황을 해결해야 한다(毛澤東, 2008: 882). 당시 (邊區)백성이 부담하는 공출미(供出米)는 해마다 많아졌다. 1939년의 공량(公糧)은 5만석이었으나 1941년 20만석으로 늘어났다. 이는 대중의 불만을 야기했다. 또 국민정부의 '(軍餉)지급 중단'으로 팔로군의 식량 해결이 더욱 어려워졌다.

섬감녕변구의 제1차 '정간(精簡, 1941.12~1942.4) 기간 감축 인원이 수천 명에 달했으나 큰 효과를 거두지 못했다. 1942년 여름에 실행된 제2차 '정간'에서 (邊區)정부가 제정한 구체적 방법은 ① 상급기관 감축 ② 하급기관 강화 ③ 정무(政務)·사무(事務) 분리 ④ 합동사무 등이다. 제3차 '정간(1942.9~1944)' 기간에는 현저한 효과[2686]를 거뒀다. 한편 모택동은 사각재·진정인에게 편지(8.19)[2687]를 보내 '정병간정'을 급선무로 삼을 것을 지시했다. 또 그는 (西北局)간부회의(1942.12)에서 '장시간 보고(長篇報

2685 당시 섬감녕변구의 총인구(1939)는 200여 만, 탈산(脫産) 인원은 4만여 명이었다. (1941)총인구는 140여 만, 탈산자(脫産者)는 8만명에 달했다. 한편 1940년 11월부터 국민당 정부는 팔로군에 지급하던 군향(軍餉)을 중단했다. 결국 (邊區)백성의 경제적 부담이 더욱 증가됐다(胡喬木, 2014: 146). (邊區)백성의 공출미가 20만석(1941)으로 증가된 것이 단적인 증거이다. 이 또한 섬감녕변구가 세 차례의 '정병간정'을 실시한 주된 원인이다.

2686 세 차례의 '정간(精簡)'을 통해 (邊區)직속기관은 35개에서 22개, 세무서는 95개에서 65개로 감축됐다. 또 (邊區)정부는 은행판사처 9개를 전부 철회했다. 전서(專署)와 (縣)정부기관은 9개에서 5개로 감소됐다. (邊區)판공청 등 정부기관 인원은 467명에서 279명으로 줄었다(陝甘寧邊區財政經濟史料, 1981: 206). '정간' 실행 후 (邊區)정부기관 공무원은 40%로 감축됐다. 결국 이는 '변구(邊區)' 정부의 재정(財政) 지출을 크게 줄었다.

2687 모택동은 사각재·진정인(陳正人)에게 보낸 편지(1942.8.19)에 이렇게 썼다. …회의는 '정변간정(精兵簡政)' 중심으로 진행돼야 한다. 또 회의 개최 전 '정간'을 단행한 후 회의에서 점검해야 한다. 정풍운동처럼 철저히 전개해야 실질적 효과를 거둘 수 있다(中共中央文獻硏究室, 2003: 180). 상기 편지는 모택동이 제2차 참의회(參議會) 개최 전에 쓴 것이다. 한편 이 시기 사각재는 참의회 부의장, 진정인은 서북국(西北局) 조직부장이었다.

告)'[2688]를 했다. 1943년 3월 (邊區)정부는 이유한이 작성한 '변구간정실시 강요(邊區簡政實施綱要)'[2689]를 반포했다.

정치국 회의(7.25)에서 모택동은 이렇게 제출했다. …현재 '(邊區)정 간'은 철저히 진행되지 못했다. 명년까지 탈산(脫産) 인원은 6만명으로 줄여야 한다. 또 다른 회의(7.30)에서 모택동은 이렇게 요구했다. …(脫産)군대는 70%, '당정민학(黨政民學)'은 30%로 정해야 한다(逄先知 외, 2005: 395, 396). 1942년 9월 7일 '해방일보'는 모택동이 작성한 사설을 발표했다. '사설'은 이렇게 썼다. …항일항선(航船)의 암석은 무엇인가? 최종 단계의 물질적 부족이다. '암석 제거'의 유일한 방법은 '정병간정'이다 (中共中央文獻硏究室, 1993: 403). 상기 '물질적 곤란'은 근거지의 '생산 이탈자(脫産者)'가 많은 것과 관련된다. 1941년 '(邊區)탈산자'는 5%를 초과했다. 결국 이는 모택동이 '(脫産)인원 감축'을 요구한 주된 이유이다.

진기로예(晉冀魯豫) 태항구(太行區)는 3차례 '정간(精簡)'을 진행했다. 1942년의 제1차 '정간'에서 (精簡)구체적 방법[2690]을 제출했다. 제2차 '정

2688　(西北局)간부회의(1942.12)에서 모택동은 이렇게 강조했다. …섬감녕정부는 '정병간정 (精兵簡政)'을 당면과제로 삼아야 한다. 반드시 철저하게 전개하고 효과적으로 진행해야 한다. 정간(精簡) 목적은 간정(簡政)·통일·효능·절약·반부패이다(逄先知 외, 2005: 420). 이 시기 당중앙은 '정병간정 지시'를 발표해 '철저한 정간'을 요구했다.

2689　1942년 12월 섬검녕변구 정부는 '변구간정실시강요(邊區簡政實施綱要)'를 통과시켰다. 한편 '강요(綱要)'는 두차례의 '정간(精簡)'의 경험·교훈을 정리했다. 또 실사구시의 정풍(整風) 정신에 근거해 목적·임무·기구·인원·제도·작풍(作風) 등 11개의 문제를 제출했다(李維漢, 1986: 388). 실제로 상기 '실시강요'는 (邊區)정부의 비서장으로 임명된 이유한이 작성했다. 1943년 3월 (邊區)정부는 '(簡政)강요'를 반포하고 곧 실행했다.

2690　(晉冀魯豫)태항구가 제1차 '정간(精簡)'에서 제출한 구체적 방법은 첫째, 정부기관의 '탈산자(脫産者)'가 1%를 초과해선 안 된다. 둘째, (政府)간부의 수준을 제고하고 업무효율을 높여야 한다. 셋째, 상급기관을 축소하고 제도를 간편화해야 한다. 넷째, 낭비를 반대하고 노동력을 절약해야 한다(羅平漢 외, 2015: 244). 세 차례의 '정간(精簡)'을 통해

간(1942.5)'는 상급기관 감축과 하급기관 강화의 '기관 개편'을 단행했다. 또 (根據地)정부의 사무를 축소하고 현(縣)정부의 직능을 강화했다. 이 시기 '정간'을 통해 반'소탕' 전쟁의 수요에 적응했다. 1943년 1월부터 (太行區)정부는 제3차 '정병간정'을 실시해 (政府)행정기관과 (專署)기관의 인원을 대폭 줄였다. 세 차례의 '정간'을 통해 (太行區)행정기관의 인원 감축은 51%에 달했다. 결국 '정병간정'은 근거지의 백성의 부담을 크게 줄였고 (邊區)경제적 위기 극복에 중요한 역할을 했다.

당중앙이 발표한 '정간(精簡) 지시(12.1)'는 이렇게 썼다. …(抗日)근거지의 정부는 '정간'을 당면과제로 추진해야 한다. 전군(全軍)은 명년까지 57만의 병력을 20여 만으로 감축해야 한다. '정병(精兵)'은 전투력을 더욱 강화할 수 있다(逄先知 외, 2005: 416). 상기 '당중앙 지시'는 각 근거지에서 방대한 정부기관에 대한 '정간'을 철저히 진행하지 않았다는 것을 반증한다. 한편 팔로군에 대한 대폭적인 '인원 감축'은 (敵後)항일근거지의 심각한 경제적 위기를 단적으로 보여준 것이다. 실제로 (華北)팔로군 지휘기관의 '합병'은 당중앙의 '지시(12.1)'에 따른 것이다.

당중앙의 '(精兵)지시(12.1)'에 따라 팔로군은 '정병간정'을 단행했다. 첫째, 지휘기관을 간소화하고 주력사단을 합병했다. 둘째, 상급기관을 축소하고 하급부대의 역량을 보강했다. 셋째, 팔로군·유격대의 통합체제를 구축했다(朱奎玉, 2009: 177). 1943년 10월 6일 당중앙은 북방국과 태항분국을 합병하고 등소평을 북방국 서기로 임명했다. 또 팔로군 지휘

태행구(太行區) 행정기관은 대폭 감축됐다. 또 행정기관 공무원은 기존의 51%로 축소됐다.

부와 129사단 지휘부를 합병[2691]했다. 팔로군 지휘부가 129사단에 예속된 태항·태악·기남(冀南)·(冀魯豫)군구 등을 직접 지휘했다(張樹德 외, 2009: 178). 1942년 5월 중앙군위는 섬감녕진수(晉綏)연방군[2692] 지휘부를 설립했다. 이 시기 (北方局)책임자 양상곤·팽덕회는 (延安)정풍에 참가했다. 결국 북방국 서기 등소평이 '(八路軍)최고 지도자'[2693]로 부상했다.

재정위기가 심화된 팔로군은 '정병간정'을 실시했다. 1941년 1월 129사단은 250명의 직속기관 간부를 여단에 파견했다. 또 지휘기관을 축소하고 하급부대를 보강했다(李達, 1985: 259). (軍委)총정치부는 '정치기관 삭감 지시(6.6)'를 발표해 정공기관 축소와 역할 중첩의 기관 철회를 지시했다. 또 작전부대에게 자주권을 부여했다(解放軍政治學院, 1982: 340). 당중앙은 '군사 건설 지시(11.7)'를 발표해 '정병'을 통한 전투력의 강화를 지시했다. 또 근거지의 탈산자(脫産者)를 3%로 줄일 것을 명령했다(解

2691 1943년 10월 팔로군 총부(總部)와 129사단 지휘부가 합병했다. '합병' 후 (八路軍)서열은 총사령관 주덕, 부총사령관 팽덕회, 참모장 엽검영, 정치부 주임 왕가상, (前敵)참모장 등대원, (前敵)부참모장 양립삼, (野戰)정치부 주임 나서경, (野戰)정치부 부주임 장제춘(張際春), 후근(後勤)부장 양립삼(兼), (後勤)부부장 주문룡(周文龍)이다.

2692 1942년 5월 13일 '중앙군위'는 섬감녕·진서북(晉西北) 부대의 통일적 지휘를 위해 섬감녕진수연방군(陝甘寧晉綏聯邦軍) 설립을 결정했다. 6월 10일 연방군(聯邦軍) 사령부가 연안에 설립됐다. 하룡 사령관, 관향응 정치위원, '(關)요양' 기간 고강이 대체했다. 1948년에 섬감녕진수연방군구(軍區)로 개칭, 1949년에 서북(西北)군구로 개편됐다.

2693 1943년 10월 '중앙군위' 주석 모택동은 팔로군 129사단 정치위원이며 태항분국(太行分局) 서기 등소평을 북방국(北方局) 서기로 임명했다. 당시 북방국 서기를 맡았던 양상곤·팽덕회는 연안으로 호출돼 정풍운동에 참가했다. 한편 북방국은 (華北)팔로군의 '직속상관'이었다. 결국 (軍)최고 통솔자인 모택동의 신임을 받은 등소평은 '(八路軍)최고 지도자'로 발탁됐다. 결국 이는 군대에 대한 당의 '절대적 영도권' 철칙(鐵則)에 부합됐다.

放軍歷史資料叢書, 1994: 717). 1942년 8월 모택동은 진의에게 편지(8.4)[2694]를 보내 '정병간정'을 촉구했다. 1942년 태항군구는 두 차례 정병(精兵)[2695]을 실행했다. '정병간병'을 통해 팔로군의 전투력이 증강됐다.

1943년에 이르러 '정병간정'은 기대 효과를 거뒀다. (邊區)직속기관은 22개로 축소되고 정부 행정기관은 절반 이상이 감소됐다. (邊區)정부의 판공·민정·재정·건설·교육청 등 행정인원도 40%가 감축했다. 전국의 (抗日)근거지는 정간(精簡)을 통해 업무 효율성을 높였다. 또 재정 지출을 줄이고 노동력을 절약했다. (華北)팔로군은 주력부대의 '정병'과 지휘기관 합병을 통해 경비 지출을 절감하고 기동력·전투력을 강화했다.

2. (邊區)경제발전과 대생산운동

1941년 섬감녕변구는 심각한 경제위기에 직면했다. '위기 극복'을 위해 당중앙은 경제발전을 당면과제로 결정했다. 당시 경제건설을 둘러싸고 (邊區)정부와 서북국·당중앙 간에 의견 대립이 발생했다. 무리한 곡물 징수(征糧)는 백성의 불만을 야기했다. 결국 2~3년의 대생산운동을 통해 섬감녕변구의 식량난을 해결하고 경제위기를 극복했다. 아이러니

2694 모택동은 진의에게 보낸 편지(1942.8.4)에 이렇게 썼다. …화중(華中)·화북(華北)의 군대는 병력을 대폭 감축해야 한다. (中央)소비에트근거지의 교훈을 잊어선 안 된다. 명년은 (敵後)근거지의 식량난·재정난이 더욱 심화될 것이다. '정병(精兵)'을 급선무로 삼아야 한다(毛澤東, 1993: 684). 이 시기 팔로군과 신사군은 병력을 큰 폭으로 감축했다. 결국 이는 군부대의 전투력을 강화하고 근거지(根據地) 백성의 부담을 크게 경감시켰다.

2695 1942년부터 태항군구(太行軍區)는 두 차례의 '정병(精兵)'을 실행했다. 제1차 (精兵)감축인원은 7487명이었다(齊小林 외, 2015: 144). 제2차 '정병'은 야전(野戰) 여단의 지휘기관을 축소했다. 또 군분구(軍分區)의 하급기관을 보강하고 중대(中隊)의 전투력을 강화했다(鄧小平, 2004: 383). 1943년 8월 5일 모택동은 진찰기(晉察冀) 탈산자가 5만명을 초과해선 안 된다고 지시했다. 결국 이는 (敵後)근거지 대중의 경제적 부담을 크게 줄였다.

한 것은 '홍색정권'인 변구(邊區)에서 자본주의 생산 방식을 인정했다는 것이다.

환남사변 전후 '공산당 근절'을 시도한 장개석은 '(邊區)경비' 지급을 중단했다. 당시 호종남은 40여 만의 병력을 동원해 섬감녕변구를 겹겹이 포위했다. 또 곡물·포필(布疋)·면화 등의 '변구 유입(流入)'을 차단하는 철저한 경제적 봉쇄를 실시했다(中共中央文獻研究室, 2014: 562). 한편 '외원(外援)'이 단절된 섬감녕변구는 설상가상으로 한(旱)·병(病)·수(水)·박(雹)·풍(風) 5대 재해를 입었다. 결국 140만명의 (邊區)백성과 7만명 장병의 '의식주(衣食住)' 해결이 급선무가 됐다. 한편 모택동이 선택한 '경제위기 극복'의 해결책은 자력갱생과 경제발전이었다.

소경광(蕭勁光)은 이렇게 회상했다. …어느 날 임백거·고강과 나를 호출한 모택동은 이렇게 말했다. 일제와 (國民黨)완고파는 우리를 궁지에 몰아넣고 굶겨 죽이려고 시도하고 있다. 현재 우리에게는 '세 가지 방법'[2696]이 있다. 또 그는 세 번째 방법이 '경제위기 극복'의 근본적 해결책이라고 강조했다(蕭勁光, 1987: 299). 모택동이 제출한 '세 번째 방법'은 자력갱생과 경제발전이었다. 또 그는 '(邊區)위기 해결'을 위해 자력갱생을 통한 '풍의족식(豐衣足食)'[2697]을 제출했다. 한편 임백거는 섬감녕

2696 모택동이 언급한 '세 가지 방법'은 첫째, 심각한 식량난으로, 해산해 고향으로 돌아가는 것이다. 둘째, 속수무책으로, 군민이 굶어 죽는 것이다. 셋째, 대생산운동을 통해 경제위기를 극복하는 것이다(逄先知 외, 2011: 619). 결국 (邊區)식량난 해결과 재정위기 극복을 위해 섬감녕변구는 모든 군민을 동원해 성세호대한 대생산운동을 전개했다.

2697 풍의족식(豐衣足食)은 입고 먹는 문제를 스스로 자급한다는 뜻이다. 1941년 (邊區)식량난과 경제위기가 심각했다. 이는 국민당의 섬감녕변구와 (抗日)근거지에 대한 경제적 봉쇄와 '군향(軍餉)' 지급 중지, '변구'의 자연재해 등과 관련된다. 결국 대생산운동과 '정병간정'을 통해 섬감녕변구와 각 (抗日)근거지는 '의식주' 문제를 해결했다.

변구 정부 주석, 고강은 서북국 서기, 소경관은 (延安)유수부대 사령관이었다. 당시 고강과 소경관은 모택동의 신임을 받는 측근자였다.

임필시가 제출한 '재정위기 해결' 방안 골자는 ① 군둔제(軍屯制)[2698] 실시 ② 황무지 60만무 개간 ③ (公糧)20만석 징수 ④ 군부대 동원, '관독민운(官督民運)'[2699] 실행 ⑤ 세금 징수 확대 ⑥ (邊區)화폐 발행[2700] 등이다 (中共中央文獻研究室, 2014: 563). 모택동은 이렇게 말했다. …(邊區)화폐를 발행해 식량을 구입하고 (食鹽)생산에 투입해야 한다(逢先知 외, 2005: 280). 한편 '위기 해결' 착안점을 절약과 '경비 조달' 연기에 둬야 한다고 주장한 임백거·사각재는 '(軍部隊)식염 생산'과 정부 주도의 판매 방식을 반대했다(逢先知 외, 2011: 621). 상기 '군둔제'·'관독민운'은 주덕·고강이 제출했다. 당시 모택동은 임필시의 '경제발전' 주장에 찬동했다. 한편 20만석(1941)의 과다한 공출미는 대중의 불만을 야기했다.

주덕이 제출한 '6가지 의견'은 ① 5천무 염전(鹽田) 개발 ② 찻길 개통 ③ 중계 기지 설치 ④ 운송수단 마련 ⑤ 트럭 등 차량 구입 ⑥ 석탄

2698 군둔제(軍屯制)는 군대가 농업에 종사해 군량(軍糧)을 스스로 해결한다는 뜻이다. 서한 (西漢) 시기 보급된 군둔제는 명조(明朝)에서 크게 발전했다. '명태종실록(明太宗實錄)'에 따르면 영락(永樂) 원년의 (軍屯)생산량은 2300만석에 달했다. 역사적으로 조조의 작피 (芍陂) 둔전이 유명하다. '군둔제(1941)'는 팔로군 총사령관 주덕이 제출했다.

2699 '관독민운(官督民運)'은 섬감녕변구의 식염 생산에 군부대를 동원하고 (邊區)정부의 주도로 식염을 대외로 판매한다는 것이다. 식염 판매는 (邊區)정부의 중요한 수입원이었다. 1940년 섬감녕변구의 (食鹽)판매량은 30만태(駄, 1태 150斤)에 달했다. 당시 '관독민운' 제출자 고강은 '200만태 (食鹽)수출'을 주장했다. 이는 (邊區)정부 비서장 사각재가 '관독민운'을 반대한 이유이다. 한편 모택동은 측근 고강의 (官督民運)주장을 찬성했다.

2700 정치국 회의(1941.3.5)에서 임필시는 이렇게 말했다. …경제발전에 필요한 자금으로 (邊區)화폐 9백만원을 발행해야 한다. 화폐는 식량난 해결에 도움이 될 것이다(章學新 외, 2014: 564). 모택동은 (邊區)화폐가 식량 구입과 식염 판매에 유용하다고 주장했다. 한편 '통화팽창'을 유발할 수 있다고 여긴 사각재 등은 (邊區)화폐 발행을 반대했다.

공장 설립, 식염 제조 등이다(金沖及 외, 1993: 507). 당시 섬감녕변구에는 산출량이 엄청난 5개의 염전이 있었다. 주덕은 군부대를 동원해 소금을 제조한 후 식염이 부족한 산서성·하남성 등지에 판매할 것을 제안했다. 모택동은 주덕의 염전 개발 제안을 찬성했다. 한편 (邊區)정부 비서장인 사각재는 군부대의 식염 제조와 정부 주도의 식염 판매를 반대했다. 결국 이는 모택동과 사각재의 '서신(書信)전쟁'[2701]을 유발했다.

사각재는 일기(1941.7.19)[2702]에 이렇게 썼다. …식염은 정부의 주요 수입원이다. (食鹽)수입의 군비 충당은 당연하다. 그러나 '염전 개발'을 전적으로 군대에 의존해선 안 된다. (食鹽)판매는 민정부문과 백성의 지지를 받아야 한다(謝覺哉, 1984: 329). 식염 개발의 중요성을 간과한 일부 동지는 군부대 동원과 (食鹽)판매 방식을 반대했다. 또 식염 수출은 민폐(民弊)를 초래할 수 있다고 주장했다(章學新 외, 2014: 565). 당시 환득환실에 발목이 잡힌 사각재는 '연안부지(延安府志)'를 인용해 '관독민운'을 반대[2703]했다. 이는 당중앙의 지시에 불복하는 '항명' 성격이 짙었다. 한편 모

2701 1941년 7~8월 모택동과 사각재는 10통의 편지를 주고받았다. 이는 당중앙과 (邊區)정부 간에 상당한 '의견 대립'이 있었다는 반증이다. (爭論)쟁점은 '관독민운'과 '화폐 발행'이었다. 당시 모택동은 주덕·고강·임필시의 '염전 개발' 주장을 찬성했다. (延安)정풍 기간 변구(邊區)의 실정을 반영한 사각재는 '낙오자'로 간주돼 비판을 받았다.

2702 1919~1949년 자신이 직접 경험한 '중대사'를 기록한 사각개의 일기는 1984년에 상하권(上下卷)으로 출간됐다. 1941년 7~8월 (邊區)중앙국 부서기이며 (邊區)정부의 주요 책임자인 사각재는 '(邊區)식염 판매' 방식에 대한 본인의 견해를 상세하게 기술했다. 실제로 '(邊區)1인자' 고강과 '2인자' 사각재 간에 '첨예한 대립'이 존재했다.

2703 사각재가 '연안부지(延安府志)'를 근거로 '관독민운(官督民運)'을 반대한 주요인은 첫째, 산길이 험악하고 운송료가 비싸다. 둘째, 운송자와 가축이 쉽게 지쳐 장거리 운송을 기피한다. 셋째, 장거리 운송은 농사일에 지장을 준다. 넷째, 민폐를 끼쳐 국익을 도모해선 안 된다(謝覺哉, 1984: 323). (謝覺哉)일기(1941.7.10)에 적힌 상기 내용은 당시 (邊區)책임자인 사각재가 서북국과 군부대가 주도한 '식염 판매'를 반대했다는 단적인 방

택동은 (邊區)염전을 '급양명맥(給養命脈)'2704으로 간주했다.

서북국이 발표한 '(食鹽)수출 결정(1941.5)'의 골자는 ① '(食鹽)판매위원회' 설립 ② 고강, (販賣)책임자 ③ 식염 판매, 군부대 담당 ④ (食鹽)운수대 설립 등이다(胡喬木, 2014: 141). 당시 사각재가 정리한 '식염 수출'에 대한 경험·교훈은 첫째, 현지 실정을 중시하고 실사구시적 태도를 취해야 한다. 둘째, '식염 판매'의 곤란과 역사적 교훈을 무시해선 안 된다. 셋째, (食鹽)제조 기술을 중시하고 민력(民力) 강제 동원은 금물이다(謝覺哉, 1984: 332). 이는 서북국 책임자인 고강과 사각재가 치열한 '의견 대립'을 펼쳤다는 반증이다. 한편 고강의 '관독민운(官督民運)' 주장을 지지한 모택동은 '강경한 어조'로 사각재의 견해를 반박했다.

(邊區)정부 주석 임백거는 모택동의 측근자였다. 또 (邊區)중앙국 부서기 사각재는 (政府)실세였다. (邊區)최고 책임자는 서북국 서기이며 '본토박이'인 고강이었다. '식염 판매' 방식을 두고 (黨政)책임자 고강과 사각재는 '첨예한 대립'을 벌였다. 당시 중공 지도자 모택동은 '당중앙 지시'에 복종한 측근자 고강의 손을 들어줬다. 결국 '항명자' 사각재는 (延安)정풍에서 비판을 받았다. 한편 곧 '입장을 바꾼' 임백거는 모택동의 중용을 받았으나 '벽창호' 사각재는 장기간 한직에 머물었다. 이 시기 모택동의 신임을 받은 최측근은 유소기·임필시·고강·등소평이다.

7월 31일 모택동은 사각재 등에게 보낸 편지에 이렇게 썼다. …(邊

증이다.

2704 모택동은 주은래에게 보낸 전보(1941.4.9)에 이렇게 썼다. …입수한 정보에 따르면 장개석은 호종남에게 명령해 섬감녕변구의 염지(鹽池)를 침점하려고 시도하고 있다. 중공의 명의로 장개석에게 직접 항의하고 유비(劉斐) 등에게 염지가 '(邊區)급양명맥(給養命脈)'이라는 것을 알려야 한다(中共中央文獻硏究室, 1993: 286). 결국 이는 모택동이 '황금알을 낳는' 염지를 (邊區)군민의 급양을 해결하는 생명줄로 간주했다는 것을 의미한다.

區)정부의 실책을 반성해야 한다. 지도부는 '식염 수출'에서 중대한 과오를 범했다(逢先知 외, 2005: 315). 모택동은 사각재에게 보낸 편지(8.6)에 이렇게 썼다. …(邊區)급선무는 수출입 균형 발전이다. '식염 수출'을 급선무로 삼아야 한다(中共中央文獻研究室, 2003: 159). 또 이렇게 지적했다. …1년에 30만태의 식염을 수출해야 한다. 서북국의 (販賣)방식은 정확하다(中共中央文獻研究室, 1993: 318). 정치국 회의(8.13)에서 모택동은 '관독민운'은 수지 균형의 좋은 방법이라고 강조했다. 한편 모택동은 '항명자' 사각재에게 편지(1941.8.5)를 보내 '휴양(休養)'[2705]을 권고했다.

모택동은 이유한을 (邊區)비서장으로 파견했다. 당중앙과 지방에서 요직을 맡았던 이유한은 경험이 풍부한 베테랑으로 (邊區)지도부의 부족점을 보완할 수 있었다(胡喬木 2021: 142). 또 사각재에게 보낸 편지(9.15)에 이렇게 썼다. …무리한 일상과 과로를 삼가야 한다. 향후 (邊區)정부의 구체적 업무는 이유한에게 맡겨야 한다(中共中央文獻研究室, 1993: 404). 당시 '모택동 추종자'로 변신한 이유한이 (謝覺哉)대체자로 (邊區)정부에 파견된 것이다. 실제로 중공 지도자 모택동이 (黨中央)지시에 불복한 '항명자' 사각재에게 '추방령(追放令)'[2706]을 내린 것이다. 한편 정치적 희생양이 된 사각재의 '좌천'은 그 자신이 자초한 측면이 크다.

2705 휴양(休養)은 편안히 쉬면서 몸과 마음을 보양한다는 뜻이다. 모택동의 '휴양 권고'는 사각재에게 제2선에 물러날 것을 완곡하게 권유한 것이다. 당시 '식염 수출'에 이의를 제기하고 '식염 생산'에 군부대를 동원하는 것을 반대한 사각재는 '정치적 과오'를 범했다. 한편 모택동은 사각재의 장편(長篇) 편지를 '당팔고(黨八股)'에 비유했다.

2706 '추방령(追放令)'은 정치적 과오를 범한 자를 일정한 지역이나 조직 밖으로 쫓아내는 명령을 가리킨다. (延安)정풍에서 비판을 받은 사각재는 장기간 '(邊區)참의회 부의장'이란 한직에 머물렀다. 1942~1945년 모택동의 신임을 상실한 사각재는 그 어떤 (黨內)직무도 맡지 않았다. 1946년 사각재는 '중앙법률문제' 연구위원(閑職)을 맡았다.

정치국 회의(8.13)에서 임필시의 보고(報告)[2707]를 청취한 모택동은 이렇게 말했다. …현재 식량(食糧) 80%는 여전히 대중에게 의존하고 있다. 20만석의 식량을 증산해야 (邊區)군민의 먹거리를 해결할 수 있다(逢先知 외, 2005: 319). 또 그는 이렇게 지적했다. …'관독민운'을 위해 일부 강제 동원은 필요하다. 공염(公鹽)[2708] 6만태는 필수적이다. '노민상재(勞民傷財)'[2709]의 무리한 동원을 반대한다(章學新 외, 2014: 567). 임필시의 보고에 따르면 '염운(鹽運)'에 참가한 농민은 평균 100원을 벌었다. 이는 자금 유통에 유리하고 (食鹽)생산을 촉진했다. 한편 사각재의 '의견'을 수용한 모택동은 (邊區)대중의 정치적 동원을 강조했다.

해방일보는 '노충재장정기(魯忠才長征記)'[2710]를 실었다. 노충재는 이

2707 정치국 회의(1941.8.13)에서 임필시는 이렇게 말했다. …(邊區)정부는 7만마리의 가축을 식염 판매에 동원했다. 금년에 네 차례 식염을 수출했다. 한 차례는 사료를 마련하고 세 차례는 야외에서 풀을 뜯게 했다. (邊區)화폐 800만원을 생산과 식염 판매에 투자했다. 이는 재정난 해결에 크게 기여했다(章學新 외, 2014: 566). 정부 주도의 식염 판매는 (邊區)재정난 해결에 일정한 성과를 거뒀으나, '식량난 해결'의 근본적인 대책은 아니었다.

2708 공염(公鹽)은 항전 시기 '섬감녕변구(政府)'가 대중에게 부과한 의무적인 '식염 판매'를 가리킨다. 1941년 (邊區)정부는 식염 생산과 정부 주도의 식염 판매를 위해 600만원을 투입했다. 당시 (邊區)정부는 '(每駄)식염 팜배'에 운송비 40원을 지급했다. 한편 '공염 6만태(1941)'는 (邊區)정부 주도의 '관독민운(官督民運)'으로 실행됐다.

2709 '노민상재(勞民傷財)'는 백성을 혹사(酷使)시키고 물자(物資)를 낭비한다는 뜻이다. 당시 사각재는 '(邊區)식염 제조'에 군부대를 동원하고 '식량 판매'에 민력(民力)을 강제로 동원하는 것을 '노민상재'라고 주장했다. 실제로 서북국이 주도한 '(運鹽)강제 동원'은 사실상 민폐(民弊)를 초래했다. 결국 이는 '노민상재'의 성격이 매우 짙다.

2710 '노충재장정기(魯忠才長征記)'는 (邊區黨委)비서장 고극림(高克林)이 1941년 8월 13일 성관구(城關區) 부구장(副區長) 노충재를 인터뷰한 후 작성한 보고서이다. '보고서'는 운염(運鹽) 경과와 운영에 동원된 가축수, 왕복 기간 및 (運鹽)경험·교훈을 상세히 정리했다. 9월 14일 모택동이 평어를 쓴 '노충재장정기'는 해발일보에 발표됐다.

렇게 말했다. …'식염 판매'가 밑지는 장사라는 일각의 주장은 사실무
근이다. 실제로 운송수단이 좋을 수록 이윤이 많다(章學新 외, 2014: 568).
당시 모택동은 이렇게 평어(評語)를 달았다. …주관주의(主觀主義)[2711]·형
식주의적 공론만 늘여 놓는 문풍(文風)을 정돈해야 한다. 고극림(高克
林)[2712]이 쓴 이 보고서는 매우 좋은 글이다. 반드시 당팔고(黨八股)[2713]를
반대해야 한다(中共中央文獻硏究室, 2005: 324). 상기 '일각의 주장'은 사각재
의 '관독민운' 반대 의견을 가리킨다. 한편 형식주의적 탁상공론인 '당
팔고'는 (延安)정풍운동에서 모택동의 비판을 받았다.

　　모택동은 경제건설의 중요성을 이렇게 지적했다. …금년에는 공경
제(公經濟)[2714]발전에 많은 투자를 해야 한다. (邊區)경제 원칙은 민영(民營)
위주로 일부 공경제를 결합하는 것이다(逄先知 외, 2005: 320). 또 그는 사각
재에게 보낸 답신(8.22)에 이렇게 썼다. …(邊區)경제건설을 급선무로 추

2711 주관주의(主觀主義)는 사물 인식이나 의욕의 대상이 주관적인 지각·감각·소원에 의해
　　긍정적으로 규정되거나 정당화된다고 보는 철학적 견해이다. 즉 객관성과 현실을 무
　　시하고 주관적으로 문제를 판단하는 것이다. 한편 모택동은 형식주의적 당팔고를 '주
　　관주의'에 비유했다. 또 주관주의는 종파주의와 함께 (延安)정풍에서 비판을 받았다.

2712 고극림(高克林, 1907~2001), 섬서성 위남(渭南) 출신이며 공산주의자이다. 1925년 중공
　　에 가입, 1930~1940년대 섬서성위 서기, 팔로군 120사단 기병대대 정치위원, 건국
　　후 (志願軍)23병단 정치위원, 최고인민검찰원 부검찰장등을 역임, 2001년 북경에서
　　병사했다.

2713 당팔고(黨八股)는 현실을 이탈하고 실속이 없으며 형식적·교조적 문풍(文風)을 지칭한
　　다. 당시 일부 간부와 지식인은 '장편대론'을 늘어놓고 탁상공론을 하는 것이 습관화
　　됐다. (延安)정풍에서 모택동은 당팔고의 '8대 죄상(罪狀)'을 열거하며 통렬하게 비판했
　　다. 또 그는 주관주의·형식주의·당팔고를 '사풍(邪風)'으로 간주했다.

2714 공경제(公經濟)는 국가와 공공 단체의 공법(公法)에 입각한 경제를 지칭한다. 공경제는
　　권력관계를 기본으로 삼고 공동의 이익 추구를 목적으로 한다. 한편 (邊區)정부의 주
　　도하에 운영된 '식염 생산'·'식염 수출'·'화폐 발행' 등이 공경제에 속한다. 한편 공경
　　제는 '민폐'를 초래해 국익을 도모하며 '강제성'을 동반하는 것이 특징이다.

진하고 식염 수출을 위기 극복의 돌파구로 삼아야 한다(中共中央文獻研究室, 1993: 323). 실제로 모택동은 (邊區)경제발전을 최우선 과제로 추진했다. 한편 '민영 위주' 원칙은 사경제(私經濟)[2715] 역할을 중시하고 사인자본주의(私人資本主義)[2716] 발전을 인정했다는 것을 반증한다.

섬감녕변구에는 사경제·사인자본주의·농업합작사[2717] 등 경제체제가 혼재했다. '변구'에서 '자본주의 발전'을 인정한 것은 모택동이 창안한 '신민주의론'과 관련된다. 당시 중공은 사유자산과 사인자본주의 발전을 묵인했다. 이는 '변구'의 경제위기 극복과 심각한 재정적 곤란을 해결하기 위한 것이었다. 결국 이는 '경제발전 우선시' 정책의 결과물이다.

'6중전회'에서 모택동은 이렇게 말했다. …민영(民營) 공상업과 자영업을 보호하고 합작화를 격려해야 한다(中央檔案館, 1991: 615). 또 다른 연

2715 사경제(私經濟)는 개인이나 사법인(私法人)이 영위하는 경제를 지칭한다. 사유제(私有制)와 자유경쟁을 전제로 경제 주체가 시장을 통해 경제적 활동을 진행하는 경제방식이다. 1940년대 모택동은 민영경제 위주의 (邊區)경제발전을 제창했다. 이는 항전 시기 중공이 '사경제'의 역할을 중시했다는 것을 단적히 반증한다. 1956년 후 중국정부는 사경제의 존재를 불허했다. 1980년대 중국정부는 '사경제(個體經濟)'의 발전을 허용했다.

2716 사인자본주의(私人資本主義)는 생산수단 사유화와 고용노동을 전제로 진행되는 일종의 사유제(私有制) 경제형식이다. 즉 생산수단은 기업주의 (個人)소유이며 기업주와 노동자는 고용·피고용의 관계이다. 1940년대 모택동은 사인자본주의 발전은 절제해야 한다고 주장했다. 당시 중공 지도자 임필시는 사인자본주의가 노동 효율을 높이고 생산력의 발전을 촉진한다고 강조했다. 한편 1950년대 후반 사인자본주의는 중국에서 사라졌다.

2717 농업합작사(農業合作社)는 초기 노동력 부족 미봉을 위한 농민의 자발적인 소형 합작이며 '호조조(互助組)' 형식으로 출현했다. 항전 시기 '변구'와 각 (抗日)근거지에서 농번기에 노동력을 (臨時)배치하는 '노동호조'가 나타났다. 1940년대 섬감녕변구에 농업합작사가 출현, 1950년대 중반 농업합작사가 보편화됐다. 1958년 인민공사(人民公社)로 발전했다. 한편 모택동은 백성의 '빈곤 탈피' 방법은 (農業)합작사 설립이라고 강조했다.

설(1939.5.4)에서 모택동은 이렇게 지적했다. …사유재산을 보호하고 자본가의 존재를 인정해야 한다(毛澤東, 1991: 563). 또 그는 이렇게 주장했다. …사회주의는 필연적인 결과이지만 현 시점에서는 자본주의의 발전을 인정해야 한다(顧龍生, 1993: 141). 당시 모택동은 자본주의의 발전을 민주주의혁명(民主主義革命)[2718]의 결과물로 인정했다. 한편 이 시기 (邊區)자본주의 발전은 (國民黨)국민정부의 경제체제와 밀접히 관련된다.

모택동은 (邊區問題)보고(1940.9.23)에서 이렇게 역설했다. …(黨內)자본주의를 비판하되, (黨外)국가자본주의[2719]를 발전시켜야 한다. '변구'에는 국영경제·사인자본주의·(合作社)경제가 병존한다(中共中央文獻硏究室, 1993: 207). 또 그는 '정책 지시(12.25)'는 이렇게 썼다. …자본가의 투자를 유도하고 민영기업을 격려해야 한다(毛澤東, 1991: 767). 상기 '자본주의 비판'과 '자본주의 발전'은 모순되며 '국가자본주의' 주장은 수긍하기 어렵다.

임필시는 '신민주주의혁명[2720] 승리' 문장(1945)에 이렇게 썼다. …합

2718 민주주의혁명(民主主義革命)은 구민주주의·신민주주의의 2개 단계로 나뉜다. '구민주주의혁명(1840~1919)'은 자산계급이 영도하는 혁명이며 자본주의국가 설립이 최종목적이다. '신민주주의혁명(1919~1949)'은 무산계급이 영도하는 반제·반봉건 혁명이며 사회주의국가 설립이 궁극적 목적이다. 모택동은 자본주의 발전을 '민주주의혁명 결과물'로 인정했다. 한편 자본주의 발전은 손중산의 삼민주의와 국민정부의 경제체제와 관련된다.

2719 국가자본주의(國家資本主義)는 국가가 (資本主義)기업을 직접 관리하고 국가정권의 통제 속에서 발전하는 일종의 자본주의이다. 레닌이 가장 먼저 제출(1917.9)한 '국가자본주의' 특징은 ① 국가정권이 자본주의 발전 통제 ② 국가가 경제발전을 감독하고 조절하는 것이다. 당시 모택동이 국가자본주의를 제창한 주된 목적은 자본가의 투자 유도와 (邊區)경제위기 극복이었다. 한편 (邊區)국영경제와 국가자본주의는 상당한 차이가 있다.

2720 '신민주주의혁명(新民主主義革命, 1919~1949)'은 식민지·반식민지(半植民地) 국가에서 무산계급이 영도하는 반제·반봉건·반관료주의 혁명을 지칭한다. 신중국 창건(1949)은 사실상 '신민주주의혁명 종결'을 의미한다. 한편 중공 지도자 모택동은 '신민주주의

작사·공경제·사인자본주의를 동시에 발전시켜야 한다. 또 개체경제(個體經濟)[2721] 중요성을 이렇게 강조했다. …(合作社)경제와 개체경제는 상부상조 관계이다(任弼時, 1987: 392, 313). 한편 사인자본주의와 개체경제는 차이가 있다. 1950년대 사인자본주의는 중국에서 사라졌으나, 개체경제는 사회주의 시장경제(社會主義市場經濟)[2722]의 중요한 내용으로 간주된다.

모택동의 이론에 따르면 신민주주의(1919~1949) 시기 자본주의 발전은 필연적 결과물이다. 한편 영향력이 미미한 사인자본주의는 선전적 측면과 이론적 성격이 강했다. 당시 모택동이 중요시한 것은 공경제와 (農業)합작사였다. (中共)궁극적 목적은 사회주의 건설과 '자본주의 요소' 제거였다. '골수 (社會主義)추종자'[2723]인 모택동이 '엽공(葉公)'이라면 자본주의는 '용(龍)'같은 존재였다. 이는 '엽공호용(葉公好龍)'[2724]과 매우 흡사

<hr>

론(1940.1)' 등 저서를 집필해 신민주주의혁명에 대해 구체적으로 설명했다.

2721 개체경제(個體經濟)는 생산수단을 소유한 노동자가 (個體)경영에 종사하는 (私有制)기반의 경제체제이다. 개체경제에서 생산수단을 소유한 노동자는 자신의 노동에 의해 노동성과(收入)을 획득한다. 1950년대까지 존재한 개체경제는 (文革)시기 '자본주의 경제'로 간주됐다. 1980년대에 부활한 개체경제는 시장경제의 중요한 구성부분이다.

2722 1980년대 도입된 사회주의 시장경제(社會主義市場經濟)는 (社會主義)제도와 (資本主義)시장경제가 결합된 경제체제이다. 1992년 등소평이 '남순강화(南巡講話)'를 통해 시장경제 체제를 확립했다. 작금의 중국정부는 국가 주도의 계획경제와 (資本主義)시장경제가 '혼합'한 경제발전 시스템을 실시, 이는 자본주의 시장경제와 근본적 차이가 있다.

2723 사회주의의 '골수 추종자'인 모택동은 '신민주주의론(1940.1)'에서 사회주의(社會)를 궁극적인 목표로 설정했다. 신중국을 창건한 모택동은 사회주의 제도를 수립하고 국가 주도의 계획경제를 발전 전략으로 확정했다. 한편 대약진(1958) 운동을 추진한 모택동은 사회주의에서 공산주의 체제로 급격히 전환하는 '중대한 과오'를 범했다.

2724 '엽공호용(葉公好龍)'은 겉으로는 좋아하는 듯하나 실제로는 두려워하며 매우 싫어한다는 뜻이다. 용(龍)을 각별히 좋아한 춘추 시대 초나라의 엽공(葉公)이 어느 날 진짜 용을 만난 후 크게 놀라 도망쳤다는 고사에서 기원했다. 한편 모택동의 신민주주의 이론에 따르면 자본주의 발전은 필연적 결과물이었다. 실제로 모택동은 자본주의를

하다.

항간에는 나쁜 짓을 많이 하면 벼락 맞아 죽는다는 속설이 있다. 1941년 6월 '변구'의 모 현장(縣長)이 회의 중 벼락을 맞아 사망했다. 당시 당지의 한 농민은 벼락 맞을 대상은 '모택동'이라고 저주했다. 결국 이는 '반혁명 사건'으로 불거졌다. 실제로 (邊區)정부의 '과다한 공출미' 징수가 (邊區)백성의 '모택동 저주'를 야기한 것이다. 한편 백성에게 막중한 부담을 안기면 벼락 맞아 급사한다는 속설은 예나 지금이나 진리로 여겨진다.

1940~1941년 (邊區)정부의 급선무는 '식량난 해결'이었다. 당시 섬감녕변구 정부의 식량은 공량(公糧) 징수와 식량 구입에 의존했다. (外援) 단절 후 식량 해결은 전부 공량에 의지했다(延安幹部學院, 2010: 58). (邊區) 정부가 전개한 '식량 구매' 운동은 시장가격보다 저렴하게 구입한 강제적 구매였다. 또 '차량(借糧)' 운동을 벌여 4만9705석을 빌렸다(盧毅 외, 2015: 240). 1941년 봄 당중앙과 (邊區)정부는 식량 해결을 위해 '정량(征糧)'을 20만석으로 확대했다. 결국 항전 초기에 비해 20배로 늘어난 무리한 '공량 징수'로 (邊區)백성들의 불만은 극에 달했다.

1941년 6월 3일 (邊區)정부의 (縣長)연석회의에서 (延川)현장 이채운(李彩雲)이 벼락을 맞아 사망했다(謝覺哉, 1984: 314). 이 소식을 들은 한 농민이 이렇게 말했다. …왜 하필 (李)현장이 벼락을 맞았는가? 벼락 맞을 사람은 모택동이다(逢先知 외, 2011: 625). 6월 3일 집시(集市)[2725]에 참가한 안새(安

선호하지 않았다. 신중국 설립 후 모택동은 사유제를 철폐하고 자본주의 발전을 엄격히 제한했다.

2725 집시(集市)는 농촌·소도시에서 정기적으로 열리는 시장(市場)을 가리킨다. '집시교역'은 향촌(鄕村) 자유시장에서 행해지는 거래를 가리킨다. 실제로 상품경제가 낙후된 지

塞)²⁷²⁶ 농민의 당나귀가 벼락 맞아 죽은 후 농민은 이렇게 넋두리했다.
…뇌공(雷公)은 왜 모택동은 피하고 애꿎은 (李)현장과 당나귀만 죽이냐
(何明, 2003: 809). 드라마 '연안송'에는 농부(農婦)가 '강제적 정량'에 악에
받쳐 모택동을 저주한다. 모택동이 그녀에게 유산양(乳産羊)과 식량을
준다. 이는 픽션이다. '무리한 정량'²⁷²⁷은 기타 근거지에서도 발생했다.
한편 백성의 '(毛澤東)저주'는 과다한 공량과 관련된다.

모택동은 이렇게 술회했다. …1941년 (邊區)정부는 20만석의 공량을
징수했다. 이는 대중에게 큰 부담이었다. 결국 백성의 '(毛澤東)벼락 저
주'²⁷²⁸가 생겨났다(毛澤東, 1995: 144). 또 그는 이렇게 회상했다. …(延安)인
민은 우리를 '경이원지(敬而遠之)'²⁷²⁹했다. 이는 (邊區)정부의 과다한 징수

역에서 보편적으로 존재하는 일종의 무역거래 형식이다. 한국어는 재래시장, '북한어
(北韓語)'로는 장마당으로 불린다. 한편 집시는 민심을 가장 잘 반영하는 곳이다.

2726 안새(安塞)는 연안시에 예속된 구(區)이다. 섬북의 황토고원(黃土高原)에 위치했다. (安塞)
총면적은 2950제곱킬로미터이며 연안시의 8.04%를 차지한다. '유명한 관광지'인
안새의 상주(常駐) 인구는 16만에 달한다. 암벽화(巖壁畵) 등 황토고원 특유의 민간예술
이 가장 발전한 지역이다. 특히 안새의 '앙가(秧歌)' 춤은 매우 유명하다.

2727 진기로예(晉冀魯豫) 태항구의 동창수(東淸秀)촌 조사에 따르면 소지주는 수입의 55%,
부농은 수입의 31.8%, 부유중농은 26.4%, 빈농은 11.2%, 소작농은 35.9%를 공출미
로 정부에 바쳤다('中國農民負擔史', 1991: 355). 진찰기(晉察冀) 근거지에 부과된 공량(1941)
임무는 244만석에 달했다. 결국 이는 1940년에 비해 53%가 증가됐다.

2728 1941년 6월 연천(延川) 현장의 벼락사(死)와 (延安)백성의 '(毛澤東)벼락 저주'는 실제로
발생한 사실이다. 결국 이는 섬감녕변구의 식량난(1941)의 심각성을 보여준 단적인 증
거이다. 실제로 연안 백성의 '(毛澤東)벼락 저주'는 (邊區)정부의 '과다한 정량(征糧)'에 대
한 강한 불만을 표출한 것이다. 한편 백성에게 과다한 '경제적 부담'을 안기면 '벼락
저주'를 받는다 것은 모든 권력자가 반드시 마음속 깊이 새겨야 '좌우명(座右銘)'이다.

2729 1940년 전후 (延安)백성이 당중앙과 (邊區)정부를 '경이원지(敬而遠之)'한 주된 원인은
① 과다한 공량 부과 ② '식염 판매' 강제 동원 ③ 백성의 곤란 도외시 ④ 식량난에 따
른 '빈곤 가중화' 등이다. 결국 이는 (邊區)백성의 '모택동 저주'를 초래했다. 이 또한
1941년부터 섬감녕변구(政府)가 대생산운동을 본격적으로 전개한 주요인이다.

모택동과 중국혁명 3

와 관련된다(毛澤東, 1996: 339). 실제로 공출미 강요와 (公鹽)강제 동원이 백성의 불만을 야기했다. 이는 '대생산운동 전개'의 직접적 계기가 됐다.

1941년 섬감녕변구와 각 (抗日)근거지의 식량난이 가장 심각했다. 이는 군향(軍餉)[2730] 중단 등 '외부 지원'[2731]의 중지와 관련된다. 결국 이는 당중앙과 (邊區)정부가 추진한 식염 수출·(邊區)화폐 발행 등은 '식량 해결'의 근본적 대책이 아니었다는 단적인 반증이다. 결정적 해결책은 생산운동 전개를 통한 '식량 증산'이었다. 한편 1938년 가을부터 전개한 생산운동은 소기의 성과를 거뒀다. 1941년부터 자급자족의 대생산운동이 본격적으로 전개됐다. 당시 주덕이 제창한 '둔전(屯田)'[2732]은 효과적인 대책이었다. '남니만(南泥灣) 개발'[2733]이 명백한 증거이다.

2730 1938년 2월 장문천은 이렇게 말했다. …국민정부는 (軍餉)50만을 중공에 지급했다. 전방에 25만을 보내고 나머지는 간행물 발행 등에 사용했다. 모택민(毛澤民)은 이렇게 회상했다. …(軍餉)20만을 팔로군에게 전달하고 나머지는 (邊區)정부에 조달했다(盧毅 외, 2015: 237). 실제로 (華北)팔로군에게 전달된 군향은 20~25만이었다. 1940년 가을 국민당은 '군향(軍餉) 지급'을 중단했다. 당시 모택민은 신강성(新疆省)의 재정부장이었다.

2731 항전 시기 '(邊區)외부 지원'은 주로 (國民黨)정부기 조달한 경비와 화교·애국자가 지원한 후원금이다. 1937년의 '외부 지원'은 (邊區)수입의 77.2%, 1940년에 (邊區)수입의 70.5%를 차지했다(陝西省檔案館, 1981: 13). 국민당군의 '(邊區)봉쇄'로 1941년에 모든 '외부 지원'이 중단됐다. 결국 이는 섬감녕변구의 경제적 위기를 초래했다.

2732 한조(漢朝) 후 시행된 '둔전(屯田)'은 지방 군대의 '급양 해결'을 위해 지급된 토지이다. 즉 황무지를 개간해 군량을 현지에서 조달하기 위한 것이다. 당시 팔로군 총사령관 주덕은 군부대의 '황무지 개간'을 제출했다. (邊區)백성의 부담을 경감하고 군량을 스스로 해결하기 위한 것이다. 한편 '군간(軍墾)'은 대생산운동의 일환으로 추진됐다.

2733 1941년 봄 팔로군 358여단은 여단장 왕진의 인솔하에 남니만(南泥灣)에 진출해 황무지를 개간했다. 1940년 전 359여단의 군량(軍糧)은 모두 지방정부에서 제공했다. 1941년 359여단의 (軍糧)자급률은 78.5%였다. 1942년에 90.3%, 1943년 91.3%, 1944년에 완전히 자급(自給)했다(羅平漢 외, 2015: 242). 결국 왕진이 인솔한 359여단의

모택동은 '팔로군군정잡지(八路軍軍政雜誌)'[2734] 창간사(1939.1.2)에 이렇게 썼다. …장기적인 관점에서 식량문제는 팔로군의 당면과제로 부상할 것이다(毛澤東, 1991: 892). 또 그는 이렇게 회상했다. …1940~1941년 (抗日)근거지는 난관에 봉착했으며 '변구'의 식량난이 심각했다. 이는 국민당의 경제적 봉쇄와 관련된다(金冲及 외, 2011: 618). 생산운동(1939)의 취지가 자급자족이라면, 대생산운동(1941)은 '(財政)위기 극복'이 주된 목적이었다. 팔로군은 시종일관 생산운동의 선도적 역할을 담당했다. 한편 '(八路軍)군정잡지'의 편집장은 소향영(蕭向榮)[2735]이 맡았다.

1938년 가을 (延安)군부대는 황무지를 개간해 채소를 심고 돼지를 길러 (部隊)식생활을 개선했다. 당시 모택동은 (邊區)유수부대의 '부업(副業)'[2736]을 생산운동으로 간주하지 않았다. 군부대의 '부업'은 (百姓)부담 경감과 식생활 개선이 주된 목적이었다. 1939년 후 군부대의 농부업(農副業) 생산활동은 섬감녕변구와 (抗日)근거지에 자급자족의 생산운동으

선도적 역할에 힘입어 섬감녕변구의 기타 팔로군 부대도 1944년 전후 군량을 전부 자급자족했다.

2734 1939년 1월 15일에 창간된 '팔로군군정잡지(八路軍軍政雜誌)'은 총정치부의 (月刊)간행물이었다. 매기 발행부수는 3000부, (雜誌)편집위원회는 모택동·왕가상·소경광·곽화약 등으로 구성, 총정치부 선전부장인 소향영이 편집장을 맡았다. 1942년 3월 25일에 폐간됐다.

2735 소향영(蕭向榮, 1910~1976), 광동성 매현(梅縣) 출신이며 개국중장이다. 1927년 중공에 가입, 1930~1940년대 팔로군 115사단 정치부 선전부장, 제4야전군 정치부 선전부장, 건국 후 광동군구 정치부 주임, (中央軍委)부비서장 등을 역임, 1976년 북경에서 병사했다.

2736 부업(副業)은 농사일 외 텃밭에 채소를 심거나 돼지·닭 등 가축을 사육하는 것을 가리킨다. 겨를을 틈타 하는 일을 지칭하며 농민들이 농한기(農閑期)에 하는 돈벌이도 '부업'에 속한다. 당시 (延安)군부대는 황무지를 개간해 채소를 심고 돼지를 길렀다. 한편 군부대의 '부업'인 양돈·채소 가꾸기 등은 '식생활 개선'이 주된 목적이었다.

로 보급됐다. 또 이는 이 시기 당중앙이 강조한 자력갱생 취지에 부합됐다.

모택동은 (軍事)간부회의(1938.12.8)에서 이렇게 말했다. ⋯(邊區)군민은 일치단결해 의식주(衣食住)를 자급자족해야 한다(中共中央文獻研究室, 1993: 99). (抗大)간부회의(12.12)에서 모택동은 이렇게 강조했다. ⋯'(邊區)식량 해결'을 위해 자력갱생의 생산운동을 전개해야 한다(解放軍國防大學, 2000: 529). 12월 14일 당중앙은 회의를 개최해 '생산운동 전개'를 토론했다. 12월 20일 신중화보는 '생산운동을 전개하자'는 사설을 발표했다(羅平漢 외, 2015: 238). 당시 모택동은 (邊區)정부기관과 군부대의 자급자족을 강조했다. 한편 1938~1939년 대규모적 생산운동은 전개되지 않았다. 국민정부의 경비 조달과 '외부 지원'이 지속됐기 때문이다.

정치국 회의(1939.1.26)에서 생산운동에 관한 연설[2737]을 한 모택동은 생산동원대회(2.2)에서 이렇게 지적했다. ⋯(邊區)군민은 '식량 해결'을 급선무로 삼아야 한다. (軍民)먹거리를 해결하려면 광범위한 생산운동을 전개해야 한다(中共中央文獻研究室, 1993: 108). 또 그는 (延安)고급간부회의에서 이렇게 말했다. ⋯모든 수단을 동원해 (衣食住)문제를 해결해야 한다. 자급자족의 '식량 해결'은 항전에 크게 도움된다(毛澤東, 1993: 224). 당시 본격적인 생산운동은 전개되지 않은 것은 (邊區)식량난이 심각하지 않았기 때문이다. 한편 1940년 (邊區)식량 생산량이 감소됐다.

모택동이 분석한 (邊區)생산운동의 '가능성'은 첫째, 모든 농민이 자

2737 모택동의 '연설(1.26)' 골자는 ① 봄갈이(春耕), 차질없이 준비 ② (生産)임무 확정, (機關) 생산위원회 설립 ③ 임백거를 책임자로 하는 (生産運動)위원회를 설립 ④ 생산운동의 중요성을 선전 등이다(中共中央文獻研究室, 2005: 206). 이는 (邊區)행정기관의 '생산운동 참가'를 호소한 것이다. 한편 이 시기 본격적인 생산운동은 전개되지 않았다.

력으로 식량문제를 해결하면 (邊區)식량 자급이 가능하다 둘째, (八路軍) 장병 대부분이 농사일에 익숙하다. 셋째, 유수부대의 농부업이 성과를 거뒀다. 넷째, 황무지가 많아 농부업이 가능하다(胡喬木, 2021: 235). 1939년 (邊區)백성들은 황무지 104만무를 개간하고 식량 20만석을 증산했다. 또 소와 양 5만마리를 사육해 식생활을 개선하고 공출미 5만석을 납부했다(齊小林 외, 2015: 239). 당시 (邊區)공무원은 3개월치의 농산물을 수확하고 경위(警衛)부대는 6개월분의 식량을 마련했다. 1939년 (邊區)생산운동은 일정한 성과를 거두었다. 또 '외부 지원'도 지속됐다.

1939년 (邊區)생산운동은 소기의 성과를 거뒀다. 당시 (邊區)대중의 경제적 부담은 그나마 덜했다. 이 시기 (邊區)정부가 백성에게 징수한 세금은 (貿易)누진세(累進稅)[2738]·모피세·염세(鹽稅)·구국공량(救國公糧) 4가 지였다. 한편 (邊區)정부의 정량(征糧)은 1938년 1.7만석, 1939년 5만석, 1940년 9만석이었다. 1940년 (邊區)정부가 정한 생산임무는 당중앙과 (邊區)지도기관은 2개월치의 식량을 자급하는 것이다. 당시 (邊區)정부는 '노동조직 개편'[2739]을 단행했다. '개편' 취지는 노동력 절약과 노동효율 제고였다. 한편 노동력의 감소는 개간된 황무지의 '황폐화'를 초래했다. 결국 '변구'의 (食糧)생산량은 현저하게 감소됐다.

2738 누진세(累進稅)는 계층 간 (所得)불평등을 완화하기 위한 조세제도이다. 고소득자는 많은 세금을 내고 저소득층은 적은 세금을 내게 된다. 소득세·상속세·재산세 등이 누진세목에 속한다. 한편 항전 시기 섬감녕변구(政府)가 징수한 세금 중에 '(貿易)누진세'가 있다. 이는 이 시기 '(邊區)식염 무역'이 활발하게 진행됐다는 것을 반증한다.

2739 1940년 섬감녕변구가 단행한 '노동조직 개편'의 골자는 ① 여성·신체 허약자는 중노동에 불참 ② 50세 이상과 15세 이하의 '노약자'는 생산노동에 불참 ③ 공업·병원·휴양소·보육원 종사자와 교사 등은 생산운동에 불참 ④ 정부기관은 '채소 재배'에 전력 등이다(李維漢, 1986: 415). 결국 이는 '변구'의 (生産)노동력의 감소를 초래했다. 실제로 섬감녕변구의 '노동조직 개편'은 (邊區)생산량 감소(1940)를 초래한 주된 원인이다.

1941년 '변구'와 (抗日)근거지는 심각한 식량난과 재정위기에 봉착했다. 주된 원인은 국민당군의 (邊區)경제봉쇄와 (敵後)근거지에 대한 일제의 '소탕' 작전이다. 당시 섬북과 (華北)근거지에서 한재(旱災)·충재(蟲災) 등 자연재해가 발생했다. 또 '외부 지원'의 차단은 (邊區)식량난 심화와 각 근거지의 심각한 재정위기를 초래했다. 결국 당중앙은 근거지의 경제적 위기를 극복하기 위해 자력갱생의 대생산운동을 본격적으로 전개했다.

모택동은 이렇게 지적했다. …당정군민(黨政軍民)은 모두 생산운동에 참가해야 한다. 모든 수단을 동원해 식량을 증산하고 근거지의 '물질적 기초(物質基礎)'[2740]를 마련해야 한다(毛澤東, 1991: 913). 식량난이 심각한 섬감녕변구가 가장 먼저 대생산운동을 개시한 후 각 (抗日)근거지는 본격적인 생산운동을 전개했다. 이는 모든 군민이 동원된 미증유의 대중운동이었다. 한편 대생산운동과 기존 생산운동은 본질적 차이[2741]가 있다. 당시 모택동은 '경제문제와 재정문제'[2742]·'조직기래(組織起來)'[2743]

2740 '물질적 기초(物質基礎)'는 인간의 생존에 필요한 물질적 기반을 지칭하며 먹고 사는데 필요한 '의식주(衣食住)'를 가리킨다. 항전 시기 항일근거지의 '물질적 기초'는 모든 생산수단을 동원해 농작물을 재배하고 식량 증산을 통한 '식량난 해결'이었다. 결국 '물질적 기초'를 마련하기 위해 각 (抗日)근거지는 본격적인 생산운동을 전개했다.

2741 1938~1939년 (邊區)정부가 주도한 생산운동은 '식량 자급'과 '식생활 개선'이 주된 목적이었다. 이는 이 시기 국민정부의 '군향 지급'과 '외부 지원'이 지속됐기 때문이다. 한편 1941년부터 개시된 대생산운동은 섬감녕변구와 (抗日)근거지의 식량난 해결을 위한 '경제전쟁'이었다. 결국 이는 살아남기 위한 치열한 '생존투쟁'이었다.

2742 모택동의 장시간 보고(1942.12) 골자는 ① 경제를 발전시켜 공급을 보장 ② '재정지출 축소'로 '재정위기 해결' 견해를 비판 ③ 실정 외면과 탁상공론에 치중한 주장을 비판 ④ '공사·군민겸고(兼顧)' 구호 제출 등이다(逢先知 외, 2005: 419). 또 그는 '보고'에서 대중의 복리(福利) 증진을 중시할 것과 지속적인 '정병간정'을 강조했다.

2743 모택동의 '조직기래(組織起來)' 연설 골자는 첫째, 대중을 동원해 노동대군을 만들어야

등 보고서를 적성해 '생산 발전, 공급 보장'의 지침을 제정했다.

중공중앙은 근거지의 '구체적 환경'[2744]에 근거해 방침을 제정했다. 첫째, 농업·축목·공업·수공업·운송·상업(發展) 중, 농업 위주[2745]이다. 둘째, '공사겸고(公私兼顧)' 방침[2746]을 실시한다. 셋째, 통일적 영도와 '분산경영(分散經營)'[2747]을 실행한다. 넷째, 생산·절약을 병행한다. 다섯째, 생산합작사 설립[2748]이다(中共中央黨史研究室, 2005: 407). 당시 농업을 우선시한

한다. 둘째, 대중을 동원하는 가장 중요한 형식은 (農業)합작사이다. 셋째, '합작사 설립'은 대중을 부유하게 만드는 지름길이다(逄先知 외, 2005: 482). 당시 모택동은 합작사 역할을 과대평가했다. 또 이는 개체경제·사인자본주의를 부정했다는 반증이다.

2744 (抗日)근거지의 '구체적 환경'은 ① 중국은 농민이 80%인 농업국가 ② 개체경제가 중요한 역할, (陝甘寧)변구에 많은 합작사가 출현 ③ 항일근거지가 분산, 적군에게 포위 ④ 식량난·재정위기 심각 ⑤ 다양한 경제체제 혼재(混在) 등이다. 결국 (根據地)군민이 일치단결해 대생산운동을 통한 '경제위기 극복'이 유일한 해결책이었다.

2745 중공중앙이 '농업 위주'의 방침을 확정한 주된 원인은 첫째, 식민지·반식민지 국가인 중국에는 농민이 80%를 차지한다. 둘째, 각 근거지는 농촌에 있고 (八路軍)대부분이 농민 출신이다. 셋째, 항전에 필요한 식량·경비 대부분을 농민들이 제공한다. 넷째, 근거지의 '수출품'도 대부분이 농산품이다(王秀鑫 외, 2019: 407). 결국 식량난이 심각한 상황에서 섬감녕변구와 (抗日)근거지가 제정한 '농업 위주'의 방침은 매우 시의적절했다.

2746 중공중앙은 공사(公私)·군민(軍民) 양쪽을 고루 돌보는 방침을 폈다. 당시 (抗日)근거지에는 다섯 종류의 경제체제가 존재했다. ① 정부·군부대·기관·학교의 공영(公營)경제 ② 합작사(合作社)경제 ③ 농민·노동자의 개체경제 ④ 자본주의 경제 ⑤ 지주(地主)경제이다. 당시 (根據地)정부는 지주(經濟)에 대해 '감조감식(減租減息)'을 실행했다. 한편 (抗日)근거지의 다양한 경제체제는 모택동의 '신민주주의론'과 밀접하게 관련된다.

2747 '분산경영(分散經營)'은 (根據地)노동력·물자가 분산되고 교통이 불편한 실정에 근거해 제정했다. 한편 '통일적 영도' 방침은 첫째, 당중앙·변구(邊區)·전구(專區)·현서(縣署)의 (上下級)관계 구축과 '통일적 영도'의 필요성이다. 둘째, 기업의 통일적 (經營)방침에 대한 필요성이다. 셋째, 기업의 통일적 관리의 필요성이다. 실제로 경제적 정책은 당중앙이 제정하고 근거지(根據地)의 지방정부가 분산(分散) 경영을 책임지는 것이다.

2748 섬감녕변구에는 (勞動互助)합작사 외, 3가지 종류의 합작사가 있었다. ① 생산·소비·운송·신용합작의 종합적 합작사 ② 운염(運鹽) 합작사 ③ 수공업 합작사이다(中共中央黨史研究室, 2005: 408). 당시 대중을 동원하는 가장 중요한 방식은 '자원적·호혜적'인 합작

당중앙은 '식생활 개선'을 위한 양돈·채소 심기 등 부업도 중시했다. 또 각급 당조직에 생산위원회를 설립해 생산운동을 당면과제로 추진했다. 한편 중공중앙 지도자들은 솔선수범[2749]을 보였다.

주덕이 제출한 군간(軍墾)의 주목적은 (百姓)부담 경감과 식생활 개선이었다. 1941년 3월 주덕은 재경처장 등결(鄧潔)[2750]과 (八路軍)제359여단[2751]의 718연대 정치위원 좌제(左齊)[2752] 등과 남니만(南泥灣)[2753]을 시찰했다. 1941년 3월 수덕(綏德)에 주둔한 359여단은 왕진의 인솔하에 남니만으로 진격했다. 건국 후 왕진은 (國家)부주석[2754]을 지냈다.

사 설립이었다. 실제로 개체경제를 기초로 설립된 협력적인 노동조직이었다.

2749 모택동은 요동(窯洞) 근처의 산골짜기에 텃밭을 가꿔 채소를 심고 수확한 채소를 경위부대에 보냈다. 연안으로 돌아온 주은래는 여가를 틈타 방적(紡績) 활동에 적극 참가했다. '延安(연안)실 뽑기' 대회에서 우승한 주은래는 '(紡績)능수'로 불렸다. 주덕은 집 근처에 텃밭을 만들어 채소를 자급했다. 또 임필시는 '물레 돌리기 능수(能手)'였다.

2750 등결(鄧潔, 1902~1979), 호남성 안향(安鄕) 출신이며 공산주의자이다. 1923년 중공에 가입, 1920~1940년대 대련(大連)시위 서기, 중앙조직부 비서장, 중앙종대(中央縱隊) 부사령관, 건국 후 경공업부 부부장, 석유공업부 부부장 등을 역임, 1979년 북경에서 병사했다.

2751 1937년 8월 (八路軍)제359여단으로 개편, 1939년 10월 진찰기(晉察冀)변구에서 섬감녕변구로 이동 배치됐다. 1940년 봄 남니만으로 진출해 대생산운동을 전개했다. (西北局)고급간부회의(1942.2)에서 모택동은 359여단을 '대생산운동 본보기'라고 칭찬했다. 1944년 11월 제359여단은 남하지대(南下支隊)로 재편, 상월변(湘粤邊)으로 진격했다.

2752 좌제(左齊, 1911~1998), 강서성 영신(永新) 출신이며 개국소장이다. 1932년 공산당에 가입, 1930~1940년대 359여단 717연대 정치위원, 서북야전군 제2종대 정치부 주임, 건국 후 신강군구 정치부 주임, (濟南)군구 부정치위원을 역임, 1998년 제남에서 병사했다.

2753 남니만(南泥灣)은 연안(延安)에서 동남쪽으로 90리(里) 떨어진 곳에 위치했다. 이곳은 수원(水源)이 풍부하고 토지가 비옥했다. 청조(淸朝)의 동치(同治) 연간에 '섬감회란(陝甘回亂)'이 진압된 후 인적이 드문 황폐한 지역으로 변했다. 1941~1943년 왕진이 거느린 359여단이 남니만을 개발한 후 '섬북강남(陝北江南)'으로 면모가 일신됐다.

2754 1970~1980년대 왕진은 (國務院)부총리·(國家)부주석을 지냈다. 이는 왕진이 중공 영

삼국지(三國志)[2755] 애독자인 주덕은 조조가 실시한 '작피(芍陂) 둔전'[2756]이 팔로군의 '의식주 해결'에 도움이 된다고 생각했다. 당시 주덕의 (軍墾)주장은 359여단장 왕진의 지지를 받았다. 한편 '작피 둔전'과 '남니만 개간'은 상당한 차이점[2757]이 있다. 팔로군의 '남니만 진격'은 국민당군의 '북진 저지'와 황무지 개간의 일석이조 효과를 노린 것이다. 이 시기 해방일보는 사설(1942.12.13)[2758]을 발표해 주덕의 공로를 인정했다.

수인 모택동·등소평의 신임을 받았다는 단적인 반증이다. 1930년대 모택동이 박고 등 '소련파'의 배척을 받았을 때 등소평과 왕진은 '모택동 지지자'였다. 한편 문혁 시기 '유소기 타도'로 인해 철폐된 '국가주석제(制)'는 1980년대에 회복됐다.

2755 삼국지(三國志)는 서진(西晉)의 사학자(史學者) 진수(陳壽, 233~297)가 편찬한 '위촉오(魏蜀吳)' 삼국의 정사(正史)이다. 삼국지는 중국의 '이십사사(二十四史)'의 하나이다. '위지(魏志)' 30권, '촉지(蜀志)' 15권, '오지(吳志)' 20권으로 총 65권이다. 당시 전반생을 촉한(蜀漢)에서 지낸 저자 진수는 10년 간의 연구 끝에 기전체(紀傳體) 사서(史書)인 삼국지를 완성했다. 한편 삼국지는 나관중의 삼국연의(三國演義)보다 역사적 진실성이 높다.

2756 안휘성 수현(壽縣)에 위치한 작피(芍陂)는 유명한 관광지이다. 209년 조조의 지시로 '작피(芍陂) 둔전'이 개시됐다. 둔전은 민둔(民屯)·군둔(軍屯)으로 나뉜다. 당시 둔전민(屯田民)의 조세 부담은 수확량의 50%이었다. 한편 '작피 둔전'은 유민(流民)을 배치하고 '군량 해결'에 긍정적인 역할을 했으나, '강제적 둔전'은 백성들의 불만을 야기했다. 실제로 농업 위주로 진행된 '작피 둔전'은 오(吳)나라를 공격하는 것이 궁극적 목적이었다.

2757 조조의 '작피(芍陂) 둔전' 특징은 ① 단순 군량미 해결 ② '농업 위주' 식량 생산 ③ (屯田)규모가 작고 영향력 미미 ④ (屯田)목적, 군량 해결과 오(吳)나라 공격 ⑤ 강제적 민둔(民屯), 많은 도주자 초래 등이다. 한편 (八路軍)359여단의 '남니만 개발' 특징은 ① 다종경영, 군량·군향 자급 ② (邊區)식량난 해결 일조 ③ 대생산운동의 선도적 역할 ④ 농업·부업·목축업 등 종합적 개발 ⑤ 작전·훈련·농사일 병행 등이다. 요컨대 359여단의 남니만 개발은 영향력이 크고 (宣傳)효과를 극대화한 대생산운동의 일환으로 진행됐다.

2758 해방일보는 '남니만(南泥灣) 정책을 적극 추진하자'는 사설(12.13)을 발표했다. '사설'은 이렇게 썼다. …몇 년 전에 주덕 총사령관은 '남니만 개발'을 제창했다. 군대의 둔전(屯田) 취지는 백성의 경제적 부담 경감과 부대의 군량을 자급하는 것이다. 현재 남니만은 '섬북(陝北) 강남'으로 탈바꿈했다(金冲及 외, 1993: 521). '(南泥灣)정책'은 359여단의 성공적 남니만 개발과 관련된다. 실제로 (軍墾)제창자 주덕은 남니만 개발의 수훈갑이다.

남니만 개간에 착수한 359여단은 간난신고를 겪었다. (林野)야영을 하고 야채로 끼니를 때웠다. '노동영웅'[2759] 이위(李位)가 사용한 2~3키로의 곡괭이는 말발굽처럼 작아졌다(何明, 2003: 820). 718연대장 진종요(陳宗堯)[2760] 등은 모택동의 칭찬을 받았다. '(延安)간부대회(1943.5.28)'에서 모택동은 이렇게 말했다. …(南泥灣)개간에서 솔선수범한 진종요를 따라 배워야 한다. 결국 이들의 모범적 역할에 힘입어 탈주병(脫走兵)이 없었다(胡喬木, 2021: 238). 노동영웅(制度)는 1930년대 소련에서 보급된 생산경쟁제도를 도입한 것이다. 한편 고된 (開墾)노동에 견디지 못해 탈영한 '(士兵)도주자'[2761]가 적지 않았다는 것이 일각의 주장이다.

　　식량이 창고에 넘치고 가축이 축사에 붐비며 오리가 연못에 노니는 (江南)풍경이 남니만에 나타났다. '1년 경작, 2년치 식량 해결(耕一余一)' 목표를 달성했다(王秀鑫 외, 2019: 409). '다종경영(多種經營)'[2762]을 한 359

2759　1940년대 섬감녕변구와 (抗日)근거지의 '노동영웅(勞動英雄)'은 대생산운동에서 모범적 역할을 한 농민·노동자·부대원(部隊員) 중 선발한 노동모범(勞動模範)을 가리킨다. '노동영웅' 중 농민(英雄)이 절반 이상을 차지했다. 한편 섬감녕변구에는 농업·식염(販賣)·공업·남니만(開發)·합작사·이민(移民)·수리(水利) 등 18명의 '노동영웅'이 선발됐다. 당시 가슴에 붉은 꽃다발은 단 '노동영웅'은 근거지와 (邊區)백성의 존경을 받았다.

2760　진종요(陳宗堯, ?~1945), 호남성 차릉(茶陵) 출신이며 공산주의자이다. 1932년 공농홍군에 참가, 1930~1940년대 '홍6군단' 야전병원 정치위원, (八路軍)120사단 359여단 717연대장, (平山)독립연대장, '남하부대' 제2지대장 등을 역임, 1945년에 희생됐다.

2761　조초구는 '연안 1월'에 이렇게 썼다. …팔로군의 생활은 어려웠다. (南泥灣)개간 초기 고된 노동에 견디지 못한 사병들은 군영을 탈출했다. (八路軍)지도부는 탈주자에 대해 비교적 관대했다. 지방정부를 동원해 (軍營)복귀'를 기대했다. 촌장(村長)의 끈질긴 설득하에 탈주병은 부대로 복귀했다(趙超構, 1992: 239). 실제로 (八路軍)도주병은 매우 적었다. '(逃走兵)복귀'는 사실상 불가능했다. (軍營)탈주자는 '반혁명 분자'로 간주됐기 때문이다.

2762　'다종경영(多種經營)'은 기업의 2개 이상 (項目)경영을 가리킨다. 초기 이를 자본주의 경제의 경영방식으로 간주됐다. '다종경영'의 장점은 ① 노동력·토지 등 자원을 충분하

여단은 부업으로 2000여 마리 돼지를 길러 식생활을 개선했다. 방직공장을 설립해 군복·이불을 만들고 운송대를 설립해 식염 판매에 참가했다. 운염(運鹽)부대는 당나귀·말 600두를 사육했다(劉志靑, 2010: 182). 1943년 359여단은 식량·채소를 자급했다. '다종경영' 결과 공상업 수입이 (旅團)경비의 93%를 차지했다. 1944년 공량 1만석을 (邊區)정부에 바쳤다. 서북국은 359여단을 '(生産運動)선봉'이라고 격찬했다.

1942년 (邊區)정부·중앙기관의 수입은 2581만원, 자급률이 48%이다. (邊區)기관과 보안부대 수입은 113만원, 자급률이 70%였다. 1943년 경비여단 자급률이 75.4%, 358여단 70.7%, 독립여단은 74.6%에 달했다(陝甘寧邊區財政經濟史料, 1981: 76). 남니만을 시찰(1943.9)한 모택동은 이렇게 말했다. …곤란은 극복하지 못한 괴물이 아니다. 팔로군은 자력갱생으로 의식주를 해결했다. 자력갱생의 전통을 잊지 말아야 한다(王恩茂, 1990: 209). 생산효율을 중시한 모택동은 '변공대(變工隊)'[2763] 설립을 호소했다. (邊區)정부는 모택동의 지시에 따라 '세 가지 조치'[2764]를 취했다. 당시 모택동은 자력갱생을 '무가지보(無價之寶)'로 간주했다.

게 활용 ② 농업 각 부문의 상호 협력을 촉진 ③ 농업 생산의 종합적 경제효과를 발휘 ④ (農民)수입 증가, 시장수요 만족 ⑤ 농촌경제 활성화 등이다. 한편 '다종경영'을 전개한 359여단은 군량(軍糧)과 군향(軍餉)을 자급하고 군부대의 식생활을 개선했다.

2763 '변공대(變工隊)'는 섬감녕변구와 (抗日)근거지에서 유행된 '노동호조(勞動互助)'의 농민 조직이다. (若干)농민들로 구성된 '호조조(互助組)'가 윤번제로 각 농가의 농사일을 협조한 후 가을에 이윤을 계산하는 방식이다. 1930년대 전후 (革命)근거지에서 '환공호조(換工互助)'가 존재했다. 한편 사회주의 성격의 '변공대'는 농업합작사로 발전했다.

2764 '세 가지 조치'는 ① 유랑민·피난민을 우대, 그들의 '황무지 개간'을 격려 ② '감조감식(減租減息)'을 실행, 농민들의 생산 적극성을 유도 ③ 노동 경쟁을 제창, 노동영웅을 표창 등이다(金冲及 외, 2011: 626). 실제로 (邊區)정부의 '세 가지 조치'는 농민들의 식량 생산을 격려하고 대생산운동의 적극적인 참가를 유도하기 위한 것이었다.

'변공호조운동(變工互助運動)'[2765]을 제창한 모택동은 이렇게 지적했다. …수천년 간 주도적 지위를 차지한 개체경제는 가난을 초래한 장본인이다. '가난 탈피' 방법은 합작사 설립이다(逢先知 외, 2011: 627). '노동호조(勞動互助)'[2766]를 중시한 모택동은 이렇게 말했다. …'노동호조'는 노동력 부족을 해결하고 빈곤에서 탈피해 부유를 달성하는 정확한 방법이다(毛澤東, 1991: 931). 모택동은 박고에게 보낸 편지(1944.8.31)에 이렇게 썼다. …신민주주의의 경제 기초는 합작사이며 개체경제가 아니다. 이는 마르크스주의와 민수주의(民粹主義) 차이이다(中共中央文獻研究室, 2003: 215). 민수주의는 19세기 후반 러시아에서 유행된 급진사상을 가리킨다. 모택동과 나로드니키(Narodniki)[2767]의 주장은 여러 가지 '공통점'[2768]이 있다.

[2765] '변공호조운동(變工互助運動)'은 항전 시기 (根據地)노동력 부족을 감안한 '노동호조(勞動互助)'의 보급 운동을 가리킨다. '변공호조'의 초기 형식은 '변공대(變工隊)'였다. 이 시기 섬감녕변구에서 출현한 '변공대·호조조(互助組)' 등은 농업합작사로 발전했다. '변공호조'는 식량 생산을 촉진하고 노동효율을 제고하는 등 긍정적 역할을 했다.

[2766] 모택동은 '노동호조(勞動互助)' 대해 이렇게 설명했다. …농번기에 노동력을 집중해야 한다. 7~8개의 농가를 한 팀으로 묶어 노동력·가축을 집결해 윤번으로 각 농가의 봄갈이·가을걷이를 한 후 나중에 공전(工錢)은 출근·가축수에 따라 계산해야 한다(胡喬木, 2014: 246). '노동호조'는 노동력 부족을 해결하고 (生産)효율을 대폭 제고했다.

[2767] 나로드니키(Narodniki)는 러시아어로 '인민주의자'라는 뜻이다. 19세기 후반 러시아에서 사회주의 혁명운동을 실천한 세력을 지칭한다. 1860년대 러시아 지식인들이 주도한 '나로드니키 운동'은 1870년대에 절정기를 맞이했다. 한편 나로드니키를 포퓰리즘(populism)·평민주의(平民主義)로 해석하는 일각의 주장은 상당한 어폐가 있다.

[2768] 농민과 농업을 중요시한 모택동과 농본주의를 주창한 나로트니카(Narodniki) 주장의 '공통점'은 ① 농업·농민의 역할 중시 ② 농촌공동체 기반, '농민 해방' 우선시 ③ 정치적 선전으로 (農民)각성 유도, 차르(tsar)·장개석 정권 타도 ④ 공동생산·공동소유, 사기업 혐오 ⑤ 마르크스주의를 러시아·중국의 실정에 맞게 적용 ⑥ 공산주의 이념을 신봉 ⑦ (農業)공산주의 신뢰, (産業)노동자계급을 도외시 ⑧ (農民)계몽운동을 중시 등이다.

'변구'에는 변공(變工)[2769]·찰공(扎工)[2770]·당장반자(唐將班子)[2771] 등 노동조직이 있었다. 연안현(延安縣) (互助)경험[2772]을 중요시한 모택동은 해방일보에 사설(1943.1.25)을 발표해 '노동호조'를 제창했다. '노동호조'는 생산운동 발전에 '긍정적 역할'[2773]을 했다. 대생산운동과 '노동호조'는 상호보완적 역할을 했다. 한편 모택동은 '옹정애민(擁政愛民)운동 지시 (1943.10.1)'를 발표해 노동력 집중과 '호조(互助)' 중요성을 강조했다.

(抗日)근거지는 호조합작 방식으로 노동력을 집중했다. 예컨대 '호조조(互助組)'[2774]·합작사 등이다. 호조조는 호혜적 원칙과 개제경제를 기

2769 변공(變工)은 농호(農戶) 간의 '환공(換工)', 즉 '노동력 교환'을 의미한다. 실제로 등가(等價) 노동력을 맞바꾼다는 성격을 지니고 있다. 당시 섬감녕변구에는 노동력과 노동력의 교환, 노동력과 가축의 교환, '절장보단(絶長補短)'의 기술 협력 등 다양한 '노동력 교환(變工)' 방식이 존재했다. 이를 통해 '노동력 부족'의 문제를 해결했다.

2770 찰공(扎工)은 임시공(臨時工)을 단체적으로 고용하는 것을 가리킨다. 즉 '농업합작화'가 이뤄지기 전 서북지역 농민들의 노동호조 방식이다. 경작지가 부족한 지역의 농민들이 팀을 묶어 타인의 농사를 지어주고 공전(工錢)을 받는 노동방식이다. 흔히 찰공대는 10명을 한 팀으로 만들며 공덕주(功德主)·십장(什長)·기장원(記帳員)을 선임했다.

2771 당장반자(唐將班子)는 1943~1945년 감숙·섬북지역에서 활동한 '변공호조(變工互助)'의 노동조직 형식이다. 대개 10~15명으로 한 팀을 구성한다. 팀내 도급업자·인솔자·포반(包班)을 설치, 총수입 5~10%를 식사비·생필품(包頭)수당으로 사용하며 나머지는 평균 분배한다. '변구십창(邊區十唱)'이란 노래 가사에 '당장반자'가 있다.

2772 섬감녕변구는 변공·찰공 등 '노동호조'를 이용해 농번기의 노동력 부족을 해결했다. 1942년 연안현(延安縣)은 '8만무 (開墾)임무'를 완성했다. 이는 분산된 농민을 동원하면 '노동효율 제고'가 가능하다는 것을 보여줬다(胡喬木, 2021: 245). 당시 연안현의 (勞動互助)경험을 중요시한 모택동은 (邊區)정부에 '(延安縣)경험 보급'을 지시했다.

2773 모택동이 정리한 (邊區)노동호조의 '긍정적 역할'은 ① 노동력·가축 집결 ② (小農)개체경제 단합, 생산규모 확대 ③ 노동력 절약, 생산효율 제고 ④ 대생산운동 촉진 등이다(毛澤東, 2008: 912). 이 시기 (邊區)정부가 추진한 '노동호조'는 대중의 (生産)적극성을 동원하고 대생산운동에 적극적으로 참가하는 등 긍정적인 역할을 했다.

2774 '호조조(互助組)'는 (抗日)근거지에서 농번기에 노동력·가축·농기구가 부족한 상황에서 임시로 결성된 호조합작 방식이다. 즉 호혜적 원칙과 개제경제를 기초로 설립된 노

초로 설립된 노동조직이다. 이 중 합작사의 발전이 가장 빨랐다(劉志靑, 2010: 184). '연안일기'가 정리한 (合作社)역할은 ① (私人)자본의 안전한 투자처 ② 상업활동 촉진 ③ 생활필수품 제공 ④ 부업 활성화 ⑤ 대중의 취업 해결 등이다. 1943년 (邊區)합작사는 634개, 사원(社員)은 18만명에 달했다(趙超構, 1992: 199, 200). 이 시기 합작사는 '노동력 부족' 문제를 해결하고 대중의 생산효율성 제고에 크게 기여했다.

모택동이 제창한 합작사는 ① 노동호조의 단체적 합작사 ② 생산·소비·운송·신용의 종합적 합작사 ③ (運送)합작사 ④ (手工業)합작사이다 (胡喬木, 2021: 248). 상기 '종합적 합작사'는 노동영웅 유건장(劉建章)[2775]이 책임진 (南區)합작사[2776]였다. 모택동이 정리한 '합작사 장점'은 ① 선도적 역할 ② 형식주의 타파 ③ 정부 소통 역할 ④ (大衆)의견 수용, 조직 개편 등이다(毛澤東, 1948: 790). 당시 통일전선 성격이 강한 종합적 합작사는 대생산운동을 촉진하는 긍정적 역할을 했다. 1950년대 농업합작사는 공산주의적 성격이 강한 인민공사(人民公社)로 발전했다.

동조직이다. (臨時)호조조는 농사일을 마친 후 곧 팀을 해산했다. 한편 (常設)호조조는 노동호조 외 부업(副業)을 전개했다. 결국 (高級)호조조가 농업합작사로 발전했다.

2775 유건장(劉建章, 1910~2008), 하북성 경현(景縣) 출신이며 공산주의자이다. 1926년 중공에 가입, 1930~1940년대 기남행서(冀南行署) 부서장, (華北)교통부 부부장, (天津)철도국 부국장, 건국 후 철도부 부장, 중화체육총회 부주석 등을 역임, 2008년 북경에서 병사했다.

2776 1936년 겨울 연안에서 설립된 남구(南區)합작사는 사원(社員)이 160명이었다. 1943년 (合作社)사원이 1600명에 달했고 경영 규모가 커졌다. 당시 생산·수공업·운송·신용합작 등 종합적 합작사로 발전했다. 모택동은 (南區)합작사를 '(模範)합작사'라고 칭찬했다. 결국 모택동은 (南區)합작사를 (邊區)경제 건설의 발전 모델로 확정됐다.

대생산운동을 통해 섬검녕변구의 (食糧)생산량[2777]과 공업[2778]은 괄목할 만한 성과를 거두었다. 2~3년의 자력갱생을 통해 식량·채소 등을 자급자족하고 항전에 필요한 물질적 기초를 마련했다. '변구'와 근거지의 백성들은 자력갱생을 통해 풍의족식을 달성했다. 모택동의 호언(豪言)을 빈다면 남니만 개발은 '역사적 기적'을 창조한 것이다. 한편 이 시기 중공이 영도하는 (抗日)근거지의 무장역량(武將力量)[2779]은 신속히 발전했다.

건국 후 모택동은 국가 주도의 계획경제 체제를 채택했다. 1950년대 모택동이 주창한 농업집체화(集體化)[2780]·공유제(共有制)[2781]·(農業)합작사 전략은 (延安)시기에 형성됐다. 한편 항전 시기 도입된 '군사공산주의

2777 2~3년 간의 대생산운동을 통해 섬감녕변구의 식량 생산량은 1941년 163만근, 1942년 168만근, 1943년 184만근으로 늘어났다. (棉花)생산량은 1941년 50.8만근, 1942년 140.4만근, 1943년 210만근으로 증가했다. 또 소·양·당나귀와 양돈(養豚) 사육량도 대폭 증가됐다. 이는 (邊區)식량난을 해결하고 (百姓)식생활을 크게 개선했다.

2778 1943년 전후 섬감녕변구의 공업생산도 상당한 성과를 이뤘다. 이 시기 '변구'에는 방직·병기·철강 제련·제지(製紙)·농기구·인쇄·성냥·이불공장이 잇따라 설립됐다. 당시 (邊區)정부는 철광석 제련·석유 정제·제약(制約)·기계수리 등을 통해 전쟁에 필요한 병장기를 생산했다. 이로써 군수품을 제조하고 (民用)상품을 생산했다.

2779 1943년 후 중공이 영도하는 무장역량(武將力量)은 신속히 발전했다. 각 근거지의 영토가 확대됐고 인구도 급격히 늘어났다. 1945년 봄 팔로군·신사군 및 기타 무장역량은 91만, 민병(民兵)은 200만에 달했다. 당시 (抗日)근거지의 면적은 95만제곱킬로미터, 총 인구는 9950만을 상회했다. 결국 이는 대생산운동의 성과와 직결된다.

2780 농업집체화(集體化)는 소공(蘇共) 지도자 스탈린이 '공산주의 선도(宣導)'를 위해 1930년 1월 5일부터 본격적으로 추진한 경제정책이다. 1950년대 모택동은 토지개혁과 (農業)집체화운동 실행에 박차를 가했다. 1956년부터 본격적인 농업집체화를 실시, 1958년에 (人民公社)운동을 전개했다. 결국 (農業)집체화는 인민공사(體制)로 발전했다.

2781 공유제(共有制)는 '개체경제 철폐'와 '사유자산 부정'을 전제로 국가가 생산자료와 생산수단을 독점하는 경제제도이다. 1950년대 중국정부는 사유제를 철폐하고 공유제를 실행했다. 한편 공유제는 '국가소유'·'집체소유' 두 가지 형식이 있다. 결국 이는 유토피아(Utopia)·공상적(空想的) 사회주의·공산주의 학설과 밀접하게 관련된다.

(軍事共産主義)'²⁷⁸²와 '평균주의적 공급제(供給制)'²⁷⁸³는 계획경제 결과물인 인민공사 탄생에 일조했다. 또 임금제(賃金制) 철폐를 주장한 모택동은 공급제 보급을 지시했다. 실제로 '우연한 비극'은 존재하지 않는다.

　모택동은 섬감녕변구와 연안을 무대로 일련의 '치국안민(治國安民)'²⁷⁸⁴을 실천했다. '3·3제' 실시와 '정병간정'·대생산운동 전개를 통해 정치적 리더십을 키우고 '위기 극복'의 노하우를 쌓았다. 또 대생산운동을 통해 자력갱생의 전통을 정립하고 농업합작사의 발전 전략을 세웠다. 한편 정풍운동을 통해 정적을 제거한 모택동은 '(中共)지도이념'인 모택동사상을 확립했다. 결국 '(中共)7대'에서 영수(領袖) 지위를 확실히 굳혔다.

2782　1940년 이전 연안에서는 '군사공산주의(軍事共産主義)'를 실행했다. 이 시기 혁명 자력(資歷)과 (男女)구별없이 절대적 공평을 추구했다. 이를 통해 모든 사람은 평등하다는 (價値)이념을 체현한 것이다. 절대적 평등은 (邊區)정권의 도덕적 기준이 됐다(裴毅然, 2012: 128). 님 웨일스는 '평등'에 관해 이렇게 썼다. …(中國)공산주의는 가장 원시적이다. 무조건 절대적 평등을 추구한다. 각자는 소임에 전념하고 (最低)배급에 만족한다(Nym Wales, 1991: 75). 물론 공개되지 않는 특권(特權)은 여전히 존재했다. 1940년대 (延安)물가로 HATAMEN(哈德門)패 담배 한 갑은 30~40전(錢)이었다. 모택동의 매달 답배값은 100여 원에 달했다. 결국 '(公家)무료 배급'에 의존해야 했다(薩蘇 외, 2012: 129). 당시 모택동의 (每月)생활수당은 5원이었다. 이는 '절대적 평등'이 불가능하다는 반증이다.

2783　항전 시기 연안에서는 평균주의적 공급제를 실시했다. 공급제는 개인주의 개조에 유익했다. '(延安)경험'은 훗날 대약진의 정책적 근거가 됐다(薩蘇 외, 2012: 132) (北戴河)중앙회의(1958.8.21)에서 모택동은 이렇게 말했다. …임금제를 철폐하고 공급제를 회복해야 하다. (延安)시기 군민이 일치단결해 경제위기를 극복했다. 공급제를 통해 (共産主義)생활을 누려야 한다(裴毅然, 2012: 133). 연안 시기 모택동은 공급제를 '위기 극복'의 만병통치약으로 간주했다. 한편 공급제를 공산주의로 오판한 모택동은 임금제를 자본주의 산물로 간주했다.

2784　'치국안민(治國安民)'은 나라를 다스리고 백성을 편안하게 한다는 뜻이다. 항전 시기 중공이 영도한 섬감녕변구는 (國民黨)통치에서 벗어난 '독립왕국'이었다. 모택동은 '변구'를 무대로 정권·경제 건설의 '정병간정'과 대생산운동 실행을 통해 치국의 경험을 쌓았다. 또 그는 '신민주주의론'을 창안해 신민주주의(社會)의 밑그림을 완성했다.

왕명의 '중도 퇴출'로 '9월회의(1941)'는 흐지부지 끝났으나, 1942년 봄부터 본격적으로 전개된 정풍의 서막을 열었다는 데 커다란 의미를 부여할 수 있다. '9월회의'에서 사분오열된 '소련파'는 '유격전술 달인'이며 정치 고단수 모택동에 의해 '각개격파'됐다.

스탈린은 '(抗日)파트너'로 '(中國)국군 통수권자'인 장개석을 선택했다. 1940년대 스탈린과 모택동의 관계는 석가여래와 손오공의 상하급(上下級) 관계였다. 실제로 '모택동 천적'인 스탈린은 죽을 때가지 '중공 지도자(毛澤東)'를 괴롭혔다.

(西北局)고급간부 회의에서 모택동은 스탈린의 '볼세비키화 12조'에 관한 보고를 했다. 결국 이는 스탈린 우상화를 통한 '당풍(黨風) 정돈'이었다.

왕명이 '(毛澤東)우상화'를 추진하며 전전긍긍하고 있을 때 디미트로프의 전보가 강심제 역할을 했다. 왕명은 모택동에게 반격을 가했다. 결국 왕명의 '반격'은 상당한 대가를 지불했다. 한편 수십만의 군대를 장악한 모택동에게 '군사적 협조'를 요청한 스탈린이 무용지물이 된 '특사(王明)'에게 쉽사리 '구원의 손길'을 내밀 수 없었다.

모택동의 주도하에 진행된 (延安)문예좌담회는 문예계의 문제점을 해결하고 문화예술인의 '자산계급 사상'을 청산하는 것이 주된 취지였다. 한편 '좌담회(座談會)'가 정풍운동의 일환으로 진행되면서 '토론의 장'은 '투쟁의 장'으로 변질했다.

(文藝界)정풍 후 (延安)작가들은 '암흑면 폭로' 작품을 쓸 수 없었다. '(反黨)분자' 왕실미는 창작권을 박탈당했고 '(國民黨)스파이'로 몰린 정령은 2~3편의 글을 썼다. 결국 (延安)작가들은 '공농병'을 주인공으로 한 '공산당 칭송'의 작품을 써야 했다.

연극·드라마에서 (惡人)역할이 중요하듯이 정치적 무대에서도 '악역'이 필요했다. 모택동은 (惡役)역할'을 중요시했다. (延安)정풍에서 (惡役)역할을 담당한 자가 바로 모택동의 심복인 강생이다. 실제로 '이이제이(以夷制夷)'의 오랑캐(夷) 역할을 한 것이다.

이른바 '황화당사건(1943)'은 (新四軍)1인자' 쟁탈을 위해 유소기의 지지를 받은 정치위원 요수석이 (整風)기회를 이용해 군단장 진의(陳毅)를 밀어낸 권력투쟁이다. 초기 요수석을 지지한 모택동은 '(陳饒)쟁론'에서 화해자의 역할을 했다. 한편 연안에 '호출'된 진의는 1년 간의 (整風)학습을 통해 '모택동 추종자'로 전향했다.

제8장
정풍운동과 '소련파' 제거

제1절 '9월회의(1941)'와 '삼풍(三風)' 정돈

1. '당서(黨書)' 편찬, '9월회의(九月會議)' 개최

'9월회의(1941)'는 (整風)전초전이었다. 1942년 봄부터 '3풍(三風)' 정돈(整頓)[2785]이 본격적으로 진행됐다. 이 시기 개최된 (延安)문예좌담회[2786]와 함께 문예계 정풍이 개시됐다. 강생 주도로 진행된 '간부 심사'는 수많은 원안(冤案)을 초래했다. 11개월 간 진행된 6기 7중전회에서 도출된 '역사결의(歷史決議)'는 정풍 종결을 의미한다. (延安)정풍을 통해 정적과 '소련파'를 제거한 모택동은 '중공 1인자'로 확실하게 자리매김했다.

'9월회의(1941)' 개최 전에 모택동은 효과적인 '정풍 전개'를 위해 '6

2785 왕명 등 '소련파 제거'에 소기의 성과를 거둔 '9월회의(1941)'는 본격적인 정풍운동을 전개할 수 있는 중요한 계기가 됐다. 1942년 2월 모택동은 정풍운동의 효시인 '보고(2.1)'와 '연설(2.8)'을 했다. 한편 '3풍(三風) 정돈'은 학풍(學風)·당풍(黨風)·문풍(文風) 순서로 약 1년 동안 추진됐다. 1943년 3월 20일 총학습위원회가 발표한 '총결(總結) 계획'은 '3풍 정돈' 종결을 의미한다. 결과적으로 '3풍 정돈'은 당의 지도력 강화에 기여했다.

2786 연안문예좌담회(延安文藝座談會)는 1942년 5월 2일부터 23일까지 연안의 양가령(楊家嶺)에서 열렸다. 중공 지도자 모택동과 중앙선전부 (代理)부장인 개풍(凱豊)이 주최, 100명의 (文藝)종사자와 지식인이 참석했다. '(文藝)좌담회'는 문예계(文藝界) 정풍의 전주곡이었다. 5월 중 모택동이 한 두 차례의 중요한 연설의 취지는 문예의 '공농병(工農兵) 복무'였다. 실제로 문예의 '정치 예속'을 강조한 것이다. 이는 심각한 후유증을 유발했다.

대이래(六大以來)'[2787] 등 '당서(黨書)'를 편찬했다. 한편 '교조주의 제거'를 취지로 위한 '9월회의'는 왕명의 '반성 거절'로 기대했던 효과를 거두지 못했다. 결국 이는 본격적인 정풍을 추진한 직접적 계기가 됐다. '9월회의' 후 모택동은 '정풍 전개'에 중요한 역할을 한 '9편문장(九篇文章)'[2788]·'역사초안(歷史草案)'[2789]을 작성했다. 결국 '(整風)전초전' 승리를 달성한 모택동은 1942년 봄부터 약 1년 동안 '학풍(學風)'·'당풍(黨風)'·'문풍(文風)' 등 '3풍(三風)' 정돈을 광범위하게 추진했다.

모택동의 '정풍 개시' 원인은 ① '정치노선' 문제의 철저한 해결 ② 당내 '교조주의자' 제거, 모스크바의 지배권 탈피 ③ 왕명의 (右傾)기회주의 청산 ④ '소련파' 숙청, 마르크스주의 '중국화(中國化)' 실현 ⑤ 정적 제거와 '영수 지위' 확보 ⑥ '신당원 교육' 필요성 등이다. 실제로 (延安)정풍의 주된 목적은 '소련파 제거'였다. 결국 3년 동안의 정풍운동을 통

2787 1941년 여름에 발간된 '6대이래(六大以來)'는 '당서(黨書)'로 불린다. 중공 지도자 모택동이 직접 편찬한 '6대이래(上下卷)'에는 1928~1941년까지의 중공의 역사 문헌 519편이 수록됐다. 당시 '당서' 편찬에 필요한 자료 수집은 중앙비서처가 책임지고 모택동이 문헌 정리와 편집을 집집 책임졌다. 한편 '9월회의(九月會議, 1941)'에서 '소련파 제거'에 중요한 역할을 한 '6대이래'는 '9월회의'가 소집된 전제조건이자 중요한 보장이 됐다.

2788 1941년 가을 모택동은 '중앙노선(中央路線) 비판'이란 문장(九篇)을 작성했다. '9편문장'은 사상·정치·조직·전략적으로 '왕명노선(王明路線)'을 상세히 분석했다. 또 '문장'은 왕명 등 '소련파'의 주관주의·모험주의·종파주의 과오를 직설적으로 지적했다. 당시 모택동이 시종일관 '9편문장'을 발표하지 않은 것은 (黨內)단결 강화'를 위해서였다. 한편 문장을 완독(完讀)한 호교목의 회상에 따르면 원제목은 '박고노선(博古路線)'이었다.

2789 모택동이 작성(1941.10)한 '역사초안(歷史草案)'의 골자는 ① (思想上)주관주의·형식주의 ② (政治上)좌경 기회주의 ③ (軍事上)모험주의 ④ (組織上)종파주의 등이다. 당시 모택동은 '역사초안' 발표와 (會議)통과를 보류했다. 한편 4년 후 6기 7중전회(1945)에서 최종 통과된 '역사문제 결의'는 상기 '역사초안'을 근거로 작성한 것이다.

해 공산국제의 영향력과 잔재를 제거하고 독자적인 모택동사상을 확립했다.

1941년 하반기 '정풍운동 전개'의 제반 여건이 두루 갖춰졌다. 첫째, 독소전쟁 발발(1941.6) 후 스탈린의 '(中共)내정 간섭' 여력이 약화됐다. 둘째, 국민당군의 '군사적 공격' 가능성이 크게 줄었다. 셋째, '6중전회(1938.11)'의 영수 지위 확보로 정풍의 정책적 환경이 조성됐다. 넷째, 장강국(長江局) 철회 후 (蘇聯派)대표인 왕명의 역할이 크게 축소됐다. 다섯째, 이 시기 임필시·왕가상·진운·강생·개풍 등 '소련파'는 '모택동 추종자'로 변신했다. 여섯째, 왕명·낙보·박고 등 '소련파'의 단합력이 크게 약화되고 '내홍(內訌)' 조짐을 보였다. 실제로 환남사변(1941.1)과 독소전쟁은 모택동의 '정풍 전개'에 긍정적인 요소로 작용했다.

1939~1941년 모택동은 '정풍 전개'를 위해 치밀한 전략을 세우고 면밀하게 준비했다. ① 1939년부터 '학습운동'을 전개 ② 1943년 봄 저서 '농촌조사'를 단행본으로 출간 ③ 해방일보 개편(1941.5), 언론을 장악 ④ 1941년 여름 '(黨書)6대이래(六大以來)'를 발간 ⑤ 1941년 7~8월 조직규율 강화와 관련된 '2개 문건'을 제정 ⑥ 1941년 여름 '조사연구국'·'학습소조(小組)' 설립 ⑦ '학풍 개조' 보고(1941.5), 실사구시 강조 ⑧ '의식주 해결'을 위한 대생산운동 전개, 자력갱생 원칙 수립 등이다. 결국 '(整風) 전초전'인 '9월회의'에서 단계적 승리를 달성했다.

'6중전회'에서 모택동은 '마르크스주의 전파'에서 중공은 엄중한 과오를 범했다고 지적했다. 상기 '엄중한 과오'는 왕명의 교조주의를 가리킨다(逢先知 외, 2011: 634). 모택동의 (領袖)지위를 인정하는 척했으나 여전히 자신의 입장을 견지한 왕명은 1940년 3월 저서('兩條路線')를 '(中

共)볼셰비키화 투쟁'[2790]으로 개명해 연안에서 재판했다(中共中央文獻硏究室, 2004: 548). 왕명은 '재판 서언(再版序言)'[2791]에 이렇게 썼다. …과거의 시시비비를 무조건 부정해선 안 되며 현재의 실책을 근거로 과거의 모든 것을 부정해도 안 된다(王明, 1980: 115). 호교목은 왕명의 '저서 발간'을 이렇게 평가했다. …왕명의 '저서 재판'은 불순한 동기를 갖고 있었다. 그의 '저서'가 출간된 후 당중앙은 '6대이래' 편찬에 착수했다(胡喬木, 1994: 45). 왕명의 소책자가 발간된 후 1940년 하반기부터 '6대이래' 발간을 위해 자료를 수집한 모택동은 '당서 편찬'에 많은 공을 들였다.

1940년 12월 모택동은 소비에트 후기의 (左的)과오를 이렇게 평가했다. …준의회의에서 결정한 '군사노선 과오'는 사실상 노선착오이다(郭德宏 외, 2014: 367). 일부 참석자는 '노선착오' 주장을 반대했다. '시국·정책의 지시(12.25)'에서 모택동은 노선착오 표현법을 사용하지 않았다(金冲及 외, 2011: 636). 또 다른 회의(1941.1.15)에서 모택동은 이렇게 말했다. …환남사변은 일부 동지가 10년 간 반공에 집착한 장개석의 본질을 파악하지 못했기 때문이다(中共中央文獻硏究室, 2004: 651). 상기 '(左的)과오'는 박

2790 왕명의 저서는 1930년 11월에 작성한 '두 가지 노선'이다. 소책자의 취지는 '국제노선 옹호, 입삼노선(立三路線) 반대'였다. 실제로 정적인 구추백 '제거'와 '정권 탈취'가 주된 취지였다. 한편 왕명이 저서를 '(中共)볼셰비키화 투쟁'으로 개명해 재판(1940.3)한 취지는 '4중전회(1931.1)' 후의 좌경(左傾)노선을 변호하기 위한 것이었다. 1941년 4월 모택동은 '농촌조사'를 재판했다. 결국 이는 '(王明)저서 재판'에 대한 대응적 조치였다.

2791 1940년 3월 왕명은 '재판 서언(再版序言)'에 이렇게 썼다. …(中共)신당원들은 당의 역사에 대해 잘 모르고 있다. 본서에 기재된 역사적 사실은 (中共)발전사에서 중요한 의미가 있다. 또 신당원의 '(歷史)사실 이해'에 도움이 될 것이다(周國全 외, 2014: 364). 왕명의 '저서 재판'은 모택동의 마르크스주의 '중국화'에 대한 심각한 도발로 간주됐다. 또 이는 모택동의 '당서(黨書) 편찬'을 유발했다. 결국 왕명의 '저서 재판'은 자충수가 됐다.

고의 '노선착오'를 가리킨다. 한편 항영과 교조주의자 왕명을 동일시한 모택동은 '노선착오'를 당성(黨性)[2792] 문제와 연계시켰다.

1941년 4월 '농촌조사(農村調査)'[2793]를 출간한 모택동은 '출판 서언'에 이렇게 썼다. …(農村)조사는 구체적 자료를 수집하고 결론을 내리는 것이 주된 목적이 아니다. 지도자가 농촌 상황을 장악하는 조사(調査) 방법을 터득하는 것이다(何明, 2003: 842). 또 그는 이렇게 강조했다. …지도자에게 조사연구는 필수적이다. 당시 '조사연구가 없으면 발언권이 없다'는 주장은 '편협한 경험론(狹隘經驗論)'[2794]으로 매도됐다(毛澤東, 1993: 791). 모택동의 '저서 출간' 목적은 두 가지이다. 첫째, 왕명의 '저서 재판'에 대한 (反擊)조치이다. 둘째, 마르크스주의(理論)에 집착하고 중국의 실정에 무지한 '(蘇聯派)이론가'들을 훈계하기 위한 것이다.

(延安)간부회의(1941.5.19)에서 모택동은 이렇게 말했다. …주관주의자들은 객관적 현실을 무시하고 탁상공론을 일삼는다. 마르크스주의에 위배되는 주관주의는 당성(黨性) 원칙의 부재를 의미한다(中共中央文獻硏

2792 당성(黨性)은 정당에 특유한 본성(本性)이며 계급 속성의 집중적 체현으로 정의된다. 흔히 '당성' 문제는 중공이 가장 중대한 과오로 간주하는 '노선착오'로 직결된다. 한편 '노선착오'를 범한 자는 당적(黨籍)이 박탈된다. 1941년 7월 중공중앙은 '당성 강화 결정'을 발표했다. 결국 이는 (整風)전초전인 '9월회의(1941)'의 전주곡이었다.

2793 모택동의 '농촌조사(農村調査)'는 1930~1933년 (江西)근거지에서 작성한 '농촌조사(文章)'을 모아 1937년에 편찬한 것이다. '출판 서언(序言)'에서 모택동은 '농촌조사'는 (基層)상황에 무지한 '당내 이론가'와 지도자가 (農村)실정을 이해하는 '필수적 코스'라고 지적했다. 한편 모택동의 '저서 출간' 취지는 정풍운동을 위한 여론몰이였다.

2794 '조사공작(調査工作, 1930.5)'에서 모택동은 '조사연구가 없으면 발언권이 없다'는 논단을 제출했다. 임필시는 모택동의 주장을 이론을 중시하지 않은 '편협한 경험론(狹隘經驗論)'라고 지적했다(中共中央文獻硏究室, 1994: 224). 감남(贛南)회의(1931.11)에서 모택동은 '편협한 경험론자'로 비판을 받았다. 항영 보고(1932.4)를 들은 박고·낙보는 '편협한 경험론'을 (右傾)기회주의라고 폄하했다. 상기 4명은 '모택동 실각'의 주요 장본인이다.

究室, 1993: 298). '보고'에서 '실사구시(實事求是)'[2795]의 중요성을 강조한 모택동은 마르크스주의를 중국의 실정에 맞게 적용해야 한다고 강조했다. 또 공산당원은 실사구시적 태도를 갖춰야 한다고 역설했다(逄先知 외, 2011: 638). 실제로 모택동의 '학풍 개조' 보고는 정풍운동의 동원령이 었다. 한편 모택동의 '학풍 개조' 연설은 당내에 큰 반향을 이끌어내지 못했다. 이는 선전부장 장문천에 대한 모택동의 불만을 야기했다.

1931~1934년 왕명·박고 등 교조주의자들은 (左的)과오를 범했다. 당시 '소련파'의 노선착오 여부를 판가름하는 데는 문헌적 고증이 필요했다. 결국 모택동은 '당서 편찬' 작업에 전격 착수했다(張樹軍 외, 2000: 69). 1941년 여름에 발간된 '당서(黨書)'는 '전초전(九月會議)' 승리에 중요한 역할을 했다. 한편 모택동의 '당서 편찬' 목적은 왕명 등의 정치적 과오를 입증하고 '9월회의(1941)'에 필요한 자료를 마련하기 위한 것이었다.

모택동의 '6대이래' 편찬 작업은 1940년 하반기에 시작됐다. '당서 편찬'에 필요한 자료 수집은 중앙비서처장 왕수도(王首道)와 비서처의 배동(裴桐)[2796]이 책임졌다. 1941년 2월 모택동은 호교목을 비서로 임명하고 그에게 '당서 편찬' 작업을 맡겼다. 1941년 여름에 출간된 '6대이래(上下卷)'에는 1928~1941년까지의 중공 역사 문헌 519편이 수록됐다.

2795 '실사구시(實事求是)'는 사실에 입각하여 진리를 탐구하려는 태도를 가리킨다. 또 실증(實證)에 근거해 진리를 도출하는 과학적 태도를 지칭한다. 한편 (延安)간부회의(5.19)에서 모택동이 실사구시와 조사연구의 중요성을 강조한 것은 공허한 이론에 집착하고 '실천(中國實情)'을 무시하는 교조주의자(蘇聯派)들에게 '경고 메시지'를 전한 것이다.

2796 배동(裴桐, 1918~2009) 북경(北京) 출신이며 공산주의자이다. 1938년 중공에 가입, 1930~1940년대 (延安)마르크스·레닌학원 도서관리원, 중앙비서처 과장, 건국 후 중앙판공청 비서국장, 중앙당안관 부관장, (中國)당안학회 이사장을 역임, 2009년 북경에서 병사했다.

한편 모택동의 '당서 발간'은 정치국 위원의 지지와 큰 호응을 얻지 못했다.

초기 '6대이래' 편찬 작업은 순조롭지 못했다. 1940년 10월까지 자료 수집은 별다른 진전이 없었다. 정치국 회의(10.16)에서 진운·왕명·장문천·등발 등에게 조직·청년·부녀(婦女)·선전·직공(職工) 방면의 자료 수집을 맡겼다(羅平漢, 2013: 195). 정치국 위원에게 맡긴 자료 수집은 효과를 거두지 못했다. 호교목은 이렇게 회상했다. …다망한 정치국 위원들은 문헌 수집에 전념할 수 없었다. 정치국 위원을 통한 자료 마련은 수포로 돌아갔다(胡喬木, 1994: 75). 이는 대다수의 정치국 위원이 '당서 발간'을 지지하지 않았다는 반증이다. 결국 (中央)비서처에 '문헌 수집'을 지시한 모택동은 직접 '당서(六大以來) 발간'을 관장했다.

1년 간의 시간을 허비해 '편찬'이 완료된 '6대이래'가 연안에서 출간됐다. '13년 역사' 정리에 품이 드는 것은 당연했으나 더욱 중요한 원인은 관련 문헌이 대부분 소각됐거나 장정(長征) 중에 분실됐기 때문이다(高新民 외, 2000: 71). '문헌 자료' 수집의 주요 경로는 첫째, (中央)근거지에서 연안으로 갖고 온 문헌이다. 둘째, 모택동이 자신의 초고를 보존한 것이다. 셋째, 신문·잡지 등 간행물에서 수집한 자료이다. 넷째, 국민당의 간행물에서 '중공 관련' 자료를 수집했다(胡喬木, 2014: 177). 당시 '문헌 자료'는 모택동이 직접 심사하고 선택했다. 결국 '6대이래' 발간은 소비에트 후기의 '좌적(左的) 과오' 이해에 중요한 역할을 했다.

'당서 편찬'의 당초 목적은 단행본 발간이 아니었다. 1941년 상반기에 예정한 '중공 7대'를 준비하기 위한 것이었다(胡喬木, 2014: 175). 정치국 회의(1941.8)에서 모택동은 '7대 준비'를 위한 소책자 발간을 제안했다. 회의에서 모택동의 건의가 채택됐다(胡喬木, 1994: 179). 1941년 연말 (新華)

인쇄공장이 '6대이래, (黨內)비밀문건' 제목으로 단행본을 출간했다(羅平漢, 2013: 196). 상기 '1941년 8월'은 1940년 8월로 추정된다. '9월회의(1941)'를 눈앞에 둔 상황에서 '소책자 발간'을 제안했다는 주장은 성립되지 않는다. 한편 '소련파 제거'를 취지로 한 정풍이 개시되지 않은 상황에서 1941년 상반기의 '(中共)7대 개최'[2797]는 불가능했다.

'9월회의' 개최 전 당중앙은 고위간부에게 모택동이 편찬한 '6대이래'를 나눠줬다. '6대이래'에 대한 정독과 연구는 '회의 진행'에 결정적 역할을 했다(逢先知 외, 2011: 639). 호교목은 이렇게 회상했다. …'당서 출간' 후 교조주의자들은 더 이상 변명하지 않았다. '6대이래'는 정풍의 중요한 사상무기가 됐다(胡喬木, 1991.3.20). 정치국 회의(1943.10.6)에서 모택동은 이렇게 술회했다. …6월 중 '당서(黨書)'가 출간됐다. 참석자의 대다수가 승복했고 '9월회의'는 잘 마무리됐다(金冲及 외, 2004: 655). 이는 '9월회의(1941)' 개최 전에 '6대이래'가 출간됐다는 반증이다. 실제로 1941년 6월에 출간한 '당서'는 '9월회의'를 위해 준비한 것이다.

정풍회의(1943.10)에서 모택동은 이렇게 말했다. …'당서' 출간은 '9월회의'가 소집된 전제조건이자 중요한 보장이 됐다. 당시 대다수의 참석자들은 소비에트 후기의 정책이 노선착오라는 것을 인정했다(中共中央文獻研究室, 1993: 469). 양상곤은 이렇게 회상했다. ..'6대이래(黨書)'가 출간된 후 '정확한 노선(Marxism)'과 '잘못된 노선(敎條主義)'을 분별할 수 있었다. 실제로 '6대이래'는 '정풍 전개'에 중요한 역할을 했다(楊尚昆, 2001:

2797 '(中共)7대 개최'가 불가능한 이유는 첫째, 환남사변(1941.1) 후 (陝甘寧)변구는 여전히 국민당의 (攻擊)위험에 노출됐다. 둘째, 왕명 등 '소련파'가 소비에트 후기의 '좌적 과오'를 반성하지 않았다. 셋째, '9월회의(1941)' 준비와 (整風)여론 조성'이 당면과제였다. 실제로 1941년 상반기의 '7대(七大) 개최'는 그 어떤 결과도 도출할 수 없었다.

209). 한편 '문헌 엄선(嚴選)'을 통해 발간된 '당서(黨書)'에는 모택동 개인 (個人)의 선입견이 가미됐다는 지적을 모면하기 어렵다.

'6대이래'는 취합본(聚合本)·선집본(選集本) 2종의 출판본이 있다. 총 500권이 발간된 취합본은 중앙기관에 배분하고 개인에게 나눠주지 않았다. 한편 1000권 이상 인쇄된 선집본은 주로 (黨內)고위간부에게 배분됐다. '6대이래'가 재판(1952)됐을 때 (選集本)내용이 대폭 수정됐다. 선집본은 모택동의 '엄선'을 거쳤다. 정풍에 '필요한 자료'[2798]를 선택·편집한 것이다. 이는 '(黨書)선집본'에 모택동의 사견이 가미됐다는 것을 반증한다.

'6대이래'가 출간된 후 소련파들은 과오를 솔직히 반성했다. 한편 (黨史)연구에 흥미를 느낀 고위간부들은 또 다른 '당서 발간'을 요구했다. 1942년 초 모택동은 '6대이전(六大以前)' 편찬을 지시했다(張樹軍 외, 2000: 73). 1942년 10월 상하권으로 출간된 '6대이전'에 184편의 문헌이 수록됐다. 당시 정부기관에 배분된 '6대이전'은 큰 반향을 일으키지 못했다. 이는 진독수의 '우경 기회주의'는 관심거리가 아니었다는 반증이다.

1943년 8월부터 모택동은 '두 가지 노선(兩條路線)'[2799] 편찬 작업을

2798 모택동이 편찬한 '6대이래'는 정풍운동에 '필독자료'를 선정했다. 모택동의 비서인 호교목이 유소기의 '반성문'에 대해 모택동에게 '수록(收錄)' 여부를 물었다. 당시 모택동은 '필요 없다'고 말했다. 모택동은 86편의 문장을 엄선했다(胡喬木, 2014: 179). 이는 모택동이 정풍운동에 '필요한 자료'를 선택·편집했다는 단적인 반증이다. 실제로 86 편의 (嚴選)문장은 대부분 왕명·박고 등 '소련파'가 실행한 '(左傾)노선'과 관련된 자료였다.

2799 1943년 8월에 편찬된 '두 가지 노선(兩條路線)'에 수록된 문장은 137편이다. 기존 '6대 이래'·'6대이전'의 자료를 활용했기 때문에 '소책자 편집'이 순조로웠다. 이 시기 모택동의 중공 영수 지위 확보로 '(編輯)걸림돌'이 적었다. 한편 상하권으로 편집된 '두 가지 노선'은 1000여 권이 출판, '두 가지 노선'은 정풍운동의 필독자료가 됐다.

시작했다. '(黨書)두 가지 노선'은 '6대이래'·'6대이전'을 근거로 편집됐다. 당시 모택동은 호교목에게 '조사연구'와 '당성(黨性) 강화'의 2개 '결정'을 첨부할 것을 지시했다. 1943년 10월 상하권으로 발간된 '두 가지 노선'은 2000권이 인쇄됐다. (延安)고위간부와 각 (抗日)근거지의 주요 지도자에게 배분된 '두 가지 노선'은 (延安)정풍 후기에 필독자료로 사용됐다.

정치국 회의(1941.3.26)에서 모택동은 이렇게 지적했다. …준의회의 후 (黨內)사상투쟁이 전개되지 않았다. 이는 교조주의 만연을 초래했다. 회의는 (黨性)문건 작성을 결정했다(中共中央文獻硏究室, 1993: 285). 왕가상이 작성한 '당성 강화 결정(7.1)'[2800]은 이렇게 썼다. …장기간의 독립적인 유격전쟁에서 개인주의·독립주의 등 (黨性)위배 현상이 속출했다. 또 '결정'은 '대책 강화'[2801]·'당성 단련'을 강조했다(中央檔案館, 1991: 147). '(黨校)보고(7.14)'에서 임필시는 이렇게 말했다. …항전 시기 일부 지도자들은 중차대한 정치문제에서 당중앙의 동의를 거치지 않은 정책을 결정했다(任弼時, 1987: 241). 임필시가 언급한 '일부 지도자'는 모택동의 명령에 불복한 항영과 무한에서 '제2정치국'을 설립한 왕명을 가리킨다.

2800 1941년 7월 1일 중공중앙은 '당성(黨性) 강화 결정'을 통과시켰다. '결정'의 골자는 ① 전당(全黨), 볼셰비키당으로 발전 ② (各級)당조직, 통일적 행동과 기율을 준수 ③ 개인의 이익, 당의 이익에 복종 ④ (下級)당조직은 (上級)당조직에 복종 ⑤ 모든 당원은 '당성 강화'에 전념 등이다(逄先知 외, 2005: 310). 상기 '당성(黨性) 결정'은 이 시기 모택동의 중용을 받은 왕가상이 작성한 것이다. 또 이는 '정풍 학습'의 필독자료로 선정됐다.

2801 '당성 강화 결정(7.1)'이 당성 위배 방지를 위한 '대책 강화'는 ① '(黨中央)지시 복종' 중요성을 강조 ② 면종복배의 양면성(兩面性)을 근절 ③ 역사적 과오를 제때에 시정 ④ 당의 기율성(紀律性)을 강화 ⑤ 자기비판과 사상교육을 전개 ⑥ 당성(黨性) 단련 강화 등이다. 한편 중공중앙의 '당성 강화' 취지는 당중앙의 절대적 지도력을 강화하는 것이었다. 실제로 항영·왕명의 '(黨中央)지시 거역' 재발 현상을 방지하기 위한 것이다.

'9월회의(1941)'는 독소전쟁(1941.6)과 관련된다. 당시 '중공의 정보'[2802]와 경고를 귓등으로 흘린 스탈린은 전쟁 초기에 큰 대가를 치렀다. 6월 22일 중공중앙은 '반파쇼국제통일전선(決議)'를 통과시켰다. 모택동은 모스크바의 '중국 등한시'[2803] 기회를 이용해 정풍운동 서막을 열었다(丁曉平, 2012: 107). 한편 '9월회의' 개최를 위해 모택동은 일련의 조치를 단행했다. 예컨대 ① '당성(黨性) 강화' 결정(7.1) ② '조사연구국' 설립(7.7) ③ '조사연구' 결정(8.1) ④ '사상방법학습소조(小組)' 설립(8.29) ⑤ 임필시를 중공중앙 비서장에 임명(8.27) 등이다. 이 시기 '소련파'인 임필시와 왕가상은 모택동의 유력한 조력자(副手)였다.

'9월회의'는 왕명의 '반성 거절'[2804]로 우여곡절을 겪었다. 9~10월 다섯 차례의 토론이 있었다. 회의에 참석한 정치국 위원[2805]은 모택동·임

2802 1941년 6월 16일 주은래는 (中共)첩보원 엽보항(閻寶航)으로부터 6월 21일 독일이 소련을 급습한다는 보고를 받았다. 주은래는 신속히 (延安)중공중앙에 보고, 모택동은 곧 모스크바에 '극비(極秘)'를 전달했다(丁曉平, 2012: 106). 당시 '중공의 정보'를 귓등으로 흘린 스탈린은 '소련 공격'이 요언(謠言)이라는 독일정부의 주장을 믿었다.

2803 독소전쟁이 발발한 후 모스크바는 '중국 내정'에 간섭할 여력이 없었다. 실제로 이 시기 모스크바는 왕명 등 '소련파'에 대한 기대를 포기한 상태였다. 당시 스탈린과 공산국제는 모택동이 주도한 정풍운동에 대해 사실상 방치했다. 결국 이는 모택동이 연안에서 정풍운동의 전초전인 '9월회의(1941)'를 개최한 직접적 계기가 됐다.

2804 '9월회의(1941)'에서 왕명이 '과오 반성'을 거절한 주된 원인은 첫째, 소비에트 후기(1932~1934)의 좌적(左的) 과오는 자신과 무관하다고 생각했다. 둘째, 소비에트 후기 중공의 최고 지도자인 박고에게 (左傾路線)책임을 전가했다. 셋째, 모스크바의 '모택동 압력'을 동산재기(東山再起)의 기회로 간주했다. 넷째, 1939~1940년 '모왕(毛王)' 간의 관계가 완화됐다. 결국 '저서 재판(1940.3)'과 '(九月會議)모택동 설전'은 왕명의 자충수가 됐다.

2805 '9월회의(1941)'에 참석한 정치국 위원(11명) 중 모택동·주덕을 제외한 9명은 이른바 '소련파'에 속한다. 한편 장문천·왕가상은 준의회의(1935.1)에서 모택동의 '(紅軍)지도자 복귀'에 큰 역할을 했다. 또 임필시·왕가상은 모택동의 (中共)영수 등극에 중요한

필시·왕가상·왕명·주덕·장문천·강생·진운·개풍·박고 등발이다. 열석자는 이부춘·양상곤·이유한·진백달·고강·임백거·엽검영·왕약비·팽진, 왕수도·효교목이 (會議)기록을 맡았다. 발언자는 선후로 28인차(人次)에 달했다. 또 회의는 해방일보의 '(四版)확대 편성'을 결정했다.

9월 10일 모택동은 이렇게 말했다. …그동안 당내에는 잘못된 관행이 만연됐다. 즉 실천을 무시하는 주관주의이다. 소비에트 후기의 (左傾) 정책은 엄중한 결과를 초래했다(逢先知 외, 2011: 641). 또 그는 이렇게 말했다. …'국제노선'[2806]을 표방한 교조주의자들은 가짜 마르크스주의를 전파했다. 현재 당내에는 사상적 주관주의가 남아 있다(金冲及 외, 2004: 655). '6중전회(1938)'에서 '주관주의 제거' 작업을 벌였으나 여전히 끈질기게 남아 있다. 정부기관과 지식인에게 잔재한 주관주의는 실사구시적 마르크스주의와 대적하고 있다(毛澤東, 1993: 373). 한편 모택동의 '주관주의 반대' 취지는 이론에 집착하고 중국의 실정을 무시한 '소련파'를 비판하기 위한 것이다. 이 시기 대표적인 주관주의자는 왕명·박고·낙보이다.

9월 10일 장문천은 이렇게 말했다. …소비에트 후기의 '좌적 과오'는 노선착오였다. (中共)지도부는 정치·군사·조직적 측면에서 (左傾)기회주의·모험주의·종파주의 과오를 범했다. 또 사상적으로 주관주의·교조주의 과오를 범했다(張聞天, 1985: 414). 또 그는 이렇게 반성했다. …주

역할을 했다. 모택동이 (領袖)지위를 확보한 후 진운·강생·개풍·박고 등은 '모택동 추종자'로 변신했다. 실제로 '9월회의(1941)'에서 모택동의 '비판대상'은 왕명·낙보였다.
2806 이른바 '국제노선(國際路線)'은 1920~1930년대 공산국제가 제정한 '정치노선(政治路線)'을 가리킨다. 실제로 입삼노선(1930)과 소비에트 후기(1931~1934)의 (左的)과오를 유발한 장본인이 공산국제이다. 결국 홍군은 부득불 장정(長征)을 시작했다. 중공 영수 모택동은 '국제노선'을 추종한 왕명·박고 등을 교조주의자로 비난했다. 한편 '9월회의(1941)'에서 박고는 진지하게 (左傾)과오를 반성했으나 왕명은 '과오 반성'을 거절했다.

관주의를 철저히 청산하는 동시에 자신의 역사적 과오를 솔직하게 반성해야 한다. 과거 공산국제는 (實戰)경험이 전무한 간부를 중앙기관에 배치했다. 이는 엄중한 결과를 초래했다. 우리에게 결여된 '실천' 경험을 반드시 보충해야 한다(張聞天, 1994: 162). 이 시기 모택동·장문천의 관계는 매우 소원해졌다. 이는 모택동의 '유소기 중용'과 관련된다. 실제로 1939년부터 '(中共)총서기' 직책을 내려놓은 장문천은 '선전교육'에 전념했다.

당사자인 박고는 이렇게 반성했다. …1934년 전후의 정치적 과오는 이 시기 주요 책임자인 내가 주된 책임을 져야 한다. 준의회의 전에 범한 '좌적' 과오가 노선착오라는 지적을 겸허하게 수용한다. 당시 당의 '중요한 결의'는 공산국제의 지시에 근거해 작성했다(齊小林 외, 2015: 360). 또 그는 이렇게 술회했다. …서안사변 후 소비에트 후기에 범한 과오가 정치노선 문제였다는 것을 실감했다. 또 '중경(重慶) 체류' 기간 나는 (左傾)과오의 엄중성을 심각하게 인식했다(胡喬木, 1994: 196). 한편 장정 중 '모장(毛張)' 권력투쟁에서 박고는 모택동을 지지했다. 항전 시기 주은래의 부수(副手)로 활약한 박고는 (中共)기관지 해방일보 사장에 임명됐다. '중공 7대'에서 박고의 '중앙위원 당선'은 모택동의 '신임'이 있었기 때문이다.

9월 10일 왕명은 이렇게 말했다. …주관주의 반대는 당의 건전한 발전에 도움된다. 모스크바에서 '양교조(洋敎條)'를 배웠으나 박고 등보다 일찍 귀국했기 때문에 실천 경험이 그들보다 많다. 1939년부터 '주관주의' 과오를 시정했다(高新民 외, 2000: 82). 9월 12일 왕명은 재차 발언했다. …소비에트 후기의 (左的)과오는 노선착오가 맞다. 나는 박고·낙보의 '모택동 배척'[2807]을 반대했다. 이 시기의 노선착오는 나와 무관하다(楊奎松, 1999: 127). 박고 등에게 책임을 전가한 왕명은 자신의 (武漢)우경과오에 대해 일언반구의 반성도 하지 않았다. 결국 왕명의 '책임 전가'는 고립을 자초했다. 한편 낙보의 '모택동 배척'은 큰 어폐가 있다.

9월 10일 왕가상은 이렇게 말했다. …실천 경험이 부족한 '이론가'와 (實戰)경험이 전무한 유학파들은 주관주의 과오를 범했다(王稼祥, 1989: 326). 또 그는 이렇게 반성했다. …모스크바에서 귀국한 후 입삼노선 투쟁에 참가한 나는 '교조주의' 과오를 범했다(徐則胡, 2006: 231). 9월 12일 임필시는 이렇게 발언했다. …'4중전회' 후 중공 지도부는 교조주의 과오를 범했다. 이는 주관주의의 극치였다. 또 교조주의자들은 '(領導)지위확보'를 위해 종파주의 과오를 범했다(章學新 외, 2014: 569). 임필시는 이렇게 반성했다. …남웅(南雄)회의(1932.8)에서 '군사 문외한'인 나는 모택동의 유격전술을 반대했다. 또 모택동의 '교조주의 반대'에 대해 '협소적 경험주의'라고 비난했다(中共中央文獻研究室, 1994: 470). 한편 감남(贛南)회의(1931.11)에서 모택동을 '편협한 경험론자'로 비판했던 왕가상·임필시는 모택동의 '(中共)영수 등극(1938.11)'에 중요한 공헌을 했다.

9월 11일 주덕은 이렇게 말했다. …1933년 후 군위(軍委)를 무시한 이덕(李德)이 직접 전투를 지휘했다. 결국 근거지를 잃은 홍군은 장정을 시작했다. 교조주의자들은 상부 지시를 근거로 많은 간부를 무자비하

2807 1933년 초 박고·낙보가 주도한 임시중앙은 '나명노선(羅明路線)' 비판을 전개해 홍군 지도자 모택동을 배척했다. 영도(寧都)회의(1932.10)에서 모택동의 군권(軍權)을 박탈한 장본인은 임필시·항영·주은래이다. 1933~1934년 '모택동 실각'의 주범(主犯)은 '중공 1인자' 박고였다. 당시 모택동과 생면부지인 왕명은 '(毛澤東)배척'에 관여하지 않았다. 소비에트 후기(1931~1934) 모택동을 '배척'한 주요 장본인은 박고·항영이다.

게 타격했다(中共中央文獻研究室, 2006: 1077). 9월 12일 팽진은 이렇게 말했
다. …(白區)공작의 실패는 주관주의가 초래한 엄중한 결과이다. '주관주
의 반대' 취지는 '치병구인(治病救人)'[2808]이다(羅平漢, 2013: 202). 9월 12일 임
백거는 이렇게 반성했다. …나는 '식염 판매'와 '화폐 발행' 등에서 주
관주의 과오를 범했다. 진부한 경험에 집착한 결과 '위기 극복'의 결단
력이 부족했다('林伯渠'編輯組, 1986: 270). 상기 주덕이 언급한 '상부'는 공산
국제를 가리킨다. 한편 중앙당학교 부총장 팽진은 '(學風)개조' 필요성을
강조했다. 당시 팽진은 모택동의 '신임'[2809]을 받고 있었다. 실제로 '변
구' 책임자 임백거가 '경험주의자' 사각재를 대신해 반성한 것이다.

10월 7일 모택동은 왕가상·임필시와 함께 왕명을 설득했다. 당시
당중앙의 정책이 '좌적'이라고 비난한 왕명은 모택동의 '자산계급 적대
시'는 '과오'라고 지적했다(金冲及 외, 2004: 657). 중앙서기처 회의(10.8)에서
왕명은 이렇게 말했다. …중공은 장개석의 지휘에 복종하고 '신민주주
의론'을 포기해야 한다(中共中央文獻研究室, 2011: 643). 당시 모택동은 이렇
게 반박했다. …무한 시기 왕명은 중대한 과오를 범했다. 당중앙은 왕
명의 반성을 인내성 있게 기다렸다(毛澤東, 1993: 331). 왕명의 '강경 태도'

2808 '치병구인(治病救人)'은 사람의 결점을 지적해 고치도록 한다는 뜻이다. (整風)주도자 모
      택동은 '징전비후(懲前毖後), 치병구인'을 정풍운동의 방침으로 확정했다. 한편 (整風)후
      기 강생이 주도한 이른바 '실족자 구조(搶救)운동'은 '치병구인' 취지에 크게 위배됐
      다. 또 왕실미(王實味) 비판과 처형은 (治病救人)방침과 취지를 무색하게 만들었다.

2809 1937년 4월 연안에 도착한 북방국 대표단장 팽진은 유소기의 소개로 모택동과 처음
      만났다. 5월 8일 (大會)주석단 멤버 팽진은 '집행주석(執行主席)' 자격으로 모택동의 '정
      치보고(5.3) 토론' 회의를 주재했다. 또 그는 (白區)공작회의에 열석해 '(劉少奇)보고'와
      '(毛澤東)발언'을 지지했다. 결국 두 차례 회의에서 모택동과 유소기의 입장을 지지한
      팽진은 모택동의 신임을 받았다. 1941년 8월 중앙당학교 상임(常任) 부총장으로 임명
      했다.

는 이 시기 공산국제의 '중공 압박'과 관련된다. 10월 12일부터 왕명은 '병을 핑계'[2810]로 회의에 불참했다. '모왕(毛王)' 간의 논쟁은 흐지부지 끝났으나, '숙명의 라이벌'[2811]인 모택동과 왕명의 정치투쟁은 끝나지 않았다.

서기처 회의(10.13)에서 모택동이 정리한 (草案)요점은 첫째, 소비에트 후기의 (左傾)정책은 '입삼노선'보다 더욱 엄중한 결과를 초래했다. 둘째, 1932~1934년 (左傾)과오는 절정에 달했다. '역사 초안'의 골자는 ① 주관주의·형식주의 과오 ② 중국의 실정을 무시 ③ '대도시 공격'의 모험주의 ④ 종파주의 과오 등이다. 또 회의는 모택동·왕가상·임필시·강생·펑진 5명으로 구성된 '역사위원회'를 설립했다. 6기 7중전회(1945)에서 통과된 '역사문제 결의'는 상기 '역사 초안'을 근거로 작성했다. 한편 모택동은 '역사 초안'의 발표를 보류(保留)[2812]했다.

2810 '9월회의(1941)'에서 왕명은 '과오 반성'을 거절했다. 중앙서기처 회의(10.8)에서 임필시·왕가상의 발언을 통해 디미트로프의 불신을 알게 된 왕명은 커다란 정신적 충격을 받았다(羅平漢, 2013: 211). 당시 극도의 불안감에 시달린 왕명은 심장에 문제가 생겨 혼절했다(楊奎松, 1999: 134). 결국 '왕명 불참'으로 정치국 회의(10.12)는 연기됐다. 실제로 당내에서 고립무원에 처한 왕명이 '병을 핑계'로 '회의(會議)'의 참석을 거절한 것이다.

2811 당시 모택동의 가장 강력한 라이벌은 '분열주의자' 장국도와 '(共産國際)대표'인 왕명이다. 1937~1941년 숙명의 라이벌인 '모왕(毛王)'은 연안에서 정면대결을 펼쳤다. '12월회의(1937)'에서 모택동은 스탈린의 '특사'인 왕명에 의해 궁지에 몰렸다. 한편 무한(武漢) 시기 '제2정치국'을 설립한 왕명은 '(延安)당중앙의 지시'에 불복했다. 결국 정풍운동을 통해 주요 정적인 왕명을 제거한 모택동은 중공 영수(領袖)의 지위를 확보했다.

2812 모택동은 주은래에게 보낸 전보(1942.2.21)에 이렇게 썼다. …'9월회의(1941)'에서 소비에트 후기의 '중앙노선(中央路線)'을 검토했다. 이 기간의 과오는 노선착오(路線錯誤)였다. 한편 준의회의 후의 '중앙노선'은 정확했다. '역사초안'은 완성됐으나 공식 발표는 시기상조라고 여겨진다(胡喬木, 2021: 233). 실제로 모택동의 '발표 보류'는 왕명의

모택동은 '(1931.9~1935.1)중앙노선 비판' 문장(九篇)을 작성했다. '9편문장'은 사상·정치·조직·전략상의 '왕명노선(王明路線)'[2813]을 분석했다. '문장'은 왕명 등의 주관주의·모험주의·종파주의 과오를 지적했다. 모택동은 시종 '9편문장'을 발표하지 않았다(逄先知 외, 2011: 645). 1965년 '(文章)발표 보류'에 대해 모택동은 이렇게 술회했다. …'9편문장'은 1941년 가을에 쓴 것이다. 당시 문장 작성 후 유소기·임필시에게 보여주고 발표를 보류했다(金冲及 외, 1996: 635). 호교목의 회상(胡喬木, 2014: 213)에 따르면 모택동은 여러 번 '문장'을 수정했다. 원제목은 '박고노선(博古路線)'[2814]이었다. 상기 회상은 '기억착오'가 있다. 또 모택동의 '문장 일람'은 유소기가 아닌 왕가상일 가능성이 높다. 유소기는 1942년 연말에 연안에 도착했다. 한편 호교목의 '관련 회상'[2815]은 신빙성이 매우 높다.

'(過誤)반성 거절'이 주된 원인이다. 이 또한 지속적인 '정풍(整風) 전개'의 중요한 원인이다.

2813 이른바 '왕명노선(王明路線)'은 왕명이 '좌적(左的) 과오'에 대한 반성 거절과 밀접하게 관련된다. 한편 (左傾)노선의 주요 장본인인 박고는 '9월회의(1941)'에서 진지하게 좌적 과오를 반성한 반면, 왕명은 줄곧 '과오 반성'을 거절했다. 왕명은 무한 시기의 '우경 과오'를 끝까지 인정하지 않았다. 또 왕명은 줄곧 공산국제의 '대변인' 역할을 했다. 이것이 모택동이 소비에트 후기의 (左的)과오를 '왕명노선'이라고 명명한 주요인이다.

2814 '(中共)총서기(1931.9~1935.1)'인 박고는 좌경(左傾)노선의 주도자이다. 또 (中央)근거지에서 모택동을 실각시킨 장본인도 당시 '중공 1인자'인 박고였다. 이 또한 '9편문장'에서 모택동이 소비에트 후기의 (左的)노선을 '박고노선(博古路線)'으로 명명한 주된 이유이다. 한편 '박고노선'이 '왕명노선'으로 변한 주된 원인은 정풍(整風) 기간 박고는 심각한 반성을 한 반면, '완고분자'인 왕명은 시종일관 '과오 반성'을 거절했기 때문이다.

2815 호교목은 회고록에 이렇게 썼다. …1964년 봄 '9편문장'의 원고를 모주석(毛主席)에게 보여줬다. 그는 여전히 발표할 타산이 없었다. 1965년 1월 모택동은 이렇게 평어를 달았다. …이 문장은 과거에 발표되지 않았다. 향후 문장 발표 여부는 장래(將來) 동지들에게 달렸다(胡喬木, 2014: 214). 한편 모택동은 (文章)제목을 '(1931~1935)중앙노선 비

10월 22일에 열린 '9월회의'는 마지막 회의였다. 왕명의 '회의 불참'으로 모택동은 준비했던 '결론 보고(報告)'를 취소했다. 이로써 결코 순탄치 않았던 '9월회의'는 종료됐다. 한편 '9월회의'는 '(延安)정풍 전개'에 중대한 영향을 미쳤다(羅平漢, 2013: 212). 정치국 회의(1943.10.6)에서 모택동은 '9월회의'를 이렇게 평가했다. …'9월회의(1941)'가 열리지 않았다면 나는 감히 중앙당학교에서 '정풍 보고'를 하지 못했을 것이다. 또 '농촌조사'도 출간하지 못했을 것이다(金冲及 외, 2004: 657). 상기 '정풍 보고'는 1942년 2월 모택동이 중앙당학교에서 한 '3풍(三風) 정돈' 보고 (2.1)를 가리킨다. 한편 상기 모택동의 '(九月會議)평가'는 모순된다. 실제로 '농촌조사'는 '9월회의(1941)'를 위해 1941년 봄에 출간된 것이다.

40여 일 간 단속적으로 진행된 정치국 확대회의(九月會議)는 왕명의 '중도 퇴출'로 흐지부지 끝났다. 한편 '9월회의(1941)'는 1942년 봄부터 본격적으로 전개된 (延安)정풍운동의 서막을 열었다는 데 커다란 의미를 부여할 수 있다. 결국 '9월회의'에서 사분오열(四分五裂)된 '소련파'는 '유격전술 달인'이며 정치 고단수인 모택동에 의해 '각개격파'됐다. 1942~1943년 '숙명의 라이벌'인 모택동과 왕명 간의 정치적 투쟁은 지속됐다.

2. '학풍(學風)' 개조와 '3풍(三風)' 정돈

1942년에 개시된 '3풍(三風) 정돈'은 전당적으로 전개된 본격적 정풍운동이다. 1943년 봄까지 '(三風)정돈'은 학풍(學風)·당풍(黨風)·문풍(文

판'으로 수정했다. 또 그는 원제목의 부제(副題)였던 '박고노선'을 '왕명노선'으로 변경했다.

風) 순서로 추진됐다. '6중전회(1938.11)'에서 중공 영수로 등극한 모택동은 학습운동을 제창했다. 이는 모택동이 제출한 마르크스주의 구체화와 관련된다. 한편 '학풍 개조' 보고(1941.5.19)는 정풍 신호탄이다. 1942년 2월 모택동은 (全黨)정풍운동 효시인 '보고(2.1)'·'연설(2.8)'을 했다.

중공 '6중전회(1938.9)'에서 모택동은 이렇게 주장했다. …중국혁명을 승리로 이끌려면 모든 공산당원은 마르크스주의 이론을 장악해야 한다. 역사적 지식을 배우고 이론과 실천을 결합해야 혁명이 승리를 달성할 수 있다(中央檔案館, 1991: 657). '(六中全會)결의안'은 이렇게 썼다. …향후 마르크스주의 이론에 대한 학습운동을 통해 당의 이론 수준을 높여야 한다. 또 마르크스주의 이론을 중국혁명의 구체적 실정에 맞게 적용해야 한다(中央檔案館, 1991: 757). 모택동이 제창한 학습운동의 취지는 이론과 실천의 결합이며 최종 목적은 마르크스주의 '중국화(中國化)'이다.

1939년 2월 당중앙은 학습운동을 효과적으로 추진하기 위해 간부교육부(幹部敎育部)를 설립했다. 모택동은 장문천을 간부교육부장, 이유한을 부부장으로 임명했다. 1940년 초 당중앙은 낙보가 주관한 선전부와 간부교육부를 합병해 (中央)선전교육부로 개편했다. 이 시기 학습운동을 당면과제로 추진한 선전교육부는 일련의 '간부이론 학습제도'[2816]를 제정했다. 한편 '총서기' 낙보의 '간부교육부장 임명'은 사실상 좌천을 의미한다.

2816 1940년 학습운동을 당면과제로 추진한 (中央)선전교육부는 일련의 '학습제도(學習制度)'를 제정했다. 당시 선전교육부가 취한 일련의 조치는 ① 수업과 (課外)토론을 결합 ② 과외 강사 모집, 교육제도 설립 ③ 순회 교육, 고문단(顧問團) 초빙 ④ 연구팀 설립, 연구회 보급 ⑤ (中央)지도자 특강 등이다. 이런 '학습제도'는 당원의 이론 수준 제고에 긍정적 영향을 미쳤다. 한편 '학습제도' 제정의 주된 취지는 이론과 실천의 결합이었다.

간부교육부가 소집한 학습운동 동원대회(1939.5.20)에서 모택동은 이렇게 말했다. …현재 당중앙은 생산운동과 학습운동을 동시에 전개하고 있다. 당의 고위간부들은 '이론 학습'을 중시해야 하며 이론과 실천을 결합해야 한다(逢先知 외, 2005: 124). 1940년 6월 '(延安)철학회' 학습활동에 참가한 모택동은 이렇게 말했다. …'(中共)이론 연구'는 매우 낙후하다. '이론 학습'을 통해 전당의 이론 수준을 제고해야 한다. 중국혁명에서 승리하려면 이론에 정통한 대량의 간부가 필요하다(中共中央文獻硏究室, 1993: 193, 249). 1939년부터 (延安)학교와 정부기관의 고위간부들은 학습운동에 총동원됐다. 학습운동은 마르크스주의 이론을 학습하는 정치적 운동이었다. 한편 모택동이 강조한 것은 실천과 결합된 '이론 학습'이었다.

중공중앙은 총 10조(條)된 '(幹部)학습 지시(1940.1.3)'를 발표했다. (指示)제1조는 이렇게 썼다. …전당(全黨)의 고위간부들은 이론 학습을 실천과 결합해야 한다. 제10조는 이렇게 썼다. …각급 당조직은 이론 학습을 당면과제로 삼아야 한다(張培森 외, 2010: 431). 학습운동에 참가한 (延安)간부는 4000명에 달했다. 중앙조직부는 '학습소조'를 설립했다. (獨學)위주의 학습운동은 적당한 '보조지도(輔導)'[2817]를 받았다(高新民 외, 2000: 59). 상기 '(學習)지시'는 (初中高)교육과정[2818]을 설치했다. 1940년 하반기부터

[2817] 재직(在職) 간부들의 이론 학습은 자학(自學)을 위주로 '보조지도(輔導)'를 받았다. '보조지도' 방법은 첫째, 각 기관에 (學習)지도원과 전문 강사를 배치했다. 둘째, 마르크스주의 '이론가'의 강연을 진행했다. 셋째, 중앙지도자들의 특강(特講)을 배치했다(高新民 외, 2000: 59). 당시 간부들의 '학습 참가'는 필수적이었다. 한편 모택동의 '제2차 제국주의 전쟁', 유소기의 '공산당원의 수양을 논함'이란 강연이 학원생과 방청생의 환영을 받았다.

[2818] 간부교육부는 (在職)간부들의 이론 학습을 위해 초중고(初中高) 교육과정을 설치했다.

(延安)간부학교의 학습제도가 체계화됐다. 결국 현직 간부와 학원생들은 계통적으로 마르크스주의 이론을 학습했다.

이 시기 이신작칙(以身作則)[2819]한 모택동은 '자본론(資本論)'[2820] 등 마르크스주의 경전을 탐독했다. 또 그는 (哲學)연구회를 설립하고 좌담회에 참가했다. 모택동의 호소하에 중앙지도자들은 학습활동에 적극 참가했다(齊小林 외, 2015: 354). 왕안나(王安娜)는 이렇게 회상했다. …연안에서 가장 눈길을 끈 것은 수많은 서점(書店)이었다. 학생과 병사들은 (經典)저서를 적극 구입했다(李良健 외, 1980: 155). 한편 '경제 문외한'[2821] 모택

---

① (初級)교육과정은 당의 건설·중국문제·유격전쟁·사회과학 ② (中級)교육과정은 근대세계혁명사·연공당사(聯共黨史)·(軍隊)정치공작 ③ (高級)교육과정은 정치경제학·변증유물론·공산국제(綱領)·군사이론 등 과목을 배정했다. 한편 당중앙은 '마르크스주의 이론' 정립자인 마르크스의 탄생일(誕生日)인 5월 5일을 '학습절(學習節)'로 결정했다.

2819 이신작칙(以身作則)은 실천에 앞장서 모범적 역할을 함으로써 공중(公衆)이 지켜야 할 법칙이나 준례(準例)를 만든다는 것이다. 즉 지도자가 몸소 모범을 보이고 솔선수범(率先垂範)을 한다는 뜻이다. 한편 상기 모택동의 '이신작칙'은 큰 어폐가 있다. 정풍운동의 일환인 학습운동의 궁극적 목적은 마르크주의 이론을 중국의 실정에 맞게 적용하는 것이다. 실제로 이론에만 집착하는 '소련파'의 교조주의를 반대하기 위해 추진한 것이다.

2820 '자본론(資本論)'은 칼 마르크스의 대표적인 (經濟學)저서로 정식 명칭은 '자본론, 정치경제학 비판'이다. 마르크스가 자본주의 경제의 구조를 분석한 정치경제학에 관한 유명한 저작(著作)이다. 1867~1894에 걸쳐 세 권으로 펴냈다. 한편 저서(資本論)에서 경제학자인 마르크스는 잉여가치(剩餘價値)를 중심으로 자본주의에 대한 비판을 전개했다. 사실상 '자본론'은 유물사관(唯物史觀)을 근거로 자본주의 경제의 발전 법칙을 제시했다.

2821 모택동은 북경대학의 방청생으로 철학·신문학 강의를 들었고 호남사범학교 시절에는 철학과 문학에 전념했다. 또 그는 문장력·서예·시(詩)에 일가견이 있으며 강력한 정치적·군사적 리더십을 갖고 있었다. 한편 '경제 무지'는 모택동의 '아킬레스건(Achilles腱)'이었다. 이는 학생 시절 모택동의 '수학 기피'와 밀접히 관련된다. 결국 이는 1950년대 인민공사화(人民公社化)·대약진(大躍進)운동의 비극을 초래한 '화근(禍根)'이 됐다.

동의 '자본론 탐독'은 신빙성이 낮다. 실제로 모택동이 가장 중요시한 것은 칼 마르크스(Karl Marx)[2822]의 계급투쟁(理論)이었다. 1930년대 (中央) 근거지에서 실각한 모택동은 많은 철학서를 섭렵했다.

'신민주의론(1940.1)'에서 모택동은 '교조주의 부활'에 대해 이렇게 지적했다. …형식적 교조주의로 인해 중국혁명은 큰 손실을 입었다. 마르크스주의 보편적 진리를 중국의 구체적 실천과 결합시켜야 한다. 현재 교조주의자들은 이론과 실천을 분리하고 있다(毛澤東, 1991: 707). 또 그는 이렇게 강조했다. …마르크스주의는 중국의 민족특성과 결합해야 하며 일정한 민족형식으로 재현돼야 한다. 주관적이고 천편일률적인 적용은 결코 안 된다(金冲及 외, 2011: 574). 상기 '교조주의 부활'은 연안에 남은 왕명의 주관주의·교조주의적 활동을 가리킨다. 실제로 모택동은 '교조주의 비판'을 통해 마르크스주의의 '중국화(中國化)'를 강조했다.

학습운동 중 이론·실천이 분리됐다. 당시 교조주의 영향을 받은 일부 고급간부들은 구체적 문제를 구체적으로 분석해야 한다는 마르크스주의의 원칙을 수호하지 않았다(胡喬木, 1994: 190). 교조주의자 왕명은 이렇게 말했다. …'교조주의 집착'은 이론(學習)을 포기하는 것이다. '실천 결합'은 정확하지만 이론이 우선적이다. 이론이 없다면 '실천 결합'을 운운할 수가 없다(周國全 외, 1991: 140). 왕명은 '저서 재판(1940.3)' 서언에 이렇게 썼다. …(中共)신당원은 당의 역사를 잘 모르고 있다. 본서는

2822 칼 마르크스(Karl Marx)는 프로이센 출신의 철학자·역사학자·사회학자·경제학자·언론인이다. 또 마르크스는 '마르크스주의 창시인', '(國際)공산주의 창시자'로 간주된다. 주요 저서로 '자본론'·'공산당선언' 등이 있다. 한편 마르크스는 영국의 BBC가 대중에게 시행한 설문조사(2005)에서 세계에서 '가장 영향력 있는 사상가'로 꼽혔다. 또 자본주의 사회의 모순점을 간파한 마르크스는 독일의 정치·경제사회에 큰 영향력을 끼쳤다.

신당원의 역사 학습에 큰 도움이 될 것이다(羅平漢 외, 2015: 355). 한편 왕명의 '저서 재판'을 도전으로 간주한 모택동은 저서 '농촌조사'를 출간했다. 1941년 5월 모택동은 (延安)정풍의 효시로 불리는 '학습 개조' 보고를 했다.

고급간부회의(5.19)에서 '학습 개조' 강연을 한 모택동은 마르크스주의 이론과 중국혁명의 실제를 결합하는 것이 공산당의 지도사상이라고 말했다. 또 그는 자기의 역사를 중시하지 않은 것은 잘못된 경향이라고 비판했다. 이 강연은 정풍의 신호탄이 됐다(현이섭, 2014: 10). 모택동이 강조한 대립적 태도는 ① 이론과 실천을 결합하는 마르크스주의적 태도 ② 이론에 집착하는 주관주의적 태도이다(金冲及 외, 2011: 637). '보고(5.19)'에서 모택동은 이론과 실천이 분리되는 경향을 첨예하게 지적했다. 또 마르크스주의에 위배되는 교조주의를 타도해야 한다고 역설했다(胡喬木, 2014: 192). 한편 모택동의 '보고'는 교조주의자들을 비판한 것이다. 또 이는 '3풍' 중 모택동이 가장 중시한 '학풍'에 대한 '개조'를 선언한 것이다.

정치국 회의(1941.8.27)에서 모택동은 '당내 교육'의 문제점을 이렇게 지적했다. 첫째, '이론 학습'에 치중하고 실제적 운용을 도외시했다. 둘째, 연안의 철학 연구는 중국혁명의 특성을 외면하는 '공동적(空洞的)' 연구이다. 셋째, (行動)이론가를 육성하고 간부교육을 철저히 개조해야 한다(盧毅 외, 2015: 356). 실제로 '실속 없는' 이론에 집착하고 구체적 실천을 무시하는 교조주의를 비판한 것이다. 결국 이는 그동안 낙보가 주도한 학습운동에 대한 모택동의 '불만 표출'이었다. 상기 '교육 문제점'은 모택동이 '학풍 개조'를 결심한 주된 이유이다. 한편 이 시기 교조주의자들은 마르크스주의 '중국화'를 저해하는 걸림돌 역할을 했다.

중공중앙은 모택동이 작성한 '고급학습조(高級學習組) 결정(9.26)'을 발표했다. '학습조(學習組)' 설립 목적은 (黨內)고급간부의 이론 수준을 제고하는 것이다. '중앙연구조 통지(9.29)'는 이론·실천의 결합을 연구 방침으로 확정했다. '학습자료'로, '6대이래'에서 70편의 문장을 선정했다. 또 (海外)연구자료는 ① 레닌의 '좌파유치병(左派幼稚病)'[2823] ② 애사기(艾思奇)가 번역한 '신철학대강' ③ 이달(李達)이 번역한 '변증법유물론교정(教程)' ④ 가와가미 하지메(Kawakami Hajime)[2824]의 '경제학대강'이다. 모택동이 (研究組)조장, 부조장은 왕가상이 맡았다. 한편 모택동의 '학습조 설립'은 학풍 개조의 결심을 단적으로 보여준 것이다.

중공중앙이 발표한 '(延安)간부학교의 결정(12.17)'은 이렇게 썼다. … 연안의 간부학교 문제는 이론과 실천의 분리(分離)이다. 즉 이론과 사회적 실천이 결합되지 못하고 있다. 교조주의적 (學習)태도가 문제의 주된 원인이다(中央檔案館, 1991: 257). '중앙연구조' 회의(1942.4.20)에서 모택동은 이렇게 지적했다. …최근 간부교육은 많은 문제점이 존재한다. 사상이 통일되지 않고 언행이 일치하지 않다. 또 마르크스주의에 대한 견해가 다르며 자유주의의 사상이 만연됐다(毛澤東, 1991: 415). 당시 모택동은 이론과 실천의 분리된 것은 교조주의자들의 '잘못된 관행' 때문이라고 판단했다. 결국 1942년 상반기까지 '학풍 개조'는 지속됐다.

2823 '좌파유치병(左派幼稚病)'은 러시아 혁명가 레닌(renin)의 저서로 1920년에 처음 출간됐다. 볼셰비키당의 건설 경험을 소개한 레닌은 대중의 쟁취를 위한 (鬪爭)이론과 전략을 논증했다. 또 그는 (左派)공산당의 '타협' 과오를 비판하고 '(左傾)교조주의 투쟁' 필요성을 강조했다. 한편 모택동은 레닌의 저서를 '정풍(整風) 필독서로 선정했다.

2824 가와가미 하지메(Kawakami Hajime, 1879~1946)는 일본 야마구치(山口) 출생이며 경제학자·사상가이다. 1914년 법학박사, 1919년 '사회문제연구(雜誌)' 창간, 1923년 '마르크스의 노동가치관' 발표, 1932년 (日本)공산당 가입, 1946년 교토(京都)에서 병사했다.

'9월회의(1941)'를 통해 학풍 개조와 교조주의 청산에서 일정한 성과를 거뒀다. 이는 1942년부터 전당 차원에서 본격적 정풍을 전개할 수 있는 중요한 계기가 됐다. 1942년 중공중앙은 대생산운동과 정풍운동을 병행했다. 한편 모택동은 효과적 '(三風)정돈'을 위해 (中共)기관지 해방일보를 개편하고 언론을 장악했다. 1942년 상반기에는 학풍 개조와 (延安)문예계를 정리했다. 또 하반기에는 당풍(黨風)·문풍(文風) 쇄신에 전념했다.

1942년 초 전국의 당원수는 80만에 달했다. 항전 개시 후 중공에 가입한 그들은 (國共)내전과 장정에 참가하지 않았다. 당의 역사에 무지한 신당원들은 마르크스주의를 이해하지 못했다(何明, 2003: 857). '당원수 급증'은 많은 문제점[2825]을 야기했다. 당시 이론 학습에 큰 거부감을 나타낸 신당원들은 이렇게 말했다. …인분을 푸더라도 (理論)학습에 참가하지 않겠다(齊小林 외, 2015: 351). 모택동은 이렇게 말했다. …신당원들은 조직상에서 입당(入黨)했으나 사상상에서 입당하지 못했다. 이는 정치교육과 '사상단련(思想鍛鍊)'[2826]을 받지 못했기 때문이다(毛澤東, 1991: 875). 당시 변구와 (抗日)근거지에는 주관주의·교조주의 잔재가 청산되지 않았다. 또 당내에는 자유주의 만연과 '이론 학습' 기피 현상이 잔존했다(胡

2825 전국의 당원(80만, 1940.7) 중 90% 이상이 신당원(新黨員)이었다. 신당원의 문제점은 ① 투기적 입당 ② (黨員)자질 결여 ③ 이론 학습을 거부 ④ 중공 역사에 무지 ⑤ (組織)충성도가 낮고 기율성·복종성 결여 ⑥ 탈당(脫黨) 현상 보편화 등이다. 결국 정풍운동을 통한 신당원의 '자질 제고'와 '사상교육 강화'가 당면과제로 부상했다.

2826 '사상단련(思想鍛鍊)'은 사회주의 국가에서 자주 사용하는 (政治)용어이다. 정치교육을 중시한 중공은 당원에 대한 사상단련을 통해 '공산당 충성'을 강조했다. 자고로 (中國)공산당은 정치교육과 사상단련을 통해 의지력을 키우고 당성(黨性)을 강화했다. '(三風)정돈' 중 당풍(黨風) 정돈은 사상통일과 사상단련 강화를 위해 추진된 것이다.

喬木, 2014: 205). 신당원의 마르크스주의에 대한 '이해 부족'은 모택동이 전당(全黨) 차원에서 정풍운동을 전개한 중요한 원인이다. 실제로 '소련파'의 영향력 제거가 정풍 전개의 가장 중요한 취지였다.

1942년 2월 1일 모택동은 중앙당학교(黨校) 개학식에서 '학풍·당풍·문풍 정돈' 보고를 했다. 또 (宣傳部)간부회의에서 '당팔고 반대' 보고(2.8)를 했다. '보고'에서 모택동은 '정풍 임무' 등을 상세하게 설명했다. 모택동이 중앙당학교에서 '(整風)보고'를 한 것은 (中央)당학교의 '이론·실천 분리'[2827] 현상이 가장 심각했기 때문이다. 당시 중앙당학교를 개편(1942.2)한 모택동은 모든 수업 중지와 정풍운동 전개를 명령했다. 이 시기 (中央)선전부장 장문천은 '농촌조사'를 떠났다. 따라서 모택동은 정풍 전개에 중요한 역할을 한 선전부를 관장했다. 한편 중앙당학교의 총장을 겸임한 모택동은 측근 팽진을 (中央黨校)부총장에 임명했다.

모택동의 '2차례 보고' 골자는 첫째, 주관주의는 교조주의·경험주의로 나뉜다. 둘째, 종파주의는 주관주의의 (組織關係)표현이다. 셋째, 당팔고는 주관주의·종파주의의 선전(宣傳) 도구이다. 넷째, 주관주의·종파주의·당팔고는 마르크스주의에 위배된다(金冲及 외, 2011: 648). 당시 정풍운동은 2개 단계로 나눠 전개됐다. 제1단계의 (整風)임무는 주관주의·종파주의 잔재와 자산계급 사상을 철저히 제거하는 것이다. '(三風)정돈'은 1년 남짓 지속됐다(胡喬木, 1994: 206). 모택동이 확정한 (整風)방침은 '징전

2827 1941년 전후 (中央)당학교의 이론과 실천이 분리됐다. 당시 실천(實戰) 경험이 부족한 교사들은 마르크스주의 이론은 숙지했으나 중공의 역사에 대해 무지했다. 또 어떤 강사는 '자본론'에는 익숙했으나 학원생이 (邊區)화폐 문제를 질문하면 대답하지 못했다(羅平漢 외, 2015: 365). 이 시기 중앙당학교 총장은 '교조주의자'인 등발(鄧發)이었다. 결국 (中央)당학교를 개편해 자신이 총장을 겸임한 모택동은 '(黨校)정풍 전개'를 주도했다.

비후(懲前毖候), 치병구인(治病救人)'이다. (整風)방법은 반성과 자기비판 전개이다. 당시 (延安)정풍의 참가자는 1만명에 달했다.

왕명은 회고록인 '중공 50년'[2828]에서 모택동의 '(三風)보고'를 이렇게 평가했다. …이른바 '3풍 정돈'은 레닌주의(列寧主義)[2829]·공산국제를 반대한 반동(反動)운동의 서막이다. 정풍의 본질은 (反)레닌주의·(反)공산국제·(反)소련·반당(反黨)이다(郭德宏 외, 1989: 405). 국민당은 '3풍 정돈'을 이렇게 비방했다. …종파주의의 대표인 중공은 (國民黨)중앙의 지배에서 벗어나 할거하고 있다. 공산당 자체가 종파주의의 집단이다. 결국 종파주의 청산의 '(三風)정돈'은 실패할 것이다(盧毅, 2010.3). 상기 왕명의 '(回顧錄)주장'은 신빙성이 제로이다. 한편 국민당의 '(中共)정풍 비방'은 (反共)입장에서 감행한 일종의 정치적인 공격이었다.

(中央)선전부는 '4.3결정(決定)'[2830]으로 불리는 '(三風)보고 결정'을 발

2828 1974년 3월 23일 왕명은 모스크바 교외의 자택에서 자신의 회고록인 '중공 50년'을 완성했다. 나흘 후 왕명은 세상을 떠났다. 결국 왕명의 회고록은 그의 '유저(遺著)'가 됐다. 1975년 (蘇聯)국가정치서적(書籍)출판사는 러시아문(俄文)으로 된 왕명의 유작(遺作)인 '중공 50년과 모택동의 반역행위'를 출간했다. 1980년 (中國)현대사료편간사(編刊社)는 왕명의 회고록을 중문(中文)으로 번역, '중공 50년'으로 제목을 고쳐 출판했다.

2829 레닌주의(列寧主義)는 20세기 초 러시아 혁명가인 레닌(Lenin, 1870~1924)이 러시아혁명과 세계혁명에 적용한 사상이다. 또 '레닌주의'는 러시아사회민주공당 제2차 대표대회(1903)에서 처음으로 사용됐다. 1924년 소공(蘇共) 총서기 스탈린은 '제국주의와 무산계급(革命) 시대의 마르크스주의'라고 레닌주의를 새롭게 정의했다. 한편 '3풍 정돈(三風整頓)'의 주된 취지가 '레닌주의 반대'였다는 왕명의 주장은 설득력이 크게 떨어진다.

2830 (中央)서기처는 회의를 열고 '3풍 정돈 (宣傳部)결정(1942.4.3)'을 통과시켰다. 또 서기처는 정풍 전개를 감독하는 (專搞)책임자를 지정했다. ① 중앙직속기관, 강생·이부춘 ② 군위(軍委)기관, 왕가상·진운 ③ 중앙당학교, 모택동 ④ 교육기관, 개풍 ⑤ 섬감녕변구, 임필시·고강이다(中共中央文獻硏究室, 1993: 373). 당시 모택동이 직접 중앙당학교의 '정풍 전개'를 책임진 것은 '교조주의자(蘇聯派)'인 등발(鄧發)을 불신했기 때문이다.

표했다. 6월 8일 선전부는 '전당적 학습운동 전개 지시(指示)'를 발표했다. 또 중공중앙은 효과적인 '정풍운동 전개'를 위해 모택동을 책임자로 하는 총학습위원회(總學習委員會)를 설립하고 전당의 정풍운동을 총괄하도록 결정했다. 총학습위원회의 직접적인 지도하에 정부기관과 (邊區)정부의 1만명의 간부가 '정풍 학습'에 참가했다. 당시 최고행정기관인 총학습위원회의 실질적 책임자는 강생(康生)이었다. 한편 모택동은 효과적인 '정풍운동 전개'를 위해 (中共)기관지 해방일보를 개편했다.

'4.3결정'은 18개의 필독자료를 확정했다. (中央)선전부가 보충(4.16')한 학습자료는 ① '스탈린의 영도와 반성을 논함' ② '레닌·스탈린의 기율·민주를 논함' ③ '스탈린의 평균주의를 논함' ④ '디미트로프의 (幹部)정책을 논함'이다. 결국 22개 문건이 필독자료로 선정됐다(張樹軍외, 2000: 160). 중앙학습조(中央學習組) 회의(4.20)에서 모택동은 정풍(整風) 학습의 필요성과 특별한 의미를 강조했다. 또 해방일보에 (學習)특집호를 설치했다. 한편 모택동이 스탈린의 저서를 (整風)필독자료로 선정한 것은 소공(蘇共)과의 악화된 관계를 완화시키기 위한 것이었다.

1941년 3월에 개편된 중공중앙 기관지인 해방일보의 사장은 정치국 위원인 박고였다. 당시 모택동은 해방일보가 당성(黨性)과 군중성(群衆性) 등 면에서 '많은 문제점'이 있다고 여겼다. 실제로 이 시기 신화통신(新華通迅) 사장을 겸임한 교조주의자 박고에 대한 불만이었다. 1942년 초 중앙관공청의 사철(師哲)이 해방일보의 문제점을 정리해 모택동에게 보고했다. 즉 해방일보가 국제(國際) 뉴스에 치중하고 국내적 문제를 간과한다는 것이었다. 정치국 회의(1942. 2.11)에서 모택동은 '사철(師哲) 보고서'를 대독했다. 결국 이는 해방일보 개편의 도화선이 됐다.

모택동은 해방일보의 문제점을 이렇게 지적했다. …국내 '정치뉴스 간과'는 당성(黨性) 문제이다. 해방일보는 (黨)기관지 역할을 제대로 수행하지 못했다(逢先知 외, 2005: 362). 3월 8일 모택동은 해방일보의 개편을 위해 …대중 속에 심입하고 공담(空談)을 지양해야 한다는 제사를 썼다. 또 정치국 회의(3.11)에서 '중요한 발언'[2831]을 한 모택동은 당보 개편의 중요성을 역설했다(中共中央文獻研究室, 1993: 367, 368). 3월 16일 중앙선전부는 '(黨報)개조 통지(通知)'를 발표했다. '통지'는 이렇게 썼다. …(黨報)주된 임무는 당의 정책을 선전하는 것이다. 개편 방향을 제시한 '통지'는 당의 정책을 선전하고 정풍 중심의 당보 개진(改進)을 강조했다(張樹軍 외, 2000: 139). 실제로 모택동의 '문제점 지적'은 (解放日報)개편 명령이었다. 또 '당성' 차원의 지적은 (黨報)책임자인 박고에 대한 '엄중경고'였다.

중공 영수 모택동의 '당보 비평'은 해방일보 책임자인 박고에게는 충격 그 자체였다. 3월 17일 해방일보 편집부 전원이 참가한 회의를 주재한 박고는 '심각한 자기반성'을 했다. 한편 회의에서 박고는 해방일보에 대한 '철저한 개편'을 선포했다. 이른바 '당보 개편'은 당중앙이 제정한 정책을 가장 중요한 뉴스로 다루고 '3풍 정돈'과 관련된 이슈를 해방일보의 톱뉴스로 보도하는 것이었다. 4월 1일 개편된 (改版)해방일보는 '독자에게 드리는 사론(社論)'[2832]을 발표했다. 실제로 박고가 '사설'

2831 정치국 회의(3.11)에서 한 모택동의 '발언' 골자는 첫째, 당보(黨報)인 해방일보는 많은 문제점이 있다. 둘째, 당내에 영향력이 큰 해방일보를 철저하게 개편해야 한다. 셋째, 대중의 의견을 반영하고 당의 정책을 선전해야 한다. 넷째, 당보(解放日報)는 '선의적 비평'을 수용해야 한다(逢先知 외, 2005: 368). 실제로 모택동이 '당보(黨報) 개편' 중요성을 강조한 것이다. 한편 모택동이 중시한 '당보 개편'은 정풍운동의 일환으로 전개됐다.

2832 4월 1일 해방일보가 발표한 '사론(社論)'의 골자는 첫째, 확고한 당성(黨性)을 견지한다. 둘째, 대중과 밀접히 연계하고 대중의 의견을 전달한다. 셋째, 전투성(戰鬪性)과 정책성(政策性)을 중시한다. 넷째, 당중앙의 호소에 호응하고 정풍운동을 독촉한다(高新民 외, 2000: 141). 결국 모택동의 '지시'를 수용한 해방일보 사장인 박고가 '당보(黨報) 개

을 통해 당보(黨報)인 해방일보의 환골탈태(換骨奪胎)를 선언했던 것이다.

해방일보는 새로운 모습으로 탈바꿈했다. 해방일보에 발표(1942.4~9)된 145편 사설 중 국내적 이슈와 정풍운동과 관련된 것이 50편을 상회했다. 9월 5일 해방일보의 주필로 임명된 육정일(陸定一)은 모택동의 '의견(意見)'[2833]을 박고에게 전달했다(高新民 외, 2000: 142). 당시 모택동의 '의견'을 수용한 박고는 해방일보 개편에 박차를 가했다. 9월 15일 박고의 보고를 청취한 모택동은 개풍(凱豊)에게 보낸 편지(9.15)[2834]에 만족감을 드러냈다. 한편 왕명의 '반성 거절'과는 달리 박고는 진지한 반성을 통해 모택동의 신임을 얻었다. 결국 모택동은 '언론 장악'에 성공했다. 실제로 개편된 해방일보는 '정풍운동 선전' 도구로 전락했다.

1942년 8~12월 '종파주의 청산'[2835]의 당풍(黨風) 정돈이 전개됐다. 당중앙이 발표한 '당의 영도와 조직관계 결정(9.1)'은 이렇게 썼다. …당정

편'을 선언했다. 이는 해방일보가 중공중앙의 기관지로 거듭났다는 단적인 방증이다.

2833 모택동이 박고에게 전달한 해방일보에 대한 '구체적 의견'은 첫째, 당의 기관지로 되기 위해 철저한 '(黨報)개편'이 필요하다. 둘째, '(中央黨校)학원생 자살' 소식 등은 적절치 않다. 셋째, '언론 독립성'을 포기하고 자유주의를 근절해야 한다. 넷째, '중대사' 게재와 '사론 社論' 발표는 당중앙과 토론해야 한다(張樹軍 외, 2000: 142). 결국 '지은 죄'가 있는 박고는 모택동의 '의견'을 수용하고 해방일보의 '철저한 개편'을 다짐했다.

2834 모택동은 개풍(凱豊)에게 보낸 편지(9.15)에 이렇게 썼다. …금일 박고와 '당보 개편' 담화를 나눴는데 상당히 만족한다. 금후 해방일보가 명실상부한 당보(黨報)로 거듭나기를 기대한다. 중앙선전부의 동지들은 당보가 중요한 사상(思想)무기임을 인지해야 한다(中共中央文獻研究室, 1983: 202). 박고의 최측근인 개풍은 준의회의에서 모택동을 비판한 장본인이다. 한편 이 시기 (中央)선전부 부부장인 개풍은 '모택동 지지자'로 변신했다.

2835 중공중앙은 1942년 8월부터 '당풍 정돈'을 전개했다. 모택동은 '종파주의 청산' 이유를 이렇게 지적했다. …주관주의의 (組織上)표현인 종파주의는 (黨內)통일과 단결을 파괴한다. 당중앙의 지시에 불복한 종파주의자들은 당의 기율성을 무시한다. 이는 당의 민주집중제(民主集中制)에 크게 위배된다(盧毅 외, 2015: 367). 한편 모택동이 언급한 '종파주의자'는 '(黨中央)지시'를 거역한 장강국 서기 왕명과 신사군 지도자 항영을 가리킨다.

(黨政)기관과 (中共)부대는 당중앙의 통일적 지휘에 복종해야 한다(逢先知 외, 2005: 402). 또 '결정(9.1)'은 이렇게 썼다. …당중앙의 결정을 무조건 집행해야 하며 양봉음위(陽奉陰違)해선 안 된다. 당중앙의 허락을 받지 않은 고급간부의 '정견(政見) 발표'는 조직원칙 위반 행위이다(中央檔案館, 1991: 434). 상기 고급간부의 '정견 발표'는 장강국 서기 왕명의 '종파주의 행위'를 가리킨다. 한편 '양봉음위'의 장본인은 당중앙의 '(北上)지시'를 거부한 신사군 지도자 항영이다. 또 '(軍委)권위'를 무시한 팽덕회와 (中央)정책을 집행하지 않은 (邊區)비서장 사각재가 포함된다.

장장 88일 동안 진행된 '(西北局)고급간부 회의(1942.10.19~1943.1.14)'는 중앙중앙·서북국·섬감녕변구(邊區) 정부가 공동으로 개최한 '당풍 정돈' 행사였다. 회의에는 섬감녕변구의 각계 대표 300여 명이 참가했다. 개막식에 출석한 모택동은 회의 기간 두 차례의 '중요한 연설'을 했다. 실제로 고강·입백거 등의 '(農村考察)조사연구'[2836]도 서북국의 '고급간부(高幹) 회의'를 준비하기 위한 것이었다. 모택동의 '(西北局)회의 중시' 원인[2837]은 다방면이다. 한편 '회의'는 섬감녕변구의 역사적 문제와 변구·서북국의 관계, (黨風)문제 등을 원만하게 해결했다.

(西北局)회의 기간 좌경(左傾) 과오를 범한 교조주의자들은 심각한 반

2836 1941년 7월 '(西北局)고찰단' 30여 명은 수덕(綏德)·미지(米脂) 일대에서 2개월 간의 조사연구를 했다. 1941년 12월 임백거가 거느린 20여 명의 '(政府)고찰단'은 감천(甘泉) 지역에서 조사연구를 전개했다. 이 시기 고찰단장 고강과 (邊區)주석인 임백거는 모택동의 측근자였다. 이들의 '조사연구'는 모택동의 '저서 출간'과 관련된다.

2837 모택동이 '(西北局)고급간부 회의'를 중요시한 원인은 첫째, 섬북(陝北)은 (紅軍)장정의 정착지이다. 둘째, 연안은 중공중앙의 (抗日)대본영(大本營)이다. 셋째, 섬감녕변구는 중공중앙의 소재지이다. 넷째, 당시 서북국과 (邊區)정부 간 알력이 심했다(高新民 외, 2000: 304). 당시 모택동이 중요시한 '(西北局)고급간부 회의'는 (黨風)정돈의 가장 중요한 행사였다. 한편 모택동은 '고사(高謝)' 간의 알력다툼에서 측근인 고강을 지지했다.

성을 했다. 서북국 서기 고강이 '(邊區)당의 역사문제 검토(結論)' (政治)보고를 했다. 12월 12일 중공중앙은 '(陝北肅反)심사 결정'을 공표했다. 회의 후 서북국과 (邊區)정부 간의 '알력 관계'가 크게 개선했다.

11월 21일 스탈린의 '볼셰비키화 12조' 보고를 한 모택동은 이렇게 지적했다. …중국 공산당은 정책·당성·대중성(大衆性) 등 면에서 철두철미한 볼셰비키당이다. (Bolsheviki化)기준에서 보면 중공은 많은 면에서 기준에 도달하지 못했다(逢先知 외, 2005: 412). 모택동은 스탈린의 '12조'에 대한 투철한 이해와 연구가 필요하다고 강조했다. '12조'를 성경(聖經)에 비유한 모택동은 '성경'은 교조(教條)가 아니므로 변화할 수 있다고 말했다(高新民 외, 2000: 328). 상기 모택동의 '(十二條)성경 비유'는 우상숭배에 가깝다. 한편 '교조 변화' 언급은 마르크스주의의 '교조적 수용'을 반대한 것이다. 실제로 모택동은 '스탈린 숭배'에 공을 들였다.

모택동은 스탈린의 저서를 (整風)필독자료로 선정한 것은 '자지지명(自知之明)'[2838]이다. 또 그는 스탈린의 '볼셰비키화 12조'를 성경에 비유했다. 결국 이는 '소련파'에게 스탈린을 존중하지 않는다는 빌미를 제공하지 않기 위해서였다. '중공 7대'에서 스탈린과 소련을 아홉 차례 거론한 모택동은 스탈린은 세계혁명을 이끄는 위대한 영수라고 격찬했다. 한편 (延安)정풍을 통해 왕명 등 '소련파'를 제거한 모택동은 중공 영수로 확실하게 자리매김했다. 실제로 이 시기 히틀러의 독일군을 궤멸

2838 자지지명(自知之明)은 자신이 처한 불리한 상황과 본인의 단점을 잘 알고 있다는 뜻이다. 당시 모택동이 스탈린의 저서를 '(整風)필독자료'로 선정한 것은 현명한 선택이었다. 실제로 이 시기 독소전쟁에서 '전세를 역전'시킨 동맹군의 주요 지도자인 스탈린은 처칠·루스벨트와 함께 세계적인 지도자로 부상했다. 한편 모택동이 장개석과의 국공(國共)내전에서 승리하려면, 스탈린의 '중공 지지'가 원조가 절대적으로 필요했다.

하고 독소전쟁에서 승리한 스탈린의 위상은 독보적이었다. 사실상 명실상부한 '세계적 리더'[2839]인 스탈린은 여전히 모택동의 '상급자'였다.

모택동의 '스탈린 숭배' 원인은 첫째, 독소전쟁 발발 후 소공(蘇共)간 악화된 관계를 완화시키기 위해서였다. 둘째, 1942~1943년 스탈린의 세 차례 '(軍事)협조' 요청을 거절한 '불안감 해소'이다. 셋째, (國共)내전이 발발할 경우 스탈린의 정치적 지지와 (蘇聯)군사적 지원이 절실했다. 넷째, 스탈린의 '장개석 원조' 포기와 (中共)군사적 지원을 희망했다. 다섯째, 정풍을 통한 정적 제거에 '(Stalin)우상화'가 필요했다. 여섯째, 신중국 설립에 '스탈린 지지'는 필수적이었다. 한편 모택동의 정풍 취지는 '소련파 제거'이다. 따라서 그의 '스탈린 숭배'는 지극히 자가당착적이다. 실제로 모택동의 '스탈린 우상화'는 부득이한 차선책이었다.

대다수의 중국 학자들은 정풍운동을 통해 중공 영수로 자리매김한 모택동이 스탈린의 지배권에서 완전히 벗어났다고 주장한다. 그 근거로 왕명 등 '소련파 제거'와 '중공 7대'의 (毛澤東)사상 확립을 제시한다. 한편 이 시기 '세계적 리더'로 부상한 스탈린과 '야당 총재'[2840]에 불

2839 스탈린은 자본주의 국가인 영미(英美)와 동맹을 결성해 독소전쟁에서 최종적 승리를 거뒀다. 1943년 5월 공산국제를 강제로 해산시킨 스탈린은 사회주의 국가의 영수(領袖)에서 '소영미(蘇英美)' 동맹국의 주요 지도자로 탈바꿈했다. 당시 처칠·루스벨트와 함께 '3거두(三巨頭)'로 불린 스탈린은 자타가 공인하는 세계적 리더로 부상했다. 한편 루스벨트 대통령이 사망(1945.4)한 후 스탈린은 세계에서 '가장 영향력 있는' 지도자가 됐다.

2840 중화민국(1911~1949)의 여당은 국민당이며 (與黨)총재는 장개석이다. 당시 국군 통수권자인 장개석은 수백만의 병력을 갖고 있었다. 이 시기 국민당군은 항일전장(抗日戰場)의 주력군(主力軍)이었다. 이 또한 스탈린이 장개석에게 '군사적 원조'를 제공한 주된 원인이다. 한편 소공(蘇共)과 공산국제의 지배를 받는 '야당(中共) 총재'는 모택동이었다. 실제로 장개석은 시종일관 중공(中共)을 '대등한 파트너'로 간주하지 않았다.

과한 모택동의 관계는 결코 '평기평좌(平起平坐)' 관계가 아니었다. 또 스탈린은 '(抗日)파트너'로 (中國)국군 통수권자인 장개석을 선택했다. 당시 장개석은 항일전장(抗日戰場)의 '중국군 통솔자'였다. 1940년대 스탈린과 모택동의 관계는 석가여래와 손오공의 (上下級)관계였다. 실제로 '모택동 천적'[2841]인 스탈린은 죽을 때까지 '중공 지도자'를 괴롭혔다.

12월 18일 총학습위원회가 발표한 '문풍(文風) 학습 통지'의 골자는 첫째, 문풍 개조는 '3풍 정돈'의 일부분이며 진지하게 임해야 한다. 둘째, '문풍 학습'은 학습위원회의 책임자가 직접 책임지고 추진해야 한다. 셋째, 문풍 개조를 통해 당팔고의 잔재를 제거해야 한다(逄先知 외, 2005: 418). 모택동은 이렇게 지적했다. …당팔고는 주관주의·종파주의의 (宣傳)도구이다. 탁상공론을 일삼는 교조주의자들은 연설을 할 때 두서없이 장황설을 늘어놓는다. 이는 청중의 역겨움을 자아낸다(毛澤東, 1991: 840). 1942년 12월부터 1943년 3월까지 중공중앙은 '당팔고 반대'의 문풍을 정돈했다. 1941년 8월 모택동이 '노충재장정기'에 단 평어(評語)가 '당팔고 반대' 효시였다. 당시 모택동은 사각재의 문장을 당팔고에 비유했다.

모택동은 '3풍 정돈' 보고(2.1)에서 이렇게 말했다. …당팔고는 시대의 발전을 가로막는 사악한 물건이다. 또 주관주의와 종파주의를 대변하며 혁명 발전의 걸림돌이다. 반드시 당팔고를 숙청해야 한다(中共中央

2841 모택동의 실각은 '소련파'의 도래와 관련된다. 서안사변에서 '스탈린 지시'를 수용한 중공중앙은 장개석을 석방했다. 무한 시기(1938) 왕명의 '(右傾)과오'는 스탈린의 지시에 따른 것이다. 스탈린의 '장개석 원조'는 환남사변 발발에 일조했다. (延安)정풍은 스탈린의 지배에서 벗어나기 위한 '독립운동'이었다. 실제로 모택동의 '중경행(1945)'도 스탈린의 '지시'를 수용한 것이다. 사실상 스탈린은 모택동의 '영원한 상급자'였다.

文獻硏究室, 1993: 360). 모택동 '연설(2.8)'의 골자는 첫째, 역사적인 측면에서 당팔고는 '5.4운동' 정신에 위배된다. 둘째, 당팔고와 신교조주의를 청산하지 않는다면 형식주의 속박에서 벗어날 수 없다. 셋째, 당팔고를 포기하고 마르크스주의 문풍을 수립해야 한다(逄先知 외, 2005: 362). 상기 '연설'과 '보고'에서 당팔고의 '8대죄상(八大罪狀)'[2842]을 열거한 모택동은 당팔고를 버리고 실사구시와 과학적인 태도를 취해야 한다고 강조했다. 실제로 모택동의 '문풍(文風)'과 '연설'에도 당팔고의 요소가 다분했다.

1943년 1~3월 총학습위원회의 지도하에 문풍 개조는 차질없이 진행됐다. 1월 9일 (邊區)학습위원회는 '문풍 학습' 운동을 결정했다. (學習)운동의 착안점은 당팔고 반대와 언어·문자 사용에서 자신이 범한 잘못을 반성하는 것이었다. 항일군정대학은 '문풍 학습'의 모범적 기관이었다. (大學)학습위원회는 (抗大)학원생의 당팔고 사용에 대한 철저한 자기비판을 제창했다(高新民 외, 2000: 321. 332). 결국 '학풍·당풍 개조'를 바탕으로 진행된 문풍 개조는 비교적 순조로웠다. 1943년 3월 20일 총학습위원회는 '정풍학습 총결(總結)계획'[2843]을 발표했다. 결국 이는 전당적(全黨的) 차원에서 1년 남짓 전개된 '3풍 정돈' 종결을 의미한다.

2842 당팔고(黨八股)의 '8대죄상(八大罪狀)'은 ① 공허한 탁상공론 ② 허세를 부려 공포감을 조성 ③ 장황하고 천편일률적 ④ 따분하고 지루하며 두서없음 ⑤ 갑을병정(甲乙丙丁)으로 길게 나열 ⑥ 맥락 없고 책임감이 결여 ⑦ 형식적 문풍, 당과 혁명에 악영향 ⑧ 화국앙민(禍國殃民)을 초래 등이다. 한편 모택동의 '당팔고 반대'는 형식주의의 속박에서 벗어나 마르크스주의 문풍(文風)을 수립하는 것이 궁극적인 취지였다.

2843 1943년 3월 20일 (中央)총학습위원회는 '정풍학습 총결(總結)계획'을 발표했다. '계획'은 이렇게 썼다. …당중앙의 각 부서와 (軍委)직속기관은 4월 말까지 (整風)학습을 끝내야 한다. '학습 종료' 후 '간부 심사'는 하반기 중요한 정책과제로 추진돼야 한다(馮蕙 외, 2013: 431). 결국 이는 전당적인 차원에서 전개된 '삼풍(三風) 정돈'의 종결을 의미한다. 1943년 하반기부터 강생이 주도한 심간(審幹)운동이 본격적으로 전개됐다.

전당적 차원에서 전개된 '3풍 정돈'은 '당의 일원화(一元化)' 강화에 크게 기여했다. '학풍 정돈'을 통해 주관주의·교조주의 잔재를 청산했다. (西北局)고급간부 회의에서 모택동은 스탈린의 '볼세비키화 12조'에 관한 보고를 했다. 결국 이는 스탈린 우상화를 통한 '당풍 정돈'이었다. 한편 모택동의 '강생 중용'은 (整風)후기에 많은 문제를 유발했다. 결국 강생이 주도한 '심사 간부(審幹)'에서 대량의 '억울한 사건(寃案)'이 발생했다.

제2절 주요 정적 제거, '영수(領袖)' 지위 확립

1. '숙명의 라이벌', 모택동과 왕명의 권력투쟁

중공 영수로 등극한 모택동은 '소련파 제거'에 전념했다. '9월회의 (1941)'에서 모택동과의 정면대결에서 패전한 왕명은 '병'으로 입원했다. 그 후 '모왕(毛王)'의 권력투쟁은 지속됐다. 한편 '9월회의'에서 심각한 반성을 한 장문천은 1942년 1월에 '농촌조사'를 떠났다. 한편 낙보의 좌천과 '(毛洛)체제(1935~1940)' 종결은 유소기의 부상과 밀접히 관련된다. 1943년 3월 '당주석(黨主席)' 모택동은 유소기를 '중공 2인자'로 발탁했다.

1939~1940년 모택동과 왕명은 '모합신리(貌合神離)'[2844] 관계를 유지했다. 이는 숙적 간의 '불편한 동거'였다. '9월회의(1941)'에서 '모왕(毛

2844 모합신리(貌合神離)는 겉으로는 친한 척하나 실제로는 서로 다른 속궁리를 한다는 뜻이다. 1939~1940년 모택동과 왕명 간에는 심각한 의견 대립이 없었다. 이는 이 시기 '실권(失權)'한 왕명이 양면적 수법을 사용한 것과 밀접하게 관련된다. 당시 왕명은 표면적으로 중공 지도자 모택동은 존경했으나, 사실상 모택동의 마르크스주의 '중국화(中國化)'를 반대했다. 결국 숙명의 정적인 이들 간의 '명쟁암투(明爭暗鬪)'는 지속됐다.

王)’은 첨예한 정면대결을 펼쳤다. 왕명이 입원한 후 그들 간 권력투쟁
은 소강상태에 진입했다. 왕명의 ‘중독사건(1942~1943)’[2845]과 공산국제의
해산(1943.5)은 왕명에게 설상가상이 됐다. 디미트로프의 전보(1943.12)와
왕명(夫婦)의 두 차례 심각한 반성은 ‘중공 7대’에서 왕명의 중앙위원 당
선에 큰 역할을 했다. 한편 왕명의 ‘(七大)중앙위원 당선’은 디미트로프
의 ‘건의’를 수용한 모택동의 ‘정치적 쇼’[2846] 결과물이다.

(六中全會)정치보고(10.12)에서 모택동은 마르크스주의 ‘중국화’에 대
해 이렇게 말했다. …마르크스주의의 ‘교조적 수용’을 반대하고 중국의
실정에 맞게 활용해야 한다. 중공중앙은 마르크스주의의 ‘중국화’를 최
우선 과제로 삼아야 한다(逢先知 외, 2005: 92). 마르크스주의의 ‘중국화’에
대한 왕명의 ‘발언’ 골자는 ① ‘민족화’보다 이론 학습이 우선 ② ‘용속
화(庸俗化)’ 지양 ③ 공자의 철학, (Marxism)대체 불가 ④ ‘마르크스주의 곡
해’ 불가 ⑤ 국제적 경험 중시 등이다(戴茂林 외, 2008: 238). 1938년 12월 왕
명은 ‘정치결의안(11.6)’[2847]에 대한 칠절시(七絶詩)를 지어 강한 불만을 표

2845 왕명이 연안(延安)의 중앙병원에 입원(1941.10~1942.8)한 기간 발생한 ‘(calomel)중독사
건’이다. 결국 이는 담당의사인 김무악(金茂岳)의 실수에 따른 ‘의료사고’였다. 한편 스
탈린의 ‘특파원’ 블라디미노프의 개입과 왕명의 ‘고발’, 강생이 주도한 심간(審幹)운동
으로 왕명의 ‘약물(約物) 중독사건’은 정치적 사건으로 변질했다.

2846 ‘중공 7대(七大)’에서 중공 영수인 모택동의 ‘동원’이 없었다면, 왕명의 ‘중앙위원 당
선’은 불가능했다. 실제로 모택동은 스탈린의 ‘특사’인 왕명의 중앙위원 당선을 통해
‘일거삼득(一擧三得)’의 효과를 노렸다. ① 정적에 대한 ‘정치적 도량’을 과시 ② 디미트
로프의 체면을 고려 ③ 스탈린의 위상을 감안 등이다. 한편 들것에 실려온 왕명은 15
분 간 대회(七大)에 참석했다. 결국 이는 보여주기 위한 ‘정치적 쇼’에 불과했다.

2847 ‘(中共)6중전회’에서 통과된 ‘정치결의안(11.6)’의 골자는 ① 공산당의 독립성 확보 ②
통일전선 중 ‘독립성 상실’은 (右傾)과오 ③ 주관주의·교조주의 숙청 ④ (黨內)조직기율
성 강화 ⑤ 민주집중제 실시, (下級)조직은 (上級)당조직에 복종 등이다(中共中央文獻研究室,
1993: 229, 230). 상기 ‘결의안’은 왕명의 (右傾)과오를 비판한 것이다.

출했다. 왕명은 '이론 학습'을 중시한 반면, 모택동은 이론·실천의 결합과 '중국화'를 강조했다. 결국 이는 '이론가'와 '실천가'의 차이였다.

(延安)여자대학교 총장으로 좌천된 왕명은 한직에 머물렀다. 결국 '지은 죄'가 있는 왕명은 면종복배의 양면적 수법을 썼다. 모택동은 (黨中央)권위를 무시하고 '제2정치국'을 설립한 왕명을 용서하지 않았다. 이 또한 (毛王)정치투쟁이 지속된 원인이다. 한편 1939~1940년 모택동과 왕명은 대체로 '양호한 관계'[2848]를 유지했다. 그러나 왕명의 '저서 재판 (1940.3)'은 자충수가 됐다. 모택동이 이를 '심각한 도발'로 간주했기 때문이다.

1938년 12월 연안으로 돌아온 왕명은 통전(統戰)부장과 (婦女)운동위원회·(南方)공작위원회 책임자로 임명됐다. 또 그는 (陝甘寧)변구문화협회 집행위원(1940.1)과 (延安)각계헌정(憲政)촉진회 이사(理事) 등 직책을 맡았다. 1941년 7월 왕명이 임필시를 대신해 (邊區)정부의 사업을 총괄했다. 실제로 왕명이 책임진 것은 (中央)부녀위원회와 (延安)여자대학이었다. 실권한 정적에게 (政府)사업을 주관하게 하는 것은 모택동 특유의 '정치보복'[2849]이었다. 한편 자타가 인정하는 '이론가'인 왕명이 여자대학에서 '연설 재능'을 과시하며 학원생들의 존경을 받았다.

2848 1939~1940년 정적인 '모왕(毛王)'은 '양호한 관계'를 유지했다. 이 시기 심각한 대립과 정면적 충돌이 없었다. 이는 '실권자(失權者)'인 왕명이 모택동에게 양면적 수법을 썼기 때문이다. 한편 모택동은 왕명과의 '양호한 관계'를 유지함으로써 '소련파' 간의 내홍을 노렸다. 결국 왕명의 '저서 재판'은 '(毛王)관계 악화'의 변곡점이 됐다.

2849 1930년대 '소련파'에 의해 실각한 모택동은 (政府)책임자로 밀려났다. 장정(長征) 후 모택동은 박고·장국도를 '(邊區)정부' 책임자로 임명했다. 이는 정치보복이었다. 중공 영수 모택동은 실권(失權)한 왕명에게 (邊區)정부의 업무를 책임지게 했다. 당시 '(政府)책임자'는 당권·군권을 박탈당한 실각자가 과오를 반성하는 정치무대였다.

왕명이 '연공당사(聯共黨史)'를 강의할 때면 많은 지도자가 방청했다. (魯迅)예술학원의 학생들은 '불원천리' 찾아와 강연을 들었다. 당시 일부 학생들은 '왕명 만세(萬歲)'[2850]를 외쳤다(周國全 외, 2014: 357). (延安)지식인 중 왕명의 지명도는 모택동과 막상막하였다. 뛰어난 언변과 박식한 지식으로 (靑年)지식인의 존경을 받은 왕명은 '살아있는 경전'으로 불렸다(吳介民 외, 1991: 112). '천재적 연설가'인 왕명은 (講演)자료를 보지 않고 3~4시간 거침없이 강연했다. 이 시기 나타난 왕명에 대한 '우상화' 현상은 모택동의 심기를 불편하게 했다. 한편 (延安)여자대학에서 많은 '유익한 일'[2851]을 한 왕명은 '적지 않은 과오'[2852]를 범했다.

모스크바에서 장기간 생활한 왕명은 마르크스·레닌의 저서를 숙독했다. 당시 (中共)이론가로 자처한 왕명은 '뛰어난 활약'을 펼쳤다. 그러나 출국 경험이 없는 모택동은 마르크주의의 '중국화'를 제창했다. 또 그는 이론과 실천의 결합을 주장했다(曹仲彬 외, 2008: 243). 마르크스주

[2850] '만세(萬歲)'는 장수(長壽)를 의미하며 오래 살고 잘 되기를 축복할 때 사용된다. '만세'는 (中國)황제가 받던 축원이다. 당시 조선왕(朝鮮王)은 '천세(千歲)'로 불렸다. 흔히 대형 행사에서 '만세 3창'을 부른다. 한편 '만세'가 개인에게 사용되면, 결국 이는 (個人)우상화를 의미한다. 1950년대 중공 영수 모택동에게 '만세' 칭호가 붙여졌다. 한편 '왕명 만세'는 이 시기 '중공 1인자'로 자리매김한 모택동이 결코 용납할 수 없는 일이었다.

[2851] (延安)여자대학(1939.7~1941.8)은 약 2년 동안 1000여 명의 여성간부를 양성했다. 이는 여자대학 총장이며 부녀(婦女)운동위원회 책임자인 왕명이 기여한 공로로 간주된다. 또 왕명은 여자대학에서 수많은 강연을 하고 '중국부녀(中國婦女)' 잡지에 많은 문장을 발표했다. 실제로 당시 왕명은 여성운동 발전을 위한 많은 '유익한 일'을 했다.

[2852] 왕명이 여자대학 (在職)기간에 범한 과오는 첫째, 모택동의 '교조주의 비판'에 불복하는 잘못된 메시지를 유포했다. 둘째, 종파주의적 정책을 실시해 일부 간부를 배척했다. 셋째, '간부 배치'와 관련해 중앙조직부와 의견 대립을 벌였다. 넷째, '여자대학 합병'과 '(婦女)잡지 정간'을 반대했다(李明三 외, 1989: 381, 382). 실제로 왕명의 '(大學)합병'·'(雜誌)폐간' 반대는 과오로 보기 어렵다. 사실상 이는 '자위적 조치'에 가깝다.

의 경전을 숙달한 왕명은 이론을 중시한 반면, (革命)투쟁을 통해 (中共) 지도자로 성장한 모택동은 실천을 중요시했다. 또 왕명은 '교조적 수용'을 강조했으나 모택동은 실사구시를 제창했다. 한편 이 시기 모택동이 주도한 이론 학습은 '소련파 제거'의 정풍운동을 준비하기 위한 것이었다.

1940년 전후 정적 모택동왕명이 벌인 '명쟁암투(明爭暗鬪)'는 첫째, 장개석에 대한 '엇갈린 태도'[2853]이다. 모택동은 (反共)주모자 장개석을 주적으로 간주한 반면, 왕명은 중공의 '장개석 복종'을 주장했다. 둘째, 모택동의 저서 '신민주주의론(1940.1)'에 대한 왕명의 부정적 평가이다. 셋째, '(個人)우상화'를 둘러싸고 벌인 치열한 암투이다. 넷째, 왕명의 '저서 재판(1940.3)'에 대한 모택동의 강력한 대응이다. 다섯째, '항영 평가'에 대한 견해 차이이다. 한편 왕명의 '장개석 지지'는 그가 스탈린의 입장을 대변한 '소련파'라는 단적인 반증이다. 또 왕명의 '저서 재판'은 치명적 패착이었다. 결국 이는 (延安)정풍을 앞당기는 역할을 했다.

디미트로프는 주은래와의 담화에서 이렇게 말했다. …(王明)귀국 전 나는 그에게 모택동을 존중하고 당중앙의 지시에 복종해야 한다고 당부했다. 왕명은 나의 권고를 귓등으로 흘렸다(師哲, 1991: 142). 주은래가 작성한 '(中國問題)비망록(1940.1)'은 왕명의 '(七大)조직보고'를 제의했다. 소련에 체류한 모택민은 디미트로프에게 편지를 보내 주은래의 '(統戰)

2853 숙명의 라이벌인 모택동과 장개석은 10년 간 싸운 불공대천(不共戴天)의 철천지원수였다. 1939~1940년 모택동은 두 차례의 (反共)고조를 일으킨 장개석을 주적(主敵)으로 간주했다. 한편 공산국제 지시에 맹종한 교조주의자 왕명은 중공의 '장개석 복종'을 주장했다. 이는 (武漢)시기 왕명이 무조건 국민당에 순종하는 (右傾)과오를 범한 주요인이다. 또 이는 스탈린의 '괴뢰'인 왕명이 (中共)영수로서 자격미달이라는 단적인 반증이다.

보고', 장문천의 '(組織)보고'를 건의했다(周國全 외, 2014: 350). 1940년 3월 디미트로프는 주은래·임필시에게 이렇게 부탁했다. …왕명은 단점이 많고 실천 경험이 적다. 중공이 많이 도와주기를 바란다(耕山 외, 2001.1). 이는 디미트로프가 왕명의 운명에 관심을 기울였다는 단적인 반증이다. 그러나 왕명은 '총서기' 야망을 포기하지 않았다. 한편 주은래·장문천은 '(七大)보고 자격'을 상실[2854]했다. 또 모택민의 '건의'는 신빙성이 낮다.

'신민주주의론'은 모택동의 반복적 수정을 거쳤다. 1956년 모택동은 이렇게 술회했다. …원고를 절반 정도 완성했을 때 '100년 역사'의 (前)80년과 (後)20년을 나눠 정리해야 한다는 생각이 굳어졌다. 그래서 다시 썼고 여러 차례의 수정을 거쳤다(金忠及 외, 2011: 574). (反動)이론가 엽청(葉靑)[2855]은 이렇게 술회했다. …'신민주주의론'을 읽은 후 나는 편견을 버리고 모택동을 '공산당 이론가'로 간주했다(葉靑, 1974: 5). 모택동은 이렇게 말했다. …(中國)실정을 무시한 교조주의자들은 공허한 이론에 집착했다. '이론가'로 자처한 그들은 이론에 무지한 (工農)간부와 (靑年)학생들은 미혹했다(毛澤東, 1991: 802). 상기 교조주의자는 왕명 등 '소련파'를 가리킨다. 한편 왕명은 저서 '두가지 노선(1931)'을 연안에서 재

2854 '중공 7대(1945)'에서 모택동이 정치보고, (中共)서열 2~3위인 유소기·주덕은 '당장(黨章) 수정'과 '군사문제' 보고를 했다. 당시 모택동은 주은래의 '(統戰)보고'를 '발언'으로 격하시켰다. 결국 이는 모택동이 '왕명 추종자' 주은래에 대한 불만 표출이었다. 또 (延安)정풍에서 '심각한 반성'을 한 주은래는 '서열 4위'로 밀려났다. 한편 모택동의 '신임'을 상실한 장문천이 (中共)7대에서 '(報告)자격'을 상실한 것은 필연적인 결과였다.

2855 엽청(葉靑)은 변절자 임탁선(任卓宣)의 필명이다. (國民黨)중앙선전부 부부장을 역임한 그는 장기간 (反共)선전에 몰두했다. 1941년 모택동의 '신민주주의론'을 읽은 후 이를 '모택동주의'라고 명명했다. 또 엽청은 이른바 '모택동주의'는 '중국의 농민주의(農民主義)'라고 폄하했다. 결국 이는 (中共)이론가들의 '(葉靑)비판운동'을 야기했다.

판했다. 또 회고록에서 왕명은 '신민주주의론'을 '모택동주의(毛澤東主義)'[2856]라고 왜곡했다. 실제로 '신민주주의론'을 '모택동주의'로 폄하한 장본인은 '삼민주의(三民主義) 이론가'로 자처한 엽청이었다.

1939년 연말 왕명은 '신민주주의론'을 폄하하는 오율시를 지었다. '시'의 골자는 ① 취소파(取消派)[2857]이론 ② 사회주의 부정 ③ 레닌주의·사회주의 반대 등이다. 왕명은 '신민주주의론'을 '모택동주의'를 표방한 '첫 이론서'라고 비난했다(李明三 외, 1989: 372). 모택동은 저서에 이렇게 썼다. …작금의 중국혁명 특성은 신민주주의혁명으로 규정할 수 있다. 중국사회는 (新民主主義)혁명을 통해 사회주의로 발전할 수 있다(逄先知 외, 2011: 570). 상기 '1939년 연말'에 시를 지었다는 주장은 신빙성이 제로이다. 이 시기 왕명은 '(毛澤東)우상화'에 전념했다. '회고록 작성' 당시에 지은 시로 추정되는 왕명의 오율시는 사실을 왜곡했다. 한편 '모택동주의'를 가장 먼저 제출(1942)한 (中共)이론가는 장여심(張如心)[2858]이다.

1940년 3월 왕명은 연안에서 그의 저서를 재판했다. 왕명의 '저서

2856 왕명은 그의 회고록에 이렇게 썼다. …이른바 '신민주주의론'은 모택동주의이다. 당시 나는 모택동에게 이렇게 말했다. …'신민주주의론'은 레닌주의·사회주의를 반대하는 이론·행동강령이다(周國全 외, 1989: 372). 상기 왕명의 주장은 사실무근이며 신빙성이 제로이다. 실제로 왕명이 소련 독자들의 구미에 맞게 사실을 날조한 것이다.

2857 취소파(取消派)는 중공에서 분화된 트로츠키파 조직을 지칭한다. 1929년 봄 귀국한 트로츠키파가 상해에서 '(中國)볼셰비키당레닌주의반대파'를 설립, 그해 9월 진독수·팽술지 등이 '(中共)좌파반대파'를 설립했다. 1931년 5월 상해에서 '통일대회'를 열고 진독수를 '총서기'로 선거, 1932년 10월 진독수가 체포된 후 유명무실해졌다.

2858 장여심(張如心, 1908~1976), 광동성 흥녕(興寧) 출신이며 공산주의자이다. 1931년 중공에 가입, 1930~1940년대 '홍성보(紅星報)' 편집장, 연안대학 부총장, 동북대학 부총장, 건국 후 동북대학 총장, 중공당사(黨史) 교연(敎研)실장 등을 역임, 1976년 상해에서 병사했다.

출간'을 자신의 권위에 대한 도전으로 간주한 모택동은 1940년 하반기부터 '6대이래(黨書)'를 편찬했다. 이는 당의 역사상 노선문제를 검토하는 계기로 작용했다(金冲及 외, 1996: 726). 왕명의 '저서 출간'은 우경 과오를 반성하지 않았다는 것을 반증한다. 이는 모택동의 마르크스주의 '중국화'에 대한 도발 행위였다(黃允昇, 2006: 389). 모택동은 왕명의 정치적 의도를 잘 알고 있었다. 자칫 (抗戰)대업에 악영향을 미칠 수 있다고 판단한 모택동은 (王明)과오 적발을 위해선 '역사적 원인'을 찾는 것이 우선적이라고 생각했다(尙定, 2005: 19). 왕명의 '저서 재판'이 항전에 악영향을 미친다는 주장은 설득력이 떨어진다. 한편 모택동의 '당서 편찬'은 왕명의 '저서 출간'에 대한 대응 조치였다. 왕명의 '저서 재판'은 큰 실책이었다.

'택동청년간부학교(澤東靑年幹部學校)'[2859] 개학식(1940.5.3)에서 '모택동을 따라 배우자'는 왕명의 강연(講演) 골자는 ① 혁명에 대한 충성심 ② '독서 견지'의 강한 의지력 ③ 꾸준한 저서 집필, 과감한 창조력 ④ 탁월한 리더십, 대중적 지도력 ⑤ 단결력·친화력이다(郭德宏, 2014: 353). 왕명의 '(毛澤東)우상화' 저의는 모택동에게 아부해 동산재기를 노린 것이다. 한편 그가 제출한 '모택동 이론'은 모택동사상의 형성을 촉진하는 역할을 했다(梁磊, 2002.2). 왕명의 '우상화 조작'은 의지력과 자존감을 상실한 졸렬한 행위이다. 한편 모택동은 '아첨꾼' 왕명을 마음대로 조종할 수 있는 괴뢰로 여겼다(高華, 2002: 221). 한편 '(澤東學校)명칭'을 수용한

2859 '택동청년간부학교(澤東靑年幹部學校)'는 1940년 5월에 연안에서 설립됐다. 청년운동에 종사하는 (靑年)간부를 양성하는 학교이다. 이는 유일하게 '모택동 이름'으로 명명된 간부학교이다. 당시 진운이 교장을 맡았다. 1941년 9월 섬북공학 등과 합병, 연안대학으로 개편됐다. 결국 이는 모택동이 '개인 신격화'를 묵인했다는 단적인 반증이다.

것은 모택동이 '우상화'를 묵인했다는 반증이다. 당시 (學校)총장은 '모택동 추종자'[2860] 진운이 맡았다. 이 시기 모택동 주변에 '아첨꾼'이 득실거렸다. 결국 이는 왕명의 '우상화'를 부추겼다. 실제로 '양면적 수법 달인'[2861]인 왕명이 노린 것은 '중공 2인자' 직위였다.

1940년 11월 20일 왕명은 '공산당인(共産黨人)'[2862] 제12기에 '마르크스주의 전략결정 원칙'이란 문장을 발표했다. 문장에서 왕명은 모택동의 이론과 사상을 긍정하고 선전했다(郭德宏 외, 2014: 365). 모택동의 사상을 칭송한 왕명은 비판의 예봉을 '소련파'인 박고에게 향했다. 명철보신한 왕명은 '노선착오(路線錯誤)' 책임을 박고에게 전가했다. 당시 '소련파'의 내홍과 (分裂)현상을 목격한 모택동은 마음속으로 쾌재를 불렀다(高華, 2002: 226). '9월회의(1941)'에서 왕명의 '책임 전가'는 기타 '소련파'의 불만 야기와 왕명의 고립무원을 초래했다. 결국 '소련파'의 내홍에

2860 진운은 '명철보신의 달인'으로 불린다. 당시 '소련파' 진운은 박고 등의 '모택동 비판'에 가담하지 않았다. 준의회의에서 모택동의 '(紅軍)지도자 복귀'를 지지했다. 1937년 11월 왕명과 함께 연안에 복귀, 중앙조직부장을 맡았다. '3월회의(1938)' 후 '모택동 추종자'로 변신했다. '6중전회(1938.11)'에서 모택동의 '총서기 부임'을 제안했다.

2861 '6중전회(1938.9)'에서 실권한 (右傾)기회주의자 왕명은 면종복배의 양면적 수법을 썼다. 1939~1940년 '모택동 지지자'로 탈바꿈한 왕명은 '(毛澤東)우상화'에 앞장섰다. 또 그는 모택동과의 정면대결에서 패배(1941.10)한 후 '(蘇聯)특파원' 블라디미노프와 함께 '(毛澤東)과오'를 모스크바에 고발했다. 한편 2차례(1944.12, 1945.4)의 '심각한 반성'을 통해 모택동은 '신임'을 확보한 왕명은 '중공 7대(1945)'에서 중앙위원에 선임됐다.

2862 1939년 10월 연안에서 창간된 잡지 '공산당인(共産黨人)'은 중공의 (內部)간행물이었다. 중앙선전부장 장문천이 주필(主筆), 이유한이 편집장을 맡았다. 당시 발간사(發刊詞)를 쓴 모택동은 간행물(共産黨人)을 '대표적 당보(黨報)'로 만들 것을 요구했다. 1941년 8월 정간(停刊), 총 19기(期)를 출간했다. 한편 '공산당인 정간'은 이 시기 장문천에게 불만을 느낀 모택동이 단행한 '소련파' 주도의 (延安)간행물 정돈과 크게 관련됐다.

서 어부지리를 얻은 것은 '권력투쟁 달인'[2863]인 모택동이었다.

1941년 1월 왕명은 '(皖南事變)희생자 항영을 추모한다'는 7율시를 지었다. 왕명은 '항영 죽음'이 모택동이 꾸민 차도살인(借刀殺人)이라고 주장한 반면, 모택동은 (右傾)기회주의가 초래한 결과물로 간주했다. 한편 7율시는 왕명이 '불만 표출'을 위해 나중에 지은 것으로 추정된다(熊廷華, 2009: 288). 정치국 회의(1941.1.15)에서 모택동은 이렇게 역설했다. …당 중앙의 지시를 거역한 항영이 범한 과오는 노선착오이다. 교조조주의자들은 중국혁명의 실정을 무시하고 10년 간 (反共)정책을 펼친 장개석의 본질을 간파하지 못했다(金冲及 외, 1996: 628). '1941년 1월'에 7율시를 지었다는 상기 주장은 사실 왜곡이다. 당시 당중앙은 항영의 생사를 알지 못했다. 실제로 모택동이 가장 증오한 정적은 장국도와 항영이었다.

(延安)간부회의(5.19)에서 모택동은 '학습 개조'는 보고를 했다. 일부 학자는 모택동의 보고를 이렇게 평가했다. …이는 모택동이 교조주의자 왕명에 대한 새로운 공격이다. 이 시기 모택동은 과오를 반성하지 않은 '왕명 제거' 결심을 굳혔다(高華, 2002: 176). 모택동의 '보고'를 여자대학에 전달한 왕명은 이렇게 말했다. …이론과 실천의 결합은 중요하지만 우선 이론 학습에 전념해야 한다. 그렇지 않으면 '맹탕 실천'이 될 수 있다(李明三 외, 1989: 371). '학풍 개조'를 통해 뿌리 깊은 교조주의를 철저히 청산하려는 것이 모택동의 '보고(5.19)' 취지였다. 한편 모택동은

2863 '중공 창건자' 모택동은 1920년대부터 권력투쟁의 내공을 쌓았다. 1920~1930년대 모택동은 주덕·주은래·박고·장국도·항영 등 정적과 치열한 투쟁을 벌였다. 결국 '삼 낙삼기(三落三起)'의 우여곡절을 거쳐 '권력투쟁의 달인'이 됐다. '장국도 제거'가 단적인 증거이다. 또 '이이제이' 전략과 정풍을 통해 '소련파'를 제거하고 (領袖)지위를 확보했다. 건국 후 여러 차례 정치운동을 전개해 고강·팽덕회·유소기 등 '반대파'를 제거했다.

당중앙의 '지시'를 거역한 항영의 '(左的)과오'와 무한 시기 왕명이 범한 (右傾)기회주의를 동일시했다. 결국 왕명에 대한 '책임 추궁'은 불가피해 졌다.

1941년 9월 1일 중공중앙은 기존의 (延安)여자대학과 섬북공학 등을 합병해 연안대학(延安大學)[2864]을 설립했다. 한편 '중국부녀(中國婦女)'[2865] (雜誌)정간은 중공중앙의 '간행물 정돈 결정(1941.3.26)'[2866]과 관련된다. 당시 왕명은 '여대(女大)·잡지' 보존을 위해 많은 저항을 했다(李明三 외, 1989: 383). 왕명은 그의 회고록에 이렇게 썼다. …모택동의 '강제적 정간' 조치는 국제파(國際派)가 편집장을 맡은 간행물들이 정풍운동에 저해된 다고 간주했기 때문이다(郭德宏 외, 1989: 384). 실제로 모택동의 '(延安)간행 물 정돈'[2867]은 정풍운동과 밀접히 관련된다. 한편 (延安)여자대학이 폐쇄

2864 1941년 9월 중공중앙은 섬북공학·여자대학·(澤東)청년간부학교를 합병해 연안대학을 설립, 오옥장(吳玉章)을 총장으로 임명했다. 그 후 노신예술학원·자연과학원·민족학원이 연안대학에 합병됐다. 1947년 폐교 후 사생(師生)들은 동북·화북 등지에 흩어져 학교를 운영했다. 1958년 섬서성(陝西省) 정부는 연안대학을 재건했다.

2865 '중국부녀(中國婦女)' 잡지는 1939년 6월 1일 연안에서 창간됐다. 이는 '부녀(婦女)운동 위원회' 책임자인 왕명이 발간한 간행물이다. 당시 모택동은 (雜誌)창간호'에 제사(題詞)를 썼다. 22기(期)를 출간한 (婦女)잡지는 1943년 3월에 정간됐다. 1949년 7월 20일 '중국부녀' 잡지는 '신중국부녀'로 개명됐다. 1956년 '중국부녀'로 개편됐다.

2866 1941년 3월 26일 중공중앙이 발표한 '간행물 정돈 결정'은 이렇게 썼다. …기술적 한계와 일부 서적(書籍)·소책자의 출간 수요에 따라 '중국부녀'·'중국청년'·'중국노동자' 등 간행물을 금년 4월부터 발간을 정지한다(羅平漢 외, 1989: 383). 상기 간행물 편집장은 대부분 '소련파'가 맡았다. 실제로 왕명·낙보 등 '소련파'가 관장한 간행물이 '정풍운동 전개'의 걸림돌 역할을 한다고 여긴 중공 영수 모택동이 강제로 폐간(廢刊)한 것이다.

2867 1941년 봄 '중국부녀'를 정간(停刊)시킨 모택동은 낙보가 편집을 맡은 '공산당인(共産黨人)' 잡지를 폐간했다. 1942년 상반기 모택동은 박고가 주관한 해방일보를 개편했다. 결국 이는 '간행물 정돈'을 통한 언론 장악은 순조로운 '정풍 전개'를 위한 모택동

(合倂)된 후 왕명은 '활동 근거지'를 상실했다.

'9월회의(1941)' 개최 전 '모택동 비판'을 예감한 왕명은 박고에게 이렇게 경고했다. …도량이 좁은 모택동은 사소한 원한도 잊지 않고 반드시 보복하는 인간이다. 모택동은 국제파의 과오를 결코 용서하지 않을 것이다(楊奎松, 2012: 110). 9월 12일 '이유한 발언'[2868]을 트집잡은 왕명은 이른바 '비밀'을 폭로했다. 즉 임시중앙은 비법적이며 박고의 '총서기'는 불법이라는 것이다(郭德宏 외, 2014: 370). '9월회의'에서 왕명의 반성 거절은 참석자의 불만을 자아냈다. 또 박고의 과오는 '노선착오'가 맞다고 주장한 왕명은 (四中全會)노선은 정확하다고 강조했다(胡喬木, 1994: 199). 왕명의 '비밀 폭로'는 국제파의 사분오열을 초래했다. (蘇聯派)내홍으로 어부지리를 본 모택동은 이이제이 전략을 사용해 '소련파'를 각개격파했다.

10월 초 당중앙은 디미트로프가 보낸 문책성이 강한 전보를 받았다. 주된 내용은 첫째, 장개석에 대한 모택동의 강경책에 대한 모스크바의 불만 표시이다. 둘째, '(蘇聯)군사 협조'에 대한 모택동의 애매모호한 태도에 대한 불만이었다(楊奎松, 1999: 130). 왕명은 회고록에 이렇게 썼다. …10월 3일 모택동은 디미트로프의 전보를 보여주며 '답신 작성' 토론을 요청했다. (電報)취지는 독일군이 소련을 침공한 상황에서 중공은 (軍事)공격을 강화해 일본의 (蘇聯)협공을 견제해야 한다는 것이었다(王

의 정략적인 조치였다. 실제로 모택동은 '(中共)언론 통제'의 시작용자(始作俑者)이다.

2868 9월 12일 이유한은 자신의 과오를 반성했다. '이유한 발언'에 대해 혹자는 반성이 심각하지 못했다고 강한 어조로 지적했다(胡喬木, 2014: 196). 왕명은 (李維漢)발언에 대해 이렇게 지적했다. …반성이 철저하지 않다. 1932~1935년의 주관주의 과오는 심각한 악영향을 끼쳤다. 또 이른바 '비밀'을 폭로했다(郭德宏 외, 2014: 369). 결국 왕명의 '비밀 폭로'는 '소련파'의 내홍을 유발했다. 이 또한 왕명이 '고립무원'에 빠진 주된 원인이다.

明, 1979: 31). 또 왕명은 이렇게 썼다. …(整風)발기자 모택동은 국제파에게 (教條主義)죄명을 씌웠다. 또 주은래를 경험주의자로 몰아 정치적 타격을 가했다(郭德宏 외, 2014: 372). 왕명의 회고록은 신빙성이 낮다. 한편 디미트로프의 '문책성 전보'는 왕명의 '멘탈 붕괴(mental崩壞)'[2869]를 초래했다.

디미트로프가 모택동에게 보낸 '문책성'이 강한 전보(9.20)[2870]는 중공중앙의 두 차례의 전보와 관련된다. 1941년 7월 15일 모택동은 주은래에게 전보를 보내 '(蘇聯)군사적 협조' 요청에 대한 중공중앙의 '의견'[2871]을 추이코브에서 전달할 것을 요구했다. 9월 상순 모택동은 '소련 원조'에 관한 전보(1941.9.8)[2872]를 디미트로프에게 보냈다. 한편 디미트로

2869 10월 상순 모택동과의 '설전'에서 패배한 왕명은 '울화병'으로 입원했다. 이는 정신적 타격에 따른 '멘탈 붕괴'와 관련된다. 왕명의 '멘탈 붕괴' 원인은 ① 디미트로프의 '절대적 지지' 상실 ② (延安)정풍에 대한 스탈린의 수수방관 ③ '소련파'의 내홍과 사분오열 ④ 모택동의 '강경 대응' ⑤ 무한 시기 '(右傾)과오 확정' 등이다. 결국 '멘탈 붕괴'로 장기간 '병원 신세'를 진 '소련파'의 대표인 왕명은 중국(中國)의 정치무대에서 사라졌다.

2870 디미트로프가 모택동에게 보낸 전보(9.20)의 골자는 첫째, 중공은 소련에 대한 '군사적 원조' 계획을 수립했는가? 둘째, 장개석이 중공과 연합해 '일본 작전'에 전념할 수 있는가? 셋째, '(國共)관계 결렬' 후 대비책을 준비했는가? 넷째, 일본군의 '북진(北進)'을 견제할 (中共)전략은 무엇인가('第一硏究部', 2012: 231). 당시 모택동은 스탈린의 '군사적 협조' 요청을 수차례 거절했다. 결국 이는 모스크바의 '모택동 불만'을 야기했다.

2871 모택동은 주은래에게 보낸 전보(7.15)를 통해 '(中共)의견'을 추이코브에게 전달했다. 전보는 이렇게 썼다. …팔로군의 병력과 장비로, 일본군의 대규모적 (軍事)행동을 견제하기 어렵다. 따라서 팔로군은 화북(華北)에서 장기적인 유격전을 전개할 방침을 수립했다(周文琪 외, 1993: 387). 당시 스탈린은 추이코브를 통해 팔로군의 '(國民黨軍)협력 작전'을 요구했다. 결국 모택동은 스탈린의 '협력 작전' 요구를 완곡하게 거절했다.

2872 모택동은 디미트로프에게 보낸 전보(9.8)에 이렇게 썼다. …팔로군은 화북에서 일본군과 유격전을 치르고 있다. 일본군의 (華北)병력과 (奉天)주둔군이 철수한 상황에서만 팔로군의 '남만(南滿) 진입'이 가능하다. (中共)의견은 유격전을 전개해 '일본군 북진'을 견제하는 것이다(中共中央黨史硏究室, 2012: 223). 모택동의 (軍事)협조 거절은 스탈린의 불만을 야기했다. 이는 디미트로프가 모택동에게 '문책성' 전보(9.20)를 보낸 주요인이다.

프의 '(中共)문책성' 전보는 왕명의 착각과 오판을 초래했다. 당시 '과오 반성'을 거절한 왕명은 당중앙의 정책을 비판했다. 결국 '모택동 설전 (對決)'에서 패배한 왕명은 '정신 붕괴'로 (延安)병원에 입원했다.

10월 7일 왕명은 당중앙의 정책을 이렇게 지적했다. 첫째, 통일전 선 정책이 너무 좌적(左的)[2873]이다. 둘째, '신민주주의론'은 장개석의 (反共)정책을 유발했다. 셋째, 국민당과의 충돌을 피하고 (反日)작전에 전념 해야 한다. 넷째, 중공은 장개석의 지휘에 복종해야 한다. 다섯째, 국공 합작의 황금시절은 (武漢)시기였다(胡喬木, 1994: 200). 모스크바의 중공 개 편을 확신한 왕명은 박고에게 이렇게 말했다. …나는 모스크바의 일처 리 방식을 알고 있다. 그들은 먼저 문제를 제출한 후 엄정한 조치를 취 한다(楊奎松, 1999: 131). 실제로 왕명이 살황을 오판했다. 모스크바는 시종 (延安)정풍을 수수방관했다. 결국 왕명은 '정풍 타깃'이 됐다.

서기처 회의(10.8)에서 왕명은 (武漢)공과를 이렇게 자평했다. …무한 시기의 정책은 당중앙(路線)과 대체로 일치했다. 개별적 과오는 ① 투쟁 성 부족 ② '지구전' 반대 ③ 낙관적 판단 ④ 조직성 결여이다(周國全 외, 2014: 374). 당시 모택동의 '중공 영수' 지위를 인정한 공산국제는 왕명을 포기했다. 고립무원에 빠진 왕명이 '(毛澤東)우상화'를 추진하며 전전긍 긍하고 있을 때 디미트로프의 전보가 '강심제' 역할을 했다. 왕명은 모 택동에게 반격을 가했다(高華, 2002: 242). 한편 왕명의 '반격'은 상당한 대

2873 중앙서기처 회의(10.8)에서 왕명은 이렇게 말했다. …(抗日)통일전선에서 당중앙과 지 방정부의 정책은 너무 좌적(左的)이었다. '국민당 관계'를 잘 처리하면 군사적 충돌 을 피할 수 있다. 중공은 투쟁 방식을 개선하고 '중재자' 역할에 전념해야 한다(羅平漢, 2013: 208). 실제로 왕명의 주장은 중공이 국민당에게 양보하고 '장개석 지휘'에 복종 해야 한다는 것이다. 이는 왕명이 무한 시기에 범한 자신의 '(右傾)과오' 반성을 거절 한 것이다.

가를 지불했다. 사실상 모택동에게 'KO 패배'[2874]를 당한 것이다. 실제로 수십만의 군대를 장악한 모택동에게 '군사적 협조'를 요청한 스탈린이 무용지물이 된 '특사(王明)'에게 쉽사리 '구원의 손길'을 내밀 수 없었다.

스탈린이 고립무원에 처한 왕명에게 '구원의 손길'을 보내지 않은 주된 원인은 첫째, 독소전쟁 후 스탈린은 '중국 내정'에 간섭할 여력이 없었다. 둘째, 모택동은 공산국제가 승낙한 중공 영수였다. 셋째, (延安) 정풍과 중공 내부의 권력투쟁에 관여할 명분이 없었다. 넷째, 스탈린이 모택동에게 '군사적 협조'를 요청한 상태였다. 다섯째, 공산국제의 지지를 상실한 왕명의 '당내 지위'가 크게 하락했다. 여섯째, 내홍 발생으로 '소련파'가 사분오열됐다. 가장 중요한 원인은 수십만의 병력을 장악한 모택동은 곤경에 처한 소련을 협조할 수 있었으나, '(特使)사명'을 완성한 왕명은 전쟁 중인 소련에 실질적인 도움을 줄 수 없었기 때문이다.

10월 8일 모택동은 이렇게 반박했다. …(中央)정책이 '좌적'이 아니라 왕명의 견해가 너무 우경적이다. 그동안 장개석은 '용공(溶共)'과 (軍事)충돌을 병행했다. 경각심을 늦추거나 방심한다면 피해를 입는다(中共中央文獻研究室, 1993: 473). 모택동이 정리한 '(王明)과오'는 첫째, 정세를 낙관적으로 판단했다. 둘째, 독립성과 투쟁성을 상실했다. 셋째, 독립적인 유격전 방침을 반대했다. 넷째, 장강국과 당중앙의 관계는 비정상적이었다(胡喬木, 2014: 201). 왕명은 이렇게 변명했다. 첫째, (武漢)정책은 공산

2874 'KO 패배'는 복싱 등 경기에서 강력한 펀치(攻擊)를 가해 상대방의 '반격 능력'을 상실케 하는 것을 가리킨다. 당시 중공 영수 모택동과 '실권(失權)'한 왕명과의 정면대결은 같은 레벨의 '경기(權力鬪爭)'가 아니었다. 즉 모택동이 '중량급(重量級)'이라면 왕명은 '경량급(輕量級)'이었다. 결국 모택동에게 'KO 패배'를 당한 도전자 왕명은 '정신 붕괴'로 (延安)병원에 입원했다. 실제로 권력투쟁 패배자 왕명의 정치생명이 종결된 것이다.

국제 지시에 따른 것이다. 둘째, (獨立性)원칙을 지켰고 많은 투쟁을 전개했다. 셋째, 당중앙의 전략을 반대한 적이 없다. 넷째, 장강국의 '독립'은 나만의 문제가 아니다(楊奎松, 1999: 132). (10.8)회의는 모택동과 왕명의 클라이맥스 대결이었다. 한편 임필시 등의 '적발'로 왕명은 치명상을 입었다.

서기처 회의(10.8)에서 임필시는 이렇게 말했다. …귀국(1940.3) 후 디미트로프가 나와 주은래에게 한 '부탁'[2875]을 모택동에게만 보고하고 왕명에게 말하지 않았다. 오늘 디미트로프의 '왕명 평가'[2876]를 공개한다(中共中央文獻硏究室, 1993: 474). 왕가상은 이렇게 말했다. …1938년 여름 디미트로프는 왕명에게 귀국 후 '(中共)총서기' 직위에 집착해선 안 된다고 당부했다. 또 중공의 정치노선은 문제없다고 강조했다(徐則浩, 2006: 183). 임필시 등의 적발은 왕명에게 치명적 타격을 안겼다. 회의에서 궁지에 몰린 왕명은 엄청난 정신적 충격을 받았다. 한편 모택동은 정치국 회의에서 왕명의 '(武漢)과오'를 정식 토론할 것을 결정했다.

임필시 등의 발언을 들은 왕명은 '공산국제 신임'을 완전히 상실했

2875 디미트로프는 귀국하는 주은래·임필시에게 이렇게 말했다. …단점이 많은 왕명의 '과오 시정'을 협조해 달라는 나의 부탁을 모택동에게 전달하기 바란다. 귀국 후 나는 왕명의 '적극적 노력'을 감안해 본인(王明)에게 디미트로프의 '부탁'을 전달하지 않았다(中共中央文獻硏究室, 2014: 573). 서기처 회의(10.8)에서 한 임필시의 상기 발언은 왕명에게 치명적 결정타였다. 실제로 임필시는 모택동의 'KO 승리'에 결정적인 역할을 했다.

2876 임필시는 디미트로프의 '(王明)평가'를 이렇게 전달했다. …실천 경험이 부족한 왕명은 불성실한 단점이 있다. 공산국제의 간부는 이렇게 말했다. …미프가 (中共)총서기로 소개했을 때 왕명은 이를 묵인했다. 이때 장문천이 말참견했다. …'구국시보'는 왕명은 영명한 영수라고 선전했다(中共中央文獻硏究室, 1993: 474). 모택동은 디미트로프의 '부탁'을 신중하게 대처했다. 왕명의 과오가 '노선착오'가 아니라는 (最終)결론이 단적인 증거이다.

다는 것을 절감했다. 극한의 심리적 압박에 시달린 왕명은 정신적 쇼크로 입원했다. 예정된 정치국 회의(10.12)는 부득불 연기됐다(楊奎松, 1999: 134). 10월 13일 당중앙은 이부춘을 병원에 파견했다. 담당의사는 왕명은 3개월 간 (入院)치료를 받아야 한다고 말했다. 보고를 들은 모택동은 임필시에게 병문안을 지시했다(郭德宏 외, 2014: 377). 정치국 회의(10.13)에서 임필시는 '왕명 의견'[2877]을 전달했다. 한편 모택동은 왕명의 '(右傾)과오'에 대해 노선착오가 아니라는 '최종 결론'[2878]을 내렸다. '장기입원자'인 왕명이 저항력을 상실했으나 모택동은 왕명의 '잔재 청산'에 큰 공을 들였다. 숙명의 라이벌인 '모왕(毛王)' 간의 정치투쟁은 지속됐다.

왕명은 1941년 10월 13일부터 1942년 8월 13까지 (延安)중앙병원에 입원해 치료를 받았다. 이 기간 유명한 '(約物)중독사건'이 발생했다. 이는 담당의사 부주의로 발생한 '의료사고(醫療事故)'[2879]였다. 당시 스탈린의 '특파원' 블라디미노프(Vladimirov)의 개입과 왕명의 '고발', 강생이 주

2877 정치국 회의(10.13)에서 임필시가 전달한 '왕명 의견'은 ① '무한(武漢) 과오'에 대한 모택동의 결론(10.8) 동의 ② 정세(政勢) 의견, 정치국과 따로 토론 ③ (政治局)토론 내용, 관련 기록을 참조 ④ '휴양(休養)' 기간 중앙서기처 회의에 불참 등이다(章學新 외, 2015: 575). 결국 도전자 왕명은 자신의 '설전(舌戰) 패배'를 부득이하게 인정한 것이다. 한편 장기간 입원한 왕명은 병을 핑계로 줄곧 '(延安)정풍 회의'에 참석하지 않았다.

2878 (中央)서기처 회의(10.8)에서 모택동은 왕명의 '무한 (武漢)과오'를 노선착오(路線錯誤)가 아니라는 '최종 결론'을 내렸다. 이는 모택동이 박고·항영의 '과오'에 대해 '노선착오'라고 최종 결론을 내린 것과 크게 한편 대조된다. '왕명노선'의 주요 당사자인 왕명의 과오가 '노선착오'가 아니라는 모택동의 결론은 매우 자가당착적이다. 실제로 모택동이 '스탈린 특사'라는 왕명의 특수한 신분과 디미트로프의 '부탁'을 고려한 것이다.

2879 1942년 3~5월 왕명은 '(甘汞)중독'으로 건강이 크게 악화됐다. '(王明)중독사건'의 주요 책임자는 담당의사 김무악이며 (病院)책임자인 부련장(傅連暲)도 책임이 있다. 한편 왕명은 그의 회고록에 썼다. …모택동의 지시를 받은 이부춘이 김무악을 통해 자신을 독살(毒殺)하려고 시도했다(周國全 외, 2014: 403). 상기 왕명의 주장은 사실무근이다. 당시 모택동이 '이빨 빠진 호랑이'인 왕명을 '독살'할 그 어떤 이유도 존재하지 않는다.

도한 '심간운동(審幹運動)'[2880]으로 인해 '중독사건'은 정치적 사건으로 변질했다. 한편 왕명은 그의 회고록에 '(約物)중독사건'을 의도적으로 왜곡했다.

왕명은 회고록에 이렇게 썼다. …10월 14일 모택동은 나를 강제로 입원시켰다. 모택동의 명령을 받은 이부춘이 담당의사 김무악(金茂岳)[2881]에게 지시해 감홍(甘汞)[2882] 과다복용으로 나를 독살하려고 시도했다. 이는 모택동의 음모궤계(陰謀詭計)[2883]였다(王明, 1981: 38). 또 그는 이렇게 썼다. …1942년 3~5월 김무악은 의도적으로 (calomel)약물을 과다복용했다. 디미트로프가 '모스크바 치료'를 동의하는 전보(1943.2)를 보낸 후 김무악이 모택동의 명령을 받아 나를 음해하려고 했다(曹仲彬 외, 2014: 249). 김무악은 이렇게 회상했다. …당시 나는 낮교대 간호사에게 '(甘汞)

2880 '심간운동(審幹運動)'은 정풍운동 후기에 모택동의 심복인 강생이 주도한 '간부 삼사(審幹)' 운동을 가리킨다. 한편 (延安)정풍 기간 보안(保安)기관의 '특무(特務)사건' 사출이 직접적 계기가 됐다. 1943년 7월 15일 강생의 '실족자 구조' 보고는 '심간운동'의 효시로 간주된다. 당시 '심사(審查)' 중 형벌을 가해 자백을 강요하는 행위가 비일비재했다. 따라서 많은 '특무'·'변절자'가 생겨났다. 결국 모택동은 세 차례의 '공개 사과'를 했다.

2881 김무악(金茂岳, 1906~1987), 산동성 태안(泰安) 출신이며 공산주의자이다. 1942년 중공에 가입, 1941~1942년 (王明)담당의사, 1943년 체포·심사, 1945년 무죄로 석방, 건국 후 (寧夏)자치구 위생청 부청장, 북경시 위생국 부국장 등을 역임, 1987년 북경에서 병사했다.

2882 감홍(甘汞)은 염화수은의 약품명이다. 속칭으로 칼로멜(calomel)이라고도 한다. 단맛이 있으며 홍(汞)은 수은을 뜻하므로 감홍이라는 명칭이 붙었다. 왕명의 '의료사고'는 감홍의 '과다복용'이라는 것이 전문가의 진단이다.

2883 왕명은 그의 회고록에 이렇게 썼다. …1942년 봄 모택동의 지시를 받은 김무악은 의도적으로 나에게 감홍(calomel)을 과다복용을 했다. 다행히 경각심을 늦추지 않은 아내(孟慶樹)가 '약물 사용'을 거절했기 때문에 나는 죽음에서 벗어났다(王明, 1979: 33). 당시 왕명 부부는 김무악을 당중앙에 고발했다. 결국 김무악은 체포(1943.7)돼 심사를 받았다. 한편 모택동의 '음모궤계'는 사실무근이다. 결국 이는 왕명의 '보복 행위'였다.

복용 중지'를 통지했다. 그런데 밤교대 간호사가 왕명에게 계속해 감홍을 복용했다. 그 결과 왕명의 병세가 악화됐다(戴茂林 외, 2008: 250). 실제로 (黨內)권력투쟁에 깜깜부지인 김무악이 '중앙위원'인 왕명을 독살할 이유가 없었다. 왕명의 '고발'과 모택동의 '중시', 강생의 '혹형'에 의해 본의 아니게 의료사고를 낸 김무악이 '(國民黨)스파이'로 전락한 것은 아이러니의 극치이다. 한편 모택동의 '왕명 독살'은 사실 왜곡이다.

모택동은 디미트로프에게 보낸 전보(2.7)에 이렇게 썼다. …왕명의 '중경 호송'은 반대하지만 '소련 치료'는 동의한다. 소련정부가 비행기를 보내줄 것을 건의한다('第一硏究部', 2012: 342). 디미트로프는 일기(1943.2.11)에 이렇게 썼다. …(重慶)주재 반우신(潘友新)이 장개석과 협상해 비행기를 연안에 보내는 것이 적절하다(馬細譜 외, 2002: 231). 데카노초프(Dekanozov)[2884]는 디미트로프에게 보낸 전보(2.25)에 이렇게 썼다. …반우신의 의견에 따르면 장개석에게 왕명의 '소련 호송'을 부탁하는 것은 적절하지 않다(黃修榮 외, 2012: 347). 한편 디미트로프에게 보낸 전보(3.30)[2885]에서 모택동은 주은래가 장개석과 '비행기 파견'을 협상하고 있다고 썼다. 이는 모택동이 왕명의 '호송' 책임을 장개석에게 전가한 것이다.

2884 데카노초프(Dekanozov, 1898~1953)는 소련 공산주의자이다. 1932~1934년 그루지야(Gruziya) 공산당 중앙서기, 1938년 국각안전총국 부국장, 1939년 (蘇聯)내무부 외사국장, 1939~1947년 외교부 부부장, 1941~1952년 소공(蘇共) 중앙위원을 역임, 1953년에 처형됐다.

2885 모택동이 디미트로프에게 보낸 전보(1943.3.20)는 이렇게 썼다. …현재 주은래는 장개석과 '비행기 파견' 문제를 협상하고 있다. '(飛行機)문제'가 해결되면 왕명·왕가상의 '소련 치료'가 가능하다. 장정 중 중상을 입은 왕가상의 (腸道)상처는 완치되지 않았다('第一硏究部', 2012: 354). 실제로 중소(中蘇) 관계가 악화된 상황에서 장개석의 '비행기 파견'은 사실상 불가능했다. 결국 이는 모택동이 디미트로프의 체면을 고려한 것이다.

모택동의 '(王明)중경 치료' 반대는 나름의 이유가 있다. 가장 중요한 원인은 왕명의 '(延安)회귀 거부'를 우려한 것이다. 또 담당의사의 '(重慶)치료' 건의를 거절한 것은 당시의 정치적 환경과 관련된다. 이 시기 왕명의 숙부가 연안에서 도망쳐 국민당에 투항했다. 실제로 모택동은 '실의자(失意者)' 왕명의 변절을 우려했던 것이다. (武漢)시기 왕명은 장개석과 '돈독한 관계'[2886]를 구축했다. 결국 이는 장국도의 변절(變節) 사례를 반면교사로 삼은 것이다. 당시 왕명의 '중경행(重慶行)'이 성사됐다면 십중팔구 장개석에게 투항했다는 것이 전문가의 중론이다. 한편 '중공 변절자'를 불신한 장개석이 왕명을 중용했을 가능성은 매우 낮다.

모택동이 왕명의 '소련 치료'를 반대한 주요인은 첫째, 무한 시기의 '(右傾)과오'를 반성하지 않았다. 둘째, 입원 기간 '모택동 험담'을 일삼았다. 셋째, '(王明)중독사건'이 완전히 해결해지 못한 상태였다. 넷째, 소련행이 (中蘇)관계에 미칠 악영향을 우려했다. 다섯째, '중공 7대'에 왕명의 참석은 필수적이었다. 여섯째, 블라디미노프와 밀모해 모스크바에 모택동의 '죄행'을 고발했다. 실제로 정풍운동이 지속된 상황에서 모택동이 왕명을 모스크바에 보낼 리가 만무했다. 한편 모택동은 '실의에 빠진' 왕명을 위해 장개석과 스탈린이 비행기를 보내지 않을 것임을 확신했다. 당시 스탈린과 장개석은 견원지간(犬猿之間)[2887]이었다.

2886 '무한(武漢) 만남(1937.12.21)'에서 장개석은 왕명을 '중공(中共) 영수'라고 치켜세웠다. 당시 소련의 '군사적 원조'가 절박한 상황에서 스탈린의 '특사' 왕명에게 예의를 갖춘 것이다. 한편 장기간 모스크바에 주재한 왕명은 스탈린이 장개석을 모택동보다 더욱 중요시한다는 것을 인지했다. 실제로 장개석은 중공의 '(國民黨)복종'을 주장한 왕명을 이용한 것이다. 이 또한 모택동이 왕명을 '(右傾)기회주의자'로 매도한 주된 원인이다.

2887 독소전쟁이 발발한 후 스탈린은 장개석에 대한 '군사적 원조'를 중단했다. 배은망덕한 장개석은 (親美)정책을 실행, 미국을 '후견인'으로 삼았다. 결국 이는 중소(中蘇)관계

모택동은 '(三風)정돈' 보고(2.1)에서 이렇게 말했다. …교조주의자들은 경전·전투에는 무지하나 교조적 수용에는 일가견이 있다. 그들은 인분보다도 못한 무용지물이다. 인분은 개를 살지게 하고 개똥은 비료로 사용할 수 있다. 교조주의자들은 아무짝에도 쓸모없다(高華, 2002: 250). 한편 교조주의자에 대한 모택동의 '인분 비유'[2888]는 '교조주의'에 대한 모택동의 원한이 사무쳤다는 반증이다. 결국 '모택동선집'에 수록할 때 삭제됐다.

1943년 2월 1일 왕명은 디미트로프에게 장문의 전보를 보냈다. 디미트로프는 일기에 이렇게 썼다. …왕명은 모택동의 정책이 공산국제의 지시에 위배된다고 주장했다. '공산국제 간섭'을 요구한 그의 전보는 스탈린과 나에게 보낸 것이다(李東朗, 2004.6). 일리체브는 디미트로프에게 보낸 전보(3.22)에 이렇게 썼다. …왕명의 '모스크바 치료'에 대해 중공 지도자는 불안감을 나타냈다. 왕명의 '진상 폭로'를 우려한 것이다(黃修榮 외, 2012: 352). 이 시기 모택동이 스탈린의 '(軍事)협조'를 수차례 거절한 상황에서 모스크바의 '중공 간섭'은 불가능했다. 실제로 모택동은 디미트로프에게 전보(5.26)를 보내 '왕명의 과오'[2889]를 적발했다.

악화를 초래했다. 중경 주재 (蘇聯)군사고문 추이코브 철수(1942)와 '친소파(親蘇派)' 성세재(盛世才)의 변절(1942.7)이 단적인 증거이다. 1942년 후 스탈린과 장개석은 견원지간이 됐다. 한편 공산국제 해체(1943.5) 후 장개석은 제3차 반공(反共)고조를 일으켰다.

2888 모택동이 보고(2.1)에서 교조주의자들을 '인분보다 못한' 무용지물에 비유한 것은 왕명 등 '소련파'에 대한 극단적인 혐오감을 보여준 단적인 증거이다. 한편 모택동의 '인분 비유'는 연설문에 씌어 있는 것이 아닌 '즉흥적 발언'으로 간주된다. 또 '(毛澤東) 선집 수록' 당시 상기 내용을 삭제한 것은 '인분 비유'가 타당치 못했다는 것을 발견했기 때문이다. 실제로 건국 후 수정·보충된 '모택동선집'은 원래의 문장과 큰 차이가 있다.

2889 모택동은 디미트로프에게 보낸 전보(5.26)에 이렇게 썼다. …'국민당 복종'을 주장한

모택동과 중국혁명 3

5월 31일 일리체프는 (延安)블라디미노프가 보낸 전보를 디미트로프에게 전달했다. 전보는 이렇게 썼다. ···정치국 회의에서 공산국제 해산은 적시적이라고 말한 모택동은 중국 실정에 어두운 공산국제가 무리한 간섭을 강행했다고 주장했다. 현재 왕명은 '당적 박탈' 위험에 놓였다('第一硏究部', 2012: 378). 6월 25일 모택동은 디미트로프에게 보낸 전보에 이렇게 썼다. ···중공중앙은 스탈린과 디미프로프의 저서를 '(整風)필독서'로 선정했다. '중공 7대'에서 왕명의 중앙위원 당선 가능성은 희박하다. 박고의 정치국 진입 가능성도 적다(中共黨史硏究室, 2012: 389). '소련파 임용'[2890] 보고는 모택동이 디미트로프를 상급자로 간주했다는 반증이다. 이는 모택동이 '왕명 임용'에 대한 모스크바의 의견을 타진한 것이다.

12월 3일 일리체프는 디미트로프에게 보낸 전보에 이렇게 썼다. ···회의에서 박고·주은래·낙보 등은 과오를 철저히 반성했다. 현재 반혁명 분자[2891]로 몰린 왕명은 모스크바의 구원을 기대하고 있다(黃修榮,

---

왕명은 장개석의 반공(反共) 행위를 변호했다. 또 그는 '(國共)관계 악화'는 중공의 '잘못된 정책' 때문이라고 주장했다. (敵後)근거지 설립을 반대한 왕명은 팔로군의 유격전을 폄하했다(郭德宏 외, 2014: 412). 공산국제가 해산된 후 고립무원에 빠진 왕명은 '중경(重慶) 치료'를 고집했다. 한편 전보(5.26)에서 모택동은 왕명의 '변절' 가능성을 암시했다.

2890 모택동은 디미트로프에게 보낸 전보(6.25)에서 왕명의 '중앙위원 당선'을 부정적으로 전망했다. 디미트로프의 전보(12.22)를 받은 모택동은 '소련파'의 중앙위원 당선에 큰 공을 들였다. '중공 7대(1945)'에서 왕명·박고는 중앙위원에 당선, 낙보는 정치국에 진입했다. 이는 모택동이 디미트로프의 '(王明)직위 보전' 부탁을 수용한 것과 크게 관련된다. 한편 박고·낙보의 '중앙위원 당선'은 정풍운동 중 그들의 '진지한 반성'과 관련된다.

2891 일리체프는 디미트로프에게 보낸 전보(12.3)에 이렇게 썼다. ···최근 사면초가에 빠진 왕명은 반혁명 분자로 지목됐다. 1929년 왕명이 상해에서 체포된 후 곧 풀려났다. 당시 왕명은 변절한 후 보석으로 풀려났다는 것이다. 현재 왕명은 외부와 격리된 상태이다(黃修榮 외, 2012: 390). 실제로 체포(1930.1)된 후 석방된 왕명은 (黨內)경고처분을 받

2012: 390). 모스크바의 딸에게 보낸 편지(1943.12)에서 모택동과의 대립을 상세히 설명한 왕명은 디미트로프의 도움을 요청했다(郭德宏 외, 2014: 427). 12월 22일 디미트로프는 모택동에게 장문의 편지를 보냈다. '왕명 처리'에 대한 그의 의견을 적은 것이다. 당시 디미트로프 부부는 왕명의 딸을 '수양딸'[2892]로 삼아 키웠다. 한편 당시 소련정부의 국제부장을 맡은 디미트로프의 의견은 결코 그의 '개인적 의견'[2893]이 아니었다.

디미트로프는 모택동에게 보낸 전보(12. 22)에 이렇게 썼다. …당신의 아들은 내가 (蘇聯)군정대학 연수를 배치했다. 그는 재간이 출중한 젊은이로 장래 당신의 유력한 조수가 될 것이다(黃修榮 외, 2012: 392). 나는 친구 자격으로 개인적 의견을 건의한다. 공산국제의 지시에 복종한 왕명·주은래를 '당을 분열했다'고 지적한 것은 잘못된 것이다. 그들의 당적과 직위를 보전해야 한다(葛志强 외, 2002: 268). 상기 '당신의 아들'은 모택동의 장자 모안영(毛岸英)을 가리킨다. 이는 디미트로프가 꺼낸 히든 카드로, 두 (政治)고단수 간 '정치적 빅딜'[2894]을 초래했다. 한편 디미트로

있다. 한편 왕명의 '변절'은 사실적 근거가 부족했다. 상기 '반혁명 분자'는 큰 어폐가 있다.

2892 1937년 11월 왕명 부부는 큰 딸 왕방니(王芳妮, 5세)를 디미트로프에게 맡겼다. 당시 디미트로프의 외아들이 전쟁에서 희생돼 슬하에 자녀가 없었다. 디미트로프 부부는 왕명의 딸을 수양딸로 삼았다(戴茂林 외, 2008: 277). 1943년 12월 왕명과 블라디미노프의 '협조(協助)' 전보를 받은 디미트로프는 모택동에게 전보(12.22)를 보내 '왕명 보호'를 부탁했다. 결국 디미트로프는 '양부(養父)'로서의 응분의 책무와 사명을 완수했다.

2893 소련정부의 국제신문부장 디미트로프가 모택동에게 보낸 전보(12.22)에 적은 '(王明)처리 의견'은 결코 그 개인의 의견만은 아니었다. 1937년 11월 왕명은 스탈린의 '특사' 신분으로 연안에 파견됐다. 왕명의 '중독사건'이 발생했을 때 소련정부는 전문의를 연안에 파견했다. 이는 스탈린이 '(王明)생사'에 신경을 썼다는 단적인 반증이다. 이 또한 모택동이 정적인 왕명을 '중공 7대(七大)'에서 중앙위원에 당선시킨 주된 이유이다.

2894 '정치적 빅딜'은 각자의 정치적 이익을 위해 상대가 제출한 '불합리한 조건'을 수용

프의 '주은래 거론'²⁸⁹⁵은 여러 가지 정치적 의미가 함축됐다.

모택동은 디미트로프에게 보낸 전보(1944.1.2)에 이렇게 썼다. …왕명의 (反黨)활동과 과오를 비판한 결과 당내 단결이 강화됐다. 스탈린 동지는 중국 공산당의 추대를 받을 것이다('第一研究部', 2012: 394). 블라디미노프는 일리체프에게 보낸 전보(1.12)에 이렇게 썼다. …1월 3일 모택동은 나에게 이렇게 말했다. 어제 전보는 사려가 부족했다. 발송하지 않았다면 (電報)내용을 수정하겠다(中共中央黨史研究室, 2012: 396). 1월 7일 모택동은 디미트로프에게 보낸 전보에 이렇게 썼다. …당내 문제의 취지는 단결 강화이다. (王明)과오는 당내 문제이다(劉明鋼, 2002. 5). 디미트로프는 일기(1.19)에 이렇게 썼다. …블라디미노프를 통해 모택동과의 밀전을 왕명에게 전달했다(馬細譜 외, 2002: 275). 디미트로프는 답전(2.25)에 이렇게 썼다. …두 번째 전보(1.7)²⁸⁹⁶에 만족한다. 중공의 '유효한 조

하는 거래를 지칭한다. 실제로 디미트로프의 '모안영 거론'은 거래 조건이다. 즉 나는 모스크바에서 당신의 아들을 보살펴주고 당신은 나의 '수양딸 친부(親父)'를 도와달라는 뜻이다. 결국 이는 두 고단수 정치인이 벌인 '일종의 빅딜'로 짜고 치는 고스톱이었다. 결국 왕명은 (七大)중앙위원으로 당선(1945.6)됐고 모안영은 무사히 귀국(1946.1)했다.

2895 무한 시기(1938) 왕명이 범한 '(右傾)과오'에서 주은래는 '협조자' 역할을 했다. '정풍회의(1943.9)'에서 주은래는 장장 5일 간의 '심각한 반성'을 했다. 당시 디미트로프의 '주은래 거론'은 '(武漢)과오'의 책임을 왕명 한 사람에게만 전가해선 안 된다는 간접적 표현이다. 당시 디미트로프는 모택동이 주은래의 당내 역할을 결코 무시할 수 없다는 것을 인지하고 있었다. 이 또한 디미트로프가 '고단수 정치가'라는 단적인 방증이다.

2896 '두 번째 전보'는 1월 7일에 디미트로프에게 보낸 전보이다. 모택동은 전보에 이렇게 썼다. …당신의 지시에 따라 중공은 적극적인 조치를 취할 것이다. (國民黨)관계에서 협력을 우선시하고 단결을 강화할 것이다. 또 왕명의 '과오'는 당내(黨內) 문제이다('第一研究部', 2012: 397). 실제로 모택동은 전보(1.2)의 '과격한 언사'에 대해 디미트로프에게 사과한 것이다. 한편 디미트로프는 모택동에게 답전(2.25)을 보내 '만족'을 표시했다.

치'[2897]가 좋은 결과가 있을 것이다(楊燕傑 외, 2002: 277). 결국 모택동이 왕명의 '반당'을 '당내 문제'로 격하한 것은 '볼모(毛岸英)'의 안전을 위해 타협했다는 것을 알 수 있다. 디미트로프는 '양부(養父)의 사명'[2898]을 완수했다. 이순(耳順)[2899]의 디미트로프가 지천명(知天命)[2900]인 모택동에 비해 권모술수에서 한 수 위였다. 한편 '고단수 책략가' 모택동·디미트로프는 '권모술수 달인'[2901]인 스탈린의 적수는 아니었다.

2897 모택동은 디미트로프에게 보낸 전보(1.2)에 이렇게 썼다. …1943년 중공의 반일(反日) 투쟁은 더욱 강화됐다. 팔로군은 수십 차례의 대일(對日) 작전을 통해 상실한 (抗日) 근거지를 대부분 수복했다. 현재 (八路軍)병력은 50만을 상회한다. 1944년 중공은 유효한 조치를 취해 국공(國共) 간의 무장충돌을 방지할 것이다(黃修榮 외, 2012: 394). 결국 디미트로프의 전보(12.22)를 받은 후 모택동이 자세를 낮춰 '타협'을 선택한 것이다.

2898 왕명의 딸을 수양딸로 삼은 디미트로프는 모택동의 (中共)영수 지위를 인정한 반면, 왕명의 '(中共)총서기 부임'을 반대했다. 결국 이는 왕명의 딸을 키우는 디미트로프에게 '죄책감'을 안겨줬다. 한편 모택동에 의해 왕명이 고립무원에 빠지자 '양부(養父)'인 디미트로프가 '구원의 손길'을 내밀었다. 실제로 디미트로프의 전보(12.22)는 왕명의 '(七大)중앙위원 당선'에 결정적 역할을 했다. 결국 디미트로프는 '양부의 사명'을 완수했다.

2899 이순(耳順)은 '귀가 순해진다'는 뜻으로, 나이 60세의 비유적 표현이다. 공자의 '(論語)위정편'에서 유래됐다. 스탈린의 신임을 받은 디미트로프는 공산국제가 해산된 후 (蘇共)국제부장으로 임명됐다. 당시 (毛澤東)아킬레스건을 파악한 '정치 고단수'인 디미트로프는 '모안영 카드'를 꺼내 들었다. 결국 모택동이 금세 '꼬리를 내린' 것이다. 정치적 술책에서 '이순'인 디미트로프가 (知天命)모택동보다 한 수 위라는 단적인 반증이다.

2900 지천명(知天命)은 공자가 나이 쉰에 '천명'을 알았다고 한 데서 유래된 것으로 나이 50세를 비유한다. 1943년 50세인 모택동은 정풍운동을 통해 '소련파 제거'에 성공했다. 당시 '저서 집필'과 '(毛澤東)사상 형성' 등에서 (中共)당내에는 모택동의 적수가 없었다. 또 그는 (延安)정풍을 통해 모스크바의 지배권에서 벗어났다. 한편 장개석의 세 번째 반공(反共)고조를 격파한 모택동은 '지천명'의 나이에 중공 영수의 지위를 확보했다.

2901 권모술수(權謀術數)는 권력 찬탈 등 목적 달성을 위해 모든 수단과 방법을 가리지 않는 온갖 모략이나 술책을 지칭한다. 30년 간 소련을 지배한 스탈린은 '권모술수 대가'로 손색이 없었다. 1920년대 스탈린은 트로츠키·부하린 등 정적을 제거, '소공 1인자'

모택동이 디미트로프를 '상급자'로 존경한 주된 원인은 첫째, 모택동의 (中共)영수 등극에 결정적 역할을 한 '일등 공신'이다. 둘째, 모스크바 체류 중인 모안영(兄弟)의 후견인 역할을 했다. 모안영의 '군정대학 연수'가 단적인 증거이다. 셋째, 스탈린의 신임을 받은 디미트로프는 소련정부의 '국제부장'을 맡았다. 당시 모택동은 디미트로프를 통해 '악화된 (蘇共)관계'의 완화를 시도했다. 한편 모택동은 왕명의 딸을 수양딸로 키우는 '양부의 입장'을 충분히 이해했다. 실제로 왕명의 '(七大)중앙위원 당선'은 '일거삼득(一擧三得)'의 효과[2902]를 거둘 수 있었다.

맹경수가 대필한 (王明)반성서(1944.12.1)의 골자는 첫째, 동지들의 지적을 겸허히 수용한다. 둘째, 당중앙의 결정에 무조건 복종한다. 셋째, 과오를 철저히 시정한다. 넷째, (毛主席)지시를 받들어 사상개조에 전념한다(李明三 외, 1989: 414). 왕명이 쓴 반성서(1945.4.20) 골자는 첫째, '(歷史)결의안'은 중요한 의미가 있다. 둘째, (左傾)노선에 대한 '결정'을 찬성한다. 셋째, 모택동사상은 매우 중요하며 이를 사상적 무기로 삼아야 한다. 넷째, 나의 교조주의 과오는 '실천 중시' 부족과 관련된다(周國全 외, 2014: 440. 441). 맹경수가 대필한 반성서는 이부춘의 '왕명 담화(11.29)'[2903]

지위를 굳혔다. 한편 스탈린은 '정적 제거'를 도와준 협력자를 토사구팽했다. 1930년대 가혹한 숙청을 감행, 모든 반대파·정적을 제거했다. 1940년대 독소전쟁의 승리를 위해 공산국제를 해산하고 영미(英美)와 동맹을 결성, 루즈벨트·처칠과 함께 '세계적 리더'로 자리매김했다.

2902 왕명의 중앙위원 당선은 '일거삼득'의 효과를 거듭 수 있었다. 첫째, 모스크바에 보낸 '화해 제스처'로, 악화된 중소(中蘇)관계의 개선에 긍정적 역할을 할 수 있었다. 둘째, 디미트로프의 체면을 세워주고 그의 '은혜'에 보답했다. 셋째, 모스크바 체류 중인 모안영의 '안전'을 보장했다. 결국 이는 정풍운동의 취지인 '치병구인'에 부합됐다.

2903 1944년 11월 29일 모택동은 (中央)판공청 책임자 이부춘을 파견해 왕명과 담화를 나누게 했다. 이부춘은 왕명에게 이렇게 말했다. …곧 (中共)7차 당대회가 개최된다. 정

와 관련된다. 왕명의 반성서(4.20)는 '역사문제 결의안'과 관련된다. 왕명
은 회고록에 '당적 보류'[2904]를 위해 반성서를 썼다고 변명했다.

(中共)7대 개회식(4.23)에 왕명은 15분 간 참석했다. 투병 중인 왕명이
'불출석 허가'를 신청했으나 모택동이 왕명을 찾아와 '회의 참석'을 부
탁했다. 왕명은 들것에 실려 회의 장소로 갔다(高華, 2002: 525). 왕명은 이
렇게 회상했다. …개최 직전 모택동이 찾아와 15분만 참석해 달라고 부
탁했다. 나의 참석을 통해 당의 '단결된 모습'을 보여주기 위해서였다.
나와 왕가상은 들것에 실려 대회장에 도착했다(王明, 1979: 134). 5월 24일
모택동은 이렇게 말했다. …'과오 시정'을 결심한 왕명·박고는 '(中央委
員)피선 자격'이 있다(毛澤東, 1995: 164). 5월 31일 모택동은 이렇게 말했다.
…최근 왕명은 나에게 편지를 보내 당내 단결을 찬성했다. 모택동은 왕
명의 (反省)태도를 긍정했다(周國全 외, 2014: 447). 6월 9일 모택동의 '동원'
하에 왕명은 321표로 중앙위원에 당선됐다. 44명 중앙위원 중 서열은
제43위였다. 한편 왕가상은 (七大)대회에 참석하지 않았다.

모택동이 숙명의 라이벌 왕명의 '중앙위원 당선'에 공들인 원인은
첫째, 디미트로프가 보낸 전보(12.22)의 '(王明)유임 부탁'을 수용했다. 둘
째, 스탈린의 '특사'라는 특수 신분을 감안했다. 셋째, 왕명의 '중독사건

치국 회의에서 '중공 6대(1928.6)' 이래의 정치노선을 토론하고 (左的)과오에 대한 최종
결론을 내릴 것이다. 당신의 진지한 방성을 부탁한다(楊奎松, 1999: 433). 이는 결국 왕
명의 '심각한 반성'이 '(七大)중앙위원 당선'에 도움이 된다는 것을 암시한 것이다.

2904 훗날 왕명은 회고록에 이렇게 썼다. …당시 내가 '반성'을 결정한 원인은 첫째, 공산국
제가 해산된 후 모택동의 죄행(罪行)을 고발할 상급기관이 없었다. 둘째, '반성'을 거절
할 경우 당적(黨籍)을 박탈당할 수 있었다. 결국 나는 '당적 보류'를 위해 부득불 반성
했다(王明, 1979: 124). 당시 왕명은 '당적 박탈'이 불가능하다는 것을 인지하고 있었다.
실제로 왕명은 '(七大)중앙위원 당선'을 위해 모택동에게 주동적으로 반성한 것이다.

(1942)'에 따른 '박해설(迫害說)'²⁹⁰⁵을 일축하기 위해서였다. 넷째, 왕명의 '반성서'를 긍정적으로 인정한 것이다. 다섯째, 스탈린에게 보낸 '화해 제스처'로, 악화된 (蘇共)관계 개선을 노린 것이었다. 여섯째, '치병구인 (治病救人)'의 (整風)원칙을 수호하기 위한 것이다. 실제로 모택동의 (王明) 중앙위원 임명'²⁹⁰⁶은 모스크바에 보여주기 위한 제스처였다. 또 디미트 로프 간 '빅딜'을 성사시킴으로써 '볼모'로 잡힌 아들의 안전을 지켰다. 한편 유명무실한 중앙위원이 된 왕명은 '지속적 반성'²⁹⁰⁷을 강요당했다.

1950년 4월 왕명이 작성한 '혼인법(草案)'²⁹⁰⁸이 통과됐다. 중공중앙

2905 1941년 10월 21일 왕명이 병원에서 지은 '7율시(七律詩)' 취지는 자신의 '강제 입원' 은 모택동이 꾸민 음모라는 것이다. 또 그는 회고록에 '중독사건'에 관해 이렇게 썼 다. …모택동은 담당의사 김무악을 통해 나를 독살(毒殺)하려고 시도했다(郭德宏 외, 2014: 386). 당사자 김무악은 (甘汞)과다복용의 과실을 인정했으나, '(毛澤東)지시'는 사 실무근이라고 밝혔다. 실제로 '(藥物)중독사건'에 따른 '박해설'은 왕명이 날조한 것이 다.

2906 왕명의 '중앙위원 당선'은 모택동이 왕명을 중앙위원에 '임명'했다는 표현이 더욱 적 절하다. 그 이유는 ① 모택동의 '왕명 칭찬' ② '15분 참석' 요청 ③ 선거(6.9) 직전, 모 택동의 동원 등이다. 실제로 왕가상의 (候補)중앙위원 당선'도 모택동의 '동원'하에 이 뤄졌다. 이는 모택동이 디미트로프의 '(王明)유임' 요청을 수락했다는 반증이다.

2907 7기 2중전회(1949.3)에서 모택동의 건의에 따라 왕명의 '성명서 제출'을 결정했다(周國 全 외, 2014: 475). 훗날 왕명은 회고록에 이렇게 썼다. …나의 발언을 듣고 격노한 모택 동은 내가 모택동사상을 반대했다는 이유로, '왕명 비판' 운동 전개를 결정했다(王明, 1979: 119). 상기 '성명서'는 '총결보고(3.13)'에서 한 모택동의 '(王明)비평'과 관련된다. 결국 '지속적 반성'을 강요당한 왕명은 소련으로 피난하는 '정치적 망명'을 결정했다.

2908 1950년 4월 13일 중앙인민정부 제7차 회의는 왕명이 작성한 '혼인법(草案)'을 통과시 켰다. 회의에서 법제위원회 책임자 왕명이 '혼인법 작성 경과'에 대한 보고를 했다. 4 월 30일 중앙인민정부 주석 모택동은 명령을 반포, 1950년 5월 1일부터 '신혼인법 (新婚姻法)'이 실시된다고 선포했다. 한편 이 시기 중공 기관지인 인민일보는 사설을 발 표해 '혼인법' 의미를 천명했다. 실제로 왕명은 신중국의 '혼인법' 제정에 막대한 기 여를 했다.

은 '왕명동지의 결정(6.9)'[2909]을 통과시켰다. 1950년 10월부터 3년 간 소련에서 '병치료'를 한 왕명은 1955년 10월 '중앙위원 사직'을 제출했다. 1956년 1월 30일 두 번째로 소련으로 출국한 왕명은 다시 귀국하지 않았다. 결국 궁지에 몰린 왕명이 '정치적 망명'[2910]을 선택했다. 1969년 3월 왕명은 문화대혁명은 '반혁명 정변'[2911]이라는 (反動)문장을 발표했다.

모택동이 주도한 (延安)정풍의 취지는 숙적 왕명을 필두로 한 '소련파'를 제거하는 것이다. 한편 '중공 7대'에서 스탈린의 '특사' 왕명은 디미트로프의 '도움'으로 어렵사리 중앙위원에 당선됐다. 1950년대 왕명은 '병치료'를 핑계로 소련으로 피난했다. 1960년대 '망명자' 왕명은 (中蘇)관계 악화를 이용해 정풍운동에서 모택동에게 당했던 앙갚음을 했다. 실제로 숙명의 라이벌 '모왕(毛王)'은 사망 직전까지 정치투쟁에 전념했다.

2909 7기 3중전회(1950.6)에서 중공중앙은 '왕명 동지의 결정(6.9)'을 통과시켰다. '결정'은 이렇게 썼다. …왕명 동지는 자신의 '과오 반성'에 소극적인 태도를 취하고 있다. 또 그는 '2중전회(1949.3)'의 (黨中央)결정'을 무시하고 있다. 곧 '성명서'를 작성해 정치국에 제출해야 한다(曹仲彬 외, 2008: 329). 10월 25일 '반성을 거부'한 왕명은 '병치료'를 위해 소련으로 출국했다. 1953년 12월 9일 병세가 회복된 왕명은 북경으로 돌아왔다.

2910 정치적 망명은 정치적 이유로 본국에서 박해를 받거나 받을 위험에 있는 사람이 외국으로 피난하는 것을 가리킨다. 당시 명의상 중앙위원인 왕명은 '정치적 박해'를 받을 위험에 노출됐다. 이 시기 고립무원에 처한 왕명은 '후견인'·지지자도 없었다. 1956년 '병치료'를 위해 소련으로 간 후 귀국하지 않았다. 결국 '정치적 망명'을 선택한 것이다. 한편 왕명이 국내에 남았다면 (文革)시기 '잔혹한 박해'를 받았을 것은 자명하다.

2911 1969년 3월 왕명은 모택동이 일으킨 문화대혁명은 '반혁명 정변'이란 문장을 발표했다. '(政變)문장'은 문화대혁명을 비판하고 모택동을 공격했다. 왕명의 '문혁(文革) 비판'은 문혁 중 발생한 일부 사실과 부합된다. 한편 문화대혁명을 '반혁명 정변'이라고 주장한 것은 사실 왜곡이다(戴茂林 외, 2008: 330. 296). 1966년 8월 30일 왕명은 '소위 문화대혁명'이란 시를 지어 문혁(文革)의 실질은 '반혁명 (武裝)투쟁'이라고 강조했다.

2. 유소기의 부상과 장문천(洛甫)의 '좌천'

1932~1933년 모택동과 유소기는 박고·낙보가 주도한 임시중앙의 피해자였다. 당시 기회주의자로 몰린 '모유(毛劉)'는 동병상련 처지[2912]였다. 준의회의 후에 출범한 '모낙(毛洛)' 체제는 4년 간 유지됐다. 유소기·낙보 간 '치열한 쟁론'[2913]은 (毛劉)결합을 촉성하는 계기가 됐다. 정풍 기간 모택동의 신임을 받은 유소기는 '중공 2인자'로 부상했다. 유소기의 '장문천 대체'는 정풍운동의 필연적 결과물이다. 결국 이는 '사필귀정'이었다.

1922년 여름 상구(湘區) 서기 모택동에 의해 안원에 파견된 유소기는 노동운동가 자질을 키웠다. 정강산에 진출(1927.10)한 모택동은 홍군 지도자로 성장한 반면, 노동운동가 유소기는 '백구(白區)'[2914] 지도자로 부상했다. 1937년 봄여름 (白區)지도자 유소기와 '(中共)총서기' 낙보는 치열한 의견 대립을 벌였다. 한편 '유소기 지지' 발언을 한 중재자 모택

2912 동병상련(同病相憐)은 어려운 처지에 있는 사람끼리 서로 불쌍히 여겨 동정한다는 뜻이다. 1932~1934년 모택동은 군권(軍權)·당권(黨權)을 모두 박탈당했다. 이는 박고·낙보 등 '소련파' 득세와 (中央)근거지 도래와 관련된다. 1932년 봄 (中央)직공부장 유소기는 박고·낙보가 주도한 임시중앙과 심각하게 대립, (右傾)기회주의자로 몰려 면직됐다. 한편 (延安)정풍운동 중 (毛劉)체제가 출범된 후 박고·낙보는 '비판대상'으로 전락했다.

2913 (白區)공작회의(1937.5)에서 '(劉洛)치열한 쟁론'을 일으킨 당사자는 유소기였다. 유소기의 보고(5.17)의 주장에 대해 '(中共)총서기' 낙보는 '반대 의견'을 제출했다. 당시 (會議) 참석자들의 찬반 양론이 크게 엇갈렸다. 한편 회의에서 발언(6.3)한 모택동은 유소기의 주장을 지지했다. 결국 이는 '모유(毛劉)' 간 유대관계의 형성을 의미한다.

2914 '백구(白區)'는 제2차 국내혁명시기(1927~1937) 국민당의 통치지역을 가리킨다. 당시 중공이 국민당의 통치지역에 설립한 당조직을 '백구당(白區黨)'이라고 불렀다. 한편 '좌경노선(左傾路線)' 실행과 국민당의 탄압으로 (白區)당조직은 심각한 손실을 입었다. (白區)공작회의(1937.5)에서 북방국의 책임자 유소기는 (白區)공작에 대한 임시중앙의 '좌적(左的) 과오'를 비판했다. 결국 이는 '유낙(劉洛)' 간의 쟁론과 의견 대립을 유발했다.

동은 '모낙(毛洛)' 체제를 유지했다. 모택동이 (中共)영수로 등극(1938.11)한 후 (毛洛)체제는 사실상 종료됐다. '9월회의(1941)'에서 심각한 반성한 낙보는 15개월의 '농촌조사'를 떠났다. (延安)정풍 기간 '중공 2인자'로 부상한 유소기는 명실상부한 '장문천(洛甫) 대체자'가 됐다.

1935년 봄에 출범한 '모낙(毛洛)' 체제는 준의회의(1935.1)의 결과물이다. 장정 중 장국도의 '홍군 분열'을 만회한 (毛洛)체제는 공산국제 '특파원' 장호(張浩)의 협조하에 분열주의자 장국도를 제거했다. 유소기·낙보의 '의견 대립(1937.5)'과 스탈린의 '특사'인 왕명의 도래는 (毛洛)관계의 균열을 유발했다. 한편 모택동과 유소기의 '암묵적 협조'[2915]는 '모유(毛劉)'의 결합을 촉진했다. '12월회의(1937)'에서 '고립'된 모택동에 대한 유소기의 지지가 단적인 증거이다. '(中共)6중전회(1938.11)' 후 4년 동안 유지된 '(毛洛)합작관계'는 사실상 종료됐다. 실제로 '정풍 결과물'인 모택동·유소기의 (指導)체제는 필연적인 결과였다.

1922년 봄 상해로 귀국한 유소기는 중국노동조합서기부(中國勞動組合書記部)[2916]에서 근무했다. 1922년 7월 (中共)총서기 진독수는 유소기를 장사(長沙)로 파견했다. 당시 모택동은 유소기를 안원(安源)으로 파견해 이립삼(李立三)을 협조해 노동자 파업을 지도하게 했다. 이 시기 '모택동

2915 모택동·유소기의 '암묵적 협조'는 1937년에 형성됐다. (白區)공작회의(1937.5)에서 모택동의 '(劉少奇)지지 발언'은 (毛劉)협력관계 '초보적 결성'을 의미한다. '12월회의(1937)'에서 유소기는 '고립'된 모택동은 지지했다. '6중전회(1938.11)' 후 (毛洛)체제는 사실상 종료, '모유(毛劉)'의 '암묵적 협조'는 공개적 협력관계로 업그레이드됐다.

2916 1921년 8월 상해에서 설립된 중국노동조합서기부(中國勞動組合書記部)는 전국의 노동운동을 영도하는 최고지도기관이다. 장국도가 (書記部)총부장, 모택동은 호남(湖南)지부장을 맡았다. 1922년 지도기관이 북경으로 이전, 등중하(鄧中夏)가 총부장을 맡았다. 1925년 5월 광주(廣州)에서 (中華)전국총공회가 출범된 후 '서기부'는 철회됐다.

부하'인 이립삼은 유소기의 '직속상관'[2917]이었다. '(安源)탄광노동자파업'의 승리는 사실상 이립삼·유소기가 노동운동가로 성장하는 중요한 계기로 작용했다. 한편 1960년대 모택동의 '협조자'였던 이립삼과 유소기는 '불행한 결과'를 맞이했다. 이 또한 역사의 아이러니이다.

1925년 5월 중화전국총공회(中華全國總工會)[2918] 부위원장에 피선된 유소기는 노동운동 지도자로 부상했다. 1928년 3월 총공회(總工會) 특파원 신분으로 순직성위(順直省委)[2919]에 파견됐다. 1년 간의 (鬪爭)경험을 통해 유소기는 조직기율 중요성을 절감했다. 1929년 여름 당중앙은 유소기를 만주성위(滿洲省委)[2920] 서기로 파견했다. 재직(1929.6~1930.3) 기간 '성위 재건'에 중요한 역할을 했다. 1930년 8월 그는 모스크바에서 열린 적색직공국제(赤色職工國際)[2921] 제5차 대표대회에 참석했다. 1931년 9월에

2917 1922년 2월 최초의 산업노동자 당조직인 안원지부(安源支部)를 설립한 이립삼은 (安源)탄광노동구락부를 설립(1922.5)했다. 이 시기 '모택동 부하'인 이립삼은 유소기의 '직속상관'이었다. 이립삼이 무한으로 전근(1923.3)된 후 유소기가 (俱樂部)주임을 맡았다. 한편 1929~1930년 '중공 지도자' 이립삼은 모택동·유소기의 직속상관이었다.

2918 중화전국총공회(中華全國總工會)의 전신은 상해에서 설립(1921.8)된 (中國)노동조합서기부이다. 1922년 5월 1일 노동조합서기부는 제1차 전국노동대회를 소집했다. 1925년 5월 1일 제2차 전국노동대회는 광동(廣東)대학에서 개최, 전국총공회 집행위원회를 설립했다. 초대 위원장은 임위민(林偉民), 당시 유소기는 (總工會)부위원장에 선임됐다.

2919 1928년 3월 유소기는 총공회(總工會)의 특파원 신분으로 순직성위(順直省委)에 파견됐다. 순직(順直)은 북평(北平)과 하북성(河北省)을 가리킨다. 과거 북평은 '순천부(順天府)', 하북은 '직예성(直隷省)'으로 불렸다. 이것이 (順直)명칭의 유래이다. 당시 순직성위는 북평·하북·천진·수원(綏遠)·열하(熱河) 등 지역의 당조직을 관할했다.

2920 만주(滿洲)는 요녕(遼寧)·길림(吉林)·흑룡강(黑龍江) 3성(三省)을 가리킨다. '8.7회의(1927)' 후 중공중앙은 진위인(陳爲人)을 만주성위 서기로 파견했다. 1928년 12월 진위인이 체포, (省委)공작은 중단됐다. 1929년 6월 만주성위(滿洲省委) 서기로 파견된 유소기는 '성위(省委) 재건'에 성공, 1930년 3월 '당중앙 지시'로 상해로 돌아왔다.

2921 1921년 7월 모스크바에서 설립된 적색직공국제(赤色職工國際)는 각국 (工會)국제연합조

귀국한 후 (中央)직공부장과 (總工會)조직부장을 맡았다. 한편 '4중전회 (1931.1)'에서 유소기는 정치국 (候補)위원에 당선됐다.

'(上海)총파업(1932.1)' 후 임시중앙은 노동자 파업이 대규모적 무장폭 동으로 발전해야 한다고 강조한 반면, 유소기는 '의용군 설립'과 '(十九 路軍)항전 지원'을 주장했다. 임시중앙은 유소기의 주장을 '(取消派)투쟁 방침'이라고 비판했다(中共中央文獻研究室, 2008: 158). (上海)1.28사변' 후 공 산국제가 임시중앙에 보낸 '지시전(指示電)'은 이렇게 썼다. …중공은 상 해·남경 등지에서 (工農兵)혁명군사위원회를 설립해 총파업을 지도해야 한다. 전국적 무장폭동을 일으켜 혁명정권을 수립해야 한다(中央檔案館, 1991: 608). 중국의 실정을 무시한 공산국제의 지시는 실현 가능성이 제 로였다. 한편 공산국제의 지시를 '성지(聖旨)'[2922]로 간주한 임시중앙의 교조주의자들은 노동운동가 유소기의 '정확한 건의'를 일축했다.

3월 상순 유소기는 '(工會)공개편지'에 이렇게 썼다. …일제의 (上海) 침공으로 정세가 급박해졌다. '심각한 문제'[2923]에 직면한 '적색공회'

직이다. 또 다른 명칭은 '적색공회국제'이며 1938년 2월에 해산됐다. 당시 (中華)전국 총공회는 '적색국제'에 가입했다. 1930년 7월 모스크바에 도착한 (中國)공회대표단장 유소기는 (職工國際)제5차 대표대회에서 '(大會)집행국' 위원으로 당선됐다.

2922 성지(聖旨)는 중국 황제의 명령을 가리킨다. 당시 박고 등 '소련파'는 공산국제의 지시 를 '성지(聖旨)'로 간주했다. 결국 이는 (白區)당조직의 심각한 파괴와 90%이상의 혁명 근거지 상실을 초래했다. 이 또한 중앙홍군이 부득불 장정(長征)을 시작한 주된 원인 이다. 한편 '성지(指示)'의 가장 큰 피해자는 홍군 지도자 모택동이었다. 결국 (延安)정 풍을 통해 '소련파 제거'에 성공한 중공 지도자 모택동은 모스크바의 지배권에서 벗 어났다.

2923 '공개편지(1932.3)'에서 유소기가 지적한 적색공회(赤色工會)의 문제점은 ① (工會)가입자 부족 ② 실업자·난민 방치 ③ 공회수 부족 ④ 황색(黃色)공회 이해 부족 ⑤ 파업 지도 력 결여 ⑥ (反帝)투쟁 불참 등이다(黃崢 외, 1998: 175). 실제로 노동운동가 유소기의 지 적은 적중했다. 결국 이는 박고·낙보가 주도한 임시중앙의 불만을 야기했다.

모택동과 중국혁명 3

의 당면과제는 발전과 노동자의 이익을 동시에 고려하는 것이다(金沖及 외, 1998: 175). 유소기는 '(1932)노동운동 총결' 보고(3.11)에 이렇게 썼다. …현재 노동운동은 어려움에 봉착했다. 이는 (中共)지도부의 '리더십 문제'[2924]와 관련된다. 무분별한 파업은 삼가야 한다(黃崢 외, 2008: 161). 양상곤은 이렇게 회상했다. …유소기의 투쟁방침은 '방어 위주'였다. 그는 무리한 파업을 지양하고 맹동주의 과오를 범해선 안 된다고 지적했다(楊尚昆, 1988: 3). 당시 백구(白區) 당조직은 심각하게 파괴되고 노동운동은 침체기에 빠졌다. 한편 교조주의자들은 유소기를 기회주의자로 몰아붙였다.

가장 먼저 '유소기 비판'을 전개한 것은 교조주의자 강생이었다. 그는 '직공운동과 기회주의 반대'라는 문장(2.27)에 썼다. …직공운동에서 대두된 기회주의적 견해를 철저하게 숙청해야 한다. 기회주의가 발생한 근본적 원인은 정치적 안목이 부족하고 노동자의 역량을 불신했기 때문이다('紅旗週報', 1932.3.25). 정치국 회의(3.11)에서 박고는 공산국제의 '의견'을 이렇게 전달했다. …유상(劉湘, 劉少奇) 동지가 노동자의 투쟁을 두려워하고 무장폭동을 반대한 것은 기회주의적 과오이다. '총공회'를 개편해야 한다(中共中央文獻硏究室, 2008: 164). 당시 강생은 '유소기 비판'의 선봉장 역할을 했다. 이 또한 '9월회의(1941)'에서 강생이 '반성'을 한 주요인이다. 한편 공산국제의 '의견'은 임시중앙의 '(劉少奇)고발'과 관련된다.

2924 유소기가 지적한 (中共)지도부의 '리더십 문제'는 첫째, 파업 준비가 불충분하고 노동자들의 지지를 받지 못했다. 둘째, 공회(工會)의 역할과 노동자의 이익을 무시했다. 셋째, 기업에 대한 이해 부족과 노동자의 요구를 외면했다. 넷째, 동맹파업의 강령(綱領)을 제정하지 않았다(金沖及 외, 2008: 161). 실제로 유소기는 임시중앙의 '(左傾)맹동주의'를 비판한 것이다. 결국 이는 박고·낙보·강생 등 교조주의자들의 '유소기 비판'을 유발했다.

정치국 회의(3.14)에서 낙보는 '(黨中央)지시'에 불복한 유소기는 파업에 대해 소극적 태도로 일관했다고 비판했다. 회의에서 유소기의 직공부장을 해임하고 대체자로 진운을 임명했다(中共中央黨史研究室, 2000: 112). 낙보는 '홍기주보(紅旗週報)'[2925]에 발표한 '(總工會)기회주의 영도'라는 문장(3.19)은 이렇게 썼다. …(右傾)과오를 범한 (總工會)책임자는 기회주의 노선을 실행했다. 무자비한 투쟁을 전개해 기회주의를 숙청해야 한다(金冲及 외, 1998: 179). 상기 '(總工會)책임자'는 유소기를 가리킨다. 유소기를 기회주의자로 몰아 면직시킨 장본인은 낙보였다. 결국 이 시기 '이론가' 낙보와 '실천가' 유소기는 정치적 악연을 맺었다.

'홍기주보'에 발표한 낙보의 '문장(4.4)'은 이렇게 썼다. …당의 급선무는 '중대한 위협'인 기회주의를 숙청하는 것이다. 노동운동에서 환득환실하고 파업(罷業) 투쟁을 기피한 유소기의 기회주의 과오를 철저하게 청산해야 한다(張培森 외, 2010: 115). 결국 낙보의 문장은 '낙정하석(落穽下石)'[2926] 역할을 했다. 이 또한 낙보가 철두철미한 교조주의자라는 단적인 반증이다. 훗날 모택동은 장문천의 상기 문장을 (左傾)노선의 대표작으로 선정해 '역사결의(1945)'에 수록했다. 결국 (延安)정풍에서 '중공 2인

2925 1931년 3월 상해에서 창간된 '홍기주보(紅旗週報)'는 임시중앙의 기관지이다. '홍기주보' 전신은 '홍기일보(紅旗日報)'이다. 선전부장 낙보가 (週報)주필을 맡았다. 1933년 '주보(週報)'를 '반월간(半月刊)'으로 개편됐다. 1934년 3월 1일에 폐간(廢刊), 총 64기를 출간했다.

2926 낙정하석(落穽下石)은 우물에 빠진 사람에게 돌을 떨어뜨린다는 뜻으로, 어려운 처지에 놓인 사람을 괴롭힘을 비유적으로 이르는 말이다. 당시 유소기는 자신의 '과오'를 반성한 상태였다. 낙보의 '유소기 비판'은 '낙정하석' 역할을 했다. 한편 교조주의자(蘇聯派) 낙보의 문장(1932.4.4)은 '유소기 파면'에 결정적 역할을 했다. 실제로 이 시기 '유낙(劉洛)' 간의 악연이 맺어졌다. (延安)정풍에서 유소기의 '낙보 대체'는 필연적 결과였다.

자'로 부상한 유소기와 '좌천'된 장문천의 지위는 역전됐다.

3월 18일 유소기는 '나의 과오'라는 반성문을 작성해 (中共)기관지 '투쟁(鬪爭)'[2927]에 발표했다. (總工會)회의(3.24)에서 일부 과오를 시인한 유소기는 당중앙의 (免職)결정을 수용한다고 말했다(劉崇文 외, 1996: 121). 정치국 회의(5.12)에서 유소기는 이렇게 말했다. …방어적 투쟁을 단순한 후퇴로 간주해선 안 된다. 투쟁의 방어·진공은 고정불변이 아니며 수시로 변할 수 있다(金冲及 외, 1998: 182). 6월 16일 임시중앙은 유소기의 발언을 비평(批評)[2928]했다. 1932년 겨울 '실의자(失意者)' 유소기는 소비에트 (中央)근거지로 떠났다. 당시 '실각자' 모택동·유소기는 동병상련의 처지였다. 한편 (中央)근거지로 이전(1933.1)한 '박낙(博洛)' 주도의 임시중앙은 소비에트공화국 주석 모택동을 '비판대상'[2929]으로 삼았다.

4월 11일 임시중앙은 항영의 보고를 청취했다. '협소적 경험론(狹隘經驗論)'이 당중앙 지시 실행에 걸림돌이 되고 있다는 항영의 보고를 들

2927 1933년 2월 강서성 서금(瑞金)에서 설립된 '투쟁(鬪爭)'은 중공중앙의 기관(機關)간행물이다. (蘇區)중앙국이 주관, 장문천·양상곤이 편집을 맡았다. '투쟁'의 전신은 '홍기주보부간(紅旗週報附刊)'이다. 1933년 모택동은 '투쟁'에 '장강향조사(長岡鄕調査)' 등 문장을 발표했다. 1935년 7월 5일에 종간(終刊)된 '투쟁'은 총 79기(期)를 출간했다.

2928 6월 16일 임시중앙은 유소기의 '발언(5.12)'에 대해 비평했다. '비평'은 이렇게 썼다. …유소기의 '발언'은 완전히 학자적인 견해이다. 노동운동과 공회(工會) 투쟁의 지도자인 유소기는 정세를 오판했다. 또 그는 노동자들의 (鬪爭)능력을 부정하고 노동운동에 대해 비관적으로 전망했다(中共中央文獻研究室, 1996: 123). 상기 '비평'은 '중공 2인자' 낙보가 쓴 것으로 추정된다. 결국 교조주의자에 의해 '기회주의자'로 몰린 유소기는 파면됐다.

2929 1933년 1월 (中央)근거지로 이전한 임시중앙이 모택동을 '비판대상'으로 삼은 주된 원인은 ① 홍군 창건자인 모택동이 임시중앙의 '지시'에 불복 ② 홍군 중, 모택동의 막강한 영향력을 제거 ③ 공산국제의 '지시'를 시종일관 무시 ④ '소련파'를 안중에 두지 않은 모택동을 승복 ⑤ 박고·낙보 등 '소련파'의 영향력 강화 등이다. 실제로 '박낙(博洛)'이 주도한 '나명노선(羅明路線)' 비판(1933.2)은 '모택동 승복'이 주된 목적이었다.

은 박고는 이렇게 말했다. …이른바 '경험론'은 볼셰비키의 원칙에 위반된다. 낙보는 이렇게 주장했다. …기회주의 노선인 '경험론'은 이는 공산국제의 정치노선에 위배된다(中共中央黨史硏究室, 2000: 116). 교조주의자 항영이 상해로 가서 모택동의 '죄상(罪狀)'을 고발한 것이다. 이 시기 임시중앙의 신임을 받은 항영과 홍군 지도자 모택동은 '라이벌 관계'였다. 결국 임시중앙은 모택동을 기회주의자로 낙인을 찍었다. 실제로 유소기를 파면한 박고·낙보는 모택동을 '잠재적 정적'으로 간주했다.

중앙서기처 회의(10.6)에서 낙보는 이렇게 말했다. …모택동의 주장은 공산국제의 '진공노선'에 위배된다. 작전 지휘권을 박탈하고 정부로 전임(轉任)시켜야 한다(張培森 외, 2010: 130). 2월 18일 낙보는 '나명(羅明) 기회주의 노선'이란 문장에 이렇게 썼다. …적의 공격에 공포감을 느낀 나명은 도피주의 과오를 범했다. 이는 취소주의(取消主義)[2930] 노선이다(中共中央黨史硏究室, 2000: 138). 3월 하순 강서(三縣) 열성분자 회의에서 정치보고를 한 낙보는 등소평을 필두로 한 (中心)현위 지도부가 단순한 방어노선을 실행했다고 비판했다(程中原, 2000: 110). 4월 15일 낙보는 '(江西)나명 노선'[2931]이란 문장을 발표했다. 훗날 낙보는 '정풍필기(筆記, 1943)'에 이렇게 썼다. …'나명노선' 비판은 모택동의 '영향력 제거'를 위해서였다

2930 취소주의(取消主義)는 공청단 내 나타난 두 차례의 '과오'를 가리키며 공청단의 역할을 부정하는 소극적인 경향이다. 1927년 11월 임필시는 취소주의를 비판하고 '과오'를 시정했다. 6기3중전회(1930.9)에서 중공은 이립삼의 '(取消主義)과오'를 시정했다. 한편 낙보가 이른바 '나명노선'을 '취소주의(路線)'이라고 주장한 것은 견강부회이다.

2931 1933년 4월 15일 장문천(洛甫)은 '투쟁(鬪爭)' 제8기에 '(江西)나명노선'이란 문장을 발표했다. '문장'에서 낙보는 등소평을 '강서(江西)나명노선'의 주모자로 지목했다. 결국 이는 등소평을 필두로 한 '(江西)나명노선' 비판의 직접적 계기가 됐다(程中原, 2006: 111). 이 시기 박고·낙보가 주도한 임시중앙은 등소평을 '모택동 추종자'로 간주했다. 한편 이 시기 '등소평 비판'의 선봉장 역할을 한 또 다른 교조주의자는 이유한(羅邁)이다.

(張培森 외, 2010: 141). 당시 모택동의 (紅軍)지휘권을 박탈한 막후 조종자는 박고·낙보였다. 또 낙보는 '나명노선' 비판을 통해 등소평을 파면한 장본인이다. 결국 낙보는 유소기·모택동·등소평 파면[2932]의 주도자가 됐다. 실제로 '(延安)정풍 타깃'이 된 장문천의 '좌천'은 자업자득이었다.

준의회의 후 낙보의 '총서기 부임'은 모택동의 지지가 있었기 때문이다. (鴨溪)회의(3.10)에서 모택동의 '(前敵)정치위원 사직'은 낙보의 '결정'[2933]과 관련된다. '3인단(三人團)' 설립(3.11) 후 낙보는 주은래를 책임자로 결정했다. 회리(會理)회의(5.12) 후 (毛洛)알력이 격화됐다. 모택동은 임표의 편지가 팽덕회·장문천의 암묵적 지지와 관련된다고 여겼다. (延安)정풍 기간 모택동의 '낙보 비판'[2934]이 단적인 증거이다. '(會理)풍파'를 일으킨 장본인은 모택동이 '홍3군단'에 파견한 정치부 주임[2935]은 유

2932 1932년 봄여름 박고·낙보가 주도한 임시중앙은 (中央)직공부장 유소기를 (右傾)기회주의자로 몰아 파면했다. 1932~1933년 군권·당권을 박탈당한 모택동은 유명무실한 '공화국(共和國) 주석'이 됐다. 모택동을 실각시킨 주요 장본인은 박고·낙보·항영·임필시·주은래 등이다. 1933년 등소평을 '(江西)나명노선' 주모자로 몰아 면직시킨 장본인은 낙보·박고·이유한이다. 한편 1950년대 모택동·유소기·등소평은 '중공의 실세'였다. 1930년대 상기 '3인 파면'을 주도한 낙보의 '타도(1958)'는 결코 우연한 것이 아니었다.

2933 낙보는 (延安)정풍필기(1943.12)에 이렇게 썼다. …(鴨溪)정치국 회의(3.10)에서 모택동은 '정치위원 사직'을 조건으로 '신장(新場) 공격'을 반대했다. 결국 다수결(多數決)의 원칙과 박고의 '독선'을 경계해 모택동의 '사직'을 수용했다(張培森 외, 2010: 175). 실제로 모택동의 '강력한 추천'으로 '(中共)총서기'가 된 낙보가 배신을 때린 것이다.

2934 회리회의(1935.5) 후 '모낙(毛洛)' 관계가 소원해졌다. 당시 모택동은 낙보가 팽덕회와 결탁해 '(軍事)3인단'을 반대했다고 여겼다. 1941년 여름 모택동은 낙보를 이렇게 비평했다. …회리(會理)회의 전 중대한 정치적 동요(動搖)가 있었다. 또 임표·팽덕회를 부추겨 '신3인단'을 반대했다(程中原, 2000: 153). '9월회의(1943)'에서 모택동은 이 일을 다시 끄집어냈다. 한편 낙보는 '정풍일기(1943)'에 유소기가 이간질한 것이라고 적었다.

2935 1935년 2월 유소기는 '홍3군단' 정치부 주임으로 파견됐다. 3월 중 압계(鴨溪)에서 연

소기였다. 1935년 5월 낙보는 '(叢書記)사임'을 제출했다. 결국 모택동의 '간곡한 만류'[2936]를 받아들인 낙보는 '사임'을 철회했다.

1936년 3월 천진에 도착한 유소기는 북방국(北方局)의 사업을 주관했다. 당시 낙보는 유소기의 직속상관이었다. 이 시기 유소기와 낙보 간의 '관계 완화'는 모낙(毛洛)의 관계가 견고해진 것과 밀접하게 관련된다. 당시 유소기는 북방국의 '공작(工作) 상황'을 제때에 당중앙에 보고했다. 8월 상순 낙보는 유소기에게 '장문의 편지'[2937]를 보내 북방국에 대한 지지와 지하당 활동을 독려했다. 한편 모택동은 유소기에게 전보 (12.2)를 보내 진수(晉綏) 당국과의 '돈독한 관계' 구축을 지시했다. 이 시기 북방국 책임자인 유소기는 '(毛洛)이중의 영도'[2938]를 받았다.

대장 이상 좌담회를 주최한 유소기는 '홍3군단' 장병의 불만과 '의견'을 직접 당중앙에 보고했다. 결국 이는 당중앙이 회리(會理)회의(5.12)를 개최한 직접적인 계기가 됐다(陳紹疇 외, 1996: 140). 실제로 유소기는 모택동이 '홍3군단'에 파견한 (中央)대표였다. 당시 중앙정치국 (候補)위원인 유소기는 군단장 팽덕회와 정치위원 양상곤의 상급자였다.

2936 회리회의(1935.5) 후 장문천은 '총서기 사임'을 제출했다. 낙보의 '사임'은 (會理)회의 전후 모택동의 '낙보 불신'과 관련된다. 낙보에게 진심으로 사과한 모택동은 '(洛甫)유임'을 정중하게 요청했다. 결국 모택동의 '간곡한 만류'를 수용한 낙보는 '사임'을 철회했다. 이 시기 중앙홍군은 '4방면군 회합'을 눈앞에 두고 있었다. 당시 모택동은 장국도와의 권력투쟁을 예감했다. 결국 모택동에게 가장 절실한 것은 낙보 등 '소련파'의 지지였다.

2937 장문천은 유소기에게 보낸 '장문의 편지(1936.8.9)'에 이렇게 썼다. …현재 북방국의 공작은 획기적인 변화를 가져왔다. 당중앙은 북방국이 이룩한 성과에 만족한다. 향후 새로운 문제를 발견하고 현장의 경험을 전수하기 바란다(張聞天, 1993: 132). 당시 '(中共) 총서기' 장문천은 북방국 서기 유소기의 직속상관이었다. 이 시기 (毛洛)체제는 '장국도 투쟁'을 통해 더욱 공고해졌다. 이 또한 '유낙(劉洛)' 관계가 잠시 완화된 주된 원인이다.

2938 1936년 북방국 서기 유소기가 '(毛洛)이중의 영도'를 받은 것은 중공중앙 내 절대적 (政治)권위가 형성되지 못한 것과 크게 관련된다. 이 시기 당권(黨權)을 차지한 낙보는 유소기의 직속상관이었고 (軍委)주석 모택동은 홍군의 최고 지도자였다. 당시 '(政敵)장

'(大革命)역사적 교훈'[2939]을 정리(2.20)한 유소기는 낙보에게 편지(3.4)를 보내 (白區)좌경 과오를 이렇게 지적했다. ① (左傾)기회주의 잔존 ② (左的)과오, 백구에서 계통적으로 발전 ③ '과오' 근원, 사상적·철학적 문제 ④ 넷째, (左的)과오, 철저히 시정 ⑤ (黨內)공개적 반성이 필요 등이다 (黃峥 외, 2008: 231, 232). 이는 임시중앙의 정치노선을 비판한 것이다. 또 이는 준의회의에서 결정한 정치노선 '정확성'에 대한 전면적 부정이었다. 훗날 모택동은 유소기의 편지(3.4)를 (延安)정풍의 필독자료로 선정했다.

1937년 4월 초 중공중앙은 유소기에게 전보를 보내 '(延安)회의 참석'을 통지했다. 4월 21일 북경을 떠난 유소기는 4월 말에 연안에 도착했다. 5월 2~14일 (中共)소비에트지역 대표대회가 열렸다. 북방국 대표 유소기·팽진은 주석단 멤버로 선정됐다. 5월 3~4일 모택동은 정치보고와 '(抗日)통일전선 투쟁'의 (結論)보고를 했다. 5월 7일 대회에서 발언한 유소기는 모택동의 '4가지 원칙'[2940]을 전제로 '5가지 의견'[2941]을 제출했다.

국도 제거'를 위해 모택동은 공산국제의 지지를 받는 낙보 등 '소련파'와 협력관계를 유지할 수밖에 없었다. 결국 이는 최고 권력을 '양분'한 (毛洛)체제와 밀접히 관련된다.

2939 유소기는 장문천에게 편지(1937.2.20)를 보내 '(大革命)역사적 교훈'을 정리했다. '편지'의 골자는 첫째, 대혁명(1927) 이전 노동운동에서 좌적(左的) 과오를 범했다. 둘째, 대혁명의 실패는 우경(右傾)·(左的)과오와 모두 관련된다. 셋째, 8.7회의(1927) 후의 (左的)과오를 인정하지 않고 있다(金冲及 외, 2008: 230). 실제로 유소기가 지적한 '(左的)과오'는 공산국제 지시에 맹종한 박고·낙보 등 교조주의자들에 대한 간접적인 비판이었다.

2940 모택동의 정치보고(1937.5.3)에서 제출한 '4가지 원칙'은 첫째, 정치구호를 제출해 행동의 목표로 삼아야 한다. 둘째, 무산계급(政黨)의 적극성을 발휘해야 한다. 셋째, '동맹자 관계'를 확고하게 발전시켜야 한다. 넷째, (思想)통일성과 (組織)기율성을 강화해야 한다 (逢先知 외, 2005: 673). 상기 '(大會)정치보고'는 이 시기 모택동이 '중공 1인자'라는 단적인 반증이다. 결국 이는 유소기의 '교조주의자 비판'에 중요한 동기부여가 됐다.

2941 연안에서 열린 소구(蘇區)당대표대회(1937.5)에서 발언(5.7)한 유소기가 제출한 '5가지 의견'은 ① 지하공작(地下工作)의 심각한 현실을 직시 ② 지하공작의 경험을 중시, 당의

5월 17일 백구(白區)공작회의가 연안의 대예당(大禮堂)에서 개최됐다. 회의에는 북방국 산하의 북평(北平)[2942]·천진·하북·산서·하남·산동 등지의 당조직 책임자 20여 명이 참석했다. 회의는 장문천과 유소기가 공동으로 주재했다. 회의에서 유소기가 '(白區)당과 대중의 공작' 보고(報告)[2943]를 했다. 2만5천자에 달한 (大會)보고는 '11개 문제'[2944]로 구성됐다. 보고에서 유소기는 주관주의·형식주의를 포기하고 (左傾)기회주의를 철저히 청산해야 한다고 강조했다. 한편 유소기의 보고는 (大會)참석자의 찬반 양론과 '유낙(劉洛)' 간의 의견 대립을 유발했다.

(劉少奇)보고에 대한 찬반 양론은 극명하게 엇갈렸다. 쟁론의 '3가지 문제'는 ① (華北)정세 판단 ② '(左傾)전통'[2945] 평가 ③ (白區)공작의 전략

순결성을 강화 ③ 대량의 군정(軍政)간부를 양성 ④ 국제정세에 대한 교육을 강화 ⑤ (抗日)통일전선 중 (中共)영도권 쟁취 등이다(劉崇文 외, 1996: 179). 상기 유소기의 발언은 '당의 통일전선 중의 (中共)영도권'이란 제목으로 '유소기선집(選集)'에 수록됐다.

2942 북평(北平)은 북경의 옛 이름이며 전국 시기 연나라(燕國)의 북평군(北平郡)에서 유래됐다. 1368년 북평부(北平府), 1421년 북경(北京)으로 개명, 1928년 남경(南京)정부는 (北平)특별시를 설립, 북경을 북평(北平)으로 개칭했다. 1949년 9월 27일 정치협상회의 제1차 회의에서 신중국의 수도를 북평으로 결정, 북평을 북경으로 개명했다.

2943 (白區)공작회의에서 한 유소기의 '보고(5.17)' 골자는 첫째, 현재 (白區)당내에 폐쇄주의·모험주의가 팽배해 있다. 둘째, (黨內)악습인 좌경(左傾) 맹동주의는 근절되지 않았다. 셋째, 이런 악습은 (抗日)통일전선의 걸림돌이 되고 있다. 넷째, 기존의 투쟁방식을 개선하고 (左的)과오를 철저하게 숙청해야 한다(黃崢 외, 2008: 236). 실제로 유소기는 (左傾)모험주의·맹동주의를 실행한 박고·낙보 등 '소련파'와 교조주의를 비판한 것이다.

2944 유소기의 보고(5.17)의 '11개 문제'는 ① 철저한 전환 ② 향후 목표와 방침 ③ 항일민족통일전선 ④ 당과 대중의 관계 ⑤ 공개·비밀공작의 관계 ⑥ 대중투쟁 전략 ⑦ 노동계급의 대다수 쟁취 ⑧ 농촌공작 ⑨ 청년조직 ⑩ 항일무장 ⑪ 당의 전변(轉變)이다. 실제로 (報告)골자는 백구(白區)공작의 '철저한 전환'과 '(左的)과오' 청산이다.

2945 유소기는 낙보에게 보낸 편지(3.4)에 이렇게 썼다. …당내에 존재한 (左傾)전통은 '4중전회' 후에도 철저히 시정되지 않았다. 결국 장기간 실행된 (左傾)노선은 (白區)공작에 심각한 악영향을 끼쳤다. (左傾)기회주의는 일관적이고 전통적이었다(黃崢 외, 1998:

문제이다. 쟁론 초점은 '(左傾)전통'의 존재 여부였다(劉崇文 외, 1996: 182). 회의 주재자 낙보는 '(左傾)전통'에 대한 유소기의 지적을 일축했다. 결국 '반대' 의견이 우세를 점했다(馬雲飛, 2011.4.6). (白區)공작에 대한 유소기의 비판을 거부한 낙보·박고·개풍 등 '소련파'는 유소기가 공산국제를 비난하고 당중앙을 공격한 진독수의 (反黨)행위를 답습했다고 비난했다(黎玉, 1981: 43). 당시 백구가 '100% 손실'을 입었다는 유소기의 주장을 반대한 (白區)지도자들은 '중앙노선'이 정확하다고 주장했다. 이는 유소기의 보고가 참석자들의 절대적 지지를 받지 못했다는 반증이다.

양상곤은 이렇게 회상했다. …회의에서 가경시(柯慶施)는 유소기를 가리키며 '기회주의 분자'라고 욕했다(楊尙昆, 1998: 5). (白區)회의(5.24)에서 팽진은 이렇게 말했다. …유소기가 제출한 방침을 찬성하며 반드시 (左傾)기회주의를 숙청해야 한다. 당시 (左傾)노선이 (白區)공작에 끼친 악영향이 매우 컸다('彭眞傳'編輯組, 2012, 93). 북방국 서기로 부임한 후 '(左的)과 오' 시정에 전념한 유소기는 (北方局)지도부를 대폭 개편했다. 그는 '(左傾)노선 추종자'인 가경시를 경질하고 측근인 팽진을 조직부장으로 임명했다. 이는 가경시의 '(劉少奇)불만'을 야기했다(高華, 2013: 156). 결국 유소기의 정적인 가경시는 (延安)정풍 후에 지방으로 좌천됐다. 건국 후 '모택동 중용'[2946]을 받은 가경시는 국무원 부총리로 승진했다. 한편 모

---

253). 유소기의 '(左傾)전통' 주장은 낙보·박고 등 '소련파'의 강한 불만을 야기했다.

2946 (延安)정풍에서 비판을 받은 가경시는 1945년 가을 진찰기(晉察冀)변구로 좌천, (邊區)재정위원회 부주임(閑職)을 맡았다. 건국 후 가경시는 1956년에 중앙위원, 1958년에 정치국 위원으로 승진했다. 이 시기 '대약진 지지'·'팽덕회 비판'의 선봉장 역할을 한 가경시는 모택동의 중용을 받았다. 한편 1958년 전후 모택동은 가경시의 '총리 임명'을 시도했으나, 등소평·유소기 등 서기처 멤버의 반대로 무산됐다는 것이 일각의 주장이다.

택동과 '일면여구(一面如舊)'[2947]의 지기(知己)가 된 유소기의 측근인 팽진은 승진 가도를 달렸다. 또 '중공 7대'에서 정치국 위원과 중앙조직부장에 선임된 팽진은 후보(候補)상임위원[2948]을 지냈다.

유소기의 편지(3.4)에 대해 '반대 입장'[2949]을 표시한 낙보는 유소기의 '보고(報告)' 문제점을 이렇게 정리했다. ① 공적(功績) 간과 ② (統一戰線)성과 무시 ③ 구체적 증거 부족 ④ 과오, 확대해석 등이다(張培森 외, 2010: 317, 318). (洛甫)보고를 청취한 모택동은 이렇게 말했다. …매우 훌륭한 보고서이다. 유소기의 '과오 비평'은 필요하지만 (報告)전부를 부정해선 안 된다(程中原, 2012: 160). 6월 2일 유소기는 이렇게 반성했다. …나의 보고는 '(左傾)노선 비판'에 치중했다. 당의 공적을 간과했다는 지적을 겸허히 수용한다(中共中央文獻研究室, 2008: 238). 6월 2일 개풍은 이렇게 말했다. …(劉少奇)보고의 '(左傾)과오 일관성'을 찬성하지 않는다. 특히 '(左傾)전통' 주장은 타당치 않다(黃崢 외, 1998: 260). 6월 3일 박고는 이렇게 발

2947 1937년 4월 말 북방국(北方局) 대표단장인 팽진이 연안에 도착했다. (白區)회의 개최 전 팽진은 유소기와 함께 모택동의 숙소를 찾아가 그의 접견을 받았다. 당시 팽진과 모택동은 첫 만남이었으나 '일면여구(一面如舊)'의 친근감을 느꼈다('影眞傳'編輯組, 2012: 91). 한편 (蘇區)당대표대회(5.2)에서 팽진은 (大會)주석단의 멤버로 선정됐다. 5월 6일과 5월 24일 대회에서 두 차례 발언한 팽진은 유소기의 보고(報告, 5.17) 주장을 지지했다.

2948 1941년 여름 (延安)당중앙에 전근된 팽진은 정풍운동에서 중요한 역할을 했다. '중공 7대(1945)'에서 정치국 위원에 당선, 중앙조직부장에 임명됐다. 1945년 8월 (代理)주석 유소기는 팽진을 (候補)상임위원에 보선했다. 1947년 3월 팽진은 유소기가 서기를 맡은 '중앙공작위원회' 상임위원(5명)이 됐다. 건국 후 북경시위 서기를 맡았다.

2949 유소기의 (報告)주장에 대해 '반대 입장'을 표시한 낙보의 '발언(6.1)' 골자는 ① '8.7회의'의 토지문제, (右傾)과오 ② (左傾)맹동주의, 광주봉기(1927.12) 후 발생 ③ '중공 6대(六大, 1928.6)' 후 (左的)과오를 시정 ④ '4중전회(1931.1)'에서 입삼노선을 극복 ⑤ '4중전회' 후의 (中共)총노선은 정확 등이다(張培森 외, 2010: 317). 6월 3일 유소기의 보고(報告, 5.17) 주장을 지지한 (軍委)주석인 모택동은 '(劉洛)쟁론'의 중재자 역할을 했다.

언했다. …당의 (左的)과오를 반성해야 하지만 '(左傾)정책 일관성'의 주장은 동의하기 어렵다(金冲及 외, 2008: 239). 정치국 회의(6.1~4)에서 대다수 정치국 위원은 유소기의 보고(5.17)를 찬동하지 않았다. 한편 모택동은 쌍방의 갈등 격화를 완화시키는 화해자의 역할을 담당했다.

6월 3일 장시간 연설을 한 모택동은 이렇게 말했다. …유소기의 보고는 기본적으로 정확하다. (白區)공작의 풍부한 경험을 갖고 있는 그는 (黨內)문제점에 대해 일침을 가했다(馮蕙 외, 2013: 679). 모택동의 '(支持)발언'은 궁지에 몰린 유소기에게 큰 위안이 됐다. 이는 기울어진 저울추의 균형을 되찾게 하는 거족경중(擧足輕重)의 역할을 했다(鄧力群, 1998: 40). 연설에서 모택동은 '소련파'가 가장 신경을 쓰는 '(左的)과오'에 대한 언급을 회피했다. 또 낙보 등이 민감하게 반응하는 '일관된 과오' 여부에 대해 평가하지 않았다(高華, 2013: 158). 한편 유소기를 지지한 모택동은 (洛甫)보고가 '훌륭하다'는 자가당착적 발언을 했다. 결국 '(毛洛)체제'의 유지를 전제로 유소기를 지지한 모택동은 '최종 결정권자' 역할을 했다.

모택동은 '유소기 연합'에 사활을 걸지 않았다. (劉洛)쟁론의 '최종 결정권자' 역할을 더 중시했다. 결국 중재자 역할은 모택동의 (黨內)위신이 향상된 결과로 이어졌다. 또 (毛洛)체제 유지는 불원간 귀국할 왕명과의 '연합'을 방지하고 '소련파'의 분열을 가속화시킬 수 있었다(高華, 2010: 160). 당시 모택동에게 절실한 것은 (毛洛)체제의 유지였다. '(毛洛)분열'은 공산국제의 지지를 상실할 수 있었기 때문이다. 또 모택동은 '장국도 제거'에 중요한 역할을 한 낙보의 공로를 잊지 않았다. 한편 이 시기 모택동은 '잠재적 정적'인 왕명의 존재를 염두에 두고 있었다.

6월 9일 유소기는 이렇게 반성했다. …나의 보고는 폐쇄주의·모험주의 비판에 착안점을 두었다. 또 일부 주장이 적절치 않았고 구체적인 분석이 결여됐다는 지적을 시인한다(陳紹疇, 1987: 183). 실제로 유소기가 낙보와의 '쟁론'에서 패배를 인정한 것이다. (劉洛)쟁론에서 유소기가 '패배'한 원인은 ① 모택동과의 '긴밀한 소통' 부재 ② 낙보의 (黨內)기반 확고 ③ '소련파' 세력의 견고 ④ 시기 부적절, (鬪爭)전략 부재 ⑤ (黨內)지지 세력의 부재 ⑥ 정치적 리더십 결여, 성격상 '단점'[2950] 등이다. 결국 모택동은 '소련파'의 눈엣가시인 유소기를 태원(太原)에 파견했다.

낙보와의 논쟁은 유소기의 당내 영향력과 지명도를 확장하는 계기가 됐다. 노동자총연합회 집행국을 이끈 유소기는 (黨內)주요 지도자인 낙보·주은래의 관계가 소원했다. 당과 군에서 영향력이 거의 없었던 유소기는 '논쟁'을 통해 이론 수준을 유감없이 발휘했다(현이섭, 2017: 347). 1932~1934년 임시중앙의 의해 실각한 모택동·유소기는 '동병상련' 처지였다. 이는 '(毛劉)연합'의 사상적 밑바탕이 됐다. 당시 '(最高)3인단' 멤버인 주은래는 모택동의 정적이었다. 실제로 주은래는 모택동의 군권을 박탈(1932.10)한 주요 장본인이다. 한편 '(博古)협력자'인 주은래와 '(毛澤東)지지자'인 유소기는 사실상 '견원지간(犬猿之間)'[2951]이었다.

2950 유소기의 성격상 '단점'은 ① 원칙성이 강하나 임기응변이 부족 ② 아집이 강하고 친화력이 결여 ③ 고집불통이며 유연성이 부족 ④ 변통성이 없고 융통성이 결여 ⑤ 직설적이고 정치적 노련미가 부족 ⑥ 정치적 도량이 좁고 '(政敵)포섭력' 결여 등이다. 실제로 노동운동 출신인 유소기는 정치·군사적 리더십이 부족하고 '1인자 기질'과 결단력이 결여됐다. 이 또한 '모정유부(毛正劉副)'의 '(毛劉)연대'가 가능했던 중요한 이유이다.

2951 1937~1938년 주은래는 모택동과 '불협화음'을 냈다. 결국 이는 '모택동 추종자' 유소기와의 '관계 악화'를 초래했다. (太原)연석회의(1937.9)에서 주은래와 유소기는 '격렬한 쟁론'을 벌였다. '12월회의(1937)'에서 유소기는 모택동을 지지한 반면, 주은래는 왕명의 주장을 수용했다. (延安)정풍에서 유소기는 '중공 2인자'로 부상, 주은래는 '서열 4위'로 밀려났다. 그러나 20년 동안 주은래는 '상급자'인 유소기에 대해 줄곧 불복했다.

(毛洛)체제와 (毛劉)연합은 현저한 차이가 있다. 첫째, (毛洛)체제는 (戰時)상태에서 맺어진 임시적 동맹이다. (毛劉)연합은 심층적 '사상적 기초'[2952]가 있다. 둘째, '모낙'은 역사적 연원(淵源)이 없으나 동향인 '모유'는 밀접한 관계였다. 셋째, '모낙'은 (平等)관계였으나 (毛劉)연합은 (上下級)관계였다(高華, 2013: 161). 한편 (毛洛)체제는 모택동이 군사를 주관하고 낙보가 (政工)업무를 총괄하는 상부상조의 관계였다. 또 (毛洛)체제는 장국도의 '홍군 분열'을 만회한 결정적 요소였다. 실제로 '유낙(劉洛)' 쟁론(1937.5)은 (毛劉)연합을 촉진하는 결정적 계기가 됐다. 결국 모택동의 정적인 왕명의 도래(1937.11)는 '(毛劉)연합을 촉성했다.

왕명의 (延安)회귀 후 (毛洛)체제는 유명무실했다. '12월회의'에서 왕명은 모택동의 측근자 유소기를 비판대상으로 삼았다. 이는 모택동의 권위에 대한 도전이었다. 스탈린의 '특사'인 왕명의 기세에 누려 낙보는 반성하고 주은래는 '중립'을 지켰다. 당시 유소기는 '궁지에 몰린' 모택동을 지지했다. 왕명이 무한에서 (特使)역할에 전념하고 있을 때 모택동은 임필시를 (軍委)총정치부 주임으로 임명했다. 결국 (毛任)연합이 (毛洛)체제를 대신했다. '3월회의(1938)'에서 임필시는 모택동의 든든한 동맹자였다. 1938년 봄 임필시를 모스크바로 파견한 것은 모택동의 '신의 한수'였다. 결국 임필시는 모택동의 '(中共)영수 등극'에 결정적 역할을 했다. 정풍 기간 임필시가 '서열 3위'[2953]로 승진한 것은 당연한 결과였다.

2952 상해에서 유소기 부부와 함께 생활했던 장경(張京)은 이렇게 회상했다. …1932년 겨울 유소기는 모택동에게 편지를 보내 (白區)공작의 전략에 대한 임시중앙의 '(左的)과오'를 비평했다. 얼마 후 모택동은 답신을 보내 유소기의 주장을 지지했다(張京, 1980: 47). 이 시기 모택동은 '홍군 지휘권'을 박탈당했고 유소기는 (中央)직공부장에서 해임됐다. 실제로 박고·낙보 등 '소련파'에 의해 실각한 '모유(毛劉)'는 '동병상련'의 처지였다.

2953 모택동이 임필시를 '(軍委)2인자'로 발탁(1938.2)한 것은 결정적이었다. 모스크바 주재

정치국 회의(1938.9.26)에서 유소기는 이렇게 말했다. …당규(黨規)[2954] 제정을 통해 당의 건설을 강화하고 당의 영도력 강화를 위해 개인이 조직에 복종하고 하급자가 상급자에 복종하는 원칙을 수립해야 한다(黃崢 외, 2008: 309). 실제로 유소기의 '유격전 강조'는 모택동의 유격전을 반대한 주은래·팽덕회에게 보낸 강력한 메시지였다. 또 '당규 제정'은 왕명이 '당중앙 지시' 불복 사례를 교훈으로 삼은 것이다. 당시 모택동의 건의를 수용한 당중앙은 '중앙공작규칙' 작성을 유소기에게 맡겼다. 결국 이는 (毛劉)연합이 정식으로 결성됐다는 단적인 방증이다.

중공 '6중전회(1938.11)'에서 당중앙은 '화북 공고, 화중(華中) 발전' 전략을 제정했다. 결국 이는 유소기가 건의한 '방침'을 모택동이 수용한 것이다. 11월 9일 중공중앙은 '중원국(中原局) 설립 결정'을 발표하고 유소기를 중원국 서기로 임명했다. 중공 영수 모택동이 최측근 유소기에게 '화중 발전' 책무를 맡긴 것이다. 결국 모택동의 '유력한 조력자(副手)'로 부상한 유소기가 신사군 지도자 항영의 직속상관이 됐다. 당시 중원국의 서기는 남방국의 서기(周恩來)보가 훨씬 중요한 직책이었다. '6중전회' 후 정적 관계인 유소기·주은래의 지위는 사실상 역전됐다.

'12월회의(1937)' 후 (毛洛)관계에 균열이 발생했다. 당시 스탈린의

(中共)대표단장(1938.3) 임필시의 역할은 디미트로프의 '지시'를 전달한 왕가상보다 더욱 중요했다. 임필시는 모택동의 '영수(領袖) 등극'에 결정적 역할을 한 수훈갑이다. 귀국 후 모택동의 절대적 신임을 받은 임필시는 (中央)서기처 멤버로 승진, '서열 3위'로 승진했다. 결국 이는 모택동의 '이이제이(以夷制夷)' 전략이 성공했다는 단적인 반증이다.

2954 '당규(黨規) 제정'을 제출(9.26)한 유소기는 이렇게 말했다. …공산국제가 강조한 당내 단결을 강화하려면 (黨)규칙상 제약이 매우 필요하다. 즉 개인은 조직, 소수는 다수, 하급자는 상급자에 복종하는 것이다(黃崢 외, 2008: 309). 실제로 유소기의 '당규 제정' 주된 취지는 왕명의 '(黨中央)지시 불복' 사례를 교훈으로 삼아 '악례(惡例) 재발'을 방지하기 위한 것이다. 결국 이는 '모유(毛劉)'가 연합해 '소련파'를 단속한 단적인 사례이다.

'특사'로 자처한 왕명은 중앙군위 주석인 모택동은 어느 정도 존경했으나 (總書記)장문천은 안중에 두지 않았다. '3월회의(1938)'에서 모택동과 '의기투합'해 왕명과 대결한 것은 임필시였다. 한편 모택동의 '(中共)영수 등극'에 아무런 역할도 하지 않았던 장문천은 모택동·강청 혼인에 간섭해 모택동의 미움을 샀다. 1939년부터 선전교육을 책임진 장문천은 권력의 중심에서 점차 멀어졌다. '9월회의(1941)'에서 심각한 반성한 장문천은 1942년 1월 '농촌조사'를 떠났다. 이는 (毛洛)관계 결렬을 의미한다. 결국 (毛洛)체제의 종료는 '사필귀정(事必歸正)'[2955]이었다.

모택동의 '장문천 불만'은 여러 가지 원인이 있다. 첫째, 장문천은 '모왕(毛王)'의 권력투쟁에서 중립을 지켰다. 이는 장문천의 '장국도 투쟁'과 대조된다. 둘째, 모택동·강청의 결합을 극력 반대했다. 이는 모택동의 '강한 불만'[2956]을 야기했다. 셋째, '중공 영수'로 등극(1938.11)한 모택동에게 총서기직을 이양하지 않았다. 이는 장문천의 치명적 실수였다. 넷째, (左的)과오를 철저히 반성하지 않았고 정치노선의 '정확성'을 고집했다. 다섯째, 자신이 주관한 간행물에 왕명의 문장을 게재했다.

2955 모택동이 (中共)영수로 등극(1938.11)한 후 '모낙(毛洛)' 체제는 사실상 종료됐다. 1939년 부터 낙보는 '선전교육'에 전념했고 모택동의 유력한 조력자는 임필시와 유소기였다. 한편 준의회의 후에 출범한 '모낙(毛洛)'의 임시적 (合作)체제는 국공(國共) 내전과 '공산국제 (中共)지배'의 결과물이었다. 독소전쟁(1941.6) 후 공산국제는 중공 통제권을 상실했다. 결국 (毛劉)연대의 '(毛洛)체제 대체'는 사필귀정이라는 것이 학계의 중론이다.

2956 양상곤은 이렇게 회상했다. …모택동이 낙보에 대한 가장 큰 불만은 (毛江)혼인 반대이다. 낙보는 고집스러울 정도로 모택동의 '강청 결합'을 반대했다. 이는 낙보에 대한 모택동의 강한 불만을 야기했다(楊尙昆, 2009.3). 혼인은 개인적 문제였으나 강청은 염문설에 휩싸인 배우 출신이었다. 결국 원칙성이 강한 장문천은 (黨內)동지들의 '반대의견'을 모택동에게 전달했다(羅平漢, 2013: 181). 실제로 낙보 부부는 (婚姻)중매자 하자진을 잊지 않고 있었다. 한편 '(婚姻)방해자' 낙보를 증오한 모택동은 '(毛江)결혼 소개자' 강생을 중용했다.

한편 권력의 속성상 '최고 권력' 양분은 거의 불가능했다. 결국 낙보의 '권력(叢書記) 집착'은 (最高)권력에서 더욱 멀어지는 결과를 초래했다.

낙보는 1938년 3월까지 '중공 총서기'로 불렸다. (廣州)기자의 '장문천 방문기(1938.3.26)'가 증명한다. 1938년 4월 (武漢)신화일보'에 게재된 '낙보고시(洛甫告示)'[2957]는 이렇게 썼다. …중공중앙은 (若干)서기처의 서기가 있다. 이른바 '총서기'는 존재하지 않는다(程中原, 2008: 268). 유영(劉英)은 이렇게 회상했다. …1939년 낙보는 여전히 (黨中央)회의를 주재했다. 당의 중대사는 모택동이 결정했으나, 당중앙의 일상적 업무는 여전히 낙보가 주관했다(中共中央黨史研究室, 2000: 417). 1939년 (中央)비서국은 낙보가 총괄했다. 1940년 5월 (中央)비서처는 모택동이 거주하는 양가령으로 이전했다. 결국 이는 장문천이 '총서기'에 집착했다는 단적인 반증이다. 한편 '낙보고시'는 왕명에게 보여주기 위한 제스처에 불과했다.

정치국 회의(1940.12.4)에서 모택동은 이렇게 말했다. …좌경(左傾)노선의 실행으로 90% 이상의 혁명 근거지를 상실했다. 준의회의 전에 실시된 좌경노선은 노선착오였다(中共中央文獻研究室, 2013: 237). 낙보는 이렇게 주장했다. …입삼노선을 철저하게 숙청하지 못한 임시중앙은 소비에트 후기에 좌적(左的) 과오를 범했다. 이 시기 군사적 참패를 당했으나 이를 노선착오로 보긴 어렵다(楊奎松, 2003: 119). 실제로 '유소기 설전'에서 승리한 낙보가 정세를 오판한 것이다. 한편 모택동은 장문천이 '9

2957 '낙보고시(洛甫告示, 1938.4.12)'는 낙보가 모택동에게 '총서기'직을 이양한 것이라는 일각의 주장은 잘못된 견해이다. '3월회의(1938)'에서 정치보고를 한 왕명은 '특사' 신분을 과시하며 (黨中央)상급자로 자처했다. '(王明)득세' 시기 낙보가 왕명이 주관한 (武漢)신화일보에 발표한 '낙보고시'는 공산국제에 보여주기 위한 제스처였다. 실제로 낙보가 주동적으로 '(毛洛)체제 종료'를 선포한 것이다. 결국 이는 장문천의 치명적인 실수였다.

월회의(1941)'에서 한 심각한 반성의 진정성을 인정하지 않았다. 결국 이는 대세가 기울진 상황에서 한 '부득이한 반성'이었기 때문이다.

1940년 3월 주은래는 낙보에게 이렇게 말했다. …만누일스킬은 당신을 (中共)이론가라고 칭찬했다. 이 말을 들은 모택동은 이렇게 말했다. …그는 마르크스주의 이론가가 아닌 교조주의자이다(高新民 외, 2000: 112). (延安)고급간부 회의에서 '학풍 개조' 보고(5.19)를 한 모택동은 이론교육이 현실을 벗어난 교조주의 학풍을 예리하게 비판했다. 선전부 책임자는 모택동의 보고를 중시하지 않았다(丁曉平, 2013: 103). 정치국 회의(1943.9)에서 모택동은 이렇게 불만을 표시했다. …나의 보고는 당내에서 아무런 영향도 미치지 못했다(張樹軍 외, 2000: 67). '(中共)7대'에서 장문천은 '(毛澤東)저서 중시' 부족을 반성[2958]했다. 당시 모택동은 낙보를 교조주의자로 폄하한 반면, 낙보는 모택동을 (中共)영수로 존중하지 않았다. 그들의 결별은 당연한 결과였다. 이 또한 권력 속성이 초래한 결과물이다.

1941년 6월 장문천은 모택동을 찾아가 잘못을 인정했다. 당시 모택동의 태도는 온화했다. 며칠 후 모택동은 강생·임필시와 함께 장문천의 과오를 지적했다. 자기비판이 부족하다는 모택동의 비평에 장문천은 내키지 않았으나 과오를 인정했다(張樹德, 2012: 189). '9월회의(1941)'에서 장문천은 이렇게 반성했다. …임시중앙의 과오가 '노선착오'라는 모주석(毛主席)의 주장을 찬성한다. 선전교육을 책임진 기간에 범한 과오를 인

2958 중공 7대에서 장문천은 '(毛澤東)저서 중시' 부족을 이렇게 반성했다. …정풍 개시 전 당의 선전기관은 모택동의 사상과 이론에 대해 깊은 중시를 돌리지 않았다. 이에 대한 주된 책임은 나에게 있다. 당시 '(毛澤東)사상'에 대한 연구가 부족한 나는 (毛澤東)이론의 중요성을 인지하지 못했다(張聞天, 2012: 177). 실제로 장문천은 자신의 '교조주의 과오'에 대해 '9월회의(1941)'에서 철저하게 반성했다. 결국 이는 '강요에 의한' 반성이었다.

정한다(張培森 외, 2010: 455). 1942년 1월 장문천 부부는 '농촌조사'를 떠났다. 10년 전 '소련파'에 의해 실각했던 모택동도 '농촌조사'를 했다. 당한 만큼 보복하는 것이 모택동의 일관된 패턴이다. 한편 모택동은 '농촌조사' 중인 낙보에게 반성을 촉구[2959]했다. 이 또한 권력의 잔혹성이다.

'9월회의(1941)'에서 진운은 이렇게 발언했다. …백구(白區)의 (左的)과오는 유소기가 주관한 후 점차 시정됐다. 임시중앙의 유소기 비판은 잘못됐다. 유소기는 (白區)공작의 정확한 노선 대표자이다(金冲及 외, 2005: 328). 임필시는 이렇게 발언했다. …실천을 중시한 유소기는 주관주의적 과오를 적게 범했다. 9월 29일 강생은 이렇게 반성했다. …(白區)정책에서 유소기와 대립한 나는 주관주의적 과오를 범했다(胡喬木, 2014: 198). 실제로 강생은 유소기를 '기회주의자'[2960]로 비판했다. 진운의 (劉少奇)평가는 '역사결의(1945)'에 수록됐다. 한편 서기처 회의(9.26)는 모택동의 건의를 수용해 유소기의 '연안 휴양(休養)'[2961]을 결정했다.

2959 1942년 5월 14일 모택동은 '농촌조사' 중인 장문천에게 보낸 편지에 이렇게 썼다. …임필시 등은 '마례(馬列)학원 과오'에 대해 당신이 돌아온 후 토론하자고 한다. 곧 연안으로 돌아오거나 답신을 보내 의견을 제출하기 바란다. 결국 장문천은 모택동에게 답신을 보내 자신의 '교조주의 과오'를 반성했다(張培森 외, 2010: 468). 실제로 낙보의 '농촌조사'를 아니꼽게 여겼던 모택동은 낙보의 '조사(調査)' 행위를 '정풍 기피'로 간주했다.

2960 '직공운동 중의 기회주의 반대'라는 문장(1932.3.25)에서 강생이 정리한 유소기의 '죄상(罪狀)'은 ① (勞動者)무장투쟁 반대, 소극적인 기회주의 ② '당중앙 지시' 불복, 동맹파업 포기 ③ 청년·여성노동자(工作), 취소주의 실시 ④ 적색공회의 파업(罷業)투쟁 포기, (右傾)기회주의 과오 등이다(金冲及 외, 1998: 179). 이 시기 교조주의자 강생은 '유소기 비판'의 선봉장 역할을 했다. 한편 강생의 '9월회의(1941) 반성'은 진실성이 결여됐다.

2961 유소기의 '연안 휴양(休養)'은 상당한 어폐가 있다. 당시 모택동이 측근자 유소기의 '연안(延安) 회귀'를 결정한 주된 원인은 첫째, 최측근 유소기의 '정풍운동 참가'가 필요했다. 둘째, 심복인 유소기를 '낙보 대체자'로 간주했다. 셋째, '소련파 제거'를 위한 '정풍운동 전개'에 유소기의 도움이 절실했다. 넷째, '(中共)7대 개최'에서 유소기의 역할을

모택동과 중국혁명 3

유소기가 '(白區)공작의 (正確路線)대표자'라는 결론은 모택동이 내렸다. 주된 이유는 첫째, 모택동은 (白區)공작회의(1937.5)에 참석해 유소기의 지도력을 높게 평가했다. 둘째, 모택동은 '당서(黨書)'인 '6대이래(六大以來)'에 유소기의 문장 7편을 수록했다(馬雲飛, 2011.4.6). 모택동이 작성한 '(1931~1935)중앙노선 비판'은 유소기를 이렇게 평가했다. …지난 10년 간 국민당 통치지역(白區)에서 노동운동을 영도한 대표적 (中共)지도자는 유소기이다. 교조적 이론보다 구체적 실천을 중시한 그는 실사구시의 대표주자로 손색없다(劉崇文 외, 1996: 386). 훗날 모택동은 임시중앙의 (左傾)노선을 비판한 '(九編)문장'을 유소기·임필시에게 보여줬다고 회상했다. 결국 이는 모택동의 '유소기 신임'을 보여준 단적인 증거이다.

1941년 10월 13일 모택동은 (蘇北)신사군의 지휘부에 전보를 보내 유소기의 '연안 회귀'를 지시했다. 1942년 1월 13일 당중앙은 재차 전보를 보내 '(中共)7대 참석'을 통지했다. 3월 19일 유소기는 (八路軍)제13연대의 호송(護送)하에 강소성에서 출발했다. 7월부터 유소기는 산동성에서 4개월 동안 체류했다. 10월 9일 모택동은 유소기가 쓴 '당내 투쟁을 논함'이란 문장에 평어를 달아 해방일보에 발표했다. 12월 30일 9개월 간의 '장거리 여행'을 마친 유소기는 마침내 연안에 도착했다. 1943년 원단 (延安)대예당에서 천여 명의 간부가 참석한 '유소기 환영회'가 성대하게 개최됐다. 당시 '환영회'에서 모택동이 직접 환영사를 했다.

정치국 회의(1.12)에서 유소기는 (中央)서기처가 당중앙의 일상적 업무를 주관할 것을 건의했다. 3월 11일 서기처 회의는 '(機構)개편 방안'

기대했다. 실제로 이 시기 '중공 1인자' 모택동은 유소기를 '중공 2인자'로 내정했다.

을 제출했다. 3월 20일 중앙정치국은 '지도부 개편과 (精簡)결정'[2962]을 통과시켰다(金冲及 외, 2008: 447). 정치국 회의(3.20)에서 유소기는 이렇게 건의했다. …(中央)서기처에 주석직을 설치하고 2명의 서기를 조력자로 배치해야 한다. 또 서기처 주석에게 최종 결정권을 부여해야 한다(黃崢 외, 1998: 448). '(精簡)결정(3.20)'은 모택동을 서기처 주석으로 추대하고 모택동·유소기·임필시로 (中央)서기처를 구성했다. 한편 유소기의 '건의' 는 주석이 정치국 위에 군림하는 심각한 부작용을 초래했다.

정치국 회의(3.20)는 (中央)서기처 산하에 선전위원회·조직위원회 설립을 결정했다. 선전위원회는 모택동·왕가상·박고·개풍으로 구성, 모택동이 서기를 맡았다. 조직위원회는 유소기·왕가상·강생·진운·낙보·등발·양상곤·임필시로 구성, 유소기가 서기를 맡았다. 유소기가 낙보의 직속상관이 된 것이다. 유소기의 '(軍委)부주석 보선'은 그가 '중공 2인자'[2963]로 부상했다는 단적인 반증이다. 결국 '모정유부(毛正劉副)'의 체제[2964]가 출범했다. 당시 '서기처 멤버'인 임필시는 주로 '역사결의(草案)'

2962 정치국 회의(1943.3.20)에서 통과된 '지도부 개편과 정간(精簡)결정'은 이렇게 썼다. … (中共)정치국은 모택동을 (政治局)주석으로 추대한다. (中央)서기처는 모택동·유소기·임필시로 구성하며 정치국이 결정한 방침과 일상적 업무를 책임지고 처리한다. 또 서기처 주석(毛澤東)에게 최종 결정권을 부여한다(黃崢 외, 2008: 448). 상기 '주석 추대'와 '최종 결정권 부여'는 모택동이 중공 영수로 확실하게 자리매김했다는 단적인 방증이다.

2963 1943년 3월 (三人)중앙서기처 멤버'로 승진한 유소기가 '중공 2인자'로 자리매김했다. 유소기를 '중공 2인자'로 간주하는 가장 중요한 근거는 (中共)대표대회의 정치보고와 세 차례의 '주석대리(主席代理)'이다. (中共)7대'에서 '(黨章)수정' 보고를 한 유소기는 '중공 8대(八大, 1956)'에서 '중공 1인자' 모택동을 대신해 (大會)정치보고를 했다. 한편 중공 실세인 유소기는 '(毛澤東)출국·출장' 기간 세 차례 '주석(主席)' 직무를 대신했다.

2964 정풍 기간에 출범한 '모정유부(毛正劉副)' 체제는 (延安)정풍의 결과물이다. 모택동의 '영수 등극(1938.11)'은 공산국제 지지를 받았고 '(副手)유소기 부상'은 모택동의 지지와 관련된다. 정치가 모택동과 노동운동가 유소기의 연대는 역사의 필연적 결과이다.

작성에 전념했다. 한편 '서기처 멤버'에 맞먹는 권력을 장악한 실세가 바로 모택동의 심복이며 '심간(審幹)'을 주도한 강생이었다.

'반성필기(反省筆記)'로 불리는 '정풍일기(1943.12)'[2965]를 열심히 작성한 장문천은 자신의 '좌적 과오'를 심각하게 반성했다. '필기'를 완성한 후 모택동에게 '일람(一覽)'을 부탁했다. 당시 모택동은 낙보에게 이렇게 말했다. …단숨에 읽었다. 매우 훌륭하다(程中原, 2012: 245). 한편 '중공 7대' 주석단 멤버로 선정된 장문천은 발언(5.2)에서 재차 자신의 '과오'를 진지하게 반성했다. 5월 24일 '선거 방침' 보고를 한 모택동은 장문천의 '반성'이 가장 철저했다고 칭찬했다. 6월 19일 새로 선출된 13명의 정치국 위원 중 장문천의 서열은 제12위였다. 결국 '중공 7대'에서 '중공 2인자' 지위를 확보한 유소기가 '낙보 대체자'로 부상했다.

모택동이 중경에서 장개석과 담판하는 기간(1945.8~10) 유소기가 (中共)대리주석[2966]을 맡았다. 1945년 10월 장문천은 동북으로 '하방'됐다. 1946~1949년 목당강(牧丹江)·가목사(佳木斯)·하얼빈(哈爾濱)·단동(丹東) 등지에서 합강(合江)성위 서기·요동(遼東)성위 서기·동북국 조직부장을 맡

(毛正劉副)체제는 큰 곡절이 없이 20년 간 유지됐다. 한편 '당주석'·국가주석의 (權力)양분은 '모정유부' 체제의 파산을 초래했다. 실제로 '(最高)권력 양분'은 (權力)속성에 위배된다.

2965 1943년 12월 장문천은 4만자에 달하는 '반성필기(反省筆記)'를 완성했다. 훗날 '(延安)정풍필기(1943)'로 개칭된 '반성필기'에서 장문천은 '4중전회' 이후의 '(左的)과오'에 대해 심각하게 반성했다(程中原, 2012: 244). 결국 장문천의 '반성필기'는 모택동의 칭찬을 받았다. 이 또한 장문천이 '중공 7대(七大)'에서 정치국에 진입한 주된 원인이다.

2966 유소기는 선후로 세 차례 (中共)대리주석을 맡았다. 첫 번째, 1945년 9~12월 모택동이 중경에 갔을 때였다. 두 번째, 1949년 12월부터 1950년 3월 모택동이 소련으로 출국했을 때였다. 세 번째, 1953년 12월부터 1954년 3월 모택동이 항주로 출장을 갔을 때였다. 3차례의 '대리주석'은 유소기가 모택동의 '계승자'였다는 단적인 반증이다.

았다. 1951년 소련(蘇聯) 주재 특권대사(特權大使)로 파견됐다. 1955년 외교부 상임(常任) 부부장에 임명된 장문천은 정치국 후보(候補)위원에 피선(1956)됐다. 여산회의(1959.8)에서 '대약진 반대'의 죄명을 쓰고 '반당집단(反黨集團)'의 주범(主犯)[2967]으로 몰린 후 파면됐다. 문혁 시기 '반당(反黨)분자' 장문천은 심각한 정치적 박해를 받았다.

'9월회의(1941)' 후 (舌戰)패전자 왕명이 '병'으로 입원하고 장문천이 '농촌조사'를 떠난 뒤 유소기가 모택동의 유력한 조력자로 부상한 것은 필연적 결과였다. 실제로 유소기의 '낙보 대체'와 '모정유부(毛正劉副)' 체제의 출범은 사필귀정이다. '중공 7대'에서 '당장(黨章)' 보고를 한 유소기가 '(代理)주석'을 맡은 것은 '중공 2인자'였다는 단적인 방증이다. 중공 8대(八大, 1956.9)에서 정치보고를 하고 국가주석(國家主席)[2968]에 선임(1959.4)된 유소기는 모택동의 '계승자(繼承者)'[2969] 지위를 확실히 굳혔다. 문화대혁명이 발발한 후 '주자파(走資派) 두목' 유소기는 혹독한 정치적

2967 여산회의(1959.8)에서 장문천은 '반당집단'의 주범으로 몰렸다. 8월 13일 '대약진 반대' 죄명을 쓴 장문천은 자신의 과오를 반성했다. 8월 15일 모택동은 팽덕회·장문천은 당내의 '분열파'·'우파'라는 최종 결론을 내렸다(程中原, 2006: 426). 8중전회(1959.8.16)에서 '(彭德懷)반당집단 결의'가 통과됐다. 장문천은 '반당집단' 주모자로 지목됐다.

2968 중화인민공화국의 초대 국가주석은 모택동(1949~1959)이다. 제2대 국가주석은 유소기(1959~1966)이다. 한편 문혁 시기 유소기가 타도된 후 국가주석제(國家主席制)는 잠정 폐지됐다. 국가주석제가 회복(1982)된 후 이선념·양상곤이 국가주석을 맡았다. 작금의 중국은 최고 지도자인 '당주석(黨主席)'이 국가주석을 겸임하고 있다.

2969 유소기가 모택동의 '계승자'로 간주하는 주된 이유는 첫째, 모택동의 '부재(不在)' 중 세 차례의 (代理)주석을 맡았다. 둘째, 1959년 모택동은 국가주석직을 유소기에게 이양했다. 셋째, 영국 원수 몽고메리(Montgomery)와의 담화에서 모택동은 유소기를 그의 '후계자'라고 말했다. 1947년 모택동은 '만일의 경우'를 대비, 유소기를 중앙공작위원회(中央工作委員會) 서기로 임명했다. 이는 유소기가 '(毛澤東)계승자'라는 명백한 증거이다.

박해를 받아 세상을 떠났다. 이 또한 권력의 무상함이다.

유소기의 부상과 장문천의 '좌천'은 (延安)정풍의 결과물이다. 1937년 5~6월 정적인 유소기와 낙보 간에 벌어진 치열한 쟁론은 정풍운동의 전주곡이었다. 모택동이 중공 영수로 등극한 후 4년 간 유지된 '모낙(毛洛)' 체제는 사실상 종결됐다. 정풍운동 기간(1943.3) 출범한 '모정유부(毛正劉副)' 체제는 '탈소련화'[2970]와 중국 공산당이 독립적 정당으로 거듭났다는 단적인 반증이다. 한편 '모정유부' 체제는 20여 년 동안 유지됐다.

제3절 (延安)문예계 정풍과 '실족자 구조(搶救)' 운동

1. (延安)문예좌담회 개최, 성과와 '후유증'

1942년 5월에 열린 연안문예좌담회(延安文藝座談會)[2971]는 '(三風)정돈' 일환으로 추진됐다. (延安)문예계에는 암흑면 폭로에 집착하는 '그릇된 문풍'이 만연됐다. '좌담회' 취지는 문예계의 잘못된 풍조를 바로잡고 지식인의 '실천 중시'를 통해 문예가 공농병(工農兵)을 위해 복무한다는

2970 (延安)정풍의 취지는 '소련파 제거'와 소련의 지배권에서 벗어나는 것이다. 공산국제 해산과 정풍운동을 통해 중공은 소련의 지배에서 탈피해 '독립정 정당'으로 거듭났다. '모정유부(毛正劉副)' 체제 등장과 모택동사상 확립이 단적인 증거이다. '중공 7대(七大)'는 '(中共)탈소련화' 완성을 의미한다. 한편 완전한 '탈소련화'는 사실상 불가능했다.

2971 연안문예좌담회(延安文藝座談會)는 1942년 5월 2~23일 (延安)양가령에서 개최됐다. 모택동·개풍이 주최하고 120여 명이 참석, 5월 중 세 차례의 좌담회를 열었다. '(三風)정돈'과 함께 추진된 '좌담회'의 취지는 (延安)문예계의 '문제점 해결'과 지식인의 사상 개조였다. 한편 정풍(整風) 일환으로 진행된 '좌담회'는 '투쟁의 장'으로 변질했다.

것이다. (文藝界)정풍은 문예공작자(文藝工作者)[2972]의 '하향(下鄕)'[2973]으로 이어졌다. 전통으로 굳어진 '지식인 하향'은 심각한 후유증을 유발했다.

1942년 봄부터 개시된 '삼풍(三風) 정돈'은 각급 정부기관·당학교(黨校) 등에서 동시에 전개됐다. (延安)정풍에는 (黨政)기관의 고급간부와 기관단체 간부가 빠짐없이 참여했다. 따라서 (延安)문예종사자들도 정풍운동에서 예외일 수 없었다. 당시 문예계(文藝界) 정풍은 중공 영수인 모택동이 직접 책임졌다. 이는 문예계 정풍에 대한 당중앙의 '중시'를 단적으로 보여준 것이다. 또 이는 (延安)문예계에 많은 '문제점'이 존재했다는 것을 단적으로 보여준다. 한편 항전 개시 후 전국 각지로부터 수천명에 달하는 문화예술인이 '혁명의 성지(聖地)'인 연안으로 대거 몰려들었다. 1944년 봄 연안에 거주한 지식인이 7000명에 달했다.

연안에는 많은 문예(文藝)단체와 예술기관이 우후죽순처럼 생겨났다. 중국문예협회(中國文藝協會)[2974]·서북전지복무단(西北戰地服務團)[2975]·항

2972 문예공작자(文藝工作者)는 문학과 예술에 종사하는 지식인에 대한 존칭이다. 과거에는 '구예인(舊藝人)'으로 불렸다. 1940년대 중공 지도부가 문학인·예술인에 대한 존경을 뜻을 담아 개칭했다. (文藝)좌담회에서 모택동은 문예종사자에게 '공농병 결합'을 호소했다. 결국 (文藝界)정풍 후 수많은 문예종사자가 (敵後)근거지와 (抗日)전방으로 하향(下鄕)했다. 한편 '공작자(工作者, 종사자)'는 존경의 뜻이 담겨 있다는 점을 재차 부언한다.

2973 '하향(下鄕)'은 하방(下放)과 비슷한 의미가 있으나 뉘앙스의 차이가 있다. 문예공작자의 '하향'은 (文藝)좌담회의 결과물이다. 1943~1944년 '공농병 결합'을 취지로 많은 지식인이 근거지와 (抗戰)전방으로 내려가 단련을 받았다. 문예공작자의 '하향'은 '(知識人)사상개조'가 주된 취지였다. (文革)시기 '지식청년(知靑) 하방'으로 부활됐다.

2974 중국문예협회(中國文藝協會)은 항일전쟁 시기 섬감녕(陝甘寧)변구에서 활약한 (抗日)문예단체이다. 1936년 11월 정령·서특립·육정일·이백쇠 등이 섬서성 보안(保安)에서 설립했다. 정령이 초대 (文協)회장을 맡았다. '협회(協會)'의 간행물은 '소구문예(蘇區文藝)'·'홍중부간(紅中副刊)'이 있다. 1937년 11월 '문예협회'는 해산했다.

2975 1937년 8월 연안에서 설립된 서북전지복무단(西北戰地服務團)은 정령·오해여(吳奚如)가

모택동과 중국혁명 3

전문공단(抗戰文工團)·민중극단(民衆劇團)[2976] 등이다. 상기 문예단체는 '연극 애호가'이며 실질적 '중공 1인자'인 모택동의 지지와 관심을 받았다. 한편 '문학 애호가'[2977]인 모택동은 연안으로 찾아온 예술인·문학인들과 '돈독한 관계'를 맺었다. 당시 연안에 온 많은 작가·시인·예술인들이 모택동의 접견을 받았다. 실제로 중공 지도자 모택동과 '예술인(藝術人)'인 강청의 결합도 연극으로 맺어진 인연이다. 한편 정치가 모택동과 맺어진 예술가·문학가들의 인연은 대부분 비극으로 끝났다.

1936년 11월 섬서성 보안에서 중국문예협회가 설립됐다. '(協會)설립' 대회(11.22)에서 모택동은 이렇게 연설했다. …(協會)설립은 소비에트 운동의 창거(創擧)이다. 문학인들은 (工農)대중을 위한 문화적 활동에 솔선수범해야 한다. '협회'는 (抗日)문예단체로 거듭나야 하다(中共中央文獻研究室, 2013: 613). 1938년 2월 모택동·주은래 등이 발표한 '창립연기(創立緣起)'는 이렇게 썼다. …예술은 선전선동과 대중 동원의 강력한 무기이다. 예술인은 항전에 필수불가결한 역량이다. (藝術)간부 양성을 위한 예술학원 설립은 당면과제이다(逢先知 외, 2005: 52). '문예협회' 초대회장은

(西戰團)책임자로 선임됐다. 1938년 7월 산서성(山西省)에서 활약하던 '서전단(西戰團)'은 연안으로 돌아왔다. 1938년 11월 '서전단'은 진찰기(晉察冀) 근거지로 진출했다. 1945년 6월에 해산된 후 대부분의 단원(團員)들은 노신예술학원에 편입됐다.

2976 민중극단(民衆劇團)은 섬감녕(陝甘寧) 변구에서 활약한 희곡(戲曲)단체이다. 1938년 7월 연안에서 설립, 민중극단의 초대 단장(團長)은 가중평(柯仲平)이 맡았다. 한편 많은 (戲曲)인재를 배양한 민중극단은 항일 선전에 긍정적 역할을 했다. 1940년 후반 제1야전군 문공단(文工團)으로 개명, 1950년대 서북(西北)민중극단으로 개칭했다.

2977 젊은 시절부터 문학 작품을 애독한 모택동은 '홍루몽'·'삼국연의'·'수호전' 등 고전을 통독했다. '문학 애호가'인 모택동은 (延安)문학인과 공통적 취미를 갖고 있었다. 또 시인인 모택동은 서예에도 일가견이 있었고 연극(演劇) 애호가였다. 한편 정치가인 모택동은 문학을 정치와 연결시켰다. 이는 (文化人)비극을 초래한 주된 원인이다.

소설가 정령(丁玲)이 맡았고 (魯迅)예술학원 원장은 오옥장(吳玉章)이다. 한편 '문학지우(文學之友)' 정령·모택동은 '특별한 인연'[2978]을 맺었다.

호교목은 이렇게 회상했다. …1938년 5월 모택동은 가중평(柯仲平)[2979]의 장편서사시를 '해방(解放)'에 발표할 것을 지시했다. 1939년 모택동은 현성해(冼星海)[2980]의 '황하대합창(黃河大合唱)'[2981]을 매우 높게 평가했다(胡喬木, 2014: 253). 모택동의 '작품 평가' 기준은 '(抗戰)역할' 여부였다. 그는 '(抗日)문예'를 가장 중시했다(張樹軍 외, 2000: 220). 모택동이 높게 평가한 것은 작품의 대중성·문예성이다. 광미연(光未然)[2982]이 작사한 '황하대합창'은 항일투쟁에 긍정적 역할을 했다. 실제로 모택동의 '작품 평가' 기준은 항전에 대한 역할과 예술의 정치성이었다.

2978 1936년 11월 (陝北)보안에 도착한 소설가 정령은 모택동의 환영을 받았다. 또 모택동은 '임강선(臨江仙)' 사(詞)를 지어 정령에게 증정했다. 이는 이 시기 모택동이 '문학인 역할'을 중요시했다는 단적인 반증이다. 한편 (文藝界)정풍 기간 '심각한 반성'을 한 정령은 모택동의 용서를 받았다. 1950년대 모택동의 신임을 상실한 정령은 '반당(反黨) 분자'로 몰렸다. 결국 정치가와 문학가의 '특별한 인연'은 용두사미(龍頭蛇尾)로 끝났다.

2979 가중평(柯仲平, 1902~1964), 운남성 보녕(寶寧) 출신이며 공산주의자이다. 1930년 중공에 가입, 1930~1940년대 (邊區)문예구망(救亡)협회 부회장, 서북문련(西北文聯) 회장, 건국 후 서북예술대학교 총장, 전국 정협 위원 등을 역임, 1964년 서안(西安)에서 병사했다.

2980 현성해(冼星海, 1905~1945), 오문(澳門) 출신이며 저명한 작곡가이다. 1926년 북경대학(音樂)전습소(傳習所) 입학, 1928년 국립음악학원 연수, 1929년 파리에서 근공검학(勤工儉學), 1938년 (魯藝)음악학부장, 1939년 중공에 가입, 1945년 모스크바에서 병사했다.

2981 '황하대합창(黃河大合唱)'은 광미연(光未然)이 작성하고 현성해(冼星海)가 작곡한 대형합창 성악의 모음곡으로, 1939년 3월에 완성됐다. 1939년 5월 연안에서 '황하대합창'을 들은 모택동은 작곡가 현성해의 노고를 치하했다. 한편 황하를 배경으로 지어진 '황하대합창'은 중화민족의 완강한 투쟁력과 강인한 정신력을 칭송한 작품이다.

2982 광미연(光未然, 1913~2002), 호북성 광화(光化) 출신이며 (文學)평론가이다. 1929년 중공에 가입, 1930~1940년대 '추성극사(秋聲劇社)' 사장, 북방대학 예술학원 교수, 건국 후 중국작가협회 당조(黨組) 서기, 전국 인대 대표 등을 역임, 2002년 북경에서 병사했다.

'(魯迅)예술학원 설립' 대회(1938.4.10)에서 모택동은 '예술인의 사명'에 대해 이렇게 말했다. …'산정상(山頂上)'·'정자간(亭子間)' 예술인은 '자대주의(自大主義)'²⁹⁸³를 포기하고 민족해방을 위해 문화예술 활동을 전개하고 예술인의 사명을 완수해야 한다(馮蕙 외, 2013: 64). 4월 28일 '노예(魯藝)'에서 연설한 모택동은 예술가 조건을 이렇게 설명했다. 첫째, 공산주의 실현의 원대한 포부를 지녀야 한다. 둘째, 예술가의 중요한 조건은 풍부한 (生活)경험이다. 셋째, 고도의 예술적 기교를 갖춰야 한다(逢先知 외, 2005: 65). 상기 '산정상'은 장정에 참가한 문예공작자, '정자간'은 대도시에서 온 예술인을 가리킨다. 1939년 5월 모택동은 '(魯藝)설립 1주년'을 축하해 '(抗日)현실주의·(革命)낭만주의'라는 제사를 썼다.

1939년 5월 5일 소삼과 문학을 담론한 모택동은 이렇게 말했다. …'요재지이(聊齋志異)'²⁹⁸⁴의 저자 포송령(蒲松齡)²⁹⁸⁵은 강제적 혼인을 반대했으나 일부다처제는 묵인했다. 노신의 '괴이한 소설' 평가는 적절치 않다(馮蕙 외, 2013: 125). 모택동은 소삼에게 보낸 편지(1939.5)에 이렇게 썼다. …

2983 '자대주의(自大主義)'는 자고자대하며 상대를 무시하는 행위를 가리킨다. 당시 연안에는 '산정상(山頂上)'으로 불리는 (長征)간부·(陝北)문예종사자와 '정자간(亭子間)'으로 불리는 북경·상해 등 대도시에서 온 지식인 대립이 심각했다. (長征)노간부는 (革命)경력을 근거로 지식인을 무시, (文藝界)정풍에서 (亭子間)지식인들은 (改造)대상으로 취급됐다.

2984 '요재지이(聊齋志異)'는 청대(淸代) 소설가 포송령(蒲松齡)의 단편소설집이다. 강희(康熙) 18년인 1679년에 지은 것으로 알려진다. 수록된 작품은 총 491편, (作品)대부분은 민간에서 수집된 것이다. 작품을 통해 봉건제도와 탐관오리의 죄행(罪行)을 폭로한 저자는 과거제도를 날카롭게 풍자했다. '요재지이'가 끼친 커다란 영향력으로, 유사한 작품이 매우 많다. 한편 모택동은 '요재지이'를 '온정주의(溫情主義)' 작품으로 평가했다.

2985 포송령(蒲松齡, 1960~1715), 산동성 제남(濟南) 출신이며 청조(淸朝) 문학가이다. (文言)단편소설집 '요재지이' 저자, 남긴 시문(詩文)·희극(戲劇)·농업·의약(醫藥) 등 저술이 200만자에 달한다. 그의 작품은 희곡·영화·드라마로 개편, 1715년 제남에서 병사했다. 한편 모택동은 강제적 혼인을 반대한 포송령이 일부다처제를 수용했다고 평가했다.

당신의 시집과 같은 전투적 작품이 절실하다. 모택동은 전투성이 강한 작품을 선호했다(逄先知 외, 2005: 128). 또 모택동은 이렇게 역설했다. …나폴레옹은 하나의 붓은 삼천개의 모젤총과 같다고 말했다. 한편 모젤총이 없으면 붓대는 무용지물이 된다(中共中央文獻研究室, 1993: 148). 당시 노신의 '잘못된 평가'는 마르크스주의를 수용하지 않았기 때문이라고 지적한 모택동은 '붓대'·'총대'의 관계를 통해 예술의 정치화를 강조했다. 한편 노신이 '마르크스주의자'[2986]는 일각의 주장은 수긍하기 어렵다.

1939년 당중앙이 발표한 '지식인 영입 결정(12.1)'의 골자는 첫째, 민족해방의 최종적 승리를 거두려면 '지식인 영입'은 필수적이다. 둘째, 정확한 (知識人)정책은 승리의 중요한 전제조건이다. 셋째, (地方)당조직은 지식인을 존중하지 않았다. 넷째, 무산계급의 지식인을 양성하고 지식인의 역할을 중시해야 한다(逄先知 외, 2013: 147). 이는 이 시기 지식인의 사회적 지위가 낮고 지식인 역할이 중시되지 않았다는 반증이다. 대혁명이 실패(1927)한 후 중공중앙은 지식인을 무시하고 지식인의 역할을 폄하했다. 이는 스탈린의 '중공 간섭'[2987]과 중공 영수 모택동의 (蘇聯)유

2986 노신(魯迅, 1881~1936)은 위대한 문학가·사상가이며 '(中國)현대문학의 창시자'로 불린다. 현재 노신이 '혁명가'라는 평가에는 찬반 양론이 크게 엇갈리고 있다. 당시 작가 노신은 그 어느 당파(黨派)에도 예속되지 않았다. 그는 평생 (文學)활동과 창작에 정진했다. 따라서 노신은 '마르크스주의자'가 아닌 민주인사(民主人士)였다. 한편 (文藝界)정풍에서 모택동은 '노신 추종자'인 정령·소군 등을 '개조대상(改造對象)'으로 확정했다.

2987 스탈린은 '대혁명 실패(1927)'의 주된 원인을 중공 지도자인 진독수·구추백 등 지식인의 '리더십 결여'라고 판단했다. 한편 '중공 6대(1928.6)'에서 스탈린의 간섭하에 향충발·이립삼·항영 등 노동운동 출신 지도자가 대거 발탁됐다. 이는 지식인 출신의 (中共)지도자를 배척한 단적인 증거이다. 또 그는 '왕명 후견인' 미프(Mif)를 공산국제 대표로 중국에 파견했다. 결국 스탈린의 '중공 간섭'은 중국혁명에 막대한 손실을 초했다.

학파에 대한 강한 선입견[2988]과 관련된다. 한편 (文藝界)정풍에서 사상개조(思想改造) 대상으로 간주된 문화예술인들은 비판대상으로 전락했다.

신민주주의(文化)를 '민족적·과학적·대중적'[2989] 문화로 개괄한 모택동은 문화예술은 실사구시적인 민주적 문화로 발전해야 한다고 강조했다(毛澤東, 1991: 708). 호교목은 이렇게 정리했다. …문화예술의 취지는 공농병(工農兵)을 위해 복무하는 것이다. 대중 속으로 들어가 (大衆)생활을 이해해야 한다(胡喬木, 2014: 254). 1939년 12월 모택동은 (魯藝)연극학부장 장경(張庚)[2990]에게 이렇게 말했다. …(白區)작가의 작품도 중시해야 한다. 조우(曹禺)[2991]의 '일출(日出)'은 좋은 작품이다. 1940년 6월 모택동은 작가 심안빙(沈鴈冰)과 '홍루몽(紅樓夢)'[2992]을 담론했다(張樹軍 외, 2000: 225).

2988 박고·낙보 등 (蘇聯)유학파에 대한 모택동의 강한 선입견은 1930년대 '소련파'에 의한 당권·군권(軍權) 박탈과 관련된다. 중공 영수로 등극한 모택동은 '소련파'의 교조주의 과오를 시정하기 위해 '학풍 개조'를 단행했다. 한편 '지식인 역할'을 중시한 모택동이 '(知識人)사상개조'를 추진한 것은 극히 자가당착적이다. 실제로 (蘇聯)유학파에 대한 강한 선입견은 지식인·유학파에 대한 모택동의 자격지심과 열등감이 작용한 것이다.

2989 '신민주주의론(1940.1)'에서 모택동은 신민주주의(文化)를 '민족적·과학적·대중적'이라고 요약했다. ① 민족적, 반제·반봉건적 중국혁명의 최우선과제는 민족 독립 ② 과학적, 봉건사상 반대, 실사구시적 진리 추구 ③ 대중적, (工農)대중을 위한 문화 창조 등이다(張樹軍 외, 2000: 223). 상기 주장의 취지는 '공농병 결합'과 '인민대중 복무'이다.

2990 장경(張庚, 1911~2003), 호남성 장사(長沙) 출신이며 (戲劇)이론가이다. 1934년 중공에 가입, 1930~1940년대 (魯藝)희극학부장, 동북(魯藝)부원장, 전국희극공작자협회 부회장, 건국 후 중국희곡학원 원장, 중국희극가협회 부회장 등을 역임, 2003년 북경에서 병사했다.

2991 조우(曹禺, 1910~1996), 천진(天津) 출신이며 저명한 극작가이다. 1930~1940년 (上海)복단대학 교수, 뢰우(雷雨)·일출(日出)·원야(原野)·북경인 등을 창작, 건국 후 (全國)문학예술공작자연합회 상임위원, 북경인민예술극원 원장 등을 역임, 1996년 북경에서 병사했다.

2992 '홍루몽(紅樓夢)'은 건륭(乾隆) 시기의 장회체(章回體) 장편소설이며 중국의 '4대명저(四大名著)'로 꼽힌다. 총 120회(回)로 구성됐다. (前)80회는 조설근(曹雪芹)이 작성, (後)40회

모택동이 강조한 것은 문화예술의 대중성과 실천성이다. 한편 '(古典)소설 애호가'인 모택동의 '홍루몽 평가'[2993]는 매우 높았다.

(延安)문예계의 문제점은 첫째, 예술을 정치와 무관한 '독보적 존재'로 간주했다. 둘째, 마르크스주의를 문학 창작의 걸림돌로 여겼다. 셋째, 사회의 '암흑면 폭로'에 치중했다. 넷째, 대중을 기피하고 알력다툼이 심각했다(西北中央檔案館, 1990: 450). 일부 지식인들은 (延安)사회에 존재하는 부정적 측면을 확대해석했다. 또 그들은 사회적 부조리와 암흑면을 부풀리고 풍자했다. 이는 연안의 당정(黨政) 간부와 당중앙의 불만을 야기했다. 또 일부 문화예술인의 마르크스주의에 대한 부정적 인식은 모택동이 (文藝界)정풍을 결심한 직접적인 계기가 됐다. 한편 마르크스주의는 문화예술인의 머리를 옥죄는 '긴고주(緊箍咒)'[2994] 역할을 했다.

대도시에서 온 문화예술인은 '정치성'이 강한 연안의 따분한 생활에 재빨리 적응할 수 없었다. '혁명성'이 강한 연안의 경직된 분위기는

는 고악(高鶚)의 속작(續作)이다. 고전 소설인 '홍루몽'귀공자 가보옥(賈寶玉)과 임대옥(林黛玉)·설보채(薛寶釵) 간 (婚姻)비극을 통해 봉건왕조의 몰락을 묘사했다. 한편 '홍루몽'을 정독(精讀)한 모택동은 (古典)소설 중 '가장 잘 쓴 책'이라고 높게 평가했다.

2993 모택동은 '홍루몽'에 대해 이렇게 평가했다. …(作品)언어가 생동하고 인물이 살아있다. 모든 중국인이 반드시 읽어야 할 작품이다(盛巽昌 외, 2011: 271). 또 그는 '홍루몽'의 주인공인 가보옥(賈寶玉)을 이렇게 칭찬했다. …약자를 동정한 가보옥은 현시대에 태어났다면 혁명에 참가했을 것이다(李子遲 외, 2011: 300). 결국 이는 정치가의 입장에서 (文學)작품을 평가한 것이다. 실제로 모택동의 환심을 산 것은 가보옥의 '반항심'이었다.

2994 긴고주(緊箍咒)는 삼장법사(三藏法師)가 손오공의 머리에 씌운 금테를 조일 때 사용하는 주문(呪文)이다. '긴고주'는 사람을 구속하거나 사상을 속박하는 수단을 가리킨다. 당시 '노신 추종자' 소군·정령 등은 연안에 도착한 후에도 '(社會)암흑면 폭로'에 집착했다. 실제로 대다수의 지식들은 마르크스주의가 '(文藝)창작' 걸림돌 역할을 한다고 여겼고 문학인의 자유와 사상을 속박하는 '긴고주'로 간주했다. 이는 (文藝界)정풍을 유발했다.

예술인의 기대와 '큰 차이'가 있었다. 적지 않은 지식인이 연안에 마음을 붙이지 못하고 대도시 회귀를 결정한 것은 '지식인 정책' 부재와 관련된다. 또 이는 (邊區)정부와 (地方)당조직의 지식인 편견과 관련된다. 1930년대 '좌련(左聯)'에서 활약한 정령·애청(艾青)[2995]·소군(蕭軍)[2996] 등은 (左翼)문예운동 선봉장인 노신의 영향을 받아 '암흑면 폭로'에 익숙했다. 특히 '노신의 제자'로 자처한 소군은 '(魯迅)잡문시대'를 숭상했다. 한편 (延安)중공이 문화예술인에게 요구한 것은 '공산당 찬양'이었다.

　(延安)문예계의 문제점에 대해 주양(周揚)은 이렇게 회상했다. …대도시에서 온 문화예술인들은 공농병을 경원시하고 대중을 멀리했다. 그들은 몸은 연안에 있었으나 마음은 상해 등 대도시에 있었다(周揚, 1992: 36). 당시 문예계에는 알력다툼이 심하고 의견 대립이 심각했다. 또 내부 갈등과 파벌싸움으로 점철된 종파주의 문제가 존재했다. 모택동은 문예계의 문제점을 매우 중시했다(金冲及 외, 2011: 650). 정풍운동 기간 모택동의 신임을 받은 주양은 노신예술학원 원장을 맡았다. 이 시기 주양과 '노신 추종자' 소군은 '견원지간'[2997]이었다. 상기 '종파주의'는 어

2995 애청(艾青, 1910~1996), 절강성 금화(金華) 출신이며 시인·문학가이다. 1930~1940년대 '문예진지(文藝陣地)' 편집, '시간(詩刊)' 편집장, 1957년 (右派)분자로 몰려 흑룡강·신강 등지에서 20년 간 노동개조, 중국작가협회 부회장 등을 역임, 1996년 북경에서 병사했다.

2996 소군(蕭軍, 1907~1988), 요녕성 능해(凌海) 출신이며 문학가이다. 1`931년부터 (文學)창작에 종사, 1940년대 (文抗)연안분회 이사, '노신연구회' 총간사(總幹事), '문예일보' 주필, 건국 후 전국 문련(文聯) 위원, 중국작가협회 이사 등을 역임, 1988년 북경에서 병사했다.

2997 주양은 '노신 반대자'였고 소군은 '노신 추종자'였다. 1941년 여름 노신예술학원장 주양은 해방일보에 '광명(光明) 칭송'의 글을 발표했다. 당시 (文抗)책임자 소군이 '반박문'을 작성해 해방일보에 기고했으나 게재를 거부당했다. 한편 '주소(周蕭)'의 알력다툼에서 모택동은 자신의 견해를 밝히지 않았다. 결국 이는 모택동이 (文抗)역할을 중시했다

폐가 있다. 실제로 '(文藝界)문제점'은 크게 과장되고 부풀려진 것이다.

1941년 7월 말 소군은 모택동의 거처로 찾아가 '작별 인사'를 했다. 모택동에게 문예계의 파벌다툼 등 문제를 적발한 소군은 '(文藝)정책 제정'을 건의했다. 소군은 모택동의 '간곡한 만류'를 수용했다(張樹軍 외, 2000: 226). 모택동은 소군에게 보낸 편지(8.2)에 이렇게 썼다. …문예계의 문제는 관련 부서의 중시하에 개선될 것이다. 그리고 자신의 단점을 인정하고 화목한 인간관계를 유지해야 '안심입명(安心立命)'이 가능하다(中共中央文獻研究室, 2003: 158). 소군은 이렇게 회상했다. …나는 친절하고 온화한 그의 태도에 힘입어 불쾌한 일들을 모조리 털어놓았다. 당시 모택동은 나에게 지속적인 '문제점 적발'을 부탁했다(蕭軍, 1992: 113). 한편 소군은 주양과의 '알력 격화'로 홧김에 연안을 떠나 중경으로 가려고 한 것이다. 이는 (延安)문예계에 '파벌다툼' 등 문제점이 존재했다는 반증이다.

소군은 '문항(文抗)'을 위해 많은 유익한 일을 했다. 이 시기 (文抗)상무이사가 아닌 소군은 주양·소삼과 숙적이었다. (文抗)책임자로 부임한 소군은 제1차 이사회(8.13)에서 주양·소삼·정령 등 상무이사를 전부 교체했다(李向東 외, 2015: 262. 264). 1941년 7월 (文抗)연안분회가 출범했다. 따라서 '문항'은 독립적인 단체로 거듭났다. 이 시기 모택동과 '돈독한 관계'를 유지한 소군은 (文藝界)실세로 부상했다. 한편 모택동의 심복인 주양과 오래 친구인 소삼과 견원지간이 된 것은 소군이 모택동의 신임을 상실한 중요한 원인으로 간주된다. 한편 소군이 모택동의 '눈 밖에 난' 주된 원인은 '(整風)저항자'라는 낙인이 찍혔기 때문이다.

1940년 6월 소군은 두 번째로 연안에 왔다. 그 후 1년 동안 소군은

는 반증이다. 실제로 모택동은 심복인 주양의 '광명칭송(光明稱頌)' 견해를 지지했다.

모택동과 잦은 왕래를 유지했다. 훗날 소군은 일기에 이렇게 썼다. …노신은 나의 아버지이고 모택동은 나의 큰 형님이다(肖雲儒 외, 1992.7.2). 1941년 봄 모택동은 소군에게 '소련파'의 배척을 받은 자신의 경력을 털어놓았다. 4월 8일 소군은 '동지의 사랑과 인내'[2998]라는 글을 해방일보에 발표했다(朱鴻召, 2011: 136). 당시 소군의 '(文藝)정책 제정' 건의는 모택동의 호평을 받았다. 한편 소군이 노신과 12살 터울의 띠동갑인 모택동을 '큰 형님'으로 부른 것은 이 시기 모택동과 소군의 '돈독한 관계'를 단적으로 보여준다. 1941년 8월 모택동의 신임을 받은 소군은 '문항(文抗)' 책임자가 됐다. 그들의 '밀접한 관계'는 1942년 여름까지 유지됐다.

8월 12일 모택동은 소군·나봉·서군·애청 등을 청해 식사를 초대했다. 소군은 일기(8.13)에 이렇게 썼다. …(文抗)회장에 임명된 나는 제1차 이사회를 개최해 임원을 교체했다. 또 다른 일기(8.15)에 이렇게 적었다. …저녁에 모택동의 거처에서 늦게까지 술을 마셨다(王增如 외, 2016: 263, 264). 정령은 이렇게 회상했다. …소군과 결렬한 나는 (文抗)업무에 관여하지 않았다(丁玲, 1957.8.20). 8월 중순 모택동은 (文抗)사무실을 찾아가 소군 등을 만났다. 당시 (文抗)역할을 중시한 모택동은 소군의 (文抗)책임자의 지위를 인정했다. 한편 '잡문 부흥'에 크게 기여한 '노신 추종자'인 소군·정령은 1년 후에 모택동의 신임을 상실했다.

(延安)방송국이 발표(1943.4)한 (文藝界)문제점은 첫째, 마르크스주의가

2998 1942년 4월 4일 모택동과의 대화에서 아이디어를 얻은 소군은 '동지의 사랑과 인내'를 작성한 후 모택동의 심사를 받았다. 4월 8일 소군의 글은 해방일보에 발표됐다. 한편 '문장 발표' 전 모택동은 해방일보 편집부에 전화를 걸어 자신의 이름을 삭제할 것을 요구했다(王科 외, 2008: 146). 1958년 모택동은 자신의 '심사를 거쳐' 해방일보에 발표한 상기 소군의 문장을 '반동(反動)' 작품으로 지목했다. 이 또한 '불가사의' 그 자체이다.

문학 창작을 저해한다고 여겼다. 둘째, 암흑면 폭로를 문학의 책무라고 주장했다. 셋째, 실천을 무시하고 대중을 이탈했다. 넷째, 지식인 단점을 변호하고 공농병을 멀리했다. 다섯째, (左翼)문예운동의 '종파주의 잔재'가 청산되지 않았다. 여섯째, 대중을 외면하고 동굴에 칩거했다('延安整風運動'資料選輯, 1984: 79). 상기 '문제점'은 (延安)문예계의 문제점을 크게 과장했다. 한편 '좌련(左聯) 기수(旗手)'[2999]인 노신은 (左翼)문예운동의 선구자였다. 또 노신예술학원의 '(魯迅)잔재 청산'은 매우 아이러니하다. '노신 제자'인 주양은 '노신 잔재' 청산의 선봉장 역할을 했다.

정치국 회의(4.2)에서 왕가상은 이렇게 말했다. …문예란에 발표한 고위간부의 (婚姻)문제는 (前方)동지들의 불만을 야기했다. 박고는 이렇게 수긍했다. …(文藝欄)작품은 (八路軍)지도자를 부정적으로 묘사했다. 강생은 '(整風)반대'의 세가지 형식[3000]을 언급했다(陳晉, 1997: 225). '좌담회' 개최를 위해 모택동은 문화인에게 '재료 수집'을 의뢰했다. 모택동은 구양산(歐陽山)[3001]에게 보낸 편지(4.17)에 이렇게 썼다. …(延安)문예계

2999 좌익작가연맹(左聯)은 1930년대 상해에서 활동한 문학(文學) 단체이다. 백구(白區)인 상해를 주무대로 활약한 좌익(左翼) 작가들은 '암흑면 폭로'에 치중했다. 당시 (左翼)작가들은 '좌련의 기수(旗手)'인 노신을 본받아 (國民黨)부패상을 비판했다. 한편 (左聯)설립대회(1930.3.2)에서 노신은 '공농(工農) 복무'를 제창했다. 한편 12년 후 (文藝)좌담회(1942.5)에서 모택동이 제출한 '(工農兵)복무'는 노신의 '(工農)복무'와 맥락을 같이한다.

3000 모택동이 주재한 정치국 회의(4.2)에서 강생이 주장한 '(整風)반대'의 세가지 형식은 ① 문예란에 발표된 왕실미·정령의 형식 ② 중앙연구원의 벽보(壁報) 형식 ③ '비판 위주'의 '경기대(輕騎隊)' 형식이다(李潔非 외, 2010: 73). 당시 문예란과 벽보의 공통점은 (延安)사회의 '암흑면 폭로'이다. 결국 문예란과 벽보는 잇달아 정간(停刊)됐다.

3001 구양산(歐陽山, 1908~2000), 호북성 형주(荊州) 출신이며 문학가이다. 1926년 (廣州)중산대학 수료, 1930년대 (左翼)작가연맹 가입, 1940년대 (文藝)좌담회·(文藝界)정풍에 참가, 건국 후 광동성 (文聯)회장, 중국작가협회 부회장 역임, 2000년 광주(廣州)에서 병사했다.

에 대한 자료가 필요하다. 관련 보고서를 정리해 나에게 보내주기 바란다(鍾敬之 외, 1987: 143). 4월 1일 당중앙은 '문예란 정간(停刊)' 결정했다. 이는 모택동이 해방일보 개편을 개시했다는 단적인 반증이다.

정치국 회의(4.17)에서 모택동은 이렇게 말했다. …'절대적 민주'라는 잘못된 견해를 바로잡고 문예계의 문제를 해결해야 한다. 이에 강생이 한술 더 떴다. …(國民黨)특무는 '경기대(輕騎隊)'[3002]에 주목한다. (延安)지식인은 노신을 교조(敎條)처럼 숭배한다(楊劼 외, 2010: 74). 박고는 이렇게 주장했다. …(文藝界)정돈은 필요하지만 (知識人)보호책이 필요하다. 회의에서 진운은 이렇게 말했다. …소군·정령과의 개별적 대화를 통해 사상문제를 해결해야 한다(陳晉, 1997: 226). 한편 강생의 '건의'를 수용한 모택동은 (文藝界)정풍을 통해 '(魯迅)잔재 청산'을 단행했다.

1942년 4월 3일 (魯藝)대회를 주재한 주양은 모택동의 '정풍(整風) 보고'를 전달했다. 주양은 (魯藝)학원생들에게 '공농병'을 따라 배우고 대중 속으로 들어갈 것을 호소했다. 결국 이는 (延安)문예계의 정풍운동 효시를 의미한다. 4월 13일 연안청년예술극원(延安靑年藝術劇院)도 대회를 개최해 '(文藝界)정풍 동원(動員)'을 했다. 한편 모택동은 '좌담회 개최'를 위한 준비로 조사연구를 진행했다. (延安)문예계의 '문제점'을 대체로 파악한 모택동은 '문예계 정돈'을 본격적으로 추진했다. 이 시기 노신예술학원 책임자인 주양은 모택동이 가장 신임하는 측근자였다.

(魯藝)설립 4주년 기념대회(1942.4.11)에서 주양은 '교육방침'을 이렇

3002 '경기대(輕騎隊)'는 1941년 4월 '청년위원회(靑委)'가 창간한 벽보이다. 붓으로 원고를 작성한 후 (大字報)게시판에 붙이는 것이다. (輕騎隊)명칭은 제2차 국내혁명전쟁 시기에 출간된 '레닌청년' 잡지의 '경기대(column)'에서 따온 것이다(黎辛, 2014: 203). 당시 (延安)사회의 '암흑면 폭로'에 치중한 '경기대'는 폭발적인 인기를 얻었다.

게 요약했다. …한 마디로 학술적 자유이다. 학자·전문가는 자유롭게 강의할 수 있고 각종 예술활동을 전개할 수 있다(金紫光 외, 1987.5.11). 또 주양은 해방일보에 발표한 '(魯藝)교육의 반성'이란 문장에 이렇게 썼다. …(文化)유산에 대한 무조건적 수용을 단호히 반대한다. 비판적 입장에서 (學術)방침을 검토해야 한다. 과거의 교육방침을 교조적으로 적용해선 안 된다(周揚, 1942.9.9). 상기 '학술적 자유'는 공농병 결합의 (文藝界)정풍 취지에 위배된다. 당시 정치적 감각이 뛰어난 주양이 카멜레온처럼 변신했다. 이 또한 주양이 '모택동 신임'을 얻은 주된 원인이다.

모택동은 '(上海)좌련'의 당단(黨團) 서기를 역임한 주양의 뛰어난 (行政)리더십과 탁월한 정치적 감각 및 강한 일처리 능력을 신뢰했다. 1939년 모택동은 주양을 노신예술학원 원장으로 임명했다. (文藝界)정풍에서 모택동의 최측근으로 자리매김한 주양은 '(知識人)사상개조'에 충견(忠犬) 역할을 했다. 1944년 주양은 연안대학 총장으로 승진했다. 한편 모택동·주양의 공통점은 '정치가·이론가'의 기질을 겸비한 것이다. 또 그들은 문예의 '정치적 예속'을 주장했다. (左聯)시기 노신과 첨예하게 대립한 주양이 (魯藝)원장으로 발탁된 것은 아이러니의 극치이다.

(文藝)좌담회의 소집은 선전부장 개풍이 맡고 모택동은 (座談會)보고를 준비했다. 4월 중 모택동은 '좌담회 개최'를 위한 준비로 많은 문예 공작자를 청해 대화를 나눴다. 4월 7일 소군과 만나 (文藝)정책에 대한 그의 의견을 수렴했다. 4월 9일 모택동은 구양산 등을 청해 '(文藝界)종파주의' 문제를 토론했다. 4월 중순 모택동은 작가 애청·서군(舒群)[3003]·나

[3003] 서군(舒群, 1913~1989), 흑룡강성 아성(阿城) 출신이며 문학가이다. 1932년 중공에 가입, 1930~1940년대 팔로군 종군 기자, (魯藝)문학학부장, 동북대학교 부총장, 건국 후 문련(文聯) 부비서장, 작가협회 비서장, 전국 정협 위원 등을 역임, 1989년 북경에서 병

봉(羅烽)³⁰⁰⁴·유백우(劉白羽)³⁰⁰⁵ 등을 만나 (延安)문예계의 현안을 논의했다.

4월 하순 모택동은 (魯藝)문학원·연극학부의 (黨員)강사인 하기방(何其芳)³⁰⁰⁶·엄문정(嚴文井)³⁰⁰⁷·주입파(周立波)³⁰⁰⁸·조보화(曹葆華)³⁰⁰⁹·요시효(姚時曉)³⁰¹⁰ 등을 양가령에 청해 대화를 나눴다. 모택동은 이렇게 말했다.

사했다.

3004 나봉(羅烽, 1909~1991), 요녕성 심양(瀋陽) 출신이며 문학가이다. 1929년 중공에 가입, 1930~1940년대 (上海)문예협회 비서, (文抗)연안분회 집행회장, 동북문련(文聯) 부회장, 건국 후 동북문련(文聯) 회장, 중국작가협회 이사 등을 역임, 1991년 북경에서 병사했다.

3005 유백우(劉白羽, 1916~2005), 북경(北京) 출신이며 문학가이다. 1938년 중공에 가입, 1930~1940년대 신화일보 부간(副刊) 편집, (北平)군사집행부 기자, 건국 후 중국작가협회 부회장, 문화부 부부장, (解放軍)총정치부 문화부장 등을 역임, 2005년 북경에서 병사했다.

3006 하기방(何其芳, 1912~1977), 사천성 만현(萬縣) 출신이며 (文學)평론가이다. 1938년 중공에 가입, 1930~1940년대 사천성위 선전부 부부장, 신화일보사 부사장, 건국 후 중국작가협회 서기처 서기, 사회과학원 문학연구소장 등을 역임, 1977년 북경에서 병사했다.

3007 엄문정(嚴文井, 1915~2005), 호북성 무창(武昌) 출신이며 문학가이다. 1938년 중공에 가입, 1930~1940년대 (魯藝)문학학부 강사, '동북일보(東北日報)' 편집장, 건국 후 중앙선전부 문예처장, 작가협회 (黨組)부서기, '인민문학' 주필을 역임, 2005년 북경에서 병사했다.

3008 주입파(周立波, 1908~1979), 호남성 익양(益陽) 출신이며 편역가이다. 1935년 중공에 가입, 1930~1940년대 노신예술학원 강사, 해방일보 문예란 편집, 중원일보 부사장, 건국 후 호북성 문련(文聯) 회장, 중국작가협회 (湖南)지회장을 역임, 1979년 북경에서 병사했다.

3009 조보화(曹葆華, 1906~1978), 사천성 악산(樂山) 출신이며 시인·번역가이다. 1940년 중공에 가입, 1930~1940년대 (魯藝)문학학부 강사, 중앙선전부 러시아어(翻譯)실장, 건국 후 중앙선전부 편역처 부처장, 사회과학원 연구원 등을 역임, 1978년 북경에서 병사했다.

3010 요시효(姚時曉, 1909~2002), 절강성 오흥(吳興) 출신이며 극작가이다. 1936년 중공에 가입, 1930~1940년대 노신예술학원 강사, (中原)군구 정치부 (文工)과장, 건국 후 작가협회 (上海)지회 부비서장, 극작가협회 (上海)지회 부회장을 역임, 2002년 상해에서 병사

…나는 시인 이백(李白)³⁰¹¹을 좋아하지만 지주계급의 입장을 대변한 두보(杜甫)³⁰¹²는 좋아하지 않는다. '요재지이'는 팔고문(八股文)³⁰¹³을 반대했다(逢先知 외, 2005: 378). 모택동은 소군에게 보낸 편지(4.27)에 이렇게 썼다. …보내준 '문예월보'를 받아보았다. 이번 주말에 열리는 '(文藝)좌담회'에 참석하기 바란다(馮蕙 외, 2013: 376). 당시 모택동은 해방일보(4.6)에 실린 황강(黃鋼)³⁰¹⁴의 항전(抗戰) 작품을 높게 평가했다. 한편 모택동은 소군을 (文藝)좌담회의 비판대상³⁰¹⁵으로 낙점했다.

4월 27일 재차 중경행을 요구한 소군은 모택동의 만류로 마지못해

했다.

3011 당나라의 시인 이백(李白, 701~762)은 '시선(詩仙)'·'이태백(李太白)'으로 불린다. 성격이 대범하고 친구 사귀기를 즐기며 음주(飮酒) 후 시를 짓는 것으로 유명하다. 이백의 대표작은 시문집 '이태백집(李太白集)'이 있다. 이백의 시풍은 호방하고 상상력이 풍부하며 언어 사용이 명쾌하다. 한편 (李白)시의 사상적인 기반은 도교(道敎)이다.

3012 당대(唐代)의 시인 두보(杜甫, 712~770)는 하남성 공현(鞏縣)에서 태어났다. '시성(詩聖)'으로 불린 두보(詩)의 사상적인 기반은 '인정사상(仁政思想)'이다. 현존하는 시는 1500여 수이며 대부분이 '두공부집(杜工部集)'에 수록됐다. 한편 '지주계급 입장'을 대변한 두보를 좋아하지 않는다고 말한 모택동은 두보의 '인정사상'을 찬성하지 않았다.

3013 팔고문(八股文)은 명청(明淸) 과거제도에서 사용된 일종의 문체(文體)이다. 북송(北宋) 왕안석(王安石) 변법에서 실시된 과거제도의 시험 방식이다. 파제(破題)·승제(承題)·기강(起講)·입제(入題)·기고(起股)·중고(中股)·후고(後股)·결속(結束) 8개 부분으로 구성된다. 1370년 향시(鄕試)에서 처음으로 실시됐고 1901년에 폐지됐다.

3014 황강(黃鋼, 1917~1993), 호북성 무창(武昌) 출신이며 작가·극작가이다. 1938년 노신예술학원 연수, 1940년대 기열요일보(冀熱遼日報) 부사장, 신화분사(新華分社) 부사장, 건국후 인민일보 논설위원, 사회과학원 신문연구소 부소장 등을 역임, 1993년 북경에서 병사했다.

3015 1942년 4월 모택동이 소군에게 편지(4.27)를 보내 '(文藝)좌담회 참석'을 요구했다. 실제로 모택동은 '노신 추종자'인 소군을 반면교사로 간주, (座談會)비판대상으로 내정했다. 당시 모택동의 심복인 주양과 (文藝界)라이벌인 소군의 주장은 (文藝界)정풍 취지에 위배됐다. 결국 (延安)문예계에서 고립된 소군은 부득이하게 '하향(下鄕)'했다.

(文藝)좌담회에 참가했다(李潔非 외, 2010: 75). 정치국 회의(4.17)에서 모택동은 이렇게 말했다. …(晉東南)문예계와 소군이 대표적 (整風)반대자이다(朱鴻召, 2017: 231). 소군의 '좌담회 불참'은 나름의 이유가 있다. 그의 다혈질적 성격과 직설적 표현법으로 인한 '언쟁 발생'을 걱정한 것이다. 또 모든 자료를 제공한 상황에서 굳이 참석해야 할 필요성을 느끼지 못했다(王科 외, 2008: 146). 모택동이 (蕭軍)참석을 강요한 것은 그를 전형(典型)으로 간주했기 때문이다. 결국 모택동은 '정풍 반대자' 소군을 (座談會)반면교사로 삼았다. 이는 전형적 토사구팽 사례이다.

4월 27일 개풍은 100여 명의 문화예술인에게 '청첩장(請牒狀)'을 돌렸다. 5월 2~23일 연안의 (楊家領)중앙판공청 회의실에서 (文藝)좌담회가 진행됐다. 회의는 선전부 책임자 개풍이 주최했다. '좌담회'에 참석한 정치국 위원은 주덕·진운·임필시·왕가상·박고·강생 등이다. '좌담회'에는 중앙기관의 각 부서와 초청을 받은 문예공작자 등 132명이 참석했다. 세 차례의 전체 회의를 진행한 (文藝)좌담회에서 수십명의 문학인과 예술인이 발언했다. 한편 개회식(開會式) 연설(5.2)과 '총결(總結) 보고(5.23)'를 한 모택동은 세 차례의 (全體)회의에 모두 참석했다.

회의장에서 모택동은 '팔로군행진곡(八路軍行進曲)'[3016] 작사자 공목(公木)[3017]과 악수하며 이렇게 말했다. …행진곡은 최고의 작품이다. 또

3016 '팔로군행진곡(八路軍行進曲)'은 1939년 공목(公木)이 작사, 정율성(鄭律成)이 작곡했다. 1940년 '(八路軍)군정잡지'에 게재, (抗日)근거지에 널리 퍼졌다. 1940년대 후반 '인민해방군진행곡'으로 개명, 1950~1960년대 '중국인민해방군(軍歌)'·'인민해방군진행곡'·'중국인민해방군진행곡'으로 개칭, '1988년 '해방군(解放軍)군가'로 확정됐다.

3017 공목(公木, 1910~1998), 하북성 신집(辛集) 출신이며 팔로군 군가(軍歌)의 작사자이다. 1938년에 중공에 가입, 1930~1940년대 노신예술학원 강사, 동북대학 교육학원장, 건국 후 길림대학 부총장, 중국시경(詩經)학회 회장 등을 역임, 1998년 장춘(長春)에서

극작가 구양산에게 친절하게 인사를 건넸다(高樹 외, 1993: 587). 모택동은 이렇게 말했다. …우리에겐 주(朱)총사령관이 거느린 팔로군과 노(魯)총사령관이 지휘하는 문화적 군대가 있다(胡喬木, 1994: 259). 또 이렇게 강조했다. …중국혁명이 승리를 거두려면 전투부대와 문화적 군대가 모두 중요하다. 문화예술은 적을 무찌르는 강력한 (思想)무기이다(毛澤東, 1991: 848). 모택동이 공목 등에게 건넨 인사는 '특별한 의미'[3018]가 있다. 또 '(魯迅)총사령관' 칭호는 노신을 (文化藝術)선구자로 인정한 것이다. 한편 '노신 추종자'[3019] 소군이 '(座談會)비판대상'이 된 것은 매우 아이러니이다.

모택동이 모두발언(5.2)을 할 때 멀리서 포성(砲聲)이 은은히 들려왔다. 당시 모택동은 이렇게 위안했다. …팔로군이 보호하고 있으니 근심하지 않아도 된다. 이는 권고사항이다. 달걀을 낳는 씨암탉을 잡지 말고 어린 아이를 백성에게 맡기지 말아야 한다. 적군이 쳐들어오면 내가 당신들을 데리고 '상산(上山)'할 것이다(朱鴻召, 2017: 237). 모택동의 우스갯소리에 긴장됐던 (會場)분위기가 곧 풀렸다. 모택동의 발언이 끝난 후 소군·호교목·구양산·애청·나봉·하기방 등이 선후로 발언했다. 회의에

병사했다.

3018 모택동이 '팔로군행진곡(八路軍行進曲)' 작사자 공목과 팔로군 120사단 극사(劇社)의 책임자 구양산과 인사를 나누며 그들을 칭찬한 것은 두 가지 의미가 있다. 첫째, 좌담회(座談會) 참석자들에게 팔로군과 관련된 '(抗戰)작품 제작'을 권장한 것이다. 둘째, '지식인 하향(下鄕)'과 '공농병(工農兵) 결합' 메시지를 간접적으로 전달한 것이다.

3019 1930년대 상해의 '좌련(左聯)'에서 활동한 소군은 노신의 영향을 크게 받았다. (延安)도착 후 '노신의 제자'로 자처한 소군은 '노신연구회'를 설립, 노신의 '문풍(文風)'을 이어받았다. 결국 작가의 '당파(黨派) 예속'을 반대한 소군은 '(文藝)좌담회'에서 비판대상이 됐다. 한편 소군은 '노신 숭배자' 정령과 함께 '(魯迅)잡문 부흥'을 주도했다.

서 소군과 모택동의 비서 호교목은 '치열한 설전'을 벌였다.

　모택동의 (演說)골자는 첫째, 문화예술인은 인민대중의 입장에 서야한다. 둘째, '찬양'과 '폭로' 문제이다. 셋째, (文藝)작품을 누구에게 보여주는가 하는 문제이다. 넷째, 문예공작자는 인민대중과 일심동체가 돼야 한다. 다섯째, 문화예술인은 마르크스주의를 이해해야 한다(逢先知외, 2005: 379). '연설'에서 모택동이 강조한 것은 문화예술인과 '공농병'의 결합이다. 실제로 문예공작은 항일투쟁과 중국혁명의 승리에 기여해야 한다는 정치적 메시지를 전달한 것이다. 결국 이는 (會議)참석자들의 '고견(高見)'을 이끌어 내기 위한 '포전인옥(抛磚引玉)'[3020]이었다.

　'좌담회'에서 자신의 견해를 피력한 소군의 (發言)골자는 …작가에게 중요한 것은 자유이며 지식인은 독립적 존재이다. 노신은 어느 당파에도 예속되지 않았다(高新民 외, 2000: 240). 또 그는 이렇게 말했다. …정치와 문예는 독립적이며 예속 관계가 아니다. 노신을 본보기로 삼아야 한다. 노신은 종래로 '가공송덕(歌功頌德)' 글을 쓰지 않았다. 나는 로맹롤랑(Romain Rolland)[3021]의 신영웅주의를 본받을 것이다(高傑 외, 1992.7). 당시 '좌담회' 취지에 어긋난 소군의 발언은 모택동을 크게 실망시켰다. 실제로 소군과 '밀접한 관계'를 유지한 모택동이 그에게 '발언권'을 준

3020　포전인옥(抛磚引玉)은 벽돌을 던져 옥을 얻는다는 뜻으로, 남의 고견(高見)을 듣기 위해 자신의 미숙한 견해를 먼저 발표한다는 뜻이다. 모택동의 (開會式)연설 취지는 참석자의 '토론 주제' 확정이다. 즉 참석자의 발언·토론을 통해 '공농병 결합'과 '지식인 하향'을 이끌어내기 위한 것이었다. 이는 '(整風)취지 관철'을 위한 정치적 포석이다.

3021　로맹 롤랑(Romain Rolland, 1866~1944), 프랑스 클람시(Clamecy) 출생이며 극작가·문학가·사상가이다. 1889년 (Paris)고등사범학교 졸업, 1915년 노벨문학상을 수상했다. 제2차 세계대전 중 (獨逸)점령하의 베즐레(Vezelay)로 이주, 창작 활동을 지속했다. 로맹 롤랑은 노신의 소설 '아큐정전'을 높게 평가했다. 1944년 베즐레에서 사망했다.

것이다. 결국 소군의 발언은 '모택동 추종자'의 공격을 받았다.

소군의 발언(5.2)에 대해 온제택은 이렇게 회상했다. …소군은 (文藝界)정풍을 이렇게 폄하했다. …정풍은 노출광(露出狂)과 같다. 공산당의 정풍운동은 성공하기 어렵다(溫濟澤, 1988.8.25). 호교목은 이렇게 회상했다. …소군의 발언은 나봉 등의 지지를 받았다. (魯藝)연극학부장 장경은 이렇게 말했다. …모주석 연설(5.2)의 일부 내용에 수긍하기 어렵다. 당시 모택동은 아무런 내색을 내지 않고 발언을 경청했다(胡喬木, 1994: 13). 상기 온제택의 회상은 신빙성이 매우 낮다. 실제로 소군의 발언은 많은 (會議)참석자의 호응을 받았다. 이 시기 노예(魯藝)·문항(文抗)·(邊區)문협(文協)에는 노신을 숭상하는 지식인이 적지 않았기 때문이다.

호교목은 이렇게 회상했다. …당시 나는 (蕭軍)발언을 이렇게 반박했다. 노신이 당조직에 예속되지 않은 것은 자랑스러운 일이 아니다. 회의에서 나는 소군과 격렬한 쟁론을 벌였다(胡喬木, 1994: 54). 회의 후 (食事)초대를 한 모택동은 나에게 이렇게 말했다. …투쟁 전개를 축하한다(李敏 외, 2014: 10). 문예의 '정치적 예속'을 반대한 소군의 발언은 모택동의 '연설' 취지에 위배됐다. 결국 '노신의 추종자'로 자처한 소군은 '(文藝)좌담회'의 비판대상이 됐다. 한편 모택동이 언급한 '투쟁 전개'는 (文藝)좌담회가 '토론의 장'인 아닌 '투쟁의 장'이었다는 것을 반증한다. 소군의 발언은 모택동과의 관계가 더욱 소원해지는 결과를 초래했다.

호교목은 이렇게 회상했다. …1942년 후 모택동은 소군의 오만방자에 큰 반감을 드러냈다. 또 소삼 등은 모택동에게 소군의 비리를 고발했다. 결국 '(文藝)좌담회' 개최 전 소군에 대한 모택동의 불만은 더욱 커졌다(李向東 외, 2015: 291). 소군은 그의 일기(1942.1.1)에 이렇게 썼다. …모택동은 나의 방문을 별로 반기지 않았다. 당시 그는 내가 안하무인격으로 행동한다고 여겼다(常君實 외, 2006: 361). 정치국 회의(4.17)에서 모택동은 소군을 '(文藝界)정풍 저항자'로 낙인을 찍었다. 당시 소군의 라이벌인 주양·소삼의 고자질도 '한몫' 했다. 훗날 모택동은 해방일보에 발표(4.8)된 소군의 잡문을 '반동(反動) 작품'으로 지목했다.

'(文藝)좌담회'는 '토론의 장'이 아니며 (文藝界)정풍과 결합된 일종의 정치운동이었다. '좌담회'는 지식인을 개조하고 소자산계급 잔재를 청산하는 '투쟁의 장'이었다. 작가의 독립성과 자유를 주장한 소군은 (文藝界)정풍 취지에 위배되는 발언을 했다. 결국 '노신 추종자' 소군은 '(整風)저항자'로 간주돼 비판을 받았다. 한편 '좌담회'의 개최 취지는 문화예술인이 대중 속으로 들어가 대중(工農兵)을 위한 예술작품을 창작하는 것이었다.

제2차 회의(5.16)에서 구양산은 이렇게 말했다. …(抗日)전방의 전투부대와 (敵後)근거지의 백성은 예술인의 (文藝)작품을 간절히 기대한다. 예술인의 '전방 방문'을 두 손 들어 환영한다. 모택동은 구양산의 발언에 만족을 표시했다(高新民 외, 2000: 241). 정치국 회의(5.21)에서 모택동은 이렇게 말했다. …(延安)문예계에는 소자산계급의 자유주의가 만연됐다. 노신의 '아Q정전(阿Q正傳)'[3022]은 백성을 동정했으나 연안의 (文藝)작품은 이와 다르다. 문예계의 문풍(文風)을 반드시 정돈해야 한다(馮蕙 외, 2013: 380). 지식인의 '공농병 결합'을 주장한 모택동은 예술인의 '전방 활약'을

[3022] '아Q정전(阿Q正傳)'은 작가 노신이 1921년 12월에 작성한 중편소설이다. 북경의 '신보부간(晨報副刊)'에 발표, (魯迅)소설집 '납함(吶喊)'에 수록됐다. 총 9장으로 구성된 '아큐정전'은 노신이 중국인 계몽을 위해 쓴 것으로, '정신승리법(精神勝利法)'은 소설의 발명이다. 주인공 아Q는 중국인의 노예(奴隸) 근성을 보여준 대표적인 인물이다. 유럽 등 여러 나라로 (飜譯)수출, 프랑스 작가 로맹 롤랑은 노신의 '아Q정전'을 높게 평가했다.

격려했다. 상기 '자유주의'의 대표적 인물은 소군이다. 한편 '문풍 정돈'은 모택동이 '좌담회'를 정풍운동과 연계시켜 진행했다는 반증이다.

제3차 토론회(5.23)에서 주덕은 이렇게 말했다. …혁명에 참가하려면 사상전환이 필요하다. (舊式)군대 출신인 내가 무산계급으로 입장을 전환한 것은 무산계급이 진리(眞理)를 대표하기 때문이다. (朱德)발언이 끝난 후 단체사진 촬영이 배정됐다(何其芳, 1946.11.30). 셔터를 누르려는 순간 모택동은 좌중을 향해 이렇게 '뼈 있는' 말을 던졌다. …여성 동지를 중간에 배치해야 한다. 내년(三八節)에 '비판 문장(三八節有感)'을 쓸 빌미를 제공해서는 안 된다(D. Wilson, 2011: 182). 주덕의 '발언' 취지는 지식인의 '(革命)입장 전환'을 요구한 것이다. 한편 모택동의 '말'은 정령의 반성을 촉구한 것이다. 당시 정령은 주덕의 옆자리에 앉았다. 이는 '지은 죄'가 있는 정령이 모택동을 경이원지(敬而遠之)했다는 단적인 반증이다.

(總結)보고에서 모택동은 이렇게 말했다. …(延安)문예계에는 (工農兵)경원시와 자유주의 성향이 농후하다. 문화예술인은 대중이 선호하는 작품을 제작해야 한다(毛澤東, 1991: 857). 모택동은 이렇게 강조했다. …모든 (文藝)작품은 사회적 생활에서 얻은 경험이 인간 두뇌에 반영된 것이다. 지식인은 대중 속으로 들어가 그들의 생활을 이해해야 한다(中共中央文獻硏究室, 2013: 381). 또 그는 (文藝批評)기준에 대해 이렇게 지적했다. …문예비평은 정치와 예술 기준이 있다. (無産階級)지식인은 정치 기준을 우선시해야 한다(逄先知 외, 2005: 383). 모택동의 보고(報告) 취지는 문예공작자는 당조직에 복종하고 지식인은 대중을 위해 복무해야 한다는 것이다. 실제로 모택동의 '지식인 하방(下放)' 사상은 이 시기에 형성된 것이다.

모택동은 (文藝界)문제점을 이렇게 지적했다. …(延安)문예계에는 작풍(作風)이 바르지 못한 문제가 심각하다. 교조주의·공상·공담·대중 이탈 등의 문제가 만연했다. 엄정한 정풍운동이 필요하다(張樹軍 외, 2000: 246). 또 그는 이렇게 역설했다. …(文藝界)동지들은 소자산계급의 자유주의를 추앙하고 있다. (黨風)정돈을 통해 비무산계급 사상을 제거해야 한다(毛澤東, 2008: 875). 문예의 '정치 예속'에 대해 호교목은 이렇게 회상했다. …사회적 현상을 반영한 문화예술은 정치·계급과 밀접한 관련이 있다. 문예의 '정치 예속'은 필연적 결과였다(胡喬木, 1994: 58). 실제로 (文藝界)정풍 필요성을 강조한 것이다. 항전(抗戰) 시기 문예의 '정치 예속'은 불가피한 측면이 있었다. 결국 이는 수많은 문화예술인의 비극을 초래했다.

지식인의 '사상개조'와 자유주의 잔재를 깨끗하게 청산하는 것이 (文藝)좌담회의 취지이다. '좌담회'는 (文藝界)정풍의 전주곡이었다. '과오반성'을 거절한 자는 (座談會)비판대상으로 전락됐다. '반성'을 거절한 대표적 지식인은 '노신 추종자' 소군과 '(反動)문인' 왕실미(王實味)[3023]였다. (文藝界)정풍 취지는 (左聯)영향을 받아 '암흑면 폭로'에 익숙한 소자산계급의 입장을 대변한 (左翼)지식인의 문예관(文藝觀)을 철저히 시정하는 것이다. 결국 이는 (延安)문예계에 미친 '노신의 영향력'을 제거하는 것이다.

정령·소군·애청 등은 (左聯)선구자인 노신의 영향을 깊게 받았다.

[3023] 왕실미(王實味, 1906~1947), 하남성 황천(潢川) 출신이며 번역가이다. 1937년 중공 재가입, 중앙연구원 특별연구원, 1942년 3월 (解放日報)문예란에 '야백합화' 발표, 10월에 당적 박탈, 1946년 '반혁명트로츠키(間諜)분자'로 확정, 1947년 7월 흥현(興縣)에서 처형됐다.

(左翼)지식인의 '공통된 단점'은 ① '(社會)암흑면' 폭로 ② 문화예술인의 독립성 ③ '절대적 민주'·자유주의 추앙 ④ 공농병(工農兵) 무시 등이다. (左翼)지식인의 '독립성'과 '절대적 민주'는 공산당의 '집중적 민주'에 위배됐다. 특히 대도시에서 온 문화예술인의 '공농병 무시'는 모택동의 강한 불만을 야기했다. 또 이는 중국혁명을 '농민투쟁(農民鬪爭)'[3024]으로 간주한 모택동의 사상과 전략과 대치됐다. 결국 모택동은 (文藝界)정풍을 통해 (左翼)지식인에 대한 철저한 '사상개조'를 단행했다.

'(魯迅)서거 1주년 기념대회(1937.10.19)'에서 모택동은 이렇게 연설했다. …봉건사회의 성인(聖人)이 공부자(孔夫子)라면 노신은 (現代)중국의 성인이다(毛澤東, 1999). 모택동이 정리한 '(魯迅)정신'은 ① 선견지명 ② 강인한 투쟁력 ③ 자기희생이다. 또 그는 노신을 문학가·사상가·혁명가라고 평가했다(盛夏, 2011: 10). 노신을 '성인'으로 치켜세웠던 모택동은 (文藝界)정풍을 통해 '(魯迅)영향력'을 제거했다. 1950년대 '노신 반대자' 주양을 중용해 정령 등 '노신 추종자'를 숙청했다. 실제로 노신이 살아 있었다면 '숙청대상 1호'가 됐을 것이 자명하다. (文革)시기 모택동은 '(元祖)성인' 공자(孔夫子)에 대한 '타도(打倒)' 운동을 전개했다.

모택동이 (延安)예술학원에 노신(魯迅) 이름을 붙인 것은 주양·정령 등 '(魯迅)제자'들의 독보적 영향력을 감안한 것이다. 모택동이 '노신 추종자'라는 일각의 주장은 설득력이 떨어진다. 모택동이 '노신 추종자' 소군을 (座談會)비판대상으로 정한 것이 단적인 증거이다. 또 그는 정령·

3024 모택동은 주양에게 보낸 편지(1939.11.7)에 이렇게 썼다. …작금의 중국혁명은 기본적으로 농민투쟁이다. 현재의 (反日)투쟁도 농민전쟁이다. 중국사회 대부분이 농촌이며 농민은 (革命)주력군이다(毛澤東, 2002: 260). 실제로 중국혁명은 주요 전장(戰場)은 농촌이며 농민이 (鬪爭)주력이었다. 이 또한 모택동이 '중국화'를 주장한 주된 이유이다.

왕실미 등 (左翼)지식인의 '암흑면 폭로'를 노신의 영향을 받았기 때문이라고 여겼다. 1950년대 모택동은 '노신 추종자'인 호풍(胡風)[3025]·풍설봉(馮雪峰)[3026]등 (左翼)지식인을 숙청했다. 1957년 모택동은 …노신이 살아있었다면 감옥에서 글을 썼을 것(黃宗英, 2002.12.6)이라고 말했다. 이는 모택동의 '(左翼)지식인 선입견'을 보여준 단적이 사례이다.

조초구는 저서에 이렇게 썼다. …(延安)서점에는 (魯迅)작품이 한 권도 없었다. (延安)작가들은 노신을 존경했으나, (延安)사회는 '암흑면 폭로'의 작품이 불필요했다. (延安)문예계의 '노신 태도'는 '경이원지(敬而遠之)'[3027]였다(趙超構, 1992: 115). 노신의 잡문은 (國民黨)통치지역에선 필요했으나 연안에선 '(共産黨)칭송' 작품이 절실했다. 결국 (文藝界)정풍을 통해 (左翼)지식인의 '노신 숭배'가 사라졌다. 당시 모택동·노신의 관계는 '엽공호룡(葉公好龍)'에 비유할 수 있다. 한편 노신이 살아있었다면 창작권 박탈은 물론이고 십중팔구 옥살이를 면치 못했을 것이다.

소군은 일기(1944.3.22)에 이렇게 썼다. …국민성을 투철하게 간파한

3025 호풍(胡風, 1902~1985), 호북성 기춘(蘄春) 출신이며 시인·(文藝)이론가이다. 1925년 북경대학, 1929년 (東京)게이오(慶應)대학 영문학부, 귀국 후 (左翼)선전부장, 1954년 '(胡風)반혁명집단' 주모자로 몰려 장기간 수감, 1980년 평반(平反), 1985년 북경에서 병사했다.

3026 풍설봉(馮雪峰, 1903~1976), 절강성 의오(義烏) 출신이며 (文藝)이론가이다. 1927년 중공 가입, 1930~1940년대 (左翼)당단(黨團) 서기, 중앙당학교 부총장, 건국 후 상해문련(文聯) 부회장, 작가협회 (黨組)서기, 1957년 (右派)분자로 지목, 1976년 '수용소'에서 사망했다.

3027 노신예술학원과 문항(文抗) 등 문예(文藝) 단체에는 노신 숭배자가 많았다. 1943년 후 (延安)지식인의 노신 숭배는 대부분 사라졌다. 당시 (延安)문예계의 '노신 태도'를 경이원지(敬而遠之)로 요약할 수 있다. 결국 이는 이 시기 전개된 (文藝界)정풍과 밀접히 관련된다. 실제로 공산당 칭송이 절실한 연안에는 암흑면 폭로의 (魯迅)잡문이 필요하지 않았다. 결국 이는 노신에 대한 모택동의 '경원시(敬遠視)' 태도에서 비롯된 것이다.

노신은 전투의 화신이다. 작금의 사회적 폐단을 파악한 모택동은 불세출의 정치가이다. 신중국의 바람직한 미래상은 노신의 정신문화와 모택동의 정치제도가 하나로 융합하는 것이다(常君實 외, 2006: 420). '노신 추종자' 소군은 노신을 '영원한 은사(恩師)'로 여긴 반면, 중공 영수 모택동을 '형장(兄丈)'으로 간주했다. 상기 '바람직한 미래상'은 (左翼)지식인의 유치한 공상(空想)에 불과했다. (文藝界)정풍과 1950년대 정치운동을 통해 모택동은 문예계에 잔존한 노신의 영향력을 철저히 제거했다. 결국 '위대한 정치가'와 '불세출 사상가'의 공존은 사실상 불가능했다.

(魯迅)예술학원이 편찬한 '(學風)대강'의 골자는 ① 교조주의 반대 ② 예술성·혁명성 반성 ③ 주관주의 극복 ④ 조사연구 실행 ⑤ 실사구시와 문제 개선 등이다(高新敏 외, 2000: 252). 7월 31일 해방일보가 게재한 사설 '(魯藝)정풍 성과'는 이렇게 썼다. …(學院)책임자 주양의 주최하에 (魯藝)교육계획과 개선(改善) 방안을 토론했다. 토론을 통해 (魯藝)문제점을 확인했다. (討論)성과는 첫째, (大綱)취지를 파악하고 이론·실천의 결합(方案)을 마련했다. 둘째, 주관주의 청산과 '(學風)개선' 방법을 모색했다('延安整風運動'編輯組, 1984: 231). '좌담회'가 개최된 후 가장 먼저 (文藝界)정풍을 개시한 단체는 (魯迅)예술학원이었다. 결국 문예계 정풍의 모범이 된 주양은 모택동의 절대적 신임을 받아 '승진 가도'[3028]를 달렸다.

1942년 9월 (延安)문화구락부는 도처에 간이무대를 설치했다. 이 시

[3028] (延安)정풍 후 주양이 '승진 가도'를 달린 것은 (整風)선봉장 역할을 했기 때문이다. 연안에 도착(1937.9)한 후 (邊區)교육국장에 임명된 주양은 1939년에 노신예술학원 원장으로 부임했다. 1940년대 정풍운동에서 모택동의 신임을 얻은 주양은 연안대학(延安大學) 총장으로 승진했다. 항전(抗戰) 승리 후 (華北局)선전부장·(文聯)부주석 등 요직을 맡았다. 1950년대 모택동의 절대적 신임을 받은 주양은 '(中國)문예계 1인자'로 군림했다.

기 연안에는 길거리의 화보(畫報)·시·소설 3대 벽보(壁報)가 성행했다. 1942년 10월에 열린 '시가(詩歌) 좌담회'는 대중을 위한 (大衆詩)창작을 호소했다. (延安)음악계도 대중을 위한 길거리 공연을 활발하게 진행했다. 1943년 봄부터 앙가(秧歌)[3029]운동이 (陝甘寧)변구와 (抗日)근거지에서 보편적으로 발전했다. 모택동은 대중화된 (秧歌)운동을 매우 중시[3030]했다. 또 애청이 쓴 '앙가극(秧歌劇)[3031] 형식'이란 글을 찬양한 모택동은 그에게 편지(1943.5)를 보내 '소책자 제작'을 권장했다. 실제로 길거리의 '벽보'와 '앙가'의 성행은 (文藝)좌담회의 결과물이었다.

1943년 2월 (延安)문화계는 노동영웅을 환영하는 좌담회를 개최했다. 회의에 참석한 문화예술인들은 노동영웅들이 제출한 '농촌 진출' 의견을 수용했다. 결국 이는 연안의 각 (文藝)단체와 문화예술인의 하향(下鄉)운동을 촉발했다. 이 시기 모택동의 신임을 받은 애청은 '(邊區)갑 등모범공작자'로 선정됐다. 1943년부터 본격적으로 진행된 (延安)문예계의 (下鄉)운동은 당중앙의 '하향 동원'과 관련된다. 당의 '문예공작자

3029 앙가(秧歌)는 (中國)북방지역에서 인기가 많은 대중적인 민속무(民俗舞)이다. 흔히 유니폼을 입은 춤꾼들은 동일한 율동으로 리듬에 맞춰 움직인다. '장대다리 걷기'(秧歌)춤이 가장 유명하다. 남송(南宋) 시기 앙가는 '무림구사(武林舊事)'에 '촌전락(村田樂)'으로 기재됐다. 1943년 후 연안에서 유행된 (秧歌)운동은 (文藝界)정풍의 결과물이다.

3030 (中央)선전공작(工作)회의(1944.3)에서 모택동은 앙가(秧歌)운동의 긍정적인 역할을 이렇게 평가했다. …앙가는 근거지 백성들이 선호하는 대중적인 문화이다. 몇 년 전 변구(邊區)에서 이런 대중적 문화가 유행되지 않은 것은 (延安)문화예술인이 대중을 이탈했기 때문이다(胡喬木, 2014: 267). 1943년부터 연안에서 성행된 (秧歌)운동은 (文藝)좌담회의 성과물이다. 이 또한 모택동이 지식인의 '대중(工農兵) 결합'을 강조한 주된 이유이다.

3031 앙가극(秧歌劇)은 소규모적 가무극(歌舞劇)이다. 항전(抗戰) 시기 연안에서 창작된 신형의 예술(藝術) 형식이다. '(文藝)좌담회(1942.5)' 후 (延安)문예공작자들은 섬북(陝北) 농촌의 전통적 민속무인 앙가(秧歌)를 기반으로 한 앙가극(秧歌劇)을 창작했다. 대표적인 (秧歌劇)작품으로, '형매개황(兄妹開荒)'·'부부식자(夫婦識字)' 등이 있다.

회의(1943.3.10)'에서 개풍·진운·유소기 등 정치국 위원은 문화예술인의 '대중 심입(下鄉)'을 동원했다. 특히 개풍·진운의 연설[3032]은 참석자들의 커다란 반향을 일으켰다. '지식인 하향'은 '공농병 결합'을 취지로 한 (文藝)좌담회의 결과물이다. (文藝界)정풍 후 문예의 '공농병 복무'가 현실화됐다.

'(文藝)좌담회' 후 (抗日)근거지와 (八路軍)병영으로 '하향(下鄉)'한 문화예술인들은 대중의 환영을 받는 (文藝)작품을 창작했다. 예컨대 '백모녀(白毛女)'·'형매개화(兄妹開荒)'·'핍상양산(逼上梁山)' 등이다(金冲及 외, 2011: 655). '핍상양산'을 관람한 모택동은 극작가 양소훤(楊紹萱)[3033]·제연명(齊燕銘)[3034]에게 보낸 편지에 이렇게 썼다. …역사는 인민이 창조한 것이다. 과거의 무대에선 인민은 쓰레기로 치부되고 통치자가 (舞臺)주인공이 됐다. 당신들은 역사의 진면모를 보여줬다(中共中央文獻研究室, 1983: 222). 이 시기 제작된 (詩歌)작품은 '십수금편(十綉金匾)'·'우리의 영수 모택동' 등이다. 작품 중에는 항전을 격려하는 많은 (工農兵)영웅인물이 나타났

3032 '당의 문예공작자 회의(1943.3.10)'에서 개풍은 이렇게 말했다. …문화예술인은 전방부대와 (抗日)근거지의 대중 속으로 들어가야 한다. 결국 이는 문예와 공농병의 결합이다. 회의에서 진운은 이렇게 지적했다. …일부 지식인은 자신을 '특수한 존재'로 간주하며 자고자대(自高自大)한다. 이는 그들의 치명적인 약점이다(高新民 외, 2000: 258). 결국 (中央)선전부·조직부의 책임자인 개풍·진운의 연설은 '지식인 하향'의 촉매제로 작용했다.

3033 양소훤(楊紹萱, 1893~1971), 하북성 당산(唐山) 출신이며 극작가이다. 1940년 중공에 가입, 1930~1940년대 중국대학 교수, 중앙당학교 연구원, (延安)평극원(平劇院) 원장, 건국 후 문화부 예술국 부국장, 북경사범대학 교수 등을 역임, 1971년 북경에서 병사했다.

3034 제연명(齊燕銘, 1907~1978), 북경(北京) 출신이며 시인·극작가이다. 1938년 중공에 가입, 1930~1940년대 '항전일보' 편집장, 노신예술학원 강사, 통일전선공작부 비서장, 건국 후 중앙통전부 부부장, 문화부 부부장 등을 역임, 1978년 북경에서 병사했다.

다. 한편 '(詩)영수 모택동'은 '(個人)우상화'를 의미한다.

문예계 정풍 후 문예공작자들은 앞다투어 대중 속으로 들어갔다. 그들은 실제적인 행동으로 '공농병 결합'의 '좌담회' 정신을 실행했다. 또 문화예술인들은 현장에서 얻은 영감으로 새로운 작품을 창작했다. '공농병 이해'를 위한 하향(下鄕)이 대세가 됐다(高新民 외, 2000: 262). 1944년 봄 모택동은 이렇게 제출했다. …'(七千名)지식인 (下鄕)운동'[3035]을 추진할 필요가 있다. 연안대학과 모든 행정학원을 해산하고 학원생을 농촌의 대중 속으로 보내야 한다. 지식인은 대중 속으로 들어가 진정한 재능을 단련해야 한다(胡喬木, 2021: 271). 실제로 문화예술인의 하향(下鄕)은 '좌담회'의 결과물이다. 결국 이는 문예의 '정치 예속'을 의미한다.

모택동의 '좌담회 연설문' 원본은 호교목의 (會議)기록과 (現場)기록원의 초고에 근거해 모택동이 직접 정리한 것이다. '연설문'은 모두발언과 5월 23일의 결론으로 구성됐다. 1943년 10월 19일 해방일보는 모택동의 '(座談會)연설문'을 게재했다. 또 해방일보의 명의로 '연설문'을 단행본으로 제작해 출간했다. '연설문'의 골자는 여덟 가지이며 여러 외국어로 번역·출간됐다. 11월 7일 중앙선전부는 '당의 문예정책 결정'을 제정했다.

중앙총학습위원회가 발표한 '통지(10.20)'는 이렇게 썼다. …'연설문'은 중공이 이룩한 사상적·이론적 성과물이다. 이는 통속적 언어로 마

3035 1944년 모택동이 제출한 '(七千名)지식인 하향운동'은 (文藝)좌담회와 (文藝界)정풍의 결과물이다. 실제로 '지식인 하향'은 문화예술인의 '사상개조'를 취지로 한 정치적 운동이었다. 한편 '대학 해산'을 전제로 한 '학원생 하향'은 지식인이 대중 속에 들어가 공농(工農)의 재교육을 받아야 한다는 것이다. 1940년대의 '문예공작자 하향'은 1950년대 '지식인 하방'으로 발전했다. 문혁 시기 지식청년의 '하향'은 결코 우연한 것이 아니다.

르크스주의 중국화를 천명한 대표작이다(逢先知 외, 2013: 477). '당의 문예 정책 결정(11.7)'은 이렇게 썼다. …전당은 (政策)결정을 진지하게 연구 하고 철저히 관철해야 한다. '연설문'에서 제시한 문예운동 방침은 문 화예술과 당의 모든 부처에 적용된다(朱鴻召, 2011: 144). 모택동이 작성한 '연설문' 골자는 '지식인 사상개조'와 문예의 '공농병 복무'이다. 1953년 '연설문'을 '모택동선집'에 수록할 때 266곳을 수정하고 보충했다.

1942년 5월 '(三風)정돈'과 함께 진행된 (延安)문예좌담회는 (文藝界)단 체와 문화예술인의 '공농병 결합'과 항전 참여를 유발했다. '(抗戰)작품 제작'을 통한 문학예술인의 '공농병 복무'는 (文藝)좌담회의 성과물로 간주된다. 한편 '자의반 타의반'으로 이뤄진 지식인 하향은 (知識人)사상 개조가 주된 취지였다. 또 이는 문예가 정치적 예속물(隸屬物)로 전락됐 다는 단적인 반증이다. 문예계 정풍의 결과물인 지식인 하향은 1950년 대 (右派)지식인의 '농촌 추방'으로 이어졌다. 결국 이는 지식청년(知識青 年)[3036]의 '상산하향(上山下鄉)'[3037] 정치적 운동으로 발전했다. 실제로 문혁 (文革) 시기의 '지식인 수난시대'는 결코 우연한 것이 아니었다.

모택동의 주도하에 진행된 (延安)문예좌담회는 문예계의 문제점을

[3036] 지식청년(知識青年)은 1968~1978년 당중앙의 호소에 따라 농촌·농간병단(農墾兵團)에 서 농업에 종사한 도시 젊은이를 지칭한다. 1953년 인민일보는 '고등학교 졸업생을 동원, 농업생산에 참가하자'는 사설을 발표했다. 1955년 중공 지도자 모택동은 …광 활한 농촌에는 지식청년이 할 일이 많다며 '지식청년 하향'을 제창했다. 1962년 '(知 青)상산하향(上山下鄉)' 운동이 전국적으로 개시됐다. 실제로 '지식청년 하향'은 정치적 운동이다.

[3037] '(知青)상산하향(上山下鄉)'은 1950~1970년대 많은 지식청년이 도시를 떠나 '농촌에 뿌 리 박는' 일종의 정치적 운동이다. 1968년 12월 모택동은 …지식청년은 농촌에 내려 가 빈하중농(貧下中農)의 재교육을 받아야 한다는 지시를 내렸다. (文革)기간 하향한 지 식청년은 1600만명을 상회한다. 1979년 후 (知青)대부분이 도시로 돌아왔다.

해결하고 문화예술인의 '자산계급 사상'을 청산하는 것이 주된 취지였다. 한편 '좌담회'가 정풍의 일환으로 진행되면서 '토론의 장'은 '투쟁의 장'으로 변질했다. 결국 소군·정령·왕실미 등은 투쟁대상으로 전락했다. (文藝界)정풍에서 당적을 박탈당하고 '반혁명 트로츠키간첩(間諜)분자'로 확정된 왕실미는 '정풍'의 결과물인 정치적 투쟁이 초래한 비극적 인물이다.

2. '(反黨)분자' 왕실미(王實味)와 (左翼)작가 정령(丁玲)

'문예계 정풍'의 정치적 희생양인 왕실미를 '(反革命)트로츠키 분자'로 몰아 당적을 박탈한 장본인은 이유한이다. 1946년 '(反黨)트로츠키·(間諜)분자'라는 죄명을 씌운 자는 모택동의 심복인 강생이다. 1992년 우여곡절 끝에 공안부(公安部)[3038]는 '(反革命)트로츠키(間諜)분자'라는 잘못된 결론을 바로잡고 '(反黨)분자' 왕실미의 명예를 회복했다. 이는 사필귀정이다. '왕실미 사건'은 모택동이 주도한 (文藝界)정풍이 초래한 결과물이다.

1930년대 '좌련(左聯)'에서 활동한 정령은 3년 동안 남경(南京) 감옥에 수감됐다. 1936년 11월 섬북(陝北) 보안(保安)에 도착한 (左翼)작가 정령은 모택동의 환영을 받았다. 그러나 (文藝)좌담회(1942.5)에서 정령은 비판대상이 됐다. 이는 해방일보 (文藝欄)편집장으로 부임(1941.5)한 정령이 고위간부의 '특권'을 지적하는 작품을 잇달아 발표했기 때문이다. 특히

3038 공안부(公安部)는 국무원 산하의 행정조직으로, 공안(公安) 계통의 최고의 지도기관이다. 1949년 7월 6일 중앙군위는 '공안부 설립'을 결정, 나서경(羅瑞卿)을 부장으로 임명했다. 1949년 10월 19일 중앙인민정부는 나서경을 중앙인민정부 공안부장, 양기청(楊奇淸)을 부부장에 임명했다. 현재 (中國)공안국장은 지방정부의 부시장을 겸직한다.

왕실미의 '(反黨)작품'을 (黨報)문예란에 게재한 것은 치명적 실수였다. 결국 '심각한 반성'을 한 정령은 정치적 위기를 잠시 모면했다. 한편 정풍(審幹) 기간 정령은 '(南京)수감'으로 큰 곤욕을 치렀다.

연안에 도착(1937.10)한 왕실미는 (陝北公學)7대장을 맡았다. (延安)마르크스·레닌(馬列學院)학원[3039]이 설립(1938.5)된 후 편역실(編譯室)에 근무한 왕실미는 100만자에 달하는 (外國)작품을 번역한 베테랑 번역가였다. 실제로 (馬列)학원장 낙보가 번역에 '일가견이 있는' 왕실미를 스카우트한 것이다. (中央)연구원으로 개명(1941.8)된 후 왕실미는 (中國文藝)연구실의 특별연구원으로 선임됐다. 당시 지식인이 절대다수를 차지한 중앙연구원은 '지식인 우대'[3040] 정책을 실행했다. 이 시기 (中共)당원인 왕실미는 (中央)선전부장 낙보의 '총애'를 받았다. 한편 왕실미는 '지식인 특유'의 오만과 안하무인(眼下無人)적 단점을 갖고 있었다.

(延安)중앙연구원(中央研究院)[3041]은 중공이 이론 간부를 양성하는 고

3039 (延安)마르크스·레닌학원(馬列學院)은 1938년 5월 5일 연안(延安)에서 설립됐다. 또 (學院)소재지는 연안에서 7~8리(里) 떨어진 남가평(藍家坪)이다. 당시 (馬列)학원장은 '(中共)책임자' 장문천이 겸직, 학원의 (日常)사무는 부원장인 왕학문(王學文)이 주관했다. 한편 마르크스·레닌학원은 다섯 번에 나눠 1000여 명의 학원생을 모집했다. 1941년 5월 마레연구원(馬列研究院)으로 개칭, 그해 7월 중앙연구원(中央研究院)으로 개명했다.

3040 (延安)중앙연구원의 연구직은 특별연구원·연구원·연구생 세 등급으로 나눠졌다. 당시 특별연구원은 백구(白區)에서 '수입'한 고급 면포(綿布)로 지은 옷을 입었고 매월 4.5위안(元)의 수당을 지급받았다(任文 외, 2019: 260). 이 시기 중공 지도자 모택동의 수당은 5원, (邊區)정부 주석인 임백거의 보조금은 4원이었다. 당시 중앙연구원의 특별연구원인 왕실미는 고급(高級) 지식인에게 제공되는 '중조(中竈)' 식사(食事) 대우를 받았다.

3041 (延安)중앙연구원(中央研究院)의 전신은 1938년 5월에 설립된 (延安)마르크스·레닌학원(馬列學院)이다. 1941년 7월 중앙연구원으로 개명, 장문천이 원장, 범문란(範文瀾)이 부원장을 맡았다. 실질적인 '(研究院)1인자'는 (宣傳部)부부장 이유한(李維漢), 주무 부서는 모택동이 관장한 (中央)선전부였다. 1943년 5월 중앙당학교에 '합병'됐다.

급연구기관이다. 당시 학원장은 장문천이 겸임했다. 중앙연구원 산하에 중국정치·중국문예·중국교육 등 9개 연구실이 설치됐다. (左傾)과오를 반성한 낙보가 '농촌조사(1942.1)'를 떠난 후 이유한이 (代理)연구원장을 맡았다. 또 이언(李言)[3042]이 (研究院)당위 서기, 범문란(範文瀾)[3043]이 부원장에 임명됐다. 1942년 봄여름 고집불통인 왕실미는 '(洛甫)후임자'인 이유한과 심각한 '의견 대립'[3044]을 벌였다. 결국 정치 문외한인 왕실미는 '고단수 정치인'[3045]인 이유한의 적수가 되지 못했다.

'야백합화(野百合花)' 저자인 왕실미는 (上海)작가이다. 그의 작품은 (延安)사회의 암흑면을 폭로했다. 당시 왕실미는 5.4운동의 개인주의 사

3042 이언(李言, 1911~1984), 절강성 진운(縉雲) 출신이며 공산주의자이다. 1930년 중공에 가입, 1930~1904년대 항일군정대학 선전부장, 중앙연구원 (黨委)서기, 건국 후 (丹東)시위 부서기, 요녕성검찰장, 사회과학원 연구소 부소장을 역임, 1984년 북경에서 병사했다.

3043 범문란(範文瀾, 1893~1969), 절강성 소흥(紹興) 출신이며 공산주의자이다. 1926년 중공에 가입, 1930~1940년대 하남대학 문학원 교수, 중앙연구원 부원장, 화북대학 부총장, 건국 후 중국근대사연구소장, 중국사학회 부회장 등을 역임, 1969년 북경에서 병사했다.

3044 1942년 봄 왕실미는 '(研究院)1인자' 이유한과 의견 대립을 벌였다. 중앙지도자의 특권을 지적한 왕실미의 작품(野百合花)은 모택동의 불만을 야기했다. 모택동의 '암묵적 지지'를 받은 이유한은 (王實味)비판대회(1942.6)를 전개했다. 결국 '트로츠키(反黨)분자'로 몰린 왕실미는 당적을 박탈당했다. 정치 문외한 왕실미는 '정치 고단수'인 이유한에게 'KO 패배'를 당했다. 한편 이유한은 모택동·등소평의 '실각'에 일조한 베테랑 정치인이다.

3045 1930년대 이유한은 (蘇聯派)박고·낙보와 함께 '모택동·등소평 비판'의 선봉장 역할을 했다. 모택동이 중공 영수로 등극(1938.11)한 후 '지은 죄'가 있는 이유한은 전전긍긍하며 근신했다. (延安)정풍에서 심각하게 반성한 그는 '모택동 추종자'로 둔갑했다. 왕실미에 대한 모택동의 '태도'를 확인한 후 정치 고단수 이유한은 '(王實味)투쟁대회'를 개최했다. 한편 이유한은 왕실미를 '트로츠키(反革命)분자'로 몰아 당적을 박탈한 장본인이다.

상을 전파했다(R. Terrill, 2010: 209). 1942년 5월 (文藝)좌담회에서 연설한 모택동은 이렇게 말했다. …자산계급의 입장을 대변한 개인주의자 왕실미는 당내에 잠복한 악질 분자이다(P. Short, 2994: 339). 1944년 왕실미는 (國民黨)기자에게 이렇게 말했다. …트로츠키(分子)인 나는 모주석을 반대했으나 모주석께서 관대하게 용서했다. 또 그는 모주석께 감사드린다는 말을 주문처럼 되뇌었다(J. Halliday, 2016: 570). 훗날 모택동은 왕실미의 '죽음'에 대해 양심을 가책을 느꼈다(D. Wilson, 1992: 226). 상기 '상해(上海)·개인주의·이상주의·개인주의자'는 상당한 어폐가 있다. 한편 왕실미의 '모주석 감사'는 사실 왜곡이다. 또 모택동은 '(王實味)죽음(1947.7)'에 대해 종래로 '양심의 가책'[3046]을 느낀 적이 없다.

연안에서 200만자에 달하는 (理論)저작을 창작한 왕실미는 신문학사(新文學史)에 이름을 올렸다(王哲甫, 1933: 395). 중키에 깡마른 체구인 왕실미는 옹고집이고 성격이 괴벽스러웠다(李青 외, 1989.6). 술담배를 멀리한 그의 유일한 취미는 산책이었다. 1939년부터 왕실미는 (魯藝)음악학부 박평(薄平)[3047]과 동거했다(任文 외, 2014: 261). 왕실미의 잡문은 (社會)암흑면을 예리하게 파헤쳤다. 이는 당시 (延安)문예계의 '잡문 성행'[3048]과

3046 1943년 4월 왕실미는 섬북공학(陝北公學)에 수감됐다. 1946년 강생은 왕실미에게 '반혁명트로츠키간첩분자'라는 죄명을 씌웠다. 1947년 3월 왕실미는 (晉綏)근거지로 압송, 1947년 7월 (晉綏)공안총국은 흥현(興縣)에서 왕실미를 처형했다. '왕실미 처형'은 모택동과 직접적 관련이 없다. 따라서 모택동이 '양심의 가책'을 받을 이유가 없다.

3047 박평(薄平, 1918~?), 하남성 정주(鄭州) 출신이며 음악가(音樂家)이다. 1938년 (延安)노신예술학원 음악학부 입학, 1939~1940년 연안에서 왕실미와 동거, 1948년 (鄭州)철로국 철로일보(鐵路日報) 근무, 건국 후 (鄭州)철로국의 문공단(文工團)에서 음악을 가르쳤다.

3048 (延安)문예계의 대표적 잡문(雜文)은 ① 소군의 '노신 기념(1941.10)' ② 정령의 '잡문 필요.(1941.10)'·'병원 중(1941.11)' ③ 마가의 '간격(間隔, 1941.12)' ④ 정령의 '3.8절유감(1942.3)' ⑤ 나봉의 '잡문시대(1942.3)' ⑥ 애청의 '작가 존경(1942.3)' ⑦ 소군의 '동지의

관련된다. 한편 12세 연하인 (同居女)박평은 사제지간(師弟之間)[3049]이었다. 또 그는 고향에 '조강지처'인 유영(劉瑩)[3050]이 있었다. 1938~1943년 (延安) 고위간부 사이에선 '부인 물갈이'[3051]가 유행됐다.

1941~1942년 (延安)문예계는 '(雜文)전성시대'를 맞이했다. 해방일보와 (文抗)기관지 '곡우(穀雨)'[3052]는 소군·정령·애청 등이 쓴 잡문으로 도배됐다. 왕실미의 잡문은 예리한 필봉으로 유명했다(朱鴻召, 2014: 263). 정령은 이렇게 회상했다. …(整風)기간 문예란에 발표한 나의 '3.8절유감(三八節有感)'[3053]과 왕실미의 '야백합화'가 비판을 받았다(丁玲, 1982.2). 1941

사랑과 인내(1942.4)' 등이다(朱鴻召, 2014: 263). 1942년 3월 왕실미는 '야백합화(野百合花)' 등 잡문을 발표했다. 상기 잡문은 '재비판(1958)'에서 (反動)작품으로 지목됐다.

3049 1936년 박평(薄平)은 하남성 개봉(開封)의 성립(省立)여고등학교에 입학했다. 당시 왕실미는 박평의 영어 교사였다. 3년 후 '돈독한 사제지간(師弟之間)'이었던 왕실미와 박평은 연안에서 재회, 1939년 2월부터 (同居)생활을 시작했다. 이들의 (同居)기간은 1940년 10월까지였으나, '주말부부'인 그들의 함께 지낸 시간은 80일에 불과했다.

3050 유영(劉瑩, 1906~?), 호남성 장사(長沙) 출신이며 왕실미의 부인이다. 1926년 중공에 가입, 1930년 왕실미와 결혼, 1937년 왕실미의 '연안행'은 이들 부부의 결별이 됐다. 1983년 북경(北京)의 이유한을 찾아가 제소, 1991년 위자료 1만원을 지방문련(文聯)에 기부했다.

3051 1938~1943년 (延安)고위간부의 '부인 물갈이'가 성행했다. 1938년 11월 강청과 재혼(同居)한 모택동은 '부인 물갈이'의 시작용자(始作俑者)이다. 1942년 (八路軍)지휘관 하룡은 설명(薛明)과 재혼, 1943년 임표는 엽군(葉群)과 재혼했다. 결국 고위간부의 '부인 물갈이'는 악영향을 끼쳤다. 왕실미·박평의 '동거(1939)'가 단적인 사례이다.

3052 '곡우(穀雨)'는 1941년 11월에 창간, (文抗)기관지이며 격월간(隔月刊)이다. 정령·소군·서군·애청 등이 번갈아 편집을 맡았다. (延安)간행물 중 수준이 가장 높은 잡지였다. 매기 (文藝)이론·잡문·소설 등을 게재했다. 발표된 작품 중 정령의 '병원 중(1942.11)'과 왕실미의 '정치가·예술가(1942.3)'가 유명, 1942년 8월에 정간됐다.

3053 1942년 3월 9일 정령의 '3.8절유감(三八節有感)'은 해방일보 문예란에 발표됐다. (延安) 암흑면을 폭로한 '유감(有感)'의 골자는 ① 성적 불평등 ② 여성의 낮은 지위 ③ 중앙지도자에게 부여된 '특권' ④ 고위간부의 '(女大生)재혼' 등이다. 실제로 왕실미의 작품(野百合花)과 일맥상통했다. 결국 (文藝界)정풍 기간 정령은 '심각한 반성'을 했다.

년 5월부터 1942년 3월 (文藝欄)편집장을 맡은 정령은 왕실미의 '야백합화'를 게재했다(任文 외, 2019: 197). 당시 정령과 왕실미가 비판을 받은 것은 '(延安)암흑면'을 폭로하고 고위간부의 '특권(特權)'[3054]을 건드렸기 때문이다. 한편 심각한 반성을 한 정령은 위기를 모면했으나, 반성을 거절한 왕실미는 '(反黨)분자'로 몰려 당적을 박탈당했다.

정령은 이렇게 회상했다. …3월 7일 진기하의 (三八節)원고 부탁[3055]을 받았다. 당시 나는 (延安)여성의 낮은 지위에 대한 불만이 쌓였다. 진학소·하목(何穆)[3056]과 주중지·소경광의 이혼에서 불거진 '(女性)약자적 지위'에 대한 불평을 털어놓기로 결심했다(丁玲, 1982.3). 소군은 일기(1942.1.25)에 이렇게 썼다. …최근 연안에는 결혼 전 동거와 불법적 낙태 시술이 쟁점이 되고 있다. 또 다른 일기(3.20)에 이렇게 썼다. …최근 소경광의 이혼과 주보정(朱寶庭)[3057] 결혼이 화제로 부상했다(李向東 외, 2015:

3054 (延安)중앙지도자에게 부여된 '특권'은 ① (高級)제복과 식사 우대 ② 단독 동굴집(窯洞) ③ 경호원 배치, 교통도구(軍馬) ④ (子女)교육·(入院)치료 우대권 ⑤ (週末)댄스와 (京劇)관람 ⑥ 고위간부의 (再婚)자유권 등이다. 한편 왕실미·정령은 중앙지도자의 '특권'을 지적했다. 결국 이는 그들이 (文藝界)정풍의 비판대상이 된 주된 원인이다.

3055 여신은 이렇게 회상했다. …3월 8일자 신문은 (3.7)오전에 원고를 접수해 오후에 편집이 끝난다. '(丁玲)부하'인 진기하가 3월 7일에 정령에게 원고를 부탁했다는 것을 있을 수 없는 일이다. 당시 문예란은 종래로 원고를 요청하지 않았다(黎辛, 2016: 73). 진기하가 갑자기 '(三八節)원고'를 부탁했다는 정령의 주장은 설득력이 크게 떨어진다.

3056 하목(何穆, 1905~1990), 상해(上海) 출신이며 공산주의자이다. 1956년 중공에 가입, 1930~1940년대 (延安)중앙병원장, 진기로예(晉冀魯豫) 군구 위생부 부부장, 건국 후 산서성 위생청장, (北京)의학원부속병원장, 전국 정협 위원 등을 역임, 1990년 북경에서 병사했다.

3057 주보정(朱寶庭, 1880~1947), 절강성 녕파(寧波) 출신이며 노동운동가이다. 1922년 중공에 가입, 1920~1940년대 전국총공회 집행위원, 호북성 총공회(總工會) 국제부장, (中央)직공운동위원회 위원 등을 역임, 1947년 섬서성 안새(安塞)에서 병사했다.

274). 정령의 작품(三八節有感)은 해발일보(3.9) (文藝)제98기에 실렸다. 또 (三八節)특집호에 실린 채창·증극(曾克)[3058] 등이 쓴 글은 이구동성으로 여성의 '독립'과 '자유'를 호소했다. 한편 정령의 '3.8절유감'이 비판받은 주된 원인은 고위간부에게 부여된 '특권'을 지적했기 때문이다.

'3.8절유감'은 가장 민감한 (延安)등급제도를 지적했다. 정령은 이렇게 썼다. …여성의 운명과 자녀의 생활수준은 남편의 지위에 따라 결정된다. 일부 (高幹)부인은 아이를 보육모에게 맡기고 (週末)사교댄스를 즐긴다(李向東, 2015: 276). 정령은 이렇게 회상했다. …주말이면 화려한 옷차림과 요염한 화장을 한 고급간부 부인들은 구락부에 모여 사교댄스를 췄다. 그들은 사교춤을 문화생활로 간주했다(丁玲, 1982.3). (延安)사회의 '남존여비(男尊女卑)'[3059]와 성적 불평등을 지적한 '3.8절유감'은 (女性)간부의 지지를 받았다. 정령의 '3.8절유감'은 '야백합화'와 일맥상통했다. 한편 정령의 작품이 '강청을 풍자'[3060]했다는 일각의 주장은 견강부회이다.

3058 증극(曾克, 1917~2009), 하남성 태강(太康) 출신이며 문학가이다. 1942년 중공에 가입, 1930~1940년대 (延安)문예계항적(抗敵)협회 가입, 전국문련(文聯) 위원, 건국 후 중화서국(中華書局) 편심, (四川)작가협회 부회장, 중국작가협회 이사를 역임, 2009년 북경에서 병사했다.

3059 남존여비(男尊女卑)는 남성의 권리·지위가 여성보다 높고 여성을 천시하는 사상·태도를 가리킨다. 당시 '남녀평등'을 제창한 (延安)사회에서는 여성의 지위가 남성보다 낮았다. 이 시기 (長征)여간부의 지위는 상대적으로 높았으나, (女性)고위간부는 거의 전무했다. 한편 (延安)여성의 낮은 사회적 지위와 성적(性的) 불평등을 비난한 정령의 '3.8절유감'이 (文化界)정풍 기간에 비판을 받은 것은 고위간부의 '특권'을 지적했기 때문이다.

3060 만년에 정령은 자신의 작품 '3.8절유감'이 강청(江青)을 풍자했다고 주장했다. 당시 강청은 주말(週末) 사교춤은 '정신문명(精神文明)'이라고 말했다. 정령의 작품은 강청을 비난한 것으로, 도량이 좁은 강청이 보복했을 가능성이 높다(王彬彬, 2005: 96). 상기 '강청 풍자' 주장은 설득력이 떨어진다. 당시 중앙지도자들이 자주 참가한 (週末)사교춤은 모택동의 지지를 받았다. 실제로 (週末)사교춤은 이 시기 '현모양처'인 강청과 무관하다.

실제로 강청의 '(出産)특권'에 대한 관련 상황을 기록한 것은 소군이다.

　소군은 '(高幹)특권'에 대해 이렇게 썼다. …근무원이 배치된 이백쇠는 하루 다섯 끼를 먹었고 흰만두·통조림·우유·달걀·소시지 등이 구전했다. 조식(早食)은 고급과자·우유와 삶은 계란이었다. 당시 강청의 (入院室)문어귀에 경호원이 지켰고 전문 간호사가 배치됐다. '병문안'을 온 차량이 수시로 드나들었다. 퇴원 후 연일 축하연을 베풀었다(蕭軍, 2013: 200). 1941년 7월 (延安)병원에 입원한 왕덕분(王德芬)[3061]은 이렇게 술회했다. …7월 9일 의사 김무악(金茂岳)의 도움으로 아들을 출산했다. 출산 후 영양 실조로 젖이 돌지 않았다. 모유가 없는 상황에서 좁쌀죽에 대추를 끓인 물을 넣어 아기에게 먹였다(王德芬, 2004: 101). 이는 (延安)사회에 실재한 고위간부와 작가의 '차이'였다. 한편 이눌(李訥)이 태어난 후 모택동이 베푼 연회는 강청을 '정실(正室)'로 인정한다는 의미가 강했다.

　왕실미는 연안에서 '괴짜'[3062]로 소문난 사람이었다. …충동적 성향을 지닌 그는 희로애락을 감추지 못했고 대인관계가 원만하지 못했다(李青 외, 1989.6). 진백달과 껄끄러운 관계를 유지한 왕실미는 '직속상관(陳伯達)'을 무시했다. 박평의 회상에 따르면 왕실미는 원고를 수정한 진

3061　왕덕분(王德芬, 1919~2001), 감숙성 난주(蘭州) 출신이며 작가 소군의 셋째 부인이다. 1938년 12세 연상인 소군과 결혼, 8명의 자녀를 양육했다. 50년 간 소군과 동고동락한 '환난지처(患難之妻)'이다. 만년에 회고록 '나와 소군 50년'을 출간, 2001년에 북경에서 병사했다.

3062　(中央研究院)번역실에서 왕실미는 친구가 없는 고독한 사람이었다. 그는 장문천 등 소수를 제외하고 대다수의 동료와 말다툼을 벌였다. 특히 원고(原稿) 심사를 맡은 가백년(柯柏年)과 앙숙 간이었다. 그의 동의를 구하지 않고 원고를 수정하면 숙소까지 찾아가 대판 싸웠다(黃昌勇, 2000: 100). 실제로 당시 왕실미는 직속상관인 진백달과 '견원지간'이었다. 이는 '괴인(怪人)'인 왕실미가 대인관계가 원만하지 못했다는 단적인 반증이다.

백달을 '파렴치한 놈'이라고 욕했다(任文 외, 2019: 264). 1년 후 왕실미·박평의 혼인은 끝났다. '혼인 실패' 후 왕실미는 성격이 더욱 괴팍스럽고 다혈질적으로 변했다(黃昌勇, 2000: 123). 진백달은 해방일보 기고문(1942.6)에 이렇게 썼다. …왕실미가 (黨小組)회의에 참석하면 그날의 '회의'는 반드시 불유쾌하게 끝난다(陳伯達, 1942.6.15). 당시 왕실미는 '간부복(幹部服)' 때문에 부원장 범문란과 '격렬한 말다툼'[3063]을 했다. 한편 권세에 굴복하지 않은 왕실미는 학원의 왕학문(王學文)[3064]과 낙보 두 사람을 존경했다.

왕실미는 '(延安)잡문 부흥'을 모를 리 없었다. 당시 그는 정령 등이 주도한 암흑면 폭로의 잡문(雜文) 성행에 한껏 고무돼 있었다. 1942년 3월 (延安)사회의 불평등과 특권(特權)제도에 큰 불만을 느낀 왕실미는 선동성이 강한 2편 잡문을 발표했다(黃昌勇, 2000: 143). 해방일보 문예란에 게재한 왕실미의 '야백합화'와 '(文藝)100호특집'에 발표된 애청·나봉의 잡문은 정령이 원고를 모집하고 문예란(文藝欄) 게재를 승인한 것이다. 한편 왕실미의 '야백합화'가 정령의 (原稿)요청인지 왕실미의 기고인지는 알 수 없다(黎辛, 2016: 192). 1942년 초 정령은 문항(文抗) 소재지 난가평

3063 1941년 12월 중앙연구원은 간부·전문가에게 '간부복(幹部服)'을 나눠줬다. '옷'을 받지 못한 왕실미는 부원장 범문란을 찾아가 격한 말다툼을 벌였다. 결국 범문란은 자신에게 배분된 '간부복'을 양도했다(榮孟源, 1984: 183). (飜譯)전문가인 왕실미에게 '간부복'을 나눠주지 않은 것은 중앙연구원이 왕실미를 (高級)지식인으로 우대하지 않았다는 반증이다. 한편 1942년 6월 '절대적 민주'를 지지한 범문란은 '왕실미 비판' 선봉장 역할을 했다.

3064 왕학문(王學文, 1895~1985), 강소성 서주(徐州) 출신이며 공산주의자이다. 1927년 중공에 가입, 1930~1940년대 '홍기(紅旗)' 편집장, (延安)마르크스·레닌학원 부원장, 건국 후 (中國科學院)사회과학학부 위원, 경제연구소 학술위원을 역임, 1985년 북경에서 병사했다.

(蘭家坪)에 머물렀다. 이 시기 왕실미의 근무처인 중앙연구원도 난가평에 있었다. 따라서 정령이 왕실미에게 '원고'를 부탁했을 가능성이 매우 높다. 실제로 그들의 작품은 '(延安)암흑면 폭로'에서 일맥상통했다.

해방일보 문화란에 발표(1942.3)된 왕실미의 (野百合花)소제목은 ① 전기(前記) ② 우리의 생활에 무엇이 부족한가? ③ '난관 봉착'을 논함 ④ '필연성'과 '사소한 일' ⑤ 평균주의와 등급제도이다. 작품은 3월 13일과 3월 23일에 발표됐다(任文 외, 2019: 199). 왕실미의 (作品)문제점은 첫째, 연안의 (週末)오락회[3065]를 부정했다. 둘째, 고급간부 우대를 확대해석했다. 셋째, 일부 간부의 관료주의 과오를 과장했다. 넷째, 정치가·예술가를 대립시켰다. 다섯째, '암흑면 폭로'가 (文學人)책무라고 주장했다(高新民 외, 2000: 345). 왕실미가 연안의 '(社會)문제점'을 과장한 측면이 없지 않으나 결코 그가 날조한 것은 아니었다. 한편 왕실미가 지적한 고귀간부의 '특권(等級制度)'과 '온정주의 부재'[3066]는 대부분이 사실이었다.

1920년대 모스크바에서 유학한 왕실미는 해방일보에 '야생의 백합'이란 글을 발표해 제도화된 특권을 맹렬하게 비난했다. 그의 주장에 따

3065 당시 연안에는 화극·가극·평극(平劇) 등 다양한 (文化)오락 활동이 전개됐다. 주말이면 각 기관과 (學校)단체는 사교춤 등 오락회를 마련했다. 어느 날 왕실미는 춤꾼들에게 이렇게 으름장을 놓았다. …수류탄을 투척해 무도장(舞蹈場)을 폭발하겠다(任文 외, 2014: 170). 실제로 왕실미는 주말(週末) 오락회를 고위간부 '특권'으로 간주했다. 한편 하자진·유영 등 (長征)여간부들도 이 시기 연안에서 유행된 (週末)사교춤을 반대했다.

3066 해방일보 문예란에 발표(1942.3.13)된 (野百合花)소제목인 '우리의 생활에 무엇이 결여됐는가'라는 잡문에 왕실미는 이렇게 썼다. …현재 우리에게 부족한 것은 고위간부의 관심과 동지적 우애(友愛)이다. (人民)대중에 대한 지도자의 진정한 이해와 배려가 결여됐다(黎辛, 2014: 199). 실제로 왕실미는 (延安)사회에 만연된 '온정주의 부재'를 지적했다. 한편 고위간부에게 부여된 '특권'은 대도시에서 온 좌익(左翼) 지식인의 불만을 야기했다.

르면 청년들이 소부르주아적 평등주의를 고집한다고 비난한 고위간부들은 그들의 특권을 당연시했다(나창주, 2019: 523). 당시 왕실미는 이렇게 썼다. …나는 평균주의자가 아니다. '삼색(三色) 의복'과 '5등급(五等級) 식사' 기준은 합당치 않다. 청년 학생들은 멀건 죽을 먹고 있으나 신체가 건강한 대인물은 특혜를 받고 있다(黎辛, 2014: 200). 왕실미의 '야백합화'는 고위간부의 특권을 비판한 것이다. 한편 왕실미의 '모스크바 유학'은 사실무근이다. 또 상기 '소부르주아적 평등주의'는 큰 어폐가 있다.

(邊區)정부가 '수입'한 고급 면포는 중앙지도자와 (高級)지식인에게 공급됐다. 일반인은 연안에서 생산한 무명으로 지은 옷을 입었다. 또한 연안(延安)의 식당은 3등급의 식사를 제공했다. 특별연구원인 왕실미는 간부 대우인 '중조(中竈)'[3067] 식사를 했다(溫濟澤, 2014: 171). 실제로 이 시기 연안에는 의복(衣服) 등급제와 3등급(三等級)의 식사 기준이 있었다. 그러나 왕실미가 지적한 '식분(食分) 5등급'은 다소 과장된 것이다. 한편 연안의 (高級)지식인에게 제공된 중조(中竈) 식사는 '지식인 우대' 정책이 실행됐다는 것을 단적으로 반증한다. 당시 중앙연구원의 '일반 연구원(一般研究員)'인 온제택(溫濟澤)[3068]은 대조(大竈) 식사를 했다.

당시 (延安)고위간부들은 '의식주(衣食住)' 등에서 특권을 누렸다. 왕

3067 이 시기 연안에는 '대조(大竈)·중조(中竈)·소조(小竈)' 3등급의 식사 기준이 정해졌다. '조(竈)'는 부엌·주방을 뜻한다. 일반인은 '대조(大竈)', 고급(高級)지식인·학원장(學院長) 등은 '중조(中竈)', 중앙위원 등 고위간부는 (小竈)식사가 제공됐다. 당시 간부급(幹部級) 대우를 받은 왕실미·정령 등은 (中竈)식사 혜택을 받았다. 한편 왕실미는 연안의 '3등급(三等級) 식사' 기준을 차별을 부각시키는 일종의 '등급제도'라고 비난했다.

3068 온제택(溫濟澤, 1914~1999), 광동성 매현(梅縣) 출신이며 공산주의자이다. 1936년 중공에 가입, 1930~1940년대 해방일보 (副刊)편집장, 신화통신사 편집국장, 건국 후 중국 사회과학원 연구생원장, 중화전국(科普)창작협회장 등을 역임, 1999년 북경에서 병사했다.

실미가 지적한 고위간부의 '특혜'는 사실이었다. 이 시기 중앙지도자에게 배정된 경호원·군마(軍馬)·동굴집 등이 단적인 증거이다. 또한 (中央)지도자들은 주말(週末) 오락회를 즐겼고 자녀교육(保育)[3069] 등의 특혜를 누렸다. 또 젊은 여대생과의 '결혼권(再婚)'[3070]도 고위간부에게 '우선권'이 주어졌다. 결국 왕실미가 (黨政)고위간부의 아킬레스건(特權)을 건드린 것이다. 한편 공급제(供給制)[3071]가 실시된 (陝甘寧)변구와 (延安)사회에서 여전히 평등주의적 성격이 강했다는 점도 부인할 수 없다.

1941년 12월 정령은 소설 '간격(間隔)'을 문예란에 게재했다. (小說)골자는 …대도시에서 온 20대 여대생(楊芬)이 팔로군(八路軍) 지대장의 눈에 들었다. 지대장의 영웅적 기질을 흠모한 양분은 노간부들의 끈질긴 설득에 못 이겨 지대장과 결혼했다. 한편 지대장의 거친 성격과 독선적

3069 1940년 가을 (延安)보육원에서 근무한 왕덕분은 이렇게 회상했다. …대부분의 보육원 입학생은 혁명열사와 고급간부의 자녀들이었다. 그들에겐 공급제가 실시됐고 (生活)특혜가 제공됐다. 일반 가정의 자녀들은 '(人員數)제한'으로 보육원에 입소할 수 없었다(王德芬, 2004: 99). 결국 이는 고위간부들은 자녀교육(保育)에서 특혜를 누렸다는 단적인 반증이다. 한편 (延安)일반 가정의 대부분 (旣婚)여성들은 '(子女)양육'을 본인이 부담했다.

3070 항전 개시 후 연안에는 북경·상해 등 대도시의 젊은 여대생이 대거 몰려들었다. 이는 (獨身)팔로군 고위간부의 '부인 물갈이(再婚)' 기회로 작용했다. 1938~1939년 (八路軍)고귀간부인 팽덕회·등소평은 포안수(浦安修)·탁림(卓琳)과 재혼했다. 실제로 (中共)고위간부들은 젊은 여대생과 '결혼(再婚)'하는 특권을 누렸다. 한편 여대생 박평(薄平)과 '결혼(同居)'한 왕실미가 고위간부의 '특권'을 비판한 것은 '오십보백보(五十步百步)'이다.

3071 소군의 부인 왕덕분은 이렇게 회상했다. …이 시기 공급제(供給制)가 시행된 연안에서는 하루 세끼를 '근무원(勤務員)'이 동굴집까지 배달했다. 작가의 식사(食事) 대우는 상대적으로 좋았다. 주식(主食)은 좁쌀밥·만두였고 고기 요리는 매우 적었다. 또 명절이면 홍소육(紅燒肉)·흰쌀밥을 먹었다(王德芬, 2004: 97). 당시 연안에선 평등주의적 성격이 강한 '(戰時)공산주의' 체제가 실시됐다. 한편 공급제는 1950년대 중국사회에서 부활했다.

행태로 그들의 혼인에 불행의 그림자가 드리워졌다(王增如 외, 2016: 269). 소설은 '양분(女大生)'을 동정하고 (八路軍)지대장을 '추화(醜化)'했다. 결국 이는 전방 고위간부의 강한 불만을 야기했다. 당시 연안에서는 (八路軍)고위간부가 여대생과 '재혼(再婚)'하는 일이 비일비재했다. 한편 상기 '작품(間隔)'은 직속상관인 박고가 정령에게 추천한 것이다.

연안에 도착한 정령은 '딸 출산'을 위한 하자진의 고향 회귀로 독수공방 중인 모택동과 사흘 밤을 함께 지냈다. 모택동은 하지진이 돌아온 후에도 정령의 처소를 들락거렸다. 당시 정령은 팽덕회 사령관과 사랑에 빠졌다(유일, 2016: 60, 61). 1936년 11월 만삭인 하자진이 수천 킬로 떨어진 고향으로 돌아간다는 것은 불가능했다. 또 '(毛丁)동거'는 천방야담(天方夜譚)[3072]이다. 한편 정령과 팽덕회의 '사랑'[3073]은 낭설(浪說)이다. 당시 정령은 3년 간의 '(南京)수감'[3074]으로 당조직의 심사를 받고 있었다. (讀者)제현께 묻노니, 일개 '작가(丁玲)'가 전쟁 중에 전후방 '홍군 통

[3072] 천방야담(天方夜譚)은 '아라비안나이트(千一夜話)'로, 허황하고 터무니없는 이야기를 지칭한다. 정령은 1936년 11월에 (陝北)보안에서 처음으로 '홍군 통솔자' 모택동을 만났다. 당시 임신 중인 하자진의 감시(監視)하에 있는 모택동의 외도는 불가능했다. 1937년 봄여름 '오리리(吳莉莉) 스캔들'로 모택동의 위신이 상당히 실추됐다. 1938년 가을 모택동은 강청과 (同居)생활을 했다. 1942년 정령은 13세 연하인 진명(陳明)과 결혼했다.

[3073] 1936년 12월 정령은 감숙성 농동(隴東)에서 팔로군 지휘관 팽덕회를 만났다. 당시 팽덕회는 '조강지처' 유곤모(劉坤模)가 있었다. 실제로 이 시기 유곤모는 (八路軍)지휘부로 찾아와 팽덕회를 만났다. 한편 팽덕회와 '스메들리(Smedley) 사랑' 설은 더욱 황당무계하다. 1938년 10월 팽덕회는 20세 연하인 포안수와 재혼했다. 정령의 회상에 따르면 팽덕회는 그녀의 '존경의 대상'이었다. 한편 정령의 소설을 사실로 간주해선 안 된다.

[3074] 1933~1936년 정령은 (南京)국민당 특무기관에 수감됐다. 이 기간 그녀는 '변절자'인 동거남 풍달(馮達)과 딸을 출산했다. '정풍(審幹)' 기간 정령은 '(南京)수감' 중에 제출한 '성명(聲明)'으로 큰 곤욕을 치렀다. 한편 1950년대 '반당집단' 주모자로 몰린 정령은 국민당 특무기관이 섬북(陝北)한 파견한 '첩자(諜者)'라는 죄명(罪名)을 썼다.

솔자(毛彭)'와 삼각(三角) 치정관계를 유지할 수 있었겠는가?

연안을 방문한 국민당 기자는 '정령 인상'을 이렇게 썼다. …짙은 눈썹과 큰 눈, 거친 피부와 작은 키, 실팍한 체구에 목소리가 우렁차며 (灰色)군복을 입고 있었다. 또 성격이 화끈하고 변설가이며 주량이 센 술꾼인 그녀는 현모양처와 거리가 멀었다(趙超構, 1992: 98. 103). 정령은 흡연가(吸煙家)를 뺨칠 정도의 '애연가(愛煙家)'[3075]였다. (陝北)보안에 도착했을 때 30대 초반의 정령은 이미 3명의 남자와 동거한 염문설(艶聞說)의 주인공이었다. '음주(飲酒)·흡연 애호가'이며 아집이 강한 작가 정령은 결코 모택동의 환심을 살 만한 매력적인 여인이 아니었다. 실제로 정령과 모택동의 인연은 용두사미로, '악연(惡緣)'[3076]으로 끝났다.

1936년 12월 모택동이 지은 '임강선(臨鋼仙) 정령동지'라는 사(詞)의 골자는 ① '출옥자(丁玲)'를 진심으로 환영 ② 하나의 붓은 3천명의 정병(精兵) ③ 문학인이 (紅軍)전사로 변신 등이다(馮蕙 외, 2013: 636). 보안(保安) 동굴집에서 열린 환영 연회에서 정령은 모택동에게 '홍군 참가'를 요구했다. 12월 초 정령은 농동(隴東) 전방으로 나갔다(良石 외, 2012: 147). 12월

3075 국민당 기자 조초구는 정령의 '(吸煙)모습'을 이렇게 썼다. …정령은 자연스럽게 담배를 꺼내 피웠다. 그녀는 담배를 힘껏 빨았다가 구름 같은 연기를 토해냈다. 전형적인 애연가(愛煙家)의 모습이었다. 이를 통해 털털하고 호방한 기질을 보여주려는 것 같았다(趙超構, 1992: 132). 이 시기 '불혹지년(40세)'에 들어선 정령은 '정풍(審幹)'을 거치며 모진 시련을 겪었다. 실제로 '애주가·애연가'인 정령의 닉네임은 '섬북아낙네(陝北婆姨)'였다.

3076 '모정(毛丁)'의 인연은 용두사미(龍頭蛇尾)로 끝났다. 모택동의 신임을 받았던 정령은 '3.8절유감' 발표와 '(王實味)작품 게재'로, (文藝界)정풍에서 비판대상으로 전락했다. 1950년대 (反黨集團)주모자로 몰려 농촌으로 추방된 정령은 12년 간 노동개조를 했다. 1970년대 5년 동안 수감된 정령은 20년 간 창작권을 상실했다. 건국 후 정령의 '창작권'을 박탈한 장본인은 모택동이다. 이 또한 (毛丁)인연이 '악연(惡緣)'이었다는 단적인 반증이다.

상순 모택동은 사를 전보(電報)[3077]로 정령에게 보냈다. 당시 모택동이 동향(同鄕)[3078] 정령을 진심으로 환영했다. 한편 이 시기 작가 정령은 섬북에 도착한 첫 문학인으로 대표성을 띤 인물이었다.

1937~1940년 모택동과 작가 정령은 별다른 교제가 없었다. 이 시기 문화예술에 대해 신경을 쓸 겨를이 없었던 모택동은 '하자진 결별'·'강청 결합' 등 가정(家庭) 풍파를 겪었다. 당시 모택동은 '소련파'와의 권력 투쟁에 전념했다. 1940년 정령에 대한 '(黨組織)심사'[3079]가 끝났다. 실제로 정령의 '복잡한 치정관계'[3080]를 인지한 모택동이 의도적으로 멀리한 것이다. 한편 모택동의 심복인 강생은 정령의 '남경(南京) 수감'을 트집

3077 1980년 정령은 이렇게 회상했다. …(慶陽)전선에서 모택동이 쓴 사(詞)를 받아보았다. 당시 섭영진(聶榮臻)이 전보를 나에게 넘겨줬다. 나는 모주석에게 '감사 답신'을 보냈다(王增如 외, 2016: 163). '모택동 전보'에 함축된 의미는 ① 문화인 역할 중시 ② '홍군(宣傳)작품' 기대 ③ 문화인의 '(抗戰)참여 격려' 등이다. 한편 모택동이 정령에게 쓴 사를 전보(電報)로 보낸 것은 작가 정령과 그 어떤 '사적인 이해관계'가 없음을 공표한 것이다.

3078 호남(湖南) 출신인 정령은 (毛澤東)관련 인물을 알고 있었고 관련 사건에 참여했다. ① '조강지처' 양개혜 동창 ② 문화서사(文化書社)의 고객 ③ 신민학회 진서농(陳書農)의 제자 ④ 모택동의 '첫 사랑' 도의(陶毅)의 후배 ⑤ 모택동이 주도한 '장경요(張敬堯) 추방운동' 참가 등이다(李向東 외, 2015: 151). 실제로 정령은 양개혜의 악운(岳雲)중학교 후배였다. 이 또한 모택동이 동향(同鄕)인 정령을 신임하고 관심한 중요한 원인이다.

3079 1940년 10월 4일 중앙조직부는 '정령의 (南京)수감 심사(審査) 결론'을 내렸다. '결론'은 이렇게 썼다. …정령이 (南京)수감 당시 자수했다는 (黨內)일각의 주장은 구체적 증거가 부족하다. 정령 동지는 당과 혁명에 충성한 공산당원이다(李向東 외, 2015: 230). 당시 정령은 '(100元)생계비' 수령, '변절자(馮達)' 동거, '시말서' 제출 등을 자백하지 않았다. 한편 중앙사회부장인 강생은 시종일관 정령의 '남경(南京) 수감'을 문제로 삼았다.

3080 1925년 가을 정령은 장사에서 호야빈(胡也頻)과 결혼했다. 1928년 정령은 상해에서 호야빈·풍설봉(馮雪峰)과 (三人)동거하는 엽기 행각을 펼쳤다. 1931년 '변절자'로 전락한 풍달(馮達)과 동거해 '(南京)수감' 기간 딸을 출산했다. 1942년 정령은 13세 연하인 진명(陳明)과 재혼했다. 한편 25세인 진명은 정령(38세)의 네 번째 남편이었다.

잡았다. 또 작가 노신의 영향을 받아 '(社會)암흑면 폭로'에 치중한 정령의 '3.8절유감' 발표는 모택동의 강한 불만을 야기했다.

해방일보 창간호(1941.5.16)에 모택동이 발간사를 썼다. 5월 14일 (解放日報)문예란 편집장으로 부임한 정령은 정식으로 출근했다. 당시 해방일보 사장은 정치국 위원 박고(博古)였다. 가장 먼저 문예란(文藝欄) 편집으로 임명된 것은 정령의 '유력한 조력자'인 진기하(陳企霞)[3081]였다. 그 후 (文藝欄)편집으로 부임된 마가(馬加)[3082]·유설위(劉雪葦)[3083]는 선후로 편집부를 떠났다. 또 다른 '중요한 조력자'인 여신(黎辛)[3084]은 '(丁玲)후임자'가 된 서군(舒群)이 추천했다. 당시 22세인 여신은 노신예술학원을 졸업한 풋내기 문학도였다. 한편 '(編委)위원' 예우를 누린 정령은 '중조(中竈)' 식사 대우를 받았다. 그녀 역시 '특권자'였다.

창간(創刊) 초기 박고는 정령에게 두 가지 주의점을 제출했다. 첫째,

3081 진기하(陳企霞, 1913~1988), 절강성 은현(鄞縣) 출신이며 문학가이다. 1933년 중공에 가입, 1930~1940년대 해방일보 부간(副刊) 편집, 화북문예(華北文藝) 편집장, 건국 후 문예보(文藝報) 편집장, 민족문학(民族文學) 주필 등을 역임, 1988년 북경에서 병사했다.

3082 마가(馬加, 1910~2004), 요녕성 신민(新民) 출신이며 문학가이다. 1941년 중공에 가입, 1930~1940년대 해방일보 문예란 편집, (延安)문예좌담회 참가했다. 건국 후 중국작가협회 요녕(遼寧)지회장, 요녕성문련(文聯) 회장 등을 역임, 2004년 심양(瀋陽)에서 병사했다.

3083 유설위(劉雪葦, 1912~1998), 귀주성 낭대(郎岱) 출신이며 공산주의자이다. 1933년 중공에 가입, 1930~1940년대 산동성문련(文聯) 부회장, (華東局)선전부 문예처장, 건국 후 (文化部)문화관리국 부국장, 백과전서(百科全書)출판사 부사장을 역임, 1998년 북경에서 병사했다.

3084 여신(黎辛, 19920~2021), 하남성 임여(臨汝) 출신, 공산주의자이다. 1938년 중공에 가입, 1930~1940년대 해방일보 문예란 편집, 장강일보 부주필, 건국 후 중국문련(文聯) 부비서장, 중앙선전부 문예국장, 중국예술연구원 부원장을 역임, 2021년 북경에서 병사했다.

당의 방침을 수호하고 잡문과 벽보(壁報) 문장을 게재해선 안 된다. 둘째, '문항(文抗)'과 노신예술학원의 쟁론에 휘말려선 안 된다. (文抗)책임자는 소군이었고 (魯藝)원장은 주양이었다(李向東 외, 2015: 261). 정령은 이렇게 술회했다. …'(蕭軍)재능'에 탄복한 박고는 소군을 문학에 일가견이 있고 리더십이 강한 활동가라고 칭찬했다. 그러나 박고는 소군과의 접촉을 기피했다(丁玲, 1982.12.22). 이 시기 소군과 주양은 (延安)문예계의 '(兩大)라이벌'이었다. 해방일보 개편 좌담회(1942.3.31)에서 소군은 해방일보에 대한 강한 불만[3085]을 표시했다. 결국 이는 문예란 책임자인 정령에 대한 불만이었다. 당시 정령은 (文抗)원고를 대부분 채택하지 않았다.

주양은 이렇게 회상했다. …1940년대 초 연안에는 '양대 라이벌'이 있었다. 하나는 나와 하기방이 주도한 노예파(魯藝派)였다. 다른 하나는 정령이 주관한 문항파(文抗派)였다(黃昌勇, 2000: 136). 이 두 파벌은 (左聯)종파주의와 관련된다. 당시 '(光明)칭송'을 주창한 노예파는 공농병을 위한 '(大衆)작품' 창작을 주장했다. 한편 노신을 숭상한 문항파는 '암흑면 폭로'를 주장했다(趙浩生, 1979.2). 1941년 7월 해방일보는 주양의 '문학과 생활만담(漫談)'[3086]이란 글을 게재했다. 이는 애청·서군·나봉·백랑

3085 (解放日報)좌담회(1942.3.31)에서 소군은 이렇게 불만을 표시했다. …나는 해방일보에 세 편의 글을 기고했으나, 모두 '게재 불가'를 당했다. 3편의 문장은 ① (解放日報)사설 비평문 ② (周揚)문장 반박문 ③ (延安)사회 비평문이다. 얼마 후 문예월보(文藝月報)에 발표했다(李向東 외, 2015: 261). 상기 세 편의 소군(蕭軍)의 문장은 해방일보 취지에 위배됐다. 결국 소군이 모택동의 권고를 수용해 (文抗)기관지인 문예월보에 발표한 것이다.

3086 주양이 해방일보에 발표(1941.7)한 '문학과 생활만담(漫談)'이란 잡문은 이렇게 썼다. … 대도시에서 온 지식인은 농촌·전방으로 가서 농민과 전사와 친구가 돼야 한다. 이는 작가가 곤경에서 벗어날 수 있는 첩경이다. 문화예술인은 공농병을 위한 작품 창작에 힘써야 한다(黃昌勇, 2000: 141). 소군 등 (文抗)작가들은 주양의 주장을 반대하는 '반박문'을 작성해 해방일보에 기고했다. 당시 해방일보는 '(蕭軍)반박문 게재'를 불가했다.

(白朗)[3087]·소군의 불만을 자아냈다. 토론을 거쳐 소군이 '문항'을 대표해 '(漫談)독후감'을 써서 기고했으나 해방일보는 게재를 거부했다(王德芬, 2004: 105). 여신은 이렇게 회상했다. …모택동은 소군에게 '문예월보(文藝月報)[3088] 발표'를 권장했다. 한편 (文抗)토론회에 참가한 정령은 기고문에 서명하지 않았다(黎辛, 2016: 93). 당시 모택동은 '(周蕭)대립'에서 중립을 지켰다. 결국 이는 모택동이 소군이 주도한 '문항'의 역할을 중시했다는 반증이다. 한편 정령의 '서명 거부'는 박고의 '지시'를 따른 것이다.

소군과 주양의 (爭論)초점은 '암흑면 폭로'와 '광명 칭송'이다. 쌍방의 문장은 모두 상대에 대한 선입견을 전제로 쓴 것이다. 소군 등은 주양의 '태양 속 흑점(黑点)'이란 주장을 반대했다. 실제로 가장 먼저 '흑점'을 제기한 것은 주양이다(黎辛, 2016: 77). 주양은 이렇게 술회했다. …내가 '만담(漫談)'을 쓴 주된 목적은 소군이 주장한 '암흑면 폭로' 견해를 반박하기 위한 것이었다. 소군 등 (文抗)작가들은 '반박문'을 써서 주양의 견해를 반대했다. '(魯迅)추종자'인 (文抗)작가들은 '암흑면 폭로'에 집착했다(黃昌勇, 2000: 142). 당시 소군과 소원해진 정령은 주양과 소군과의 알력다툼에서 '중립'을 지켰다. 이 시기 해방일보는 모택동의 '암묵적 지지'를 받는 주양을 지지했다. 한편 소군이 주도한 문항파는 정령

3087 백랑(白朗, 1912~1990), 요녕성 심양(瀋陽) 출신이며 작가이다. 1945년 중공에 가입, 1930~1940년대 국제협보(國際協報) 편집, 해방일보 편집, 동북문예 부주필, 건국 후 (東北)문예가협회 부회장, 중국문련 위원, 중국작가협회 이사를 역임, 1990년 북경에서 병사했다.

3088 문예월보(文藝月報)는 1941년 1월에 창간, '(延安)문예월회(文藝月會)'가 출간한 격월간(隔月刊)이다. (左翼)지식인 정령·소군·서군 등이 번갈아 가며 (文藝月報)편집을 맡았다. 문한(文抗) 기관지인 문예월보에 게재된 주요 내용은 문예비평·잡문·소설·시가(詩歌)·문예통신·(中外)문단보도 등이다. 1942년 9월에 정간(停刊)됐다.

이 주관한 문예란과 (文抗)기관지 '문예월보', (文協)기관지 '곡우(穀雨)' 등
을 장악했다.

1941년 10월 23일 정령은 '잡문이 필요하다'[3089]는 글을 문예란에 발
표해 (雜文)필요성을 호소했다. '잡문'은 이렇게 썼다. …현재 노신의 잡
문시대가 필요하다. 우리 시대에는 암흑면 폭로의 잡문이 절실하다. 연
안에서 가장 먼저 (雜文)부흥을 주장한 것은 정령이다(黎辛, 2016: 74). 1941
년 11월 '병원 중(在醫院中)'[3090]을 (穀雨)잡지에 발표한 정령은 '내가 하촌
(霞村)에 있을 때'[3091]를 '중국문화(中國文化)'[3092]에 발표(1941.6)했다. 상기 소

3089 해방일보에 발표(1941.10.23)된 정령의 잡문은 이렇게 썼다. …우리는 노신의 (雜文)시대
에서 벗어나지 못했다. '통일전선' 시대에도 탐오·부패·진보 탄압 등은 현재진행형이
다. 초보적 단계의 민주화가 보급 곳에서도 독촉·감시가 필요하다. 누적된 (封建)악습
은 쉽게 제거되지 않는다(黃昌勇, 2000: 146). 연안(延安) 작가 중 정령이 가장 먼저 '잡문
필요'를 주장했다. 이는 정령이 '(雜文)시대 부흥'의 선봉장 역할을 했다는 반증이다.

3090 정령의 '병원 중(在醫院中)'은 '곡우(穀雨)' 창간호(1941.11.15)에 발표됐다. 당시 (穀雨)편집
은 애청이 맡았다. 초기 제목은 '병원에 있었을 때'였다. (重慶)문예진지에 발표할 때
'병원 중'으로 제목을 고쳤다. 이 작품은 (延安)시기 정령의 대표작이다(王增如 외, 2016:
255). 실제로 '병원 중'은 일부 혁명자의 사리사욕과 동지애(同志愛)가 결여된 '냉혹한
현실'을 비난했다. 한편 (文藝界)정풍에서 정령의 작품(在醫院中)은 비판을 받았다.

3091 정령의 소설은 '중국문화(1941.6)'에 게재됐다. (小說)주인공은 하북성에서 일본군에게
강간당한 중년여성(共産黨員)이며 전후에서 많은 유익한 일을 했다. 임질(淋疾)에 걸린
그녀는 연안에 와 치료를 받았다(李向東 외, 2015: 248). 정령은 (作品)주인공을 이렇게 평
가했다. …갖은 시련을 이겨내며 꿋꿋하게 살아가는 여장부이다(丁玲, 1979.8). 실제로
정령은 '하촌(霞村)' 작품을 통해 낙오된 연안(延安) 백성의 '무지몽매(無知蒙昧)'를 지적
했다.

3092 '중국문화(中國文化)'는 1940년 3월에 연안에서 창간된 종합적 학술(學術) 간행물이다.
중공중앙의 (理論)간행물인 '중국문화'는 (中共)선전부장 장문천이 주관, 애사기(艾思奇)
가 편집장을 맡았다. 창간호(創刊號)에 모택동의 '신민주주의론'이 발표됐다. 1941년
8월에 정간(停刊)됐다. 당시 정령은 여러 편의 소설을 '중국문화'에 발표했다.

설은 '재비판(再批判, 1958)'[3093] 중 비판을 받았다. '(延安)암흑면'을 폭로한 작품은 실제적인 상황에 부합됐다(黃昌勇, 2000: 138). 한편 정령의 '잡문 중시'는 소군의 영향을 받은 것과 관련된다. '(上海)좌련'에서 활약한 정 령은 '노신 추종자'였다. 1942년 3월 정령이 '3.8절유감'을 발표하고 왕 실미의 '야백합화'를 게재한 것은 별로 이상한 일이 아니었다.

1942년 봄 정령이 책임진 문예란은 여신·진기하가 편집을 맡았다. 정령의 승인하에 진기하가 '야백합화'를 문예란에 게재했다. (作品)일부 가 발표(3.13)된 후 박고는 진기하에게 '게재 중지'를 요구했다. 왕실미 의 '등급제도'가 발표(3.23)된 후 박고는 '문제점'을 인지했다(任文 외, 2019: 200). 당시 직속상관인 정령의 승낙을 받은 진기하가 왕실미의 '나머지 작품'을 지속 게재했던 것이다. 한편 '여러 직책'을 겸임[3094]한 박고가 진기하가 올린 원고 심사를 간과했다는 일각의 주장은 수긍하기 어렵 다. '3.8절유감'을 발표(1942.3)한 정령은 '야백합화'를 게재해 물의를 일 으켰다. 이는 모택동이 '해방일보 개편'을 결심한 주요인이다.

해방일보 사장 박고는 정령의 직속상관이었다. 훗날 정령은 '3.8절

3093 1958년 1월 28일에 출간된 문예보(文藝報)는 '재비판(再批判)' 특집(特輯)을 실었다. 이 른바 '재비판'은 왕실미·정령이 쓴 '야백합화'·'3.8절유감' 등에 대한 재비판이었다. 한편 '재비판' 대상은 왕실미·정령·소군·나봉·애청 등이 1941~1942년 해방일보 부 간(副刊)에 발표한 잡문이다. 결국 이는 1957년에 개시된 반우파(反右派) 투쟁과 밀접 하게 관련된다. 실제로 문예보의 '재비판'은 중공 영수 모택동이 직접 지시한 것이다.

3094 당시 정치국 위원 박고는 해방일보 사장과 신화사 사장, 중앙출판국장 등 여러 직책 을 맡았다. 아침 4시 반에 일어나 신문사에 출근한 박고는 직접 원고를 교열하고 서 명했다. 중앙지도자 중 그는 가장 바쁜 사람이었다(黎辛, 2014: 201). 한편 '당사자' 여신 의 주장에 따르면 박고는 진기하에게 왕실미의 '야백합화'를 게재하지 말 것을 요구 했다. 실제로 '정령 지지자'인 박고는 정령의 (野百合花)게재 '결정'에 대해 암묵적으로 수용했다.

유감' 발표와 왕실미의 '야백합화' 게재로 고급간부 회의(1942.4)에서 비판을 받았을 때 박고의 관심이 정신적 위안이 됐다고 술회했다. 당시 그들은 '동병상련'의 처지[3095]였다. 이는 이 시기 정령이 박고와 '돈독한 관계'를 유지했다는 단적인 반증이다. 실제로 박고는 왕실미의 '야백합화 게재'에 대한 책임[3096]을 떠안았다. 한편 정령은 이 시기 모택동과 '양호한 관계'를 유지했다. 결국 모택동은 '반성'을 거절한 왕실미를 '투쟁 도가니'에 밀어 넣었으나 '반성(反省)' 요구를 수용한 정령은 용서했다.

정령은 이렇게 회상했다. …박고는 원고(原稿) 처리 능력이 뛰어나고 하급자를 배려했다. 다루기 어려운 원고에 대한 우리의 견해는 일치했다. 그와 함께 일한 10개월은 편안하고 행복한 시간이었다(丁玲, 2005: 302). 진기하에 대한 정령의 평가는 야박했다. …옹졸하고 시기심이 강하며 대인관계가 원만하지 못한 그는 오로지 박고에게 충성했다. '원고채택' 여부는 박고의 의견을 따랐다(丁玲, 1957.8.20). 정령의 평가는 자가 당착적이다. 정령의 '진기하 폄하'는 의도적 무시로 간주된다. 당시 정

3095 '9월회의(1941)'에서 박고는 자신이 범한 좌적(左的) 과오에 대해 '심각한 반성'을 했다. 한편 해방일보 창간(1941.5) 후 중공 지도자 모택동은 (解放日報)운영 방침'에 대해 큰 불만을 품고 있었다. (延安)정풍 개시(1942.2) 후 해방일보는 '개편(改編) 대상'이 됐다. 당시 모택동의 '눈 밖에 난' 박고와 (文藝欄)편집장 정령은 '동병상련' 처지였다. 실제로 정령의 '(三八節有感)발표'와 '(野百合花)게재'는 박고의 '암묵적 지지'를 받았다.

3096 1942년 3월 17일 박고는 (解放日報)간부 대회'에서 자기비판을 했다. 회의에서 박고는 당보(黨報) 역할을 다하지 못한 주된 책임은 그에게 있다고 반성했다. 또 그는 (副刊)문예란이 왕실미의 작품(野百合花)을 게재한 것은 자신의 불찰이라며 책임을 떠안았다(黎辛, 2016: 40). 실제로 해방일보 사장 박고는 '(反黨)작품'인 '야백합화' 발표에서 자유로울 수 없다. 한편 (野百合花)게재의 주된 책임은 정령과 '정령 부하' 진기하에게 있다.

령은 동병상련인 박고를 동정했다. 이는 정령의 '(博毛)관계'³⁰⁹⁷ 회상에서 엿볼 수 있다. 한편 정령의 '문예란 이탈'³⁰⁹⁸은 진기하와 무관하다.

여신은 이렇게 회상했다. …박고는 해방일보 주필 양송(楊松)³⁰⁹⁹·육정일·여광생(余光生)³¹⁰⁰과 돈독한 관계를 유지했다. 또 모택동과 '밀접한 관계'³¹⁰¹를 유지했다(朱鴻召 외, 2005: 238). 박고의 사설은 요점이 명확하고 설득력이 강하며 필봉이 예리했다. 또 '홍엽제시(紅葉題詩)'³¹⁰² 고사를 이

3097 정령은 만년에 이렇게 술회했다. …당시 연안에서 모택동이 박고를 신임하지 않는다는 것은 공개된 비밀이었다. (博古)자신도 모택동이 자신을 불신한다는 것을 인지했다. (毛澤東)만남을 기피한 박고는 모주석(毛主席)을 경원시(敬遠視)했다(李向東 외, 2015: 270). 실제로 박고가 '해방일보 개편'에 적극 호응한 후 모택동과의 관계가 크게 완화됐다. 한편 이 시기 모택동을 경이원지(敬而遠之)한 것은 '지은 죄'가 있는 작가 정령이었다.

3098 정령은 '(解放日報)문예란 이탈' 원인을 이렇게 밝혔다. …당시 진기하는 오로지 박고에게만 충성했다. 문예란은 과오를 범하지 않았으나 (編輯)융통성이 없었다. 1942년 2월 나는 '이직(離職)'을 결심했다(丁玲, 1982.3). 이는 정령이 (文藝欄)책임을 진기하에게 전가한 것이다. 정령이 '(文藝欄)이탈' 시간은 1942년 3월 중순이었다. 당시 정령의 문예란 이탈은 '작품(三八節有感) 발표'와 '(野百合花)게재'의 심각성을 인지했기 때문이다.

3099 양송(楊松, 1907~1942), 호북성 대오(大悟) 출신이며 공산주의자이다. 1927년 중공에 가입, 1931년 (共靑團)중앙 위원, 1934년 길동특위(吉東特委) 서기, 1938년 (中央)선전부 부부장, 1939년 마르크스·레닌학원 강사, 1941년 해방일보 편집장, 1942년 연안에서 병사했다.

3100 여광생(余光生, 1907~1978), 절강성 진해(鎭海) 출신이며 공산주의자이다. 1930~1940년대 해방일보 주필, 신화사·해방일보 (代理)사장, 동북철로(鐵路)국장, 건국 후 동북군구(鐵路)사령부 정치위원, 철도부(鐵道部) 부부장 등을 역임, 1978년 북경에서 병사했다.

3101 1942년 10월 10일 (新華社)사장 박고는 소련 홍군이 독일군의 스탈린그라드 포위를 돌파했다는 소식을 모택동에게 알렸다. 10월 11일 모택동은 '제2차 세계대전의 변곡점'이라는 평론을 박고에게 보냈다. 10월 12일 박고는 모택동의 글을 해방일보(解放日報) 사설로 발표했다(朱鴻召 외, 2005: 237). 이는 (解放日報)개편 후의 '(博毛)밀접한 관계'를 보여주는 단적인 증거이다. 실제로 이 시기 박고는 중공 지도자 모택동의 신임을 얻었다.

3102 단풍잎에 지은 시를 뜻하는 '홍엽제시(紅葉題詩)'은 흔히 남녀 간의 '기이한 인연'을 지칭한다. 당조(唐朝)의 후궁(後宮)에는 수많은 궁녀가 생활했는데 대다수의 궁녀들은 '독수공방(獨守空房)'을 했다. 당시 궁녀들은 단풍잎에 시를 지어 궁궐의 수로(水路)에 띄워

용해 국민당과 왕정위 간 결탁을 풍자했다(黎辛, 1996.6). 1941년 설익은 좁쌀밥을 쏟아버린 진기하는 (黨小組)회의에서 반성했다. 박고는 총무과장을 찾아가 '(食事)개선'을 요구했다(黎辛, 2005: 250). 항전 시기 (延安)젊은 여성이 연인을 찾는 조건은 모택동의 리더십과 주은래의 외교력, 박고의 학문이었다(黎辛, 1996.6). 마르크스주의 이론을 숙지하고 번역에 일가견이 있는 박고는 공산국제에 충성한 '교조주의자'였다. 한편 (延安)정풍에서 심각한 반성을 한 박고는 모택동의 '신임'을 얻었다.

당시 베테랑 편집인 진기하는 정령의 유력한 조력자였다. 아침 8시에 출근하면 온종일 줄담배를 피우며 (原稿)편집에 몰두했다. 그는 동료와 화목하게 지냈으나 유독 상사와 까탈스럽게 굴었다. 정령이 늦게 출근하면 면전에서 핀잔을 줬다(黎辛, 2016: 71). 여신의 회상에 따르면 진기하는 정령과 진명(陳明)[3103]의 왕래를 반대했다. 실제로 정령에게 충성한 진기하는 '원고 게재'에 대해선 정령의 '결정'을 무조건 따랐다. 1978년 '(丁陳)반당집단'[3104] 결론이 시정되고 정령과 진기하는 우파(右派) 누명을 벗었다. 당시 정령은 진기하의 방문을 거절했다. 이는 정령의 '정치적

보냈다. 한편 박고가 '당보(黨報)'인 해방일보에 발표한 사설에서 국민당 반동파와 변절자 왕정위(汪精衛) 간의 결탁을 '홍엽제시'에 비유한 것은 쉽게 납득이 안 된다.

3103 진명(陳明, 1917~2019), 강서성 포양(鄱阳) 출신이며 공산주의자이다. 1936년 중공에 가입, 1939년 봉화극사(烽火劇社) 사장, 1940년 석평(席平)과 결혼, 1942년 정령과 재혼, 건국 후 국가전영국(電影局) 영화 감독, '(丁玲)연구회' 고문을 역임, 2019년 북경에서 병사했다.

3104 '(丁陳)반당집단(反黨集團)'은 '(胡風)반혁명집단'의 결과물이다. 1955년 8월 중국작가협회는 정령과 (文藝報)편집장 진기하가 '반혁명소집단(小集團)'을 결성했다는 결정을 내렸다. 1955년 12월 당중앙은 작가협회의 '(丁陳)반당집단'에 대한 '보고'를 비준했다. 1984년 중공중앙은 '(丁陳)반당집단'을 재평가, 정령은 명예를 회복했다.

명예'[3105]가 완전히 회복되지 않은 것과 밀접히 관련된다.

호교목은 이렇게 회상했다. …어느 회의에서 하룡은 이렇게 말했다. …(丁玲)작품에 쓴소리를 해야겠다. 특히 '(週末)댄스 비난'을 찬성하기 어렵다(李敏 외, 2014: 11). 당시 호교목은 이 문제는 다음 번에 토론하자고 건의했다. 이튿날 모택동은 호교목을 이렇게 비평했다. …어제 회의에서 하룡은 문제의 본질을 파악했다(胡喬木, 1994: 56). 당시 하룡의 '정령 비평'은 모택동의 암묵적인 지지를 받았다. 모택동의 '호교목 비평'은 정령에 대한 '이중적 태도'[3106]를 보여준 단적인 증거이다. 결국 이는 모택동이 '(文藝欄)개편'을 결심한 계기가 됐다. 한편 '부인 물갈이'에 이골이 난 하룡의 '(丁玲)비평'은 '오십보백보(五十步百步)'[3107]이다.

소삼은 일기(1942.3.31)에 이렇게 썼다. …장시간 연설을 한 모택동은 왕실미의 '야백합화'와 정령의 '3.8절유감', 벽보(輕騎隊)에 대해 강한 어

3105 중앙조직부가 공표한 '(丁玲)명예회복통지(1984.8.1)'는 이렇게 썼다. …1955·1957년 정령에게 씌워진 '반당집단'·'우파' 죄명(罪名)은 잘못된 결정이다. 수많은 우수한 작품을 창작한 정령은 당과 혁명에 충성한 공산당원이다. 정령의 '명예 회복(平反)'을 결정한다(黎辛, 2016: 81). 실제로 정령은 1978년에 (右派)죄명을 벗었다. 한편 중앙조직부가 '남경(南京) 수감'의 '(丁玲)변절'을 부정한 것은 정령의 '정치적 명예' 회복을 의미한다.

3106 모택동은 (左翼)작가 정령의 중요성을 인지했다. 모택동이 '중대한 과오'를 저지른 정령을 여전히 '동지'라고 부른 이유이다. 한편 모택동은 고위간부의 '특권'을 지적한 정령의 '3.8절유감'과 '야백합화 게재'를 용서하지 않았다. 이 또한 모택동이 호교목을 비평한 이유이다. 실제로 정령의 반성을 통해 소군·왕실미의 사상 전환을 유도했다. 정령에 대한 '이중적 태도'는 모택동이 권모술수에 능한 고단수 정치인이라는 단적인 반증이다.

3107 선후로 5명의 여성과 결혼한 팔로군 지휘관 하룡(賀龍)은 '부인 물갈이'에 이골이 난 장군이다. 특히 '현모양처' 건선임(蹇先任)과의 이혼(1940)은 뭇사람의 지탄을 받았다. 1942년 하룡은 20세 연하인 여대생 설명(薛明)과 재혼했다. 한편 '성해방(性解放)'과 여권주의에 물든 정령은 선후로 4명의 남성과 '결혼(同居)'했다. 실제로 '남편 물갈이'에 유명한 작가 정령과 하룡의 '희신염구(喜新厭舊)'는 피장파장으로 '오십보백보'였다.

조로 비판했다(高陶, 2010.8). 당시 모택동은 해방일보의 '야백합화 게재'를 정치적 문제로 간주했다. 결국 이는 문예란의 정간(停刊)으로 이어졌다. 또 정치국 회의(4.2)에서 모택동은 (文藝界)문제점을 심각하게 지적했다(李向東 외, 2015: 280). 4월 4일 소군이 모택동의 거처에서 왕진을 만났다. 왕진은 '야백합화 게재'에 대해 불만을 표출했다. 모택동은 정령을 정치적 미숙아라고 말했다(王曾如 외, 2016: 281). 4월 중 모택동은 호교목을 파견해 왕실미의 '반성'을 촉구했다. 당시 모택동은 '절대적 민주'를 요구한 왕실미보다 '(高幹)특권'을 지적한 정령에 대한 불만이 더욱 컸다.

정령은 이렇게 회상했다. …고급간부 회의(1942.4)에서 모택동은 이렇게 말했다. …정령의 작품은 건설적 의견도 제시했다. 왕실미는 (反黨)분자이나 정령은 동지이다(丁玲, 1982.2). 또 정령은 이렇게 술회했다. …고위간부들은 (特權)비평을 용서하지 않았다. 그들이 요구한 것은 '공산당 칭송'이었다. 내가 그들의 아픈 곳을 건드렸다(王增如 외, 2016: 278). 단체사진을 찍을 때 모택동은 이렇게 말했다. …정령은 어디에 있나? 여성 동지를 중간에 앉혀야 한다. 정령이 주덕의 옆에 앉은 것을 본 모택동은 안심했다(朱鴻召, 2014: 266). 정령의 회상은 '자기변호' 성격이 강하다. '(反黨)분자' 결론은 (王實味)투쟁대회(1942.6)와 관련된다. 당시 '권모술수 대가'[3108]인 모택동이 '병 주고 약 주는' 상투적 수법을 쓴 것이다.

중앙연구원의 조사에 따르면 (院內)95% 이상이 왕실미(王實味)의 견

[3108] 권모술수(權謀術數)는 권세·모략·술수를 가리지 않고 목적을 달성하고자 꾀하는 술책을 가리킨다. '지천명(知天命)'의 (高段數)정치인 모택동은 권모술수에 능통했다. 그는 (延安)문예계의 알력다툼을 이용해 (整風)걸림돌인 소군·정령 등 노신 숭배자들을 '각개격파'했다. 한편 심복 주양을 암묵적으로 지지한 모택동은 '노신 추종자' 소군을 고립시켰다. 결국 모택동은 (文藝界)정풍을 통해 (延安)지식인의 '사상 개조'에 성공했다.

해를 지지하는 것으로 나타났다. (解放日報)편집부는 정령의 잡문과 경기대의 (爭論)방식을 찬성하는 독자들의 편지를 받았다(黎辛, 2014: 202). 해방일보는 모택동의 '(整風)보고(1942.2)'에 대해 간단하게 보도했다. 이 시기 해방일보는 '(延安)암흑면'을 폭로하는 글로 도배됐다(任文 외, 2019: 204). 결국 해방일보의 '정풍 간과'와 문예란의 '특권 폭로'는 모택동의 불만을 야기했다. 이는 (文藝界)정풍의 발단이 됐다. 한편 벽보 '시여적(失與的)'[3109]에 '이유한 발언' 반박문[3110]을 발표한 왕실미는 당적을 상실했다. 왕실미의 비극적 결과는 스스로 자초한 측면이 크다.

동원대회(3.18)에서 범문란이 모택동의 '(整風)보고(2.1)'를 소개했다. 당시 대부분의 지식인들은 정풍을 '(指導者)과오 적발'로 간주했다(朱鴻召, 2014: 259). 일반 간부들은 (整風)취지와 전개 방법을 인지하지 못했다. 당중앙이 구체적 방안을 제출하지 않았기 때문이다(黎辛, 1995.4). 이유한은 '(整風)검사위원회' 설립과 '벽보 운영' 견해를 발표한 후 퇴장했다(李維漢, 1986: 481). 이유한의 '발언'은 쟁론을 유발했다. (爭論)초점[3111]은 두 가

3109 1942년 3월 23일 (延安)중앙연구원은 벽보(壁報) '시여적(失與的)'을 출간했다. 중앙연구원 부원장인 범문란(範文瀾)은 '절대적 민주'를 지지하는 문장을 (失與的)발간사에 발표했다. 당시 해방일보에 '야백합화' 등 잡문을 발표한 왕실미는 '이유한 비판' 잡문을 (失與的)창간호에 발표했다. 초기 '민주(民主)'를 상징한 벽보 '시여적'은 폭발적인 인기를 얻었다. 한편 정풍(整風) 취지에 위배된 (壁報)시여적'은 곧 폐간(廢刊) 조치됐다.

3110 왕실미가 (研究院)벽보 '시여적(矢與的)'에 발표(1942.3.23)한 '(李維漢)발언 반박문'의 골자는 ① 가부장적 권위주의 ② 대중의 투쟁(鬪爭) 열정을 무시 ③ '민주적 선거' 요구를 거절 ④ 대중 불신, 권세로 민주를 압제 ⑤ 익명 기고, '무정부주의'로 간주 등이다(朱鴻召, 1998: 137). 초기 왕실미의 '민주적 요구'는 부원장 범문란 등의 지지를 받았다. 결국 '연구원(研究院) 1인자'인 이유한은 왕실미 등 '민주파'에 의해 궁지에 몰렸다.

3111 이유한·왕실미의 쟁론(爭論) 초점은 첫째, 이유한은 연구원 책임자와 각 연구실장은 (研究院)검사위원회 위원이 돼야 한다고 강조한 반면, 왕실미는 '민주적 선거'를 통해 위원을 선출해야 한다고 주장했다. 둘째, 이유한은 (壁報)문장은 반드시 실명을 밝혀

지였다. 투표 결과 왕실미의 '민주적 선거' 의견이 우세했다. 이는 범문란의 지지와 관련된다(任文 외, 2014: 260). '절대적 민주'[3112]를 지지한 범문란은 (整風)회의에서 '심각한 반성'을 했다. 한편 이유한은 퇴장(退場) 원인을 '감기몸살'이라고 변명했으나 부득이한 '회의장 이탈'이었다.

범문란은 (失與的)창간사에 이렇게 썼다. …민주의 화살(矢)로 사풍(邪風)의 과녁(的)을 명중해야 한다. 이는 절대적 민주를 주장한 것이다(任文 외, 2019: 265). 왕실미는 '(李維漢)발언(3.18) 반박'에 이렇게 썼다. …권위주의자 이유한의 독선과 오만은 대중의 (鬪爭)열정에 찬물을 끼얹었다. 지도자는 대중의 투쟁심을 격려해야 한다(劉增傑 외, 1983: 352). 또 다른 잡문에 이렇게 썼다. …정의와 사악(邪惡)을 분별해야 한다. 정기(正氣)를 바로 세우고 사기(邪氣)는 근절해야 한다. 지식인은 권세에 굴복해선 안 된다(趙明 외, 1983: 354). 한편 범문란의 (民主)주장은 왕실미의 '이유한 비판'에 일조했다. (民主)기세에 눌린 이유한이 한발 물러선 것이다. 실제로 정치 고단수인 이유한은 '(黨中央)비판적 태도'[3113]를 기다렸다.

야 한다고 주장했으나, 왕실미는 익명(匿名) 기고가 가능하다고 팽팽하게 맞섰다. 중앙연구원의 조사에서 '민주적 선거'를 주장한 왕실미의 주장이 압도적인 지지를 받았다.

3112 당초 중앙연구원 부원장 범문란은 왕실미의 '민주적 선거'를 지지했다. 실제로 범문란·왕실미의 (民主)주장을 '절대적 민주'라고 한 것은 견강부회이다. 한편 모택동은 왕실미의 '절대적 민주' 주장은 마르크스주의에 위배되는 '반역행위'라고 지적했다. 결국 '심각한 반성'을 한 범문란은 입장을 변경해 '왕실미 비판' 선봉장으로 둔갑했다.

3113 (延安)정풍 기간 이유한은 자신의 정치적 과오를 심각하게 반성했다. 장기간 (中共)고위직에 있었던 이유한은 풍부한 정치적 경력과 (鬪爭)경험을 쌓았다. '베테랑 정치인'인 그는 중앙지도자 '특권'을 폭로한 왕실미에 대해 모택동이 결코 용서하지 않는다는 것을 인지했다. '왕실미 과오'에 대한 '(黨中央)비판적 태도'를 확인한 이유한은 '(王實味)투쟁대회(1942.6)'를 개최했다. 결국 '트로츠키(分子)'로 몰린 왕실미는 당적을 박탈당했다.

이유한은 이렇게 회상했다. …'4.3결정' 공표 전 나는 '민주파'에 의해 궁지에 몰렸다. '민주'의 허울을 쓴 왕실미는 중앙지도자를 공격했다. 순진한 학자인 범문란은 벽보를 만들어 '절대적 민주'를 지지했다 (李維漢, 1986: 373). 당초 벽보는 (研究院)문어귀에 설치했다. 남대문 저잣거리에 벽보를 만들었는데 벽보를 읽는 사람들로 문전성시를 이뤘다(溫濟澤, 1995: 760). 4월 어느 저녁 모택동은 연구원을 찾아와 '시여적(壁報)'의 글을 읽었다. 득의양양한 민주파들은 이렇게 말했다. …모택동 동지도 우리를 지지한다. 당시 모택동은 이렇게 말했다. …사상투쟁의 목표가 생겼다(逄先知 외, 2013: 373). (研究院)벽보를 읽은 모택동은 이렇게 불만을 표시했다. …이는 절대적 민주를 추종하는 왕실미의 반역(反逆) 행위이다. 절대적 민주는 마르크스주의에 위배된다(王首道, 1978.12.17). 4월 3일 (中央)선전부는 '(整風)결정'을 발표했다. 중앙당교는 모택동이 주관했고 중앙연구원은 선전부 책임자인 개풍이 책임졌다. 모택동이 본격적인 '정풍 개시'를 명령한 것이다. 이 또한 이유한이 기대한 '(中央)최종결정'이었다.

왕실미는 신랄한 언어로 (中央)지도자를 공격했다. 또 그는 지식인의 책무는 암흑면을 폭로하는 것이라고 말했다. (研究院)벽보를 본 모택동은 이렇게 말했다. …이는 실적을 부인하고 부정적 측면을 과장했다 (金冲及 외, 2011: 656). 모택동은 이렇게 말했다. …일부 지식인의 '절대적 평균' 주장은 환상이며 가능성이 제로이다. 이런 자산계급의 공상적 사회주의(空想的社會主義)[3114]의 사상을 비판해야 한다(馮蕙, 2013: 371). 또 그는

3114 공상적 사회주의(空想的社會主義)는 '유토피아(Utopian) 사회주의(Socialism)'라고 불린다. '과학적 사회주의' 이전의 공산주의 학설을 지칭한다. 19세기 초 로버트 오언(R. Owen)·생시몽(S. Simon)·푸리에(Fourier) 등이 주창한 계급적 압박과 착취 등 자본주의 폐단이

이렇게 말했다. …비평·건의는 진실하고 사실에 근거해야 한다. 암전(暗箭)은 일종의 부식제로 단결에 악영향을 미친다(任文 외, 2019: 204). 이는 모택동이 중앙지도자의 '특권'에 대한 왕실미의 비판을 정면으로 반박한 것이다. 한편 '절대적 평균주의'는 실현 가능성이 제로에 가깝다. 결국 이는 왕실미의 작품을 게재한 정령에 대한 모택동의 간접적 비판이었다.

당중앙 회의(4.6)에서 이유한은 조직원칙 위반과 (整風)취지 몰이해를 (研究院)문제점으로 지적했다. 또 이는 과거 교조주의 교육과 관련된다고 강조했다(高新民 외, 2000: 349). '4.3결정' 발표 후 (文藝界)정풍이 개시됐다. 또 '좌담회(4.7)'에서 개풍은 중앙연구원의 '정풍 편향(偏向)'을 비평했다. '왕실미 비판' 선봉장은 강생의 측근 이우초(李宇超)[3115]였다(朱鴻召, 2019: 267). 중앙학습조 회의(4.20)에서 (整風)상황을 제때에 보고할 것을 요구한 모택동은 이렇게 말했다. …당중앙은 대표적 본보기와 최악의 사례를 요구한다(黃昌勇, 1994.1). 회의에서 이유한은 '(研究院)문제점'에 대한 책임을 (前任)원장 낙보에게 전가했다. 한편 상기 '최악의 사례'는 (黨中央)권위에 도전한 왕실미의 '작품(野百合花) 발표'를 가리킨다.

4월 중 왕실미를 찾아가 대화를 나눈 호교목은 그에게 모택동의 의견을 전달하고 '과오 시정'을 요구했다. '의견'의 골자는 ① (王實味)입장 문제 ② (作品)구체적 의견 ③ 창작 기교 등이다. 당시 왕실미는 모택동

존재하지 않는 이상적(理想的) 사회주의를 가리킨다. 한편 '공상적 사회주의'를 추종했던 모택동은 절대적 평균주의는 소자산계급의 '공상적 사회주의'라고 비판했다.

3115 이우초(李宇超, 1906~1968), 산동성 제성(諸城) 출신이며 공산주의자이다. 1925년 중공에 가입, 1930~1940년대 (中共)상해국(上海局) 비서장, 화동(華東)대학 부총장, 건국 후 산동성 부성장(副省長), 화동국(華東局) 비서장 등을 역임, 1968년 제남(濟南)에서 병사했다.

의 '과오 시정' 요구를 수용하지 않았다(朱鴻召, 1998: 335). 5월 중 중앙연구원 책임자인 이언·범문란과 5명의 동료가 선후로 왕실미와 여덟 차례의 대화를 나눴다. 그러나 '과오 반성'을 거절한 왕실미는 자기 견해를 완고하게 고집했다. 또 그는 '(整風)회의 참석'을 단호히 거부했다(任文 외, 2019: 268). 당시 모택동의 '비서 파견'과 '과오 반성' 요구는 이 시기 왕실미를 '동지'로 간주했다는 반증이다. 한편 모택동이 (文藝)좌담회 (1942.5)에 왕실미를 청하지 않은 것은 그의 '반성 거절'이 주된 원인이다.

정치국 회의(1942.4.17)에서 모택동은 이렇게 말했다. …적극분자와 낙오자에 대해 같은 기준을 적용해선 안 된다. (整風)운동 중 반혁명 분자를 발견하면 반드시 제거해야 한다(馮蕙 외, 2013: 375). '(中央)회의(5.28)'에서 모택동은 이렇게 말했다. …현재 문제가 심각한 동지는 반성을 거절하는 왕실미이다. 그의 사상은 일관적이며 부정적 시각이 지배적이다 (毛澤東, 1993: 427). 왕실미에게 '트로츠키 분자' 등 정치적 죄명을 씌우지 않은 모택동은 이렇게 말했다. …낙오자는 반혁명이 아니며 그들에게 반성(反省) 기회를 줘야 한다(楊奎松, 1999: 140). 실제로 모택동은 왕실미의 '반성 거절'에 대해 강한 불만을 품고 있었다. 한편 모택동이 왕실미를 '동지'라고 부른 것은 '인민의 적'[3116]으로 간주하지 않았다는 반증이다.

5월 17~30일 중앙연구원은 (民主集中制)좌담회를 개최했다. '(座談會)쟁

3116 '인민의 적'은 적대적 관계인 계급의 적과 반동(反動) 분자를 가리킨다. 또 '인민의 적' 인 '반혁명 분자'로 확정되면 흔히 당적(黨籍)을 박탈당하고 감옥에 수감된다. 한편 당내 칭호인 '동지(同志)'는 적이 아닌 '우리편'을 가리킨다. 당시 모택동이 왕실미를 '동지'로 부른 것은 '인민의 적'인 반당(反黨) 분자로 간주하지 않았다는 단적인 반증이다. 이른바 '인민의 적'은 계급투쟁 용어로, 작금의 중국사회에선 거의 사용하지 않는다.

론 초점'[3117]은 세 가지였다. 민주집중제[3118]의 중요성을 강조한 이유한은 이렇게 말했다. …(共産黨)민주는 '절대적 민주'와 근본적 차이가 있다. 당의 (民主)취지는 집중적 민주이다(張樹軍 외, 2000: 351). 5월 27일 이우초는 왕실미의 과오는 …일관적이며 우연한 것이 아니라고 말했다. 5월 30일 애사기는 모택동의 '(座談會)연설 결론'을 전달했다. 30일 오후 (總結)발언을 한 이유한은 이렇게 말했다. …왕실미의 과오는 단순한 사상문제가 아니며 심각한 정치적 과오를 범했다(任文 외, 2019: 269). 실제로 모택동의 '(演說)결론'에서 암시를 받은 이유한이 '정치적 과오'로 격상시킨 것이다. 5월 31일 중앙연구원은 왕실미의 문장을 '과오 적발' 자료로 편집했다. 결국 '(民主)좌담회'는 왕실미의 투쟁대회(6.1~11)로 변질했다.

이유한은 이렇게 회상했다. …(延安)70여 개 기관·학교의 대표를 포함해 참석자가 1천명에 달했다. 적발을 통해 왕실미의 반동적 입장과 반당(反黨) 행위가 백일하에 드러났다. 또 참석자들은 왕실미의 '당적 박탈'을 요구했다(李維漢, 1986: 492). 6월 1일 이언이 왕실미의 '반성 거절' 상황을 통보했다. 온제택의 '투쟁일기'는 이렇게 썼다. …자료를 통해 참석자들은 왕실미가 '트로츠키 추종자'라는 것을 인지했다(溫濟澤, 1998: 307). 6월 2일 왕실미는 (研究院)당조직에 탈당계를 제출했다. 6월 3일 애

3117 '(座談會)쟁론 초점'은 첫째, 민주집중제의 민주와 집중 간의 관계이다. 즉 집중은 지도기관의 권리이며 민주는 대중의 권리이다. 둘째, 당내 민주로, '극단적 민주'의 실현 여부이다. 셋째, 당의 기율은 모든 공산당원이 무조건 준수해야 한다(高新民 외, 2000: 350). 좌담회(座談會) 말미에 '절대적 민주'를 주창한 범문란은 심각한 반성을 했다. 심각한 자기비판을 한 범문란의 '반성' 이유는 '민주 집중'의 중요성을 간과했다는 것이다.

3118 중공의 근본적 조직원칙인 민주집중제(民主集中制)는 당내 민주와 집중을 유기적으로 결합하는 것이다. (集中制)원칙은 ① 소수, 다수에 복종 ② 개인, 집단에 복종 ③ 하급, 상급에 복종 ④ 전당, 당중앙에 복종 등이다. 중공이 주장하는 (民主化)취지는 집중적 민주이다. 이 또한 왕실미가 주장한 '절대적 민주'를 수용할 수 없는 이유이다.

사기는 이렇게 발언했다. …왕실미는 자산계급의 대변인이며 트로츠키의 사상을 퍼뜨렸다(朱鴻召, 1998: 323, 338). 6월 4일 왕실미는 이렇게 말했다. …나의 (脫黨)요구를 철회한다. 이는 일시적 충동이었다(黎辛, 1995.4). 왕실미의 '(脫黨)제출'은 치명적 패착이다. 한편 무자비한 투쟁에 불만을 표시[3119]한 소군은 '왕실미 동정자'로 간주됐다. 6월 9일 진백달의 '(王實味)트로츠키 추종' 사례 적발과 애청의 '왕실미 비판'[3120]은 매우 신랄했다. 6월 11일 왕실미의 '과오'를 비판한 정령은 '심각한 반성'[3121]을 했다.

모택동의 '정령 불만'에 대해 소군은 그의 일기에 이렇게 썼다. …정치적 미숙아 정령은 아직도 태도를 밝히지 않고 있다(蕭軍, 1942.6.2). (王實味)투쟁대회(6.11)에서 자기비판을 한 정령은 마침내 정치적 입장을 밝혔다(王增如 외, 2016: 294). 해방일보에 게재(6.10)된 정령의 '병원 중'을 비

3119 1942년 6월 초 소군은 중앙연구원의 (王實味)투쟁대회에 참가했다. 왕실미가 발언하자 (會議)참석자들은 중구난방으로 왕실미를 공격했다. 당시 왕실미에게 '발언 권리'를 줘야 한다고 주장한 소군은 무자비한 (鬪爭)방식에 대해 불만을 표시했다(任文 외, 2019: 271). 결국 소군은 '왕실미 동정자'로 간주됐다. 이 일로 모택동을 찾아갔던 소군은 푸대접을 받았다. 한편 '(反黨)분자' 왕실미를 동정한 소군은 모택동의 신임을 상실했다.

3120 (王實味)투쟁대회(6.9)에서 애청은 이렇게 말했다. …음산한 기운이 넘치는 왕실미의 문장을 읽으면 적막한 사당에 들어선 느낌이 든다. '연안(延安) 암흑면'을 크게 부풀린 왕실미의 의도는 매우 불순하다. 정치기와 예술인을 대립시킨 (反動)분자 왕실미를 '동지'로 불러서는 안 된다(溫濟澤, 1998: 313). 실제로 왕실미를 '동지'로 간주해선 안된다는 애청의 상기 견해는 진백달(陳伯達)의 '(王實味)트로츠키 추종자' 주장과 크게 관련된다.

3121 6월 11일 정령은 '야백합화 게재'에 대해 이렇게 반성했다. …(反動)작품인 왕실미의 '야백합화'를 (黨報)문예란에 게재한 과오는 (文藝欄)책임자인 내가 져야 한다. 고참 당원인 내가 경솔하게 (反黨)문장을 당보(黨報)에 게재한 것은 최대의 죄악이다(朱鴻召, 1998: 202). 정령의 '심각한 반성'은 왕실미가 '트로츠키(反黨)분자'라는 죄명이 확실시된 상황에서 한 것이다. 결국 이는 정치적 위기를 모면하려는 정령의 '자구책(自救策)'이었다.

평하는 글은 이렇게 썼다. …작품은 (延安)암흑면 폭로에 치중했다. 저자는 (延安)병원을 이윤 추구에 집착하는 (舊式)병원보다 더욱 암울하게 묘사했다. 이 작품은 소자산계급의 입장을 대변했다(李向東 외, 2015: 298). 문제의 심각성을 인지한 정령은 '진지한 반성'[3122]을 했다. 결국 '(王實味)비판 선봉장' 역할을 한 정령은 정치적 위기를 모면했다.

정령의 '3.8절유감'과 '병원 중'은 고위간부의 비판을 받았다. 그러나 정령의 높은 지명도와 모택동의 보호, 자기비판 및 '왕실미 비판'에 대한 적극적 태도로 정치적 위기에서 벗어났다(高華, 2010: 261). '(魯迅)서거 5주년'을 기리기 위해 정령은 '잡문이 필요하다'는 글을 문예란에 발표했다. 1942년 봄에 발표한 '3.8절유감'은 성적 불평등과 고위간부의 '특권'을 지적했다. '(延安)암흑면'을 폭로한 정령은 문예계 정풍의 비판대상이 됐다(王增如 외, 2016: 251). 당시 정령이 '암흑면 폭로'에 치중한 것은 1930년대 '좌련'에서 활약한 것과 관련된다. 또 이는 정령이 '노신 추종자'[3123]였다는 반증이다. 한편 권력에 굴종한 정령은 위기 모면을

3122 해방일보는 정령의 '병원 중'을 비판하는 글을 게재(6.10)했다. 정령은 이렇게 반성했다. …이 작품은 (創作)입장에 큰 문제가 있다. 나는 소자산계급의 개인주의적 입장에서 작품을 썼다. (小說)주인공을 (延安)사회를 비판적으로 전망한 지식인으로 묘사했다(李向東 외, 2015: 298). 정령의 '병원 중'은 (延安)사회의 '암흑면'을 폭로한 대표작이다. 1981년 정령은 '병원 중'을 '(丁玲)소설집'에 수록했다. 이 시기 정령은 '반성의 달인'이었다.

3123 1930년대 노신이 주도한 '(上海)좌련'에서 활약한 정령은 명실상부한 '노신 추종자'였다. 1941~1942년 정령이 연안의 '잡문 부흥'을 주도한 것이 단적인 증거이다. 한편 (延安)사회의 '암흑면'을 폭로한 '3.8절유감'을 문예란에 발표하고 왕실미의 '반당(反黨)' 작품인 '야백합화'를 당보(黨報)인 해방일보에 게재한 정령은 (文藝界)정풍의 비판대상으로 전락했다. 결국 권세에 굴종한 정령은 '노신 추종자'에서 '노신 배반자'로 전락했다.

위해 '왕실미·소군 비판'에 앞장섰다. 결국 이는 부득이한 '자구책'[3124]이었다.

왕실미는 '정치가·예술가('穀雨', 1942.3.15)'에 이렇게 썼다. …예술가는 정치가의 영혼(靈魂) 개조에 힘써야 한다. 암흑면을 폭로하고 적폐를 청산해야 한다. 이는 광명(光明) 찬송보다 중요하다(朱鴻召, 1998: 135). 또 그는 '야백합화'에 이렇게 썼다. …연안에는 (舊社會)폐습이 잔존한다. 적폐 청산은 하루아침에 완성되는 것이 아니다(王實味, 1998: 130). 정령의 작품(雜文)[3125] 견해는 왕실미의 주장과 일맥상통했다. 당시 (延安)사회에는 구중국의 악습이 잔존했다. '암흑면 폭로'에 찬동한 정령의 '(野百合花)게재'는 당연한 결과였다(王增如 외, 2016: 267). 이 시기 왕실미·정령의 '(社會)암흑면 폭로'는 '(魯迅)잡문시대 부흥'[3126]과 관련된다. 실제로 정령의 작품 '병원 중'과 '3.8절유감'은 왕실미의 견해와 일맥상통했다.

3124 자구책(自救策)은 스스로를 구원하기 위한 방책을 지칭한다. 한편 중앙지도자의 '특권'을 지적하고 '(延安)암흑면'을 폭로한 정령의 '3.8절유감'·'병원 중'은 (文藝)좌담회와 (文藝界)정풍에서 비판을 받았다. 또 왕실미의 주장을 암묵적으로 지지한 정령의 '야백합화 (文藝欄)게재'는 치명적 패착이었다. 결국 권세에 굴복한 정령은 '왕실미 비판' 선봉장 역할을 했다. 이는 궁지에 몰린 정령의 살아남기 위한 궁여지책·자구책이었다.

3125 1941년 10월에 발표한 정령의 잡문은 이렇게 썼다. …중국사회의 적폐와 고질적 악습은 결코 쉽사리 청산되지 않을 것이다. 우리는 저급한 단계의 민주에 만족하고 있다. 또 작은 성공에 도취돼 사회적 폐단 폭로를 두려워하고 있다. 이는 비겁한 행위이다(李向東 외, 2015: 266). 이는 정령이 '(雜文)시대 부흥'을 주도한 선봉장이었다는 반증이다. 실제로 정령의 작품에서 주장한 '암흑면 폭로'는 왕실미의 (作品)견해와 일맥상통했다.

3126 1941년 11월 (重慶)주은래는 노신은 신문화운동의 '도사(導師)', 곽말약은 '선봉장'이라는 제사를 썼다. 1942년 2월 연안에서 '(延安)부정적 측면'을 다룬 '풍자화전(畵展)'이 열렸다. 1942년 3월 해방일보와 (副刊)문예란에 정령·왕실미·애청·나봉 등이 쓴 잡문이 대거 게재됐다(李潔非 외, 2010: 321). '(解放日報)좌담회(3.31)'에서 모택동은 정령·왕실미의 잡문을 '암전(暗箭)'이라고 비판했다. 4월 1일 (解放日報)문예란이 정간됐다.

6월 11일 정령은 '야백합화 게재' 과정을 이렇게 설명했다. …작품을 읽은 후 과격하고 주관적이라는 느낌을 받았으나 기고문 결여로 게재를 결정했다(朱鴻召, 1998: 203). 또 정령은 '(野百合花)게재 경과보고(1956.5)'에 이렇게 썼다. …진기하가 보낸 원고를 읽어본 나는 작품에 반당(反黨) 내용이 없었다고 생각했다. 그래서 두 번에 나눠 게재할 것을 요구했다(李向東 외, 2015: 267). 여신은 이렇게 회상했다. … 3월 23일에 게재된 '야백합화(下)'는 정령이 '게재'를 결정했다. 3월 중순 (丁玲)후임자 서군은 진기하에게 '(野百合花)게재'를 지시했다(黎辛, 1999.2). 정령은 이렇게 주장했다. …'게재'는 내가 동의했으나 원고는 왕실미가 기고했다(丁玲, 1980.2). 실제로 정령의 '허락'을 받은 진기하가 두 번에 나눠 문예란에 실었다. 결국 왕실미의 '(反黨)작품'을 게재한 정령은 수십년 간 반성했다.

6월 11일 정령은 '왕실미에 대한 태도와 반성'[3127]이란 제목으로 발언했다. …트로츠키 사상을 전파한 왕실미는 소자산계급의 온정주의에 치중해 원칙성을 상실했다. 또 '정치가·예술가'는 (延安)문예계에 대한 모독이다(朱鴻召, 1998: 201). 또 정령은 이렇게 반성했다. …(文藝欄)편집장인 내가 (反黨)문장을 당보에 실은 것은 최대의 죄악이다(任文 외, 2014: 208). 정령은 '(整風)수확'에 대해 이렇게 말했다. …정풍운동은 소자산계급 잔재 청산에 큰 도움이 됐다. (文藝)좌담회를 통해 과오 심각성을 인

3127 정령의 '반성문' 골자는 첫째, 왕실미에 대한 (文藝界)태도와 '3.8절유감'에 대한 반성이다. 둘째, (王實味)잡문 게재 후 (延安)지식인의 반응은 무덤덤했다. 셋째, '야백합화 게재'는 (新聞社)편집 방침과 관련된다. 넷째, 과오를 철저하게 반성하고 시정할 용기가 있다(朱鴻召, 1998: 200, 204). 상기 '반성문'은 6월 16일자 해방일보에 게재됐다. 실제로 정령의 '반성문'은 '(反黨)문장'인 '야백합화' 게재에 대한 '책임 회피' 의도가 다분하다.

지했다. 또 이는 천계(天界)에 선 당삼장(唐三藏)[3128]의 '깨달음(覺醒)'과 같은 것이었다(胡喬木, 2014: 265). 당시 정령은 '3.8절유감'에 대한 본인의 견해[3129]를 상세히 밝혔다. 실제로 왕실미의 작품(野百合花) 게재에 대한 진지한 반성이 정령이 '정치적 위기'를 모면한 결정적 원인이었다.

시인 이유연(李又然)[3130]은 소군에게 '왕실미 사건'을 모택동에게 보고할 것을 요구했다. 소군이 '(王實味)보호'를 요청하자 모택동은 이렇게 말했다. …사건에 관여해선 안 된다. 왕실미는 '트로츠키 분자' 혐의를 받고 있다(王德芬, 2004: 115). (文抗)비서장 우흑정(于黑丁)[3131]은 소군에게 (王實味)비판대회 참석을 부탁했다. 중앙연구원은 대표를 파견해 '왕실미 동정자'인 소군에게 반성을 요구했다. 소군은 비망록(備忘錄)[3132]을 작성해 모

3128 당삼장(唐三藏, 602~664)의 본명은 진의(陳褘), 하남성 낙양(洛陽) 출신, 당조의 고승(高僧)이다. (佛經)번역가인 그는 삼장법사·삼장성사(聖師) 등으로 호칭된다. 629년 서안(西安) 출발, 636년 장안(長安)에 도착, 당태종의 접견을 받았다. 664년 장안에서 병사했다.

3129 '3.8절유감'에 대한 정령의 견해는 첫째, 여성의 자강불식(自强不息)을 요구했으나, '남성 의존도'를 간과했다. 둘째, 연안의 여성은 기타 지방의 여성보다 행복하다고 강조했으나, 사실상 근거를 제시하지 못했다. 셋째, 고위간부에 대한 선입견을 부추겼다(朱鴻召, 1998: 203). 실제로 (延安)여성의 낮은 사회적 지위와 (中國)사회에 뿌리 깊은 남존여비(男尊女卑)를 지적한 정령은 (中共)고위간부의 특권과 (延安)사회의 부패상을 폭로했다.

3130 이유연(李又然 1906~1984), 상해(上海) 출신이며 공산주의자이다. 1941년 중공에 가입, 1930~1940년대 '곡우(穀雨)' 편집장, 연안대학 강사, 건국 후 신문총서(新聞叢書) 번역원(飜譯員), 중앙문학연구소 연구원, 1957년 '우파(右派)'로 확정, 1984년 북경에서 병사했다.

3131 우흑정(于黑丁, 1914~2001), 산동성 즉묵(卽墨) 출신이며 공사주의자이다. 1941년 중공에 가입, 1930~1940년대 (穀雨)잡지 편집장, (中南局)선전부 문예처장, 건국 후 (中南)작가협회 당조(黨組) 서기, 하남문련(文聯)회장 등을 역임, 2001년 정주(鄭州)에서 병사했다.

3132 중앙연구원이 개최한 (王實味)투쟁대회(1942.6)에 참석한 소군은 '트로츠키 분자'로 몰린 왕실미를 동정하는 발언을 했다. 회의 후 중앙연구원은 4명의 대표를 파견해 '(反動)분자' 왕실미를 변호한 소군에게 '심각한 반성'을 요구했다. 당시 중앙연구원 대표에게 '축객령'을 내린 소군은 자신의 의견을 가미한 비망록(備忘錄)을 작성해 중공 지

택동에게 보였다(張英偉 외, 2008: 149). 비판대회에 참석한 소군은 일기(6.4)에 이렇게 썼다. …발언자들은 이구동성으로 왕실미의 당적 박탈을 주장했다. 왕실미가 발언하자 반대자들은 미친개처럼 달려들어 공격했다. 한 여성은 왕실미에게 '자살하라'고 고함질렀다(常君實 외, 2006: 382). 당시 이유연·우흑정·소군 등 문항파들은 왕실미의 동정자들이었다. 결국 '(反黨)분자' 왕실미를 동정한 소군은 모택동의 총애를 상실했다.

'(魯迅)서거 6주년 기념대회(10.19)'에서 소군은 (黨員)작가 주양·정령·유백우·두중평, (非黨員)작가 애청·진학소(陳學昭)[3133]의 공격을 받았다. '설전군유(舌戰群儒)'[3134]로 소군은 그들과 치열한 쟁론을 벌였다. 당시 정령은 소군의 주장을 반박[3135]했다(王德芬, 2014: 137). 정령은 이렇게 회상했다. …'(魯迅)서거 기념대회(1942.10)'에서 참석자들은 '(王實味)동정자' 소군

도자 모택동에게 보고했다. 결국 '왕실미 동정자'라는 오명을 쓴 소군은 고립무원에 빠졌다.

3133 진학소(陳學昭, 1906~1991), 절강성 해녕(海寧) 출신이며 작가·번역가이다. 1945년 중공에 가입, 1930~1940년대 '문예전선(文藝戰線)' 편집장, '해방일보' 편집장, 중앙당학교 강사, 건국 후 절강대학 교수, 절강성 문협(文協) 회장을 역임, 1991년 항주(杭州)에서 병사했다.

3134 '설전군유(舌戰群儒)'는 혼자서 많은 사람들과 쟁론을 벌여 상대를 설득시키다는 뜻이다. 삼국연회 제43회에 나오는 고사(古事)이다. 당시 '노신(魯迅) 서거 6주년 기념대회(1942.10.19)'에서 소군의 '왕실미 동정'은 정령·유백우·이백쇠·진학소 등의 비판을 받았다. 당시 회의에서 '단창필마(單槍匹馬)'인 소군은 '비판자' 정령 등과 장장 6시간 '치열한 설전'을 벌였다. 한편 소군의 언행을 '설전군유'로 비유한 것은 큰 어폐가 있다.

3135 '(魯迅)서거 6주년 기념대회(1942.10)'에서 소군은 (會議)참석자들과 '치열한 설전'을 벌였다. (大會)주석단 주석인 오옥장(吳玉章)이 화해자 역할을 했다. 당시 정령은 이렇게 말했다. …공산당의 친구는 만천하에 널렸다. 당신은 '구우일모(九牛一毛)'이다. 이에 화가 치민 소군은 회의장을 뛰쳐나갔다(王德芬, 2004.1). 결국 '환난지우(患難之友)'였던 소군과 정령은 견원지간이 됐다. 이는 '카멜레온(chameleon)' 정령의 입장 전환과 관련된다.

을 비평했다. 나는 소군의 (個人)영웅주의를 비판했다(王增如 외, 2016: 297). 결국 '(反黨)분자' 왕실미를 동정한 소군은 찬밥 신세를 면치 못했다. 한편 '소군 비판'에 앞장섰던 애청·진학소는 '우파(右派, 1957)'로 몰려 20년 동안 '창작(創作) 권리'를 박탈당했다.

1943년 초 (文抗)작가들은 전부 하향했다. (文抗)사무실은 (組織部)초대소로 사용됐다. 12월 10일 (招待所)책임자와 말다툼[3136]을 벌인 소군은 가족을 이끌고 유장(劉庄)에 도착했다(張英偉 외, 150). 1944년 3월 3일 (延安)현위 서기 왕비년(王丕年)[3137]과 호교목이 유장을 찾아왔다. 3월 6일, 왕비년이 소군에게 편지[3138]를 보냈다. 3월 7일 정부는 이사를 돕기 위해 노새 두 마리를 소군에게 보냈다(王德芬, 1987.4). 호교목은 이렇게 회상했다. …소군을 농촌에 쫓아내고 식량 배급을 취소한 것은 잘못된 것이다. 고집이 센 소군은 스스로 식량을 해결했다(高風 외, 2014: 11). 소군의 '(黨校)회귀'는 모택동이 지시한 것이다. 1944년 1월 왕덕분은 둘째 딸 소운(蕭

3136 1943년 12월 소군은 임산부인 왕덕분을 위해 (招待所)책임자에게 '근무원'이 숙소까지 밥과 반찬을 배달해 줄 것을 요구했다. (招待所)책임자는 소군의 '합리적 요구'를 거절했다. 결국 책임자와 말다툼을 벌인 소군은 가족을 이끌고 유장(劉庄)으로 하향했다(朱鴻召, 2020: 206). 실제로 (招待所)책임자가 '(文藝界)비판대상'인 소군에게 축객령을 내린 것이다. 한편 소군의 '하향'은 (黨中央)호소에 호응한 것이 아닌 부득이한 하향이었다.

3137 왕비년(王丕年, 1915~2013), 섬서성 횡산(橫山) 출신이며 공산주의자이다. 1935년 중공에 가입, 1930~1940년대 연안(延安)현위 서기, 송강(松江)성위 조직부 부부장, 건국 후 동북행정위원회 인사국장, 흑룡강성 고급법원장 등을 역임, 2013년 하얼빈에서 병사했다.

3138 (延安)현위 서기 왕비년(王丕年)이 소군에게 보낸 편지(1944.3.6)는 이렇게 썼다. …어제(3.5) (邊區)정부로부터 당신의 '당학교(黨校) 회귀' 통지를 받았다. 금일 현위(縣委)의 양보제(楊保弟) 동지가 유장(劉庄)으로 도착해 당신의 이사를 도와줄 것이다(常君實 외, 2006: 419). 실제로 모택동의 지시를 받은 효교목이 (邊區)정부에 소군의 '(中央黨校)회귀'를 배치한 것이다. 3월 7일 소군 부부는 중앙당학교에 도착해 (黨校)정풍에 참가했다.

耘)을 출산했다. 유장에서 소군은 양몰이꾼과 의형제를 맺었다.

1944년 3월 소군은 중앙당학교(三部)에 머물렀다. (黨校)3부가 해산(1945.3)된 후 소군은 (魯藝)문학학부 강사로 근무했다. 1945년 11월 (魯藝)문예대대와 함께 동북으로 이전했다. 모택동의 보호를 받지 못한 소군은 '반동분자'[3139]로 낙인찍혔다(朱鴻召, 2011: 207). 노신예술학원에서 소군은 장편소설 '제3대(第三代)'[3140] 창작에 몰두했다. 연안 시기 소군이 발표한 대부분의 작품은 1941년 1월부터 1942년 5월에 작성했다(徐塞 외, 2008: 151). 상기 '모택동 보호'는 큰 어폐가 있다. 한편 동북에 도착한 소군은 (文藝界)비판대상이 됐다. 동북국(東北局)[3141] 선전부는 '(蕭軍)사상 비판'이란 책(1949.9)을 출간했다. 1958년 모택동은 소군을 '반동(反動)' 작가로 지목했다. 결국 문혁 시기 소군은 8년 간 옥살이를 했다.

문예계(文藝界) 정풍 후 '(左聯)동지'인 주양·정령·소군은 앙숙지간이 됐다. '문예계 차르(tsar)'[3142]로 군림한 주양은 정령을 (反黨集團)주모자로

3139 '해방구문예개술(槪述)'은 소군에 대해 이렇게 썼다. …정풍운동(1942)에 불참한 소군은 하향(下鄕)과 사상 개조를 거절했다. '문항(文抗)' 등 (文藝)단체들은 소군에 대한 비판운동을 전개했으나, '과오 반성'을 거절한 소군은 (反動)사상과 입장을 고수했다(江超中, 1958: 29). 소군의 '유장(劉庄) 하향'은 부득이한 것으로, (黨中央)호소에 호응한 것은 아니었다. 한편 소군의 '반동분자' 죄명(罪名)은 모택동의 '대비판(1958)'과 관련된다.

3140 장편소설 '제3대(第三代)'는 작가 소군이 18년의 심혈을 기울여 완성한 거작(巨作)이다. 1936부터 쓰기 시작, 1954년에 원고를 마무리했다. 1957년 '과거의 연대(年代)'라는 제목으로 정식 출간됐다. 1983년 재출간할 때 '제3대'로 제목을 고쳤다. '8월의 향촌(鄕村)'이 그의 성공작(成功作)이라면 '제3대'는 소군의 대표적 작품이다.

3141 1945년 9월에 설립된 동북국(東北局)의 초대 서기는 팽진, 부서기는 임표·나영환이다. 얼마 후 임표가 (東北局)서기, 진운(陳雲)·나영환이 부서기를 맡았다. 1949년 3월 고강(高崗)이 서기, 이부춘이 부서기로 임명됐다. 1954년 3월 등화(鄧華)를 부서기로 임명, (高崗)서기직을 파면했다. 1954년 11월 중공중앙은 동북국을 철회했다.

3142 1930년대 '좌련(左聯)'에서 활약한 주양은 호풍환우(呼風喚雨)하던 인물이다. 1942년

몬 장본인이다. 또 (患難之交)정령·소군은 적대적 관계가 됐다. '노신 추
종자'인 소군은 양심적 지식인이었다. 권세에 굴복해 '왕실미 비판' 선
봉장 역할을 한 정령은 10년 후 '(右派)분자'로 타도했다. '당랑포선·황
작재후(螳螂捕蟬, 黃雀在後)'[3143]라는 속담이 있다. (文革)기간 정치적 희생양
으로 전락한 주양·정령·소군은 심각한 박해를 받았다. 결국 이는 (中國)
지식인의 숙명적 운명이었다. 한편 내홍으로 점철된 '문인상경(文人相
輕)'[3144]은 (左翼)지식인의 '비극적 결과' 초래에 일조했다.

　　1940년 6월 연안에 온 소군은 정령이 주관한 '문협(文協)'에 배치됐
다. 당시 정령에게는 두 가지 고민이 있었다. 첫째, (戀人)진명과의 관계
[3145]이다. 둘째, '(南京)수감'에 대한 (黨組織)심사가 끝나지 않았다(李向東 외,

　　이후 (毛澤東)문예이론에 대한 권위적인 해석자이며 당의 문예(文藝) 정책에 대한 (首席)
발언자였다. 건국 후 주양은 (全國)문예계를 통솔하는 '(文藝界)차르(tsar)'로 군림했다(高
華, 2010: 258). (左聯)시기 '노신 라이벌'이었던 주양은 1940년대 모택동의 측근자가 됐
다. 한편 1950년대 모택동의 '축음기' 역할을 한 주양은 문혁 시기 9년 간 수감됐다.

3143　'당랑포선·황작재후(螳螂捕蟬, 黃雀在後)'는 사마귀(螳螂)가 매미(蟬)를 잡는 사이 뒤에서
　　참새(黃雀)가 노리고 있다는 의미로, 눈앞의 이익에 사로잡혀 스스로의 위기를 인지하
　　지 못한다는 뜻이다. 1950년대 모택동의 심복인 주양은 '(反黨)분자' 정령을 '(丁陳)반
　　당집단' 주모자로 몰아 당적(黨籍)을 박탈했다. 1960년대 모택동의 절대적 신임을 상
　　실한 주양은 장기간 옥살이를 했다. 결국 '매미'와 '사마귀'는 모두 참새의 '먹잇감'이
　　됐다.

3144　'문인상경(文人相輕)'은 흔히 지식인은 서로 경멸한다는 뜻으로, 문인 간에 내홍(內訌)이
　　많다는 부정적 의미로 쓰인다. 실제로 '문인상경'은 (左翼)지식인의 갈등과 분열을 초
　　래한 주된 원인이다. (延安)문예계의 주양·정령, 주양·소군, 정령·소군 간 반목과 알력
　　다툼이 단적인 사례이다. 한편 (文藝)단체 간의 '문인상경'은 주양이 주도한 노신예술
　　학원과 소군이 책임진 (文抗)연안분회 간의 대립적 앙숙(怏宿)관계가 대표적 사례이다.

3145　1938~1939년 '서전단(西戰團)'의 책임자인 정령은 '(西戰團)부하'인 진명(陳明)과 열애에
　　빠졌다. 1940년 가을 '봉화극단(烽火劇團)'으로 전근한 진명은 봉화극단의 여배우 석평
　　(席平)과 결혼했다. 당시 연인(戀人)인 진명의 '배반'은 정령에게 큰 좌절감을 안겨줬다.
　　또 이 시기 정령은 당조직의 불신을 받았다. 당시 정령은 '(左聯)동지'인 소군의 위로를

2015: 223). 1938년 3월 처음 연안에 왔던 소군은 얼마 후 연안을 떠났다. 서무강(徐懋康)[3146]은 이렇게 회상했다. …당시 환영회에서 소군은 문예의 '정치 예속'을 단호하게 반대한다고 말했다. 당시 갱생의 비평을 받은 소군은 중도 퇴장을 했다(徐懋康, 1981.1). 이 시기 '돈독한 동지'인 정령과 소군의 '공동의 적'은 주양과 강생이었다. 한편 구설수에 오른 정령과 진명의 결합(1942)은 '엽기적 혼인'으로 불린다.

연령·경력·지위 차이가 큰 정령·진명의 결합은 '엽기 혼인'으로 불렸다. 정령은 두 번의 혼인 경력이 있었으나 진명은 20대 숫총각이었다. 정령은 '서전단(西戰團)' 책임자였고 진명은 선전고장(股長)이었다. 당시 이들의 '결혼(1942)'[3147]은 구설수에 올랐다(李向東 외, 2015: 207). 고위간부의 '여대생 결혼'은 당연시됐으나 정령·진명의 결합은 구설수에 휘말렸다. 실제로 정령이 비난을 받은 주된 이유는 진명의 가정 파탄을 초래한 '제3자(第三者)'[3148] 역할을 했기 때문이다. 1940년 가을 '봉화극단

받았다. 결국 1940년 '실의에 빠진' 소군과 정령은 '환난지우(患難之友)'가 됐다.

3146 서무강(徐懋康, 1911~1977), 절강성 상우(上虞) 출신이며 공산주의자이다. 1938년 중공에 가입, 1930~1940년대 항일군정대학 강사, (冀察熱遼)연합대학 부총장, 건국 후 (武漢)대학 부총장, 중국사회과학원 철학연구소 연구원 등을 역임, 1977년 북경에서 병사했다.

3147 당사자인 진명(陳明)의 주장에 따르면 1942년 봄부터 그와 정령은 남가평(藍家坪)에서 동거를 시작했다. 여신(黎辛)은 이렇게 회상했다. …정령·진명이 정식으로 결혼한 것은 1942년 11월 7일이다. 이날은 '10월혁명절(十月革命節)'이었다. 실제로 당시 연안에서는 많은 이들이 '10월혁명절'에 결혼했다(李向東 외, 2015: 212). 결국 우여곡절을 거쳐 결합된 정령·진명 부부는 장장 44년 동안 함께 생활하며 '백두해로(白頭偕老)'를 했다.

3148 정령의 '수양딸'인 나란(羅蘭, 2003)은 이렇게 회상했다. …1940년 진명과 석평(席平)의 연애(戀愛) 관계를 안 정령은 매우 고통스러워했다. 어느 날 정령은 울면서 이렇게 말했다. …진명이 나를 배신했다. 화가 치민 나는 '봉화극단'을 찾아가 진명과 대판 싸운 후 석평을 '제3자(第三者)'라고 욕했다(王增如 외, 2016: 210). 이른바 '제3자'는 부부 이

(烽火劇團)'[3149] 책임자인 진명은 극단의 석평(席平)[3150]과 결혼했다. 1942년 부인 석평과 이혼한 진명은 정령과 동거를 시작했다.

방약무인인 소군은 정령의 재능을 인정했다. 그들은 '문협'에서 함께 일하며 문학을 담론했다. 당시 정령과 소군은 많은 계획을 세웠다. 예컨대 (蘇聯)작가협회와 합작해 연안에 서점을 설립하는 것이었다(王增如 외, 2016: 224). 소군은 호풍(胡風)에게 보낸 편지(1940.9.26)에 이렇게 썼다. …매일매일을 책을 읽으며 그럭저럭 보내고 있다. 정령과의 '문학담론'이 유일한 취미이다(曉風 외, 2004.2). 이 시기 그들은 죽이 맞는 친구이자 '주우(酒友)'였다. 또 '(上海)좌련'의 동지인 소군과 정령은 모두 '노신 숭배자'였다. 한편 자기(知己)인 소군의 '위안'은 이 시기 혼인 위기와 '(黨組織)심사'로 좌절감이 컸던 정령에게 매우 절실했다.

'노신 서거 4주년(1940.10.19)'을 맞이해 정령·소군은 '문예월회(文藝月會)'[3151]를 설립하고 '문예월간(文藝月刊)'을 창간했다. 이 시기 연안의 (文

외의 제3자(愛人), 즉 '불륜 상대'를 가리킨다. 실제로 (陳明)가정을 파탄시킨 장본인(第三者)은 정령이다. 결국 진명은 아들을 출산(1940.6)한 석평과 이혼, '옛 연인'인 정령과 재혼했다.

3149 1937년 10월에 설립된 '봉화극단(烽火劇團)'은 팔로군 (留守兵團)정치부 선전대(宣傳隊)였다. 1936년에 설립된 홍군대학 선전대가 주축, 초대 극단장(劇團長)은 린자안(蘭子安)이며 1939년 진명이 극단장에 임명됐다. '서전단(西戰團)' 제2단부(團部)에 편입된 '봉화극단'은 1941년 4월 (魯藝)예술간부훈련대와 함께 '부대예술학교'로 개편됐다.

3150 1939년 9월 진명은 '봉화극단(烽火劇團)'의 책임자로 임명됐다. 1940년 가을 진명은 노신예술학원 졸업생 석평(席平)과 결혼했다. 1941년 6월 석평은 아들 석모모(席毛毛)를 (延安)중앙병원에서 출산했다. 한편 진명과 이혼한 석평은 중앙병원 실험(實驗) 연구원, (北京)생물제품연구소 지부(支部)서기, (廣州)생물제품연구소장 등을 역임했다.

3151 '문예월회(文藝月會)'는 1940년 10월 19일에 설립, 정령·서군·소군 등이 주관했다. (設立)취지는 …문예비평을 통해 '문예보루(堡壘)'의 선봉대(先鋒隊)가 되는 것이다. '(月會) 비서' 1명을 상근직, 정령·서군·소군 등이 번갈아 (座談會)주최를 맡았다. 또 '문예월보

藝)간행물은 소삼이 편집을 맡은 '대중문예(大衆文藝)' 월간(月刊)뿐이었다. 당시 '문예월회'의 설립은 중앙선전부장 낙보의 지지를 받았다. '문예월회'는 정령이 주관하고 '문예월간'은 정령·소군·서군이 (共同)편집을 맡았다. 한편 주양의 반대를 받았던 '문예월보'는 모택동의 중시를 받지 못했다. 1941년 3월 정령이 하향(下鄉)한 후 '문예월보'는 소군이 주관했다. 이 시기 정령·소군의 관계는 소원[3152]해졌다. 실제로 원고(原稿) 편집을 두고 정령과 소군은 '의견 대립'이 매우 심각했다.

정령·소군의 결렬은 필연적 결과였다. 정령은 당조직에 대한 불만을 토로했으나 본질적으로 (黨)이익을 수호했다. 조직의 불신을 받은 그녀는 홧김에 연안을 떠나려고 했다. 당시 소군은 '공산당 비판자'였다(李向東 외, 2015: 237). 정령은 소군에게 이렇게 말했다. …공산당원인 나는 결코 당을 배반할 수 없다(蕭軍, 1940.9.26). 정령이 당조직의 불신을 받았을 때 소군은 정령의 '환난지우(患難之友)'[3153]였다. 당조직의 신임을 회복한 정령과 소군과 소원해졌다. 결국 정령과 (非黨員)소군은 '지동도합(志

(文藝月報)'를 창간하고 총 17기(期)를 발간, 1942년 9월 활동을 중지했다.

3152 정령은 이렇게 회상했다. …당시 나와 소군 간에는 원고 채택을 두고 늘 의견 대립이 벌어졌다. '소수(少數)'인 나는 코너에 몰리기 일쑤였다. 결국 나는 '문예월간(文藝月刊)' 편집장을 사직했다. 1941년 3월 나는 소군이 주도한 '문예월회'를 떠났다(丁玲, 1982.3). 당시 소군과의 의견 대립이 격화된 후 정령은 글감 축적을 위해 천구(川口)로 '하향(下鄉)'을 했다. 한편 소군과 정령의 '관계 소원'은 정령의 '입장 전환'이 주된 원인이다.

3153 1940년 소군과 정령은 '환난지우(患難之友)'가 됐다. 이 시기 '(上海)좌련'의 동지이며 '노신 추종자'인 이들은 실의에 빠진 동병상련의 처지였다. 당시 연인(戀人) 진명의 '배신'과 당조직의 '불신'을 받은 정령은 좌절감에 빠졌다. 이 시기 소군의 지지와 위로는 정령에게 큰 위안이 됐다. '동산재기(東山再起)'를 노린 그들은 '문예월회'를 설립하고 '문예월보'를 창간했다. 한편 당조직의 '신임'을 회복한 정령은 소군과 점차 소원해졌다.

同道合)' 동지가 될 수 없었다. 한편 이 시기 소군은 소삼과 악연(惡緣)[3154] 을 맺었다. 결국 이는 정령·소삼의 관계를 악화시켰다.

1941년 봄 정령은 (延安)현위의 소개장을 갖고 천구(川口)에 하향했다. (下鄕)원인은 소재 발굴을 위해서였다. 정령은 천구에서 '병원 중'과 '밤(夜)'[3155]을 완성했다(王增如 외, 2016: 241). 정령은 이렇게 회상했다. ···인간관계에 권태감을 느낀 나는 농촌으로 내려가 글감을 축적했다. (文協) 사무는 타인에게 맡기고 (月報)편집에 관여하지 않았다(丁玲, 1982.3). 정령이 하향한 주된 원인은 소원해진 '소군 관계' 때문이었다. 1941년 하반기 그들은 '앙숙지간'[3156]이 됐다. 소군은 '노신 수호자'가 된 반면, 정령은 '모택동 추종자'로 변신했다. 한편 정령은 '(延安)암흑면' 폭로한 작품 '병원 중'을 '(重慶)문예진지(文藝陣地)'[3157]에 발표했다.

3154 소군이 '문예월보'에 발표(1941.1)한 '설기(說起)'는 소삼을 비난한 것이다. 소군은 아내와 돈독한 관계를 유지한 소삼을 연적(戀敵)으로 간주했다. 소군은 일기(1942.9.19)에 이렇게 썼다. ···'문예월보'의 '소삼 비판'은 그가 소련 추종자였기 때문이다(王增如 외, 2016: 238). 실제로 소삼과 '돈독한 관계'를 유지한 것은 정령이었다. 당시 정령은 소군의 '(蕭三)비판'을 극구 반대했다. 한편 소삼은 (同學)모택동에게 '(蕭軍)비리'를 고발했다.

3155 정령이 쓴 단편소설 '밤(夜)'은 1941년 봄 천구(川口)에 '하향(下鄕)'했을 때 작성됐다. 한편 정령의 작품(夜)은 ···섬북(陝北)의 보통 농민인 '하화명(何華明)'이 향정부(鄕政府) 간부로 발탁된 후 '신분 변화'로 인한 이지(理智)와 감정상의 커다란 변화와 심리적 갈등을 상세하게 묘사했다(李向東 외, 2015: 241). 1942년 봄 정령은 단편소설 '밤'을 해방일보의 문예란(文藝欄)에 발표했다. 당시 정령은 '효함(曉菡)'이란 닉네임을 사용했다.

3156 소군은 그의 일기(1941.8.9)에 이렇게 썼다. ···나봉(羅烽) 처소에서 회식을 할 때 서군(舒群)이 정령의 문항(文抗) 회귀를 제출했다. 당시 '(丁玲)회귀'를 단호하게 반대한 나는 이렇게 말했다. ···감정 기복이 심한 정령의 회귀는 문항 분열을 초래할 것이다(王增如 외, 2016: 263). 결국 이는 앙숙지간인 정령·소군의 결렬을 의미한다. 실제로 이 시기 모택동의 신임을 얻은 소군은 '박고의 부하' 정령의 '문항 회귀'를 환영하지 않았다.

3157 '문예진지(文藝陣地)'는 1938년 4월에 창간, 작가 모순(茅盾)이 주필을 맡은 문학(文學) 간행물이다. 초기 한구(漢口)에서 '문예진지' 잡지를 출간했으나, 그 후 중경(重慶)으로

1940년 연인(戀人)인 진명의 버림을 받은 정령은 실연(失戀)의 고배를 마셨다. 또 '(南京)수감' 심사로 당조직의 불신은 받은 정령은 고립무원에 빠졌다. 이 시기 정령의 '지음(知音)'이 된 것은 (左聯)동지이며 '노신 추종자'인 소군이었다. 그러나 당조직의 '역사문제 심사(1941.10)'가 끝난 후 당원(黨員) 자격을 회복한 정령은 점차 소군과 소원해졌다. 1941년 5월 정령은 (黨報)문예란의 편집장으로 부임했다. 1941년 하반기와 1942년 봄 (文藝欄)책임자 정령은 '암흑면 비판'의 작품을 잇따라 발표했다. 한편 정령의 '야백합화 게재'는 치명적인 실책이었다.

이유한의 '발언(6.11)' 골자는 첫째, 왕실미의 (反革命)사상과 (反黨)행위가 드러났다. 둘째, 왕실미의 사상은 트로츠키·자산계급의 사상이다. 셋째, (王實味)투쟁대회는 정치적 의미가 크다 넷째, 왕실미의 (反動)사상 실질을 파악했다. 다섯째, 비판과 자기비판 정신을 발양했다(溫濟澤, 1998: 315). 또 그는 이렇게 말했다. …왕실미는 (反動)작품을 통해 반혁명 사상을 설파하고 '절대적 민주'를 선양했다(任文 외, 2014: 84). '(補充)발언(6.11)'을 한 범문란은 이렇게 말했다. …왕실미는 트로츠키(分子)이다. (研究院)지도부는 '치병구인' 원칙에 근거해 개과천선 기회를 주었으나 옹고집인 그는 '과오 반성'을 거절했다(範文瀾, 1998: 256). 이유한은 왕실미가 '트로츠키(反黨)분자'라는 최종 결론을 내린 장본인이다. 왕실미의 '(黨籍)박탈'은 기정사실화됐다. 범문란·정령도 왕실미의 '당적 제명'에 일조했다. 한편 이유한의 '(邊區)전근(1942.9) 원인'[3158]에 대한 견해가 엇갈린다.

편집(編輯) 장소를 이전했다. 한편 반월간(半月刊)인 (文藝陣地)잡지는 주로 중경 등 서남(西南)지역에서 판매됐다. 1942년 11월 '문예진지'는 발간을 중지했다.

3158 1942년 9월 이유한은 중앙연구원을 떠나 (陝甘寧)변구 비서장으로 전근됐다. 강생의 미움을 산 이유한이 '변구(邊區)'로 추방(追放)된 것이다(溫濟澤, 2014: 177). 이유한의 '(邊區)

6월 15~18일 (延安)문예계는 (文抗)구락부에서 좌담회를 개최했다. 주양·정령이 공동 주재한 좌담회에 40여 명 작가가 출석했다. 회의는 '(反黨)분자' 왕실미를 문예계의 공적(公敵)으로 확정하고 (文抗)회원 자격을 박탈했다 또 '왕실미(事件) 결의(決議)'[3159]를 통과시켰다(高新民 외, 2000: 357). 왕실미를 변호한 소군은 주문(周文)[3160]·김찬연(金燦然)[3161] 등과 치열한 설전을 펼쳤다. 소군은 호풍(胡風)에게 보낸 편지에 이렇게 썼다. … '(王實味)변호'를 위해 고군분투했다. '(座談會)설전' 후 나는 고립무원에 빠졌다('新文學史料', 2004.2). 정치국 회의(6.19)에서 모택동은 이렇게 말했다. …왕실미가 '트로츠키 (反黨)분자'라는 것이 확인했다. 현재 트로츠키(分子)·(日本)특무·(國民黨)간첩 등 적대분자가 존재한다(中共中央文獻硏究室, 1993: 388). 해방일보에 발표(7.28)된 주양의 '문예관(文藝觀)'[3162]을 읽은

전근'은 모택동이 배치했다는 주장이 지배적이다. 실제로 '(王實味)사건'으로 모택동의 신임을 얻은 이유한이 (黨中央)지시에 불복한 (邊區)정부 비서장 사각재의 대체자로 파견된 것이다. 물론 이 시기 이유한이 모택동의 절대적 신임을 확보한 것은 아니었다.

3159 6월 중순 (文藝界)좌담회에서 통과한 '왕실미(事件) 결의(決議)' 골자는 첫째, (反黨)분자 왕실미의 주장은 트로츠키(Trotsky)의 사상이다. 둘째, 왕실미의 '야백합화(野百合花)' 등 작품은 트로츠키 사상을 선전한 것이다. 셋째, 중앙연구원의 '왕실미 비판'은 정확한 결정이다(張樹軍 외, 2000: 357). '좌담회' 개최 후 '문항(文抗)' 이사회는 왕실미의 회원직을 박탈했다. 한편 (反黨)분자 왕실미의 '동정자'로 간주된 소군은 사면초가에 빠졌다.

3160 주문(周文, 1907~1952), 사천성 형경(滎經) 출신이며 공산주의자이다. 1932년 중공에 가입, 1930~1940년대 (陝甘寧)변구교육청장, 진수(晉綏) 분국 선전부 부부장, 건국 후 전국 문련(文聯) 위원, 중앙마레(馬列)학원 비서장 등을 역임, 1952년 북경에서 졸사했다.

3161 김찬연(金燦然, 1913~1972), 산동성 어대(魚臺) 출신이며 공산주의자이다. 1938년 중공에 가입, 1930~1940년대 중앙연구원 연구원, 수남지위(綏南地委) 선전부장, 건국 후 인민일보 부간(副刊) 주필, 중화서국(中華書局) 편집장 등을 역임, 1972년 북경에서 병사했다.

3162 주양이 '해방일보'에 발표(7.28)한 '우리의 문예관(文藝觀)'은 이렇게 썼다. …왕실미의 '야백합화(野百合花)' 사상은 트로츠키주의(Trotsky主義)에서 비롯됐다. '왕실미 비판'을

모택동은 이렇게 평가했다. …(學問)문제를 정치적 각도에서 분석한 본보기이다(黃昌勇, 1994.1). 결국 모택동은 '(文藝界)공적'인 왕실미가 '트로츠키(反黨)분자'라는 이유한의 결론을 찬성했다. 한편 '(反黨)분자' 왕실미를 변호한 소군은 (延安)문예계의 '공동의 적'이 됐다.

이유한은 '왕실미 구출'을 위해 이렇게 말했다. …그에게 개과천선 기회를 줘야 한다. 왕실미가 (反革命)구렁텅이에서 탈출하기 바란다(溫濟澤, 2014: 157). 해발일보에 발표(6.28)한 이유한의 문장에는 '(王實味)구출' 내용이 없었으나 범문란의 글(6.29)에서 관련 내용을 찾아볼 수 있었다(黎辛, 2014: 210). 6월 11일 범문란은 이렇게 말했다. …우리는 왕실미가 반혁명 소굴에서 탈피할 수 있도록 도와줘야 한다(朱鴻召, 1998: 257). 애청의 '왜곡 불허', 이유한의 '사상논전(論戰), 범문란의 '좌담회 발언', 주양의 '문예관' 등은 모택동의 심사를 거쳐 해방일보에 게재됐다(任文 외, 2014: 211). 이는 모택동이 '황제·책사' 역할을 도맡은 '군사합일(君師合一)'[3163] 지도자라는 반증이다. 한편 이유한의 '왕실미 구출'은 사실무근이다. 실제로 이유한은 모택동·강생과 함께 '왕실미 사건'의 장본인이다.

해방일보에 게재된 '야백합화'는 국민당 (特務)기관의 주목을 받았다. 1942년 6월 추정지(鄒正之)는 왕실미의 문장을 편집해 (野百合花)제목

통해 마르크스주의 문예관을 수립해야 한다(周揚, 1998: 278). 실제로 문예는 대중을 위해 복무해야 한다는 모택동의 (座談會)주장을 되풀이한 것이다. 이는 주양이 '(毛澤東)축음기' 역할을 했다는 반증이다. 이 또한 주양이 모택동의 측근으로 자리매김한 원인이다.

3163 '군사합일(君師合一)'은 황제(君)·군사(軍師)의 역할을 도맡는 '1인2역'을 가리킨다. 당시 '정풍 주도자' 모택동은 정풍운동에서 '군사합일' 역할을 했다. (文藝界)정풍의 비판대상인 정령·소군과 대화를 나누고 '반성'을 유도한 것이 단적인 증거이다. 한편 '반우파(反右派)' 투쟁과 문혁(文革) 등 정치운동에서 모택동은 '군사합일' 역할을 했다.

의 소책자를 중경에서 출간했다(朱鴻召, 1998: 323). 1942년 9월 (重慶)정부
는 '야백합화와 기타'라는 저서를 출간했다. 국민당 언론은 공산당이
'문자옥(文字獄)'[3164]을 설치했다고 선전했다. 중경에서 출간한 (野百合花)
저서는 베스터셀러가 됐다(盧毅, 2016.11). (小冊子)머리말은 이렇게 썼다.
…'혁명의 성지' 연안은 부패·횡령·차별·파벌싸움으로 점철됐다. 지식
인들은 크게 실망하고 있다. '야백합화'는 (延安)암흑면을 폭로한 작품이
다(溫濟澤, 2014: 156). 1942년 4~7월 해방일보에 게재된 (野百合花)관련 문장
은 18편에 달했다. 한편 국민당은 '야백합화'를 (中共)폄하'의 (宣傳)수단
으로 악용했다. 국민당의 선전은 '(王實味)당적 박탈' 촉매제가 됐다.

소군은 그의 일기에 왕실미에 대한 견해를 이렇게 적었다. …그는
혁명적 입장에서 글을 썼다. 현재 '왕실미 비판'은 너무 강경적이다(常君
實 외, 2006: 377). 모택동을 찾아갔던 소군은 일기(5.24)에 이렇게 썼다. …굳
은 표정인 모택동은 묵묵부답이었다(李向東 외, 2015: 295). 10월 2일 왕실미
는 소군에게 편지[3165] 한 통을 주면서 호교목에게 전해줄 것을 부탁했다.
당시 지팡이를 짚고 온 왕실미는 얼굴이 창백하고 병색이 짙었다. 소군

[3164] '문자옥(文字獄)'은 봉건왕조의 통치자들이 지식인의 '문자(文字)'를 근거로 그들에게
죄명을 씌우는 일종의 사상통제 정책이다. 중국의 청조(淸朝)에서 '필화(筆禍)'를 입는
문화인이 많았다. 특히 건륭제(乾隆帝) 시기 지식인을 탄압하는 '문자옥'이 가장 성행
했다. '문자옥'은 지식인의 (思想)언론을 통제하고 (創作)자유를 속박하는 '긴고주(緊箍
呪)' 역할을 했다. 1950년대 사회주의 국가인 중국에서 지식인 탄압의 '문자옥'이 부
활했다.

[3165] '(反黨)분자'인 왕실미가 소군에게 넘겨준 편지(10.2)는 이렇게 썼다. …현재 고립무원
에 빠진 나는 절대적인 안정(安靜)이 필요하다. 북대하(北戴河)가 아니더라도 오만유(吳滿
有)가 있는 시골에라도 보내주기 바란다. 현재 나는 반드시 중앙연구원을 떠나야 한다
(蕭軍, 2008: 744). 당시 소군은 왕실미가 넘겨준 '편지'를 호교목에게 전해주며 '모택동
전달'을 부탁했다. 결국 상기 왕실미의 '편지'는 무소식인 '한강투석(漢江投石)'이 됐다.

은 왕실미가 '(反黨)분자'가 아니라고 확신했으나 곧 축객령을 내렸다(朱鴻召, 2011: 160). 당시 (延安)문예계에서 왕실미를 변호한 지식인은 소군이 '유일무이'했다. 한편 '축객령'을 내린 소군은 왕실미의 편지를 호교목에게 전해줬다. 실제로 왕실미의 편지는 모택동에게 보낸 것이었다.

왕실미는 사석에서 이렇게 말했다. …트로츠키는 천재였으나 스탈린은 숙청을 통해 이루 헤아릴 수 없는 악행을 저질렀다. 왕실미는 모스크바의 재판에 의구심을 표했다는 이유로 당에서 제명됐다(나창주, 2019: 524). 10월 23일 중영연구원은 '(王實味)당적 제명 결정'[3166]을 발표했다. 중앙조직부는 곧 중앙연구원의 '결정(10.23)'을 비준했다(溫濟澤, 1993: 103). 이튿날 '(研究院)결정'에 불복한 왕실미는 중앙조직부를 찾아가 억울함을 하소연했다. 왕실미는 '당적 제명(決定)' 철회를 요구했다(張樹軍 외, 2000: 361). '모스크바 재판'에 의구심을 표시했다는 주장은 사실무근이다. 또 중앙조직부의 '비준'은 '(研究院)결정(10.23)'에 근거한 것이다. 실제로 왕실미의 '당적 제명'은 모택동과 이유한이 '짜고 친 고스톱'[3167]이다.

1943년 국민당은 서안에서 (王實味)추도회를 열었다. 당시 연안에서

3166 중앙연구원의 '(王實味)당적 제명 결정(10.23)' 골자는 첫째, 1929년부터 왕실미는 '트로츠키 추종' 활동을 전개했다. 둘째, '(王實味)야백합화'의 주장은 그가 반당분자(反黨分子)라는 반증이다. 셋째, 당내에 잠복한 반혁명 분자왕실미의 당적(黨籍)을 박탈한다(溫濟澤, 2014: 177). 중앙조직부는 중앙연구원의 '결정(10.23)'에 근거해 '(王實味)당적 제명' 결정(1942.10)을 인준했다. 실제로 '(王實味)당적 제명'의 최종 결정자는 모택동이었다.

3167 왕실미의 '당적 박탈(10.23)' 장본인은 '연구원(研究院) 1인자' 이유한이다. 왕실미가 '트로츠키(反黨)분자'라는 결론을 가장 먼저 내린 것은 이유한이 주도한 중앙연구원이다. 이유한의 '결론 근거'는 애사기가 전달(5.30)한 모택동의 '(座談會)연설 결론'이다. '트로츠키 분자' 왕실미에 대한 이유한의 최종 결론은 모택동의 암묵적 지지가 있었기에 가능했다. 한편 모택동은 중앙연구원의 '(王實味)당적 제명 결정(10.23)'을 최종 승인했다.

는 이를 '(活人)추도회'라고 비난했다(任文 외, 2019: 149). 1944년 6월 조초구의 인터뷰를 받은 왕실미는 이렇게 말했다. …'트로츠키 분자'인 나는 무탈하게 지내고 있다. 국민당이 나를 위로 추도회를 열었다고 하는데 어처구니없다(凌雲, 2014: 149). 조초구는 저서에 이렇게 썼다. …왕실미는 굳어진 표정으로 자신의 과오를 이야기했다. 화제가 (文藝)방면으로 옮겨지자 그의 얼굴에 곧 화기가 돌았다. 그는 분명히 정신적 쇼크를 받았다(趙超構, 1992: 147). 실제로 국민당의 '(西安)추도회'는 반공(反共) 연출이다. 한편 조초구의 '왕실미 인터뷰'[3168]는 정치적 쇼였다.

진명은 이렇게 회상했다. …(中外)기자단의 (延安)방문 당시 당조직은 (丁玲)동굴집에서 조초구의 '(王實味)만남'을 배치했다. 정령은 이렇게 회상했다. …조초구가 왕실미를 취재할 때 당조직은 나에게 배석을 요구했다. '인터뷰' 장소는 나의 거소였다(李向東 외, 2015: 323). 상기 정령의 '배석'은 신빙성이 낮다. '(interview)배석' 역할은 '(反黨)분자'인 왕실미의 언행을 감시하는 것이었다. 당시 '정치적 자유'를 박탈당한 정령은 '스파이·변절자'라는 죄명에서 벗어나지 못한 상태였다. '스파이'가 '(反革命)분자'를 감시한다는 것은 어불성설이다. 실제로 조초구와 왕실미의 만남의 자리에 '동석(監視)'한 것은 중앙사회부의 고위간부였다.

1944년 6월 조초구는 정령을 취재했다. (質問)골자는 ① '검사제도' 여부 ② 과거 작품의 존재 가치 ③ 작품의 (重慶)기고 가능성 등이다. (解答)골자는 ① 검사제도 NO! ② 과거 작품과 다른 창작수법 전환 ③ (重

3168 중경(重慶)정부는 '왕실미 사건'에 큰 관심을 가졌다. 예컨대 ① '(野百合花)저서' 출간 ② 국민당 언론의 '문자옥' 선전 ③ '왕실미 (西安)추도회' 개최 등이다. 1944년 6월 (延安) 당조직은 국민당 기자 조초구에게 '왕실미 취재'를 허락했다. 당시 조초구의 '왕실미 인터뷰'는 (國民黨)언론의 주장이 사실무근임을 보여주기 위한 '정치적 쇼'였다.

慶)기고, 불가능 등이다(王增如 외, 2016: 323). 조초구는 저서(延安一月)에 이 렇게 썼다. …'검사제도' 존재를 부정한 (延安)작가들은 '창작 자유'는 누구도 간섭할 수 없다고 강조했다. 실제로 (延安)창작은 당조직의 간섭을 받고 있었다(趙超構, 1992: 138). (文藝界)정풍 후 (延安)작가들은 '암흑면 폭로' 작품을 쓸 수 없었다. '(反黨)분자' 왕실미는 창작권을 박탈당했고 '(國民黨)스파이'로 몰린 정령은 겨우 2~3편의 글을 썼다. 결국 (延安)작가들은 '공농병'을 주인공으로 한 '공산당 칭송' 작품을 써야 했다.

연안에서 철수(1947.3)한 중앙사회부(中央社會部)[3169]는 왕실미를 (晉綏) 근거지로 압송했다. 건강 악화로 정신이 흐리멍덩한 왕실미는 짐덩어리가 됐다(朱鴻召, 1998: 344). 1947년 봄 하룡의 명령을 받은 군부는 (黃河) 근처의 시골에서 왕실미를 처형했다(P. Short, 2010: 340). 1947년 6월 (晉綏) 공안총국의 보고[3170]를 받은 중앙사회부는 '왕실미 처형'을 비준했다. 7월 1일 (總局)심사과 간부가 (山西省)흥현(興縣)에서 왕실미를 척살했다(徐一青 외, 2014: 229). 상기 '하룡 명령'[3171] 주장은 신빙성이 제로이다. (總

3169 1939년 2월에 설립된 중앙사회부(中央社會部)는 강생(康生)이 부장, 이극농(李克農)이 부부장을 맡았다. 전신은 1937년에 설립된 '중앙특별공작위원회'이다. 주요 직책은 (抗日)근거지의 간첩을 숙청하고 (黨內)불순분자를 색출하는 것이다. 1941년 9월 (軍委)참모부와 합병했다. 1949년 11월 (軍委)정보부를 설립, 중앙사회부는 철회됐다.

3170 1947년 6월 왕실미는 진수(晉綏) 공안총국의 (興縣)구치소에 수감됐다. 6월 12일 구치소는 적기의 폭격을 받았다. 6월 13일 공안총국은 보고서를 작성해 중앙사회부에 '(王實味)처리' 지시를 요청했다. '보고서'를 받은 중앙사회부는 곧 '왕실미 처형'을 지시했다(徐一青 외, 2014: 229). 7월 1일 공안총국 간부는 왕실미를 척살한 후 고정(枯井)에 매장했다. 실제로 '왕실미 (現地)처형'을 비준한 것은 (中央社會部)부부장인 이극농이었다.

3171 서일청(徐一青)은 이렇게 회상했다. …1988년 '문화월간(文匯月刊)'에 실린 왕실미 관련 문장을 읽었다. 저자는 아무런 자료 제시도 없이 하룡이 '왕실미 처형'을 명령했다고 추정했다. 1988년 12월 1일 나는 (晉綏)공안총국 부국장이며 '(王實味)처형' 당사자 진양산(陳養山)을 취재했다(徐一青 외, 2014: 224, 230). 진양산은 '왕실미 처리' 의견을 타진

局)부국장 진양산(陳養山)[3172]의 보고서를 받은 이극농이 비준한 것이다. 1948년 이극농은 '(反省)보고서(8.31)'[3173]를 모택동에게 보냈다. 이는 이극 농이 '왕실미 처형'을 지시한 장본인이었다는 단적인 반증이다.

'칠천인대회(七千人大會, 1962.1)'[3174]에서 모택동은 이렇게 말했다. … 국민당 간첩 왕실미는 '야백합화'라는 반동(反動) 문장을 써서 공산당을 중상했다. 행군 중 왕실미는 보안기관에 의해 처형됐다(毛澤東, 1986: 836). '모택동저작선독(選讀, 1986)'은 이렇게 썼다. …조사 결과 왕실미가 '(國民黨)첩자'라는 죄명은 성립되지 않는다(任文 외, 2019: 255). 결국 이는 모택 동의 '책임 회피'였다. 이른바 '간첩'은 강생이 왕실미에게 덧씌운 죄명 이었다. 또 '(選讀)주석(註釋)'은 호교목이 단 것이다. 한편 이유한의 '만년

한 '(總局)보고서' 작성자이다. 결국 이극농의 '처형 지시'를 받은 (晉綏)총국 간부가 흥 현(興縣)에서 왕실미를 처형했다. 한편 '(賀龍傳)편집조'는 왕실미 처형이 하룡과 무관하 다고 결론지었다.

3172 진양산(陳養山, 1906~1991), 절강성 소흥(紹興) 출신이며 공산주의자이다. 1925년 중공 에 가입, 1930~1940년대 (晉綏)공안총국 부국장, 서안시 공안국장, 건국 후 (上海)공안 국 부국장, 사법부 부부장, 최고인민검찰원 부검찰장 등을 역임, 1991년 북경에서 병 사했다.

3173 1948년 8월 이극농이 당중앙에 제출한 '(反省)보고서(8.31)'는 이렇게 썼다. …'왕실미 처형' 주된 책임은 나에게 있다. 당중앙의 허락을 받지 않고 '(處刑)지시'를 내린 것에 대해 심각하게 반성한다. 모택동은 '답전(9.1)'에 이렇게 썼다. …이것으로 마무리하고 더 이상의 (責任)추궁은 필요 없다(黃昌用 외, 2019: 231). 이 시기 강생이 전근되고 이극 농이 중앙사회부 부장을 맡았다. 한편 '반성'한 이극농은 여전히 모택동의 신임을 받았다.

3174 '칠천인대회(七千人大會)'는 1962년 1월 11일부터 2월 7일까지 북경에서 열린 중앙공 작확대회의를 가리킨다. (會議)참석자가 7000명을 상회해 '칠천인대회'로 불린다. (大會)목적은 '대약진(大躍進)' 과오 시정과 국민경제(國民經濟) 방침을 조정(調整)하는 것이다. 1월 30일 (大會)주재자 모택동은 자기비판을 했다. 그는 '당주석(黨主席)'인 자신이 총체 적 책임을 져야 한다고 말했다. '칠천인대회' 후 '모유(毛劉)' 관계가 크게 악화됐다.

(晚年) 자성'과 (上海)좌담회에서 한 호계립(胡啓立)[3175]의 '중요한 연설'[3176]이 왕실미의 '명예 회복'에 결정적인 역할을 했다.

　만년에 이유한은 이렇게 술회했다. …왕실미 사건을 재조사할 필요가 있다. 이 사건은 나로 인해 일어난 것이다. 또 송금도에게 (事件)조사를 의뢰한 그는 중앙조직부에 재심사를 건의했다. 사망(1984) 직전 '옛 부하' 온제택에게 (調査)진척을 확인했다(溫濟澤 외, 1993: 99). 이유한이 제출한 (事件)핵심은 첫째, (思想)문제로 적대적 모순이 아니다. 둘째, (歷史)문제로 현실적 문제가 아니다. 셋째, (個人)문제로 집단적 (反黨)활동이 아니다(任文 외, 2014: 218). 이유한은 (事件)요점을 이렇게 정리했다. …왕실미의 '트로츠키(反黨)분자' 죄명은 강생이 씌운 것이다. 이것이 사건의 (調査)핵심이다(宋金壽, 1998: 395). 이유한의 '건의'는 왕실미의 '평반(平反)'에 긍정적 역할을 했다. 실제로 '(文革)8년 투옥'을 통한 이유한의 '참회(懺悔)'[3177]였다. 한편 강생에게 '책임'을 전가했다는 지적을 면키 어렵다.

3175　호계립(胡啓立, 1929~), 섬서성 유림(楡林) 출신이며 공산주의자이다. 1950년대 북경대학 공청단(共青團) 서기, (共青團)중앙 서기처 서기, 1970년대 청화(淸華)대학 부총장, 1980~1990년대 천진(天津)시위 서기, 중앙서기처 서기, 전국 정협 부주석 등을 역임했다.

3176　호계립은 '(上海)좌담회(1986.4.16)'에서 중요한 연설을 했다. …호요방(胡耀邦) 동지는 역사적 교훈을 진지하게 정리해야 한다고 강조했다. '왕실미(王實味) 사건'·'호풍(胡風) 비판' 등 정치운동을 통해 지식인을 탄압한 것은 잘못된 것이다(任文 외, 2019: 250). 당시 호계립은 (中央)서기처 서기, 호요방은 중공중앙 총서기였다. 한편 중앙조직부장에 임명(1977.12)된 호요방은 '억울한 사건(寃案)' 평반(平反, 명예 회복)에 주력했다.

3177　1980년 이유한은 '왕실미(王實味) 사건'에 대한 '재심사(再審査)'를 제출했다. 한편 이유한의 '건의'는 왕실미의 '명예 회복'에 긍정적 역할을 했다. 또 이는 이 시기 왕실미의 '조강지처' 유영(劉瑩)의 (李維漢)방문 고소'와 밀접히 관련된다. 결국 '라이벌' 왕실미의 당적을 박탈한 주요 당사자 이유한이 인생 만년에 참회(懺悔)한 것이다. 실제로 문화대혁명 기간 8년 동안 수감자 생활을 한 이유한의 '통절한 반성' 결과물로 간주된다.

이유한의 부탁을 받은 온제택은 (王實味)재평가를 위한 청원서를 주무기관에 제출했다. 온가택이 제출한 구체적 의견은 ① '(反黨)분자' 죄명 철회 ② 당적 회복 ③ 좌담회 개최, '재평가' 공표 등이다. 청원서를 본 중앙조직부장 송평(宋平)[3178]은 '사건 조사'를 공안부에 의뢰했다(宋金壽, 2014: 257). 공안부가 발표(1991.2.7)한 '(調査)결정'은 이렇게 썼다. …왕실미 동지는 상해에서 '트로츠키(分子)'와의 접촉이 있었으나 트로츠키(組織)에 가담한 적이 없다. '(反革命)트로츠키(間諜)분자'라는 잘못된 결론을 바로잡는다(任文 외, 2019: 196). '동지(同志)'[3179] 칭호는 왕실미의 평반(平反)을 뜻한다. 왕실미의 (黨籍)박탈(1942.10)은 모택동이 최종 인준했다. 이 또한 '당적 회복'[3180]이 불가능한 이유였다. 또 '잘못된 결론(1946)'은 강생이 내렸다. 결국 이는 강생에게 '(事件)책임'을 전가한 것이다.

1943년 5월 중앙당학교에서 정풍에 참가한 정령은 '(南京)수감자료(8.27)'에 이른바 '쪽지(聲明書)'에 대해 실토했다. (聲明書)골자는 …(收監)기

3178 송평(宋平, 1917~), 산동성 거현(莒縣) 출신이며 공산주의자이다. 1937년 중공에 가입, 1930~1940년대 중앙당무연구실 비서, (重慶)신화사 지회장, 동북총공회 선전부장 건국 후, 국가계획위 부주임, 감숙성위 서기, 중앙조직부장, 2023년 현재 106세인 송평은 건재하다.

3179 1991년 2월 7일 공안부(公安部)는 '왕실미(同志)의 재심사 결정'을 공표했다. 상기 '결정'은 '반당(反黨) 분자'인 왕실미를 '동지(同志)'라고 호칭했다. 결국 이는 왕실미의 '명예 회복(平反)'을 의미한다. 당내(黨內) 호칭인 '동지'는 왕실미가 '반혁명 분자'가 아니라는 단적인 반증이다. 한편 '(公安部)결정'은 강생이 내린 '반혁명·트로츠키·간첩'이란 죄명(罪名) 철회에 그쳤다. 결국 왕실미의 '당적 회복'은 미완성의 과제로 남아 있다.

3180 '왕실미 평반(平反)'에 대한 (公安部)심사는 1989년에 끝났다. '(王實味)명예 회복'은 모두 동의했으나, '당적(黨籍) 회복'은 겨우 2명이 찬성했다. 결국 왕실미의 '당적 회복'은 통과되지 못했다(宋金壽, 2014: 257). 실제로 '(王實味)당적 회복'이 통과되지 못한 주된 이유는 '반당(反黨)분자'인 왕실미에 대한 '당적 제명'은 중공 지도자 모택동이 최종 결정했기 때문이다. 한편 왕실미의 '당적 회복'은 공안부(公安部) 소관이 아니었다.

간 특별 예우를 누렸고 취조·형벌을 받지 않았다. 향후 모든 활동에 참가하지 않고 독서에 전념하겠다(王增如 외, 2016: 308). 소군은 일기에 이렇게 썼다. …(丁玲)심사를 책임진 하지허(夏之栩)[3181]는 이렇게 말했다. … '정치적 변절' 행위가 있는 정령은 동지가 아니다(蕭軍, 1943.9.5). 정령은 일기(9.14)에 …자신은 국민당 특무이며 (反黨)행위가 있었다고 자백[3182]했다(李向東 외, 2015: 309). 진명은 이렇게 회상했다. …(審幹)후기 '(歷史問題)미해결자'인 정령은 '(整風)회의 참석' 자격을 상실했다(陳明, 2004.8). 정령은 이렇게 회상했다. …당시 팽진 부총장은 나에게 이렇게 말했다. 모주석은 과오를 범한 당신을 변호하지 않을 것이다(丁玲, 1956.8.9). 정령의 자백은 '혹독한 대가'[3183]를 치렀다. 실제로 '수감자' 정령은 (國民黨)정부로부터 매달 100원의 '생계비'를 지급받았다. 이 또한 모택동의 심복인 강생이 시종일관 정령을 '변절자'로 간주한 주된 이유이다.

1957년 임묵함(林默涵)[3184]은 이렇게 회상했다. …1938년 중앙당학교

3181 하지허(夏之栩, 1906~1987), 절강성 해녕(海寧) 출신이며 공산주의자이다. 1923년 중공에 가입, 1930~1940년대 중앙사회부 간부처장, 중앙조직부 비서처장, 정주(鄭州)시위 부서기, 건국 후 무한시위 조직부장, 경공업부 부부장 등을 역임, 1987년 북경에서 병사했다.

3182 '심간(審幹)' 기간 정령은 일기(1943.9.14)에 이렇게 썼다. …벌써 2개월이 지났다. 악몽 같은 나날이었다. 자신이 '복흥사(復興社) 특무'라고 시인한 나는 '(南京)수감' 기간 반당(反黨) 행위가 있었다고 자백했다. 현재 '멘탈 붕괴' 직전이다(李向東 외, 2015: 309). 상기 정령의 '자백'을 '혹형(酷刑) 결과물'로 보기 어렵다. 이 또한 중앙사회부의 (幹部)처장이며 '(丁玲)심사'를 책임진 하지허(夏之栩)가 정령을 '변절자'로 간주한 주된 이유이다.

3183 정령의 자백은 '혹독한 대가'를 치렀다. (審幹)후기 정령에게 '남경(南京) 수감' 기간 변절했다는 낙인이 찍혔다. 이 또한 모택동의 심복인 강생·주양이 시종일관 정령을 국민당에 전향한 '변절자'로 간주한 이유이다. 1950년대 정령은 '(丁陳)반당집단' 주모자·(右派)분자로 몰렸다. 실제로 정령의 '변절 자백'이 악재로 작용한 것이다.

3184 임묵함(林默涵, 1913~2008), 복건성 무평(武平) 출신이며 공산주의자이다. 1938년 중공

총장인 강생은 정령에 대해 이렇게 평가했다. …변절 역사가 있는 정령은 중앙당학교 (入學)자격을 상실했다(吳介民 외, 1991.4). 1933년에 체포된 정령이 3년 동안 남경에서 (國民黨)특무기관에 수감됐다. 정령의 '변절'을 의심하는 근거는 ① 수감된 정령은 미결수(未決囚) ② 매달 100원의 '생계비'를 수령 ③ 1934년 10월까지 '변절자' 풍달(馮達)과 동거 ④ 간첩 요봉자(姚蓬子)[3185]와의 '밀접한 관계' ⑤ '남경 이탈' 기회 포기 등이다(王增如 외, 2016: 205). 요봉자는 (反動)문인 요문원(姚文元)[3186]의 부친이다. 실제로 중앙사회부장 강생은 줄곧 정령의 '남경(南京) 수감'을 문제 삼았다. 정풍(審幹) 기간 정령의 '(聲明書)고백'은 치명적인 패착이었다.

1944년 3월 7일 천구(川口) 농촌에 하향한 소군은 중앙당학교(第三部) 제4지대에 편입됐다. 3월 11일 소군은 중앙당학교(黨校) 무도장에서 정령을 만났다. 소군은 그동안 '단절'했던 정령에게 사교댄스를 청했다. 결국 함께 춤을 춘 그들은 화해했다(王增如 외, 2016: 314). 당시 모택동의 '신임'을 상실한 그들은 '동병상련'의 처지였다. 1944년 봄 호교목은 정령을 (邊區文協)전임작가로 배치했다. 당시 정령은 모든 공직에서 파면됐

에 가입, 1930~1940년대 해방일보 (副刊)편집, (重慶)신화일보 (副刊)편집장, 건국 후 중앙선전부 부부장, 문화부 부부장, 중국문련 부주석 등을 역임, 2008년 북경에서 병사했다.

3185 요봉자(姚蓬子, 1906~1969), 절강성 제기(諸暨) 출신이며 공산주의자이다. 1927년 중공 가입, 1930~1940년대 (左聯)선전부장, '문예생활' (月刊)주필, 1934년 변절, '문단소보 (文壇小報)' 편집, 건국 후 상해사범대학 중문학부 강사 등을 역임, 1969년 상해(上海)에서 병사했다.

3186 요문원(姚文元, 1931~2005), 절강성 제기(諸暨) 출신이며 '4인방(四人幫)' 멤버이다. 1948년 중공 가입, 건국 후 (上海)해방일보 편집, (文革)영도소조 멤버, 상해시위 제2서기, (中央)정치국 위원, 1977년 당적 박탈, 1981년 징역 20년 선고, 2005년 고향에서 병사했다.

다. 이는 그녀의 '(審幹)최종 결론'이 여전히 내려지지 않았기 때문이었다. 한편 소군의 '당학교(黨校) 편입'은 모택동이 지시한 것이다.

1945년 8월 중앙당학교 재심사팀은 '(丁玲)역사문제의 임시적 결론'[3187]을 내렸다. 실제로 '임시적 결론'이 아닌 정령의 (南京)변절'을 인정한 최종적 결론이었다. 당시 심간(審刊)운동을 주도한 강생은 정령이 '(南京)수감' 기간에 쓴 '성명서(聲明書)'를 국민당에 투항한 '자수서(自首書)'로 간주했다. 결국 이는 정령의 후반생에 치명적 악재로 작용했다. 1950년대 모택동은 (左翼)작가 정령은 '반동 작가(反動作家)'로 낙인을 찍었다.

1944년 6월 정령과 구양산은 (邊區)합작사회의에 참석한 (合作社)사장을 인터뷰했다. 구양산은 유건장(劉建章), 정령은 (靖邊)합작사 전보림(田保霖)을 취재했다. 6월 30일 해방일보는 정령의 작품을 게재했다. 7월 1일 정령은 모택동의 편지[3188]를 받다(李向東 외, 2015: 324). 정령은 이렇게 술회했다. …7월 1일 나와 구양산은 모택동의 거처를 방문했다. 우리는 모택동의 (棗園)집에서 (食事)초대를 받았고 술까지 마셨다(丁玲,

---

3187 (黨校)재심사팀이 내린 '(丁玲)역사문제의 임시적 결론'은 이렇게 썼다. …(南京)수감 중 시말서를 쓴 정령은 풍달(馮達)과 동거했다. 정치적으로 변절한 그녀는 국민당에 굴복했다. 국민당이 정령을 섬북(陝北)에 파견했다는 확실한 증거는 없으나, 사상적으로 엄중한 동요(動搖)가 있었다(李向東 외, 2015: 314). 결국 이는 '임시적 결론'이 아닌 정령의 (南京)변절을 인정한 최종 결론이다. 이 또한 강생이 주도한 '심간(審幹)' 결과물이다.

3188 모택동이 정령·구양산에게 보낸 편지(1944.7.1)는 이렇게 썼다. …당신들이 쓴 작품을 단숨에 읽었다. 새로운 창작수법 전환을 축하한다. '합작사(合作社)' 회의에서 강의를 해야 하는데 준비된 자료가 없다. 오늘 오후 나의 처소에서 면담을 기대한다(逢先知 외, 2013: 524). 실제로 모택동이 정령 등에게 면담을 요청한 주된 원인은 (合作社)상황을 파악하기 위한 것이었다. 한편 당시 모택동이 정령의 '과오'를 용서한 것은 결코 아니었다.

1950.5). 1944년 7월 진갱은 정령에게 모택동의 발언을 전달했다. …정령의 '전보림(田保霖)'은 좋은 작품이다. 이는 정령이 쓴 첫 공농병(工農兵) 작품이다. 정령은 이렇게 말했다. …(會議)기록인 '전보림'은 대중적 작품이 아니다(丁玲, 1982.5). 모택동의 '(丁玲)칭찬'은 정령의 (工農兵)작품을 기대한 것이다. 실제로 정령의 첫 (工農兵)작품은 '삼일잡기(三日雜記)'[3189]였다.

1944년 4월 '당학교'를 떠난 정령은 '문협'에서 1년 반 진명과 안정된 생활을 했다. 5월 정령은 공궐(孔厥)[3190]의 소개로 마탑촌(麻塔村)에 하향했다. 여기에서 정령은 (工農兵)작품인 '삼일잡기'를 썼다(李向東 외, 2015: 316). 진명은 이렇게 회상했다. …정령이 마탑촌에서 쓴 '삼일잡기'는 (創作)수법을 전환하는 중요한 계기가 됐다(陳明, 1999.6). 정령의 '삼일잡기'는 1년 후인 1945년 5월 19일에 해방일보에 게재됐다. 이는 정령이 연안에서 발표한 마지막 작품이다. 정령의 글을 읽은 모택동은 이렇게 칭찬했다. …정령이 농촌에 내려가 농민들과 함께 생활했다는 그 자체가 대단한 변화이다(王增如 외, 2016: 319). 정령이 1943년 연말에 쓴 '28개 자루의 손도끼'도 반년 후인 1944년 6월 13일에 해방일보에 기고했다. 실제로 정령이 '삼일잡기'를 1년 후에 기고한 것은 '(審幹)운동'과 관련된다.

3189 정령의 '삼일잡기(三日雜記)'는 매우 중요한 의미가 있다. 첫째, 창작수법 전환이다. 인민대중의 열독(閱讀) 습관을 존중해 농민이 자주 사용하는 생활(生活) 언어로 작품을 썼다. 둘째, 농촌으로 내려가 대중을 이해하고 공농병을 위한 문학(文學) 작품을 창작했다(李向東 외, 2015: 318). 한편 정령은 작품(三日雜記)을 1년 후 해방일보에 발표했다. 첫 공농병(工農兵) 작품인 '삼일잡기'는 정령이 연안에서 발표한 마지막 (文學)작품이다.

3190 공궐(孔厥, 1914~1966), 강소성 오현(吳縣) 출신이며 공산주의자이다. 1930~1940년대 항일일보(抗日日報) 편집장, 노신예술학원 강사, 인민일보 (副刊)편집장, 건국 후 북경통속출판사 편집국장, (中國)작가협회 이사 등을 역임, 1966년 강물에 몸을 던져 자살했다.

1943년 모택동은 이렇게 연설했다. …지식인이 공농병과 결합하는 과도기는 50년 간 지속될 것이다. (中共)정책은 지식인이 대중 속에 융합되게 하는 것이다(毛澤東, 1993: 430). 1958년 1월 27일 인민일보가 게재한 '재비판'은 이렇게 썼다. …남경에서 자수서(自首書)³¹⁹¹를 쓴 정령은 변절 행위를 숨기고 (文藝欄)편집장을 맡았다(楊劫 외, 2010: 79). 또 모택동은 이렇게 썼다. …정령 등의 '걸작'에 감사드린다. 그들이 쓴 독초(毒草)는 광범위한 대중을 교육하는 반면교사가 됐다(毛澤東, 1992: 21). 상기 문장은 '문예보(文藝報)'³¹⁹²에 발표(1958.1.26)된 '재비판(再批判)' 특집 머리말을 전재한 것이다. 한편 '자수서'는 정령이 탄백한 '쪽지(聲明書)'를 가리킨다. 결국 모택동은 정령을 왕실미와 같은 '(反黨)분자'로 간주했다.

'(上海)좌련'에서 활약한 정령은 노신의 영향을 받은 (左翼)작가였다. (黨報)문예란의 편집장으로 부임한 정령은 '잡문시대'의 부흥에 일조했다. 정풍운동이 개시 후 정령의 '3.8절유감' 발표와 '(反黨)작품'인 '야백합화'(文藝欄)게재는 치명적인 실수였다. 이는 그녀가 (文藝界)정풍의 비판대상으로 전락한 주된 원인이다. 한편 강생이 주도한 심간(審幹)운동에서 정령의 '쪽지(聲明書) 탄백'은 결정적인 패착이었다. 결국 이는

3191 '보충자료(8.27)'에서 정령은 숨겼던 비밀을 고백했다. …간첩의 권고를 수용한 나는 성명서를 제출했다. '성명서' 골자는 첫째, 체포 후 (生活)우대를 받았다. 둘째, 혹형과 (自白)강요가 없었다. 셋째, 모든 활동을 중지하고 효도에 전념하겠다(王增如 외, 2016: 308). 결국 정령의 '성명서'는 자수서(自首書)로 간주됐다. 이는 정령의 인생에 치명적인 악재로 작용했다. 상기 '간첩'은 정령과 밀접한 관계인 변절자 요봉자(姚蓬子)로 추정된다.

3192 1949년 9월 25일에 북경에서 창간된 '문예보'는 중국작가협회 기관지이다. 유명한 작가 모순·풍설봉·정령·장광년(張光年)·풍목(馮牧) 등이 주필을 맡았다. 1950년대 '문예보'는 주간(週刊)·반월간(半月刊)·월간으로 개편됐다. 1966년에 정간, 1978년에 복간됐다.

1950년대 그녀가 '(反黨)분자'로 지목되는 중요한 근거가 됐다. 서실상 20년 동안 창작권(創作權)을 박탈당한 정령은 정치적 희생양이었다.

우여곡절 끝에 이뤄진 왕실미의 '명예 회복'은 사필귀정이다. '(反黨)분자'에서 '동지(同志)' 명예를 회복했으나 '(王實味)당적 회복'은 미완성 과제로 남았다. '왕실미 사건'은 모택동이 주도한 (文藝界)정풍의 결과물이다. (王實味)사건은 결코 개인적 문제가 아니며 '(整風)지류'는 더욱 아니다. 왕실미의 '트로츠키(反黨)분자' 죄명은 이유한·모택동의 (合作)결과물이다. 이른바 '(國民黨)간첩'은 모택동의 심복인 강생이 날조한 것이다.

3. 본격적 '간부 심사(審幹)'와 '실족자(失足者) 구조' 운동

1940년 연안의 '간부 심사' 제도는 대체로 규범화됐다. 강생이 주도한 '간부 심사'는 '왕실미 투쟁'과 '(王實味)당적 박탈'과 관련된다. (審幹)운동은 중공중앙의 '4.3결정(1943)' 후에 본격적으로 전개됐다. 강생의 '실족자(失足者)[3193] 구조' 보고서 발표 후 '간부 심사'는 (肅反)운동으로 변질했다. 결국 '원가착안(冤假錯案)'[3194]이 대량 발생됐다. 이 또한 (審幹)운동 발기자[3195] 모택동이 여러 차례 '90도 사과'를 한 주된 원인이다.

3193 '실족자(失足者)'는 자연적·정치적 실족자로 나뉜다. 발을 잘못 디며 강물에 빠진 것은 자연적(失足者)이다. '정치적 실족자'는 ① (國民黨)정부기관에서 근무한 자 ② (國民黨)감옥에 수감된 자 ③ 중경 등 백구(白區)에서 연안으로 온 자 ④ (國民黨)친인척이 있는 자 등이다. 이른바 '실족자'는 국민당 간첩에 대한 완곡한 표현법이다.

3194 '원가착안(冤假錯案)'은 (延安)정풍 중 (肅奸)운동(1943) 기간에 나타난 '억울한 사건(冤案)'·'날조된 사건(假案)'·'잘못된 사건(錯案)'을 가리킨다. 강생이 주도한 '실족자 구조' 운동에서 '원가착안'이 발생한 주된 원인은 '핍공신(逼供信)'의 만연이다. (文革)기간에도 많은 '원가착안'이 발생했다. '원가착안'은 정치적 운동의 결과물이다.

3195 1942년 가을부터 진행된 '간부 심사(審幹)'는 '반동(反動) 문인' 왕실미를 숙청한 (文藝界)정풍의 결과물이다. 한편 서북국 회의(1942.11)에서 모택동이 본격적인 '간부 심사'

당의 순결성(純潔性) 유지를 위한 '간부 심사(審幹)'는 중공의 기본원칙이다. 항일전쟁 개시 후 백구(白區) 지하당원과 그동안 '당조직 관계'가 단절된 공산당원이 '혁명의 성지'인 연안으로 몰려들었다. 결국 이는 이 시기 중공중앙이 발표한 '대량의 공산당원을 발전시킬 데 대한 결의(1938.3.5)'[3196]와 '당의 공고화(鞏固化) 결정(1939.8.25)'[3197]과 관련된다. 1940년 당원 급증에 따라 '(黨員)심사' 필요성이 절박해졌다. 실제로 정풍(整風) 후기에 전개된 '간부 심사'는 정풍운동의 결과물이다. 한편 강생이 주도한 '실족자 구조'는 '숙반(肅反) 확대화' 과오를 범했다.

(延安)각 기관에 파견된 '망원(網員)'을 통한 '간부 심사'는 한계성이 뚜렷하게 나타났다. 주된 원인은 첫째, 비공개로 진행된 (幹部)심사가 당조직의 협조를 받을 수 없었다. 둘째, (社會部)인원수 제한으로 효과적 심사를 할 수 없었다(任文 외, 2014: 193). 1940년 중공중앙이 공개적으로 전개한 (審幹)목적은 첫째, 간부의 장단점을 분별해 (幹部)등용에 도움을 제공한다. 둘째, (黨內)불순분자를 색출하고 당의 순결성을 확보한다(中共中央黨史研究室, 1983: 100). 1940년 '간부 심사'의 중요한 성과는 (幹部)당안

를 제출했다. 결국 정풍운동은 한 단계 업그레이드된 심간(審幹)운동으로 발전했다. 반년 후 '간부 심사'는 실세 강생에 의해 '실족자 구조' 운동으로 급전환했다.

3196 1938년 3월 5일 중공중앙은 '대량의 당원 발전 결의'를 발표했다. '결의' 발표 후 일부 기관과 지방정부는 지식인을 대거 입당시켰다. 변구(邊區)와 각 근거지의 당원수는 급격히 늘어났다. 결국 '(黨員)숫자 채우기'로 변질했다(高華, 2014: 192). 당시 '당원 발전'은 (抗日)수요에서 비롯됐다. 한편 당조직의 '(黨員)간부 심사'가 불가피해졌다.

3197 1938년 8월 25일 중앙정치국이 공표한 '당의 공고화 결정'은 신당원과 각급 간부에 대한 심사를 전개할 것을 요구했다. 또 당조직의 (黨員)심사가 보편적 청당(清黨)운동으로 발전해선 안 된다고 결정했다(任文 외, 2014: 193). '당의 공고화'를 위한 '당원 심사'는 필수적이었다. 한편 이 시기 '당원 심사'는 중앙조직부가 책임지고 전개했다.

자료(檔案資料)[3198] 관리제도를 규범화한 것이다. 당시 중앙조직부가 제정한 심간(審幹) 기준은 그다지 엄격하지 않았다. 3년 동안 남경의 (國民黨) 특무기관에 수감된 정령의 '(黨組織)심사 통과'가 단적인 증거이다.

초기 간부들은 '이력서'에 경력을 제대로 적지 않았다. (延安)마르크스학원(1940.6)에서 '이력서'를 제대로 작성한 신당원은 33%였다. 나머지(67%)는 당조직의 설득하에 경력을 다시 작성했다(吳介民 외, 1991: 47). 이력(履歷)을 제대로 작성하지 않은 원인은 첫째, 출신에 따른 불이익을 감안한 것이다. 둘째, (白區)당원들은 당조직의 불신을 우려해 체포된 사실이나 '(黨組織)관계 단절' 경력을 숨겼다(高華, 2012.3). 1940년 3월 '당에 대한 당원의 충성'[3199]이란 글을 발표한 진운은 '이력서'의 중요성을 강조하고 '(履歷)자료' 분석과 '진실 규명'을 요구했다. 당시 '간부 심사'는 중앙조직부가 주도하고 중앙사회부가 협조하는 방식으로 전개됐다. 한편 당조직의 '(幹部)심사 의견'[3200]은 각 당원의 운명을 좌우했다.

3198 '(幹部)당안자료(檔案資料)'에 포함된 내용은 ① 이력서(履歷書)에 간부 경력 기입 ② '간부 이력서'에 대한 당조직의 (審査)결론 ③ (幹部)정치사상과 기타 방면에 대한 (所屬)당조직 평가 ④ 간부 경력에 관한 증명 자료 등이다(任文 외, 2014: 195). (幹部)당안자료에 대한 관리 제도의 규범화는 1940년의 '간부 심사'에 편의를 제공했다.

3199 1940년 3월 중앙조직부장인 진운이 발표한 '당에 대한 당원의 충성'이란 문장의 골자는 ① 각급 당조직의 심간(審幹) 교육 강화 ② (黨員)교육을 통해 '간부 심사' 우려 해소 ③ '당원 심사' 필요성을 호소 ④ 간부(幹部) 이력서의 진솔한 기록 격려 등이다(任文 외, 2014: 195). 당시 출신(出身)이 좋지 않은 간부와 백구(白區)에서 온 당원들은 '(審)심사 불이익'을 우려했다. 이 또한 진운이 '진솔한 (履歷書)기입'을 강조한 이유이다.

3200 당조직의 '(幹部)심사 의견'은 간부의 임용과 정치적 발전에 중대한 영향을 미쳤다. 예컨대 '중용이 가능하다'·'승진이 불가능하다'는 당조직의 의견은 간부(幹部)의 정치적 운명에 결정적 영향을 미쳤다. 또 간부가 세상을 떠나도 당안(檔案)은 그들의 자녀에게 영향을 미쳤다(高華, 2012.3). 이 시기 당조직의 '심사 의견'은 주로 간부에 대한 정치적 평가였다. 한편 (幹部)자신은 당조직의 '심사(審査) 평가'에 대해 인지하지 못했다.

1940년 봄여름 중앙사회부는 소군을 불순분자로 지목했다. (延安)생활에 적응하지 못한 소군은 문우(文友)와 한담하며 불만을 토로했다. 어느 날 (文委)책임자 애사기와 언쟁을 벌인 소군은 비수를 꺼내 위협했다 (修來榮, 1995: 114). 치안과장 진용(陳龍)[3201]은 모풍운(慕豊韻)[3202]을 파견해 소군의 일거수일투족을 감시하게 했다. 모풍운은 소군이 '애국적 지식인'이라고 상급에게 보고했다(任文 외, 2014: 201). 진용과 왕금상(汪金祥)[3203]은 '반동분자 색출' 방안을 제출했다. 그들의 건의를 수용한 강생은 이를 자신의 업적으로 내세웠다(高華, 2014: 200). 1941년 4월 중앙사회부는 '(反革命)혐의범 색출 지시(4.10)'[3204]를 발표했다. 1941년 7월 모택동의 접견을 받은 소군은 자신이 중앙사회부의 '감시대상'이었다는 사실을 전혀 인지하지 못했다. 한편 소군의 '심사 통과' 원인은 중공 영수 모택동과의 '잦은 왕래'와 '민주인사'라는 신분 때문이었다.

3201　진용(陳龍, 1910~1958), 요녕성 무순(撫順) 출신이며 공산주의자이다. 1934년 중공에 가입, 1930~1940년대 (東滿)특위 서기, (延安)사회부 치안과장, (哈爾濱)공안국장, 건국 후 (南京)공안국장, (公安部)정치보위국장, 공안부 부부장, 1958년 대련(大連)에서 병사했다.

3202　모풍운(慕豊韻, 1918~2012), 산동성 봉래(蓬萊) 출신이며 공산주의자이다. 1938년 중공에 가입, 1930~1940년대 (八路軍)산동종대 선전간사, 북경시 공안국 제3분국장, 건국 후 공안부(公安部) 정치보위국장, 변방총국 국장 등을 역임, 2012년 북경에서 병사했다.

3203　왕금상(汪金祥, 1907~1983), 호북성 익양(弋陽) 출신이며 공산주의자이다. 1928년 중공에 가입, 1930~1940년대 정치보위국 정찰부장, 동북인민정부 공안부장, 건국 후 동북행정위원회 부주석, 공안부 부부장, 전국 정협 상임위원을 역임, 1983년 북경에서 병사했다.

3204　1941년 4월 10일 중앙사회부는 '(反革命)혐의범 색출 지시'를 발표했다. '지시'는 이렇게 썼다. …(陝甘寧)변구와 각 항일근거지에서 '반혁명(反革命) 혐의범'에 관한 사건이 속출하고 있다. 결국 이는 각지(各地) 보위기관의 '(反革命)색출 의지력' 결여와 관련된다. 반혁명(反革命) 판정은 조사연구와 증거에 의거해야 한다(修來榮, 1995: 95). 이 시기 '반혁명 색출'이 더딘 주된 원인은 본격적인 (審幹)운동이 전개되지 않았기 때문이다.

이 시기 '혐의범 색출' 진전이 더딘 원인은 ① 개별적 사안과 반혁명 사건 혼동 ② 출신 성분을 강조 ③ 사회적 불만을 반혁명 행위로 간주 ④ 건전한 비평을 '(黨)공격'으로 여겼다(修來榮, 1995: 98). '강압적 심사'가 전개되지 않은 원인은 첫째, (業務)베테랑인 (社會部)간부들이 강압적 심사를 반대했다. 둘째, (社會部)책임자 강생은 하급자의 건의를 수용하고 '간부 심사'를 신중하게 취급했다. 셋째, (指示)문건에 '조사연구 중시'와 '신중한 심사'를 강조했다(高華, 2012.3). 실제로 중앙조직부 책임자 진운과 선전부장 장문천 등이 '강압적 심사'를 반대한 것과 관련된다. 더욱 중요한 원인은 중공 지도자인 모택동이 '간부 심사'에 직접 개입하지 않았고 야심가인 강생에게 '(審幹)절대적 권한'이 부여되지 않았기 때문이다.

1943년 '실족자 구조'가 강행된 주된 원인은 첫째, 모택동의 연설(1942.11)과 강생의 (肅奸)보고(1942.12)는 '(反革命)숙청'을 강조했다. 둘째, (國民黨)스파이와 (間諜)잔재 청산의 필요성이 대두됐다. 셋째, 제3차 '반공고조' 임박으로 간첩 숙청은 필연적 결과였다. 넷째, 이 시기 (陝甘寧)변구는 심각한 경제적 위기에 봉착했다. 다섯째, (延安)지식인 사이에서 '암흑면 폭로'의 문풍(文風)이 성행했다. 여섯째, 정풍(1942)을 통해 왕실미·오해여(吳奚如)[3205]·장극근(張克勤)[3206] 등 '(反革命)분자'를 색출했다.

3205 오해여(吳奚如, 1906~1985), 호북성 경산(京山) 출신이며 공산주의자이다. 1925년 중공에 가입, 1930~1940년대 호북성 군위(軍委) 서기, 하남성 (軍委)비서장, 건국 후 무한시(武漢市) 정협 위원, 중국작가협회 무한지회 이사 등을 역임, 1985년 무한(武漢)에서 병사했다.

3206 장극근(張克勤, 1923~1989), 감숙성 난주(蘭州) 출신이며 공산주의자이다. 1937년 중공에 가입, 1942년 11월 핍공(逼供)에 못 이겨 '국민당 간첩'이라고 자백했다. 건국 후 감숙일보(甘肅日報) 부주필, (甘肅)출판사 당위 서기 등을 역임, 1989년 난주에서 병사했다.

1943년의 '심간(審幹)'이 지속적인 정풍의 결과물이라면, 강생의 '실족자 구조(1943.7)'는 숙반(肅反) 확대화의 소산물이다. 한편 (肅反)성향이 강한 '실족자 구조'는 모택동의 암묵적 지지가 있었기 때문에 가능했다.

적대적 투쟁이 격화된 상황에서 모택동은 (知識人)사상개조와 '(三風) 정돈'을 계급투쟁·(反革命)숙청과 연계시켰다. 정풍운동은 본격적 '간부 심사'와 함께 계급투쟁화로 변질했다(楊奎宋, 2012: 127). 호교목은 이렇게 회상했다. …1943년 정풍운동은 '간부 심사'의 조직적 숙청으로 급전환 했다. 만약 복잡한 환경과 급박한 정세가 아니었다면 정풍의 '숙간(肅奸) 전환'은 불가능했을 것이다(胡喬木, 1994: 70). 당시 계급투쟁의 관점으로 모든 문제를 고려한 모택동은 연안에 많은 간첩이 잠복했다고 여겼다. '간첩 숙청'이 당면과제가 된 후 '핍공신(逼供信)'[3207]이 (陝甘寧)변구에 만 연했다. 이 시기 소련(蘇聯) 정보국은 (中共)내부에 많은 간첩이 잠입했다 고 경고했다(李逸民, 1981: 35). 상기 '복잡한 환경'은 공산국제 해산(1943.5) 과 제3차 '반공고조(1943.7)'를 뜻한다. 한편 연안의 '간첩 잠복'은 모택동 이 강생의 '허위 보고'를 맹신했기 때문이다. 이 또한 '간부 심사(審幹)' 가 '간첩 숙청(肅奸)'으로 급전환한 주된 원인이다.

정치국 회의(1942.6.19)에서 모택동은 이렇게 말했다. …중앙기관과 (邊區)기관에서 트로츠키(分子)·(國民黨)특무·(日本)간첩 세 종류의 반혁명 분자를 대량 발견했다(王秀鑫, 1990.3). 1942년 10월 중앙당학교는 '(反黨)분 자' 이국화(李國華)·왕여해를 색출했다. '(蘇聯)유학파' 이국화는 모스크

3207 '핍공신(逼供信)'은 심문자가 용의자에게 가혹한 육형(肉刑)을 가해 탄백을 받아낸 후 그것을 믿고 입안(立案)하는 것을 가리킨다. 한편 강생이 주도한 숙간운동(1943)에서 '핍공신'이 만연됐다. 결국 '핍공신' 성행으로 '잘못되고 억울하며 날조된 사건(冤假錯 案)'이 대량 발생했다. 실제로 '핍공신'은 본격적인 '간첩 숙청(肅奸)'의 결과물이다.

바에서 '왕명 관계'가 밀접했던 (長征)간부였다. 1930년대 중앙특과에서 활약한 오해여는 환남사변(皖南事變)에서 국민당에게 체포됐다(高華, 2013: 197). 1942년 가을 중앙당학교 심간(審奸)팀은 '체포(1941)' 경력이 있는 오해여에게 '변절' 자백을 강요했다. 당시 '모택동 면담'을 거절당한 오여해는 홧김에 탈당(脫黨)을 결정했다(李向東 외, 2015: 307). 상기 '회의 발언(6.19)'은 모택동이 '간첩 숙청(肅奸)'을 가장 먼저 제출한 '심간(審幹) 발기자'라는 단적인 증거이다. 한편 왕여해의 '홧김 탈당'은 신빙성이 낮다. 실제로 (黨校)심사팀이 '간첩'인 왕여해의 당적을 박탈했다. 1979년 명예를 회복한 왕해여는 당적을 회복했다.

　　(西北局)회의 개회사(10.19)에서 모택동은 이렇게 강조했다. …객관적 사실에 근거하고 조사연구를 거쳐 왕실미와 같은 (反黨)분자를 철저히 제거해야 한다. 계급투쟁 중요성을 강조한 모택동은 이렇게 역설했다. …그동안 우리는 (反革命)활동을 등한시했다('延安整風運動'編輯組, 1982: 298). 11월 23일 모택동은 이렇게 지적했다. …당내에 잠복한 간첩은 공산당원이란 이름을 내걸고 반혁명 활동을 펼치고 있다. 오해여가 이런 (反黨)분자이다(高華, 2010: 198). 또 그는 이렇게 선포했다. …(整風)취지는 (反革命)분자 제거와 (黨內)간첩 숙청이다(王秀鑫, 1990.4). (西北局)회의에서 모택동은 '반조심(反條心)·일조심(一條心)·양조심(兩條心)'에 대해 이렇게 설명했다. …'일조심'은 무산계급 사상을 지닌 자(共産黨員), '반조심'은 소자산계급 사상을 지닌 자(知識人), '양조심'은 반혁명 분자를 뜻한다(雷國珍 외, 2003: 333). 이는 '(知識人)사상개조'와 '(三風)정돈'이 취지인 정풍운동이 (黨內)간첩을 숙청하는 숙반(肅反)운동으로 변질됐다는 반증이다. 실제로 모택동은 (延安)기관에서 '(反黨)분자 숙청'을 급선무로 삼을 것을 강조했

다. 이는 (肅反)확대화를 부추기는 '위험한 연설'[3208]이었다.

1942년 11월 핍공을 통해 '장극근 탄백' 유도에 성공한 강생은 '(肅奸)동원' 보고에서 (延安)기관의 '간첩 숙청' 전개를 제출했다(朱鴻召, 2010: 176). (西北局)회의에서 모택동은 이렇게 말했다. ···왕실미와 왕여해는 (中共)내부에 잠복한 반혁명 분자이다. (邊區)정부와 (延安)각 기관에 '제2의 왕여해'가 잠입했을 것이다. 당내 간첩을 철저히 숙청해야 한다(林靑山, 1996: 97). 본격적으로 강행된 간첩 숙청(肅奸)으로 정풍운동은 조직적 숙청으로 전환했다. 결국 정풍·심간·숙반이 삼위일체(三位一體)로 병행된 정풍은 스파이·변절자·반혁명을 색출하는 (肅反)정치운동으로 변질했다(黎辛, 1995.4). 한편 강압적 심사로 장극근의 (變節)자백을 받아낸 강생은 자수한 장극근을 '탄백 전형(典型)'으로 삼았다. 실제로 (整風)후기에 강행된 간부 심사는 '심간'을 빙자한 명실상부한 (肅反)운동이었다.

총학습위원회가 발표한 '유언비어 유포(小廣播)[3209] 근절 통지(通知, 1942.12.6)'는 이렇게 썼다. ···반혁명 분자들은 '유언비어 유포'를 근거로 (反黨)선전을 전개한다. 또 간첩들은 이를 통해 (黨內)비밀을 탐지한다. '유언비어 유포'는 반드시 근절돼야 한다(程敏 외, 1994: 110). (西北局)회의(12.6)에서 강생은 이렇게 말했다. ···간첩은 연안의 각 기관에 대량 잠

3208 서북국 회의(1942.11)에서 한 모택동의 연설은 '간첩 숙청(肅奸)'의 신호탄이었다. 결국 이는 (肅奸)주도자인 강생이 '강압적 심사(逼供)'를 강행한 '정책적 근거'로 이용됐다. 또 이는 서북국 서기 고강이 '간첩 숙청'을 당면과제로 삼은 주된 원인이다. 결국 중공 지도자 모택동의 연설은 숙반(肅反) 확대화를 부추기는 부정적인 역할을 했다.

3209 1940년 전후 대도시에서 온 (延安)청년 지식인들 사이에서 성행한 '유언비어 유포(小廣播)' 행위를 가리킨다. 당시 일부 (靑年)지식인은 당조직에 대한 불만을 서로 전달했다. 결국 이는 '사회적 불안' 요소로 작용했다. 중공 지도부는 '유언비어 유포'가 자유주의적 발현이며 (黨內)단결을 파괴한다고 간주했다. 1942년 12월 중공중앙은 '유언비어 유포 금지(通知)'를 발표했다. 결국 이는 (靑年)지식인에 대한 '(言行)자유 통제'였다.

복했다. 간첩의 (反黨)활동에 대해 경각심을 높이고 자유주의 만연을 좌시해선 안 된다(華世俊 외, 1985: 66). 1943년 1월 4일 중앙당학교 책임자는 (西北局)회의에서 (肅奸)보고를 했다. 그는 오여해의 '(間諜)사건'을 사례로 (肅奸)중요성을 강조하고 (肅奸)방법을 제시했다(謝覺哉, 1984: 377). 서북국 서기 고강은 이렇게 말했다. …각 기관장들은 간첩 숙청을 당면과제로 삼아야 한다. (邊區)보안처에만 의존하지 말고 모든 기관장은 '간첩 제거' 방법을 터득해야 한다(陳永發, 1990: 60). (西北局)회의는 (黨員)재등기와 (肅淸)인수를 최종 확정했다. 즉 (黨員)10%를 당조직에서 축출할 것을 결정했다('延安整風運動'編輯組, 1982: 302). '(流言蜚語)유포 근절'은 지식인의 자유·언행을 억압하는 통제적 장치이다. 또 '(黨校)책임자'는 부총장 팽진을 가리킨다. 당시 모택동의 절대적 신임을 받은 강생·팽진·고강은 숙간(肅奸) 선봉장 역할을 했다. (西北局)회의의 가장 큰 '성과물'은 (反革命)분자를 제거하는 '숙반운동(肅反運動)'[3210] 전환이었다.

서북국(西北局) 회의가 '중대한 사건'으로 간주되는 원인은 첫째, (陝甘寧)변구는 가장 중요한 (抗日)근거지이다. 둘째, (西北)근거지는 (左傾)노선의 피해를 가장 많이 입었다. 셋째, (邊區)정풍은 (延安)정풍의 성패를 좌우한다(葛麗 외, 2016: 102). 4개월 간 열린 (西北局)회의는 '정풍 확대' 회의였다. (延安)중심의 정풍이 (陝甘寧)변구로 확대된 것이다. (西北局)회의의 '중요한 성과'는 사상개조(思想改造) 중심의 정풍운동이 '실족자 구조'의 (肅反)운동으로 급전환한 것이다. 당시 장극근의 '(間諜)자백 유도'에

3210 '숙반운동(肅反運動)' 전환(1943)은 서북국 회의에서 모택동이 한 연설(1942.11)과 관련된다. 강생의 '(肅奸)동원' 연설(1942.12)은 '숙반(肅反) 전환' 촉매제 역할을 했다. 또 서북국 회의(1943.1)는 '당원 숙청' 수를 10%로 결정했다. 1943년 4월 당중앙은 중앙(反內間)투쟁위원회를 설립했다. 이는 정풍운동의 숙간(肅奸) 전환을 의미한다.

성공한 강생은 '정풍 2인자'[3211]로 자리매김했다. 한편 (陝甘寧)변구에서 '소련파'의 영향력 제거와 '잔재 청산'은 필수적이었다.

1940년 군통(軍統)이 설립한 (漢中)연락참은 40명의 특무를 (陝甘寧)변구에 파견했다. 그들의 임무는 (邊區)기관에 잠입해 정보를 수집하는 것이다(盧毅 외, 2015: 370). 군통의 '특무 파견'은 (邊區)보안처의 주목을 받았다. 1941년 관중(關中)에서 '(特務)활동'을 발견한 보안처는 포로(布魯)[3212]를 파견해 간첩사건을 수사하게 했다. 당시 보안처에 자수한 특무는 오남산(吳南山)[3213]이다(任文 외, 2014: 46). (軍統)특무 대다수는 (西北)출신이며 '변구'에 가족이 있었다. 그들이 두려워한 것은 신분이 폭로될 경우 가족이 연루되는 것이다. (邊區)정부는 자수한 특무에게 관대한 정책을 적용한 결과 대다수가 보안처에 자수했다(張樹軍 외, 2000: 366). 1942년 '변구'에 파견된 간첩은 전부 제거됐다. '(肅奸)수훈갑'은 오남산과 포로였다. 한편 강생은 '(軍統)특무' 사건을 숙반(肅反) 확대화에 이용했다.

장개석은 (抗日)근거지에 대한 군사적 공격을 감행하는 동시에 대량

3211 정풍 초기 강생은 (整風)최고지도기관인 (中央)총학습위원회의 부주임으로 임명됐다. 또 그는 숙간(肅奸)운동에서 중요한 역할을 한 중앙사회부장을 맡았다. 1943년 4월 강생은 중앙(反內間)투쟁위원회의 실질적인 책임자가 됐다. 당시 모택동은 명의상 (整風)책임자였다. 실제로 '정풍(整風) 2인자'인 강생은 '실족자 구조' 운동을 주도했다.

3212 포로(布魯, 1909~1972), 해남(海南) 출신이며 공산주의자이다. 1926년 중공에 가입, 1930~1940년대 (上海)해원공회 서기, (綏德)보안처장, (哈爾濱)공안국 부국장, (江西省)공안청장, 건국 후 (廣東省)공안청장, (廣州市)공안국장 등을 역임, 1972년 광주에서 병사했다.

3213 오남산(吳南山, 1919~2001), 감숙성 경성(慶城) 출신이며 공산주의자이다. 1946년 중공에 가입, 1940년 (軍統)특무훈련반에서 교육을 받은 후 경양현(慶陽縣) 정부에 잠복, (邊區)보안처에 자수했다. 건국 후 (蘭州市)공안국 치안과장 등을 역임, 2001년 난주에서 병사했다.

의 간첩을 (陝甘寧)변구에 파견했다. 1941년 전후 (軍統)두목 대립은 연안의 (黨政)기관에 수십명의 간첩을 잠복시켰다. 결국 중공은 (肅奸)운동을 전개했다(高新民 외, 2003: 332). 장개석은 호종남에게 보낸 밀전(密電, 1943.5)에 이렇게 썼다. …현재 공산국제의 해산은 중공에게 심대한 타격이 될 것이다. 천재일우(千載一遇) 호재를 이용해 연안을 습격하고 (陝甘寧)변구를 공략해야 한다. 6월 말까지 공격 준비를 마쳐야 한다(章猷才 외, 2016: 56). 장개석이 발표(1943.3.10)한 '중국의 명운'[3214]은 제3차 '반공고조' 서막을 열었다. 당시 장개석이 공산국제 해산을 계기로 '연안 공격'을 획책했다. 결국 '내우외환(內憂外患)'을 우려한 모택동은 '간첩 숙청'에 박차를 가했다. 한편 공산국제의 해산은 '(整風)촉진제'[3215] 역할을 했다.

1942년 하반기 '(整風)발기자' 모택동과 '(整風)2인자' 강생의 관계가 더 견고해졌다. (西北局)회의에서 모택동이 '숙간(肅奸) 필요성'을 제출한 후 강생은 '(肅奸)동원' 보고를 했다. 이 시기 '모강(毛康) 동맹'이 사실상 결성됐다. '(國民黨)간첩' 오여해를 색출한 숨은 공신은 중앙당학교의 '실질적 1인자'인 팽진이다. (黨校)부총장 팽진은 유소기가 모택동에게 천거한 것이다. 이 시기 또 다른 모택동의 측근자는 (西北局)회의 주재자 고강이다. 고강·사각재의 의견 대립에서 모택동의 '고강 지지'가 단적

3214 1943년 3월 10일 장개석은 반공(反共) 취지의 '중국의 명운'이란 저작물을 발표했다. 결국 이는 제3차 '반공고조(反共高潮)'를 개시하는 신호탄이었다. 이 책은 도희성(陶希聖)이 장개석이 지시를 받고 작성한 것이다. 저서의 취지는 오직 국민당만이 중국을 구할 수 있다는 것이다. 또 공산당이 영도하는 팔로군을 '(新式)군벌'이라고 매도했다.

3215 공산국제가 해산(1943.5)된 후 서기처 회의를 주재한 모택동은 독립자주적 방침을 확정했다. 또 회의는 '(共産國際)해산'의 부정적 영향을 해소하고 모택동을 필두로 한 당중앙의 지도하에 지속적 '정풍(整風) 전개'를 결정했다(時新華 외, 2016: 64). 공산국제 해산은 '(整風)촉진제' 역할을 했다. 결국 정풍운동은 더욱 좌적(左的)으로 변질했다.

인 증거이다. 또 (肅奸)수훈갑은 수많은 '실족자'를 구조한 강생이다. 실제로 '3월회의(1938)' 후 강생은 '모택동 추종자'로 둔갑했다.

본명이 번대외(樊大畏)인 장극근은 1937년에 중공에 가입한 후 (蘭州)지하공작에 참가했다. 1939년 감숙성 공위(工委)와 임백거의 추천을 받아 (社會部)소속인 (西北)공학원에서 연수했다(張樹軍 외, 2000: 371). 장극근이 연안에 온 후 '간첩(李炬)'이 우송한 '중앙주간(中央週刊)'[3216]을 받았고 3청단(三靑團)이 발간하는 (西安)신문의 '변절자 명단'에 올랐다. 노신예술학원은 강생에게 '(張克勤)간첩 자료'를 보내왔다(梅劍 외, 1996: 534). 1942년 11월 강생의 지시를 받은 사회부는 '(間諜)혐의자' 장극근을 감금했다. 결국 6주야(晝夜)의 '차륜전(車輪戰)'[3217]에 견디지 못한 장극근은 '간첩'이라고 자백했다(高潔 외, 1993: 136). 어느 날 새벽 5시 가혹한 심문에 견디지 못한 장극근은 마침내 탄백했다. …난주에서 (國民黨)간첩 조직에 가담했고 연안에 온 목적은 팔로군의 (軍事)정보를 수집하는 것이라고 진술했다. 또 (甘肅)지하당은 국민당의 특무(特務)조직이라고 말했다(梅劍 외, 1996: 535). 장극근의 부친이 운영한 (甘肅)사진관에는 여러 종류의 사람이 드나들었다. 그 중 국민당 군관도 있었으나 그들은 사진관의 고객이었다. 한편 강생은 부친(樊執一)이 장극근을 연안에 파견했다고 판

3216 '중앙주간(中央週刊)'은 국민당중앙 선전부가 발간한 시사정론성(時事政論性) 간행물이다. 1928년에 창간, 원명은 '중앙주보(中央週報)', 1937년에 정간됐다. 1938년 7월 장사에서 복간, '중앙주간'으로 개명했다. 그해 8월에 중경으로 이전(發刊), 1948년 11월에 폐간됐다.

3217 이른바 '차륜전(車輪戰)'은 심문자가 '실족자'에게 사용한 핍공(逼供) 방식이다. 즉 '용의자'를 줄곧 세워 두거나 잠을 자지 못하게 하는 고문(顧問) 방법이다. 취조자는 번갈아가며 (失足者)수면을 제지한다. 대개 (車輪戰)3~4일이면 '(間諜)혐의범'은 곧 탄백한다. 당시 6주야의 '차륜전'에 견디지 못한 장극근은 자신이 '간첩'이라고 자백했다.

단했다(程敏 외, 1994: 35). (蘭州)판사처 책임자 사각재는 장극근 부자의 '(間諜)사건'을 믿지 않았다. 사각재의 견해에 따르면 (張克勤)부친은 비교적 진보적인 민주인사였다(任文 외, 2014: 167). 부과장으로 승진한 장극근은 (延安)각 기관을 돌아다니며 '(間諜)탄백 영광'을 호소했다. 장극근의 '탄백사건'에 긍정적 의미를 부여한 강생은 (肅奸)돌파구로 삼았다(路平 외, 1994: 137). 탄백하면 '당적 보류'가 가능하다는 유혹에 넘어간 장극근은 (甘肅)당조직이 '홍기당(紅旗黨)'³²¹⁸이라고 진술했다. 1979년 장극근은 (中央)기율검사위에 보낸 편지에 이렇게 썼다. …당시 나는 '홍기당'을 알지도 못했다. 이는 심문자가 암시한 것이다(高新民 외, 2003: 335. 403). (八路軍)예당에서 열린 간부회의(1943.5)에서 강생은 장극근에게 '(坦白)경과' 보고를 지시했다. 하남성위를 간첩조직(紅旗黨)이라고 모함한 강생은 백구(白區) 당조직은 신뢰할 수 없는 '홍기당'이라고 폄훼했다(章學新 외, 2014: 619). 1942년 11월 강생은 간부훈련반(演說)에서 이렇게 말했다. … 국민당의 간첩 정책을 새롭게 인식해야 하며 (白區)당조직에 대한 재심사를 해야 한다(孫志淸 외, 1994: 174). 강생은 (甘肅)당조직이 '홍기당'이라는 장극근의 허위 진술을 (肅反)확대화에 악용했다. 또 (社會部)간부들에게 연안에 온 감숙·하남·호북 등지의 당원 재심사를 지시했다(朱鴻召, 2011: 177). 하남·하북에서 온 일부 지하당원은 자신이 '홍기당'이라고 자백했다. (白區)당조직이 '홍기당'이라는 강생의 억측판단으로 (白區)당조직의

3218 이른바 '홍기당(紅旗黨)'은 국민당이 통제하는 공산당(共産黨) 조직을 가리킨다. 사실상 강생이 날조한 '홍기당'은 숙간(肅奸) 확대화를 위한 '창조물'이었다. 1942년 11월 가혹한 '핍공(逼供)'에 견디지 못한 장극근이 감숙(甘肅) 당조직을 '홍기당'이라고 진술했다. 한편 이를 근거로 강생은 사천·감숙·하남 등지의 지하당을 '홍기당'이라고 무함했다. 실제로 강생이 '간첩'인 장극근의 허위 진술을 숙반(肅反) 확대화에 악용한 것이다.

책임자 주은래의 처지가 더 어려워졌다(楊尙昆, 2001: 218). 당시 이유한은 주은래에게 '(紅旗黨)존재' 여부를 물었다. 주은래는 이렇게 대답했다. … 사실무근이다(金冲及 외, 1998: 683). '(張克勤)탄백 사건'은 강생이 주도한 사회부의 '핍공' 결과물이다. 이른바 '홍기당'은 (肅反)확대화를 위한 강생의 날조물이다. 한편 '(蘇聯)숙반 체험자' 강생이 (肅反)경험을 '연안(肅奸)'에 적용했다.

(肅淸者)본색을 드러낸 강생은 왕명과 결탁해 그들의 정적에게 '트로츠키(分子)'·'(反黨)분자'·'간첩' 등 죄명을 씌워 소련의 (肅反)기관에 넘겼다. '(王明)정적'인 이립삼은 강생에 의해 투옥[3219]됐다(程敏, 1993: 49). 왕명은 이렇게 말했다. …중공은 (蘇聯)숙반을 본받아 당내에 잠입한 간첩을 철저히 숙청해야 한다. 강생은 이렇게 맞장구를 쳤다. …왕명 동지의 지시는 매우 중요하다. (黨內)간첩을 제거하려면 동지들의 과감한 적발이 필요하다(林靑山, 1996: 41). 유수송(兪秀松)과 노동운동 지도자 주달문(周達文)[3220]은 왕명·강생의 모함을 받아 (蘇聯)정보기관에 이송된 후 처형됐다. 노동운동 지도자 진욱(陳郁)·양수봉(楊秀峰)[3221]은 강생의 모함을 받

3219 모스크바에서 이립삼은 왕명·강생의 통제를 받았다. 귀국 전 강생은 소련 보안기관에 '트로츠키 분자(分子)'인 이립삼은 매우 '위험한 인물'이라고 보고했다. 결국 (蘇聯)보안기관에 체포된 이립삼은 2년 동안 수감됐다(林靑山, 1996: 48). 한편 이립삼의 '모스크바 수감'은 소련의 '대숙청(大肅淸)'과 밀접히 관련된다. 실제로 공산국제의 지시를 무시하고 입삼노선(立三路線)을 무리하게 추진한 이립삼이 실각을 자초한 측면이 매우 크다.

3220 주달문(周達文, 1903~1938), 귀주성 진원(鎭遠) 출신이며 공산주의자이다. 1923년 중공에 가입, 1924~1925년 모스크바 동방대학에서 연수, 1927~1932년 레닌학원 교사, (學院)당지부 위원, 1937년 7월 왕명·강생의 모함을 받아 체포, 1938년 4월 소련에서 처형됐다.

3221 양수봉(楊秀峰, 1897~1983), 하북성 천안(迁安) 출신이며 공산주의자이다. 1930년 중공

아 노동개조를 했다. 당시 많은 조선족(朝鮮族)³²²² 간부가 강생의 정치적 박해를 받았다. 강생은 이렇게 말했다. …소련의 조선인(朝鮮人)³²²³대부분이 간첩이다(高潔 외, 1993: 133). 실제로 소련(蘇聯) 숙반을 경험하며 '간첩 제거' 노하우를 쌓았던 강생은 이를 (延安)정풍의 '숙간(肅奸)'에 악용했다. 한편 상기 '조선족'은 큰 어폐가 있다. 조선족(朝鮮族) 명칭은 1950년대 중국에서 생겨난 것이다. 또 '(朝鮮人)대부분이 간첩'이란 강생의 주장은 황당무계하다. 강생은 독립운동가 김산(金山)에게 '일본 간첩'이란 죄명을 씌워 살해(1938)한 장본인이다.

왕명이 (中共)실세로 부상한 후 강생은 '(王明)추종자'로 변신했다. 1931년 가을 왕명은 소련 주재 (中共)대표단장으로 부임했다. 소련 출국(1933.7) 후 왕명의 조력자로 발탁된 강생은 왕명과 결탁해 온갖 악행을 저질렀다(任文 외, 2014: 180). 공산국제 제7차 대표대회(1935.7)에서 왕명은 장시간 보고를 했다. 보고서는 '볼셰비키화를 위한 (中共)투쟁'이란 제목

에 가입, 1930~1940년대 기서(冀西)항일유격대 사령관, 진기로예(晉冀魯豫)변구정부 주석, 하북성 성장, 건국 후 교육부장, 최고인민법원장 등을 역임, 1983년 북경에서 병사했다.

3222 조선족(朝鮮族)은 조선(韓)반도에서 천입(迁入), 중국 동북지역에 정착한 과경(跨境)민족이다. 한편 중국·소련에서 생활한 조선(韓)민족은 조선인(朝鮮人)·고려인(高麗人)으로 불렸다. 조선족은 (日帝)강점기 조선(韓)반도에서 중국에 건너온 조선인의 후예이다. 또 '조선족' 칭호는 1952년 (延邊)조선족자치주가 설립(9.3) 후 생겨났다. '(2021)중국통계연감(年鑑)'에 따르면 조선족의 인구는 170여 만명이다. 한국 체류자 80~90만, 북경 등 대도시·연해도시 이주자 40~50만, (延邊)자치주에 30~40만이 생활하고 있는 것으로 추정된다.

3223 이른바 '조선인(朝鮮人)'은 조선(韓)반도에서 생활했던 조선(韓)민족을 지칭한다. 중국 등의 해외에서 부르는 '조선인'은 20세기 전반기 일제(日帝) 치하에서 생활한 조선(韓)민족을 가리킨다. 1945년 일본이 투항한 후 조선(韓)반도에 '두 개의 국가(韓國·朝鮮)'가 설립된 후 조선민족(朝鮮民族)·한민족(韓民族)으로 '분열'됐다. 한편 '조선인'을 일제(日帝) 강점기에 일본의 지배를 받던 '한국인(韓國人)'이란 해석은 상당한 어폐가 있다.

의 소책자로 발간됐다. '부보고(副報告)'[3224]를 한 강생은 (報告)말미에 '왕명만세'를 외쳤다(程敏 1993: 50). 조일구(曹軼歐)는 사철(師哲)에게 이렇게 말했다. …공항에 마중온 모택동의 뒤에 늘어선 고급간부를 보며 진정한 (中共)영수는 모택동이라는 것을 느꼈다. 강생은 곧 '모택동 지지자'로 전향했다(師哲, 2014: 182). '12월회의(1937)'에서 강생은 왕명을 지지했다. '스탈린 특사' 왕명이 모택동과의 대결에서 기선을 제압했기 때문이다. 강생이 '모택동 추종자'로 변신한 것은 '3월회의(1938)' 후였다. 임필시의 '모택동 지지'로 (毛王)대결 전세가 역전되고 강생은 연안에서 고립됐다. 한편 (毛江)결합'의 중매자 역할을 한 강생은 모택동의 신임을 얻었다. 1938년 봄 '독신자' 모택동은 하자진과 결별한 상태였다.

강생은 (延安)정치국 위원 중에서 고립됐다. 팔로군 지도자 주덕은 모택동을 지지했다. (毛王)대결에서 중립을 지켰던 장문천·진운은 '모택동 지지자'로 전향했다. 당시 '왕명 지지자' 박고·개풍은 왕명을 따라 무한으로 갔다. '3월회의'에서 임필시의 지지를 받은 모택동은 왕명에게 본격적 반격을 가했다. 이 시기 (軍委)주석 모택동은 군대를 확고하게 장악하고 있었다. 한편 왕명의 '검려기궁(黔驢技窮)' 본색이 드러나면서 강생은 왕명이 결코 모택동의 적수가 못 된다는 것을 깨달았다. 결국 기회주의자 강생은 '모택동 추종자'로 전격 둔갑했다. 1938년 봄여름 강생은 '충성심 과시'로 동향(同鄕)인 강청을 모택동에게 소개했다.

3224 '부보고(副報告)'는 '(大會)주보고(主報告)'에 비해 부차적인 보고를 지칭한다. 이른바 '주보고'는 정치보고를 가리키며 흔히 당의 최고 지도자가 한다. 한편 '부보고'는 서열 2~3위의 중앙지도자가 하는 것이 보편적 관례이다. 준의회의(1935.1)에서 '중공 총서기' 박고가 '주보고', (軍事)책임자인 주은래가 '부보고'를 한 것이 단적인 사례이다. '중공 7대(七大)'에서 한 권력 서열 2~3위인 주덕과 유소기의 보고는 '부보고'에 속한다.

본명이 장종가(張宗可)인 강생은 장유선(張裕先)·장숙평(張叔平) 등 닉네임을 썼다. 1924년 상해대학에 입학한 후 장용(張溶)이란 가명을 썼다. (延安)시기 사용한 강생(康生)은 소련에서 개명한 러시아어의 음역(音譯)이다(程敏 외, 1994: 45). 강생이 언제, 누구의 소개로 입당했는지는 미스터리이다. (康生)자신은 1925년에 동창(王友直)의 소개로 입당했다고 주장했으나 당사자는 이를 부인했다. (王友直)회상에 따르면 1926년 강생은 공청단원이었다(師哲, 2014: 178). 1928년 상해에서 (國民黨)특무기관에 체포된 강생은 얼마 후 풀려났다. 강생의 (逮捕)사건을 누군가가 당중앙에 보고했으나 '증거 부족' 이유로 입안하지 않았다(程敏, 1993: 47). (特科)책임자 고순장이 체포된 후 (特科)책임자로 임명된 강생은 많은 동지에게 (間諜)죄명을 씌워 비밀리에 처형했다. 강생에게 처형된 동지들은 막수유(莫須有) 누명을 썼다(任文 외, 2014: 179). 산서성장(山西省長)을 역임한 왕세영(王世英)은 강생의 (特科)악행을 잘 알고 있었다. (文革)시기 왕세영은 강생의 정치적 박해를 받아 사망(1968)했다. 한편 (王世英)사망은 장문천에게 편지(1938)를 보내 '(毛江)결합'을 반대한 것과 관련된다.

(黨校)총장 강생은 강청을 위해 여학생 5~6명으로 구성된 특별반을 꾸리고 간부처장 조일구가 관장하게 했다. 1938년 봄 강생은 강청을 모택동에게 소개했다(師哲, 2015: 167). 1938년 봄여름 강생은 (毛江)결합의 '월하노인(月下老人)'[3225]이 됐다. 당시 하자진과 결별한 모택동은 (獨身)

[3225] '월하노인(月下老人)'은 부부의 인연을 맺어주는 중매인(仲媒人)을 지칭하며 '월하(月下)'는 혼인을 관장하는 신을 가리킨다. 당시 '모택동 추종자'로 변신한 강생이 '(毛江)결합'에 중매쟁이(月下老人) 역할을 한 것은 '충성심 과시'가 주된 목적이며 근본적 원인은 사익(私益)에서 출발한 것이다. 한편 강생의 '강청 소개'는 이 시기 모택동이 (領袖)지위 확보'와 관련된다. 결국 모택동의 신임을 얻은 강생은 '(整風)2인자'로 발탁됐다.

생활을 했다. 강생은 (京劇)애호가 모택동에게 강청이 주연을 맡은 경극을 관람하게 했다. 1938년 8월 강청은 (軍委)비서로 발탁됐다(李海文, 2019: 168). 1938년 여름 강생은 모택동의 신임을 얻기 위해 중매인 역할을 자임했다. 당시 낙보와 진운 등은 (毛江)결합을 반대했다. 한편 모택동은 강생에게 사회부장 요직을 맡겼다(朱鴻召, 2010: 178). 1945년 강청은 강생에게 '(審幹)평가서'를 써줄 것을 부탁했다. '평가서'는 이렇게 썼다. … (黨校)시절 진보적인 강청의 '간부 심사'는 문제가 없다. 적절한 직책을 맡길 것을 권고한다. 강청은 '평가서'를 중앙서기처 (辦公)실장 사철에게 보여줬다(程敏, 1993: 58). 예나 지금이나 스승과 '월하노인(仲媒人)' 은혜를 잊지 않고 갚는 것은 인지상정이다. 한편 강청과 동거한 모택동의 '강생 임명'은 '투도보리(投桃報李)[3226]' 성격이 짙다. 1940년대 강청에게 '별다른 직급'이 부여되지 않은 것은 당중앙의 '약법상장'과 관련된다.

1937년 가을 강청·강생의 (延安)도래는 운명적 만남이었다. '(毛江)결합' 수훈갑인 강생은 '(整風)2인자'로 발탁됐다. 1930년대 상해에서 체포된 강청의 심간(審幹) 통과는 강생의 도움이 없었다면 불가능했다. 이는 강생에 의해 '(國民黨)간첩'이란 누명을 쓴 정령과 대조적이다. 강생은 '(中央)문화혁명소조(文革小組)'[3227]의 실질적 책임자 강청의 책사 역할을

3226 '투도보리(投桃報李)'는 복숭아를 받으면 답례로 자두를 보낸다는 뜻이다. 즉 서로에게 베풀고 보답한다는 예상왕래(禮尙往來)를 가리킨다. 강생은 '모강(毛江) 혼인'을 성공시킨 일등공신이다. 한편 강생의 '은혜'를 잊지 않은 모택동은 (仲媒人)강생을 중앙사회부장 요직에 등용하고 정풍운동의 중요한 조력자로 중용했다. 1942~1943년 강생이 중앙총학습위원회·(反內間)투쟁위원회의 실질적 책임자로 임명된 것이 단적인 증거이다.

3227 문혁 시기에 출범한 '(中央)문화혁명소조(文革小組)'는 중공중앙이 설립한 (文革)지도기구이다. 1966년 5월 중공중앙은 진백달(組長)·강생(顧問)·강청(副組長)을 주축으로 한 '(中央)문혁소조'를 설립했다. 실제로 (中央)정치국의 역할을 대신한 '문혁소조'의 실질적 책임자는 모택동의 부인인 강청이었다. 한편 중공 9대(1969.4)에서 강청·갱생·진백달

했다. '낭패위간(狼狽爲奸)'[3228]이 된 이들은 많은 악행을 저질렀다. 이 또한 강생을 '중국의 베리야(Beria)'[3229]로 부르는 이유이다. 모택동 사후(死後) 강생은 당적을 박탈당했고 강청은 자살(1991)로 비극적 인생을 마감했다. 결국 이는 인과응보(因果應報)이며 사필귀정이다.

진운은 강생이 주도한 사회부의 '간첩 숙청(1943)'을 반대했다. 반대 이유는 숙간(肅奸)이 당내에 악영향을 끼칠 수 있다는 것이다. 한편 강생은 중앙조직부의 '간부 심사'가 우경적이라고 비난했다(王玉貴, 2008: 102). 이는 모택동의 '강생 지지'[3230]와 관련된다. 진운의 '(肅奸)반대'에 대해 불만을 느낀 모택동은 사석에서 이렇게 말했다. …떨어지는 나뭇잎에 머리를 상할 수 있다는 진운의 주장은 기우(杞憂)이다(李銳, 1996: 220). 양상곤은 이렇게 회상했다. …총학습위원회를 주관한 강생은 '군위(軍委)'와 정

은 정치국에 진입했다. 1969년 연말 강청·강생이 주도한 '문혁소조'는 철회됐다.

3228 '낭패위간(狼狽爲奸)'은 이리와 패(狽)가 서로의 단점을 보완해 간계를 꾸민다는 뜻으로, 간신배가 야합해 온갖 악행을 저지르는 것을 일컫는다. 문혁(文革) 시기 모택동의 심복인 강생은 무소불위의 '문혁소조(文革小組)'의 실질적 책임자인 강청의 '책사(策士)' 노릇을 했다. 또 강생은 임표(林彪) 일당과 결탁해 수많은 노간부(老幹部)를 타도했다. 모택동 사후(死後) 강청은 자살하고 강생은 '당적 박탈'의 비극적인 결과를 맞았다.

3229 베리야(Beria, 1899~1953), 그루지야(Georgia) 출생이며 (蘇聯)숙반운동 집행자이다. 1917년 볼셰비키당에 가입, 1932년 (Georgia)공산당 총서기, 1945~1953년 카게베(KGB) 책임자, 숙반운동을 주도했다. 1953년 6월 '반당반국가(反黨反國家)' 죄명으로 체포, 그해 12월에 비밀리에 처형됐다. 한편 모택동의 심복인 강생은 연안의 '(肅反)확대화'를 주도한 주요 장본인이다. 이 또한 강생을 중국의 '베리야'로 부르는 주된 원인이다.

3230 1943년 중앙조직부장인 진운은 강생이 주도한 '(逼供信)간첩 숙청'을 반대했다. 결국 이는 (中共)실세인 강생과 진운의 '갈등 격화'를 초래했다. 당시 강생이 주도한 '실족자 구조(肅奸)' 운동이 절박하다고 여긴 중공 지도자 모택동은 강생을 지지했다. 이 시기 모택동의 최측근인 강생이 '명철보신(明哲保身)' 달인'인 진운에 비해 더욱 중요했다. 실제로 숙간(肅奸)운동의 '창도자(倡導者)'인 모택동의 '강생 지지'는 필연적인 결과였다.

부기관을 포함한 일체 정풍운동을 주도했다. 당시 강생은 모택동의 절대적인 신임을 받았다(高風 외, 2014: 5). 강생은 상해에서 (中央)특과를 책임진 기간 (毛岸英)형제를 구조해 소련에 보냈다(師哲, 1995: 102). 소련에 도착한 강생은 모택동의 아들인 모안영·모안청을 프랑스에서 모스크바로 데려왔다. 그 후 모스크바에서 생활한 (毛岸英)형제는 강생의 도움을 받았다(任文 외, 2014: 181). 중앙사회부장은 (黨政)간부의 정치적 운명을 결정하는 요직이다. 강생은 조사·심문·감금 등에 대한 최종 결정권을 갖고 있었다. '중공 7대' 후 모택동은 모안영을 강생과 함께 (山西)토지개혁에 참가하게 했다(朱鴻召, 2011: 179). 1946년 11월 모안영은 임현을 방문한 사철에게 이렇게 말했다. …토지개혁에 참가한 후 많은 것을 배웠다. 강생은 매주 아버지(毛澤東)에게 편지를 보내 (臨縣)토지개혁을 보고하고 있다(程敏 외, 1994: 59). 당시 '간부 심사'를 주관한 중앙조직부와 중앙사회부는 라이벌의 성격이 강했다. 모택동의 '진운 불만'[3231]은 중앙조직부장인 진운이 '(毛江)결합'을 반대했기 때문이다. 모택동이 강생을 임현에 '하방'시킨 것은 토사구팽보다 피난을 보냈다는 것이 적절하다. 한편 강생의 '모안영 구조'는 모택동이 강생을 중용한 주된 원인이다.

(延安)정풍 주도자 강생은 최대의 간신이자 대음모가였다. 정보업무를 관장한 사회부장 강생의 손끝에서 수많은 고귀한 인명이 사라졌다. 정풍운동에서 패악을 일삼은 강생의 악랄한 술수는 문혁(文革) 때 벌어

3231 모택동의 '진운 불만'은 조직부장 진운이 '(毛江)결합'을 반대했기 때문이다. '소련파' 진운은 모택동과 박고·왕명 간의 권력투쟁에서 중립을 지켰다. 또 모택동은 중앙조직부가 주도한 '간부 심사(審幹)'에 대해 만족하지 않았다. 특히 진운의 '(肅奸)반대'는 모택동의 불만을 야기했다. 실제로 '명철보신(明哲保身) 달인' 진운은 시종일관 모택동을 '경이원지(敬而遠之)'했다. 1944년 모택동은 측근 팽진을 (中央)조직부장에 임명했다.

질 악행의 예고편이었다(현이섭, 2014: 23). 상기 '간신'은 어폐가 있다. 이른바 '간신'은 모택동이 '군주(君主)'라는 것을 전제로 한 것이다. 이 시기 모택동은 결코 '군주'가 아니었다. '중공 7대'에서 모택동은 비로소 중공 영수 지위를 확보했다. 문혁 시기 모택동의 신임을 얻어 '(毛澤東)정적 제거'에 회자수(劊子手) 역할을 한 강생은 명실상부한 간신이었다. 한편 '수많은 인명'이 사라졌다는 상기 주장은 사실무근이다. 실제로 (整風)결과물인 '숙간(肅奸)'에서 목숨을 잃은 자는 '요약신성(寥若晨星)'3232이다.

모택동의 '강생 중용' 원인은 첫째, '3월회의' 후 강생은 '모택동 지지자'로 전향했다. 둘째, 1938년 여름 '(毛江)결합'에 중매인 역할을 하며 모택동의 신임을 얻었다. 셋째, 모택동은 '소련파(康生)'로 '소련파(王明)'를 제거하는 (以夷制夷)전략을 중요시했다. 넷째, 정치국 위원 대다수가 '숙간(肅奸)'을 반대했다. 임필시는 '(肅反)반대자'였고 유소기는 (延安)상황에 익숙하지 않았다. 다섯째, (上海)중앙특과 경력과 '(蘇聯)숙반 경험자'로, 숙간(肅奸)을 책임질 최적임자였다. 여섯째, 모택동은 진운이 책임진 중앙조직부가 주도한 '간부 심사(1940)'에 대해 만족하지 않았다. 당시 '박해광(迫害狂)'으로 불린 강생은 '간첩 숙청'의 (惡役)담당에 가장 적합했다. 한편 모택동이 신임한 것은 강생의 '충성심'과 '(肅奸)능력'이었다.

3232 '요약신성(寥若晨星)' 새벽 별처럼 드물다는 뜻으로, 실제적 수효는 그다지 많지 않다는 의미이다. 일부 외국학자는 숙간(肅奸)운동에서 수많은 사망자가 발생했다고 사실을 왜곡했다. 실제로 숙간운동 사망자(自殺者, 수십명)는 그리 많지 않다. 물론 이는 1.5만명의 '간첩(嫌疑犯)'을 전제로 한 것이다. 한편 '사망자'가 상대적으로 적은 원인은 '실족자 구조(肅奸)' 기간이 길지 않았고 모택동이 '간첩(間諜) 처형'을 반대했기 때문이다.

정치국 회의(1943.3.16)에서 모택동은 이렇게 지적했다. …(整風)취지는 당내에 잠입한 간첩과 반혁명 분자를 제거하는 것이다. 그동안 중앙 사회부는 적지 않은 (國民黨)간첩을 색출했다. 금년 내 '간첩 숙청'을 마무리해야 한다(肖思科, 2002: 316). 3월 20일 유소기는 화중국(華中局)에 보낸 전보에 이렇게 썼다. …최근 연안에선 '간부 심사'를 통해 대량의 간첩을 발견했다. 현재 (國民黨)투쟁 방식은 '간첩 제거'이다. '숙간(肅奸)'을 당면과제로 삼아야 한다(章猷才 외, 2016: 110). 4월 3일 중공중앙이 발표한 '정풍 결정'은 이렇게 썼다. …정풍운동의 취지는 비무산계급 사상을 바로잡고 (黨內)반혁명 분자를 제거하는 것이다. 당의 당면과제는 '내간(內奸) 숙청'에서 최종 승리를 거두는 것이다(逄先知 외, 2013: 432). 또 '결정'은 이렇게 썼다. …'잘못된 사상' 시정과 '간첩 숙청'을 혼동해선 안 된다. '당중앙 지시'에 '(內奸)숙청'을 제출해선 안 된다. 이는 '간첩 숙청'에 불리하다(中央檔案館, 1992: 30). 정풍운동의 주된 임무를 '간부 심사'와 '숙간(肅奸)'으로 확정한 모택동은 이렇게 말했다. …정풍이 사상적 청당(淸黨)[3233]이라면 심간(審幹)은 조직적 청당(淸黨)이다(金冲及 외, 2011: 662). 1942년의 (整風)취지가 '삼풍 정돈'이라면, 1943년의 (整風)당면과제는 본격적인 '숙간(肅奸)'이었다. 한편 모택동은 '(肅奸)절대적 권한'을 심복인 강생에게 맡겼다. 결국 이는 '(肅反)확대화'로 이어졌다.

4월 15일 중앙정치국은 회의를 열고 '간첩 숙청과 방간(防奸)교육 결정'을 통과시켰다. 4월 22일 모택동은 개풍에게 보낸 전보에 이렇게

[3233] 청당(淸黨)은 당내 적대세력이나 불순분자를 제거해 당의 순결성을 높이는 정치적 운동을 가리킨다. 당시 '당원 급증'에 따른 문제점 발생으로 '사상적 청당(淸黨)'이 필요했다. 초기 정풍운동은 (知識人)사상 개조와 '(黨內)불순세력 청산'이 주된 취지였다. 한편 강생이 주도한 (肅奸)운동은 무고한 당원에 대한 '(組織)청당'으로 변질됐다.

썼다. …고급간부의 (教育)계획을 중단하고 (防奸)교육을 강화해 '숙간(肅奸)'을 협조해야 한다(馮蕙 외, 2013: 434). 4월 22일 당중앙은 고급간부의 (教育)계획을 3개월 미루기로 결정했다. 또 총학습위원회가 책임지고 3개월 동안 '간첩 방지' 교육을 진행하기로 확정했다(張樹軍 외, 2000: 370). 정치국 회의(4.28)에서 모택동은 (肅奸)문제에 대해 이렇게 지적했다. …숙간(肅奸)에 필요한 간부를 양성하고 대중을 발동해 각 기관장이 직접 지휘해야 한다. 심문할 때 혹형을 삼가고 증거를 중시해야 한다(雷國珍 외, 2003: 334). 회의는 유소기·강생·팽진·고강을 위원으로 하는 '(反內奸)투쟁위원회'를 설립했다. 유소기가 명의상 (委員會)책임자였으나 실질적인 책임자는 강생이었다. 실제로 연안으로 돌아온 지 얼마 안된 유소기[3234]는 '간부 심사(審幹)'에 대해 별로 간섭하지 않았다.

1943년 4월 초 호종남의 대표 호공면(胡公冕)[3235]이 연안을 방문했다. 중앙사회부는 (邊區)간첩의 '호공면 연락' 방지를 위해 4월 1일 저녁에 (延安)행정기관의 '(間諜)혐의자' 200여 명을 체포했다(程敏, 1993: 111). 사철은 이렇게 회상했다. …어느 날 강생은 보안처장 주홍(周興)[3236]과 나를

3234 사철은 이렇게 회상했다. …1942년 연말 연안으로 돌아온 유소기는 정풍과 '간부 심사(審幹)'에 대해 그다지 간섭하지 않았다. 유소기는 (反內奸)투쟁위원회 (名義上)지도자였고 실질적 책임자는 강생이었다(師哲, 2014: 45). 당시 '중공 2인자' 유소기는 모택동을 협조해 왕명(王明)노선이 끼친 영향력 제거과 (中共)7대 개최 준비에 전념했다.

3235 호공면(胡公冕, 1888~1979), 절강성 영가(永嘉) 출신이며 공산주의자이다. 1921년 중공에 가입, 1930~1940년대 (紅軍)제13군단장, 감숙성 평량전서(平涼專署) 전원(專員), 1932년 국민당 감옥 수감 후 탈당, 건국 후 국무원 참사 등을 역임, 1979년 북경에서 병사했다.

3236 주홍(周興, 1905~1975), 강서성 영풍(永豊) 출신이며 공산주의자이다. 1926년 중공에 가입, 1930~1940년대 (紅一軍團)정치보위국 부국장, 보안부대 부사령관, 건국 후 공안부 부부장, 최고인민검찰원 부검찰장, 운남성위 서기 등을 역임, 1975년 북경에서 병사

불러 '간첩·변절자·(日本)특무' 명단을 넘겨주며 체포한 후 행정학원에 감금할 것을 지시했다. 보안처는 하룻밤에 (嫌疑範)260여 명을 체포했다(師哲, 1991: 250). 1942년 12월 강생이 (肅奸)보고'를 한 후 일부 정부기관은 '간부 심사'를 전개했다. 1943년 강생은 이렇게 말했다. …정풍은 본격적 '간부 심사'로 전환하고 '간부 심사'는 숙반(肅反)으로 마무리해야 한다(任文 외, 2014: 47). 호공면의 '연안 방문'은 호종남과 큰 관련이 없었다. 당시 강생이 '호공면 방문'[3237]을 계기로 (邊區)보안처에 지시해 '(間諜) 혐의범'을 대거 체포한 것이다. 이는 '숙간(肅奸) 개시'를 의미한다.

4월 12일 중앙서기처는 연안에서 중앙직속기관과 (邊區)정부의 각 기관이 참가한 대규모 간부대회를 개최했다. (會議)참석자는 2만명에 달했다. 대회에서 '실족자'인 장극근이 '(坦白)경과' 보고를 했다(高新民 외, 2003: 335). 5월 중순 강생의 주재로 각 기관장이 참석한 소규모의 간부대회가 팔로군 대예당(大禮堂)에서 열렸다. 장극근은 자신의 '(間諜)경과'를 자세히 설명했다. 장극근의 보고는 참석자들의 공감을 불러일으켰다(朱鴻召, 2011: 182). 5월 22일 (邊區)정부의 대예당에서 '(間諜)탄백' 대회가 열렸다. 형식적으로 탄백자의 자각적 반성과 (審幹)지도자의 교육이 결합되는 모양새를 갖추었다. 실제로 강압적 심사의 조짐이 나타났고 조사연구는 뒷전으로 미뤄졌다(李維漢, 1986: 511). '만인대회'가 개최(1943.4)된 후 (失足者)탄백이 급물살을 탔다. (失足者)장극근의 (坦白)보고는 많은

했다.

3237 1943년 4월 3일 제8작전구 주소량(朱紹良)의 파견을 받은 (陝西)행정전원 호공면(胡公冕) 일행이 연안을 방문했다. 당시 호공면의 방문 목적은 (延安)연락처 설립이었다. 당중앙은 (間諜)활동 방지를 중앙사회부에 지시했다(章學新 외, 2014: 610). 한편 모택동은 호공면의 '연안 방문'을 국민당이 정치적 공세를 강화하기 위한 것이라고 판단했다. 결국 4월 1일 강생의 지시를 받은 (邊區)보안처는 260여 명의 '간첩(嫌疑範)'을 체포했다.

'실족자'의 공감을 얻어냈다. 3개월 후 450여 명의 '실족자'가 (國民黨)간첩임을 탄백했다(楊奎松, 2012: 128). 4월 중순의 '만인대회'는 중앙서기처가 '숙간(肅奸)'을 주도했다는 반증이다. 상기 '만인대회'에서 임필시가 당중앙을 대표해 '간첩 방침'에 관한 보고를 했다. 한편 '(失足者)탄백 유도'는 (肅奸)초기 '강압적 심사((逼供)'가 아직 진행되지 않았다는 것을 의미한다.

4월 12일 '당중앙의 간첩 방침' 제목의 보고를 한 임필시는 이렇게 말했다. …'실족(失足)'한 청년들이 자신의 잘못을 반성한다면 개과천선 기회를 줘야 한다. 또 '실족자'에게 관대한 정책을 실시하고 탄백자를 간첩으로 취급해선 안 된다(王秀鑫, 2014: 112). (任弼時)보고서는 이렇게 썼다. …(寬待)정책의 반면에는 가혹한 탄압이 있다는 것을 명심해야 한다. 자신의 (變節)과오를 반성하지 않고 탄백을 거절한 자에게 엄정한 처벌이 뒤따를 것이다. '간첩 관용'은 (抗戰)지지자를 존중하지 않는 행위가 될 것이다(章學新 외, 2014: 611). '4.3결정'과 '만인대회' 후 (陝甘寧)변구와 연안의 '간첩 숙청'은 공개적 군중운동으로 추진됐다. 각 기관은 여러 가지 형식의 (間諜)탄백대회를 열었다. 결국 '숙간(肅奸)'은 대중적 정치운동으로 발전했다. 이 시기 '실족자'에 대한 '탄백 유도' 방침[3238]이 제정됐다.

당중앙의 '(肅奸)원칙'은 ① 기관장 책임 ② 증거 중시 ③ 조사연구 ④ '과오' 분별 ⑤ '실족자' 쟁취 ⑥ 간부 교육 등이다. 중앙사회부의

3238 '(間諜)혐의범'에 대한 '탄백 유도' 방침은 ① 소규모 회의 개최, '(間諜)혐의범' 자백 유도 ② (部署)책임자, '개별담화' ③ 군중대회 개최, '반성' 유도 ④ 주동적 탄백자, '당적 보류' ⑤ (坦白)거절자, 엄정 처벌 등이다(程敏, 1993: 112). '4.3결정' 후, '숙간(肅奸)'은 대중적 운동으로 발전했다. 이 시기 '간첩 색출' 방식은 유공(誘供)이었다.

'(審問)조례'는 ① 주관적 견해 가미 불가 ② 육형(肉刑) 금지 ③ 혹형 엄금 ④ (處刑)위협 금물 ⑤ 핍공(逼供) 금지 ⑥ 타매(打罵) 금지 ⑦ '(身體)약점' 거론 불가 ⑧ (坦白者)진술 선별 ⑨ (自述)맹신 불가 ⑩ 자해 방지 등이다(王秀鑫, 2014: 113). 상기 '원칙'·'조례'는 '(逼供)반대자'인 임필시가 작성했다. 실제로 급박한 상황에서 강행된 숙간(肅奸) 중 상기 '원칙'은 제대로 지켜지지 않았다. 결국 이는 호종남의 (邊區)공격이 기정사실화되면서 (邊區)정세가 긴박해진 것과 밀접히 관련된다.

1943년 6월 6일 모택동은 팽덕회에게 보낸 전보에 (審幹)경험을 이렇게 소개했다. 첫째, 모든 간부에게 반성필기(反省筆記)를 적게 한다. 둘째, 모든 간부에게 '개인 자서전(個人自傳)'[3239]을 쓰게 한다. 셋째, 이력서와 '(小廣播)조사표'[3240]를 상세히 적는다(高華, 2010: 200). 또 전보는 이렇게 썼다. …금년 내 '(部隊)간부 심사'를 완성해야 한다. 이는 (中共)백년대계를 위한 중대사이다(馮蕙 외, 2013: 444). 상기 전보는 (新四軍)지휘부에도 발송됐다. 모택동의 전보는 팔로군·신사군에게 내린 (肅奸)명령이었다. 당시 (國共)일촉즉발의 상태에서 (軍心)동요의 '(內奸)숙청'은 위험천만한 일이었다. 한편 모택동이 '심간(審幹)'을 '(百年大計)중대사'로 간주한 것은

3239 '간부 심사(審幹)'의 주요 수단인 '개인 자서전(個人自傳)'의 주된 내용은 ① 본인의 인적 사항과 배우자 상황 ② 학력(學歷)과 혁명 경력 ③ 출신 등 가정 상황과 사회적 관계 ④ 혁명 인식과 사상 변화 ⑤ 당성(黨性)에 대한 철저한 반성 등이다(高華, 2013: 201). 실제로 '(個人)자서전' 작성은 (整風)주도자 강생의 '창조물(創造物)'이다. 한편 '개인 자서전'을 쓰게 한 주된 목적은 간부의 '(歷史)문제점'을 발견하기 위한 정치적 수단이다.

3240 이른바 '소괍파(小廣播, 유언비어 유포)'의 종류는 ① (黨內)비밀 누설 행위 ② 당중앙의 선전(宣傳)과 다른 (戰爭)견해 ③ 정풍(整風)에 대한 부정적 언론 ④ 당(黨)에 대한 불만 표시와 중앙지도자 비방 ⑤ 트로츠키파·반혁명 분자에 대한 동정 등이다(中央檔案館, 1992: 469). 당시 '(小廣播)조사표'는 모든 간부가 반드시 작성해야 했다. 결국 이는 강생이 주도한 (中央)총학습위원회가 발표한 '(小廣播)숙청 통지(1942.12.6)'와 관련된다.

'숙간(肅奸)'을 최우선 정책과제로 여겼다는 단적인 증거이다.

1943년 6월 장개석의 밀령(密令)을 받은 호종남은 (邊區)공격의 모든 준비를 마쳤다. 7월 9일 (邊區)정부는 3만명이 참가한 군중대회를 열었다. 이는 내전 제지의 (動員)대회였다. (內戰)발발의 긴박한 정세는 '(肅奸) 촉구' 역할을 했다(高新民 외, 2000: 373). 6월 24일 중공중앙이 발표한 '숙간(肅奸) 지시'는 이렇게 썼다. …현재 (延安)각 기관에는 1만명의 간부가 있다. 반년 간의 '심간(審幹)'을 통해 당내에 잠입한 (國民黨)특무와 (日本)간첩 1000여 명을 색출했다(郭德宏 외, 1998: 57). 또 '지시'는 이렇게 썼다. … 화북·화중(華中) 근거지의 정부기관에 잠복한 간첩은 더 많을 것이다. '간첩 숙청'은 당의 순결성을 높이고 근거지의 발전에 필수적이다(程敏, 1993: 114). 7월 13일 정치국 회의를 주재한 모택동은 이렇게 말했다. … (中共)주장은 항전을 견지하고 내전을 반대하는 것이다. '심간(審幹)'을 지속적으로 추진하고 '간첩 숙청'과 (防奸)교육을 급선무로 삼아야 한다 (中共中央文獻硏究室, 2013: 455). 정치국 회의(7.13)에서 강생은 이렇게 말했다. …대중운동으로 발전한 '숙간(肅奸)'은 괄목할 만한 성적을 거뒀다. (楊家嶺)군중대회에서 6명의 간첩을 색출했다. '반혁명 탄압'을 강화해야 한다(雷國珍 외, 2003: 336). 당시 연안의 정세는 매우 긴박했고 (陝甘寧)변구는 '내우외환(內憂外患)' 위기[3241]에 처했다. '(內憂)해결'을 위해선 '숙간(肅奸)'은 필수불가결했다. 한편 중공 지도자의 '(肅奸)중시'는 강생이 주도

3241 1943년 봄여름 연안(延安)과 섬감녕(陝甘寧)변구는 '내우외환(內憂外患)'의 위기에 빠졌다. 당시 장개석의 지시를 받은 호종남은 '연안 공략'을 위해 부대를 재배치했다. 또 국민당은 호공면의 연안 방문을 통해 '정치공세 강화' 의도를 드러냈다. 실제로 국민당 언론은 공산국제 해산(1943.5) 기회를 이용해 중공에 대한 정치적 공세를 강화했다. 결국 이는 중공의 '(內部)단속 강화'와 '간첩 숙청'에 박차를 가하는 결과로 이어졌다.

한 '실족자 구조'에 힘이 실리는 결과로 이어졌다.

　강생이 한 '실족자 구조' 보고(7.15)의 골자는 첫째, 적의 '(邊區)포위'로 절체절명의 위기에 처했다. 둘째, 적의 '(邊區)공격'에 호응해 (黨內)불순분자들이 준동(蠢動)하고 있다. 셋째, 철저한 '숙간(肅奸)'을 통해 당조직을 공고히 해야 한다. 넷째, 국민당이 파견한 많은 스파이가 (延安)정부기관에 잠복했다. 다섯째, 3개월 간의 '심간'를 통해 450명의 '실족자'를 구조했다. 여섯째, '실족자'에게 개과천선 기회를 줄 것이다. 일곱째, (坦白)거절자는 무자비한 탄압을 받을 것이다(黎辛, 2016: 215, 216). 강생의 보고서(7.15)는 임의로 작성한 것이 아니었다. (報告書)내용은 당중앙의 '4.3결정'과 모택동의 '(肅奸)지시', 임필시의 보고서(1943.4) 내용과 일맥상통했다. 초미지급 상황에서 한 강생의 보고는 중공의 주장과 (毛澤東)견해를 대변한 것이다. 한편 강생의 (救助)운동은 수많은 '억울한 사건'을 초래했다. 강생은 간부 심사를 숙반운동으로 전환시킨 장본인이다.

　중앙직속기관이 소집한 회의장에는 '실족자 구조 (動員)대회'라는 대형 현수막이 걸려 있었다. (會場)벽에는 '현애륵마(懸崖勒馬), 회두시안(回頭是岸)'·'탄백총관(坦白叢寬), 항거총엄(抗拒叢嚴)'·'실족자를 열정적으로 맞이하자'는 등의 표어가 붙어 있었다(林靑山, 1996: 100). '보고(7.15)'에서 강생은 이렇게 역설했다. …몇 달 간의 '구조(敎育)'를 통해 수백명의 '실족자'가 죄악의 늪에서 헤어나왔다. 당은 '실족자'에게 관대한 정책을 실시하고 있다. 백구(白區)에서 체포된 후 자수했거나 (變節)역사를 속인 자들은 곧 탄백해야 한다(時新華, 외, 2016: 111). 또 그는 이렇게 말했다. …어린이가 얕은 개울에 빠졌다면 침착하게 구조할 수 있다. 그러나 폭우로 강물이 불었다면 급속히 구조해야 한다. (自然界)실족자는 타인이 구조해야 하지만 '(政治)실족자'는 본인이 (坦白)기회를 놓쳐선 안 된다(任

文 외, 2014: 48). 정부는 (失足)청년의 '(間諜)탄백'을 진심으로 권고한다. (自首)기회를 놓치면 후회해도 소용없다. (反省)거절자에겐 관용 정책을 적용하지 않을 것이다. 적발된 간첩은 엄정한 심판을 면치 못할 것이다(朱鴻召, 2011: 183). 강생은 (陝甘寧)변구와 연안에 적어도 1개 여단(旅團)의 (國民黨)특무와 반혁명 분자가 잠복해 있다고 주장했다. 강생의 보고서는 소책자로 편성돼 (邊區)기관과 각 근거지에 배포됐다(張樹軍 외, 2000: 374). '실족자 구조'가 진행된 후 '심간(審幹)'은 가혹한 (審問)방식으로 전개됐다. '숙간(肅奸)'은 강압적 심사로 전환됐다. '(康生)보고'가 진행된 지 열흘 만에 연안에선 '간첩' 1400여 명을 색출했다(金冲及 외, 2011: 663). 강생의 보고는 모택동의 (審奸)지시에 위배된다. 강생의 막강한 지위로 보고(7.15)는 권위성을 지녔다. 결국 빈번한 (救助)대회는 엄중한 결과를 초래했다(李維漢, 1986: 394). 상기 '1개 여단'은 사실 왜곡이다. (康生)보고가 '(毛澤東)지시'에 위배된다는 이유한의 주장은 신빙성이 낮다. (康生)보고는 모택동의 암묵적 지지가 있었기에 가능했다. 한편 이유한의 '강생 비판'은 오십보백보(五十步百步)[3242]이다.

7월 15일부터 8월 중순까지 '숙간(肅奸)'은 최절정에 달했다. (邊區)기관에서 '탄백 유도'와 강압적 심사(逼供)가 병행되면서 수많은 '간첩'을 색출했다. 열흘 동안 적발된 간첩은 지난 3개월 동안 색출한 (間諜)숫자를 초과했다(高潔 외, 1993: 142). 결국 이는 탄백하지 않으면 '무자비한 탄

3242 오십보백보(五十步百步)는 오십보를 도망간 사람이 백보를 도망간 사람을 비웃는다는 의미로, 비슷한 과오를 범했다는 뜻이다. 중앙연구원의 실질적 책임자 이유한은 왕실미의 당적을 박탈하고 트로츠키(分子)로 확정한 장본인이다. 이는 강생이 왕실미에게 '(國民黨)간첩'이란 죄명을 씌운 사실적 근거가 됐다. 이 또한 '낭패위간(狼狽爲奸)'의 단적인 사례이다. 실제로 기회주의자 이유한의 '(文革)수감'은 그 자신이 자초한 측면이 크다.

압'을 가한다는 '실족자 구조' 보고에서 언급한 강생의 '경고(警告)'와 밀접히 관련된다. 이 시기 핍공(逼供)·유공(誘供)·권공(勸供) 등 온갖 수단이 동원됐다. 또 탄백자에게는 붉은 꽃을 달아주고 식사(食事) 특혜를 제공했다. 한편 반성(反省) 거절자에게는 온갖 체벌(體罰)과 가혹한 고문(拷問)이 가해졌다. 결국 이는 부지기수의 '실족자'를 양산했다.

탄백을 거부한 '(特務)혐의범'에게는 전대미문의 (審問)방식과 다양한 (救助)수단이 사용됐다. 첫째, 가장 많이 사용된 것은 (失足者)휴식을 저해하는 '차륜전(車輪戰)'이다. 대개 3~4일 간 (車輪戰)고문을 당하면 곧 탄백하게 된다. 가장 오래 동안 견딘 '혐의범'은 8박9일이었다. 둘째, '눈덩이를 굴리는' 방법이다. '(間諜)탄백자'는 자신의 상급자·하급자·동료 등을 진술해야 한다. 혹자는 자신의 친인척·동향·학생³²⁴³을 적발했다. 셋째, '실족자' 간 이간질을 유발하고 서로 적발하는 교묘한 방법을 사용했다. 넷째, '(坦白)영광'의 정신적 격려와 '식사 특혜'를 제공하는 물질적 보상을 병행했다. 칼국수 등 밀가루 음식은 큰 인기가 있었다. 칼국수를 먹기 위해 '자백한 사례'³²⁴⁴도 있었다. 다섯째, '이력서' 작성을 통해 모순점을 발견해 (間諜)혐의를 씌웠다. 여섯째, (個人)편지를 제

3243 1943년 가을 수덕(綏德)에서 발생한 일이다. 외지에서 온 한 초등학교 교사는 당지에 친인척이 없었다. 고심하던 끝에 그는 자신이 가르치는 학생을 '실족자'로 진술했다. 결국 초등학생(馬善貴, 8세)이 '간첩(嫌疑犯)'이 됐다(高潔, 1993: 143). 한편 소년 초등학생이 '간첩 혐의범'이 된 황당무계한 사건은 실제로 발생한 사실이다. 결국 이는 강생이 섬감녕(陝甘寧)변구에 국민당의 간첩이 '깨알같이 많다'고 주장한 사실적 근거가 됐다.

3244 한 당사자는 이렇게 회상했다. …1943년 (邊區)경제가 매우 어려웠고 밀가루 음식은 더욱 희귀했다. (陝北)농민이 사료(飼料)로 사용하는 황두(黃豆)·흑두(黑豆)가 주식이었다. 한편 사천(四川)에서 온 초등학생은 칼국수를 먹기 위해 유상(劉湘)이 파견한 '간첩'이라고 자백했다(路平 외, 1994: 144). 당시 '사천왕(四川王)' 유상이 초등학생을 간첩으로 파견했다는 상기 초등학생의 '자백'은 아마 강생(康生) 자신도 믿지 않았을 것이다.

멋대로 뜯어보고 트집을 잡아 막수유(莫須有)의 죄명을 씌웠다. 일곱째, 강압적 심사와 온갖 혹형을 감행했다. 심문자는 '혐의범'에게 각종 형벌을 가했다. 결국 혹형에 견디지 못한 '실족자'들은 부득이하게 자백했다. (陝甘寧)변구에 '(國民黨)간첩이 깨알같이 많다'는 유언비어가 성행된 유래이다.

(延安)자연과학원(自然科學院)[3245]은 10일 간의 '(失足者)구조'를 계획했으나 탄백자가 적어 '(救助)임무'를 완성하지 못했다. 결국 연말까지 '실족자'를 구조했다(朱鴻召, 2010: 183). 당시 대부분의 (工農)간부는 (白區)상황을 잘 알지 못했다. 그들은 '(外來者)심문' 중 적지 않은 웃음거리를 만들었다(林偉, 1986.12). 아래는 (工農)간부와 (白區)지식인의 일문일답이다. …당신은 국민당의 간첩인가? 아니다. …어떻게 연안에 왔는가? 기차를 타고 왔다. …기차는 공산당의 것인가? 국민당의 기차이다. …(國民黨)기차를 타고 왔다면 국민당과 관계가 없을 수 있는가?(高浦棠 외, 2008: 98). 결국 국민당의 기차를 타고 온 (白區)지식인은 '간첩'으로 확정됐다. 이는 아라비안나이트 속 설화가 아닌 실제로 발생한 것이다. 결국 이는 (工農)간부의 (白區)지식인에 대한 강한 선입견을 단적으로 보여준 것이다.

(陝甘寧)변구는 7월 하순 세 차례의 (救助)대회를 열었다. (張克勤)보고를 청취하고 권공(勸供)·핍공(逼供)을 병행해 본격적인 (救助)운동을 전개했다. (邊區)은행장인 황아광(黃亞廣)[3246]이 적발한 후 5명의 '실족자'를 보

3245 1939년 5월 중공중앙은 연안에 자연과학연구원을 설립했다. 1940년 1월 (延安)자연과학원(自然科學院)으로 개명, 중앙문위(中央文委) 관리를 받았다. (研究院)초대 원장은 이부춘(李富春), 제2임 원장은 서특립이 맡았다. 1943년 자연과학원은 연안대학에 합병됐다.

3246 황아광(黃亞廣, 1901~1993), 복건성 장정(長汀) 출신이며 공산주의자이다. 1927년 중공에 가입, 1930~1940년대 (邊區)건설청 부청장, (邊區)은행장, (西北)재정위원회 비서장,

안처에 보냈다. 결국 100여 명의 '실족자'를 색출했다(李維漢, 1986: 394. 395). 회의 주재자는 (邊區)정부의 실질적 책임자인 이유한이었다. 실제로 이유한은 강생의 '숙간(肅奸) 지시'를 가장 충실하게 집행한 숙반(肅反) 선봉장이었다. 당시 (邊區)정부는 (間諜)혐의가 큰 '실족자' 20~30명을 (邊區)보안처로 압송했다. 또 죄질이 약한 '혐의자' 50~60명은 (延安)행정학원에 보내고 일부는 중앙당학교에 보냈다. 얼마 후 (邊區)정부는 수맹기(帥孟奇)[3247]를 책임자로 한 '(間諜)선별위원회'를 설립했다.

소군은 일기(7.15)에 이렇게 썼다. …장시간 보고를 한 강생은 급박한 정세를 빌미로 이렇게 위협했다. …'(間諜)혐의범'들은 10일 내 자수해야 한다. 그렇지 않으면 (戰時)법령에 따라 (法庭)심판을 통하지 않고 처형할 수 있다(李向東 외, 2015: 305). 연안에 체류한 블라디미노프는 일기(7.15)에 이렇게 썼다. …(會議)주재자 팽진은 정세가 급박하며 수백명의 간첩이 체포됐다고 말했다. 강생은 이렇게 역설했다. …당신들은 친구의 실종을 발견하게 될 것이다. 오늘 참석자 중 많은 '혐의범'이 감금될 것이다(Vladimirov, 2004.3). 소군은 일기(7.20)에 이렇게 썼다. …(藍家坪)초대소에는 200명의 '혐의범'으로 가득 찼다. 또 다른 일기(7.27)에 이렇게 썼다. …(楊家嶺)대회에서 이부춘은 이렇게 말했다. …12일 간 중앙기관은 '실족자' 260명을 구조했다(王增如 외, 2016: 306). '(康生)보고' 후 10일 간 많은 '혐의범'이 체포됐다는 반증이다. 당시 국민당의 '반공고조'가 무산

건국 후 중국인민은행 부행장, 복건(福建)성위 서기를 역임, 1993년 복주(福州)에서 병사했다.

3247 수맹기(帥孟奇, 1897~1998), 호남성 용양(龍陽) 출신이며 공산주의자이다. 1926년 중공에 가입, 1930~1940년대 중앙여성위원회 비서장, 전국(婦女)연합회 조직부장, 건국 후 중앙조직부 부부장, (中央)기율검사위 상임위원 등을 역임, 1998년 북경에서 병사했다.

됐다. 한편 (肅奸)운동은 '기호지세(騎虎之勢)'[3248]였다.

진탄(陳坦)[3249]은 강생에게 (失足者)12명을 '구조'했다고 보고했다. 강생은 이렇게 말했다. …청량산(淸涼山)은 특무가 가장 많은 곳이다. 며칠 후의 군중대회에서 6~7명의 '실족자'가 간첩이라고 자백했다(陳淸泉 외, 1999: 284). 여신은 이렇게 회상했다. …군중대회에서 자수한 '실족자'는 4명이다. 신화사(新華社) 3명, 해방일보 1명이었다. 또 '자수'는 사전에 배치했다(黎辛, 2016: 217). 상기 청량산은 해방일보의 소재지였다. 실제로 강생은 (肅奸)운동에 소극적인 박고에 대한 불만을 표출했다. 한편 '실족자'가 적었던 것은 박고의 '구조(救助)' 거부와 관련된다. 또 이는 당보(黨報)인 해방일보의 '직원 선발' 기준이 엄격했기 때문이다.

노신예술학원은 2전구(戰區)·5전구·민족·문화 계통의 '실족자'를 구조했다. 또 각 계통에서 10명 이상의 '구조(救助)'를 결정했다. 당시 (肅奸)운동에 불만을 표시해 적발된 자는 무조건 간첩으로 간주됐다(路平 외, 1994: 153). 공목(公木)이 지은 시 '붕궤(崩潰)'에는 (獨立)왕국의 통치자 마왕(魔王)의 장식품에 금성(金星)이 있었다. 혹자는 붉은 별(紅星)은 당을 상징하며 이는 노골적으로 당을 공격한 것이라고 적발했다(程敏, 1993: 151). 이는 막수유의 죄명을 공목에게 씌운 것이다. 결국 '실족자'의 거짓 진

3248 '기호지세(騎虎之勢)'는 호랑이를 타고 달리는 형세로, 이미 시작한 일을 중도에서 그만둘 수 없는 경우를 가리킨다. 강생의 '실족자 구조' 보고(7.15) 후 대량의 '간첩(嫌疑犯)'이 발견됐다. 당중앙의 '심간(審幹) 결정(8.15)'이 발표된 후 (陝甘寧)변구로 보급된 (肅奸)운동은 숙반(肅反) 확대화로 발전했다. 1943년 12월 중공중앙은 '숙간(肅奸) 중지'를 결정했다. 실제로 호랑이의 등에서 내리는 것은 더욱 위험하고 어려운 일이다.

3249 진탄(陳坦, 1911~1989), 광동성 흥녕(興寧) 출신이며 공산주의자이다. 1929년 중공에 가입, 1930~1940년대 해방일보(解放日報) 비서장, 동북철로총국장, 건국 후, 외교부 아비사(亞非司) 부사장(副司長), 철로운수(鐵路運輸) 고급법원장을 역임, 1989년 북경에서 병사했다.

술이 성행되면서 '(間諜)혐의범'은 기하급수적으로 늘어났다. 한편 (魯藝)음학학부의 교사 두시갑(杜矢甲)[3250]은 수십명의 '실족자'를 적발했다. 더욱 악명이 높은 것은 노신예술학원의 '징벌(懲罰)' 방식이었다. 즉 '금폐실(禁閉室)' 수감[3251]과 '공농합(工農合)' 노동 개조[3252]이다.

(延安)현위 회의록에 따르면 (縣委)서기의 '(嫌疑犯)구타' 차수는 17차였다. (縣委)책임자에게 구타당한 '실족자'는 91명, 감금자는 29명이었다. (失足者)여성이 '혐의'를 부인하자 심문자는 뱀을 숙소에 풀어놓아 자백을 받아냈다(梅劍 외, 1996: 539). 행정학원 맹명(孟明)은 혹형에 견디지 못해 1937년에 '3청단(三靑團)'에 가입했다고 탄백한 후 과장으로 승진했다. '혐의범'으로 낙점된 좌계선(左啓先)은 정신이상으로 알몸으로 돌아다녔다(路平 외, 1994: 162.163). (保安處)심문과장 포로는 (坦白)거부자에게 권총을 꺼내 위협했다. 또 '혐의'를 부인하는 강사 조일봉(趙一峰)에게 강제로 인분을 먹였다. 결국 조일봉은 조현병에 걸렸다(程敏, 1993: 165). 맹명의 '탄

3250 두시갑(杜矢甲, 1915~1999), 북경(北京) 출신이며 작곡가이다. 1930~1940년대 (延安)노신예술학원 음악학부 교사, 화북연합대학 음악학부장, 중앙실험가극원 강사, 건국 후 중앙민족가무단 창작실장, 중앙민족학원 문예연구소 부소장을 역임, 1999년 북경에서 병사했다.

3251 '금폐실(禁閉室)'은 노신예술학원의 (間諜)협의자를 감금하는 것으로 '감옥'에 다름 아니었다. 한편 '금폐실'에 수감된 자는 '과오(過誤) 반성'을 거절하는 완고한 불순분자로 100% 간첩으로 간주됐다. 당시 '금폐실'에 수감된 자는 대부분 가혹한 혹형에 시달렸다. 또 잠을 자지 못하고 밥을 제때에 먹지 못하는 것은 다반사였다(程敏, 1993: 154). 결국 기아(飢餓)와 폭행을 견디지 못한 대부분의 수감자는 자신이 '간첩'이라고 자백했다.

3252 (延安)간부학교의 식량은 (邊區)재정국에서 배급했다. 당시 일부분의 식량은 (幹部)학교에서 자체로 생산운동을 전개해 해결했다. 또 학원생 대부분은 반드시 (食糧)생산노동에 참가해야 했다. 한편 심간(審幹) 기간 설치된 노신예술학원의 '공농합(工農合)'은 집중영(集中營)에 다름 아니었다(高潔 외, 1994: 155). '(工農)합작사'의 90% 이상이 (間諜)탄백자였다. 실제로 '(集中營)노동 개조'를 통해 지식인의 반동(反動) 사상을 개조했다.

백'은 거짓 진술이었다. '3청단'은 1938년에 설립됐다. 당시 지식인의 '정신분열증 만연'은 기상천외한 일이 아니었다. 1953년 내간(內奸)으로 몰려 감금된 포로는 징역 10년에 선고됐다. 이는 '인과응보'였다.

지식인의 비극적인 사례는 자연과학원의 (教師)자살이 대표적이다. 첫 번째 자살자는 (英語)교사 장상(庄湘)이다. 자기집에서 목을 맨 (物理)교사 진문(陳文)은 과학원의 두 번째의 원혼(冤魂)이다. 취사원 진환지(陳煥之)는 우물에 뛰어들어 자살했다(高潔, 1993: 160). (南方)처녀 담정(譚丁)은 '실족자'로 적발된 후 온갖 수모를 당했다. 반룡구장(蟠龍區長) 장중민(張仲民)은 (肅奸)대회에서 그녀에게 기생년이라며 상욕을 퍼부었다. 그날 저녁 모욕감을 참지 못한 담정은 동굴에서 목을 맸다(程敏, 1993: 181). (魯藝)미술학부 교사 석박부(石泊夫)가 감금된 후 그의 부인 고낙영(高洛英)은 문을 닫아걸고 불을 질렀다. 미성년인 두 아이도 질식사했다(李輝 외, 1998: 140). 사천성 (工委)서기 추풍평(鄒風平)[3253]은 1940년부터 중앙당학교에서 연수했다. 그가 간첩으로 확정된 후 설상가상으로 부인은 결별을 선포했다. 결국 절망감에 빠진 추풍평은 자살했다(梅劍 외, 1996: 543). 당시 연안에선 당원의 자살을 (反黨)행위로 간주했다. (肅奸)운동 중에 나타난 자살자의 비관적 행위에 대해 '지은 죄'가 무서워 당과 결별하는 (反革命)행위로 규정했다(朱鴻召, 2010: 186). 1942년 4월 10일자 해방일보는 '(黨校)여학생 자살'이란 기사를 실었다. 당시 모택동은 '자살 게재'에 불만을 표시했다(高新民 외, 2000: 142). (肅奸)운동 중 (延安)자살자는 50명에 달

3253 추풍평(鄒風平, 1905~1943), 사천성 삼대(三臺) 출신이며 공산주의자이다. 1928년 중공에 가입, 1930~1940년대 사천성위 비서장, 사천성 (工作)위원회 서기, (川康)특위 부서기 등을 역임, 1940년 6월 (延安)중앙당학교 연수, 정풍운동에 참가, 1943년 연안에서 자살했다.

한다. (譚丁)자살은 (工農)간부의 '지식인 혐오'를 보여준 단적인 사례이다. 자살자 속출은 (逼供)만연과 관련된다. 실제로 지식인과 (白區)당원이 대부분인 '실족자'는 (肅奸)결과물이다.

'실족자 구조'는 눈부신 성과를 거뒀다. ① 연안대학, 탄백자 440명 ② 노신예술학원, 실족자 267명 ③ 행정학원, 특무 691명 ④ 자연과학원, 간첩 68명 ⑤ 신화사, 실족자 10여 명 ⑥ 중앙비서처, 간첩 10명이다. (延安)각 현은 간첩 2463명을 확정했다(朱鴻召, 2011, 187). 1943년 8월 (延安)중앙계통과 (邊區)정부는 2000여 명의 간첩을 색출했다. ① (邊區)보안처, 간첩 600여 명 ② 팔로군 지휘부, 간첩 700여 명 ③ (延安)경위연대, 실족자 수백명 ④ (西北)재정무역고찰단, 실족자 60명 등이다(路平외, 1994: 145). 연안에서 1400여 명의 간첩을 색출했다. 당시 (外地)지식인은 무작정 간첩으로 간주됐다. 자장현(子長縣)의 39명 (外來)지식인 중 37명이 특무로 확정됐다(趙生暉, 1987: 183). 장선(張宣)[3254]은 이렇게 회상했다. …당시 주은래는 중경 특무가 수천명인데 인구가 3~4만인 연안에서 만명이 넘는 간첩을 색출했다는 것은 불가사의하다고 말했다(程敏, 1993: 146). 실제로 상기 '눈부신 성과'는 핍공(逼供)이 남용된 결과이다. '숙간(肅奸)'의 가장 큰 피해자는 (外來)지식인과 (白區)당원이었다. 한편 노신예술학원의 '(特務)혐의범' 종류(種類)[3255]가 매우 많았다.

[3254] 장선(張宣, 1915~2012), 사천성 영천(永川) 출신이며 공산주의자이다. 1938년 중공에 가입, 1930~1940년대 성도(成都)시위 선전부장, 연안대학 교사, 서북인민대학 교무처장, 건국 후 서북민족대학 총장, 서북대학 교수 등을 역임, 2012년 서안(西安)에서 병사했다.

[3255] 노신예술학원의 '(特務)혐의범' 종류는 ① (國民黨)특무 ② (間諜)혐의범 ③ 실족자(失足者) ④ 트로츠키(分子) ⑤ 국민당 변절자 ⑥ 자수(自首) 분자 ⑦ (群衆)탄백자 ⑧ (自首)혐의범 ⑨ 당파(黨派) 문제자 ⑩ (黨派)혐의범 ⑪ (漢奸)비호자 ⑫ (政治問題)보류자 ⑬ (歷史問題)보

모택동은 강생에게 보낸 편지(1943.7.1)에 이렇게 썼다. …(防奸)투쟁의 정확한 방침은 ① (黨政)지도자 책임 ② 증거 중시 ③ (大衆)참여 격려 ④ (指導)방침과 구체적 지시 결합 ⑤ 조사연구 ⑥ (過誤)경중 분별 ⑦ (失足者)쟁취 ⑧ 간부 양성 ⑨ 군중 교육이다. 잘못된 방침은 '핍공신(逼供信)'이다(逢先知 외, 2005: 448). 1943년 7월 모택동은 원임원(袁任遠)[3256]과 담화에서 이렇게 지적했다. …핍공을 강행하면 실족자는 거짓 진술을 하게 된다. 과거 (肅反)과오를 되풀이해선 안 된다. 조사연구와 증거를 중시해야 한다(中共中央文獻硏究室, 1993: 460). 7월 30일 모택동은 팽덕회에게 보낸 전보에 이렇게 썼다. …(防奸)교육에서 실사구시의 원칙을 중시해야 한다. 주관주의 과오가 초래한 교훈을 잊지 말아야 한다. 기존 '6항원칙'에 적대투쟁·계급교육을 첨가해 '(敵後)8항정책'[3257]으로 확정해야 한다(馮蕙 외, 2013: 459). 상기 정확한 방침은 '9조방침'으로 불리며 '(防奸)교육(雜誌)' 제6기에 실렸다. 1943년 가을 수덕(綏德)지역은 (肅奸)본보기가 됐다. 당시 수덕지위의 서기는 습중훈(習仲勛)이었다. 한편 숙간(肅奸)운동에서 조사연구 등 '9조방침'은 제대로 지켜지지 않았다.

8월 8일 중앙당학교에서 연설한 모택동은 이렇게 말했다. …(黨

류자 등이다(程敏 외, 1994: 147). 상기는 노신예술학원에서 책정한 '(間諜)혐의범' 종류이다. 실제로 (社會)불만자·불순분자와 (國民黨)간첩을 혼동한 것이다.

3256 원임원(袁任遠, 1898~1986), 호남성 자리(慈利) 출신이며 공산주의자이다. 1925년 중공에 가입, 1930~1940년대 '홍6군단' 정치부 주임, (八路軍)359여단 정치부 주임, 호남성 부성장, 건국 후 내무부(內務府) 부부장, 청해(靑海)성장을 역임, 1986년 북경에서 병사했다.

3257 '(敵後)8항정책'은 ① 적대 투쟁 ② (三風)정돈 ③ 정병간정 ④ 통일적 영도 ⑤ 옹정애민 ⑥ 생산운동 전개 ⑦ 간부 심사 ⑧ 계급교육이다. '계급교육'은 통일전선을 위한 단결·투쟁에 대한 교육을 의미한다(馮蕙 외, 2013: 459). 상기 '8항정책'은 모택동이 팽덕회에게 보낸 전보에서 제출했다. 실제로 전방의 '간부 심사'는 매우 위험한 일이었다.

校)2500명 중 250명의 '실족자'가 적발됐으나 350명도 넘을 것이다. 행정학원은 한 사람을 제외하고 모든 교직원이 '간첩(嫌疑犯)'으로 확정됐다(雷國珍 외, 2003: 337). 모택동의 (黨校)연설은 '실족자 구조'에 대한 불만이 아니며 '9조방법'은 (肅奸)방법에 대한 불만 표출이다. '(肅反)확대화'는 정세 오판과 관련된다(高新民 외, 2000: 378). 8월 15일 당중앙이 발표한 '(審幹)결정'은 이렇게 썼다. …심간(審幹)을 숙반(肅反)으로 간주해선 안 된다. 모든 '혐의범'을 무조건 보위기관에 넘겨 처리하는 (審査)방법을 개선해야 한다(胡喬木, 2021: 279). '(審幹)결정'이 발표된 후 (延安)기관의 (肅幹)운동은 기세가 한풀 꺾였다. '실족자'의 양산으로 '숙간'은 대중적 운동으로 발전했다(張樹軍 외, 2003: 338). '(審幹)결정' 발표 후 (邊區)보안처 주도의 (逼供)현상이 감소됐다. 그러나 '결정(8.15)'은 (肅奸)중단령이 아니었다. (邊區)전체로 肅奸규모가 확대됐다(高潔, 1993: 185). 모택동이 언급한 '실족자' 숫자는 크게 부풀려진 것이다. 또 '결정(8.15)' 발표 후 대중적 운동으로 발전한 (肅奸)운동은 섬감녕변구로 확산됐다. 한편 이 시기 대표적 '(肅奸)본보기'는 습중훈이 영도한 수덕분구(分區)였다.

1943년 2월 습중훈은 수덕 (分區)서기로 부임했다. 수덕은 섬서·내몽골·감숙·녕하를 연결하는 교통 요충지이며 경제가 비교적 발달했다. 이 시기 (綏德)분구는 인구가 많고 정치적 환경이 복잡했다. 당시 습중훈이 (綏德)경비사령부 정치위원, 팔로군 제120사단 독립여단장 왕상영(王尙榮)[3258]이 (警備)사령관을 맡았다. 3월 중순 서향전·하장공(何長工)이 (正副)총장을 맡은 항일군정대학이 수덕의 서산사(西山寺)로 옮겨왔다. 청

3258 왕상영(王尙榮, 1915~2000), 호북성 석수(石首) 출신이며 공산주의자이다. 1933년 중공에 가입, 1930~1940년대 진수(晉綏)군구 제4분군 사령관, (綏德)경비구 부사령관, 건국 후 (志願軍)제46군 부군단장, 총참모부 작전부장 등을 역임, 2000년 북경에서 병사했다.

년간부학교가 설립된 후 수덕지역에 많은 고급간부가 운집됐다. 습중훈은 (地委)부서기 백치민(白治民)[3259]의 열렬한 환영을 받았다. 한편 서북국이 습중훈을 (邊區)북대문인 수덕의 '(黨軍)1인자'로 파견한 것은 그의 리더십을 인정했다는 반증이다. 실제로 '(邊區)남대문'으로 불린 (關中)지역에서 6년 간 (分區)서기를 지낸 습중훈은 괄목할 만한 성과를 거뒀다.

항전 초기 수덕지역은 적대적 갈등이 첨예했다. 1937년 겨울 모택동은 진기함(陳寄涵)[3260]을 (綏德)경비구 사령관에 임명했다. '특위(特委)' 산하에는 수덕·미지(米脂)·가현(佳縣)·오보(吳堡)·청간(清澗)·하방(河防) 6개 현위가 설치됐다. (國民黨)섬서성 정부는 '반공 전문가'[3261] 하소남(何紹南)을 수덕에 파견했다. 팔로군 359여단이 진입(1939.8)한 후 하소남은 수덕에서 도망쳤다. 여단장 왕진이 (警備)사령관·(綏德)전원을 맡았다. 습중훈이 수덕에 도착했을 때 (綏德)전원은 원임원이었다. 이 시기 습중훈의 직속상관은 서북국(西北局) 서기인 고강이었다. 한편 습중훈은 수덕에서

3259 백치민(白治民, 1918~2007), 섬서성 청간(清澗) 출신이며 공산주의자이다. 1935년 중공에 가입, 1930~1940년대 수덕(綏德)지위 조직부장, (綏德)군분구 정치위원, 건국 후 (陝西)성위 부서기, (福建)성위 조직부장, 중앙조직부 부부장을 역임, 2007년 북경에서 병사했다.

3260 진기함(陳寄涵, 1897~1981), 강서성 흥국(興國) 출신이며 공산주의자이다. 1925년 중공에 가입, 1930~1940년대 홍군 15군단 참모장, 요녕(遼寧)군구 사령관, 동북군구 참모장, 건국 후 (解放軍)군사법원장, 최고인민법원 부원장 등을 역임, 1981년 북경에서 병사했다.

3261 수덕(綏德)행정전원 하소남(何紹南)은 '반공(反共) 전문가'였다. '치안 보호' 명의로 400여 명의 보안대를 설립한 그는 공산당원을 암살하고 (八路軍)병사를 참살하는 등 온갖 악행을 저질렀다(賈巨川 외, 2013: 341). (八路軍)359여단이 (綏德)진입 후 하소남은 수덕에서 도망쳤다. 1954년 반동(反動)분자 하소남은 (共産黨)정부에 의해 처형됐다.

'10세 연하'[3262]인 제심(齊心)[3263]과 재혼했다.

1943년 여름 당중앙의 (肅奸)문건이 (綏德)분구에 하달됐다. 습중훈의 주재로 '(審幹)동원' 회의가 열렸다. (黨中央)지시는 무조건 정확하다고 여긴 (綏德)간부들은 숙간을 (黨性)문제로 간주했다(韋君宜, 1998: 5). 습중훈은 비서장 안지문(安志文)을 서북국에 파견해 (綏德)상황을 보고하게 했다. 안지문은 이렇게 회상했다. …(西北局)지도자에게 습중훈의 의견을 전달하고 구체적 지시를 요청했다. 강생은 이렇게 말했다. …수덕지역에는 간첩이 매우 많다. 연안을 본받아 '실족자 구조'에 전념해야 한다(賈巨川 외, 2013: 352). (肅奸)책임을 강생에게 전가한 안지문의 회상은 신빙성이 낮다. 안지문에게 (肅奸)지시를 내린 것은 습중훈의 상급자 고강이었다. 1944년 고강의 지시를 충실하게 집행한 안지문은 (高崗)비서로 발탁됐다. 당시 (陝西)토박이 습중훈과 고강은 '돈독한 관계'[3264]를 유지했다.

1935년 가을 고강·습중훈은 (左傾)노선 집행자에 의해 수감된 환난지우(患難之友)였다. 습중훈이 (關中)지위 서기로 재직(1936~1942)한 기간 (邊

3262 습중훈의 두 번째 부인인 제심의 출생에 대해 다양한 주장이 있다. 즉 1926년생, 1924년생, 1923년생 등이다. '습중훈전(習仲勛傳)' 편집조(編輯組)는 제심을 1923년생으로 기술했다. 따라서 습중훈과 제심의 연령 차이는 '10세'라는 것이 학계의 중론으로 간주된다.

3263 제심(齊心, 1923~), 하북성 고양(高陽) 출신이며 습중훈의 두 번째 부인이다. 1940년 중공에 가입, 1941년 중앙당학교 연수, 1943년 (綏德)사범학교 당지부 서기, 1944년 습중훈과 결혼, 2남2녀를 출산했다. 1960년대 '5.7학교' 하방(下放), 1978년 북경에서 합솔했다.

3264 유지단·고강·습중훈은 (陝北)근거지를 개척한 공로자이다. 유지단 희생(1936.4) 후 (邊區)지도자 고강·습중훈은 (上下級)관계를 유지했다. 서북국 서기 고강은 습중훈은 서북국 (黨校)총장으로 임명(1942.7)했다. (西北局)회의 후 습중훈이 모택동의 중용을 받은 것은 모택동의 심복 고강의 천거와 관련된다. '중공 7대' 후 '(高崗)후임자' 습중훈은 서북국 서기로 임명됐다. 한편 고강의 실각(1954)은 습중훈에게 악재로 작용했다.

區)당위 서기(1938)와 서북국 서기(1941)를 지낸 고강은 (習仲勛)상급자였다. 1942년 7월 습중훈은 서북국 (黨校)총장에 임명됐다. 이는 '(同鄉)부하'인 습중훈에 대한 고강의 배려였다. (西北局)회의 주재자 고강은 (大會)보고를 하고 습중훈은 두 차례 발언했다. 1943년 9월 '열흘 회의'[3265]를 주재한 습중훈은 '(肅奸)본보기'가 됐다. 해방전쟁 시기 '(高崗)후임자'인 습중훈은 팽덕회의 조력자가 됐다. 1962년 국무원 부총리 습중훈은 강생의 모함을 받았다. 당시 습중훈을 '(小說)유지단' 주모자로 모함한 강생은 이를 '고강번안(高崗翻案)'[3266]이라고 주장했다. 1950년대 '(反黨)분자' 고강은 자살(1954.8)하고 팽덕회는 (反黨集團)주모자로 몰렸다. 결국 상기 두 사람과 돈독한 관계를 유지한 습중훈의 실각은 필연적 결과였다.

(綏德)간첩사건은 1943년 봄 국민당 유림총부(榆林總部)가 획책한 암살(暗殺) 음모였다. 당시 유림총부는 '(邊區)공격'을 배합하기 위해 '습중훈 암살'을 시도했다. 1943년 6월 (邊區)보안처는 이 사건은 해결됐다. 당시 수많은 '(特務)혐의범'이 체포됐다(李海文, 2019: 185). 결국 이는 (邊區)부주석 이정명과 참의원 안문흠(安文欽) 등 민주인사의 불만을 야기했다.

3265 사철은 이렇게 회상했다. …9월 14일부터 (邊區)수덕에서 각계(各界) 민중이 모여 열흘 간 '(國民黨)특무 적발' 대회를 열었다. 수덕에서 개최된 '열흘 회의'는 '실족자 구조' 운동의 본보기이다. '열흘 회의' 후 '구조(救助)' 운동은 '자구(自救)' 운동으로 완화됐다(師哲, 2015: 186). 실제로 수덕지위 서기 습중훈이 주재한 '열흘 회의'에서 400여 명의 '간첩'을 색출했다. 한편 (肅奸)주도자 강생은 '(綏德)경험'을 기타 지역에 보급했다.

3266 1962년 강생은 습중훈이 유지단의 동생 유경범(劉景範) 부부와 결탁해 (反黨)소설 '유지단(劉志丹)'을 창작했다고 모함했다. 이는 '고강번안(高崗翻案)'이며 '번안풍(翻案風)'의 막후 조정자가 습중훈이라고 무함했다('習仲勛傳'編輯組, 2013: 275). 강생은 중앙판공청 주임 양상곤에게 편지를 보내 소설 '유지단'은 단순한 (文學)작품이 아닌 정치적 성향이 강한 (反黨)작품이라고 주장했다(薄一波, 1993: 1096). 실제로 (反黨)작품으로 간주된 '(小說)유지단' 비판은 모택동이 지시한 것이다. 한편 습중훈의 실각은 '(彭德懷)번안풍'과 관련된다.

1943년 7월 (邊區)보안처는 사철과 설극명(薛克明)[3267]을 (綏德)보안처의 정부(正副)처장으로 임명했다. 1945년 '(綏德)간첩사건'과 관련된 '(特務)혐의범' 대부분이 명예를 회복했다. 한편 사철의 회상에 따르면 당시 습중훈은 (國民黨)특무기관에 '변절자'[3268]로 이름이 올랐다.

(綏德)사범학교의 간부 심사는 (肅反)운동으로 발전했다. 게시판에 익명의 협박 편지가 나붙자 습중훈은 선전부장 이화생(李華生)[3269]을 사범에 파견하고 (肅奸)동원 보고를 했다('習仲勛傳'編輯組, 2013: 352). 제심은 이렇게 회상했다. …1943년 가을 가짜 탄백이 사범에 만연됐다. '실족자' 양산에 많은 학부모는 불만을 표시했다. 이는 당에 대한 불만으로 이어졌다(齊心, 1999.1). 백치민은 이렇게 회상했다. …탄백자 급증에 따라 곤혹을 느낀 습중훈은 어떻게 이렇게 많은 여학생이 간첩이 될 수 있는지 의문스럽다고 말했다(白治民, 1996.5.13). 당시 (綏德)사범에는 '특무미인계(特務美人計)'[3270]라는 간첩 조직이 있었다. 한편 습중훈의 '선전부장 파

3267 설극명(薛克明, 1910~1965), 섬서성 오보(吳堡) 출신이며 공산주의자이다. 1927년 중공에 가입, 1930~1940년대 (邊區)보안처 집행과장, (綏德)보안처 부처장, 건국 후 청해성(靑海省) 공안청장·검찰장, 청해성 부성장(副省長) 역임, 1965년 서녕(西寧)에서 병사했다.

3268 사철은 이렇게 회상했다. …1943년 봄 임필시는 나에게 '(國民黨)특무기관의 습중훈(習仲勛) 변절' 조사를 지시했다. 면밀한 조사를 거쳐 국민당 순읍(旬邑)현 전원이 (情報)혐의범이라고 확인한 보안처는 체포해 심문했다. 그는 상금을 타기 위해 관중(關中)지위 서기 습중훈을 '변절저 명단'에 적어 넣었다고 실토했다(賈巨川 외, 2013: 323). 당시 수덕(綏德)지위 서기로 전근한 습중훈은 (邊區)보안처의 '(關中)조사'를 알지 못했다.

3269 이화생(李華生, 1912~2000), 사천성 풍도(豊都) 출신이며 공산주의자이다. 1933년 중공에 가입, 1930~1940년대 (陝甘)성위 선전부장, (綏德)지위 선전부장, 동북국 조직부장, 건국 후 하북성 정협 부주석, 천진시 인대 부주임 등을 역임, 2000년 천진(天津)에서 병사했다.

3270 '특무미인계(特務美人計)' 책임자는 어문(語文) 교사, 멤버는 사범(師範) 여학생이다. (組織)구호는 …우리의 일터는 적의 침대이다. 또 학급에 따라 팀을 정했다. 1학년 미인팀,

견'은 수덕의 숙간(肅奸)을 주도했다는 반증이다. 이 시기 당조직의 파견을 받아 (綏德)사범에서 연수를 한 제심은 (學生)당지부의 서기를 맡았다.

1943년 가을 미지(米脂)중학교 (肅奸)운동은 절정에 달했다. (米中)학생인 염학병(閻學兵)은 이렇게 회상했다. …한달 간의 '(失足者)구조'를 통해 80% 이상의 사생(師生)이 간첩으로 몰렸다. 자주(子洲)현은 90% 이상의 교사를 체포해 탄백을 강요했다(路平 외, 1994: 186). 1943년 10월 청간(清澗)현 (高傑村)초등학교 교장 호걸출(呼傑出)은 간첩으로 체포됐다. 결국 (復興社)책임자라고 탄백한 호(呼) 교장은 제3지사의 책임자가 부금화(富錦華, 15세)이고 황한정(黃漢鼎, 14세) 등 멤버가 있다고 거짓 고백을 했다(程敏, 1993: 188). 혹형을 견디지 못한 교장이 제자에게 (間諜)죄명을 씌운 것이다. 당시 자신은 (復興社)간첩이고 부금화가 (特務)대장이라고 진술한 황한정은 죄가 두려워 무정하(無定河)에 뛰어들어 자살했다.

9월 중순 수덕분구는 '(特務)적발' 군중대회를 열었다. 열흘 간 열린 (大會)참석자는 2600명에 달했다. '탄백자'는 280명, 서로 적발한 '간첩'은 190명이었다(路平, 1993: 185). 9월 13일부터 개시된 '간첩 적발' 대회는 수덕지위 주재로 10일 간 지속됐다. '열흘 회의'로 불리는 군중대회는 '(救助)운동' 본보기이다(師哲, 2015: 186). 10월 9일 모택동은 '(綏德)숙간대회' 보고서에 이렇게 지시문을 썼다. …한 사람도 처형해선 안 되며 다짜고짜 체포해선 안 된다. 보위기관은 핍공을 삼가야 하며 각 기관에 자주권을 부여해야 한다(逄先知 외, 1993: 475). '열흘 회의' 주재자 습중훈은 '(綏德)숙간'을 통해 모택동에게 괄목상대 리더십을 보여줬다. 모택동

2학년 미인계, 3학년 춘색(春色)팀이었다(賈巨川 외, 2013: 353). 이른바 '특무미인계'는 날조된 사건이었다. '책임자(教師)'가 핍공(逼供) 끝에 거짓 진술을 한 것이다.

모택동과 중국혁명 3

의 (指示)발표로 (肅奸)운동은 '자구운동(自救運動)'[3271]으로 완화됐다.

1943년 1월 모택동은 '선진공작자(先進工作者)'[3272] 습중훈에게 '(黨)이익이 첫째'라는 제사(題詞)를 증정했다. 1943년 가을 습중훈이 주도한 수덕(綏德)지역 숙간은 '(肅奸)본보기'가 됐다. 중공 7차 당대회에서 (中央)후보위원에 선출된 습중훈은 중앙조직부 부부장에 임명됐다. 이는 모택동이 습중훈의 리더십을 인정했다는 단적인 반증이다. 한편 32세의 습중훈이 서북국 서기로 임명(1945.12)된 것은 '초고속 승진'이었다. 1952년 8월 북경으로 전근된 습중훈은 국무원 비서장(1953)을 맡았다. 1962년 강생의 '모함'으로 실각한 습중훈은 16년 후에 복권했다.

습중훈은 당의 영도 강화를 위해 (綏德)현위 서기 송양초(宋養初)[3273]를 (師範)당지부 서기로 파견했다. 수덕사범 교직원은 350명이었다. 수덕지위의 '숙간 강화'로 사범에서만 162명의 '간첩'을 제거했다. 항일군정대학은 강도 높은 '숙간(肅奸)'을 전개해 600여 명 '간첩'을 숙청했다. 당시 (綏德)경비사령부도 핍공을 강행해 '(特務)혐의범' 425명을 색출했다.

3271 1943년 9월 말 '강압적 심사(逼供)'를 기반으로 한 '실족조 구조' 운동은 소강상태에 진입했다. 이는 모택동의 '지시문(10.19)' 발표와 관련된다. 1943년 10월 (肅奸)주도자 강생은 '자구적 운동(自救運動)'을 제출했다. 결국 '실족자 구조'는 (邊區)보안처 주도의 '핍공신'을 포기하고 대중의 적극성을 동원하는 대중적 운동으로 발전했다.

3272 '선진공작자(先進工作者)'는 당의 정책을 충실하게 집행하고 지방의 경제발전에 기여한 정부기관의 책임자에게 수여하는 영예이다. 관중(關中)지위 서기로 재임(1936~1942)한 기간 습중훈은 출중한 리더십과 행정력을 과시했다. (西北局)회의 폐회식(1943.1)에서 '선진공작자' 습중훈은 주석대에 올라 변구(邊區) 주석인 임백거로부터 상장(賞狀)과 상품을 받았다. 이는 습중훈이 모택동의 눈도장을 확실하게 찍은 중요한 계기가 됐다.

3273 송양초(宋養初, 1914~1984), 강소성 사홍(泗洪) 출신이며 공산주의자이다. 1938년 중공에 가입, 1930~1940년대 (邊區)수덕현위 서기, (隴東)지위 선전부장, 건국 후 국가건설위원회 부주임, 건축재료공업부장, 전국 (政協)상임위원을 역임, 1984년 북경에서 병사했다.

1943년 하반기 수덕지역은 (陝甘寧)변구의 '숙간(肅奸) 본보기'가 됐다.

중경에서 온 지식인이며 (綏德)항전보(抗戰報)[3274] 주필 구양정(歐陽正)은 모택동에게 보낸 편지에 이렇게 썼다. …습중훈은 나를 간첩이라고 결정했다. 나는 간첩이 아니다. 당시 습중훈은 구양정의 편지를 모택동에게 전달했다('習仲勛傳'編輯組, 2013: 359). 모택동은 수덕지위에 보낸 지시문에 이렇게 썼다. …중훈 동지 이 사람은 경계해야 한다(黃仁柯, 1994.3). 심사팀 담당자 장계동(庄啓東)[3275]은 박고에게 편지를 보냈다. 박고는 답신에 이렇게 썼다. …구양정이 곧 석방된 것은 (重慶)지하당과 관련된다. '중경 활동'이 불가능한 상황에서 연안으로 파견됐다(任文 외, 2014: 110). 습중훈은 심사팀의 '처리 의견'[3276]에 따라 구양정을 연안에 보냈다. 결국 팽진에 의해 '평반(平反)'된 구양정은 1950년대 북경시위 선전부장을 지냈다. 1943년 겨울 습중훈은 본처 학명주(郝明珠)와 이혼[3277]했다.

3274 수덕지위(綏德地委) 기관지 항전보(抗戰報)는 1938년 8월 (綏德)경비구 사령관 왕진(王震)이 '(抗戰報)창간'을 결정했다. 초대 편집장은 장패(張沛), 그 후 조전공(祖田工)·구양정(歐陽正)·장계동(庄啓東) 등이 (抗戰報)주필을 맡았다. 1946년 7월 대중보(大衆報)로 개명했다.

3275 장계동(庄啓東, 1910~1997), 절강성 진해(鎭海) 출신이며 공산주의자이다. 1928년 중공에 가입, 1930~1940년대 (陝甘寧)변구 문화협회 비서장, 하얼빈시위 선전부 부부장, 동북총공회 비서장, 건국 후 국가경제위원회 노동(工資)국장을 역임, 1997년 북경에서 병사했다.

3276 심사팀의 '(處理)의견'은 첫째, (綏德)심사팀 명의로 (嫌疑範)구양정은 '간첩'이 아니라는 임시적 결론을 내린다. 둘째, 구양정을 연안에 보내 당중앙이 최종 결론을 내리게 한다(庄啓東, 2014: 111). 당시 습중훈은 심사팀의 '의견'을 수용해 구양정을 (延安)자연과학원에 보냈다. 결국 중앙조직부장인 팽진이 구양정의 '(特務)혐의'를 벗겨주었다.

3277 1943년 12월 습중훈의 가정에 중대한 변화가 일어났다. 습중훈과 본처 학명주(郝明珠)는 성격상 문제로 (夫婦)감정이 악화돼 이혼했다('習仲勛傳'編輯組, 2013: 361). 1935년 습중훈은 지인의 소개로 와요보(瓦窯堡)여성위원회 회장 학명주와 결혼했다. 습중훈과 학명주는 5명 자녀를 출산, 2명이 요절하고 1남2녀가 생존했다. 당시 습중훈이 '조강지처' 학명주와 이혼한 것은 이 시기 (陝甘寧)변구와 연안에서 성행된 고위간부의 '(夫

1943년 여름 습중훈은 수덕(綏德)사범에서 숙간(肅奸) 보고를 했다. 당시 제심이 (會議)기록을 담당했다. 19세인 제심은 언행이 우아하고 아름다운 미모를 지녔다. 이는 습중훈과 제심의 첫 만남이었다(賈巨川 외, 2013: 376). 제심은 이렇게 회상했다. …(肅奸)운동이 개시된 후 습중훈의 편지를 받았다. 그의 혁명(革命) 경력을 들은 후 사모의 정이 생겼다. 결국 나는 그의 집요한 구애를 받아들였다(齊心, 2004.3.16). (抗大)부총장 하장공이 중매자 역할을 했다. 당시 습중훈은 1남2녀를 둔 유부남이었다. 1944년 4월 습중훈은 (西北局)허락을 받아 제심과 재혼했다. 습중훈의 '(夫人)물갈이'는 상급자인 고강과 무관치 않다. 1940년 고강은 양지방(楊芝芳)[3278]과 이혼하고 15세 연하인 이력군(李力群)[3279]과 재혼했다.

사철(師哲)은 이렇게 회상했다. …강생은 통전부(統戰部) 부부장 가경시에게 마수를 뻗쳤다. (柯慶施)부인 자살 후에도 가경시 비판은 지속됐다. 1943년 9월 중앙기관은 '실족자 구조' 명의로 가경시 투쟁 대회를 열었다(程敏, 1993: 208). 1930년대 가경시는 지하공작자(地下工作者)[3280]였

人)물갈이'와 관련된다. 1943년 '(肅奸)본보기'가 된 (綏德)지위 서기 습중훈은 님도 따고 뽕도 보는 '일석이조'의 결과를 얻었다. 한편 '조강지처 포기'는 상급자 고강이 악례(惡例)를 남겼다.

3278 양지방(楊芝芳, 1905~2001), 섬서성 미지(米脂) 출신이며 공산주의자이다. 1921년 고강과 결혼, 1938년 중공에 가입, 1940년대 (陝甘寧)변구정부 탁아소장, 1938년 고강과 이혼했다. 건국 후 (西安)보육원장, 섬서성 정협 위원 역임, 2001년 북경에서 병사했다.

3279 이력군(李力群, 1920~2020), 강소성 휴녕(睢寧) 출신이며 공산주의자이다. 1938년 중공에 가입, 1940년 고강과 결혼, 1940년대 (邊區)당위 비서처 비서, 동북총공회 집행위원, 건국 후 (教育部)학생관리국 판공실장, 전국 정협 위원을 역임, 2020년 북경에서 병사했다.

3280 지하공작자(地下工作者)는 적의 내부에 잠복해 '비일정보'를 입수해 비밀리에 제공하는 특무(特務)를 가리킨다. 가경시가 '지하공작자'라는 상기 주장은 어폐가 있다. 1930년대 (中共)고위간부 가경시는 하북성 군위(軍委) 서기·북방국 조직부장을 맡았다. 1936

다. 대부분의 지하당원이 체포됐으나 (綏遠)출장 중인 가경시는 체포에서 벗어났다. 결국 변절자로 간주된 가경시는 '(變節)탄백'을 강요당했다 (任文 외, 2014: 49). 1936년 북방국 서기 유소기는 '(左傾)노선'을 집행한 조직부장 가경시를 경질하고 팽진을 조직부장에 임명했다. 이는 유소기와 가경시가 앙숙이 된 원인이다(高華, 2010: 156). (中共)7기 4중전회[3281]에서 팽진은 이렇게 술회했다. …북방국에서 일할 때 개별 동지에 대한 비판이 부적절했다. 과격한 언행에 대해 진심으로 반성한다('彭眞傳'編輯組, 2012: 284). 상기 '개별 동지'는 가경시를 가리킨다. 가경시 부인[3282] 증담여(曾淡如)[3283]의 자살(1943.1)은 강생이 주도한 '간부 심사'와 크게 관련된다. 가경시의 변절은 사실무근이며 (柯慶施)투쟁은 '실족자 구조'와 무관하다. 실제로 앙숙 가경시에 대한 유소기의 '보복적 투쟁'이었다.

1931년 가경시는 (上海)임시중앙 비서장을 맡았다. 북방국(北方局) 서기 유소기에 의해 파면된 후 (延安)중앙당학교(副總長)로 전근됐다. 1937년 봄여름 '(劉洛)설전'에서 낙보를 지지한 가경시는 유소기와 악연을

년 북방국 서기 유소기에 의해 경질됐다. 결국 유소기와 가경시는 악연을 맺었다.

3281 1954년 2월 6~10일 (中共)7기 4중전회가 북경에서 열렸다. 중앙서기처 서기이며 국가 부주석인 유소기가 중앙정치국을 대표해 (大會)정치보고를 했다. 대회에서 주덕·주은래·진운·등소평 등 44명이 발언했다. 또 '4중전회'는 고강·요수석의 (反黨)분열행위를 적발하고 비판했다. 또 대회는 과도(過渡) 시기의 총노선과 '당의 단결 강화(決議)'를 통과시켰다. 한편 '항주(杭州) 휴가' 중인 모택동은 7기 4중전회에 참석하지 않았다.

3282 가경시는 선후로 4명의 여성과 결혼했다. 1920년 (安徽)고향에서 '부모가 도맡은' 혼인으로 결혼했다. 1937년 20세 연하인 이금(李錦)과 재혼, 곧 이혼했다. 1941년 증담여(曾淡如)와 재혼, 1943년 1월 '(四川)홍기당'으로 모함을 받은 증담여가 자살했다. 1948년 석가장(石家庄)에서 넷째 부인 우문란(于文蘭)과 재혼해 1남3녀를 두었다.

3283 증담여(曾淡如, 1906~1943), 사천성 인수(隣水) 출신이며 공산주의자이다. 1926년 중공에 가입, 1920~1930년대 (遂寧)현위 서기, 사천성 (工委)여성부장, 1941년 가경시와 결혼했다. 1942년 '홍기당(紅旗黨)'으로 확정, 1943년 1월 우물에 뛰어들어 자살했다.

맺었다. 1943년 '중공 2인자'로 부상한 유소기는 가경시를 (鬪爭)대상으로 삼았다. 1945년 가을 가경시는 (晉察冀)변구로 '하방'됐다. 1950년대 상해시위 서기 가경시는 모택동의 중용을 받아 '국가 지도자(副國級)'[3284] 반열에 올랐다. 1964년 국무원 부총리로 승진한 가경시는 1965년에 졸사(猝死)했다. 한편 (文革)시기 가경시가 생존했다면 모택동의 정적인 유소기의 '대체자'가 됐을 것이라는 것이 일각의 주장이다.

서북국 회의(10.14)에서 모택동은 이렇게 지적했다. …'간첩 숙청'에서 큰 성과를 거둔 공산당은 (肅奸)방법을 파악했다. 국민당은 간첩 양성에 선수를 쳤다. (國民黨)간첩은 (中共)기관 내부에 대거 잠복했다(雷國珍 외, 2003: 338). 또 그는 이렇게 말했다. …(抗戰)6년만에 공산당은 '(特務)제거' 비결을 장악했다. 국민당은 '부인·병사를 다 잃는' 꼴이 됐다. 우리는 '눈에는 눈, 이에는 이'의 대책을 마련해야 한다(高新民 외, 2000: 380). 모택동은 등소평에게 보낸 전보(11.5)에 이렇게 썼다. …'간첩 제거'에서 체포자를 대폭 줄여야 한다. (間諜)총수의 5%를 초과해선 안 된다. (特務)탄백자는 석방하고 간첩 처형은 당중앙의 허락을 받아야 한다(胡喬木, 1994: 278). 모택동이 언급한 '(肅奸)성과'는 강생이 주도한 (肅奸)운동을 간접적으로 지지한 것이다. '간첩 잠복'·'대책 마련'은 (肅奸)필요성을 강조한 것이다. 한편 '체포자 감소(5%)'는 강압적 숙청이 완화됐다는 반증이다.

1943년 12월 22일 중앙서기처는 회의를 열고 긍정적 측면과 부정

3284 중국의 '국가 지도자'는 정국급(正國級)과 부국급(副國級)으로 나눈다. '정국급'에는 당·국가·군위(軍委) 주석과 전국 (人大)주임·전국 (政協)주석, 정치국 상임위원(常委) 등이 포함된다. '부국급'에는 정치국 위원·(政治局)후보위원, 국무원 부총리 (國務)위원, 전국 (人大)부주임·(政協)부주석, (軍委)부주석·최고인민법원장 등이 포함된다.

적 측면을 정리했다. 긍정적 측면은 ① 잠복한 간첩 색출 ② (肅奸)간부 양성 ③ 관료주의 청산 ④ (事業)효율 제고 ⑤ (反革命)분자 제거 ⑥ 계급 교육 진행 등이다(張樹軍 외, 2003: 339). 부정적 측면은 첫째, '(間諜)위협'을 과장하고 (特務)숫자를 부풀렸다. 둘째, (肅奸)운동은 대중의 공포감을 자아냈다. 셋째, 일부 정부기관은 간첩에게 이용당했다. 넷째, (外地)지식인을 간첩으로 간주했다. 다섯째, 통일전선을 무시했다(胡喬木, 2014: 280). '부정적 측면'의 발생 원인은 첫째, '간첩 숙청'에 대한 올바른 인식이 부족했다. 둘째, 대중운동을 제대로 인도하지 못했다. 셋째, 조사연구를 무시하고 '핍공(逼供)'에 집착했다. 넷째, 지도간부의 (肅奸)경험이 부족했다(高新民 외, 2000: 381). 1944년 1월 24일 중공중앙은 '(坦白者)선별공작에 관한 지시'[3285]를 발표했다. 1944년부터 '(嫌疑範)'선별을 거쳐 대다수의 '실족자'가 명예를 회복했다. 모택동은 여러 번 정중한 사과를 했다. 모택동의 반성은 (肅奸)악영향을 다소 완화했으나 실추된 (黨)이미지 회복에 역부족이었다. 한편 '(肅奸)후유증'[3286]은 쉽사리 가셔지지 않았다.

서기처 회의(12.22)에서 임필시는 이렇게 말했다. …(延安)중앙기관과 (軍隊)계통의 지식인은 4만명이다. 연안에 온 지식인 중 3600여 명은 지하당(地下黨) 출신이다. 지식인의 80~90%는 혁명 동지이다. 일부 행정기

3285 1944년 1월 24일 당중앙은 '(坦白者)선별공작에 관한 지시'를 발표했다. 지시(指示) 골자는 ① '탄백자' 중 간첩은 극소수 ② '실족자' 중 속임수에 넘어간 자 대부분 ③ 탄백자에 대한 책임 추궁 금지 ④ 누명을 쓴 자의 명예 회복 등이다(雷國珍 외, 2003: 340). 결국 '탄백자' 재심사를 거쳐 대다수가 (間諜)누명을 벗고 명예를 회복했다.

3286 1년 동안 진행된 '숙간(肅奸) 후유증'은 심각한 결과를 초래했다. ① 외래자와 (陝北)토박이 간 모순 격화 ② (外來)지식인과 (工農)간부 간 갈등 격화 ③ 행정기관·지방정부와 대중 간 알력 격화 ④ '실족자'에 대한 선입견 심화 ⑤ 당의 이미지 실추, 군중(群衆)관계 악화 ⑥ (邊區)당원 간부와 (白區)지하당원 간의 불신 심화 등이다.

관은 지식인 80%를 '특무'로 확정했다(章學新 외, 2014: 622). 또 그는 이렇게 지적했다. …핍공(逼供)을 강행한 '실족자 구조'는 많은 문제점을 양산했다. 전방과 (敵後)근거지는 '탄백(坦白) 강요'의 '실족자 구조' 방식을 적용해선 안 된다(中共中央文獻研究室, 2014: 623). 임필시는 '강압적 심사(逼供)' 방식을 견책했다. 이에 강생은 이렇게 궤변을 늘어놓았다. …(肅奸)운동에서 '실족자'에 대한 '강압적 심사'는 완전히 필요했다. (蘇聯)공산당도 '(幹部)숙청'에서 이렇게 했다(宋廣渭 외, 1999: 287). 화가 치민 임필시는 이렇게 면박을 주었다. …그것은 소련의 (肅反)교훈이다. 소련의 '잘못된 경험'을 무조건 중국에 적용해선 안 된다. 모스크바 주재 (中共)대표단장을 맡았던 임필시는 왕명·강생이 (蘇聯)숙반 시절에 저지른 (左的)과오를 시정한 당사자였다(程敏 외, 1994: 183). 강생은 모스크바에서 자신이 범한 과오에 관해 세부적 내용까지 파악한 임필시를 '경이원지'했다. 당시 모택동의 신임을 받고 있는 강생을 대놓고 힐책할 수 있는 중앙지도자는 당내에서 임필시가 '유일무이(唯一無二)'[3287]했다. 결국 임필시는 강생의 (肅奸)운동에 제동을 거는 (牽制者)역할을 했다.

사철은 이렇게 회상했다. …(延安)시기 강생은 모택동과 임필시를 가장 무서워했다. 강생은 임필시를 두려워한 원인을 이렇게 말했다. …상해대학에서 공부할 때 임필시는 나의 스승이었다. 강생은 임필시의 대쪽같은 기개에 기가 눌렸던 것이다(師哲, 1991: 260). 강생보다 여섯 살

3287 당시 '강생 견책'이 가능한 정치국 위원은 몇 명이 안 됐다. '중공 2인자' 유소기는 모택동의 지지를 받는 강생의 '실족자 구조'에 대해 수수방관했다. 조직부장 진운은 모택동의 지지를 상실했고 팔로군 총사령관 주덕은 (部隊)대생산운동에 전념했다. '(三人)상임위원(1943.3)' 멤버 임필시는 모택동의 절대적 신임을 받았다. 당시 강생이 가장 두려워한 정치국 위원은 임필시였다. 한편 임필시의 '(康生)견책'과 '(肅奸)제지'는 유효했다.

아래인 임필시는 입당·(蘇聯)유학·(黨內)직위 등에서 한참 앞선 '대선배' 였다. 모택동의 '영수 등극'의 수훈갑이며 '9월회의(1941)'에서 모택동의 '왕명 제거'에 결정적 역할을 했다. '(三人)상임위원(1943.3)' 멤버인 임필시는 실질적인 '(中共)2인자'[3288]였다. 한편 강생은 모택동의 '유력한 조력자'가 아니었다. 당시 모택동이 가장 신임한 '조력자(副手)'는 임필시·유소기였다. 한편 강생의 천적인 임필시는 46세의 '젊은 나이'에 병사했다.

디미트로프는 모택동에게 보낸 편지(1943.12.22)에 이렇게 썼다. …나는 강생의 역할에 대해 회의적이다. 강생과 그의 기관은 강압적 방식으로 (肅反)운동을 확대했다. 현재 강생의 행동은 (重慶)간첩을 도와주고 있다(王珺, 2014: 162). 모택동은 답신(1944.1.2)에 이렇게 썼다. …강생은 믿음직한 동지이다. '심간(審幹)'은 (康生)기관의 소관이 아니다. 최근 중앙사회부는 일부 간첩을 색출했다(黃修榮 외, 2012: 393). (肅奸)운동 후 위신이 바닥에 떨어진 강생은 중앙위원에 낙선되지 않았으나, (七大)대표들은 그에 대한 불만을 표출했다. 1947년 1월 강생은 (土改)고찰단[3289]을 이끌고 진서북(晉西北)으로 떠났다(任文 외, 2014: 159). 강생이 '(重慶)간첩을 도와

3288 1940년 3월 연안으로 회귀한 임필시는 모택동의 '중요한 조력자(副手)'로 초기 정풍운동을 주도했다. 또 '9월회의(1941)'에서 임필시는 모택동의 '소련파 제거'에 결정적인 역할을 했다. 실제로 '(三人)상임위원(1943.3)'인 임필시는 '명의상 2인자'인 유소기보다 더욱 중요한 역할을 했다. 1940~1944년 임필시는 실질적인 '중공 2인자'였다.

3289 1947년 1월 31일 강생·진백달이 이끈 '토개(土改)' 고찰단이 진서북(晉西北)으로 출발했다. 3월 2일 고찰단은 진수(晉綏)변구의 임현(臨縣)의 학가파(郝家坡)에 도착했다. 당시 '고찰단' 멤버는 강생의 부인 조일구, 양상곤의 부인 이백쇠, 모안영 등이 있었다(程敏, 1993: 221). 실제로 강생의 '진서북(晉西北) 하방'은 모택동이 지시한 것이다. (晉綏)토지개혁 중 갱생은 좌적(左的) 과오를 범했다. 한편 1948년 강생은 중앙사회부를 떠났다.

준다'는 상기 주장은 블라디미노프의 '잘못된 정보'[3290]와 크게 관련된다. 실제로 이 시기 모택동은 여전히 최측근 강생을 신임했다. 강생의 (七大)정치국 위원 '선임'이 단적인 증거이다. 1952년 모택동은 산동성(山東省)에 '하방'한 강생을 북경으로 재차 불러들였다.

1943년 겨울부터 개시된 '(肅奸)선별'은 1945년 10월에 끝났다. '간첩'으로 간주된 90% 이상의 '실족자'가 누명을 벗었다. 그들 대다수는 자진해서 전방으로 갔고 전투영웅 또는 (革命)열사가 됐다(程敏, 1993: 198). 1944년 100여 명의 '혐의범'이 (邊區)보안처에 감금됐다. 그들의 결과는 매우 비참했다. 이들 대다수는 억울한 죄명을 썼다(路平 외, 1994: 199). 1944년 초 (晉察冀)변구는 외국인 '(特務)혐의범'을 변구에 압송했다. 3명은 러시아인, 1명은 유고슬라비아인이다. 1947년 초 보안처는 호종남의 침공이 임박하자 외국인(犯人)·(國內)범죄자를 영평(永坪)에 압송해 처형했다(任文 외, 2014: 185). 당시 영평에서 4명 외국인과 함께 처형된 것은 보안처에 감금된 (特務)혐의범이었다. 결국 보안처장 주흥은 (黨內)비판을 받았다. 실제로 강생의 묵인하에 주흥이 '(犯罪者)처형' 지시를 내렸다.

행정학원 연설(1943.12)에서 모택동은 이렇게 말했다. …현재 무고한 동지들이 억울한 누명을 썼다. 이는 독한 소독제를 과다 사용한 욕탕에서 피부가 상한 것과 같다. 실사구시를 주장하는 공산당은 '(審幹)과 오'를 시정해야 한다(張志淸 외, 1994: 187). 1944년 5월 24일 모택동은 (延安

3290 디미트로프가 모택동에게 보낸 편지(1943.12)에서 알 수 있듯이 모스크바의 '정풍운동 이해'는 잘못된 것이다. 결국 이는 연안에 체류한 '소련 첩보원' 블라디미노프의 잘못된 정보와 밀접히 관련된다. 당시 스탈린과 디미트로프는 모택동이 주도한 정풍의 '교조주의 청산'을 '소련 반대'로 간주했다(梅劍 외, 1996: 577). 실제로 '간첩(間諜)' 역할을 한 블라디미노프가 (延安)정풍에 대한 왕명의 왜곡된 견해를 모스크바에 전달한 것이다.

大學)개학식에서 이렇게 반성했다. …정풍과 '간부 심사'에서 큰 성과를 거뒀으나 '실족자 구조'에서 과오를 범했다. (肅奸)확대화로 일부 동지들이 상처를 입었다. 나는 여러 분에게 정중히 사과한다(楊劼 외, 2010: 104). 모택동이 허리를 굽혀 사과하자 회의장에선 우레와 같은 박수 소리가 울려 퍼졌다. 당시 참석자들은 민가(民歌)[3291] '동방홍(東方紅)'[3292]을 불렀다(王雲風 외, 1994: 95). 1945년 3월 25일 '(軍委)간부' 회의에서 모택동은 이렇게 말했다. …(肅奸)운동에서 누명을 쓴 동지에게 진심으로 사과한다. '실족자 구조'는 필요했으나 (救助)방식이 강압적이었다. 군례(軍禮)로 사과를 대신한다(趙海, 1993: 188). (中共)7대 기간 모택동은 이렇게 말했다. … 나는 당중앙을 대표해 누명을 쓴 동지에게 정중한 사과를 드린다. 또 거수경례를 한 모택동은 이렇게 말했다. …여러 분이 용서하지 않으면 나는 손을 내릴 수 없다(朱鴻召, 2010: 191). 1944~1945년 모택동은 (黨校)간부대회에서 (間諜)누명을 쓴 '실족자'에게 세 차례의 '정중한 사과'[3293]를

3291 중국의 민가(民歌)는 각 민족의 민족적 특색을 띤 전통적인 가곡(歌曲)을 가리킨다. 민중들 사이에서 저절로 생겨나 전해지는 노래로, 한국의 민요(民謠)에 해당된다. 중국 최초의 시가 총집인 '시경(詩經)'에 수록된 작품들은 대부분 북방(北方)지역의 민가이다. 한편 중공 지도자 모택동을 칭송한 가곡 '동방홍'은 섬북(陝北)의 민가이다.

3292 '동방홍(東方紅)'은 섬북의 민가(民歌)이며 중공 지도자 모택동을 칭송한 민요이다. 이유원(李有源)이 작사하고 이환지(李渙之)가 편곡(編曲)했다. 모택동이 '영수(領袖)' 지위를 확보한 1944년부터 연안과 (陝甘寧)변구에 보급됐다. 1949년 10월 1일 모택동이 (天安門)성루에서 '신중국 창건'을 선포할 때 음악(音樂) 배경은 '(民歌)동방홍'이었다.

3293 1945년 2월 세 번째로 (黨校)정중한 사과를 한 모택동은 이렇게 반성했다. …지난 2년 간 정풍운동에서 우리는 많은 과오를 범했다. 물론 최종 결정자이며 중앙당학교 총장인 내가 주된 책임을 져야 한다(胡喬木, 2014: 282). 실제로 모택동은 '당교(黨校) 숙간'을 주도한 측근 팽진을 대신해 사과한 것이다. 한편 여러 번에 걸쳐 한 모택동의 '정중한 사과'는 (整風)피해자의 '불만 해소'와 '(肅奸)악영향 완화'에 긍정적인 역할을 했다.

했다. 한편 '(肅奸)주도자'인 강생은 한 번도 사과하지 않았다. 이는 모택동이 강생에 대한 암묵적 보호와 관련된다. '중공 7대' 후 정풍을 주도했던 강생의 '(晉西北)하방'은 '(地方)피난' 성격이 강했다.

모택동이 공개적 장소에서 (肅奸)운동에 대해 여러 번 '정중한 사과'를 한 원인은 첫째, (肅反)확대화의 부작용과 심각성은 인지했다. 둘째, '실족자 구조(肅奸)'의 악영향을 우려했다. 셋째, '강생 불만'에 따른 (黨內)분열 방지를 위해서였다. 넷째, 강생을 대신해 사과함으로써 피해자의 원망을 무마하기 위해서였다. 다섯째, 당에 대한 대중의 불만을 완화하고 악화된 (黨)이미지를 회복하기 위해서였다. 여섯째, 숙간(肅奸) 부작용을 줄이고 응집력을 강화하기 위해서였다. 당시 모택동의 '공개적 사과'는 용기 있는 행동이었다. 역설적으로 '정중한 사과'는 그 자신이 (肅奸)운동의 창도자(倡導者)라는 것을 반증한다. 1950년대 모택동과 '(肅反)선봉장' 강생의 악연은 지속됐다. 결국 이는 문혁(文革)의 또 다른 도화선이 됐다.

1943년 '실족자 구조'로 급전환한 원인과 숙간(肅奸) 확대화 교훈을 다음과 같이 정리할 수 있다. 첫째, 정세를 오판하고 (間諜)활동에 과민 반응했다. 둘째, (中共)기관에 '특무'가 대거 잠복했다고 판단했다. 셋째, '실족자 구조'와 '간첩 숙청'을 혼동했다. 넷째, 지식인과 (白區)지하당에 대한 불신이 증폭됐다. 다섯째, 강생의 보고를 맹신하고 중앙사회부에 과도한 권한을 부여했다. 여섯째, (肅奸)확대화를 '간첩 제거'의 최선책으로 간주했다. 일곱째, (肅反)운동의 부작용을 간과하고 '핍공신'을 당연시했다. 한편 (間諜)숫자를 부풀리고 (特務)역할을 과장한 것은 실사구시의 원칙에 위배된다. (中共)지도자의 지식인 선입견은 (工農)간부와 지식인의 갈등을 야기했다. 결국 (肅奸)확대화는 '심각한 후유증'을 유발했다.

강생이 주도한 '실족자 구조' 운동은 '변구'와 연안에서 1.5만명의 '간첩(失足者)'을 색출하는 '눈부신 성과'를 거뒀다. (失足者)양산은 '강압적 심사'의 결과물이다. (肅奸)주도자 강생은 시종일관 (肅反)확대화의 책임을 회피[3294]했다. 이는 모택동의 '강생 비호'[3295]와 관련된다. 한편 심각한 후유증을 남긴 '숙간(肅奸)'은 결코 정풍운동의 지류(支流)가 아니었다. 정풍운동 후기의 (肅反)확대화는 1950년대 '(反右派)투쟁'으로 부활했다.

'(王明)지지자'인 강생이 '모택동 추종자'로 둔갑한 것은 필연적 결과였다. 모택동이 임필시 등의 도움으로 중공 영수의 지위를 확보했기 때문이다. 정풍 기간(1942~1943) 모택동이 강생을 중용한 것은 '악역(惡役)'[3296]과 '이이제이(以夷制夷)'의 역할을 중요시했기 때문이다. 한편 모택동이 강생을 산동성에 하방(下放)시킨 것은 토사구팽보다는 '휴양'을 보냈다는 것이 더욱 적절하다. 1960년대 재차 모택동의 신임을 얻은 강생

3294 주덕은 (肅奸)주도자 강생에 대해 이렇게 술회했다. …정풍이 '실족자 구조' 운동으로 발전한 것은 이 시기 성행한 (左傾)과오와 관련된다. (肅奸)장본인 강생은 책임을 회피하고 교묘하게 빠져나갔다(朱鴻召, 2010: 236). (肅奸)주도자 강생은 (肅反)확대화에 주된 책임이 있다. 한편 강생은 종래로 일언반구 사과도 하지 않았다(林靑山, 1996: 127). (肅反)확대화의 장본인 강생의 책임 회피는 모택동의 '강생 지지'와 암묵적 비호와 관련된다.

3295 1942~1943년 모택동의 심복인 강생은 '간부 심사(審幹)'와 숙간(肅奸)을 주도했다. 이 시기 모택동은 (幹部)회의에서 여러 차례 '숙간(肅奸) 성과'를 긍정하는 발언을 했다. 특히 디미트로프에게 보낸 답신(1944.1)에서 모택동은 강생을 '믿음직한 동지'라고 두둔했다. 실제로 정풍(整風) 후기 모택동의 '정중한 사과'는 '강생 비호' 측면이 크다는 것이 전문가의 중론이다. 이 또한 강생이 시종일관 '과오 반성'을 거절한 주된 원인이다.

3296 악역(惡役)은 연극·영화 등에서 악인(惡人)으로 분장하는 배역을 가리킨다. 한편 연극·드라마에서 (惡人)역할이 중요하듯이 정치적 무대에서도 '악역'이 필요하다. 모택동은 '(惡役)역할'을 매우 중요시했다. (延安)정풍에서 (惡役)역할을 담당한 자가 바로 모택동의 심복인 강생이다. 실제로 '이이제이(以夷制夷)'의 오랑캐(夷) 역할을 한 것이다. 문혁 시기 모택동은 '악역(惡役)' 역할을 악처(惡妻) 강청과 간신(奸臣) 강생에게 맡겼다.

은 '충견(忠犬)'에서 '간신(奸臣)'으로 전락[3297]했다. 결국 모택동은 간신(奸臣) 강생을 이용해 '정적(政敵)'으로 부상한 유소기를 제거했다.

제4절 '9월회의(1943)'와 '역사결의(歷史決議)'

1. '9월회의(1943)'와 '왕명노선(王明路線)' 청산

1943년 9월부터 1944년 봄까지 반년 간 진행된 '9월회의'는 '왕명노선'을 숙청하는 정풍운동이다. 이는 '9월회의(1941)'의 연장이다. (會議)취지는 '왕명노선' 청산[3298]을 통해 모택동사상을 당의 지도사상으로 정립하기 위한 것이었다. 결국 이는 공산국제 해산(1943.5)과 관련된다. 한편(武漢)시기 '왕명 협조자'[3299]인 주은래·박고는 '심각한 반성'을 했다. 디미트로프의 편지(1943.12)는 왕명의 '당적 보류'에 중요한 역할을 했다.

이른바 '왕명노선'은 (抗戰)승리를 위해 통일전선을 우선시하고 무조건 장개석의 지휘에 복종해야 한다는 것이다. 모택동은 '왕명노선'

3297 '간신(奸臣)'은 오로지 군주(君主) 한 사람에게만 충성하며 온갖 악행을 저지르는 간신배를 가리킨다. 문혁(文革) 시기 강생은 '문혁소조(文革小組)'의 실질적인 책임자 강청과 결탁해 국가주석 유소기 등 많은 노간부(老幹部)를 무자비하게 타격했다. 실제로 모택동의 '(奸臣)강생 중용'은 '군주(君主)' 모택동이 만년에 중대한 과오를 범한 중요한 원인이다. 한편 모택동 사후(死後) 당적을 박탈당한 강생은 역사의 죄인(罪人)이 됐다.

3298 '왕명노선' 청산의 주된 취지는 모택동사상을 수립하기 위한 것이었다. 공산국제 해체로 '왕명노선'을 청산할 객관적 여건이 마련됐다. 한편 장개석이 획책한 제3차 '반공고조'는 모택동이 '왕명노선'을 청산을 결심한 직접적 계기가 됐다. '9월회의(1943)'의 주된 목적은 (王明路線)청산을 통해 '소련파'의 영향력을 완전히 제거하는 것이었다.

3299 1938년 (武漢)장강국 부서기 주은래는 왕명의 '부수(副手)' 역할을 했다. 당시 주은래는 '(抗日)통일전선'에 가장 적극적인 (中共)지도자였다. '12월회의(1937)'·'3월회의(1938)'에서 주은래는 왕명의 주장을 암묵적으로 지지했다. (長江局)조직부장 박고는 왕명의 '(右傾)과오'를 협조한 '소련파'이다. 이 또한 '9월회의(1943)'에서 주은래·박고가 심각한 반성을 한 주된 원인이다. 또 다른 '(王明)협조자'는 (長江局)선전부장 개풍이다.

을 '(右傾)기회주의'로 확정했다. '9월회의(1941)'에서 왕명은 병을 핑계로 '(右傾)과오' 반성을 거절했다. 한편 공산국제의 해산은 '왕명노선 청산'에 호재로 작용했다. 또 장개석의 '반공고조' 무산(1943.7)은 왕명에게 설상가상이 됐다. 결국 '(毛澤東)사상 정립'을 위해 '(王明路線)청산'은 필수불가결했다. '왕명노선 청산'은 (王明)개인에 대한 숙청이 아니었다. 당시 왕명은 '종이호랑이(紙老虎)' 신세가 됐다. 실제로 '9월회의(1943)'의 주된 취지는 '(王明)협조자'의 철저한 반성을 유도하는 것이었다.

'9월회의(1943)'는 1941년의 '9월회의'와 관련된다. '9월회의(1941)'의 취지는 소비에트 후기의 노선문제(路線問題) 해결이다. 결국 박고·낙보 등의 반성을 통해 소기의 목적을 달성했다(高新民 외, 2000: 389). 서기처 회의(10.8)에서 (抗戰)초기 당중앙은 노선착오를 범했다고 주장한 왕명은 공산국제에 보고하겠다고 강경하게 맞섰다. '9월회의'는 '4중전회(193.1)' 후의 (王明)과오를 토론하지 않았다(雷國珍 외, 2003: 343). (入院)기간(1941.10~1943.8) 왕명은 당중앙에 대한 비방을 멈추지 않았다. 1943년 봄 병문안을 온 장문천 등에게 '(整風)불만'을 표출한 왕명은 중공의 통일전선 정책을 비평했다. 또 국민당을 '민족연맹'이라고 선전했다(丁曉平, 2012: 291). '9월회의(1941)'는 왕명의 입원(10.13)으로 흐지부지 끝났다. 당시 모택동은 소비에트 후기의 노선문제를 '(博古)노선'으로 명명했다. 한편 '왕명노선' 명명은 왕명의 (武漢)우경 과오와 '반성 거절'과 관련된다.

10월 7일 왕명은 모택동 등에게 당중앙의 정책을 이렇게 지적했다. …(國共)대립으로 고립무원에 처한 공산당은 동맹자가 없다. 결국 이는 좌적인 (黨)정책과 관련된다. 신민주주의를 포기하고 장개석과 타협해야 한다(梅劍 외, 1996: 287). 또 왕명은 이렇게 주장했다. …항전 시기 (國共)양당은 긴밀히 협력해 일본 침략자를 타격해야 한다. 신민주주의는 (中

共)목표이지만 이로 인한 (國共)충돌을 회피해야 한다. 또 그는 (武漢)총체적 노선은 정확했다고 주장했다(章猷才 외, 2016: 94). 이 시기 여전히 스탈린의 '특사'로 간주한 왕명이 대놓고 모택동의 '(獨立自主)방침'을 반대했다. 당시 왕명은 공산국제와 스탈린이 자신을 지지할 것이라고 오판했다. 한편 왕명의 '장개석 복종' 견해는 스탈린의 주장과 일맥상통했다.

'9월회의(1943)'의 취지는 '(抗戰)노선문제' 해결이다. 무한 시기 왕명이 범한 (右傾)과오에 대한 비판을 통해 이른바 '왕명노선'을 깨끗이 청산하기 위한 것이다. 또 '(毛澤東)사상 확립'을 위해선 '왕명노선' 청산은 필수적 과제였다. 한편 공산국제 해산(1943.5) 후 왕명은 '끈 떨어진 연' 신세가 됐다. 이 시기 중공의 최우선 정책과제는 모택동사상을 정립하는 것이었다. '중공 2인자'로 부상한 유소기는 '왕명 숙청' 선봉장 역할을 했다. 2년 동안의 정풍운동을 통해 '소련파'의 영향력은 대부분 제거됐다. 실제로 모택동의 (中共)영수 지위는 더욱 확고해졌다. 결국 무한 시기 '(王明)협조자'인 주은래의 '심각한 반성'은 필수불가결했다.

5월 26일 모택동이 주재한 정치국 회의는 '(共産國際)해산 결정'을 통과시켰다. '결정'은 이렇게 썼다. …항전 개시 후 중공은 독립적으로 방침을 제정하고 (軍事)행동을 결정했다. 공산국제 해산은 (中共)영도력을 더욱 강화할 것이다(馮蕙 외, 2013: 440). 해방일보 사설(5.28)은 이렇게 썼다. …공산국제 해산은 중공의 독립성·창조성·자주성을 강화할 것이다. 중공은 모택동의 영도하에 독립적인 지도력을 키웠다. 향후 (毛澤東)사상으로 전당을 이끌 것이다(張樹軍 외, 2000: 391). 7월 6일 해방일보는 '당내 멘셰비즘(Menshevism)[3300]을 청산하자'는 유소기의 문장을 실었다. '문장'은

3300 멘셰비즘(Menshevism)은 러시아 소수파(少數派)인 멘셰비키의 사상과 이론이다. 마르

이렇게 썼다. …모든 간부와 당원은 모택동의 사상으로 무장해야 한다. 당내 멘셰비즘을 청산하고 모택동의 사상체계를 수립해야 한다(劉少奇, 1981: 300). '소련파 제거'가 취지인 (整風)목적은 모스크바의 지배에서 벗어나는 것이다. 실제로 모택동은 (皖南事變)발발 후 공산국제를 무시했다. 또 그는 스탈린의 '군사적 협조' 요구를 단호히 거절했다. 공산국제 해체는 모택동사상이 출범하는 결정적 계기가 됐다. 한편 장개석의 '연안 (延安) 공격' 시도는 중공의 '(王明路線)청산'에 촉진제 역할을 했다.

'9월회의(1943)' 개최 전 중공의 '왕명 비판'은 시작됐다. 당중앙의 '통지(7.11)'는 이렇게 썼다. …투쟁 회피는 (右傾)투항주의이며 국민당의 '민족동맹' 주장은 궤변이다. 이는 왕명에 대한 간접적 비판이었다(潘和永 외, 2019: 414). 정치국 회의(7.13)에서 모택동은 왕명의 (右傾)과오에 대해 이렇게 비판했다. …항전 초기 (右傾)과오를 범한 동지들은 국민당의 (後方)공산당원에 대한 '대도살(大屠殺)'을 외면했다. (右傾)기회주의 대표적 인물인 왕명은 가짜 마르크스주의자이다(胡喬木, 2014: 284). 이 시기 국민당의 제3차 '반공고조'로 정세가 매우 긴박했다. 왕명의 (民族同盟)주장이 (右傾)투항주의로 간주된 것은 당연한 결과였다. 실제로 모택동이 기회주의자 왕명을 '가짜 마르크스주의자'**3301**라고 비판한 것은 중공에게

크스주의와 반대되는 이론으로 자유주의적 성향이 강하다. 유소기(文章)의 '멘셰비즘'은 '왕명노선'을 가리킨다. 실제로 '멘셰비즘' 대표인 왕명은 공산국제가 파견한 정통적인 볼셰비키였다. 또 왕명의 '통일전선 우선시' 노선은 스탈린의 지시를 집행한 것이다. 한편 유소기의 '멘셰비즘 청산' 주장은 모택동사상을 수립하기 위한 정치적 포석이었다.

3301 모택동이 왕명을 '가짜 마르크스주의자'로 비판한 것은 '왕명노선' 청산을 위한 정치적 포석으로 간주된다. 국민당의 제3차 '반공고조'가 무산(1943.7)된 후 왕명의 '(右傾)기회주의' 비판은 중공중앙의 당면과제로 부상했다. 실제로 중공의 '장개석 복종'을 주장한 '왕명노선'에 대한 모택동의 비판은 '중공 상급자'인 공산국제와 스탈린에 대

'장개석 복종'을 강요한 스탈린과 공산국제에 대한 불만 표출이었다.

정치국 회의(8.30)에서 모택동은 당중앙 정책이 좌적이었다는 왕명의 지적(1941.10)을 이렇게 반박했다. …'투쟁'으로 단결을 강화하는 당중앙의 정책은 정확하다. '투쟁'을 포기한 '왕명노선'은 잘못됐다(郭德宏 외, 2014: 415). 또 그는 이렇게 지적했다. …국민당 내부의 '항전파·투항파' 존재를 부인한 왕명은 자산계급의 이익을 대표한 국민당의 반동 본성을 간과했다(逄先知 외, 2005: 468). 서기처 회의(10.8)에서 '신민주의론(1940.1)' 수정을 제출한 왕명은 정풍을 폄하했다. 입원 기간 왕명은 당내 단결에 불리한 악선전을 감행했다(金冲及 외, 2011: 668). 모택동이 왕명의 (右傾)과오를 '노선문제(路線問題)'[3302]로 격상한 것은 긴박한 정세와 관련된다. 국민당의 (反共)강화로 정풍은 계급투쟁화로 변질했다. 왕명의 정풍 비방과 중상 모략은 모택동의 신경을 자극했다(丁曉平, 2012: 294). 항전 초기의 정치적 환경을 무시하고 당중앙이 '(王明)과오'를 '노선착오'로 격상시킨 것은 편파적이었다. 결국 이는 '9월회의(1943)'의 분위기를 팽팽하게 만들었다(張鐵網 외, 2019: 415). 실제로 모택동의 '노선문제' 격상은 공산국제의 해체를 이용해 '소련파'의 영향력을 철저히 제거하기 위한 정략이었다. 결국 이는 '정적 제거'과 '(王明)협조자'에게 철저한 반성을

한 불만을 표출하기 위한 것이다. 결국 이는 유소기의 '멘셰비즘 청산'의 주장과 일맥 상통했다.

3302 모택동이 무한 시기 왕명이 범한 우경(右傾) 과오를 '노선문제(路線問題)'로 격상한 것은 국민당의 제3차 '반공고조'와 밀접히 연관된다. 실제로 '왕명 비판'을 통해 사상 통일의 걸림돌인 '왕명노선'을 철저히 청산하려는 것이 주된 목적이다. 모택동은 공산국제 총서기 디미트로프에게 보낸 편지에서 왕명의 '(七大)중앙위원 낙선'을 통보한 바 있다. 한편 디미트로프의 편지(12.22)가 없었다면 왕명의 '당적 박탈' 가능성이 매우 높았다.

촉구하는 일석이조 역할을 했다. 한편 모택동의 강한 불만을 야기한 것은 왕명 부부가 날조한 '(毛澤東)왕명 독살'[3303] 유언비어였다.

　　모택동이 '9월회의(1943)'를 소집한 주된 원인은 첫째, 공산국제 해체(1943.5)는 '(王明)노선 청산'의 절호의 기회였다. 둘째, 장개석의 제3차 '반공고조'는 '왕명노선' 청산 필요성이 대두됐다. 셋째, 공산국제 해산으로 모택동사상이 출범할 수 있는 객관적 여건이 마련됐다. 넷째, 완고파인 왕명의 반성 거절과 정풍 비방은 모택동의 '왕명 숙청' 결심을 촉구했다. 다섯째, '왕명노선 청산'은 '역사결의(歷史決議)'의 도출에 필수적이었다. 여섯째, 사상 통일의 걸림돌이 된 '왕명노선 청산'은 '(中共)7대 개최'를 위한 최우선 정책과제로 부상했다. 결국 무한 시기 '(王明)협조자'인 주은래·박고는 '9월회의(1943)'에서 심각한 반성을 했다.

　　1943년의 '9월회의'는 참석자가 많고 회의 기간이 길었다. 세 단계로 나눠 진행된 회의는 1944년 4월에 끝났다. 회의에 참석한 정치국 위원은 모택동·유소기·임필시·강생·주덕·주은래·낙보·박고·등발·팽덕회 총 11명이다. '열석자(列席者)'는 이부춘·양상곤·임백거·오옥장·팽진·고강·왕약비·이유한·엽검영·유백승·섭영진·하룡·임표·나서경·육정일·공원·진백달·소향영·호교목 등 19명이다. '소련파'인 왕명·왕가상·개풍은 '병'으로 '9월회의'에 참석하지 않았다. 1943년 10월에 연안에 도착한 팽덕회는 회의 도중에 참석했다. (會議)최절정은 두 번째 단계(1943.11)에서 주은래가 한 5일 간의 '반성'이다.

3303　1943년 8월 왕명·맹경수 부부가 날조한 '(毛澤東)왕명 독살' 유언비어가 연안에서 유포됐다. 11월 15일 맹경수는 이부춘에게 편지를 보내 '왕명 독살' 유언비어에 대해 해석하고 책임을 담당의사 김무악(金茂岳)에게 전가했다(丁曉平, 2012: 193). 1944년 10월 (延安)법원은 '의료사고'를 낸 (王明)담당의사 김무악에게 징역 5년을 선고했다.

호교목은 이렇게 회상했다. …국민당의 '반공고조'로 (國共)관계가 경색됐다. 국민당군의 (邊區)공격은 무산됐으나 계급투쟁화는 강화됐다. '9월회의(1943)'는 시종일관 팽팽한 긴장감이 넘치는 분위기 속에서 진행됐다(胡喬木, 2019: 283). 팽진·고강 등 (毛澤東)측근자와 '모택동 지지자' 임표·섭영진 등 (八路軍)지휘관이 대거 참석했다. 이 또한 '9월회의'의 특징이다. '계급투쟁화'는 강생이 주도한 (肅反)확대화와 관련된다. 한편 '왕명노선' 청산으로 무한 시기 '(右傾)과오'를 범한 주은래·박고·개풍 등에 대한 비판과 그들의 철저한 반성은 필수불가결했다. 실제로 '(王明路線)잔재 청산'은 '9월회의(1943)'의 가장 중요한 특징이다.

9월 7일 박고는 이렇게 말했다. …항전 초기 (黨內)두 가지 노선이 존재했다는 주장을 찬성한다. 즉 모택동을 대표로 한 볼셰비키 노선과 왕명이 무한에서 범한 멘셰비키(Mensheviki) 노선이다(唐振南, 2003: 180). 왕명의 '멘셰비키 노선'을 이렇게 정리할 수 있다. 첫째, (國民黨)항전을 강조하고 반동파의 본성을 간과했다. 둘째, 유격전을 반대하고 '근거지 확대' 기회를 상실했다. 셋째, (敵後)근거지의 '정권 설립'을 무시하고 (國民黨)지시에 맹종했다. 넷째, 운동전에 집착하고 '지구전'을 반대했다(金冲及 외, 2004: 683). 모택동은 (內戰)시기의 노선착오에 대해 이렇게 강조했다. …이 시기 '노선착오'의 주된 책임은 왕명이 져야 한다. 물론 '왕명노선'을 집행한 박고에게도 책임이 있다(中共中央文獻研究室, 2011: 669). 상기 '두 가지 노선'은 유소기가 해방일보에 발표(7.6)한 문장에서 제출했다. 한편 '유격전 반대'는 주은래가 주된 책임[3304]을 져야 한다. (內戰)시

3304 낙천회의(1937.8)에서 주은래는 모택동이 제정한 (獨立自主)유격전 방침을 찬성하지 않았다. (太原)연석회의(1937.9)에서 (中央)대표 주은래와 북방국 서기 유소기는 (華北)유격전쟁을 둘러싸고 격렬한 쟁론을 벌였다. '9월회의(1943.11)'에서 주은래는 '유격전 중

기의 노선착오 책임은 이 시기 '중공 책임자' 박고에게 있다. 또 '홍군 참패' 책임은 군사고문 이덕(李德)과 (三人團)멤버인 주은래가 져야 한다.

9월 9일 주덕은 이렇게 말했다. …(王明路線)실질은 (中共)영도권의 포기이다. 중국혁명의 특성을 이해하지 못한 왕명은 장개석의 '역할'[3305]을 크게 부풀렸다(中共中央文獻研究室, 1986: 260). 주덕이 지적한 왕명·진독수의 공통점은 ① (革命)영도권, 자산계급에게 양보 ② 무장투쟁 중요성 간과 ③ 자산계급의 역량을 과장 ④ 유격전쟁을 무시 ⑤ '통일전선'을 우선시이다. 차이점은 ① 왕명, 공산국제 추종자 ② 진독수, 공산국제 반대자였다(龔希光 외, 1993: 534). 또 그는 이렇게 술회했다. …모주석과 함께 있을 때 승리했으나 그의 영도를 벗어나면 실패했다. (井岡山)시절에 쟁론이 있었으나, 결국 나는 모택동의 영도에 복종했다(高新民 외, 2000: 397). 왕명·진독수의 공통점은 (軍事)리더십 부재이다. 진독수가 공산국제의 희생양이라면, 왕명은 공산국제 해체의 '피해자'가 됐다. 한편 '감배하풍(甘拜下風)'[3306]한 주덕은 모택동의 (領袖)지위를 확실하게 인정했

시' 부족을 반성했다. 주은래의 '유격전 반대'는 장개석의 (抗戰)작전 방침과 관련된다. 당시 팔로군 전방 지휘관 팽덕회는 주은래 등이 주장한 운동(遊擊)전을 지지했다.

3305 무한(武漢) 시기 왕명이 장개석의 항전(抗戰) 역할을 과장한 것은 스탈린의 '장개석 중시'와 국민당군에 대한 군사적 지원과 관련된다. 이는 이 시기 공산국제가 제출한 (抗日)민족정책과 무관치 않다. 이 또한 '통일전선 우선시'를 주장한 왕명이 중공중앙이 제정한 (中共)독립자주'의 항전 방침을 무시한 주된 원인이다. 결국 이는 중공 지도자 모택동이 '왕명노선' 청산을 '9월회의(1943)'의 주된 취지로 확정한 중요한 원인이다.

3306 감배하풍(甘拜下風)은 자신의 능력이 남보다 못함을 스스로 인정한다는 뜻이다. 정강산 시절 '단독 작전'을 전개한 주덕은 '8월실패(1928)'·'동강(東江) 패전'을 치렀다. (紅軍)총 사령관 주덕은 제5차 반'포위토벌' 실패에 중요한 책임이 있다. 한편 모택동과 함께 지휘한 세 차례 반'포위토벌'과 (長征)초기 '(赤水河)전투'는 승전했다. (軍事)작전에 일가 견이 있었으나, 정치적 리더십이 결여된 주덕은 결코 '중공 1인자'가 될 수 없었다.

다. 결국 이는 주덕이 (中共)최고위층에 진입한 주된 원인이다.

주덕은 정강산 (革命)근거지를 창건한 주요 공로자이다. (井岡山)시기의 '(朱毛)갈등'은 모택동에게 큰 상처를 남겼다. 당시 주은래·진의는 '주덕 지지자'[3307]였다. (中共)실세 이립삼은 모택동을 지지했다. (毛張)권력투쟁에서 '모택동 지지자'[3308] 주덕은 홍군의 '(陝北)회합(1936.11)' 큰 기여를 했다. (洛川)회의(1937.8)에서 주덕은 (軍委)부주석에 선임됐다. 1943년 봄 주덕의 '상임위원 배제'는 정풍(肅奸)에 대한 '소극적 태도'[3309]와 관련된다. '9월회의(1943)'에서 주덕의 적극적 태도는 모택동의 신임을 얻었다. 1944년 주덕은 '(七大)주석단' 멤버로 선정됐다. (中共)7대에서 (軍事)보고를 한 주덕은 사실상 (權力)서열 2위였다. 해방전쟁 시기 주덕의

3307 주은래는 주덕의 (入黨)소개인이다. 남창봉기(1927.8) 지도자 주은래와 (南昌)공안국장 주덕은 생사를 함께한 전우였다. 주독·진의는 남창봉기 잔여부대를 이끌고 정강산에서 모택동과 회합했다. '주덕 추종자' 진의는 '(朱毛)쟁론'에서 주덕을 지지, 모택동의 직무를 대신했다. 진의는 (延安)정풍과 (文革)기간 심각한 반성을 했다. 당시 모택동을 지지한 것은 (中共)실세 이립삼이었다. 이립삼의 '(七大)중앙위원 당선'은 당연한 결과였다.

3308 홍군 지도자 주덕은 모택동·주은래와 함께 네 차례의 반'포위토벌'을 지휘해 승전했다. '장국도 회합(1935.6)' 전 중앙홍군의 지휘관은 모택동·주은래·주덕이었다. '모장(毛張)' 권력투쟁에서 모택동을 지지한 주덕은 장국도가 설립한 '제2중앙(1935.10)'을 단호하게 반대했다. 결국 '홍2방면군' 지도자 하룡·임필시와 함께 홍군 주력의 북상에 결정적 역할을 한 주덕은 낙천회의(1937.8)에서 중앙군위(中央軍委) 부주석으로 당선됐다.

3309 정풍운동 중 주덕은 (延安)부대의 대생산운동에 전념했다. 이는 모택동이 정치 문외한 주덕에게 (整風)권한을 부여하지 않은 것과 크게 관련된다. 당시 이이제이(以夷制夷) 전략을 중요시한 모택동은 강생·왕가상·임필시 등 '소련파'를 중용했다. 한편 '9월회의(1943)'에서 주덕은 '왕명노선 비판'에 적극적인 태도를 보였다. 결국 모택동의 신임을 얻은 주덕은 곧 (中共)최고위층에 진입, '중공 7대'에서 (軍事)보고자로 선정됐다.

초상화(肖像畵)³³¹⁰는 줄곧 모택동(肖像畵)과 나란히 걸렸다.

9월 13일 강생은 이렇게 말했다. …'(中共)볼셰비키화 투쟁'이란 소책자(1930.11)는 왕명의 (左傾)노선의 강령이다. 1940년 왕명은 소책자를 재판했다. 강생이 제출한 '(小冊子)문제'는 모택동의 중시를 받았다(金冲及 외, 2004: 684). 왕명이 자화자찬한 '(三大)업적'은 ① '입삼노선' 반대 ② '8.1선언' 작성 ③ 신화일보 창간이다. 강생은 신화일보를 이렇게 폄하했다. …신화일보는 국민당의 대변인 역할을 했다. 또 장개석의 항전(抗戰) 역할을 부풀리고 왕명의 투항주의 입장을 드러냈다(周國全 외, 2014: 419). 또 강생은 자신을 변호했다. …모스크바 시절 내가 그의 (團長)자리를 넘본다고 주장한 왕명은 측근을 파견해 나를 감시했다. 귀국 후 모주석의 지시를 받들어 '왕명노선'을 집행하지 않았다(張樹軍 외, 2000: 398). 강생의 발언을 듣고 귀가한 장문천은 부인(劉英)에게 이렇게 불만을 표시했다. …강생은 모스크바에서 '왕명 만세'를 부른 작자이다. 강생의 '(王明)비판자' 둔갑은 어불성설이다(張培森 외, 2000: 704). 호교목은 이렇게 평가했다. …신화일보에 대한 (康生)평가는 사실을 왜곡하고 당시의 정치적 환경을 무시한 부적절한 발언이다. 강생의 무책임한 발언은 역효과를 초래했다(胡喬木, 2014: 287). '(王明)추종자' 강생은 '왕명노선'에 중요한 책임이 있다. 한편 강생은 박고의 자기비판에 대해 '반성'이 심각하지 않다고 지적한 것은 왕명의 (副手)역할을 한 주은래의 '반성'을 촉구

3310 1940년대 초상화(肖像畵)는 중공 지도자를 상징했다. 해방전쟁(1946~1949) 시기 연안에선 중공 영수 모택동과 해방군(解放軍) 총사령관 주덕의 초상화가 나란히 걸렸다. 이는 주덕이 '(軍事)영수'라는 단적인 증거다. 당시 (權力)서열 2위 주덕은 '일인지하(一人之下), 만인지상(萬人之上)'의 중공 2인자였다. 모택동이 소련 출국(1949.12) 당시 주덕은 '(代理)군위' 주석을 맡았다. 한편 1950년대 주덕의 중공 (黨內)서열은 4위였다.

한 것이다. 당시 참석자들은 모택동의 심복 강생에 대해 대놓고 불만을 표시할 수 없었다. 장문천의 '(歸家)불만 표출'이 단적인 증거이다.

9월 13일 모택동은 이렇게 말했다. …'4중전회' 후에 나타난 교조종 파(宗派)는 주관주의 형태이다. 왕명은 '교조(敎條)' 창시자이며 '4중전회' 후 박고가 대표자이다(張鐵網 외, 2019: 416). 또 그는 이렇게 강조했다. … 당의 통일을 위해 (宗派)제거는 필수적이다. 종파주의를 제거하려면 주 도적 지위를 차지하는 교조주의를 청산해야 한다(金冲及 외, 2011: 670). 대 다수의 경험주의자는 공명정대한 혁명파이며 일부 반동분자도 있다. 극소수는 장국도와 같은 (反黨)분자이다. 경험주의자 대부분은 교조주 의자의 속임수에 넘어간 (動搖)분자이다. 정풍운동 취지는 교조주의자 를 숙청하는 것이다(雷國珍 외, 2003: 346). 호교목은 이렇게 회상했다. …직 설적이고 과격한 모택동의 발언은 적절치 못한 표현이 있었다. 당시 누 구도 그의 주장을 반박할 수 없었다. 이는 '9월회의(1943)' 기조(基調)를 결정했다. 반성자들은 이를 근거로 (過誤)반성을 했다(胡喬木, 2021: 289). 정 치국 회의(1943.3.5)에서 모택동은 '2개 종파'에 대해 이렇게 말했다. … 준의회의(1935.1) 후 정치적 환경의 변화와 분화를 통해 2개 종파는 역사 속으로 사라졌다(逢先知 외, 2005: 499). 3년 간의 정풍을 통해 '소련파(蘇聯 派)'는 대부분 숙청됐다. 결국 모택동의 '종파 비판'은 용두사미로 끝났 다. 또 이는 '(王明)협조자'인 주은래·박고의 '심각한 반성'과 관련된다. 실제로 디미트로프가 보낸 편지(1943.12)가 결정적 역할을 했다.

유소기는 '(王明)소책자'에 대한 독후감에 이렇게 썼다. …(王明)종파 주의는 이립삼에 비해 더욱 좌적이다. '4중전회' 후 왕명 등이 주도한 '임삼노선 투쟁'의 실질은 정적 제거이다(陳紹疇 외, 1996: 431). 또 그는 이 렇게 썼다. …공산국제의 지시에 항거한 이립삼은 정확했다. '왕명노선’은 자산계급의 이익을 대표하며 ‘장개석 복종’을 주장한 왕명은 투항주의자이다(周國全 외, 2014: 421). 한편 (安源)노동운동(1922) 시기 이립삼은 유소기의 ‘직속상관’³³¹¹이었다. 1937년 유소기는 ‘소련파’인 낙보와 왕명과 ‘정적(政敵)’ 관계를 맺었다. ‘12월회의(1937)’에서 스탈린의 ‘특사’로 자처한 왕명은 대놓고 ‘(毛澤東)지지자’ 유소기를 비판했다. 6년 후 ‘중공 2인자’로 부상한 유소기는 ‘(王明)숙청’ 선봉장이 됐다. ‘중공 7대’에서 이립삼의 ‘중앙위원 당선’은 유소기의 ‘(李立三)지지’³³¹²와 밀접히 관련된다.

정치국 회의(9.30)는 다음과 같은 결정을 내렸다. 첫째, 팽덕회 (延安)도착 전 회의를 잠정 중단한다. 둘째, 5개월 동안 (整風)문건을 학습한다. 셋째, (延安)고급간부는 ‘학습’에 빠짐없이 참가해야 한다. 넷째, 문건은 강생이 책임지고 준비한다(潘和永 외, 2019: 417). 모택동이 ‘(彭德懷)도착’을 기다린 것은 팽덕회가 ‘왕명노선’과 깊은 관련³³¹³이 있었기 때문이다.

3311 안원(安源) 노동운동(1922) 시기 호남성위 책임자 모택동은 이립삼의 직속상관이었다. 당시 유소기는 (安源)노동자 파업(1922.10) 총책임자인 이립삼의 ‘부수(副手)’였다. (安源)탄광 노동자구락부 (代表)자격으로 (罷業)담판에 참가한 유소기는 ‘파업 승리’에 크게 기여했다. 이립삼이 무한으로 전근(1923.4)된 후 유소기는 (安源)노동운동 총지휘를 맡았다. 한편 1930년 전후 유소기의 ‘직속상관’인 이립삼은 모택동의 상급자가 됐다.

3312 1922년 모택동의 ‘부하’인 이립삼과 유소기는 (上下級)관계였다. 1929~1930년 (中共)실세인 이립삼은 홍군 지도자 ‘주모(朱毛)’의 ‘갈등’에서 모택동을 지지했다. ‘9월회의(1943)’에서 ‘왕명노선’ 비판자 유소기는 공상국제의 ‘희생양’인 이립삼을 변호했다. 이립삼의 ‘(七大)중앙위원 당선’은 유소기의 ‘(李立三)지지’가 중요한 역할을 했다.

3313 팔로군 지휘관 팽덕회는 모택동이 제정한 ‘독립자주 유격전’ 방침을 지지하지 않았다. (太原)연석회의(1937.11)에서 팽덕회는 ‘유격전’ 방침을 강조한 유소기의 주장을 반대했다. ‘12월회의(1937)’에서 팽덕회는 ‘모왕(毛王)’의 권력투쟁에서 중립을 지켰다. 한편 왕명은 팽덕회가 주도한 ‘백단대전(百團大戰)’을 긍정적으로 평가했다. 결국 (延安)정풍운동에서 ‘왕명노선 지지자’로 간주된 팽덕회는 (整風)회의(1943)의 비판대상이 됐다.

당시 강생은 여전히 모택동의 신임을 받는 (中共)실세였다. 이는 강생이 주도한 (肅奸)운동이 끝나지 않았다는 단적인 반증이다. '(會議)중단'은 주은래 등 반성자에게 (整風)학습 기회를 마련해 주기 위한 것이다. 이 시기 주은래는 대량의 '반성필기(反省筆記)'를 작성했다.

　서기처 회의(10.5)는 모택동을 (總學委)주임, 유소기·강생을 부주임, 호교목을 비서로 결정했다. 결국 이는 모택동·유소기를 '심판자' 위치에 놓이게 했다. '9월회의(1943)'에서 모택동의 부수(副手)는 유소기와 강생이었다. 이 시기 '왕명노선' 청산에 전념한 '중공 2인자'인 유소기의 역할이 부각됐다. 한편 강생은 '주은래 비판' 선봉장[3314] 역할을 했다. 모택동의 비서인 호교목은 (整風)문헌 정리와 (決議)작성에 직접 참여한 당사자이다. 결국 호교목은 '객관적 입장'에서 정풍을 평가할 수 있는 '권위자'[3315]이다. 모택동 사후(死後) 출간된 (胡喬木)회고록은 신빙성이 매우 높다. 실제로 효교목의 '정풍 평가'는 최고의 권위성을 지닌다.

　정치국 회의(10.6)에서 모택동은 이렇게 말했다. …(敎條)종파는 준의회의 후 해체됐다. 일부 동지들은 '6중전회(1938.9)'까지 잘못된 노선을 견지했다(張樹軍 외, 2000: 400). 또 그는 이렇게 지적했다. …작금의 당중앙은 왕명·박고 시대에 형성됐다. 나와 유소기 외 기타 동지들은 '왕명노

3314　'9월회의(1943)'에서 강생은 '(整風)2인자' 역할을 했다. 이는 (會議)취지를 '왕명노선' 청산으로 결정한 것과 관련된다. 당시 '(經驗)종파'로 분류된 주은래는 무한 시기 왕명의 '(右傾)과오'를 협조한 대표적 인물로 간주됐다. 회의에서 강생은 주은래에 대한 '공개적 비판'을 제출했다. 그러나 모택동은 강생의 '공개 비판' 요구를 거절했다.

3315　모택동의 비서 호교목은 '(整風)결의안' 작성에 직접 참여한 당사자이다. 또 그는 두 차례의 '9월회의'를 포함한 각종 (整風)회의에서 (會議)기록을 맡았다. 모택동 사후에 출간된 (胡喬木)회고록은 (延安)정풍에 대한 권위서(權威書)로 평가된다. 1980년대 (國級)국가 지도자 호교목은 정풍을 가장 객관적으로 평가할 수 있는 최고의 권위자로 자타가 인정한다. 당시 '둥소평 추종자' 호교목은 원가착안(冤假錯案) 시정에 크게 기여했다.

선'을 옹호했다. '6중전회'에서 개각이 가능했으나 과오를 범한 동지들의 각성을 기다렸다(雷國珍 외, 2003: 347). 또 모택동은 이렇게 강조했다. …(宗派)비판의 실질은 '두 가지 노선'의 투쟁이다. (宗派)주모자는 미프·왕명·박고이다. 우선 (經驗)종파의 핵심인 교조주의를 타파해야 한다(胡喬木, 2021: 290). (黨內)투쟁에 대한 유소기의 발언(10.6) 골자는 ① (王明)투쟁 방식 불법적 ② 미프 지지로 '반대파' 숙청 ③ '반나명노선' 실책 ④ '장국도 투쟁' 정확 ⑤ 볼셰비키 (鬪爭)방식 적용 등이다(金冲及 외, 2008: 458). 상기 '일부 동지'는 왕명·주은래·박고를 가리킨다. 한편 '두 가지 의견'3316을 제출한 모택동은 유소기의 (鬪爭)방식을 찬성했다. 또 유소기의 전폭적 지지를 받은 모택동은 '왕명 숙청'을 결심했다.

서북국 회의(10.14)에서 모택동은 이렇게 말했다. …팔로군과 (抗日)근거지를 갖고 있는 중공은 '왕명노선'을 용납할 수 없다. 장강국에서 주도적 지위를 차지한 '왕명노선'은 막대한 손실을 초래했다(丁曉平, 2012: 300). 모택동이 정리한 '(王明路線)문제점'은 ① 지구전 반대, 속승론 주장 ② '독립자주' 반대, 통일전선 우선시 ③ 유격전 반대, 운동전 주장 ④ 종파주의 실시 등이다(中共中央文獻研究室, 2005: 475). 또 왕명이 (黨內) 단결에 불리한 괴담을 퍼뜨렸다고 지적했다. 당시 왕명은 왕가상에게 이렇게 말했다. …모택동은 사소한 원한도 잊지 않는다. 당신은 보복을 받을 것이다. 또 주은래에게 이렇게 말했다. …모택동은 (武漢)통일전선

3316 정치국 회의(10.6)에서 모택동은 제출한 '두 가지 의견'은 첫째, 정풍 취지는 '노선문제(路線問題)'에 대한 시비(是非) 가림을 통해 당내 단결을 강화하는 것이다. 둘째, 투쟁 방법은 자아비평(自我批評)을 통해 주동적으로 과오를 반성하는 것이다(高新民 외, 2003: 348). 실제로 모택동의 '의견 제출'은 투쟁을 통한 단결 강화이다. 또 자기비판을 통한 '치병구인(治病救人)'을 강조했다. 결국 이는 주은래 등의 '과오 반성'을 촉구했다.

을 '투항주의'라고 비판했다. 심각한 반성을 해야 할 것이다(楊奎松, 2012: 124). 왕명은 박고에게 이렇게 말했다. …(整風)비판대상이 될 것이다. 우리는 모스크바의 도움을 받아야 한다. 또 그는 낙보에게 이렇게 말했다. …(整風)취지는 '소련파' 숙청이다(吳黎平, 1981: 442). 실제로 모택동의 연설은 '왕명노선'에 대한 공개적 비판이었다. 한편 왕명의 '괴담'은 나름의 일리가 있다. '소련파' 왕가상의 '(七大)중앙위원 낙선'이 단적인 증거이다.

서북국 회의(10.24)에서 왕명의 과오를 세 가지로 분석했다. 첫째, 지구전을 반대하고 속승론을 강조했다. 둘째, '독립성'을 무시하고 통일전선을 우선시했다. 셋째, 유격전을 반대하고 운동전에 집착했다(中共中央文獻硏究室, 1998: 499). 또 그는 장강국의 (右傾)과오를 이렇게 지적했다. …(武漢)장강국은 당의 영도권을 포기하고 '장개석 복종'을 주장했다. 당시 경험(經驗) 종파는 부정적 역할을 했다. 신사군의 참패를 초래한 환남사변(1941.1)은 왕명의 (右傾)기회주의 결과물이다(黃崢 외, 2008: 439). 실제로 왕명의 '통일전선 우선시' 정책은 스탈린의 지시를 따른 것이다. 당시 '운동전'에 집착한 대표적인 인물은 주은래·팽덕회였다. 한편 (皖南事變)전후 당중앙의 지시를 거부한 장본인은 (新四軍)지도자 항영이다.

이 시기 '중공 2인자' 유소기와 주은래는 앙숙지간이었다. (太原)연석회의(1937.9)에서 주은래와 유소기는 유격전쟁을 둘러싸고 격렬한 쟁론을 벌였다. '12월회의(1937)'에서 유소기는 궁지에 몰린 모택동을 지지했으나 주은래는 스탈린의 '특사' 왕명의 '통일전선' 정책을 찬성했다. 1937년 유소기는 낙보·주은래·왕명과 설전을 벌였다. 1938년 주은래는 왕명의 '부수(副手)' 역할을 했으나 유소기는 시종 모택동의 주장을 지지했다. 모택동이 (中共)영수로 등극한 후 주은래는 '(毛澤東)추종자'로 전향했다. 9월회의(1943)에서 유소기는 '심판자'였고 주은래는 '반성자'였다. 결국 (黨內)지위가 역전된 '유주(劉周)'는 견원지간이 됐다.

　11월 13일부터 '9월회의'는 제2단계에 진입했다. 모택동의 연설(11.13) 골자는 ① '왕명노선', 혁명에 막대한 손실 초래 ② 교조(敎條) 종파 주도자는 왕명 ③ '왕명노선', (共産國際)명의를 걸고 당을 통치 ④ '9월회의(1941)', (肅淸)여건 미성숙 등이다(潘和永 외, 2019: 420). 또 그는 이렇게 술회했다. …'12월회의(1937)'에서 나는 고립됐다. 준의회의 개최는 (敎條)종파에서 분화된 왕가상·낙보의 공로가 크다. (經驗)종파는 '마르크스주의' 허울 쓴 (敎條)분자에게 미혹됐다. (整風)취지는 '왕명노선'을 청산하는 것이다(金冲及 외, 2011: 673). 한편 모택동의 '왕명노선' 혹평은 왕명이 오로지 스탈린·장개석에게 '충성'했기 때문이다. 또 모택동의 '고립'은 과장된 것이다. 결국 이는 스탈린에 대한 '불만 표출'이었다.

　11월 13일 박고는 이렇게 반성했다. …(王明)추종자인 나는 (內戰)시기 교조주의, (抗戰)시기 투항주의 과오를 범했다. (武漢)장강국에서 '(王明)협조자'인 나는 '왕명노선' 집행자였다(黎辛 외, 2005: 416). 또 그는 이렇게 말했다. 첫째, '(長征)계획'을 비밀에 붙인 것은 치명적 패착이다. 둘째, (紅軍)참패 책임은 '3인단'이 져야 한다. 셋째, '(毛主席)복귀'는 매우 중요했다. 넷째, 모주석의 '홍군 영도'는 (長征)승리 원인이다(李知英, 1994: 453). 실제로 박고는 '반성만이 살길'이라는 것을 잘 알고 있었다. 또 '반성'에 익숙해진 박고는 '중공 7대' 기간(5.3)에도 심각한 반성을 했다. 이는 박고가 '(七大)중앙위원'에 피선된 주요인으로 간주된다.

　11월 하순 임필시는 이렇게 반성했다. …(中央)근거지에 진입한 나는 모택동이 독특한 식견을 발견했다. '(本本主義)반대'에서 '(調査)발언권' 주장을 확인하고 모택동이 '이론'을 중시하지 않는다고 여겼다. 결국

'결의안'에 '협소한 경험론' 반대를 적었다(章學新 외, 2014: 617). 얼마 후 임필시는 상감성(湘竷省)에 '하방'됐다. (長征)시기 '홍2방면' 주요 지도자인 임필시는 '홍4방면군' 북상과 (陝北)회합에 크게 기여했다. '3월회의(1938)'에서 모택동을 지지한 임필시는 모스크바 주재 (中共)대표단장으로 부임했다. 귀국한 후 모택동의 신임을 받은 임필시는 '(整風)협조자' 역할을 했다. 한편 1930년대 모택동은 '원조(元朝) 경험주의자'였다.

7월 16일 연안에 도착한 주은래는 모택동·주덕 등의 환영을 받았다. 8월 2일 주은래는 (中央)판공청이 마련한 '환영회'에서 모택동을 칭송했다. 또 (黨校)개학식에서 연설(8.8)한 주은래는 (毛澤東)노선이 (中國)볼세비키의 노선이라고 주장했다. 9월부터 작성한 (整風)필기에서 '왕명노선' 근원과 제5차 반'포위토벌' 실패 원인을 분석했다. 11월 중순에 작성한 '(發言)개요'는 자그마치 2만자에 달했다. 실제로 (自我)반성과 (歷史)회고로 구성된 주은래의 반성문은 1927년 이래의 '(黨史)보고서'[3317]였다. 주은래는 11월 27일부터 연속 5일 간 반성했다. 이 또한 '9월회의'를 주은래의 '반성회(反省會)'[3318]라고 부르는 주된 이유이다.

(延安)환영회(8.2)에서 연설한 주은래는 이렇게 말했다. …마르크스주의 중국화는 (中國)공산주의 노선이다. 모택동의 방향이 (中國)공산당

3317 주은래의 반성문 '제강(提綱)'은 2만자에 달했다. '(自我)반성'·'(歷史)검토'로 구성된 반성문은 1927~1938년의 (中共)역사적 사건을 기술했다. 즉 '중공 6대'·입삼노선·'4중전회'·임시중앙·(左傾)노선·준의회의·'(武漢)왕명노선' 등을 상세히 다뤘다. 이는 1927년 후 (中共)지도자 주은래가 장기간 중요한 직책을 맡은 것과 관련된다.

3318 '9월회의(1943)'의 주된 취지는 '왕명노선' 청산이다. 회의가 제2단계에 진입한 후 '(王明)협조자' 주은래는 연속 5일 동안 '심각한 반성'을 했다. 9~10월 5만자에 달하는 '반성필기(反省筆記)'를 작성한 주은래는 (武漢)시기의 과오를 철저하게 반성했다. '(王明路線)주도자'인 왕명의 (會議)불참으로 주은래가 (九月會議)비판대상이 된 것이다.

의 방향이며 (毛澤東)영도는 승리의 보장이다. 이런 영수가 있는 중공은 자호감을 가져야 한다(中共中央文獻編委, 1980: 138). 모택동의 (整風)취지는 장정 중에 얻은 (臨時)영도권을 합법화하는 것이다. 1943년 모택동은 주은래를 연안에 호출했다. (權力)서열 3위인 주은래는 경험주의자로 지목됐다(D. Wilson, 2012: 198). 주은래는 공산주의(共産主義)[3319]에 대해 이렇게 말했다. …공산주의는 중국사회에 부합된다. 모택동의 영도하에 공산주의는 중국인 이익과 결합돼 중국 땅에 확실히 뿌리내렸다(D. Wilson, 2013: 245). '환영회(8.2)'에서 주은래는 이렇게 말했다. …(反共)분자들은 공산국제 해체를 근거로 공산주의가 중국에서 발전할 수 없다고 지껄였다. 현재 중공은 80만 당원이 있고 중공이 영도하는 50만 군대가 있다(周恩來, 1980: 139). 주은래가 모택동을 '중공 영수'로 공식 인정한 것이다. 상기 '(臨時)영도권'은 어폐가 있다. '6중전회(1938.11)'에서 공산국제의 인정을 받은 모택동은 (中共)영수로 등극했다. 당시 '(權力)서열 3위'는 임필시이며 '공산주의'는 어폐가 있다. 마르크스주의가 정확한 표현이다.

주은래는 '종파활동'[3320]에 대해 이렇게 썼다. …중공의 (元朝)교조주의자는 팽술지이다. (王明)교조주의는 마르크스주의 허울 쓰고 (國際)명의를 이용해 당의 주도적 지위를 차지했다(胡喬木, 2021: 293). 주은래가 분

3319 공산주의(共産主義, Communism)는 무산계급의 사상체계와 이상적 사회제도를 지칭한다. 공산주의는 라틴어 '콤뮤니스(commúnis)'에서 기원, '공유(公有)'라는 뜻이다. 1848년 칼 마르크스는 '공산당선언'에서 공산주의의 기본 원리를 상세히 천명했다. 한편 (共産主義) 사회제도에는 초급 단계의 사회주의와 고급 단계의 공산주의(社會)가 포함된다. 1950년대 인민공사화(人民公社化)를 통한 '중국식 공산주의' 시도는 사실상 실패했다.

3320 호교목은 이렇게 회상했다. …주은래는 '종파(宗派) 활동'에 대해 세 가지로 분석했다. ① 종파적 견해를 갖고 있는 자 ② 잠시 (宗派)활동에 가담한 자 ③ (宗派)방침을 제정, 조직적 행동을 전개한 종파주의자이다(胡喬木, 2014: 297). 당시 '경험(經驗)' 종파로 분류된 주은래가 '첫째'에 해당된다면, 교조주의자인 왕명은 '셋째'에 속한다.

석한 경험주의자의 품행은 ① 품행 제로 ② (革命者)품행, 희생을 두려워하지 않고 군중노선 실천 ③ 볼세비키 품행, 사상투쟁 전개와 당의 기율 준수이다. 경험주의자에게 결여된 것은 볼세비키의 품행이다(張鐵網 외, 2019: 419). 9~10월 (整風)반성을 위해 5만자의 '반성필기'를 쓴 주은래는 '신입삼노선 연구'[3321]·'(四中全會)결의 연구'[3322]를 발표했다. 왕명의 '이립삼 비평'[3323]을 분석하고 박고·이덕(李德)의 (左傾)교조주의를 지적한 주은래는 왕명의 '(右傾)과오'와 자신의 과오에 대해 많은 지면을 할애했다. 결국 '반성의 달인'[3324]인 주은래는 재차 정치적 위기를 넘겼다.

황포군관학교 정치부 주임(1924.11) 주은래는 장개석의 '부하'였다. (中共)총서기 진독수에 의해 (中共)군사부장으로 발탁(1926.12)된 후 남

3321 1943년 9월 하순 주은래는 '신입삼노선 연구'를 작성, 좌적(左的) 과오를 분석했다. 연구(研究) 골자는 ① 혁명의 저조기(低潮期) 부인 ② 혁명의 급전환 강조 ③ 혁명의 고조(高潮) 강조 ④ 진공노선(進攻路線) 주장 ⑤ 1개 성(省), 수성(數省)의 '우선적 승리'를 강조 등이다(金冲及 외, 1998: 687). 한편 회의에서 왕명의 (中共)볼세비키 투쟁'을 비판한 주은래의 '연구'는 이립삼이 주도한 입삼노선을 변호했다는 지적을 면키 어렵다.

3322 주은래의 '(四中全會)결의 연구' 골자는 첫째, 중국혁명의 불균형성을 인지하지 못했다. 둘째, '무장으로 소비에트 보호'의 (蘇聯)구호를 중국에 적용했다. 셋째, 정세를 오판한 '결의'는 최악의 결과를 초래했다. 넷째, '공산국제의 중국문제(中國問題) 결의(1931.8)'는 (左傾)맹동주의 근원이다(中共中央文獻研究室, 1998: 690). 상기 '결의'는 당시 귀국한 미프의 견해가 가미됐다. 한편 공산국제의 '결의(1931.8)'는 (博古)노선의 근원이다.

3323 주은래는 왕명의 '이립삼 비평'을 이렇게 분석했다. ① (左傾)관점에서 입삼노선 반대 ② 트로츠키파의 견해로 입삼노선을 비평 ③ '왕명노선'·입삼노선은 대동소이 ④ 왕명의 '(立三路線)비평'은 잘못됐다(劉伯根 외, 2007: 577). 왕명은 공산국제 지시에 맹종한 반면, 이립삼은 공산국제(指示)에 항거했다. 이것이 그들의 가장 큰 차이점이다.

3324 1927년 11월 남창봉기 실패로 경고(警告) 처분을 받은 주은래는 심각한 반성을 했다. 1930년 입삼노선과 관련해 반성한 주은래는 6기 4중전회에서 (中共)고위층에 진입했다. 준의회의에서 '부보고(副報告)'를 한 주은래는 홍군의 (湘江)참패에 관해 심각한 반성을 했다. '9월회의(1943)'에서 5일 동안 철저한 반성을 한 주은래는 모택동의 신임을 회복했다. 건국 후 주은래는 여러 차례의 '반성'을 통해 정치적 위기에서 벗어났다.

창봉기(1927.8)의 주요 지도자[3325]가 됐다. 모스크바에서 열린 중공 6대(1928.6)에 참가한 후 (中央)조직부장 등을 맡았다. '3중전회(1930.9)'에서 구추백과 함께 입삼노선을 중지시켰다. 이 시기 '주모(朱毛)'의 직속상관인 주은래는 박고·낙보가 주도한 (上海)임시중앙의 핵심(核心) 멤버였다. (中央)소비에트 근거지에 진입(1931.12)한 후 (蘇區)중앙국 서기 주은래는 홍군 지도자 모택동의 '군권 박탈(1932.10)'에 일조했다. 박고·이덕과 함께 '3인단(三人團)' 멤버인 주은래는 제5차 반'포위토벌' 실패와 (長征)초기의 '상강패전(湘江敗戰, 1934.12)'에 중요한 책임을 져야 한다.

주은래는 이덕의 '(作戰)문제점'을 이렇게 분석했다. …병력을 집중해 소모전을 강행했다. 토치카를 강공하고 보루(堡壘)를 구축해 적과 결사전을 벌였다(胡喬木, 2019: 297). 또 '복건사변(福建事變)'에서 '(友軍)협력' 기회를 상실할 교조주의자들을 비평했다. …(福建)정부와 체결한 '항일반장(抗日反蔣)' 협의를 무시하고 (反蔣)동맹군' 협력을 포기했다. 결국 반'포위토벌'을 격파할 기회를 놓쳤다(高新民 외, 2000: 410). 주은래가 분석한 '근거지 상실' 원인은 ① (左傾)노선 ② 잘못된 (長征)계획 ③ 근거지 중요성 간과 ④ (指導者)리더십 부재 ⑤ (左傾)군중노선 등이다(金冲及 외, 1998: 692). 실제로 이덕은 유격전을 무시하고 '정규전'에 집착했다. 또 '교조주의자'는 박고·항영을 가리킨다. '근거지 상실' 주된 책임은 '총서기' 박고에게 있으나 '(軍事)책임자' 주은래는 책임에서 자유로울 수 없다.

3325 1926년 12월 주은래는 (中共)군사부장에 임명됐다. 1927년 7월 '(五人)상임위원'에 선임된 주은래는 (南昌起義)전적위원회 서기로 내정됐다. 국민당 반동파에 '첫 총성'을 울린 남창봉기를 기념하기 위해 중공중앙은 8월 1일을 '건군절(建軍節)'로 확정했다. 한편 남창(南昌)봉기 주요 지도자인 주은래는 (中共)군대의 주요 창건자로 간주된다.

모택동과 중국혁명 3

주은래는 '왕명노선' 근원을 이렇게 분석했다. …농민전쟁의 장기성을 무시했다. 신민주주의의 현실을 직시하지 않고 사회주의 진입을 주장했다. 이는 '왕명노선'의 사회적 근원이다(中共中央文獻硏究室, 1998: 688). 주은래는 (王明路線)실질을 (右傾)투항주의와 '(武漢)중앙화'[3326]로 정리했다. 구체적 표현은 첫째, 속승론·외원론(外援論)·무기론(武器論) 주장이다. 둘째, 통일전선 우선시와 (中共)영도권 포기이다. 셋째, 당중앙 지시를 무시하고 (抗戰)정책을 제정했다(郭德宏 외, 2014: 425). (王明路線)실질은 (抗戰)기회주의·(統戰)투항주의·취소주의이다. '왕명노선'은 '진독수주의(陳獨秀主義)'[3327]보다 더욱 큰 악영향을 미쳤다(丁曉平, 2012: 303). 주은래는 이렇게 반성했다. …유격전 중요성을 간과한 나는 (獨立自主)원칙을 수호하지 못했고 (王明)기회주의에 대해 양보했다. 회의에서 주은래는 참석자의 따끔한 질책을 받았다(劉伯根 외, 2007: 581). 1938년 '(長江局)2인자' 주은래는 '통일전선'을 우선시한 왕명을 협조했다. 한편 (國共合作)시기 주은래의 '통일전선' 중시는 당연지사였다. 또 주은래가 왕명의 (投降主義)노선을 지지한 것은 결코 아니었다. 실제로 '(中共)상급자' 공산국제의 지시를 수용하고 스탈린의 '장개석 지지'를 묵인한 것이다.

장정은 모택동에게 동사재기(東山再起) 기회였으나 주은래에게는 좌

3326 '12월회의(1937)' 득세로 권력욕이 팽창한 왕명은 (武漢)장강국을 '제2중앙'으로 간주했다. 또 (延安)당중앙의 지시를 무시하고 '통일전선 우선시'에 열중한 왕명은 (紅軍)분열주의자 장국도가 범한 노선착오를 답습했다. '(武漢)중앙화'는 왕명이 범한 치명적 패착이다. 이 또한 모택동이 '9월회의(1943)'에서 '왕명 숙청'을 결심한 주요인이다.

3327 '진독수주의(陳獨秀主義)'는 중공 총서기 진독수가 공산국제 영도에 불복하고 장개석·왕정위에게 '(右傾)투항주의' 노선을 실시했다는 것이다. '대혁명 실패(1927.7)' 후 공산국제 지시에 항거했다는 이유로 진독수는 (右傾)기회주의자로 몰렸다. 또 공산국제의 '모스크바 호출'을 거부한 그는 '트로츠키(分子)'로 최종 확정됐다. 한편 '장개석 복종'과 공산국제에 불복한 '진독수주의'는 '왕명노선'·(立三)노선과 나름의 공통점이 있다.

천·병마의 악재가 겹친 고난의 시기였다. 준의회의에서 '복귀'한 모택동은 주은래의 '(軍事)보좌관'[3328]이었다. '(新)3인단'이 설립(3.10)된 후 (軍事)리더십을 발휘한 모택동의 역할이 부각됐다. (蘆花)회의(7.18)에서 주은래의 총정치위원은 '4방면군' 지도자 장국도에게 이양됐다. 8월 중 주은래는 1방면군의 지휘관으로 좌천됐다. 이 시기 '모주(毛周)' 지위가 역전됐다. 설상가상으로 병마에 시달린 주은래는 가까스로 생사의 위기를 넘겼다. 11월 초 (西北)군사혁명위원회가 설립된 후 모택동이 (軍委)주석, 주은래가 부주석을 맡았다. '모주(毛周)'의 (黨內)지위가 역전된 것이다. 한편 스탈린의 '특사' 왕명이 귀국(1937.11)한 후 (毛周)관계가 소원해졌다.

제2단계의 '9월회의' 분위기는 살벌했다. 참석자들은 박고·낙보의 반성에 대해 불만을 표시했다. 강생은 박고의 반성이 심각하지 않다고 비평했다. 일부 지도자는 왕명·박고·낙보·왕가상이 여전히 '위험한 인물'이라고 지적했다(張樹軍 외, 2000: 411). 사철은 이렇게 회상했다. …왕가상의 조수(助手)인 내가 정풍에 관해 보고하면 그의 태도는 심드렁했다(師哲, 2015: 156). '왕명노선'은 왕가상에게 악영향을 미쳤다. 일부 지도자는 왕가상을 왕명·박고와 같은 (敎條)종파로 간주했다. 결국 (整風)후기 왕가상은 비판대상으로 전락했다(徐則浩, 2006: 263). 왕가상이 정풍에 소극적인 태도를 보인 원인은 ① 모택동의 '소련파 제거' ② 모택동의 '강

3328 준의회의(1935.1)에서 주은래는 (軍委)최종 결정권자로 결정됐다. 당시 '(紅軍)지도자'로 복귀한 모택동은 주은래의 '(軍事)협조자'로 내정됐다. '신3인단(3.10)' 출범 후 모택동과 주은래는 평등한 지위로 변했다. 1937년 7월 주은래의 총정치위원 직위가 장국도에게 '이양', (毛周)지위가 역전됐다. 8월 주은래는 1방면군 지휘관으로 좌천됐다. 1935년 11월 초 모택동이 '서북군위(西北軍委)' 주석, 주은래가 (軍委)부주석으로 선임됐다.

생 중용' ③ 모택동의 '신임'을 상실 ④ 강생의 '(肅反)확대화' 불만 ⑤ 왕명의 영향력 ⑥ 신체 허약, '입원 치료'[3329] 등이다. 한편 왕가상의 '소극적 태도'는 모택동의 불만을 야기했다. '(教條)종파'로 간주된 왕가상은 모택동의 신임을 상실했다. 이 시기 강생을 중용한 모택동은 왕가상을 등한시했다. 결국 이는 왕가상의 '(七大)중앙위원 낙선'을 유발했다.

모택동과 왕가상의 '친소(親疏) 관계' 변화를 살펴볼 필요가 있다. 소비에트 근거지에서 열린 감남회의(贛南會議, 1931.11)에서 '정치결의안'[3330]을 발표한 왕가상은 모택동을 '경험주의자'로 몰았다. 영도(寧都)회의(1932.10)에서 왕가상은 '고립'된 모택동을 지지[3331]했다. 준의회의에서 왕가상은 모택동의 '홍군 지휘'를 주장했다. 훗날 모택동은 이를 '결정적 한 표'[3332]에 비유했다. 1938년 8월 공산국제의 '중요한 지시'를 전달

3329 중앙서기처 회의(1943.3.11)에서 '의사 진단'을 근거로 한 이부춘의 보고를 청취한 중앙정치국은 왕가상·진운에게 3개월 간의 '병가(病暇)'를 허락했다. 한편 '(中國)공산당과 중국민족의 길'이란 문장(7.5)을 작성한 왕가상은 입원 치료를 받았다(徐則浩, 2006: 240). 실제로 왕가상이 '9월회의(1943)'에 불참한 주된 원인은 결코 '건강(健康)' 문제가 아니었다. 한편 이 시기 모택동의 중용을 받은 '부수(副手)'는 유소기와 강생이었다.

3330 (蘇區)제1차 대표대회(1931.11)는 왕가상의 '정치결의안'을 통과시켰다. '결의안'은 이렇게 썼다. …(中央)소비에트의 치명적 과오는 계급노선·군중공작을 무시했다. 이른바 '조사연구'는 협소한 경험론의 낙후된 사상이다(徐則浩, 2006: 74). 당시 왕가상은 모택동을 '협소한 경험주의자'로 몰았다. 이는 모택동의 실각(1932)에 빌미를 제공했다.

3331 왕가상은 이렇게 회상했다. …녕도(寧都)회의(1932.10)에서 모주석의 '전방(前方) 지휘' 문제에 대해 토론했다. 당시 나는 모택동이 전방에 남아 홍군을 지휘해야 한다고 주장했다(王稼祥, 1968). 호요방은 이렇게 평가했다. …1932년 좌경(左傾) 노선이 모택동의 (軍事)지휘권을 박탈했다. 당시 왕가상은 '(毛澤東)지지자'였다(徐則浩, 2006: 98). 실제로 녕도(寧都)회의에서 모택동의 군권(軍權)을 박탈한 장본인은 항영·임필시·주은래이다.

3332 섭영진은 이렇게 회상했다. …준의회의에서 모택동이 발언한 후 곧바로 모택동(發言)을 지지한 왕가상은 모택동의 '홍군 지도자 복귀'를 주장했다. 훗날 모택동은 '왕가상 지지'를 '결정적 한 표'라고 술회했다(聶榮臻, 1986: 247). 또 오수권은 이렇게 회고했다.

한 왕가상은 (軍委)부주석에 임명됐다. 1942년 모택동은 심복인 강생을 중용하고 정풍에 소극적인 왕가상을 냉대했다. 결국 '(毛澤東思想)제출자 (1943.7)' 왕가상은 토사구팽을 당했다. 1920년대 측근 부하린(Bukharin)을 이용해 반대파를 제거한 스탈린은 1937년 부하린을 트로츠키파로 몰아 숙청했다. 실제로 모택동이 스탈린의 '(兎死狗烹)악례'를 답습한 것이다. 그러나 모택동은 '소련파' 왕가상을 완전히 잊은 것은 아니었다. 중공 역사에서 왕가상은 '용두사미'의 대표적 인물[3333]로 꼽힌다.

호교목은 이렇게 회상했다. …일부 동지들은 주은래의 '반성'에 불만을 표시했다. (會議)분위기는 갈수록 살벌했다. 강생의 선동질로 회의는 (黨內)투쟁으로 변질했다(胡喬木, 2003: 295). 양상곤은 이렇게 회상했다. …혹자는 (敎條)종파는 반혁명 집단이며 왕명과 (經驗)종파를 숙청해야 한다고 주장했다. 강생은 신화일보는 국민당의 대변지라고 중상했다 (楊尚昆, 2001: 211). 또 양상곤은 이렇게 썼다. …강생은 모주석에게 주은래에 대한 공개적 비판을 제출했다. 모택동은 이렇게 말했다. …'대혁명 실패' 후 주은래는 당을 위해 많은 일을 했다. 주은래가 영도한 남창봉기는 국민당에 대한 '첫 총성'을 울렸다. 모택동의 '비판 제지'는 매우 중요했다(任文 외, 2014: 30). 주은래는 이렇게 반성했다. …나는 (右傾)과

…준의회의에서 모택동이 발언한 후 이덕·박고의 (軍事)과오를 비판한 왕가상은 모택동의 '홍군 지휘'를 옹호했다(伍修權, 1986: 113). 이 또한 모택동이 '신3인단(新三人團) 멤버'로 왕가상을 추천한 주된 이유이다. 결국 모택동이 왕가상의 '결정적 한 표'에 보답한 것이다.

3333 1935년 3월 왕가상은 '(紅軍)지도자'로 복귀한 모택동과 함께 새로 출범한 '(軍事)3인단'에 선임됐다. 결국 이는 '(軍委)서열 3위'이다. 1938년 8월 모스크바에서 귀국한 왕가상은 공산국제의 '중요한 지시'를 전달, (軍委)주석 모택동에 의해 중앙군위 부주석에 임명됐다. 한편 (延安)정풍 후기 중공 영수 모택동의 신임을 상실한 왕가상은 '(七大)중앙위원 선거'에서 낙선됐다. 결국 모택동의 도움을 받아 (候補)중앙위원에 보선됐다.

오를 용인했다. 그러나 1939년 후의 (南方局)노선은 당중앙과 완전히 일치했다. 발언(發言) 말미에 이렇게 다짐했다. …향후 과오를 되풀이하지 않을 것이다(金冲及 외, 1998: 693). 주은래는 이렇게 술회했다. …다년 간의 실천을 통해 공인(公認)된 (中共)영수는 모택동이다. 그의 리더십에 진심으로 탄복한다. 이는 나의 '심열성복(心悅誠服)'[3334]이다(周恩來, 1980: 157). 주은래의 '반성회'가 '(黨內)투쟁'으로 변질한 것은 강생과 밀접히 연관된다. 한편 모택동이 강생의 '공개적 비판'을 반대한 것은 '(王明)협조자' 주은래를 왕명과 같은 (右傾)기회주의자로 취급하지 않았다는 단적인 방증이다.

1930년대 모택동·주은래의 '(黨內)지위 변화'에 대해 살펴보자. 1930년대 초반 모택동의 실각은 (蘇區)중앙국 서기 주은래의 도래와 관련된다. (寧都)회의(1932.10)에서 모택동의 (軍權)상실은 '(蘇區)1인자' 주은래와 밀접히 관련된다. 1927~1935년 '(中共)군사부장' 주은래는 홍군 지도자 모택동의 직속상관이었다. 이 또한 '(紅軍)지도자'로 복귀(1935.1)한 모택동이 주은래의 '(軍事)보좌관'이 된 주요인이다. 야심가인 장국도와의 '회합(1935.6)'이 없었다면 '(周毛)지위 역전'은 쉽사리 이뤄지지 않았을 것이다. 1938년 주은래는 '홍군 통솔자' 모택동과 스탈린의 '특사' 왕명의 권력투쟁에서 중립을 지켰다. 모택동이 (中共)영수로 등극한 후 주은래는 '(毛澤東)지지자'로 전향했다. 1939년부터 주은래는 명실상부한 '(毛

3334 '심열성복(心悅誠服)'은 즐거운 마음으로 성심을 다해 순종한다는 뜻이다. '6중전회(1938.11)'에서 '중공 1인자'로 자리매김한 모택동은 주은래를 남방국(南方局) 서기로 임명했다. 결국 이때부터 주은래는 중공 영수 모택동의 '부수(副手)' 역할을 자임했다. '9월회의(1943)'에서 심각한 반성을 한 주은래의 '심열성복'은 '자의반 타의반' 성격이 강했다. 한편 '9월회의(1943)' 후 '(王明)협조자' 주은래는 '(中共)권력 서열' 5위로 밀려났다.

澤東)보좌관'이 됐다. 실제로 '모정주부(毛正周副)'는 사필귀정[3335]이다.

주은래는 모택동의 측근 강생을 비평했다. 간부들의 미움을 산 강생은 모택동의 신임을 받았다. 주은래는 당내에서 유일하게 강생의 직권 남용을 비판한 지도자였다(D. Wilson, 2013: 253). 유소기가 주도한 '왕명 비판' 대회에서 장문천·주은래는 철저한 반성을 했다. 모택동은 주은래의 확고하지 못한 입장을 지적했다. 뼈저린 교훈으로 삼게 하기 위해서였다(P. Short, 2004: 345). 강생은 1920년대 (上海)시절부터 알고 지낸 강청을 비호했다. '왕명노선'으로 간주된 주은래를 집요하게 공격한 강생은 장강국(長江局) 소속 지하당을 '홍기당'이라고 중상했다(현이섭, 2014: 24). '반성회(1943.11)'에서 압박감을 느낀 주은래는 심한 자책에 빠졌다. 강생의 선동하에 혹자는 주은래·왕명의 당적을 박탈해야 한다고 말했다. 결국 디미트로프는 모택동에게 편지를 보내 왕명의 당적 보류를 요구했다(黃少群, 2015: 737). 한편 강생을 비판한 지도자는 임필시였고 '(王明)비판' 대회는 모택동이 주재했다. 또 1920년대 강생은 강청을 알지 못했다. 실제로 '9월회의(1943)'에서 철저한 반성을 한 것은 박고·주은래였다.

12월 초 블라디미노프는 디미트로프에게 보낸 편지에 이렇게 썼다. …주은래는 심각한 반성을 했다. 현재 '반혁명 분자'인 왕명은 격리됐다. 왕명은 '(蘇聯政府)명의'로 모택동에게 편지를 보낼 것을 요청했다('第一研究部', 2012: 390). 왕명은 맹경수를 시켜 모택동에게 편지(11.15)[3336]

3335 남창봉기(1927.8)의 최종 실패와 '상강참패(湘江慘敗)'의 주요 장본인은 이 시기 중공의 '(軍事)책임자'인 주은래이다. 결국 이는 주은래가 (紅軍)최고 통솔자로서 자격미달이라는 명백한 증거이다. 한편 모택동은 세 차례의 반(포위토벌)과 (長征)최종 승리를 거두며 (紅軍)통솔자임을 입증했다. 한편 모택동은 주덕·주은래의 협조하에 수백만의 (國民黨)군대를 격파하고 신중국을 창건했다. 결국 '모정주부(毛正周副)'는 사필귀정이다.

3336 모택동에게 보낸 맹경수의 편지(11.15) 골자는 첫째, 당중앙 불만을 표출한 적이 없다.

를 보내 '반성'하는 동시에 디미트로프에게 편지를 보내 도움을 청했다. 왕명의 편지를 받은 디미트로프는 모택동에게 편지를 썼다(周國全외, 2014: 427). 디미트로프의 서신(書信) 골자는 첫째, 중공의 '숙청(肅淸)운동'에 불안감을 느낀다. 둘째, 주은래·왕명은 공산국제가 지시한 민족정책을 집행했다. 셋째, 주은래·왕명을 당에서 제명해선 안 된다. 넷째, 소련에 대한 '(中共)불만 정서'가 확산되고 있어 심히 우려된다(馬細譜 외, 2002: 268). 만약 디미트로프의 편지(12.22)가 없었다면, '(反黨)분자' 왕명의 당적 제명이 가능했다는 것이 전문가의 중론이다. 한편 디미트로프의 '주은래 보호'는 왕명의 당적을 보류하기 위한 책략이었다.

디미트로프에게 보낸 모택동의 답신(1944.1.2)은 이렇게 적었다. …'왕명 비판'과 통보(通報) 처리는 적합했다. 당중앙은 왕명의 (反黨)활동을 정리해 고위간부에게 통보했다(郭德宏 외, 2014: 428). 또 그는 이렇게 썼다. …(中共)고위층과 밀접한 관계를 유지한 주은래의 '당적 제명'은 근본적으로 불가능하다. 주은래는 커다란 업적을 이뤘다. '(王明)비판'을 통해 (黨內)단결이 강화됐다. 또 스탈린은 중공의 존경을 받을 것이다(黃修榮 외, 2012: 395). 모택동은 답신(1.2)에 이렇게 썼다. …국민당에게 체포된 왕명은 공산당원이라는 것을 자백한 후 감옥에서 풀려났다. '미프 추종자' 왕명은 많은 (反黨)활동을 했다(楊奎松, 1999: 161). 상기 '통보'는 중공중앙이 발표(12.28)한 '(王明)기회주의 반대(指示)'를 가리킨다. 모택동의 '강경한 태도'는 '통보(指示)'와 관련된다. 결국 모택동은 주은래는

둘째, '(王明)병치료'에 대한 당중앙의 배려에 감사를 드린다. 셋째, 향후 모주석과 (中央)동지들의 협조하에 과오를 반성하고 개과천선하겠다(曹仲彬 외, 2008: 251). 한편 면종복배한 왕명은 과오를 '반성'하는 동시에 디미트로프에게 편지를 보내 모택동을 적발했다. 또 맹경수는 편지에 담당의사 김무악(金茂岳)을 '(國民黨)간첩'이라고 모함했다.

'동지'이지만 왕명은 '(反黨)분자'라는 것을 암시했다. 한편 '스탈린 존경'[3337]은 소련정부의 '중공 불신'을 해소하기 위한 정략이었다.

당중앙이 발표한 '기회주의 반대(指示, 12.28)'는 이렇게 썼다. …'12월 회의'부터 1938년 여름까지 왕명을 필두로 한 교조(敎條)종파는 장강국에서 (右傾)기회주의 노선을 실시했다. 이는 공산국제 방침에 위배된다 (高新民 외, 2000: 415). 또 '지시'는 이렇게 썼다. …(內戰)시기 왕명·박고 등 종파주의자들은 (左傾)노선을 실시했다. 이는 홍군의 참패를 초래했다. (抗戰)시기 (反黨)종파인 '왕명노선'은 신사군의 참패를 유발했다. 무한에서 '제2정치국'[3338]을 설립한 왕명은 당의 기율을 파괴했다(周國全 외, 2014: 427). 상기 '지시'는 모택동이 작성한 것으로 추정된다. 왕명 등이 실시한 '통일전선 우선시' 정책은 공산국제의 지시를 따른 것이다. 한편 '(指示) 발표'를 통해 왕명·박고를 당에서 완전히 배제했다. 며칠 후 '이지력(理 智力)'을 회복한 모택동은 재차 디미트로프에게 편지를 보냈다.

1월 3일 모택동은 블라디미노프를 찾아가 디미트로프에게 쓴 답신 (1.2) 발송 여부를 확인했다. 모택동은 답신이 '면밀한 고려'가 결여됐다고 '자성'했다. 1월 7일 모택동은 디미트로프에게 쓴 편지를 블라디미

3337 1943년 스탈린그라드(Stalin grad) 전역에서 승전한 소공(蘇共) 지도자 스탈린은 독소(獨蘇)전쟁의 전세를 역전시켰다. 이 시기 동맹국의 '삼거두(三巨頭)'가 참가한 테헤란 회담(1943.11)에서 스탈린은 명실상부한 세계적 지도자로 부상했다. 한편 (中共)영수로 자리매김한 모택동은 스탈린의 '군사적 협조'를 거부한 것이 내내 마음에 걸렸다. 실제로 모택동의 '스탈린 존경'은 중공·소공 간 '악화된 관계' 회복 메시지를 전달한 것이다.

3338 (武漢)장강국의 정치국 위원은 왕명·주은래·박고·개풍이다. 이 시기 정치국 위원인 팔로군 지휘관 팽덕회와 신사군 지도자 항영은 모두 장강국의 지배를 받았다. 결국 (延安)당중앙의 지시를 무시한 (武漢)장강국은 '제2정치국'으로 불렸다. 한편 '(武漢)중앙화'는 '9월회의(1943)'에서 모택동이 '왕명노선' 청산을 결심한 주된 원인이다.

노프를 통해 발송했다(中共中央文獻硏究室, 2012: 396). 편지(1.7)는 이렇게 썼다. …귀하의 지시(12.22)를 참답게 연구하고 관철할 것이다. 국공(國共)관계는 1944년에 개선될 것이다. 당내(黨內)문제의 방침은 '단결 강화'이다. 왕명에게도 (黨內)방침을 적용할 것이다(張樹軍 외, 2000: 418). 이 시기 '왕명노선'은 '반당(反黨)종파'에서 (黨內)문제로 격이 낮아졌다. 임시중앙의 '권력 찬탈' 죄명을 철회하고 '4중전회'는 공산국제가 허락한 합법적 회의로 인정됐다. 한편 모택동은 디미트로프가 제출한 '(康生)문제'는 타협하지 않았다(楊奎松, 2012: 135). 심사숙고 끝에 모택동은 (王明)당적을 보류하고 (王明路線)격을 낮췄다. '왕명노선'의 '(黨內)문제 격하'는 부득이한 차선책이었다. 실제로 모택동은 소련정부에서 '요직'을 맡고 있고 스탈린의 신임을 받는 디미트로프의 '요청'을 거절할 수 없었다.

블라디미노프는 '연안일기(延安日記)'에 이렇게 썼다. …디미트로프의 편지(12.22)를 받은 후 모택동은 1944년의 (元旦)기간 왕명을 찾아가 장시간의 담화를 나눴다. 이 기간 주은래도 왕명과 대화를 나눴다(李明三 외, 1989: 414). '(毛王)담화' 골자는 첫째, 모택동은 온화한 태도로 왕명의 '반성'을 격려하고 협력을 부탁했다. 둘째, 감격한 왕명은 자신의 과오를 반성했다. 당시 왕명은 '편지(12.22)'에 대해 알지 못했다. 셋째, 모택동의 '방문'은 디미트로프에게 '(王明)관계 개선'을 보여주기 위한 제스처였다. 넷째, 과오를 인정한 왕명은 모택동에게 굴복했다(Vladimirov, 1981: 201). '중공화국(禍國)대사기'는 이렇게 썼다. …1944년 1월 6일 모택동은 왕명과 장시간의 대화를 나눴다. 과오를 반성한 왕명은 '국민당 합작(合作)'의 통일전선은 잘못된 노선이라고 시인했다(趙牖文, 1980: 139). 중국 학자들이 (延安日記)주장을 부인하는 원인은 첫째, 맹경수가 쓴 '반성문(1943.11.15)'에서 과오를 인정했다. 둘째, 왕명은 회고록에 1944년 (元

旦)기간의 '(毛澤東)담화'를 적지 않았다(郭德宏 외, 1989: 415). 한편 왕명은 '(毛王)담화' 시간을 4월 1일로 적었다. '연안일기'의 '담화(1.6)' 시간이 정확하다. 왕명이 디미트로프의 '편지(12.22)'에 대해 알지 못했다는 주장은 사실과 어긋난다. 또 '반성문(11.15)'에서 왕명은 과오를 반성하지 않았다. 상기 왕명의 '잘못된 노선' 시인은 사실 왜곡이다.

모택동이 디미트로프의 '(王明)당적 보류' 요구를 수용한 주된 원인은 첫째, 소련정부의 '국제부장'인 디미트로프의 편지는 결코 '개인적 의견'이 아니었다. 둘째, '(中共)영수 등극'에 결정적 역할을 한 디미트로프의 '요청'을 쉽사리 거절할 수 없었다. 셋째, 통일전선 우선시의 '왕명노선'은 (王明)개인적 과오가 아니었다. 넷째, 왕명의 '당적 박탈'은 소련·국민당 관계를 동시에 악화시킬 수 있었다. 다섯째, 왕명의 '당적 보류'는 (中蘇)관계 만회에 일조할 수 있었다. 여섯째, 소련정부에 볼모로 잡혀 있는 '(毛岸英)신변 안전'에 유리했다. 실제로 스탈린의 '(軍事)협조'를 거부한 모택동은 늘 마음을 졸였다. 당시 왕명이 (延安)중앙병원에서 (入院)치료를 할 때 스탈린은 소련의 '명의(名醫)'를 연안에 파견했다. 이는 스탈린이 왕명의 '건강'을 배려했다는 단적인 반증이다. 한편 이 시기 독소전쟁의 전세를 역전시킨 스탈린은 세계적인 지도자로 부상했다. 실제로 왕명의 '(七大)중앙위원 당선'을 필연적 결과였다.

모택동을 '건국의 아버지'라고 한다면 주은래는 '건국의 어머니'에 해당한다. 1949년의 건국에서 두드러진 공헌을 한 사람이 모택동·주은래였다. 건국 후 두 사람은 거의 30년 간 사회주의 건설을 위해 상부상조했다(矢吹 晋, 2006: 6). 미국의 전 대통령 닉슨(Nixon)[3339]은 저서에 이

3339 닉슨(Nixon, 1913~1994), (美)캘리포니아 출생이며 미국의 제37대 대통령이다. 1938

렇게 썼다. …중국에 모택동이 없었다면 혁명의 불길은 타오르지 못했을 것이다. 주은래가 없었다면 요원의 불길로 번지지 못했을 것이다. 시인 기질의 전략가와 실무형 지도자의 협력은 시너지 효과를 거뒀다(顧保孜, 2011: 28). (臺灣)국민당 고위 관리는 이렇게 말했다. …주은래가 우리 편에 있었다면 대만에 쫓겨온 사람은 모택동이었을 것이다. 이 말의 옳고 그름을 떠나 모택동·주은래의 동반자 관계가 신중국을 설립했다는 사실이다(이중, 2013: 55). 모택동은 주은래의 반성을 통해 자신에 대한 지지를 확인했다. 모택동에겐 대외활동과 실무 경험이 뛰어난 주은래가 필요했다(현이섭, 2014: 18). 주은래의 철저한 반성은 모택동의 인정을 받았다. 한편 주은래를 '(經驗)종파'로 분류한 모택동은 철두철미한 경험주의자였다. '모정주부(毛正周副)'의 '투톱 체제'는 상부상조의 관계였다. 실제로 모택동·주은래의 협력관계는 40년 간 유지된 '황금 콤비(黃金combi)'[3340]였다.

중공 영수(1938.11) 모택동이 주은래를 부수(副手)[3341]로 중용한 주된

년 공화당에 가입, 1953년 제36대 미국 부통령, 1969~1974년 미국 제37대 대통령, 1972년 중국을 방문, 1974년 8월 '워터게이트 사건'으로 하야(下野), 1994년 뉴욕에서 병사했다.

3340 모택동과 주은래는 상호보완적이었다. 자신이 못 가진 장점을 상대가 갖고 있다는 것을 분명히 인식하고 인정했다. 주은래는 모택동과의 공통점을 가능한 많이 활용했다. 모택동·주은래는 생사고락을 같이한 운명의 파트너였다(이중, 2012: 53, 56). 40년 (1936~1976) 간 긴밀한 협력 관계를 유지한 '모주(毛周)'는 상부상조 관계였다. 한편 '모정주부(毛正周副)' 체제가 황금 콤비에 비유되는 것은 상대의 단점을 보완할 수 있기 때문이다.

3341 중국의 부수(副手)는 서열 2~5위의 '주요 지도자(二人者)'를 가리킨다. 당시 중공 지도자 주덕·유소기·주은래·임필시는 중공 영수 모택동의 부수(副手)였다. 한편 부수(副手)를 한국어로 '조력자'·'조수(助手)'로 번역한 것은 상당한 어폐가 있다. 결국 이는 현재 대통령제인 한국에서 진정한 의미의 '부수(副手)'가 없는 것과 관련된다.

원인은 첫째, 모택동의 '중요한 조력자'는 중원국 서기 유소기와 남방국 서기로 임명된 주은래였다. 둘째, 국공합작(1937~1945) 시기 (中共)대표인 주은래의 역할을 매우 중요했다. 중공 내 장개석과 '양호한 관계'[3342]를 갖고 있는 주은래 대체자가 없었다. 셋째, 정치·군사·외교가 자질을 겸비한 주은래는 (行政)총괄의 국가 지도자로 최적임자였다. 넷째, 주은래의 뛰어난 행정력과 충성심은 (中共)고위층에서 유일무이했다. 다섯째, 주은래의 외교력은 국민당과 (蘇共)지도부의 인정을 받았다. 이 또한 디미트로프가 모택동에게 '주은래 보호'를 요청한 이유이다. 여섯째, 주은래의 친화력·호소력은 당내에서 막대한 영향력을 갖고 있었다. (中共)내부에는 주은래를 추종하는 고위급 간부[3343]가 많았다. 일곱째, (國民黨)내부에 잠복한 (中共)특무와 (白區)지하당 조직은 주은래의 직접적인 영도를 받고 있었다. 실제로 모택동의 '(周恩來)중용'은 현명한 결정이었다. 중경담판(重慶談判)[3344]에서 주은래는 외교가 기질과 보좌(補佐) 역할

3342 황포군관학교 정치부 주임(1924.11)인 주은래는 (校長)장개석의 부하였다. 서안사변(1936.12)에서 '장개석 석방'을 주장한 (中共)대표 주은래는 위기에 빠진 '장개석 구출'에 일조했다. (抗戰)초기 주은래는 장개석과 여러 차례 담판해 제2차 국공합작에 성공했다. 중경에 체류(1940~1943)한 주은래는 장개석과 '양호한 관계'를 유지했다.

3343 당사(黨史) 간행물에 게재된 '(中國)10대 원수' 중 '(毛周)지지자'를 분석한 글을 요약한다. (毛澤東)지지자, 팽덕회·임표·나영환·엽검영, (周恩來)지지자, 유백승·하룡·진의·섭영진, 주덕·서향전은 '중립파(中立派)'로 분류됐다. 건국 후 중용을 받은 진의·섭영진·엽검영 등 원수는 모두 (毛周)측근자였다. 진운·등소평도 '모주(毛周)'와 돈독한 관계를 유지했다. 결국 이는 주은래의 (黨內)막강한 영향력을 보여준 단적인 사례이다.

3344 중경담판(重慶談判)은 중공 영수 모택동과 국민당 총재 장개석이 43일 동안 중화민국의 (臨時)수도인 중경에서 진행한 평화(平和) 담판이다. 1945년 8월 29일부터 10월 10일까지 진행됐다. 당시 (中共)대표는 모택동·주은래·왕약비였다. 10월 10일 (國共)대표는 '(國共)대표회담기요(紀要)'에 서명했다. 쌍방은 '내전 방지'·'장기적 합작(合作)'을 협의했다. 10월 11일 모택동은 연안으로 회귀, 주은래는 11월 25일 연안으로 돌아왔다.

을 유감없이 발휘했다. (國共)내전에서 중앙군위 (常任)부주석 주은래는 모택동을 협조해 내전을 승리로 이끈 수훈갑이다. 건국 후 26년 동안 국무원(國務院) 총리를 연임한 주은래는 모택동과 상부상조의 협력관계를 유지했다. 흔히 모택동을 산, 주은래를 물에 비유한다. 한편 40년 동안 (中共)최고위층에서 요직을 맡은 주은래는 영원한 '중공 2인자'였다.

　2월 26일 왕명과 대화를 나눈 주은래는 그의 반성을 촉구했다. '(中央)결론'에 대해 불만을 느낀 왕명을 주은래에게 편지를 보내 의문을 제기했다. 자신은 소비에트 후기의 (左傾)노선 대표가 아니며 이 시기 주요 책임자가 아니라고 강변했다(雷國珍 외, 2003: 355). 주은래에게 보낸 (王明)편지(2.27) 골자는 첫째, '4중전회' 후의 (左傾)노선과 '왕명노선'에 대한 의문이다. 둘째, 모스크바 시기에 사소한 과오는 있었으나 노선착오를 범하지 않았다. 셋째, (武漢)시기 통일전선 정책은 공산국제 지시에 따른 것이다(李明三 외, 1989: 408). 3월 2일 주은래는 왕명의 편지를 모택동 등 정치국 위원에게 보이며 이렇게 말했다. …왕명은 여전히 개인적 입장에서 이해득실을 따지고 있다(張樹軍 외, 2000: 418). 왕명은 회고록에 이렇게 썼다. …1944년 4월 1일 모택동과 장시간의 대화를 나눴다. 당시 (整風)취지를 해석한 모택동은 (整風)문제점을 설명했다(王明, 1979: 51). 맹경수는 '(毛王)담화'에 관해 이렇게 썼다. …당의 역사를 (毛澤東)개인의 역사로 만들기 위해 모택동은 왕명에게 입삼노선 반대와 통일전선의 '공로'를 자신에게 넘겨 달라고 간청했다(周國全 외, 2014: 432). (左傾)노선의 주된 책임은 (總書記)박고에게 있다. '(毛王)담화' 시간은 '연안일기'의 1월 6일이 정확하며 맹경수의 회상은 신빙성이 제로이다. 왕명의 '강경한 태도'는 1월 19일 디미트로프가 '(毛澤東)서신' 내용을 알려준 것과 관련된다. 또 궁지에 몰린 왕명은 1944년 12월과 1945년 4월에 '심각한 반성'을 했다. 결국 이는 '중앙위원 당선'을 노린 왕명의 책략이었다.

서기처 회의(2.24)에서 (黨史)문제에 대한 일치된 의견을 도출했다. ① 왕명·박고의 과오, (黨內)문제 ② '4중전회', 합법적 회의 ③ (黨內)문제 방침, 단결 강화 ④ (中共)6대 방침, 대체로 정확 ⑤ 임시중앙의 역할 긍정 등이다(朱凱, 2004: 167). 3월 5일 정치국 회의에서 연설한 모택동은 이렇게 말했다. …왕명 등의 '(敎條)종파'에 대해 토론할 때 (黨外)문제로 간주했다. 현재 (黨內)문제로 최종 결정한다. '4중전회'와 임시중앙은 합법적이다(張鐵網 외, 2019: 422). (整風)취지는 '치병구인'이다. 반성자에 대해 관대하게 처리해야 한다. 당의 정치노선을 무조건 부정해선 안 된다. 나와 박고의 쟁점은 전략 차이이다(逄先知 외, 2005: 499). 또 모택동은 이렇게 지적했다. …중공 6대에서 제정한 (戰略)방침은 기본적으로 정확하다. 속승론을 반대하고 군중노선 원칙을 수호했다. '28개 반 볼세비키'는 존재하지 않는다. '9월회의(1943)' 후 (經驗)종파는 사라졌다(雷國珍 외, 2003: 356). 정치국 회의(3.5)에서 한 모택동은 연설은 '왕명노선'과 (黨史)문제에 대한 최종적 결론이다. 그의 연설은 참석자의 지지를 받았다. 과오를 범한 자의 정신적 부담과 우려를 해소했다(胡喬木, 2021: 303). (延安) 고급간부 회의(4.12)에서 모택동은 반성자에 대한 '정확한 태도'[3345]를 강조했다. '왕명노선'의 '(黨內)문제 격하'는 모택동이 디미트로프의 편지(1.7)에서 한 약속을 지켰다는 반증이다. 결국 소련정부를 대표한 디미

3345 (延安)고급간부회의(4.12)에서 모택동은 과오 반성자에 대한 정확한 태도를 강조했다. 첫째, 반성자에 대한 조직(組織) 결론에 신중한 태도를 취해야 한다. 둘째, 정치적 과오를 범한 자의 당시 환경과 사회적 근원을 반드시 고려해야 한다. 셋째, 억울한 누명을 씌우거나 억지 반성을 강요해선 안 된다(高新民 외, 2003: 357). 결국 이는 (過誤)반성자에게 개과천선(改過遷善) 기회를 제공하고 (整風)취지인 '치병구인'을 강조한 것이다.

트로프의 '내정 간섭'으로 '왕명노선' 청산은 유야무야 끝났다.

1943년 9월부터 장장 반년 동안 열린 '9월회의'는 용두사미(龍頭蛇尾)로 끝났다. '9월회의'에서 '(王明)협조자'인 주은래·박고가 철저한 반성을 통해 모택동의 신임을 얻은 것은 '(會議)성과물'로 간주된다. (整風)회의가 제2단계에 진입한 후 강생의 선동질로 '(周恩來)반성회'는 계급투쟁의 장으로 변질했다. 한편 스탈린을 대표한 디미트로프의 '(王明)보호' 편지(12.22)는 모택동이 '왕명노선'을 '(黨內)문제'로 격하한 주된 원인이다. 결국 '왕명 숙청' 시도는 실패로 돌아갔다. '9월회의(1943)'의 가장 큰 성과는 모택동이 (中共)영수의 지위를 확보한 것이다.

2. '7중전회'에서 '역사결의(歷史決義)' 통과

1944년 5월에 개최된 6기 7중전회는 '7대 개최'를 위한 (準備)회의이다. '7중전회'의 취지는 '역사결의'를 통과시키는 것이다. 1945년 4월 임필시가 책임지고 작성한 '역사결의'는 호교목·장문천의 수정과 모택동의 반복적 수정을 거쳐 마침내 통과됐다. 실제로 '역사결의'는 모택동이 1941년 가을에 작성한 '결론초안'을 토대로 완성됐다. 한편 '(中共)7대' 전후 40여 일 동안 개최된 (華北)좌담회는 '팽덕회 비판회'로 변질했다.

'9월회의(1941)'가 끝난 후 모택동은 왕명·박고의 (左傾)노선을 비판한 '9편문장'을 작성했다. 이 시기 모택동이 작성한 '결론초안(歷史草案)'은 발표가 보류됐다. 당시 '(草案)발표' 여건이 성숙되지 못했다고 판단한 모택동은 본격적 정풍운동을 전개했다. 이는 '9월회의(1941)'에서 왕명의 반성 거절과 '입원(入院, 1941.10)'과 관련된다. 한편 '9월회의(1943)'에서 부각된 '왕명노선'은 디미트로프의 '내정 간섭'으로 '당내(黨內) 문제'로 격하됐다. 이는 모택동이 작성한 '역사초안(1941)'을 대폭 수정하는 결과로 이어졌다. 결국 '7중전회'에서 최종 통과된 '역사결의'에는 '왕명노선'의 교조(敎條) 종파와 '(王明)우경 과오'가 누락됐다.

'6대이래(六大以來)'를 편집하며 좌적 과오의 심각성을 인지한 모택동은 5만자의 '(九篇)문장'을 작성했다. 문장 제목은 '제3차 좌경노선 반박'이었다. 초기 제목은 (博古)노선[3346]과 관련된 주요 문건이었다(雷國珍 외, 2003: 292). 그 후 '9편문장'은 '(1931.9~1935.1)기간의 '왕명노선 비판'으로 제목이 바뀌었다. 한편 (博古)노선이 '왕명노선'으로 변경된 것은 '9월회의(1941)'에서 한 박고의 심각한 반성과 왕명의 '반성 거절'과 관련된다. 호교목의 회상에 따르면 (文章)내용이 첨예해 '(黨內)단결 파괴'를 우려한 것이 모택동이 '(文章)발표'를 포기[3347]한 주된 원인이다. 실제로 모택동이 왕명 등 '소련파'의 반발을 고려한 것이다.

모택동이 (左傾)노선을 '박고노선'으로 명명한 것은 나름의 이유가 있다. 모택동을 실각시킨 주요 장본인은 이 시기 '(中共)총서기'인 박고였다. '9월회의(1941)'에서 박고는 과오에 대해 철저하게 반성했다. 한편 왕명은 (抗戰)시기 당중앙의 정책을 '좌적'이라고 지적했다. 당시 왕명의 '강경한 태도'는 공산국제의 전보(1941.9)와 관련된다. 왕명의 '권위 도전'은 모택동이 초기 '(博古)노선'을 '왕명노선'으로 변경한 주요인이다.

3346 이른바 (博古)노선은 공산국제 지시에 맹종한 임시중앙(1931~1934)이 실시한 (左傾)노선을 지칭한다. 대표적 인물은 박고·낙보·항영·이유한 등이다. 그들은 '조사연구'를 중시한 모택동을 '협소한 경험론자'로 몰았다. 또 '(反)나명노선'을 추진해 (毛澤東)추종자'를 제거했다. '(軍事)3인단'의 지휘 실책으로 제5차 반'포위토벌'이 실패, 홍군은 부득불 장정을 개시했다. 준의회의(1935.1)에서 '(博古)파면'과 함께 (博古)노선을 청산됐다.

3347 1965년 모택동은 이렇게 회상했다. …1941년 가을에 쓴 '9편문장'은 유소기·임필시에게 보여준 후 '문장(文章) 발표'를 보류했다. (文章)내용이 너무 첨예해 '(黨內)단결'에 악영향을 미칠 것을 우려했다(逢先知 외, 2005: 351). 결국 모택동의 '(文章)발표 보류'는 정확했다. 한편 '9편문장'의 공개적 발표는 심각한 부작용을 초래했을 것이다.

'종이호랑이'[3348] 박고보다 자신을 스탈린의 '특사'로 자처하며 '(蔣介石)입장'을 대변하는 왕명이 훨씬 더 '위험한 인물'이었기 때문이다. 한편 (入院)기간 왕명은 '정풍 펌하'와 '(毛澤東)비방'을 멈추지 않았다.

1930년대 박고와 모택동은 '견원지간'이었다. 당시 박고는 모택동을 '최대 정적'으로 간주했다. (贛南)회의·(寧都)회의에서 '(紅軍)창건자' 모택동을 실각시킨 막후 조정자는 '(中共)총서기' 박고였다. '(博古)추종자'인 항영·낙보·임필시·왕가상·주은래도 모택동의 '(軍權)박탈'에 일조했다. 준의회의 후 모택동이 '(紅軍)지도자'로 복귀한 후에도 박고는 (毛澤東)지휘에 불복했다. 왕명이 귀국한 후 (武漢)장강국에서 '(王明)협조자'로 활동한 박고는 '왕명노선' 집행자였다. 두 차례의 '9월회의'와 중공 7차 당대회에서 '지은 죄'가 있는 박고가 심각한 반성을 했다. 한편 모택동은 '(博古)노선' 주도자인 박고를 결코 용서하지 않았다.

'1941년 10월 7일 왕명은 모택동·임필시 등에게 이렇게 말했다. …현재 동맹자가 없는 중공은 완전히 고립됐다. (抗戰)시기 당의 정책이 좌적(左的)이었기 때문이다. '신민주의론'은 장개석이 중공을 적대시한 주된 원인이다(張樹軍 외, 2003: 287). 중앙서기처 회의(10.8)에서 왕명은 이렇게 주장했다. …(國共)양당은 전쟁보다 협력에 치중해야 한다. '신민주주의' 제출은 시의적절치 못했다. 장강국의 정치노선은 틀리지 않았다. 또 '개인적 과오'는 나만의 문제가 아니다(章猷才 외, 2016: 94). 9월 20일 디미트로프는 모택동에게 보낸 전보에서 15개의 의문을 제기했다. 소련

3348 종이호랑이는 '종이로 만든 호랑이'라는 뜻으로 유명무실해진 '실권자(失權者)'를 지칭한다. 준의회의 후 박고의 '(中共)총서기'는 낙보가 대체했다. 1936년 (軍委)주석 모택동과 중화소비에트공화국 (西北)판사처장으로 좌천된 박고의 지위는 역전됐다. 그 후 박고는 주은래의 부수(副手), 무한(武漢) 시기 왕명의 '조력자(助手)' 역할을 했다.

의 ‘(軍事)협조’에 대한 모택동의 소극적 태도에 불만을 표출한 것이다. (電報)내용을 인지한 왕명은 ‘자택’을 방문(10.7)한 모택동 면전에서 당의 정책을 지적했다(楊奎松, 2012: 110). 모택동은 무한(武漢) 시기의 왕명의 (右傾)과오를 이렇게 정리했다. ① 정세 오판 ② (中共)독립성 상실 ③ 유격전 방침 반대 ④ (黨中央)지휘에 불복 ⑤ (個人)명의로 ‘지시’ 남발 ⑥ (中央)명의로 문건 발표 등이다(高新民 외, 2000: 86). 결국 (毛王)대결은 흐지부지하게 일단락됐다. 왕명의 ‘(中央)정책 비판’을 잊지 않은 모택동은 ‘신민주주의론’에 대한 왕명의 지적을 도전으로 간주했다. ‘9월회의(1941)’ 후 모택동은 왕명을 최대 라이벌로 간주했다. 결국 ‘9월회의(1943)’에서 ‘왕명노선’ 청산이 주된 취지가 된 것은 당연한 결과였다.

모택동과 왕명의 악연은 ‘12월회의(1937)’에서 시작됐다. 당시 모택동은 스탈린의 ‘특사’로 자처한 왕명에 의해 궁지에 몰렸다. ‘12월회의’의 유일한 ‘(毛澤東)지지자’는 유소기였다. 모택동이 중공 영수로 등극한 후 왕명은 (延安)여자대학 총장으로 좌천됐다. 정풍 개시 전 모택동과 왕명은 양호한 관계를 유지했다. 당시 면종복배한 왕명이 ‘모택동 숭배’에 열중[3349]하는 모습을 연출했기 때문이다. ‘9월회의(1941)’에서 공산국제의 ‘중공 불만’을 (東山再起)기회로 착각한 왕명의 느닷없는 ‘반격’이 화를 자초했다. 결국 모택동은 왕명을 ‘(肅淸)대상 1호’로 확정했다. 입원 기간 왕명은 (特工)블라디미노프와 결탁해 모택동의 동향을 모스크바에 보고했다. ‘9월회의(1943)’에서 모택동이 ‘왕명 숙청’을 결심한 주

3349 1940년 5월 3일 ‘(延安)택동청년간부학교’ 개학식에서 ‘모택동을 학습하자’는 제목으로 연설했다. (講演)골자는 ① 시종일관 혁명에 충성 ② 근면한 이론(理論) 학습 ③ 용감한 창조력 ④ 부지런한 공작(工作) 태도 ⑤ 단결력과 친화력이다(郭德宏 외, 2014: 352). 실제로 왕명이 ‘모택동 우상화’에 앞장선 것은 ‘중공 2인자’ 지위를 노린 것이다.

요인이다.

호교목은 이렇게 회상했다. …모택동은 날카로운 필치로 (九篇)문장을 썼다. (左傾)노선을 집행한 정치국 위원을 거론하며 그들의 정치적 과오를 신랄하게 비판했다. 장기간 억눌렸던 감정과 억압된 분노가 폭발한 것이다(高新民 외, 2000: 91). 그 후 모택동은 '문장'을 수차례 수정하고 내용을 보완했다. 그러나 문장의 맥락상 돌돌핍인(咄咄逼人) 기세와 내용의 예리함이 강하게 묻어났다. 이는 (整風)취지인 '치병구인' 방침에 위배됐다(胡喬木, 1994: 214). 이 시기 모택동이 왕명 등 '소련파'를 비판한 '9편문장'을 발표했다면 강한 역효과를 초래했을 것은 자명하다. 결국 '이이제이(以夷制夷)' 전략을 중요시한 모택동은 '(文章)발표'를 보류했다. 실제로 공산국제가 존재하는 한 '왕명노선' 청산은 결코 '쉬운 일'이 아니었다.

'(九篇)문장'의 골자는 첫째, (左傾)노선 집행자는 마르크스주의 허울 쓴 교조주의·주관주의자이다. 둘째, (左傾)노선의 (軍事)맹동주의로 (革命)근거지와 (白區)공작은 막대한 손실을 입었다. 셋째, 지주에게 토지를 분배하지 않고 부농(富農)에게 나쁜 땅을 나눠주는 소련식 토지제도를 중국에 적용했다. 넷째, 중국혁명의 불균형성을 간과하고 농민전쟁의 특수성과 유격전쟁의 중요성을 무시했다. 다섯째, 주관주의적 '두 가지 노선' 투쟁을 강조하고 (黨內)동지에게 무자비한 투쟁을 전개했다. 한편 모택동이 (左傾)노선의 창시자[3350]가 왕명이라는 점을 분명히 밝혔다. 또

3350 모택동은 이렇게 썼다. …'4중전회' 후 왕명을 필두로 한 당중앙은 좌경(左傾) 노선을 실시했다. 그 후 박고·낙보 등에 의해 (左傾)노선은 (反)마르크스주의 노선으로 발전했다. 왕명은 (左傾)노선의 창시자이며 박고·낙보는 집행자이다(楊奎松, 1978: 21). 실제로 (左傾)노선의 주도자는 임시중앙의 주요 책임자 박고였다. 한편 모택동이 왕명을 (左傾)

그는 (左傾)노선 집행자를 '교조주의자·종교주의자'로 비판했다. 모택동의 (九篇)문장은 발표되지 않았으나 나름의 역사적 의미[3351]를 갖고 있다.

호교목은 모택동이 '9편문장'을 애지중지한 원인을 이렇게 분석했다. 첫째, 대량의 심혈을 기울여 (左傾)노선을 상세하게 분석한 작품이다. 둘째, '7중전회'에서 통과된 '역사결의'의 토대가 된 '결론초안'의 근거는 '9편문장'이었다. 셋째, '9편문장'을 통해 (左傾)노선의 근원과 특성을 파악했다(胡喬木, 2021: 215). 모택동은 박고가 주도한 (左傾)노선의 가장 큰 피해자였다. 당시 장문천이 작성한 '준의회의 결의'는 당중앙의 정치노선이 정확했다고 기술했다. '9편문장' 작성을 통해 (左傾)노선의 심각성을 절감한 모택동은 '9월회의(1941)'에서 소비에트 후기의 과오는 노선착오라는 최종 결론을 내렸다. 한편 '9월회의(1941)'에서 이 시기 임시중앙의 노선착오는 자신과 관련이 없다고 여긴 왕명은 이를 묵인했다.

모택동은 (左傾)노선을 비판한 '9편문장' 작성을 통해 왕명·박고 등 '소련파'가 공산국제의 명의와 마르크스주의의 허울을 쓰고 실시한 교조주의·종파주의의 문제점과 위해성(危害性)을 철저하게 인식했다. 이 또한 정풍운동에서 모택동이 '교조주의·종파주의' 문제를 제기한 주된 원인이다. (左傾)노선을 비판한 '9편문장'은 모택동의 측근 유소기·임필시·효교목에게 실질적인 영향을 미쳤다. 이는 '9월회의(1943)'에서 '(蘇聯派)영향력 제거'에 긍정적인 요인으로 작용했다. 또 이는 '역사결의' 작

노선의 '창시자'라고 한 것은 '9월회의(1941)'에서 과오 반성을 거절한 것과 관련된다.

3351 모택동은 '9편문장' 작성을 통해 (左傾)노선의 문제점과 심각성을 철저하게 인식했다. 정풍운동에서 모택동은 (九篇)문장을 근거로 교조주의·종파주의 문제를 제기했다. 또 '문장'은 모택동의 측근자 유소기·임필시·효교목에게 중요한 영향을 미쳤다. 실제로 '역사결의' 작성자 임필시는 모택동의 (九篇)문장을 근거로 '결의(決議) 초안'을 작성했다. 한편 (九篇)문장은 '역사결의'의 토대가 된 '역사초안'의 이론적·사실적 근거이다.

성자인 임필시에게 중대한 영향을 미쳤다. 한편 모택동이 '9편문장'을 발표하지 않은 주된 원인은 공산국제를 의식했기 때문이다. 당시 공산국제는 '소련 협조'에 소극적인 모택동의 태도에 상당한 불만을 갖고 있었다.

10월 13일 중공중앙은 모택동·왕가상·임필시·강생·팽진으로 구성된 '과거청산역사위원회'를 설립했다. '결론초안'의 골자는 첫째, 소비에트 후기의 좌경(左傾) 노선은 중국혁명에 악영향을 끼쳤다. 둘째, (左傾)노선은 '5중전회'에서 절정에 달했다(馮蕙 외, 2013: 333). 모택동이 정리한 (中共)4개 단계는 ① 1919~1927년 사상상(思想上) 유물변증법 ② 1927년 하반기 진독수의 (右傾)기회주의 ③ 소비에트 후기 (左傾)노선이 통치 ④ 준의회의 후 정확한 정치노선 주도 등이다(逄先知 외, 2005: 332). 또 그는 '(左傾)지도자'에 대해 이렇게 평가했다. …(左傾)노선의 주된 책임은 중공 책임자 박고에게 있다. 또 여러 차례 과오를 범한 이유한은 개과천선했다. 1934년 낙보는 '(左傾)비판자'로 전향했다. '입삼노선 시정'에 기여한 왕명은 (左傾)노선 지지자였다(胡喬木, 2021: 223). '7중전회'에서 통과된 '역사결의'는 모택동의 '결론초안'을 토대로 작성했다. '5중전회(1934.1)'에서 모택동은 유명무실한 '(共和國)주석'[3352]으로 전락했다. 이 또한 모택동이 (左傾)노선을 '박고노선'으로 명명한 주된 원인이다.

'역사초안'은 '4중전회' 과오를 이렇게 정리했다. 첫째, 마르크스주의에 위배되는 주관주의·형식주의는 (左傾)노선의 사상적 근원이다. 둘

3352 박고가 주도한 '5중전회(1934.1)'에 '(右傾)기회주의자' 모택동은 참석하지 못했다. 회의는 '(共和國)인민위원회' 주석에 낙보를 임명했다. 결국 모택동은 유명무실한 '(共和國)주석'으로 전락했다. 회의 후 박고는 모택동을 '중국의 칼리닌'으로 만들었다고 자축했다. 결국 이는 '(毛洛)동맹'의 결성을 촉진하고 (博古)노선의 파멸을 초래했다.

째, 중국혁명의 특성을 인식하지 못한 것은 (左傾)노선의 정치적 근원이다. 셋째, (黨內)무자비한 투쟁은 종파주의 근원이다. 넷째, 당내 팽배한 '(左的)경향' 무시는 (右傾)기회주의의 근원이다. 다섯째, 소련의 토지제도를 모방했다(高新民 외, 2000: 105). '4중전회' 업적은 ① 공산국제 협조로 입삼노선 극복 ② 나장룡 등 (反黨)우파 제거 ③ (大都市)노동자 폭동 중지 ④ (富田)사변 해결 ⑤ 공산국제 신임 회복 등이다(張樹軍 외, 2003: 294). 모택동이 작성한 '4중전회 이래 중앙노선 결론초안'은 '제3차 (左傾)노선 반박'의 자매편이다. 초기 '(左傾)노선 창도자'를 박고로 결정했으나 나중에 왕명·박고로 수정했다. 이는 왕명의 '(黨)정책 비판'과 관련된다.

'역사초안'은 (左的)과오를 이렇게 분석했다. 첫째, 사상적 측면에서 주관주의·형식주의 과오를 범했다. 둘째, 정치적 측면에서 (左傾)기회주의 과오를 범했다. 셋째, 군사적 측면에서 (軍事)맹동주의 과오를 범했다. 넷째, 조직적 측면에서 극단적 종파 성향이 강했다(高新民 외, 2003: 296). (左傾)노선의 세 가지 특징은 첫째, (左傾)노선은 강령·방침을 제정하고 조직적 기반을 구축했다. 둘째, 통치(統治) 기간이 길고 악영향이 컸다. 셋째, '홍군 참패' 등 심각한 결과를 초래했다(胡喬木, 2014: 229). 모택동은 준의회의 후의 '(中央)정치노선'을 이렇게 평가했다. 첫째, 험난한 장정을 완성하고 (紅軍)간부를 보존했다. 둘째, 장국도의 '홍군 분열'을 극복하고 (陝甘)근거지를 공고히 했다. 셋째, 국민당의 '반공고조'를 격파했다(雷國珍 외, 2003: 297). 실제로 (左傾)노선의 주된 책임은 이 시기 '(中共)책임자'인 박고에게 있다. 홍군이 최종 승리를 거둔 것은 준의회의에서 '(博古)노선'을 청산했기 때문이다. 이른바 '왕명노선'은 (抗戰)초기 무한에서 출범했다. 한편 '(博古)노선'과 '(王明)노선'은 큰 차이가 있다.

'박고노선'은 소비에트 후기(1931~1934)에 실시한 (左傾)노선을 가리킨다. 가장 큰 피해자는 '홍군 창건자' 모택동이다. 유격전을 무시한 군사고문 이덕의 (軍事)과오는 제5차 반'포위토벌' 실패와 '(湘江)참패'를 초래했다. 결국 홍군은 '만리장정(萬里長征)'[3353]을 개시했다. 이 또한 자신의 중대한 과오를 절감한 박고가 자살을 시도한 원인이다. 박고 등은 '(反)나명노선'을 실시해 등소평 등 '(毛澤東)지지자'를 제거했다. 항영 등 (左傾)노선 집행자는 (寧都)회의에서 모택동의 군권을 박탈했다. '5중전회' 후 모택동은 유명무실한 '(共和國)주석'으로 전락했다. '박고노선'을 추종한 '소련파'가 단합해 모택동을 고립시킨 것이다. 결국 준의회의에서 '(博古)파면'을 통해 '박고노선'은 마침내 청산됐다. 한편 '박고노선'은 소련에 체류한 왕명과 큰 관련이 없다. 1933년 후 박고는 (王明)지배권에서 완전히 벗어났다. 또 '3인단'의 (軍事)과오는 공산국제와 무관하다.

항전(抗戰) 초기 무한에서 형성된 '왕명노선(1937.12~1938.8)'은 왕명의 '(右傾)과오'를 지칭한다. 공산국제의 파견을 받고 귀국한 왕명은 '12월회의(1937)'에서 홍군 통솔자 모택동이 제정한 '(獨立自主)유격전' 방침을 반대했다. 스탈린의 '특사'로 자처한 왕명은 '통일전선 우선시'를 주장하며 중공의 '장개석 복종'을 강조했다. 이는 스탈린의 '장개석 (軍事)지원'과 왕명 지지와 관련된다. 권력욕이 팽창한 왕명은 '중공군 통솔자' 모택동의 권위를 애써 부정했다. 또 왕명의 '(武漢)중앙화'는 '(黨)분열'의 성격이 강했다. '6중전회(1938.11)'에서 중공 영수로 등극한 모택동은 왕

3353 1934년 10월 제5차 반'포위토벌'에서 실패한 중앙홍군은 근거지에서 퇴각해 '대이동(長征)'을 개시했다. 강서성 서금(瑞金)에서 출발해 14개 성(省)을 경유, 설산·초지를 지나 1935 10월에 섬북(陝北)의 오기진(吳起鎭)에 도착했다. 실제로 중앙홍군의 행정(行程)은 2만5천리에 달한다. 초기 '원정(遠征)'·'서정(西征)'·'전이(轉移)'·'대이동' 등으로 불렸다. 1935년 5월 주덕이 가장 먼저 '만리장정(萬里長征)'이란 명칭을 사용했다.

명을 연안에 '전근'시키고 (武漢)장강국을 철회했다. 한편 신사군의 참패를 초래한 '환남사변(1941.1)'은 '왕명노선'의 결과물로 간주된다.

모택동은 (左傾)노선인 '박고노선'과 (右傾)노선인 '왕명노선'을 혼동했다. 박고가 주도한 '박고노선'에 왕명을 '첨가(添加)'한 것은 견강부회이다. 당시 모스크바에서 활동한 왕명은 사실상 (中共)총서기 박고에게 별다른 영향력을 행사하지 못했다. 왕명이 주은래에게 편지(1943.3)를 보내 (左傾)노선을 '왕명노선'으로 명명한 데 대해 강한 불만을 표시한 원인이다. '왕명노선'은 '박고노선'에 비해 시간이 짧고 미친 악영향도 작다. (國共)합작 시기 왕명이 주장한 '통일전선 우선시'를 무조건 '(右傾)과오'로 치부하는 것은 무리가 있다. 또 왕명을 '스탈린 추종자'·'장개석 대변인'이란 지적은 설득력이 떨어진다. 한편 '국제노선(國際路線)'[3354]의 희생양이 된 왕명의 비극적인 결과는 그 자신이 자초한 측면이 크다.

호교목은 '9편문장'과 '결론초안'을 비교했다. …'문장'이 신랄한 필치로 (左傾)노선을 비판했다면 '초안'은 이성적 사고의 결과물이다. '초안'은 '9편문장'을 통해 장악한 자료를 바탕으로 '4중전회' 과오를 분석하고 역사적 교훈을 정리했다(張樹軍 외, 2000: 110). 또 호교목은 이렇게 회상했다. …정치국 회의(1941.11)에서 '(草案)통과'를 계획했던 모택동은 '통과'를 보류했다. 모택동은 주은래에게 보낸 편지(1942.2)에 이렇게 썼다. …'(草案)결론'을 유소기 등과 토론한 후 '중공 7대'에서 통과시키

3354 이른바 '국제노선(國際路線)'은 공산국제와 스탈린이 제정한 대중국 항전(抗戰) 정책이다. (蘇聯)국익을 우선시한 스탈린은 (中國)실세인 장개석에 대한 '(軍事)지원'을 실행했다. 이는 스탈린이 (中共軍)전투력을 과소평가했기 때문이다. 한편 스탈린의 '특사' 왕명은 '통일전선 우선시'를 주장하고 중공의 '장개석 복종'을 강조했다. 결국 왕명을 (右傾)기회주의자로 확정한 모택동은 '왕명노선' 청산을 '9월회의(1943)' 주된 취지로 삼았다.

려고 한다(胡喬木, 2014: 233). 모택동의 '(草案)보류' 원인은 ① 왕명의 '반성 거절' ② (左傾)노선에 대한 (黨內)인식 차이 ③ 공산국제의 '(中共)불만' 감안 ④ '(草案)발표' 부작용 우려 ⑤ 유소기 등 정치국 위원 (延安)부재 등이다. 한편 모택동이 '(草案)보류'는 현명한 결정이었다. 또 이 시기 공산국제의 지시를 '성지(聖旨)'로 간주한 '소련파'인 박고 등이 주도한 (左傾)노선에 대한 최종 결론을 내리는 것은 시의적절치 않았다. 결국 모택동은 '(蘇聯派)영향력 제거'가 취지인 정풍운동을 본격적으로 전개했다.

5월 19일 중앙서기처는 회의를 열고 '7중전회' 개최를 결정했다. 또 회의 개최 일시를 5월 21일로 정하고 (全會)의사일정(議事日程)[3355]을 확정했다. 5월 21일 (中共)6기 7중전회가 (延安)양가령에서 개최됐다. (會議)출석자는 모택동·주덕·유소기·임필시·주은래·강생·팽덕회·낙보·등발·진운·박고·이유한·이부춘·오옥장·양상곤·고원·진욱 17명이다. '병'으로 불참한 중앙지도자는 왕가상·왕명·개풍·관향응이다. (公務)외출자는 임백거·동필무·이립삼[3356]이다. 발언권·표결권이 있는 12명의 참석자는 팽진·고강·하룡·임표·엽검영·진의·유백승·섭영진·주서·서향전·담정·진백달이다. 왕수도·호교목이 (會議)기록을 맡았다. 결국 335일 간

3355 5월 19일 (中央)서기처가 결정한 '7중전회'의 의사일정(議事日程)은 ① (全會)주석단, 모택동·주덕·유소기·임필시·주은래로 구성 ② 모택동, '(大會)정치보고자'로 확정 ③ '(大會)주석단'이 정치국의 업무를 관장 ④ 임필시, '(決議)초안' 수정 및 대회 소집자 ⑤ 임필시·이부춘·팽진, (七大)대표 명단 확정 ⑥ (華北)군분회 철회 등이다.

3356 공산국제의 '호출'을 받아 소련으로 출국한 이립삼은 줄곧 모스크바에 체류했다. 당시 이립삼을 '(公務)외출자'로 간주한 것은 정치적 의미가 있다. 첫째, '9월회의(1943)' 취지인 '왕명 숙청'을 반대한 스탈린에 대한 불만 표시이다. 둘째, 디미트로프의 '왕명 보호'에 대한 모택동의 불만 표출이다. 셋째, 공산국제 지시에 '항거'한 이립삼에 대한 (中共)재평가이다. 결국 이는 (立三路線)주도자 이립삼이 (七大)중앙위원에 당선된 원인이다.

열린 '7중전회'는 1945년 4월 20일에 끝났다.

'7중전회'의 주된 취지는 당의 역사적 경험을 정리하고 기존 '역사초안'을 수정해 최종 통과시키는 것이다. 결국 2개월의 개최를 계획했던 '7중전회'는 11개월 동안 지속됐다. (會議)기간 당중앙은 여러 차례 당의 역사문제와 '역사결의(草案)'에 대해 진지하게 토론했다. 5월 10일 (中央)서기처는 임필시를 책임자로 하는 '(黨內)역사문제(決議)준비위원회' 설립했다. '준비위원회' 멤버는 유소기·강생·주은래·낙보·팽진·고강이다. 5월 19일 박고를 (委員會)멤버로 보선했다. 1944년 5월 임필시는 대량의 심혈을 기울여 '역사결의(草案)'를 완성했다. 한편 '7중전회'에서 최종 통과된 '역사결의(歷史決議)'[3357]의 수훈갑은 임필시이다.

모택동이 '결의(草案)' 작성을 임필시에게 맡긴 원인은 첫째, 소비에트 후기의 (左傾)노선을 잘 알고 있었다. 둘째, 당의 역사문제에 대한 토론에 줄곧 참가했다. 셋째, (左傾)노선에 대한 모택동의 주장을 파악했다. 넷째, 모택동의 '9편문장'을 직접 일람했다(黃少群, 2015: 756). 서북국 (高幹)회의에서 임필시는 (陝甘)근거지의 역사문제를 해결했다. 1944년 5월 당의 역사문제 연구에 전념한 임필시는 '역사초안'을 토대로 '(1931~1934)중앙노선 결의(草案)'을 완성했다(中共中央文獻硏究室, 2014: 633). 당시 (中央)서기처 멤버인 임필시는 모택동의 절대적 신임을 받고 있었다. '소련파'인 임필시는 (左傾)노선의 집행자이자 '피해자'였다. 실제로

3357 1944년 5월 임필시가 완성한 '역사결의(草案)'은 모택동이 쓴 '역사초안(1941)'을 토대로 작성했다. 실제로 '역사결의'는 임필시·호교목·장문천의 반복되는 수정을 거친 후 '최종 결정권자'인 모택동의 7~8차 수정을 거쳐 어렵사리 통과됐다. 1945년 4월 20일에 최종 통과된 '역사결의'의 가장 큰 성과물은 1930년대의 좌경(左傾) 노선을 철저하게 청산한 것이다. 한편 디미트로프의 '내정 간섭'으로 '왕명노선' 청산은 보류됐다.

모택동의 전폭적 지지를 받고 있었던 임필시는 '역사결의' 작성의 최적 임자였다.

임필시가 완성한 '(決議)초안'은 1941년 가을 모택동이 쓴 '역사초안'을 토대로 작성한 것이다. '(決議)초안'에는 '9월회의(1943)'의 취지가 반영됐다. 예컨대 '4중전회' 평가와 준의회의 후 모택동의 역할 등이다. 한편 (政治局)비서 호교목은 임필시의 '결의초안'을 비교적 큰 폭으로 수정했다(金冲及 외, 2011: 678). 임필시는 호교목의 '(修整)초안'을 세 차례 수정하고 내용을 보완했다. 또 그는 '왕명노선'에 대한 제강(提綱)식 의견을 제출하고 (草案)제목을 '(決定)초안'으로 변경했다. 그 후 호교목이 재차 임필시의 '(決定)초안'을 보완했다. 모택동은 (左傾)노선 당사자인 장문천에게 임필시의 '(決定)초안' 보충[3358]을 요구했다. 당시 '과오 반성' 중인 장문천은 '결정초안'에 모택동의 역사적 공적(功績)을 보충했다.

임필시의 '초안(草案)' 골자는 ① '4중전회' 결론 ② 소비에트 후기의 (左傾)노선 과오 ③ (左傾)노선의 결과와 사상적 근원 ④ (左傾)노선하에 거둔 실적과 원인 ⑤ 준의회의 후, 당의 정확한 노선 ⑥ (草案)역사적 의미 등이다('胡喬木傳'編輯組, 2015: 81). 임필시의 '결의초안'은 '역사초안'을 세 가지 측면에서 보충했다. 첫째, (左傾)노선의 부정적 역할을 상세히 분석했다. 둘째, 정확한 노선의 긍정적 역할을 강조했다. 셋째, '역사결의' 중요성을 강조했다(蔡慶新, 2012: 185). 상기 '부정적 역할'은 임필시

3358 임필시의 '결의초안'에 대해 여전히 만족하지 못한 모택동은 비서 호교목에게 임필시의 '(決議)초안'을 수정할 것을 지시했다. 결국 모택동은 장문천에게 임필시·호교목의 '수정안' 보완을 요구했다(丁曉平, 2012: 320). 이는 임필시·호교목이 모택동의 '9편문장' 영향을 받은 것과 밀접히 관련된다. 한편 장문천은 (毛澤東)공적을 보충한 반면, 모택동은 박고·낙보의 (左的)과오를 다뤘다. 이 또한 지고무상(至高無常)한 '권력의 힘' 이다.

가 모택동의 '9편문장'을 읽은 것과 크게 관련된다. 한편 임필시는 '9월회의(1943)' 후 '왕명노선'에 대한 모택동의 '입장 변화'[3359]를 제대로 파악하지 못했다. 결국 '결의초안'은 호교목·장문천·모택동의 수정을 거쳐 통과됐다.

호교목은 '결의초안'을 네 가지로 보충했다. 첫째, 모택동이 창도한 농촌 근거지와 유격전쟁의 필요성을 강조했다. 둘째, (左傾)노선의 과오를 구체적으로 분석했다. 셋째, (左傾)노선의 사회적 근원을 보충했다. 넷째, 준의회의 후 실시한 정확한 (中央)정치노선의 중요성을 지적했다(胡喬木, 2021: 310). 임필시는 호교목의 '수정안'을 이렇게 보완했다. 첫째, 문장을 윤색하고 언어를 교정했다. 둘째, 제목을 '(決定)초안'으로 고치고 교조주의·경험주의의 '결합'[3360]을 보충했다. 셋째, (左傾)노선에 대한 '7가지 의견'을 제출했다('胡喬木傳'編輯組, 2015: 82). 진의는 모택동에게 보낸 편지에 이렇게 적었다. …종파(宗派) 강령과 조직을 갖고 있는 '교조'는 당의 영도적 지위를 차지했다. (敎條)종파에 미혹된 경험주의자는 교조주의자에게 복종했다(章學新 외, 2014: 651). 임필시 등이 수정한 '초안'은

3359 '9월회의(1941)'에서 당의 정책을 공격한 왕명은 '과오 반성'을 거절했다. 또 입원(入院) 기간 왕명은 '정풍운동 폄하'에 열중했다. 공산국제 해체(1943.5) 후 '왕명 숙청'을 결심한 모택동은 '왕명노선' 청산을 '9월회의(1943)'의 주된 취지로 결정했다. 한편 디미트로프의 '내정 간섭'으로 모택동은 부득이하게 '왕명노선'을 '당내(黨內)문제'로 격하했다. 이 시기 임필시는 '왕명노선'에 대한 모택동의 입장 변화를 제대로 파악하지 못했다.

3360 임필시는 '(決定)초안'에 이렇게 보충했다. … '4중전회(1931.1)' 후 교조(敎條) 종파는 공산국제의 명의를 내걸고 가짜 마르크수주의를 선전했다. 한편 (敎條)종파에 미혹된 경험주의자들은 교조주의자와 '결합'해 모택동을 필두로 한 정확한 (政治)노선의 확립과 발전을 저해했다(蔡慶新, 2012: 186). 실제로 임필시가 보충한 교조주의·경험주의 '결합'에 관한 주장은 모택동이 작성한 '9편문장(1941)'의 강경한 주장을 되풀이한 것이다.

다소 미흡했다. 한편 (敎條)종파와 경험주의자는 종속적 관계였다. '(陳毅)상급자'인 항영은 교조주의자였고 진의는 경험주의자였다.

임필시가 정리한 (左傾)노선의 과오는 첫째, (左傾)노선 집행자들은 중국의 현실을 무시했다. 둘째, 민주주의와 사회주의 혁명의 특성을 혼동했다. 셋째, 동맹자 협력과 민족통일전선을 무시했다. 넷째, 혁명의 장기성을 무시하고 (革命)역량을 부풀렸다. 다섯째, 유격전 등 모택동의 (軍事)사상을 부정했다. 여섯째, (軍事)모험주의 과오를 범했다. 일곱째, 종파주의를 실시해 반대파를 제거했다(中共中央文獻研究室, 2014: 652). 임필시가 '(修整)초안'을 장문천에게 넘긴 것은 모택동의 '결정'과 관련된다. 모택동은 이렇게 주장했다. …'4중전회' 후의 (左傾)노선은 과오를 범한 당사자가 수정하는 것이 가장 적절하다(胡耀邦, 1986.7.29). '소련파' 중 가장 먼저 (左傾)노선을 비판하고 '(毛澤東)지지자'로 전향한 장문천은 '초안 수정' 적임자였다. 한편 모택동의 '역사초안(1941)' 견해를 수용한 임필시는 '왕명노선'에 대한 '9월회의(1943)'의 강경한 태도로 (左傾)노선을 비판했다.

모택동의 역사적 공헌을 보충한 장문천은 이렇게 썼다. …마르크스주의 이론을 중국의 실정에 적용한 것은 모주석이다. 마르크스주의를 구체적 실천과 결부시킨 모택동은 (中共)발전 방향을 제시했다(張培森외, 2010: 490). 그는 이렇게 썼다. …장정 중 (軍事)리더십을 과시한 모택동은 영수 지위를 확립했다. 이는 중공이 승리하는 결정적 요소이다(程中原, 2006: 316). 장문천은 모택동의 공적을 썼다. …당은 일련의 좌절을 통해 모택동을 중공 지도자로 선정했다. 중공은 모택동의 영도하에 일치단합된 모습을 보여줬다(胡喬木, 2014: 313). 장문천의 '(毛澤東)공적 평가'는 임필시·호교목의 (草案)단점을 보완했다. 이는 모택동이 '기대한 효과'였다. 1945년 봄 모택동은 '초안'에 7차례 수정을 가했다. 한편 (左傾)노선에 대한 모택동의 '수정문'은 '역사초안(1941)'에 비해 상당히 완화됐다.

제1차 수정에서 모택동은 제목을 '(若干)역사문제 결의'로 고쳤다. 제2차 수정에서 (左傾)노선은 입삼노선과 관련된 이른바 '우파'에 대해 무자비한 타격을 가했다고 지적했다. 또 그는 '우파'로 몰린 하맹웅·임육남 등을 변호했다(逄先知 외, 2005: 588). 모택동은 임필시에게 보낸 편지(3.24)에 이렇게 썼다. …'(修整)초안'을 주은래·낙보·유소기에게 보이고 그들의 의견을 청취하기 바란다. (會議)참석자가 참석한 좌담회를 개최해야 한다(馮蕙 외, 2013: 589). 4월 7일 모택동은 '초안'에 이렇게 보충했다. …우리는 120만 당원과 전투력이 강한 90만 군대를 갖고 있다. 결국 이는 정확한 정치노선을 실시한 결과이다. 현재 중공은 중국인민의 해방(解放)을 영도하고 있다(金冲及 외, 2004: 694). 실제로 (左傾)노선 과오를 비판한 모택동이 이립삼이 주도한 입삼노선을 변호했다는 인상을 지우기 어렵다. 또 이는 왕명이 자찬한 '(立三路線)청산' 공로를 부정한 것이다. 한편 상기 '정확한 노선'은 자화자찬의 성격이 짙다.

3월 25일 (全會)주석단은 (決議)통과를 결정했다. 전체회의(3.31)에서 모택동은 이렇게 말했다. …'7중전회'는 당면과제 해결에 전념해야 한다. 과거의 노선착오는 당이 정치적으로 성숙하지 못했기 때문이다. 현재 과오를 범한 동지는 개과천선했다(逄先知 외, 2011: 680). 또 그는 이렇게 말했다. …'역사초안'은 근거지 손실 등 (左傾)노선의 결과를 취급하지 않았다. 또한 '초안'은 '4중전회'의 합법(合法) 여부와 교조(宗派) 문제는 다루지 않았다(丁曉平, 2012: 322). 모택동은 이렇게 설명했다. …'역사초안'은 (抗戰)노선에 대해 최종적 결론을 내리지 않았다. (全會)방침은 과거의 역사문제에 대해 결론을 내리는 것이다. 항전이 끝나지 않은 상황에서 성급히 결론을 내릴 필요가 없다(金冲及 외, 1996: 671). 상기 '개과천선'은 (左傾)노선 주도자 박고가 '9월회의'에서 한 심각한 반성을 가리킨다. '(抗戰)노선'은 무한 시기 왕명의 (右傾)과오를 뜻한다. '(抗戰)노선 누락'은 모택동이 디미트로프의 '건의'를 수용했기 때문이다.

3월 26일 모택동은 '역사초안'에 이렇게 보충했다. …'7중전회'는 (抗戰)노선문제에 대한 최종 결론을 보류한다. 항전이 끝난 후 결론을 내리는 것이 적합하다. 3월 31일 모택동은 (全會)방침은 과거 '역사문제'에 대해 결론을 내리는 것이라고 강조했다(胡喬木, 2014: 316). 4월 15일 모택동은 마지막으로 보완한 (修整)골자는 첫째, 당면과제는 내전을 반대하고 민주적 연합정부를 설립하는 것이다. 둘째, 모함을 받은 동지의 명예와 박탈된 당적을 회복해야 한다. 셋째, 소자산계급의 '양면성(兩面性)'을 지적하되 그들의 역할을 전면 부정해선 안 된다(胡喬木, 2021: 320). 결국 (抗戰)후기의 '(王明)과오'와 관련된 내용은 '결의안'에서 삭제됐다. 한편 여러 차례 수정되고 보완된 '역사결의'는 '7중전회'에서 어렵사리 통과됐다.

회의(3.31)에서 모택동은 이렇게 말했다. …왕명은 편지에서 과오를 인정했다. …'12월회의(1937)'와 (武漢)과오는 당의 원칙 위반이다. (黨中央)지시를 무시하고 제멋대로 정책을 좌우했다(周國全 외, 2014: 435). 모택동은 이렇게 말했다. …왕명은 편지에서 당의 정책을 찬성했다. 첫째, (國共)양당의 단결을 파괴한 국민당 반동파를 비판한다. 둘째, 전당의 단결 정책을 전적으로 찬성한다. 이는 훌륭한 태도이다(毛澤東, 1996: 276). 실제로 모택동의 '왕명 칭찬'은 '7중전회'에서 왕명의 무한 시기에 범한 (右傾)과오를 취급하지 않는다는 것을 암시한 것이다. 한편 왕명의 '편지'를 거론한 것은 왕명이 자신의 과오를 철저하게 반성했다는 것을 알리기 위한 것이다. 상기 (王明)편지는 맹경수의 '(代筆)반성서'[3361]를 지칭한다.

'(任弼時)담화'에서 왕명은 이렇게 말했다. …무한에서 (黨中央)의견을 무시한 것은 잘못됐다. 신화일보에 '지구전'을 발표하지 않은 것은 모택동을 존중하기 위해서였다. 당시 (長江局)의견이 엇갈렸다. 왕명은 민감한 통일전선은 언급하지 않았다(黃少群, 2015: 761). 제2차 '담화(4.13)'에서 왕명은 이렇게 모택동을 평가했다. 첫째, 모택동의 사상체계를 형성했다. 둘째, 무장투쟁 경험을 정리해 유격전쟁 방침을 제정했다. 셋째, 마르크스주의를 중국의 실정과 결합했다. 넷째, '신민주주의론'에서 중국혁명의 특성을 정의했다. 다섯째, 모택동의 (草案)보완은 필수적이다(章學新 외, 2014: 657). 왕명의 '과오 반성'은 모택동의 발언(3.31)과 관련된다. '7중전회'에서 '(抗戰)노선'에 대한 최종 결론을 내리지 않는다는 모택동의 '결정'을 인지한 것이다. 이는 왕명의 '성명서(4.20)' 제출에 일조했다.

1945년 봄 임필시는 왕명과 담화를 나누고 '과오 반성'을 촉구했다. 당중앙은 '(決議)초안'에 대한 왕명의 의견을 청취했다. 왕명은 회고록에 이렇게 썼다. …4월 초 임필시는 나에게 성명서 제출을 건의했다(戴茂林 외, 2008: 257). 왕명이 제출한 '성명서(4.20)' 골자는 첫째, 모택동의 영도와 모택동사상의 정확성을 인정한다. 둘째, (教條)과오는 중국혁명의 특성 몰이해와 관련된다. 셋째, 마르크스주의 이론을 (中國)실정에 적용하

3361 왕명의 부인 맹경수가 대필한 '반성서(1944.12.1)'는 이렇게 썼다. …왕명이 과거에 범한 모든 과오를 인정하며 교조주의(宗派)에 대해 철저하게 반성한다. 당의 영수인 모주석(毛主席)의 결정을 진심으로 옹호한다. 향후 (毛澤東)사상 학습을 통해 (左傾)과오를 시정하고 개과천선하겠다(郭德宏 외, 2014: 434). 실제로 상기 맹경수가 대필한 왕명의 '반성서'는 모택동의 파견을 받은 이부춘의 '왕명 담화'와 '반성 촉구'와 크게 관련된다.

지 못했다. 넷째, '역사결의' 취지를 찬성하며 완전히 승복한다(郭德宏 외, 2014: 441). 왕명의 '성명서'는 자발적인 것이 아니었다. '정치 고단수'인 모택동·왕명 간 '물밑 교역'[3362]의 결과물이다. 실제로 모택동의 비위를 맞춘 '(王明)성명서'는 '(七大)중앙위원 당선'을 노린 정치적 포석이다.

왕명이 '역사결의' 지지의 '성명서(4.20)'를 제출한 원인은 첫째, 정풍을 통해 모택동이 (領袖)지위를 확립했기 때문이다. 둘째, '(抗戰)노선 문제'의 결론을 보류한다는 모택동의 발언(3.31) 내용을 입수했다. 셋째, 임필시와 담화한 후 '(聲明)제출' 필요성을 절감했다. 넷째, 모택동이 디미트로프의 '(王明)당적 보류' 요구를 수용했다는 것을 알고 있었다. 다섯째, '(七大)중앙위원 당선'에 유조(有助)했기 때문이다. 여섯째, 박고 등 '소련파'가 '(毛澤東)지지자'로 전향한 것과 관련된다. 실제로 이 시기 왕명은 고립무원의 처지에 빠졌다. 결국 '모택동 영합'만이 살길이라는 것을 실감한 왕명이 '자의반 타의반'으로 '성명서'를 제출한 것이다.

1943년 8월 1일 당중앙은 북방국에 보낸 전보에 이렇게 썼다. …연 말에 열리는 (七大)참석을 위해 팽덕회·나서경·채수번·박일파·섭영진· 여정조(呂正操)[3363]·주서·소진화는 연안에 도착해야 한다. 이 기간 등소

3362 1944년 1월 디미트로프의 '왕명 보호' 요구를 최종 수용한 모택동은 '왕명노선'을 '당내 문제'로 격하했다. 또 '7중전회'에서 통과된 '역사결의'는 무한 시기 왕명이 범한 우경(右傾) 과오를 다루지 않았다. 이 시기 모택동은 이부춘·임필시를 파견해 왕명과 담화를 나누게 했다. 결국 왕명은 '결의(決議)' 지지의 '성명서(聲明書)'를 발표하고 자신의 (左傾)과오를 반성했다. 실제로 고단수 정치인 '모왕(毛王)'이 짜고 친 고스톱이었다.

3363 여정조(呂正操, 1904~2009), 요녕성 해성(海城) 출신이며 개국상장이다. 1937년 중공에 가입, 1930~1940년대 팔로군 제3종대장, 기중(冀中)군구 사령관, 진수(晉綏)군구 사령관, 건국 후 철도병 정치위원, 철도부장, 전국 정협 부주석을 역임, 2009년 북경에서

평이 북방국의 서기를 맡는다(馮蕙 외, 2013: 460). 9월 10일에 연안에 도착한 팽덕회는 '왕명노선'을 비판하는 '9월회의(1943)'에 참석했다. 모택동이 전방 지휘관 팽덕회를 연안에 호출한 것은 '왕명노선'과 깊이 관련된 팽덕회의 심각한 반성을 기대한 것이다. 팽덕회는 (王家坪)팔로군 지휘부에서 열린 '(整風)학습'에 참가했다. 결국 팽덕회는 '(華北)공작좌담회(1945.2)'와 '중공 7대'에서 자신의 정치적 과오를 반성했다.

1945년 43일 간 열린 '(華北)좌담회'는 계획된 비판회(批判會)였다. 2월 1일에 개시된 '(華北組)좌담회'에는 북방국 책임자와 팔로군 간부 20여 명이 참석했다. (會議)주재자 팽덕회는 화북의 (抗戰)경험을 정리하고 (整風)취지에 따라 자기비판을 했다. (七大)기간 휴회(休會)한 '좌담회'는 대회가 끝난 후 지속됐다. 한편 팽덕회는 '(會議)주재자'에서 비판대상으로 전락했다. 결국 '(整風)좌담회'는 '팽덕회 비판회'[3364]로 변질했다. 또 이는 '(華北)좌담회'가 (延安)정풍을 주도한 (中央)고위층의 '막후 조정'을 받았다는 단적인 반증이다. 실제로 '팽덕회 비판회'의 막후 조정자는 모택동이다. '(批判)선봉장'은 모택동의 심복인 강생이다.

'좌담회'에서 팽덕회는 이렇게 반성했다. …1943년 봄 (新華日報)화북판(華北版)[3365]에 발표한 '민주교육' 문장은 잘못됐다. (敵後)근거지 개척

병사했다.

3364 (整風)좌담회가 '팽덕회 비판회'로 변질한 것은 모택동이 파견한 강생의 (座談會)개입과 관련된다. 실제로 '(華北)좌담회'는 (整風)기간 반성을 거절한 팽덕회에게 불만을 느낀 모택동이 직접 배치한 것이다. 모택동이 팽덕회를 연안으로 '호출'한 목적은 '(軍委)권위'를 무시한 팽덕회의 심각한 반성과 진심어린 사과를 받는 것이다. 한편 '중공 7대' 후 '팽덕회 비판회'가 지속된 것은 모택동의 '(彭德懷)불만'을 단적으로 보여준 것이다.

3365 1938년 1월 무한(武漢)에서 창간된 신화일보(新華日報) 화북판(華北版)은 그해 10월에 중경(重慶)으로 이전했다. (中共)장강국·남방국·사천성위의 영도를 받은 신화일보(華北版)

에 대한 중요성을 충분히 인식하지 못했다(高新民 외, 2000: 425). 양상곤은 이렇게 회상했다. …'화북판(華北版)'에 발표된 문장이 비판을 받은 주된 원인은 팽덕회의 자산계급 세계관을 보여줬다는 것이다. 당시 모택동은 팽덕회에게 편지를 보내 비평했다(楊尙昆, 2001: 203). 상기 문장은 (八路軍)지휘부 비서가 작성해 3월 19일자 '화북판'에 발표한 것이다. (文章)제목은 '팽덕회가 논한 민주교육'[3366]이었다. 한편 문장에 불만을 느낀 모택동은 팽덕회에게 편지(6.6)[3367]를 보냈다. 이 또한 팽덕회를 연안에 '호출'한 원인이다. 또 모택동은 '(彭德懷)대체자'[3368]로 측근인 등소평을 임명했다. 결국 '정치 문외한' 팽덕회는 북방국(北方局) 서기에서 파면됐다.

는 대부분 주은래가 관장했다. 신화일보(華北版) 취지는 중공의 정치적 주장을 선전하고 국민당의 (反共)정책을 적발하는 것이었다. 1947년 2월 강제로 폐간됐다.

3366 신화일보의 화북판(華北版)에 발표(1943.3.19)한 '민주교육(民主教育)'은 이렇게 썼다. … 민주를 알아야 민주교육을 추진할 수 있다. (民主)골자는 자유·평등·박애(博愛)이다. 이는 프랑스 대혁명 이래 민주혁명의 구호이다(彭德懷傳記組, 2009: 1679). 상기 문장은 팔로군(八路軍) 지휘부 비서 한진(韓進)이 쓴 것이다. 결국 팽덕회는 (整風)좌담회'에서 반성했다. 실제로 '화북판'에 발표된 '민주교육'은 국민당에게 보여주기 위한 것이다.

3367 모택동은 팽덕회에게 보낸 편지(6.6)에 이렇게 썼다. …'화북판'에 발표한 '(民主)담화'는 적절치 않다. '민주·자유·평등'은 (抗戰)정세와 어울리지 않는다. 항일·계급투쟁의 입장에서 문제를 고려해야 한다(逄先知 외, 2013: 444). 한편 계급투쟁 추종자인 모택동이 국민당이 주장한 '민주교육'을 용납할 리 없었다. 이 또한 '정치적 과오'를 범한 팽덕회를 연안에 '호출'한 주된 원인이다. 결국 모택동은 북방국 서기 팽덕회를 경질했다.

3368 팽덕회가 연안으로 '호출(1943.9)'된 후 등소평이 북방국 서기를 맡았다. 129사단 정치위원 등소평이 팽덕회의 대체자가 됐다. 이는 사필귀정이다. '(軍委)권위'를 무시하는 '노선착오'를 범한 팽덕회는 (八路軍)지휘관으로서 자격미달이다. 해방전쟁 시기 회해전역·도강전역을 총지휘한 등소평은 (中共)영수의 가장 중요한 전제 조건인 (軍事)리더십을 여실히 과시했다. 한편 모택동의 신임을 상실한 팽덕회는 (西北)야전군 지휘관으로 좌천됐다. 결국 이는 장정 중 (紅軍)총정치위원 주은래가 '홍1방면군' 지휘관으로 좌천된 것과 흡사하다. 1950년대 '(中央)서기처 총서기'로 발탁된 등소평은 국방부장 팽덕회의 '상급자'였다.

'좌담회'에서 강생은 이렇게 팽덕회를 공격했다. …'왕명노선' 집행자인 당신이 주도한 '백단대전'은 장개석을 도와주고 일본군의 (根據地)공격을 초래했다(張樹軍 외, 2000: 425). 혹자는 이렇게 팽덕회를 비판했다. …정강산에 진입(1928)한 후 왕좌·원문재를 처형하는 실수를 저질렀다. 또 모택동의 유격전을 반대했다(薄一波, 1996: 370). 참석자의 (批判)골자는 첫째, 팔로군의 방침을 (運動)유격전으로 변경했다. 둘째, '12월회의(1937)' 후 (八路軍)지휘부에 왕명의 (報告)주장을 전달했다. 셋째, '백단대전'에 관해 모택동에게 보고하지 않았다(彭德懷傳記組, 2009: 560). 상기 (批判)내용은 대부분 사실이다. 실제로 팽덕회는 모택동의 (遊擊戰)방침을 찬성하지 않았다. 한편 강생의 '(彭德懷)비판'은 모택동을 대변한 것이다.

'12월회의(1937)'에서 팽덕회는 왕명의 주장을 묵인했다. 왕명은 모택동이 제출한 '(山地)유격전' 방침을 비평했다. 왕명의 주장을 찬동한 팽덕회는 (運動戰)위주의 유격전쟁을 주장했다(張樹德, 2008: 98). 팽덕회는 이렇게 반성했다. …'유격전' 방침을 원칙적으로 찬성했으나 유리한 조건하에 운동전을 치러야 한다고 생각했다. 나는 (運動)유격전과 (遊擊)운동전 개념을 혼동했다(彭德懷, 1959). 또 그는 이렇게 반성했다. …'12월회의'에서 나는 '왕명노선'에 대해 애매모호한 태도를 취했다. 이런 어중간한 태도는 '왕명노선'을 지지한 것이나 진배없다(彭德懷, 1981: 225). 결국 팽덕회는 본의 아니게 '(王明)지지자'가 됐다. 한편 (軍委)주석 모택동의 (作戰)방침을 반대한 것은 (前方)지휘관으로서 자격을 상실했다.

섭영진은 회고록에 이렇게 썼다. …(延安)정풍에서 모택동은 (百團大戰)선양을 비평했다. 결국 팔로군은 일본군의 주적이 됐고 장개석은 팔로군을 '큰 위협'으로 여겼다(聶榮臻, 2007: 403). '백단대전'은 (八路軍)역량을 너무 이르게 드러냈다. 일본군은 병력을 재배치해 (華北)근거지를 공격했다. 결국 이는 (敵後)근거지의 백성에게 큰 곤란을 안겨줬다(張樹德, 2008: 110). 당사자인 팽덕회는 이렇게 술회했다. …파습전(破襲戰)은 국민당군에 대한 일본군의 (軍事)압력을 경감시켰다. 결국 이는 장개석을 지원하는 역할을 했다. 일본군의 (三光)정책으로 (根據地)군민은 극도의 어려움을 겪었다(彭德懷, 1981: 239). '백단대전' 후 일본군은 근거지를 대거 공격하고 장개석은 '(八路軍)군향 지급'을 중지했다. 1941년 후 근거지는 경제위기를 맞이하고 '변구(邊區)'는 가장 어려운 시기에 처했다(潘和永 외, 2019: 405). '(百團大戰)찬양' 시를 쓴 왕명은 이렇게 평가했다. …팽덕회가 지휘한 '백단대전'은 일본군을 견제해 소련을 원조하는 국제적 이익에 부합됐다. 당시 작전 중지를 명령한 모택동은 (延安)정풍에서 팽덕회를 비판했다(周國全 외, 1989: 407). 실제로 일제의 소탕(掃蕩) 작전과 환남사변은 '백단대전'과 크게 관련된다. '백단대전'은 '변구'와 근거지의 경제위기를 초래했다. 한편 '작전 중지'와 '(蘇聯)원조'는 큰 어폐가 있다. '(日軍)견제'와 '소련 협조'는 독소전쟁 발발(1941.6) 후의 일이다.

양상곤은 이렇게 회상했다. …1943년 9월 정치국에 (華北)전방의 상황을 보고한 팽덕회는 모택동에게 이렇게 말했다. …(華北)당조직은 대체로 (中央)정책을 집행했으나 많은 과오를 범했다(楊尙昆, 2001: 207). 사철은 이렇게 회상했다. …(中共)7대에서 '(百團大戰)부작용' 책임을 인정한 팽덕회는 과오를 반성했다. 내가 '(反省)태도'가 진지했다고 말하자 모택동은 불만조로 이렇게 말했다. …(彭德懷)반성은 마지못해 한 것이다(師哲, 2015: 199). 당시 모택동은 팽덕회를 이렇게 평가했다. …그는 독선적이고 안하무인이다(彭德懷傳記組, 2009: 562). 또 이렇게 불만을 표시했다. …'(蘇獨)불가침조약'에 '정보 교환' 조항이 있다. 팽덕회는 보고도 하지 않았다. '반충돌(反衝突)' 전투에서 선참후계한 팽덕회는 '백단대전'에서 먼저 전투를 치르고 나중에 보고했다(周少華 외, 2013: 267). 팽덕회는 (軍委) 승인을 받지 않은 상황에서 파습전 규모를 확대했다. 당시 모택동은 이를 (權威)도전으로 여겼다. 팽덕회의 독선과 아집은 관가뇌(關家堖)전투 (1940.10)에서 여실히 드러났다. 결국 팽덕회와 유백승은 '앙숙지간'[3369]이 됐다. '중공 7대'에서 유백승은 '백단대전 부작용'[3370]을 지적했다.

'(華北)좌담회'에서 한 팽덕회의 반성과 '참석자 비판'은 (延安)정풍의 연속이었다. '좌담회'가 (彭德懷)비판회'로 변질한 것은 '백단대전' 주도자이며 (八路軍)지휘관인 팽덕회의 독선과 크게 관련된다. 결국 '중공 7대' 후 '왕명노선' 집행자인 팽덕회는 (軍委)참모장으로 좌천됐다. 한편 '백단대전' 부작용이 크게 풀려지면서 여산회의(1959)와 문혁(文革) 기간 '팽덕회 타도'의 죄증(罪證)으로 악용됐다. 팽덕회의 비극적 결과는 모택동의 권위를 무시한 '정치 문외한'인 (彭德懷)자신이 자초한 측면이 크다. 이 또한 모택동이 '추후산장(秋後算帳) 달인'이라는 반증이다.

3369 관가뇌(關家堖)전투(1940.10.30)에서 팽덕회는 129사단장 유백승과 여단장 진갱(陳賡)이 제출한 적군 유인과 매복전 전개의 정확한 의견을 귓등으로 흘렸다. 또 그는 유백승에게 진지를 공략하지 못하면 (軍)번호를 철회하겠다고 위협했다. 당시 '6세 후배'인 직속상관의 '모욕'에 유백승은 눈물을 흘렸다. 전투 후 팽덕회는 유백승에게 사과했다. 한편 유백승은 팽덕회의 독선·옹고집이 화를 자초할 것이라고 예언했다. 그의 예언이 19년 후 현실로 나타났다. 몇 년 후 유백승은 (延安)정풍에서 '백단대전'의 부작용을 지적했다.

3370 '중공 7대'에서 유백승은 '(百團大戰)부작용'을 이렇게 지적했다. …당시 '적강아약(敵强我弱)'의 상황에서 (抗戰)장기성을 무시한 (八路軍)지휘부는 (指揮)실책을 범했다. 제2~3단계에서 진지전을 강행해 (部隊)사상자가 늘어나는 결과를 자초했다('劉伯承傳'編輯組, 2015: 163). 팽덕회는 회고록에 이렇게 썼다. …(破襲戰)후기 부대의 실제적 상황을 고려하지 않은 나는 지휘 실책을 범했다. 전투원이 극도로 피곤한 상황에서 진지전을 강행해 (減員)결과가 초래됐다. 결국 129사단은 큰 손실을 입었다(彭德懷, 1981: 239). 상기 진지전은 '관가뇌 패전(1940.10)'을 가리킨다. 한편 '백단대전'에서 129사단의 사상자는 7천명에 달했다.

모택동과 중국혁명 3

팔로군 부총사령관 팽덕회와 129사단 정치위원 등소평은 상하급(上下級) 관계였다. 팽덕회가 연안에 '호출'된 후 등소평이 북방국의 서기를 맡았다. '(中共)7대' 후 팽덕회는 (軍委)참모장으로 좌천됐다. 해방전쟁 시기 등소평은 회해전역(淮海戰役)[3371]과 도강전역(渡江戰役)[3372]을 지휘했다. 1954년 팽덕회는 초대 국방부장[3373]에 임명됐다. 이 시기 '(中央)총서기'[3374] 등소평은 팽덕회의 '상급자'였다. 여산회의(1959)에서 '대약진'을 반대를 반대한 팽덕회는 '반당집단' 주범으로 몰렸다. (文革)기간 (走資派)등소평은 강서성에 하방됐다. 한편 '모등(毛鄧)'이 중공 영수가 된 가장 중요한 원인은 강한 (軍事)리더십을 소유했기 때문이다.

1942년 3월 당중앙의 호출을 받은 화중국(華中局) 서기 유소기가 연안으로 떠났다. 이 시기 신사군 정치위원인 요수석(饒漱石)과 (新四軍)군

3371 회해전역(淮海戰役, 1948.11.6~1949.1.10)은 중원·화동(華東)야전군이 회해지역에서 국민당군과 치른 대규모적 전역이다. 3개 단계로 나눠 치러진 전역에서 해방군(60만)은 유백승·진의·등소평·속유·담진림으로 구성된 '총전위(總前衛, 書記 鄧小平)'의 지휘하에 80만의 국민당군 55만명을 섬멸, '이소승다(以少勝多)'의 (經典)전역이다.

3372 도강전역(渡江戰役, 1949.4.20~1949.6.2)은 해방군(120만)이 국민당군(70만)과 장강(長江) 중하류 지역에서 벌인 대규모적 도하(渡河) 전역이다. 당시 (解放軍)전방의 주요 지휘관은 유백승·속유·등소평이었다. 결국 남경을 해방(4.23)한 해방군은 (南京)국민정부의 멸망을 선포했다. 도강전역에서 6만명의 사상사를 낸 해방군은 국민당군 43만명을 섬멸했다. 한편 (蘇共)지도자 스탈린은 특사를 파견해 해방군의 도강전역을 반대했다.

3373 1954년 팽덕회는 중화인민공화국의 초대 국방부장(國防部長)에 임명됐다. 결국 이는 팽덕회가 '지원군(志願軍)' 사령관으로 '항미원조(抗美援朝)'에 참가한 것과 밀접하게 관련된다. 한편 제2임 국방부장은 임표(1959~1971), 제3임은 엽검영(1975~1978), 제4임은 서향전(1978~1981)이다. 현임 국방부장은 위봉화(魏鳳和, 2018~)이다.

3374 중공 8대(1956)에서 서기처 멤버 등소평은 '서기처 총서기'로 선임됐다. 당시 '(中央)총서기'는 중공중앙 비서장에 해당된다. 현재의 (中共)총서기에 해당되는 중공중앙위원회 주석은 모택동이었다. (中共)8대 후 등소평의 (黨內)서열은 모택동·유소기·주은래·주덕·진운에 이어 6위였다. (文革)기간 '(中央)총서기'·국가주석제는 폐지됐다.

단장 진의(陳毅)는 '신사군 1인자'를 위한 권력투쟁을 벌였다. 1943년 11월 권력다툼에서 밀린 진의는 모택동의 '호출'을 받고 황화당(黃花塘)[3375]을 떠났다. 연안에서 1년 반 동안 체류한 진의는 '중공 7대'에서 중앙위원으로 당선됐다. 한편 요수석을 화중국 (代理)서기로 임명한 '중공 2인자' 유소기는 진의의 '정적'인 요수석을 지지했다. 결국 이는 (軍長)진의가 '황화당사건(黃花塘事件)'[3376]의 피해자가 된 주된 원인이다.

1942년 5월 요수석은 3개월 동안 회남(淮南)의 (新四軍)제2사단과 (路東)지역을 시찰했다. 이 기간 진의가 (黨政軍)업무를 총괄했다. 9월 중순 회남에서 돌아온 요수석은 (代理)서기와 정치위원직을 수행했다. 한편 신사군 장병 중 '(陳饒)대리'에 대한 의론이 분분했다. 당시 진의를 지지하는 (新四軍)간부가 더 많았다. 이는 (代理)서기인 요수석에게 큰 불안감을 안겨줬다. 실제로 남창봉기 참가자이며 (井岡山)근거지 개척의 공로자 진의의 자력(資力)과 호소력·영향력은 요수석보다 더 컸다. 1943년 여름 신사군(新四軍) 고위간부의 정풍(審幹)운동이 본격적으로 전개됐다. 결국 이는 (陳饒)라이벌 간의 '알력 심화'[3377]를 초래했다.

3375 황화당(黃花塘)은 강소성 회안(淮安)시 경내에 있다. 1942년 12월 신사군 지휘부는 염성(鹽城)에서 황화당으로 옮겨갔다. 1943년 1월 화중국(本部)도 황화당으로 이전, (華中)항일의 (指揮)중심이 됐다. 원명은 황혼당(黃昏塘), 대생산운동 전개 후 황화당으로 개명했다. 이 시기 (新四軍)지휘부의 대호(代號)는 '황하대대(黃河大隊)'였다.

3376 황화당사건(黃花塘事件, 1943)'은 '신4군(新四軍) 1인자' 쟁탈을 위해 유소기의 지지를 받은 정치위원 요수석이 군단장(軍長) 진의를 밀어낸 권력투쟁이다. 1943년 여름 (新四軍)정풍 기회를 이용해 '진요(陳饒)'는 권력투쟁을 벌였다. 결국 권력다툼에서 밀린 진의는 황화당을 떠났다. 한편 모택동은 '(陳饒)쟁론'에서 화해자 역할을 했다. 당시 (新四軍)지휘부가 황화당(黃花塘)에 주둔, 진의·요수석의 '쟁론'을 '황화당사건'이라고 부른다.

3377 1943년 여름 (新四軍)정풍이 본격적으로 전개됐다. 결국 이는 '(陳饒)정적' 간 알력 심화를 초래했다. 당시 요수석은 진의의 바둑 두기와 시 짓기를 '자산계급 생활(惡習)'으로

유소기·요수석은 노동운동과 (白區)공작 등에서 경력이 비슷했다. '(蘇聯)유학파'인 그들은 전국 총공회의 선후배 관계였다. 이 또한 유소기가 (同業者)요수석을 신임한 주요인이다. 1930년대 요수석은 (總工會)선전부장·(華北)판사처장을 역임했다. 1935~1938년 요수석은 모스크바 주재 적색직공국제(赤色職工國際) 대표로 근무했다. 1940년 6월 (東南局)부서기로 임명된 그는 항영의 '부수(副手)'가 됐다. 환남사변(1941.1)에서 모택동은 유소기의 '건의'[3378]를 수용해 (新四軍)지휘부의 (政治)행동을 책임진 (臨時)최고 결정권자로 임명했다. 1942년 3월 (新四軍)최고 책임자인 유소기는 요수석을 자신의 '후임'[3379]으로 결정했다.

1943년 8월 요수석이 '지방 조사'[3380]를 떠난 뒤 진의가 '(整風)좌담

간주했다. 한편 진의는 환남사변 당시 국민당군의 '포위권'을 돌파한 후 당조직과 연락이 두절된 요수석의 '변절'을 의심했다. 또 '항영 비판'에 대한 견해 차이로 그들 간 갈등이 더욱 격화됐다. 결국 '진요(陳饒) 쟁론'에 당중앙의 주요 지도자가 개입했다.

3378 1941년 1월 9일 (華中局)서기 유소기는 군위(軍委) 주석 모택동에게 전보를 보내 잠적한 (新四軍)정치위원 항영의 직무를 파면할 것을 요구했다. 또 그는 엽정을 (軍事)지휘관, 요수석을 (政治)책임자로 임명할 것을 건의했다(劉崇文 외, 1996: 324). 당시 유소기의 '건의'를 수용한 모택동은 요수석을 신사군의 (臨時)최고 책임자로 임명했다.

3379 화중국(華中局) 확대회의(1942.2.15~3.5)를 주재한 유소기는 대회 말미(3.5)에 '두 가지 결정'을 선포했다. 첫째, 나는 당중앙의 결정으로 화중국을 떠나 연안으로 돌아간다. 둘째, 요수석을 화중국 (代理)서기·(新四軍)정치위원, 진의를 군분회(軍分會) 서기로 임명한다(陳紹疇 외, 1996: 391). 결국 유소기의 전폭적인 지지를 받은 요수석은 '(新四軍)1인자'로 자리매김했다. 이는 강력한 라이벌 '진요(陳饒)' 간 권력투쟁 빌미를 제공했다.

3380 1943년 8월의 어느 날 요수석은 진의를 찾아와 '(毛澤東)농촌조사'를 읽고 큰 감화를 받았다며 자신이 '지방 조사'를 떠난 기간 신사군의 '정풍 전개'를 책임져 달라고 부탁했다. 얼마 후 요수석은 황화당에서 40리 떨어진 대류영(大劉郢)으로 떠났다(少華, 2019: 82). 당시 지도자의 '지방 조사'를 일종의 관례로 여긴 진의는 별로 개의치 않았다. 실제로 요수석의 '지방 조사'는 진의에게 '정치위원 반대' 죄명을 씌우기 위한 계략이었다.

회'를 주재했다. (座談會)참석자들은 사상공작을 책임진 요수석에게 가장 많은 의견을 제출했다. 8월 18일 요수석은 돌연 황하당으로 돌아왔다(袁德全, 2008: 129). '(整風)좌담회'를 중지시킨 요수석은 화중국(華中局) 서기의 신분으로 (座談會)참석자와 '개별 담화'를 나눴다. '(黨中央)대변자' 역할을 한 그는 (整風)비판대상이 진의라는 것을 암시했다. '담화'를 통해 진의가 범한 10가지 과오를 정리했다(少華, 2019: 83). 여옥(黎玉)[3381]은 이렇게 회상했다. …요수석의 (性格)특징을 묘사한 유명한 명언이 있다. …초기 당신은 나를 업신여길 수 있으나, 나는 곧 당신을 나에게 100% 복종하게 만들 수 있다(黎玉, 1992: 250). 요수석이 정리한 진의의 '10가지 과오'는 ① 일관적인 (毛主席)반대 ② 일관적인 당중앙 무시 ③ 정치위원 제도 반대 ④ 무책임한 (工作)태도 ⑤ (工農)간부 무시, (知識人)간부 편애 ⑥ (新四軍)차별 대우 ⑦ 시 짓기 등 (士大夫)악습 고수 ⑧ 조사연구 무시 ⑨ 관료주의 ⑩ 개인주의, 허풍 떨기이다(李鋼, 2004.11.1). 상기 '지방 조사'는 요수석이 꾸민 계략이라는 것이 일각의 주장이다. '모주석(毛主席) 반대'는 정강산 시기 진의가 모택동의 '전위서기(前委書記) 직무'를 대신한 것을 가리킨다. 한편 '시 짓기'가 '사대부(士大夫) 악습'이란 상기 주장은 진의와 '시우(詩友)'인 모택동의 지지를 받을 수 없다.

'담화'를 통해 진의가 '(紅軍)7대'에서 모택동의 '(前委)서기' 직무를 대신했다는 사실을 알게 된 요수석은 오래전부터 모주석을 반대한 진의가 (黨代表)직을 찬탈하려는 야심가라는 것이 입증됐다고 판단했다('陳

3381 여옥(黎玉, 1906~1986), 산서성 곽현(崞縣) 출신이며 공산주의자이다. 1926년 중공에 가입, 1930~1940년대 천진시위 서기, 팔로군 산동(山東)종대 정치위원, (山東)야전군 정치위원, 건국 후 기계공업부 부부장, 전국 정협 부주석 등을 역임, 1986년 북경에서 병사했다.

毅傳'編輯組, 2015: 168). 10월 중순 '(整風)회의'에서 진의는 과오를 반성했다. (會議)주재자 요수석은 일관적인 '(毛主席)반대'와 정치위원 무시 등 진의의 10대 죄상(罪狀)을 열거했다(袁德全, 2008: 131). 회의에서 요수석의 주장을 반박한 진의는 이렇게 경고했다. …이른바 '10대 죄상'은 사실무근이다. 이는 당신의 권력욕 발현이다. 당신의 일의고행(一意孤行)은 부메랑 효과를 낳을 것이다(陳丕顯, 1991.8.25). 한편 진의의 '(毛澤東)직무 대행'은 치명적이었다. 진의는 매번 정치운동 때마다 심각한 반성을 했다. 당시 '요수석 지지자' 유소기는 진의를 '(項英)추종자'[3382]로 간주했다.

요수석은 모택동에게 보낸 전보(1943.10)에 이렇게 썼다. …유소기가 연안을 떠날 때 나를 '(代理)서기'로 임명한 데 대해 진의는 불만을 품고 있다. 또 반한년(潘漢年)과 밀담한 진의는 (黨內)단결을 파괴했다. 중공중앙은 재덕(才德)이 겸비한 (軍事)간부를 파견하기 바란다(羅英才, 2007.9). 당 중앙에 보낸 전보에서 (事件)경과를 보고한 진의는 자신의 '과오'를 진지하게 반성했다. '개과천선'을 약속한 진의는 (電報)말미에 이렇게 썼다. …현재 요수석과 나 사이에 생긴 불신과 갈등은 해소됐다. 향후 (黨內)단결 강화를 위해 노력할 것이다(胡石言 외, 2015: 169). 모택동은 진의·요수석에게 보낸 답신(1943.11.8)에 이렇게 썼다. …진의는 연안에 와서 반년 간 체류하며 '(中共)7대'에 참석하기를 바란다. 이 기간 진의의 (軍長)직무는 (副軍長)장운일이 대행한다. '중공 7대' 후 진의는 황화당으

3382 진의와 항영은 (中央)근거지에서 3년 동안 유격전쟁을 지휘한 '(軍事)협력자'였다. 또 그들은 신4군(新四軍)을 창건한 일등공신이었다. 한편 화중국(華中局) 서기로 파견된 유소기는 당중앙의 지시에 '항거'한 신사군 지도자 항영과 '라이벌' 관계를 형성했다. 당시 유소기는 항영과 '돈독한 관계'이며 신사군 (軍事)지도자인 진의를 '(項英)추종자'로 간주했다. 실제로 정적(政敵)인 진의와 요수석은 '항영 비판'에서 엇갈린 태도를 보였다.

로 돌아가 (七大)방침을 전달해야 한다(馮蕙 외, 2013: 479). 상기 '반한년 밀담'[3383]은 요수석이 날조한 것이다. 당시 모택동은 진의와 '껄끄러운 관계'[3384]인 유소기의 의견을 청취했다. 이것이 초기 모택동이 요수석을 지지한 주요인이다. (新四軍)사단장 속유·황극성은 중립을 지켰다. 한편 등소평은 (黃花塘)사건에 대해 '공정한 평가'[3385]를 내렸다.

모택동의 '(陳毅)호출'은 배려심이 작용했다. 첫째, 진의는 모택동의 '홍군 복귀(1929.11)'에 중요한 역할을 했다. 둘째, 항영의 '(浙閩進擊)주장'을 반대하고 모택동의 '(北上)지시'에 복종했다. 셋째, '(三年)유격전쟁' 공로자이며 신사군의 주요 창건자였다. 넷째, 요수석에게 밀린 진의에게 '피난처'가 필요했다. 다섯째, (整風)학습을 통해 (政治)자질 제고가 절실

3383 훗날 진의는 요수석과 반한년의 면전에서 이렇게 반박했다. …나와 백구(白區) 공작자 반한년은 일면지교(一面之交)였다. 내가 감히 '(新四軍)손님'과 밀담을 할 수 있겠는가? 그러나 당신들은 모스크바 시기의 '막연한 사이'였다는 것을 모르는 사람이 없다(少華, 2019: 86). 실제로 진의의 '반한년 밀담'은 사실무근이다. 이는 요수석이 '정적(陳毅) 모함'을 위해 날조한 것이다. 1950년대 요수석의 '실권(失權)'은 그 자신이 자초한 것이다.

3384 유소기와 진의의 '껄끄러운 관계'는 (新四軍)1인자' 항영과 관련된다. 유소기는 진의를 '(項英)추종자'로 간주한 반면, 진의는 '(軍事)문외한' 유소기를 무시한 항영의 영향을 받았다. 유소기의 '진의 편견'은 '속유·요수석 지지'가 단적인 증거이다. 또 진의의 '(元帥)선정'을 반대한 유소기는 속유를 (元帥)후보자로 추천했다. '(劉陳)견원관계'와 유소기의 (陳饒)선입견은 '(陳饒)쟁론'에서 초기 모택동이 요수석을 지지한 주된 원인이다.

3385 '황화당사건' 주역은 (新四軍)지도자 진의·요수석이다. 한편 '(中共)2인자' 유소기의 (事件)개입으로 흐지부지 끝났다. 훗날 등소평은 이렇게 평가했다. …(黃花塘)사건은 요수석이 당중앙의 신임을 이용해 유소기를 기만하고 진의를 배척한 음모이다. 이는 (新四軍)역사상 보기 드문 '원가착안(冤假錯案)'이다(少華, 2019: 88). (事件)발생의 빌미를 제공한 장본인은 유소기이다. 진의에 대한 유소기의 편견과 '(毛劉)요수석 지지'는 '원가착안'의 주요인이다. 1953년 중앙조직부장에 임명된 요수석은 야심가 고강과 결탁해 '유소기 타도'를 시도했다. 결국 이는 인간관계가 '원만하지 못한' 유소기의 단점을 단적으로 보여준 사례이다.

했다. 한편 모택동이 진의를 '호출'한 숨겨진 목적은 '(王明)추종자' 항영의 (右傾)과오에 대한 진의의 적발을 기대한 것이다. 10년 만에 재회한 두 (井岡山)전우는 대화를 통해 상호 불신을 해소했다. 결국 1년 간의 (整風)학습을 통해 진의는 '모택동 추종자'로 전향했다. 실제로 모택동은 주덕·주은래와 '돈독한 관계'[3386]인 진의를 결코 무시할 수 없었다.

진의는 이렇게 회상했다. …연안에 도착(1944.3.7)한 나에게 모주석은 유격전쟁이나 (抗戰)경험은 사흘 동안 이야기해도 무방하지만 '(陳饒)쟁론'은 입도 뻥끗하지 말라고 경고했다. 화중국의 전보를 보여줄 수 있으나 잠시 보지 않는 것이 좋다('陳毅傳'編輯組, 2015: 173). 3월 15일 진의는 '자기비판' 취지의 전보를 화중국에 보냈다. 같은 날 모택동이 화중국에 보낸 전보의 골자는 첫째, '(陳饒)쟁론'은 동료 간 의견 차이이다. 둘째, 항전 시기 진의는 (中央)정책을 집행했다. 셋째, (抗戰)공로자인 진의는 노선착오를 범하지 않았다(中共黨史人物研究會, 2010: 100). 요수석은 모택동에게 보낸 답신에 이렇게 썼다. …(陳毅)동지의 조직관은 문제가 있다. '통일전선'에 대한 (右傾)과오를 반성해야 한다. 그는 과거의 역사문제를 반성하지 않았다. 당중앙의 훈도(訓導)하에 과오를 철저히 반성해야 한다(胡石言 외, 2015: 175). 진의는 '(整風)학습' 결과물인 '모택동군사학

3386 1928년 4월 진의는 주덕과 함께 남창봉기 잔여부대를 이끌고 정강산에 진출해 모택동과 회합했다. 당시 '주덕(朱德) 추종자' 진의는 '(朱毛)쟁론'에서 주덕을 지지했다. 프랑스 유학 시절 선후배(先後輩) 관계인 주은래·진의는 50여 년 간 '친밀한 관계'를 유지했다. 1954년 진의의 (國務院)부총리 발탁'은 주은래 총리(總理)의 '강력한 추천'이 있었기에 가능했다. 한편 1955년 주은래는 진의의 '원수(元帥) 선정'을 강력히 주장했다. 1950년대 '국무원 2인자'로 승진한 진의는 모택동·주은래·주덕과 '돈독한 관계'를 유지했다.

파(毛澤東軍事學派)'[3387]라는 용어를 제출했다. '(中共)7대'의 (主席團)멤버 진의는 중앙위원에 당선됐다. 1954년 진의는 '국무원 2인자'[3388]로 발탁됐다. 한편 당적을 박탈(1955)당한 요수석은 1975년 옥중에서 병사했다.

이른바 '황화당사건(1943)'은 '(新四軍)1인자' 쟁탈을 위해 유소기의 지지를 받은 정치위원 요수석이 (整風)기회를 이용해 군단장 진의를 밀어낸 권력투쟁이다. 초기 요수석을 지지한 모택동은 '(陳饒)쟁론'에서 화해자의 역할을 했다. 한편 연안에 '호출'된 진의는 1년 간의 (整風)학습을 통해 '모택동 추종자'로 전향했다. 1954년 '(高饒)사건'의 주모자 요수석이 제거된 후 모택동의 신임을 받은 진의는 국무원 부총리 겸 외교부장으로 중용됐다. 문혁 시기 정강산에서 '모택동 직무'를 대신한 진의는 모택동의 '묵인'하에 임표 일당의 잔혹한 정치적 박해를 받았다.

4월 20일 (決議)작성과 수정을 상세히 소개한 (會議)주재자 임필시는 이렇게 말했다. …'역사결의'의 취지는 '(左的)과오' 근원에 대한 분석을 통해 (黨內)단결을 강화하는 것이다. 또 그는 제3차 (決議)초안'에 대표단의 의견을 수용하고 '몇 가지 내용'[3389]을 보충했다고 부언했다(章學新 외,

---

3387 진의는 '모택동군사학파(軍事學派)'에 대해 이렇게 해석했다. …(毛澤東)군사학파는 신구(新舊) 교조주의와 투쟁하는 과정에서 형성된 것이다. '학파(學派)'의 특징은 실사구시적 방법으로 중국혁명 특성과 (戰爭)특수성을 연구하는 것이다. '군사학파'의 골자는 '이소승다(以少勝多)'·'이약승강(以弱勝强)'이다(胡石言 외, 2015: 187). 한편 '군사학파'는 '(整風)학습' 결과물이다. 결국 진의가 제출한 '군사학파'는 (毛澤東)군사사상의 밑바탕이 됐다.

3388 1954년 9월 27일 북경에서 개최된 제1차 전국인민대표대회에서 진의는 국무원 부총리와 국방위원회 부주석으로 선임됐다. 9월 28일 (國務院)회의를 주재한 주은래 총리는 진의를 국무원 상임(常任) 부총리로 임명했다(袁德全, 2008: 236). 한편 이 시기 상해시장을 겸임한 '국무원 2인자' 진의는 1958년에 외교부장(外交部長)을 맡았다.

3389 제3차 '(決議)초안'에 보충한 '몇 가지 내용'은 ① 왕명의 (鬪爭)소책자 내용 ② 모택동

2014: 659). 임필시는 이렇게 설명했다. …왕명은 '성명서'에서 '7중전회'의 '역사결의'를 옹호한다는 입장을 밝혔다. 당중앙은 그의 긍정적 태도를 환영한다. 향후 실제적 행동으로 (反省)태도를 보여주기를 기대한다(黃少群, 2015: 765). 박고는 이렇게 말했다. …(決議)취지를 진심으로 옹호한다. 당중앙의 '치병구인(方針)'은 과오를 범한 자에게 개관천선 기회를 제공했다. 과오를 반성하고 새 출발을 하겠다(中共中央文獻硏究院, 1994: 546). 낙보는 이렇게 반성했다. …(左傾)책임자인 나는 박해를 받은 동지에게 사과한다. 추후 '(毛澤東)사상 학습'을 통해 환골탈태하겠다(張培森 외, 2010: 96). 마지막으로 모택동이 연설했다. (演說)골자는 ① '7중전회' 역사적 의미 ② '역사결의' 평가 ③ '치병구인' 취지 ④ '공적'·'과오' 문제 ⑤ 적의 이간계(離間計) 방지 등이다(雷國珍 외, 2003: 359). 마지막 회의(4.20)에서 통과된 '역사결의'의 가장 큰 성과는 (左傾)노선에 대한 철저한 청산이다. '결의'는 (個人)책임을 면제하고 모택동의 '정확한 노선'을 부각했다. 한편 왕명의 (右傾)과오에 대한 '책임 면제'는 모택동이 스탈린의 '의견'을 대표한 디미트로프의 '건의'를 수용했기 때문이다.

(七大)제1차 전체회의(6.19)에서 임필시가 책임지고 '결의안'을 수정하기로 결정했다. 7월 24일에 발간된 제9차 '결의안'은 '네 가지 내용'[3390]이 보완됐다. 8월 5일에 발간된 제10차 '(決議)초안'은 약간의 수정을 가했

의 (軍事)사상 따로 정리 ③ 장국도(張國燾)노선과 관련된 내용 ④ '11월회의(1927)'의 맹동(盲動)노선 ⑤ 소자산계급(思想)의 분석 ⑥ '(六大)과오' 평가 보류 등이다. 상기 '(六大)과오 보류'는 모택동이 '중공 6대'에 관여한 스탈린을 의식한 것이다.

3390 '수정안'에 보충된 '네 가지 내용'은 첫째, '(毛澤東)노선'을 (毛澤東)사상체계로 고치고 (毛澤東)사상을 보완했다. 둘째, '8.7회의(1927)' 맹동(盲動) 과오를 보충했다. 셋째, (左傾)노선의 (軍事)과오를 단독으로 정리했다. 넷째, (左傾)노선 근원에 소자산계급(思想)을 보충했다. 한편 '모택동선집'에 수록(1953)할 때 '모택동사상' 용어를 삭제했다.

다. 연안에서 열린 제2차 전체회의(8.9)에서 '(若干)역사문제에 대한 결의'가 최종 통과됐다. 8월 12일 '역시결의'는 (黨內)문건으로 발간됐다. 1953년 '모택동선집'에 수록된 '역사결의'는 '중요한 수정'[3391]이 가해졌다.

3391 '모택동선집(1953.4)' 수록할 때 가해진 중요한 수정은 첫째, '모택동사상'·'(毛澤東)사상체계' 용어를 삭제했다. 둘째, (左傾)노선에서 왕명·박고의 이름을 밝혔다. 셋째, 중국혁명에 대한 스탈린의 역할을 부각했다. 넷째, (左傾)노선의 '좌(左)'에 인용 부호를 사용했다. 결국 이는 모스크바를 의식한 것이다. 또 1960년대 초 '모택동사상' 용어를 회복했다. 한편 (文革)기간 '유소기 공헌'에 관한 내용은 '역사결의'에서 전부 삭제됐다.

'중공 6대(六大)' 개최 전 스탈린은 '노동운동 출신' 간부를 선출해야 한다고 말했다. 노동운동 출신 향충발의 '(中共)총서기 당선'은 당연한 결과였다. 이는 스탈린이 중공을 모스크바에 충성하는 '괴뢰정당'으로 만들기 위한 치밀한 정략(政略)이었다.

(抗戰)시기 주은래는 '(右傾)기회주의자' 왕명을 추종하는 과오를 범했다. 이 또한 주은래를 '영원한 동반자'로 간주한 모택동이 종래로 그의 '후계자(後繼者)'로 주은래를 선정하지 않은 원인이다. 건국 후 매번 정치운동에서 주은래는 '심각한 반성'을 했다.

모택동의 '자본주의 중시'는 '엽공호룡(葉公好龍)'에 비유할 수 있다. 모택동은 자본이 지배하는 경제 체제인 자본주의(資本主義)를 종래로 선호하지 않았다. 실제로 '농본주의자(農本主義者)' 모택동은 철두철미한 '민수주의자(民粹主義者)'였다.

1978년 광동성장(廣東省長)에 부임한 습중훈은 북경으로 전근(1981)된 후 서기처 서기로 보선됐다. 30년 후 그의 장남(習近平)이 (中共)최고 지도자로 당선됐다. 중공 역사에서 부자(父子)가 '(正國級)국가 지도자'를 지낸 것은 그 전례를 찾아보기 어렵다.

모택동의 라이벌 장개석의 아킬레스건은 '군사사상' 부재이다. 결국 이는 장개석이 '모택동 대결'에서 완패한 주된 원인이다. 전투력이 막강한 독일군을 전승한 스탈린은 강한 (軍事)리더십을 소유했으나 '군사이론'은 모택동과 비견할 바 못 된다. 문무가 겸비한 '병가대사(兵家大師)'는 고대의 손무(孫武)와 현대의 모택동이 꼽힌다.

모택동은 '사상 제출'에 신중을 기할 수밖에 없었다. 이는 모택동이 '영원한 (中共)상급자'인 스탈린을 염두에 둔 것이다. 자칫 악화일로인 (中蘇)양당 관계에 악영향을 끼칠 수 있었기 때문이다. 실제로 '(毛澤東)사상 제출자'는 모택동 자신이다.

1950년대 주은래 등 중공 지도자의 모택동 호칭은 '주석님'·'닌(您)' 등 존댓말로 바뀌었다. 문혁 시기 '인민영수' 모택동은 '군주(君主)'로 신격화됐다. 이 시기 '모주(毛周)'의 관계는 '군신(君臣)관계'로, '황제(主席)'와 '재상(總理)'의 관계로 변질됐다.

최근 일부 외국 학자는 작금의 중국사회에서 모택동사상이 사라졌다고 사실을 호도하고 있다. 이는 사실무근이며 '사실 왜곡'이다. 중국 공산당이 존재하고 사회주의 제도가 유지되는 한, 당의 지도이념인 모택동사상은 독보적 존재감을 나타낼 것이다.

제9장
'중공 7대(七大)'와 모택동사상의 출범

제1절 '중공 7대'와 (七大)중앙위원 선출

1. '7대(七大)' 개최 논의와 준비 과정

1928년부터 논의된 '7대(七大)'가 1945년 4월에 어렵사리 개최됐다. 준의회의 후 장정을 승리로 이끈 '홍군 통솔자'[3392] 모택동은 중공 영수로 등극(1938.11)했다. 정풍을 통해 '소련파'의 영향력을 제거한 모택동은 '(中共)7대'에서 (領袖)지위를 확립했다. 마르크스주의 '중국화'와 모택동사상 정립은 '7대'의 가장 중요한 성과물이다. 한편 모택동사상을 당의 지도사상으로 확정한 것은 중공이 소련의 지배에서 벗어났다는 반증이다.

1945년 4월 23일에 개시된 '(中共)7대'는 50일 간 연안에서 열렸다. (中共)기관지 해방일보가 발표한 사론(6.14)은 이렇게 평가했다. …'(中共)7대'는 역사상 가장 성대하고 원만하게 개최된 전국대표대회이다(李忠傑

3392 준의회의(1935.1)에서 '홍군 지도자'로 복귀한 모택동은 장정(長征) 중 '(紅軍)창건자' 특유의 (軍事)리더십을 발휘했다. 한편 제4방면군과 회합(1935.6)한 후 모택동·주은래의 (紅軍)지도자 지위는 역전됐다. 1935년 10월 중앙홍군을 이끌고 섬북에 도착해 '서북군위(西北軍委)' 주석으로 선임(1935.11)된 모택동은 '홍군 통솔자'로 자리매김했다. 결국 이는 사필귀정이다. 또 이는 모택동의 '영수 등극(1938.11)' 결정적 요인이 됐다.

외, 2006: 1). (中共)역사상 '가장 중요한 대회'[3393]라고 평가한 등소평의 (評價)골자는 ① (黨)역사경험 정리 ② 전략과 강령 제정 ③ (左傾)과오 시정 ④ 마르크스주의 '중국화', 모택동사상 정립 ⑤ 전당의 단결 강화 ⑥ (國共)내전 승리 기반 마련 등이다(鄧小平, 1994: 1). '(中共)7대'는 준비 과정이 가장 길고 참석자가 가장 많으며 개최 기간이 가장 긴 (黨)대회이다. 또 정풍운동을 통해 (黨內)사상 통일과 단합력을 과시한 대회였다. 가장 중요한 성과는 '소련파' 제거와 새로운 중앙위원회의 출범이다.

등소평은 모택동사상을 이렇게 평가했다. …모택동사상 수립은 전례 없는 중공의 단결력 강화를 의미한다. 또 이는 일본 침략자를 몰아내고 미제(美帝)의 지지를 받는 장개석을 전승할 수 있는 기반을 마련했다(鄧小平, 1994: 151). '(中共)7대'에서 유소기는 이렇게 지적했다. …모택동사상은 민족적 이익에서 출발해 마르크스주의를 중국의 실정에 맞게 적용한 것이다. 모택동사상은 중화민족 해방과 신중국 설립에 필수불가결한 지도사상이다(劉少奇, 1980: 334). 등소평은 이렇게 주장했다. …모택동사상이 없었다면 오늘날의 중국사회와 (中共)발전은 불가능했을 것이다. 모택동사상은 전당과 전국 인민을 승리로 이끄는 가장 중요한 정신적 자산이다(李蓉, 2006: 2). 모택동사상은 (延安)정풍의 성과물이며 마르크스주의 '중국화'의 결과물이다. 모택동사상 정립은 중공이 '독립적 정당(政黨)'[3394]으로 거듭나고 소련의 지배권에서 벗어났다는 단적인 반증이다.

3393 '중공 7대(1945)'를 (中共)역사상 '가장 중요한 대회'로 간주하는 주된 원인은 ① 마르크스주의 '중국화', 모택동사상 출범 ② '소련파' 제거, (中共)독립적 정당 ③ '중공 제1세대' 영도집단의 탄생 ③ 모스크바의 지배권에서 이탈 ④ '국공(國共)내전'의 승리 기반을 마련 등이다. 그 외 준의회의와 (中共)11기 3중전회(1978.12)도 (中共)역사상 '중요한 대회'로 간주된다. 한편 '중공 7대'에서 등소평은 처음으로 중앙위원에 선임됐다.

3394 1922~1943년 중국 공산당은 스탈린이 막후에서 조정한 공산국제의 지부(支部)였다.

실제로 모택동사상은 (國共)내전 승리에 결정적 요인으로 작용했다.

(七大)준비 과정을 6개 단계로 나눌 수 있다. ① 1928~1931년 (共産國際)주도적 준비 ② (抗戰)초기 개최 논의 ③ '6중전회' 후 준비 과정 ④ 1940~1942년 개최 준비 ⑤ 1943년 본격적 준비 ⑥ '7중전회'의 실질적 준비 등이다(李蓉, 2006: 11). (中共)제1~5차 당대회는 지식인 출신의 진독수를 중공 총서기로 선출했다. 당시 거의 매년 전당(全黨)대표대회가 소집됐다. 대혁명 실패(1927.7) 후 '중공 6대'는 모스크바에서 열렸다. (中共)6대의 치명적 과오는 지식인 출신의 간부 배척과 '(幹部)노동자화'[3395], 노동자 출신인 향충발(向忠發)을 중공 총서기[3396]로 선출한 것이다. '변절자'로 전락한 향충발의 '(中共)총서기 선임'은 스탈린의 '강력 추천'[3397]과

─────────────

이 시기 '독립자주권'을 상실한 중공은 모스크바의 '괴뢰(傀儡) 정당'에 불과했다. 공산국제가 해체(1943.5)된 후 '중공 1인자' 모택동은 3~4년 간의 정풍운동을 통해 모스크바의 입장을 대변하는 왕명 등 '소련파'를 철저히 제거했다. '중공 7대'에서 출범한 모택동사상은 중공이 모스크바의 지배에서 벗어난 '독립적 정당'이라는 단적인 증거이다.

3395 '중공 6대(1928.6)' 전후 (中共)지식인에 대한 모스크바의 선입견이 강화됐다. 따라서 '(幹部)노동자화'·'당의 지도기관 노동자화'를 중공의 조직건설 방침으로 결정했다(李穎, 2012: 105). 주은래는 이렇게 회상했다. …'8.7회의(1927)' 후 지식인 출신의 간부는 무시되고 노동운동 출신의 지도자가 (中共)지도기관에 대거 발탁됐다(周恩來, 1980: 180). 결국 이는 노동운동 출신인 향충발·이립삼이 주도한 입삼노선(立三路線)을 유발했다.

3396 '(中共)6대(1928.6)'에서 공산국제 총서기인 부하린은 이렇게 강조했다. …중공 지도자 향충발은 노동운동 출신이다. 그는 기회주의자가 아니며 혁명자(革命者)이다(Bukharin, 1928.6.29). 당시 공산국제 동방부 책임자인 미프(Mif)는 노동자 출신인 향충발을 거듭 치켜세웠다(李穎, 2012: 106). 실제로 '자격미달'인 향충발이 (中共)총서기로 당선된 것은 '(幹部)노동자화'의 결과물이다. 결국 이는 스탈린의 '강력 추천'과 밀접하게 관련된다.

3397 스탈린은 모스크바에서 (中共)대표 향충발과 중국혁명 문제를 토론했다. 또 '토론 결과'를 공산국제 제9차 전회(全會, 1928.2)에서 통과된 '결의(決議)'에 적어 넣었다. '6대(六大)' 개최 전 스탈린은 '노동운동 출신' 간부를 선출해야 한다고 말했다(袁南生, 2014:

관련된다. 결국 이는 입삼노선을 유발하는 결과로 이어졌다.

'중공 7대(七大)'가 연기된 원인은 첫째, 중공의 주된 임무는 (抗戰)전념이었다. 둘째, 교통 불편으로 근거지에 분산된 고위 간부가 쉽게 모일 수 없었다. 셋째, 당의 정치노선 문제에 대한 당내의 의견이 엇갈렸다. 넷째, '(黨內)사상 통일'을 위한 (延安)정풍이 필요했다(李穎, 2012: 115). '중공 6대' 후 17년만에 '(中共)7대'가 열린 원인은 ① 장개석의 '홍군 토벌' ② 공산국제의 실책 ③ 임시중앙의 (左傾)과오 ④ 홍군 장정 ⑤ 서안사변(1936.12) ⑥ 항일전쟁 발발 ⑦ (毛王)권력투쟁 ⑧ '6중전회(1938.9)' ⑨ 독소전쟁(1941.6) ⑩ 정풍운동(1941~1943) ⑪ 공산국제 해산 ⑫ '7중전회' 개최 등이다. 공산국제가 지배한 '4중전회(1931.1)는 (左傾)노선 출범의 밑바탕이 됐다. '5중전회(1934.1)'는 (共和國)주석 모택동을 배척했으나 (蘇聯派)내부 분열을 초래했다. '6중전회' 후 모택동은 정풍 전개와 공산국제의 해체를 이용해 (蘇聯派)영향력 제거에 주력했다. 한편 (整風)취지는 '(左傾)노선 청산'을 통한 모택동사상의 수립이다.

'중공 6대'의 당장(黨章)은 이렇게 썼다. …당의 전국대표대회는 매년 개최해야 한다. 중공중앙은 공산국제의 동의를 거친 후 당대회를 소집해야 한다(中央黨案館, 1989: 477, 478). 육정일은 이렇게 회상했다. …1929년 7월 중공중앙은 '7대 개최'를 위해 (中共)대표단에게 '(黨綱)작성'을 요청했다. 당시 '(黨綱)작성위원회' 책임자는 구추백이었다. (共産國際)동방부는 1930년 여름의 '모스크바 개최'를 결정했다(陸定一, 1997.3). 1928년 11월 동방부는 '중국위원회'를 설립해 '(中共)당강 작성'을 의뢰했다.

334, 338). 노동운동 출신 향충발의 '(中共)총서기 당선'은 당연한 결과였다. 결국 이는 스탈린이 중공을 모스크바에 충성하는 '괴뢰 정당'으로 만들기 위한 치밀한 책략이었다.

모택동과 중국혁명 3

1929년 12월 중공중앙은 공산국제에 편지를 보내 1930년의 '7대 개최'를 신청했다. '7대'에서 (中共)정치노선 확정과 당중앙 개편을 요구했다(李忠傑 외, 2006: 571). 상기 (中共)편지는 이립삼이 작성했다. 당시 동방부 책임자 미프와 (中共)대표단장 구추백은 견원지간이었다. 1930년 여름의 '7대 개최'가 무산된 것은 임삼노선(立三路線, 1930.6)과 관련된다.

1931년 11월 말 왕명은 미프의 지지하에 '두 가지 노선'이란 소책자를 발간했다. 소책자의 골자는 '국제노선 옹호'와 '입삼노선 반대'이다. 왕명의 '(小冊子)출간' 취지는 정적인 이립삼과 구추백을 제거하는 것이었다(中央黨案館, 1989: 665). 미프의 주도하에 개최된 '4중전회(1931.1)'에서 통과된 '결의안'은 이렇게 썼다. …'(中共)7대'를 개최해 소비에트운동의 경험을 정리하고 당강(黨綱)을 통과시켜야 한다(胡喬木, 2014: 364). '(中共)7대 개최'가 연기된 원인은 첫째, 중공중앙은 (中華)소비에트 대표대회의 개최를 급선무로 삼았다. 둘째, 국민당군의 '(紅軍)포위토벌' 감행이다. 셋째, 임시중앙의 '(中央)근거지 이전'이다. 넷째, 제5차 '(反)포위토벌' 실패에 따른 홍군의 장정 개시이다('第一研究部', 2006: 14). '4중전회' 후 왕명·박고가 주도한 (左傾)노선은 홍군이 부득불 장정을 개시한 주된 원인이다. (中共)총서기 향충발은 체포(1931.6)된 후 곧 변절했다. 1931년 가을 왕명은 미프의 도움을 받아 소련으로 피난했다.

하북성위 선전부장 이철부(李鐵夫)[3398]는 '화선(火線)'에 문장을 발표해 '7대 개최'를 통한 (左傾)과오 시정을 주장했다. 그의 주장은 (省委)지

[3398] 이철부(李鐵夫, 1901~1937), (朝鮮)함경남도 출생이며 본명은 한위감(韓偉鑒), 공산주의자이다. 1924년 조선 공산당을 창건, 1928년 상해에서 중공에 가입, 1930년대 (北平)반제동맹 (黨團)서기, 하북성위 선전부장, 천진시위 서기, 1937년 7월 연안(延安)에서 병사했다.

도자의 지지를 받았으나 임시중앙의 (北方)대표는 '(反)철부노선(鐵夫路線)' 투쟁을 전개했다(李蓉, 2006: 14). 1934년 '(反黨)분자'로 몰린 이철부는 파면됐다. 1936년 북방국 서기 유소기는 이철부를 (天津)시위 서기로 임명했다. 연안에서 열린 (白區)공작회의(1937.5)에 참석해 (左傾)노선의 '(白區)피해'를 폭로한 이철부는 모택동의 접견을 받았다. 1937년 7월 이철부는 폐결핵으로 연안에서 사망했다. 고인의 명예가 회복된 것은 부인 장수암(張秀岩)[3399]의 공로가 컸다. 1945년에 세워진 묘비는 …(朝鮮)공산당 창건자, (中共)천진시위 서기, (朝鮮人)이철부의 묘(墓)라고 썼다.

1937년 12월 13일에 통과된 '(十二月會議)결의안'은 이렇게 썼다. … 중공중앙은 '7대 개최'를 통해 항전 승리를 위한 통일전선을 확대하고 (抗戰)전략을 제정한다. (七大)준비위원회는 대회 소집에 전념해야 한다 (中央檔案館, 1991: 407). '결의안'은 (七大)취지를 이렇게 밝혔다. …확고한 (國共)합작을 전제로 (抗日)통일전선을 공고히 한다. 또 '(中共)6대' 이래 (鬪爭)경험을 정리하고 통일전선 강화를 통해 (抗戰)최종 승리를 보장한다(李忠傑 외, 2006: 15). 회의는 모택동을 주석, 왕명을 서기로 한 (七大)준비위원회와 모택동·장문천·왕명 등으로 구성된 (七大)비서처를 설립했다. 한편 '(政治報告)준비자'를 왕명으로 결정한 것은 스탈린의 '특사'로 자처한 왕명이 '12월회의(1937)'[3400]에서 득세했다는 단적인 반증이다.

3399 장수암(張秀岩, 1901~1968), 하북성 패현(覇縣) 출신이며 공산주의자이다. 1927년 중공에 가입, 1920~1940년대 (北京)좌익작가연맹 서기, (天津)문화동맹 서기, 섬서성위 여성부장, 건국 후 북경시위 (婦委)서기, 전국 정협 상임위원을 역임, 1968년 북경에서 병사했다.

3400 '12월회의(1937)'에서 정치보고를 한 왕명은 낙천회의에서 제정한 '독립자주적 (山地)유격전' 전략은 항전 방침에 위배된다고 지적했다. 또 그는 유소기의 (抗日)유격전쟁에 관한 주장을 비평했다(李蓉, 2006: 15). '12월회의'에서 왕명이 득세한 것은 그가 스

'3월회의(1938)'[3401]에서 제출한 왕명의 (七大)견해는 ① 정치적 준비[3402] ② 조직적 준비, 왕명이 '당의 지시' 작성, 강생이 '대회 일정' 총괄 ③ '보고자' 준비 ④ (黨報)선전 등이다. 회의에서 모택동도 의견을 발표해 '(報告)준비자'[3403]를 제출했다(李蓉, 2006: 16). 실제로 모택동의 '의견'은 왕명의 주장을 반대한 것이다. 당시 '수세에 몰린' 모택동은 빠른 시일 내의 '7대 개최'를 찬성하지 않았다. 왕명은 연속된 '(會議)정치보고' 여세를 몰아 (叢書記)역할을 한 장문천의 '대체자'가 되려고 시도했던 것이다. 그러나 임필시·낙보의 '모택동 지지'[3404]로 왕명의 득세는 사라지고 '3월회의'

탈린의 '특사(特使)'로 자처한 것과 크게 관련된다. 한편 왕명의 주장은 모택동의 견제를 받았다.

3401 1938년 2월 27일부터 3월 1일까지 연안에서 열린 정치국 회의에서 왕명은 이렇게 말했다. …'12월회의(1937)' 주장은 정확했다. 당시 '(大會)결의안'을 채택하지 않은 것은 정치적 손실이다. 또 그는 (右傾)견해를 고집했다(李忠傑 외, 2006: 16). 왕명의 발언은 모택동·임필시의 반대를 받았다. 한편 '3월회의(1938)'에서 '7대 개최' 준비에 관해 토론했다.

3402 '3월회의'에서 '7대 개최' 견해를 제출한 왕명이 제출한 '정치적 준비' 내용은 ① 모택동, 당의 역사를 정리한 제강(提綱) 준비 ② 왕명, 통일전선 제강 ③ 장문천, '개최' 계획서 ④ 개풍, '전국동포에게 고하는 글' 준비 등이다(李蓉, 2006: 16). 한편 '7대 개최'를 급선무로 삼지 않은 모택동은 측근 임필시를 모스크바에 파견해 공산국제 '의견'을 청취했다.

3403 모택동이 제출한 (報告)준비자는 ① '10년 결론(報告)', 장문천·왕명·모택동·장국도 준비 ② 통일전선(報告), 왕명·모택동·주은래·임필시 ③ 군사(副報告), 주덕·모택동 ④ 조직보고, 주은래·박고·동필무 ⑤ 직공(職工)보고, 강생·장국도·왕명이다(李忠傑 외, 2006: 17). 상기 '(報告)준비자'는 사전에 토론·결정한 것이 아니었다. 한편 장국도를 '준비자'로 제출한 것은 (王明)추종자 전략'을 방지하기 위한 모택동의 책략이었다.

3404 '3월회의'에서 발언한 모택동·임필시·장문천은 왕명의 '잘못된 주장'을 반대했다. 2월 28일 발언한 장문천은 이렇게 주장했다. …(國共)합작을 유지하는 상황에서 중공 영도권과 독립성을 확보해야 한다(程中原, 2000: 258). '12월회의(1937)'에서 모택동 지지를 유보한 장문천이 태도를 변경한 것이다. 한편 이 시기 주은래는 여전히 '왕명 지지자'였다.

는 교착 상태에 빠졌다. 한편 왕명의 (七大)총서기 당선을 확신한 주은래는 애매모호한 태도를 취했다. '(中共)7대'에서 모택동이 '(王明)추종자' 주은래를 '발언자(發言者)'로 격하[3405]한 주된 원인이다.

임필시가 쓴 공산국제 보고서(1938.4.14)의 (七大)의사일정은 ① (國共) 내전 경험 정리, (抗戰)방침 확정 ② (抗戰)전략 제정 ③ 노동계급의 항전 격려 ④ 당의 건설 토론 ⑤ (中央)지도기관 개편 등이다('文學和研究', 1985: 31). 5월 17일 임필시는 공산국제에 이렇게 보고했다. …1938년 하반기 연안에서 개최되는 '7대'에서 항전 승리를 위한 전략적 방침을 제정할 것이다. '12월회의(1937)'에서 설립된 '준비위원회'가 (七大)개최를 준비하고 있다(任弼時, 1987: 207). 왕명이 '임필시 (蘇聯)파견'을 제기했다는 일각의 주장은 신빙성이 낮다. '3월회의'에서 모택동의 주장을 지지한 임필시가 '(毛澤東)추종자'라는 것을 왕명이 모를 리가 없었다. (中共)대표단장 임필시는 공산국제의 '모택동 지지'를 이끌어낸 수훈갑이다. (延安)회귀 후 모택동의 신임을 받은 임필시는 '실질적 2인자'[3406] 역할을 했다.

'9월회의(1938)'에서 왕가상은 공산국제 '(七大)지시'와 디미트로프의

3405 '6중전회(1938)'에서 '통일전선' 보고를 한 주은래는 1939년 정치국 회의(8.16)에서 '(統一戰線)보고자', 1941년의 정치국 회의(3.12)에서 '(組織)보고자', '7중전회(1944.5.21)'에서 '(統一戰線)보고자'로 결정됐다. 한편 '(中共)7대(1945.4.30)'에서 주은래는 '통일전선 발언'을 했다. 결국 '보고자'에서 '발언자'의 격하는 '왕명노선'을 추종한 주은래 자신이 자초했다.

3406 모스크바에서 귀국(1940.3)한 임필시는 중공 영수 모택동의 중용을 받았다. 유소기의 연안 회귀(1942.12) 전 임필시는 실질적 '(中共)2인자'였다. 당시 주은래는 연안에 없었고 장문천은 하향했다. 모택동의 '(中共)영수 등극'에 수훈갑 역할을 한 임필시는 이 시기 모택동이 가장 신임하는 최측근이었다. (三人)서기처 멤버로 당선(1943.3)된 것이 단적인 증거이다.

'의견'[3407]을 전달했다. (指示)골자는 ① (抗戰)문제 해결 ② (內戰)쟁론, 시간 허비 ③ (內戰)결론, 신중히 처리 ④ 현실적 (七大)결의 ⑤ 새로운 간부, (中共)지도부 보충 등이다(王稼祥, 1989: 141). 모택동은 정치보고에서 '7대'에 관해 이렇게 썼다. …1938년 하반기에 계획했던 '7대'는 긴박한 전쟁으로 부득불 연기하게 됐다. 당면과제는 역량을 집중해 항전 승리를 취득하는 것이다(中央檔案館, 1991: 558). 실제로 모택동은 '7대 개최'를 서두르지 않았다. 유소기·주은래를 중원국·남방국 서기로 '파견'한 것이 단적인 증거이다. 이는 '7대 개최'를 급선무로 간주하지 않았다는 반증이다. 한편 '6중전회' 후 주은래는 '(毛澤東)지지자'로 전향했다.

'6중전회'에서 결정한 (七大)문제는 ① 대회 개시, 1939년 5월 ② 회의 의제, (內戰)경험 정리와 (統戰)방침 제정 ③ '(報告)준비자'[3408] ④ (七大)대표, 260명 ⑤ 다른 당파와 기자 참석 불허 ⑥ (大會)개최일, '7월 7일'로 공표 등이다(李蓉, 2006: 20). 회의에서 통과된 '(七大)소집 결의(11.6)'[3409]는

3407 '9월회의(1938)'에서 왕가상이 전달한 디미트로프의 '의견' 골자는 첫째, 모택동이 제정한 팔로군의 항전(抗戰) 방침과 중공의 정치노선이 정확했다. 둘째, 중공 지도부는 마르크스주의를 중국의 실정에 맞게 활용했다. 셋째, 향후 모택동을 수반으로 한 중공중앙은 단결력을 강화해야 한다(李忠傑 외, 2006: 18). 결국 이는 공산국제가 모택동의 (中共)영수 지위를 인정한 것으로 풀이된다. 이 또한 '(中共)7대 개최'가 연기된 주된 원인이다.

3408 (中共)6중전회(1938.11)에서 결정한 중공 7차 당대회의 '(報告)준비자'는 ① 모택동, 정치보고 ② 왕명, 조직보고 ③ 주덕, 군사보고 ④ 유소기, 노동운동 보고 ⑤ 풍문빈, 청년보고 ⑥ 주은래, 국공(國共)관계 보고 ⑦ 등영초, (婦女)보고 등이다(李蓉, 2006: 20). 결국 1939년 5월에 개최 예정이었던 '중공 7대'는 재차 연기됐다. 한편 '(王明)조직보고자' 결정은 이 시기 모택동이 여전히 왕명을 '중요시'했다는 단적인 반증이다.

3409 '6중전회'에서 통과된 '중공 7대 결의(11.6)'의 골자는 ① '7대 개최'의 역사적 의미와 중요성 강조 ② '중공 7대'의 주된 임무를 확정 ③ '7대'의 의사일정(議事日程)을 결정 ④ (七大)개최에 필요한 준비를 결정 ⑤ '7대' 대표의 인원수 확정 등이다. 상기 '결의'는 공산국제에 보여주기 위한 것이다. 실제로 모택동은 이 시기 '(中共)7대 개최'를 당

대회의 주된 임무와 의사일정을 밝혔다. 1939년 5월로 계획한 '7대 개최'는 무산됐다. 주된 원인은 ① 주은래·임필시 (延安)부재 ② 국공(國共) 간 무력 충돌 ③ 팔로군·신사군 지휘관의 (延安)회귀 불가능 ④ (左傾)노선 청산, 시기상조 ⑤ '현실적 문제' 해결 불가능 등이다. 이 시기 왕명의 '(武漢)과오' 거론은 부적절했다. 한편 모택동의 '(中共)총서기 양보'[3410]는 '영수(領袖)' 지위를 확립하지 못했다는 것을 반증한다.

1939년 2월 당중앙은 '7차 개최' 연기했다. 2월 14일 모스크바로 병 치료를 떠난 임표의 인편에 보낸 (報告)자료에는 '5월 개최'로 예정됐다. (延安)고급간부회의(1939.6)에서 모택동은 '10월 개최'를 공표했다(李忠傑 외, 2006: 574). 8월 16일 당중앙은 '(七大)보고자'를 이렇게 정했다. ① (政治)보고, 모택동 ② (統戰)보고, 주은래 ③ (組織)보고, 왕명 ④ (青年)보고, 풍문빈 ⑤ (婦女)보고, 등영초 ⑥ (宣傳)보고, 장문천 ⑦ (軍事)보고, 주덕 ⑧ (職工)보고, 유소기 ⑨ (黨章)보고, 장문천 ⑩ (幹部)보고, 진운이다(李蓉, 2006: 23). (統戰)보고는 1939년 9월 왕명으로 변경, 1940년 4월 '(組織)보고자'를 주은래로 바꿨다. 회의는 '(七大)발언자(發言者)'[3411]를 결정했다.

면과제로 삼지 않았다. 당시 그에게 절실한 것은 '소련파 제거'의 정풍운동이었다.

3410 '9월회의(1938)'에서 모택동이 '정치보고자'로 결정됐다. 공산국제의 '의견'을 존중한 장문천은 모택동이 '(中共)총서기'를 맡을 것을 제기했다. 당시 모택동은 장문천의 '건의'를 거절했다. '6중전회'에서 장문천은 이 문제를 제출하지 않았다(程中原, 2006: 263). 실제로 '(毛澤東)총서기 선출' 제출자는 진운이었다. 한편 장문천의 '총서기 집착'은 치명적인 실책이었다. 이 또한 정풍 기간 장문천이 모택동의 '눈 밖에 난' 주된 원인이다.

3411 1939년의 정치국 회의(8.16)에서 결정한 '(七大)발언자(發言者)'는 ① 고강, 섭감녕(陝甘寧)변구문제 ② 섭영진, 진찰기(晉察冀)변구문제 ③ 박고, 국민참정회(國民參政會)문제 ④ 동북공위(工委), 동북문제 ⑤ 임백거, (陝甘寧)정부문제 ⑥ 강생, 한간(漢奸)숙청문제 ⑦ 임필시·왕약비, 농민문제 ⑧ 등발, 소수민족(少數民族)문제 등이다. 또 정치국 회의는 (七大)회의의 각종 기술적 문제는 강생·진운·이부춘이 책임질 것을 결정했다.

모택동과 중국혁명 3

1939년 9월 주은래가 '(蘇聯)병치료'를 떠나고 유소기는 화중(華中)으로 출발했다. 이 또한 '10월 개최'가 무산된 원인이다.

1939년 12월 주은래는 공산국제 (抗戰)보고서인 '중국문제비망록(備忘錄)'³⁴¹²을 작성했다. '비망록'은 '7대 개최' 시간을 1940년 봄으로 썼다(李穎, 2012: 113). 1940년 봄 공산국제는 '(國際)대표 파견' 계획을 철회했다. '반소반공(反蘇反共)' 빌미가 되는 것을 우려했기 때문이다. 공산국제는 사철을 파견해 '(七大)참석' 후 돌아와 보고할 것을 결정했다('第一研究部', 2006: 49). 사철은 이렇게 회상했다. …1940년 3월 나는 주은래·임필시와 함께 연안에 도착했다. 나의 임무는 '(中共)7대 참석' 후 모스크바로 돌아가 (七大)상황을 보고하는 것이다. 귀국 후 나는 임필시의 비서를 맡았다(師哲, 2015: 155). 당시 공산국제가 '(代表)파견'을 철회한 것은 장개석을 의식했기 때문이다. 당시 스탈린은 (蔣介石)항전 지지를 위해 '(軍事)원조'를 계획했다. 한편 사철은 모택동의 (俄語)통역을 맡았다.

3월 말부터 5월 상순 당중앙은 정치국 회의를 열고 모스크바에서 돌아온 주은래·임필시의 (國際)정세 보고를 청취했다. 회의는 임필시가 책임지고 '7대 개최'를 본격적으로 준비할 것을 결정했다(李蓉, 2006: 23). 4월 초 모택동은 팽덕회에게 보낸 편지(4.2)에 이렇게 썼다. …3월 25일 주은래 등이 연안에 도착했다. '(七大)개최일'을 곧 결정할 것이다. 또 항영에게 전보(4.16)를 보내 (新四軍)대표의 '(延安)파견'을 요구했다(章學新 외,

---

3412 주은래가 모스크바에서 작성한 '중국문제비망록(備忘錄, 1939.12)'는 이렇게 썼다. …중국에 '파견'된 일본군은 51만명의 사상자를 냈다. 장개석은 (抗日)통일전선 중의 중공 역할과 '국공합작'을 인정하지 않고 있다. 중공중앙은 '(七大)개최' 시간을 1940년 봄으로 예정하고 있다(師哲, 2015: 96). 당시 공산국제는 '(中共)7대 참석'을 위해 15년 동안 소련에 체류한 사철(師哲)을 연안에 파견했다. 한편 사철은 '소련 회귀'를 거부했다.

2014: 537). 이 시기 (國民黨)완고파가 일으킨 제1차 '반공고조'와 일본군의 (抗日)근거지 공격으로 (七大)대표의 '(延安)도래'에 큰 차질이 빚어졌다. 1940년 (晉察冀)변구의 (七大)대표들이 도중에 적의 매복에 걸쳐 큰 손실을 입었다. 한편 5월 31일에 중경에 도착한 주은래는 1943년 7월 중순 연안으로 돌아왔다. 이 또한 '(中共)7대'가 연기된 주요인이다.

1941년 1월 15일 당중앙은 모택동이 작성한 '항영·원국평의 과오 결정'을 통과시켰다. '결정'은 고급간부에게 하달하고 '(項袁)투쟁' 전개를 결정했다. '(項袁)과오'에 대한 최종 결론은 '7대'에서 내리기로 결정했다(中央檔案館, 1991: 34). 3월 26일 정치국은 왕가상이 작성한 '당성(黨性)문제'[3413] 보고를 토론했다. 회의에서 모택동은 이렇게 말했다. …준의회의 후 (黨內)사상투쟁을 간과했다. '(項袁)과오'[3414]에는 당중앙의 책임도 있다. '(項袁)과오'는 '12월회의(1937)'와 관련된다(逄先知 외, 2013: 286). 실제로 모택동은 정치국 회의(3.12)[3415]에서 결정한 '(5.1)7대 개최'를 포기했

3413 정치국 회의(3.26)에서 '당성(黨性)문제' 보고를 한 왕가상은 '(黨內)독립주의' 과오를 지적했다. ① 정치상, 당중앙의 지시에 불복·거절 ② 군사상, 상급자 명령에 불복 ③ 조직상, 반대자 배척과 추종자 등용 ④ 면종복배, 무정부주의 등이다(徐則浩, 2006: 229). 상기 '독립주의' 과오는 당중앙의 지시에 불복한 왕명의 (右傾)노선과 항영의 (左的)과오를 비판한 것이다. 한편 모택동은 왕명·항영의 과오를 '당성(黨性) 부재'로 간주했다.

3414 정치국 회의(1.15)를 주재한 모택동은 '(項袁)과오'에 대해 이렇게 지적했다. …항영·원국평은 국민당의 신사군 습격에 대한 사상적 준비가 부족했다. 결국 (新四軍)지도부의 실책과 '(中央)지시 불복'이 신사군 참패(皖南事變)를 초래했다(金冲及 외, 2011: 600). 또 회의에서 모택동이 작성한 '항원(項袁) 과오에 대한 (黨中央)결정'을 통과시켰다. 실제로 항영의 '(中央)지시 불복'과 모스크바에 대한 모택동의 강한 불만을 표출한 것이다.

3415 정치국 회의(3.12)에서 결정한 주된 내용은 첫째, (七大)준비를 끝내고 5월 1일에 정식 개최한다. 둘째, '3대 보고자'는 ① 정치보고자, 모택동 ② 군사보고자, 주덕 ③ 조직보고자, 주은래이다. 셋째, 임필시를 (七大)비서장으로 임명했다(胡喬木, 2014: 365). 한편 독소전쟁의 발발과 '9월회의(1941)' 개최로 '(中共)7대 개최'는 재차 연기됐다.

다. 중공중앙의 '(黨性)강화' 결정은 모택동의 지시에 불복한 왕명·항영의 '노선착오'를 염두에 둔 것이다. 한편 모택동의 '학습 개조(5.19)'[3416] 보고는 1941년의 '7대 개최'를 사실상 포기했다는 단적인 반증이다.

'7대 개최'가 연기된 원인은 첫째, 제2차 '반공고조'가 절정에 달한 환남사변(1941.1) 발생이다. 둘째, 스탈린의 '장개석 원조'와 공산국제의 '국민당 양보(讓步)'[3417] 강요이다. 셋째, 독소전쟁(1941.6)의 발발을 '(中共)독립' 계기로 간주했다. 넷째, '9월회의(1941)'를 통한 (左傾)노선 청산을 결심했다. 다섯째, 왕명의 반성 거절과 '(毛澤東)권위 도전'이다. 환남사변 후 (中共)지도부는 공산국제 지시를 무조건 수용하지 않았다. 모택동이 스탈린이 요청한 팔로군의 '(軍事)협조'를 거절[3418]한 것이 단적인 증거이다. 독소전쟁 후 모택동은 '(左傾)노선 청산'을 당면과제로 간주했다. '대희사(大喜事)'[3419]인 (七大)개최는 현실성이 제로였다. (新四軍)장병

3416 (延安)고급간부회의(5.19)에서 모택동이 진행한 '학습 개조' 보고의 골자는 첫째, 이론이 실천을 벗어난 주관주의적 태도를 지적했다. 둘째, 주관주의·교조주의는 이론이 실천과 결합하는 마르크스주의의 원칙에 위배된다(馮蕙 외, 2013: 299). 결국 이는 모택동이 소련의 경험을 무조건 수용하는 '소련파'의 교조주의를 비판한 것이다. 또 이는 정풍운동의 개시를 의미한다. 당시 모택동의 '개조(改造) 보고'는 별다른 중시를 받지 못했다.

3417 환남사변(1941.1) 후 모택동은 공산국제에 전보(1.29)를 보내 '사변(事變) 주모자' 장개석에 대한 '군사적 반격'을 통보했다. 당시 공산국제 총서기 디미트로프는 모택동에게 답신(2.4)을 보내 '(國共)내전 촉발'을 반대했다. 실제로 스탈린의 '의견'을 전달한 것이다. 결국 모택동은 공산국제가 제출한 '국민당 양보(讓步)' 요구를 수용했다.

3418 모택동은 디미트로프에게 전보(1941.9.8)를 보내 일본군의 '북진(北進) 견제'를 위한 팔로군의 '남만(南滿) 진격'을 요구한 스탈린의 '(軍事)협조'를 완곡하게 거절했다. 당시 모택동이 스탈린의 '군사적 협조'를 거절한 주된 원인은 첫째, 팔로군의 '동북 진출'은 '궤멸적 타격'을 입을 수 있었다. 둘째, 스탈린의 '장개석 (軍事)지원'에 대한 불만을 표출한 것이다. 결국 이는 모택동에 대한 모스크바(Stalin)의 강한 불만을 야기했다.

3419 '(中共)6중전회'에서 '중공 1인자' 입지를 굳힌 모택동은 '중공 7대'를 '경사스러운 일'

7000여 명이 '섬멸'된 상황에서 '당대회(喜事)' 개최는 어불성설이었다.

10월 3일 모택동은 유소기에게 전보를 보내 연안으로 돌아와 '중공 7대'에 참석할 것을 요구했다. 유소기는 답신(10.4)에 이렇게 썼다. …현재 신사군은 심각한 위기에 처했다. '위기 해결'에 시간이 소요되니 '(延安)회귀 연기'를 요청한다(陳紹疇 외, 1996: 377). 10월 11일 모택동은 유소기에게 보낸 편지에 이렇게 썼다. …'7대'는 반년 후 개최될 것이다. 긴요한 문제를 해결한 후 곧 출발해 '7대 참석'에 차질이 없기를 바란다. '7대'가 끝난 후 연안에서 휴양하며 '원격 지휘'를 해도 가능하다(中共中央文獻研究室, 2013: 332). 1942년 1월 13일 모택동은 중원국에 전보를 보내 유소기의 '연안 회귀' 후 요수석이 (代理)서기를 맡을 것을 지시했다. 1941년 12월 당중앙은 연안에 도착한 (七大)대표에게 '(整風)학습'을 배치했다. 결국 이들은 '(中共)7대'가 개최될 때까지 '당학교(黨校)'에서 학습했다.

모택동이 유소기의 '연안 회귀'를 촉구한 주된 원인은 첫째, 왕명의 '입원(1941.10)'과 장문천의 '하향(下鄉, 1942.1)'과 관련된다. 둘째, (左傾)노선 청산에 최측근 유소기의 도움이 절실했다. 셋째, '서기처 개편'이 절박했다. 넷째, '왕명노선' 청산에 '유력한 조력자'의 협력이 필요했다. 다섯째, 장문천의 대체자로 유소기를 확정했다. 한편 모택동은 (左傾)노선 청산의 성과물인 '결론(決論)초안' 발표를 보류한 것은 왕명의 반성 거절과 관련된다. 당시 모택동은 (延安)정풍을 통해 '소련파'의 영향력을 제거하고 '모정유부(毛正劉副)' 체제 출범을 당면과제로 삼았다. 한편 독

인 '대회사(大喜事)'로 간주했다. 결국 이는 환남사변과 독소전쟁이 발발한 1941년에 '대회사(七大)'를 치를 수 없는 주된 원인이다. 이 또한 모택동이 정풍운동을 통한 '소련파 제거'를 당면과제로 삼은 주된 이유이다. 한편 중국인의 '4대(四大) 희사'는 ① 가뭄에 단비 ② 타향에서 만난 옛 친구 ③ '동방화촉(洞房華燭)' ④ 과거(科擧) 급제이다.

소전쟁이 발발한 후 공산국제는 (延安)정풍에 대해 방관시했다.

모택동의 '(三風)정돈' 보고(1942.2)는 정풍운동 개시를 의미한다. 모택동은 주은래에게 보낸 편지(2.21)에서 '4중전회' 후의 중앙노선(中央路線)은 '7대'에서 최종 결정한다고 통보했다. 5월 중순 모택동을 책임자로 하는 중앙총학습위원회가 설립됐다. '소련파'의 영향력 제거를 취지로 한 정풍운동은 '기호지세(騎虎之勢)'[3420]로 변했다. 1942년 12월 말 유소기는 9개월의 '긴 여행'을 통해 연안에 도착했다. (整風)개시 후 중공과 공산국제 관계는 더욱 악화됐다. 이는 '(蘇聯)첩자'[3421] 블라디미노프(孫平)의 '정풍 폄하'[3422]와 관련된다. 당시 '입원' 중인 왕명은 손평과 결탁해 '(整風)동향'과 모택동의 일거수일투족을 모스크바에 보고했다. 이 또한 모택동이 '9월회의(1943)'에서 '왕명 숙청'을 결심한 주된 원인이다.

중앙정치국이 통과시킨 (精簡)결정(1943.3.20)' 골자는 첫째, 모택동·

3420 '9월회의(1941)'에서 왕명의 '과오 반성' 거절과 '(毛澤東)권위 도전'은 모택동이 정풍운동을 결심한 주된 원인이다. 한편 독소전쟁이 발발한 후 모스크바의 '(中共)내정 간섭'이 약화됐다. 결국 이는 모택동이 1942년부터 본격적인 정풍운동을 전개한 객관적 요인이다. 한편 '중앙서기처 개편(1943.3)'을 통한 모택동의 '(黨)주석 선임'과 공산국제 해체(1943.5)로 '정풍 전개' 걸림돌이 제거됐다. 결국 정풍운동은 '기호지세'가 됐다.

3421 스탈린이 연안에 파견한 '정보원(情報員)' 블라디미노프의 주된 임무는 첫째, (日本)관동군의 북진(北進) 관련의 군사 정보를 수집하는 것이다. 둘째, (延安)중공 지도부의 정치적 방침을 파악해 모스크바에 보고하는 것이다. 이는 사실상 '간첩(間諜) 행위'였다(周文琪, 2011: 109). 실제로 이 시기 모택동과 블라디미노프는 '서로 이용'하는 관계였다. 한편 블라디미노프의 '모스크바 보고'는 디미트로프의 '(中共)내정 간섭'을 초래했다.

3422 블라디미노프는 모택동이 주도한 (延安)정풍운동을 이렇게 '폄하'했다. 첫째, 일본이 '소련 진격'을 준비하는 상황에서 '정풍운동 전개'는 매우 황당하다. 둘째, 정풍운동의 실질은 '(黨內)정적 숙청'과 '소련파'를 제거하는 것이다. 셋째, 이른바 '교조주의 비판'은 마르크스·레닌주의에 대한 왜곡이다(周文琪, 2011: 105). 결국 스탈린이 연안에 파견한 '첩자'인 블라디미노프의 '정풍 폄하'는 중공과 모스크바의 관계 악화를 초래했다.

유소기·임필시로 '서기처'를 구성한다. 둘째, 모택동을 (書記處)주석(主席)[3423]으로 선임한다. 셋째, (書記處)회의 소집과 최종 결정권을 주석에게 부여한다(馮蕙 외, 2013: 430). 회의는 유소기를 (軍委)부주석(副主席)[3424]으로 보선했다. 중앙선전위원회와 중앙조직위원회[3425]는 설립하고 모택동·유소기가 책임자를 맡았다. 조직체제 개편은 (整風)전개와 (七大)준비의 유력한 보장이 됐다(李忠傑 외, 2006: 27). 당시 유소기는 (書記處)멤버가 주석의 부수(副手)임을 밝혔다. 이 또한 모택동이 유소기의 (延安)도래를 '학수고대(鶴首苦待)'[3426]한 원인이다. 이는 '(毛正劉副)체제' 출범을 의미한

3423 정치국 회의(1943.3.20)에서 모택동은 (中央)서기처를 개편, 최측근인 유소기·임필시를 '(三人)서기처 멤버'로 임명했다. 회의에서 유소기는 (書記處)주석인 모택동에게 '최종 결정권'이 부여된다고 선포했다. 결국 이는 정풍운동을 통해 '소련파'를 제거한 모택동이 (中共)최고 지도자로 자리매김했다는 단적인 방증이다. 한편 (中央)서기처의 (三人) 멤버인 모택동·유소기·임필시는 모두 호남(湖南) 출신으로 '동향(同鄉)'이었다.

3424 신사군 정치위원인 유소기가 중앙군위(中央軍委) 부주석으로 임명(1943.3.20)된 것은 파격적 승진이었다. 낙천회의(1937.8)의 (軍委)부주석은 주덕과 주은래였다. 1938년 8월 모스크바에서 귀국해 디미트로프의 '의견'을 전달한 왕가상은 (軍委)주석 모택동의 '제의'로 중앙군위 부주석으로 보선됐다. 한편 군사 문외한 유소기의 '(軍委)부주석 보선'은 모택동의 최측근 유소기가 명실상부한 '중공 2인자'로 부상했다는 것을 반증한다.

3425 중앙정치국 회의(1943.3.20)에서 출범한 중앙조직위원회는 (中央)조직부를 확대 개편한 방대한 지도기관이다. 당시 유소기가 책임자를 맡은 중앙조직위원회는 유소기·왕가상·강생·진운·낙보·등발·양상곤·임필시로 구성됐다. 또 (組織委員會)부서기는 진운, 양상곤이 (委員會)비서를 맡았다. 이는 '(中共)2인자'로 부상한 유소기와 유명무실한 '(中共)총서기' 장문천의 당내(黨內) 지위가 완전히 역전됐다는 것을 단적으로 보여준다.

3426 모택동이 유소기의 연안(延安) 회귀를 '학수고대(鶴首苦待)'한 주된 원인은 ① 서기처(書記處) 개편 ② (領袖)지위 확립의 '적임자'로 간주 ③ 장문천 '대체자'로 내정 ④ '모정유부(毛正劉副) 체제'의 확립 ⑤ '왕명 숙청'의 선봉장 ⑥ '7대 개최' 협력자로 간주 등이다. 1943년 원단 모택동은 유소기의 (延安)도래 축하를 위해 성대한 (歡迎)연회를 베풀었다. 한편 '모택동사상 정립'의 수훈갑인 유소기는 '(毛澤東)우상화'의 주역이다.

다. 한편 (軍委)부주석 보선은 유소기가 '(中共)2인자'로 발탁[3427]됐다는 반증이다. 결국 모택동과 유소기가 중공의 최고 권력을 양분했다.

'서기처 회의(7.17)'에서 내린 결정은 ① 1914년 8~9월 '7대 개최' ② 팽덕회·섭영진의 '연안 회귀' 지시 ③ (文件)자료와 마르크스주의 저서 준비 ④ 주은래 등의 '환영회 마련' 등이다(逢先知 외, 2005: 458). 8월 1일 당중앙은 북방국에 전보를 보내 (七大)대표의 '(延安)도래'를 지시했다. (電報)골자는 첫째, '7대 개최'를 1943년 연말로 연기한다. 둘째, 팔로군 지휘관의 '연안 도착'을 촉구한다. 셋째, 등소평을 북방국 서기, 나영환을 (山東)분국 서기로 임명한다(中共中央文獻研究室, 2013: 461). 7월 16일 주은래의 일행이 연안에 도착했다. '(七大)연말 연기'는 팽덕회 등이 도착하지 않았기 때문이다. 주된 원인은 '9월회의(1943)'를 통해 '왕명노선'을 청산하기 위한 것이었다. 결국 이는 모스크바의 '간섭'을 초래했다.

8월 11일 모택동은 팽덕회에게 보낸 전보에 이렇게 썼다. ···유백승·등소평·황진(黃鎭)[3428] 등과 의논해 (八路軍)고급간부 500여 명을 연안으로 보내 '(整風)학습'에 참가하기 바란다(馮蕙 외, 2013: 463). 모택동은 전보(8.11)에 이렇게 썼다. ···유백승은 (延安)정풍에 참가하고 등소평이 잠

3427 '중공 2인자'로 부상한 유소기는 '소련파' 숙청과 모택동사상 수립에 중요한 역할을 했다. 모택동이 유소기를 (中共)2인자로 발탁한 주요인이다. '중공 7대'에서 '당장(黨章) 수정' 보고를 한 유소기는 모택동사상 출범에 크게 기여했다. 유소기의 '2인자 발탁'은 주은래의 좌천을 유발했다. 한편 모택동의 '유소기 발탁'은 (毛正劉副)체제의 탄생을 의미한다. 결국 이는 모택동이 '중공 1인자' 지위를 굳히기 위한 치밀한 정략(政略)이다.

3428 황진(黃鎭, 1909~1989), 안휘성 동성(桐城) 출신이며 공산주의자이다. 1932년 중공에 가입, 1930~1940년대 군위(軍委) 정치부 선전과장, (晉冀豫)군구 정치위원, 팔로군 129 사단 정치부 부주임, 건국 후 외교부 부부장, 문화부장 등을 역임, 1989년 북경에서 병사했다.

시 (八路軍)업무를 총괄한다. 8월 16일 당중앙은 진의·요수석에게 전보를 보내 (新四軍)대표를 연안에 파견할 것을 지시했다(李蓉, 2006: 28). 또 모택 동은 (新四軍)지휘부에 전보를 보내 진의의 '정풍 참가'를 지시했다. 유백 승의 '연안(延安) 도래'는 모택동이 '(百團大戰)진실'을 파악하기 위한 것이 다. (七大)발언에서 유백승은 (八路軍)지휘부의 실책을 지적했다. 한편 '모 택동 추종자'로 전향한 진의는 '(毛澤東)군사사상' 탄생에 일조했다.

1943년 7월 중공의 강대한 정치적 공세로 국민당의 제3차 '반공고 조'는 무산됐다. 이 시기 대부분의 '(七大)대표'가 연안에 도착했다. 한 편 모택동은 '7대 개최'를 1943년 연말로 연기했다. 당시 모택동이 '9월 회의(1943)'를 소집한 취지는 무한 시기 왕명이 주도한 (右傾)노선을 청산 하는 것이었다. 실제로 공산국제 해체를 '소련파' 제거의 최적의 기회 로 간주한 모택동은 (黨內)분열을 조장한 왕명을 철저히 숙청하려고 결 심한 것이다. 또 모택동은 '(王明)협력자' 주은래의 '심각한 반성'을 통해 '왕명노선'을 청산하고 (蘇聯派)영향력을 완전히 제거하려고 작정했다. 결국 이는 소련정부를 대표한 디미트로프의 '간섭'을 초래했다.

중공중앙은 '7대 개최'를 1944년 4월로 연기했다. 정치국 회의 (1944.3.5)에서 모택동은 이렇게 말했다. …'(中共)7대'에서 (抗戰)정치노선 은 다루지 않을 것이며 '4중전회' 후와 준의회의 전까지의 역사문제를 토론할 것이다(李蓉, 2006: 29). 5월 10일 '7대 개최'를 1944년 8월로 미룬 중공중앙은 '(報告)준비위원회'와 책임자를 결정했다. ① (軍事)준비위원 회, 주덕 ② (組織)준비위원회, 유소기 ③ (歷史問題)준비위원회, 임필시 ④ (統戰)준비위원회, 주은래이다(逢先知 외, 2005: 510). 1944년의 '7대 개최' 연 기는 '역사결의'에 대한 반복적 수정과 6기 7중전회 개최와 관련된다. 또 '불청객'의 (延安)도래가 '7대 연기'를 초래한 원인이다. 결국 디미트로프의 '건의'를 수용한 모택동은 '(抗戰)정치노선 토론'을 포기했다.

1944년 5월 21일 당중앙은 (七大)보고자·연설자를 확정했다. 모택동·주덕·유소기의 '보고' 확정과 임필시의 (歷史)보고와 주은래의 (統戰)보고를 결정했다. 정치보고 외 기타 보고서는 '준비위원회'에서 토론하고 작성할 것을 결정했다(馮蕙 외, 2013: 514). 호교목은 이렇게 회상했다. …'12월회의(1937)'에서 결정한 (七大)정치보고자는 왕명이었으나 '6중전회(1938.11)'에서 모택동으로 변경됐다. 1940년 봄 디미트로프의 의견을 수용해 주은래를 '(七大)조직보고자'[3429]로 결정했다. '7중전회(1944.5)'에서 (組織)보고자는 유소기로 바뀌었다(胡喬木, 2014: 368). 당시 '7대'가 재차 연기된 것은 (中外)기자단과 (美軍)관찰팀이 연안에 도착했기 때문이다. '불청객'의 (延安)도래로 '7대'는 1944년 12월로 연기했다. 한편 '보고자 변경'은 이 시기 중공 지도자의 (權力)서열이 바뀌었다는 반증이다.

'7중전회' (主席團)회의(9.22)는 '역사결의(決議)' 토론과 '7대'의 최종 통과를 결정했다. 12월 12일에 열린 주석단의 회의에서 모택동은 '연합정부(聯合政府)'[3430] 설립을 제출했다. 또 이를 (七大)주요 의제로 확정했다. 1945년 3월 16일 주석단이 내린 '7대(七大)' 결정은 ① 3월 26일 정식 개

3429 '(七大)조직보고자(1940)'인 주은래는 1944년에 (統戰)보고자, '중공 7대(1945.4)'에서 '(統一戰線)발언자'로 격하했다. 또 이는 '중공 2인자'로 부상한 유소기와 '(王明)협조자'로 간주된 주은래의 당내(黨內) 지위 역전을 의미한다. 실제로 주은래의 '(七大)발언자 격하'는 '9월회의(1943)'의 심각한 반성과 디미트로프의 '주은래 변호(1943.12)'와 크게 관련된다. 한편 모택동은 디미트로프의 '주은래 변호'를 내정 간섭으로 간주했다.

3430 6기 7중전회 주석단(主席團) 회의(1944.12.12)에서 모택동은 이렇게 역설했다. …중공의 주된 임무는 모든 역량을 결집해 민주적인 '연합정부(聯合政府)'를 설립하는 것이다. 이는 '중공 7대'의 가장 중요한 임무이다. 결국 '연합정부' 설립은 (七大)정치보고 주제로 선정됐다(李忠傑 외, 2006: 32). 한편 장개석은 시종일관 '(中共)연합정부' 주장을 수용하지 않았다. 실제로 장개석은 중공을 '연합대상'이 아닌 '타도대상'으로 간주했다.

최 ② (七大)주석단, 모택동·주덕·유소기 등 16명 ③ 주석단(常委), 모택동·주덕·유소기·주은래·임필시 ④ 모택동 (七大)개막사 등이다. 주석단회의(1945.2.3)에서 모택동은 '연합정부' 설립의 중요성을 천명했다. '(中共)7대'에서 모택동이 선정한 (政治報告)제목은 '연합정부 논함'이었다. 한편 장개석은 중공의 '연합정부' 요구를 일축했다.

'7중전회' 주석단이 결정한 '보고자'와 '발언자'는 첫째, 모택동·주덕·유소기의 정치·군사·당장(黨章) 보고를 확정한다. 둘째, '(七大)중요한 발언'은 ① 주은래, (統戰)문제 ② 팽덕회, 화북(華北)문제 ③ 진의, 화중(華中)문제 ④ 고강, 섬감녕(陝甘寧)문제 등이다(中共中央文獻研究院, 2004: 476). 1945년 4월 30일 주은래는 '통일전선 논함'이란 제목으로 발언(發言)[3431]을 했다. 주은래의 '(大會)발언'은 항전 시기 중대한 '정치적 과오'를 범한 주은래의 '(黨內)서열' 하락을 의미한다. 결국 이는 '중공 2인자'로 부상(1943.3)한 유소기의 승진과 밀접하게 연관된다.

모택동이 주은래의 '보고'를 '발언'으로 격하한 원인은 ① '12월회의(1937)', 왕명 주장 지지 ② '3월회의(1938)', 왕명 지지 ③ 왕명의 '(右傾)노선' 일조 ④ 모택동의 (山地)유격전 방침 반대 ⑤ 녕도회의(1932.10), 모택동의 군권(軍權) 박탈 ⑥ 주은래의 '반성' 불만족 등이다. (七大)전후 주은래의 (黨內)서열은 '5위'[3432]로 추락했다. 장정 중 주은래는 (紅軍)총정치

3431 '중공 7대'에서 한 주은래의 '발언(4.30)' 골자는 적·아군·영도권의 문제이다. ① 중공의 적, 제국주의·봉건세력 ② 아군, 무산계급·농민·소자산계급 ③ 영도권 문제, 우경(右傾) 과오는 영도권 포기하고 좌적(左的) 과오는 자신을 고립시키는 것이다(劉伯根 외, 2007: 622). 당시 '(抗日)통일전선' 문제에서 '우경(右傾) 기회주의자' 왕명은 (右傾)과오를 범했다. 한편 중공 지도자 모택동은 '고립'을 자초하는 좌적(左的) 과오를 범했다.

3432 (延安)정풍 기간 '(中央)서기처 개편(1943.3)'을 통해 모택동·유소기·임필시 (三人)서기처가 출범했다. 결국 유소기는 '중공 2인자'로 부상했다. '중공 7대'에서 군사보고자(軍

위원에서 '홍1방면군' 지휘관으로 좌천됐다. (抗戰)시기 주은래는 '(右傾) 기회주의자' 왕명을 추종하는 과오를 범했다. 이는 주은래의 (革命)생애에서 두 번째로 당한 좌절이었다. 실제로 모택동이 주은래에게 경종을 울려준 것이다. 이 또한 주은래를 '영원한 동반자'[3433]로 간주한 모택동이 종래로 그의 후계자(後繼者)[3434]로 주은래를 선정하지 않은 주요인이다. 한편 건국 후 매번 정치운동에서 주은래는 심각한 반성을 했다.

'(中共)7대 연기' 원인은 첫째, (左傾)노선 결과물인 홍군의 장정이다. 둘째, (抗戰)방침을 둘러싸고 (黨內)투쟁이 치열하게 전개됐다. 셋째, (國共)군사적 충돌이 빈번했다 넷째, 전쟁 상황으로 교통 두절이 심각했다 (劉家賀, 2006: 65). '6중전회' 후 '(中共)7대 연기' 원인은 ① 국민당의 '반공고조' ② 환남사변 ③ 독소전쟁 ④ '9월회의(1941)', (左傾)노선 청산 ⑤ 정풍운동 ⑥ 공산국제 해산 ⑦ '9월회의(1943)', '왕명노선' 청산 ⑧ '7중전회' 개최 등이다. 실제제 정풍을 통한 '소련파 제거'를 급선무로 삼은

事報告者)인 주덕은 '(勳力)서열 2위'로 급부상했다. 한편 귀국(1940.3)한 후 모택동의 중용을 받은 임필시는 '실질적 (中共)2인자' 역할을 했다. (七大)주석단 멤버 중 주은래의 서열은 사실상 5위였다. 주은래의 '(七大)발언자(發言者) 격하'가 단적인 증거이다.

3433 1927~1935년 주은래는 모택동의 직속상관이었다. 장정 도중(1935.7) 홍군 지도자 주은래와 모택동의 (黨內)지위가 역전됐다. '(中共)6중전회(1938)' 후 주은래는 '모택동 지지자'로 전향했다. 해방전쟁(解放戰爭)에서 '(軍委)2인자' 주은래는 모택동의 가장 '중요한 조력자(副手)'였다. 건국 후 '중공 2인자' 역할을 한 주은래는 모택동의 '영원한 동반자'였다. 한편 문화대혁명 시기 '모주(毛周)'의 협력관계는 '황제'와 '재상'의 관계였다.

3434 모택동이 주은래를 후계자로 선정하지 않은 원인은 첫째, 준의회의 전 주은래는 모택동의 상급자였다. 둘째, 1930년대 '주모(周毛)'는 정적이었다. 셋째, 모택동의 '군권박탈' 장본인이다. 넷째, 항전 시기 '왕명노선' 지지자였다. 다섯째, '중공 7대'에서 모택동은 주은래를 '발언자'로 격하했다. 모택동이 선정한 후계자는 유소기·임표·왕홍문(王洪文)·화국봉이다. 한편 모택동·주은래는 40년 동안 동고동락한 '영원한 동반자'였다.

모택동은 '7대'를 중공이 독립적 정당으로 거듭나는 절호의 기회를 간주했다. 이것이 '(中共)7대'가 무한정 연기된 주된 원인이다.

3월 26일에 예정된 '(中共)7대'가 재차 연기된 것은 각종 문건과 '(大會)보고서'가 완성되지 못했기 때문이다. 3월 31일에 열린 (七中全會)전체 회의에서 심의(審議)를 거쳐 모택동의 '정치보고(草案)'와 유소기의 '당장보고(草案)'이 통과됐다. '7중전회'의 마지막 전체 회의(4.20)에서 주덕의 '군사보고(草案)'와 임필시가 주도한 '역사결의'가 마침내 통과됐다. 이 시기 중국의 항일전쟁과 소련군의 승전이 확실시된 상태였다. 또 정풍의 결과물인 모택동사상이 곧 탄생을 예고됐다. 결국 '중공 7대(七大)'는 더 이상 미룰 수 없는 당면과제였다.

2. (七大)예비회의와 '중공 7대(七大)' 개최

1945년 4월 21일 연안에서 개최된 (七大)예비회의에는 (七大)대표 752명이 참석했다. 정식 대표가 544명이며 (候補)대표가 208명이다. (中央)직속기관·대후방(大後方), 진찰기(晉察冀) 등 6개의 근거지(根據地) 대표단이 참석했다. 회의에서 (大會)비서장 임필시가 '7대(七大) 준비' 과정을 소개하고 모택동이 (大會)방침에 관한 보고를 했다. 또 (豫備)회의는 '(七大)여섯 가지 의안(議案)'[3435]을 통과시키고 (大會)주석단과 (七大)주석단 상임위원회를 설립했다. 한편 '(中共)7대'의 주된 임무는 '3대 보고(報告)'를 통과

3435 '(中共)7대' 예비회의(4.21)에서 통과시킨 '여섯 가지 의안(議案)'은 ① (大會)주석단 명단(15人)을 결정 ② (七大)주석단 상임위원(5人)을 확정 ③ 대회 (正副)비서장으로 임필시·이부춘을 임명 ④ (七大)대표자격심사위원회(22人)를 설립 ⑤ 대회장(大會場) 규칙을 제정 ⑥ '(七大)보고자(報告者)' 확정 등이다. 한편 '(主席團)상임위원'으로 선임된 모택동·주덕·유소기·임필시·주은래는 '(中共)7대'에서 피선된 중앙서기처 멤버였다.

시키고 새로운 중앙위원회를 선출하는 것이었다.

(七大)예비회의의 주요 의제는 네 가지였다. 첫째, (七大)주석단 멤버 확정, 모택동·주덕·유소기·주은래·임필시·임백거·팽덕회·강생·진운·진의·하룡·서향전·고강·장문천·팽진 15명이다. (大會)비서장은 임필시, 부비서장은 이부춘이다. (主席團)상임위원회는 모택동·주덕·유소기·주은래·임필시 5명으로 구성한다. 둘째, '7대'의 의사일정(議事日程)[3436]을 제정 및 통과시키는 것이다. 셋째, 팽진을 책임자로 한 (七大)대표의 '(資格)심사위원회'를 선출하고 통과시키는 것이다. 넷째, (大會)비서처가 제정한 '회장규칙(會場規則)'을 통과시키는 것이다. 한편 (七大)예비회의에서 모택동은 '(七大)대회 방침'에 관한 보고를 했다.

임필시는 '7대 연기'의 긍정적 측면을 이렇게 강조했다. …'(中共)6대' 후 당원수·(部隊)병력·근거지의 역량이 강화됐다. (抗戰)초기 (中共) 당원은 5~6만에 불과하고 (軍)병력은 10만을 넘지 않았다. 현재 당원수 120만, 군대 100만, (根據地)인구는 1억을 상회한다(章學新 외, 2014: 663). 또 그는 이렇게 주장했다. …준의회의 후 (左傾)과오를 시정하고 사상 혼란을 바로잡았다. 또 정풍을 통해 사상을 통일하고 단결을 강화했다. '역사결의' 통과가 '단결 강화'의 단적인 증거이다(中共中央黨史硏究室, 2006: 234). (七大)예비회의는 '7중전회' 연속이었다. '(中共)7대'의 취지는 (全黨) 사상의 통일과 (黨內)단결 강화이다. 이는 모스크바를 의식한 모택동이

3436 (七大)예비회의(4.21)에서 결정한 네 가지 의사일정(議事日程)은 ① 정치보고, 모택동 ② 군사보고, 주덕 ③ (黨章)수정보고, 유소기 ④ (七大)중앙위원회 선출 등이다. 또 (七大)개막식과 폐막식의 보고자를 확정했다. 한편 (七大)예비회의는 (大會)주석단 명단과 팽진을 책임자로 하는 '(代表)심사위원회(人選)' 등을 토론하고 통과시켰다.

왕명 등 '소련파'가 범한 '노선착오'[3437]를 용서한 것과 관련된다.

모택동은 보고(4.21)에서 이렇게 말했다. …(大會)방침은 단결 강화와 최종 승리의 쟁취이다. 승리는 목표이며 단결은 승리의 보장이다. 단결된 당조직과 전투력이 강한 군대를 갖고 있는 중공은 최종 승리자가 될 것이다(馮蕙 외, 2013: 592). 또 그는 이렇게 말했다. …(中共)창건 후 천지개벽의 변화가 일어났다. 현재 중공은 성숙되고 단합된 정당으로 거듭났다. 28년 간 (蘇聯)공산당은 위대한 성과를 거뒀다(李蓉, 2006: 236). 모택동은 이렇게 주장했다. …(中共)성과는 전당 단결과 중공 영도가 있었기에 가능했다. 우리는 전국적 승리를 쟁취할 것이다(毛澤東, 1993: 288). 한편 모택동은 진독수·이립삼의 공과를 평가하고 그들의 공로를 인정했다. 이는 '치병구인(治病救人)'[3438] 방침을 '(中共)7대'에 적용했다는 반증이다.

(七大)예비회의에서 모택동은 진독수를 이렇게 평가했다. …(中共)창건자이며 신문화운동을 주도한 진독수는 5.4운동을 영도한 총사령관이다. 이 시기 그와 이대쇠는 마르크스주의 전파에 중요한 역할을 했다 ('中共黨史研究', 2019.12). 또 그는 이렇게 말했다. …진독수가 창간한 '신청

3437 '노선착오(路線錯誤)'는 당의 정책과 정치노선을 위반하는 정치적 과오를 가리킨다. 박고 등 '소련파'가 주도한 (左傾)노선과 항전 시기 '(王明)노선'은 '노선착오'에 속한다. 모택동은 (延安)정풍을 통해 '소련파'의 영향력을 완전히 제거했다. 한편 '(中共)7대'에서 왕명·박고의 '중앙위원 선임'은 디미트로프의 전보(1943.12)와 관련된다. 결국 이는 공산국제가 해산된 후에도 모스크바가 여전히 중공에 영향력을 행사했다는 단적인 반증이다.

3438 (七大)예비회의(4.21)에서 '(七大)공작방침'이란 보고를 한 모택동은 '치병구인(治病救人)'에 대해 이렇게 설명했다. …병에 걸린 사람을 구하려면 반드시 치료를 해야 한다. 과오는 누구나 범할 수 있다. 과오를 범한 자에 대해 반성할 기회를 줘야 한다(高新民 외, 2003: 380). 모택동의 '치병구인' 취지는 과오를 범한 자(蘇聯派)에게 개과천선 기회를 줘야 한다는 것이다. 이는 모택동이 디미트로프의 '요구'를 수용했다는 것을 반증한다.

년(新青年)'은 (黨)창건을 위한 '간부 양성'에 크게 기여했다. 또 진독수는 중공 창건에 결정적 역할을 했다(毛澤東, 1999: 293). 한편 모택동은 진독수의 '과오'를 이렇게 지적했다. …진독수는 러시아의 플레하노프(poleyhanov)와 흡사하다. 그는 중국의 멘셰비키(Mensheviki)이다(朱洪, 2006: 368). 실제로 모택동이 진독수를 '볼셰비키 배반자'인 플레하노프에 비유한 것은 '소련 첩자' 블라디미노프를 의식[3439]한 것이다. '대혁명 실패(1927)' 장본인인 진독수는 공산국제의 지시를 무시하고 '중공 6대'에 불참했다. 결국 중공중앙은 '트로츠키 분자' 진독수의 당적을 제명했다. 한편 (中共)조직부장 주은래는 진독수의 '당적 박탈' 주역이었다.

'중공 7대' 전후 모택동은 수차례 진독수의 과오를 지적했다. 1939년 진독수의 '추종주의·투항주의·취소주의'[3440]를 비판한 모택동은 (延安)청년대회(5.4)에서 이렇게 말했다. …한때 마르크스주의자였던 진독수는 반혁명으로 전락했다(李忠傑 외, 2006: 369). (七大)보고(4.24)에서 모택동은 이렇게 역설했다. …대혁명 후기 진독수를 대표로 한 (右傾)기회주의

3439 사철은 이렇게 회상했다. …(七大)개최 전 모택동은 '역사결의' 내용을 블라디미노프 (孫平)에게 알려줬다. 또 그에게 '7대 열석(列席)'을 요청하고 나에게 (孫平)통역을 맡을 것을 지시했다. '7대'가 끝난 후 모택동은 손명을 불러 (大會)상황을 상세히 소개했다 (師哲, 2015: 152). 결국 이는 모택동이 (孫平)정보 전달'을 상당히 중시했다는 반증이다. 한편 '소련(蘇聯) 첩자'인 블라디미노프는 '왜곡된 정보'를 모스크바에 전달했다.

3440 1930년대 후반 모택동은 진독수의 '추종주의·투항주의·취소주의'를 비판했다. ① 추종주의, 1937년 5월 3일 모택동은 이렇게 말했다. …(陳獨秀)추종주의' 부활을 결코 용인할 수 없다(毛澤東, 2008: 264). ② 투항주의, 1937년 11월 12일 모택동은 이렇게 말했다. …진독수의 투항주의(1927)는 대혁명 실패를 초래했다(毛澤東, 1991: 391). ③ 취소주의, 1938년 11월 6일 모택동은 이렇게 지적했다. …(陳獨秀)취소주의를 용납했다면 항전은 실패했을 것이다(毛澤東, 1991: 548). 당시 모택동이 진독수를 '반혁명'으로 비판한 것은 공산국제에게 보여주기 위한 것이다. 한편 '(中共)7대'에서 모택동은 진독수의 공과(功過)를 객관적으로 평가했다.

가 당내에서 지배적 지위를 차지했다. 결국 그는 마르크스주의를 포기했다. (七大)보고(5.31)에서 모택동은 이렇게 주장했다. …(農民)토지분배를 반대한 진독수는 농민무장을 두려워했다(毛澤東, 1999: 303, 391). 1927년 전후 (中共)농민부장 모택동과 중공 총서기 진독수는 '(農民)문제'를 둘러싸고 치열한 쟁론을 벌였다. 1937년 모택동은 진독수의 대표에게 '연안합작(延安合作)'을 전제로 '세 가지 조건'[3441]을 제출했다. 실제로 진독수의 '(合作)요구'를 거절했다. 1950년대 모택동은 (右傾)기회주의자 진독수를 '반혁명'·'반면교사'·'반당분자'[3442]로 비판했다.

1937년 진독수는 대표를 연안에 파견해 '(抗日)합작'[3443]을 요구했다. (西安)판사처 임백거는 당중앙에 전보를 보내 진독수의 '(合作)의향'을 전달했다. 모택동은 '조건'을 전제로 동의했으나 왕명·강생의 저해로 진독수의 '합작'은 무산됐다(朱洪, 2006: 371). 실제로 진독수의 '(抗日)합작'을

3441 모택동이 진독수 등에게 제출한 '세 가지 조건'은 첫째, 트로츠키(Trotsky) 조직 이탈 성명을 발표하고 트로츠키파에 가담한 중대한 과오를 공개적으로 반성해야 한다. 둘째, (抗日)통일전선을 옹호한다는 입장을 표시해야 한다. 둘째, 실제적 행동으로 (合作)성의를 보여줘야 한다(唐寶林, 2013: 798). 결국 진독수는 '과오 반성'을 거절했다. 한편 공산주의자 모택동과 '트로츠키파(陳獨秀)'의 이른바 '합작(合作)'은 근본적으로 불가능했다.

3442 1955년 3월 31일 모택동은 진독수·장국도를 혁명을 배반한 '반혁명'이라고 비판했다. 1956년 7월 14일 모택동은 일본·미국·장개석·진독수·왕명을 '반면교사'로 삼아야 한다고 강조했다. 1957년 11월 18일 모택동은 모스크바에서 진독수·장국도·고강을 '반당분자'라고 지적했다(李忠傑 외, 2006: 369). 당시 모택동의 '진독수 비판'은 모스크바를 의식한 것이다. 실제로 중공 총서기 진독수는 공산국제의 정치적 희생양이었다.

3443 1937년 진독수는 측근 나한(羅漢)을 파견해 (南京)판사처의 엽검영·박고에게 '항일 합작' 의사를 전달했다. 엽검영의 소개로 서안을 방문한 나한은 (西安)판사처 책임자 임백거를 만났다. 당시 임백거는 나한에게 (延安)중앙의 '세 가지 조건'을 전달했다. 결국 진독수의 '반성 거부'로 (抗日)합작을 무산됐다. 실제로 모택동이 진독수의 '(抗日)합작' 요청을 거절한 것이다. 한편 '(Trotsky)추종자'인 진독수는 (合作)자격을 상실했다.

반대한 것은 모택동이었다. 모택동이 진독수의 '(合作)요구'를 거절한 원인은 첫째, 공산국제가 확정한 '대혁명 실패' 주범이었다. 둘째, 스탈린의 정적 트로츠키의 추종자였다. 셋째, 진독수의 '당적 제명'은 공산국제의 허락을 받았다. 넷째, '탈당(1929.11)' 후 일련의 (反黨)활동을 전개했다. 당시 (領袖)지위를 확보하지 못한 모택동이 '(Trotsky)추종자'인 진독수와 결코 '합작'할 수 없었다. 한편 모택동이 진독수의 '공로'를 인정한 것은 스탈린의 '(中共)내정 간섭'[3444]에 대한 강한 불만을 표출한 것이다.

(中共)창건 전후 진독수와 모택동은 상부상조의 관계였다. 한편 모택동의 '첫 실각'[3445]은 진독수의 책임이 크다. 또 그들은 '(農民)문제'를 둘러싸고 심각한 의견 대립을 벌였다. 1927년 모택동은 추수봉기 잔여부대를 이끌고 정강산에 진출해 공농홍군을 창건했다. 스탈린의 '눈 밖에 난' 진독수는 (Trotsky)추종자로 전락했다. 당시 모택동이 진독수의 '(合作)요구'를 거절한 것은 공산국제를 의식했기 때문이다. 실제로 '트로츠키주의자' 진독수는 (延安)중앙과의 (合作)자격을 상실했다. 또 다른 '거절' 원인은 진독수가 모택동의 정적인 장국도를 지지했기 때문이다.

3444 스탈린의 (中共)내정 간섭'은 ① (中共)총서기 진독수를 파면 ② 공산국제 대표, 중국에 파견 ③ 변절자 향충발을 (中共)총서기로 추천 ④ 왕명·박고 등 '소련파'를 중공 지도자로 발탁 ⑤ 서안사변(1936.12)에서 '장개석 석방'을 강요 ⑥ 항전 시기 왕명을 파견, '왕명노선' 초래 ⑦ 환남사변(1941.1) 후 중공에게 '국민당 양보'를 강요 ⑧ '중경담판' 참가를 강요 등이다. 실제로 스탈린은 (右傾)노선인 '왕명노선'을 초래한 장본인이다.

3445 1924년 12월 모택동은 고향 소산충에 돌아가 농민운동을 주도했다. 당시 모택동을 실각시킨 주요 장본인은 공산국제 대표인 보이틴스키(Voitinsky)이며 (中共)총서기 진독수에게도 큰 책임이 있다. 이 시기 진독수와 모택동의 '(蜜月)관계'는 사실상 끝났다. 1924년 후 진독수가 중용한 부수(副手)는 '소련파' 팽술지와 모택동의 정적 장국도였다. 이 또한 중공 지도자 모택동이 진독수의 '(抗日)합작' 요구를 거절한 중요한 원인이다.

(中共)7대에서 모택동이 진독수의 공로를 인정한 것은 공산국제 해산과 관련된다. 1950년대 모택동의 '진독수 비판'은 (中蘇)관계를 염두에 둔 것이다.

'(七大)방침' 보고(4.21)에서 모택동은 입삼노선(立三路線, 1930.6) 주도자이며 '중공 1인자'를 지낸 이립삼에 대해 '공정한 평가'를 내렸다. 1920년대 (安源)노동운동을 지도한 이립삼과 유소기는 (中共)호남성위 서기 모택동의 '부하'였다. 1943년 봄 '중공 2인자'로 부상한 유소기는 '왕명노선' 청산의 선봉장 역할을 했다. '9월회의(1943)' 전후 유소기는 '왕명노선' 주도자이며 소련정부의 '대변자'인 왕명을 폄하하고 (湖南)동향이며 '상급자' 이립삼의 공적을 높게 평가했다. '(中共)7대' 전후 모택동이 '옛 상급'인 진독수·이립삼의 '공로'를 인정한 것은 (中共)지도자를 '희생양'[3446]으로 삼은 공산국제에 대한 불만 표출이었다.

'9월회의(1941)'에서 모택동은 이렇게 이립삼을 두둔했다. …소비에트 후기의 (左傾)노선은 (立三)노선보다 더욱 큰 악영향을 끼쳤다. (左傾)노선은 더욱 조직적이고 통치 기간도 길어 혁명에 끼친 손실이 더욱 컸다(李思愼, 2004: 435). (延安)고급간부회의(1944.4.12)에서 모택동은 이렇게 말했다. …당중앙은 진독수·이립삼에 대한 (路線)투쟁에서 두 가지 과오를 범했다. 첫째, '노선착오'의 원인 분석과 개선책을 간과했다. 둘째, (個人)책임을 강조하고 (黨內)단결을 중시하지 않았다(毛澤東, 2008: 938). '역사결

3446 '대혁명 실패' 주범인 진독수를 파면한 공산국제는 광주봉기 실패(1927.12) 책임을 물어 '중공 1인자' 구추백을 경질했다. 1930년 가을 입삼노선 주도자인 이립삼은 모스크바로 소환됐다. 상기 (中共)지도자는 공산국제의 희생양이다. 한편 '홍군 창건자' 모택동이 모스크바의 지배에서 벗어난 것은 강한 (軍事)리더십과 (中共)군대를 갖고 있었기 때문이다. 결국 (延安)정풍을 통해 '소련파'를 제거한 중공은 독립적 정당으로 거듭났다.

의(4.20)'는 이렇게 썼다. …입삼노선 통치 기간은 4개월밖에 안 된다. '3 중전회(1930.9)'에서 중공중앙은 입삼노선을 해결했다. 자신의 과오를 솔직히 인정한 이립삼은 (領導)직위에서 물러났다(毛澤東, 1991: 963). (七大)예비회의(4.21)에서 모택동은 이립삼의 공적을 이렇게 말했다. …(左的)과오를 범한 이립삼은 1920년대 유소기와 함께 (安源)노동운동을 지도했다. 또 오삽운동(五卅運動, 1925.5)에서 중요한 역할을 했다(李忠傑 외, 2006: 236). 실제로 모택동의 '이립삼 두둔'은 (左傾)노선 주도자 왕명에 대한 문책 성격이 강했다. 한편 '역사결의(4.20)'에서 이립삼의 과오를 무마한 것은 '왕명노선'을 부각시키기 위한 것이다. 한편 '(五人)상임위원'[3447]인 이립삼은 남창봉기의 주요 지도자였다.

모택동과 진독수·이립삼은 리더십과 지도자 자질 등에서 현저한 차이가 있다. 지식인 출신인 진독수는 공산국제 지시에 복종·항거를 반복했다. 결국 '대혁명 실패(1927.7)' 주범으로 몰려 파면됐다. 진독수의 독선과 아집, 우유부단한 성격이 화를 자초했다. 노동운동가 출신인 이립삼은 무지막지한 성격과 '리더십 결여'로 공산국제의 정치적 희생양이 됐다. 입삼노선은 (中國)실정에 무지한 공산국제의 (指揮)실책 결과물이다. '8.7회의(1927)'에서 '중공 1인자'로 발탁된 구추백은 스탈린의 '(中國)지식인 혐오'[3448]가 초래한 속죄양이다. 1920~1930년대 공산국제 대표(Voytins-

---

3447 1927년 7월 공산국제의 지시에 따라 중공중앙은 정치국 회의(7.12)를 열고 (中共)지도부를 개편했다. 즉 장국도·주은래·이유한·장태뢰·이립삼으로 구성된 임시중앙(臨時中央)상임위원회를 설립, 당중앙의 일상적인 업무를 주관하게 했다. 한편 노동운동가 이립삼의 '(臨時中央)상임위원 당선'은 (中共)지도자로 거듭나는 발판이 됐다.

3448 스탈린은 '(中共)지도기관 선출'에 관해 이렇게 말했다. …구추백·장국도 등 지식인보다 노동운동 출신자를 지도기관에 선출해야 한다. '(中共)6대'에서 선출된 36명 중앙위원 중 21명이 노동자 출신이었다(袁南生, 2014: 338). 결국 '지식인 출신'인 구추백은 (中

kiy)와 박고 등 '소련파'에 의해 '삼낙삼기(三落三起)'[3449]한 모택동은 홍군을 이끌고 섬북에 도착해 홍군 통솔자 지위를 확보했다. 한편 모택동은 (以夷制夷)전략으로 공산국제 지지를 받아 중공 영수로 자리매김했다.

모택동과 '진이(陳李)'의 차이점은 ① (三落三起)좌절과 시련 ② (以夷制夷)전략, 공산국제 신임 획득 ③ 홍군 창건자, 강력한 리더십 ④ 승리에 대한 강한 신념, 강인한 인내력 ⑤ 유격전쟁 중시, 농민 지지 확보 ⑥ 정풍 전개, '소련파' 제거 ⑦ 군사가 자질과 타고난 정치인 기질 등이다. 모택동이 최종 승리자가 된 주된 원인은 (軍事)리더십과 정풍을 통한 지도사상 정립, (軍事)전략가 자질이다. 이 또한 모스크바의 지배에서 벗어나 독립적 정당으로 거듭난 중공이 (國共)내전에서 최종 승리를 거둔 주요인이다. 한편 '군사 문외한' 진독수·이립삼은 (中共)영수로서 자격미달이었다. (軍事)리더십 부재는 그들의 치명적 단점이었다.

1945년 4월 23일 연안의 양가령에는 '7대(七大)' 대표들이 회의장으로 몰려들었다. 대회에 참석한 정식 대표는 547명, 후보 대표는 208명이었다. (會場)주석단의 중앙에는 모택동·주덕의 대형 초상화가 결려 있었다. 양쪽 벽면에 마르크스·엥겔스(Engels)[3450]·레닌·스탈린의 초상화가

共)지도기관에서 밀려났다. 한편 노동운동 출신인 향충발·이립삼이 주도한 입삼노선은 '(幹部)노동자화' 결과물이다. 이 또한 스탈린이 '(中共)내정'에 간섭했다는 반증이다.

3449 1924년 12월 공산국제 대표에 의해 '첫 실각'을 한 모택동은 고향에 돌아와 농민운동을 전개했다. 1925년 가을 광주(廣州)로 돌아온 모택동은 국민당 (代理)선전부장을 맡았다. 1929년 여름 주덕·진의에 의해 실각, 반년 동안 '은거'했다. 녕도회의(1932.10)에서 군권(軍權)을 박탈, '5중전회(1934.1)' 후 유명무실한 공화국 (共和國)주석이 됐다. 1935년 11월에 (軍委)주석에 선임, '6중전회(1938)'에서 '중공 1인자'로 자리매김했다.

3450 엥겔스(Engels, 1820~1895), 프로이센 라인란트 바르멘 출생이며 독일의 사상가·철학가·교육가이다. 마르크스의 지적 동료로 마르크스주의 창시자의 한 사람이다. 마르

나란히 걸려 있었다. 주석단 위에 걸린 플래카드에는 '모택동의 영도하에 승리를 향해 전진하자'는 구호가 씌어 있었다. '중공 7대' 개시를 의미하는 장엄한 '국제가(國際歌)'[3451]가 끝난 후 (大會)비서장인 임필시가 (中共)7차 당대회 개막을 선포하고 간단한 연설을 했다.

개막식에서 임필시는 이렇게 말했다. …창당 후 중공은 반제·반봉건투쟁을 멈추지 않았다. 이는 (中共)영수 모택동이 지적한 신민주주의 방향이다. (創黨)24년 후 중공은 마침내 모택동의 사상을 지도사상으로 확정했다(任弼時, 1987: 382). 임필시의 '보고서' 골자는 ① 항전 승리와 목표 ② (軍事)역량 발전과 결정적 요소 ③ (黨)역량 강화 ④ 당의 영도문제 ⑤ 3가지 형식의 '연합정부' 등이다(章學新 외, 2014: 664). 실제로 '보고서'의 최종 목표는 (中共)역량 강화와 (國共)내전 승리를 통한 신중국 창건이다. 임필시의 연설은 '7대 준비'에 기여한 그의 노고에 대한 보답이었다. 한편 '15일 개최'를 계획했던 '7대'는 50일 동안 열렸다.

4월 23일 (七大)개막사에서 연설한 모택동은 이렇게 말했다. …'7대'는 4.5억 중국인의 명운을 결정하는 중요한 대회이다. 현재 (中國)명운을 결정하는 중대 기로에 서 있다. 중공의 당면과제는 일제를 타도하고 (抗戰)승리를 취득하는 것이다(毛澤東, 2008: 1025). 또 그는 이렇게 말했다. …중공의 임무는 대중을 발동해 인민의 역량을 강화하고 그들의 전폭적 지지를 얻는 것이다. 중공의 지도하에 (日本)침략자를 몰아낸 후 독

<hr />

크스와 함께 '공산당선언(共産黨宣言)'을 작성, 과학적 공산주의 이론을 창립했다. 마르크스 사망 후 그의 유저(遺著)를 정리해 출간했다. 1895년 런던에서 병사했다.

3451 '국제가(國際歌)'는 프랑스의 혁명가 외젠 포티에(Eugène Pottier)가 1871년에 창작했다. 1920년 중국어로 번역, 구추백이 '국제가'로 명명했다. 1923년 6월 15일 '신청년(新靑年)' 잡지에 발표됐다. 1922~1944년 소련의 국가(國歌), 1931~1937년 (中華)소비에트공화국의 국가로 선정됐다. 한편 '중공 3대(1923.6)'에서 처음 사용됐다.

립적이고 민주적이며 부강한 신중국을 설립하는 것이 궁극적 목표이다(李蓉, 2006: 239). 모택동이 주장한 '목표 달성' 여건은 ① 강한 신념을 가진 121만 당원 ② 1억의 (根據地)백성 지지 ③ 91만 정규군, 220만 민병 ④ 전국 인민의 전폭적 지지 ⑤ 소련 원조 등이다(中共中央文獻研究室, 1995: 20). 모택동의 연설 취지는 모든 역량을 동원해 (國共)내전에서 최종 승리를 취득하는 것이다. 한편 '소련 원조'는 희망사항[3452]에 불과했다. 당시 중공·소공(蘇共) 관계는 매우 소원했다. 소련정부는 소련군의 '동북출병(東北出兵)'[3453]을 중공에 통보하지 않은 것이 단적인 방증이다.

개막식(4.23)에서 주덕은 이렇게 연설했다. …중공이 영도하는 무장투쟁은 승리의 결정적 요소이다. (中共)영수 모택동의 영도하에 (抗戰)승리를 취득할 것이다(中共中央文獻研究室, 1986: 271). 유소기는 이렇게 말했다. …신중국 창건을 위해 (綱領)제정은 필수적이다. 역사적 경험을 정리하고 교훈으로 삼아야 한다. 단결과 역량 강화를 통해 최종 승리를 쟁취해야 한다(黃崢 외, 2008: 469). 주은래가 정리한 모택동의 공적은 ① (抗戰)방침과 전략 제정 ② 신민주주의 발전 방향 제시 ③ 마르크스주의 이론, 중국 실정에 적용 ④ 승리 견인의 구심점 역할 등이다(李忠傑 외, 2006: 241). (邊區)주석 임백거는 '중국화'를 모택동의 가장 큰 공적으로 꼽

3452 중공과 소공(蘇共) 관계가 소원해진 주요인은 소련의 '장개석 (軍事)지원'과 공산국제의 '국민당 양보' 강요이다. 또 모택동은 스탈린의 '(軍事)협조'를 거절했다. 공산국제 해체 후 모택동은 정풍을 통해 '소련파'를 제거했다. 한편 모택동을 무시한 스탈린은 장개석을 '협력 파트너'로 간주했다. 당시 소련의 '(中共)원조' 가능성은 제로였다.

3453 1945년 8월 8일 소련은 대일(對日) 작전을 선포했다. 8월 9일 '동북 출병(東北出兵)'을 개시한 소련군은 (日本)관동군을 대거 공격했다. 8월 18일 68만명의 사상자를 낸 관동군은 소련군에 항복했다. 한편 소련군의 '동북 출병'은 얄타협정(1945.2)과 밀접하게 관련된다. 한편 스탈린은 소련군의 '동북 출병'을 (延安)중공중앙에 비밀에 부쳤다.

모택동과 중국혁명 3

았다. 한편 '(領袖)칭송'은 '(毛澤東)우상화 작업'이 본격 개시됐다는 반증
이다.

개막식에서 (七大)대표자격심사위원장인 팽진이 (代表)심사와 관련
된 보고를 했다. (審査)결과는 표결권을 가진 정식 대표는 544명, 발언권
이 있는 후보 대표는 208명이었다. 6월 14일 해방일보는 '단결의 대회,
승리의 대회'라는 사설을 발표했다. 사설은 '7대'에 참석한 정식 대표
가 547명이라고 썼다. 이는 진기로예(晉冀魯豫) 대표 당천제(唐天際)[3454]·장
제춘(張際春)[3455]이 대회가 시작된 후인 5월 초 연안에 도착했기 때문이
다. 또 당중앙은 '병세 악화'[3456]로 대회에 불참한 관향응(關向應)을 여전
히 (七大)정식 대표로 결정했다. 결국 3명의 정식 대표가 보선(補選)된 것
이다. 개막식 날 (詩人)진의는 (七大)개회를 축하하는 '칭송시(稱頌詩)'[3457]를

3454 당천제(唐天際, 1904~1989), 호남성 안인(安仁) 출신이며 공산주의자이다. 1926년 중공
에 가입, 1930~1940년대 '홍31군' 참모장, (東北)야전군 제1병단 부정치위원, 건국
후 총후근부(總後勤部) 부부장, 전국 인대 부위원장 등을 역임, 1989년 북경에서 병사
했다.

3455 장제춘(張際春, 1900~1968), 호남성 의장(宜章) 출신이며 공산주의이다. 1926년 중공에
가입, 1930~1940년대 (八路軍)후방정치부 부주임, 북방국 선전부장, (華北)군구 정치
부 주임, 건국 후 서남국 조직부장, 중앙선전부 부부장 등을 역임, 1968년 북경에서
병사했다.

3456 중공중앙은 병세 악화로 입원한 관향응(關向應)을 (七大)정식 대표로 결정했다. 4월 24
일 관향응은 당중앙에 고별신(告別信)을 보냈다. '7대'에 불참한 팔로군 120사단 정치
위원 관향응은 '득표수 10위'로 중앙위원에 당선됐다. 1946년 7월 관향응은 연안에
서 병사했다.

3457 1945년 4월 23일 (中共)7대'가 연안의 양가령(楊家嶺)에서 열렸다. 개막식은 장엄한
'국제가(國際歌)'와 함께 끝났다. 당시 진의는 (七大)개막식을 칭송하는 시(詩)를 지었다.
'칭송시'의 골자는 …항전 승리를 눈앞에 두고 열린 (延安)당대회에 천하의 이목이 집
중되고 있다(劉樹發 외, 1995: 442). 한편 시에 일가견이 있는 진의는 모택동의 '시우(詩
友)'였다. (七大)중앙위원에 피선된 진의는 (毛澤東)군사사상의 출범에 크게 기여했다.

지었다. 또 '(中共)7대'에는 아홉 쌍의 '(夫婦)대표'[3458]가 참석했다.

1945년 4월 (日本)인민해방연맹[3459]과 필리핀·베트남·태국·말레이시아·인도네시아·미얀마 등 공산당 조직은 중공중앙에 '(七大)축하' 전보를 보냈다('解放日報', 1945.5.1). 1945년 5월 조선독립동맹(朝鮮獨立同盟)[3460]이 보낸 축하문은 이렇게 썼다. …(中共)7대의 결의(決議)와 (抗戰)방침은 민족 해방을 위해 싸우는 (東方)민족에게 중요한 영향을 미칠 것이다. '7대'의 성공적 개최는 (朝鮮)인민의 일제 타도와 최종 승리 달성에 신심과 용기를 북돋아줄 것이다(李蓉, 2006: 243). 5월 21일 (日本)공산당 대표 노사카 산조(野坂参三)[3461]는 '민주적 일본 건설'이란 제목으로 연설[3462]을 했

3458 '중공 7대'에 참석한 아홉 쌍의 '부부(夫婦) 대표'는 주덕·강극청, 장문천·유영, 주은래·등영초, 이부춘·채창, 섭영진·장서화(張瑞華), 소극·건설불, 유란도(劉瀾濤)·유소비(劉素菲), 가탁부·백천(白茜), 왕명·맹경수이다. 상기 '(七大)부부 대표' 중, 유소비가 유일한 후보(候補) 대표였다. 기타 17명은 모두 (七大)정식 대표였다.

3459 1940년 5월 노사카 산조(野坂参三)는 연안에 (日本)반전동맹 (延安)지부를 설립했다. 1944년 4월 (抗日)근거지의 반전(反戰)조직은 (日本)인민해방연맹으로 개편, 노사카 산조가 '연맹(聯盟) 강령'을 작성했다. 1945년 8월 '인민해방동맹' 지부는 21개에 달했다. 1945년 4월 (日本)인민해방연맹은 중공중앙에 '(七大)축하' 전보를 보냈다.

3460 조선독립동맹(朝鮮獨立同盟)은 일제 침략을 반대하는 조선인(朝鮮人) 단체이다. 1941년 1월 (延安)항일군정대학을 졸업한 40명 (朝鮮人)청년이 '조선청년연합회'를 설립, 1942년 7월 조선독립동맹으로 개명했다. 1944년 말 50개 지맹(支盟)과 1000명의 구성원을 확보했다. 1945년 5월 '동맹'은 중공중앙에 '(七大)축하문'을 보냈다.

3461 노사카 산조(野坂参三, 1892~1993), 일본 야마구치현(山口縣) 출생이며 (日本)공산당 창시자이다. 1922년 (日本)노동총동맹 서기, 1931~1940년 (日本)주재 공산국제 대표, 1940년 3월, 연안에 도착, (日本)인민반전(反戰)동맹 창건, 1945년 4월 '중공 7대'에 참석했다. 1946년에 귀국, (日本)공산당 총서기 등을 역임, 1993년에 병사했다.

3462 5월 21일 (日本)공산당 대표 노사카 산조(野坂参三)는 '민주적 일본 건설' 제목으로 연설을 했다. 노사카 산조의 연설문은 모택동의 검열·수정을 거쳐 5월 29일자 해방일보에 발표됐다(李紅喜, 2006: 406). 모택동은 노사카 산조의 연설문을 신화방송국에 보내 방송하도록 지시했다. 한편 회의에서 발언(4.23)한 노사카 산조는 (七大)역할을 높게 평

다. 그의 연설문은 해방일보에 게재됐다. 같은 날 조선독립동맹 대표 박일우(朴一禹)[3463]도 대회에서 발언했다. 조선의용대(朝鮮義勇隊)[3464] 부사령관 박일우는 (邊區)정부 참의원이며 (七大)후보 대표였다.

　　노사카 산조의 '발언(4.23)' 골자는 첫째, 중국 공산당은 각국의 민족해방에 크게 기여했다. 둘째, 중공의 (抗戰)성과는 (各國)민족운동에 신심을 북돋아 준다. 셋째, '중국화'는 (各國)혁명의 본보기이다. 넷째, '(中共)7대'는 (各國)민족운동에 중요한 의미가 있다('解放日報', 1945.5.1). 5월 21일 노사카 신조는 이렇게 말했다. …군사적 역량이 강한 일본군을 일거에 섬멸한다는 것은 쉬운 일이 아니다. 각국 반전(反戰) 역량은 긴밀히 협력해야 한다. (日本)군민은 침략전쟁을 반대하고 '민주적 일본'을 건설해야 한다(李紅喜 외, 2006: 407). 당시 주덕은 노사카 신조를 이렇게 평가했다. …(林哲)동지가 주도한 일본군 (教育)공작은 큰 성과를 거뒀다. 나는 팔로군을 대표해 (抗戰)영수인 임철 동지와 그가 영도한 '해방연맹'에 감사드리며 그들의 국제주의 정신을 찬양한다(朱德, 1997: 513). 1940년에 연안에 도착한 노사카 신조는 임철(林哲)이란 가명으로 (抗戰)활동을 전개했다. '(日本)해방연맹'의 지도자로 활약한 노사카 신조는 항전에 많은

가했다.

3463 박일우(朴一禹. 1904~?), 조선 평안도(平安道) 출신이며 공산주의자이다. 하북성 항일민주정부 현장, 조선의용군 정치위원, 조선혁명군 간부학교 부교장, '(中共)7대'의 (候補) 대표로 선정됐다. 1946년 조선노동당 간부부장, 1950년 '지원군(志願軍)' 부사령관을 맡았다. 조선노동당 16중전회(1955.4)에서 '(反黨)종파분자'로 몰려 숙청당했다.

3464 1938년 10월 한구(漢口)에서 설립된 조선의용대(朝鮮義勇隊)는 조선반도(朝鮮半島) 독립운동을 위한 항일 단체이다. (義勇隊)총대장은 김원봉(金元鳳)이다. 1942년 봄 (義勇隊)일부 병력은 조선광복군(朝鮮光復軍)의 제1지대로 개편됐다. 1942년 8월 조선의용대는 조선독립동맹이 영도하는 조선의용군(朝鮮義勇軍)으로 확대 개편됐다.

'유익한 일'을 했다. 결국 이는 중공의 (抗日)통일전선의 성과물이다.

　4월 24일 모택동은 '연합정부를 논함'이란 서면(書面) 정치보고를 제출했다. 모택동의 보고는 '7중전회' 전체회의(3.31)에서 대표들의 토론을 거쳐 통과됐다. (報告)골자는 ① 중국인민의 기본적 요구 ② 국제 정세와 국내 정세 ③ 항일전쟁의 '2가지 노선' ④ 중국 공산당의 정책 ⑤ 전당 단결과 '승리 달성' 투쟁이다. '(書面)보고'는 항전 기간 (國共)양당이 집행한 2가지 노선과 그에 따른 서로 다른 결과를 도출했다. 실제로 모택동의 '연합정부(論)'는 장개석이 쓴 '중국의 명운'을 상대로 제출한 것이다. 한편 장개석은 '(一黨)독재'를 반대한 모택동의 '연합정부'를 일축했다. 당시 국내외 정세는 모두 중공에게 유리한 쪽으로 흘러갔다.

　(陝甘寧)변구 참의회(12.15)에서 연설한 모택동은 이렇게 말했다. …독일군을 대파한 소련군은 최종 승리를 눈앞에 두고 있다. 1945년의 (中共)임무는 동맹국을 협조해 일본 침략자를 몰아내는 것이다. 전국 인민은 일치단결해 연합정부를 설립해야 한다(馮蕙 외, 2013: 566). 1945년 봄 팔로군과 민병은 300만을 상회했다. 1945년 5월 8일 소련군의 베를린 공략 후 독일군은 무조건 투항했다. 태평양전쟁에서 일본군은 궁지에 몰렸다(金冲及 외, 2011: 714). 중공이 제출한 '연합정부'의 취지는 국민당의 독재정치를 반대하기 위한 것이다. 중경에서 열린 국민당 제6차 당대회[3465]는 '중공 제거'를 최종 목표로 확정했다. 한편 비슷한 시기 열린 (國共)양당의 당대회 취지는 (國共)내전에서 최종 승리를 달성하는 것이었다.

3465　국민당 제6차 당대회(國民黨第六次黨大會)는 1945년 5월 5일부터 21일까지 중경에서 열렸다. 국민당 6대(六大)에서 '중공문제 결의안'이 통과됐다. 중공이 제출한 '연합정부(聯合政府)' 제의를 거절한 장개석은 '정치보고(5.18)'에서 공산당은 '섬멸대상'이라고 강조했다. 결국 국민당의 (中共)적대화로 이념 전쟁인 (國共)내전은 불가피해졌다.

'(書面)보고'는 당의 정치노선에 관해 이렇게 썼다. …대중을 발동해 인민의 역량을 강화해야 한다. 중공의 영도하에 일제를 몰아내고 전국을 해방해 신민주주의 신중국을 설립해야 한다. 중공의 당면과제는 민주적 연합정부를 설립하는 것이다(李蓉, 2006: 243). (七大)정치보고에서 모택동은 이렇게 지적했다. …전국적 범위에서 민주적 개혁을 실시해야 한다. 국민당의 (一黨)독재를 근절시키지 않는다면 '연합정부' 설립은 불가능하다. '(一黨)독재'는 (抗日)역량 강화를 저해하는 걸림돌이다(毛澤東, 2008: 1067). 실제로 '(一黨)독재 근절'과 '연합정부 설립'은 중공의 정치적 구호에 불과했다. 이념이 다른 (國共)관계는 '정치적 동반자'인 (與野)관계가 아니었다. 한편 1년 후에 전개된 (國共)내전은 '이념 전쟁'[3466]이었다.

'(書面)보고'의 핵심적 과제는 '연합정부' 설립이다. 또 '연합정부론'은 '신민주주의론'에 비해 공통점·차이점이 있다. 양자의 공통점은 최고 강령과 최저 강령을 구분한 것이다. 차이점은 '연합정부론'은 일반 강령과 구체적 강령을 나눈 것이다(中共中央文獻硏究室, 1996: 708). '(書面)보고'에서 제출한 최저 강령은 전국 인민의 지지를 바탕으로 노동계급이 영도하는 통일전선의 (民主)연맹인 신민주주의 국가를 설립하는 것이다. 최고 강령은 신민주주의 사회를 거쳐 사회주의·공산주의 사회에 진입하는 것이다(胡喬木, 2014: 377). 현 단계에서 중공의 당면과제는 신민주주의 국가 설립을 위해 분투하는 것이다. 공산주의에 대한 공론(空論)은 마

3466 '이념 전쟁'은 이데올로기의 대립으로 벌어진 전쟁을 가리킨다. 독소전쟁·국공(國共) 내전·6.25전쟁이 대표적인 '이념 전쟁'이다. '이념 전쟁'의 특징은 ① 대규모 병력이 동원된 공방전 ② 전쟁 기간이 길고 전 국민이 참여 ③ (戰爭)쌍방의 수많은 사상자 발생 ④ 당파(黨派)와 국가 간의 전쟁 ⑤ 막대한 악영향, 엄청난 파장 ⑥ 민족상잔, '양패구상(兩敗俱傷)' 등이다. 실제로 '이념 전쟁'의 가장 큰 피해자는 무고한 백성들이다.

르크스주의의 실사구시 원칙에 위배된다. 공리공담(空理空談)에 치중한다면 허황된 이상주의자로 전락할 수 있다(馮蕙 외, 2013: 594). '연합정부론'에서 제출한 '구체적 강령'의 골자는 ① 일본 침략자, 철저히 섬멸 ② (國民黨)독재 폐지, 연합정부 설립 ③ 인민의 자유 쟁취 ④ 국가통일 실현 ⑤ 농촌개혁 실행 ⑥ 민족공업 발전 ⑦ 문화교육 중시, 지식인 단결 ⑧ 소수민족 경제발전 ⑨ 평화·독립·민주적 외교관계 구축 등이다(逢先知 외, 2011: 720). 한편 '(書面)보고'는 자본주의 발전과 생산력 해방의 필요성을 지적했다. 또 '서면 보고'는 당의 '3대 작풍(作風)'인 이론과 실천의 결합, 인민대중과의 긴밀한 소통, 자기비판의 중요성을 강조했다.

'연합정부론'은 자본주의 발전의 필요성을 강조했다. '(書面)보고'는 신민주주의 사회에서 자본주의 발전을 허락해야 한다고 주장했다. '7중전회'에서 모택동은 이렇게 강조했다. …자본주의 발전을 인정하고 전제주의를 반대해야 한다(中共中央文獻硏究室, 1995: 100). 모택동은 이렇게 지적했다. …자본주의 발전으로 제국주의·봉건주의 압박을 대체한다는 것은 일종의 진보이다. 이 역시 불가피한 역사발전의 과정이다. 자산계급에게 유리한 자본주의 발전은 무산계급에게 더욱 유리하다(毛澤東, 1991: 1060). '보고'는 이렇게 썼다. …신민주주의 경제는 국가와 (私人)경제, 합작사로 구성된다. 혹자는 자본주의 발전에 대해 이해하지 못하고 있다. 신민주주의 사회에서 자본주의 발전은 경제발전에 필수불가결하다. 또 자본주의 발전은 국가경제 발전에 필수적이다(逢先知 외, 2005: 593). 호교목은 이렇게 회상했다. …1953년 '연합정부론'을 (毛澤東)선집에 수록할 때 다음의 내용이 삭제됐다. …(中國)법령에 부합되고 경제발전에 유리할 경우 외국 투자를 환영한다. 외국 자본의 유입은 낙후된 중국의 경제발전을 촉진할 것이다(胡喬木, 1994: 377). 1950년대 '외국 투자'에 관한 내용이 삭제된 것은 이 시기의 국제적 환경과 모택동의 '(外國)자본 유입'에 대한 인식 변화와 관련된다. 한편 모택동이 자본주의 발전을 격려하고 외국 투자를 환영한 것은 그의 사고가 개방적이었다는 반증이다(李穎, 2012: 119). 실제로 모택동이 '(外國)자본 유입'을 반대한 것은 '자의 반 타의 반'의 선택이다. 한편 이 시기 중국이 '고립무원'에 처한 주된 원인은 (抗美援朝)전쟁의 '후유증'이다. 결국 모택동은 폐쇄적 자력갱생(自力更生)을 고수했다. 또 이는 소련의 계획경제 도입과 밀접하게 관련된다.

4월 24일 모택동의 '구두(口頭)보고' 골자는 ① 당의 정치노선과 농민 중요성[3467] ② 자본주의 발전과 경제정책 ③ 당성(黨性)과 개성(個性)의 (黨內)문제, 지식인 역할[3468] 등이다. '(口頭)보고'에서 모택동은 '신민주주의 국가' 설립을 중공의 당면과제라고 역설했다. 또 그는 신민주주의 사회에서 농민의 역할과 지식인의 중요성을 강조했다. 한편 자본주의 발전의 중요성을 언급한 모택동의 봉건사회에서 사회주의 사회로 '도약'해야 한다는 일각의 주장에 대해 농본주의(農本主義)적 '민수주의(民粹

3467 '(口頭)보고(4.24)'에서 모택동은 농민의 중요성을 이렇게 강조했다. ① 농민은 노동자의 전신 ② 공업시장의 주체 ③ 군대(紅軍)의 원천 ④ 민주정치의 역량 ⑤ 문화운동의 대상이다(毛澤東, 2008: 1078). 중국혁명을 '농민전쟁'으로 간주한 모택동의 '(農民)중요성 강조'는 당연한 결과였다. 한편 농민의 의해 정권을 탈취한 모택동은 '농민의 부유'에는 실패했다. 결국 '농민의 부유'는 '주자파(走資派)'로 타도됐던 등소평에 의해 실현됐다.

3468 '(七大)보고(4.24)'에서 모택동이 분석한 '지식인 역할'은 첫째, 지식인은 귀중한 자산이다. 둘째, 5.4운동을 주도하고 중공 창건에 기여했다. 셋째, 항전 시기 지식인이 선도적 역할을 했다(毛澤東, 1991: 1082). 한편 지식인은 매번 정치운동에서 비판대상이 됐다. 문혁 시기 많은 지식인이 '타도대상'으로 전락했다. '지식인 중시'는 등소평 복권 후 이뤄졌다. 한편 만년에 진시황을 숭배한 모택동은 '공자 타도'의 정치운동을 일으켰다.

主義)'라고 비판했다. '(口頭)보고' 말미에 모택동은 모든 항일 역량은 긴밀히 협력해 일본 침략자를 몰아내고 민주적 연합정부를 설립해야 한다고 강조했다. 한편 모택동이 제출한 '연합정부'는 장개석의 반대로 무산됐다.

'(口頭)보고(4.24)'에서 신민주주의 혁명은 무산계급이 영도하는 인민대중의 반제·반봉건적 혁명이라고 개괄한 모택동은 이렇게 말했다. … 인민대중의 핵심 역량은 농민이며 소자산계급과 민주인사는 협력대상이다. 농민이 없다면 사회주의 혁명은 있을 수 없다(中共中央文獻硏究室, 1995: 121). 모택동은 이렇게 말했다. …중국혁명은 인민전쟁이다. 인민전쟁은 농민이 결정적 역할을 하는 농민전쟁이다. 농민 역할을 무시한다면 혁명은 승리할 수 없다(李忠傑 외, 2006: 245). 또 그는 이렇게 말했다. … 신민주주의 단계에서 자본주의 발전은 경제발전에 도움이 될 것이다. 자본주의를 무시한 사회주의 도약은 민수주의로 위험한 발상이다(金冲及 외, 2004: 737). 모택동의 '(農民)역할 중시'는 마르크스주의 이론을 농민이 대부분인 중국 실정에 맞게 적용해야 한다는 것이다. 이는 농민의 역할을 도외시한 공산국제에 대한 간접적 비판이다. 한편 모택동의 '자본주의 중시'는 엽공호룡(葉公好龍)에 비유할 수 있다. 또 '사회주의자'인 모택동은 종래로 자본주의(資本主義)[3469]를 선호하지 않았다. 실제로 농본주의

3469 자본주의(capitalism)는 생산수단 사유제를 기본으로 하는 사회제도로 자본이 지배하는 경제체제이다. 한편 신민주주의론(1940.1)에서 '자본주의 발전'을 제창한 모택동은 사실상 농업(農業)합작사를 중시했다. 결국 이는 인민공사(1958)의 밑바탕이 됐다. 건국 후 소련의 계획경제 체제를 도입한 중국은 '사회주의 개조'를 거쳐 자본주의 경제를 근절했다. 실제로 '골수 사회주의자'인 모택동은 '자본주의 발전'을 종래로 용납하지 않았다.

자(農本主義者)[3470]인 모택동은 철두철미한 '민수주의자(民粹主義者)'[3471]였다.

4월 25일 주덕은 '해방구전장(解放區戰場)을 논함'이란 제목의 군사보고를 했다. '보고'는 무장투쟁과 (抗戰)경험을 계통적으로 정리했다. 또 (解放區)전쟁을 인민정쟁으로 규정한 주덕은 (中共軍)전략은 국민당군의 '단순 방어' 전술과 다르다고 지적했다(金沖及 외, 1993: 538). 주덕은 이렇게 지적했다. …항전 승리를 앞둔 상황에서 기존의 유격전 중심에서 정규전으로 (軍事)전략을 전환해야 한다. 군사전략 전환을 통해 대반격을 전개해야 한다(中共中央黨史硏究室, 2005: 218). '보고(4.25)'에서 주덕은 이렇게 주장했다. …(中共)군사노선(軍事路線)[3472]은 인민전쟁의 노선이다. 인민전쟁은 민족적 특징을 지니고 있다. 항전 중 중공군은 '(毛澤東)군사사상'[3473]의 지도하에 괄목할 만한 성과를 거뒀다(朱德, 1988: 158). 당시 일본

3470 농본주의(農本主義)는 농업·농민·농촌에 높은 가치를 부여하고 '농(農)'을 국가전략으로 간주하는 사상이다. 즉 농업을 국가산업 기본으로 삼고 농촌을 사회조직 바탕으로 삼는 것이다. 농본주의 사상은 19세기 후반 러시아에서 출현한 '나로드니키주의(Narodniki主義)'에서 비롯됐다. 건국 후 농업 발전을 국가전략으로 삼은 농본주의자인 모택동은 농업을 '천하지대본(天下之大本)'으로 간주했다. 이는 유토피아적 인민공사화를 초래했다.

3471 '민수주의(民粹主義)'는 1860년대 러시아의 '나로드니키주의(Narodnichestvo)'를 뜻한다. '민속파(民粹派)'는 후진적 농촌공동체를 기반으로, 자본주의 발전을 무시하고 직접적인 사회주의 진입을 시도했다. 건국 후 계획경제 체제를 실시한 모택동은 자본주의 경제를 근절했다. 또 인민공사화(人民公社化)를 통해 '공산주의 사회'의 도약을 시도했다. 실제로 '공상적 사회주의자'인 모택동은 철두철미한 '민수주의자(民粹主義者)'였다.

3472 토지혁명 시기에 형성된 (中共)군사노선은 무장투쟁이다. 즉 공농무장 할거와 (農村)근거지 설립, 대도시를 포위하는 발전 전략이다. 중공이 영도한 무장투쟁의 실질은 농민을 주력군으로 하고 (工農)대중의 지지를 받는 '농민전쟁'이다. 농민 주체의 공농홍군은 팔로군·해방군으로 확대 개편, 국민당 군대를 전승하고 최종적 승리를 거뒀다.

3473 '7중전회(1945.4)'에서 통과된 '역사결의'는 '모택동 동지의 군사노선'이란 개념을 사

군이 '고립무원'에 빠진 상황에서 '(軍事)전략 전환'은 필수적이었다. '8년 항전' 중 중공의 가장 큰 성과는 병력 확충과 (抗日)근거지 확대였다. 이는 해방군이 (國共)내전에서 승전을 거둔 주된 원인이다. 한편 주덕은 팽덕회가 주도한 '백단대전(百團大戰)'에 대해 부정적으로 평가했다.

5월 30일 주덕은 이렇게 말했다. …(中共)무장투쟁은 농민이 주체인 농민전쟁이다. 모택동의 군사사상은 토지혁명(土地革命)[3474] 시기에 형성됐다. 홍군은 유격전술을 창조하고 인민대중의 전폭적 지지를 받았다. '(毛澤東)군사사상'은 8년 항전을 통해 더욱 성숙했다(趙魯傑, 2008: 336). 주덕은 '백단대전'을 이렇게 평가했다. …'백단대전'은 낙천회의(1937.8)에서 제정한 독립자주의 유격전 방침에 위배된다. (八路軍)병력이 2~3만에 불과한 상황에서 대규모 작전을 전개한 것은 실책이다. 또 '정규전 집착'은 모택동의 유격전술에 배치된다(李忠傑 외, 2006: 248). (七大)폐막식 (6.11)에서 주덕은 이렇게 연설했다. …이번 선거에서 많은 (部隊)지휘관이 중앙위원에 당선됐다. 일각에서 군대의 '(黨)지휘'를 우려하는 것은 기우(杞憂)이다. 현재 중공은 정풍을 통해 더욱 성숙됐고 인민군대는 모

용했다. 한편 '(七大)군사보고'에서 팔로군 총사령관인 주덕은 '모택동의 군사이론' 용어를 사용했다. 1945년 12월 1일 유백승은 '모주석의 군사사상'이란 개념을 처음으로 제출했다(陳繼安 외, 2000: 8). 실제로 정강산 시기에 형성된 모택동의 군사사상은 토지혁명(1927~1937) 시기에 출범됐다. 1950년대 '(毛澤東)군사사상'이 광범위하게 사용됐다.

3474 토지혁명(1927~1937)은 제2차 국내전쟁으로 불린다. 모택동·주덕이 거느린 (朱毛)홍군과 장개석의 국민당군이 치른 (國共)내전이다. 1927년 가을 추수봉기 잔여부대를 거느리고 정강산에 진출한 모택동은 남창봉기군 일부를 이끌고 정강산에 온 주덕과 함께 공농홍군을 창건했다. 그들은 근거지를 설립해 유격전쟁과 토지혁명을 전개했다. 한편 홍군의 '섬북 정착(1935.11)' 후 서안사변(1936.12)이 발생, 제2차 (國共)합작이 이뤄졌다.

주석의 지휘에 절대 복종한다(中共中央文獻研究室, 1993: 539). 주덕의 '(百團大戰)평가'는 '백단대전' 주도자 팽덕회에 대한 모택동의 '불만 의견'을 수용한 것이다. 실제로 모택동은 팽덕회의 '(軍委)권위 무시'에 대해 상당한 불만을 품었다. 이 또한 모택동이 팽덕회를 연안으로 호출한 주된 원인이다.

'(軍委)2인자'[3475] 주덕이 군사보고(副報告)를 한 것은 당연한 결과였다. 주덕이 '서열 2위'로 부상했다는 사실적 증거는 (七大)회의장에 걸린 (毛朱)초상화이다. '홍군의 대부' 주덕은 (朱毛)홍군의 창건자이며 유격전술 창시자였다. 장정 중 장국도의 '홍군 분열'을 반대한 주덕은 홍군의 '섬북 회합(1936.10)' 수훈갑이다. 낙천회의(1937.8)에서 주덕이 (軍委)부주석으로 선임된 것은 당연한 결과였다. 독소전쟁 후 스탈린이 요청한 팔로군의 '(軍事)협조'를 두고 모택동이 '소련파 캡틴' 왕명과 설전을 벌일 때 주덕은 모택동의 주장을 단호히 지지했다. 정풍 후기 '(毛澤東)추종자'로 전향한 주덕은 '왕명 비판' 선봉장 역할을 했다. 한편 주덕의 '권력 서열' 부상은 모택동이 (國共)내전을 준비했다는 단적인 반증이다.

5월 14~15일 유소기는 이틀간 '(黨章)보고'를 했다. 호교목은 유소기의 '보고'를 이렇게 평가했다. …(報告書)짜임새는 치밀했고 당의 지도사상인 모택동사상을 설득력 있게 천명했다. 모택동사상의 이론적 토대를 정립한 '(劉少奇)보고'는 '7대'의 중요한 성과였다(胡喬木, 2014: 382). 유소기는 이렇게 지적했다. …(中共)영수는 중국혁명의 리더인 모택동이다.

3475 주덕은 (紅軍)주력의 '섬북(陝北) 회합(1936.10)' 수훈갑이다. 낙천회의(1937.8)에서 (軍委) 부주석에 선임, 항전 초기 팔로군을 지휘해 일본군을 타격했다. '연안 소환(1940.5)' 후 (部隊)대생산운동을 주도, 한편 주덕의 군사보고(1945.4)는 '(軍委)2인자'라는 단적인 증거이다. 1945년 (七大)주석단 멤버인 주덕은 '(權力)서열 2위'로 급부상했다.

무산계급의 걸출한 지도자 모택동은 중화민족의 우수한 대표이다. 마르크스주의 이론을 중국혁명의 실천과 결부시킨 그는 '모택동의 길'[3476] 개척자이다(陳紹疇 외, 1996: 468). 유소기가 정리한 모택동사상은 ① (抗戰) 전략 제시, 국제 정세 판단 ② 신민주주의 이론 ③ 농민전쟁과 유격전술 ④ (革命)근거지 설립과 군중노선 ⑤ 전쟁 이론서와 군사전략 ⑥ (抗日)통 일전선 정책 ⑦ 신민주주의 국가 비전 제시 ⑧ 당의 건설과 정책 ⑨ 문화 이론과 정책의 제정 등이다(劉少奇, 1994: 335). '7대'에서 통과(6.11)된 '(中共)당장'은 모택동사상을 마르크스주의 이론과 중국혁명의 실천과 결부된 통일적 사상으로 중국 공산당의 지침(指針)으로 확정했다.

유소기의 '당장(黨章)보고'는 (七大)하이라이트로 간주된다. 6월 11일 유소기의 '(黨章)보고'가 정식 통과됐다. '(中共)당장'에 모택동사상을 당의 지도사상으로 적어 넣었다는 것은 중공이 모스크바의 지배에서 벗어나 '독립적 정당'으로 거듭났다는 반증이다. 한편 '(中共)7대'의 가장 큰 성과물인 모택동사상은 시종일관 소련정부의 인정을 받지 못했다. 이는 스탈린이 '정풍 결과물'인 모택동사상을 '모택동주의'로 간주했기 때문이다.

3. (七大)중앙위원 선출, '중공 제1세대' 영도집단 출범

5월 24일 중앙위원 선출 방침에 관한 보고를 한 모택동은 이렇게 말했다. …과거 중공은 과오를 범한 지도자의 중앙위원 당선 자격을 박

3476 유소기가 언급한 '모택동의 길' 골자는 ① 농민 주축의 무장투쟁 ② 대중의 지지를 받는 인민전쟁 ③ 농촌 선점, 도시 포위 전략 ④ 독립자주적 유격전쟁 ⑤ 마르크스주의 '중국화' ⑥ 정풍운동을 통한 사상 통일 ⑦ 당의 지도사상, 모택동사상 확립 등이다. 실제로 '모택동의 길'은 정확한 (中共)군사노선과 모택동사상의 성과물이다.

탈했다. '(中共)6대'와 '4중전회(1931.1)'에서 진독수·이립삼을 중앙위원 선출에서 배제한 것은 바람직하지 않다. 또 이는 '문제 해결'의 최선책이 아니다(李蓉, 2010: 249). 이는 모택동이 입삼노선 주도자인 이립삼을 (七大)중앙위원으로 선출해야 한다는 것을 암시한 것이다. 또 이는 공산국제의 희생양이 된 중공 지도자의 비극적 결과에 대한 모택동의 불만을 표출한 것이다. 결국 '(中共)7대'에 불참한 이립삼은 중앙위원에 선출됐다. 실제로 모택동이 왕명의 중앙위원 선출을 호소한 것이다.

　모택동은 이립삼을 이렇게 변호했다. …이립삼이 주도한 입삼노선은 (左傾)노선에 비해 기간이 짧고 미친 악영향도 덜했다. 이는 30세의 젊은이가 범한 노선착오이다. (中共)지도자직에서 물러난 이립삼은 국익을 해치는 일을 하지 않았다(唐純良, 2003: 201). 또 그는 이렇게 말했다. …현재 '(中共)6대'에서 선출된 중앙위원은 4명이 남았다. '(左的)과오'를 범한 동지들의 도움이 없었다면 성공적인 준의회의 개최는 불가능했을 것이다. 과오를 범한 지도자에게 '중앙위원 당선' 자격을 부여해야 한다는 것이 '중앙위원 선출' 방침이다(胡喬木, 1994: 383). 당시 공산국제의 '눈 밖에 난' 진독수·이립삼의 중앙위원 당선은 불가능했다. 당시 진독수의 '(中共)6대 참석' 거절[3477]은 공산국제에 대한 불만 표출이다. 한편 모택동의 '이립삼 변호'는 소련정부를 대표한 디미트로프의 '왕명 보호'와 관련된다.

3477 진독수가 '(中共)6대 참석'을 거절한 주요인은 첫째, 공산국제가 '대혁명 실패' 책임을 진독수에게 전가했다. 둘째, '(右傾)기회주의자'로 몰아 파면했다. 셋째, '책임 전가'에 불만을 느낀 진독수는 '지시'를 거절했다(李穎, 2012: 100). 당시 진독수는 공산국제의 일방적 파면에 상당한 불만을 갖고 있었다. 한편 진독수의 '(六大)참석 거절'은 정확한 선택이었다. 대회(六大)에 참석했다면, 십중팔구 모스크바에서 연금(軟禁)됐을 것이다.

현존한 '(中共)6대'의 중앙위원은 주은래·관향응·임필시·모택동이었다. 모스크바에서 열린 '중공 6대'에서 주은래는 상임위원, 관향응은 정치국 (候補)위원, 대회에 불참한 임필시·모택동은 중앙위원으로 선출됐다. 한편 과오를 범한 동지에게 '중앙위원 당선' 자격을 부여한다는 (七大)선거 방침은 모스크바의 '내정 간섭'에 따른 부득이한 결정이었다. 결국 '(左傾)노선' 주도자인 왕명·박고와 이립삼이 중앙위원에 당선됐다. 이는 '중공 7대'가 소련의 영향력을 받았다는 반증이다. 이 시기 모택동은 '(蘇聯)첩자' 블라디미노프와 '긴밀한 소통'[3478]을 유지했다.

'중공 7대' 개최 전 모택동은 소련정부에 편지를 보내 이립삼의 '과오'에 대해 문의했다. 얼마 후 소련정부는 답신을 보내 이립삼이 맡은 직무와 그의 과오를 지적했다. 전보를 받은 후 중공중앙은 이립삼을 '(七大)중앙위원' 입후보자로 확정했다(雷國珍 외, 2003: 256). 모스크바에서 15년 간 연금된 이립삼은 (肅淸)기간 체포(1938.2)된 후 1939년 11월에 석방됐다. 1946년 초 (蘇聯)내무부의 허락을 받아 귀국했다(李海文, 2019: 143). 이립삼의 출옥은 소련에서 '병치료'를 한 주은래의 '구조'와 관련된다. 이립삼의 귀국(1946.1)은 (七大)중앙위원 당선과 연관된다. 한편 이립삼의 중앙위원 당선은 (安源)노동운동 시기 '동지'인 유소기의 입김이 작용한 것이다. 물론 모택동의 '동원 보고'와 '선거(選擧)' 방침이 주효했다.

1946년 1월 하얼빈(哈爾濱)에 도착한 이립삼은 '3인소조(三人小組)'[3479]

3478 사철(師哲)은 이렇게 회상했다. …1944년 봄 블라디미노프(孫平)는 모주석(毛主席)에게 '당사(黨史)' 강의를 부탁했다. 손평의 요구를 수락한 모주석은 1944년 여름부터 매주 1~2차 '당사'에 관해 이야기했다. 매번 강의는 3~4시간이 걸렸다(李海文, 2019: 152). 당시 모택동은 손평에게 정풍과 (七大)개최 취지를 상세히 설명한 후 '모스크바 전달'을 부탁했다. 한편 '첩자(諜者)' 역할을 한 손평은 (中蘇)양당 관계에 부정적 역할을 했다.
3479 1946년 1월 정전(停戰) 협의를 달성한 (國共)양당은 미국·국민당·공산당 삼방(三方) 대

정치고문을 맡았다. 5월 중순 연안에 온 이립삼은 중공중앙에 동북(東北) 상황을 보고했다. 6월 초 '동북정황(東北情況)'[3480] 보고서를 제출한 이립삼은 (延安)고급간부에게 장시간 연설을 했다(唐純良, 2003: 211). 사철은 이렇게 회상했다. …이립삼을 냉담하게 대한 모택동은 이립삼의 장황한 보고와 '심각한 반성'을 별로 반기지 않았다. 모택동이 불만스럽게 여긴 것은 그의 복장이었다. 이립삼은 미국의 (救濟)물자인 (美軍)군복을 착용했다(師哲, 2015: 160). 이립삼이 착용한 것은 (美軍)군복이 아니었다. 그가 입은 것은 소련에서 귀국할 때 입고 온 것이다(唐純良, 2003: 211). 실제로 모택동은 이립삼의 (延安)도래를 상당히 중시했다. 이립삼의 (大禮堂)연설(6.3)을 배치한 것이 단적인 증거이다. 모택동이 '어렵사리 선출'한 중앙위원(李立三)을 문전박대할 이유를 찾아볼 수 없다. 장기간 소련에서 생활한 사철은 정강산 시기 실권(失權)한 모택동의 (紅軍)지도자 복귀(1929.11)에 큰 기여를 한 이립삼의 역할을 알지 못했다. 또 사철은 모택동·유소기가 이립삼을 (七大)중앙위원으로 선정한 내막을 알 수 없었다. 한편 이립삼이 소개한 '(東北)상황'은 중공 지도부의 큰 관심을 불러일으켰다. 당시 (國共)양당은 일본군이 점령한 동북을 '생명선(生命線)'으로 간주했다. 결국 '(國共)동북 쟁탈전'은 내전 효시가 됐다. 6월 중순 이

표로 구성된 '군사조사집행부(三人小組)'를 설립했다. '3인소조'의 역할은 국공 간 쟁의와 충돌을 조사·처리하고 '(停戰)협의' 내용을 관철해 내전(內戰)을 방지하는 것이다. 한편 중공의 수석대표(首席代表)는 요수석, 이립삼은 정치고문을 맡았다.

3480 이립삼이 중공중앙에 제출한 '동북정황(東北情況)' 보고서는 동북지역의 정치·경제·군사적 상황을 상세하게 소개했다. 당시 당중앙은 이립삼의 보고서를 상당히 중시했다. 모택동·유소기·주덕은 이립삼과 장시간의 담화를 나눴다(唐純良, 2003: 211). 6월 3일 이립삼은 '(東北)보고서'를 바탕으로 중앙당학교 대예당에서 (延安)고급간부들에게 장시간 연설을 했다. 결국 이는 중공 지도부가 '동북 상황'을 중요시했다는 단적인 반증이다.

립삼은 남경에서 주은래를 만나 (東北)상황을 보고했다. 주은래는 당중앙의 의견을 청취한 후 이립삼을 (三人小組)수석대표로 임명했다. 이는 당중앙이 이립삼을 신임했다는 단적인 반증이다.

1949년 (駐華)소련정부 대표 이반 코발레프(Ivan Kovalev)[3481]는 스탈린에게 보낸 보고서에 이렇게 썼다. …'3인소조' 책임자 이립삼은 (美國)고위층과 잦은 왕래를 유지했다. 미군과 밀접한 관계가 있는 이립삼은 대표적 친미파(親美派)이다(靑石, 1999.3). 당시 소련정부는 공산국제 지시에 항거한 이립삼을 불신했다. 15년 간 소련정부의 감시하에 생활한 이립삼이 '친미파'라는 주장은 터무니없다. 문혁 시기 이립삼은 '(蘇聯)스파이'라는 누명을 썼다(唐純良, 2003: 203). 동북에 체류한 이반 코발레프는 스탈린이 파견한 간첩이었다. (東北局)책임자 고강과 '돈독한 관계'를 유지한 그는 중공 지도자 유소기·주은래를 친미파로 간주했다. 실제로 (中共)고위층의 대표적 소련파는 고강이다. 한편 이립삼이 '(蘇聯)간첩'으로 몰린 것은 장기간의 소련 체류와 부인(李莎)이 '소련인'인 것과 관련된다.

'건국' 후 이립삼의 경력을 '세 단계'[3482]로 나눌 수 있다. 귀국 후 모택동의 중용을 받은 이립삼은 노동부장과 부총리급 전국총공회의 책임자를 지냈다. 이립삼이 모택동의 '눈 밖에 난' 주된 원인은 유소기·고

3481 이반 코발레프(Ivan Kovalev, 1901~1993), 소련정부 (東北)주재 수석대표이다. 군사·교통 전문가, (技術兵)중장이다. 1919년 (蘇聯)홍군에 입대, (紅軍)군사교통국장, 교통부장(1944)을 지냈다. 1948~1950년 중공중앙 수석고문, 1951년 석탄공업부 부부장을 맡았다.

3482 이립삼의 경력 '세 단계'는 ① 1949~1952년 노동부장·(中華)전국총공회 책임자(副總理級) ② 1952~1960년 공업공작부(工業工作部) 부부장 ③ 1961~1966년 화북국(華北局) 서기처 서기를 맡았다. 건국 초기 모택동의 중용을 받은 이립삼은 1952년 후 (中共)실세가 아니었다. 한편 문혁 시기 그는 유명무실한 '실권자(失權者)'로 전락했다. 실제로 이 시기 이립삼의 '실권(失權)'은 그의 지지자 유소기의 타도과 크게 관련된다.

강의 '갈등'[3483]을 유발한 장본인이었기 때문이다. 1954년 노동부장에서 경질된 이립삼은 '차관급'으로 좌천됐다. '중공 8대(1956)'에서 '과오'를 반성한 이립삼은 여전히 중앙위원에 선출됐다. 문혁 시기 '소련 간첩'으로 몰린 이립삼이 투쟁대상이 된 것은 '유소기 타도'[3484]와 밀접히 연관된다. 1967년 6월 22일 대량의 수면제를 복용한 이립삼은 모택동에게 편지[3485]를 썼다. 당일 '자살자(自殺者)' 이립삼은 '이명(李明)'이란 가명으로 화장됐다. 1980년 당중앙은 '(李立三)추도회'를 열고 그의 명예를 회복했다.

(七大)토론회(5.31)에서 모택동은 이렇게 주장했다. …영미(英美)가 일본 등 파쇼(fascio) 국가와 연합해 '반소·반공(反蘇反共)'의 제3차 세계대전을 일으킬 가능성은 존재하지 않는다. 우리는 신민주주의 자본주의를 발전시켜야 한다(逢先知 외, 2005: 601). 한편 모택동은 향후 극복해야 할

3483 중남국(中南局) 서기 등자회(鄧子恢)는 이립삼의 '공회(工會) 이론'을 지지하는 '(中南區)공회보고(1950.7)'를 했다. 당시 등자회의 보고는 유소기의 지지를 받았다. 동북국 서기인 고강은 등자회의 주장을 '공단주의(工團主義)'라고 비판했다. 결국 이는 유소기와 고강의 '갈등'을 유발했다. 결국 모택동의 '고강 지지'로 '갈등 유발' 장본인인 이립삼이 좌천된 것이다. 1951년 12월 이립삼은 전국총공회 당조(黨組) 서기직에서 해임됐다.

3484 1966년 12월 25일 장춘교(張春橋)의 사촉을 받은 청화대학의 반란파들은 시위행진을 벌여 '유소기를 타도하자'는 구호를 불렀다. 1967년 1월 1일 중남해(中南海)의 반란파들은 유소기 저택의 담장벽에 '중국의 흐루쇼프 유소기를 타도하자'는 대자보를 붙혔다(陳紹疇 외, 1996: 653). 한편 '유소기 추종자'로 간주된 이립삼이 투쟁대상이 된 것은 당연한 결과였다. 결국 자택에서 수면제를 대량 복용한 이립삼은 비극적인 삶을 마쳤다.

3485 이립삼이 모택동에게 남긴 편지(1967.6.22)는 이렇게 썼다. …나는 '자살반당(自殺反黨)'의 길을 선택할 수밖에 없음을 부득불 알린다. 다만 나와 나의 가족은 외국과 내통한 죄행(罪行)을 저지르지 않았다는 점을 부언한다. 당중앙이 실사구시적 결론을 내리기 바란다(唐純良, 2003: 287). 1980년 중공중앙은 이립삼의 명예를 회복하고 팽진(彭眞)의 주최로 융숭한 추도회를 열었다. 한편 이립삼의 '편지'는 한강에 돌 던지는 격이 됐다.

'각종 난관'³⁴⁸⁶을 지적하고 동북4성(東北四省)의 전략적 중요성³⁴⁸⁷을 강조했다. 또 당성과 개성, 단체와 개인 관계에 대해 천명했다. '토론회'는 모택동의 정치보고 '연합정부(論)'을 통과시켰다. 실제로 모택동은 시종일관 중국에서 자본주의가 발전할 기회를 제공하지 않았다. 상기 '동북4성'은 요녕·길림·흑룡강·열하성(熱河省)을 지칭한다.

항전 시기 내몽골 동부와 하북성(熱河)의 일부를 포함한 동북의 면적은 130만제곱킬로미터, 인구는 3천만에 달했다. 풍부한 자원과 사통팔달한 (海陸)교통, 촘촘한 철로망이 분포됐다. 전략적 요충지인 동북은 전쟁의 (後方)기지로 안성마춤이었다. 1926년 장작림의 봉군(奉軍)³⁴⁸⁸이 열하성을 강점해 '동북4성'이 됐다. 장개석의 '부저항(不抵抗) 정책'으로 동북은 일본의 '괴뢰국'인 만주국으로 전락했다. 항전 개시 후 일제는

3486 (七大)총결보고(5.31)에서 모택동은 '각종 난관'을 이렇게 분석했다. ① 영미(英美)·(國內) 반동세력의 저해 ② 국공(國共)내전 발발에 따른 각종 위기 ③ 근거지의 상실과 경제적 곤란 ④ 국민당 암살 정책 ⑤ (黨內)지도기관 의견 대립 ⑥ 외국의 지원 부재, 고립작전 등이다(胡喬木, 2014: 385). 상기 '외국의 지원'은 소련의 원조(援助)를 의미한다. 실제로 이 시기 고립무원에 빠진 모택동은 독립적인 '내전(內戰) 방침'을 결정했다.

3487 (七大)정치보고 토론회(5.31)에서 모택동이 동북4성(東北四省)의 전략적 중요성을 강조한 것은 동북의 전략적 지위가 매우 중요했기 때문이다. 만약 국민당군이 중요한 공업기지인 동북을 선점한다면 중공군은 남북의 협공을 받을 수 있었다. 한편 중공군이 동북을 선점한다면 물산이 풍부한 동북4성을 '전쟁(內戰)'의 후방 기지로 삼을 수 있었다. 결국 중공군의 '동북 선점'은 (國共)내전에서 최종적 승리를 거둔 결정적 요인이 됐다.

3488 봉군(奉軍)은 북양군벌 장작림의 '동북군'을 가리킨다. 장작림이 봉천(奉天) 출신이므로 봉군(奉軍)이라고 부른다. `1916년 원세개의 '황제 등극'을 지지한 장작림은 봉촌독군(奉天督軍)으로 임명, 북벌전쟁 기간 장작림은 안국군(安國軍) 총사령관을 맡았다. 1928년 장작림이 '폭사(爆死)'당한 후 장학량이 봉군(奉軍) 수장으로 추대됐다. 1928년 12월 장개석은 (奉軍)통솔자인 장학량을 동북변방군(東北東北軍) 사령장관으로 임명했다.

'산업개발5년계획(産業開發五年計劃)'[3489]을 제정했다. '(東北)공업화'가 발달한 것은 일제가 동북을 '대륙 정복'을 위한 (後方)기지로 삼기 위해 공들여 건설했기 때문이다. 항전 후기 중공은 '(東北)진출 길목'인 (冀熱遼)근거지를 개척하고 요녕반도와 가까운 산동반도를 점령했다. 소련군의 (東北)출병 후 중공은 수많은 간부와 화북·산동의 팔로군을 동북에 파견했다. '(中共)7대'에서 중공중앙은 '동북 선점' 방침을 제정했다. 한편 국민당은 '외교적 수단'[3490]을 통한 '동북 수복'을 시도했다.

1942년 (晉察冀)분국은 '동북 진출' 교두보 마련을 위해 조탁화(趙濯華)[3491]·장화동(張化東)[3492]·양우민(楊雨民)[3493] 등을 (冀東)해방구에 파견

3489 1930년대 동북(滿洲)을 강점한 일제가 (東北)자원을 이용해 군사공업을 발전시키기 위하 '경제발전' 계획이다. 1937~1941년 일제는 '산업개발5년계획(産業開發五年計劃)' 완성을 위해 총투자액(總投資額)을 25억원(元)으로 결정했다. 실제로 일제의 '산업개발계획' 취지는 동북의 군수산업을 발전시켜 '대륙 침탈' 후방 기지로 삼기 위한 것이다. (國共)내전 초기 (國共)양당이 '동북 선점'을 위해 치열한 쟁탈전을 벌인 주된 원인이다.

3490 독소전쟁(1941.6) 후 '친미파(親美派)'로 변신한 장개석은 미국의 외교력을 이용한 '동북 수복'을 기대했다. 태평양전쟁 후 미일(美日)은 적대국이었다. '중소우호동맹조약(1945.8)' 체결 후 소련은 '외몽골 독립'을 전제로 동북(東北)의 도시를 (國民黨)정부에 넘겨줄 것을 약속했다. 한편 '외교적 수단'을 통한 장개석의 '동북 수복' 시도는 실패했다. '동북 선점' 방침을 제정한 중공이 대량의 군대를 파견해 동북을 '선점'했기 때문이다.

3491 조탁화(趙濯華, 1900~1933), 길림성 빈현(賓縣) 출신이며 공산주의자이다. 1933년 중공에 가입, 1930~1940년대 동북특별공작위원회 조직부장, 심양시(瀋陽市) 공안국장, 건국 후 경공업부(輕工業部) 과학연구원장, 요녕성 정협 부주석을 역임, 1983년 심양에서 병사했다.

3492 장화동(張化東, 1914~1996), 요녕성 풍현(豐縣) 출신이며 공산주의자이다. 1936년 중공에 가입, 1940년대 (瀋陽)위수사령부 부사령관, 동북무역총국 부국장, 동북해관 총국장, 건국 후 대외무역부 수입국장, 국가수출입상품 검역국장을 역임, 1996년 북경에서 병사했다.

3493 양우민(楊雨民, 1910~1971), 내몽골 적봉(赤峰) 출신이며 공산주의이다. 1937년 중공에 가입, 1930~1940년대 기중(冀中)군구 제5분구 정치부 주임, (熱河省)행정공서 부주임,

해 '동북공작위원회(東北工作委員會)'[3494]를 설립했다('冀東革命史', 1993: 385). 1944년 9월 1일 '7중전회' 주석단은 '팔로군 남하'와 동북문제를 토론했다. '도시공작부(城市工作部)'[3495] 설립을 제출한 유소기는 만주에 대량의 (黨政)간부 파견을 건의했다(劉崇文 외, 1996: 449). 주석단 회의(1944.9)에서 팽진은 '(東北)문제'에 대해 이렇게 말했다. …만주에는 대량의 간부가 필요하다. 진찰기(晉察冀)·산동·기열료(冀熱遼) 당조직의 수백명 간부를 동북에 파견해야 한다. 회의에서 '(東北)간부 파견'을 당면과제로 거론 됐다('彭眞傳'編輯組, 2002: 246). (全會)주석단 회의(11.23)에서 모택동은 이렇게 말했다. …'동북 진출'을 위해 수많은 간부를 만주에 파견해야 한다. 또 (晉察冀)군구 사령관 정자화(程子華)에게 보낸 전보(12.18)에 이렇게 썼다. …차하얼(察哈爾)·열하(熱河)·기동(冀東)의 적구(敵區)로 진격해 해방구를 확대해야 한다(李忠傑 외, 2006: 293). 당중앙은 주석단 회의(10.31)를 열고 팔로군 '남하지대(南下支隊)'[3496]를 호남성에 파견하기로 결정했다. 동북의

건국 후 하북성 부성장, 하북성 정협 부주석 등을 역임, 1971년 석가장(石家莊)에서 병사했다.

3494 1942년 초 중공중앙은 동북지역 영도를 강화하기 위해 진찰기(晉察冀) 분국 산하에 '(臨時)동북공작위원회(東北工作委員會)'를 설립했다. 1948년 8월 하북성 평산(平山)현에 '동북공작위원회'를 정식 설립, 정화화(程子華)가 서기를 맡았다. '위원회'의 주된 임무는 (東北)상황에 익숙한 간부를 선발, 동북에 파견해 당조직을 설립하는 것이었다.

3495 1944년 6월 '7중전회' 주석단은 회의(6.5)를 열고 모택동이 작성한 '도시공작(都市工作) 중앙(中央)지시'를 통과시켰다. 9월 1일 (七中全會)주석단은 '도시공작부(都市工作部)'를 설립하고 팽진(彭眞)을 부장, 유효(劉曉)룰 부부장으로 임명했다(金冲及 외, 2011: 711). 또 중공중앙은 '도시공작위원회(都市工作委員會)'를 설립하고 팽진을 회장으로 임명했다. 결국 이는 이 시기 중공 지도자 모택동이 '도시 접수'를 준비했다는 것을 반증한다.

3496 모택동은 '7중전회' 주석단 회의(10.31)를 주재, 팔로군 359여단의 '남하'를 결정했다. '남하지대(南下支隊)'를 호남성에 파견해 (敵後)근거지를 설립, 왕진(王震)을 (支隊)사령관, 왕수도(王首道)를 정치위원으로 임명했다(逢先知 외, 2011: 709). 팔로군의 '남하지대' 파견

전략적 중요성을 인지한 당중앙은 '간부 파견'을 결정했으나 '부대 진출'은 엄두조차 내지 못했다. 당시 동북에는 전투력이 막강한 수십만의 관동군이 주둔했기 때문이다. 한편 중공의 '동북 선점'에 중요한 역할을 한 것은 중공중앙 (代理)주석 유소기였다.

'(七大)결론보고(5.31)'에서 모택동은 이렇게 말했다. …중공업 기지인 동북4성은 전략적으로 매우 중요하다. 동북지역 선점은 전국적 승리 쟁취에 큰 도움이 될 것이다. 중공은 '동북 선점'을 당면과제로 삼아야 한다(胡喬木, 2021: 386). 6월 10일 '중앙위원 선거' 보고를 한 모택동은 이렇게 강조했다. …동북문제를 감안하면 (東北)간부를 중앙위원에 선출하는 것이 바람직하다. 중국혁명의 최종 승리를 위해 '동북 수복'은 필수적이다. 전략적 요충지인 동북 선점은 전쟁 승리에 튼튼한 기초를 마련하는 것이다(唐洪森, 2006: 294). 모택동·주덕의 정치·군사보고는 '동북 진출' 중요성을 직간접적으로 언급했다. 1945년 가을 (候補)중앙위원에 선출된 (東北軍)지휘관 만의(萬毅)[3497]·여정조는 당중앙의 지시를 받은 후 부대를 이끌고 동북으로 진격했다. 팔로군의 '동북 진출'은 소련군의 '동북 출병(8.9)' 후 본격적으로 진행됐다. 동북에 주둔한 소련군 장병은 중공군의 '(東北)농촌 점령'을 묵인했다. 결국 이는 (東北)대도시는 국민당군이 점령하고 광대한 농촌지역은 중공이 지배하는 결과로 이어졌다.

은 (國共)내전을 준비한 대비책이다. 한편 '지대 파견'은 별다른 효과를 거두지 못했다.

3497 만의(萬毅, 1907~1997), 요녕성 대련(大連) 출신이며 공산주의자이다. 1938년 중공에 가입, 1940년대 동북군 333여단장, 길림(吉林)군구 부사령관, 동북야전군 제42군단장, 건국 후 동북군구 포병사령관, 제2기계공업부 부부장 등을 역임, 1997년 북경에서 병사했다.

8월 9일 소련군이 동북으로 진격했다. 소련정부는 '(東北)출병'을 비밀에 붙였다. 당일 중공 지도부는 모택동·주덕의 명의로 스탈린에게 '(對日)작전' 축하 전보를 보냈다. '전보'는 (解放區)군민과 중공군은 (蘇聯)홍군의 '일본군 섬멸'을 협조하겠다고 썼다(高新民 외, 2003: 257). 소련군이 베를린을 공략(1945.5)한 후 중공은 스탈린에게 '축하' 전보를 보냈으나 한강에 돌멩이 던진 격이었다. 소련군의 '출병'은 스탈린과 루스벨트가 체결한 '얄타협정(Yalta協定)'[3498]과 관련된다. 독일군이 항복한 후 3개월 내 소련군의 '(對日)작전 참전'과 국민정부를 합법정부로 인정한다는 내용이다. '협정(2.11)'에는 외몽골(獨立)과 (南滿)철도의 '공동운영'이 포함됐다. 1945년 8월 국민정부는 굴욕적인 '중소우호동맹조약'을 체결했다.

8월 14일 몰로토프와 왕세걸(王世傑)은 모스크바에서 '중소우호동맹조약'을 체결했다. 당일 스탈린은 '(日軍)투항' 후 3개월 내 소련군은 동북에서 철수한다고 선포했다. '조약'은 '외몽골 독립'[3499]을 인정하고 (東北)대도시를 국민정부에 넘겨준다고 규정했다(李海文, 2019: 224). '(中蘇)조약'은 이렇게 썼다. …소련군이 동북에서 철수할 때 (東北)행정권과 (大都市)지배권을 국민정부에 넘겨준다. 이는 국민당군의 '동북 수복'에 유리한 조항이었다. 결국 이는 (中共)군대의 '(日軍)투항 접수'와 '동북 선점'을

3498 '얄타협정(Yalta協定)'은 1945년 2월 (蘇聯)크리미아 반도 얄타(Yalta)에서 루즈벨트·처칠·스탈린이 체결한 협정이다. 소련의 '(對日)참전' 조건은 ① 외몽골 현상 유지 ② 대련항(大連港), 국제화 ③ 여순항(旅順港), 소련에 조차 ④ 중동철로, (中蘇)공동경영 ⑤ 사할린섬·쿠릴열도 할양 등이다(劉伯根 외, 2007: 615). 실제로 소련군의 '동북(東北)출병'은 '얄타협정'에 따른 것이다. 한편 소련군은 '(東北)출병'을 중공에 비밀에 부쳤다.

3499 1911년 외몽골은 제정 러시아의 지지하에 '독립'을 선포했다. 1915년 '중아몽(中俄蒙)협정' 체결 후 외몽골은 '자치(自治)'를 실시, 1924년 11월 26일 (蒙古)인민공화국 설립, '독립'을 선포했다. 1945년 8월 14일 국민정부와 소련정부는 '중소우호동맹조약'을 체결, '외몽골 현상'을 유지했다. 1946년 국민정부는 '외몽골 독립'을 승인했다.

저해하는 역할을 했다(趙魯傑, 2008: 344). 소미(蘇美)는 '공동의 적'인 일본군을 섬멸했으나 그 대가로 (中國)국익이 손상됐다. 불평등한 '(中蘇)조약'의 막후 조정자는 장개석의 '후견인'인 루스벨트였다. 국민정부에 (東北)대도시를 넘겨준 것은 '조약'을 통해 부당 이익을 챙긴 스탈린이 '(軍事)협조'를 거절한 모택동에 대한 보복이다. 또 이는 항전에 '큰 공로'를 세운 장개석 정권에 대한 '보상(補償)'으로 간주된다. 실제로 항전보다 '(部隊)병력 확충'에 전념한 중공에 대한 스탈린의 '불만 표출'이었다.

스탈린·모택동·장개석의 공통점은 ① 국익우선주의자 ② 유아독존적 독선주의자 ③ 강한 리더십을 소유한 군사전략가 ④ 정적에 무자비한 '냉혈동물(冷血動物)'[3500] ⑤ 냉철하고 강인한 신념의 혁명가 ⑥ 자기반성에 인색한 고집불통 ⑦ '부인 물갈이', 비극적 결말 등이다. 이들의 차이점은 이념과 신앙의 차이이다. 모택동은 무정부주의자에서 마르크스주의자로 전환했고 스탈린은 '스탈린주의'를 창도한 사회주의자였다. '무장(武將)'이며 독실한 기독교 신자인 장개석은 '왕위(王位)'를 장남(蔣經國)에게 물려주어 후세의 비난을 받았다. (毛澤東)사상 창시자인 모택동은 정치운동 달인이며 후반생을 계급투쟁에 전념했다. 한편 '대숙청' 주도자 스탈린은 공산주의자로 보기 어렵다. (國共)내전 최종 승리자 모택동이 장개석의 천적이라면, '(肅淸)달인' 스탈린은 '(鬪爭)달인' 모택

3500 '냉혈동물(冷血動物)'은 감정기복이 없고 몰인정하며 냉혹한 인간을 비유한다. '(肅淸)창도자' 스탈린은 정적 부하린을 처형, 최대 라이벌 트로츠키를 국외로 추방했다. '계급투쟁 달인' 모택동은 정적 왕명과 장국도를 좌천·임용, 그들을 비판대상으로 삼았다. 문혁 시기 유소기·이립삼을 무자비하게 탄압했다. '권력 집착자' 장개석은 정적 호한민을 연금, 매국적(賣國賊) 왕정위의 (國民黨)당적을 박탈했다. 독재자인 이들의 공통점은 ① 군권 장악 ② 장기 집권 ③ 개인숭배 조장 ④ 토사구팽 ⑤ 정적 탄압 ⑥ '이념전쟁' 집착 등이다.

동의 천적이었다.

1945년 5월 국민당 6대(六大)가 중경에서 열렸다. 장개석은 개막사에서 (大會)취지를 세 가지로 확정했다. ① 전투력 강화, (抗戰)최종 승리 쟁취 ② 헌정(憲政) 실시, 건국대업 완성 ③ 생활수준 제고, (革命)목표 실현 등이다(中共中央文獻硏究室, 2006: 225). (六大)정치보고자는 오정창(吳鼎昌)[3501], 군사보고자는 정잠(程潛), 오철성(吳鐵城)[3502]이 당무검토(黨務檢討) 보고를 했다. 한편 (大會)정치보고 등 각종 보고와 '(中共)문제에 대한 결의안'을 통과시켰다. 또 대회는 '국민당의 중공문제에 대한 공작방침(工作方針)'·'(中國)국민당 당장(黨章)'을 통과시켰다. 실제로 '(六大)당장 통과' 는 장개석의 '(獨裁)지위 강화'를 위한 것이었다.

'국민당 6대' 취지는 중공이 제출한 '연합정부' 설립을 거절하고 국민당의 (一黨)독재를 유지하는 것이다. '(中共)건의'를 일축한 국민당은 이렇게 주장했다. …중공의 '연합정부' 제출 목적은 국민정부를 전복하고 (國家)통합을 저해하는 것이다(榮孟源, 1985: 921). 당시 중공의 '연합정부론'이 발표된 후 국민당은 이렇게 비판했다. …중공의 목적은 각 당파와 연합해 (國民黨)정권을 탈취하려는 것이다. 이른바 '연합정부'는 국민정부를 와해하려는 음험한 수단이다(唐縱, 1992: 515). '(七大)보고'에서 모

3501 오정창(吳鼎昌, 1884~1950), 사천성 화양(華陽) 출신이며 국민당 우파이다. 1920년대 중국은행 총재, '(天津)대공보(大公報)' 사장, 남경정부 실업부장, 1930~1940년대 귀주성장(貴州省長), 국민정부 문관장(文官長), 총통부(總統府) 비서장을 역임, 1950년 홍콩에서 병사했다.

3502 오철성(吳鐵城, 1888~1953), 광동성 향산(香山) 출신이며 국민당 우파이다. 1909년 동맹회 가입, 1910~1920년대 광주시 공안국장, 대본영(大本營) 참군장, 1930~1940년대 상해시장, 국민당중앙 비서장, 행정원 부원장 등을 역임, 1953년 대북(臺北)에서 병사했다.

택동은 이렇게 역설했다. …(重慶)판사처는 '연합정부론' 소책자를 3만 부를 발간했다. 소책자를 본 장개석의 비서실장 진포뢰(陳布雷)[3503]는 내전이 불가피하다고 말했다. 우리는 '내전'을 준비해야 한다(胡喬木, 2021: 385). 상기 진포뢰의 '내전 주장'은 신빙성이 낮다. 1948년 (蔣介石)패전을 예감한 국책고문 진포뢰는 자살했다. 한편 중공은 국민당의 '국민참정회(1945.11) 참가' 요청을 거절하고 '불참 이유'[3504]를 밝혔다.

'국민당 6대'의 정치보고(5.18)에서 장개석은 이렇게 말했다. …국민당의 당면과제는 '중공 타도'이다. 중공은 '외부의 적'인 일제보다 더 위험하다(金冲及 외, 1996: 717). '(國民黨)6대'에서 통과된 '(中共)공작방침'은 이렇게 썼다. …중공은 항전 파괴의 장본인이다. 중공은 (聯合政府)구호에 이어 '(解放區)인민대표대회'를 주장했다. 대회에서 통과된 '공작방침'은 (中共)투쟁의 6개 방침을 제정하고 팔로군의 활동 자유를 제한했다(李蓉, 2006: 226). 중공이 제출한 '연합정부' 설립을 거절한 '국민당 6대'는 (一黨)독재 유지에 유리한 일련의 결의안을 통과시켰다. '6대'는 관료자본주의(官僚資本主義)[3505] 발전을 촉진하는 강령(綱領)을 제정했다. 한편 국민당

3503 진포뢰(陳布雷, 1890~1948), 절강성 자계(慈溪) 출신이며 국민당 우파이다. 1912년 동맹회 가입, 1920년대 절강성정부 비서장, 국민당중앙 선전부 부부장, 1930~1940년대 (最高)국방위원회 부비서장, 총통부(總統府) 국책고문 등을 역임, 1948년 남경에서 자살했다.

3504 (七大)주석단 회의(6.5)를 주재한 모택동은 '참정회 불참' 이유를 이렇게 밝혔다. 첫째, '(國民黨)6대'는 중공의 '연합정부' 요구를 거절했다. 둘째, '참정회 개최'를 사전에 중공과 의논하지 않았다. 셋째, '(國民黨)6대'는 일련의 (反動)결의안을 채택했다(金冲及 외, 2011: 727). 실제로 '(國民黨)6대'에서 장개석이 중공을 '타도대상'으로 결정한 데 대한 불만 표출이다. 또 이는 '연합정부' 건의를 거절한 장개석에 대한 중공의 '보복 조치'이다.

3505 관료자본주의(官僚資本主義)는 국가권력과 (財産)사유제가 결합한 국가 주도의 자본주의

의 '중공 타도' 전략은 (國共)내전이 불가피해졌다는 것을 반증한다.

장개석이 한 '(六大)폐막사(5.31) 골자는 첫째, 국민당의 급선무는 (抗戰)승리 쟁취이다. 둘째, (國家)공업화를 촉진해 삼민주의를 실현해야 한다. 셋째, 국민당 주도의 국가 설립에 전념해야 한다. 또 중공의 '연합정부' 설립을 거절한 '(國民黨)6대'는 (反共)방침을 제정했다(李忠傑 외, 2006: 227). 국민당의 당장(黨章)은 국민당 총재(國民黨總裁)[3506]로 추대된 장개석이 (總理)직권을 행사한다고 규정했다. 이는 장개석의 (黨內)지위를 강화했다. '6대'는 송자문을 행정원장, 옹문호(翁文灝)[3507]를 부원장으로 선출했다. (六大)폐막 후 국민당은 제3전구 10개 사단을 집결해 상관운상을 지휘관으로 임명하고 해방구(解放區) 공격 준비를 했다. 실제로 (國共)양당의 당대회 취지는 이념 전쟁인 (國共)내전을 준비하는 것이다.

'7중전회'에서 모택동은 공산국제 역할을 이렇게 개괄했다. …한 마디로 '공대과소(功大過小)'이다. 공산국제의 도움이 없었다면 작금의 중공은 존재할 수 없다(毛澤東, 1996: 283). '(中共)7대'에서 모택동은 소련

이다. 즉 국가가 권력을 이용해 경제 이익을 갈취하는 행위로 '폭리 취득'을 목적으로 하는 국가자본주의이다. 관료자본주의의 경제적 위해는 ① 경제적 효율 저하 ② 경제 농단(壟斷) 초래 ③ 공명 부재, 사회적 안정 파괴 ④ 정치개혁 저해 등이다.

3506 국민당 총재(國民黨總裁)는 국민당의 '법정 영수(法定領袖)'이며 흔히 장개석을 지칭한다. 국민당이 확정한 초기 영수(領袖) 직위는 손중산이 맡은 '총리(總理, 1919~1925)'이다. 손중산 서거(1925.3) 후 총리(總理) 직함은 영원히 보류(保留)됐다. 한편 '국민당 6대(1945.5)'에서 국민당 총재가 총리(總理) 직권을 행사한다고 확정했다. 실제로 국민당 총재는 장개석의 '전속직명(專屬職名)'이었다. 장개석 사후 '총재(總裁)' 직함도 보류됐다.

3507 옹문호(翁文灝, 1889~1971), 절강성 은현(鄞縣) 출신이며 국민당 우파이다. 1930~1940년대 국민정부 행정원 비서장, 국민정부 행정원장, 1949년 홍콩으로 이주, 1950년대 전국 정협 위원, (中國)국민당혁명위원회, 상임위원 등을 역임, 1971년 북경에서 병사했다.

의 공헌을 이렇게 평가했다. …(中共)탄생에 중요한 역할을 한 '10월혁명(1917)'은 중국의 지식인을 각성시켰고 마르크스주의를 전파했다. '10월혁명' 포성은 (中共)탄생을 촉진했다(中共中央文獻硏究室, 1995: 3). (七大)정치보고에서 모택동은 이렇게 말했다. …소련은 손중산의 (聯共)정책을 지지하고 북벌전쟁을 지원했다. 항전 개시 후 소련은 중국의 항전을 가장 먼저 지원했다(毛澤東, 1991: 1085). 4월 24일 모택동은 이렇게 말했다. …소련은 중공의 친구이다. 소련인민은 중국인민의 가장 친근한 친구이다(李穎, 2012: 132). 사철은 이렇게 회상했다. …모택동은 손평(孫平) 등의 열석(列席)을 요청했다. (大會)폐막 후 모택동은 손평에게 (七大)문건을 넘겨주며 '(蘇共)중앙 전달'을 부탁했다(黃修榮, 2014: 1012). 공산국제는 '대혁명 실패'의 장본인이며 스탈린은 변절자 향충발을 '총서기'로 발탁한 주범이다. 스탈린은 중공을 소련의 '괴뢰(傀儡) 정당'[3508]으로 간주했다. 한편 모택동의 '높은 평가'는 '(中蘇)악화된 관계'[3509] 완화를 위한 책략이었다.

3508 스탈린은 공산국제 지부인 중공을 소련의 '괴뢰(傀儡) 정당'으로 간주했다. 한편 '중공 6대'는 중공이 소련의 '괴뢰정당'이라는 단적인 증거이다. 스탈린이 파견한 미프·로니마제 등 공산국제 대표는 중국혁명에 막대한 손실을 끼쳤다. 또 중공에 이른바 '소련 (武裝)보위'를 강요했다. 독소전쟁 발발 후 (軍事)협조 요구가 모택동에게 거절된 후 스탈린은 공산국제를 해산시켰다. '(中共)7대' 후 중공은 '(傀儡)정당' 악명에서 벗어났다.

3509 스탈린의 '장개석 (軍事)지원'과 모택동의 '군사 협조' 거절로 중공과 소공(蘇共) 관계는 견원지간이 됐다. 공산국제 해산 후 모택동은 (延安)정풍을 통해 스탈린이 파견한 왕명 등 '소련파'를 제거했다. 당시 중공과 '미군관찰조'의 밀접한 관계는 스탈린의 불안감을 자아냈다. 스탈린은 '얄타협정(1945.2)'에 따른 소련군의 '동북 출병(1945.8)'을 중공에 통보하지 않았다. 이는 중공·소공 간 관계가 악화일로로 치달았다는 단적인 증거이다. 실제로 국민정부와 중국의 국익을 손상시킨 '중소우호동맹'을 체결(1945.8)한 스탈린은 장개석의 '중국 통일'을 지지했다. 이는 스탈린이 결코 '중공의 친구'가 아니었다는 단적인 반증이다.

'(中共)7대' 전후 모택동이 공산국제와 소련의 '공헌'을 높게 평가한 원인은 ① '중공 영수' 인정(1938.7)[3510]에 대한 감사 표시 ② 독소전쟁 후 악화된 (蘇共)관계 만회 ③ (國共)내전 임박, 소련 지지 절박 ④ 독소전쟁 승전 가시화, 높아진 스탈린의 국제적 위상 ⑤ 모택동사상 정립, 소련 인정 필요 ⑥ '소련파 제거'에 대한 모스크바의 불만 해소 ⑦ '미군관찰 조(美軍觀察組)'[3511]의 (延安)방문에 대한 (蘇聯)불안감 해소[3512] ⑧ '얄타협정' 에 따른 소련군 '출병' 감안 ⑨ 소련에 '볼모로 집힌' (長子)모안영의 '안 전 고려' 등이다. 당시 '국민당 6대'에서 확정한 '중공 타도' 책략으로 (國共)내전이 일촉즉발 상태였다. 결국 모택동은 연안에 주재한 (蘇聯)첩 보원 블라디미노프를 통해 스탈린에게 '화해 메시지'를 전달했다. 한편 스탈린은 모택동이 갈구한 '관계 완화'와 (和解)요청을 무시했다.

6월 9일 임필시의 주재로 (七大)하이라이트인 중앙위원 선거가 진행 됐다. 6월 10일 임필시가 투표 경과를 보고했다. 전체 투표(543표) 중 과

3510 1938년 7월 공산국제 총서기 디미트로프는 곧 귀국하는 왕가상과 임필시에게 이렇 게 말했다. …모택동 동지는 중국혁명의 실천을 통해 배출된 중공의 지도자이다. 따 라서 왕명 등 소련 유학파는 중공 영수 지위를 탐내선 안 된다(徐則浩, 2001: 190). 결국 이는 공산국제가 모택동의 '중공 영수' 지위를 인정한 것으로 간주된다. 8월 초 우여 곡절을 거쳐 연안(延安)에 도착한 왕가상은 공산국제의 '중요한 의견'을 당중앙에 전 달했다.

3511 '미군관찰조(美軍觀察組, 1944.7~1947.4)'는 미국정부가 연안에 파견한 '군사소조(軍事小 組)'를 가리킨다. 1944년 7~8월 배럿(Barrett)을 조장(組長)으로 한 '관찰조' 18명이 두 번에 나눠 연안에 도착했다. '관찰조'의 임무는 일본군 정보를 수집하고 (中共)군대의 '日軍)작전' 상황을 살피는 것이다. 1947년 4월 '관찰조'는 연안에서 철수했다.

3512 모택동과 블라디미노프(孫平) 통역인 사철은 이렇게 회상했다. …'미군관찰조'가 연안 에 도착(1944.7)한 후 (駐華)미국 대사 헐리(Hurley)가 연안을 방문(1944.11)했다. 이는 소 련측의 불안감을 자아냈다. 당시 모택동은 손평에게 '미국인 접촉' 취지를 설명했다 (師哲, 2005: 6). 이 시기 중공과 소공(蘇共) 간 관계가 악화된 상황에서 스탈린의 '중공 불 신'이 심화됐다. '(中共)7대'에서 모택동이 '소련 공헌'을 높게 평가한 주된 이유이다.

반수를 넘긴 44명이 (七大)중앙위원에 당선됐다. 예선 명단에서 탈락한 1명은 (軍委)부주석 왕가상(王稼祥)[3513]이다. (大會)부비서장인 이부춘이 '(最多)득표수' 순서대로 발표한 (七大)중앙위원은 모택동·주덕·유소기·임필시·임백거·임표·동필무·진운·서향전·관향응·진담추[3514]·고강·이부춘·요수석·이립삼·나영환·강생·팽진·왕약비·장운일·하룡·진의·주은래[3515]·유백승·정위삼·장문천·채창·등소평[3516]·육정일·증삼·엽검영·섭영진·팽덕회·등자회·오옥장·임풍(林楓)[3517]·등대원·장정승·이선념·서특립·담진림·박일파·왕명·박고이다.

3513 (七大)주석단은 왕가상을 중앙위원 입후보자로 결정했다. 6월 9일 (正式)중앙위원 선거에서 204표를 얻은 왕가상은 낙선됐다. 6월 10일 (七大)제20차 회의에서 모택동은 후보(候補)중앙위원 서거에 관한 보고를 했다(中共中央黨史研究室, 2005: 169). 결국 모택동의 '동원(動員)' 효과로 낙선자 왕가상은 득표 순위 2위로 (候補)중앙위원에 당선됐다.

3514 '7대(七大)'에 불참한 진담추(陳潭秋)는 득표 순위 11위로 중앙위원에 당선됐다. 1943년 9월 27일 진담추는 우루무치에서 반동 군벌 성세재에게 비밀리에 살해됐다. 당시 당중앙은 진담추가 '투옥' 중인 것으로 알고 있었다(李忠傑 외, 2006: 264). '중공 1대' 대표인 진담추와 함께 처형된 고위간부 중 모택동의 동생 모택민(毛澤民)도 있었다.

3515 (七大)주석단 멤버인 주은래가 '득표 23위'로 중앙위원에 당선된 주된 원인은 ① '9월회의(1943)', 심각한 반성 ② (七大)대표, '(王明)추종자'로 간주 ③ '왕명노선' 비판 결과 ④ 정풍운동 불참 ⑤ 모택동의 '주은래 불신' ⑥ 디미트로프의 '주은래 변호' ⑦ (武漢)장강국 2인자' 등이다. 실제로 주은래의 '23위 (中央委員)당선'은 정풍운동의 결과물이다. 이는 이 시기 주은래가 중공 영수 모택동의 불신을 받았다는 단적인 방증이다.

3516 모택동은 등소평에게 보낸 전보(1945.6.10)에 이렇게 썼다. …(七大)중앙위원 선거에서 당신은 (正式)중앙위원에 선출됐다. 팔로군 지휘부에서 대기하며 태항(太行)에 들리는 미국 비행기를 타고 연안에 와서 (七大)회의에 참석하기 바란다(逄先知 외, 1993: 804). '중공 7대'에 불참한 등소평은 '득표 순위' 28위로 중앙위원에 당선됐다. 결국 이는 이 시기 북방국 서기 등소평이 중공 영수 모택동의 신임을 받았다는 단적인 증거이다.

3517 임풍(林楓, 1906~1977), 흑룡강성 망규(望奎) 출신이며 공산주의자이다. 1927년 중공에 가입, 1930~1940년대 (北平)시위 서기, 천진시위 서기, (晉綏)분국 부서기, (七大)중앙위원, 건국 후 중앙고급당학교 총장, 전국 인대 부위원장을 역임, 1977년 북경에서 병사했다.

(七大)중앙위원 중 100% 득표율을 기록(滿票, 547票)한 4명의 당선자는 모택동·주덕·유소기·임필시였다. 대회에 불참한 (中央委員)당선자는 이립삼·관향응·등소평·장운일·등대원·왕약비 등 13명이다. 또 (七大)주석단 멤버 주은래가 '득표수 23위'로 당선된 것은 그가 '(王明)노선 추종자'로 간주됐다는 단적인 증거이다. 임표·하룡·유백승·팽덕회·진의 등 15명의 '(部隊)지휘관 당선'은 모택동이 (國共)내전을 준비하고 있었다는 반증이다. '소련파'의 당선자는 왕명·박고·낙보 3명이며 채창(蔡暢)은 유일한 (女性)중앙위원이었다. 한편 '사망자(1943.9)' 진담추가 (七大)중앙위원에 '당선'된 것은 불가사의 그 자체이다.

(七大)주석단 멤버인 주은래가 '득표수 23위'로 중앙위원에 당선된 것은 '(周恩來)반성회'로 불리는 '9월회의(1943)'와 관련된다. 회의에서 5일 간 자신의 '과오'를 철저히 반성한 주은래의 (黨內)위신은 크게 추락됐다. 왕명이 병을 핑계로 회의에 불참한 상황에서 '(長江局)2인자'인 주은래에게 비판의 화살이 쏟아졌다. 결국 이는 주은래가 '왕명 추종자'로 간주되는 결과를 초래했다. 결국 '9월회의(1943)' 내막을 알게 된 (七大)대표들은 심각한 반성을 주은래를 중대한 과오를 범한 '소련파'로 착각했다. 이것이 주은래의 투표수가 적은 주된 원인이다. 실제로 '(整風)창도자'인 모택동이 주은래의 '굴복'을 받아내기 위한 책략이었다.

모택동은 '신재조영심재한(身在曹營心在漢)'[3518] 고사를 인용해 주은래

[3518] '신재조영심재한(身在曹營心在漢)'은 촉나라의 장수 관우(關羽)가 조조에게 붙잡힌 후 굴복하지 않고 형장(兄長)인 유비(劉備)에 대한 충성심이 변치 않았다는 고사(古事)에서 비롯된 것이다. 한편 주은래의 '연안 회귀'는 '신재조영심재한'과 본질적 차이가 있다. 당시 (中共)수석대표인 주은래의 '중경 파견'은 국공합작(國共合作)과 공동항일(共同抗日) 대업을 이루기 위한 것이다. '오관참육장(五關斬六將)' 후 유비에게 돌아온 관우는 '영웅대접'을 받았으나, 중경에서 연안으로 돌아온 주은래는 '9월회의(1943)'의 비판대상이 됐다.

를 치켜세웠다. 즉 몸은 '적진(重慶)'에 있으나 마음은 '한(漢, 延安)'에 있다는 뜻이다. 또 주은래를 '의리의 사나이' 관우(關羽)[3519]에 비견했다. 1942년 10월 모택동은 측근 임표를 중경에 파견한 것은 주은래를 신임하지 않았다는 단적인 반증이다. 한편 모택동이 주은래를 '서기처 멤버'로 추선한 것은 현명한 결정이었다. (國共)내전에서 수훈갑 역할을 한 것은 주은래와 (東北局)서기 임표였다. 실제로 스탈린·장개석·모택동 '3거두(三巨頭)'로부터 탁월한 재능을 인정받은 중공 지도자는 주은래와 임표였다. 장개석이 '(黃埔)협력자' 주은래와 (黃埔)졸업생 임표를 '적진(中共)'에 보낸 것이 '모택동 대결'에서 패배한 중요한 원인으로 간주된다.

6월 10일 모택동은 (候補)위원 중요성에 대해 이렇게 말했다. …후보(候補)위원 선거를 소홀히 여겨선 안 된다. (候補)위원은 중앙위원과 마찬가지로 중요하다. '(中共)8대'가 연기될 경우 (候補)위원 역할이 더욱 중요해질 것이다(李忠傑 외, 2006: 425). 모택동이 강조한 왕가상의 공로는 ① 세 차례의 반'포위토벌' 참가 ② 준의회의, 중요한 역할 ③ '6중전회' 개최 기여 ④ 당을 위해 많은 '유익한 일'[3520]을 했다. (七大)주석단은 왕가상

3519 삼국시대 촉나라의 명장 관우(關羽)는 중국 민간에서 충의(忠義)·무용(武勇)의 상징이며 '의리의 화신'으로 신성시된다. 이는 '신재조영심재한(身在曹營心在漢)' 고사와 관련된다. (武將)관우와 정치가 주은래는 나름의 공통점과 차이점이 있다. 공통점은 ① (君主)유비·모택동에 충성 ② 강한 신념과 인내력 ③ '적진(曹營·重慶)', 태연자약 ④ 일편단심, 고풍량절(高風亮節) ⑤ 조조 '의석(義釋)', (西安事變)장개석 '석방' ⑥ '미염공(美髥公)' 등이다. 차이점은 '의리의 사나이' 관우는 일개 무장(武將)으로 오로지 '형님' 유비에게 충성했다. 용맹과인(勇猛過人)하지만 지략이 부족한 관우는 무원칙적으로 '패군지장(敗軍之將)' 조조에게 살길을 열어줬다. 한편 탁월한 정치가·군사가·외교가인 주은래는 국내외의 인정받은 '20세기 위인'이다. 26년 간 총리직을 맡은 주은래는 수십년 간 '중공 2인자' 역할을 했다. 문혁 시기 '재상 역할'을 한 주은래는 (中美)관계 정상화'의 수훈갑이다.

3520 1938년 8월 연안에 돌아온 왕가상은 공산국제의 '의견'을 당중앙에 전달했다. 이는

을 '(候補)위원' 입후보자 1순위로 결정했다(雷國陳 외, 2003: 388). 실제로 왕가상은 모택동의 '영수(領袖) 지위' 확립에 크게 기여했다. 한편 '소련파' 왕가상의 '중앙위원 낙선'은 정풍운동과 관련된다.

6월 11일 투표수 과반수를 넘겨 당선된 (候補)위원은 요승지·왕가상·진백달·황극성·왕수도·여옥·등영초·진소민·유효·담정·정자화·유장승·속유·왕진·송임궁·장제춘·오란부(烏蘭夫)³⁵²¹·이보화·왕유주·만의·고대존(古大存)³⁵²²·증경빙(曾鏡冰)³⁵²³·진욱·마명방·여정조·나서경·유자구(劉子久)³⁵²⁴·장종손·진갱·왕총오(王叢吾)³⁵²⁵·습중훈·소경광·유란

모택동의 '(中共)영수 지위' 확립에 결정적 역할을 했다. 왕가상의 '유익한 일'은 ① '당성 강화의 결정' 작성을 주도 ② 중앙학습소조 부조장(副組長) ③ (軍委)기관의 정풍운동 주도 ④ 모택동사상 '첫 제출자' 등이다. (整風)초기 모택동의 신임을 얻은 왕가상은 '정간(精簡) 결정(1943.3)' 후 한직으로 밀려났다. 결국 이는 전형적 토사구팽이었다.

3521 오란부(烏蘭夫, 1906~1988), 내몽골 출신이며 몽고족(蒙古族), 개국상장이다. 1925년 중공에 가입, 1930년대 (蒙旗)독립여단 정치부 주임, (新編)제5사단 정치위원, 1940년대 (延安)민족대학 교육장, 내몽골(內蒙古)군구 사령관, 건국 후 내몽골자치구(自治區)정부 주석, 통전(統戰)부장, 전국 인대 부위원장, 국가 부주석 등을 역임, 1988년 북경에서 병사했다.

3522 고대존(古大存, 1897~1966), 광동성 오화(五華) 출신이며 공산주의다. 1924년 중공에 가입; 1920~1940년대 (紅軍)제11군단장, 동북국 조직부 부부장, 동행정위원회 교통부장, 건국 후 광동성 부성장, 화남(화남)분국 서기 등을 역임, 1966년 광주(廣州)에서 병사했다.

3523 증경빙(曾鏡冰, 1912~1967), 해남성 해구(海口) 출신이며 공산주의자이다. 1931년 중공에 가입, 1930~1940년대 강서성위 선전부장, 민감(閩贛)성위 조직부장, 민절감(閩浙贛)특위 서기, 건국 후 복건성 법원장, 복건성 정협 주석을 역임, 1967년 복주(福州)에서 병사했다.

3524 유자구(劉子久, 1901~1988), 산동성 동영(東營) 출신이며 공산주의자이다. 1925년 중공에 가입, 1930~1940년대 하남성위 서기, 예악(豫鄂)군구 정치위원, 중원국(中原局) 선전부장, 건국 후 전국총공회 서기처 서기, 노동부 부부장 등을 역임, 1988년 북경에서 병사했다.

3525 왕총오(王叢吾, 1910~2001), 하남성 황현(黃縣) 출신이며 공산주의자이다. 1927년 중공

도(劉瀾濤)[3526]이다. 건국 후 중요한 역할을 '후보위원'은 왕가상·속유·왕진·송임궁·나서경·습중훈·진갱·소경광 등이다. 문혁 중 진백달은 온갖 악행을 저질렀다. 1959년 습중훈은 부총리로 발탁됐고 왕진은 국가부주석에 선임됐다. 1983년 등영초는 전국 정협 주석에 당선됐다. (中共) 역사에서 부부가 (正國級)국가 지도자[3527]로 당선된 것은 주은래 부부가 유일하다. 이는 전무후무한 기록으로 남을 것이다.

1925년 광주(廣州)에서 결혼한 주은래·등영초는 50년 간 동고동락한 환난부처(患難夫妻)이다. 이들 부부의 슬하에 자녀가 없었으나 잉꼬부부(inko夫婦)[3528]로 세인의 부러움을 샀다. 장정(1935.8) 중 '큰 병'에 걸린 주은래가 목숨이 위태로울 때 등영초의 지극정성의 간호가 없었다

에 가입, 1930~1940년대 기로예(冀魯豫) 당위서기, 기남(冀南)군구 정치위원, 화북국 조직부장, 건국 후 중앙조직부 부부장, 중앙기율검사위 부서기를 역임, 2001년 북경에서 병사했다.

3526 유란도(劉瀾濤, 1910~1997), 섬서성 미지(米脂) 출신이며 공산주의자이다. 1928년 중공에 가입, 1930~1940년대 천진시위 서기, 섬감녕변구 선전부장, 진찰기(晉察冀)당위 서기, 화북국 부서기, 건국 후 중앙부비서장, 전국 정협 부주석을 역임, 1997년 북경에서 병사했다.

3527 이른바 '정국급(正國級)'은 국가의 최고위급 지도자를 지칭한다. 현재 '정국급'인 (中共)국가 지도자는 (黨)총서기·국가주석·(中央軍委)주석·전국 (人大)위원장·전국 (政協)주석·(國務院)총리 등이 포함된다. 또 중앙정치국 상무위원(常委)도 (正國級)국가 지도자에 속한다. 실제로 중국의 '정국급'은 한국의 정일품(正一品)에 해당된다. 한편 작금의 중국에서는 (黨)총서기·국가주석·(軍委)주석을 '중공 1인자'가 겸임(兼任)한다.

3528 '잉꼬부부(inko夫婦)'는 부부 사이가 화목하고 금슬이 좋은 관계를 가리킨다. 50년 동안 동고동락하고 상경여빈(相敬如賓)한 주은래 부부는 '원앙부부'에 비견된다. '혁명적 동반자' 주은래·등영초는 슬하에 자녀가 없었으나 그들의 애정은 시종일관 변함이 없었다. 연안(延安) 시기 (中共)고위간부 사이에서 '부인 물갈이'가 성행했을 때 등영초에 대한 주은래의 사랑은 한결같았다. 건국 후 등영초는 '현내조(賢內助)' 역할에 충실했다. 중공 역사에서 '조강지처(糟糠之妻)'와 백년해로를 한 중공 지도자는 주은래가 대표적 인물이다.

면 주은래는 살아남지 못했을 것이다. 건국 후 '내각'을 구성할 때 주은래는 등영초의 '장관(部長) 임명' 제의를 일축했다. 주은래 부부의 수양딸 손유세(孫維世)는 강청·진백달의 모함을 받아 옥사(獄死, 1968)했다. 주은래 사후 전국 인대 부위원장에 선임된 등영초는 1980년대 정국급(正國級)인 '정협주석(政協主席)'[3529]을 지냈다. 30년 전 그의 남편인 주은래는 제2대 (政協)주석을 역임했다. 국가 지도자 등영초는 등소평을 수반으로 한 중공 제2세대 영도집단(中共第二代領導集體)[3530]의 중요한 멤버였다.

내전(內戰) 시기 서북국 서기로 발탁돼 팽덕회의 (副手)역할을 한 습중훈은 1950년대 (國務院)비서장으로 승진했다. (中共)8대에서 중앙위원에 피선된 후 국무원 부총리로 진급(1959)해 주은래의 부수(副手)가 됐다. 1962년 모택동의 심복인 강생의 모함을 받아 실각한 후 16년 간 (軟禁)생활을 했다. 팽덕회의 (副手)역할을 한 것이 화근이 됐다. 실제로 습중훈을 실각시킨 장본인은 모택동이다. 1978년에 복권해 광동성장(廣東省長)에 부임한 습중훈은 등소평이 창도한 개혁개방의 '선도적 역할'[3531]을

3529 '정협주석(政協主席)'은 중국인민정치협상회의 주석의 약칭이다. (政協)회의는 중공이 영도하는 통일전선조직이다. 1949년 6월 (統戰)준비회의 개최, (政協)주석의 임기는 5년이다. 역대 '정협주석'은 제1기 모택동, 제2~4기 주은래, 제5기 등소평, 제6기 등영초(1983~1988)이다. 한편 등영초는 '(正國級)정협주석'을 역임한 유일한 여성이다.

3530 중공 제2세대 영도집단(中共第二代領導集體)은 (中共)11기 3중전회(1978) 후 출범한 '등소평 핵심'의 영도집단을 가리킨다. 제2세대 영도집단의 중요한 멤버는 진운·엽검영·이선념·호요방·팽진·등영초·양상곤 등이다. 등소평 등은 모택동의 후임자 화국봉(華國鋒)이 범한 (左的)과오인 '2개 범시(兩個凡是)'를 시정, 경제건설 중심의 개혁개방을 추진했다. 한편 등소평·진운은 1950대 (中共)1세대 영도집단의 중요한 멤버이다.

3531 중공중앙은 광동성장을 역임한 습중훈의 '선도적 역할'을 이렇게 평가했다. …1979년 등소평은 습중훈이 제출한 광동의 인문(人文)·지리적 우세를 이용, 개혁개방의 선도적 역할을 해야 한다는 주장을 찬동했다. 결국 광동성은 '특구(特區)' 우세를 이용해 개혁개방의 창구(窓口) 역할을 했다(人民日報, 2002.5.31). 실제로 광동성의 개혁개방 성공

했다. 1981년 북경으로 전근된 후 서기처 서기로 보선됐다. 30년 후 그의 장남(習近平)이 (中共)최고 지도자로 당선됐다. (中共)역사에서 부자(父子)가 '(正國級)국가 지도자'를 지낸 것은 그 전례를 찾아보기 어렵다.

6월 11일 (七大)폐막사를 한 모택동은 이렇게 말했다. …'(中共)7대'는 승리의 대회이며 단결의 대회이다. '중공 7대'의 세 가지 중요한 사안은 ① 당의 전략과 목표를 확정 ② 당장(黨章)을 통과 ③ 새로운 중앙위원회 선출이다(高新民 외, 2003: 389). 임필시가 새로 선출된 (候補)중앙위원을 소개했다. 회의는 '군사문제 결의'와 '(七大)당장'을 통과시켰다. 또 (七大)명의로 혁명 열사를 추모하는 '추도식 개최'를 결정했다. 폐막사에서 모택동은 '우공이산(愚公移山)'[3532]을 이야기했다. 전체 대표가 '국제가'를 부른 후 50일 동안 열린 중공 7차 당대회는 폐막했다.

6월 19일 (延安)양가령에서 '(七大)1중전회' 제1차 회의가 열렸다. 회의는 모택동·주덕·유소기·주은래·임필시·진운·강생·고강·팽진·동필무·임백거·장문천·팽덕회 13명을 중앙정치국 위원으로 선출하고 모택동·주덕·유소기·주은래·임필시를 (中央)서기처 멤버로 선임했다. 또 회의는 모택동을 (中共)중앙위원회·정치국·서기처 주석으로 선임, 임필시·이부춘을 (中共)중앙위원회 (正副)비서장으로 임명했다. 회의에서 모택동은 정치국 위원(13명) '추선(推選)'에 대해 설명했다. (七大)정치국 위

은 중국의 경제특구(經濟特區) 설립과 연해(沿海) 도시의 급발전에 중요한 역할을 했다.

3532 모택동은 '우공이산'에 대해 이렇게 말했다. …옛날 시골 노인 우공은 집 앞의 태항산·왕옥산(王屋山)을 옮기려고 매일 산을 깎았다. 이에 감동한 하느님이 신선을 파견해 2개의 산을 옮겼다. 우공을 본받아 중국인을 억누르고 있는 제국주의·봉건주의를 제거해야 한다(毛澤東, 2008: 1102). 상기 '제국주의'는 미국, '봉건주의'는 국민당 정부를 가리킨다. 이는 모택동이 인간의 (主觀)능동성을 강조한 유심사관 영향을 받았다는 반증이다.

원은 '소련파' 장문천을 제외한 나머지 12명은 모두 모택동의 측근자였다. 실제로 상기 (政治局)위원은 모택동이 결정한 것이다.

(七大)정치국 위원 진운은 '(中共)8대'에서 당중앙 부주석에 선임됐다. (文革)시기 실권(失權)한 후 강서성에 하방됐다. 1950년대 (人大)부주임·(八大)서기처 서기로 선임된 팽진은 문혁 시기 실각했다. 진운과 팽진은 (中共)제2대 영도집단의 핵심 멤버이다. 강청의 (策士)노릇을 한 강생은 온갖 악행을 저질렀다. (國家)부주석에 당선된 고강은 유소기와의 권력투쟁에서 패배한 후 자살(1954.8)했다. '(中共)1대' 참석자 동필무는 최고법원장·국가(代理)주석을 역임했다. (人大)부위원장을 지낸 임백거는 1960년에 병사했다. 여산회의(1959.8)에서 장문천·팽덕회는 (反黨集團)주범으로 몰렸다. 1960년대 주은래를 제외한 (七大)정치국 위원은 타도됐거나 한직으로 밀려났다. 모택동이 임표·강청 일당을 중용했기 때문이다.

'소편파' 왕명은 유명무실한 (七大)중앙위원이었다. 1946년 4월 박고는 '(延安)회귀' 중 비행기 사고로 사망했다. 왕가상은 1950년대 (蘇聯)주재 대사를 역임했다. 준의회의에서 모택동을 공격한 개풍은 (七大)중앙위원 입후보자 명단에서 빠졌다. '소련파' 추종자 이유한은 (中央委員)입후보자에서 제외됐다. '소련파'의 중용을 받은 양상곤은 중앙위원 선거에서 탈락했다. 1950년대 후반 왕명의 '소련 피난'과 장문천의 실각으로 '소련파'는 몰락했다. 문혁 중 왕가상과 장문천은 정치적 박해를 받았다. 문혁 시기 12년 동안 감금됐던 양상곤은 제4대 국가주석(1988)에 선임됐다. 제3대 국가주석은 (七大)중앙위원인 이선념이다.

(延安)양가령에 세워진 대형소상군(大型塑像群) 중심에는 모택동, 좌측에 유소기, 우측에 주은래, (左右)양옆은 주덕·임필시이다. (塑像)순위

는 모택동·유소기·주은래·주덕·임필시이다. (七大)서열은 모택동·주덕·유소기·주은래·임필시이다(黃少群, 2015: 784). 등소평은 이렇게 주장했다. …준의회의 후에 형성된 중공 제1세대 영도집단(中共第一代領導集體)[3533]은 '(中共)7대'에서 출범했다. 그들은 모택동·유소기·주은래·주덕·임필시이다(鄧小平, 1993: 309). 연안의 '대형소상군' 순위는 1950년대의 (中共)지도자 서열을 기준으로 삼은 것이다. 당시 (中共)지도자 서열은 모택동·유소기·주은래·주덕이다. (七大)서기처 서기 서열은 모택동·주덕·유소기·임필시·주은래이다. '만표'로 중앙위원에 당선된 임필시의 역할이 주은래(23위)보다 훨씬 컸다. 한편 '제1대 영도집단'에 장문천을 넣어야 한다는 일각의 주장은 설득력이 떨어진다. 모택동이 중공 영수(1938.11)로 등극한 후 장문천은 한직으로 물러났다.

　　제1세대 영도집단의 (權力)서열은 고정불변이 아니다. 모택동이 '(中共)1세대'의 핵심 멤버라는 것은 의심의 여지가 없다. 제1세대 영도집단의 윤곽이 드러난 것은 '7중전회' 주석단 멤버(五人)였다. 제1세대 영도집단의 (權力)서열 변화는 '소련파' 제거가 취지인 정풍운동의 결과물이다. '중공 7대' 후 주은래의 '2인자 리더십'[3534]과 역할이 부각되면서 중

3533　'(中共)7대'에서 출범한 중공 제1세대 영도집단은 모택동을 핵심으로 한 (第一代)영도집단을 가리킨다. 준의회의 후 형성된 제1세대 영도집단은 1976년에 사명을 완수했다. 한편 정풍운동과 '정간(精簡)결정(1943.3)'이 집단영도의 출범에 중요한 역할을 했다. 1950년대 재평성된 (中共)제1세대 영도집단 멤버는 모택동·유소기·주은래·주덕·임필시·등소평·진운·팽진·팽덕회 등이다. 문혁 시기 '영도집단'은 유명무실해졌다.

3534　'2인자 리더십'은 '1인자'를 보좌하는 행정력을 가리킨다. 장정 중 홍군 지도자 주은래·모택동의 지위가 역전됐다. 한편 장기간 '(中共)2인자' 역할을 하며 중공 영수 모택동을 보좌한 주은래는 (國共)내전 승리에 수훈갑 역할을 했다. 주은래를 '성공한 2인자'로 간주하는 원인은 뛰어난 정치·군사적 리더십과 정치적 자질, 탁월한 행정력·외교력을 겸비한 정치가였기 때문이다. 이 또한 (毛周)체제가 40년 간 유지된 주요인이다.

공 지도부의 (權力)서열이 변화됐다. 건국 후 주은래·주덕의 (黨內)지위 역전은 필연적 결과였다. '중공 8대(1956)' 후 완미한 (中共)제1세대 영도 집단 체제가 확립됐다. 한편 문혁 기간 '집단영도' 체제는 유명무실해 졌다. 당시 '모택동 우상숭배'가 최절정에 달했기 때문이다.

1941~1943년 '실질적 2인자' 역할을 한 임필시는 (中共)지도자의 입지를 굳혔다. '중공 2인자'로 부상한 유소기는 모택동사상 정립의 일등 공신이다. (七大)군사보고자 주덕은 '(權力)서열 2위'로 부상했다. (七大)주석단에 걸린 (朱毛)초상화가 단적인 증거이다. (國共)내전에서 '(軍事)리더 십'을 과시해 '중앙군위' (常任)부주석을 맡은 주은래는 '(軍委)2인자'[3535] 였다. 한편 모택동은 주덕·유소기·주은래에게 '서열 2위'의 권한을 부여하지 않았다. '고단수 정치가' 모택동이 '권모술수 대가'[3536]라는 단적인 반증이다. 임필시가 병사(1950.10)한 후 '(集團)지도' 체제에 허점이 생겼다. '(中共)8대'에서 (書記處)서기로 당선된 등소평과 (中央)부주석 진운이 합류한 후 모택동·유소기·주은래·주덕·진운·등소평의 (集團)체제가 굳어졌다. 문혁 시기 모택동의 부수(副手)는 주은래가 유일했다. 현재 중국정부가 주은래를 '(中共)서열 2위'로 간주하는 주된 이유이다. 실제로

3535 (中共)상임위원(1927.7)인 주은래는 남창봉기의 주요 지도자이다. 장정 전 '(最高)3인단' 멤버인 주은래는 '(軍委)1인자'였다. 주은래는 (紅軍)섬북 도착(1935.11)과 홍군 3대 주력 회합(1936.10), 낙천회의(1937.8)에서 모두 (軍委)부주석에 선임됐다. '(中共)7대'의 (軍委)부주석은 주덕·주은래·유소기와 (候補)중앙위원인 왕가상이다. 한편 (國共)내전 시기 중앙군위의 상임(常任) 부주석에 임명된 주은래는 사실상 '(軍委)2인자'였다.

3536 권모술수(權謀術數)는 지도자가 권력 보존을 위해 사용하는 정치적 수단과 술책을 가리킨다. '(中共)7대' 전후 모택동은 3명의 부수(副手) 유소기·주덕·주은래에게 역할 분담을 시켰다. 유소기는 모택동사상을 정립, 주덕에게 군사보고를 맡겼다. (國共)내전 시기 주은래는 '(軍委)2인자', 유소기에게 (代理)중앙주석을 맡겼다. 결국 유소기·주은래의 (副手)권력을 분할·배치했다. 이는 모택동이 '권모술수 대가'라는 단적인 반증이다.

주은래는 40년 간 '중공 2인자'[3537] 역할을 했다.

'(中共)7대'는 중공 역사에서 중요한 당대회로 간주된다. '(中共)6대' 개최 후 17년 만에 열린 '7대'는 모택동이 주도한 정풍운동 결과물이다. 결국 왕명 등 '소련파'가 제거되고 모택동을 수반으로 한 (中共)제1세대 영도집단이 탄생됐다. 한편 중공이 제출한 '연합정부'는 국민당의 거절로 무산됐다. 이는 (內戰)준비를 위한 (國共)담판을 유발했다. '(中共)7대'의 가장 큰 성과물은 마르크스주의 '중국화'인 모택동사상의 정립이다.

제2절 마르크스주의 '중국화(中國化)'와 모택동사상 정립

1. 마르크스주의 '구체화(具體化)'와 '중국화(中國化)'

'중국화'는 마르크스주의 이론을 중국 실정에 맞게 적용한다는 것이다. '(中共)7대'에서 당의 지도사상으로 확정된 모택동사상은 '중국화'의 결과물이다. (毛澤東)군사사상은 당이 영도하는 독립자주적 유격전쟁을 가리킨다. (井岡山)시기 형성된 유격전술은 (毛澤東)군사사상의 핵심이다. 모택동사상은 중공이 모스크바의 지배에서 벗어나 독립적 정당으로 거듭났다는 반증이다. 한편 1950년대 모택동사상은 '금기시(禁忌

3537 1927~1935년 주은래는 모택동의 직속상관이었다. 장정 중 (周毛)지위가 역전, 주은래는 (軍委)부주석으로 '좌천'됐다. 그 후 (毛周)지도 체제가 41년 동안 유지됐다. 주은래가 40년 간 모택동의 가장 중요한 조력자(副手)로, '중공 2인자' 역할을 할 수 있었던 것은 그가 탁월한 정치가·군사가·외교가였기 때문이다. 건국 후 명의상 '서열 3위'인 주은래는 26년 동안 국무원 총리를 맡은 (中共)실세였다. 문혁 시기 모택동의 '부수(副手)'는 사실상 주은래 한 사람이었다. 이 시기 유소기는 타도되었고 주덕은 중남해에서 쫓겨났다.

視)'[3538]됐다.

중국혁명은 마르크스주의 이론이 필요했으나 마르크스주의는 자본주의 국가의 사회적 환경에서 출범된 이론이다. 반식민지·반봉건 사회인 중국에 그대로 적용할 수 없었다. 결국 마르크스주의 '중국화'는 필연적 결과였다(葉成林, 2006: 145). (蘇聯)10월혁명은 도시 중심의 노동운동을 바탕으로 승리했다. 1920~1930년대 중국에 전파된 마르크주의는 소련 경험을 정리한 '서방 이론'이다. 공산국제는 (中共)지부(支部)[3539]에 소련 경험을 그대로 적용할 것을 강요했다. 중공이 공산국제의 지부가 된 것은 '중공 2대(二大)'[3540]에서 통과한 '결의안'과 관련된다. 독립자주를 의미하는 '(Marxism)중국화'[3541]를 온전하게 실현한 것은 (中共)영수 모

3538 1950년대 모택동은 '모택동사상' 용어 사용을 금지했다. 이는 소련정부가 '(中共)7대'에서 출범한 모택동사상을 줄곧 인정하지 않은 것과 관련된다. 실제로 스탈린은 모택동사상이 마르크스·레닌주의와 '같은 레벨'인 모택동주의로 발전되는 것을 극구 꺼려했다. 한편 '중공 8대(1956)'에서 모택동사상을 제기하지 않은 것은 (中蘇)관계에 악영향을 미치는 것을 우려했기 때문이다. 또 이는 흐루쇼프의 '스탈린 비판'과 크게 관련된다.

3539 '중공 2대(1922)'는 '(中共)공산국제 가입 결의안'을 통과시켰다. 이는 중공이 공산국제의 지부(支部)가 됐다는 것을 반증한다. 공산국제의 하급 조직인 중공이 공산국제 지시에 복종하고 관련 결의안을 반드시 집행해야 했다(李穎, 2012: 35). 결국 독립적 결정권을 상실한 중공은 모스크바의 '괴뢰(傀儡)정당'으로 전락하는 결과를 초래했다.

3540 상해에서 열린 '중공 2대(1922.7)'에서 내린 중요한 결정은 ① '최고강령(綱領)' 제출 ② '중공 장정(章程)' 제정 ③ '대회선언' 통과 ④ '중국 공산당 만세' 구호 제출 ⑤ '(共産國際)가입 결의안' 채택 ⑥ '민주집중제' 원칙 제정 등이다(李穎, 2012: 28). 결국 스탈린이 지배한 공산국제는 (中共)상급자가 됐다. 한편 모택동의 '2대 불참'은 여전히 미스터리이다.

3541 이른바 '마르크시즘(Marxism)'은 단순한 마르크스주의 이론이 아니라 공산국제 '지시'와 (蘇聯)혁명 경험을 의미한다. '중국화'는 중국의 실정에 맞는 당의 지도사상과 군사전략을 가리킨다. 모택동이 '중국화 제출' 목적은 (黨內)교조주의자 제거와 모스크바 지배에서 벗어나기 위한 것이다. 한편 '(Marxism)중국화' 결과물은 '7대'에서 출

택동이었다. 한편 모스크바의 '중공 간섭'은 '(共産國際)당장 수정'과 관련된다.

20세기 30년대 출현한 '중국화'는 (哲學)통속화 운동과 관련된다. 1938년 철학자 호승(胡繩)[3542]은 저서에서 (中國化)함의를 설명하고 중국의 실정에 맞게 이론을 설명해야 한다고 주장했다(李忠傑 외, 2006: 101). '(中共)6중전회'에서 모택동이 제출한 '구체화'는 소련 경험의 '무조건 적용'을 반대하기 위한 것이다. 한편 '신민주의론'에서 자본주의 발전과 '외자(外資) 유입'을 제창한 것은 외국의 기술을 중국에 적용해 (中國)발전을 촉진한다는 의미가 내포됐다. 1950년대 모택동은 독립자주의 자력갱생(自力更生) 방침을 제정했다. 작금의 중국정부가 주창하는 '중국화'는 독립자주적 '마의웨이(MyWay)'[3543]로 가야 한다는 뜻이다.

'공산국제 5대(五大)'[3544]의 '장정(章程)'은 이렇게 규정했다. …각 국

범한 모택동사상이다.

3542 호승(胡繩, 1918~2000), 강소성 소주(蘇州) 출신이며 공산주의자이다. 1938년 중공에 가입, 1930~1940년대 '(武漢)전민주간' 편집장, 신화일보사 편집장, 건국 후 인민일보사 사장, 중국사회과학원 원장, 전국 정협(政協) 부주석을 역임, 2000년 상해에서 병사했다.

3543 '마의웨이(MyWay)'는 남을 의식하지 않고 자신의 길로 나아간다는 뜻으로, '아행아소(我行我素)'의 부정적 의미가 매우 강하다. 1950년대 모택동 시대의 계획경제, 1980년대 개혁개방과 사회주의 시장경제, 2000년대 '과학발전관' 등은 마르크스주의 '중국화' 결과물이다. 작금의 중국정부는 경제적으로 '시장경제', 정치적으로 사회주의 제도를 견지하고 있다. 실제로 중국정부의 '중국 특색 사회주의'는 전형적인 중국식 '마의웨이'이다.

3544 1924년 6~7월 모스크바에서 열린 '공산국제 5대(五大)'에 참가한 (中共)대표는 이대쇠(李大釗)·왕하파(王荷波)·나장룡 등이다. 대회에서 '민족과 식민지 문제'에 관한 보고를 한 공산국제 지도자 만누일스킬(Manuilskil)은 국민당에 가입한 공산당원은 진정한 '혁명(革命) 선봉대'라고 칭찬했다. 또 보고에서 만누일스킬은 중공의 '독립성(獨立性)'을 강조했다. 한편 이 시기 '국공합작(國共合作) 찬성자'는 이대쇠·모택동 등 소수였다.

지부(支部)는 공산국제 지시를 무조건 집행해야 한다. 공산국제는 (各國) 지도자를 임면(任免)할 권리가 있다. '공산국제 6대(六大)'[3545]의 '장정'은 이렇게 썼다. …공산국제는 각 지부에 (駐在)대표와 특파원을 파견해 업무를 지도할 수 있다(王素莉, 2006: 103). '(第三國際)창건자' 레닌은 과도한 '민주집중제(民主集中制)'[3546]를 경계해야 한다고 경고했다. 스탈린이 막후 조정한 공산국제는 (民主集中制)원칙을 빌미로 (中共)내정에 간섭했다. 모스크바에서 열린 '중공 6대'가 단적인 증거이다. 이는 홍군의 장정(長征)을 초래했다. 결국 중공은 모스크바의 '괴뢰(傀儡)정당'[3547]으로 전락했다. 한편 공산국제는 스탈린의 지시를 전달하는 '(傀儡)조직'이었다.

1920년대 (中國)지식인들은 공산국제의 도움으로 모스크바에서 마르크스주의 이론을 학습했다. 그러나 (革命)경력이 짧아 중국혁명에 대한 이해가 부족한 젊은 지식인들은 마르크스주의 이론을 중국의 실정에 맞게 적용해야 한다는 것을 알지 못했다(葉成林, 2006: 146). 임필시

3545 1928년 7월 모스크바에서 열린 '공산국제 6대(六大)'에 참가한 중공 대표는 구추백·주은래·장국도·왕약비·소조정·등중하 등이다. 대회는 공산국제 총서기 부하린의 '국제 정세와 공산국제의 임무'라는 보고를 통과시켰다. 한편 대회에서 제출한 '제3 시기' 이론은 (左傾)맹동주의를 유발, 이는 중국혁명에 막대한 손실을 초래했다.

3546 레닌은 이렇게 말했다. …무릇 공산국제(第三國際)에 참가한 공산당은 '민주집중제(民主集中制)'를 조직 원칙으로 삼아야 한다(Lenin, 1989: 202). '(二大)결의안'은 공산국제의 21개 조건을 완전히 승인한다고 썼다. 당시 '민주집중제'는 공산국제의 중요한 원칙이었다. '중공 2대'에서 '민주집중제'를 조직 원칙으로 확정한 원인이다(李穎, 2012: 36). 결국 '민주집중제'는 중국 공산당이 '직속상관'인 공산국제에 예속되는 결과를 초래했다.

3547 '대혁명 실패(1927.7)' 후 (支部)책임자 임면권(任免權)을 갖고 있었던 공산국제는 (中共)총서기 진독수를 파면, 그에게 책임을 전가했다. 실제로 중국혁명의 실패를 초래한 장본인은 공산국제였다. 진독수·구추백·이립삼은 공산국제의 정치적 희생양이다. 공산국제의 '막후 조정자' 스탈린은 중공에게 '소련 보위'를 강요했다. 1940년대 중공 영수 모택동은 정풍을 통해 '소련파'를 제거, 모택동사상 정립 후 소련 지배에서 벗어났다.

는 이렇게 술회했다. …당시 외국에서 마르크스주의 이론을 공부한 젊은 간부들은 중국혁명 특징을 이해하지 못했다. 귀국 후 '(蘇聯)유학파'는 소련의 경험을 천편일률적으로 중국혁명에 적용했다(任弼時, 1992.2). 1929년 11월 홍군 지도자 모택동은 당중앙에 보낸 편지(11.28)에 이렇게 썼다. …(紅軍)간부의 마르크스주의 이론 수준이 낮다. '(理論)학습'의 필요성을 절감한다. 당중앙이 발간하는 '볼셰비키잡지(Bolsheviki雜誌)'[3548]·'홍기(紅旗)'[3549]와 '레닌주의개론' 등을 보내주기 바란다(中共中央文獻研究室, 2003: 22). 1933년 전후 '소련파'에 의해 실각한 모택동은 대량의 마르크스주의 저서를 섭렵했다. 이는 '실천론' 등의 작성에 도움이 됐다. 한편 '(蘇聯)유학파' 임필시는 전형적 교조주의자였다. 또 '28개(半)볼셰비키'인 왕명·박고·낙보·양상곤 등은 공산국제에 충성한 교조주의자로 전락했다.

마르크스주의를 창시한 마르크스·엥겔스·레닌은 모두 유럽 출신이다. 유럽의 언어로 작성된 마르크스주의 저서는 중국혁명을 취급하지 않았다. 중국의 역사와 사회발전은 유럽과 크게 다르며 중국 특유의 특수성을 갖고 있다(中共中央黨史研究室, 2006: 147). 소련에서 마르크스주의 이론을 전공한 공산주의자들은 10월혁명 경험을 그대로 중국혁명에

3548 1927년 10월 24일에 창간된 '볼셰비키잡지(Bolsheviki雜誌)'는 중공중앙의 (機關)간행물이다. 당시 국민당 당국의 검사·(雜誌)차압을 피하기 위해 '중앙반월간(中央半月刊)'·'중국문화사(中國文化史)' 등 화명(化名)을 사용, 1932년 7월 총 52기(期)를 발행한 후 정간됐다.

3549 중공중앙 기관보 '홍기(紅旗)'는 1928년 11월 20일 상해에서 창간, 사각재(謝覺哉)가 편집장을 맡았다. (紅旗)창간호에 당중앙은 '전 국민에게 고하는 글'을 발표했다. 126기를 발행한 '홍기'는 1930년 8월 15일 '상해보(上海報)'와 합병, 홍기일보(紅旗日報)로 개편됐다.

적용했다. 결국 도시 중심의 노동운동과 대도시의 무장폭동은 전부 실패했다. 중국혁명 특수성을 인지하지 못한 공산국제의 지휘 실책이 결정적 패인이다. 중공 지도자를 속죄양으로 삼은 모스크바는 '대혁명 실패' 책임을 중공 지도부에 전가했다. (右傾)기회주의자로 몰린 진독수의 파면(1927.7)과 '(中共)6대'에서 '중공 1인자' 구추백을 경질한 것이 단적인 증거이다.

철학자 마르크스와 노동운동가 레닌이 창시한 마르크스·레닌주의는 유럽의 사회적 환경에서 탄생했다. 중국의 실정에 무지하고 (中國)농민문제 문외한인 그들은 저서에서 중국문제를 다룰 수 없었다. 18세기 영국에서 개시된 산업혁명(産業革命)[3550]으로 공업화가 발전한 유럽과 노동운동이 활발한 러시아에선 대도시 무장폭동이 성공할 수 있었다. 10월혁명은 노동운동 결과물이다. 한편 자본주의가 발전하지 못했고 산업화가 낙후된 중국은 반식민지·반봉건사회[3551]이며 농민이 90% 이상을 차지하는 것이 중국사회의 특수성이다. 또 마르크스주의 이론에 정통한 '소련파'는 혁명의 위기를 초래했으나 '(理論)문외한'인 모택동의

3550 산업혁명(産業革命)은 18세기 후반부터 100년 간 유럽에서 일어난 과학기술 혁명을 지칭한다. 영국에서 시작된 기술혁명과 공업화의 결과로 인류는 증기시대에 진입했다. 19세기 산업혁명은 유럽과 미국·러시아로 확대됐다. 이는 '전기시대' 진입을 유발했다. 이는 유럽의 노동운동 발전을 촉진했다. 한편 산업혁명은 마르크스주의 탄생의 시대적 배경이 됐다.

3551 '중국혁명과 중국공산당(1939.12)' 문장에서 모택동이 분석한 중국사회 특징은 ① 봉건시대 자급자족 제도 폐지 ② 민족자본주의 발전 ③ 전제정권 전복, 군벌·관료 통치시대 진입 ④ 제국주의, 중국경제 지배 ⑤ 중국, 분열된 사회 ⑥ 제국주의·봉건주의 이중 압박 등이다(毛澤東, 2008: 631). 결국 이는 제국주의 지배와 군벌 통치, 민족자본주의 발전이 사회적 특징인 중국이 반식민지·반봉건사회에 처해 있다는 것을 강조한 것이다.

모택동과 중국혁명 3

영도하에 중국혁명은 최종 승리를 취득했다. 마르크스주의 '중국화'는 필연적 결과였다.

1930년 5~6월 모택동은 강서성의 심오(尋烏)현에서 (尋烏)현위 서기 고백(古柏)의 협조하에 1개월 간 조사연구를 했다. (尋烏)조사를 바탕으로 모택동은 '조사공작(調査工作)'3552이란 문장을 작성했다. 문장에서 모택동은 '조사연구가 없으면 발언권이 없다'는 유명한 결론을 도출했다. 모택동이 당내와 (紅軍)지도부의 교조주의를 비판한 것이다. 한편 '조사연구(實踐)'의 중요성을 강조한 모택동의 주장에 대해 (黨內)교주주의자들은 '협소한 경험론'3553이라고 지적했다. 1941년 3월 모택동은 '농촌조사(農村調査)'3554라는 소책자를 연안에서 출간했다. 한편 (整風)필독자료'가 된 소책자는 이론과 실천의 결합 중요성을 천명했다.

모택동은 '조사연구' 성과물인 (調査工作)소책자에서 이렇게 주장했다. …중국혁명과 무장투쟁은 마르크스주의 이론이 필요하지만 이론을

3552 모택동의 '조사공작(調査工作)'은 1930년 5월 (中央)근거지에서 작성됐다. 1964년 '모택동저작선독(選讀)'에 '본본주의 반대'라는 제목으로 수록됐다. 당시 홍군에 존재하는 교조주의를 반대하기 위해 '조사(調査)' 경험을 바탕으로 쓴 것이다. 한편 모택동은 '조사공작'을 통해 '조사연구가 없으면 발언권이 없다'는 유명한 결론을 도출했다.

3553 1931년 봄 (中央)근거지에 도착한 임필시 등은 모택동의 '본본주의 반대' 주장을 '협소한 경험론'이라고 지적했다. 즉 모택동의 '경험론'은 마르크스주의 이론을 중시하지 않고 실천(經驗論)만 강조하는 기회주의 행위로 여겼다(章學新 외, 2014: 273). 결국 홍군 지도자 모택동은 득세한 '소련파'에 의해 '실권자(失權者)'로 전락했다. 한편 (延安)정풍에서 교조주의자(蘇聯派) 임필시는 자신이 범한 '중대한 과오'에 대해 철저히 반성했다.

3554 1941년 3월 '농촌조사(農村調査) 소책자'를 연안에서 재판한 모택동은 '소책자 출간' 목적을 이렇게 지적했다. …현재 형식주의·교조주의에 집착한 일부 (中共)지도자들은 조사연구의 중요성을 무시하고 있다. '기층 조사'가 없으면 발언권이 없다(中共中央文獻研究室, 2011: 637). 실제로 모택동의 '소책자 출간'은 왕명의 '소책자 재판'에 대한 정면 승부였다. 결국 모택동이 출간한 (農村調査)소책자는 (延安)정풍운동의 '필독서'가 됐다.

중국의 실정에 맞게 적용해야 한다. 이론이 (中國)실정을 외면하는 '본본주의(本本主義)'[3555]를 반대해야 한다(井岡山幹部學院, 2010: 9). '소책자'의 출간 취지는 (紅軍)교조주의 사상을 비판하기 위한 것이다. 당시 교조주의라는 용어가 사용되지 않았기 때문에 '본본주의'로 명명했다(中共中央文獻研究室, 2010: 7). '소책자'에서 모택동은 이렇게 지적했다. …(著作)주장이 모두 정확하다고 여기는 것은 (中國)농민의 전형적 사고방식이다. 이른바 마르크스주의자들은 입만 뻥긋하면 '저서(著書) 이론'을 운운한다. 또 '상급자' 지시에 순종하는 것은 교조주의적 행태이다(雷國珍 외, 2003: 352). 모택동은 이렇게 결론을 내렸다. …중국혁명의 승리는 중국 실정에 익숙한 (中國)동지들에게 의존해야 한다. 결국 이는 소련의 경험을 무조건 중국에 적용한 교주주의자들을 비판한 것이다(金冲及 외, 1996: 222). 모택동이 제출한 이론과 실천의 결합은 '(理論)중국화'를 주장한 것이다. '(紅軍)교조주의자'는 호남성위 특파원 두수경과 유안공을 가리킨다. 한편 정풍을 통해 '소련파'를 제거한 모택동은 주덕·유소기·주은래 등 '(中國)동지'들에 의존해 중국혁명의 최종적 승리를 거뒀다.

모택동은 이론·실천의 결합 중요성을 이렇게 강조했다. …이론이 실천과 결합되지 않으면 공허한 이론이 된다. 실천이 이론의 지도를 받지 않으면 맹목적 실천이 된다. 맹목적인 실천가는 협소한 경험론자로 전락한다(中共中央文獻研究室, 2010: 3). 스탈린은 이론과 실천의 관계를 이

3555 모택동은 '본본주의(本本主義)'를 실행한 교조주의자들을 이렇게 비평했다. …'상급자' 지시를 무조건 집행하는 것은 형식주의·교조주의가 작용한 것이다. 또 '상급자'에 대한 맹목적 충성은 사실상 '상급자 지시'를 거부하는 것이다. 결국 이들은 반혁명으로 전락하기 쉽다(毛澤東, 1991: 111). 상기 '상급자'는 공산국제를 의미한다. 실제로 모택동이 마르크스주의 이론을 중국혁명에 천편일률적으로 적용하는 '소련파'를 비판한 것이다.

렇게 정리했다. …실천을 벗어난 이론은 공동적(空洞的)이고 허황된 이론이다. 혁명 이론을 지침으로 삼지 않는 실천은 맹목적 실천이 될 것이다(Stalin, 1979: 200). 조사연구를 중시한 모택동은 사회조사를 지도자의 책무로 간주하고 '정책 결정' 근거로 삼았다. 또 그는 발언권은 조사연구에서 오며 사회조사가 없다면 발언권을 행사할 수 없다고 주장했다. 한편 교조주의자들은 모택동의 '조사연구 중시'를 '협소한 경험론'으로 간주했다.

감남회의(贛南會議, 1931.11)[3556]에서 통과된 '정치결의안' 골자는 첫째, (蘇區)중앙국은 군중노선을 관철하지 않았다. 둘째, '조사연구'는 협소한 경험론이며 낙후된 사상이다. 셋째, 당내의 가장 큰 위험은 (右傾)기회주의이다(徐則浩, 2001: 62). 회의에서 통과된 '조직보고'는 이렇게 썼다. …홍군 지도부의 협소한 경험론은 마르크스주의 이론을 근본적으로 부정하는 것이다. 또 협소한 경험에 근거한 '조사연구'는 농민의 낙후된 사상이다(中央檔案館, 1993: 487). (延安)정풍(1943.11)에서 임필시는 이렇게 반성했다. …'정치결의안'은 왕가상이 작성하고 '조직보고'는 당중앙의 지시를 수용한 내가 작성했다. 우리는 교조주의 과오를 범했다(任弼時, 1945.4.20). 중공 18대(十八大)[3557]후 조사연구를 중시한 습근평(習近平) 국

3556 감남회의(贛南會議, 1931.11)에서 통과된 '정치결의안'은 왕가상이 작성했다. 한편 '결의안'은 모택동이 주장한 '본본주의 반대'를 '협소한 경험론'이라고 비판했다. 또 진지전·시가전(市街戰)을 무시한 것은 유격주의(遊擊主義)라고 비난했다(逢先知 외, 2013: 357). 당시 '소련파'인 왕가상은 철두철미한 교조주의자였다. 이 또한 모택동의 '영수 등극'에 중요한 역할을 한 왕가상이 (中共)7대의 중앙위원 선거에서 낙선된 주된 원인이다.

3557 (中共)제18차 당대회는 2012년 11월 8부터 14일까지 (北京)인민대회당에서 개최됐다. 정치보고를 한 중공 총서기 호금도(胡錦濤)는 '중국 특색의 사회주의' 건설을 당의 행동강령으로 삼아야 한다고 지적했다. 또 회의는 '과학발전관(科學發展觀)'을 중국 공산당의 지도사상으로 확정하고 '소강(小康)사회 실현'을 최종 목표로 결정했다.

가주석[3558]은 이렇게 지적했다. …조사연구는 일을 성사하는 전제조건이며 (政策)결정권의 보장이다. 중공정치국은 '(中共中央)8가지 규정(八項規定)'[3559]에서 '조사연구 개선'을 1순위에 배치했다('中國檔案報', 2019.6.7). '감남회의'에서 모택동을 '협소한 경험론자'로 몰아 실권(失權)하게 한 장본인은 왕가상과 임필시였다. 작금의 중공 지도부는 모택동이 창도한 '조사연구'를 금과옥조로 여기고 있다. 이는 중국 공산당이 모택동사상을 (中共)지도사상으로 삼고 있다는 단적인 반증이다.

'공산국제 7대'[3560]에서 디미트로프는 이렇게 주장했다. …(各國)지부는 마르크스주의를 자국의 실정에 맞게 활용해야 한다. 이론은 교조가 아니며 행동지침이라고 말한 레닌의 교시를 명기해야 한다. 또 마르크스주의는 '만병통치약(萬病通治藥)'[3561]이 아니다(Dimitrov, 1950: 164. 196). '(共

3558 국가주석(國家主席)은 사회주의 국가의 수반(首班)을 지칭한다. 1990년대 이후 중국에서는 최고 국가지도자가 (黨)총서기와 국가주석을 겸임하고 있다. (對內)총서기, (對外) 국가주석이라고 부른다. '중공 20대(2022.10)'에서 국가주석을 연임한 습근평은 제7대 국가주석이다. 초대 국가주석은 모택동, 제2대 국가주석인 유소기가 타도된 후 국가주석제는 폐지됐다. 한편 1980년대 이선념과 양상곤이 제3대·제4대 국가주석을 맡았다.

3559 2012년 12월 4일 중공중앙은 정치국 회의를 열고 다음의 '8가지 규정(八項規定)'을 통과시켰다. ① 조사연구(調査研究) 개선 ② 회의(會議) 활동 개선 ③ 문건 정간(精簡), 문풍(文風) 개선 ④ 출방(出訪) 활동 간단화 ⑤ 경호공작(警護工作) 개선 ⑥ 신문보도(新聞報道) 개선 ⑦ 문고(文稿) 발표 엄격화 ⑧ 염결종정(廉潔從政) 강화 등이다.

3560 '공산국제 7대(共産國際七大)'는 1935년 7월 25일부터 8월 20일까지 모스크바에 열렸다. 왕명(中共)단장으로 하는 중공 대표단이 대회에 참석, 회의는 스탈린·디미트로프·만누일스키·왕명 등을 (大會)주석단 멤버로 선정했다. 한편 '7대(七大)'에서 통과된 주요 전략은 ① (左傾)종파주의 극복 ② 통일전선 설립 ③ 공작(工作)방법 개선 등이다. 또 대회에서 통과된 '결의'는 각국 공산당의 내정에 간섭하지 않는다고 규정했다.

3561 '만병통치약(萬病通治藥)'은 온갖 병을 치유하는 '영단묘약(靈丹妙藥)'을 뜻하며 모든 상황에 대처하고 해결할 수 있는 '만능해결책'을 가리킨다. 1920년~1930년대 '상급

産國際)7대'의 '결의(決議)'는 이렇게 썼다. …소련의 경험을 천편일률적으로 모방해선 안 된다. 각국 지부는 탁상공론을 지양하고 형식주의와 교조주의 악습을 타파해야 한다(黃少群, 2015: 771). 모택동은 공산국제를 이렇게 평가했다. …레닌이 주도한 창건 초기와 디미트로프가 책임진 후기에 긍정적 역할을 했으나 (中間)단계에서 공산국제는 부정적 역할을 했다(毛澤東, 1999: 120). 실제로 (中共)창건에 기여한 공산국제의 공헌과 디미트로프의 공로를 인정한 것이다. 결국 이는 공산국제를 '막후 지휘'한 스탈린에 대한 '불만 표출'이었다. 한편 디미트로프의 보고와 '(共産國際)결의'는 중공의 마르크스주의 '중국화'에 긍정적 역할을 했다.

장문천은 모택동에게 보낸 편지(1935.11.20)에 이렇게 썼다. …공산국제의 정책을 연구해 국내 실정에 적합한 전략을 제정해야 한다. 와요보(瓦窯堡) 회의(1935.12)에서 장문천은 관문주의를 이렇게 비판했다. …마르크스주의를 교조로 간주하는 과오를 범했다(中央檔案館, 1991: 619). 장문천이 작성한 '전당 동지에게 고하는 글(1937.4)'은 이렇게 썼다. …마르크스주의를 중국의 실정에 맞게 구체화시키고 행동지침으로 삼아야 한다. 또 그는 (白區)공작회의(1937.6)에서 이렇게 말했다. …마르크스주의의 참뜻을 터득하고 당팔고(黨八股)를 반대해야 한다(黃少群, 2015: 774). 정치국회의(1937.9.10)에서 처음으로 '(理論)중국화'를 제출한 장문천을 이렇게 말했다. …당의 선전교육 원칙은 마르크스주의 이론을 중국혁명의 구체적 실천과 결합시키는 것이다(張培森, 2010: 342). 모택동과 '(合作)체제'를

자'인 공산국제의 지시를 '성지(聖旨)'로 간주한 (蘇聯派)교조주의자들은 (蘇聯)혁명의 경험을 맹목적으로 중국혁명에 적용했다. 결국 이는 중국혁명에 막대한 손실을 끼쳤다. 홍군의 장정(長征)이 대표적 사례이다. 실제로 이른바 '만병통치약'이란 존재하지 않는다.

구축한 후 장문천은 마르크스주의 '이론가'로 전환했다. 이 시기 (中共) 당내의 대표적인 관문주의자는 박고였다. 한편 장문천의 '(理論)중국화'는 모택동의 마르크스주의 '구체화'의 제출에 큰 도움이 됐다.

1937년 7월 항일군정대학의 요청을 수락한 모택동은 학원생들에게 변증법적 유물론[3562]을 강의했다. 모택동은 '강의 자료' 중 '실천론(實踐論)'[3563]·'모순론(矛盾論)'[3564]을 보완해 모택동선집에 수록했다(逢先知 외, 2011: 450). 에드가 스노우는 이렇게 회상했다. …1937년 모택동은 많은 철학서를 정독하며 '(抗大)강의' 원고를 작성했다. 모택동의 철학서는 이론과 실천의 결합을 강조한 것이다(高新民 외, 2003: 161). '모순론'의 골자는 ① 두 가지 우주관 ② 보편성 ③ 특수성 ④ 주요 모순 ⑤ 동일성과 투쟁성 ⑥ 대립과 지위 ⑦ 결론이다. 일본 학자 다케우치 미노루는 '모순론'이 애사기의 '연구제강'을 표절[3565]한 것이라고 주장했다(石仲泉 외,

---

3562 변증법적 유물론(辨證法的唯物論)은 세계의 역사적 발전을 물질적 존재의 역사적 발전으로 해석하는 마르크스주의의 이론이다. 인간은 사물과 실천적으로 상호 작용하고 관념을 실천에 적용해야 사물에 대한 인식을 얻을 수 있다는 것이다. 즉 자연현상에 대한 연구와 인식방법이 변증법적이고 자연현상에 대한 이해와 이론이 유물론적이다. 한편 1937년 7월 모택동은 항일군정대학 학원생들에게 변증법적 유물론을 강의했다.

3563 '실천론(實踐論)'은 1937년 7월 모택동이 (延安)항일군정대학 강연을 위해 작성한 것이다. 1951년에 출간된 '모택동선집'에 수록됐다. 한편 모택동의 '실천론'은 이론·실천의 결합을 무시하는 (黨內)교조주의·경험주의를 비판하기 위해 쓴 것이다. 또 '실천 우선시'를 주장한 '실천론'은 모택동의 마르크스주의 인식론(認識論)의 대표작으로 간주된다. 실제로 마르크스주의 이론을 중국혁명의 실정에 맞게 적용할 것을 강조한 것이다.

3564 '모순론(矛盾論)'은 모택동이 1937년 여름에 (延安)항일군정대학 강의를 위해 작성한 것이다. 당시 당내에 성행한 교조주의(敎條主義) 극복을 위해 쓴 것이다. 1951년 '모택동선집'에 수록할 때 대폭 수정·보완했다. 당시 모택동은 '두 가지 우주관'과 '사물의 보편성·특수성'을 이용해 당내(黨內)에 성행한 교조주의·주관주의를 비판했다. 한편 모택동의 '모순론'이 타인의 작품을 '표절'했다는 일각의 주장은 신빙성이 매우 낮다.

3565 일본 학자 다케우치 미노루(竹內實)는 이렇게 주장했다. …철학자 애사기가 편역한 '철

2012: 404). 실제로 모택동의 '철학서 작성' 취지는 (黨內)교조주의자의 '실천 무시'와 주관주의적 사상을 비판하기 위한 것이었다. 한편 상기 '표절' 주장은 설득력이 떨어진다. 물론 모택동이 철학자 애사기의 '연구제강(研究提綱)'을 수용했을 가능성은 상당히 높다.

1937년 7월 모택동은 '변증법적 유물론'이란 제목으로 '항대(抗大)' 강의 자료를 준비했다. 자료(資料) 제2장 제11절의 내용이 '실천론'이다. 당시 항일군정대학에서 강의를 마친 모택동은 '실천론'을 따로 정리했다. (毛澤東)선집에 수록된 '실천론'은 기존 강의 원고를 보완한 것이다. '실천론'은 철학적 관점으로 마르크스주의 이론을 맹신하고 실천을 도외시한 (黨內)교조주의자와 '(革命)이론'의 중요성을 간과하는 경험주의자를 비판한 것이다. 같은 해 8월에 작성된 '모순론'은 사물의 대립·통일 법칙을 다룬 모택동의 중요한 철학 저서이다. 한편 (延安)대학의 '필독서'로 선정된 '실천론'과 '모순론'은 '(整風)필독자료'로 확정됐다.

레닌은 이렇게 말했다. …실천은 이론적 인식보다 중요하다. 보편성 가치를 지니고 있는 실천은 직접적 현실성도 갖고 있다(Lenin, 1990: 183). 모택동은 이렇게 평어를 달았다. …실천을 무시한다면 이론은 허황된 이론으로 될 것이다. 교조주의자들의 (軍事)맹동주의는 실천을 무시하는 과오를 범했다. 이는 변증법도 유물론도 아니다(毛澤東, 1988: 9). 또 모택동은 이렇게 지적했다. …교조주의·경험주의는 유물변증법(唯物

학선집(1939.10)'에 수록된 부록(附錄)의 '연구제강(研究提綱)'은 애사기가 작성한 것으로 적혀 있다. 즉 '연구제강'은 '모순론'의 구판(舊版)이다(竹內實, 2012: 534). 요컨대 다케우치 미노루의 '연구 결과'에 따르면 '모순론'과 '연구제강'이 일맥상통하다는 것이다. 결국 이는 모택동이 애사기의 '철학 주장'을 상당 부분 수용했다는 단적인 반증이다.

辨證法)[3566]의 인식론을 위반했다. 실천의 중요성을 간과한 교조주의자는 감성적 인식의 필요성을 부인했다. (感性)인식을 중요시한 경험주의자는 이론의 지도적 역할을 외면했다(金冲及 외, 1996: 447). 실천을 통해 진리를 발견하며 진리가 실증된다. 실천을 통해 얻은 이성적 인식은 혁명적 실천을 지도하며 이는 객관적 세계를 개조한다. 이것이 변증법적 유물론의 인식론이고 '지행(知行)'[3567] 통일관이다(정차근 외, 2008: 31). 모택동은 이렇게 지적했다. …사물의 대립·통일 법칙은 유물변증법의 가장 근본적인 법칙이다(毛澤東, 1991: 299). 레닌은 이렇게 지적했다. …변증법은 사물의 (本質)자체 내 모순을 연구하는 것이다. 이는 변증법의 본질이자 핵심이다(Lenin, 1990: 213). 모택동의 주장에 따르면 이론의 기초는 실천이며 실천은 진리를 검증하는 기준이다. 이론과 실천 결합의 중요성을 강조한 모택동의 철학서는 실사구시 출범과 (黨內)교조주의 비판의 이론적 근거가 됐다. 두달 후 모택동은 마르크스주의 '구체화(具體化)'[3568]

3566 '마르크스주의 변증법'으로 불리는 유물변증법(唯物辨證法)은 유물론 토대에 입각한 마르크스주의 변증법을 지칭한다. 즉 보편적으로 존재하는 물질은 부단히 변화하며 주관적 변증법은 객관적 변증법이 인류에게 반영된 것이다. 당시 모택동은 실천의 중요성을 간과한 '교조주의'와 이론의 지도적 역할을 외면한 '경험주의' 모두가 유물변증법 인식론을 위반했다고 지적했다. 또 모택동은 유물변증법을 '지행(知行)' 통일관과 연계시켰다.

3567 '지행(知行)'은 지식과 행동, 이론과 실천을 지칭한다. 철학적 범주에서 '지(知)'는 지식·지각·인식, '행(行)'은 행위·행동·실천을 뜻한다. '지'는 세계 미지의 사물에 대한 탐색과 연구를 의미하며 '행'은 '지'의 누적을 통해 세계를 개조하는 것이다. 실천과 인식, 재실천과 재인식이 (知行)통일관이다. 한편 (知行)통일은 '좌전(左傳)'·'상서(尙書)'에 기록됐다.

3568 모택동이 '6중전회'에서 제출한 마르크스주의 '구체화(具體化)'는 유럽의 마르크스주의 이론을 중국의 실천과 구체적 환경에 맞게 적용해야 한다는 뜻이다. 한편 '중공 독립'을 의미하는 '중국화'는 이념이 가미됐다. 당시 '중공 영수' 지위를 확립하지 못한 모택동의 '중국화' 제출은 근본적으로 불가능했다. 실제로 '모택동선집'에 수록할 때

를 제출했다.

'6중전회' 정치보고(1938.10)에서 모택동은 이렇게 역설했다. …마르크스주의는 중국의 구체적 실천과 결합해야 하며 민족화 방식으로 적용돼야 한다. 마르크스주의 이론은 (革命)실천과 연계돼야 한다(金冲及 외, 2011: 522). 모택동은 이렇게 지적했다. …이론을 숙지하는 것이 중요하지만 더 중요한 것은 마르크스주의 이론을 자국 실정에 맞게 활용하는 것이다. 중국혁명의 특수성을 무시한 마르크스주의는 허황된 이론으로 전락할 것이다(毛澤東, 2008: 534). 또 그는 이렇게 강조했다. …전당의 동지들은 마르크스주의를 중국 실정에 맞게 적용해 마르크스주의 '구체화'를 실현해야 한다. 또 교조주의를 청산하고 '양팔고(洋八股)'[3569]를 폐지해야 한다(雷國珍 외, 2003: 204). 상기 '구체화'는 모택동이 '신단계를 논함'의 정치보고에서 제출한 것이다. 1950년대 모택동이 (毛澤東)선집에 수록할 때 '구체화'를 '중국화'로 수정했다. 한편 '구체화'와 '중국화'는 미묘한 차이가 있다. '구체화'는 이론을 실천과 결합해야 한다는 뜻이며 이념이 가미된 '중국화'는 모스크바의 지배에서 벗어난 '(中共)독립자주'를 의미한다.

'6중전회'에서 '당의 조직임무(10.15)' 보고를 한 장문천은 이렇게 말했다. …마르크스주의 원칙과 방법론은 국제성을 띠었다. 중공의 조직원칙은 중국의 정치·경제·문화·사상·민족습관을 감안해야 한다(張培森,

---

'중국화'로 수정했다.

3569 '양팔고(洋八股)'는 서양의 문풍을 가리킨다. 5.4운동 후 팔고문을 반대한 (白話)운동에 따른 서양 문화를 추종하는 새로운 '팔고(八股)'가 탄생했다. 당시 노신은 이를 '양팔고(洋八股)'로 불렀다. (西洋)유학파가 유럽 문화와 서양 이론을 중국에 그대로 적용했다는 것이다. 한편 '양팔고 폐지'를 주장한 모택동은 서양 이론을 숭배하는 교조주의자들을 비판했다.

2010: 404). 또 그는 이렇게 지적했다. …외국(黨)의 이론을 그대로 중국혁명에 적용한다면 큰 차질을 빚게 될 것이다. 마르크스주의를 중국의 정치적 환경에 적용해야 한다(張聞天, 1985: 226). 중공 지도자 중 가장 먼저 국부적 '중국화'를 제출한 것은 장문천이다. '6중전회'에서 모택동이 마르크주의 '중국화'를 제출했다는 일각의 주장[3570]은 어폐가 있다. 공산국제의 지지하에 중공 영수로 등극(1938.11)한 모택동이 '(中共)독립'을 의미하는 '중국화'를 제출한다는 것은 불가능했다. 모택동이 '중공 독립'[3571]을 본격적으로 제출한 계기는 환남사변(1941.1)과 독소전쟁(1941.6)이다.

마르크스주의 '민족화'를 제출한 왕명은 '(民族化)주의점'을 이렇게 지적했다. …우선 마르크스주의 이론을 숙지한 후 '민족화'를 추진해야 한다. '민족화'를 빌미로 (國際)경험을 무시해선 안 된다(周國傳 외, 2014: 336). '발언(10.20)'에서 왕명은 모택동이 주장한 마르크스주의 '중국화'에 대한 우려를 나타냈다. 모스크바의 입장을 대변한 왕명은 중공의 마르크스주의 '포기'를 경계했다. 또 맹경수(孟慶樹)는 왕명의 발언은 모택동이 제출한 마르크스주의 '중국화' 주장을 비판한 것이라고 주장했다(郭

3570 '(中共)6중전회'에서 '신계단을 논함'이란 정치보고를 한 모택동은 마르크스주의 중국화를 제출했다. 모택동의 중국화 제출 취지는 (中共)당내에 뿌리깊은 스탈린 숭배를 근절하고 (中共)영수 지위를 확립하기 위한 것이다. 중국화는 '소련파 제거'를 의미한다(郭德宏 외 2014: 335). 실제로 모택동이 제출한 것은 '중국화(中國化)'가 아닌 마르크스주의 '구체화(具體化)'였다. 한편 '소련파 제거'를 취지로 한 정치운동은 (延安)정풍이었다.

3571 모택동이 모스크바의 지배에서 벗어나 중공 독립을 결심한 계기는 환남사변(1941.1)이다. 당시 공산국제는 수천명의 신사군을 사살한 장개석에 대한 양보를 강요하고 '(國共)관계 악화' 방지를 지시했다. 결국 독소전쟁(1941.6) 후 모택동은 '소련파' 제거 취지의 정풍을 전개했다. 한편 공산국제 해체는 중공 독립을 촉진하는 역할을 했다. '중공 7대'에서 출범한 모택동사상은 '(中共)독립자주'를 의미하는 '중국화'의 실현을 의미한다.

德宏 외, 2014: 337). 당시 모택동이 제출한 '구체화'는 중국혁명의 실천을 중요시한 반면, 왕명의 '민족화'는 (Marxism)이론을 중시한 것이 차이점이다. '소련파' 왕명은 여전히 스탈린의 '대변인' 역할에 집착했다. 결국 '(整風)창도자' 모택동의 '소련파' 제거와 '왕명노선' 청산은 필연적 결과였다.

(共産黨人)발간사(1939.10)에서 모택동은 이렇게 주장했다. …중국 공산당은 사상·정치·조직상에서 확고하게 볼셰비키화된 정당으로 거듭나야 한다. 마르크스주의 이론은 중국혁명의 실천과 결합해야 한다(毛澤東, 1991: 611). 정치국 회의(12.13)에서 모택동은 이렇게 말했다. …마르크스주의 '중국화'가 실현됐다고 생각하면 큰 착각이다. 중국혁명의 특수성을 감안하면 '중국화'는 장기간에 걸친 각고의 노력 끝에 이뤄질 것이다(逄先知 외, 2013: 151). '신민주주의론'에서 모택동은 '중국화'에 대해 이렇게 주장했다. …그동안 교조주의자들은 마르크스주의를 천편일률적으로 중국에 적용했다. 이는 중국혁명에 막대한 손해를 끼쳤다. 마르크스주의를 중국의 실정에 맞게 활용해야 한다(金沖及 외, 2011 574). (延安)고급간부회의(1941.5)에서 모택동은 이렇게 지적했다. …그동안 당내에는 이론이 실천을 벗어난 주관주의가 성행했다. 마르크스주의 원칙에 위배되는 주관적인 방법론을 개선해야 한다(中共中央黨史研究室, 2006: 158). '9월회의(1941)'에서 모택동은 이렇게 지적했다. …마르크스주의에 대한 창조적 방법론을 제창하고 교조주의적 방법론을 철저히 근절해야 한다. 중앙학습연구조(中央學習研究組)[3572]는 이렇게 주장했다. …마르크스주

[3572] '9월회의(1941)' 중 중앙학습연구조를 설립한 목적은 고급간부의 이론 수준을 제고하기 위한 것이다. (研究組)조장은 모택동, 왕가상이 부조장에 임명됐다. 왕가상이 (中共)2인자에 해당되는 '부조장'에 임명된 것은 모택동의 중용을 받았다는 것을 반증한다.

의 이론을 효과적으로 연구하는 방법론을 마련해야 한다(中共中央文獻研究室, 2005: 327). '6중전회'에서 모택동이 '(Marxism)구체화'를 제출한 것은 모스크바를 의식했기 때문이다. 정풍운동 중 실사구시적 방법론을 제출한 모택동은 '(理論)중국화'를 본격적으로 추진했다. 결국 이는 '(中共)7대'에서 출범한 모택동사상의 이론적 근거가 됐다.

'(中共)6중전회'에서 중공 지도자로 자리매김한 모택동은 (西方)마르크스주의 이론이 중국혁명의 실천과 결합해야 한다는 '구체화(具體化)'를 제출했다. 1939년 이후 장문천·유소기·주덕 등 중공 지도자와 마르크스주의 철학자 애사기(艾思奇) 등 (延安)학자, 해방일보 등 (中共)언론은 앞다투어 마르크스주의 '중국화'를 선전했다. 결국 '(中共)독립'을 의미하는 '중국화'가 모택동사상과 연계되면서 '(毛澤東)우상화' 현상이 나타났다. 이는 이론과 실천의 결합을 의미하는 '구체화'가 이데올로기가 가미된 '중국화'로 전환했다는 것을 의미한다. 한편 모택동사상을 가장 먼저 제출한 것은 모택동의 비서이며 측근인 장여심(張如心)이다.

진찰기(晉察冀)변구 제2차 당대회(1939.2)에서 (北方局)서기 팽진은 마르크스주의 '중국화'에 대해 이렇게 지적했다. …마르크스주의를 무조건 중국에 적용하는 교조주의적 행태를 포기하고 마르크스주의 중국화를 실현해야 한다('彭眞傳'編輯組, 2002: 100). 1940년 2월 철학자 애사기는 이렇게 주장했다. …(中國)실정에 적합한 '중국화'를 실현하려면 중국혁명의 특징과 객관적 상황을 파악하고 마르크스주의를 중국혁명의 실정에 적용해야 한다(張偉, 2016.4.15). 1940년 7월 해방일보의 편집장 양송

모택동이 '소련파' 왕가상을 이용해 교조주의자를 비판한 것은 전형적 '이이제이(以夷制夷)' 책략이다.

(楊松)은 '중국화'의 중요성을 이렇게 강조했다. …'중국화'는 중국 공산당이 독립적 마르크스주의 정당으로 거듭났다는 중요한 표징이다. 중국 공산당은 과학적이고 창조적 방식으로 '중국화'를 실현하고 있다(黃少群, 2015: 777). 1941년 3월 장여심은 모택동의 공적을 이렇게 평가했다. …마르크스주의 이론을 중국의 구체적 실천과 결합시킨 모택동 동지는 창조적 방식으로 마르크스주의를 발전시키고 있다. 모택동의 사상은 마르크스주의와 중국혁명의 결합된 결정체이다(李錦讓 외, 2021.2.23). 1942년 7월 주덕은 '중국화된 마르크스주의'라는 개념을 처음으로 사용했다. 한편 장여심은 모택동의 이론이 곧 '중국의 마르크스주의'라고 주장했다. 결국 이는 '(毛澤東)우상화' 만연을 보여주는 단적인 증거이다.

마르크스주의 '구체화'는 마르크스주의 이론을 중국의 실정에 맞게 활용한다는 뜻이다. 이념이 가미된 마르크스주의는 단순한 이론이 아니며 '마르크시즘(Marxism)'[3573]은 모스크바를 의미한다. 모스크바의 지시를 '성지(聖旨)'로 간주한 '소련파'는 중국혁명의 특수성을 무시하고 '마르크시즘'을 무조건 중국에 적용했다. 이는 (都市)무장폭동과 '대도시 공격'의 (左傾)노선을 유발했다. 한편 (整風)결과물인 '소련파' 몰락은 사필귀정이다. (中共)지도부가 주장한 '중국화'는 모스크바의 지배에서 벗어나 독립적 정당으로 거듭난다는 뜻이다. 독소전쟁 후 (中共)독립을 의미하는 '중국화'가 본격적으로 추진됐다. 또 공산국제 해체는 '중

3573 19세기 40년대 창립된 마르크시즘(Marxism)은 마르크스·엥겔스가 확립한 혁명적 사회주의 이론을 가리킨다. 변증법적 유물론·정치경제학·과학적 사회주의 세 부분으로 구성됐다. 이른바 '마르크시즘'은 모스크바 지시와 (蘇聯)혁명 경험을 의미한다. 당시 중국혁명 특수성을 무시한 '소련파'는 (蘇聯)경험을 맹목적으로 중국혁명에 적용했다. 한편 '중공 7대'에서 출범한 모택동사상은 마르크스주의 '중국화(中國化)' 실현을 의미한다.

국화'를 촉진했다. '(中共)7대'에서 정립된 모택동사상은 '중국화'의 실현을 의미한다. 모택동사상의 수립은 중공이 모스크바가 조종하는 '괴뢰정당'에서 벗어났다는 반증이다. 현재 중국정부가 주창하는 마르크스주의 '중국화'는 강대국의 '내정 반섭'을 반대하고 중국의 실정에 맞는 '(新時代)중국 특색의 사회주의'[3574]를 건설한다는 것이다. 이는 이념이 가미된 '중국화'이다.

'6중전회'에서 모택동이 제출한 '구체화(具體化)'는 중공 독립을 의미하는 '중국화'의 전주곡이다. 모택동은 정풍을 통해 '소련파'를 숙청하고 모스크바의 영향력을 제거했다. 이 또한 (延安)정풍의 취지이다. 독소전쟁 발발과 공산국제 해체는 중공의 '중국화'를 가속화했다. '(中共)7대'에서 정립된 모택동사상은 마르크스주의 '중국화' 실현을 의미한다. 작금의 중국정부 국정이념인 '중국 특색의 사회주의'는 '중국화'의 결과물이다.

2. 탁월한 (軍事)전략가, 모택동의 군사사상

대혁명이 실패한 후 모택동은 추수봉기의 잔여부대를 이끌고 정강산에 진출해 당이 영도하는 인민군대를 창건했다. (井岡山)근거지를 창설한 모택동은 '농촌에서 도시를 포위'하는 군사전략을 정립했다. 또 그는 장정(長征) 승리를 취득해 '(紅軍)통솔자'로 자리매김했다. (毛澤東)

3574 '(新時代)중국 특색의 사회주의'는 2017년 10월 18일 습근평(習近平) 총서기가 '(中共)19
대' 보고에서 제출한 것이다. '중국 특색의 사회주의'는 등소평이 '(中共)12대' 개막사
(1982.9.1)에서 제출했다. 2012년 12월 '신시대(新時代)'는 '(2017)중국 매체의 10대 유
행어'로 선정됐다. '(新時代)제출' 취지는 '소강(小康)' 달성과 '중국몽'의 실현이다. 한편
'중공 20대(2022.10)'에서 '중국식(中國式) 현대화(現代化)'라는 신개념이 제출됐다.

군사사상 창도자인 모택동은 인민해방군을 지휘해 국공(國共) 내전에서 최종 승리를 거두고 신중국을 창립했다. 한편 '(軍)통수권자·(軍事)이론가·(軍事)전술가·(軍事)전략가'로 평가되는 모택동은 자타가 인정하는 '탁월한 군사가(軍事家)'[3575]라는 것이 중국 학자들의 중론이다.

20년 간의 무장투쟁을 통해 출범된 (毛澤東)군사사상을 모택동 개인의 '지적 창작물'로 단언하기에는 무리가 있다. 장기간의 무장투쟁을 걸쳐 완성된 모택동의 군사사상은 집단적 지혜의 결정체이다. 중국 혁명의 성과물인 '군사사상'이 (毛澤東)이름으로 명명된 것은 '중공군 통수권자'인 모택동이 '군사사상 정립'의 일등공신이기 때문이다. 실제로 전쟁의 경험·교훈을 정리해 많은 저서를 집필한 (軍事)이론가 모택동은 인민군대의 (作戰)방침을 제정하고 군사전략을 수립했다. 이 또한 모택동이 타의 추종을 불허하는 '불세출의 (軍事)전략가'[3576]로 불리는 주된 이유이다. 한편 (毛澤東)군사사상은 모택동사상의 '백미(白眉)'로 꼽힌다.

1927년 9월 모택동은 상감(湘贛)변계의 추수봉기를 영도했다. 실전 경험이 전무한 (中共)지도자가 '붓대'를 버리고 '총대'를 잡았다는 것을

3575 모택동이 '탁월한 군사가(軍事家)'로 평가되는 원인은 첫째, 정강산 혁명근거지를 창설하고 공농홍군을 창건했다. 둘째, '농촌에서 도시를 포위'하는 군사전략을 정립했다. 셋째, 장정(長征)의 최종 승리를 취득하고 '(紅軍)통솔자'로 자리매김했다. 넷째, 많은 군사 저서를 집필하고 (毛澤東)군사사상을 창도했다. 다섯째, 해방군을 지휘해 (國共)내전에서 최종적 승리를 거뒀다. 실제로 모택동은 국내외에서 인정받는 군사전략가로 손색없다.

3576 모택동이 '불세출의 (軍事)전략가'로 불리는 이유는 첫째, 미증유의 (軍)통수군자·(軍事)이론가·(軍事)전략가이다. 둘째, '이약극강(以弱克强)' 전술로 장개석·일제·미제(美帝)를 전승했다. 셋째, 유격전 등 (作戰)전술을 창안했다. 넷째, 많은 (軍事)저서를 작성하고 (毛澤東)군사사상을 정립했다. 다섯째, (抗戰)전략을 제출하고 '3대 전역' 최종 승리를 거뒀다. 실제로 중국 역사의 '최고 (軍事)전략가'로 손무와 모택동이 꼽힌다.

의미한다. 이는 '총대에서 정권이 나온다'고 주장한 모택동이 혁명 실천가로 전환했다는 반증이다. 결국 모택동은 녹림객(綠林客)과 사귀는 '산대왕(山大王)'으로 탈바꿈했다. 또 '삼만개편(1927.9)'과 '3대기율·6항주의'를 제정하고 공산당이 영도하는 공농홍군을 창건한 모택동은 정강산의 유격전쟁과 세 차례의 '(反)포위토벌'을 통해 홍군의 실정에 맞는 유격전술과 군사전략을 수립했다. 또 그는 '정강산 투쟁(1928.10)'·'혁명전쟁의 전략문제(1936.12)' 등 군사저서를 집필했다. 이는 '군사 문외한'인 모택동이 '문무가 겸비'한 (軍事)전략가로 거듭났다는 단적인 증거이다.

소산충(韶山沖)[3577]에 돌아와 농민운동을 전개한 모택동은 '호남농민운동고찰보고(湖南農民運動考察報告)'[3578]에 이렇게 썼다. …반동무장을 뒤엎고 농민무장을 설립해야 한다. 이는 혁명무장 설립의 사상적 기초가됐다(解放軍軍事科學院, 2010: 13). 또 그는 1926년 '중국농민(中國農民)'[3579]에

3577 모택동의 고향인 소산충(韶山沖)은 호남성 상담(湘潭)시 소산시에 속한다. (韶山)일대의 방언인 '충(沖)'은 산지의 평지(平地)를 뜻한다. 소산충에는 국가급 풍경구인 '모택동의 옛집(毛澤東故居)'이 유명하다. 1950년에 수리·복구된 '고거(故居)'는 1961년에 '전국중점문물보호단위'로 결정됐다. 한편 '(故居)편액'은 등소평의 필적이다.

3578 '호남농민운동고찰보고(湖南農民運動考察報告, 1927.2)'는 모택동이 작성한 농민운동 보고서이다. '보고'는 이렇게 적었다. …(湖南)농민이 주도한 14건의 '대사건'은 혁명적 행동이다. 중국혁명이 승리하려면 지주무장(地主武裝)을 뒤엎고 농민무장을 설립해야 한다(金沖及 외, 2011: 128). 상기 '농민무장 설립'은 농민 주축의 무장투쟁을 의미한다. 반년 후 추수봉기의 최고 지도자 모택동은 정강산에 올라 농민 중심의 공농홍군을 창건했다.

3579 '중국농민(中國農民)'은 제1차 국내혁명전쟁 시기 국민당(國民黨)중앙 농민부가 발행한 중요한 간행물(月刊)이다. 1926년 1월 광주(廣州)에서 창간됐다. '중국농민' 제2기(期)에 모택동의 '연구(研究)' 결과물인 '중국농민의 각 계급 분석과 혁명의 태도'가 발표됐다. 1926년 12월에 정간(停刊), 1927년 6월에 한구(漢口)에서 복간(復刊)됐다.

'중국농민의 각 계급 분석과 혁명의 태도'[3580]라는 글을 발표하고 '국민혁명과 농민운동(國民革命與農民運動)'[3581] 문장을 '농민운동(農民運動)'[3582]에 발표했다. 1926년 11월 모택동은 (中共)농민위원회 서기로 임명됐다. 당시 농민운동을 중시한 것은 국민당이다. 한편 중공이 농민운동을 무시한 것은 노동운동을 중시한 공산국제와 관련된다.

1926년 3월 국민당중앙은 모택동을 (廣州)농민강습소장으로 임명했다. '강습소'를 주관하는 기간 모택동은 '농민문제'·'농촌교육' 등 과목을 강의했다. 당시 모택동은 학원생의 군사훈련을 매우 중시했다. 군사훈련은 교과목 34%를 차지했다(中共中央文獻硏究室, 2007: 14). (武昌)중앙농민운동강습소(中央農民運動講習所)[3583]의 '규약(規約)'은 이렇게 썼다. …농민

3580 '중국농민의 각 계급 분석과 혁명의 태도'는 모택동이 1926년 초에 작성한 것이다. 농민의 혁명에 대한 기본적 견해를 분석한 '태도'는 농촌 계급을 대지주·소지주·자작농·반자작농·반익농(半益農)·빈농·고농·수공업자·유민(遊民)으로 나눴다(馮蕙 외, 2013: 147). 당시 모택동은 빈고농(貧雇農)을 농민운동의 주력군으로 간주했다. 상기 '혁명의 태도' 문장은 고향 소산층에서 농민운동을 전개한 모택동의 '연구' 성과물이다.

3581 1926년 9월 1일 모택동이 작성한 '국민혁명과 농민운동(國民革命與農民運動)'은 이렇게 썼다. …국민혁명의 주된 문제는 농민문제이다. 농민문제를 해결하지 않으면 농민의 지지를 받지 못할 것이다. 국민혁명은 농민운동을 당면과제로 삼아야 한다(逢先知 외, 2011: 120). 이 시기 모택동은 농민운동(農民運動)의 대부, (硏究)권위자로 인정받았다. 이 또한 중공중앙이 모택동을 초대 농민부장(農民部長)에 임명(1926.11)한 주된 원인이다.

3582 1926년 8월 1일 광주(廣州)에서 창간된 '농민운동(農民運動)'은 (國民黨)중앙농민부가 발행했다. 공산당원과 국민당 좌파가 공동으로 편집, 농민운동을 지도하기 위한 통속(通俗) 간행물이다. '농민운동'은 호남·호북·강서·광동·광서·산동·하남 등지의 농민운동의 전개 상황을 소개했다. 1927년 6월 총 29기(期)를 발행한 후 폐간됐다.

3583 (武昌)중앙농민운동강습소(中央農民運動講習所)는 1927년 3~6월까지 4개월 간 무한에서 운영됐다. 1927년 1월 국민정부 소재지가 광주에서 무한으로 옮겨졌다. (中共)농민부장인 모택동의 창의로 '중앙농민운동강습소'가 설립됐다. 한편 농민혁명 '본거지'인 '(武昌)강습소'의 운영 취지는 농민운동을 주도할 지도자를 양성하는 것이었다.

무장 설립을 위해 학원생은 반드시 군사훈련을 받아야 한다. '강습소'는 학원생에게 79식 보총을 발급하고 매일 2시간의 훈련을 실시했다(逢先知 외, 2011: 131). (武昌)농강소의 '개학선언(1927.4.4.)'은 이렇게 썼다. …'(武昌)강습소'의 사명은 농촌혁명을 영도할 지도자를 양성하는 것이다(中共中央文獻研究室, 2004: 135). (國民黨)2기 3중전회(1927.3)는 모택동 등이 작성한 '농민선언'을 통과시켰다. '선언'은 이렇게 썼다. …혁명은 농촌 변혁을 요구한다. 토호열신·지주가 장악한 농촌정권을 농민에게 넘겨야 한다. 농민은 자위(自衛)할 무장조직을 갖춰야 한다(金冲及 외, 2011: 132). 5월 21일 장사에서 '마일사변'을 일으킨 허극상(許克祥)은 공산당과 농민간부 100여 명을 살해했다. 호남성위 서기 모택동이 (工農)무장을 규합해 반격을 가할 무렵 진독수가 모택동을 무한에 호출했다. 한편 '핍박에 못이겨' 양산박(梁山泊)[3584]에 올랐다는 것이 모택동의 주장이다. 양산박은 녹림객의 영채(營寨)였으나 정강산은 중공의 첫 혁명 근거지였다.

　　젊은 시절의 모택동은 자유분방하고 문인(文人) 기질이 강했다. 외모에 전혀 신경을 쓰지 않는 '장발의 사나이'[3585]로 서생적 기질이 다분했다. 당시 '낭만적 시인' 기질이 농후한 모택동은 견정불굴의 군인과

3584 '수호지(水湖志)'의 주무대인 '양산박(梁山泊)'은 산동성 수장현(壽張縣) 경내에 있는 습지대이다. 양산박은 북송(北宋) 시기 농민(農民) 봉기군의 본거지로 유명했다. 송강(宋江) 등 108명 호한(好漢)들이 이곳에 모여 이른바 '하늘을 대신해 정의(正義)를 행한다(替天行道)'를 명분을 내세웠다. 실제로 양산박은 '도적떼의 소굴'이었다.

3585 30세 전후 모택동은 머리를 길게 길렀고 남색 장포(長袍)를 즐겨 입었다. 정강산 시절 모택동이 '장발의 사나이'로 불린 것은 당시의 전쟁 환경과 관련된다. 결국 이는 이 시기 모택동이 외모에 신경을 쓰지 않았다는 단적인 반증이다. 한편 '장발'을 모택동의 개성(個性)으로 보기 어렵다. (長征)시절 주은래가 수염을 길게 기른 것은 특유의 개성이다. 홍군 지도자 모택동이 종래로 권총을 휴대하지 않은 것은 (毛澤東)특유의 개성이다.

는 거리가 멀었다(Edgar Snow, 1979: 65). 자신을 직업군인(職業軍人)[3586]과 연결시키지 않았던 모택동이 봉기군을 지휘해 '상산(上山)'할 줄은 꿈에도 생각지 못했다. 그의 주장에 따르면 그가 '직업군인'이 된 것은 장개석이 일으킨 백색공포에 따른 '핍상양산(逼上梁山)'[3587]이다(陳宇, 2015: 3). 1965년 모택동은 이렇게 회상했다. …군사학교를 다닌 적이 없는 나는 (軍事)문외한이었다. 장개석의 '공산당 학살'로 본의 아니게 싸움의 기술을 터득하게 됐다(解放軍軍事科學院, 2010: 313). '중경담판(1945.10)' 기간 모택동은 진립부(陳立夫)에게 이렇게 불만을 표시했다. …손오공의 천궁 소란은 옥황상제가 필마온(弼馬溫)[3588]이란 품계를 하사했기 때문이다. 내가 정강산에 올라 유격전쟁을 전개한 것은 국민당의 '초공(剿共)' 때문이다. 나는 핍박에 못 이겨 양산(梁山)에 올랐다(中共中央文獻研究室, 2010: 199). 모택동이 봉기군을 이끌고 정강산에 진출해 20여 년 간의 무장투쟁을 벌인 것은 중국혁명의 필연적 결과였다. '군사 문외한'인 모택동

3586 직업군인(職業軍人)은 직업으로 군대에 장기간 복무하는 군인을 가리킨다. 직업군인인 군관(軍官)·사관(士官)에게 '오험일금(五險一金)'과 월급이 지급된다. 최초의 '직업군인'은 14세기 이탈리아의 '용병대(傭兵隊)'로 간주된다. 한편 주덕·장개석은 '직업군인' 자질을 갖춘 반면, 6개월의 열병(列兵) 경력이 있는 모택동은 '직업군인' 자질을 갖췄다고 보기는 어렵다. 결국 이는 모택동이 '군관학교'를 다니지 못한 것과 크게 관련된다.

3587 이른바 '핍상양산(逼上梁山)'은 '수호전(水滸傳)'에서 임충(林冲) 등이 탐관오리의 핍박에 못 이겨 양산박(梁山泊)에 올랐다는 이야기에서 비롯된 것이다. 즉 부득이하게 어떤 일을 저질렀다는 뜻이다. 일각에서 이른바 '핍상양산'을 혁명적 행동으로 간주하는 것은 견강부회(牽强附會)이다. 한편 '핍박에 못 이겨' 양산박에 올랐다는 모택동의 주장은 설득력이 떨어진다. 실제로 모택동의 '정강산 진출'은 자의적이고 자발적인 행동이었다.

3588 '마구간을 돌보는 관리인'인 필마온(弼馬溫)은 말단 직위이다. 옥황상제가 분신술·변신술·근두운(筋斗雲) 술법을 익힌 '천하무적'인 손오공에게 '필마온'이란 벼슬을 하사한 것은 '대재소용(大材小用)'의 전형적인 사례이다. 한편 '(弼馬溫)품계 하사'에 불만을 느낀 손오공의 '천궁 소란'과 모택동의 '정강산 진출'은 직접적 관계가 없다.

이 최종 승리를 거둔 중요한 원인은 그가 '탁월한 군사가'로 거듭났기 때문이다. 한편 국민당의 '초공'은 모택동의 '정강산 진출' 원인이 아니다. 국민당의 '초공'은 모택동이 정강산에 진출한 후에 발생한 것이다. 실제로 장개석의 '초비(剿匪)'는 모택동이 (工農)홍군을 창건하고 (南京)정부를 전복하기 위한 무장투쟁을 전개했기 때문이다.

일본의 군사연구가 나카야마 도시오(中山敏雄)는 저서에 이렇게 썼다. …마르크스는 군사문제를 혁명의 과제로 삼지 않았다. 그러나 '총대에서 정권이 나온다'는 논단을 제출한 모택동은 무장투쟁을 급선무로 정했다. 또 '(農村)도시 포위'의 군사전략을 제정했다(陳宇 외, 2015: 4). 훗날 모택동은 이렇게 술회했다. …나는 일생을 전쟁 속에서 보냈다. 중공은 22년 간의 혁명전쟁을 통해 정권을 탈취했다. 나는 수많은 전투를 거쳐 (戰爭)지휘자의 능력과 (軍事)리더십을 키웠다(解放軍軍事科學院, 2010: 199). 모택동은 몽고메리(Montgomery)[3589]를 접견(1960.5)할 때 이렇게 말했다. …당신의 '군령(軍齡)'은 35년으로 나보다 길다. 나의 '군령'은 고작 25년이다. 그러나 나는 장기간 '군위(軍委)' 주석을 맡았다(毛澤東, 1999: 184). 상기 '(軍齡)25년'은 건국 후에 치른 '항미원조'가 포함된다. 이 기간 모택동은 400여 차례의 전투를 지휘했다. 실제로 41년 동안 (軍委) 주석을 지낸 모택동의 '군령'은 50년에 달한다. 또 6개월의 열병(列兵)[3590]

3589 몽고메리(Montgomery, 1887~1976), 영국 램버스(Rambus) 출생이며 육군 원수이다. 1908년 (英國)육군사관학교 졸업, 1940년 영국원정군 사령관, 1943년 제21집단군 총사령관, 1946년 영국군 참모총장, 1958년 퇴역, 1976년 잉글랜드 햄프셔(Hampshire)에서 병사했다.

3590 무창봉기가 폭발한 후 호북군(湖北軍) 대표가 모택동이 다니는 성(省)중학교에 와서 군 입대 지원을 독려했다. 결국 중학생인 모택동은 '혁명군 입대'를 결정했다. 1911년 10월 18세인 모택동은 신군 25혼성협(混成協) 50표(標) 제1대대 좌대(左隊)의 열병(列兵)

경력을 갖고 있는 모택동은 철두철미한 '군사가(軍事家)'였다.

정치국 회의(1927.7.4)에서 모택동은 두 가지 전략을 제출했다. 첫째, '상산(上山)'해 군사적 역량을 보존해야 한다. 둘째, 국민혁명군으로 개편해 역량을 보존해야 한다. 혁명 역량을 보존하지 않으면 장래 속수무책으로 당할 수 있다(馮蕙 외, 2013: 203). '(革命)역량 보존' 전략이 정확한 원인은 첫째, 혁명의 '저조기'에서 유격전 전개가 유일한 출로였다. 둘째, 적의 역량이 약한 농촌에서 근거지를 개척하고 (工農)무장을 확충할 수 있다. 셋째, 농촌 근거지는 전략적 진퇴가 편리하고 병력 보충이 가능했다(苟君厲, 2008: 122). (漢口)8.7회의(1927)에서 모택동은 이렇게 주장했다. …과거 우리는 군사운동에 집착하는 손중산의 행위를 지적했다. 중공은 농민무장을 발전시켜 무력으로 정권을 탈취해야 한다(金冲及 외, 2011: 141). 회의 후 '중공 1인자' 구추백이 모택동에게 (上海)중앙기관에서 함께 일할 것을 요청했다. 당시 모택동은 이렇게 대답했다. …나는 '산에 올라' 녹림객과 사귈 것이다(譚震林, 1987: 10). (武漢)정치국 회의(8.9)에서 모택동은 이렇게 말했다. …노농운동이 활발한 호남성이 가장 필요한 것은 무장투쟁이다. (武裝)봉기를 일으켜 혁명투쟁을 전개해야 한다. 회의는 '중앙특파원' 모택동을 호남에 파견해 추수봉기를 일으킬 것을 결정했다(解放軍軍事科學院, 2007: 22). 모택동은 당중앙에 보낸 편지(8.20)에 이렇게 썼다. …국민당의 깃발은 군벌을 상징하며 공산당의 깃발은 인민대중을 의미한다. 추수봉기에서 국민당의 깃발을 사용해선 안 된다(黃菁, 2015: 95). 정강산에 진출한 모택동은 '3대기율·6항주의'를 제정

이 됐다. 한편 반년 간의 군생활을 통해 모택동은 (舊式)군대의 폐습(弊習)을 인지했다. 결국 이는 모택동이 정강산에서 '3대기율, 8항주의'를 제정한 사상적 기초가 됐다.

했다. 한편 '삼만개편(三灣改編)'³⁵⁹¹은 당의 영도를 강화는 중요한 조치였다. 또 그는 '고성회의(古城會議)'³⁵⁹²에서 원문재의 농민무장 개편³⁵⁹³과 유격전 전개를 결정했다. 결국 (寧岡)중심의 정강산 근거지가 개척됐다.

'당이 군대를 지휘한다(黨指揮槍)'는 원칙을 제출한 모택동은 이렇게 회상했다. …창당 초기 중공은 무장투쟁의 중요성을 인지하지 못했다. 진독수는 당내의 정확한 의견을 배척하고 무장투쟁 영도권을 포기했다. 이는 대혁명의 실패를 초래했다(毛澤東, 1981: 419). 9월 29일 모택동은 영신현(永新縣) 삼만에서 중대에 당지부를 설치하고 당대표 제도를 실시하는 '부대 개편'을 단행했다(中共中央文獻研究室, 1993: 222). 모택동이 작성한 '정강산의 투쟁'³⁵⁹⁴은 이렇게 썼다. …홍군의 당대표 제도는 매우 유효했다. 당지부를 각 중대에 설치한 것은 당의 영향력 강화에 중

3591 '삼만개편(三灣改編)'은 1927년 9월 29일 모택동이 영신(永新)현 삼만(三灣)에서 단행한 '부대 개편'이다. 개편(改編) 골자는 ① 봉기군의 사단(師團) 편제, 1개 연대로 개편 ② 중대에 당지부(黨支部)를 설립 ③ 전적위원(前委), 통일적 영도 ④ 부대 내 민주제도를 실시 ⑤ 사병위원회 설립 등이다(解放軍軍事科學院, 2010: 28). (中隊)당지부 설립은 혁명군에 대한 당의 영도 강화를 뜻한다. 한편 '사병위원회'는 상당한 부작용을 유발했다.

3592 1927년 10월 초 모택동은 녕강(寧岡)현 고성(古城)에서 (前委)확대회의를 개최했다. 회의에는 녕강현위 서기 용초청(龍超淸)과 원문재의 문서(文書) 진모평(陳慕平)이 참석했다. '고성회의'에서 모택동은 정강산 진출을 결정했다. 한편 1931년 용초청은 'AB단(團) 분자'로 처형됐다. 또 진모형은 (肅反)확대화(1930)로 영신(永新)에서 살해됐다.

3593 모택동은 정강산 농민무장인 원문재·왕좌가 지휘한 부대에 20여 명의 (黨員)간부를 파견해 당대표를 맡게 했다. 1928년 2월 원문재·왕좌의 부대는 공농혁명군 제1사단 제2연대로 개편됐다. 원문재가 연대장, 왕좌가 부연대장, 하장공(何長工)이 당대표를 맡았다. 한편 1930년 2월 원문재·왕좌는 팽덕회가 파견한 부대에 의해 처형됐다.

3594 '정강산의 투쟁(1928.11)'은 모택동이 (紅四軍)전적위원회를 대표해 당중앙에 보낸 보고서(11.25)이다. 보고서에서 모택동은 '정강산 진출' 후의 무장투쟁 경험을 정리했다. '(工農)무장할거' 가능성을 천명한 모택동은 (井岡山)무장투쟁과 홍색정권이 존재할 수 있는 이유를 밝혔다. '모택동선집'에 수록할 때 '정강산의 투쟁'으로 수정됐다..

요한 역할을 했다(毛澤東, 1981: 28). '홍4군' 제9차 당대회(1929.12)에서 통과된 '고전회의 결의(古田會議決議)'[3595]는 이렇게 썼다. …당이 홍군을 영도하는 원칙과 당대표 제도는 매우 정확했다. 당의 영향력을 강화하고 (紅軍)민주적 제도를 설립해야 한다. 또 '결의'는 '극단적 민주화'[3596]사상을 비판했다(中共中央文獻研究室, 1993: 291). (紅四軍)당대표 모택동의 '절대적 영도'를 반대한 것은 군단장 주덕이다. 이는 홍군의 '8월실패(1928)'[3597]와 모택동의 '6개월 실각'[3598]을 초래했다. 총정치부는 '(紅軍)당지부 공작에 대한 편지(1932.1)'[3599]를 발표해 당의 영도를 강조했다. 건국 후 모택동은

3595 '고전회의 결의(古田會議決議)'는 1929년 12월 상항(上杭)현 고전에서 열린 '(紅四軍)9대'에서 통과된 결의안이다. (決議)골자는 ① 홍군의 임무 ② 당의 영도 원칙 ③ 정치공작 중요성 ④ 사상교육 강화 ⑤ 민주제도 확립 등이다. 대회에서 전위(前委) 서기 모택동이 정치보고를 했다. 또 주덕이 군사보고, 진의가 당중앙의 지시를 전달했다.

3596 '결의(1929.12)'는 이렇게 썼다. …'홍4군'이 당중앙 지시를 수용한 후 극단적 민주화 현상이 사라졌다. 예컨대 하급자가 토론한 후 상급자가 결정하는 잘못된 민주집중제가 자취를 감췄다. 그러나 극단적 민주화 잔재가 완전히 제거된 것은 아니다(毛澤東, 1991: 88). 이른바 '극단적 민주화'는 (士兵)조직인 사병위원회의 부작용을 보여준 단적인 사례이다.

3597 '8월실패(1928)' 원인은 ① 장병 동요, 전투력 상실 ② 혹서, (戰鬪)의지력 약화 ③ 무모한 돌진, 고립무원 자초 ④ (湘南)대중의 지지 부재, 단순한 군사행동 ⑤ 적정(敵情) 무지 ⑥ (紅軍)장병의 작전의도 몰이해 등이다(毛澤東, 2008: 61). 이는 모택동이 당중앙에 보낸 보고서(1928.11)에서 분석한 것이다. '8월실패'는 '홍4군'의 전투력을 크게 약화시켰다.

3598 모택동의 '(前委)서기 낙선(1929.6)'은 '(朱毛)쟁론'의 결과물이다. 이는 '중앙대표(劉安恭)'의 주덕 지지와 관련된다. 당시 홍군 지휘관 임표는 모택동을 지지했다. 10월 하순 모택동의 산속 은거는 '폐결핵 병사'로 와전됐다. 11월 말 복귀한 모택동은 고전회의(1929.12)를 주재했다. 모택동의 홍군 복귀는 '(中央)9월편지'와 이립삼의 '모택동 지지'가 주요인이다.

3599 총정치부가 발표한 '(紅軍)당지부 공작에 대한 편지(1932)'는 절대적 영도라는 개념을 제출했다. '편지'는 이렇게 썼다. …당의 영도 강화는 정치적 영향력을 확대하는 것이다. 홍군에 대한 당의 절대적 영도는 '(紅軍)기율 강화' 보장이다(陳宇, 2015: 62). '절대적

고강의 '군당론(軍黨論)'[3600]을 비판했다. 한편 작금의 중국사회에는 '당이 군대를 지휘한다'는 원칙이 철칙(鐵則)으로 군림하고 있다.

1927년 12월 하순 모택동이 제출한 홍군의 '3대 임무'는 ① 적군 섬멸 ② 부잣집을 털어 군비(軍費) 마련 ③ 대중 발동이다(逄先知 외, 2005: 228). 1929년 당중앙은 홍군의 임무를 세 가지로 결정했다. 첫째, 대중을 발동해 토지혁명을 전개하고 공농(工農) 정권을 설립해야 한다. 둘째, 유격전쟁을 전개해 병력을 확충해야 한다. 셋째, 홍군의 영향력과 유격지역을 확대해야 한다(施恒曉, 2015: 70). '고전회의 결의(1929.12)'는 이렇게 썼다. …혁명의 정치적 임무를 집행하는 무장집단인 홍군의 임무는 적군 섬멸이다. 대중을 발동해 무장을 확충하고 (工農)정권을 설립해야 한다(馮蕙 외, 2013: 290). 항전 후기 중공중앙은 '(八路軍)3대 임무'를 확정했다. ① 일본군 섬멸 ② 대중 발동 ③ 생산운동이다. 모택동은 이렇게 역설했다. …팔로군·신사군은 전투와 생산을 병행해야 한다. 인민군대는 그어떤 역경도 극복할 수 있다(毛澤東, 1991: 929). 또 그는 이렇게 지적했다. …인민군대의 당면과제는 반동파 섬멸과 전국의 해방이다. 해방군은 전투 임무를 완성한 후 '공작대'·'생산대'의 역할을 수행해야 한다(毛澤東, 1981: 514). 건국 후 인민군대는 '전투대'·'생산대'·'공작대'의 전통을

영도'는 고전회의(1929.12) 결과물이다. 현재 군대에 대한 당의 영도는 중공의 확고부동한 철칙이다.

3600 건국 후 '군당론(軍黨論)'을 제출한 고강은 당이 인민군대를 창건한 사실을 무시하고 '군대가 당을 창건했다'고 주장했다. 또 자신을 근거지를 창설한 '군대의 지도자'·'당의 대표'라고 사실을 날조했다. '군당론' 실질은 군대가 당을 지휘하는 것이다(陳宇 외, 2015: 66). 실제로 당의 '분열'을 시도한 고강은 장정 중 장국도가 범한 (路線錯誤)과오를 답습했다. 결국 이는 '(軍)통수권자'인 모택동의 권위에 대한 '심각한 도전'이었다.

발양하고 있다. 현재 '옹정애민(擁政愛民)'[3601] 전통을 이어받은 인민군대는 국가의 경제건설에 중요한 역할을 하고 있다.

인민군대의 민주제도를 중시한 모택동은 '(井岡山)투쟁'에 이렇게 썼다. …관병(官兵)은 평등하며 상사가 사병을 구타해선 안 된다. 사병에게 발언 기회를 주고 번잡한 예절과 등급제를 폐지하며 재정 상황을 공표한다(毛澤東, 1981: 29). 모택동은 당중앙에 보낸 보고서(1928.11)에 이렇게 썼다. …물질적 대우가 낮고 빈번한 전투에 전사들이 참고 견디는 것은 민주주의 실시와 관련된다. (軍隊)민주주의 제도[3602]는 신식 군대로 탈바꿈했다는 반증이다(毛澤東, 2008: 65). '고전회의 결의(1929.12)'는 이렇게 썼다. …홍군 장병은 일률적으로 평등하다. 상관(上官)은 사병의 민주권리를 보장해야 하며 사병은 지휘에 복종하고 기율을 준수해야 한다(馮蕙 외, 2005: 293). '(古田會議)결의'는 이렇게 썼다. …'극단적 민주화'와 '절대적 평균주의(絶對平均主義)'[3603]는 수공업과 소농(小農)경제의 결과물이다.

3601 1943년 10월 1일 모택동이 작성한 '옹정애민(擁政愛民) 운동을 전개하자'는 문장은 이렇게 썼다. …각 근거지의 당위와 (軍政)영도기관은 옹정애민과 옹군우항(擁軍優抗) 운동을 광범위하게 전개해야 한다(毛澤東, 2008: 913). '옹정애민'은 정부를 옹호하고 인민을 애호한다는 것이다. 또 '옹군우항'은 (抗日)군인의 가족을 우대한다는 뜻이다.

3602 군대 내 민주주의 제도를 실시하는 것은 모택동의 일관된 군사사상이다. 특히 인민군대의 민주적 생활은 매우 필요하다. 이는 홍군 초기 민주제도가 정립되지 못하고 구식 군대의 군벌주의 악습이 만연된 것과 관련된다(毛澤東, 1991: 83). 이는 반년 간의 열병(閱兵) 경력을 갖고 있는 모택동이 구식 군대의 폐습을 인지하고 있었던 것과 크게 관련된다.

3603 모택동은 홍군의 '절대적 평균주의'를 다음과 같이 지적했다. ① 장병, 동일한 군향 ② 지휘관 기마(騎馬), 불평등 제도 ③ 숙박, 같은 기준 적용 ④ 물품, 똑같이 배급 ⑤ 지휘부의 큰방 차지, 특권화 등이다(毛澤東, 1991: 90). 모택동은 '절대적 평균주의'는 소농경제 부산물이라고 분석했다. '절대적 평균주의'는 그 어떤 사회를 막론하고 사실상 불가능하다.

극단적인 정치·경제적 평등은 혁명투쟁과 발전을 저해한다(施恒驍, 2015: 78). 모택동은 군대 민주건설의 중요성을 이렇게 지적했다. …(軍隊)민주 건설은 '장병 단결'을 촉진한다. 민주주의 실시는 (官兵)관계를 개선할 수 있고 부대의 전투력을 제고할 수 있다. 사병은 간부를 존중하고 상급자의 지휘에 복종하게 된다(陳宇 외, 2015: 75). 1948년 모택동이 작성한 '(軍隊)민주운동 지시'[3604]는 정치·경제·군사의 '3대 민주'를 천명했다. 민주제도 설립·(官兵)평등·기율 강화는 (毛澤東)군사사상의 중요한 내용이다. 이는 인민군대가 최종 승리를 거둔 필수적 조건이었다.

'손자병법'·'행군편(行軍篇)'은 (治軍)원칙을 '영지이문(令之以文), 제지이무(齊之以武)'이라고 썼다. 손자(孫子)는 문무의 겸비와 상벌의 중요성을 강조했다. '문(文)'은 도의(道義)로 장병을 설득하고 '무(武)'는 군기(軍紀)로 장병을 관리해야 한다는 뜻이다(苟軍厲, 2008: 69). 인민군대의 기율을 강조한 모택동은 이렇게 지적했다. …국가는 법제를 강화하고 군대는 군기를 우선시해야 한다. '치국(治國)'에서 국가의 법률이 약화되면 나라가 패망한다. '치군(治軍)'에서 가장 중요한 것은 엄격한 기율이다(毛澤東, 1981: 56). 1927년 10월 24일 모택동은 형죽산(荊竹山)에서 혁명군의 '세 가지 기율'을 선포했다. 첫째, 사병은 반드시 지휘에 복종해야 한다. 둘째, 백성의 고구마를 훔쳐선 안 된다. 셋째, 부잣집을 턴 재물을 착복해선 안된다(中共中央文獻研究室, 1993: 223). 1928년 1월 25일 모택동이 축천(逐川)에서 선포한 최초의 '6항주의(六項注意)'는 ① 빌려온 문짝을 돌려준다

3604 '(軍隊)민주운동 지시(指示, 1948.1)'에서 모택동이 강조한 '3대 민주'는 ① 정치적 민주, 장병 평등과 사병의 민주적 권리 존중 ② 경제적 민주, 장병에게 '군향 지급' 감독권 부여 ③ 군사적 민주, (軍事)훈련에서 서로 기술 전수 등이다(陳宇 외, 2015: 78). '3대 민주'는 (軍隊)민주제도를 실시했다는 반증이다. 이는 인민군대의 전투력을 크게 강화했다.

② 풀어놓은 볏짚을 묶어 놓는다 ③ 말은 상냥하게 한다 ④ 매매는 공평하게 한다 ⑤ 노역꾼의 비용을 지불한다 ⑥ 함부로 손찌검을 해선 안된다(馮蕙 외, 2005: 233). 1929년 1월 모택동은 '6항주의'에 2항을 첨가했다. ① 목욕은 여성을 피한다 ② 대변은 변소에서 본다. 그 후 포로 몸수색을 해선 안 된다는 조항을 첨가하고 고구마를 '백성의 물건'으로 고쳤다(苟軍厲, 2008: 70). '(古田)결의(1929.12)에서 모택동은 이렇게 썼다. …(紅軍)군기는 중요한 정치적 문제이다. 기율을 엄격히 준수하고 '3대 기율'을 위반해선 안 된다(毛澤東, 1981: 75, 99). (八路軍)정치부는 '항전 수요'로 '3대 기율·8항주의'를 수정했다. '3대 기율'은 ① '항일구국(十大)강령'[3605] 실시 ② 지휘 복종 ③ 백성의 바늘과 실을 가져선 안 된다. '8항주의'는 ① 선전 강화 ② 청결 주의 ③ 대화 친절 ④ 매매 공평 ⑤ 빌린 물건 반환 ⑥ 파손물 배상 ⑦ 대소변, 지정 장소 ⑧ 포로 몸수색 금지 등이다(陳宇 외, 2015: 82). 1947년 10월 모택동은 '3대 기율·8항주의 훈령(訓令)'[3606]을 반포했다. 1949년 1월 인민일보(人民日報)[3607]는 모택동이 작성한 '기율 강화 지

3605 낙천회의(1937.8)에서 통과된 '항일구국 10대(十大) 강령'의 골자는 ① 일제(日帝) 타도 ② 군사적 총동원 ③ 전국인민 총동원 ④ 정치기구 개혁 ⑤ (抗日)외교 정책 ⑥ 전시적 재정 정책 ⑦ 인민생활 개선 ⑧ (抗日)교육 정책 ⑨ 친일파 숙청 ⑩ 민족단결 강화 등이다(馮蕙 외, 2013: 16). 상기 '10대(十大) 강령'은 중공 지도자 모택동이 제정한 것이다. 한편 낙천회의에서 모택동은 '군사·(國共)양당문제'에 관한 정치보고를 했다.

3606 '훈령(訓令, 1947.10)'의 '3대 기율'은 ① 일체 행동, 지휘에 복종 ② 백성의 '일침일선(一針一線)' 요구 불가 ③ 전리품 공유화 등이다. '8항주의'는 ① 대화 친절 ② 매매 공평 ③ 빌린 물건 반환 ④ 파손물 배상 ⑤ 손찌검 불가 ⑥ 경작물 보호 ⑦ 여성 존중 ⑧ 포로 학대 불가 등이다(毛澤東, 2008: 1241). 상기 '훈령'은 해방군(解放軍)이 인민대중의 지지를 받은 근본적 원인이다. 또 이는 해방군이 최종적 승리를 거둔 주된 원인이다.

3607 중공중앙의 기관보(機關報)인 인민일보(人民日報)는 1948년 6월 15일 하북성 평산(平山)현 이장(里庄)에서 창간됐다. '진찰기(晉察冀)일보'와 '(晉冀魯豫)인민일보'가 합병, 화북국(華北局)과 중공중앙의 기관보의 기능을 행사했다. 1949년 8월 1일 중공중앙은 인민

시]'[3608]를 발표했다.

1928년 1월 죽천에서 만현(萬縣)현위 보고를 청취한 모택동은 (萬縣)유격전쟁 경험을 정리해 …적이 공격하면 후퇴하고(敵來我去) 적이 주둔하면 교란하며(敵駐我擾) 적이 퇴각하면 공격한다(敵退我追)는 '12자결(十二子訣)'을 제출했다(逢先知 외, 2005: 232). 1928년 7월 '(中共)6대'에 참가한 (萬縣)현위 서기인 장세회(張世熙)[3609]가 공산국제에 제출한 보고서의 유격전술은 '견벽청야(堅壁淸野)'·'적래아퇴(敵來我退)'·'적거아추(敵去我追)'·'적주아요(敵駐我擾)'·'적소아공(敵少我攻)'이었다(馮蕙 외, 2013: 230). 1928년 4월 주덕·진의가 거느린 남창봉기 부대는 모택동의 정강산 부대와 회합해 공농혁명군 제4군을 창건했다. 당시 (紅四軍)병력은 6000명에 달했다. 모택동·주덕은 우세한 병력으로 적을 섬멸하는 작전 방침을 제정해 감군(贛軍) 27사단을 전멸했다(陳宇 외, 2015: 97). 1928년 5월 (朱毛)홍군은 그간의 작전 경험을 정리해 '적진아퇴(敵進我退)'·'적주아요'·'적피아타(敵疲我打)'·'적퇴아추(敵退我追)의 '16자결(十六字訣)'을 확정했다. 이는 (朱毛)홍군의 가장 중요한 유격전법이다. 한편 모택동이 제출한 '12자결'은 장세희의 유격전술을 수용·제정한 것이다.

일보를 (中共中央)기관보로 확정, 1992년 '(世界)10대 일보(日報)'로 선정됐다.

3608 모택동이 인민일보에 발표(1949.1.1)한 '기율 강화 지시'는 이렇게 썼다. …기율을 강화하고 명령에 복종하며 상급자 지시를 집행해야 한다. '3대 기율·8항주의'를 준수하고 '군민·(官兵)일치'를 유지하며 '기율 파괴' 현상을 방지해야 한다(毛澤東, 1981: 294). '기율 강화' 취지는 대중의 지지를 받기 위한 것이다. 이는 군민 단결과 전쟁 승리의 보장이 됐다.

3609 장세회(張世熙, 1894~1929), 강서성 만안(萬安) 출신이며 공산주의자이다. 1926년 중공에 가입, 1927~1928년 (萬安)현위 서기, (萬安)소비에트정부 주석, '중공 6대'에 참가, 1928년 12월 강서성위 서기, 1929년 (贛東北)특위 서기, 1929년 겨울 남창(南昌)에서 희생됐다.

1928년 10월 모택동은 정강산의 투쟁 경험을 정리해 '공농무장할 거(工農武裝割據)'의 존재 조건[3610]과 '홍색정권'의 존재 원인[3611]을 분석했다. 1929년 1월 '위위구조(圍魏救趙)' 전술 사용을 결정한 홍군 지도부는 팽덕회의 '홍5군'과 왕좌의 제32연대에게 '(井岡山)근거지 수호' 임무를 맡겼다. '홍4군' 주력은 근거지를 떠나 감남(贛南)으로 진출했다. 홍군의 '분병(分兵)'은 '근거지 상실'의 치명적 패착이 됐다. 홍군은 (大余)전투에서 패전해 제28연대 당대표 하정영(何挺穎)이 희생됐다. 1월 말 심오(尋烏)에서 적군에게 기습당한 홍군은 큰 낭패를 당했다. 주덕의 '탈출'을 엄호한 부인 오약란(伍若蘭)이 적군에게 체포돼 살해됐다. 이는 홍군 지도부의 '위위구조' 전략이 실패[3612]했다는 반증이다. 2월 10일 대백지(大柏地)에서 매복전을 벌여 적군을 대파한 홍군은 기사회생했다. 4월 5일 위기에서 벗어난 (朱毛)홍군은 주은래가 작성한 '2월편지'[3613]를 받았다.

3610 모택동이 분석한 '공농무장할거(工農武裝割據)' 존재 조건은 ① 대중의 지지 ② 당의 영도 ③ 전투력이 강한 홍군 ④ 작전에 유리한 지형 ⑤ 급양(給養) 지급이 가능한 경제력 등이다(毛澤東, 2008: 57). 이는 모택동이 당중앙에 보낸 보고서(1928.11)의 내용이다. 한편 '무장(武裝) 할거'가 가능한 중요한 원인은 '군벌 혼전(軍閥混戰)'이었다.

3611 모택동이 분석한 '홍색정권' 존재 원인은 ① 중국, 제국주의 간접 통치의 반식민지 국가 ② 호남·광동·강서성(省)의 무장투쟁 기반 마련 ③ 혁명 정세, '홍색정권' 발전에 유리 ④ 홍군, '정권 존재' 조건 ⑤ 당의 역량, 대중 지지 등이다(逄先知 외, 2011: 188). 한편 '홍색정권' 존재의 가장 중요한 조건은 당이 영도하는 홍군과 대중의 지지, 근거지 설립이다.

3612 '위위구조(圍魏救趙)' 전략이 실패한 원인은 ① 근거지 이탈, 홍군 특유의 유격전술 상실 ② 적지 감남(贛南)에서 고립무원 ③ 당조직과 대중의 지원 부재 ④ 분병(分兵), 병력 약화 ⑤ 적군의 기습공격, 정보력 부재 등이다. 결국 정강산 근거지를 상실한 팽덕회는 '구사일생'했다. 한편 감남에서 연패한 (朱毛)홍군은 대백지(大柏地)에서 기사회생(起死回生)했다.

3613 주은래가 작성한 '2월편지(1929)'는 이렇게 썼다. …(朱毛)홍군은 역량을 분산해 상감(湘贛)변계의 각 향촌에서 토지혁명에 전념해야 한다. 적이 강하고 아군이 약한 상황

주은래의 '편지'는 공산국제 총서기 부하린의 '(紅軍)유격전쟁 반대'[3614]
와 관련된다. '(朱毛)홍군 이탈'[3615]을 제출한 부하린의 지시를 수용한 주
은래의 '2월편지'는 홍군 발전에 악영향을 끼쳤다. 이 또한 '(共産國際)추
종자' 주은래가 박고가 주도한 (左傾)노선에서 중대한 과오를 범한 정치
적 배경이다. 실제로 유안공(劉安恭)을 '홍4군'에 파견한 주은래는 '(朱毛)
쟁론'을 유발하고 모택동의 실각(1929.6)을 초래한 장본인이다.

　　모택동은 당중앙에 보낸 보고서(1928.11.)에 이렇게 썼다. …홍군 전
사들은 인민을 위해 싸운다는 점을 시시각각 가슴에 새기고 있다(毛澤
東, 1991: 63). '고전회의 결의(1929.12)'는 이렇게 썼다. …혁명의 (政治)임무
를 수행하는 무장집단인 홍군은 인민을 위해 싸우고 인민이 주도하는
혁명정권을 설립해야 한다(陳宇 외, 2015: 89). 또 모택동은 이렇게 지적했
다. …팔로군은 백성을 위해 싸우는 인민군대이며 시종일관 대중의 이
익을 잊지 말아야 한다(陳繼安, 외, 2000: 205). 모택동이 작성한 (七大)정치보

　　　에서 혁명 역량의 분산은 필수적이다. 주덕·모택동은 상해로 와 피신해야 한다(劉伯根
　　　외, 2007: 157). 실제로 주은래의 '2월편지'는 공산국제 지시에 따른 것이다. 한편 '홍군
　　　분산' 지시는 (朱毛)홍군의 '위위구조(圍魏救趙)' 전술 실패(1929.1)와 밀접히 관련된다.

3614　'(中共)6대'에서 스탈린과 부하린은 모택동의 (農村)유격전쟁에 대해 부정적으로 평가
　　　했다. (六大)보고에서 부하린은 이렇게 지적했다. …도시의 지지와 협조가 없는 유격
　　　전쟁은 결코 승리할 수 없다. (中國)홍군은 집중하지 말고 병력을 분산해서 활동해야
　　　한다(袁南生, 2014: 337). 이 또한 주은래가 (朱毛)홍군에게 편지를 보내 '홍군 분산'을 지
　　　시한 배경이다. 또 이는 공산국제가 '농민 주축'의 유격전쟁을 부정했다는 단적인 반
　　　증이다.

3615　주은래는 이렇게 회상했다. …공산국제 총서기 부하린은 (中國)소비에트운동과 (紅軍)
　　　유격전쟁을 비관적으로 전망했다. 당시 그는 이렇게 강조했다. 홍군은 반드시 '분산
　　　활동'을 해야 한다. 만약 집중한다면 백성의 이익을 해칠 것이다. 또 홍군 지도자 주
　　　덕·모택동 동지는 홍군을 떠나야 한다(周恩來, 1980: 184). 결국 공산국제에 '충성'한 주
　　　은래가 (朱毛)홍군에게 '홍군 분산'을 지시한 '2월편지(1929.2)'를 보낸 주된 원인이다.

고(4.24)는 이렇게 썼다. …인민군대는 인민을 위해 싸우며 전심전의로 인민을 위해 복무해야 한다. 이것이 인민군대의 취지이다(毛澤東, 1991: 1039). 1947년 모택동이 작성한 '중국인민해방군선언(宣言, 10.10)'[3616]은 이렇게 썼다. …해방군은 중국인민의 군대이다. 인민해방군은 국민당 반동파와의 결전에서 승리를 거두고 신중국을 창건해야 한다(施恒驍, 2015: 91). 모택동이 창건한 공농홍군의 주된 취지는 인민대중을 위해 복무하는 것이다. 이는 인민군대와 구식 군대 간의 가장 큰 차이점이다. 이 또한 인민해방군이 국민당군과의 결전에서 최종 승리를 달성한 주된 원인이다.

정치국 회의(6.9)에서 이립삼은 모택동을 '협소한 유격론자'[3617]로 지적했다. 6월 15일 이립삼은 (紅四軍)전위에 보낸 '지시편지(指示信)'[3618]에서 대도시 공격을 명령하고 '도시중심론(城市中心論)'[3619]을 제출했다. '군

3616 1947년 10월 10일 중공 지도부는 '중국인민해방군선언'을 공표했다. 처음 '해방군' 명칭을 사용하고 중공의 8가지 정책을 선포한 '선언'은 '장개석을 타도하고 전 중국을 해방하자'는 구호를 제출했다(逢先知 외, 2013: 241). '장개석 타도' 구호는 해방군이 전면적 공격으로 전환했다는 반증이다. 한편 모택동은 '연안 철수' 후 사용한 가명(假名) 사용을 중지했다.

3617 중앙정치국 회의(1930.6.9)에서 모택동을 '협소한 유격론자'로 폄하한 이립삼은 이렇게 말했다. …홍군 발전의 저해 요인은 소비에트지역의 보수적인 관념과 (朱毛)홍군의 협소적인 유격 전략이다. 특히 모택동은 일관적으로 보수적인 유격(遊擊) 전략을 고집했다(中央檔案館, 1989: 109). 실제로 군사 문외한인 이립삼의 '모택동 폄하'는 '중공 6대'에서 강조한 '도시중심론'과 스탈린·부하린의 '(農村)유격전쟁 비하'와 밀접히 관련된다.

3618 이립삼은 (紅四軍)전적위원회에 보낸 '지시 편지(1930.6.15)'에 이렇게 썼다. …홍군의 주된 임무는 유격전쟁이 아니라 대도시로 진격해 중국혁명의 최종적 승리를 거두는 것이다. 홍군 지도부는 농민 의식에서 벗어나 기회주의 과오를 시정해야 한다(馮蕙 외, 2013: 308). 중공 지도자 이립삼이 (左傾)모험주의 과오를 범한 것이다. 결국 '대도시 공격' 지시는 홍군이 '장사 공격'에서 수천명의 사상자를 내는 심각한 결과를 초래했다.

3619 중공중앙은 이립삼이 작성한 '새로운 혁명 고조(高潮)' 결의(1930.6.11)를 통과시켰다.

사 문외한' 이립삼이 (左傾)모험주의 과오[3620]를 범한 것이다. 1930년 8월 '장사 공격'을 둘러싸고 모택동과 (紅軍)군단장 팽덕회 간에 심각한 '의견 대립'이 발생했다. 9월 17일 모택동은 당중앙에 보고서를 보내 '(長沙)공격 실패' 원인[3621]을 분석했다. 홍군이 세 차례의 '(反)포위토벌'(1930.10~1931.9)에서 사용한 것은 유격전·운동전을 결합한 기동적 유격전술이다. 또 홍군이 가장 많이 사용한 전법은 '적을 깊이 유인(誘敵深入)'[3622]해 각개격파하는 유격전술이다. 녕도(寧都)회의(1932.10)에서 군권을 박탈당한 모택동은 유명무실한 '(共和國)주석'으로 전락했다. 한편 홍군 특유의 유격전술을 포기한 이덕(李德)은 강적과 진지전·공방전을 벌였다. 결국 중앙홍군은 1934년 10월에 대장정을 개시했다.

'도시중심론(城市中心論)'을 강조한 '결의'는 이렇게 썼다. …대도시 무장폭동이 없다면 중국혁명은 최종 승리를 거둘 수 없다. 홍군에 의한 '도시 탈취'는 잘못된 전략이었다(金冲及 외, 2011: 227). 이립삼의 '도시중심론'은 공산국제 지시에 맹종한 결과물이다. 결국 이는 대도시의 '폭동 실패'와 (中共)지하당조직이 대부분 파괴되는 결과를 초래했다.

3620 이립삼이 범한 (左傾)모험주의(1930.6~9) 과오는 3개월 후 중지됐다. '6기 3중전회(1930.9)'에서 자신의 과오를 시인한 이립삼은 곧 모스크바로 소환됐다. 공산국제의 정치적 희생양인 이립삼은 소련에서 15년 동안 연금(軟禁) 생활을 했다. 실제로 '(中共)6대'에서 '잘못된 노선'을 제정한 스탈린과 공산국제가 (左傾)모험주의의 장본인이다.

3621 (中央)보고서(1930.9.17)에서 모택동은 '(長沙)공격 실패'의 주된 원인을 이렇게 분석했다. 첫째, 적군의 견고한 방어공사(工事)를 무시하고 무리하게 공격했다, 둘째, 대중의 지지와 (長沙)당조직의 협조가 없었다. 셋째, 홍군은 성벽을 격파할 대포 등 중무기가 없었다(逄先知 외, 2013: 314). 당시 '장사 공격'을 주장한 것은 (紅軍)지도자 팽덕회였다. 결국 '장사 공격'에서 실패한 홍군은 3000여 명의 사상자를 내고 황급히 철수했다.

3622 1930년 12월 모택동은 '적을 깊이 유인(誘敵深入)'하는 전술의 필수 조건을 여섯 가지로 정리했다. ① 군민 협력, 대중의 지지 ② 매복전과 섬멸전 ③ 우세한 병력 집중, 각개격파 ④ 적의 주력을 피하고 약한 적을 섬멸 ⑤ 운동전으로 적군의 기력을 소진 ⑥ 적군의 아킬레스건을 공격 등이다(中共中央文獻硏究室, 1993: 327). 1930년대 초 주모(朱毛)홍군은 '유적심입(誘敵深入)' 전술로 국민당군의 세 차례 '(紅軍)포위토벌'을 격파했다.

모택동은 실패와 성공의 관계를 이렇게 정리했다. …인간은 누구나 실패하기 마련이다. 실패의 교훈을 정리하고 주관적 능동성을 객관적 법칙에 적용시켜야 성공할 수 있다. 그래서 '한 번 실패하면 그만큼 현명해진다(吃一塹, 長一智)'는 말이 있다(毛澤東, 1991: 284). 1956년 모택동은 이렇게 회상했다. …1930년대 나는 여러 차례 패전했다. 고흥우(高興圩)전투(1931.8)·수구전역(水口戰役, 1932.7)·토성(土城)전투(1935.1)는 내가 지휘했다(毛澤東, 1999: 106). 1958년 7월 모택동은 소련 (駐華)대사 파벨 유딘(Pavel Yudin)[3623]에게 이렇게 말했다. …나는 (作戰)지휘에서 과오를 범한 적이 있다. 홍군 지도자인 나의 지휘 과실로 (長沙)공격(1931.8)에서 실패하고 토성(土城)전투에서 전투력이 강한 천군(川軍)을 격파하지 못했다(陳宇, 2015: 19). 모택동은 '지휘부 실책'으로 패전한 원인을 이렇게 분석했다. 첫째, 적군의 구체적 상황을 제대로 파악하지 못했다. 둘째, 적의 강한 전투력을 안중에 두지 않았다. 셋째, 맹목적으로 무리하게 강적을 공격했다. 넷째, 병력을 집중하지 않고 분산시켰다(陳宇 외, 2015: 21). 또 그는 이렇게 지적했다. …홍군의 경험에 따르면 병력 분산은 패전의 주된 원인이다. 병력을 집중해 적을 공격했을 때 거의 모든 전투에서 승전했다. 토성(土城)전투에서 패전한 것은 병력을 분산했기 때문이다(毛澤東, 1991: 67). (土城)패전은 모택동의 조급성과 '(川軍)전투력 무시'와 관련된다. (水口)패전은 주은래·주덕이 책임을 져야 하며 (高興圩)전투의 지휘관은 팽덕회였다. 실제로 홍군은 많은 패전을 치렀다. '8월실패(1928)'

[3623] 파벨 유딘(Pavel Yudin, 1899~1968), 소련 고리키주(Gorky州) 출생이며 철학가·외교관이다. 1953~1959년 (駐華)소련 대사를 역임, 1952~1961년 (蘇共)정치국 (候補)위원, 소련과학원 원사를 역임, 모택동과 '돈독한 관계'를 유지했다. 1968년 모스크바에서 병사했다.

의 책임은 주덕, (圍魏救趙)전략 실패(1929.1)에 따른 (贛南)패전 책임은 모택동·주덕이 져야 한다. 또 '장사 공격(1930.9)'의 패전은 팽덕회, 제5차 반'포위토벌' 실패와 '(湘江)참패(1934.11)'의 책임은 이덕·주은래, 토성 패전의 주된 책임은 모택동에게 있다. 한편 (土城)패전은 '4도적수(四渡赤水)'³⁶²⁴ 승리의 발판이 됐다.

모택동의 군사사상은 중국혁명의 경험을 정리한 성과물이다. 이는 중국의 혁명전쟁과 국방건설의 실천 경험에 대한 총체적 결론이다. (毛澤東)군사사상은 중국 공산당의 집단적 지혜의 결정체이며 모택동사상의 중요한 내용이다(劉海藩 외, 2006: 315). 모택동의 군사사상은 20여 년 간의 무장투쟁을 거쳐 어렵사리 출범했다. 장기간의 중국혁명을 통해 탄생한 모택동의 군사사상은 중국 실정에 부합되는 이론적 체계이며 혁명전쟁의 지도사상이다. (毛澤東)군사사상의 핵심은 첫째, 중국혁명의 특징은 인민전쟁이다. 둘째, 농촌에서 도시를 포위하는 '농촌중심론'을 창안했다. 한편 '집단적 지혜'의 결정체인 (毛澤東)군사사상에 모택동의 이름을 붙인 것은 (軍)통수권자인 모택동이 '군사사상 출범'의 수훈갑이기 때문이다.

'당의 약간(若干) 역사문제에 대한 결의(1981)'³⁶²⁵는 이렇게 썼다. …

3624 '4도적수(四渡赤水, 1935.1.19~1935.3.22)'은 홍군 지도자 모택동이 유격전·운동전을 병행한 기동적 전술을 사용해 적수하(赤水河)를 네 번 건너며 적군의 추격에서 벗어난 (長征)전투이다. 결국 3개월 간 진행된 전투에서 적군 3만여 명을 섬멸한 홍군은 사천·귀주(貴州)·운남(雲南) 3개 성(省)을 넘나들며 운동전을 전개, 국민당군의 포위권에서 벗어났다. 한편 '4도적수' 승전은 홍군의 '토성(土城) 패전(1935.1)'과 크게 관련된다.

3625 (中共)11기 6중전회(1981.6)에서 통과된 '당의 (若干)역사문제에 대한 결의'는 문화대혁명을 근본적으로 부정하고 모택동의 역사적 지위를 긍정했다. 당시 '6중전회 결의'는 이렇게 썼다. …이론과 실천의 결과물인 모택동사상은 중국 공산당의 집단적 지혜의 결정체(結晶體)이다('鄧小平文選', 1993: 393). 상기 '결의'의 '문혁 부정'과 '(文革)발기자(發起

적군이 강하고 아군이 약한 '적강아약(敵強我弱)' 상황에서 지구전(持久戰) 전략을 제출한 모택동은 병력을 집중해 적을 각개격파하는 전술을 제 정하고 인민전쟁의 군사사상을 창도했다(萬福義 외, 2006: 317). 장기간에 걸쳐 형성된 전쟁관·방법론은 (毛澤東)군사사상의 이론적 기초가 됐다. '인민군대 사상'을 창도한 모택동은 일련의 (治軍)이론·원칙[3626]을 제정했 다. '원칙'의 핵심은 인민군대에 대한 당의 영도이다. 인민전쟁 전략을 제시한 모택동은 적군이 강하고 아군이 약한 상황에서 '이약극강(以弱 克強)'[3627] 전략을 제정했다. 한편 모택동은 수많은 (軍事)저서를 발표했다. 이는 (軍事)이론가 모택동이 문무가 겸비한 군사전략가라는 반증이다.

모택동의 군사전략에 대해 국내외 많은 학자가 나름의 견해를 밝 혔고 적지 않은 유명 인사가 '고견(高見)'을 발표했다. 수십년 간의 혁명 투쟁을 걸쳐 출범한 모택동의 군사전략은 (毛澤東)군사사상의 핵심적 내 용이다. 1960년대 모택동이 파견한 '지원군(志願軍)'[3628]과 전쟁을 치렀던

者)'인 모택동에 대한 '긍정적 평가'는 매우 이율배반적이고 자가당착적인 결론이다.

3626 모택동이 제정한 치군(治軍) 이론·원칙의 주된 내용은 ① 인민군대에 대한 당의 영도 견지 ② '인민대중 복무' 취지를 견지 ③ 정치공작 제도 설립 ④ 관병(官兵) 평등, 적군 와해 선전(宣傳)강화 ⑤ 정치·경제·군사의 '3대 민주' ⑥ '3대기율·8항주의' 준수 ⑦ 자력갱생(自力更生)과 간고분투 작풍(作風)을 견지 ⑧ 엄격한 군사훈련 등이다. 상기 (治 軍)이론·원칙 중 가장 중요한 것은 인민군대에 대한 당의 '절대적 영도' 확보이다.

3627 미국에서 출판한 '세계군사백과전서(1998)'는 세계 전쟁사의 '이약극강(以弱克強)' 전 례(戰例)를 상세히 소개했다. 그 중 대표적인 (以弱克強)전례는 (中央)근거지에서 진행 (1939.11~1931.9)된 세 차례의 반'포위토벌'이다. 당시 가장 큰 (雙方)병력 차이'는 10배 에 달했다(陳繼安 외, 2000: 15). 실제로 1930년대 초 (朱毛)홍군 지도자 모택동과 주덕이 지휘한 세 차례의 (反)포위토벌 승전은 전형적인 '이소승다(以少勝多)' 전투이다.

3628 '지원군(志願軍)'은 1950년 10월 '항미원조(抗美援朝)'의 명분으로 압록강을 넘어 조선 (朝鮮)에 진출한 중국군을 가리킨다. 해방군이 동북변방군(東北邊防軍)으로 개편, 선후로 19개 군(軍) 240만명이 '지원군'에 편입됐다. (志願軍)사령관은 팽덕회, 부사령관은 등

미국은 모택동의 유격전쟁에 대해 많은 연구를 진행했다. 또 미국의 역대 대통령은 (毛澤東)군사사상과 모택동의 유격전술에 상당한 관심을 가졌다. 결국 이는 모택동의 군사사상이 세인의 주목을 받았다는 단적인 반증이다. 한편 모택동의 군사사상에 대한 연구는 현재진행형이다.

혁명전쟁의 지도사상인 (毛澤東)군사전략은 인민군대가 최종 승리를 거둔 결정적 요소이다. 주요 내용은 ① 적극적 방어 ② 전략적 공격 ③ 군사전략 전환[3629] 등이다(陳繼安 외, 1995: 100). '중국군사백과전서'는 (毛澤東)군사사상을 이렇게 요약했다. …모택동이 주도한 인민전쟁의 전략과 군사사상이다. 56개 소제목으로 나뉜 '전서'는 모택동의 군사전략을 상세히 분석했다(範震江 외, 2007: 289). 전 미국 국무경(國務卿)[3630] 헨리 키신저(Henry Kissinger)[3631]가 개괄한 모택동의 군사전략은 ① 정신적으로 적을 피곤 ② '지구전(持久戰)' 전략 ③ 적군 유인, 각개격파 ④ 담판과 전투 병행 등이다(陳宇 외, 2015: 35). 모택동의 유격전술 특징은 ① 국부적 우세, 병력 집중 ② 공격·방어 병행 ③ 위성타원(圍城打援) ④ 피실격허

화(避華)이다. 1953년 7월 '(停戰)협정'이 체결, 대부분의 '지원군'이 철수했다.

[3629] 모택동은 네 차례 군사전략을 전환했다. 첫째, 1930년대 유격전에서 운동전 위주의 전환이다. 둘째, 항전 후 독립자주적 유격전 전환이다. 셋째, (國共)내전에서 운동전·정규전 결합 전환이다. 넷째, 항미원조(抗美援朝)에서 유격전·진지전·운동전 결합 전환이다(胡哲峰 외, 2000: 132). 이는 정강산 시기 창안한 유격전술을 바탕으로 한 군사전략 전환이다.

[3630] (美國)국무원의 수장인 미국 국무경(國務卿)은 미합중국 국무장관(United States Secretary of State)을 지칭한다. 미국 국무부의 장관으로 연방정부의 외교 정책을 총괄하는 행정(行政) 관직이다. 1789년에 설립된 국무경은 (美)대통령을 대표하는 최고 행정기관이다. 한편 2021년 1월 토니 블링컨(Tony Blinken)이 미국 국무경에 임명됐다.

[3631] 헨리 키신저(Henry Kissinger, 1923~), 독일 퓌르트(Fürth) 출생이며 미국의 외교가이다. 1950년 하버드대학 졸업, 1969~1975년 닉슨(Nixon) 대통령의 국가안전사무조리(助理), 1973~1977년 미국 국무장관 역임, 1973년 노벨평화상(Nobel平和賞)을 수상했다.

(避實擊虛) ⑤ 유인술과 매복전 ⑥ 우세한 병력 집중 ⑦ 적을 유인해 각 개격파 ⑧ 위위구조(圍魏救趙) 등이다(陳宇, 2015: 37). 모택동의 군사전략은 ① 인민전쟁 ② 농촌중심론 ③ 당이 군대를 지휘 ④ 지구전·속결전 병행 ⑤ (以弱克强)유격전술 ⑥ 전략적 무시, 전술적 중시 ⑦ (我軍)병력 보존, 적군 섬멸 ⑧ 유격전·운동전을 병행한 기동적인 전술 등이다.

일본 학자 하마토 히로시(Hamato Hiroshi)는 이렇게 모택동을 평가했다. …마르크스·레닌의 사상에서 군사사상이 차지하는 비중이 매우 낮으나 (毛澤東)사상에서 군사사상 비중은 매우 높다. 모택동은 위대한 (軍)통수권자이며 (軍事)이론가이다(陳宇 외, 2015: 22). 현대의 수많은 국가 지도자들이 경제·사회·군사 등에서 탁월한 공적을 남겼으면서도 자기 자신의 사상을 정립하지 못했다. 그러나 자신의 철학사상을 체현한 모택동은 평생을 통해 이를 실천에 옮기려고 애를 썼다(이중, 2002: 387). 일본 학자 다케우치 미노루는 진시황·공자·모택동·등소평을 중국 역사상의 '4대 위인'으로 꼽았다. 신중국 창건자인 모택동은 (毛澤東)사상의 창시자이다. 또 그는 타의 추종을 불허하는 탁월한 (軍事)전략가이며 (毛澤東)군사사상의 창도자이다. 한편 모택동이 '진시황·공자를 하나로 합친 몸통'이라는 일각의 주장은 설득력이 크게 떨어진다. 만년에 진시황을 숭배한 모택동이 공자를 '비판대상'으로 간주했다. 모택동이 주도한 임표·공자 비판의 '비림비공(批林批孔, 1974)' 정치운동이 단적인 증거이다.

모택동이 '탁월한 군사이론가'[3632]로 불리는 것은 수십년의 (軍旅)

3632 '홍군 창건자' 모택동은 정강산의 무장투쟁을 정리해 홍색정권의 '존재 원인'을 분석했다. 또 그는 항전 전후 '중국혁명전쟁의 전략문제(1936.12)'·'실천론(1937.7)' 등 저서를 발표했다. 또 (國內)전쟁의 경험을 정리해 '지구전' (抗戰)방침을 제시했다. 모택동의 군사 이론은 (毛澤東)군사사상의 중요한 구성 요소이다. 1950년대 출간된 '모택동선집'은 대

생애에서 수많은 (軍事)저작을 발표했기 때문이다. 총 네 권인 '모택동 선집' 대부분이 군사와 관련된다. 모택동의 대표적 (軍事)저서[3633]는 '성성지화, 가이요원(星星之火 可以燎原)'[3634], '중국혁명전쟁의 전략문제'[3635], '지구전 논함', '10대군사원칙(十大軍事原則)'[3636] 등이다. 1937~1938년 모택동이 작성한 (軍事)저서와 전보문은 200편이 넘는다. '지구전 논함'은 (毛澤東)군사사상의 '강정지작(扛鼎之作)'[3637]으로 불린다. 철학서 '실천

부분 군사와 관련된다. 이는 모택동이 '탁월한 (軍事)이론가'라는 단적인 반증이다.

3633 모택동의 대표적 (軍事)저서는 '중국혁명전쟁의 전략문제'·'항일전쟁의 전략문제'·'지구전 논함'·'전쟁과 전략문제'·'우세한 병력 집중, 적군 각개격파'·'목전 정세, 우리의 임무'·'(遼沈)전역 작전 방침'·'(淮海)전역 작전 방침'·'평진(平津)전역 작전 방침'·'(抗美援朝)작전 지시' 등이다(陳宇 외, 2015: 34). 한편 중국혁명의 경험·교훈을 정리한 모택동의 군사 저서는 실천성(實踐性)과 지도성(指導性)이 강한 특징을 갖고 있다.

3634 모택동은 임표에게 편지(1930.1.5)를 보내 '작은 불씨가 들판을 태운다'는 도리를 설명했다. 편지를 통해 '(工農)무장할거(武裝割據)'와 무장투쟁을 통한 '정권 탈취'를 주장했다. 한편 '모택동선집'에 수록할 때 '성성지화, 가이요원(星星之火 可以燎原)'으로 제목을 고쳤다(馮蕙 외, 2013: 293). 실제로 모택동의 '편지' 취지는 임표 등 일부 홍군 지휘관이 '저조기(低潮期)'에 처한 중국혁명에 대한 비관적인 전망을 비평하기 위한 것이었다.

3635 1936년 12월 모택동이 작성한 '중국혁명전쟁의 전략문제'는 10년 국공(國共)내전의 경험·교훈을 정리한 (軍事)저서이다. 또 중국혁명에 대한 공산당의 '절대적 영도' 중요성을 천명한 저서는 '소련파'의 (左傾)과오(1931~1934)를 집중 비판했다(馮蕙 외, 2013: 635). 한편 저서에서 모택동은 '유적심입(誘敵深入)'과 우세한 병력 집중, 각개격파의 전술 중요성을 재차 강조했다. 결국 이는 모택동이 항일전쟁을 위한 '이론적 준비'였다.

3636 모택동의 '10대군사원칙(十大軍事原則, 1947.12)' 골자는 ① 고립된 적군, 집중 섬멸 ② 소도시 탈취 후, 대도시 공략 ③ 적의 유생역량을 섬멸 ④ 우세한 병력 집중, 각개격파 ⑤ 충분한 전투 준비 ⑥ 연속 작전을 통한 섬멸전 ⑦ 운동전을 통한 적군 섬멸 ⑧ 방어력이 약한 거점 탈취 ⑨ 적군 무기 탈취, 장비 보충 ⑩ 정돈·훈련 결합 등이다(金冲及 외, 2011: 834). 한편 '10대군사원칙'의 핵심은 우세한 병력을 집중해 섬멸전을 전개하는 것이다. 결국 이는 인민해방군이 '전면적 공격'으로 군사전략을 전환했다는 단적인 반증이다.

3637 모택동의 '지구전 논함' 저서를 읽은 백숭희는 '항전 승리' 군사전략 방침이라고 칭찬했다. 또 '지구전'을 (抗戰)지도사상으로 삼을 것을 장개석에게 건의했다(逄先知 외,

론'·'모순론'도 (軍事)이론으로 점철된다. 또 '총대에서 정권이 나온다 (1927.8)', '모든 반동파는 종이호랑이다(1946.8)', '중국인민이 떨쳐 일어섰다(1949.10)' 등 유명한 어록을 남겼다. 클라우제비츠는 고급막료였고 나폴레옹은 (軍事)저서가 없는 '(理論)문외한'이다. 모택동의 정적 장개석의 아킬레스건은 '군사사상' 부재이다. 이는 장개석이 '모택동 대결'에서 완패한 주요인이다. 전투력이 막강한 독일군을 전승한 스탈린은 강한 (軍事)리더십을 소유했으나 '군사이론'은 모택동과 비견할 바 못 된다. 문무가 겸비한 '병가대사(兵家大師)'는 고대의 손무와 현대의 모택동이 꼽힌다.

항전 시기 모택동은 많은 군사논저(軍事論著)[3638]를 발표했다. 팔로군의 (抗戰)전략을 '지구전'과 독립자주적 유격전쟁으로 확정한 모택동은 전쟁 원칙을 이렇게 제정했다. …(戰爭)목적은 아군 병력을 보존하는 전제하에 적군을 섬멸하는 것이다(陳宇 외, 2015: 31). 1946년 8월 모택동은 연안을 방문한 미국 기자 안나 루이스 스트롱(A. L. Strong)[3639]에게 이렇

2011: 499). 캄보디아 국왕 시아모니(Sihamoni)는 이렇게 술회했다. …'지구전 논함'을 읽은 나는 군사전략가 모택동에게 탄복했다(陳宇 외, 2015: 30). 모택동의 지구전론은 항일전쟁에만 적용되는 것은 아니었다. 그의 평생에 걸친 혁명 자체가 지구전에 근거했다고 할 수 있다. 일생 동안 지구전을 편 모택동은 지구전으로 승부를 걸었다(이중, 2002: 445). 한편 모택동의 '강정지작(扛鼎之作)'인 '지구전 논함'은 자타가 인정하는 (毛澤東)군사사상의 대표작이다.

3638 모택동의 (抗戰)군사논저(軍事論著)는 ① 일본군 공격 반대의 방침과 방법 ② 모든 역량을 동원, 항전 승리 쟁취 ③ 상해·태원 함락 후, 항전 정세와 임무 ④ (抗日)유격전쟁 전략문제 ⑤ 중공 민족전쟁 지위 ⑥ 전쟁과 전략문제 ⑦ 목전 정세와 당의 임무 ⑧ 중국혁명과 (中國)공산당 ⑨ 신민주주의론 ⑩ (抗日)통일전선 중의 전략문제 등이다. 한편 모택동이 (抗戰)전략을 '독립자주적 유격전쟁'으로 정한 취지는 (八路軍)병력 보전이다.

3639 안나 루이스 스트롱(A. L. Strong, 1885~1970), 미국 네브래스카주(Nebraska州) 출생이며 기자·작가이다. 1905년 전진보(前進報) 기자, 1908년 시카코(Chicago)대학 철학박사,

게 말했다. …장기적 관점에서 볼 때 강대한 역량은 인민에게 있다. 모든 반동파는 종이호랑이다. 일제와 미제(美帝)[3640]는 종이호랑이에 불과하다(逢先知 외, 2013: 118). 1946년 9월 모택동은 전군에 '우세한 병력을 집중해 적을 각개격파하는 지시(9.16)'[3641]를 내렸다. 1947년 12월 모택동은 '목전 정세와 임무(12.25)'[3642]라는 보고서에 이렇게 썼다. …매번 전투에서 반드시 병력을 집중해 적을 섬멸해야 한다(馮蕙 외, 2013: 134, 260). 클라우제비츠는 이렇게 강조했다. …전쟁의 가장 중요한 준칙은 병력을 집중하는 것이다. 정강산 시기 모택동은 홍군 병력이 열세인 상황에서 우세한 병력을 집중해 적군을 각개격파하는 전술을 사용했다(陳宇, 2015: 32). 장기간에 걸친 혁명전쟁에서 모택동의 제정한 군사전략은 ① (戰略)지구전, (戰術)속결전 ② 적이 공격, 아군 퇴각 ③ 전략적 방어, 전술적 공격 ④ 전략적 경시(輕視), 전술적 중시이다(毛澤東, 1981: 328). 해방전쟁

1946년 연안 방문, 모택동을 인터뷰했다. 1958년 북경 정주(定住), 1970년 북경에서 병사했다.

3640 미제(美帝)는 미제국주의(美帝國主義) 약칭이며 이념이 가미된 '(美國)폄하' 용어이다. '미제'는 냉전 시기 소련·중국 등 국가에서 적대국 미국에 대한 호칭이다. 1946년 8월 모택동은 연안을 방문한 미국 기자 스트롱(Strong)에게 (美)제국주의는 '종이호랑이'라고 풍자했다. 현재 조선(朝鮮, 北韓)에서는 여전히 (美帝)용어를 사용하고 있다.

3641 모택동은 '병력 집중, 각개격파 지시(9.16)'에 이렇게 썼다. …병력 집중과 각개격파 작전은 전역(戰役) 수요와 전술 배치에 적응해야 한다. 병력 집중의 전술 효과는 속결전을 통한 적군 전멸이다. 전술 원칙은 적의 유생역량 섬멸이 주목적이다(馮蕙 외, 2013: 134). 정강산 시기 형성된 우세한 병력 집중과 각개격파 전술은 모택동 군사전략의 가장 중요한 내용이다.

3642 모택동이 작성한 '목전 정세와 임무(1947.12.25)' 보고서는 이렇게 썼다. …중국혁명은 분기점에 도달했다. 이는 역사의 전환점이며 장개석의 반혁명 통치가 종말을 고하는 전환점이다. 또 보고서는 유명한 '10대군사원칙'을 제출했다(逢先知 외, 2013: 260). 상기 보고서는 '장개석의 (反動)통치집단을 타도, 신중국을 설립하자'는 구호를 정식 제출한 강령적 문건이다.

시기 모택동은 일련의 (軍事)문장[3643]을 발표했다. 모택동의 '종이호랑이' 논단은 적에 대한 '전략적 경시'를 의미한다. 결국 이는 전투에서 필수불가결한 정신력을 강조한 것이다. 4년 후 '(中國)지원군'은 한반도에서 강적인 미군과 '숙명적 대결'을 펼쳤다.

'손자병법(孫子兵法)'[3644]을 연구한 모택동은 손무의 전략 4가지를 채택해 병사들이 이해하기 쉽도록 간단한 문구로 고쳤다. 즉 '적이 진격하면 우리는 후퇴한다'는 (十六字訣)내용이다(A. Faulkner, 2005: 46). 준의회의에서 개풍(凱豊)은 이렇게 모택동을 폄하했다. …당신의 전투 지휘는 '삼국연의'와 '손자병법'에서 배운 것이다. '손자병법'에 의존한 (指揮)방법은 별로 고명하지 않다('黨的文獻', 1993.9). 1962년 모택동은 이렇게 회상했다. …준의회의에서 개풍은 내가 '삼국연의'·'손자병법'에 근거해 전투를 지휘한다고 말했다. 그러나 전투 지휘는 책에 의존할 수 없다. 당시 나는 '손자병법'을 읽지 못했다(金沖及 외, 2011: 347). (古代)전쟁의 경험을 정리한 '손자병법'은 전쟁의 보편적 원리와 규율성을 제시했다. 이는 변증법적 사상을 갖고 있다. 손무는 '병가비조(兵家鼻祖)'[3645]로 불린다

3643 해방전쟁(1946~1949) 시기 모택동이 작성한 (軍事)문장은 ① 동북근거지 설립과 공고화 ② 서북전장(西北戰場) 작전 방침 ③ 중국혁명의 신고조(新高潮)를 맞이하자 ④ 해방전쟁 전략 방침 ⑤ 중국인민해방군 선언 ⑥ 혁명을 끝까지 진행하자 ⑦ 전국 진격의 명령 ⑧ 인민민주전정(專政)을 논함 등이다. 그 외 '3대 전역'에 관한 (軍事)지시와 전보문(電報文)이 있다.

3644 중국 오나라의 (軍事)이론가 손무가 작성한 '손자병법'은 세계 최초의 병법서로, '병학성전(兵學聖典)'으로 불린다. 또 유명한 병법서인 '무경칠서(武經七書)' 중 가장 중요한 병법서로 꼽힌다. 1972년 한대판(漢代版) '손자병법'이 산동 임기(臨沂)에서 출토됐다. 여러 언어로 번역·출판된 '손자병법'의 가장 유명한 명언은 '지피지기 백전불태(知彼知己 百戰不殆)'이다.

3645 '병가비조(兵家鼻祖)'는 병술(兵術)을 논한 학파의 원조(原祖)를 가리킨다. 손무를 '병가비

(苟君厲, 2008). 전쟁이론과 전략을 집대성한 '손자병법'은 최고의 경지에 이른 병법서이다. (軍事)이론가 클라우제비츠의 '전쟁론'은 '손자병법'에 비견된다. 선인의 성과를 계승한 모택동은 실천·이론에서 '전인(前人)'을 초과했다(陳宇 외, 2015: 40). 실제로 홍군의 '16자결'은 '손자병법'과 무관하다. 또 모택동의 '손자병법' 정독은 섬북(陝北) 도착 후의 일이다. 모택동과 손무는 '(軍事)이론가'라는 공통점이 있으나 여러 가지 차이점이 있다. 한편 개풍은 (長征)후기에 '(毛澤東)지지자'[3646]로 변신했다.

(軍事)전략가 모택동과 손무는 실천과 이론을 겸비한 '탁월한 군사가'로 평가된다. (現代)전략가 모택동과 (古代)이론가 손무는 뚜렷한 차이점이 있다. (紅軍)장정을 승리로 이끈 모택동은 명실상부한 (軍)통수권자이다. 또 그는 '좁쌀·보총'[3647]으로 선진적 (軍事)장비를 갖춘 600만 국민당군을 전승하고 중국 대륙을 통일한 신중국 창건자이다. 1950년대 모택동이 창안한 유격전술은 '지원군(志願軍)'이 세계 최강인 미군(美軍) 전

조'라고 하는 것은 '병학성전(兵學聖典)'인 '손자병법'을 저술한 것과 관련된다. '손자병법'은 세계 최초의 병서로 알려진다. 손무가 동방병학(東方兵學) '비조(鼻祖)'로 불리는 주된 원인은 직접 전투를 지휘한 군사가(軍事家)이며 병법서를 작성한 (軍事)이론가이기 때문이다.

3646 준의회의(1935.1)에서 '소련파' 개풍(凱豊)은 유일한 '(博古)지지자'였다. 장정 후기 모택동과 '홍4방면군' 지도자 장국도와의 권력투쟁에서 박고·개풍 등 '소련파'는 모두 모택동을 지지했다. 결국 '모택동 추종자'로 변신한 (代理)선전부장 개풍은 연안에서 모택동의 '중용'을 받았다. 한편 개풍은 '(七大)중앙위원 선거'에서 낙선됐다.

3647 '샤오미(Xiaomi, 小米)'로 불리는 좁쌀은 연안(延安)의 특산이며 좁쌀밥은 연안인의 주식이다. 이는 중공의 궁색한 생활환경을 뜻한다. '보총'은 팔로군의 '낙후된 무기'를 상징한다. '백단대전(1940)' 후 '(八路軍)군향 지급'을 중단한 장개석은 (陝甘寧)변구에 대한 경제 봉쇄를 감행했다. 한편 미국의 재정 지원과 소련의 '무기 지원'을 받은 국민당군은 선진적 장비를 갖췄으나 국공(國共) 내전에서 해방군에서 패배했다. 결국 이는 전쟁의 가장 중요한 요소는 무기가 아닌 전투원의 정신력과 작전(作戰) 전술이라는 것을 반증한다.

승(戰勝)에 결정적 역할을 했다. 한편 '소국(吳國)'의 장군인 손무가 전투를 지휘한 기간은 고작 몇 년이다. 이는 군사가로서 자격미달이다. 손무의 가장 큰 성과는 '손자병법' 편찬이다. 병법 집필에 많은 시간을 할애한 손무의 아킬레스건은 '군사사상' 부재이며 '(孫武)사상'이란 존재하지 않는다. 이 또한 (毛澤東)사상을 창도한 모택동과의 가장 큰 차이점이다. 모택동이 '군사사상 대가'[3648]로 추앙받는 이유이다.

존 케네디(John Kennedy)[3649]는 모택동의 (軍事)저서 애독자였다. 1961년 미국 '성조보(星條報, 2.26)'에는 이런 소식이 실렸다. …모택동의 학생이 된 케네디 대통령은 육군에게 '유격전 연구'를 지시했다. 미국 육군사관학교(West Point)[3650]는 '지구전 논함'·'항일유격전쟁 전략문제'를 (軍校)교재로 삼았다(陳宇, 2015: 45, 46). 일본 학자(近藤邦康)는 모택동의 '지구전'을 이렇게 평가했다. …나는 모택동의 '지구전 논함'을 높게 평가한다. 일본이 중국에 패배한 것은 당연한 결과였다. 이런 훌륭한 저서는

3648 정강산 시기 유격전쟁 군사전략인 '16자결(十六字訣)'을 창안한 모택동은 '이약극강(以弱克强)' 유격전술을 정립했다. (井岡山)근거지를 창건한 모택동은 '농촌에서 도시를 포위'하는 중국혁명의 발전 전략을 제출했다. 이는 정강산 시기 모택동의 군사사상이 이미 형성됐다는 반증이다. 또 그는 (抗戰)군사사상인 '지구전' 전략을 제출했다. (毛澤東)군사사상의 핵심은 인민전쟁이다. 결국 '인민전쟁' 제출자 모택동은 신중국을 창건했다.

3649 존 케네디(John Kennedy, 1917~1963), 매사추세츠주(Massachusetts州) 출생이며 (美)제35대 대통령이다. 1940년 하버드대학 졸업, 1948년 하원 의원 당선, 1957년 퓰리처상(Pulitzer賞)을 수상, 1960년 제35대 대통령으로 당선, 1963년 댈러스(Dallas)에서 암살됐다.

3650 뉴욕주 웨스트포인트(West Point, New York)에 위치한 미국 육군사관학교(West Point)는 1802년에 설립된 미국의 첫 군사학교이다. 2022년 기준으로 재학생 4294명, 교직원이 580명이다. 웨스트포인트(West Point)는 미국 독립전쟁 시기의 중요한 군사 요새(要塞)였다. 한편 (美)육군사관학교의 교훈(校訓)은 '책임·영예·국가'이다.

일본에 없다(新民晩報, 2021. 5.7). 미국 대통령 빌 클린턴(William Clinton)[3651]은 이렇게 말했다. …세계적 범위에서 '(毛澤東)연구붐'이 일고 있다는 사실은 매우 놀랍다. 미국인은 모택동사상의 정수(精髓) 연구가 필요하다(陳宇 외, 2015: 47). 1963년 4월호의 미국 '육군(陸軍)' 잡지는 이렇게 썼다. … 유격전술을 창안한 모택동은 뛰어난 전략가이다. 유격전쟁으로 일본군을 괴롭힌 그는 3년 내전을 통해 (中國)대륙을 통일했다. 모택동은 세계에서 보기 드문 불패의 명장이다(陳宇, 2015: 625). 흐루쇼프(Khrushchyov)[3652]는 회고록에 이렇게 썼다. …나는 마린노프스키(Malinnovskyi)[3653] 원수에게 이렇게 말했다. 소련군은 막강한 독일군대를 전승한 천하무적의 군대이다. 당신들이 출간한 모택동의 '(遊擊戰)저서'는 소련군에게 도움이 안 된다(Khrushchyov, 2006: 2232). 모택동의 유격전술은 인민군대 승리에 결정적 역할을 했다. 홍군의 대표적 전술은 유격전·운동전이 결합된 기동적 전술이다. 대표적 전투는 장정 중에 치른 '4도적수(四渡赤水)'이다. 홍군의 치명적 단점은 진지전이다. (長沙)공격(1930.8) 실패와 (土城)패전

3651 빌 클린턴(William Clinton, 1946~), 아칸소주(Arkansas州) 출생이며 제42대 미국의 대통령이다. 1976년 아칸소주 법무장관, 1978년 최연소 주지사로 당선, 1990년 (美國)민주당 최고위원회 주석, 1992년 제42대 대통령에 당선됐다. 1996년 대통령에 연임, 1998년 12월 '(Clinton)탄핵안' 가결, 2013년 '(總統)자유훈장'을 수상했다.

3652 흐루쇼프(Khrushchyov, 1894~1971), 쿠르스크주(Kursk州) 출생이며 소련의 당과 국가 지도자(1953~1964)이다. 1918년 (蘇聯)공산당에 가입, 1932년 모스크바시위 서기, 1934년 중앙위원, 1939년 정치국 위원, 1949년 서기처 서기, 1953년 (蘇共)중앙 제1서기, 1958년 부장회의(部長會議) 주석(總理), 1971년 모스크바에서 병사했다.

3653 마린노프스키(Malinnovskyi, 1898~1967), 오데사(Odessa) 출생이며 군사가(元帥)이다. 1926년 (蘇聯)공산당에 가입, 1930~1940년대 (Frunze)군사학원 총교관, 제2집단군 사령관, 1950~1960년대 (蘇聯)원동군 사령관, 국방부장을 역임, 1967년 모스크바에서 병사했다.

(1935.1)이 단적인 사례이다. 이는 홍군의 낙후된 장비와 관련된다. 한편 모택동은 자타가 인정하는 '유격전 대가'이다.

모택동의 군사사상 핵심은 한 마디로 '인민전쟁'이다. 농촌에서 도시를 포위하는 '농촌중심론'은 중국혁명의 실정에 적합한 군사전략이었다. 또 모택동의 군사전술은 '이약극강(以弱克强)'의 기동적 유격전술로 요약할 수 있다. 정강산(井岡山) 시기 제정된 '16자결(十六字訣)'은 주모(朱毛)홍군의 대표적 유격전법이다. 또 우세한 병력 집중과 (敵軍)각개격파는 선진적 (軍事)장비를 갖춘 강적을 전승하는 '법보(法寶)'로 간주된다. 한편 수십년 간의 무장투쟁을 걸쳐 형성·발전된 (毛澤東)군사사상은 '중공 7대'에서 출범한 모택동사상의 중요한 구성 요소이다.

3. 모택동사상의 변천과 우여곡절

1) 모택동사상의 발전과 '모택동주의(Maoism)'

'(中共)6중전회'에서 중공 지도자로 자리매김한 모택동은 마르크스주의 '구체화(具體化)'를 제출했다. 이는 유럽의 마르크스주의와 소련의 레닌주의를 중국의 실정에 맞게 '개조(改造)'한다는 뜻이다. '신민주주의론(1940.1)'은 모택동사상의 '추형(雛形)'이다. 모택동사상은 '이론'과 '실천'이 결합된 결과물이다. 모택동이 주도한 (延安)정풍은 (毛澤東)사상 출범의 사상적 기초이다. 모택동의 '(黨中央)주석 선임(1943.3)'과 공산국제 해체(1943.5)는 모택동사상의 탄생을 촉진하는 역할을 했다. '(中共)7대'에서 모택동사상은 당의 지도사상으로 확정됐다. 한편 모택동의 최측근 유소기·왕가상은 모택동사상의 출범에 수훈갑 역할을 했다.

'(中共)7대'에서 출범한 모택동사상은 (國共)내전 승리의 지도적 역할을 했다. 모택동사상의 출범은 중공이 모스크바의 지배에서 벗어나 '독

립적 정당'으로 거듭났다는 의미로 풀이된다. 한편 '(中共)8대(1956)'에서
모택동사상이 종적을 감춘 것은 중공 지도부가 중소(中蘇)관계를 감안
했기 때문이다. 이는 (蘇共)제20차 당대회(1956.2)[3654]와 관련된다.

'계급투쟁 강령(綱領)'[3655]의 국정이념으로 부활된 모택동사상은 중
국사회 발전에 심각한 영향을 끼쳤다. 이는 미증유의 문화대혁명을 유
발했다. 문혁 시기 유명무실해진 모택동사상은 '최고지시(最高指示)'[3656]
와 모주석어록(毛主席語錄)[3657]으로 대체됐다. 등소평 복권 후 (中共)11기 3
중전회[3658]에서 모택동사상은 실사구시의 위주로 재평가됐다. 당의 지

3654 1956년 2월 14~26일 모스크바에서 열린 소공(蘇共) 제20차 당대회에 56개 국가의
    대표단이 참가했다. 당시 중공중앙은 주덕(朱德)을 단장(團長)으로 한 (中共)대표단을 파
    견했다. 한편 (蘇共)제20차 당대회의 하이라이트는 소공중앙 제1서기 흐루쇼프가 스
    탈린의 개인숭배를 비판한 '비밀보고'이다. 결국 이는 '스탈린 격하(格下) 운동'의 효시
    가 됐다. 이 또한 '중공 8대(1956.6)'에서 모택동사상을 거론하지 않은 주된 원인이다.

3655 '계급투쟁 강령(綱領)'은 8기 3중전회(1957.9)에서 모택동이 제출한 정치노선(政治路線)
    이다. 1958년 5월 과도 시기의 주요 모순은 사회주의·자본주의 노선(路線) 간의 투쟁
    이라고 주장한 모택동은 여산회의(1959.8)의 '팽덕회 비판'을 계급투쟁으로 간주했다.
    '10중전회(1962.9)'에서 '계급투쟁 강령'을 재차 강조한 모택동은 중앙공작회의(1963.2)
    에서 계급투쟁을 '만능 키(萬能key)'라고 역설했다. 결국 이는 '문혁 발단'이 됐다.

3656 '최고지시(最高指示)'는 문혁 기간 모택동의 논술·의견·지시를 뜻한다. 문혁 초기와 '(中
    共)9대' 전후 최절정에 달했다. 결국 이는 '(毛澤東)우상숭배'의 결과물이다. '최고지시'
    의 발명자는 모택동의 (法定)후계자인 임표이다. 한편 '최고지시'의 범람은 '(中共)집단
    영도' 체제가 사라지고 모택동사상이 왜곡·변질됐다는 것을 반증한다.

3657 신중국 창건(1949.10) 후 '위대한 영수' 모택동은 중국인들의 무한한 충성 속에 '영원
    한 태양'으로 신격화됐다. 또 모주석의 어록(語錄)은 법 위에 군림하는 금과옥조(金科玉
    條)로 신성시됐다. '우상화'된 모택동은 역대의 군주를 초과하는 지고무상의 권력을
    향유했다(김범송, 2009: 83). 실제로 문화대혁명 시기 모주석어록(毛主席語錄)은 '최고지
    시'로 간주됐다. 결국 유명무실해진 모택동사상은 심각하게 왜곡되고 이질화(異質化)
    됐다.

3658 1978년 12월 18~22일 북경에서 개최된 (中共)11기 3중전회는 중공 역사에서 매우
    중요한 회의로 간주된다. 회의에서 좌적(左的) 과오인 '2개 범시(兩个凡是)'를 시정하고

도사상인 모택동사상과 등소평이론(鄧小平理論)[3659]은 뚜렷한 차이점이 있다.

스튜어트 슈람(S. Schram)[3660]이 주장한 모택동사상의 발전은 ① 1917~1927년, 농촌중심론 ② 1927~1936년, 무장투쟁 ③ 1936~1947년, 마르크스주의 중국화 ④ 1947~1957년, '정권 탈취'와 (中國式)사회주의 ⑤ 1957~1966년, '대약진'과 계급투쟁 ⑥ 1966~1976년, 문화대혁명과 (毛澤東)사상 퇴보이다(S. Schram, 2005: 7). 슈람(Schram)의 주장에 따르면 청년 모택동의 관심사는 중국의 발전 방향이었다. 중년의 모택동은 마르크스주의 '중국화'와 '(毛澤東)사상 정립'에 열중했다. (毛澤東)만년에 이르러 모택동사상은 교조화된 이념으로 변질됐다(石仲泉 외, 20005: 8). 중국 학자들은 모택동사상 발전을 5단계로 나눴다. ① 모택동사상의 맹아기(萌芽期, 1921~1927) ② '사상'의 형성기(形成期, 1927~1935) ③ '사상'의 완선화(完善化, 1945~1956) ④ '사상'의 퇴보기(退步期, 1957~1976)이다(韓喜平 외, 2012:

실사구시적 노선(路線)을 제출했다. 또 회의는 '계급투쟁 강령'을 중지하고 개혁개방을 의미하는 '현대화 건설'을 목표로 제정, 모택동의 역사적 지위와 모택동사상을 객관적으로 평가했다. 한편 '3중전회'에서 등소평은 '중공 2세대' 영도집단의 핵심으로 부상했다.

3659 등소평이론(鄧小平理論)은 1980년대 '개혁개방 창시자'인 등소평이 창립한 '중국 특색의 사회주의'에 관한 이론이다. 한편 마르크스주의 이론을 중국 실정에 맞게 개조한 '중국화' 결과물인 '등소평이론'은 소련식 발전 모델과 구별된다. 또 경제발전 중심의 등소평이론은 계급투쟁 중심의 모택동사상과 큰 차이가 있다. 결국 (中共)15차 당대회(1997.9)에서 당장(黨章)에 수록된 등소평이론은 중국 공산당의 지도이념으로 확정됐다.

3660 스튜어트 슈람(S. Schram, 1924~2012)은 '모택동 연구' 전문가이다. 1954년 (Columbia) 대학 철학박사, 1960년대 하버드(Harvard)대학에서 '중국문제 연구'에 종사, 1968~1972년 중국연구소장, 1990년 미국에 귀환, 주요 저서는 '모택동의 정치사상'·'모택동' 등이 있다.

21). '(中共)7대'에서 당의 지도이념으로 확정된 모택동사상은 해방전쟁(解放戰爭)[3661] 승리와 신중국 창건에 결정적 역할을 했다. 신중국 초기 중국이 소련의 (經濟)체제를 모방[3662]한 후 모택동사상의 역할은 약화됐다. '중국식 사회주의(中國式社會主義)'[3663] 체제의 결과물인 대약진(大躍進)운동은 계급투쟁 중심의 모택동사상을 부활시켰다. 결국 이는 전대미문의 '10년 동란(文革)'[3664]을 유발했다. 문혁 시기 모택동사상은 '(毛澤東)우상화'[3665]에 따른 '최고지시'로 변질됐다.

3661 해방전쟁(解放戰爭)은 제2차 국공(國共)내전으로 불린다. 국민당군을 섬멸하고 '중국 해방'을 위한 전쟁이므로 해방전쟁으로 불린다. 결국 요심·회해·평진 '3대 전역'에서 승전한 해방군은 도강(渡江)전역(1949.4)을 전개해 남경을 해방, 1949년 10월 1일에 신중국이 창건됐다. 1951년 서장(西藏)을 평화적으로 해방, 중국 대륙이 통일됐다.

3662 1962년 모택동은 이렇게 회상했다. …건국 초기 소련의 계획경제 체계를 모방한 중공은 (蘇聯)중공업 발전 모델을 도입했다. 당시 상황에서 필요한 조치였으나 창조성 결여와 독립자주적 능력을 상실하는 결과를 초래했다(蕭延中 외, 2005: 164). 결국 소련 모델을 포기한 모택동은 자력갱생 위주의 '농업 발전'을 선택했다. 이는 유토피아적 인민공사화로 이어졌다.

3663 건국 후 소련의 경제 체제를 도입한 중국은 후르쇼프의 '스탈린 비판'을 계기로 새로운 발전 모델을 추구했다. 이것이 중국정부가 선택한 '중국식 사회주의' 발전 모델이다. 한편 농업 발전과 농민문제를 중시한 모택동은 대약진(大躍進)운동 추진과 함께 인민공사(人民公社)를 발전 모델로 확정했다. 결국 이는 계급투쟁 부활과 문화대혁명을 야기하는 심각한 결과를 초래했다. 모택동이 창도한 '중국식 사회주의'는 실패한 모델이었다.

3664 중국 발전에 악영향을 끼친 전대미문의 문화대혁명은 중국사회에 엄청난 재앙을 안겨준 '10년 동란'이다. 훗날 등소평은 이렇게 평가했다. …문화대혁명은 최고 지도자가 선동하고 간신들에 의해 이용된, 당과 국가에 막대한 피해를 준 내란이다(김범송, 2009: 84). 등소평은 '문혁(文革)발기자'인 모택동의 '공적이 1차적, 과오가 2차적'이라고 평가했다. 한편 '2개 범시(兩個凡是)'에 집착한 모택동의 후계자 화국봉은 실각을 자초했다.

3665 '(中共)9대(1969.4)'에서 모택동 우상화가 최절정에 달했다. …모택동이 동방홍(東方紅) 음악소리 속에서 주석대에 나타나자 장내에는 우레와 같은 환성과 박수가 터졌다.

스튜어트 슈람은 마르크스주의 '중국화'를 모택동사상 형성의 결정적 단서로 간주했다. '중국화'는 (西方)이론인 마르크스주의가 중국의 민족주의와 결합되는 결과로 이어졌다. 모택동사상은 마르크주의 이론이 중국의 실천과 결합된 결과물이다(石仲泉 외, 20005: 12). 마르크스주의 '구체화' 주장이 제기(1938.10)된 후 유소기·주덕·등소평 등 중공 지도자와 중국 학자들은 모택동사상을 '중국화된 마르크스주의'[3666]라고 주장했다. 이는 서방의 마르크스주의를 중국 실정에 맞게 '개조'했다는 뜻으로 풀이된다(黃少群, 2015; 780). '신민주주의론(1940.1)'에서 모택동은 '중국화'에 대해 이렇게 썼다. …(中國)공산주의자들은 마르크스주의의 '무조건 수용'을 반대한다. 마르크스주의의 이론을 중국의 민족적 특징과 결합시켜야 한다(逢先知 외, 2011: 574). '신민주의론'은 모택동사상의 형성을 의미한다. 마르크스주의 '구체화'의 결과물인 모택동사상이 중시를 받지 못한 것은 '소련파'의 수수방관과 관련된다(盧毅 외, 2015: 379). 당시 모택동이 제출한 것은 마르크스주의 '구체화'이다. '구체화'가 이념이 가미된 '중국화'로 변경된 것은 10년 후의 일이다. 따라서 '중국화된 마르크스주의'라는 개념은 큰 어폐가 있다. 또 (西方)이론인 마르크스주

결국 모택동의 간단한 개막사는 대회장에 울려 퍼진 '만세, 만만세' 구호로 10여 차례 중단됐다(李穎, 2012: 172). 한편 모택동 공식 후계자인 임표는 (毛澤東)우상숭배의 선봉장 역할을 했다. 문혁 시기 모택동이 묵인한 '최고지시'는 황제의 '성지(聖旨)'로 간주됐다.

3666 북방국 당학교(黨校) 연설(1943.11.10)에서 등소평은 이렇게 역설했다. …준의회의 후 모택동을 필두로 하는 당중앙은 당내의 좌경(左傾) 기회주의를 제거했다. '중국화된 마르크스주의', 즉 모택동사상의 지도하에 승리를 거듭하며 전진하고 있다(鄧小平, 1989: 88). 상기 주장은 마르크스주의와 모택동사상을 '동일 레벨'로 간주했다는 지적을 면키 어렵다. 실제로 마르크스주의와 모택동사상은 평등(平等)관계가 아닌 종속(從屬)관계이다.

의와 '민족화'로 개조된 모택동사상은 큰 차이가 있다. 19세기에 출범한 마르크주의는 마르크스·엥겔스가 영국·독일 등 유럽의 자본주의 사회에 대한 '(研究)결과물'이다. 한편 20세기 40년대 출범한 모택동사상은 '이론 연구'가 아닌 (中國革命)실천의 성과물이다. 실제로 모택동사상은 '소련파 숙청'을 취지로 한 정풍운동의 결과물이다.

마르크스주의는 마르크스·엥겔스가 유럽의 노동운동을 바탕으로 정립한 이론 체계이다. 이론 체계에는 마르크스주의철학·정치경제학[3667]·과학적 사회주의 3개 부분이 포함된다. 마르크스주의는 자본주의의 발전과 사회주의 이행, 공산주의의 보편적 규칙에 관한 학설이다(韓喜平 외, 2012: 134). 마르크스주의는 독일의 고전철학[3668]과 영국의 정치경제학, 영국·프랑스의 공상적 사회주의를 계승했다. (Marxism)철학의 주된 이론은 변증법과 유물론이다. 정치경제학은 마르크스주의의 중요한 내용이며 마르크스의 대표작은 자본주의 경제학이론을 분석한 '자본론'이다(仲偉通, 2019: 135). 19세기 초 영국의 인문학자 토머스 모어(Thomas More)[3669]

3667 마르크스주의의 중요한 내용인 정치경제학은 자본주의 경제학을 연구하는 이론적 지도이다. 정치경제학의 주된 관점은 마르크스의 저서 '자본론(資本論)'에 잘 나타나 있다. 마르크스는 '자본론'을 통해 자본주의 경제학 이론을 비판했다(韓喜平 외, 2012: 135). 한편 자본주의 경제를 근절시킨 모택동의 '자본론(資本論) 연구'는 거의 전무했다. 실제로 모택동의 '정치경제학 외면'은 그가 '공상적 사회주의자'로 전락된 주된 원인이다.

3668 마르크스주의 주요 내용인 독일의 고전철학(古典哲學)은 18세기 후반에서 19세기 초의 '(獨逸)관념론' 철학을 말한다. 철학자 칸트(Kant)에서 시작된 (古典)철학은 프로이센의 철학자 헤겔(Hegel)에 의해 정점에 도달, 포이에르바하(Feuerbach)의 '유물론 제창'을 통해 유물론·변증법으로 대표되는 마르크스주의의 철학으로 '승화(昇華)'됐다.

3669 토머스 모어(Thomas More, 1478~1535), 런던(London) 출생이며 영국의 정치가, 공상적 사회주의 학설의 창시인이다. 1510년 (London)사법장관, 1521년 재정대신, 1529년 (英國)대법관 등을 역임, 1515~1516년 명저 '유토피아'를 작성, 1535년 런던에서 병

의 '유토피아(Utopia)'[3670]가 유럽에서 성행했다. 자본주의를 반대한 공상
적 사회주의자들은 (資本主義)착취 제도는 인류의 도덕·법률·본성에 위
배된다고 지적했다(韓喜平 외, 2012: 131). 1950년대 중국사회에서 자본주의
를 근절한 모택동은 '대약진'을 통한 '공산주의 진입'을 시도했다. 청년
시기 스승 양창제의 교육[3671]을 받은 모택동은 (主觀)능동성을 강조한 유
심사관(唯心史觀)[3672]의 영향을 받았다. 신중국 창건 후 레닌의 신경제정
책(新經濟政策)[3673]을 포기한 모택동은 스탈린의 계획경제 체제를 모방했

사했다.

3670 유토피아(Utopia)는 인간 생활의 최선의 상태를 갖춘 이상적 사회를 뜻한다. 토마스
모어(Thomas More)의 소설 '유토피아(1516)'에서 유래된 것이며 '이상향(理想鄕)'의 대
명사로 쓰인다. '공상적 사회주의'로 간주되는 (Utopia)사회는 모든 사람이 평등하고
공동취사제를 실시하며 사유제가 사라진, '세외도원(世外桃源)'에 다름 아니다. 한편
'이상주의자(理想主義者)' 모택동은 유토피아적 인민공사(人民公社)를 '이상향'으로 간주
했다.

3671 모택동은 (湖南)제1사범학교 시절의 은사 양창제로부터 많은 영향을 받았다. 영국에
서 서양철학을 공부한 양창제는 중국의 전통철학에도 조예가 깊었다. 그는 강의 시
간에 칸트·루소의 철학과 정이(程頤)·주희(朱熹)의 이학을 가르쳤다(이중, 2002: 199). 칸
트의 철학은 유물론과 대립되는 유심론이다. 한편 모택동의 '유심사관(唯心史觀)' 사례
는 '(中共)7대'에서 언급한 '우공이산(寓公移山)', 1950년 후반의 대약진(大躍進)운동이다.

3672 유심사관(唯心史觀)은 역사 발전의 원동력을 인간의 이성(理性)·의식(意識)·이념 등의 정
신적 역할을 강조하는 관념론적 역사관을 가리킨다. 한편 유심주의(唯心主義)를 의미
하는 유심사관은 물질을 '1차적 존재'로 여기는 유물주의와 대립된다. 또 유심사관은
'세계 근본'인 정신이 물질을 결정한다고 주장한다. 실제로 인간의 주체적 능동성과
'정신적 역할'을 강조한 청년 모택동은 시종일관 '인정승천(人定勝天)'을 강하게 주장
했다.

3673 신경제정책(新經濟政策)은 소비에트 러시아가 1921년부터 실시한 사회주의 과도적인
경제정책이다. 10월혁명 후 실시한 '전시(戰時)공산주의(1918)' 체제가 농민의 불만을
야기, 정량세(征糧稅)·사인경제·외국자본 이용 등 신경제정책을 추진한 것이다. 1928
년 스탈린은 신경제정책을 폐지했다. 1980년대 등소평이 실시한 사회주의 시장경제
와 레닌의 신경제정책은 '사인경제 허용'·'외자(外資) 유치' 등에서 나름의 공통점이

다. 실제로 모택동이 창도한 인민공사는 공상적 사회주의자들이 추구
한 '이상향(理想郷)'[3674]인 '유토피아' 성격[3675]이 매우 강하다.

마르크스주의의 '구체화'를 제출(1938.10)한 모택동은 '신민주의론'
에서 '(Marxism)중국화'의 중요성을 강조했다. 이 시기 모택동의 영수(領
袖) 지위가 확고해짐에 따라 가장 먼저 '모택동사상'을 제출한 것은 모
택동의 측근자였다. 이는 1942년부터 본격 추진된 '소련파 제거'의 정
풍운동과 관련된다. 당시 독소전쟁에 몰입한 (蘇共)지도부와 공산국제
는 (中共)정풍운동을 방관시했다. 1943년부터 '(思想)윤곽'을 드러낸 모택
동사상이 (中共)지도이념으로 부각된 것은 공산국제 해체(1943.5)와 직접
적 관련이 있다. 정풍운동 심화로 '(毛澤東)우상화' 작업이 본격 가동되
면서 '모택동주의(毛澤東主義)'[3676]가 출현했다. 한편 '(毛澤東)사상' 개념을

있다.

3674 '이상향(理想郷)'은 현실적으로 존재할 수 없는 지상낙원(地上樂園), 무릉도원(武陵桃源)과
같은 최적의 상태를 갖춘 이상적 사회를 지칭한다. 유토피아적 '이상향'은 공상적 사
회주의자들이 추구한 최고의 이상(理想)이며 최종 목표였다. 한편 '신촌(新村)운동' 추
종자인 모택동의 '이상향'은 1950년대 후반에 그 자신이 창도(唱導)한 인민공사(人民公
社)이다. 결국 모택동이 추구한 '이상향(人民公社)' 건설은 참담한 실패로 막을 내렸다.

3675 1950년대 후반 모택동이 창도한 인민공사는 '유토피아(理想郷)' 성격이 다분했다. 당
시 '공산주의 모델'로 간주된 인민공사에서는 집단생활 방식인 '공동취사제'가 실행
되고 사유제가 사라진 유토피아적 성격이 매우 강했다. 실제로 연안(延安) 시기에 실
시됐던 '(戰時)공산주의 체제'가 부활한 것이다. 결국 이는 농민들의 생산의욕 상실과
곡물 유실 및 심각한 낭비 현상을 초래했다. 한편 인민공사는 '실패한 모델'로 역사에
기록됐다.

3676 이른바 '모택동주의(Maoism, 毛澤東主義)'는 마르크스주의와 '동일한 레벨'이다. '(中共)7
대'에서 출범한 모택동사상보다 레벨이 더욱 높다. 또 이념이 가미된 '모택동주의'는
'모택동 폄하' 요소가 다분하다. '모택동주의'를 가장 먼저 제출한 것은 '(反共)마르크
주의자'로 불린 (國民黨)이론가 엽청(葉青)이다. 한편 연안(延安)에서 '모택동주의'를 가
장 먼저 제출한 것은 모택동의 비서인 장여심(張如心)이다. 실제로 연안 시기 모택동이

수용한 모택동은 이른바 '모택동주의'를 거절했다. 이는 현명한 결정이었다.

'신민주주의론'이 발표된 후 이론가 애사기는 '중국문화' 창간호(1940.2.15)에 발표한 전론(專論)에 이렇게 썼다. …마르크스주의 '구체화' 추진으로 중국식 마르크스주의가 형성됐다. 이 논단은 모택동사상 출범에 선도적 역할을 했다(張鐵網 외, 2019: 429). 1941년 3월 (八路軍)군정대학 교육장 장여심은 '공산당인(共産黨人)' 잡지에 발표한 전문에 이렇게 썼다. …모택동의 (著作)이론은 이론과 실천이 결합된 결정체이다. 모택동 동지는 (中國式)마르크스주의 형성에 기여했다(賈章旺, 2012: 641). 모택동의 이론이 '중국식 마르크스주의'라는 논단을 내린 장여심은 마르크스주의 '중국화'에 크게 기여했다. 또 그는 모택동사상은 '중국화'의 결과물이라고 주장했다(黃少群, 2015: 778). 팔로군 정치부의 지시(1941.6)는 이렇게 썼다. …마르크스주의 중국화에 중대한 공헌을 한 탁월한 혁명가 모택동은 천재적 이론가·전략가이다. 모택동의 이론은 (全軍)지도사상이다(解放軍歷史資料編審委員會, 1994: 650). 1942년 7월 주덕은 해방일보에 발표한 문장에 이렇게 썼다. …장기간의 혁명투쟁을 거쳐 중국 공산당은 (中國式)마르크스주의 이론을 발전시켰다. 마르크스주의 이론에 정통한 (中共)영수 모택동은 중국혁명을 승리로 이끌고 있다(張樹軍 외, 2003: 362). (毛澤東)동지의 사상이란 개념을 제출한 장여심은 모택동의 비서(1941.12)로 발탁됐다. 이는 모택동이 '(毛澤東思想)개념'을 중요시했다는 단적인 반증이다. 실제로 장여심은 모택동의 사상과 '모택동주의(Maoism)'를 가장

이른바 '모택동주의'를 수용하지 않은 것은 '영원한 (中共)상급자' 스탈린을 의식했기 때문이다.

먼저 제출한 이론가[3677]이다. 한편 모택동이 '(Marxism)이론에 정통'했다는 일각의 주장은 '(毛澤東)우상화' 성격이 짙다.

왕가상의 경호원 장지(張志)는 이렇게 회상했다. …1943년 6월 왕가상의 (棗園)숙소를 찾아온 모택동은 '(中共)탄생 22주년'을 기념하는 글을 쓰라고 권고했다. 왕가상이 (文章)주제를 문의하자 모택동은 '(黨內)사상' 중요성을 주제로 하는 것이 좋다고 귀띔했다(李忠傑 외, 2005: 164). 모주석의 건의를 수용한 왕가상은 밤을 새우며 글을 썼다. 일주일 후 (文章)작성을 마친 왕가상은 나에게 이렇게 말했다. …(文章)발표는 주석의 심사를 받아야 한다. 7월 8일 왕가상의 문장은 해방일보에 발표됐다(張志, 1985: 140). 주중려(朱仲麗)는 이렇게 술회했다. …왕가상이 작성한 글 제목은 '중국 공산당과 민족해방의 노선(路線)'[3678] 이다. 모택동의 권고를 수용한 왕가상의 문장은 주석의 심사를 거쳐 해방일보에 사설로 발표됐다(朱仲麗, 1995: 124). 해방일보에 발표(7.8)된 왕가상의 문장은 이렇게 썼다. …과거와 현재를 막론하고 중국인민을 해방하는 정확한 노선은 모택동의 사상이다. 즉 모택동의 이론과 투쟁 경험을 정리한 정치노선이다. 중국의 마르크스주의인 모택동사상은 중국의 볼셰비키이다(賈章旺, 2012: 643). 또 왕가상은 이렇게 썼다. …모택동사상은 마르크스주의와 중

3677 장여심은 해방일보에 발표(1942.2)한 '모택동의 이론을 학습하자'는 문장에서 '모택동 (同志)의 사상'을 처음으로 제출했다. 한편 이 시기 중공 이론가(理論家) 장여심이 발표한 논문은 ① 볼셰비키의 교육가(1941.3) ② 모택동의 기치하에 전진하자(1941.4) ③ 모택동사상을 학습하는 방법(1942.2) 등이다. 그 외 (毛澤東)저서로 ① 모택동을 논함 ② 모택동의 사상과 작풍(作風) ③ 마르크스주의 유물론에 대한 모택동의 공헌 등이 있다.

3678 노선(路線)은 한국에선 선로·길 등의 의미로 '버스 노선' 등으로 사용된다. 한편 중국에서 '노선(路線)'은 엄연한 정치적 용어이다. 예컨대 '노선착오'·'노선투쟁' 등이다. 1920~1930년대 모스크바의 지배를 받은 중국 공산당은 '노선착오'라는 정치적 용어를 자주 사용했다. 한편 치명적 과오인 '노선착오'는 정치생명의 종결을 의미한다.

국혁명의 실천이 결합된 결과물이다. 이는 중국 민족해방과 공산주의를 실현하는 중요한 보장이다. 저자(王稼祥)는 과학적 태도로 모택동사상을 분석했다(徐則浩, 2006: 242). '중국 공산당의 70년(1991)'은 이렇게 썼다. …정풍운동을 통해 중공 지도부는 마르크스주의 견해를 통일하고 혁명투쟁의 경험을 정리했다. 왕가상이 해방일보에 발표한 문장은 처음으로 '모택동사상' 개념을 제출했다(中共中央文獻研究院, 1991: 202). 유소기가 해방일보(7.6)에 발표한 '멘셰비키 사상을 청산하자'는 글은 이렇게 썼다. …모든 당원은 모택동의 사상으로 무장하고 (毛澤東)사상체계를 정립해 (Mensheviki)사상을 청산해야 한다(劉少奇, 1981: 300). 한편 '모택동사상 정립' 선봉장인 왕가상이 '(毛澤東)사상 제출자'라는 주장은 설득력이 떨어진다. '정간결정(精簡決定, 1943.3)' 후 왕가상은 '(宣傳)부서기'라는 한직에 머물렀다. 당시 모택동의 신임을 상실한 왕가상은 '실직(失職)' 상태였다. 실제로 왕가상의 문장은 모택동의 '귀띔'을 받고 작성한 것이다. 한편 동시기 (晉察冀)일보와 해방일보에 글을 발표해 '모택동사상'을 제출한 것은 등탁(鄧拓)[3679]과 유소기이다.

모택동사상을 가장 먼저 제출(1941.3)한 이론가는 장여심이다. 한편 (毛澤東)비서가 '사상 제출자'가 된다는 것은 부적절했다. 중국 학자들은 해방일보(7.8) 문장을 근거로 왕가상을 '(思想)제출자'라고 주장하고 있다. 이는 모택동이 고심 끝에 내린 결론이다. 모택동사상을 '과학적 태도'로 분석했다는 왕가상의 글은 모택동의 '귀띔'을 받아 사명감을 갖고 쓴 것이다. '(毛澤東)사상 정립'에 수훈갑 역할을 한 최측근 유소기도

[3679] 등탁(鄧拓, 1912~1966), 복건성 민후(閩侯) 출신이며 공산주의자이다. 1930년 중공에 가입, 1930~1940년대 진찰기(晉察冀)분국 선전부장, (晉察冀)일보 사장, 건국 후 인민일보 사장, 북경시위 문교(文教) 서기를 역임, 1966년 '(反黨)분자'로 몰린 후 자살했다.

'(思想)제출자'로 적합하지 않았다. 모택동사상은 '중공 독립'을 의미하는 민감한 문제였다. '사상 제출'에 신중을 기할 수밖에 없었다. 실제로 연안에 체류한 블라디미노프를 의식한 모택동이 '영원한 (中共)상급자'[3680] 스탈린을 염두에 둔 것이다. 자칫 악화일로인 (中蘇)양당 관계에 악영향을 끼칠 수 있었기 때문이다. 사실상 '(毛澤東)사상 제출자'는 모택동 자신이었다.

왕가상은 연안 시절 모택동사상 정립에 앞장선 일등공신이다. (西安)팔로군판사처 옛 건물 전시실 벽에 걸린 왕가상의 사진 밑에 '모택동사상' 개념을 최초로 개발했다는 설명이 적혀 있다(이중, 2002: 121). 이는 모택동의 '의견'이 반영된 것이다. 모택동이 왕가상을 '(思想)제출자'로 정한 원인은 첫째, 왕가상은 모스크바 주재 (中共)대표를 역임했다. 둘째, 디미트로프와 '양호한 관계'를 유지했고 스탈린의 접견을 받았다. 셋째, 모택동의 '(中共)영수 등극'에 수훈갑 역할을 했다. 넷째, '(精簡)결정(1943.3)' 후 한직으로 밀려난 왕가상에게 동기부여가 필요했다. 다섯째, 모스크바의 신임을 받은 '소련파' 왕가상은 '(毛澤東)사상 제출' 적임자였다. 당시 (肅幹)운동을 주도한 강생이 모택동의 중용을 받은 후 왕가상은 '한지(閑地)'로 밀려났다. 사실상 토사구팽을 당한 것이다. 한편 '(思想)제출자'인 왕가상은 (七大)중앙위원 선거에서 낙선됐다. 모택동은 준의회의에서 '관건적 한 표'를 던진 왕가상을 '후보위원'에 보선했

3680 1922년부터 중국 공산당은 공산국제의 지부(支部)가 됐다. 1924~1943년 공산국제를 막후 조정한 스탈린은 중공의 '상급자'였고 중공 지도자 모택동의 '직속상관'이었다. 한편 중국 공산당이 사회주의를 지향하는 한, '사회주의 종주국'인 소련의 지배권에서 결코 벗어날 수 없었다. 이 또한 1950년대 모택동사상이 자취를 감춘 주요인이다. 또 건국 초기 모택동사상이 '스탈린주의(Stalin主義)'에 종속될 수밖에 없는 주된 이유이다.

다. 이는 모택동이 '병 주고 약 주는' 고단수 정치인이라는 반증이다. 실제로 '(毛澤東)사상 정립' 일등공신은 모택동의 비서를 역임한 (中共)이론가 장여심이다.

중경에서 회귀(7.16)한 주은래는 이렇게 말했다. …22년 역사가 증명하다시피 모택동의 정확한 의견은 모든 역사 시기를 관통하고 있다. 모택동의 노선은 중국화된 마르크스주의이며 (中國)공산주의 노선이다(中共中央文獻研究室, 1998: 573). 1943년 12월 맹경수는 중앙정치국에 보낸 편지에 이렇게 썼다. …중공 영수 모주석과 당중앙의 의견을 전적으로 찬성한다. 향후 모주석의 학생으로 거듭나 교조주의 과오를 철저히 개조하겠다(胡喬木, 1994: 298). 1943년 11월 등소평은 이렇게 말했다. …준의회의 후 모택동을 수반으로 한 당중앙의 영도하에 (黨內)기회주의를 극복했다. 모택동사상의 지도하에 중국화된 마르크스주의는 상당한 진전을 이뤘다(鄧小平, 1989: 88). 또 등소평은 이렇게 강조했다. …모택동사상이 지도이념으로 확정된 후 당중앙의 영도하에 획기적 발전을 이루고 승리를 거듭했다. (左傾)교조주의 과오가 초래한 '참담한 실패'[3681]는 더 이상 발생되지 않았다(余伯流, 2011: 80). 1943년 12월 등소평은 이렇게 말했다. …정풍을 통해 중국의 볼셰비키주의인 모택동사상이 형성됐다. 모택동사상의 지도하에 전당의 단결력과 팔로군의 전투력은 더욱 강화됐다(李忠傑 외, 2006: 166). 중경에서 돌아온 후 위기감을 느낀 주은래가 '모택동 우상화'에 가세했다. 실제로 '소련파'와 밀접한 관계를 유지한

[3681] '(中共)총서기' 박고와 군사고문인 이덕(李德)의 지휘 실책으로 제5차 '(反)포위토벌(1934)'이 실패했다. 결국 (中央)근거지를 포기한 홍군은 장정(長征)을 개시했다. 결국 '(最高)3인단'의 지휘 실패에 따른 '상강참패(湘江慘敗, 1934.12)'로 홍군은 3만명으로 급감했다. 준의회의(1935.1)에서 모택동이 '홍군 지도자'로 복귀한 주된 이유이다.

주은래는 '왕명노선' 추종자였다. 한편 '모택동 학생'[3682]이 되겠다는 맹경수의 편지는 왕명의 '의견'을 전달한 것이다. 당시 (北方局)서기 등소평은 '모택동 추종자'였다. 결국 모택동의 신임을 받은 등소평은 (七大) 중앙위원에 당선됐다.

1943년 말 모택동사상이 공식화된 원인은 첫째, 정풍운동 후 (黨內) 사상이 통일되고 모택동의 (領袖)지위가 공고해졌다. 둘째, 정치국 회의 (1943.3)에서 모택동은 '당주석(黨主席)'에 선임됐다. 셋째, 공산국제 해산은 '사상 출범'의 촉진제 역할을 했다. 넷째, '9월회의(1943)'를 통해 '왕명노선'을 철저하게 청산했다. 다섯째, 주덕·유소기·왕가상 등 (中共)지도자들은 '모택동사상'을 공식 제출했다. 여섯째, 당사자인 모택동은 '(毛澤東)사상 제출'을 묵인하고 수용했다. 모택동사상의 공식화는 정풍운동과 마르크스주의 '중국화'의 결과물이다. 또 '중공 7대'에서 모택동사상의 '공식 출범'은 필연적 결과였다. 한편 모택동사상의 출범은 모스크바의 '(中共)내정 간섭'을 초래하고 '모택동 우상화'라는 부작용을 유발했다.

'모택동주의'를 가장 먼저 제출한 것은 '(反共)마르크주의자'로 불린 엽청(葉靑)[3683]이다. 항전 시기 엽청은 장개석의 (反共)정책을 선전하는 나

3682 왕명의 부인 맹경수가 모택동에게 편지(1943.12)를 보내 '모택동 학생'이 되겠다며 저자세를 보인 것은 '9월회의(1943)'의 '왕명노선' 숙청과 관련된다. 정치적 위기감을 느낀 왕명은 면종복배의 양면적 수법을 썼다. 즉 '(毛澤東)우상화'에 가세하는 동시에 디미트로프에게 '모택동 고발' 편지를 보냈다. 결국 디미트로프는 모택동에게 '왕명 보호'를 요구했다.

3683 (中共)변절자 엽청(葉靑)의 본명은 임탁선(任卓宣)이다. 변절한 후 국민당중앙 선전부 부부장으로 임명, '(反共)마르크주의자'로 전락했다. 1941년 '신민주의론' 등 (毛澤東)저서를 읽고 '(重慶)항전과 문화' 잡지에 독후감을 발표, '모택동주의' 개념을 처음으로 제출했다. 실제로 (反共)이론가 엽청은 모택동사상을 '(中國)농민주의'로 폄하했다.

팔수 역할을 했다. (國民黨)5중전회(1939.1)는 '용공(溶共)·방공(防共)·한공(限共)·반공(反共)' 방침을 제정했다. 반동 이론가 엽청은 '하나의 주의(主義), 하나의 영수(領袖) 하나의 정당(政黨)'이란 (反共)선전의 선봉장이었다. '하나의 주의'는 삼민주의를 의미하며 '하나의 영수'는 장개석이 '중화민국 영수'라는 뜻이다. '(三民主義)문화운동'을 주도한 엽청은 '삼민주의'를 빌미로 '반공고조(反共高潮)'를 일으켰다. 당시 엽청의 반공(反共) 이론은 (延安)이론가들의 반박과 비판을 받았다. 한편 엽청이 제출한 '모택동주의'는 본의 아니게 모택동사상의 출범을 촉진하는 역할을 했다.

1941년 모택동이 쓴 '지구전 논함'·'신민주의론' 등 저서를 읽은 엽청은 중경의 '항전과 문화' 잡지에 독후감을 발표했다. 문장에서 '모택동주의' 개념을 처음 사용한 엽청은 (毛澤東)이론을 '중국의 농민주의'라고 폄하했다(新華網, 2010.8.18). 또 그는 모택동의 '농민주의'는 홍수전(洪秀全)[3684]의 '태평천국 재판'이라고 비하했다. 1942년 2월 해방일보(2.18)에 엽청의 주장을 반박한 글을 발표한 장여심은 '모택동주의' 필연성을 강조했다. 당시 '모택동사상 제출자' 장여심이 강조한 '모택동주의'는 엽청의 '반동 주장'을 반박하기 위한 것이었다. 결국 모택동은 (蘇共)지도자 스탈린의 심기를 불편하게 하는 '모택동주의'를 포기하고 모택동사상을 선택했다. 한편 엽청은 모택동을 '(中共)유일한 이론가'로 평가했다.

1942년 2월 18일 해방일보에 발표된 '(毛澤東)이론을 학습하자'는 장여심의 사설은 이렇게 썼다. …(毛澤東)이론은 마르크스주의를 중국의 실정에 맞게 정리한 것이다. 모택동의 이론은 중국의 마르크스주의이

3684 홍수전(洪秀全, 1814~1864), 광동성 화현(化縣) 출신이며 태평천국의 천왕(天王)이다. 1851년 금전(金田)봉기, 태평천국을 설립했다. 1953년 남경(南京)을 점령, '천경(天京)'으로 개명했다. '천경사변(天京事變, 1856)' 후 신정(新政)을 실시, 1864년 남경에서 병사했다.

다. 또 그는 '모택동주의'의 정확성을 강조했다(李忠傑 외, 2006: 163). 1942년 7월 등탁이 (晉察冀)일보에 발표한 '모택동주의를 학습하자'는 사설은 이렇게 썼다. …중국 공산당은 21년의 혁명투쟁을 거쳐 마르크스주의 민족화·중국화를 실현했다. '(Marxism)중국화'의 결과물인 모택동주의는 중국의 마르크스주의이다(黃少群, 2015: 779). 1944년 7월 1일 해방일보에 '모택동의 (初期)혁명활동' 문장을 발표한 소삼은 모택동사상을 '모택동주의'로 격상해야 한다고 주장했다. 모택동은 반대 의견을 제출하지 않았으나 소삼의 주장을 수용하지 않았다(高新民 외, 2003: 366). 1942년 2월 왕명이 지은 '(所謂)정풍운동' 취지는 (整風)실질은 레닌주의를 반대하기 위한 것이며 모택동이 통치기반 확립을 위해 '모택동주의'를 부추겼다는 것이다(李明三 외, 1989: 405). 왕명은 회고록에 이렇게 썼다. …1941년 모택동은 이론과 실천이 결합된 '중국화된 마르크스주의'가 모택동주의라고 주장했다. 나는 이렇게 반박했다. …마르크스주의 '중국화'는 잘못된 것이며 '모택동주의'는 레닌주의에 위배된다(王明, 1979: 14). 1948년 8월 화북대학 총장 오옥장이 보낸 '모택동주의' 선전 여부에 대한 편지를 받은 모택동은 회신(8.15)에 이렇게 썼다. …'(主義)선전'은 부적절하며 '모택동주의'는 존재하지 않는다. 마르크스주의와 모택동사상을 병렬(竝列)해선 안 된다(中共中央文獻硏究室, 1983: 303). 상기 왕명의 주장은 신빙성이 매우 낮다. 실제로 레닌주의(Leninism)[3685]와 모택동사상은

[3685] 레닌주의(Leninism)는 20세기 초 레닌이 마르크스주의를 러시아혁명에 적용한 사상이다. 러시아 사회민주당 제2차 대표대회(1903)에서 처음 레닌주의가 출현했다. 1924년 스탈린은 제국주의와 무산계급혁명 시대 마르크스주의라고 레닌주의를 해석했다. 주된 내용은 ① 제국주의 이론 ② 무산계급 혁명 ③ 민족식민지 ④ 무산계급 전정 ⑤ 사회주의 건설 ⑥ 무산계급 정당 등이다. 한편 스탈린이 집정한 후 '스탈린주의'로 변질했다.

종속관계였다. '반동 이론가' 엽청이 제출한 '모택동주의' 포기는 당연한 결과였다. 한편 모택동의 '(主義)선전 반대(1948)'는 이 시기 소련이 모택동사상을 인정하지 않은 것과 밀접하게 관련된다.

(國民黨)이론가 엽청은 '모택동주의'를 '농민주의'라고 비하했다. 모택동의 측근 장여심·소삼 등이 주장한 모택동주의는 개인숭배·우상화로 점철된 '이념의 산물'이다. 이 또한 모택동이 이념이 가미된 '모택동주의'를 포기한 원인이다. 1943년 왕가상·유소기가 제출한 모택동사상은 중국혁명의 필연적 결과물이다. 공산국제 해체 후 출범한 모택동사상은 정풍 성과물로 간주된다. 이 또한 주덕·유소기·등소평 등 중공 지도자가 모택동사상을 '중국화된 마르크스주의'라고 주장한 이유이다. '중공 7대'에서 출범한 모택동사상은 장기간의 혁명투쟁을 통해 형성된 '역사의 결과물'이다. 이념이 가미된 '모택동주의'는 부정적 성격이 강한 반면, 중국혁명 결과물인 모택동사상은 긍정적 의미로 풀이된다. 한편 일각에서 모택동주의(Maoism)와 모택동사상을 동일시[3686]하는 것은 잘못된 인식이다.

1943년 7월 모택동은 '모택동주의'와 마르크스주의에 대해 이렇게

[3686] 한국의 '지식백과'는 모택동주의(Maoism)와 모택동사상(Mao Zedong Thought)을 동일시했다. 실제로 '(毛)주의'와 '(毛)사상'은 큰 차이가 있다. '(中共)7대'에서 출범한 모택동사상은 마르크스주의를 중국의 실정에 맞게 '개조(改造)'한 것으로 '중국화(中國化)'의 결과물이다. 중공 지도사상으로 정립된 모택동사상은 중국혁명의 성과물로 간주된다. 한편 이념이 가미된 '마오이즘(Maoism)'은 부정적 측면이 강하다. 이 또한 '(毛澤東)사상' 창도자 모택동이 '(毛)주의'를 거절한 주된 원인이다. 이른바 '모택동주의'는 국민당 (反動)이론가 엽청(葉靑)이 제출한 것이다. 레닌주의와 모택동사상이 종속(從屬) 관계라면 '모택동주의'는 마르크스주의와 같은 레벨이다. 현재 이념적 '마오이즘'은 역사 속에 사라진 반면, 모택동사상은 여전히 중국 공산당의 지도이념으로 명문화되고 있다.

지적했다. …나는 마르크스주의 연구에선 초보자에 불과하다. 이른바 '모택동주의'를 구축해 마르크스주의와 대립해선 안 된다(張靜如, 1997: 307). 모택동은 주양(周揚)에게 보낸 편지(1944.4.2)에 이렇게 썼다. …당신이 편찬한 '마르크스주의와 문예'에 '(延安)좌담회연설(1942.5)'이 수록된 것을 불안하게 생각한다. 나의 저서를 마르크스의 저작과 병렬해선 안 된다(中共中央文獻硏究室, 2003: 206). 모택동은 소삼의 '모택동주의 제출(1944.7)'에 대해 반대 입장을 표시했다. 또 그는 자신의 이론이 마르크스주의와 대립되는 '모택동주의'로 곡해되는 것을 반대했다(楊獻珍, 1983.1). 결국 이는 모택동이 중공의 지도이념인 모택동사상이 이념적 '모택동주의'로 변질되는 것을 반대했다는 반증이다. 또 모택동의 '모택동주의' 포기는 정확한 선택이다. 만약 '레닌주의'와의 '결렬'을 의미하는 '모택동주의'를 선택했다면, (中蘇)양당 관계의 악화일로와 '(中共)고립무원'을 초래했을 것이다. 실제로 스탈린은 시종일관 모택동사상을 인정하지 않았다.

1944년 연안을 방문한 '(重慶)신민보' 편집장 조초구는 이렇게 썼다. …(延安)사람들의 사상은 획일화됐다. 같은 문제를 수십명의 지식인·농민에게 물어보면 신통하게도 그들의 대답은 똑같았다. 그들의 사상이 신념화됐다는 것을 알 수 있다(羅平漢 외, 2015: 383). 또 조초구는 이렇게 썼다. …(延安)사람들은 정부의 '사상 통제'가 없다고 이구동성으로 말했다. 그들의 사상은 획일적이었고 당의 정책에 대한 그들의 이해는 한 사람처럼 일치했다. 이는 그들이 단결된 역량을 발휘할 수 있는 주된 원인이다(趙超構, 1992: 80). 1944년 (國民黨)연락 참모 서복관(徐復觀)[3687]은

3687 서복관(徐復觀, 1903~1982), 호북성 황강(黃岡) 출신이며 국민당 우파이다. 1930~1940

'(中共)최신동태' 보고에 이렇게 썼다. …(延安)정풍은 일원화(一元化) 운동이다. 즉 '사상 통일'의 획일화이다. 결국 이는 개인은 조직, 소수는 다수, 하급은 상급, 전당은 당중앙에 복종하는 결과로 이어졌다(黎漢基 외, 2001: 14, 30). (延安)사람들의 '(思想)신념화'는 정풍의 결과물이다. 이는 정풍운동을 통해 (延安)사람들이 '모택동사상'으로 무장했다는 반증이다. 실제로 (延安)사람들이 신봉한 것은 신민주주의와 '(毛澤東)주의'였다.

모택동이 제출한 마르크스주의 '구체화'는 정풍운동과 공산국제 해체를 통해 마르크스주의 '중국화'로 변화됐다. 이론성이 강한 유럽의 마르크스주의가 중국 실정에 맞는 모택동사상으로 개조(改造)된 것이다. 모택동은 측근자 장여심·소삼 등이 주장한 '모택동주의'를 포기했다. '반동 이론가'인 엽청이 제출한 '모택동주의'는 이념이 가미된 것으로 사실상 (中共)지도이념으로 부적합했다. '중공 7대'에서 중국혁명의 성과물인 모택동사상은 당의 지도사상으로 당장에 수록했다. 실제로 정풍운동의 결과물인 모택동사상의 출범은 필연적 결과였다. 한편 모택동사상이 '중국화된 마르크스주의'라는 주장은 '(毛澤東)우상화'를 유발했다.

'중공 7대'에서 유소기는 모택동사상을 '아홉 가지로 정리'[3688]했다.

년대 (延安)주재 국민당 연락관, 총통부(總統府) 기요비서(少將), 1949년 홍콩으로 이주, 건국 후 (臺灣)동해대학 교수, '중화문화연수소' 연구원을 역임, 1982년 대만에서 병사했다.

3688 '중공 7대(1945.5)'에서 유소기가 정리한 모택동사상의 주된 내용은 ① 세계와 (國內)혁명정세 분석 ② 신민주주의 이론 ③ '농민 해방' 이론 ④ (革命)통일전선 이론 ⑤ 혁명전쟁 이론과 군사전략 ⑥ (農村)근거지 창설 이론 ⑦ 신민주주의 국가 건설 이론 ⑧ 당의 건설 이론 ⑨ 문화 이론 등이다(劉少奇, 1981: 335). 한편 '중공 7대' 전후 모택동사상 정립의 수훈갑인 '중공 2인자' 유소기는 '모택동 우상화' 선봉장 역할을 했다.

또 '건국(建國) 이론'인 모택동사상은 중국혁명의 구체적인 문제를 계통적으로 분석했다고 평가했다. 예컨대 중국혁명의 성격과 투쟁방법 및 목표를 제시했다(李忠傑 외, 2006: 400). 유소기의 '(黨章)보고(5.14)'는 이렇게 썼다. …(中共)지도사상인 모택동사상은 마르크스주의 이론과 중국혁명의 실천이 결합된 것이다. 모택동사상을 학습하는 것은 공산당원의 책무이다(馮蕙 외, 2013: 598). 유소기가 정리한 '모택동사상'은 첫째, 마르크스주의 이론을 중국의 실정에 맞게 활용한 결과이다. 둘째, (毛澤東)사상의 근원은 모택동의 저서와 이론이다. 셋째, 정풍울 통해 (黨內)사상을 통일한 결과이다. 넷째, 교조주의·경험주의를 청산한 결과물이다(金冲及 외, 2008: 472). 또 유소기는 모택동사상을 이렇게 평가했다. …중국화된 마르크스주의인 모택동사상은 중국혁명의 지도사상이며 건국의 이론이다. 모택동사상은 중화민족의 지혜를 모으고 혁명투쟁의 경험을 정리한 최고의 성과물이다(劉少奇, 1981: 335). '중공 2인자'로 부상한 유소기는 모택동을 협조해 '왕명노선' 청산에 선봉장 역할을 했다. 실제로 '(黨章)보고자'인 유소기는 모택동사상 정립의 수훈갑이다. 한편 모택동의 부수(副手)인 유소기는 (毛澤東)우상숭배를 유발한 장본인이다.

유소기는 모택동사상을 지도사상으로 확정한 원인을 이렇게 설명했다. 첫째, 역량의 집중과 (革命)구심점이 필요했다. 둘째, 국민당의 '하나의 주의(主義)'에 대한 반격 조치이다. 셋째, 모스크바의 '교조적 지시'에 대한 보이콧이었다(胡天楚 외, 1993: 427). 또 호교목은 이렇게 지적했다. …'(毛澤東)사상 제출' 목적은 (全黨)사상의 통일이다. 모택동사상은 모스크바를 의식한 것이다. 공산국제가 해산됐으나 모스크바는 여전히 중공에 대해 영향력을 행사했다(逄先知 외, 2011: 723). 등소평은 모택동사상을 이렇게 평가했다. …'(中共)7대'에서 당의 지도사상으로 확립된 모택동사상의 지도하에 일제를 몰아내고 미제(美帝)가 지지한 장개석 군대를 전승하고 최종 승리를 달성했다(鄧小平, 1994: 151). 한편 '(七大)당장'에 수록된 모택동사상은 중공 지도부의 '집단적 지혜' 결과물이라는 점에 주목해야 한다. 또 '(中共)7대'에서 모택동의 공로를 부각시킨 것은 '(七大)오점'이다. 결국 이는 '(毛澤東)개인숭배'를 조장했다.

모택동의 개인 역할을 돌출하게 부각한 것은 중국 공산당의 집단적 영도의 중요성과 역할을 간과한 것이다. 모택동사상은 전당의 집단적 지혜와 중공 지도부의 '리더십 발휘' 결과물이다. 모택동은 (中共)집단적 영도의 대표자이다(中共中央黨史研究室, 2006: 409). 1944년 7월 나영환은 이렇게 지적했다. …모택동사상을 (毛澤東)개인의 사상으로 간주해선 안 된다. 이는 모택동사상의 역할을 약화시키는 것이며 모택동의 군중노선에 위배된다(羅榮桓, 1986: 39). '(中共)7대'에서 모택동사상을 '(毛澤東)개인 사상'으로 오도(誤導)한 것은 '집단영도'를 부정하는 결과로 이어졌다. 이는 '모택동의 (個人)사상'으로 추앙하는 결과를 초래했다(葉成林, 2006: 410). 등소평은 모택동사상을 이렇게 평가했다. …(延安)시기 우리는 모택동사상을 당의 지도사상으로 삼았다. 물론 이는 모택동 동지의 개인의 창조물은 아니다. '(中共)제1세대 노혁명가(老革命家)'[3689] 모두가 모택동사상 정립에 참여했다(이중, 2002: 250). '중공 7대' 전후 모택동사상이 '(毛澤東)개인의 사상'으로 부각된 것은 유소기·왕가상 등의 '(毛澤東)우상

[3689] '(中共)7대' 전후 형성된 '(中共)제1세대 노혁명가(老革命家)'는 모택동·주덕·유소기·주은래·임필시·진운·팽진·팽덕회·임백거 등이 포함된다. 한편 '중공 7대(七大)'에서 출범한 모택동사상은 '제1세대 혁명가'의 일심협력으로 이뤄진 결정체이다. '제1세대 혁명가' 중 임필시는 1950년 10월에 사망했다. 1950년대에 형성된 '제1세대 혁명가'에는 '모유주주(毛劉周朱)' 외 진운·등소평·팽진·팽덕회·임표 등이 포함된다.

화'와 관련된다. 한편 모택동의 신격화는 모택동사상을 '중국화된 마르크스주의'로 추앙한 결과이다. 결국 이는 '(毛澤東)사상 창도자'인 모택동이 당중앙 위에 군림하는 결과로 이어졌다.

(黨章)보고에서 유소기는 이렇게 말했다. …모택동사상은 마르크스주의 '중국화'의 결과물이다. 이는 중국의 마르크스주의이며 (中共)지도이념이다. 유일하게 정확한 지도사상인 모택동사상은 가장 정확한 총노선(總路線)이다(高新民 외, 2003: 365). 1943년 7월 모택동을 진정한 볼셰비키라고 치켜세운 유소기는 '소련파'를 멘셰비키로 비하했다. '중공 7대'에서 모택동은 신격화됐고 모택동사상은 당장에 수록됐다(R. Schram, 2005: 83). 1943년부터 모택동 개인숭배 작업이 가동됐다. (中共)기관지 해방일보는 '모택동은 중국인민의 구원자'라고 선전했다. 제7차 당대회에서 '3개 기관'[3690] 주석에 추대된 모택동은 처음으로 공식적 (黨)지도자가 됐다(나창주, 2019: 537). (七大)보고에서 유소기는 모택동의 이름을 105차례 호명했다. 또 그는 (報告)말미에 '모택동 만세(萬歲)'[3691]를 외쳤다. '(軍事)보고'를 한 주덕과 (大會)발언을 한 주은래도 '모택동 만세'를 불렀다(唐振南, 2003: 193). 유소기의 '(毛澤東)만세'는 개인숭배를 조장한 장

3690 이른바 '3개 기관'은 중공중앙위원회·중앙정치국·중공중앙군사위원회를 가리킨다. 중공 지도자 모택동이 '(中共)7대'에서 상기 '3개 기관' 주석으로 당선된 것이 아니다. '6중전회(1938.9)'에서 '중공 영수'로 등극한 모택동은 정풍운동을 통해 '소련파'를 제거한 후 정치국 회의(1943.3)에서 중공중앙·(中央)정치국 주석에 당선됐다. 1935년 11월 모택동은 (軍委)주석으로 선임, 그 후 장장 41년 동안 중앙군위 주석을 맡았다.

3691 '만세(萬歲)'는 건강·장수(長壽) 등을 축복할 때 쓰이는 말이다. 봉건사회에서 최고 통치자 황제(皇帝)의 전유물이었다. 당시 '모택동 만세'는 (毛澤東)우상화를 의미한다. 또 유소기가 (七大)보고에서 '만세'를 외친 것은 모택동 우상화가 본격적으로 개시됐다는 반증이다. 모택동사상의 (黨章)수록은 모택동이 당중앙 위에 군림하는 결과를 초래했다. 한편 문혁 시기 '만세'의 만연은 개인숭배가 최절정에 달했다는 단적인 반증이다.

본인이라는 반증이다. '(中共)7대'에서 모택동이 '공식적 (黨)지도자'가 됐다는 상기 주장은 사실 왜곡이다. 한편 '모택동 만세'는 1943년부터 불려졌다.

1939년 5월 (延安)청년들은 모택동에게 증정한 깃발에 이렇게 썼다. …가장 경애하는 영수 모택동 동지에게 드린다. 1939년 6월 (抗日)군정대학이 모택동을 위해 쓴 '헌사(獻詞)'는 이렇게 썼다. …인민의 영수, 혁명의 도사(導師), 친애하는 모택동 동지에게 바친다(朱鴻小, 2010: 226). 1940년 5월 3일 '(澤東)간부학교' 개학식에 참가해 연설한 왕명은 이렇게 말했다. …청년 학생들에게 나는 모택동을 학습할 것을 권장한다. '청년간부학교'가 (毛澤東)이름으로 명명된 것은 명실상부하다. 청년들은 모택동의 실천력과 이론을 학습해야 한다(周局全 외, 2014: 353). '(澤東)청년간부학교' 교무장 호교목이 작사하고 음악가 현성해(冼星海)가 작곡한 '청년간부학교' 교가(校歌)는 (中共)당사에서 가장 일찍 모택동을 노래한 '송가(頌歌)'이다(曹俊傑, 1996: 31). 1943년 9월 30일자 해방일보에 실린 문장을 이렇게 썼다. …오직 위대한 영수 모주석의 관심하에 우리는 행복한 생활을 할 수 있고 건전한 성장이 가능하다. 해방일보에 게재(12.2)된 또 다른 문장은 이렇게 썼다. …모주석은 우리의 앞길을 비춰주는 밝은 등불이다. 위대한 영수 모주석 만세(朱鴻召, 2011: 230). 이는 (中共)기관지 해방일보가 '모택동 우상화'의 선봉장 역할을 했다는 반증이다. 한편 모택동의 정적 왕명의 '(毛澤東)개인숭배'는 살아남기 위한 책략이었다. 또 해방일보의 '모주석 만세'는 모택동의 '우상화 수용'과 크게 관련된다.

'(中共)7대' 기간 '(毛澤東)우상화' 현상이 눈에 띄게 나타났다. 일부 행정기관은 (七大)대표에게 모택동 초상화가 그려진 기념품을 나눠주고 (毛澤東)사진을 증정했다. (陝甘寧)변구 백성은 모택동을 '홍태양(紅太

陽)'·'대구성(大救星)'이라고 칭송했다(李忠傑 외, 2006: 410). 연안에서 모택동은 '(紅軍)지도자'에서 (中共)지도자로 자리매김했다. 정풍운동 후 모택동은 점차 '붉은 태양(紅太陽)'이 됐다. (延安)정풍 후 기존 '공산당 만세'가 '모택동 만세'로 바뀌졌다(朱鴻召, 2011: 231). 1985년 (延安)혁명기념관을 방문한 정령(丁玲)은 모택동과 기타 혁명가들의 단체 사진을 보며 감개무량한 어조로 이렇게 술회했다. …당시 모택동과 혁명가들은 형제지간이었다. 그 후 그들의 관계는 '군신(君臣)관계'[3692]로 변했다(高傑 외, 1992.5.18). 이른바 '홍태양'·'대구성'은 이 시기 모택동이 '(個人)우상숭배'를 수용한 결과물이다. 문혁 시기에 형성된 '(君臣)관계'는 모택동이 지고무상한 '군주(君主)'로 군림했다는 단적인 반증이다.

'(中共)7대'에서 당장에 수록된 모택동사상은 정풍운동의 결과물이다. 이 또한 마르크스주의 '중국화'와 중국혁명의 성과물이다. 당시 모택동이 이념적 '모택동주의'를 포기한 것은 현명한 결정이었다. '중공독립'을 의미하는 모택동사상 출범은 모스크바의 지배에서 벗어났다는 반증이다. 한편 (中蘇)관계가 밀착된 1950년대 모택동사상이 종적을 감췄다. '(中共)8대'에서 모택동사상을 제출하지 않은 것이 명백한 증거이다. 이는 이 시기 모택동사상이 '스탈린주의'[3693]에 예속됐다는 것을

3692 '군신(君臣)관계'는 황제와 신하의 관계를 뜻한다. 연안 시기 모택동과 주은래·주덕·장문천 등 혁명가의 관계는 '전우(戰友)' 관계였다. 당시 주덕 등은 모택동을 '노모(老毛)'라고 불렀다. 1950년대 주은래 등 중공 지도자의 모택동 호칭은 '주석님'·'닌(您)' 등 존댓말로 바뀌었다. 문혁 시기 '인민영수' 모택동은 '군주(君主)'로 신격화됐다. 이 시기 '모주(毛周)'의 관계는 '(君臣)관계'로 '황제(主席)'·'재상(總理)' 관계로 변질됐다.

3693 '스탈린주의(Stalin主義)'는 (蘇聯)공산당과 국제공산주의운동을 지도한 스탈린의 정치 노선을 가리킨다. 가장 먼저 '스탈린주의'를 제출한 것은 카가노비치(Kaganovich), '스탈린주의'는 (Stalin)개인숭배의 결과물이다. 당시 서방 국가는 스탈린주의를 '(紅色)파시즘(fascism)'이라고 폄하했다. 한편 모택동은 '스탈린주의'를 레닌주의와 같은 레벨

반증한다. 결국 이는 스탈린 사망(1953) 후 흐루쇼프의 '스탈린 격하 운동'[3694]에 따른 '(Stalin)개인숭배' 비판[3695]과 밀접하게 관련된다.

2) 모택동사상의 '잠적'과 '부활'

'중공 7대'에서 출범한 모택동사상은 '중국화'의 결과물이다. 건국 전후 중공 지도부는 당의 지도사상인 모택동사상을 거론하지 않았다. 이는 국제공산주의운동(國際共産主義運動)[3696] 중 스탈린이 또 다른 '이론적 권위(主義)'를 용인하지 않았기 때문이다. 1949년 1월 공청단 (團章)초안을 수정한 모택동은 '모택동사상'을 마르크스주의 이론과 중국혁명의 실천이 '통일된 사상'으로 수정했다. 이 시기 '신중국 창건'이 가시화되면서 스탈린의 절대적 지지와 소련의 경제적 지원이 필요했기 때문이다. 이 또한 건국 초기 모택동사사상이 '잠적'한 주된 원인이다.

로 인정했다. 스탈린 사망(1953) 후 흐루쇼프에 의해 '스탈린주의'는 역사 속으로 사라졌다.

3694 '스탈린 격하 운동(Stalin格下運動)' 주도자는 (Stalin)후임자인 흐루쇼프이다. '소공(蘇共) 20대(1956.2)'에서 (蘇共)제1서기 흐루쇼프는 (Stalin)개인숭배를 비판하는 '비밀보고'를 했다. 결국 이는 '스탈린 격하 운동' 유발과 스탈린의 영향력을 제거하는 결과로 이어졌다. 한편 중공 지도자 모택동은 흐루쇼프의 '(Stalin)격하 운동'을 반대했다.

3695 흐루쇼프의 '비밀보고(1956.2)' 취지는 개인(個人) 독재를 반대하고 '집단영도' 체제의 중요성을 강조하기 위한 것이다. 당시 '(Stalin)개인숭배 비판'을 찬동한 모택동은 '(Stalin)격하 운동'은 반대했다. 소련의 '개인숭배 비판'은 '(中共)8대'에서 모택동사상이 '자취를 감춘' 주요인이다. 또 이는 모택동과 흐루쇼프 간 '갈등 격화'를 유발했다.

3696 19세기 중엽부터 개시된 국제공산주의운동(國際共産主義運動)은 세계 각국에서 전개된 공산주의운동을 가리킨다. '운동 개시'는 공산주의자동맹 설립(1847), 레닌이 설립한 제3국제(共産國際, 1919)가 리더적 역할을 했다. 스탈린이 막후 조정한 공산국제는 중국혁명에 막대한 손실을 끼쳤다. 스탈린 사망(1953) 후 공산주의운동은 흐지부지해졌다. 동유럽 혁명(1989)과 소련의 해체(1990)로 국제공산주의운동은 실패로 막을 내렸다.

1953년 5월 모택동은 (軍委)문건에 이렇게 서면 지시를 내렸다. …
무릇 당의 문건과 출판물에 모택동사상을 '모택동의 저작'으로 변경해
야 한다(中共中央文獻研究室, 1987: 238). 1953년 9월 25일 인민일보의 사설(草
稿)을 수정한 모택동은 …마르크스주의와 모택동사상은 천하무적이다
는 (草稿)구절의 모택동사상을 삭제했다. 1954년 12월 중앙선전부는 모
택동사상을 '(毛澤東)동지의 저서'로 대체할 것을 지시했다(李穎, 2012: 157).
호교목은 이렇게 회상했다. …소련정부는 종래로 모택동사상을 인정하
지 않았으며 (蘇聯)간행물은 모택동사상을 터부시했다. 결국 (中蘇)관계
를 고려해 '역사결의'의 모택동사상을 삭제했다(胡喬木, 2021: 330). 중공중
앙은 '스탈린 개인숭배' 비판 내용을 (八大)정치보고에 보충하고 당장(黨
章)에서 모택동사상을 삭제했다. 또 당장에 '명예주석(名譽主席)'[3697]을 신
설했다. 이는 모택동의 은퇴를 촉구한 것이다(S. Schram, 2005: 330). 당시 스
탈린이 모택동사상을 인정하지 않은 것은 '(毛澤東)사상 정립'이 소련의
지배를 거부한 '중공 독립'을 의미하기 때문이다. '(中共)8대'에서 모택
동사상을 제출하지 않은 것은 흐르쇼프가 스탈린의 개인숭배를 비판
한 '비밀보고(秘密報告, 1956.2)'[3698]와 크게 관련된다. 실제로 모택동사상은

3697 '명예주석(名譽主席)' 신설이 '(毛澤東)은퇴 촉구'를 위한 것이라는 주장은 사실무근이다.
초대 국가주석(1954) 모택동이 '국가주석 연임'을 사절한 것은 '은퇴'와 하등의 관계
가 없다. 이 시기 (中共)당주석·(軍委)주석 모택동이 '외빈 접대' 등 번잡한 업무에 시달
렸다는 것이 중국 학자들의 주장이다. 1954년 모택동은 초대 정협(政協) 주석직을 주
은래에게 이양했다. '10대 원수' 선정(1955) 당시 모택동은 '대원수(大元帥)' 직함을 사
절했다. 당시 (中共)영수 지위를 확보한 모택동에게 '대원수'·'명예주석' 같은 상징적
직위가 필요없었다.

3698 '비밀보고(秘密報告)'는 소공(蘇共) 지도자 흐루쇼프가 (蘇共)20대'에서 '개인숭배와 그
결과에 대한 보고'라는 제목으로 진행한 비공개적 보고이다. 보고는 스탈린이 주도
한 '대숙청'과 개인숭배 결과에 대해 구체적 사실을 열거해 죄행(罪行)을 폭로했다. 결

모스크바 지배를 거부한 '(中共)독립' 성격이 매우 강했다. 한편 '명예주석' 신설이 '(毛澤東)은퇴 촉구'라는 주장은 신빙성이 제로이다.

1956년 2월 14~25일 (蘇共)제20차 당대회가 크렘린궁에서 열렸다. 2월 14일 흐루쇼프의 '(總結)보고'는 스탈린을 한 번도 언급하지 않았다. (大會)토론에서도 '스탈린 칭송'은 없었다. 2월 17일 미코얀(Mikoyan)[3699]이 (Stalin)이름을 거론하며 개인숭배를 비판했다(張樹德, 2012: 51). '보고(2.14)'에서 흐루쇼프는 '(黨內)개인숭배'를 비판하고 '집단영도(集體領導) 체제'[3700] 원칙을 강조했다. 또 그는 이렇게 말했다. …소련 공산당은 마르크스·레닌주의에 위배되는 개인숭배를 단호히 반대한다. 개인숭배 결과는 당의 집단적 영도를 약화시킨다('新華半月刊', 1956: 33). 2월 24일 야밤부터 흐루쇼프는 '개인숭배와 그 결과'라는 제목으로 네 시간 동안 '비밀보고'를 했다. 회의에서 '비밀보고'에 대한 토론은 진행하지 않았다(邢艷琦, 2004: 58). 당시 소련 지도부는 '비밀보고'에 (二十大)대회에 참가한 중공 대표단을 요청하지 않았다. 한편 '스탈린 추종자'였던 미코얀은

국 이는 '스탈린 격하 운동'과 '스탈린주의'가 제거되는 결과를 초래했다. 한편 흐루쇼프의 '(Stalin)개인숭배 비판'은 '(中共)8대'에서 모택동사상을 거론하지 않은 주요인이다.

3699 미코얀(Mikoyan, 1895~1978), 아르메니아(Armenia) 출생이며 소련의 정치가이다. 1920~1940년대 정치국 위원, 국방위원회 위원, 부장회의 부주석, 1950~1960년대 무역부장, 부장회의 제1부주석, (最高)소비에트주석단 주석 등을 역임, 1978년 모스크바에서 병사했다.

3700 '집단영도(集體領導)' 체제는 중앙정치국 상임위원으로 구성된 '집단적 지도' 체제를 가리킨다. 스탈린의 개인숭배가 초래한 독재(獨裁) 체제로 '(蘇聯)집단영도' 체제는 유명무실해졌다. 한편 '(中共)7대' 전후에 형성된 '집단영도' 체제는 1950년대 후반 개인숭배 만연과 (文革)시기 최절정에 달한 모택동에 대한 우상숭배로 '(中共)집단영도'는 유명무실한 체제로 전락했다. 등소평 복권(1977) 후 '(中共)집단영도' 체제가 부활했다.

스탈린이 사망한 후 흐루쇼프의 지지자로 변신했다.

흐루쇼프의 '비밀보고'는 스탈린의 과오를 이렇게 정리했다. 첫째, 민주집중제에 위배된 개인숭배를 조장했다. 둘째, 1930년대 (肅反)확대화[3701]를 주도했다. 셋째, 독일 침공에 대한 경각심을 상실했다. 넷째, 유고슬라비아(Yugoslavia)를 적대시했다(金冲及 외, 2011: 1457). '비밀보고(2.24)'의 주된 내용은 첫째, (蘇共)기본원칙인 '집단지도' 체제를 파괴했다. 둘째, 개인숭배는 법제도를 파괴했다. 셋째, 개인숭배는 독소전쟁의 손실을 초래했다. 넷째, 개인숭배는 사회 발전을 저해했다. 다섯째, 개인숭배의 근원은 스탈린의 '자질불량'[3702]이다(葉書宗 외, 2002: 611). 흐루쇼프는 대량의 사실을 근거로 소련의 '숙청운동(肅淸運動)'[3703]진면모를 까

3701 모택동은 스탈린의 (肅反)확대화를 이렇게 지적했다. …(衛國)전쟁 초기 소련 홍군은 (肅反)확대화에 따른 악영향으로 간부 역량이 크게 약화됐다. 결국 독일군 침공에 제36계의 '(走爲上計)줄행랑'을 놓았다(李捷 외, 1996: 847). 1930년대 스탈린이 주도한 (肅反)확대화로 수많은 (軍事)지휘관이 처형됐다. 3명의 원수와 3명의 고급지휘관이 '반혁명'으로 처형됐다. 연대장급 이상의 정공(政工) 간부만 5만명이 살해됐다(何明 외, 2007: 188). 1937~1938년 '반혁명' 죄명을 쓰고 처형된 간부와 공산당원이 78만명에 달했다. (紅軍)고위간부 '급감'은 (衛國)전쟁 초기 소련군이 피동적 국면에 처한 중요한 원인으로 간주된다.

3702 '비밀보고'에서 흐루쇼프는 스탈린의 개인숭배 근원은 '자질불량(資質不良)'이라고 강조했다. 이에 유소기는 이렇게 지적했다. …모든 문제를 개인숭배에 귀결시켜서는 안 되며 스탈린의 과오를 무조건 '자질불량'과 연결시키는 것은 견강부회이다(何明 외, 2007: 182). 상기 '(Stalin)자질불량'은 반대파에 대한 무자비한 탄압을 의미한다. 한편 유소기의 '스탈린 변호'는 그 자신이 '(毛澤東)우상화' 선봉장 역할을 한 것과 밀접히 관련된다.

3703 소련의 '숙청운동(肅淸運動)'은 1934년 소공(蘇共) 총서기 스탈린이 정적 제거와 반대파 숙청을 위해 일으킨 정치적 운동이다. 실제로 '대공포(大恐怖, 1937~1938)' 시기 130만명이 체포, 68.2만명이 처형됐다. 당시 숙청운동에서 스탈린은 지노비예프·카메네프·부하린 등 정적(政敵)을 제거했다. 이 또한 미국 등 서방 국가가 무자비하게 정적·반대파를 탄압한 스탈린을 '(紅色)파쇼분자(fascio分子)'로 비판하는 주된 원인이다.

밝혔다. '비밀보고'는 이렇게 지적했다. …스탈린은 '인민의 적'[3704]이란 개념을 만들었다. 1937~1938년 수많은 정직한 공산당원이 '인민의 적'으로 간주돼 숙청당했다(羅鋒 외, 2007: 177). 레닌그라드 제1서기 키로프(Kirov)[3705] 암살을 빌미로 정적·반대파를 제거하는 대규모적인 숙청운동을 일으켰다. 1937~1938년 (聯共)제17차 당대회[3706]에 참가한 1966명 대표 중 '반혁명'으로 체포된 자가 1108명이다. 139명 중앙위원 중 98명이 총살되고 수많은 고급간부가 처형됐다(夏平, 1988: 84). 2월 17일 미코얀은 격한 어조로 개인숭배를 비판했다. …개인숭배 성행으로 20년 간 (蘇共)집단영도는 유명무실했다. 마르크스·레닌이 비판한 '(Stalin)개인숭배'는 당의 건설에 심각한 악영향을 끼쳤다(周尚文 외, 2002: 607). (蘇共)제17차 당대회에서 스탈린 개인숭배가 절정에 달했다. '제2차 5개년계획(報告)'에서 쿠이비셰프(Kuybyshev)[3707]는 이렇게 말했다. …당과 노동계급의

3704 흐루쇼프는 '비밀보고(1956.2)'에서 이렇게 지적했다. …대숙청(大肅清) 중 스탈린은 직접 '인민의 적'이란 개념을 만들었다. 결국 1937~1938년 수많은 고위간부와 공산당원이 '인민의 적'으로 간주돼 잔인하게 처형됐다(羅鋒 외, 2007: 177). 실제로 스탈린이 제출한 '인민의 적'은 반대파를 뜻한다. 한편 흐루쇼프는 처형된 '인민의 적' 대부분이 '진정한 공산당원'이라고 주장했으나, 모택동은 대다수가 '반혁명 분자'라고 지적했다.

3705 키로프(Kirov, 1886~1934), 뱌트카(Vyatka) 출생, 소련 정치가이다. 1904년 볼셰비키소조에 가입, 1920~1930년대 레닌그라드 제1서기, 서북국 제1서기, 조직국 서기, 중앙집행위원회 주석단 위원 등을 역임, 1934년 12월 레닌그라드 (Morgny)궁전에서 암살됐다.

3706 연공(聯共) 제17차 당대회는 1934년 1월 26일부터 모스크바에서 열렸다. (大會)보고에 따르면 이 시기 소련에서 공업이 차지라는 비중은 99.5%, 집단농장과 국영(國營)농장의 비중은 84.5%이다. 또 대회는 제2차 5개년계획(1933~1937)을 통과시키고 '자본주의 근절'을 제출했다. 한편 '(聯共)17대'에서 (Stalin)개인숭배가 최절정에 달했다.

3707 쿠이비셰프(Kuybyshev, 1988~1935), 옴스크(Омск) 출생이며 소련의 정치가이다. 1904년 러시아 사회민주당 가입, 1920년대 중앙감찰위원, (Frunze)군사학원 정치위원, (蘇

천재적 영수 스탈린의 탁월한 지도하에 '5개년 계획'은 순조롭게 완성될 것이다(Kuybyshev, 1955: 334). 카가노비치(Kaganovick)[3708]는 스탈린 면전에서 이렇게 말했다. …현재 많은 사람들이 레닌과 레닌주의를 선전하고 있다. 레닌주의는 대단한 것이 아니다. 스탈린주의로 레닌주의를 대체해야 한다(Khrushchyov, 1997: 927). 1930년대 개인숭배가 성행한 원인은 첫째, '스탈린 모델'[3709]과 스탈린의 사상의식과 관련된다. 둘째, 민주집중제와 법제를 무시한 결과이다. 셋째, 시장과 경쟁을 무시하고 (中央)집권적 계획경제[3710]를 실시했다. 넷째, 개인독재와 독선적 정치의 결과물이다(葉書宗 외, 2002: 377). 스탈린의 정치노선을 지지한 몰로토프는 '반당집단' 주범(1957)으로 몰려 당적을 박탈당했다. '스탈린 추종자' 몰로토브·

共)중앙위원, 1930년대 중앙조직국 위원, 정치국 위원을 역임, 1935년 모스크바에서 병사했다.

3708 카가노비치(Kaganovick, 1893~1991), 키예프(Kiev) 출생이며 소련의 정치가이다. 1930~1950년대 모스크바시위 제1서기, (蘇共)정치국 위원, (蘇共)중앙주석단 위원, 부장회의 제1부주석, 1957년 '반당집단' 멤버, 1962년 당적을 박탈, 1991년 모스크바에서 병사했다.

3709 1929년에 출범한 '스탈린 모델'은 경제·정치 체제로 나뉜다. (經濟)체제의 골자는 ① 중앙집권적 관리 ② 국가 주도의 계획경제 ③ 행정적 경제 관리 등이다. (政治)체제의 주된 내용은 ① 중앙집권적 영도 ② (幹部)파견 제도 ③ 감독체계 부재 ④ 개인숭배 성행 등이다. 실제로 스탈린이 실시한 계획경제는 레닌의 신경제정책과 완전히 배치된다. 한편 건국 초기 모택동은 '스탈린 모델'인 계획경제 체제를 중국에 그대로 도입했다.

3710 (蘇聯)중앙집권적 계획경제는 '신경제정책 폐지' 결과물이다. 계획경제의 취지는 집단농장 보편화를 통해 부농(富農) 등 착취계급 소멸과 사유제 철폐이다. 결국 이는 '시장경제 배척'과 '자본주의 근절'로 이어졌다. 농업을 무시한 계획경제는 폐쇄적 성격이 강하다. 중앙집권적 계획경제는 공업화 기초를 마련하고 독소전쟁 승리에 기여한 긍정적 측면이 있으나 농업 발전을 저해하고 개인숭배를 초래한 부정적 역할을 했다. 한편 (蘇聯)계획경제는 중공업을 중시한 반면, 1950년대 (中國)계획경제는 농업을 중시한 차이가 있다.

말렌코브(Malenkov)[3711]·카가노비치는 흐루쇼프의 '스탈린 비판'을 반대했다. 한편 흐루쇼프는 미코얀·불가닌(Bulganin)[3712]·주코프(Zhukov)[3713] 등의 지지를 받았다.

스탈린의 '개인숭배 원인'은 첫째, 레닌이 강조한 사상교육을 무시하고 강경 탄압을 실시했다. 둘째, 레닌주의와 소비에트 법제도를 위반했다. 셋째, 권력을 남용해 반대파를 무자비하게 타격했다. 넷째, 대중을 멀리하고 당과 법 위에 군림했다(權延赤, 2016: 60). 중공중앙은 (蘇共)20차 당대회 참석을 위해 주덕·등소평·담진림·왕가상·유효로 (五人)대표단을 구성했다. 모스크바에서 (中共)대표단은 흐루쇼프·미코얀 등 (蘇共)지도자의 접견을 받았다(張樹德, 2012: 61). (中共)대표단을 접견한 흐루쇼프는 스탈린의 '농업 실책'[3714]을 지적하고 '개인숭배 비판'을 암시했다.

3711 말렌코브(Malenkov, 1902~1988), 오렌부르크주(Orenburg州) 출생이며 소련의 정치가이다. 1920~1950년대 모스크바시위 조직부장, (蘇共)중앙 조직부장, 부장회의 주석, 서기처 서기를 역임, 1957년 '반당집단' 주범으로 몰려 실각, 1988년 모스크바에서 병사했다.

3712 불가닌(Bulganin, 1895~1975), 니즈니노브고로드(NizhniNovgorod) 출생이며 소련 정치가이다. 1930~1950년대 모스크바시 소비에트주석, 인민위원회 부주석, 국가은행장, 국방위원회 위원, 무장부(武裝部) 부부장, 부장회의 주석을 역임, 1975년 모스크바에서 병사했다.

3713 주코프(Zhukov,1896~1974), 칼루가주(Kaluga州) 출생이며 소련의 군사가(元帥)이다. 1930~1940년대 소련군 총참모장, 국방부 부부장, 육군 총사령관, 1950년대 국방부장, (蘇共)중앙주석단 위원을 역임, 1957년에 실각했다. 1974년 모스크바에서 병사했다.

3714 1956년 2월 6일 흐루쇼프는 (中共)대표단에게 스탈린의 '농업 실책'을 이렇게 지적했다. …(農業)집단화 실시 후 생산량은 10월혁명 전으로 감축됐다. 극한 이득을 챙긴 정부가 농민의 합리적 이익을 보장해주지 않았기 때문이다(趙仲元, 2015: 103). 또 그는 이렇게 말했다. …농민 고충을 이해하지 못한 스탈린은 토지 분배를 만사형통(萬事亨通)으로 간주했다. 1928년 후 그는 농촌에 가지 않고 영화를 통해 농촌의 상황을 짐작했다(何明 외, 2007: 176). 이는 중공업을 중시한 스탈린이 농업 발전을 등한시하고 농민 역할을 무시했다는 반증이다. 한편 농업 발전에 사활을 건 모택동은 인민공사를 통

주덕은 국내에 전보를 보내 '(大會)참가' 여부를 문의했다. '(大會)참가' 지시를 받은 (中共)대표단은 회의를 열고 '스탈린 비판'에 대한 '(意見)제출 보류'를 결정했다(何明 외, 2007: 176). 모택동에게 '(報告)전문'을 보내 지시를 요구한 주덕은 소련측 입장을 지지하는 것이 어떻겠냐고 자신의 의견을 비쳤다. 모택동 측근의 기록에 의하면 주덕의 보고를 받은 모택동은 화가 나서 주덕·흐루쇼프 다 믿을 수 없다고 말했다(이중, 2002: 121). 2월 15일 중공중앙을 대표해 축사를 한 주덕은 소련의 '중국 원조(援助)'에 감사를 표시했다. 주덕은 이렇게 말했다. …흐루쇼프 동지를 필두로 하는 소련 공산당의 정확한 지도하에 중공업 등 경제 발전과 대외정책에서 커다란 성과를 거뒀다. 소련 공산당은 각국 공산당의 본보기이다 (曲靑山 외, 2021: 103). 4월 초 소공중앙은 미코얀을 파견해 (報告)원본을 중공중앙에 전달했다. 초기 '진상 폭로'를 찬성했던 모택동이 흐루쇼프의 '스탈린 비판'을 부정적으로 평가한 것은 스탈린의 공적을 전면 부정했다는 것이 주된 이유였다. 한편 '비밀보고'에 대해 (中共)대표단장 주덕이 '개인적 의견'을 표명할 수 없었다. 당시 '(勸力)서열 2위'인 주덕은 모택동의 최측근이었다. 모택동이 주덕을 '(國家主席)후임자'[3715] 로 내정한 것이 단적인 증거이다.

(Stalin)개인숭배와 (毛澤東)우상화는 공통점·차이점이 있다. 공통점

한 '농민 행복'을 추구했다.

[3715] 8기 6중전회(1958.11)에서 중공중앙은 국가주석을 연임하지 않을 것을 제출한 모택동의 건의를 수용했다. 당시 12월 29일 '국가주석 후임자'인 주덕은 '(中共)총서기' 등 소평에게 편지를 보내 유소기를 '국가주석 적임자'로 추천했다(金沖及 외, 1993: 685). 실제로 모택동은 국가부주석인 주덕을 '(國家主席)후임자'로 내정했다. 결국 주덕의 '극구 사양'으로 유소기가 국가주석에 선임되고 주덕은 전국 인대(人大) 위원장에 임명됐다.

은 ① 황권(皇權)·군주(君主) 숭배[3716] ② 개인독재와 권력욕 집착 ③ 자본주의 무시, '농민의식'의 산물[3717] ④ 측근자 아첨의 결과 ⑤ 개인숭배 허용 ⑥ 개인숭배, 생애 오점 ⑦ 정권 탈취, 장기 통치의 결과물이다. (Stalin)개인숭배 특징은 첫째, 생신(生辰)을 통한 개인숭배이다. 스탈린의 '오십탄신(五十誕辰)'[3718]을 계기로 추진된 개인숭배는 '70탄신'에 절

3716 러시아사회는 황권(皇權)을 숭배하고 황권주의(皇權主義)는 러시아의 전통이다. 스탈린은 이반 4세(Ivan四世)·피터 대제(Peter大帝)·예카테리나 2세(Ekaterina II)를 '영명(英明)한 통치자'·'위대한 군주(君主)'라고 극찬했다. 또 이반 4세의 '대외무역농단제(壟斷制)'를 높게 평가한 스탈린은 피터 대제의 단점은 '독재력(獨裁力) 부족'이라고 말했다(周尙文 외, 2002: 376). '광기(狂氣)의 뇌제(雷帝)' 이반 4세는 '반대파'를 잔혹하게 탄압한 폭군으로 악명 높다. 쿠데타로 정권을 탈취한 (Russia)제국의 초대 황제인 피터 대제는 지속적 침략전쟁을 벌여 (帝國)기반을 마련한 전제군주(專制君主)이다. 남편 표트르 3세를 폐위하고 제위에 오른 예카테리나 2세는 '악녀' 무측천(武則天)과 비견된다. 침략확장을 강행한 예카테리나 2세는 '유럽 헌병(憲兵)'으로 불린 (Russia)제국의 '대제(大帝)' 칭호를 얻었다. '대숙청 주도자' 스탈린은 정적을 냉혹하게 제거하고 '100만 반대파'를 잔인하게 처형했다. 한편 모택동은 '무소불위 권력'을 무자비하게 남발한 전제 군주 진시황(秦始皇)을 숭배했다.

3717 스탈린은 러시아의 '농민의식'을 지닌 마르크스주의자이다. 또 자본주의와 접촉하지 않은 그는 자본주에 대한 몰이해로 자본주의 경제를 근절시켰다. 개인숭배는 농민의식의 반영이다. 농민들은 토지를 나눠준 무산계급 영수를 구세주로 간주했다(王斯德 외, 2002: 377). 실제로 민주집중제와 법제를 무시한 스탈린은 그에 대한 개인숭배를 조장하고 수용했다. 한편 문혁 시기 지식인을 천대한 모택동은 농민들의 '우상숭배'를 받아들였다.

3718 스탈린에 대한 개인숭배는 1920년대 말에 개시됐다. 1929년 12월 21일은 스탈린의 '오십탄신(五十誕辰)'이다. 스탈린의 묵인하에 모스크바의 각종 신문은 (Stalin)우상화로 도배됐다. 예컨대 스탈린은 레닌의 '유일한 조력자·계승자'·'살아있는 레닌' 등이다(葉書宗 외, 2002: 374). '오십탄신'을 계기로 '(Stalin)신격화' 운동을 본격 전개한 것이다. '대숙청' 후 (Stalin)개인숭배는 최절정에 달했다. 1949년 12월 모택동은 '(Stalin)70탄신 축하'를 위해 모스크바를 방문했다. 실제로 스탈린의 (中國)지지와 소련 원조를 받기 위한 것이었다.

정에 달했다. 둘째, 정적 제거·토사구팽[3719]의 산물이다. 셋째, 숙청운동 (1934~1938)의 결과물이다. 넷째, (衛國)전쟁 승리가 낳은 부산물이다. '대숙청(大肅淸)' 후 스탈린의 독재체제가 구축되고 개인숭배가 최절정에 이르렀다. '(中共)7대'에서 모택동사상 출범과 함께 성행된 (毛澤東)우상화는 정풍운동의 결과물[3720]이다. '(中共)8대'에서 (毛澤東)사상이 '잠적'한 후 집단적 영도가 중시됐다. 1960년대 계급투쟁 부활에 따른 개인숭배는 (獨裁)정치의 결과물이다. (文革)시기 (毛澤東)우상화는 최절정에 달했다. 스탈린 사망 후 개인숭배는 역사의 뒤안길로 사라졌다. 한편 모택동사상은 중국의 국정이념으로 자리잡고 있다. 이것이 가장 큰 차이점이다.

흐루쇼프의 '스탈린 비판'에 대해 모택동은 기쁨과 우려를 표시했다. 기쁜 것은 '개인숭배 비판'이 (Stalin)신격화를 타파한 것이다. 우려되는 점은 중국에서 흐루쇼프식 인물이 나타나 자신도 전면 부정을 당할 수 있다는 것이다(權延赤, 2016: 129). 1954년 3월 장문천이 보낸 소련의 '스탈린 선전(宣傳) 변화'[3721]는 개인숭배에 대해 이렇게 썼다. …과거 스탈

3719 1920년대 레닌의 '후계자' 트로츠키는 스탈린의 최대 정적이었다. 지노비예프·카메네프와 연합해 트로츠키를 제거한 스탈린은 부하린 등과 연합해 '신반대파'를 숙청했다. 1920년대 말 스탈린은 레닌의 '신경제정책 철폐' 여부를 둘러싸고 부하린과 설전을 벌였다. 한편 '대숙청(1934~1938)' 기간 스탈린은 자신을 협조해 정적을 제거하 '협력자' 지노비예프·카메네프·부하린을 전부 처형했다. 이는 전형적인 토사구팽 사례이다.

3720 (延安)정풍 초기 모택동사상의 제출자인 장여심(張如心)은 '(毛澤東)우상화'의 나팔수 역할을 했다. 한편 정치국 회의(1943.3)에서 '중공 2인자'로 부상, 모택동사상 정립의 수훈갑인 유소기는 '모택동 우상화' 작업을 본격적으로 추진한 주요 당사자이다. 실제로 정풍운동의 결과물인 '(毛澤東)개인숭배'는 (中共)7차 당대회에서 최절정에 달했다. '(七大)보고' 말미에 (大會)보고자 유소기가 '모택동 만세'를 외친 것이 단적인 증거이다.

3721 1954년 4월 모택동은 장문천이 보낸 '스탈린 선전(宣傳) 변화'에 관한 자료를 받았다.

린의 공적을 부풀리며 (Stalin)우상화에 치중했다. 현재 레닌에 대한 선전이 강화됐다(馮蕙 외, 2013: 239). 모택동은 스탈린의 과오를 이렇게 지적했다. ···스탈린은 만년에 개인숭배를 조장하고 민주집중제를 위반했다. '집단영도'를 무시하고 (肅反)확대화를 초래했다(中共中央文獻硏究室, 2013: 554). 등소평은 이렇게 지적했다. ···개인숭배를 비판한 '(蘇共)20대'는 집단영도의 중요성을 천명했다. 개인이 독단적으로 중대한 문제를 처리하는 것은 공산주의 (建黨)원칙에 위배된다. 오직 집단영도만이 민주집중제 원칙에 부합된다(鄧小平, 1989: 229). 모택동은 이렇게 주장했다. ···스탈린은 트로츠키를 추방하지 말고 지노비예프를 처형하지 말아야 했다. 당시 그들에게 '정협위원(政協委員)'[3722]을 맡겨야 했다(薄一波, 1991: 490). 스탈린은 조태야(趙太爺)[3723]와 흡사했다. 또 그는 정적과 반대파에게 무자비했다(于俊道 외, 1996: 849). 유고슬라비아 대통령 티토(Tito)[3724]는 '(Stalin)

'(宣傳)변화'의 골자는 ① 소련의 성과, (黨中央)집단영도 결과물 ② 스탈린, 레닌의 조력자 ③ 스탈린, 레닌의 창당 협조자 ④ 사회주의 강령, 레닌이 제정 등이다(馮蕙 외, 2013: 239). 이는 스탈린 사망(1953.3) 후에 '(Stalin)개인숭배' 현상이 약화됐다는 단적인 반증이다. 실제로 (蘇共)20차 당대회의 '(Stalin)개인숭배 비판'은 사필귀정이었다.

3722 정협위원(政協委員)은 '명예직'으로 실권이 없는 한직(閑職)에 속한다. 민주당파·(無黨派) 인사, 시민단체·소수민족 대표로 선출된 정협위원은 1년에 한 번씩 열리는 (政協)회의에서 공산당의 정책에 '인민'을 대표해 의견을 제출하는 역할을 한다. 모택동이 언급한 '정협위원'은 공산당의 '정치적 협력자'인 민주인사(民主士)를 의미한다.

3723 조태야(趙太爺)는 노신의 소설 '아큐정전(阿Q正傳)'에 나오는 토호열신(土豪劣紳) 악인(惡人)이다. 아큐가 사는 말장(末庄)의 권력자인 조태야는 '약자' 아큐를 괴롭히는 (反動)인물이다. 한편 모택동이 소련의 최고 권력자 스탈린을 '(末庄)권력자' 조태야에 비유한 것은 적절하지 않다. 스탈린이 '조태야'라면 그 자신은 '아큐'가 되기 때문이다.

3724 티토(Tito, 1892~1980), 크로아티아(Croatia) 출생이며 (Yugoslavia)연방공화국 총통이다. 1930~1940년대 유격대 총사령관, (Yugoslavia)원수, 부장회의 주석, 1950~1960년대 (Yugo)공화국 연맹 총서기, 공화국 연맹 주석을 역임, 1980년 류블랴나(Ljubljana)에서 병사했다.

개인숭배'에 대해 이렇게 지적했다. …개인숭배는 제도의 산물이다. (Stalin)과오의 근원은 소련의 사회제도이다(余才千 외, 2021: 277). 한편 모택동은 스탈린이 자신을 '아시아의 티토'[3725]로 여겼다고 불만을 표시했다. 실제로 모택동은 '(Stalin)70탄신 축하'[3726]를 위해 소련을 방문했을 때 당한 '문전박대(門前薄待)'[3727]를 잊지 않고 있었다.

모택동은 만년에 이렇게 술회했다. …연안에서 스탈린은 우리에게 식량·의복을 보내왔다. 또 그들이 제조한 총·대포 등 무기를 지원했다. 우리는 직접 재배한 홍고추(紅苦椒) 한 포대를 선물했다. 나와 스탈린은 무승부를 거뒀다(權延赤, 2016: 64). 공산국제를 통해 연안에 '서적(書籍)'·금전을 지원한 스탈린은 장개석에게 대포·비행기 등 중무기를 지원했다. 실제로 중공은 대생산운동을 전개해 식량을 자급자족했다. 모택동이 언급한 '무승부'는 수긍하기 어렵다. 공산국제는 (中共)상급자였고 스탈린

3725 티토(Tito)를 제국주의 대리인으로 여긴 스탈린은 (Yugo)공산당을 '정보국'에서 축출했다. 중공이 혁명 승리를 거둔 후 (中國)공산당원을 진정한 공산주의자로 간주하지 않은 스탈린은 모택동을 '아시아의 티토'로 의심했다(吳冷西, 1999: 14). 실제로 스탈린의 '티토·모택동 불신'은 이들이 소련(蘇聯)의 '지시'에 순종하지 않았기 때문이다.

3726 모택동의 모스크바 방문(1949.12)은 명의상 '(Stalin)70탄신 축하'였다. 그러나 모택동의 '첫 출국'은 결코 순탄치 않았다. 당시 모택동의 '소련 방문' 목적은 스탈린과 (中蘇)우호동맹호조조약'을 체결하기 위한 것이었다. 사회주의 종주국인 소련의 지지가 절대적으로 필요했기 때문이다. 한편 스탈린은 중국 지도자 모택동을 문전박대(門前薄待)했다. 실제로 스탈린은 독소전쟁 시기 '(軍事)협조'를 거절한 모택동에게 보복한 것이다.

3727 문전박대(門前薄待)는 손님을 예의로 대하지 않고 천대한다는 뜻이다. 스탈린이 모택동을 '문전박대'한 원인은 첫째, '(中蘇)우호동맹조약'에서 얻은 국익에 집착했다. 둘째, '(軍事)협조'를 거절한 모택동을 '아시아 티토(Tito)'로 간주했다. 셋째, 상호 신뢰의 돈독한 관계가 구축되지 않았다. 넷째, 모택동을 대등한 파트너로 인정하지 않았다. 주은래 도착(1950.1) 후 모택동은 곤경에서 벗어났다. 이는 모택동이 '외교 문외한'이라는 반증이다. 한편 '(中蘇)조약' 체결(1950.2.14) 후 스탈린은 동북·신강의 (蘇聯)국익을 포기하지 않았다.

은 모택동의 '직속상관'이었다. 사회주의 종주국인 소련과 중공의 관계는 평등관계가 아니었다. 1940년대 모택동·스탈린의 관계는 모합신리(貌合神離)였다. 모택동에게 '중경담판'을 강요한 스탈린은 해방군의 '(長江)도하'를 반대[3728]했다. 1949년 모택동을 '(東方)티토'로 여긴 스탈린은 모스크바를 방문한 모택동을 푸대접했다. 한편 모택동은 '영원한 상급자' 스탈린에게 '엽공호용(葉公好龍)'을 연출하고 저자세로 일관했다. 실제로 스탈린과 모택동은 석가여래와 손오공의 '예속(隸屬) 관계'[3729]였다.

31년 간 (蘇聯)공산당 총서기(1922~1953)를 역임한 스탈린을 '절대권력자'였다. 중국 공산당은 스탈린이 조정한 공산국제의 '지부(支部)'였다. 중공 지도자 모택동의 직속상관은 스탈린이었다. 1930년대 홍군 지도자 모택동은 스탈린이 파견한 '소련파'에 의해 실각했다. '(中共)7대'에서 출범한 모택동사상은 '중공 독립'을 의미한다. 그러나 중공은 스탈린이 통치한 소련의 영향력에서 벗어날 수 없었다. 모택동에게 '장개석 담판'을 강요[3730]한 스탈린은 소련군의 '(東北)출병'을 중공에 비밀에 부

3728 1949년 1월 스탈린의 특사 미코얀(Mikoyan)이 중공 소재지 서백파(西柏坡)를 방문했다. 미코얀의 (訪華)목적은 '(長江)도하'를 반대하는 스탈린의 지시를 전달하기 위한 것이다(袁南生, 2014: 625). 모택동은 이렇게 회상했다. …외국 친구는 '장강 도하'는 미국의 간섭을 초래한다고 조언했다. 결국 '(美國)간섭'도 '남북조(南北朝)'도 출현하지 않았다(王方名, 1979.1.2). 상기 '외국 친구'는 스탈린을 가리킨다. 실제로 스탈린은 (國共)양당이 각기 '(長江)남북'을 통치하기를 희망했다. 한편 모택동은 스탈린의 '건의'를 수용하지 않았다.

3729 스탈린과 모택동이 '예속(隸屬) 관계'인 주된 이유는 첫째, 중공은 21년 간 스탈린이 통제한 공산국제 지부(支部)였다. 둘째, 스탈린은 세계적인 지도자로 부상, 모택동은 '야당(中共)' 지도자였다. 셋째, 모택동은 스탈린의 '중경담판(重慶談判) 강요' 지시를 수용했다. 넷째, 스탈린은 시종일관 모택동사상을 인정하지 않았다. 다섯째, 스탈린은 '방문자' 모택동을 푸대접했다. 실제로 스탈린은 중공 영수 모택동을 '하급자'로 간주했다.

3730 스탈린은 모택동에게 보낸 전보(1945.8)에 이렇게 썼다. …현재 장개석은 재삼 '중경

쳤다. '(軍事)협력'을 거절한 모택동에게 보복한 것이다. 신중국을 창건한 모택동은 스탈린의 계획경제 체제를 도입했다. 모택동이 '영원한 상급자' 스탈린의 영향력에서 벗어나 '중국식 사회주의' 길을 모색한 계기는 (蘇共)20차 당대회였다. 흐루쇼프의 '스탈린 비판' 후 모택동은 중국의 '실정에 맞는' 사회주의 노선을 선택했다. 결국 이는 대약진운동과 인민공사화를 초래했다. 한편 '(Stalin)개인숭배'에 대한 모택동의 애매모호한 태도는 문혁 시기 '(毛澤東)우상화'를 부추기는 잠재적 (危險)요소가 됐다.

1956년 4월 모택동은 (駐華)소련 대사 유딘(Yudin)에게 이렇게 말했다. …위대한 마르크스주의자인 스탈린은 공산주의에 충성한 우수한 혁명가이다(Yudin, 1995.2). 1956년 3월 24일 유소기는 이렇게 말했다. … 스탈린의 공로를 전면 부정해선 안 된다. 일국의 지도자가 주관주의적 과오[3731]를 범한 것은 그리 대단한 일이 아니다(羅鋒 외, 2007: 183). 1956년 4월 6일 모택동은 미코얀에게 이렇게 말했다. …중공은 스탈린의 공적이 과오보다 훨씬 크다고 생각한다. 또 스탈린의 공과를 공정하게 평가해야 한다(吳冷西, 1999: 31). 8기 2중전회(1956.11)에서 모택동은 '스탈린 비판'

담판'을 요청하고 있다. 만약 '담판' 요구를 거절한다면 중공이 내전(內戰) 책임을 질수 있다. 중경에 가서 장개석과 담판해야 한다. 또 당신의 안전을 소련과 미국이 책임질 것이다(袁南生, 2014: 570). 결국 모택동은 울며 겨자 먹기로 '담판(談判) 강요' 지시를 수용했다. 결국 이는 스탈린이 여전히 '(中共)상급자' 역할을 했다는 단적인 방증이다.

3731 1956년 4월 5일자 인민일보는 스탈린이 과오를 범한 원인을 이렇게 분석했다. …승리에 도취돼 겸손함을 잃고 교오자만(驕傲自滿)했다. 결국 이는 스탈린이 주관주의적 과오를 범한 주요인이다. 그러나 '(Stalin)전면 부정'은 중대한 실책이다(何明 외, 2007: 184). 상기 주장은 모택동의 '의견'을 대변한 것이다. 실제로 중공의 '스탈린 평가'는 '내정 간섭'이다. 한편 '비밀보고'에서 (蘇共)책임자 흐루쇼프는 스탈린을 전면 부정하지 않았다.

에 대해 이렇게 지적했다. …중공은 스탈린의 '과오'[3732]를 비판해야 하지만 더욱 중요한 것은 '스탈린 보호'이다. '무산계급전정의 역사경험(歷史經驗)'[3733]이란 문장에 쓴 것처럼 스탈린의 공로를 인정해야 한다(逢先知 외, 2011: 1464). '(中共)8대'에서 모택동은 스탈린의 공적을 세 가지로 평가했다. 첫째, 스탈린은 러시아에서 탄생된 레닌주의의 계승자(繼承者)[3734]이다. 둘째, 사회주의 국가 소련을 '강대한 공업국'[3735]으로 발전시켰다. 셋째, 독소전쟁에서 (蘇聯)군민을 지휘해 독일군을 전승했다(張樹德, 2012: 71). 결국 모택동의 '스탈린 보호'는 (Stalin)개인숭배를 비판한 흐루쇼프

3732 모택동이 지적한 스탈린의 '과오'는 ① 법제 파괴, 숙반(肅反)운동 ② 독소전쟁 전 경각심 상실 ③ 농업 정책 실패 ④ 집단영도 포기 ⑤ 강압적 소수민족 정책 ⑥ 독선적 정치권력 ⑦ 유고슬라비아 적대시 등이다(靑石, 1999.3). 한편 모택동은 스탈린의 대부분의 과오를 답습했다. 1958년부터 성행된 개인숭배에 대한 묵인과 '(毛澤東)우상숭배'가 단적인 증거이다.

3733 '역사경험(歷史經驗)' 초고는 진백달이 작성(3.29)한 것이다. 4월 초 모택동은 직접 초고를 보완했다. 현재 보존된 원고는 모택동이 심혈을 기울여 수정한 것이다. 또 '역사경험'은 스탈린에 대해 '공다과소(功多過少)' 평가를 내렸다(逢先知 외, 2011: 1463). 한편 (人民日報)사설로 발표(4.5)된 '역사경험'은 스탈린을 위대한 마르크스주의자로 평가했다. 실제로 모택동은 '(Stalin)개인숭배'를 묵인했다. 결국 이는 심각한 후유증을 초래했다.

3734 스탈린이 레닌주의의 '계승자(繼承者)'라는 주장은 큰 어폐가 있다. 주된 이유는 첫째, 레닌주의의 상징인 신경제정책을 철폐하고 계획경제를 소련의 발전 모델로 확정했다. 둘째, 레닌주의 '집행자'인 부하린·트로츠키를 제거하고 개인 독재를 실시했다. 셋째, '대숙청'을 통해 반대파를 탄압하고 개인숭배를 조장했다. 넷째, 레닌이 중시한 민주집중제와 집단영도 체제를 포기했다. 다섯째, 스탈린 사후(死後) 소련정부는 '계승자론'을 부정했다. 실제로 '(Lenin)후임자' 스탈린은 레닌주의를 부정하고 '스탈린주의' 발전을 묵인했다.

3735 '(蘇聯)국가경제연감(年鑑)'에 따르면 1929~1940년의 소련의 공업(工業)평균성장률은 16%에 달했다. 그러나 이 기간 미국·일본·독일 등 자본주의 국가의 (工業)평균성장률은 10%를 넘지 못했다. 또 이 기간 소련의 강철 생산량은 430만톤에서 1830만톤으로 급증했다(李捷 외, 1996: 848). 실제로 소련의 중공업 급발전은 독소전쟁 승리의 밑바탕이 됐다. 한편 소련의 식량(食糧) 생산량은 10월혁명(1917) 이전으로 하락했다.

와의 '심각한 갈등'을 유발했다.

모택동은 스탈린을 이렇게 평가했다. …스탈린은 만년에 중대한 과오를 범했으나 그의 일생을 전면적으로 평가해야 한다. 마르크스주의자 스탈린에 대한 평가는 '공칠과삼(功七過三)'이 적절하다(張會才 외, 2012: 326). 모택동은 스탈린의 '숙청'을 이렇게 평가했다. …'(肅清)처형자' 대부분은 반혁명이다. 혁명의 걸림돌인 반혁명에 대한 처형은 필요했다. 그렇지 않으면 인민들은 영원히 기를 펴지 못했을 것이다(毛澤東, 1999: 37). 모택동의 '스탈린 변호'는 중국의 '(蘇聯)체제 도입'과 관련된다. 건국 초기 중국은 '스탈린 모델'을 사회주의 발전 모델로 삼았다. 따라서 '(Stalin)전면 부정'은 중국정부의 정치노선을 부정하는 것과 같다. 실제로 스탈린의 공과를 객관적으로 평가한 흐루쇼프는 '비밀보고'에서 스탈린의 공적을 인정했다. 한편 중국혁명에 대한 스탈린의 공과(功過)는 '공소과다(功少過多)'[3736]로 요약할 수 있다. 또 모택동의 '스탈린 변호'는 매우 위험한 발상이었다. 결국 이는 심각한 후유증을 남겼다.

중국대사관 연회(1957.1)에서 주은래는 흐루쇼프에게 이렇게 힐문

[3736] 중국혁명에 대한 스탈린의 공과(功過)를 한 마디로 요약하면 '공소과다(功少過多)'이다. 주된 공로는 첫째, (中國)항일전쟁을 원조했다. 중공에게 금전적 지원, 국민당에게 대량의 무기를 제공했다. 둘째, '(中蘇)우호맹호조조약' 체결(1950.2), (新中國)지위를 인정했다. 셋째, 기술인원 파견, (中國)사회주의 건설을 지원했다. 주된 과오는 ① 공산국제 대표 파견, (左傾)노선 유발 ② (中共)6대, (幹部)노동자화 ③ 중공에게 '소련 보위' 강요, (抗戰)우경노선 장본인 ④ 공산국제 해산 ⑤ '중소우호동맹(1945.8)' 체결, 중국의 주권 손상 ⑥ 소련군의 '동북출병', 중공에 비밀 ⑦ 해방군의 '장강 도하'를 반대 ⑧ 모택동을 '아시아 티토'로 간주 ⑨ (蘇聯)방문자(1949.12) 모택동을 천대 ⑩ 항미원조(抗美援朝), '(空軍)지원' 약속 파기 등이다. 실제로 공산국제의 '막후 조정자'인 스탈린은 중국혁명에 막대한 손실을 끼쳤다. 스탈린의 공과를 '공삼과칠(功三過七)'로 평가하는 것이 비교적 적절하다.

했다. …스탈린을 보좌한 당신들은 '(Stalin)개인숭배 확산'에 책임이 없는가? 자기비판이 필요한 것이 아닌가? 이에 미코얀은 이렇게 대답했다. …유일한 방법은 '스탈린 체포'였다. 흐루쇼프는 이렇게 말했다. …당시 체포를 시도했다면 '체포자'는 우리 자신들이었을 것이다(靑石, 1993.3). 초기 '스탈린 비판'을 찬성한 모택동은 점차 (Stalin)개인숭배를 비판한 흐루쇼프에 대한 불만이 커졌다. 모택동은 흐루쇼프를 면종복배를 일삼는 양면파·수정주의자(修正主義者)[3737]로 간주했다. 결국 모택동과 흐루쇼프의 심각한 갈등은 (中蘇)관계의 결렬을 초래했다. 문혁 시기 모택동은 자신이 양성한 후계자 유소기를 '중국의 흐루쇼프'로 몰아 타도했다. 이 시기 주은래는 (毛澤東)우상화의 선봉장[3738] 역할을 했다. 실제로 흐루쇼프의 '스탈린 비판'은 파격적이었고 용기가 있는 행동이었다. 한편 '(Stalin)비판자' 흐루쇼프는 '개혁자(改革者)'[3739]로 평가된다.

3737 이른바 '수정주의(修正主義者)'는 기존 '정확한 사상'을 현실 상황에 맞게 개량·수정, 이념이 가미된 기회주의적 행위를 가리킨다. 모택동이 흐루쇼프를 수정주의자라고 매도한 것은 '공정성 상실'이다. (蘇共)20대에서 흐루쇼프가 스탈린을 전면 부정한 것이 아니었다. 그가 비판한 것은 스탈린의 개인숭배 조장과 법제 파괴(大肅淸)였다. 흐루쇼프는 '수정주의자'라기보다 오히려 '개혁자'에 가깝다. 실제로 마르크스주의 '중국화'는 수정주의적 성격이 강하다. 이 또한 스탈린이 시종일관 모택동사상을 인정하지 않은 주된 이유이다. 한편 모택동이 (毛澤東)사상 정립자 유소기를 '수정주의자'로 몰아 타도한 것은 황당무계의 극치이다.

3738 등소평은 주은래를 이렇게 평가했다. …문혁 시기 어렵사리 총리직을 보전한 주은래는 매우 어려운 처지에 봉착했다. 결국 본의 아니게 그는 '개인숭배 조장'에 앞장섰다. 그러나 인민은 그의 과오를 용서했다. 당시 그가 그렇게 하지 않았다면 그 역시 타도됐을 것이다(鄧小平, 1983: 348). 실제로 문혁 시기 주은래의 '모택동 우상화'는 살아남기 위한 작전이었다. 당시 진정한 '(毛澤東)우상화' 선봉장은 모택동의 (法定)후계자 임표였다.

3739 흐루쇼프는 '스탈린 모델'에 대한 전면적 개혁을 단행했다. 첫째, 생산력 발전을 저해하는 '체제 개혁' 조치를 실시했다. 둘째, 집단영도 원칙을 강조하고 당내 민주화를

'비밀보고(1956.2)'에서 흐루쇼프는 이렇게 말했다. …스탈린은 국제노동운동에 탁월한 기여를 했다. 한편 흐루쇼프는 스탈린의 법제 파괴와 개인숭배 진상을 밝히고 심각한 결과를 공표했다(袁南生, 2014: 712). 1956년 말 흐루쇼프는 이렇게 말했다. …스탈린주의가 곧 마르크스주의이다. 스탈린은 계급의 적과 무자비한 투쟁을 전개했다. 제국주의자들은 '스탈린주의자'로 매도하지만 우리는 무한한 자긍심을 갖고 있다(何明 외, 2007: 188). 정치국 회의(3.23)에서 모택동은 이렇게 말했다. …소련의 제도를 답습해선 안 된다. 중국 실정에 맞는 독립자주적 길을 선택해야 한다(李捷 외, 2021: 232). 1956년 9월 모택동은 유고슬라비아 대표단을 접견할 때 중국에선 마르크스·레닌·스탈린·모택동 초상화가 사라지지 않을 것이라고 말했다. 이는 모택동이 개인숭배를 포기하지 않았다는 반증이다.

1958년 모택동은 이렇게 말했다. …맹목적 개인숭배는 반대해야 하지만 정확한 개인숭배는 필요하다(張樹德, 2012: 100). 성도회의(成都會議, 1958)에서 모택동은 이렇게 말했다. …나를 숭배하지 않는 것은 왕명을 숭배하는 것이다. 내가 보기에는 나를 숭배하는 것은 괜찮다. 이는 모택동이 진시황의 절대권력을 추구했다는 것을 보여준다(현이섭, 2014: 298). 1970년 모택동은 에드가 스노우에게 이렇게 말했다. …개인숭배는 필요하다. 흐루쇼프의 '하야(下野)'는 개인숭배를 비판한 결과이다(Takeu-

---

추진했다. 셋째, (幹部)제도를 개혁하고 지도자 종신제를 폐지했다. 넷째, 농업 중심의 (經濟)개혁을 진행했다(袁南生, 2014: 714). 1953~1964년 농업 총생산량은 70% 증가, 공업 총생산량은 1.8배로 늘어났다. 흐루쇼프의 '(幹部)종신제 폐지' 등은 등소평의 개혁과 나름의 공통점이 있다. 한편 흐루쇼프의 개혁은 요절됐으나, 등소평의 개혁개방은 큰 성과를 거뒀다.

chi Minoru, 2012: 259). 결국 흐루쇼프의 '스탈린 비판'은 (毛澤東)사상이 재생하는 결과로 이어졌다. '중국식 사회주의'가 단적인 증거이다. 한편 '정확한 개인숭배'는 큰 어폐가 있다. 이는 모택동이 '우상숭배'를 조장한 장본인이라는 단적인 반증이다. (中共)9차 당대회[3740]에서 (毛澤東)개인숭배가 최절정[3741]에 달했다. 이는 모택동사상의 이질화를 초래했다. 한편 흐루쇼프의 '하야'[3742]는 개인숭배 비판과 큰 관련이 없다.

1955년 모택동은 농업합작화(農業合作化)[3743] 운동을 일으켰다. 결국 이는 '중국식 사회주의'인 대약진과 인민공사화로 이어졌다. 모택동의 (發展)모델은 연안 시기에 형성됐다(S. Schram, 2005: 225). (延安)시기 중공은

3740 1969년 4월 1~24일 '(中共)9대'가 (北京)인민대회당에서 열렸다. 대회에서 임표가 당중앙을 대표해 정치보고를 했다. (報告)골자는 '무산계급전정(專政)하에 지속적 혁명이론'이었다. 선거를 통해 임표·강청 반혁명집단의 주축 멤버가 대거 정치국에 진입, 당장에 임표를 모택동의 후계자로 명기했다. 한편 '(中共)9대'에서 (毛澤東)우상화가 최절정에 이르렀다.

3741 '(中共)9대'는 (文革)초기 성행한 개인숭배 축소판이었다. (九大)대회장은 개인숭배 분위기로 점철됐다. 모택동의 등장과 연설 당시 '만세'·'만만세'·'만수무강' 등 구호 소리가 장내에 울려퍼졌다. 임표가 주도한 (毛澤東)개인숭배는 '(中共)8대'의 민주집중제 원칙을 위반한 것이다. 결국 스탈린의 개인숭배 과오를 답습한 (紅太陽)모택동은 당중앙 위에 군림했다.

3742 1964년 (蘇共)중앙 주석단은 흐루쇼프의 '하야'를 결정하는 '극비' 결의(10.13)를 통과시켰다. '결의'는 이렇게 썼다. …흐루쇼프 동지는 레닌주의의 집단영도 원칙을 위반했다. 부장회의 주석을 맡은 후 권력을 독차지한 그는 독선적 정치를 실시했다(余才下 외, 2004: 584). 흐루쇼프가 하야한 주요인은 '집단영도' 원칙 위반과 권력 독점 및 독선적 (政治)행위였다.

3743 '농업생산합작사 발전 결의' 발표(1953.12) 후 (農業)사회주의 개조가 급속히 추진됐다. 1954년 봄 농업합작사는 10만개, 1955년 봄 합작사는 67만개로 늘어났다. 1955년 12월 합작사에 참가한 농호는 전국의 60%, 1956년 10월 전국의 대부분 지역에서 고급합작사가 보급됐다. 한편 '사회주의 개조' 결과물인 농업합작화는 2년 후 인민공사로 발전됐다.

'전시(戰時)공산주의'³⁷⁴⁴ 체제를 실시했다. 당시 연안에선 '대식당(大食堂)'을 통한 공동취사제와 공급제가 실시됐다. 1950년대의 인민공사화는 연안 시기 '합작사'와 대생산운동과 크게 관련된다. 1958년 모택동은 임금제 철회와 '공급제 부활'³⁷⁴⁵을 주장했다. 모택동은 인민공사를 주무대로 공상적 사회주의 성격이 강한 '공산주의 실험'³⁷⁴⁶을 강행한 것이다. 이는 모택동이 젊은 시절에 체험한 신촌(新村)운동³⁷⁴⁷과 관련된다. 모택동이 주도한 농업합작화는 1930년대 스탈린이 추진한 농업집단화운동(農業集體化運動)³⁷⁴⁸을 모방한 것이다. 중국식 사회주의는 '(毛澤

3744 '전시(戰時)공산주의' 체제는 소비에트국가가 전쟁이란 특수한 환경에서 채택한 일련의 비정상적 정책과 임시적 조치이다. 이는 전시적(戰時的) 정치·경제 체제이다(周尙文 외, 2002: 85). 레닌은 이렇게 평가했다. …'(戰時)공산주의' 체제 실시는 정확한 결정이다. 당시 전쟁으로 경제가 피폐해진 상황에서 부득불 실시했다(Lenin, 1986: 208). 1940년대 중공은 연안에서 '(戰時)공산주의' 체제를 실시했다. 결국 이는 심각한 후유증을 낳았다.

3745 북대하(北戴河)회의(1958.8)에서 임금제를 중지하고 공급제를 실시해야 한다고 주장한 모택동은 이렇게 말했다. …현재 전쟁 연대의 공급제가 인민공사에서는 더욱 적절하다. 또한 임금제는 개인주의 발전을 촉진한다(石仲泉 외, 2005: 226). 이는 모택동이 (延安) 시기 실시한 공급제 위주의 '(戰時)공산주의 체제'에 대한 미련을 버리지 않았다는 단적인 반증이다.

3746 '대약진 상징'인 인민공사는 파리 코뮌(Paris Commune)에서 유래된 것이다. 생산수단을 공유한 인민공사에선 공동취사와 무료 식사가 제공됐다. 1950년대 후반 모택동은 인민공사를 주무대로 '공산주의 실험'을 강행했다(김범송, 2016: 264). '공산주의 실험'은 참담한 실패로 막을 내렸다. 공급제가 실시된 인민공사는 결코 공산주의 천당으로 가는 지름길이 아니었다.

3747 (湖南)사범학교를 졸업(1918.6)한 모택동은 악록서원(岳麓書院)에 기거하며 신촌(新村)운동에 참가했다. 1919년 모택동은 북경에서 무정부주의자인 주작인·왕광기(王光祈)의 영향을 받았다. 1920년 5월 상해에서 '공독호조단(工讀互助團)'에 참가한 모택동은 장사에 돌아와 '신촌 건설' 계획을 구상했다. 그가 참여한 호남자치운동(1920)은 (新村)운동의 성격이 강했다. 결국 모택동의 '신촌 꿈'은 유토피아적 인민공사에서 부활했다.

3748 스탈린이 창도한 농업집단화운동은 생산관계에 대한 변혁이다. 1930년대 국가 주도

東)사상 부활'[3749]의 결과물이다. 한편 반우파(反右派) 투쟁(1957)의 밑바탕인 (延安)정풍은 문화대혁명의 사상적 기초가 됐다.

1962년 모택동은 '(蘇聯)체제 도입'[3750]에 대해 이렇게 회상했다. …건국 초기 사회주의 건설 경험이 부재한 중공은 소련의 계획경제 체제를 도입했다. 결국 이는 자력갱생과 독립자주적 노선을 간과하는 결과는 초래했다(毛澤東, 1978: 831). 1956년 4월 '소련 모델'의 문제점을 인지한 모택동은 '10대관계 논함(論十大關係)'[3751]을 발표했다. 이는 '중국식 사회주의' 노선을 선택했다는 반증이다(田松年 외, 2005: 165). 정치국 회의(1956.4)에서 모택동은 이렇게 말했다. …소련정부는 적지 않은 과오와 실책을

로 추진된 농업집단화운동은 정치운동 방식으로 생산수단을 공유화했다. 이는 상당한 부작용과 심각한 결과를 유발했다(葉書宗 외, 2002: 337). 소련정부는 강력한 행정수단으로 '집단농장 가입'을 강요했다. 이는 농민의 강한 반발을 야기했다. 소련 집단농장은 '실패한 모델'이다.

3749 건국 후 중공 지도부가 모택동사상을 제출하지 않은 것은 스탈린이 시종일관 마르크스주의 '중국화' 결과물인 (毛澤東)사상을 인정하지 않은 것과 관련된다. '(中共)8대'에서 모택동사상이 잠적한 것은 '(蘇共)20대'의 개인숭배 비판과 관련된다. 1950년대 후반 모택동사상이 부활한 것은 중공 지도부가 독립자주적 노선을 의미하는 '중국식 사회주의' 길을 선택했기 때문이다. 결국 이는 중소(中蘇) 관계가 결렬되는 결과로 이어졌다.

3750 1962년 모택동은 중국의 '(蘇聯)체제 도입'을 이렇게 회상했다. …건국 초기 미국 등 자본주의 국가는 신중국을 인정하지 않았다. 결국 중국은 소련의 모델을 도입하기로 결정했다. '(蘇聯)체제 모방'은 부득이한 선택이었다(王順生 외, 2003: 151). 실제로 중공업 중심의 소련의 모델은 농민이 절대다수를 차지한 '농업국가'인 중국의 실정에 적합한 발전 모델이 아니었다. 이 또한 모택동이 '중국식 사회주의'를 선택한 주된 이유이다.

3751 '10대관계 논함(論十大關係, 1956.4)' 골자는 ① 중공업·경공업·농업 관계 ② 연해·내지(內地) 관계 ③ 경제·국방 관계 ④ 국가·집단·개인 관계 ⑤ 중앙·지방 관계 ⑥ 한족·소수민족 관계 ⑦ 당·당파 관계 ⑧ 혁명·반혁명 관계 ⑨ 시비(是非) 관계 ⑩ 중국·외국 관계이다. 한편 연설에서 모택동은 외국 경험을 무조건 모방해선 안 된다고 강조했다. 결국 이는 농업 중심의 중국식(中國式) 사회주의 길을 선택했다는 반증이다.

범했다. 소련의 전철을 밟아선 안 된다. 중공업에 치중한 소련에선 식량 감산 등 문제가 나타났다(Khrushchyov, 2004: 354). 한편 모택동이 '농업 중 심'의 중국식 사회주의를 선택한 것은 흐루쇼프의 '스탈린 비판'과 관련된다. 결국 모택동은 유토피아적 인민공사를 전국에 보급했다.

1953년 6월 당중앙은 과도 시기 총노선(總路線)[3752]을 제출했다. (總路線)골자는 첫째, 당의 임무는 10~15년 내 공업화를 달성하고 '사회주의 개조(社會主義改造)'[3753]를 완성한다. 둘째, '사회주의 개조' 대상은 ① 농업 ② 수공업 ③ 자본주의 기업이다(逄先知 외, 2013: 115). '사회주의 개조'의 주된 내용은 첫째, '사회주의 개조'와 공업화를 병행한다. 둘째, 생산수단에 대한 '국유화'는 국익에서 출발했다. 셋째, 사회주의 혁명 중 계급투쟁과 사상투쟁을 함께 전개한다. 넷째, '통일전선'을 구축해 농민연맹(農民聯盟)[3754]을 강화한다(萬福義 외, 2006: 32). 모택동은 이렇게 제출했다. …'사회주의 개조'의 취지는 자본주의와 사영경제의 근절이다. 이는 '개조(改造)'의 편면성·절대화를 초래했다(中共中央文獻研究室, 1993: 702).

3752 과도 시기의 총노선(總路線)은 중국정부가 생산수단 공유제를 실현하는 사회주의 개조를 앞당겨 완성하기 위해 제출한 정책 목표이다. 1953년 6월 모택동의 제의를 수용한 당중앙은 과도 시기의 총노선을 제출했다. 한편 7기 4중전회(1954.2)에서 중앙정치국은 총노선을 당의 방침으로 확정, 1954년 9월 총노선은 헌법(憲法)에 수록됐다.

3753 '사회주의 개조(社會主義改造, 1953~1956)'는 중국정부가 전국적 범위에서 농업·수공업·자본주의 공상업에 대한 개편을 지칭한다. '개조(改造)'의 주된 취지는 생산수단 사유제를 공유제(共有制)로 전환시키는 것이다. 결국 '사회주의 개조'를 통해 신민주주의 사회에서 사회주의 사회로 과도(過渡)를 마쳤다. 한편 '사회주의 개조'의 궁극적 취지는 자본주의 경제의 근절이다. 결국 이는 '중국식 사회주의' 길로 가는 밑바탕이 됐다.

3754 7기 6중전회(1955.10)에서 모택동은 이렇게 말했다. …현재 우리에게는 농민연맹(農民聯盟)과 민족자산계급의 연맹이 있다. 이 중 기본적 연맹인 농민연맹이 더욱 중요하다(石仲泉 외, 2005: 126). 당시 중국의 당면과제는 '농업합작화'였다. 실제로 '농민연맹 중시'의 취지는 자산계급을 고립시키고 자본주의 경제를 근절시키기 위한 것이었다.

1955년 모택동이 편찬한 '중국 농촌의 사회주의 고조(高潮)'[3755]는 '합작화운동백과전서'로 불린다. 당시 모택동은 저서(高潮)에 직접 머리말을 쓰고 104편의 평어(評語)[3756]를 달았다. 1956년 하반기 상해 등 대도시에 자본주의의 시장경제를 의미하는 '지하상점(地下商店)'[3757]이 출현했다. 이는 이 시기 중공이 합법적 사영업의 발전을 인정했다는 반증이다.

8기 3중전회(1957.10)에서 모택동이 계급투쟁을 강조[3758]한 원인은 첫째, (蘇共)20차 당대회 후 발생한 '폴란드·헝가리 사건'[3759]과 밀접히 관련된다. 둘째, 1956년 가을 중국의 농촌·공장·대학에서 파업과 시위가 잇

3755 1955년 9월 모택동은 '농업생산합작사 모델'을 편찬하고 400부의 견본(見本)을 발간했다. 견본은 7기 6중전회(1955.10)에 참가하는 중앙위원과 각 (省市)지도자들에게 배포됐다. 1956년 1월에 '중국 농촌의 사회주의 고조(高潮)'라는 제목으로 대량 출판됐다. 한편 모택동이 편찬한 '고조(高潮)'는 농업합작화 실현을 앞당기는 역할을 했다.

3756 '고조(高潮)'에 단 모택동의 평어(評語)는 이 시기 모택동이 농업합작화 운동에 지대한 관심을 보여줬다는 것을 반증한다. 한편 '평어'의 취지는 이른바 (右傾)기회주의'를 비판하기 위한 것이었다. 그러나 '합작화 촉진'은 농민의 염원을 무시했다(逢先知 외, 2011: 1375). 결국 이는 모택동은 스탈린의 '집단농장 강요' 과오를 답습한 것이다.

3757 1956년 하반기 상해 등 대도시에서 출현한 '지하상점(地下商店)'은 '중공 8대'의 (政策) 결과물이다. 이는 당중앙이 도시의 자유시장 운영과 개체공상호(個體工商户)·수공업자의 사영업(私營業)을 허락했기 때문이다. 또 이는 이 시기 자본주의 시장경제가 존재했다는 반증이다. 실제로 주은래·진운 등 지도자는 민영경제의 역할을 중시했다.

3758 8기 3중전회(1957.10.7)에서 모택동은 이렇게 말했다. …과도 시기의 주요 모순은 무산계급과 자산계급의 모순이다. 또 계급투쟁은 장기적으로 존재할 것이다. 세계적으로 제국주의·자산계급·반혁명이 존재하는 한 우리는 계급투쟁을 잊어서는 결코 안 된다(馮蕙 외, 2013: 217). 한편 모택동의 '계급투쟁 강조'는 반우(反右)투쟁을 유발해 수많은 문인(文人)과 지식인이 수난을 당했다. 결국 이는 급진적 대약진운동의 밑바탕이 됐다.

3759 '폴란드(Poland) 사건'은 1956년 6월 포즈난(Poznan)에서 일어난 파업·동란이다. '헝거리(Hungary) 사건'은 1956년 10월 부다페스트(Budapest)에서 발생한 소요(騷擾)사태이다. 결국 이는 흐루쇼프의 '스탈린 비판(1956.2)'과 관련된다. 모택동이 분석한 '사건 발생' 원인은 ① 관료주의 ② 대중 이탈 ③ 공업 실책 ④ 지식인 '미개조(未改造)' ⑤ 반혁명 '미탄압(未彈壓)' 등이다. 결국 경제건설을 간과한 모택동은 계급투쟁을 강조했다.

따라 발생했다. 셋째, 1957년 봄 소수의 우파(右派) 지식인이 당의 정책과 정치노선을 공격했다(李穎, 2012: 163). 훗날 호교목은 이렇게 회상했다. …'반우(反右)투쟁 확대화'[3760] 후 계급투쟁이 부활했다. 1957년 후 '(中共)8대'에서 목표로 제정된 경제건설은 간과되고 계급투쟁이 부각됐다. 또 '반모진(反冒進) 비판'[3761]은 정상적 경제발전에 악영향을 끼쳤다. 당시 맹목적인 개인숭배가 성행됐다(胡喬木, 2014: 685). 결국 3년만에 완성된 '사회주의 개조'는 생산수단 국유화를 통해 자본주의가 근절되는 결과로 이어졌다. 한편 상기 '반모진(反冒進) 비판은 모택동이 집단영도 체제를 포기했다는 단적인 반증이다. 또 '맹목적 개인숭배'[3762]는 모택동이 '개인독재' 체제를 선호했다는 명백한 증거이다. 결국 대약진운동[3763]·인민

3760 1987년 호교목은 이렇게 회상했다. …1957년 하반기 모택동은 (反右)투쟁을 확대화했다. 이는 '(中共)8대'에서 제정한 '생산력 발전' 목표를 부정한 것이다. 그 후 모택동은 계급투쟁을 당면과제로 삼았다(胡喬木, 2022; 707). 1958년 후 모택동은 대약진운동과 계급투쟁을 병행했다. 모택동의 '계급투쟁 중시'로 생산력 발전은 사실상 뒷전으로 밀려났다.

3761 1956년 국무원 총리 주은래는 급진적 발전을 견제하는 반모진(反冒進)을 주장했다. 주은래의 전진적 개혁 주장은 당시의 중국 실정에 부합됐다. 한편 모택동은 주은래 등이 주장한 '반모진'을 인민군중의 사회주의 열정을 꺾는 (右傾)보수주의라고 강하게 비판했다(김범송, 2016: 262). 실제로 주은래의 실사구시적 접근이 모택동의 '급진주의'에 의해 부정된 것이다. 결국 모택동의 '조급증(躁急症)'은 급진적인 대약진운동 발단이 됐다.

3762 이른바 '맹목적 개인숭배'는 모택동이 (成都)회의(1958.3)에서 한 '정확한 개인숭배' 발언과 관련된다. 이는 '(蘇共)제20대'에서 흐루쇼프의 개인숭배 비판에 대한 모택동의 변호와 애매모호한 태도와 관련된다. 결국 모택동의 '개인숭배 발언'은 (毛澤東)우상화를 부추기는 역할을 했다. 모택동의 개인숭배 묵인과 측근자 아첨은 '맹목적 우상숭배'를 촉발했다.

3763 대약진운동 취지는 낙후한 농업국 면모와 후진적 산업 체계 개선, 농공업 생산량의 대폭 제고이다. '공산주의 축소판'인 인민공사를 주모델로 한, 급진적 (左傾)사상의 산물인 대약진은 거짓 보고와 허풍 떠는 사회 풍조를 만연시켰다(김범송, 2016: 260). 결

공사화의 실패로 모택동사상은 소실될 위기에 처했다.

8기 2중전회(1958.5)에서 통과된 인민대중의 열정을 최대한 발휘하며 국민경제의 대약진을 통해 공사주의를 실현하자는 총노선(總路線)[3764]이 인민일보 사설을 통해 발표됐다. 대약진 전주곡이었다. 총노선·대약진·인민공사는 '3면홍기(三面紅旗)'[3765]로 불린다(김범송, 2016: 263). 1958년에 개시된 인민공사화는 주관적 능동성을 강조하고 객관적 실재를 간과한 결과이다. 모택동의 '대약진 제출'[3766]은 인민공사화를 유발했다. 인민공사는 '실패한 모델'[3767]이다(薄一波, 2022: 511). '북대하회의(北戴河會

국 인간의 주체적 능동성을 과대평가하고 생산력 발전의 경제적 법칙을 위배한 대약진은 대재앙을 유발했다. 3년 간 자연재해와 '인재(人災)'가 겹쳐 수천만명의 아사자가 발생했다.

3764 8기 2중전회(1958.5)에서 통과된, 대중의 열정을 최대한 발휘하고 국민경제 대약진을 통해 하루빨리 공사주의를 실현하자는 총노선(總路線)이 인민일보를 통해 발표됐다. 이는 대약진 전주곡이었다(김범송, 2016: 263). 총노선의 취지는 대중의 적극성을 발휘하고 낙후된 경제상황을 개선하는 것이다. (總路線)단점은 객관적 경제법칙을 무시한 것이다(薄一波, 2008: 473). 결국 현실을 무시한 총노선은 유토피아적 인민공사화를 초래했다.

3765 '3면홍기(三面紅旗)'는 1958년 중공중앙이 제출한 사회주의 건설 총노선과 대약진·인민공사를 지칭한다. 이른바 '세 폭의 붉은기(三面紅旗)'는 1960년까지 '3대 법보(三大法寶)'로 불렸다. 한편 현실 상황과 객관적 경제법칙을 무시한 '3면홍기'의 출범으로 국민경제는 붕괴 직전까지 이르렀다. '3면홍기'는 급진적 (左傾)사상의 결과물이다.

3766 모택동의 '대약진 제출' 원인은 첫째, 중국의 6억 인구는 결정적 요소이다. 둘째, '사회주의 개조'는 생산력 발전에 조건을 마련했다. 셋째, 반우(反右)투쟁 후 인민군중의 생산 적극성이 높아졌다. 넷째, 총노선(總路線)은 지도적 역할을 할 것이다(金沖及 외, 2011: 1808). 실제로 인간의 주체적 능동성을 과대평가하고 객관적 경제법칙을 무시한 대약진은 '현실 무시'와 '정세 오판' 결과물이다. 결국 이는 심각한 후유증과 결과를 초래했다.

3767 (北戴河)정치국 회의(1958.8)에서 '(農村)인민공사 설립' 결의가 통과됐다. 토지·농기구·가축 등 생산수단을 공유한 인민공사는 공공식당(公共食堂)을 설치해 무료 식사를 제공했다. 이런 집단생활 방식은 농촌의 생산성 하락과 심각한 낭비를 초래했다(김범송,

議, 1958)'[3768]에서 모택동은 이렇게 말했다. …공산주의 성격이 강한 인민공사의 특징은 공공적(公共的)이며 '정사합일(政社合一)'[3769] 성격이 강하다. (農村)공공식당(公共食堂)[3770]을 통해 공동취사제를 실시하며 자류지(自留地)는 몰수한다. 식량문제가 해결되면 공급제를 실시해야 한다(馮蕙 외, 2013: 414). 결국 인민공사화는 '공산풍(共産風)'[3771]을 유발하고 농촌의 생산력 발전을 심각하게 저해했다. 한편 인간의 주관적 의지와 군중운동의 역할을 부풀린 대약진운동은 객관적 경제법칙을 무시했다.

대약진·인민공사화 실패는 심각한 결과를 초래했다. 첫째, 경제건설이 간과되고 계급투쟁 확대화가 심화됐다. 둘째, 생산수단 국유화로

2016: 264). 1960년 농업 생산량은 1957년의 25%로 감소됐다. 결국 심각한 식량난은 비자연적 사망자가 속출하는 결과를 초래했다. 유토피아적 인민공사는 실패한 모델이다.

3768 '북대하회의(北戴河會議)'는 1958년 8월 17~30일 진황도(秦皇島) 북대하에서 열린 정치국 확대회의이다. 회의는 1959년의 국민경제 계획을 토론하고 '(農業)대약진' 방침을 결정했다. 8월 29일 회의는 '(農村)인민공사 설립에 관한 결의' 등을 통과시켰다. 회의 후 전국의 농촌에서 공공식당(公共食堂)이 설치되고 공동취사제가 운영됐다.

3769 인민공사의 '정사합일(政社合一)' 체제는 정치·행정권이 통일된 기층 정권의 형식이다. (北戴河)정치국 회의에서 '인민공사 설립 결의안'이 통과된 후 나타난 행정 체제로, 실제로 (農村)인민공사는 경제·정치기구가 결합된 기층 조직이다. '농업 발전 결정(1979.9)'이 통과된 후 (農村)생산책임제가 출현, 1980년 (政社合一)체제는 폐지됐다.

3770 (農村)공공식당(公共食堂)은 인민공사화의 결과물이다. 1958년 하반기 전국의 인민공사에서 임시적 공공식당이 운영됐다. 실제로 (公社化)산물인 공공식당은 (農村)집단화 축소판이다. '식당 운영'의 주목적은 농민의 '협력심 고취'와 여성 노동력의 해방이다. 결국 곡물 유실과 심각한 낭비를 초래했다. 1961년 봄 (農村)공공식당은 폐지됐다.

3771 '공산풍(共産風)'은 대약진·인민공사화 결과물이다. 주된 특징은 ① 생산수단 공유제 ② 공공식당, 공동취사 ③ 공급제 실시 ④ (社民)평등관계 ⑤ 절대적 평균주의 ⑥ 거짓 보고의 난무 ⑦ 생산성 하락 ⑧ 심각한 낭비 등이다. 유토피아적 인민공사화는 '공산풍'을 만연시키고 생산력 발전을 저해했다. 결국 이는 객관적 경제법칙을 무시한 급진주의 부산물이다.

자본주의 공상업과 사영경제가 근절됐다. 셋째, 개인숭배가 절정에 달했다. 이는 집단영도 체제를 약화시켰다(李穎, 2012: 162). 흐루쇼프는 회고록에 이렇게 썼다. …모택동은 합작사를 해체하고 인민공사로 대체했다. 농민의 모든 것을 공유화하고 인민공사를 군사화했다. 결국 농업 피폐화와 농촌의 대기근을 유발했다(Khrushchyov, 1988: 420). 등소평은 이렇게 지적했다. …1957년까지 모택동의 영도는 정확했다. '인민내부의 모순에 대한 정확한 처리(1957.2)'[3772]도 정확했다. 또 여산회의(1959)에서 팽덕회의 정확한 의견을 배척한 것은 실책이며 '팽덕회 결정'[3773]은 완전히 잘못됐다(鄧小平, 1983: 295). 한편 모택동의 '팽덕회 타도'는 (反右派)투쟁의 일환이며 인민공사의 실패를 만회하기 위한 정략(政略)이었다.

1950년대 모택동의 과오는 '개인화'와 관련된다. '역사결의(1981)'는 모택동의 '팽덕회 비판'[3774]과 (反右)투쟁은 잘못된 것이라고 썼다. 모택

3772 '인민내부의 모순에 대한 정확한 처리(1957.2)'는 모택동이 국무회의(2.27)에서 한 연설이다. '연설' 골자는 ① 두 가지 모순 ② 숙반(肅反) ③ 농업합작화 ④ 공상업자(工商業者) ⑤ 지식인 ⑥ 소수민족 ⑦ 통일적 배치 ⑧ 백화제방(百花齊放), 백가쟁명(百家爭鳴) ⑨ 소요(騷擾)사태 ⑩ (內部)모순 처리 ⑪ 절약 ⑫ 공업화 등이다. '(人民)내부 모순'에 대한 '정확한 처리' 방법은 비평을 통한 단결 강화이다. 이 또한 '연설' 취지였다.

3773 여산회의(廬山會議, 1959.7)에서 모택동이 팽덕회를 비판하고 전당 범위에서 (反右派)투쟁을 전개한 것은 실책이다. '8중전회(1959.8)'에서 통과된 '(彭德懷)반당집단' 결의는 완전히 잘못됐다(薄一波, 2022: 611). 여산회의에서 팽덕회는 모택동에게 편지(7.14)를 보내 대약진의 (左的)과오를 지적했다. 한편 팽덕회의 정확한 의견을 (右傾)기회주의'로 판정한 모택동은 팽덕회를 '반당집단' 주범으로 확정했다. 결국 '(反黨)분자' 팽덕회는 파면됐다(김범송, 2016: 266). 여산회의 후 팽덕회의 국방부장직은 모택동의 최측근 임표(林彪)가 맡았다.

3774 1959년 8월 모택동은 팽덕회를 이렇게 평가했다. …마르크스주의자가 아닌 팽덕회는 주관(主觀) 유심주의적인 경험주의자이다. 지난 30여 년 동안 그는 수많은 노선착오(路線錯誤)를 범했다. 나와 팽덕회의 관계는 '3할 합작, 7할 갈등'의 관계이다(薄一波, 2008: 605). 결국 이는 모택동이 '추후산장(秋後算帳) 달인'이라는 것을 반증한다.

동이 계급투쟁을 확대화한 후 문혁 시기 개인숭배는 최절정[3775]에 달했다(B. Womack, 2013: 263). 모택동의 (左傾)과오는 연안 시기의 '(戰時)공산주의'와 관련된다. 계급투쟁 부활과 문화대혁명은 대약진·인민공사화와 관련된다. 문혁 시기 절정에 이른 (毛澤東)우상숭배는 계급투쟁 극대화와 (極左)정치투쟁을 초래했다(S. Schram, 2005: 227). 한편 인위적 악재인 대약진은 많은 문제점[3776]을 유발했다. 인간의 정신력을 부풀리고 객관적 경제법칙을 무시한 인민공사의 실패는 작금의 중국정부가 (先進)생산력과 '과학발전관(科學發展觀)'[3777], 실사구시를 주창하는 주된 원인이다.

인민공사화를 강행한 모택동은 정적 제거의 계급투쟁을 병행했다. 미증유의 문혁은 계급투쟁 결과물이다. 정치운동과 계급투쟁으로 점철된 모택동의 후반생(1957~1976)은 오류투성이로 얼룩졌다. 중국정부가 이기간의 '(毛澤東)드라마'를 찍지 않는 주된 이유이다. 문혁 기간 (毛澤東)우상화가 최절정에 달했다. 이는 모택동사상의 심각한 왜곡을 초래했다.

3775 문혁 시기 (毛澤東)우상화와 개인숭배는 최절정에 달했다. '위대한 도사(導師)' 모택동은 '홍태양(紅太陽)'·'인류의 구세주'로 신격화됐다. 결국 '최고지시'와 (毛主席)어록은 법위에 군림했다. 또 이는 모택동이 개인숭배를 묵인하고 측근자의 '(領袖)우상화'를 수용한 결과이다. 실제로 모택동은 스탈린의 '개인숭배 조장' 과오를 답습했다.

3776 대약진의 문제점은 ① 농민에 대한 과도한 집착 ② 이념 중시, 객관법칙 무시 ③ 허풍치는 사회풍조 만연 ④ 주체적 능동성과 정신력 과대평가 ⑤ 환경 파괴 ⑥ 계획경제와 현실의 괴리 등이다. 결국 '대약진 참패'는 필연적 결과였다(김범송, 2016: 272). 실제로 좌경(左傾) 급진주의 산물인 대약진은 '(一人)독재' 체제가 자초한 대재앙이다.

3777 '과학발전관(科學發展觀)'은 등소평의 이론과 강택민의 '3개 대표'와 함께 중국 공산당의 지도사상으로 간주된다. 주된 취지는 지속가능한 사회발전이며 핵심은 인간 중심의 '이인위본(以人爲本)'이다. 즉 사회발전은 인민대중에 의해 실현되며 과학발전의 성과는 인민대중과 함께 누려야 한다는 것이다(김범송, 2009: 20). 한편 호금도(胡錦濤) 정부의 지도이념인 '과학발전관'은 (中共)17차 당대회(2007.10)에서 당장(黨章)에 수록됐다.

결국 왜곡된 모택동사상은 '경제건설 중심'의 등소평이론으로 거듭났다.

3) 모택동사상과 등소평이론의 '차이점'

소련의 체제를 도입한 후 모택동사상은 '잠적'했다. 1950년 후반 '중국식 사회주의' 노선과 함께 부활한 모택동사상은 중공 지도부의 (左的)과오를 유발했다. 1960년대 계급투쟁 중심으로 이질화한 모택동사상은 문혁 시기 개인숭배 극대화로 심각하게 왜곡됐다. 등소평 복권 후 유명무실해진 모택동사상은 '실사구시 중심'으로 재탄생했다. 한편 '계급투쟁 우선시'의 모택동사상과 '경제건설 중심'의 등소평이론은 근본적 차이가 있다.

마르크스주의 '중국화'의 결과물인 모택동사상은 '중공 1세대' 집단영도의 결정체로 간주된다. (延安)정풍의 성과물인 모택동사상에는 독보적인 (毛澤東)군사사상이 포함된다. 농촌에서 도시를 포위하는 모택동의 군사전략은 (國共)내전의 최종 승리를 달성했다. 중공 지도자 모택동을 신중국 창건의 수훈갑으로 꼽는 주된 이유이다. 한편 '경제건설 우선시'의 개혁개방과 시장경제 도입으로 대표되는 등소평이론은 중국경제의 고도성장과 '소강(小康) 달성'의 주춧돌 역할을 했다. 모택동사상과 등소평이론의 공통점은 공산당 영도와 사회주의 제도의 견지이다. 이들의 공통된 특징은 실사구시·군중노선·독립자주의 방법론이 일맥상통하다는 점이다. 이는 등소평이론이 모택동사상을 기반으로 했다는 것을 반증한다.

'(中共)8대'에서 모택동사상을 제출하지 않은 것은 흐루쇼프의 '스탈린 비판'과 크게 관련된다. 1950년대 후반에 출범한 '중국식 사회주의'는 '스탈린주의'에 예속된 모택동사상의 부활을 의미한다. 인민공사

화 실패로 모택동사상은 소실 위기에 놓였고 (毛澤東)우상화는 절정[3778]
에 달했다. 이는 계급투쟁 강조의 결과이다. '팽덕회 타도(1959.8)' 후 임
표는 (毛澤東)우상화의 선봉장[3779] 역할을 했다. 1962년에 제출된 '계급투
쟁 우선시'는 모택동사상의 변질을 뜻한다. 문혁 시기 '최고지시'로 대
체된 모택동사상은 왜곡되었고 개인숭배는 최절정에 달했다. 한편 작
금의 모택동사상은 여전히 중국의 지도이념으로 명문화되고 있다.

모택동사상의 주된 내용은 첫째, '10대관계 논함' 등 중국혁명과 사
회주의 건설 이론이다. 둘째, '지구전 논함' 등 군사전략 이론이다. 셋째,
실사구시·군중노선·독립자주로 집약되는 방법론에 관한 이론이다(胡喬
木, 1981.4). '당의 (若干)역사문제에 대한 결의(1981)'는 모택동사상의 핵심
은 '군중노선·실시구시·독립자주'라고 지적했다. 모택동사상을 대표하
는 이 세 가지는 줄곧 중요한 역할을 했다(B. Womack, 2006: 282). 객관적 실
재의 중시를 뜻하는 실사구시의 골자는 첫째, 모든 것을 현실에서 출발
한다. 둘째, 이론과 실천의 결합이다. 셋째, 실천은 진리를 검증하는 유
일한 표준이다(韓喜平 외, 2019: 28). 등소평은 실사구시에 대해 이렇게 말했

3778 '(國慶)10주년(1959)'을 맞이한 천안문 광장의 남단에는 마르크스·엥겔스·레닌·스탈
린·손중산의 초상화가 걸렸다. 천안문 정문의 붉은 벽에 모택동의 대형 초상화가 걸
려 있었다. (天安門)양쪽에는 '인민공사 만세'·'모주석 만세'라는 표어가 붙어있었다(張樹
德, 2012: 192). 스탈린의 초상화는 당시 북경을 방문한 흐루쇼프의 심기를 불편하게 했
다. 한편 '모주석 만세' 표어는 (毛澤東)개인숭배가 절정에 달했다는 단적인 증거이다.

3779 임표는 '7천인 대회(1962)'에서 이렇게 말했다. …작금의 위기는 우리가 모주석(毛主席)
의 지시와 경고를 무시하고 그의 지시대로 하지 않았기 때문이다. 만약 모주석의 정
신을 체득했더라면 좌절이 적고 곤란도 줄었을 것이다(현이섭, 2014: 351). 회의에서 유소
기는 대기근에 대해 '3할 천재(天災), 7할 인재(人災)'라고 작심 비판했다. 결국 유소기
는 타도되고 '(毛澤東)우상화' 선봉장인 임표가 '후계자'로 (九大)당장(黨章)에 명기됐다.

다. …마르크스주의에 위배되는 '2개 범시(兩個凡是)'[3780]는 모택동사상을 비속화시켰다. 모택동사상의 핵심은 실사구시이다. 1940년대 모택동은 '실사구시' 제사(題詞)를 (延安)중앙당학교에 증정했다(鄧小平, 1994: 126). 등소평의 '실사구시' 연설(1978) 골자는 '사상 해방'의 중요성을 강조한 것이다. 실제로 등소평은 화국봉의 좌경(左傾)과오를 비판했다.

모택동은 '실사구시'에 대해 이렇게 해석했다. '실사(實事)'는 객관적으로 존재하는 모든 사물이며 '구(求)'는 객관적 법칙에 대한 연구이다. '시(是)'는 객관적으로 존재하는 사물의 내재적 특성이다(毛澤東, 2008: 801). '모택동 탄신 120주년 좌담회'에서 습근평은 이렇게 말했다. …실사구시는 중국 공산당이 세계를 인식하고 개조하는 근본적 방법론이다. 향후 실사구시적 (毛澤東)사상을 견지할 것이다(習近平, 2013: 15). 실사구시는 '(漢書)하간헌왕전(河間獻王傳)'[3781]에서 유래된 것이다. 모택동의 '실사구시' 제출은 마르크스주의를 중국의 실정에 맞게 적용해야 한다는 것이다. 한편 객관적 법칙을 무시한 모택동은 유토피아적 인사공사화를 추진했다. 현재 중국정부가 강조하는 실사구시는 탈정치화된 방

3780 1977년 5월 등소평은 화국봉의 '2개 범시(二個凡是)'는 마르크스주의에 부합되지 않는다고 말했다. 또 그는 이렇게 말했다. …'2개 범시'는 모택동사상을 용속화(庸俗化)하고 실사구시적 사상에 위배된다(鄧小平, 1983: 39). 화국봉의 영광과 어둠은 모택동 사후에 극명히 드러났다. '문혁 평가'에서 화국봉은 '2개 범시'를 내세워 모택동의 정책은 다 옳고 모택동의 지시는 그대로 따라야 한다고 주장했다(이중, 2002: 464). '2개 범시'는 계급투쟁 중심의 문혁을 찬성하고 등소평의 경제건설을 반대한 것이다. 화국봉의 실각은 필연적 결과였다.

3781 '실사구시'는 '(漢書)하간헌왕전(河間獻王傳)'에서 비롯됐다. '한서(漢書)' 저자 반고(班固)는 하간헌황(河間獻王) 유덕(劉德)의 사실과 고증(考證)을 중시하는 학풍을 '수학호고(修學好古), 실사구시(實事求是)'라고 평가했다(韓喜平 외, 2019: 29). 당시 장사의 (岳麓書院)간판은 '실사구시'였다. 청년 시기 악록서원에서 학문을 닦은 모택동은 깊은 감명을 받았다. 결국 이는 모택동이 1940년대 '실사구시' 사상을 제출한 사상적 기초가 됐다.

법론에 가깝다.

군중노선은 모택동사상의 '영혼(靈魂)'으로 불린다. 이는 중공이 장기간 견지한 기본방침이며 생명선(生命線)이다. 혁명투쟁에서 형성된 기본전략인 군중노선은 당의 역사경험을 과학적적으로 정리한 것이다(王順生, 2003: 221). '(七大)정치보고에서 모택동은 이렇게 지적했다. …중국공산당이 기타 정당과 구별되는 중요한 특징은 인민군중과 밀접한 연계를 맺고 있는 것이다. 우리는 인민군중의 이익을 우선적으로 고려해야 한다(毛澤東, 1991: 1095). 등소평은 군중노선을 이렇게 정리했다. 첫째, 전심전의로 인민군중을 위해 복무한다. 둘째, 인민대중을 신임하고 그들의 적극성을 유도해야 한다. 셋째, 인민대중의 행복한 생활을 도모해야 한다. 넷째, 대중을 이탈하거나 군중 위에 군림해서는 안 된다. 다섯째, 인민대중과 동고동락해야 한다(胡喬木, 2021: 721). 한편 군중노선을 창도한 모택동은 공산당을 '종자'로, 인민군중은 '토지'에 비유했다. 실제로 군중노선은 공산당이 인민대중의 지지를 받는 주된 원인이다.

군중노선은 민족적 전통의 정수(精髓)로 여겨진다. 이는 모택동의 창조성 공헌으로 간주된다. 모 이론가는 이렇게 말했다. …마르크스주의에는 군중노선이 없다. 또 레닌·스탈린도 이를 언급하지 않았다(S. Schram, 2005: 229). 대약진 시기 모택동은 화폐·도량형(度量衡)을 통일[3782]한 진시황(秦始皇)을 찬양[3783]했다. 이 시기 연안 시기에 성행했던 군중노선,

---

3782 도량형(度量衡)은 물체의 길이·부피·무게를 측정하는 단위법을 가리킨다. 춘추전국(春秋戰國) 시기 각국의 도량형이 서로 달랐다. 진시황이 전국을 통일한 후 도량형 조서(詔書)를 반포, 엄격한 관리제도를 제정했다. 즉 통일적 도량형기(度量衡器)를 만들어 사용할 것을 규정했다. 모택동은 진시황의 '도량형 통일'을 매우 높게 평가했다.

3783 1950년대 모택동은 진시황의 통치를 전제·독재정치로 폄하하는 것을 반대했다. 또 그는 진시황이 공자보다 더 위대하다는 논리를 폈다. 8기 2중전회의 연설(1958.5.8)에

즉 인민대중을 중시하는 모택동사상이 광범위하게 선전됐다(石仲泉 외, 2005: 99). 모택동이 창도한 군중노선은 마르크스·레닌주의와 큰 관련이 없다. 이 또한 '실천성'이 강한 모택동사상과 '이론성'이 강한 마르크스 주의의 주된 차이점이다. '중국 특색'의 농민전쟁은 인민대중의 지지가 필수적이었다. 대생산운동과 해방전쟁 승전은 인민대중의 지지가 결정적 요소였다. 한편 문혁 시기 홍위병(紅衛兵)으로 대체된 '인민군중'은 중국사회를 무법천지로 만들었다. 이는 '군중노선'이 악용된 사례이다. 한편 모택동과 진시황은 나름의 공통점과 차이점이 있다.

최초로 중국을 통일한 진시황과 '(中國)대륙 통일자(統一者)' 모택동의 공통점은 ① 탁월한 정치가·군사가 ② 통일국가(秦朝)·신중국 창건자 ③ 중농억상(重農抑商) ④ 유생(儒生)·지식인 탄압 ⑤ 사상통제, 법치주의 ⑥ 전제주의, (一人)독재정치 ⑦ 권력 집착, 장기 집권 ⑧ 신격화(始皇帝), 개인숭배(紅太陽) ⑨ 전제 정치, (百姓)불만 야기 ⑩ 잘못된 후계자 선정 등이다. 한편 극명한 차이점이 존재한다. 진(秦)나라 건립자 진시황은 아방궁(阿房宮)을 건축하고 (土地)사유제를 실시, 백성의 고초를 도외시했다. 또 '후금박고(厚今博古)'와 법치를 주장하고 '장생불로(長生不老)'에 집착한 그는 형벌을 남용하고 사학(私學)을 금지했다. 중앙집권 체제를 확립한 진시황은 유교를 적대시하고 '황위(皇位)'를 세자에게 이양하

서 모택동은 '진시황 옹호론'을 펼쳤다(현이섭, 2017: 285). 1964년 6월 24일 모택동은 '외견 접견' 장소에서 이렇게 말했다. …최초로 중국을 통일한 진시황은 탁상공론만 늘어놓는 공자보다 훨씬 위대하다. 정치적으로 중국을 통일한 진시황은 문자·도량형을 통일했다. 역대의 봉건군주 중 그를 초월할 사람은 없다(周溯源, 2015: 48). 한편 정치국 회의(1958.2.23)에서 모택동은 마르크스주의와 진시황을 결합해야 한다고 주장했다. 상기 '진시황'은 계급투쟁을 뜻한다. 1970년대 모택동은 '비림비공(批林批孔)' 정치운동을 일으켰다.

는 세습제(世襲制)를 실시했다. 한편 신중국 창건자 모택동은 (中南海)침실을 집무실로 사용하고 생산수단 공유제를 실시했다. 농업을 중시하고 농민에 집착한 모택동은 유토피아적 인민공사화를 실시한 공상가(空想家)이다. 또 계급투쟁 확대화를 통해 정적을 제거하고 개인숭배를 조장했다. 요컨대 진시황은 '분서갱유(焚書坑儒)'를 통해 엄격한 사상통제를 한 '폭군(暴君)'이다. 문혁 시기 천만 명의 지식청년을 농촌에 보낸 모택동은 한 시대의 지식인을 '통째로 매몰'한 장본인이다.

　독립자주(獨立自主)는 중국혁명과 사회주의 건설의 근본적 출발점이며 기본적 방침이다. 독립자주의 기준점은 자국의 구체적 실정에서 출발한 것이다. 또 독립자주는 애국주의와 국제주의가 통일된 것이다(庄福齡 외, 2003: 233). 1930년대 공산국제 지시에 맹종한 교조주의자들은 소련의 경험을 무조건 적용했다. 이는 심각한 결과를 초래했다. 항전 초기 독립자주 원칙을 제정한 모택동은 '자력갱생·풍의족식(豊衣足食)'3784을 제출했다(仲偉通, 2012: 34). 모택동은 이렇게 강조했다. …독립자주·자력갱생은 항전 승리를 쟁취한 중요한 원인이다. 우리는 자력갱생과 군민의 역량을 바탕으로 최종 승리를 거둬야 한다(毛澤東, 2008: 1016). 1958년 모택동은 '제2차 5개년 계획의 '비시(批示)'3785에서 이렇게 썼다. …자

3784　1939년 (陝甘寧)변구는 심각한 경제위기에 직면했다. (延安)생산동원회의(1939.2)에서 모택동은 '자력갱생·풍의족식(豊衣足食)' 방침을 제출했다. 1941년 팔로군 359여단은 당중앙의 지시에 순응해 남니만(南泥灣)에 진출해 황무지를 개간했다(仲偉通 외, 2012: 35). 3년 후 남니만은 도처에 곡식이 자라고 양 떼가 노니는 '섬북강남(陝北江南)'으로 변모했다. 결국 (陝甘寧)변구와 (延安)군민은 대생산운동을 통해 식량을 자급자족했다.

3785　일본 학자 야부키 스스무는 '비시(批示)' 정치를 이렇게 평가했다. …1951년 후 '비시' 형식에 의한 지령이 많아졌다. 이른바 '비시'는 하급자 품의서(稟議書)에 지시와 의견을 적는 것이다. 즉 단순한 결제와 구체적 지시를 적는 등 (批示)형식이 다양했다(矢吹晋, 2006: 149). 실제로 모택동 특유의 (批示)정치는 독선적 권력을 행사했다는 단적인 반증

력갱생을 위주로 하고 외국의 지원을 쟁취해야 한다. '(外國)미신'[3786]을 타파하고 독립적으로 기술혁명을 추진해야 한다. 또 외국의 성공적인 경험을 벤치마킹하고 실패한 사례는 교훈으로 삼아야 한다.

등소평은 '자력갱생'의 중요성을 이렇게 강조했다. …중국혁명의 가장 중요한 경험은 독립자주와 자력갱생이다. 흐루쇼프가 집권한 후 우리를 무시했다. 이 시기 미국도 중국을 적대시했다. 우리는 대부분의 시간을 자력갱생에 의존했다(鄧小平, 1983: 406). '10대관계 논함(1956)'에서 모택동은 이렇게 지적했다. …우리의 기본적 원칙은 독립자주를 전제로 외국의 선진 경험을 도입하고 타민족의 장점을 수용하는 것이다. 그러나 외국 경험을 천편일률적으로 수용하고 무조건 모방해선 안 된다(毛澤東, 1986: 740). 낙천회의(1937)에서 제정한 독립자주적 전략은 팔로군의 '독립'을 위한 것이다. 또 자력갱생의 대생산운동은 장개석의 '(邊區)봉쇄'와 관련된다. 모택동사상은 소련의 지배에서 벗어난 '중공 독립'을 의미한다. 당시 스탈린은 장개석에게 더 많은 지원을 했다. 흐루쇼프 집정 후 소련정부는 중국에 '경제적 지원'을 아끼지 않았다. 한편 미국의 '중국 적대시'는 모택동의 '항미원조(抗美援朝)'[3787]과 관련된다.

이다. 이는 문혁 시기 성행한 '최고지시'와 '모주석어록(毛主席語錄)'의 밑바탕이 됐다.

3786 이른바 '외국(外國) 미신'은 외국에 대한 숭배를 뜻한다. 실제로 '외국'은 소련을 가리키며 '미신'은 소련 체제에 대한 맹신을 의미한다. 건국 초기 소련의 경제체제를 도입한 중국정부는 흐루쇼프의 '스탈린 비판(1956.2)'을 계기로 '(蘇聯)체제 모방'을 중지했다. 한편 '중국식 사회주의' 노선을 선택한 모택동은 농업 중심의 인민공사화를 추진했다. 결국 이는 대외 의존도를 낮추고 자력갱생·독립자주를 선택했다는 단적인 반증이다.

3787 한국전쟁을 중국에선 공식적으로 '항미원조(抗美援朝)'로 부른다. 중국이 내세운 구호는 항미원조와 보가위국(保家衛國)이다. 이 전쟁은 중국에겐 '조국보위' 성전이었다. 또 근현대의 중국 역사에서 외국 군대와 싸워 승리를 거둔 첫 번째 전쟁이었다(이중,

미국 학자 스튜어트 슈람은 모택동과 등소평의 '차이점'을 이렇게 분석했다. 첫째, 모택동의 '중국식 사회주의'와 등소평의 '중국 특색의 사회주의'[3788]는 큰 차이가 있다. 둘째, 모택동은 계급투쟁에 치중한 반면, 등소평은 경제발전에 전념했다. 셋째, 모택동은 소련식 계획경제를 모방했으나, 등소평은 자본주의 시장경제를 도입했다. 넷째, 모택동은 공상적 사회주의에 집착한 반면, 등소평은 개혁개방의 사회주의를 주장했다(楊德 외, 2005: 223). 한국 학자 이중은 모택동과 등소평의 차이를 이렇게 적었다. …건국 후 모택동은 중남해의 집무실에 칩거하며 당 위에 군림하는 자세로 당과 정부를 장악했다. 집권 초기부터 꾸준히 조직을 정리정돈한 등소평은 당원의 당성을 계발하고 사상개조에 진력했다. 혁명가 모택동이 파괴자라면, 설계자 등소평은 건설자였다(이중, 2002: 280). 실제로 '계급투쟁 달인'인 모택동은 공상적 이상주의자였다. 한편 이념보다 경제발전을 우선시한 등소평은 철두철미한 실용주의자였다.

　　모택동과 등소평의 차이점은 ① 계획경제, '시장경제' ② 계급투쟁, 경제건설 ③ 자본주의 근절, (資本主義)선진기술 도입 ④ 지신인 타도, (知識人)중용 ⑤ 농업합작화, 농업현대화 ⑥ 투쟁과 건설 병행, 개혁과 개방 병행 ⑦ 독립자주, 대외개방 ⑧ '사상' 중심, 법제 중심 ⑨ (農民)공동부

　　2002: 328). 실제로 조선(朝鮮)을 돕는 '원조(援朝)'보다 세계 최강국 (美)제국주의의 침략과 맞서 싸운다는 '항미(抗美)'의 의미가 강했다. 결국 중미(中美) 양국은 적대국이 됐다.

3788　1982년 9월 1일 등소평은 (中共)12차 당대회 개막사(開幕辭)에서 이렇게 말했다. …현대화 건설은 반드시 중국의 실정에서 출발해야 한다. 따라서 마르크스주의가 중국의 실천과 결합된 '중국 특색의 사회주의'를 건설해야 한다. 결국 이는 장기간의 역사적 경험에서 도출한 결론이다(鄧小平, 1993: 3). 실제로 '현대화 건설'은 계급투쟁 우선시의 문화대혁명의 종결을 의미한다. 한편 '(中國)특색의 사회주의'는 (中國)국정이념으로 확정됐다.

유, '선부론'[3789] ⑩ 주관적 능동성, 객관적 실재 ⑪ 공급제, 임금제 ⑫ 종신제, (終身制)타파 ⑬ 문혁 발기자, (文革)종결자[3790] ⑭ (個人)우상화 조장, 개인숭배 철폐[3791] 등이다. 모택동·등소평의 공통점은 ① 마르크스주의 신봉자 ② 사회주의 견지 ③ 마르크스주의 '중국화' ④ 실사구시·조사연구 중시 ⑤ 군중노선 ⑥ 탁월한 정치가·군사가 ⑦ 문무가 겸비한 사상가 등이다. (詩人)모택동이 '이상주의자'[3792]라면, '유학파'인 등소평은 '실용주의자'[3793]이다. 공상적 사회주의를 추구한 모택동이 '골수 공

3789 '선부론(先富論)'은 등소평이 주창한 개혁개방 전략이다. 즉 조건을 구비한 지역·개인은 정책을 이용해 먼저 부자가 된 후 낙후지역·개인을 지원하는 '불균형 발전' 전략이다. 그 결과 지역·산업·계층 간 격차가 확대되는 사회 양극화가 초래됐다(김범송, 2016: 225). 결국 이는 작금의 중국정부가 사회적 북균형을 해소하는 조화사회(調和社會) 건설과 '과학발전관(科學發展觀)', '공동부유(共同富裕)'를 국정이념으로 확정한 주된 원인이다.

3790 종결자(終結者)는 어떤 일이나 사건을 종결하는 사람을 지칭한다. 한편 등소평을 '(文革)종결자'로 간주하는 주된 원인은 첫째, 모택동의 '후임자'인 화국봉이 범한 '좌경 과오(兩個凡是)'를 시정했다. 둘째, 개혁개방과 '현대화 건설'을 중국사회의 발전 전략으로 확정했다. 실제로 (中共)11기 3중전회(1978.12)는 '경제건설 중심'의 등소평이론의 정식 출범을 뜻한다. 결국 이는 '계급투쟁 중심'의 문화대혁명의 종결을 의미한다.

3791 등소평의 위대한 점은 개인숭배를 철폐하고 적시기에 은퇴한 것이다. 이 또한 그가 후세들의 칭송을 받고 있고 중국인들 사이에서 미담으로 전해지고 있는 이유이다. 사회주의권에서 등소평은 급류용퇴(急流勇退)를 한 위대한 지도자로 각광받고 있다(김범송, 2009: 85). 결국 이는 (個人)우상숭배와 (幹部)종신제를 반대한 등소평이 중회인민공화국을 창건한 '국부(國父)' 모택동보다 더욱 중국인들의 사랑을 받은 중요한 원인이다.

3792 이상주의자(理想主義者)는 객관적 현실을 무시하고 실현 가능성이 없는 이상향(理想鄕)에 집착하는 공상가(空想家)를 가리킨다. 모택동이 창도한 인민공사는 이향상의 성격이 강했다. 공동취사제·공급제는 공상적 사회주의에 가까웠다. 결국 인간의 (主觀)능동성을 강조하고 객관적 경제법칙을 무시한 인민공사는 참담한 실패로 막을 내렸다.

3793 실용주의자(實用主義者)는 실생활의 결과를 중요시하고 현실에 입각해 실제적 이익을 중시하는 현실주의자를 가리킨다. 등소평을 '실용주의자'로 간주하는 원인은 ① 계급투쟁 포기, 개혁개방 제출 ② 자본주의 시장경제 도입 ③ 경제특구, 외자 유치 ④ 흑묘백

산주의자'라면, 객관적 실재를 중시한 등소평은 현실주의자이다. 한편 '중국식 사회주의'는 자력갱생을 강조하는 의미가 짙은 반면, '중국 특색의 사회주의'는 시장경제 도입과 '외자 유치' 등 실용주의적 성격이 강하다.

등소평은 개혁개방을 통해 '중국 특색의 사회주의' 노선을 정립하고 등소평이론의 기틀을 마련했다. 등소평이론의 주된 내용은 ① 사회주의 초급단계 이론[3794] ② 당의 기본노선[3795] ③ (社會主義)근본적 임무 이론[3796] ④ '3단계 발전' 전략[3797] ⑤ 개혁개방 이론[3798] ⑥ 사회주의 시장경

묘론(黑猫白描論) ⑤ 이념 논쟁 중지, 경제발전 우선시 ⑥ 일국양제(一國兩制) ⑦ 서방 관계 개선 등이다. 실제로 (中韓)수교(1992)도 등소평의 실용주의적 외교노선의 결과물이다.

3794 1987년 8월 29일 등소평은 이렇게 지적했다. …중국의 사회주의는 초급단계에 처해 있다. 중국의 초급적 사회주의는 생산력이 매우 낙후한 상태이다. 실사구시적으로 발전 목표를 설정해야 한다(鄧小平, 1993: 252). 등소평의 '초급단계 이론'은 낙후된 생산력을 인정한 실사구시적 접근이다. 이는 등소평이 실용주의자라는 단적인 증거이다.

3795 등소평이 제출(1987)한 당의 기본노선 골자는 첫째, 부강·민주·문명한 사회주의 현대화 건설이다. 둘째, 경제건설 중심, 네 가지 기본원칙과 개혁개방 견지이다. 셋째, 전국의 각 민족을 영도해 현대화를 실현한다. 넷째, 자력갱생과 '간고(艱苦)한 창업'을 견지해야 한다. 상기 '기본노선' 중 가장 중요한 것은 경제건설과 개혁개방이다.

3796 등소평이 제출한 '(社會主義)근본적 임무 골자는 첫째, 사회주의의 근본적 임무는 생산력을 발전시키는 것이다. 둘째, 빈곤은 사회주의가 아니다. 근본적 임무는 '빈곤 퇴치'이다. 셋째, 근본적 목표는 사화주의 현대화 실현이다. 넷째, 경제발전은 중국의 최우선 당면과제이다(吳樹青 외, 2007: 102). 실제로 등소평은 결제발전이란 '근본적 임무'를 달성하기 위해 대외개방을 통한 외자 유치를 추진하고 자본주의 시장경제를 중국에 도입했다.

3797 (中共)13대(1987.10)에서 등소평이 확정한 '3단계 발전' 전략은 첫 번째 단계는 먹는 문제를 해결하는 온포(溫飽), 두 번째는 잘 먹고 잘 사는 '소강(小康)' 달성, 세 번째는 완벽한 평등과 경제가 발달한 대동사회이다(김범송, 2009: 22). 2021년 중국은 '빈곤 퇴치'와 '소강 달성'을 완성했다. 또 '대동사회'는 중국정부가 주창하는 '중공몽(中國夢)'을 뜻한다.

3798 개혁개방 이론은 등소평이론의 가장 중요한 내용이다. '중국 특색의 사회주의' 실현

제 이론[3799] ⑦ '일국양제(一國兩制)'[3800] 등이다(吳樹靑 외, 2007: 97). '등소평 탄신 110주년 기념 좌담회'에서 습근평은 등소평을 이렇게 말했다. … 등소평이 없다면 중국인민은 오늘과 같은 행복한 생활을 누리지 못했을 것이다. 등소평이 창도한 개혁개방은 사회주의 현대화를 실현하는 중요한 보장이다. 등소평이론은 귀중한 유산이다(習近平, 2014: 8). 작금의 중국경제 고도성장은 '경제건설 중심'의 등소평이론에서 비롯됐다. '부도옹(不倒翁)'[3801] 등소평은 개혁개방과 시장경제 도입을 통해 가난한 중국을 '부유한 나라'로 이끌었다. 1980년대 미국의 권위적 평가기관은 등소평을 네 차례 '세계에서 가장 영향력 있는 정치인 1위'로 선정했다(김범송, 2009: 85). 계급투쟁을 종결하고 '경제건설 중심'의 개혁개방을

은 개혁개방을 전제로 한다. 1985년 3월 28일 등소평은 개혁은 중국의 '제2차 혁명'이라고 강조했다. 1985년 8월 28일 등소평은 생산력 발전의 필수적 조건은 '경제체제 개혁'이라고 주장했다. 개혁은 경제발전의 결정적 원동력이다. 등소평이론은 (中共)지도이념으로 간주된다.

3799 1979년 11월 26일 등소평은 이렇게 주장했다. …시장경제는 자본주의 사회의 전유물이 아니다. 사회주의 사회도 시장경제가 존재할 수 있다. 계획경제와 시장경제는 공존할 수 있다. 공유제를 바탕으로 시장경제를 도입해야 한다(鄧小平, 1994: 236). 1980년대 가족도급제는 (農村)경제시장을 활성화했다. 중국의 대외개방과 외자 유치는 '시장경제 도입' 결과물이다.

3800 '일국양제(一國兩制)'는 한 나라에서 두 가지 제도의 공존이 가능하는 것이다. 등소평이 중국의 실정에 근거해 제출한 '조국 통일' 방안이다. 1990년대 홍콩·마카오의 반환은 등소평의 '일국양제'가 성공했다는 반증이다. '일국양제'는 등소평의 실용주의 정책의 결과물이다. 한편 대만(臺灣)문제는 중국정부가 해결해야 할 중차대한 문제로, '미완의 과제'로 남아 있다.

3801 '부도옹(不倒翁)'은 어린아이의 장난감인 오뚝이를 지칭하는 말로, 타도된 후 '동산재기(東山再起)'하는 강인한 정치 지도자를 가리킨다. 한편 등소평을 '부도옹'에 비유하는 것은 '3낙3기(三落三起)' 경력과 관련된다. 1930년대 등소평은 박고 등 '소련파'에 의해 처음으로 실각했다. 문혁 시기 등소평을 두 차례 실각시킨 장본인은 모택동이다.

추진한 등소평은 (社會主義)시장경제 체제를 정립한 수훈갑이다. 또 등소평이론은 21세기 사회주의 경제대국 성장의 밑바탕이다. '실사구시 중심'의 모택동사상을 완선화(完善化)한 등소평이론은 '3개 대표(三個代表)'[3802]·'과학발전관'·'(新時代)중국 특색의 사회주의사상'으로 집약된다.

개혁개방 창도자 등소평의 공적은 ① '2개 범시(兩個凡是)' 시정 ② 지식인 중시 ③ 가족도급제[3803] ④ 시장경제 도입 ⑤ 연해도시 개방, 경제특구(經濟特區)[3804] ⑥ 외국 선진기술 도입 ⑦ '초급이론' 제출 ⑧ 생산력 발전, 과학기술 중시 ⑨ '일국양제' ⑩ 서방 관계 증진 ⑪ 종신제 폐지 등이다. 등소평의 유명한 논단은 ① 지식 중시, 인재 존중(1977.5)[3805]

3802 '3개 대표(三個代表)' 사상은 2000년 2월 25일 광동성을 시찰한 (中共)총서기 강택민이 발표한 것이다. '3개 대표'의 골자는 ① (先進)생산력의 발전 요구 대표 ② (先進)문화 발전 대표 ③ 인민군중의 근본적 이익 대표 등이다(韓喜平 외, 2022: 110). 강택민이 제출한 '3개 대표' 핵심은 '(先進)생산력 발전'이다. 이는 등소평이론 핵심인 '경제발전'과 일맥상통하다.

3803 가족도급제는 개혁개방 정책의 결과물이다. 농민에게 토지 등 생산수단을 맡기고 가족이 생산을 책임지게 하는 도급제이다. 1980년 9월 당중앙은 농업생산책임제 문건을 하달, 1982년 1월 1일 당중앙은 '1호문건'을 발표, 가족도급제를 승인했다. 도급제 실시는 인민공사 종결을 뜻한다. 이는 농민의 생산 적극성을 불러일으켰고 '(農村)시장경제'를 활성화시켰다.

3804 1979년 4월 등소평이 제출한 '출구특구(出口特區)' 설립의 취지는 '세금 감면' 등 우대 조치와 쾌적한 투자환경을 조성해 외자(外資)를 유치하는 것이다. 1979년 7월 심천·주해·산두(汕頭)·하문이 '출구특구'로 개방, 1980년 경제특구로 개명, 1988년 (海南)경제특구가 설립됐다. 실제로 경제특구는 자본주의 시장경제의 '시험장'이었다.

3805 1977년 5월 24일 등소평은 이렇게 말했다. …사회주의 현대화를 실현하려면 과학기술의 역량을 강화해야 한다. 과학기술이 발전되려면 교육을 중시해야 한다. 따라서 지식과 지식인을 중요시해야 한다. 또 지식인 존중의 사회적 풍토를 마련해야 한다(鄧小平, 1983: 40). 등소평의 '지식 중시'와 '지식인 존중'은 문혁 시기 '지식인 경시'의 풍토를 크게 개변했다. 한편 대학입시 제도 회복은 교육을 중시한 등소평의 또 다른 공적(功績)이다.

② 실사구시 견지(1979.9)[3806] ③ 네 가지 기본원칙 견지(1979.3)[3807] ④ 사회주의와 시장경제 공존(1985.10)[3808] ⑤ 소강(小康) 실현(1979.12)[3809] ⑥ 경제특구와 대외개방(1984.2)[3810] ⑦ 중국 특색의 사회주의(1984.6)[3811] ⑧ 개혁, '제

3806 1978년 9월 등소평은 이렇게 말했다. …모택동사상 핵심은 실사구시이다. 마르크스주의 이론을 중국혁명의 실천과 결합시킨 것이다. 모택동사상의 기치를 높이 들고 실사구시적 태도로 현대화 건설에 임해야 한다(鄧小平, 1994: 126). 등소평의 '실사구시 강조' 취지는 모택동의 '후임자'인 화국봉의 '과오(兩個凡是)'를 시정하기 위한 것이다.

3807 당의 이론공작(理論工作) 회의(1979.3.30)에서 등소평은 이렇게 말했다. …현대화를 실현하려면 반드시 네 가지 기본 원칙을 견지해야 한다. 네 가지 기본 원칙은 ① 사회주의 노선 ② 무산계급전정(專政) ③ 공산당의 영도 ④ 마르크스주의·모택동사상이다(鄧小平, 1994: 165). 실제로 '기본 원칙'의 견지는 (鄧小平)이론의 핵심적 내용이다.

3808 1985년 10월 23일 등소평은 이렇게 말했다. …사회주의와 시장경제는 공존할 수 있다. 과거 계획경제에 의존해 경제발전을 추진했다. 당면과제는 시장경제를 도입해 생산력 발전을 촉진하는 것이다(鄧小平, 1993: 149). 등소평의 (演說)취지는 체제 개혁을 통해 계획경제와 시장공제를 결합시켜야 한다는 것이다. 실제로 '시장경제 도입'은 경제발전의 방법론이다.

3809 1979년 12월 6일 등소평은 '외빈 접견' 장소에서 이렇게 말했다. …우리가 말하는 현대화는 (中國式)현대화를 지칭한다. 중국의 20세기 목표는 (小康)실현이다. '소강'은 제3세계 중 비교적 부유한 국가의 수준을 뜻한다(鄧小平, 1983: 237). 상기 '부유한 국가'의 1인당 GDP 수준은 3000달러이다. 2021년 빈곤 탈출에 성공한 중국은 '소강사회(GDP 1.2萬 달러)'를 달성했다. 이는 중국이 '중산층 사회'로 진입했다는 단적인 반증이다.

3810 1984년 2월 24일 등소평은 이렇게 말했다. …최근 나는 광동·복건성의 경제특구 심천(深川)·주해(珠海)·하문(廈門)에 다녀왔다. 우리가 경제특구를 건설하는 것은 대외개방을 촉진하기 위한 것이다. 경제특구는 기술·관리·지식의 창구이다(鄧小平, 1993: 51). 대외개방 결과물인 경제특구의 설립 취지는 외자를 유치하기 위한 것이었다.

3811 1984년 6월 등소평은 '중국식 사회주의'를 이렇게 천명했다. 첫째, 사회주의의 근본적 임무는 생산력 발전이다. 둘째, 20세기 목표는 빈곤 퇴치와 소강사회 실현이다. 셋째, 농민문제 해결과 농업 발전이 급선무이다. 넷째, 연해도시의 대외개방을 통한 외자 유치이다(鄧小平, 1993: 64). 이른바 '중국 특색의 사회주의' 취지는 사회주의 제도와 공유제 유지를 전제로 자본주의의 선진기술을 도입해 낙후된 생산력을 발전시키는 것이다.

2차 혁명(1985.3)'[3812] ⑨ 정치상 민주, 경제상 개혁(1985.4)[3813] ⑩ '과학기술 발전론(1986.10)'[3814] ⑪ 사회주의, 빈곤 탈출(1987.4)[3815] ⑫ 과학기술, 제1생산력(1988.9)[3816] ⑬ 개혁개방, 중국의 희망(1989.9)[3817] 등이다.

[3812] 1985년 3월 등소평은 '외빈 접견' 자리에서 이렇게 말했다. …중국의 개혁은 담대하고 도전적이며 '제2차 혁명'이다. 향후 중국은 확고부동하게 개혁개방을 추진할 것이다(鄧小平, 1993: 113). 등소평의 취지는 경제체제 개혁과 대외개방을 결합한다는 것이다. 이 시기 개혁개방은 '기호지세'로, '역수행주(逆水行舟), 부진즉퇴(不進則退)'였다.

[3813] 1985년 4월 등소평은 '외빈 접견' 장소에서 이렇게 역설했다. …중국의 당면과제는 정치적 민주와 경제적 개혁을 지속 추진하는 것이다. (農村)가족도급제가 성공된 후 도시의 경제개혁을 추진해야 한다(鄧小平, 1993: 117). 실제로 중국의 지도자 등소평이 사회주의 제도를 유지하면서 현대화 건설과 '개혁개방 추진' 의지를 밝힌 것이다.

[3814] 1986년 등소평은 '해외 학자 담화(10.18)'에서 이렇게 말했다. …중국이 사회주의 현대화를 실현하려면 과학기술에 의존해야 한다. 우리의 과학기술 수준은 매우 낙후된 상태이다. 과학기술 발전을 당면과제로 삼아야 한다. 이는 현대화 실현의 전제이다(鄧小平, 1993: 183). 이는 등소평이 과학기술 중요성을 처음 공식적으로 언급한 것이다. 20년 후 등소평의 '과학기술 발전론'은 중공 지도이념인 '과학발전관(科學發展觀)'으로 승화됐다.

[3815] 1987년 4월 등소평은 '외빈 접견' 장소에서 이렇게 주장했다. …문혁 시기 '4인방(四人幇)'은 가난한 사회주의를 요구할지 언정 '부유한 자본주의'는 버려야 한다는 황당한 주장을 펼쳤다. '가난'은 결코 사회주의를 의미하지 않는다. 중국사회의 당면과제는 빈곤 탈출이다(鄧小平, 1993: 225). 한편 등소평은 중국이 사회주의 제도를 포기하는 '전면적 서구화(西歐化)'를 반대했다. 결국 이는 등소평이 사회주의 시장경제를 강조한 것이다.

[3816] 1988년 9월 등소평은 '외빈 접견' 장소에서 이렇게 주장했다. …마르크스는 과학기술을 생산력이라고 말했다. 내가 보건대 과학기술은 제1생산력이다. 중국의 과학기술 발전은 20년이 지체됐다. 과학기술을 제고하려면 지식인 처우를 개선해야 한다(鄧小平, 1993: 275). 한편 과학기술이 '제1생산력'이라는 등소평의 연설은 '천고의 명언'이다.

[3817] 1989년 9월 4일 등소평은 이렇게 말했다. …21세기 중엽 중국은 사회주의 현대화를 실현하게 될 것이다. 이를 위해 사회주의와 지속적 개혁개방이 필요하다. 우리에게 필요한 것은 안정적 (社會)환경이다. 개혁개방을 중지하면 중국은 희망이 없다(鄧小平, 1993: 320). 이는 등소평이 사회주의 사장경제를 지속적으로 발전시킬 것을 강조한 것이다. 1990년대 등소평의 후임자 강택민(江澤民)에 의해 중국의 사회주의 시장경제는

모택동과 중국혁명 3

등소평이론의 핵심은 '중국 특색의 사회주의' 건설이다. 대외개방을 추진해 자본주의 선진기술을 도입하고 외자 유치를 통한 경제 활성화이다. 등소평이론은 '소강(小康) 달성'[3818]에 발판을 마련했다. 등소평이 창도한 (社會主義)시장경제는 그의 '후임자'인 강택민(江澤民)[3819]에 의해 더욱 제도화됐다. 한편 '중공 1세대' 영도집단의 중요한 멤버인 (中央總書記)등소평은 모택동이 범한 대약진·인민공사화의 (左的)과오에서 역사적 책임을 면할 수 없다. 또 집권 후기에 발생한 '민주화 탄압' 등 논란에서 결코 자유로울 수 없다. 일국의 지도자로서 그 역시 '역사적 과오'[3820]를 범했다. 한편 모택동의 공과를 '공로 7할, 과실 3할(七分功勞, 三分過失)'로 평가한다면 등소평의 공과는 '공적 8할, 과오 2할'로 평가할 수 있다.

강택민의 공적은 첫째, 사회주의 시장경제를 국책으로 확정했다.

제도화됐다.

3818 (中共)제20차 당대회(2022.10)에서 중공중앙 총서기 습근평은 이렇게 말했다. …중국의 국내총생산량(GDP, 2021)은 114만억위안(元), 세계 경제에서 차지하는 비중은 18.5%에 달한다. 1인당 GDP는 1.2만 달러로 '소강(小康)사회 달성'에 성공했다(習近平 외, 2022: 7). 2021년 '빈곤 퇴치'를 완성한 중국은 '소강사회(小康社會)'에 진입했다.

3819 강택민(江澤民, 1926~2022), 강소성 양주(揚州) 출신이며 (中共)제3세대 영도집단의 핵심 인물이다. 1946년 중공에 가입, 1950~1980년대 기계공업부 외사국장(外事局長), 전자공업부 부장, 상해시장, 중앙군위 주석, 1990~2000년대 국가주석, 중공중앙 총서기, 중앙군위 주석(2003) 등을 역임, 2022년 11월 상해(上海)에서 병사했다.

3820 '중공 제2세대' 핵심 지도자 등소평이 범한 '역사적 과오'는 ① '후계자' 선정 실패 ② 민주화 운동, 강경 대처 ③ 급진적 개혁, '천안문(天安門) 사태' 유발 ④ 학생운동, '반혁명 동란(動亂)'으로 규정 ⑤ '선부론(先富論)' 제창, 빈부 격차 초래 ⑥ 중앙고문위원회 발족, '수렴청정(垂簾聽政)' 등이다. 한편 개혁개방 창시자 등소평은 시장경제를 도입해 중국을 '부유한 나라'로 이끈 수훈갑이다. 그의 공적(功績)은 '과오'에 비해 훨씬 크다.

둘째, '국유기업 개혁'[3821]과 (企業)구조조정을 단행했다. 셋째, 당의 지도
사상인 '3개 대표(三個代表)' 이론을 제출, '선진 생산력(先進生産力)'[3822]을
강조했다. 넷째, 세계무역기구(WTO)[3823]에 가입(2001.12), 국제화의 길을
선택했다. 다섯째, 집단영도를 중시, '(一人)개인독재'를 반대했다. 여섯
째, 등소평의 '종신제 폐지'를 찬성, 호금도(胡錦濤)[3824]에게 최고 권력을
이양했다. 일곱째, '홍콩·오문 반환'에 성공, '일국양제' 원칙을 수호했
다. 여덟째, (中韓)수교 주춧돌 역할을 했다. 아홉째, '강택민문선(江澤民文
選)'[3825]을 출간했다. '중공 제3세대' 핵심 지도자인 강택민의 가장 큰 공

3821 1990년대 추진된 '국유기업 개혁'은 기업제도 설립을 목적으로 추진된 개혁 조치이
    다. 14기 3중전회(1993.11)에서 확립한 기업자주권 부여와 과학적 관리를 취지로 '(國
    企)개혁'이 본격적으로 추진, 이는 사회주의 시장경제 체제에 적응하기 위한 것이다.
    '(國企)개혁'은 수많은 노동자 실업을 초래하는 등 부작용을 낳았다. '국유기업 개혁'은
    현재진행형이다.

3822 '세 가지 대표(三個代表)'의 핵심적 내용인 '선진 생산력(先進生産力)'은 객관적 경제법칙
    을 중시하고 생산력 발전에 부합되는 선진적 (經濟)체제를 뜻한다. 주된 내용은 ① 선
    진적 인지력(認知力) ② 선진적 혁신력 ③ 선진적 과학기술력 ④ 선진적 협력관계 등이
    다. 한편 '선진 생산력'은 사회주의 시장경제의 '제도화(制度化)'를 의미한다.

3823 세계무역기구(WTO)는 무역 자유화를 통한 세계적 경제발전을 목적으로 하는 국제기
    구로, 1995년 1월 1일 정식으로 출범했다. '관세·무역에 관한 일반협정'인 (GATT)체
    제를 대신해 (貿易)질서를 세우고 (UR)협정 이행을 감시, 본부는 스위스 제네바(Geneva)
    에 있다. 중국은 2001년 12월 11일 WTO에 가입, 현재 회원국은 164개국이다.

3824 호금도(胡錦濤, 1942~), 안휘성 적계(績溪) 출신이며 '(中共)제4세대' 핵심적 지도자이다.
    1964년 중공에 가입, 1970~1980년대 공청단(共青團)중앙 제1서기, 귀주성위 서기,
    서장(西藏)자치구 당위 서기, 1990~2000년대 중앙당학교 총장, 국가 부주석, (中共)총
    서기, 국가주석, 중앙군위 주석을 역임, 2013년 모든 권력을 후임자 습근평(習近平)에
    게 이양했다.

3825 '강택민문선(江澤民文選)'은 1980년 8월부터 2004년 9월까지 (中共)총서기 강택민이 작
    성한 대표적 저작(著作)을 수록한 것이다. 한편 '문선(文選)'에는 각종 보고서·강연고
    (講演稿)·(大會)연설문·편지·비시(批示)·명령문(命令文)·제사(題詞) 등 203편이 수록됐다.
    2003년 11월 중공중앙은 '강택민문선' 출간을 결정했다.

적은 사회주의 시장경제 체제를 중국의 기본국책으로 확정한 것이다. 한편 등소평을 본받아 '(軍委)주석직'에 연연한 것은 실책으로 지적된다.

습근평은 '전인대(全人代) 설립 60주년' 기념대회에서 귤화위지(橘化爲枳)[3826] 고사를 인용해 '중국식 사회주의' 정치제도를 견지해야 한다고 주장했다(新華通信, 2014.9.6). 결국 이는 서구식 민주주의 도입을 부정한 것이다. 또 이는 정치제제 개혁은 중국 실정에 맞게 진행해야 한다는 등소평의 '남순강화(南巡講話)'[3827] 취지와 일맥상통했다(김범송, 2016: 257). (中共)12차 당대회[3828] 개막식에서 등소평은 이렇게 말했다. …중국의 현대화 건설은 자국의 실정을 감안해야 한다. 외국 경험을 그대로 모방해선 안된다. 마르크스주의 이론을 중국의 실천과 결합시켜 '중국 특색의 사회주의'를 건설해야 한다(鄧小平, 1993: 3). (中共)14차 당대회[3829]는 '중국

3826 귤화위지(橘化爲枳)는 회남(淮南)의 귤이 회북(淮北)에서 탱자(枳)가 된다는 뜻으로, 사물은 환경에 따라 달라진다는 것이다. 한편 습근평의 '고사 인용' 취지는 서방 언론의 '(中國)정치체제 비판'을 반박하기 위한 것이다. 각국은 자국의 국정에 맞는 사회제도와 정치체제가 필요하다는 뜻으로, 서방 정치체제의 도입을 간접적으로 거절한 것이다. 이 또한 '중공 20대(2022.10)'에서 중국 특색인 '중국식 현대화'를 제출한 주요인이다.

3827 '남순강화(南巡講話, 1992)'에서 등소평은 사회주의는 생산력 발전을 통해 양극화를 해소하고 공동부유를 달성하는 것이라고 강조했다. 또 사회주의·개혁개방·경제발전은 100년 간 변하지 않은 공산당의 기본방침이라고 역설했다(김범송, 2016: 224). 등소평의 '남순강화'는 1990년대 중국이 본격적 개혁개방 추진과 시장경제를 제도화하는 중요한 계기가 됐다.

3828 1982년 9월 1~11일 북경에서 열린 (中共)12차 당대회에서 개막사를 한 등소평은 처음으로 '중국 특색의 사회주의' 건설을 제출했다. '사회주의 현대화 건설의 신국면을 개척하자'는 호요방의 보고를 통과시킨 대회는 20세기 말 '(小康)달성'을 목표로 제정했다. 또 대회는 '중앙고문위원회' 설립을 결정했다. 한편 '(中共)12대' 후 본격적 농촌 개혁이 추진됐다.

3829 1992년 10월 12~18일 '(中共)14대'에서 강택민은 '개혁개방과 현대화 건설을 촉진

특색의 사회주의'의 중요성을 이렇게 강조했다. …사회주의 발전에서 자국의 실정에 맞는 길을 선택해야 한다. 외국의 모델을 맹목적으로 도입해선 안 된다. 마르크스주의 이론의 지도하에 사상을 해방하고 실사구시적 정신을 발양해 중국의 실정에 맞는 사회주의를 건설해야 한다 (李穎, 2012: 224). 등소평이론의 핵심은 사회주의 제도와 공산당의 영도를 견지하는 것이다. 실제로 '중국식 시장경제'는 자본주의의 시장경제와 본질적 차이가 있다. 한편 '중국 특색의 사회주의'는 모택동사상과 등소평이론의 가장 중요한 내용인 독립자주적 노선을 의미한다.

(中共)19차 당대회(2017.10)[3830]에서 당의 지도사상으로 확정된 '(習近平)신시대 중국 특색의 사회주의사상'은 마르크스주의를 중국의 실정에 맞게 적용한 것이다. 이는 마르크스주의 원칙을 견지하고 시대의 발전에 부합되는 과학적 이론체계이다(張士義, 2020: 349). (中共)20차 당대회(2022.10)[3831]는 '중국식 현대화'를 이렇게 해석했다. …중공이 영도하는

하고 중국 특색의 사회주의 승리를 쟁취하자'는 정치보고를 했다. 한편 등소평의 '남순강화'를 근거로 대회에서 제정한 결책(決策)은 ① 경제건설 전력 ② 사회주의 시장경제 체제 확립 ③ 등소평이론을 당의 지도사상으로 확립 등이다. 또 등소평이론을 당장(黨章)에 수록했다.

[3830] 2017년 10월 (北京)인민대회당에서 열린 '(中共)19대'에서 중공중앙 총서기 습근평은 '소강사회를 달성하고 (新時代)중국 특색의 사회주의 승리를 쟁취하자'는 정치보고를 했다. 대회는 '(習近平)신시대 중국 특색의 사회주의사상'을 당의 지도이념으로 확정했다. '(新時代)중국 특색의 사회주의사상'의 핵심은 '여덟 가지 확정'이다. 또 (中共)19차 당대회는 전면적 소강사회 실현과 사회주의 현대화 강국 건설을 주요 목표로 설정했다.

[3831] 2002년 10월 16일 북경에서 개막된 '(中共)20대'에서 중공중앙 총서기 습근평은 '중국 특색의 사회주의 위대한 기치를 높이 들고 사회주의 현대화 국가를 건설하기 위해 분투하자'는 정치보고를 했다. 보고에서 '(小康)사회 달성'을 선포한 습근평은 2035년의 '선전국 진입'을 목표로 제시했다. 제20차 당대회에서 '3연임'에 성공한 습근평은 '중국식 현대화' 신개념을 제출했다. 대회 에피소드는 호금도 전 총서기의 '중도 퇴장'이다.

사회주의 현대화이며 중국의 실정에 부합되는 현대화이다. 이는 중화
민족의 부흥을 실현하는 광명의 길이다. 주된 내용은 ① 중국의 국정에
부합 ② 전체 인민의 공동부유 ③ 물질·정신문명의 결합 ④ 인간·자연
의 공존 ⑤ 평화·발전의 길이다(習近平 외, 2022: 12, 14). 2017년 10월 중공
총서기 습근평은 '소강사회(小康社會)[3832]를 달성하고 (新時代)중국 특색의
사회주의 승리를 취득하자'는 정치보고를 했다. '(新時代)중국 특색의 사
회주의'의 골자는 '여덟 가지 확정'[3833]이다. '(中共)19대'에서 당의 지도
사상으로 확정된 '(新時代)중국 특색의 사회주의사상'은 소강사회 실현
을 바탕으로 '선진국 진입'을 의미하는 '두 단계 발전론(兩步走)'[3834]을 설
정했다. 실제로 '중국식 현대화'는 (中國)특색의 사회주의 현대화' 건설
에 관한 등소평이론을 계승한 것이다. 요컨대 (習近平)체제의 국가비전
인 '중국몽(中國夢)' 실현이 궁극적 목표이다.

신중국 창건 후 중국은 소련의 계획경제 체제를 답습했다. '스탈

3832 소강사회(小康社會)는 모든 국민이 평안하고 풍족한 생활을 누리는 사회이다. 등소평
은 '등 따뜻하고 배부른 상태'의 사회라고 지적했다. 요컨대 ① 1인당 GDP가 1만 달
러 ② 사회보장제도 확립 ③ 생태환경 개선 ④ 중산층 50% ⑤ 자연과 인간이 조화로
운 사회이다(김범송, 2016: 298). 공자는 '온포(溫飽)'와 '대동(大同)' 사이에 있는 사회가
'소강사회'라고 정리했다. 한편 2021년 '빈곤 퇴치'를 완성한 중국은 '소강사회'에 진
입했다.

3833 (中共)19차 당대회(2017.10)에서 당의 지도사상으로 확정된 '(新時代)중국 특색의 사회주
의사상'의 핵심 내용은 ① 사회주의 현대화 강국 ② 공동부유(共同富裕) ③ '5위일체(五
位一體)', '네 가지 전면(四個全面)' ④ 개혁개방 심화 ⑤ 법치(法治)국가 ⑥ 당이 지휘하는
인민군대 ⑦ 신형의 국제관계 ⑧ 중국 공산당의 영도 강화 등이다.

3834 '(中共)19대'에서 제출한 '두 단계 발전론'의 주된 내용은 첫째, 전면적 소강사회 달성
후 2035년에 사회주의 현대화를 대체로 실현한다. 둘째, 2035년부터 본 세기 중엽
부강·민주·문명한 사회주의 현대화 강국을 건설한다(張士義, 2020: 359). '두 단계 발전
론' 취지는 2035년 선진국에 진입, 2049년 초강대국 미국을 추월해 '세계 중심국가'
가 된다는 것이다.

린 추종자'로 변신[3835]한 모택동이 교조주의 과오를 범한 것이다. 흐루쇼프의 '스탈린 비판'을 계기로 '사회주의 개조'를 완성한 중국 공산당은 '중국식 사회주의' 길을 선택했다. 결국 이는 모택동사상의 '부활'을 의미한다. 유토피아적 인민공사화가 실패한 후 모택동사상은 물밑으로 가라앉았다. 모택동사상이 '계급투쟁 중심'으로 재활한 것은 중소(中蘇) 관계의 결렬과 관련된다. 결국 이는 '주자파(走資派)'를 청산하는 문화대혁명을 유발했다. (文革)시기 '최고지시'로 대체된 모택동사상은 심각하게 변질됐다. 이는 (毛澤東)우상숭배가 최절정에 달한 것과 밀접히 관련된다. 등소평 복권(1977) 후 유명무실한 모택동사상은 '실사구시 중심'으로 재탄생했다. 최근 서방 언론은 중국이 '모택동 시대'로 회귀[3836]한다며 본질을 호도하고 있다. 한편 '투쟁·혁명'으로 점철된 모택동사상과 등소평이론을 계승한 '신시대(新時代) 사회주의 사상'은 큰 차이가 있다.

'(習近平)신시대 중국 특색의 사회주의 사상'의 공적은 ① 경제건설 성과 ② 개혁개방 심화 ③ 민주·법치(法治) 강화 ④ 사상건설 진전 ⑤ 인

3835 신중국 창건자 모택동은 '스탈린 모델'을 모방해 계획경제를 실시했다. 이 시기 모택동이 '스탈린 추종자'였다. 1940년대 소련을 경제대국으로 발전시킨 스탈린은 '세계적 지도자'로 부상했다. 신중국은 '사회주의 종주국' 소련의 지지와 경제지원이 절실했다. 건국 초기 모택동사상이 '스탈린주의'에 예속된 원인이다. 또 흐루쇼프의 '(Stalin)전면 부정'을 반대한 모택동은 '스탈린 변호인' 역할을 했다. 이는 중소(中蘇) 결렬을 초래했다.

3836 최근 맥파커(Mac Farquhar) 하버드대 교수는 '중국이 과거로 돌아가고 있다'고 지적했다. 여기서 '과거'는 모택동 시대를 말하며 상징적 사건이 문혁(文革)이다. 문혁 발기자인 모택동은 중공 그 자체다. 문화대혁명은 '기억의 전장(戰場)'이자 '끝나지 않은 과거'이다(주간동아, 2021.5.30). 최근 중국이 '모택동 시대(文革)'로 회귀한다는 주장은 사실 무근이며 설득력이 떨어진다. 결국 이는 '피해망상증'에 걸린 서방 학자들의 일종의 '기대심리(期待心理)'를 반영한 것이다. 실제로 서방 언론의 '중국 폄하'는 비정상적 '이념 집착'이다.

민생활 개선 ⑥ 생태문명 중시 ⑦ '강군흥군(強軍興軍)' ⑧ '항오대(港奧臺)' 성과 ⑨ 중국 특색의 외교 ⑩ 전면적인 '종엄치당(從嚴治黨)' 등이다 (吳樹靑 외, 2018: 177). 한편 모택동사상의 특징은 ① 독립자주와 자력갱생 ② 이념적 성향 ③ 군중노선 ④ 주관적 능동성 강조, 객관적 실재 무시 ⑤ 유토피아적 공산주의 ⑥ 계급투쟁 우선시 ⑦ 개인숭배 조장 ⑧ '(文革)최고지시'로 변질 ⑨ '집단영도' 체제 위반 ⑩ 경제건설 도외시 등이다. 한편 등소평 복권(1977) 후 문화대혁명 시기 '(毛澤東)개인숭배' 극대화로 심각하게 왜곡된 모택동사상은 '실사구시·군중노선·독립자주'로 새롭게 정리됐다. 실제로 계급투쟁 중심의 모택동사상과 경제건설 우선시의 '(新時代)사회주의 사상'은 본질적인 차이가 있다.

'(中共)7대'에서 출범한 모택동사상은 해방전쟁 승리에 결정적 역할을 했다. 건국 초기 '스탈린주의'에 예속됐던 모택동사상은 소련의 '스탈린 비판'을 계기로 1950년대 후반에 부활했다. 문혁 시기 '최고지시'로 대체된 모택동사상은 (個人)우상화 결과물인 '모택동주의'로 변질됐다. 또 이는 개인숭배 최절정에 따른 부산물이다. 작금의 중국사회에는 '개인숭배 현상'[3837]이 갈수록 심화되는 추세이다. 한편 중국 공산당이 중국사회를 지배하는 한, (中共)지도사상인 모택동사상은 중국의 국정

3837 호주 중국정책센터 소장 애덤 니는 시진핑(習近平)이 자신을 '대서사시 영웅'으로 부각하려 한다고 분석했다. 중공 핵심으로 부상한 시진핑을, 모택동과 동급의 개인숭배 조짐이 나타났다. 결국 공산당 내부에서 '시진핑 우상화'를 경계하는 분위기가 조성됐다(서울 Newsis, 2021.11.12). 최근 '개인숭배 조장'에 집착하는 중국 언론은 '(習近平)우상화'를 부추기고 있다. 그러나 이는 (毛澤東)우상화와 본질적 차이가 있다. 한편 한국 언론의 대중국 악의적 보도는 '사드 배치(2016)' 후 악화된 작금의 (中韓)관계를 보여주는 단적인 증거이다.

이념으로 '독보적 존재감'[3838]을 나타낼 것이다. 결국 이는 모택동사상이 '개인 성과물'이 아닌 '중공 1세대' 집단적 영도의 결과물이기 때문이다.

모택동사상의 창도자인 모택동은 중화인민공화국을 창건한 일등공신이며 '중공 1세대' 핵심 지도자이다. '중공 2세대' 핵심 지도자이며 등소평이론 창시자인 등소평은 1950년대 '중공 1세대'의 중요한 멤버이다. 등소평이 '건국 공신' 모택동을 전면 부정(全面否定)할 수 없는 주된 이유이다. 모택동과 등소평은 중공 역사에서 유일무이하게 '삼낙삼기(三落三起)'[3839]한 탁월한 지도자이다. 1960년대~1970년대 등소평을 두 차례 실각시킨 장본인은 모택동이다. 한편 '문무가 겸비'한 지도자인 등소평을 중용하고 복권(復權)시킨 주역도 모택동이다. 또 모택동 사후 등소평은 모택동의 공적을 '7할'로 평가했다. 이는 스탈린의 '후임자'인 흐루쇼프가 '(Stalin)공적'을 무시하고 '과오 청산'에 치중한 것과 지극히 대조적이다.

3838 현재 중국은 등소평의 개혁개방에 근거해 시장경제를 실시한다. 연해 경제특구는 중국식 시장경제의 모범 사례로 평가된다. 중국은 사회주의라는 이데올로기를 고수하고 있다. 또 모택동사상과 등소평이론은 헌법에 명시된 이념적 토대이다(이중, 2002: 360). '(中共)7대'에서 출범한 모택동사상은 당장에 명기된 (中共)지도사상이다. 중국 공산당이 존재하는 한, 중국혁명의 결과물인 모택동사상은 장기간 국정이념으로 존재할 것이다.

3839 중공 지도자 모택동과 등소평의 공통점은 '삼낙삼기(三落三起)' 경력을 갖고 있는 것이다. 1920~1930년대 모택동의 3차례의 실각은 공산국제 대표와 박고 등 '소련파', 그의 전우(戰友) 주덕·주은래와 관련된다. 한편 등소평의 3차례 실각은 '소련파(蘇聯派)'와 중공 영수 모택동과 관련된다. 등소평을 실각시킨 장본인 모택동은 '등소평 복권' 주역이다. 모택동 사후(1976) 세 번째로 복권(1977)한 등소평은 개혁개방을 창도했다.

1980년 8월 이탈리아 기자 오리아나 팔라치(Oriana Fallaci)[3840]를 회견한 등소평은 모택동의 공과를 이렇게 평가했다. …마르크스주의를 중국 실정에 맞게 적용하고 모택동사상을 창도해 중국혁명을 승리로 이끌었다. 당의 지도이념인 모택동사상은 '집단영도'의 결과물이다. 그가 만년에 범한 '(左的)과오'와 문화대혁명은 중대한 과실이다(鄧小平, 1994: 345). 비록 과오를 범했지만 모택동은 필경 중국 공산당과 중화인민공화국의 중요한 정초자(定礎者)이다. 그의 공적(功績)과 과오를 놓고 볼 때 과오는 공적 다음이다. 모택동의 공적은 이루 말할 수 없다. 중국인들의 감정으로 놓고 말해도 그들은 모택동을 당과 나라의 정초자로 영원히 기념할 것이다(이중, 2002: 249). 등소평은 미증유의 문화대혁명을 이렇게 평가했다. …최고 지도자가 잘못 인도하고 간신에 의해 악용된, 당과 국가에 막대한 피해를 준 내란이다. 모택동이 공과는 '공적이 1차적, 과오는 2차적'이다(김범송, 2009: 84). '중공 2세대' 핵심 지도자 등소평이 중공 영수 모택동의 공적을 높게 평가한 것은 당연지사이다. '중공 창시자'인 모택동은 공농홍군 창건자이며 중화인민공화국을 창건한 수훈갑이다. '(中共)집단영도'의 성과물인 모택동사상에 대한 전면 부정은 중국 공산당의 존재 가치를 부정하는 것이다. 한편 '이상주의자'인 모택동과 '실용주의자'인 등소평 모두가 철두철미한 공산주의자라는 점에 주목할 필요가 있다.

작금의 중국 학자들은 신중국 창건자 모택동과 개혁개방 창시자

3840 오리아나 팔라치(Oriana Fallaci, 1929~2006)은 이탈리아의 언론인, 1940년대 코리에레델라세라(CorrieredellaSera)의 (駐外)기자, 라틴아메리카 민중봉기 종군기자, '멕시코시티 대학살(1968)' 종군기자를 지냈다. 1980년 8월 '중공 1인자'인 등소평을 북경에서 인터뷰, 2005년 이탈리아 대통령상을 수상했다. 2006년 피렌체(Firenze)에서 병사했다.

등소평, '소강사회 실현자' 습근평을 '일떠선 중국(站起來)'과 '부유한 중국(富起來)' 및 '강한 중국(强起來)'의 주역으로 간주하고 있다. 이 또한 모택동사상·등소평이론·'(新時代)사회주의사상'이 중국의 국정이념으로 당장(黨章)에 명기된 주요인이다. 건국 후 우여곡절을 거친 모택동사상이 '실용주의자' 등소평에 의해 보완·완선화(完善化)된 것이 경제건설 우선시의 등소평이론이다. 실제로 등소평이론을 계승·발전시킨 것이 '(新時代)사회주의 사상'이다. 한편 (中共)20차 당대회에서 제출된 '중국식 현대화'의 기저에는 (毛澤東)사상과 (鄧小平)이론이 숨겨져 있다.

　　최근 일부 외국 학자는 작금의 중국사회에서 모택동사상이 사라졌다고 사실을 호도하고 있다. 이는 사실무근이며 사실 왜곡이다. (中國)국정이념인 모택동사상·등소평이론의 핵심은 공산당의 영도와 사회주의 제도를 견지하는 것이다. (中國)공산당이 존재하고 사회주의 제도가 유지되는 한, 당의 지도이념인 모택동사상은 독보적 존재감을 나타낼 것이다. 중국혁명의 성과물인 모택동사상이 '(中共)집단영도'의 결정체이기 때문이다.

저자 소개 | 김범송(金范松)

1966년생, 사회학자·인구학자·언론인. 필명(筆名) 청솔(靑松)
한국외국어대학·대련대학·(北京)중앙민족대학에서 초빙·객원교수를 역임했다.

1990년대 후반부터 한국에서 10여 간의 학위 공부와 강의생활을 시작했다. 2007년 한국외국어대학에서 석사, 2010년 한국학중앙연구원에서 사회학 박사학위를 취득했다.
2007년 중국에서 칼럼집『재주부리는 곰과 돈 버는 왕서방』을 출간, 흑룡강신문(哈爾濱) 논설위원으로 위촉됐다. 연구 논문으로「중국의 한류 열풍과 혐한류에 대한 담론」외 다수가 있다.
2009년 한국에서 첫 신간인『그래도 희망은 대한민국』,『가장 마음에 걸린다』를 글누림출판사에서 출간했다. 2009년 독일 프랑크푸르트 해외동포 국제세미나, 제3차 세계한인정치인대회(Seoul)에 참석해 학술논문을 발표했다.
2010년 박사논문을 보완해 출간한 연구서『동아시아 인구정책 비교연구』(역락)는 2011년도 대한민국학술원 우수학술도서로 선정, 2011년 '한국인물사전(聯合News)'에 재외동포학자로 선정 등록됐다.
2011년 네이버 인물정보에 인류학자로 등록되었다.
2010년대 POSCO CDPPC(大連) 대외 부사장으로 다년간 근무, 2016년『중국을 떠나는 한국기업들』을 한국에서 펴냈다. 각종 (韓中)학술회의에서 주제 발표, 초청 특강을 진행했다.
현재 대련대학 한국학연구원 선임연구원, (北京)중앙민족대학 한국문화연구소 객원연구원을 지내며 학술연구와 집필활동에 전념하고 있다.